한미관계 155년, 어제와 오늘
The 155 Years of Korea-U.S. Relations, Yesterday and Today

정신이 살아있는 출판

청미디어 CHEONG MEDIA

한미 관계의 더 나은 미래를 위해

한미 관계는 지금으로부터 155년 전, 조선 고종 3년(1886), 우리에게 통상을 요구하던 제너럴셔먼(General Sherman)호 사건으로 시작됐습니다. 그로 인해 5천 년 동안 잠자고 있던 은둔의 나라 조선에 태평양 신문명과 신학문이 들어오기 시작했습니다.

그 후 155년이 지난 현재 대한민국은 자랑스럽게도 세계 선진국 반열에 올라섰고, 한국인들은 전 세계에서 다양한 재능을 발휘하며 세계인을 놀라게 하고 있습니다.

이 같은 대한민국의 눈부신 발전은 한국인의 총명성과 근면성이 일구어낸 것이라고 말할 수 있으나, 이와 더불어 1948년 대한민국 정부수립을 비롯해, 1950년 한국전쟁 등 지금까지 크고 작은 한국 문제에서 미국의 절대적인 지원, 협조가 있었기에 가능했다고 감히 말하고 싶습니다.

2차 세계대전 이후 미국이 Pax Americana를 이끌어 오고 있는 동안 최근 G-2로 급부상한 중국이 아시아의 맹주를 자처하고 나서자 한반도를 둘러싼 미·중 간의 긴장이 고조되고 있는 틈을 타 한국사회 일각에서는 중국 편향의 사조가 서서히 나타나고 있음도 감지할 수 있습니다. 우리는 이미 5천 년의 역사 속에서 중국과의 관계가 어떠했고, 미국과의 관계가 어떠했음을 실험적인 역사를 통해 잘 알고 있습니다.

이에 저희(한국언론인협회 회장 성대석, 한미우호협회 회장 황진하, 미주한인재단 총회장 박상원)들은 이 책을 통해 한미 관계의 더 나은 미래 좌표를 설정할 수 있을 것이란 확신을 가지면서 양국 지도자와 국민들의 필독서가 되기를 바라고, 나아가 앞으로의 세기에서도 한·미 관계가 더욱 더 성숙·강화되도록 하기 위해 이 책을 발간합니다.

끝으로 이 책 발행에 열과 성을 다해주신 편찬·편집 위원들과 제작 스태프 여러분께 감사의 말씀을 드립니다.

끝으로 미국과 대한민국의 대통령님께 두 나라의 국민을 위한 행복한 역사를 이룩해주기를 바라며 이 책을 헌정합니다.

사단법인 한국언론인협회
회장 성대석

양국 국민과 지도자들에게 미래를 향한 훌륭한 자료 될 것

자유 민주주의 대한민국의 현대사는 미국을 말하지 않고는 논할 수 없습니다. 우리의 지난 155년간의 역사에서 정치·경제·사회·국방·문화 등 국정 전반과 민생까지도 미국과 함께 걸어왔기 때문입니다.

일제 강점 36년을 넘어 1945년 잃었던 나라를 되찾은 겨레의 기쁨이 채 가시기도 전에 한반도는 38선으로 나뉘어 미국과 소련의 영향권 아래에서 대한민국은 자유 민주주의 국가로 탄생되었으나 1950년 6월 25일 스탈린의 세계 공산화 야욕의 제물이 되어 하마터면 없어질 뻔 한 전쟁이 비극을 맞이하였습니다. 그러나 우리의 영원한 친구인 미국의 젊은이들이 유엔 16개국과 함께 달려와 신생 독립국 대한민국을 지켜 줬기에 오늘의 번영된 한국이 존재할 수 있었던 것입니다.

당시를 기점으로 대한의 젊은 국군들이 미국으로 건너가 경영·인사·수송·기갑·물류 등 종합 학문의 본산인 군사학 및 군사영어를 습득하는 등 신학문을 배웠기에 휴전 이후 국가발전의 두뇌 인프라를 형성, 세계 일류 국가로 발돋움할 수 있었습니다.

이 모든 발전의 틀은 굳건한 한미상호방위조약의 체결로 인한 한미동맹이 기초가 되었다는 것은 주지의 사실입니다. 한미동맹은 1950년 6·25전쟁에서 그리고 그 13년 후 베트남전에서 더욱 굳건한 혈맹의 형제로 발전되었습니다.

이 같은 과거를 돌아볼 때 우리나라가 존립할 수 있었던 제일의 조건은 한미동맹을 바탕으로 한 국가방위였음을 잘 알 수 있습니다. 그렇기에 우리 한미우호협회는 한미동맹강화와 한미우호증진을 위한 여론형성과 그 중요성을 국내 및 미국에 전파, 양국정부에 전달하고 촉구하는 목표를 갖고 활동하고 있는 것입니다.

《한미관계 155년, 어제와 오늘》 책을 공동 발행하는 이유는 우리 협회 사업 목적에 부합되는 동시에 양국 국민과 지도자들에게 한미 관계의 시작에서 오늘에 이르기까지 지난 155년을 스크랩하여 미래를 향해 더 나은 발전을 도모하는 훌륭한 자료로 제공될 것입니다.

한미관계 155년을 맞아 이 책이 발행된 감회와 기쁨을 여러분과 함께 나누며 이 책 출판에 동참해주신 편찬위원님과 편집위원 여러분과 어려운 경제여건임에도 흔쾌히 출판해주신 도서출판 청미디어 신동설 발행인에게 감사드리는 바입니다. 끝으로 대한민국을 지키다 산화하신 미국의 3만 6천700여 명의 전사자 여러분의 영전에 이 책을 바칩니다.

사단법인 한미우호협회
회장 황진하

한미관계 155년, 어제와 오늘

대한민국은 1948년 UN 승인하에 세워진 한반도 유일한 합법 정부입니다. 그 후 2년이 채 안 된 1950년 6월 25일 북한 공산군의 침략으로 대한민국이 위기에 처했을 때 미국은 대한민국을 구해줬습니다. 그리고 1953년 한미상호방위조약을 체결하여 오늘의 든든한 혈맹의 관계를 유지하고 있는 중입니다.

펴낸《한미관계 155년, 어제와 오늘》, 이 도서를 미합중국 대통령과 대한민국 대통령에게 헌정하는 뜻은 대한민국 국민들이 혈맹 미국을 향한 감사의 마음과 미래의 세대들에게 바른 역사의식을 알려주자는 것입니다.

즉, 은둔의 나라 조선이 세계 선진국 미국을 만나서 태평양문화와 자유민주주의를 알았고, 118년 전(1903.1.13.) 미주로 건너간 이민 선조들이 미주한인사회를 이뤘고 6·25전쟁과 베트남전쟁을 통해 피를 나눈 돈독한 혈맹관계가 되었음 알리자는 것입니다.

미합중국은 2006년부터 매년 1월 13일을 '미주한인의 날(Korean American Day)'로 정하여 미국 국가기념일로 시행하고 있는 중입니다. 이는 미주한인들이 미국의 발전과 번영에 함께 했음을 인정받았기에 이민 10주년 해인 2003년 '미주한인이민 100년의 해'로 선포한 후 2004년 미캘리포니아주 상하원과 2005년 미연방 상하양원에서 모두 만장일치로 통과되었다고 봅니다.

이 같음은 모든 미국인들에게 미주한인들에 대한 위상 제고는 물론 혈맹으로 맺어진 한미 관계를 더욱 발전시키는 중대한 결과를 가져왔기에 양국 대통령은 매년 미주한인의 날 기념축사를 통해 양국관계의 지난 일과 비전을 치하해왔습니다.

헌정하는 《한미관계 155년, 어제와 오늘》 내용에서, 155년 전(1866.8.21.) 미국 상선 제너럴 셔먼호 사건으로 시작해서 제4차 산업혁명시대인 오늘까지 한미가 함께 걸어온 길을 사진과 함께 펴냈습니다.

지난 155년간 한국과 미국이 함께 이룬 정치·경제·사회·문화·국방은 물론 피흘려 세계 자유민주주의를 지킨 월남 전쟁 참전과 미국과 함께 세계평화 유지에 함께하고 있는 대한민국 파병부대의 모습을 실었습니다.

특히 대한민국 전쟁기념관에 새겨진 6·25 참전 미군 희생자 36,574명의 명단을 모두 실어 5천만 대한민국 국민의 감사함을 표했습니다. 앞으로 한미 관계는 더욱 돈독히 발전해가야 한다고 믿으며 세계의 질서와 평화를 실현해 가는데 매우 유익하다고 장담할 수 있습니다. 예측하기 어려운 미래의 제4차 산업혁명시대에 살고 있는 우리는 지난 한미 관계 역사에서 교훈을 얻고 내일을 설계하는 평화의 수호자로 나서야 할 것입니다.

끝으로 미국과 대한민국의 대통령님께 두 나라의 국민을 위한 행복한 역사를 이룩해주기를 바라며 이 책을 헌정합니다.

세계한인재단
상임대표 총회장 박상원 박사

The 155 Years of Korea-U.S. Relations, Yesterday and Today

The Republic of Korea is the only legitimate government on the Korean Peninsula established under UN approval in 1948. Less than two years since then on June 25, 1950, when the Republic of Korea was in crisis due to the invasion of North Korean communists, the United States saved the Republic of Korea. In 1953, Mutual Defense Treaty Between the United States and the Republic of Korea was signed, maintaining a strong blood alliance today.

The purpose of dedicating this book published 'The 155 Years of Korea-U.S. Relations, Yesterday and Today' to the President of the United States of America and the President of the Republic of Korea is to inform the Korean people of their gratitude for the blood alliance and the good historical consciousness to future generations.

In other words, the hermit country, Chosun met the world developed United States and learned about Pacific culture and liberal democracy. It is to inform that the Korean pioneers who moved to the US 118 years ago (Jan. 13, 1903) formed the Korean-American society and became the close blood alliance that shared blood through the Korean War and the Vietnam War.

Because Korean Americans were recognized for their contributions to the development and prosperity of the United States, The 2003 was declared as the Year of the 100th anniversary of Korean American immigration to the US. The California State Assembly and Senate in 2004 and the US Senate and House of Representatives in 2005 passed the resolution to enact the Korean American Day.

Since the resolution to be passed unanimously, 'Korean American Day' has been observed and celebrated every year on January 13th as the national anniversary of the United States.

As this same relationship brought important results for all Americans in enhancing the status of Korean Americans as well as further developing the relationship between the two nations, The presidents of both nations have celebrated the past work and vision of bilateral relations through congratulatory message on the Korean American Day every year.

In "155 Years of Relations between Korea and the United States, Yesterday and Today," the tribute to the path that the ROK and the United States have walked together, from the incident of the US merchant ship General Sherman 155 years ago (August 21, 1866) is published.

It features the political, economic, social, cultural, and national defense that South Korea and the United States achieved together over the past 155 years, as well as the participation in the Vietnam War that shed blood to protect the world's liberal democracy, as well as the Korean contingent troops that are working together with the United States to maintain world peace.

In particular, the list of 36,574 American soldiers who participated in the Korean War was engraved on the War Memorial of Korea to express the gratitude of 50 million Koreans. We believe that the ROK-U.S. relationship needs to develop further in the future, and I can assure you that it will be very beneficial for realizing world order and peace. Living in the era of the Fourth Industrial Revolution, which is difficult to predict in the future, we will have to learn lessons from the past history of Korea-U.S. relations and act as guardians of peace that shape tomorrow.

Finally, I dedicate this book to the presidents of the United States and the Republic of Korea, hoping that they will make an wonderful history for the people of both nations.

WORLD KOREAN FOUNDATION President, Sang-Won Park, Ph.D.

목차

I

제1장

함께 걸어온 한미 역사
Walked together Korea-U.S. History

서론

2020년 4월, 코로나바이러스로 전 세계가 큰 어려움에 처해 있는 가운데 한국에서는 제21대 국회의원을 선출하는 4·15총선이 치러졌다. 4·15총선 결과는 한국 정치 주류의 전환으로 해석된다. 대한민국 정부 수립 후 남북한 분단 체제의 극단적인 대립 구도 속에서 체제 경쟁의 승리와 산업화의 요구는 한마디로 보수 세력의 장기 집권을 가능케 한 필연적 환경이었다고 하겠다. 2020년 4·15총선을 통해 진보 진영 177석 탄생은, 사실 1980년대부터 시작된 민주 진영과 한반도 평화 세력의 집요한 노력의 결과이다.

보수 진영 집권 기간 대외 정책에 있어서 미국은 언제나 외교적 우위였으며 한미동맹 발전과 우호 관계로 발전했다고 하겠다. 그러나 이렇게 구축된 굳건한 한미동맹을 진보 세력 측에서는 미국이 한국의 정치와 경제를 담보하는 것으로 주장하고 해석했다. 진보 진영이 4·15총선에서 압승한 것은 코로나바이러스 사태라는 우발적 요인과 보수 야당의 지지 세력 확보 실패가 패인이 되었다.

중국 우한에서 시작된 코로나바이러스로 세계는 인류 역사에서 유례를 찾기 힘든 곤경에 처했다. 미국도 1929년 경제대공항과 제2차 세계대전 이후 처한 최악의 경제 불황을 해결하기 위해 긴급 수습에 나섰지만 정책의 선후 순위 책정에 확신을 갖지 못하고 있다. 한미 간에도 서로 긴밀히 협의하며 임시 정책으로 긴급 대처하고 있다.

코로나19(Pandemic/유행병) 확산으로 전 세계와 미국에 날마다 긴장감이 고조되는 상황에서 또 다른 심각한 일이 벌어졌다. 2020년 5월 25일 미국 미네소타주 미니애폴리스에서 백인 경찰의 무릎에 목이 짓눌려 흑인 조지 플로이드가 사망한 사건이 발생한 것이다. 이로 인해 미 전역에서 시위가 일어났고 방화와 약탈과 증오 폭동이 위험 수위까지 이어졌으며 항의 시위는 전 세계로 번지고 있다. 한국과 미국이 외환 위기와 제2차 세계대전 이후 처음으로 처한 경제 불황을 방지하기 위한 정책을 발표하며 모범적으로 경제 지원을 실행하던 차에 흑인 사망 사건이 발생한 것이다.

이는 오랜 기간 이어진 미국의 인종 갈등이 원인이 된 사건인데 이번처럼 동시다발적으로 미국 전 지역에서 폭동화한 것은 처음이다. 미국 내 75개 도시에서 폭동과 약탈, 시위가 일어났고 이 과정에서 네 명이 사망하고 1천6백여 명이 체포됐다. 이 문제를 어떻게 풀어야 하는가와 11월에 있을 선거에서 재선이 가능할까 하는 문제로 도널드 트럼프 대통령의 정치적 리더십이 시험대에 올랐다.

엇갈린 비판적인 뉴스 보도에도 불구하고 트럼프 대통령은 "나는 법과 질서의 대통령이다"라고 선언하고 주지사들과 화상회의에서 "나약한 대처로 사태를 키우지 말고 엄중 단속하라"라며 강력한 수습 방안을 내놓았다. 회의록에 따르면 주지사들에게 폭력 시위에 대해 "여러분의 도시를 되찾으라"라며 "당신이 지배해야 한다. 그렇지 못하면 시간 낭비를 하며 한 무리 바보처럼 보일 것"이라고 말했다. 매케내니 백악관 대변인은 "지배하라(dominate)"라는 표현에 대해 "시위대를 지배하라는 게 아니라 지역의 안정을 유지하라는 의미로 사용한 것"이라고 설명했다. 홍콩 시위에 대해 중국이 수습하는 정책과 대한민국을 포함한 세계 각국에서 발생하는 시위에 비해 미국의 인종 갈등 수습 방안은 인권 존중 정책에서 좋은 세계사적 사례가 될 것이다.

한반도 분단 체제 형성 이후 최초로 북한의 평창동계올림픽 참가를 시발점으로 조성된 남북 관계와 미묘한 한미 관계를 더욱 발전시키고 개선하여 민족의 통일 대업을 완성하는 자랑스런 자유민주주의 시장경제 국가 대한민국이 되기를 기원한다. 또 4·15총선의 승리를 통해 마련된 동력을 국가와 민족의 번영을 이룩하는 역사의 기회로 삼아 문재인 정부가 성공할 것으로 기대한다. 한미 관계는 고난과 역경의 어려운 시기로 이어지겠으나 이런 고통스런 과정을 통해 한미 관계는 더욱 발전해야 할 운명적 관계임을 재인식하고 유익한 역사로 발전하게 될 것이다.

이제 한미 관계 187년을 맞아 그동안 한미 관계가 어떻게 이어져 왔는지에 돌아보고 정리하는 기회를 마련하고자 한다.

1. 한미 관계의 시작과 대한제국의 망국

한국과 미국의 첫 만남과 제너럴 셔먼 호 사건

한국과 미국이 처음 만난 것은, 1853년 1월 일본 해역에서 고래잡이를 하다가 풍랑에 휩쓸려 온 미국 포경선 사우스 아메리카 호가 부산 용당포 앞바다에 닿은 때로 추정된다. 당시 조선인은 616톤이나 되는 이 거대한 포경선에 올라 미국인과 미국 문물을 처음 접하게 된 것이다.

이후 눈에 띄는 한미 접촉 역사는 1866년의 제너럴 셔먼 호 사건이다. 셔먼 호는 미국 배였지만 이 배를 빌려 조선과 무역을 시도한 나라는 영국이었다. 영국은 셔먼 호에 상품을 싣고 조선의 대동강 하구로 와 통상 교역을 시도했다. 그러나 조선의 관리는 '통상불가이원칙(通商不可二原則)'을 내세우며 평양으로 배가 들어가는 것을 막았다. 통상불가이원칙은, 조선은 서양 여러 나라와의 통상을 금지하고 있다는 점, 혹 통상을 허락한다 하더라도 이는 일개 지방관이 결정할 수 있는 일이 아니라는 점이었다.

그러나 셔먼 호는 대동강을 거슬러 올라가 8월 22일 평양 만경대에 도달했다. 그곳에서 셔먼 호는 그 해 일어난 병인박해로 프랑스 선교사가 학살되었음을 규탄하고 이와 관련한 여러 가지 협박을 하며 교역을 요구했다. 그럼에도 당시 평양감사 박규수(朴珪壽)는 통상 교역을 거부했다. 그러면서도 조선은 셔먼

제너럴 셔먼 호 사건은 1866년 음력 7월 12일 평양군민들이 미국 상선 제너럴 셔먼 호를 응징하여 불에 태워버린 사건이다.

호에 식량과 땔감 등을 세 차례나 제공했다.

그런데 셔먼 호는 조선 관리를 납치하고 쌀 5천 석과 금·은·인삼 등을 요구했다. 이후 조선인들은 셔먼 호에 대해 적대 감정을 갖게 되었다. 급기야 8월 31일 벌어진 전투로 조선군 7명이 전사하고 5명이 부상을 입는 일이 벌어졌다. 9월 3일 조선은 화공으로 셔먼 호를 공격하여 셔먼 호의 승무원 24명은 모두 죽고 셔먼 호는 불타고 말았다.

이 사건에 대해 미국은 적극적으로 대응에 나섰다. 1870년 1월, 당시 미국 대통령인 그란트(U. S. Grant) 대통령은 다음과 같은 '대통령 교서'를 발표했다.

"조선 해안에서 우리 미국의 선원에 대한 조선인의 야만적인 학대를 근절시키기 위해 본인은 베이징 주재 미국 공사 로우(F. F. Low) 씨에게 앞으로 조난 선원의 안전과 인도적 대우를 확보하기 위해 조선과 협정을 체결하라는 훈령을 내리는 바이다. 필요할 경우 로우 공사의 신변 보호를 위해 로저스 제독은 충분한 병력을 인솔하고 로우 공사를 수행할 것을 명하는 바이다."

그란트 대통령은 또 로저스 아시아 함대 사령관에게 "조선군이 적대적 행동을 하지 않는 한 전쟁 행위를 하지 말라"라고 훈령을 내렸다.

로우 공사는 청나라를 통해 조선 국왕에게 "조선 전권공사 로우는 대통령의 명을 받들어 조선 국왕과 화호(和好)를 맺고자 조선을 방문한다. 또 조난 선원 구휼 협정 체결이 가장 긴요한 당면 문제이다. 제너럴 셔먼 호 사건은 비인도적

강화도 초지진

야만적인 행동이다. 만일 평화적 교섭을 거절하면 전쟁을 불사하겠다"라는 내용의 친서를 보내왔다.

조선 조정은 청나라 예부(禮部)를 통해 답장을 보내 미국과의 교섭을 거부했다. 그 내용은 대략 다음과 같다.

첫째, 제너럴 셔먼 호 사건은 그 승무원들이 평양에서 도발 행위를 하여 스스로 화를 자초한 것이다. 둘째, 조난 선원 구휼 협정은 우리에게는 의미가 없다. 조선은 유교적 전통에 따라 적대적 행동이 없는 한 어느 나라 선원이든 구휼을 하고 있기 때문이다. 이미 미국 선원을 세 번이나 구조한 일이 있다. 셋째, 조선은 서양의 어느 나라와도 외교 관계 또는 통상 관계를 수립할 수 없다. 이는 조선의 국법에 '국금(國禁)'으로 금지되어 있다. 넷째, 조선의 생산은 빈약하고 공산품이 없어 미국과 통상 관계를 수행할 수 없다.

그런데 로우 공사는 이 회신을 받지 못한 채 강화도를 공격했다. 신미양요(1871년 5월)가 시작된 것이다. 6월 미군은 강화도 초지진, 덕진진, 광성보 등을 점령하고 성조기를 게양했다. 이에 조선 조정은 척화비를 세우고 배외(排外) 정책을 더욱 강화했다. 이듬해 4월 미국의 피쉬 국무장관은 조선의 대미 통상 관계 거부 권리를 인정해야 한다고 로우 공사에게 훈령을 내렸다.

조선의 개항과 조미 수교

1875년 일본 군함 운요호[雲揚號]가 강화도에 불법 침입했다. 그 사건이 계기가 되어 1876년 2월 강화도에서 한일수호조약(강화도 조약)을 체결했다. 조선이 마침내 나라의 문을 열게 된 것이다.

이후 미국도 조선과 접촉을 시작했다. 1878년 4월 미 상원의원 서전트는 대조선통상조약 체결을 촉구하는 공동결의안을 제출하고 조선 개국의 필요성을 강조했다. 통상 조약 체결 권한을 부여받은 슈펠트 제독은 조약 체결을 위해 1879년과 1880년 5월 부산항에 도착했다. 그러나 조선의 동래부사 심동신이 서한 접수를 거부하여 슈펠트는 일본으로 돌아갈 수밖에 없었다. 슈펠트 제독은 청나라의 리홍장[李鴻章]에게 영향력 행사를 요청했다. 1881년 수신사 조병호는 일본에 있던 어윤중에게 고종의 밀명을 전달했다. 대미 수호 결정 방침을 통고한 것이다.

1882년 5월 22일 드디어 조미수호통상조약(朝美修好通商條約)이 맺어졌다. 서구 국가와는 최초의 수교였다. 1883년 5월 미국 정부는 푸트(Lucius H. Foote)를 주한 미국 특명전권공사로 임명했다. 푸트 공사는 1883년 5월 19일 조선의 통리교섭통상아문에서 독판교섭 통상사무 민영목(閔泳穆)과 비준 문서를 교환했다. 이로써 한미 외교 관계가 정식으로 수립된 것이다.

조약 체결 후인 1883년 12월 4일 미국의 아더(Chester A. Arthur) 대통령은 "우리는 조선에서의 상업상 독점이나 타국보다 유리한 이득을 추구하고 싶지 않다. 조선인이 본 공화국을 신뢰하고 있는 것과 같이 우리는 조선의 문화 수준을 향상시키는 데 관심을 두고 있다. 우리는 조선인에 대한 어떤 권리 침해도 묵과할 수 없다"라는 내용의 대통령 교서를 발표했다.

코모도르 로버트 슈벨트 미 해군 제독

조미수호통상조약의 체결은 다음과 같은 의미를 가지고 있다.

첫째, 조선은 미국과 조약을 맺음으로써 세계를 향해 문을 활짝 열었고 서양의 문화를 받아들이기 시작했다. 둘째, 조미수호통상조약은 미국이 조선 왕조를 주권을 가진 독립 국가로서 인정하고, 한미 양국 간에 대등한 입장에서 체결한 조약이다. 셋째, 조미수호통상조약은 미국 의회의 비준을 거친 조선 최초의 공식 외교문서이다. 넷째, 조미수호통상조약은 청나라나 일본이 서양 여러 나라와 체결한 조약에 비해 불평등성이 배제된 조약이다. 다섯째, 조미수호통상조약에는 조선의 독립을 보장하고 문화적으로 근대화시키고자 한 슈펠트의 의지가 담겨 있다.

조미수호통상조약 체결 이후 고종은 친미적 자세를 취했다. 남의 힘을 빌려서라도 개발을 해야 개화할 수 있다는 생각을 가졌기 때문이다. 정치·외교·군사 등 각 분야의 고문이나 교관을 미국과 의논하여 초빙했다. 그 과정에 모르스를 비롯한 미국의 회사들이 철도부설권, 금광 허가권 등을 얻을 수 있었다.

그러나 '거중조정(居中調整, good offices)' 항목의 해석에 대한 이견은 계속 논란의 대상이 되었다. 조미수호통상조약 제1조에는 "금후 대조선국 군주와 대아메리카 대통령 및 두 나라 백성들은 영원히 평화롭고 사이좋게 지낸다. 만약

고종 황제

리교를 선교하는 일에 관심을 가지게 되었다. 그는 1884년 1월 일본에 있던 감리교 선교회 대표 매클레이(Robert S. Maclay) 목사에게 "조선에 가서 그 나라를 실제로 답사한 후 선교 사업에 착수하기 바란다"라는 편지를 보냈다. 그해 6월 매클레이 목사는 조선으로 건너오게 되었다. 그러나 유교 국가인 조선에서 기독교 선교를 드러내놓고 할 수는 없었다. 그래서 병원과 학교를 설립하겠다는 뜻을 밝히고 입국 허가를 받을 수 있었다. 그것이 조선에의 감리교 선교의 시작이었다.

미국에 상주 공사관이 개설된 것은 1887년에 이르러서였다. 조미수호통상조약 체결 이후 4년 동안 주한 미국 공사로 푸트, 포크, 파커, 록힐 등이 다녀가고 딘스모어가 공사로 지내고 있을 때였다. 조선 조정은 협판내무부사 박정양(朴定陽)을 주미 특명전권대사로 임명하여 미국을 파견하기로 했다. 일행은 박정양을 비롯하여 참찬관 이완용(李完用), 서기관 이하영(李夏榮), 친군후영문안 이상재(李商在), 번역관 이채연(李采淵), 수행원 강진희(姜進熙), 무변 이종하(李鐘夏), 근솔 김노미(金老美)·허용업(許龍業), 미국인 알렌(Horace N. Allen) 등 11명이었다.

아더 미 대통령 알현하는 민영익 대사

그런데 파견 과정에 청나라의 위안스카이[袁世凱] 총리는 청나라 정부와 협의하지 않고 조선이 독자적으로 주미 공사를 임명한 것, 미국에 조선의 무역상관 하나 없는데 공사를 상주시키는 것은 재정 낭비라는 것, 조선은 청나라의 속국이므로 독자적 외교관 파견은 속방 체제에 어긋난다는 등의 이유를 들어 공사 파견을 막았다.

이에 미국 정부는 덴비(Charles Denby) 주청 미국 공사를 통해 "한미 양국이 서로 공사를 교환하는 문제는 청나라 정부의 주선으로 이미 체결된 조미수호통상조약에 명시되어 있다. 그럼에도 불구하고 청나라가 이제 와서 간섭하는 것은 부당한 처사이다"라며 청나라에 대해 비난했다. 주한 미국 공사 딘스모어도 "조선이 일본에 사신을 파견할 때 청나라는 한 마디도 안 하다가 조선이 미국에 공사를 파견한다고 이의를 제기하는 것은 미국과 일본 두 나라에 대한 차별이다"라고 항의했다.

미국의 강력한 항의를 받은 청나라는 '영약삼단(另約三端)'을 조건으로 내걸고 전권공사의 파견을 허락했다. 영약삼단은, 조선의 전권공사가 미국에 도착한 후 청나라 공사관에 들러 청나라 공사의 지시를 받을 것, 미국 정부 주최의 공식 회합이나 연회에서 청나라 대표보다 아래 자리에 앉을 것, 중대 교섭을 해야 할 경우 청나라 공사와 협의한다는 세 가지 내용이었다. 이런 우여곡절을 거친 후인 1888년 1월 17일에야 박정양 초대 주미 공사는 클리블랜드 미국 대통령에게 신임장을 제정하고 워싱턴에 상주 조선공사관을 개설할 수 있었다.

조선왕조 공사관

하와이 이민 시작

1900년 이전 하와이 사탕수수농장에는 중국과 일본인 노동자가 이미 많이 이주해 있었다. 중국인은 1851년, 일본인은 1865년부터 하와이 이민이 시작되었다. 농장 경영주들의 커다란 고민 중 하나는 각 나라 노동자들이 세력을 이뤄 문제 상황을 만드는 것이었다. 이런 상황을 막기 위해 각 나라 노동자들을 견제하는 것이 필요했다. 중국인이 단합하는 것을 막기 위해 일본인을 받아들였는데 일본인을 견제할 사람이 다시 필요하게 되었다. 그래서 대한제국 사람의 이민을 받기로 했다.

1882년에 맺은 조미수호통상조약 덕분에 한인의 미국 이민은 법적으로도 가능한 상태가 되었다. 조미수호통상조약 제6조에는 "조선국 상민(常民)으로서 미국에 가는 자는 미국 전 지역에서 대지를 임차할 수 있으며 토지를 매수하여 주택이나 창고를 건축할 수 있다"라는 내용이 있다.

이런 상황에서 하와이 사탕농장경주협회는 주한 미국 공사인 알렌을 통해 고

첫 하와이 이민선 갤릭호

종에게 해외 이민 보내는 것을 건의하게 했다. 하와이 측의 건의는 당시 대한제국 국내 사정과 잘 맞아떨어졌다. 1901년 가뭄으로 대기근이 닥쳤고 개방 정책을 요구하는 백성이 많아진 것이다. 알렌은 "지금 백성은 개국 진취를 원하고 있을 뿐 아니라 흉년으로 고생하고 있으니 하와이에 보내서 척식사업과 신문화를 도입하도록 함이 현명한 방책입니다"라며 고종을 설득했다.

사진 신부

1902년 워싱턴을 방문했던 알렌 공사는 귀임길 하와이에 방문하여 사탕농장경주협회 대표들과 만났다. 이 자리에서 알렌은 "한인은 성질이 착하고 온순하며 인내심이 강하고 부지런히 일만 하는 민족이다"라고 한인의 우수성을 강조했다.

하와이 사탕농장경주협회에 의해 모집인으로 지정된 데슐러(David Deshler)는 1902년 5월 9일 내한했다. 데슐러와 알렌 공사의 요청으로 대한제국 조정은 1902년 8월 20일 개척 이민 실무를 담당할 관청인 수민원(綏民院)을 설립하였다. 수민원의 총재는 민영환(閔泳煥)이, 사무국장은 서병호가 맡았다. 수민원은 전국에 광고를 하여 하와이 이민을 모집했다.

하와이로의 첫 이민은 1902년 12월 22일 시작되었다. 이민자 121명은 민영환의 환송을 받으며 인천항에서 배에 올랐다. 한 달 후 일본 고베에 도착한 이들은 신체검사를 받았는데 20명이 탈락되었다. 101명의 이민자는 미국 상선 갤릭호를 타고 출발 12일만인 1903년 1월 13일에 호놀룰루 항에 도착했다. 101명 중 다시 여덟 명은 안질에 걸렸다는 이유로 상륙 허가를 받지 못하고 돌아와야 했다. 결국 93명만이 입국 수속을 할 수 있었다. 그들은 오하우섬 서북쪽 와일루아의 모쿨리아(Mokuleea) 농장에서 일을 시작했다.

이후 총 65차에 걸쳐 한인 7,226명이 하와이에 이민 가 그곳에 정착하게 되었다. 1912년부터 1924년 사이, 이들 한인 노동자들은 사진만 보고 하와이로 건너온 신부들과 결혼하여 가정을 이뤘다. 이들 하와이 이민 한인들은 경제적 안정을 찾아가면서 조국 독립을 위해 모금 운동을 벌이는 등 독립운동에 적극 협력하는 세력으로 자리잡았다.

포츠머스강화조약과 가쓰라태프트밀약

1905년 9월 5일 포츠머스강화조약이 맺어졌다. 이 조약은 러일전쟁의 뒤처리를 위해 미국 뉴햄프셔주에 있는 포츠머스에서 열린 회담의 결과이다. 이 회담은 미국의 시어도어 루스벨트(Theodore Roosevelt) 대통령 중재로 열렸다.

조약의 주요 내용은 다음과 같다. 첫째, 한반도에 대한 일본의 지도·보호·감리권의 인정한다. 둘째, 뤼순[旅順]·다롄[大連]의 조차권 승인하고 창춘[長春] 이남의 철도부설권을 일본에 양도한다. 셋째, 북위 50도 이남의 남사할린 섬 할양한다. 넷째, 동해, 오호츠크해, 베링해 등 연해주에서의 일본 어업권을 승인한다.

이와 같이 일본에 유리하게 구성된 이 조약으로 미국뿐만 아니라 러시아까지도 일본의 한반도 지배를 승인하게 되었다. 한반도의 일본 지배는 국제적 동의를 얻은 형국이 된 것이다. 이후 일본은 한반도 병합에 박차를 가했다.

1905년 7월 12일 이승만(李承晩)과 윤병구(尹秉求)는 미국 한인을 대표하여

포츠머스강화조약

루스벨트 대통령에게 '대한독립청원서'를 보냈다. 당시 일본 방문길에 오른 미국 육군장관 태프트(William H. Taft) 일행은 7월 12일 호놀룰루에 잠시 들렀다. 태프트가 호놀룰루에 온다는 소식을 들은 하와이 한인들은 윤병구와 이승만을 강화회의에 파견할 자신들의 대표로 선정했다. 또 미국 대통령에게 제출할 영문 탄원서를 작성한 것이다.

가쓰라 일 외무부장관

하와이 한인들은 탄원서에서, 윤병구와 이승만은 고종 황제의 사신이 아니라 하와이에 거주하는 '8,000명 교포'의 대표자로서 조국에 있는 '1,200만 평민'(common people)의 의사를 대변한다고 주장하였다. 그들은 러일전쟁 중에 일본이 한국에서 저지른 온갖 침략적 배신 행위를 규탄하면서 미국 대통령이 조미조약에 따라 한국의 독립을 지켜주기를 바란다고 호소했다.

윤병구와 이승만은 태프트 장관의 소개장을 가지고 루스벨트 대통령의 '여름 백악관'으로 찾아갔다. 루스벨트는 한국 대표를 약 30분 동안 정중히 맞아 주었다. 루스벨트는 사안이 워낙 중요하므로 탄원서를 정식 외교 통로를 통해 보내주면 자신이 그것을 강화회의 탁상에 올려놓겠다고 말했다.

그러나 그 무렵 루스벨트 대통령은 가쓰라태프트밀약(1905. 7. 29)을 통해, 미국이 필리핀을 확보하는 대가로 한국을 일본에 넘길 것을 결정한 상태였다. 이 밀약은, 일본 도쿄에서 열린 미국의 태프트 육군장군과 일본이 가쓰라[小村壽太郎] 외무부장관의 비밀 회담으로 이뤄졌다. 이 회담 결과 만들어진 이른바 '태프트-가쓰라 메모'의 주요 내용은, 미국은 일본이 장차 미국의 식민지인 필리핀을 공격하지 않는다는 조건 하에 일본으로 하여금 군사력을 동원하여 한국에 '종주권'(suzerainty)을 수립하는 것, 즉 한국을 보호국으로 만드는 것을 허용한다는 것이었다. 루스벨트는 이 비밀 문건을 7월 31일에 전보로 받아 검토하고 추인하였다.

태프트 미 육군장관

비밀리에 맺은 약속이므로 대한제국에서는 미국과 일본 사이에 이런 조약이 맺어진 것을 알 수 없었다. 이후 한반도에 대한 일본의 야심이 노골적으로 드러나자 고종 황제는 미국에 거중조정을 호소하는 친서를 보냈다. 특사로 임명된 미국인 헐버트(Homer B. Hullbert)는 친서를 가지고 워싱턴에 갔지만 주미

일본 공사의 방해와 미 국무성의 비협조로 이를 루스벨트 대통령에게 전달하지 못했다. 만일 이 친서가 전달되었다 하더라도 그 효력을 발휘하지는 못했을 것이다. 미국은 이미 일본이 한반도를 지배하는 데 협조하기로 마음을 굳히고 있었기 때문이다

장인환의 스티브스 암살 사건

스티브스 외교고문관 암살 사건

대한제국의 외교고문관 스티브스(Durham W. Stevens)는 철저한 친일파였다. 1884년 갑신정변이 실패로 끝난 이듬해 스티브스는 이노우에와 함께 조선에 왔다. 당시 그는 이노우에에게 "조선과 교섭을 벌일 때는 절대로 사과하는 태도를 보여서는 안 된다"라며, 조선인은 겁이 많고 용기가 없기 때문에 위협을 하면 어떠한 요구도 얻어낼 수 있다고 훈수를 뒀다. 그 결과 조선은 일본과 굴욕적인 한성조약(1885. 1. 9.)을 맺게 되었다. 갑신정변이 일어난 데는 일본의 잘못도 컸는데 조선 조정은 도리어 일본에 사죄하고 손해배상금 15만 원까지 물어줘야 했다. 한성조약을 성공적으로 체결한 공로로 스티브스는 일본 정부로부터 훈장까지 받았다.

또 스티브스는 청일전쟁을, 조선에 대한 청나라의 내정 간섭을 영구히 단절하고 조선의 독립을 쟁취하기 위해 일본이 벌인 성전(聖戰)으로 미화하기도 했다. 그러면서 "일본은 분명히 한반도에 대한 어떤 영토적 팽창 계획도 없을뿐더러 조선의 독립을 해치는 어떤 음모도 없다"라고 강변하기도 했다.

그런 스티브스가 1904년 8월 제1차 한일협약 이후 대한제국의 외교 고문 자리에 앉게 되었다. 당시 스티브스에게는 대한제국 정부의 대외 외교문서를 사전에 열람할 수 있고 언제든지 고종 황제와 단둘이 만날 수 있는 특권이 주어졌다. 또 대한제국의 내각 회의에 참석할 수도 있었다. 이때부터 대한제국의 외교권은 사실상 스티브스가 장악한 것이다.

1908년 3월 스티븐스는 일본 통감 이토 히로부미[伊藤博文]의 지시로 미국에 파견되었다. 미일 관계 개선을 도모하기 위해서였다. 워싱턴으로 가는 도중 그는 샌프란시스코에 들렀다. 스티븐스는 샌프란시스코 크로니클지와의 인터뷰에서 "일본의 한국 보호는 유익한 일이 많다"라고 말했다. 이 소식을 들은 공립협회 회원 문양목, 최정익, 정재관, 이학현 등은 스티븐스가 머무는 호텔로 찾아가 강력히 항의했다. 그래도 분이 안 풀린 공립협회 회원들은 스티븐스를 제거하기로 결의했다. 공립협회는 안창호가 만든 단체이다.

3월 23일, 공립협회 회원 장인환(張仁煥)은 페리 정거장에서 스티븐스를 총으로 암살했다. 처음 공립협회 회의 자리에서 전명운(田明雲)이 스티븐스 암살을 자원했을 때 장인환은 말없이 앉아 있었다. 그런데 장인환은 실수가 있을 때를 대비하여 정거장에 나가 동정을 살피고 있었다. 아니나 다를까 전명운의 총이 불발되었고 그를 본 장인환이 대신 총을 쏜 것이다.

장인환은 1908년 12월 23일 열린 최종 결심공판에서 25년 금고형을 받아 감옥에 갇혔다가 1919년 1월 10일 가석방되었다.

미주한인이민 100주년 기념사업회 워싱턴 DC 전국총회에 참석한 대표자들이 한인 유학생 최초 졸업생 변수 묘비에서 기념사진을 찍고 있다.

유학생 변수와 시민권 취득자 서재필

조선인 중 미국으로 최초로 유학간 사람은 유길준이었다. 그러나 그는 매사추세츠주 더머 아카데미 고등학교에 다니던 중 갑신정변이 일어났다는 소식을 듣고 학업을 중단하고 조선에 돌아왔다. 조선인 최초로 미국에서의 유학을 끝까지 마친 사람은 보빙사 일행 중 한 사람이었던 변수(邊燧)였다.

그는 보빙사 임무를 마치고 귀국한 후 1884년 갑신정변에 참어하였다. 갑신정변이 실패로 돌아가자 변수는 김옥균, 서재필 등과 마찬가지로 일본으로 망명했다. 그후 1886년 미국으로 망명하여 이듬해 메릴랜드 농과대학에 입학했다. 변수는 공부를 마친 후 조선의 농업 근대화에 헌신하겠다는 의지로 농과대학을 선택한 것이다. 그는 1891년 6월 이학사 학위를 취득하여 조선인 최초의 미국 대학 졸업생이 되었다. 졸업 후 변수는 미국 농무부에 취직하였다. 그런데 취직 3개월 만인 1891년 10월 22일 출근길에 기차 사고로 세상을 떠나고 말았다.

개화파였던 서재필은 갑신정변에 실패한 이후 일본을 거쳐 미국으로 망명하였다. 이후 11년 동안 미국에 살면서 미국 시민권을 따냈다. 조선인으로는 최초였다. 그는 미국에서 의학박사 학위도 취득했다.

1895년에 귀국한 서재필은 독립협회를 만들고 독립신문을 발행했다. 독립협회는 주권 독립 운동, 인권 확대 운동과 참정권 실현 운동 등 민권운동에 앞장섰다. 참정권 실현 운동은 의회 설립 운동으로 이어졌다. 독립협회는, 중추원을 개편하여 의회로 만들고 위원의 반은 독립협회 회원으로 구성해달라는 의회설립안을 조정에 제출했다. 그러나 조선 조정은 의회 개설 운동과 입헌 군주제 실시 주장을 왕권에 대한 도전으로 받아들였다. 상황이 여의치 않게

변수

유길준

돌아가자 서재필은 1898년 다시 미국으로 갔다. 그는 1919년 4월 필라델피아에서 열린 한민자유대회에서 의장직을 맡기도 했다.

서재필

대한제국 망국과 주미 한국 공사관 폐쇄

주미 한국 공사관은 1905년 을사조약 직후 폐쇄되고 이때 공관원도 모두 철수했다. 을사조약으로 대한제국의 외교권이 박탈되었기 때문이다. 그러나 공사관 건물의 법적 소유권은 1910년 한일합방 직전까지 대한제국 정부에게 있었다.

대한제국은 1891년 11월 워싱턴 시 아이오와 서클(Iowa Circle) 13가 1500번지에 있는 3층 건물을 사들여 주미 공사관으로 사용하였다. 당시 매수인은 '조선국왕 이(King of Chosun Yi)'였고 매입 가격은 2만5천 달러였다. 이 건물의 1층에는 공사관 사무실이 있었고 2층과 3층에서는 공사관 직원과 그 가족들이 살았다.

을사조약 이후 주미 일본 공사가 이 건물을 인수하여 관리했지만 1910년에는 아예 강제로 처분해야 했다. 1910년 6월 29일 일본 정부는 이 건물을 단돈 5달러에 사들였다. 양도인은 '한국대황제 이희'였고 양수인은 '주미 일본 공사 우치다'였다. 한일합방 직후인 1910년 8월 31일에 일본은 미국인 풀턴(Horace K. Fullton)에게 10달러를 받고 이 건물을 넘겨주었다.

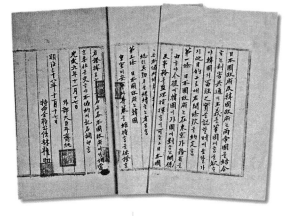

을사조약

2. 미국에서의 독립운동과 한미 관계

한인 단체 활동 시작

1909년 2월 1일 대한인국민회가 창설되었다. 미주 한인 단체가 대한인국민회로 통합된 것이다. 대한인국민회에서는 일반회원으로 구성된 대의회 혹은 대표회의가 최고의결권을 가진 입법기관 역할을 했다. 행정기관 역할은 중앙총회가 했는데 이는 미국 본토, 하와이, 시베리아, 만주 지역까지 아우르게 되었다. 중앙총회는 국내외 한인을 총괄하는 자치 정부 기구로서 발족되었고 민주공화국을 표방하고 있었다. 대한인국민회 중앙총회의 초대 회장은 안창호가 맡았고, 기관지 신한민보도 창간되었다.

당시 대한인국민회 중앙총회는 임시정부의 역할을 했다. 1913년 6월 한인 노동자가 과수원에서 쫓겨나는 사건이 발생하자 미국 정부는 일본 공사와 교섭을 벌이려고 했다. 그런데 대한인국민회 중앙총회는, 미주 한인이 한일합방 이전에 조국을 떠났으니 이들은 일본인이 아니라 대한제국 국민이며 따라서 일본인으로 간주하면 안 된다는 항의문을 보냈다. 항의문을 받은 미국 국무부는 이를 받아들여 대한인국민회 중앙총회의 외교 교섭권을 인정했다.

이렇게 대한인국민회 중앙총회는 미국 국무부와 캘리포니아 주정부로부터

대한인국민회 건물

자치 단체의 자격을 인정받았다. 덕분에 한인 유학생이나 망명 애국지사들은 대한인국민회의 보증으로 미국에 입국하고 영주권을 받을 수 있었다. 1918년 이전에 미국으로 건너간 한인 중 대한인국민회 회원이 아니었던 사람이 거의 없을 정도로 그 세력이 커졌다. 결과적으로 대한인국민회는 한인 사회의 권익을 신장하는 데 큰 기여를 하게 되었다.

이후 1914년과 1915년에 만주와 시베리아 지방총회가 각각 폐지되었고, 1921년 하와이 지방총회가 이탈하였다. 결국 1922년 1월 대한인국민회 중앙총회는 폐지되고 미주, 멕시코, 쿠바 등의 지방의회만을 아우르는 '북미대한인국민회'로 재편되었다.

도산 안창호

1913년 안창호가 샌프란시스코에서 흥사단을, 1919년 박용만이 대조선독립단을 조직했다. 또 1921년 7월 이승만이 하와이에서 동지회를 조직했다. 이 외에도 이민자 수가 늘어나면서 각 지역에 한인회가 조직되어 조국 독립운동을 위해 헌신했으나 이와 함께 이들 한인 단체들 사이에서는 적잖은 분열도 계속되었다. 다음에 소개한 단체들도 당시 활동하던 주요 한인 단체이다.

1924년 12월 10일 뉴욕에서 안정수, 이봉수, 허정 등이 '교민단'을 만들었다. 교민단은 구미위원부를 지원하며 뉴욕을 중심으로 10년여 동안 한인들을 돕는 일을 했다.

1930년 2월 24일 하와이 오하우에서 김경옥 등이 하와이애국단을 만들었다. 이 단체는 상하이 임시정부를 돕는 비밀결사로, 1931년 11월에는 이봉창·윤봉길 의사를 돕는 자금을 임시정부에 보냈다. 하와이애국단은 1940년 5월 9일 이후 한국독립당의 하와이 지부가 되었다.

하와이 대한인교민단은 1932년 1월 16일 하와이 대한국민회로 이름을 바꿨다. 이 단체는 임시정부에 자금을 지원하고 동포를 보호하는 일에 앞장 섰다.

1937년 4월 17일 대한인국민회는 로스앤젤레스 한인타운에 총회관을 건립했다. 28년 동안 유지해온 샌프란시스코 중심의 활동을 로스앤젤레스로 옮긴 것이다. 이후 대한인국민회는 일본인과는 다르다는 점을 알리고 한인을 보호하기 위해 대한인국민회 회원증과 배지를 만드는 등 미국에서의 한국 행정부와도 같

홍사단 창단(1913.5.13.) 100주년 기념
사업(홍사단 이사장 반재철)

은 기능을 했다.

또 상하이 임시정부에 독립운동 자금을 모아 보냈고 태평양전쟁 때는 미국을 돕기 위해 맹호부대를 창설하기도 했다. 당시 150여 명의 한인 2세가 미군에 입대하였고 그 중 김영옥 중위는 일본인 부대인 442연대에 크게 이겨 지금도 전쟁 영웅으로 불리고 있다.

재미한족연합위원회(The United Korean Committee in America)는 1941년 4월 21일 호놀룰루 하와이 대한인국민회 회관에서 열린 해외한족대회(The Conference of Korean Abroad)를 통해 발족되었다. 이 대회에는 북미국민회, 하와이국민회, 대한인동지회, 중한민중동맹단, 대조선독립단, 한국독립당 하와이총지부, 조선의용대 미주후원회연합회, 하와이 대한부인구제회 등 미주 한인 사회의 주요 단체들이 참석했다. 또 해외한족대회에서는 워싱턴에 주미외교위원부(위원장 이승만)을 설치키로 하였고 각 단체가 개별적으로 거둬들이던 의연금을 '독립금'이라는 이름으로 재미한족연합위원회가 걷도록 했다.

1942년 8월 29일 로스앤젤레스 시청에 태극기가 게양되었다. 이날은 1910년 한일합방의 국치일(國恥日)로서, 32년 만에 이뤄진 이날의 태극기 게양은 더욱 감회가 새로웠다.

안창호의 홍사단

이처럼 많은 한인 단체가 조국 독립을 위해 애썼지만 미국 독립운동의 주류를 이뤘던 안창호, 박용만, 이승만의 활동을 중심으로 미국에서의 독립운동에 대해 더 자세히 소개한다.

민족교육자 안창호

안창호(安昌鎬)의 호는 도산(島山)이다. '도산'은 '섬 산'이라는 뜻으로 여기서의 섬은 하와이를 가리킨다. 안창호는 1902년 10월 미국으로 유학길에 올랐다. 배를 타고 보름을 항해한 끝에 하와이를 마주하게 되었다. 그때 하와이의 산을 보고 감격한 나머지 자신의 호를 '도산'이라 지은 것이다.

샌프란시스코에 도착한 안창호는 어느 날 길거리에서 한인 두 명이 싸우는 모습을 목격했다. 깜짝 놀라 싸우는 이유를 물었더니 그들은 고려인삼을 파는 상인(商人)들로, 판매 구역을 침범해서 싸운다고 했다. 그때 안창호는 미국에 사는 한인들을 계몽하고 보호해야 할 필요성을 절감했다. 그래서 그는 학업을 포기하고 민족 계몽 운동에 나섰다.

미국에서 민족 계몽 운동에 헌신하던 안창호는 1907년 1월 캘리포니아 리버사이드에서 이강(李剛), 임준기(林俊基) 등과 함께 대한신민회(大韓新民會)를 만들었다. 다음 달 귀국한 그는 서울과 평양 등지에서 수차례의 강연회를 여는

제1회 도산 안창호의 날 흥사단 LA 개최
(2018.11.9.)

등 국내에서도 활발한 계몽 활동을 펼쳤고 비밀리에 국내 대한신민회도 만들었다. 대한신민회는, 국민에게 민족 의식과 독립 사상을 고취할 것, 독립 전쟁을 위해 자금을 확보할 것, 동지를 발견하고 단합하여 국민 운동의 역량을 축적할 것, 교육 기관을 각지에 설치하여 청소년 교육을 진흥할 것, 상공업 기관을 만들어 단체의 재정과 국민의 부력을 증진할 것 등을 목표로 삼았다.

1908년 9월 26일 안창호는 윤치호(尹致昊), 이종호(李鐘浩) 등과 함께 평양에 대성학교를 설립했다. 민족 교육을 시키고 인재를 양성하기 위해서였다. 대중 계몽을 위한 도서 간행과 보급을 특히 중요하게 여긴 안창호는 서울, 평양, 대구 등에 태극서관(太極書館)이라는 출판사를 만들었다. 상공업 진흥을 위해서 평양 마산동에 우리 역사상 최초의 주식회사인 도자기회사를 만들었다. 조선이 식민지가 된 가장 큰 원인은 경제 파탄에 있다고 생각했기 때문이다.

국내에서 안창호의 영향력이 강해지자 통감 이토 히로부미는 1907년 11월 '안창호 내각'을 제의했다. 한반도 지배에 대한 한민족의 저항을 줄이기 위해서였다. 안창호는 한인 내각 구성이 일본의 침략을 정당화하는 데 이용당할 수 있다는 생각에 이를 거절했다. 이후 안창호의 민족 교육이 그 효력을 드러낼수록 그에 대한 일본의 압박도 심해졌다.

1909년 1월 31일, 서도 순행(西道巡行) 길에 나선 순종 황제와 함께 이토 히로부미가 평양에 닿았을 때 대성학교 학생들이 태극기로 맞이한 사건이 일어났다. 당초 일본 경찰은 태극기와 일장기를 함께 나누어줬는데 학생들은 일장기를 버리고 태극기만 흔들었던 것이다. 평양 경찰서는 안창호를 불러 이를 문책했다.

1909년 10월 26일 안중근(安重根)이 이토 히로부미를 암살했을 때도 일본 경찰은 평양에 있던 안창호를 구속했다. 그는 다시 서울 용산 헌병대로 옮겨져 40일 동안 취조를 당했다. 이후 석방과 재수감을 거쳐 2월 20일경에야 풀려났다. 이때 일본은 석방의 조건으로 다시 한번 '안창호 내각'을 제의했다. 안창호는 더 이상 국내에서는 활동할 수 없다고 판단하여 외국으로 망명길에 오르게 되었다.

1913년 5월 13일 안창호는 샌프란시스코 페리가 232호 국민회관에서 흥사단을 창설했다. 강영소(姜永韶), 김종림(金鍾林), 김항작(金恒作), 송종익(宋鍾翊), 염만석(廉萬石), 정원도(鄭源道), 조병옥(趙炳玉), 홍언(洪焉), 등과 함께였다. 이들 여덟 명은 각 도 대표가 되었다. 안창호는 흥사단을 통해 민족 수양 운동을 펼치고자 했다. 그는 흥사단 동지를 구할 때 '믿을 만한 사람'을 가장 우선 조건으로 하였고 각도에서 골고루 인물을 구하는 것을 목표로 삼고, 실생활에서 반드시 지켜야 하는 일로 '무실역행(務實力行)'을 강조했다.

미주한인재단 뉴욕지역 회장으로 임명된 (왼쪽부터) 류제봉 퀸즈 한인회장, 최영배 브루클린 한인회장, 김영윤 회장, 디노 김 회장, 주옥균 회장이 박상원 총회장과 함께 기념촬영(2013.7.19)

안창호는 1914년 11월 대한인국민회(大韓人國民會) 중앙총회장에 선출되었고 1915년 6월 23일에는 대한인국민회 중앙총회 회장에 취임했다. 대한인국민회는 미국 한인을 대상으로 민족 수양 운동, 독립을 위한 혁명 운동, 민주주의 정치를 실습하는 정치 운동을 펼쳤고, 재미 동포의 보호기관, 취직 알선 기관, 노동 조합, 문화 향상 기관의 역할을 했다.

1919년 3·1운동 직후 상하이 임시정부가 만들어지자 안창호는 상하이로 건너가 임시정부 내무총장 겸 국무총리 대리직을 맡았다. 그는 김구를 상하이 임시정부의 요인으로 기용하기도 했다. 미국과 중국을 다니며 독립운동을 펼치던 안창호는 1932년 4월 윤봉길(尹奉吉)의 훙커우 공원 폭탄 투척 사건 때 일본 경찰에 붙들려 국내로 압송되었다. 4년형을 선고받아 수형 생활을 하다가 2년만에 가출옥하였다. 그러나 1937년 6월 동우회(同友會) 사건으로 다시 체포되어 옥고를 치르다 1938년 3월 10일 세상을 떠났다.

독립전쟁론을 주장한 박용만

박용만(朴容萬)은 이승만과 청년 시절 옥중 동지이다. 형제처럼 지내던 두 사람이 서로 다른 길을 걷게 된 이유는 독립운동의 방법에 대한 견해가 서로 달랐기 때문이다. 박용만은 독립전쟁론을 주장하며 군대를 양성하고 전쟁을 준비하

우성 박용만 장군

는 데 몰두했다. 그러나 이승만은 이런 박용만의 방법이 돈과 시간의 낭비라고 여겼다. 두 사람의 반목은 한인 사회의 분열과 갈등을 불러오기도 했다.

박용만은 1905년 2월 6일 미국으로 갔다. 1906년 여름 콜로라도주 덴버(Denver)에서 노동 주선소와 숙박업소를 운영하면서 하와이에서 건너온 한인들에게 숙소를 제공하고 일자리를 알선했다. 그는 1908년 1월 1일 덴버지역 한인들과 애국동지대표회를 개최하기로 의결하고 북미와 하와이, 러시아 한인 단체에 대표 파견을 요청하였다. 7월 11일 덴버의 그레이스감리교회에서 애국동지대표회가 개최되었다.

1908년 5월 커니(Kearney) 농장에 소년병학교를 창설하여 교장이 되었다. 한인 청년들의 독립운동 인재 양성과 군사 교육을 위해서였다. 처음 모집된 한인 청년은 13명이었다. 1909년 7월 박용만은 네브라스카 헤이스팅스로 옮겨 한인소년병학교를 설립했다. 네브라스카 주립대학 건물을 빌려 운영한 이 학교에서 1912년 9월 첫 졸업생 13명을 배출할 수 있었다. 박용만 자신도 네브라스카 주의 링컨고등학교에서 1년간 수학한 후 네브라스카 주립대학에 입학하여 정치학을 전공하는 한편 ROTC 군사 교육을 받은 후 1911년 졸업했다.

1911년 재미동포의 단체인 대한인국민회(大韓人國民會)의 기관지『신한민보(新韓民報)』의 주필로 활동했고 이 무렵『국민개병설』,『군인수지』라는 책을 저술하여 발간하였다. 1912년 12월 박용만은 박처후에게 소년병학교를 맡기고, 대한인국민회 하와이 지방 총회가 발행하는『신한국보(新韓國報)』주필로 자리를 옮겼다.

하와이로 간 박용만은 그곳에서도 국민군단과 사관학교 설립 운동을 펼쳤다. 1914년에는 농장을 임대하여 동포의 청년들이 공동으로 경작하게 하였다. 1914년 6월 10일 오하우섬의 '산 너머'에 있는 아후마누 봉리농장에서 '대조선국민군단(大朝鮮國民軍團)'을 조직하고 대조선국민군단 사관학교를 세웠다. 이런 위치적 특징 때문에 학생들은 '산 너머 아이들'이라 불렸다. 박용만은 국민군단을 훈련하여 일본에 대항할 독립군으로 키우려는 계획을 가지고 있었다. 그러나 미국 정부의 군사 활동 제제와 이승만과의 반목, 일본의 방해 등으로 군단 양성을 중단해야 했다. 1915년 4월 22일 박용만은 안창호가 회장을 맡은 국민회 중앙총회의 부회장으로 선출되었다.

　1917년 박용만은 상하이의 신규식·조소앙 등과 함께 대동단결선언을 발표하여 임시정부 수립을 계획하였다. 또 뉴욕에서 개최된 약소국동맹회(弱小國同盟會)에 참석하여 외교를 통한 독립운동을 펼쳤다. 1918년에는 신문 『태평양시사((太平洋時事)』를 창간하여 자신이 주필을 맡았고, 1919년 3월에 국내에서 3.1운동이 일어나자 이에 고무된 박용만은 호놀룰루에서 대조선독립단(大朝鮮獨立團, The Korean Independent League)을 창단하고 『태평양시사』를 기관지로 삼았다.

　1919년 4월 한성 임시정부가 수립되었을 때 박용만은 외무총장에 선출되었다. 이후 상하이 임시정부에서도 외무총장에 선출되었지만 부임하지 않았다. 대통령인 이승만과 독립운동 방향에 대한 견해 차이가 컸기 때문이다. 이승만은 외교를 통한 독립운동을 주장했는데 박용만은 독립군을 키워 무력으로 독립을 쟁취해야 한다는 입장이었다.

박용만 기념재단 주최 대조선국민군단 창립
101주년 기념(2015. 로스앤젤레스 개최)

박용만은 무장 독립운동을 펼치고자 1919년 5월 활동 무대를 중국으로 옮겼다. 베이징에 도착한 그는 신채호, 신숙 등 반이승만 인사들과 함께 군사통일촉성회(軍事統一促成會)를 결성하였다. 그는 1923년 상하이에서 열린 국민대표대회에서 임시정부 불신임운동에 앞장서기도 했다.

박용만은 병농일치(兵農一致)를 실천하기 위해 1926년 베이징에 대본공사를 설립하였다. 미개간지를 개간하여 독립운동 기지를 건설하고 독립군 양성자금을 마련하기 위해서였다. 1927년 4월에는 호놀룰루 팔라마 지방에 우성학교(宇醒學校)라는 한국어 학교를 설립하였다.

1928년 10월 17일 이해명(李海鳴)에게 살해되었다.

외교로 독립운동 펼친 이승만

이승만은 1904년 11월 4일 미국으로 건너갔다. 이 무렵 대한제국은 러일전쟁 중이었고 일본의 침략 야욕도 노골화되고 있었다. 민영환(閔泳煥)과 한규설(韓圭卨)은 '영어를 잘하는' 이승만을 미국에 밀파할 것을 고종 황제에게 건의했다. 1882년에 체결된 조미수호통상조약의 '거중조정' 조항에 따라 대한제국의 독립을 보장해줄 것을 요청하기 위해서였다.

이승만은 1904년 11월 29일 하와이의 호놀룰루에 도착하였다. 이후 이승만은 샌프란시스코, 로스앤젤레스, 시카고를 거쳐 미국의 수도 워싱턴D.C.에 도착하였다. 1905년 8월 4일 이승만은 시어도어 루스벨트 대통령과 만났다. 이날 루스벨트는 탄원서를 정식 외교 통로를 통해 보내주면 자신이 그것을 강화회의에서 논의하겠다고 말했다. 이승만과 윤병구는 워싱턴의 주미 대한제국 대리공사 김윤정을 찾아갔다. 그러나 김윤정은 본국 정부로부터 아무런 훈령도 받지 못했기 때문에 그들의 요구를 들어줄 수 없다고 거부하였다. 결국 하와이 한인들의 탄원서는 미국 국무부에 정식으로 제출되지 못했다.

이후 이승만은 1905년부터 1910년까지 미국에서 유학했다. 그는 1905년 2월 조지 워싱턴대학교 3학년에 편입했다. 1907년 6월 5일 학사학위를 취득한 후 하버드대학과 프린스턴대학의 대학원에서 2년 반 만에 석·박사학위를 모두 취득했다. 1910년 7월 18일의 프린스턴대학의 졸업식에서, 이승만은 훗날 제28

우남 이승만

대 미국 대통령이 되는 윌슨 총장으로부터 철학박사(Ph.D.) 학위증을 받았다. 학위 논문 제목은『미국의 영향 하의 [국제법상] 중립(Neutrality as Influenced by the United States)』이었다. 그는 우리 민족이 처음으로 배출한 미국통의 만국공법(萬國公法 : 국제법) 전문가였다.

이승만은 1908년 7월에는 콜로라도 주 덴버(Denver)에서 열린 '한인애국동지 대표자대회(The Korean Patriots' Delegation)'를 박용만과 함께 주선하였다. 이 회의에는 윤병구, 이상설(李相卨), 김처후(金處厚) 등 36명의 '애국 동지'가 참여했는데, 참가자들은 주로 샌프란시스코에 본부를 둔 대동보국회(大同保國會)의 멤버들이었다.

이승만은 1910년 10월 10일 귀국하여 서울YMCA에서 학감으로 일했다. 그러나 그는 일명 '105인 사건'으로 망명길에 올라 1912년 3월 26일 서울을 떠났다. 미국으로 간 이승만은 미니애폴리스 '기독교 감리회 4년 총회(The Quadrennial General Conference of the Methodist Episcopal Church)'에 한국 평신도 대표 자격으로 참가했다. 그 회의에서 이승만은 한국의 독립이 국제 평화 유지에 필수이며 이를 위해 세계 모든 기독교 교인이 단결해야 한다는 취지의 연설을 했다.

8월 14일 이승만은 헤이스팅스에서 박용만과 만났고, 심사숙고 끝에 두 사람은 하와이로 함께 가 장기적인 안목의 독립운동을 펼치자는 결론을 내렸다. 1913년 1월 하와이에 정착한 이승만은 하와이 감리교 선교부의 미국인 감리사들의 도움을 받을 수 있었다. 하와이 지역 감리교 선교부의 감리사 와드맨은 이승만에게 한인기숙학교의 교장직과 감리교 하와이 지방회의 교육분과위원장직을 맡겼다. 그러나 1914년 이승만에게 호감을 가졌던 와드맨이 은퇴하고 그 후임으로 프라이(William H. Fry) 감리사가 부임한 후 이승만은 1915년 6월 한인기숙학교의 교장직과 감리교 지방회 교육분과위원장직을 모두 사퇴하였다. 이후 이승만은 하와이 동포들에게 독립적인 한인 학교와 한인 교회 설립의 필요성을 역설하여 1918년 12월 23일 기성 교파와 관련 없는, 새로운 민족 교회인

'한인기독교회'(The Korean Christian Church)가 드디어 완성되었다.

이승만은 1915년 7월 하와이국민회의 예산과 모금으로 기숙사를 갖춘 '한인여학원(The Korean Girls' Seminary)'을 발족시켰다. 1918년 9월 이승만은 한인여학원을 '한인기독학원(The Korean Christian Institute)'으로 이름을 바꾸고 그 학교의 이사장직을 맡았다. 1913년 9월 20일 『태평양잡지』라는 순 한글 월간 잡지를 창간한 이승만은, 언론, 교육 및 선교를 통해 장기적 안목의 독립운동을 하와이에서 펼쳐나갔다.

1918년 11월 11일 제1차 세계대전의 휴전이 성립되자 샌프란시스코에 본부를 둔 '대한인국민회 중앙총회'(회장 안창호)는 이승만, 정한경(鄭翰景) 및 민찬호를 파리강화회의에 참석할 한인 대표로 선출하였다. 이승만은 1919년 1월 22일 로스앤젤레스에서 안창호를 만나고, 2월 4일 필라델피아에서 서재필, 정한경, 장택상(張澤相), 민규식(閔奎植) 등과 만나 한국 독립운동에 대해 논의했다. 이때 이승만은 서재필에게, 필라델피아 한인대회 개최를 제안했고 서재필은 이에 동의했다. 그러나 여권을 발급받지 못해 이승만의 파리행은 불발되었다.

1919년 3월 10일 국내에서 대규모의 항일 군중 시위, 즉 3·1운동이 일어났다는 소식을 들은 이승만과 서재필은 필라델피아 한인대회 소집에 박차를 가했다. 그 결과 4월 14일 필라델피아의 시내에 있는 '리틀 시어터'(Little Theater) 건물에서 '제1회 한인대표자대회'를 개최하게 되었다. 120여 명의 한인 대표가 참석한 사흘 간의 이 대회가 끝난 후 참석자들은 리틀 시어터로부터 독립기념관까지 시가 행진을 하여 미국인들에게 한국 독립의 필요성을 알렸다. 그곳에서 이승만은 영문으로 번역된 '3·1 독립선언서'를 낭독했다.

1919년 4월 15일 이승만은 상하이 임시정부에서 자신을 '국무총리'로 선출했다는 사실을, 5월 말에 한성 임시정부에서 자신을 '집정관총재'로 추대한 사실은 전해 들었다. 9월 6일 상하이 임시정부는 국무총리중심제 대신 대통령중심제로 헌법을 개정하여 이승만을 상하이 임정의 '임시대통령'으로 선출했다.

이승만은 1919년부터 1925년까지 워싱턴D.C.를 중심으로 독립 운동을 전개했다. 1919년 7월 17일에는 워싱턴의 매사추세츠가 1894번지에 '대한민주국 공사관'을 개설했다. 8월 25일에는 '구미위원부(The Korean Commission to America and Europe)'로, 1941년 6월에는 '한국위원부'(The Korean Commission)로 이름을 바꿨다. 이 기관은 1949년 1월 '주미한국대사관'이 개설될 때까지 존속하였다.

구미위원부는 미국 국회의원들과 접촉하여 그들로 하여금 한국 독립 문제를 미국 의회에 상정함으로써 미국 의회의 지지를 얻는 일을 주로 했다. 그런 노력의 결과 1920년 3월 17일 상원 본회의에 한국 독립 지지안이 상정되어 표결에 붙여졌지만 안타깝게도 34대 46으로 부결되었다.

상하이 임시정부의 '임시대통령' 이승만은 1920년 12월 5일 상하이에 도착하였다. 그러나 임정의 국무총리 이동휘(李東輝), 노동국 총판(전 내무총장 겸 국무총리) 안창호 및 학무총장 김규식 등이 의견 차이로 사퇴하자 이승만은 1921년 5월 16일, 법무총장 겸 국무총리 서리 신규식(申圭植), 내무총장 이동녕, 재무총장 이시영(李始榮), 군무총장 노백린 등으로 새 국무원을 출범시킨 후 호놀룰루를 거쳐 그해 8월 말 워싱턴D.C.로 돌아갔다.

7월 21일 호놀룰루를 떠나기에 앞서 이승만은 민찬호, 이종관, 안현경 등으로 하여금 '대한인동지회(大韓人同志會)'를 발족하게 하였다. 워싱턴D.C.에 도착한 이승만은 워싱턴군축회의(The Washington Disarmament Conference, 태평양회의)에서 한국 독립 문제를 제기하기 위해 준비했다. 1921년 9월 29일 상하이의 임시의정원은 이승만, 서재필, 정한경 등을 태평양회의 한국 대표단으로 임명했다. 그러나 세심한 준비와 노력에도 불구하고 한국 대표단은 회의 참석권이나 발언권을 얻지 못했다. 태평양회의에서의 외교가 실패로 돌아가자 이승만은 구미위원부 사무실을 정리하고 하와이로 떠났다.

1925년 3월 10일 상하이 임시정부 국무총리(임시대통령 직무대리 겸임) 박은식은 '임시대통령령 제1호'를 통해 구미위원부 폐지령을 발포하였다. 또 1925년 초 제13회 임시의정원(의장 최창식)은 '임시대통령 이승만에 대한 탄핵안'을 통과시켰다. 그리고 3월 23일에 임시의정원은 임시대통령 이승만의 면직을 결의하고 새 임시대통령으로 박은식을 선출했다.

이승만은 4월 29일 호놀룰루에서 공포한 '대통령선포문'을 통해 임시의정원의 탄핵 조치를 규탄하고 "한성 정부의 대표적 외교 기관인 구미위원부를 유지해 외교 선전 사업을 계속 진행하겠다"라고 선언했다. 1940년대 초까지 '임시정부 대통령'이라는 직함을 공식적으로 사용한 것은 물론 구미위원부를 이름을 바꿔 해방 이후까지 존속케 했다.

1924년 11월 17일부터 20일까지 '하와이한인대표회'가 개최되었는데, 이 회의에는 대한인동지회의 24개 지방 대표들과 여러 단체의 대표자들이 모두 참석했다. 이승만을 대한인동지회의 '총재'로 선출한 이 회의에서는 『태평양잡지』를 동지회의 기관지로 정하고, '대한인동지회 3대 정강'과 '대한인동지회 3대 정강 진행 방침'을 채택하였다. 1930년 7월 15일부터 21일까지 이승만은 호놀룰루에서 '동지미포[미국·하와이]대표회(同志美布代表會)'를 개최하였다. 연인원 800명이 참가한 이 회의에서 대한인동지회 헌장을 제정하여 통과시켰다.

그러나 이후 동지회와 교민총단은 극심한 갈등을 겪었다. 동지회 회원들이 호놀룰루의 교민총단관에 난입하여 점령하는 사건까지 일어났다. 이에 교민총단은 동지회를 상대로 총단관의 소유권에 관한 법정 소송을 제기하였다. 이 송사는 교민총단 측의 승리로 끝났다. '대 풍파'로 일컬어지는 갈등과 동지회의 패소로 이승만은 권위와 명예에 커다란 손상을 입었고 교민총단은 1921년 이전의 옛 이름인 '하와이국민회' 이름을 되찾았다. 이후에도 하와이 한인 사회는 이승만을 지지하는 하와이동지회와 안창호를 받드는 하와이국민회로 양분되어 대립하였다.

1933년 이승만은 국제연맹 총회에 참석하기 위해 스위스의 제네바에 갔다. 그는 1932년 11월 10일 상하이 임정의 국무원으로부터 '국제연맹 총회 대한민국 임시정부 특명전권수석대표'의 임명장을 받았다. 12월 중순 미 국무장관 스팀슨(Henry L. Stimson)으로부터 외교관 여권을 발급받아 제네바로 향했다. 그는 그곳에서 제네바 주재 미국 총영사 겸 국제연맹 옵서버인 길버트(Prentiss B. Gilbert)와 긴밀히 협조하였다. 2월 24일 열린 국제연맹 총회 본회의에서 일

제의 만주 침략을 폭로·규탄하는 「리턴 보고서」가 채택되었고 일본이 국제연맹을 탈퇴했다. 이후 이승만은 길버트와 중국의 국제연맹 상주 대표를 만나 그들에게 미국, 중국, 소련, 한국이 연대하여 일본의 대륙 팽창을 견제하자는 '4국 항일연대안(抗日連帶案)'에 대한 찬성을 얻어냈다. 이승만은 이 안을 실행시키기 위해 7월 19일 모스크바에 갔다. 그런데 도착한 날 저녁 소련 외무성이 갑자기 이승만의 퇴거를 요구했다. 일본의 요구가 있었기 때문이다. 소련과의 회담이 무산되면서 4국 항일연대안도 백지가 되어버렸다.

워싱턴D.C.로 이사한 이승만은 1941년 8월 1일, 영문으로 된 『일본 내막기 : 오늘의 도전(Japan Inside Out : The Challenge of Today)』를 펴냈다. 이 책에서 그는, 아시아를 석권한 군국주의 일본이 머지않아 미국에 도전할 것이라며, 미국이 당장 힘으로 일본을 막지 않으면 미일 간 전쟁은 불가피하다고 주장했다. 그로부터 불과 몇 개월 후인 1941년 12월 7일 진주만(Pearl Harbor) 사건으로 태평양전쟁이 시작되자 『Japan Inside Out』는 베스트셀러가 되었다.

1941년 4월 미국에 있는 9개 한인 단체의 대표들이 모여 워싱턴에 '주미외교위원부'를 설치하고 이승만을 위원장으로 위촉했다. 충칭 임정의 김구 주석과 조소앙(趙素昻) 외교부장은 이승만을 '주미외교위원부 위원장 겸 주워싱턴 전권대표'로 임명했고 이후 이승만은 미국 정부로부터 대한민국 임시정부의 승인을 받는 데 전력을 다했다.

이승만은 또 한국인이 연합국 군대의 일원으로 대일(對日) 전쟁에 참여하게 하는 데 힘을 기울였다. 1941년 6월 6일 이승만은 이러한 내용의 서한을 프랭클린 루스벨트(Franklin Delano Roosevelt) 대통령에게 제출하였다. 이날 충칭 임정도 일본에 대해 선전포고를 했다.

이승만은 2월 7일 국무장관 헐에게 정식으로 신임장과 임정 승인 요청서를 제출했다. 그러나 미국은 임정을 승인하지 않았다. 이승만은 1943년 2월 16일 헐 장관에게 "미국 정부가 충칭 임정을 당장 승인하지 않으면 태평양전쟁이 끝난 후 한반도에는 소련이 후원하는 '소비에트 코리아 공화국'이 수립될 가능성이 크다"라고 경고한 편지를 보냈다. 그러나 미 국무부는 이승만의 임정 승인 요구를 끝내 외면했다.

미 국무부의 이런 결정의 배경에는 랭던(William R. Langdon)의 보고서가 크게 작용한 것으로 보인다. 보고서에서 그는, 첫째, 전후 상당 기간 한국의 독립을 유보하고 신탁 통치를 실시할 것, 둘째, 임정을 포함한 현존 독립운동 단체들에 대해 불승인 정책을 유지할 것, 셋째, 광복군과 조선의용대 등 중국 본토의 한인 무장 조직에 대한 군사 지원을 하지 말 것 등을 건의했고 이는 미국 정부에 의해 그대로 받아들여진 것이다.

이런 배경을 알 수 없었던 이승만은 1942년 자신을 도와줄 미국인들로 '한미협회(The Korean-American Council)와 '기독교인친한회(The Christian Friends of Korea)라는 두 개의 로비 단체를 조직했다. 이 두 단체의 회원들은 이승만이 벌이는 독립운동을 미국인들에게 홍보하고 충칭 임정의 승인을 촉구하는 데 힘을 모았다.

1943년 이승만은 기독교인친한회 주도로 미국 상하원 의원들에게 편지쓰기 운동을 벌였다. 그 덕분에 3월 31일, 미시간주 출신의 민주당 소속 하원 의원 오브라이언(George D. O'brien)이 임시정부 승인에 관한 상하 양원 합동결의안(H. J. Res. 109)을 하원에 제출했다. 4월 22일에는 위스콘신주 출신의 와일리(Alexander Wiley) 의원이 같은 내용의 결의안(S. J. Res. 49)을 상원에 제출했다. 결의안의 내용은 "미합중국 상원과 하원의 의원들은 의회에 회집하여 미합중국 정부가 대한민국 임시정부를 승인할 것을 결의한다"라는 것이었다. 그러나 이 결의안들은 본회의에 상정되지 못했다.

이승만은 COI의 부국장 굿펠로우(M. Preston Goodfellow)의 협조로 1942년 6월 13일부터 7월에 걸쳐 몇 차례 '전시정보국(Office of War Information)'이 담당한 '미국의 소리'(Voice of America) 무선 단파방송망을 통해 국내 동포들에게 일본의 패망이 임박했음을 알리는 내용의 방송을 하였다.

이승만은 미 법무장관 비들(Francis Biddle)에게 태평양전쟁 중 한국인을 적성(敵性) 국가인 일본인과 동일하게 취급하지 말아달라고 요청하는 편지를 보냈다. 이에 비들 장관은 1942년 2월 9일, 미국에 거주하면서 1940년의 외국인 등록법에 따라 등록한 한국인 가운데 자의로 일본 국적을 취득하지 않은 사람에 한해 적성 외국인에게 가해진 규제에서 특별히 면제한다는 성명을 발표했다. 1943년 3월 30일에는 스팀슨(Henry L. Stimson) 육군장관으로부터 일본 국적을 취득하지 않은 한국인에게 부당한 대우를 하지 않겠다는 약속을 받아냈다. 이승만은 또 1944년 미 체신부장관 워커(Frank C. Walker)를 설득하여 '정복당한 나라들(Overrun Countries)'이라는 주제의 시리즈 마지막 우표로서 태극기 마크가 그려진 5전짜리 우표를 발행(1944. 11. 2.)하도록 하였다.

1945년 4월 25일 샌프란시스코에서 국제연합 창립총회가 열렸다. 충칭 임정은 3월 8일 국무위원회의 추인을 받아 이승만을 한국 대표단의 단장으로 임명하였다. 이승만 단장은 이 대회를 주최하는 미 국무부의 스테티니우스(Edward Stettinius, Jr.) 장관에게 한국 대표단의 대회 참가 승인을 신청했다. 그러나 미 국무부는 이승만의 참가 신청을 거부했다. 이승만은 충칭 임정의 외교부장 조소앙과 공동 명의로 '유엔창립총회에 바치는 진정서'를 4월 25일자로 작성하여 총회 사무국에 제출하고 이 문서를 각국 대표들에게 배포했다. 이 진정서에는 미국과 기타 유엔 창설 국가들이 1882년에 체결된 조미조약과 1943년 12월에 공포된 카이로선언의 기본 정신에 따라 충칭 임정을 즉각 승인할 것과 그 임정을 이번에 발족하는 국제연합의 회원국으로 받아줄 것을 요청하는 내용을 담았다.

해리 해리스 주한미대사와 함께 한 미주 한인 지도자들(2019년, 대한민국 주미대사관).

아놀드 미군정 초대장관

상에서 거행되었다. 이 자리에는 연합군 총사령관 맥아더 원수, 미국 정부 대표 니미츠(C. W. Nimitz) 원수 등 연합국 대표와 일본의 시게미츠 마오루[重光葵] 외무부 장관, 우메즈 요시지로[梅津美治郞] 참모총장이 참석했다.

미군정 시작

1945년 9월 2일 항복 문서 조인식 후 도쿄에 연합군최고사령부가 개설되었다. 이날 "북위 38도선 이북의 일본군은 소비에트 극동군 최고사령관에게 항복할 것, 북위 38도선 이남의 일본군은 아메리카합중국 태평양육군부대 최고사령관에 항복할 것"을 내용으로 한 '일반명령 제1호'가 공포되었다. 9월 8일 하지(John R. Hodge) 중장 휘하의 미 제24군단이 인천에 상륙하여 서울에 도착했다. 9월 9일 미국 태평양육군 총사령관인 맥아더 대장은 "일본 제국 정부와 일본 대본영(大本營)이 조인한 항복 문서의 조항에 의하여 본관의 지휘 하에 있는 승리에 빛나는 군대는 오늘 북위 38도선 이남의 조선 영토를 점령했다"라며 이 '포고 제1호 : 조선 인민에게 고함'을 통해 남한에서 미군정을 실시한다고 정식으로 선언하였다. 9월 12일 일본 총독이 해임되고 미국의 아놀드(A. V. Arnold) 소장이 미군정장관에 취임하였다.

1945년 11월 미군 3개 사단, 총 7만여 명의 병력이 남한에 진주하여 용산에 있던 일본의 조선군사령부를 접수하였다. 주한 미군은 옛 조선총독부를 접수하여 미 군정청을 개설했다. 하지 장군은 "군정청이라는 것은 '국민의, 국민을 위한, 국민에 의한' 민주주의 정부를 건설하기까지의 과도 기간에 38도선 이남의 한국 지역을 통치·지도·지배하는 연합군 총사령관 아래서 미군에 의해 설립된 임시정부"라고 미 군정청을 정의했다.

남한에 들어온 미군은 남한 주민의 시민적 자유와 정치적 자유는 인정했지만 정부라고 부르는 정치 단체를 만들거나 남한만의 단독 정부를 만들려는 활동은 금지했다. 소련과 함께 통일 정부에 대한 논의를 하고 있었기 때문이다.

미군이 들어오기 전에 남한에는 이미 많은 정치 단체가 만들어져 있었다. 가장 먼저 만들어진 단체는 여운형(呂運亨)이 이끄는 건국준비위원회(건준)였다.

1945년 8월 말에 만들어진 건준에는 여운형 같은 중도 좌파와 조선공산당 출신의 좌익, 우익 성향의 민족주의자들이 고루 참여했다. 9월 3일에는 박헌영을 중심으로 조선공산당이 다시 세워졌다. 공산당 세력은 건준에도 손을 뻗쳐 그 지도부를 차지했고, 좌익 성향을 띠게 된 건준은 9월 6일 조선인민공화국(인공)이라는 정부 설립을 선포하였다. 인공은 주석으로 미국에 있는 이승만을 추대하고, 여운형, 김구(金九), 김규식(金奎植), 김성수(金性洙) 등을 요직에 선임했다. 겉보기에는 우익 성향의 인사들을 중요한 자리에 앉힌 것으로 보이지만 실제로는 대부분의 우익 인사는 참가하지 않았다.

미군정은 어떤 정부 조직도 인정하지 않았다. 임시정부는 물론 이미 활동을 하고 있던 인공도 부정하였다. 스스로 정부임을 고집하는 인공에 대해서 미군정은 그 활동을 불법으로 규정하였고 경찰력을 동원하여 금지했다. 미군정은 일본 사람들이 차지했던 총독부의 높은 관직을 우익 성향의 한국인이 대신하게 했다.

1945년 10월 중순, 미국에서 귀국한 이승만은 독립촉성중앙협의회(독촉)를 만들었다. 독촉은 공산당과 한민당 등 2백여 개나 되는 좌우 정당과 사회 단체를 모두 아우르며 시작하였지만 얼마 지나지 않아 좌익은 빠져나가고 우익만의 단체가 되었다. 미군정은 중국에 있던 대한민국 임시정부의 귀국을 환영하면서도 임정의 주요 인물들이 개인 자격으로 돌아올 것을 요구했다. 임정이 미국 등 연합국으로부터 정부로 승인받지 못했기 때문이다.

반탁과 찬탁의 대립

1945년 12월 16일, 미국, 소련, 영국의 외무부 장관들이 모스크바에 모였다. 모스크바 삼상회의였다. 이 자리에서는 다음과 같은 내용이 결정되었다.

첫째, 한국에 임시 정부를 세운다.

둘째, 이를 지원하기 위해 남한의 미국군과 북한의 소련군 대표로 구성되는 공동위원회를 세운다. 이 위원회는 민주적 임시 정부 수립을 위해 한국의 민주적 정당 및 사회 단체와 협의한다.

셋째, 공동위원회는 민주적 임시 정부와 협의하여 5년간 미·소·영·중 4국의

모스크바 삼상회의

신탁 통치에 관한 안을 만들어 4국의 공동 심의에 부친다.

이 회의에서 미국은 유엔의 헌장에 따라 신탁 통치를 위한 행정 기구를 만들자고 제안했다. 하지만 소련은, 한국의 임시정부와 신탁 통치에 대해 협의하기 위해 미소공동위원회 만들기를 주장했다. 모스크바협정은, 겉으로는 한국에 하나의 정부를 세우는 것을 목적으로 하고 있지만 사실은 통일보다는 남북이 서로 다른 체제의 두 국가로 분단되어가는 데 이바지했을 뿐이다.

12월 28일 아직 모스크바협정이 정식으로 발표되지도 않았는데 미국의 신문들은 "소련의 주장으로 한국에서 5년 간 신탁 통치를 하게 되었다"라는 기사를 실었다. 이 소식이 국내에 알려지자 남한의 우익 세력은 모스크바협정이 발표된 다음 날부터 전국적으로 신탁통치반대(반탁) 운동을 벌였습니다. 그러나 좌익 세력은 신탁 통치를 찬성(찬탁)했다.

미소공동위원회 결렬과 정읍발언

1946년 3월 서울 덕수궁에서 미소공동위원회가 열렸다. 이 위원회는 모스크바협정에 따라 한국에서 민주적 임시 정부를 만드는 일을 협의하기 위해 열린 것이다. 소련은 한국에 들어설 정부가 소련 편이어야 한다는 방침을 정하고 회의에 앞서 철저한 준비를 했다. 미군정의 하지 사령관도 미소공동위원회가 열리기 전, 미국의 입장을 발표했다.

"언론, 집회, 신앙, 출판 등의 자유는 절대적인 것이며 그것을 한국에서 확립하는 것이 미국의 목표이다. 통일적 임시 정부를 실질적으로 세우기 위해 38선의 국경선 기능을 없애고 남북의 경제를 통합해야 한다. 또 남북의 정치 세력이 자유롭게 상대방 지역을 방문하여 활동할 수 있어야 한다."

이승만 대통령의 정읍 발언

미국은, 한국에 들어설 임시정부는 자유민주주의를 따르는 세력이 주도해야 한다고 굳게 믿고 있었던 것이다. 그러나 공동위원회가 협의할 정당과 사회 단체를 정하는 데서부터 미국과 소련의 입장 차이는 크게 벌어졌다. 소련 대표는 모스크바협정을 반대하는 단체는 제외해야 한다고 주장했고, 미국은 신탁 통치에 반대하는 세력을 제외시키는 것은 언론의 자유를 부정하는 일이라고 맞섰다. 두 나라 대표는 의견을 좁히지 못했고, 제1차 미소공동위원회는 결렬되었다.

1946년 6월 3일 이승만은 전북 정읍에서, "이제 무기 휴회된 공동위원회가 다시 열릴 기색도 보이지 않으며 통일 정부를 고대하지만 뜻대로 되지 않으니 우리는 남방만이라도 임시 정부 혹은 위원회 같은 것을 조직하여 38 이북에서 소련을 철퇴하도록 세계 공론에 호소하여야 될 것이니 여러분도 결심하여야 할 것입니다"라는 내용의 정읍발언을 했다. 당시 북한에서는 공산주의 사회로 바꾸어가는 작업이 이뤄지고 있었으므로 남한의 우익과 중도 세력이 하루 빨리 단합하여 자유 민주적 통일 전선으로 남한만의 임시 정부를 세울 필요가 있다는 것이 정읍발언의 취지였다.

그렇지만 당시 남한의 여러 정치 세력과 언론은 이승만의 발언을 강하게 비판했다. 민족의 분단을 가져올 '단정론(單政論)'이라는 것이었다. 좌익 세력은 물론 중도파, 김구의 임정도 이승만을 비판했다. 미군정도 모스크바협정을 따르려는 미국의 정책에 어긋난다고 비판했다.

제1차 미소공동위원회가 결렬되었지만 미 국무부는 소련과의 협조와 모스크바협정에 미련을 버리지 못했다. 오히려 이승만과 김구가 중심이 된 남한의 우익 세력을 소련과의 관계에 방해가 되는 인물들이라 생각했다. 미군정에 아예 그들을 제거하고 미국의 정책에 협조할 새로운 정치 세력을 키우려고 했다. 그래서 중도 우파의 김규식, 한민당의 원세훈(元世勳) 등과 중도 좌파의 여운형, 조선공산당의 허헌(許憲) 등에게 좌우합작위원회를 구성하게 하였다.

이 무렵 미국과 소련의 냉전이 공식화하였고 미국 대통령 트루먼은 공산주의 체제를 현재의 국경선에서 막겠다는 정책을 발표했다. 1947년 1월 미국의 국무장관이 새로 바뀌었지만 미국은 여전히 소련과의 협상을 통해 한반도의 문제를 해결하려 했다. 그래서 5월에 제2차 미소공동위원회가 열렸고, 7월 중순, 미소공동위원회는 위원회와 협의할 정당과 사회 단체의 명부를 만들기 시작했다. 그러나 제2차 미소공동위원회도 제1차 때와 같은 문제에 부딪혀 한 발짝도 앞으로 나가지 못했다. 1947년 9월 미국은 유엔 총회에서 한국 문제를 의논해줄 것을 요청했다. 유엔 총회는 이를 받아들였다.

대한민국 정부 수립

1947년 11월 14일 유엔 총회에서 한국 문제에 대해 다음과 같은 결의가 채택되었다.

- 남북한 전 지역에서 유엔 감시 아래 인구 비례에 의한 자유 선거로 국회를 구성한다.
- 그 국회가 남북에 걸친 통일 정부를 수립한다.
- 선거를 준비하고 감시하기 위해 유엔한국임시위원단(유엔위원단)을 구성한다.
- 통일 정부가 만들어지면 90일 이내에 남북한에서 미국군과 소련군은 완전히 철수한다.

대한민국 정부수립 국민축하식

이승만, 김구, 김규식 등 남한의 우익 인사들은 유엔 총회 결의를 환영했다. 김구는 소련의 방해로 북한에서 선거를 실시할 수 없다면 남한에서만이라도 선거를 실시하여 정부를 수립해야 한다고 했다.

다음 해 1월 유엔 총회의 결의에 따라 유엔위원단이 서울에 왔다. 하지만 유엔위원단은 소련군의 거부로 북한에 들어가지 못했다. 2월 말, 유엔 소총회는 유엔위원단에게 남한에서만이라도 총선거를 실시하라고 결의하였다. 1948년 5월 10일 미군정, 유엔위원단의 지원으로 대한민국 최초의 보통·평등선거인 5·10 선거가 성공적으로 치러졌다. 유엔위원단의 자료에 따르면 총유권자 대비 투표율이 71.6%나 되었고, 이 선거 결과 198명의 국회의원이 당선되었다. 이렇게 구성된 제헌 국회에서 이승만은 압도적인 지지를 얻어 대통령에 당선되었다.

1948년 8월 15일 서울 세종로의 중앙청 광장에서 대한민국 정부 수립을 선포하는 기념식이 성대하게 열렸다. 대한민국 정부는 이날 밤 자정, 미군정으로부터 통치권을 넘겨받아, 주권을 가진 독립 국가로 우뚝 서게 되었다. 12월 12일 제3차 유엔 총회는 48대 6의 압도적 다수로 대한민국을 승인하였고, 유엔은 이 정부가 한국에서 유일한 합법 정부라는 것도 선언하였다. 1949년 1월 1일 미국 정부가 맨 처음 대한민국을 승인했다.

6·25전쟁의 시작과 인천상륙작전

1950년 6월 25일 새벽 북한군이 남침했다. 북한군은 38선 전 지역에서 대포를 쏜 후 탱크를 앞세우고 내려왔다. 이승만 대통령은 북한의 남침 소식을 듣고 25일 오전, 주한 미국 대사인 무초를 만나 무기와 탄약 지원을 요청했다. 북한군의 침략에 국군은 용감하게 맞섰지만 전쟁이 시작한 지 사흘 만에 서울이 무너지고 28일 인민군의 탱크가 서울에 들어왔다.

미국의 투르먼 대통령은 공산군이 남침했다는 전화를 받고 "우리는 무슨 수를 써서라도 그 나쁜 놈들을 막아야 한다"라고 소리쳤다. 이후 미국 정부는 6·25전쟁에 즉각 개입했다. 6월 25일 유엔의 안전보장이사회(안보리)는 북한에 "적대 행위를 즉각 중지할 것과 38 이북으로 철수할 것"을 요구하였다. 북한이

인천상륙작전 맥아더 사령관

권고를 무시하자 안보리는 28일 다시 모였다. 그 자리에서 "세계 평화와 한반도의 자유를 보장하기 위해 공동 행동"하기로 결의하였고 이로써 유엔이 최초로 국제적 연합군을 조직하여 적과 싸우게 되었다. 유엔의 승인을 받지 못한 불법 단체에 불과한 북한이 유엔이 승인한 합법 정부를 침략한 것은 유엔의 권위에 대한 정면 대결로 받아들여졌다.

미국의 맥아더 장군이 유엔군 사령관으로 임명되었고, 유엔의 결의에 호응한 자유 진영 16개 나라가 전투 병력을, 5개 나라가 의료진을 파견했다. 그러나 북한군에 밀린 국군과 미군은 8월 초 낙동강까지 후퇴하였다. 대구가 뚫리면 북한군이 부산까지 곧바로 내려갈 수 있기 때문 더 이상은 밀릴 수 없는 상태에 이른 것이다.

낙동강 전선에서 격전을 치르는 동안 도쿄의 맥아더 사령부는 인천상륙작전을 계획하고 있었다. 인천상륙작전은 9월 15일 시작되었다. 미군의 구축함과 전투기가 인천 시내와 해안을 포격하는 가운데 미 해병대가 월미도에 상륙하였고 치열한 시가전 끝에 연합군은 인천을 점령하였다. 1주일 만에 북한군을 물리치고 김천, 대전, 수원으로 진격했다. 인천상륙작전으로 도망갈 길이 끊긴 북한군은 더 이상 스스로의 힘으로 전쟁을 할 수 없는 상태가 되어버렸다.

9월 28일 국군과 유엔군이 서울을 되찾았다. 10월 1일 국군은 38선을 넘어 북진하기 시작했다. 10월 7일 유엔에서는, 유엔군이 38선을 넘어 북진하는 것을 허용하는 결의안이 통과되어 유엔군도 북진을 시작했다.

중국의 참전과 흥남 철수

위기에 몰린 김일성과 박헌영은 스탈린과 마오쩌둥에게 구원을 요청했다. 한반도의 완전 통일을 눈앞으로 다가왔던 10월 초 마오쩌둥은 참전을 결정했다. 중공군이 대대적으로 참전했다는 것을 알게 된 유엔군은 11월 말 후퇴하기 시작했다. 서부 전선의 미군은 12월 말 38선 부근까지 밀려 내려왔지만 동부 전선의 미군과 국군은 중국군에게 길이 막혀 함경도 흥남에서 배를 타고 철수해야 했다.

철수 전 중공군은 장진호 일대에 있던 미군 해병대를 다섯 배나 많은 수로 포위했지만 미군은 결국 중공군을 물리치고 함흥과 흥남으로 이동하는 데 성공했다. 흥남 부두에는 10만 명의 국군과 미군이 철수를 위해 배를 기다리고 있었는데 엄청난 숫자의 피란민이 부두로 몰려왔다. 그때 국군의 김백일 소장과 현봉학 통역관은 "피란민들은 유엔군이 진격해 올 때 환영했던 사람들이다. 이들을 여기에 놓고 가면 다 죽임을 당할 것이다. 반드시 데리고 가야 한다"라고 당시 철수를 책임지던 미군 알몬드 소장을 설득했다. 또 김백일 장군

흥남 철수

은 "만약 미군이 이 피란민들을 태우지 못한다면 국군은 피란민들과 함께 적진을 뚫고 남쪽으로 내려가겠다"라고 주장했다. 이렇게 해서 엄청난 양의 무기와 군수 물자를 바다에 버리고 그 대신 피란민을 가득 싣고 떠나는 흥남철수작전이 시작되었다. 이 철수 작전으로 9만 명이 넘는 피란민이 자유를 찾을 수 있게 되었다. 마지막으로 흥남을 떠난 메러디스 빅토리호는 사흘의 항해 끝에 거제도에 도착했다. 이렇게 12월 25일에 마무리된 흥남 철수 작전을 '크리스마스의 기적'이라고 부른다.

공산군의 거듭되는 공세에 국군과 유엔군은 1951년 1월 4일 서울을 포기하고 다시 남쪽으로 후퇴하였다. 경기도 안성까지 밀려갔던 국군관 유엔군은 반격을 시작해 70일만에 서울을 되찾고 38선을 회복했다. 이후 38선 근처에서는 양쪽 진영 사이에 치열한 전투가 거듭되었다.

반공포로석방과 한미군사동맹 체결

1951년 7월 10일부터 유엔군과 공산군의 정전 회담이 시작되었지만 전투는 그치지 않았다. 회담은 중단과 재개를 반복하였고 1952년 3월이 되어서야 군사분계선은 38선이 아니라 정전되었을 때의 접촉선으로 결정하는 등 구체적인

반공포로석방

방안이 합의되었다. 그러나 양측은 포로 교환 문제로 다시 팽팽하게 대립하였다. 다음 해 1월, 아이젠하워가 미국 대통령으로 취임했다. 공산군 측은 북한이나 중국으로 돌아가기 원하지 않는 포로는 중립국에 인도하자는 안을 내놓아 회담이 다시 열리게 되었다.

이때 이승만 대통령은 정전 회담을 반대했다. 그는 6·25전쟁을, 자유 진영이 공산 진영을 무찔러 한국의 통일을 이룰 수 있는 기회라고 생각했기 때문이다. 이승만 대통령은 "미국이 정전 협정을 맺으면 우리는 국군만으로라도 끝까지 싸울 것이다"라고 천명했다. 그럼에도 불구하고 유엔군과 공산군은, 되돌아가기 원하지 않는 포로를 중립국송환위원회로 넘긴다는 안에 서명했다.

당시 미 국방부의 태평양 방위선은 일본-오키나와-필리핀으로 그어져 있었고 한국은 그 안에 들어 있지 않았다. 하지만 이승만의 끈질긴 투쟁으로 미국은 한국에 대한 정책을 조금씩 바꾸기 시작했다. 1953년 6월 8일 아이젠하워 대통령은 정전 후 한국과 상호방위조약을 맺도록 노력하겠다고 약속했다. 그러나 이승만 대통령은 좀더 확실한 약속을 원했다. 그래서 이승만 대통령은 6월 18일 거제도를 비롯한 각 지역의 포로수용소에 있던 반공 포로를 석방했다. 그 수는 2만7천여 명에 달했다.

이승만 대통령은 "정전 협정에 앞서 상호방위조약을 체결해야 하며, 정전 후의 평화를 위한 정치 회담이 깨질 경우 즉각 전투를 다시 시작해야 한다"라는 조건을 내걸며 정전 협정에 대한 유엔군의 결정에 따르겠다고 하였다. 그러나 협정서에 서명은 않기로 했다.

1953년 7월 27일 판문점에서 정전 협정이 맺어졌다. 이로써 북한이 침략한 지 37개월, 정전 회담이 시작된 지 25개월 만에 전 전선에서 대포 소리가 멎었다. 1953년 10월 1일 한미상호방위조약이 미국 워싱턴에서 조인되었다. 이 조약에는, 한국과 미국 중 어느 한 나라가 무력으로 공격받을 경우, 공통의 위험에 대처하기 위해 또 다른 한 나라와 서로 협의하고 원조한다는 내용, 두 나라 간의 합의에 따라 미국의 육·해·공군을 한국의 영토와 그 주변에 배치한다는 내용 등이 담겨 있다.

해방 후 재미 한인들의 약진

1945년 이후 재미 한인의 수가 1만 명을 넘어섰다. 그 수의 절반 이상은 사탕수수농장으로 이주했던 한인들의 2, 3세로서 미국에서 태어난 사람들이었다. 1만 명 중 7천 명 정도는 여전히 하와이에 살고 있었고 나머지는 로스앤젤레스, 샌프란시스코 등에 흩어져 살고 있었다.

1948년 미주 한인 사회에 기쁜 소식이 전해졌다. 비록 분단은 되었으나 조국에 대한민국이라는 민주주의 국가가 세워져 미주 한인들도 가슴을 펴고 다닐 수 있게 된 것이다. 한인들은 몸은 떠나 있지만 새로 태어난 대한민국에 물심양면으로 지원하기 시작했다. 이 무렵 또 하나의 낭보가 전해졌다. 미국 다이빙 선수로 런던올림픽에 출전한 이민 2세인 세미 리가 금메달을 받은 것이다. 자신을 희생하여 자녀 교육에 헌신한 이민 1세들의 노고가 그 빛을 발하기 시작한 것이다.

그러나 그 기쁨이 가시기도 전인 1950년 조국에서 골육상잔의 전쟁이 일어났다는 소식이 전해졌다. 멀리 떨어져 있으면서 안타까움으로 애를 태우던 미주 한인들은 전력을 다해 구호 활동과 전후 재건에 힘을 보탰다.

세계한인재단 대한민국 국회의원회관
소회의실 창립식(2021.10.16.)

전쟁이 끝난 후 미주 한인 사회는, 초기 이민자와 그 자손들, 미국인과 결혼한 한국 부인들과 입양아, 유학생 등 세 그룹으로 구성되었다. 그들은 모두 자신들의 삶과 주어진 역할에 충실하며 미국 사회에서 자리를 잡아갔다. 그러던 중 1953년 11월 한국인 하와이 이민 50주년을 맞이하게 되었다. 이 역사적인 사실을 축하하기 위해 호놀룰루 등에서 기념 행사가 치러졌다. 이 자리에 참석한 한국의 함태영 부통령은 재미 한인들의 노고를 위로하고 독립운동과 6·25 당시 구호품 전달에 대해 공식적으로 감사했다.

제45대 미국 대통령 축하 방문 트럼프 호텔(가운데 조셉 포터 장군과 이종걸 의원)

제114주년 미주한인의 날 미연방의회 기념식(6·25전쟁 장진호 전투 영웅 리차드 캐리 예비역 중장, 소강석 목사, 정세권 회장, 미쉘 김 회장, 이윤애 회장, 박상원 박사, 진교륜 박사, 주기철 재외동포이사장, 주용 회장 등)

4. 한국의 도약 발전기

미국의 원조와 대충자금

유엔의 날 기념식, 리멤버 727 설립자 한나 김 회장이 차세대와 세계한인재단 관계자와 함께 했다.

1953년 전쟁이 끝난 때부터 1960년까지, 불과 7년의 짧은 기간이었지만 한국은 경제·사회·문화의 방면에서 큰 발전을 이뤘다. 이 시기 이승만 정부는 공산주의 세력의 침략으로부터 나라를 지키고 미국과 동맹 관계를 굳건히 하여 한국 사회가 안정적으로 발전할 수 있는 여건을 만들었다. 또 미국의 원조를 국가 기간 산업 건설에 투자하여 자립 경제의 바탕을 마련하였다.

전쟁이 끝난 뒤 미국은, 한국이 경제를 다시 일으킬 수 있도록 적지 않은 경제 원조를 제공했다. 경제 재건에 필요한 원자재, 부품, 기계 등은 미국이 제공한 원조로 확보할 수 있었다. 1957년 한국의 수출은 총 2,220만 달러에 지나지 않았는데 총수입은 4억4,220만 달러나 되었다. 그 중 3억7,400만 달러는 미국의 원조 달러로 갚아야 했다.

한국 정부는 자립 경제의 기반을 이루기 위해 원조 달러를 기간 산업과 생산재 공업의 건설에 투자하기 원했다. 하지만 미국 정부는 한국 경제가 물가 상승률을 억제하고 경제적 안정을 찾는 것이 가장 중요한 과제라고 생각하여 생산재 공업보다 소비재 공업이 우선적으로 건설되어야 한다고 주장했다.

1950~1961년까지의 원조 중에는 연료 및 비료(26%)가 가장 많았고, 그 다음으로 시설재(22%), 최종 소비재(19%), 공업 원료용 농산물(17%), 기타 원자재

(10%) 순이었다. 한국 정부는 미국으로부터 받은 원조로 수입한 물자를 민간에게 판매하여 27억 달러에 상당하는 한국 화폐 수입이 만들었다. 한국은행에 예치된 이 대충자금(對充資金)은 한국 정부의 중요한 재정 수입이 되었다. 대충자금의 30~40%는 국방비, 40~50%는 도로·항만·수도·전기 등 사회 간접 자본 건설에 투자되었다. 이렇게 미국의 원조와 대충자금은 1950년대 한국의 경제 부흥에 큰 힘이 되었다.

1948년 10월 미군정은 3,053억 원 가치의 귀속 재산을 한국 정부에 넘겨주었다. 이는 당시 한국 정부의 예산 5년 치에 해당하는 큰돈이었다. 귀속 재산은 기업체 등의 설비, 주식, 토지, 주택, 임야 등 일본과 일본인이 남한에 남기고 간 재산으로, 1945년 12월 미군정의 소유가 된 것을 말한다. 미군정 시기, 많은 귀속 재산이 파괴되거나 부정한 방법으로 처분되었지만 여전히 엄청난 규모의 귀속 재산이 남아 있었다.

한국 정부의 귀속 재산 불하는 1949년 말에 시작되어 1963년 5월에 끝났다. 그 결과 국유나 공유로 남은 대한석탄공사·대한조선공사 등 일부 대기업을 제외하고는 대부분의 귀속 기업체가 민간 업체가 되었다. 당시 귀속 재산을 불하받는다는 것은 커다란 특혜를 뜻했지만 이것이 자본의 기초가 빈약했던 한국의 기업들이 성장할 수 있는 발판이 되었음은 분명하다.

자립 경제 구축을 위한 진통

1955년 한국의 1인당 국민 소득은 65달러로, 그해 일본, 인도네시아, 필리핀, 태국, 대만, 홍콩, 말레이시아, 싱가포르, 스리랑카보다 낮은 수준이었다. 당시 농촌 인구는 전체 인구의 60%를 차지했지만 농업이 국민총생산에서 차지하는 비중은 35%에 지나지 않았다. 남아도는 농촌의 노동력을 흡수하는 문제는 1960년대에 들어와 비로소 해결되었다. 커다란 수출 시장이 열린 것이다.

1950년대 한국이 해외 시장을 개척하기 위해서는 먼저 일본과 국교를 정상화해야 했다. 하지만 이것이 쉬운 일은 아니었다. 미국은 일본과의 국교 정상화하라고 한국에 강력하게 권했다. 그 권고를 받아들여 1951년 10월 일본과 회담을 시작했다. 1952년 1월 이승만 대통령이 발표한 '인접 해양의 주권에 관한 대통

령 선언'은 한일 국교 정상화로 가는 길에 커다란 장애물이 되었다. 이 외에 가
장 큰 어려움은 이른바 청구권 문제였다. 한국 정부는 일본 정부에 피해 보상
을 청구했지만 일본 정부는 이를 인정하지 않았고 회담은 진전을 보지 못했다.

1950년대 전반까지 미국은 공산 진영으로부터 자유 진영을 지키기 위해 전
세계에 엄청난 규모의 원조를 제공했다. 이는 일본과 서유럽의 주요 국가가
피해를 복구하는 데 큰 도움이 되었다. 이후 미국은 선진 공업국과 자유 무역
을 하였고 후진국에 대한 미국의 정책에도 변화가 생겼다. 후진국 스스로 경
제 개발을 추진하게 하기 위해서는 무상 원조보다 유상 차관을 제공하기로 한
것이다.

미국의 원조가 줄어들자 주요 투자 자금을 원조에 의존하던 한국 경제는 큰
타격을 입게 되었다. 이 상황을 타개하기 위해 한국 정부는 1959년 12월 경제
개발 3개년 계획이 발표하였지만 4·19혁명으로 무산되고 말았다.

4·19와 5·16 때의 한미 관계

1960년 4·19혁명이 일어나자 미국 정부는 곧바로 성명서를 내고 이승만 대통
령에 대해 지지를 철회하였다. 6·25 정전회담 무렵부터 시작된 미국과 이승만
대통령의 갈등은 한일회담으로 더욱 극대화하였다. 그런 상황에서 3·15 부정
선거로 촉발된 4·19와 이승만 대통령의 하야는 미국 정부에게는 이승만 대통령
과 손을 끊을 기회로 다가온 것이다.

4.19혁명

4·19혁명 이후 불과 두 달만인 1960년 6월 19일 아이젠하워 미국 대통령이 방한하였다. 허정(許政) 내각 수반과 만나 한미 간의 협력 관계에 대한 공동 성명을 발표했다. 이는 미국이 4·19혁명을 긍정적으로 받아들였음을 보여주는 사건이다.

1961년 5·16군사혁명 때, 장면 총리는 혜화동 수녀원으로 피해 두 차례나 주한 미국 대리 대사에게 전화를 걸었다. 유엔군 사령관이 쿠데타 군을 진압해줄 것을 요청했던 것이다. 하지만 자신이 어디에 숨어 있는지는 알려주지 않았다. 미국은 한국 정부의 최고 책임자가 숨어서 한 부탁을 근거로 한국 내부의 정치에 개입할 수 없었다.

그러나 당시 주한 미국 대리 대사 그린과 유엔군 사령관 매그루더는 쿠데타를 반대했다. 두 사람은, 장면 총리의 합법적인 정부를 지지한다는 성명을 발표했다. 또 윤보선 대통령을 찾아가 쿠데타 군을 진압하도록 명령하기를 요구했다. 하지만 윤보선 대통령은 유혈 내전은 피해야 한다는 이유에서 거절했다. 이후 미국 정부는 반공과 유엔 원칙의 지지라는 점에서 군사혁명을 호의적으로 평가하는 방향으로 돌아섰다.

1961년 11월 14일 박정희 의장은 미국을 방문하였다. 워싱턴에서 열린 한미 정상회담에서 박정희 의장은 케네디(John F. Kennedy) 대통령과 만나 군사혁명의 정당성과 혁명 공약에 대해 설명했다.

한국군의 베트남전 파병

박정희 대통령과 미국 대통령의 두 번째 정상회담은 1965년 5월 17일에 워싱턴에서 열렸다. 당시 존슨(Lyndon B. Johnson) 미국 대통령은 한일 국교 정상화 이후에도 한국에 대한 군사 및 경제 원조가 계속될 것임을 약속했다. 이 자리에서 존슨 대통령은 한국군 전투 부대의 베트남 파병을 정식으로 요청하였다. 이에 한국 정부는 베트남전에 한국군을 파병하기로 결정했다. 이로부터 1973년 철수할 때까지 약 5만여 명의 전투병이 베트남에 갔다.

박정희 대통령이 베트남 파병을 결정한 배경에는 두 가지 이유가 있었다. 하나는 베트남 전쟁에 참여하겠다고 미군의 일부가 한국에서 빠져나가는 명분을

베트남전 참전

미리 막기 위해서였다. 다른 하나는 경제적인 것이었다. 미국은 한국군의 파병에 따른 모든 비용을 부담하였을 뿐만 아니라 베트남에서 시행되는 건설 및 구호 사업에 필요한 물자와 용역도 한국에서 사간다는 약속을 하였다. 전쟁에 참가한 동안 한국은 베트남과의 무역에서 2억8,300만 달러를 벌어들였다. 또 베트남에 파견된 군인과 노무자, 기업은 그 금액의 세 배 가까이 되는 돈을 벌어들었다. 베트남 전쟁에서 희생된 사상자는 1만5천여 명에 달한다. 그러나 그들의 희생이 한국의 경제 발전에 밑거름이 된 것은 부인할 수 없는 사실이다.

1966년 2월 베트남전 추가 파병과 관련하여 한미합의의사록이 작성되었다. 그 주요 내용은 다음과 같다.

자랑스런 미주한인의 날, 1월 13일
Korean American Day, January 13

한미동맹과 우호증진을 위한 다짐

- 미국은 향후 수년에 걸쳐 한국군의 현대화에 필요한 상당량의 장비를 제공한다.
- 미국은 한국군의 베트남 추가 파병에 소요되는 일체의 장비와 경비를 제공한다.
- 미국은 한국의 대간첩작전 향상을 위해 최선을 다한다.
- 미국은 한국의 탄약 증산을 위한 병기창 확대에 필요한 장비를 제공한다.
- 미국은 한국군이 베트남에 주둔하고 있는 동안 군원 이관을 중단한다.
- 미국은 베트남에 파병된 한국군이 사용하는 물품, 용역 및 장비를 한국에서 구입하며, 미군과 베트남군을 위한 물자도 한국이 생산 능력이 있을 경우 한국에 발주한다.
- 미국은 한국 청부업자들이 베트남에서 실시하고 있는 각종 건설 사업에 참가하는 것을 허용한다.

새 이민법 발효와 코리아타운 발전

1965년 10월 3일 새 이민법에 존슨 대통령이 서명하였다. 이 법은, 인종차별 정책을 배제하고 미국 시민 혹은 영주권자의 친족, 미국 사회에 공헌할 수 있는 사람에게 미국 이민의 길을 열어주었다. 이 법은 3년 후인 1968년부터 실효를 발휘하게 되었다. 이 이민법 덕분에 매년 2만 명 이상의 한인 가족이 미국으로 이민 가는, '이민 러시'를 이루게 되었다. 당시 한인 이민자들이 가장 많이 정착한 도시는 로스앤젤레스였다.

1970년대 로스앤젤레스의 한인 수는 1만 명이 넘었다. 1972년 4월 19일 대한

LA 올림픽가 코리안 퍼레이드(1976)

항공이 취항함으로써 로스앤젤레스에는 '서울시 나성구'라는 별명도 붙었다. 이무렵 로스앤젤레스 올림픽가에서 사업을 하던 사람들을 중심으로 코리아타운이 조성되기 시작했다. 1973년 2월 21일 한인 사업가들은 코리아타운번영회를 만들었다. 1974년 11월 1일 한국의 날 축제가 시작되었고 11월 3일 제1회 코리안 퍼레이드가 올림픽가에서 시작되었다. 처음 주로 한인 대상 '먹거리' 장사로부터 시작되었던 한인들의 사업 영역은 의류로 확대되었고 지금은 보다 다양한 업종의 한인 업체들이 미국 주류 사회를 파고들고 있다.

1981년 8월에는 올림픽가, 버몬트가, 웨스턴가에 '코리아타운'이라는 공식 표지판이 세워졌다. 또 올림픽가와 노르만디가 만나는 곳에 있는 아드모어 공원의 이름을 '서울국제공원'으로 바꾸게 되었다. 이제 코리아타운은 한인들끼리 부르는 이름이 아니라 미국 사회가 인정하는 공식 지명이 된 것이다. 코리아타운의 약진은 아메리카 드림을 이룬 한인 이민자들의 성취의 결실을 보여주는 것이다.

10월유신과 한미 관계

1969년 7월 25일 닉슨(Richard M. Nixon) 대통령은 괌에서 '닉슨 독트린'을 발표했다. 아시아 각국은 대미 의존도를 줄이고 자신들의 방위는 스스로 해결할 것을 촉구한 내용이었다. 이로써 미국은 아시아 각국에 대한 군사 개입을 줄이겠다는 입장도 밝혔다. 이때부터 미국은 베트남전 철수 작전을 개시했고 주한 미군도 2만 명 감축한다는 발표도 있었다. 박정희 대통령은 1969년 8월 20일 닉슨 대통령과, 1974년 11월 23일에는 포드(Gerald R. Ford) 대통령과 정상회담을 가졌다. 그런데 한국을 방문한 포드 대통령은 한미간의 안보 문제, 경제 문제, 한국의 인권 문제에 대해 협의하며, 특히 주한 미군을 그대로 유지할 것을 약속하였다.

1972년 10월, 유신이 발표되었다. 닉슨 독트린과 베트남전에서의 미군 철수로 인한 자주 국방 강화가 커다란 명분이 되었다. 1973년 1월 27일 파리협정을 맺음으로써 베트남전은 끝났고 미국은 4만6천 명의 희생자를 낸 채 성과 없이 베트남에서 물러나야 했다.

유신 정국 동안 미국에서는, "정치 목적으로 자유 시민을 투옥·탄압하는 외국 정부에게는 경제적·군사적 원조를 중단해야 한다"라는 '해외원조법' 제32조를 들어 주한 미군 철수를 강하게 주장하는 목소리가 나오게 되었다. 1976년 11월 당선된 카터(James E. Carter) 대통령은 "우방국들의 정치 형태가 민주적으로 전환되지 않으면 미군을 철수하겠다"라는 선거 공약을 내걸어 호응을 얻기도 했다. 카터 대통령은 취임 후 1977년 3월 주한미군 철수 계획을 발표했다. 그는 4~5년 안에 지상군을 단계적으로 철수하되 공군과 정보통신부대만 남겨두겠다고 밝혔다. 그러나 당시 주한 미군사령부 참모장이었던 싱글러브(John K. Singlaub) 소장은 카터의 철군에 반대했다. 카터는 싱글러브를 본국 소환하여 해임하였고 한미 관계는 더욱 불편해졌다.

이런 상황에서 1976년 코리아게이트(Koreagate)라 불리는 박동선 사건이 일어났다. 이는 한국 중앙정보부가 박동선을 통해 미국 상하원 의원들에게 뇌물을 주어 미국 정부에 영향을 끼쳤다는 정치 스캔들이다. 로비의 내용은 주한 미군의 철수 지연과 철수 이전에 한국군 현대화를 위한 군사 원조를 확보하는 것 등이었다. 한국 정부는 이 사건과 관련이 없음을 밝히고, 이 사건에 대한 정보가 청와대를 도청하여 얻은 것임을 들어 중대한 주권 침해라고 비난하였다.

그러나 이 사건 이후 카터 대통령은 주한 미군 철수를 서둘렀고 한미 관계는 최악의 사태로 접어들었다. 1979년 6월말 카터 대통령은 미국의 최고 정책 결정자들을 대동하고 방한하였다. 한미 간의 현안과 경제 문제를 협의한 회담에서 카터 대통령은 주한 미군의 계속 주둔을 약속하였다. 미국 내의 여론과 국제 정세 변화가 그의 결정에 영향을 끼친 것이다.

1979년 10월 26일 박정희 대통령이 피살되면서 유신 정권이 막을 내렸다. 그러나 같은 해 12월 12일 전두환 육군 소장이 쿠데타에 성공함으로써 신군부가 정국을 장악하게 되었다.

이 무렵인 1977년 1월 개정 미국이민법이 발효되었다. 이는 포드 대통령 시절 서명되었던 법으로 이때 상하 양원을 통과하여 발효된 것이다. 그 주요 내용은, 시민권이나 영주권 소유자의 가족 초청 이민이나 취업 이민 외에는 미국 이

민을 제한한다는 것이다. 이전에 가능했던 전문직 종사자나 미국 경유자로서 미국에 영주하려고 하는 자의 이민은 사실상 어려워진 것이다.

신군부 정권들과 한미 관계

1981년 1월 28일 전두환 대통령이 국빈 자격으로 미국을 방문했다. 2월 2일에는 레이건(Ronald W. Reagan) 대통령 취임 후 첫 정상회담이 열렸다. 여러 가지 현안을 논의한 이 자리에서 주한 미군 철수 계획 백지화를 포함한 공동 성명이 발표되었다. 공동 성명의 주요 내용은, 미국은 한반도로부터 미 지상군 전투 병력을 철수할 계획이 없음을 보장하고, 한국에 방위 산업 기술을 계속 제공할 것이며, 한국 정부의 남북 대화 노력을 지지함과 동시에 한미 양국은 상호 경제 동반자 관계임을 확인한다는 것 등이었다. 이는 카터 정부 때의 불편한 한미 관계가 개선되고 새로운 한미동맹이 시작됨을 알리는 계기가 되었다.

이후 한인 사회도 더욱 발전을 거듭했고 1984년의 LA올림픽과 1988년의 서울올림픽은 미주 한인의 위상을 높이는 데 크게 기여하였다. LA올림픽에서 한국은 종합 10위의 훌륭한 성적을 거뒀고 다음 올림픽 개최국으로 세계인에게 그 이름을 널리 알릴 수 있게 되었다.

1987년 6월 전두환 정권 말기 6월항쟁이 일어났고 그 결과 노태우 민정당 대표는 대통령 직선제 채택 등을 담은 6.29선언이 발표하였다. 다음 해 1988년 2월 직선제를 통해 노태우 정권이 탄생했다. 노태우 대통령은 1988년 10월 미국에 방문하여 제43차 유엔총회에서 연설했다. 그는 이 자리에서 한반도의 화해와 통일 방안을 제시했고 남북한과 미국, 일본, 중국, 소련의 6자 회담을 제안했다.

1992년 4월 29일 미국 로스앤젤레스에서는 대규모 폭동이 발생했다. 이틀 동안 벌어진 폭동으로 거리는 약탈, 방화, 살인 등으로 마치 전쟁터를 방불케 했다. 이 폭동으로 2천여 개의 한인 업소가 화재 등의 피해를 입었고 피해 액수도 어마어마했다. 그런데 스스로를 보호하기 위해 총을 들고 있는 한인들의 모습이 언론에 보도되면서 한인과 흑인의 갈등이 폭동의 주 원인인 것처럼 오해를 사기도 했다. 이 사건은 한인 이주 역사상 가장 큰 비극이며 불행한 사건으로 기록되었지만 한인들의 단결을 도모하는 계기가 되었다.

다행히 그해 11월 3일 실시된 선거에서 한인들의 약진이 드러나면서 폭동에서 얻은 정신적 피해를 조금이나마 보상받을 수 있었다. 이때 당선되어 미국 정계로 진출한 한인은 김창준(연방 하원의원), 임용금(오레곤주 상원의원), 신호범(워싱턴주 하원의원), 재키 영(하와이주 하원의원), 정호영(가든그로브 시의원) 등이다.

김영삼 정부

1993년 2월 25일 김영삼 대통령이 취임하였다. 9월 13일 김영삼 대통령은 우선 핵문제를 해결한 후 남북정상회담을 개최하겠다고 입장을 밝혔고 11월 1일에는 유엔총회에서 북한 핵문제에 대한 결의안이 채택되었다. 이어 11월 21일 김영삼 대통령이 미국을 방문하여 한미정상회담을 가졌다. 이 회의 결과 한미 양국 정부 간 방위비 분담 특별 협정이 체결되었다.

다음 해 2월 25일 김영삼 대통령은 김일성과 회담할 의사가 있다고 하였고, 한미 팀스피리트 훈련 중단, 핵 사찰 수용, 남북 특사 교환 등 4개항의 미북 합의문이 발표되었다. 이로써 그해 한미 팀스피리트 훈련이 중단되었다. 그러나 3월 북한 측의 이른바 '불바다' 발언으로 특사 교환 등 남북 간의 화해 무드가 불발되었다. 6월 17일 김일성은 카터 미 전 대통령과 회담을 가졌고 거기서 남북정상회담에 동의한다는 의사를 밝혔다. 이로써 한국에서도 이를 수락, 그 준비에 나섰으나 7월 3일 김일성이 사망함으로써 7월 25일로 예정되었던 남북정상회담도 무산되었다.

1994년 12월 1일 한국군은, 6·25전쟁 때 유엔군사령관에게 넘겼던 작전 지휘권의 일부를 돌려받았다. 전시(戰時)가 아닌 정전 상태에서의 작전 통제권을 회수한 것이다. 이로써 전투가 없는 평시에는 모든 군사 작전 활동에 대해 한국군이 권한을 갖고 책임을 지게 되었다.

김대중 정부

김대중 정부는 1998년 2월 25일 외환 위기 속에 출범하였다. 김 대통령은 6월 12일 로스앤젤레스에 방문하여 450여 명의 한인 동포을 초청한 리셉션을 열었다. 이 자리에서 대통령은 새 정부가 재외 한인들을 위한 정부임을 강조하고 동포들의 조국 번영에 대한 협조도 당부했다. 1997년 10월 30일 재외동포재단이 한국 정부 기구로 창설되었고 1998년 12월에는 재외동포의 출입국과 법적 지위에 관한 법률'이 제정되었다. 이로써 비자, 재산권, 연금, 의료보험 등의 여러 문제가 개선되고 재외동포의 권익을 신장할 수 있는 계기가 되었다.

김대중 정부의 특이점은 북한에 대한 이른바 '햇볕정책'이라는 대북 포용정책의 시행을 들 수 있다. 이 햇볕정책의 일환으로 2000년 6월 15일 남북정상회담이 역사상 처음으로 성사되었고 이 건으로 김대중 대통령은 노벨평화상을 수상하였다.

LA 방문한 김대중 대통령 부부(1998)

5. 새 천 년과 21세기의 시작

새 천 년을 맞이한 미주 한인 사회와 미국의 상황 변화

미주한인 차세대들이 문화예술은 물론 미주사회 전 분야에서 한민족의 정체성을 이어가고 있다.

서기 2000년 대망의 새 천 년을 맞이했다. 지구촌 누구에게나 희망찬 시기였지만 미주 한인들은 더욱 새롭고 부푼 사명을 가지고 새 천 년을 시작했다. 2003년 미주 한인 이민 역사가 드디어 100주년을 맞이하는 해였기 때문이다. 미주 한인들에게는 100주년을 맞이한다는 것이 큰 기쁨이며 동시에 100주년 맞이 기념 행사를 잘 준비해야 한다는 막중한 책임으로 다가왔다. 지역별로 뜻 있는 한인들이 모여 기념사업회를 만들었고 행사를 준비하면서 한인 사회의 관심은 100주년 행사에 쏠리게 되었다.

당시 미국 대통령은 빌 클린턴(Bill Clinton)이었다. 클린턴 정부는 북한의 군부 실력자인 조명록(趙明祿) 국방위원회 제1위원장을 미국으로 초청했다. 북미 관계를 개선해보기 위해서였다. 2000년 10월 9일 조명록은 워싱턴을 방문했다. 올브라이트 미 국무장관과 조명록은 공동 성명을 통해 "쌍방은 그 어느 정부도 타방에 대하여 적대적 의사를 가지지 않을 것"이라 밝혔다. 또 미국과 북한은 내정 불간섭, 정전협정의 평화협정체제로의 대체 노력, 북한의 장거리 미사일 시험 발사 유예, 테러 반대를 위한 국제 사회의 노력에 대한 북한의 지지 등을 합의했다.

미국의 올브라이트 국무장관은 그해 10월 말, 미 국무장관으로는 처음으로 북한을 공식 방문했다. 11월 중순으로 예정된 클린턴 대통령의 방북 문제를 협의하기 위해서였다. 그러나 미국 대선과 미 국내의 여론 악화로 방북은 이뤄지지 않았다.

2001년 9월, 미국 뉴욕에서 사상 최악의 테러인 9·11테러가 일어났다. 그 이듬해 9월 17일 조지 부시(George W. Bush) 대통령은 "미국은 반드시 세계의 움직임에 개입해야 한다"라는 선제 공격의 정당성을 강조한 부시 독트린을 내놓았다. 부시는 독특한 미국의 국제주의(a distinctly American internationalism)'의 정당성을 주장하며 국제 문제의 현안을 해결하기 위해 군사적이고 일방적인 접근을 주로 시도하려 했다. 부시 독트린의 주 내용은, 잠재적 적대 국가가 미국을 공격하기 전에 일방적으로 선제 공격할 수 있다는 내용이다. 즉, 대통령이 판단하고 선택하면 최후의 수단으로 전쟁도 할 수 있다는 것이다. 그러면서 미국은 대량 살상 무기의 확산 방지를 가장 우선되는 대외 정책으로 삼았다.

2003년 미국이 이라크를 침공하면서 내세운 명분도 바로 이 점이었다. 사담 후세인 정권이 대량 살상 무기를 개발한 의욕이 있었다는 것이다. 북핵 문제에 대해서도 이 기조는 예외가 될 수 없었다. 미국이 북한에 대해 선제 공격을 할 수도 있다는 가능성을 열어놓은 것이다.

9.11 테러(2001)

미주 한인 이민 100주년과 미주 한인의 날 제정

1903년 하와이 이민으로 시작된 미주 한인 이민 역사는 2003년 드디어 100주년을 맞이하였다. 100주년 기념 사업은 미국과 한국에서 다양하게 펼쳐져 한인에 대한 관심을 제고했고 그 위상을 높이는 데 기여하게 되었다.

2001년 호놀룰루에서 만난 하와이와 남캘리포니아, 뉴욕 대표는 100주년기념사업회를 전 미국으로 확대하기로 결정했다. 그 후 13개 도시에 기념사업회가 만들어졌다. 행사의 일환으로 2003년 1월 1일 제114회 로즈퍼레이드에 한국 꽃차를 출품했고 1월 13일 하와이에서 개막 행사가 열렸다. 5월에는 워싱턴 D.C.에서 만찬이, 6월에는 샌프란시스코에서 총회가 열렸다. 10월 30일에는 뉴욕에서 폐막식이 거행되어 10개월에 걸친 기념 행사가 마무리되었다. 이때 한국 정부는 미국 이민 100주년 기념 우표를 발행했다.

미주 한인 이민 100주년 기념 사업은 '떠나온 조국에 대한 영원한 사랑', '시련과 역경, 도전의 삶을 위하여', '아메리칸 드림의 성취', '또 다른 100년을 향한 사명' 등 네 가지 주제를 중심으로 펼쳐졌다. 미주한인재단 전국 총회장을

미주 한인 이민 100주년 기념행사(하와이)

미주한인의 날 제정 추진 미주한인이민 100주년 기념사업회 남가주 차세대와 함께한 모임(2003.)

지낸 윤병욱 박사는 〈나라 밖에서 나라를 찾았네〉라는 저서에 미주 한인의 정체성 확립에 대한 고민이 담긴 글을 다음과 같이 썼다.

"한인들의 미주 이민 역사는 근대 한국을 변혁시키며 독립운동의 선구적인 역할을 담당한 역사적인 대사건이었다. 그들은 조선 왕조가 망하는 시기에 폐쇄된 사회를 개방시키는 촉진제의 역할을 했고 일본의 침탈과 잔악성을 세계에 알리는 조직적이며 총체적인 역할을 담당했다.

미주 한인 전반세기는 독립운동과 이민 정착으로, 후반세기는 미국 속에서 가장 활발한 소수 민족 사회를 건설해왔다. 조국이 없었던 유대인들이 이스라엘을 세웠듯이 밖에서 잃어버린 나라를 찾기 위하여 안을 바라보는 환민족주의(Trans Nationalism)적 해외공동체를 형성하여 독립 투쟁을 벌였다. 그들은 무형의 정부를 세워 자치 제도를 실시했고 유형의 새로운 정부로서 국가 건설을 계획했다.

지난 100년 동안 쌓아온 미주 한인들의 조국과 세계화에 대한 역사적 공헌을 어떻게 평가하고 체계화할 것인가에 대한 연구가 필요하다. 새로운 100년을 내다보는 이 시점에서 한인 1세들과 차세대들의 미 주류 사회와 조국과 세계에 대한 기여도는 관심을 가져야 할 부분이다. 급변하는 세계 속에서 한국의 위치나 위상, 한국인의 이미지는 과연 어떠하며, 다민족 다문화 속에서 사는 2세대나

캘리포니아주 상원 선포식(캘로 루 주상
원의원, 2013.1.7.)

차세대들은 미주 한인의 정체성을 어떻게 정의하고 있는 것일까?

지금 자라는 1.5세, 2세들은 부모의 나라에 대해 자긍심과 뿌리에 대한 애착을 갖고 있다. 그들은 '어느 민족이냐?'라는 물음에 자신있게 한국인이라고 대답한다. 따라서 Korean American의 정체성은 여기에서 출발되어야 한다. 한국계 미국인은 분명하지만 제2세, 3세 등 차세대들은 미국인이자 한국인이어야 한다. 제1세대들이 그동안 미주 사회에서 이루어놓은 Korean American Community의 새로운 전기를 마련하는 이정표는 상황적 변화에 따라 달라져야 한다.

한인의 정체성과 미주 한인의 정체성은 민족과 나라를 달리하는 230만 미주 한인 이민자들이 고민해야 할 이중적인 잣대가 필요하다. 민족적인 귀속감 속에서 선택된 나라에서 생길 수 있는 고립감을 충족시켜야 할 정체성을 어떻게 정립해야 할 것인가 하는 분명한 인식이 필요하다."

2005년 12월 13일 미연방하원은 매년 1월 13일을 미주 한인의 날로 제정하는 결의안(HR-487)을 표결에 붙여 만장일치로 통과시켰다. 상원도 이와 같은 결의안(SR-283)을 만장일치로 통과시켰다. 1월 13일은 1903년 한인들이 하와이에 처음 이민 온 날이다. 특정 이민자 사회를 대표하는 기념일을 제정한 것이 처음 있는 일이다.

미주 한인의 날 제정 제안은 미주한인이민100주년기념사업회-남가주(대표회장 윤병욱)가 하였다. 2003년 6월 9일 샌프란시스코 전국 회의에서 결의문을 채택하고 그해 10월 22일 로스앤젤레스 시의회가 만장일치로 제정 결의안(HR-38)을 의결하였다. 이듬해 1월 12일 캘리포니아 주의회가 만장일치로 이 결의안을 통과시켜서 선포식을 가질 수 있었다.

하원의 결의안은 버지니아 주 출신이며 하원 정부 개혁위원장인 공화당원 탐 데이비스 의원의 촉구로 이뤄졌다. 그는 미국 내 한인들은 모든 분야에서 탁월한 능력을 발휘하여 미국 사회에 기여하고 있다고 강조했다. 또 최소 4천 명의 미주 한인이 미군에 복무하고 있고 그 중 25% 정도는 이라크에 파병되어 있다고 밝히기도 했다.

미주 한인의 날 제정은 그동안 한인들이 미국 사회에 기여한 것에 대한 공로 인정이라 해도 지나친 말이 아니다. 또 앞으로도 미국 사회의 구성원으로서 성실하게 제 몫을 다해 달라는 요청이라 할 수 있다. 미주 한인의 날은 미국 사회의 구성원으로, 미국 국민으로 살아가는 한인 2세들의 정체성 문제에 확실한 답을 주고 코리안 아메리칸으로 자존감을 갖게 해주는 날이 될 것이다.

미주 한인은 인종이나 피부색 등으로 차별받지 않는 미국인으로서 살아야 하지만 또 한민족의 얼과 문화를 이어가야 하는 존재이기도 하다. 이민 100년이 지나고 새로운 100년을 맞이하여 미주 한인의 정체성을 보다 확고히 할 필요성이 있다. 거기다 미국 주류 사회에 기여하는 자랑스러운 지도 민족이 되어야 하는 과제도 안고 있다. 이런 일들을 이루고자 의지를 다지는 움직임의 시작이 미주 한인의 날 제정이었다. 미주 한인의 날과 세계 한인의 날 제정에 대해 아래에서 더 자세히 다루도록 하겠다.

여중생 사망 사건과 반미 의식

2002년 6월 경기도 의정부에서 주한 미군의 장갑차에 두 명의 여중생이 치어 사망한 사건이 일어났다. 이 사건의 가해자인 두 명의 미군 병사는 무죄 평결로 풀려났다. 이에 많은 한국인이 분노했고 이에 항의하는 반미 시위와 촛불

추모제가 이어졌다. 그해 12월 김대중 대통령은 오산 공군 기지에서 한미 공군 장병들을 상대로 한 연설에서 이 문제를 언급했다. 김대중 대통령은 "한국인들은 양국 관계가 성숙하게 발전하기를 희망한다. 여기에는 여중생들을 사망으로 이끈 훈련 사고에 대한 진심 어린 사과와 주둔군지위협정(SOFA) 문제가 포함된다"라고 지적했다.

1967년 2월 9일에 발효된 SOFA(주둔군지위협정)에는 주한 미군의 원활한 임무 수행을 위해 토지와 시설의 제공, 형사재판권·민사청구권·출입국관리·통관과 관세 등에서의 특권과 면제를 허용한다는 내용이 담겨 있다. 이중 '형사재판권의 자동 포기 조항' 등은 불평등한 조항으로 지적되어 왔다. 결국 시민단체들의 개정 요청에 따라 1988년 12월 개정 협의가 시작되었다. 그 결과 1991년 1월

미군 장갑차 여중생 사망 사건 광화문 촛불 추모제

한미 양국은 '형사재판권의 자동 포기 조항'을 삭제하는 등 1차 개정에 합의하였다.

1995년 7월부터 한미 양국은 주한 미군에게 고용된 근로자의 권익 보호, 미군 기지의 환경 문제, 형사재판권 등에 대한 협의에 들어갔지만 1996년 11월 중단되었다. 2000년 2월 미군 병사의 한국인 여종업원 살해 사건과 7월 한강물에 미군이 독극물을 방류한 사건 등이 드러나 SOFA 재개정 협의가 다시 시작되었다. 그해 12월 양국은, 살인과 강간 등 열두 가지 중대한 범죄를 저지른 미군 피의자에 대한 한국 정부의 신병 확보와 환경 조항 신설을 합의했다. 2002년 여중생 사망 사건 이후 12월 24일 한미 양국은 한국 정부의 수사권 강화를 주 내용으로 하는 SOFA 개정안에 최종합의하였다.

한국인의 반미 의식은 이 사건 이전에도 존재했다. 한국 사회에서 반미 운동이 본격적으로 시작된 것은 1980년대 이후이다. 반독재를 외치던 재야 인사들과 대학생들이 반외세의 기치도 함께 들고 나온 것이다. 급기야 1982년 3월 18일에는 부산 지역 대학생들이 부산미국문화원에 방화한 사건까지 일어났다. 이는 1980년 5·18광주민주화운동에 대한 군부의 살상 행위를 미국이 방관했다는 운동권의 비판적 시각에서 비롯된 사건이다. 이후 미국의 시장 개방 압력으로 반미 의식은 더욱 강해지게 되었다.

노무현 정부

노무현 대통령이 이끄는 참여정부의 임기는 2003년 2월부터 2008년 2월까지였다. 참여정부가 내놓은 평화번영정책의 내용은 한반도에 평화를 증진시키고 남북 공동 번영을 추구하여 평화 통일의 기반을 조성하고 동북아 경제 중심 국가로 나아가는 발전 토대를 마련하자는 것이다.

2003년 5월 14일 노무현 대통령은 조지 W. 부시 미국 대통령과 한미정상회담을 가졌다. 이 자리에서 두 정상은 한반도 및 동북아의 지속적인 평화와 번영을 위해 포괄적이고 역동적인 동맹 관계를 구축해나가는 데 공동 노력하기로 합의하였다. 향후 한미 관계는 한층 더 높은 차원의 완전한 동반자 관계로 나아갈 것을 천명한 것이다.

이명박 정부

이명박 대통령과 오바마 미 대통령(2012)

'경제 대통령'이 되겠다고 천명한 이명박 대통령은 외교 정책에서 실용성과 경제 이익을 최우선에 내세웠다. 이전 정부 조직을 통폐합하여 작은 정부를 구축하고 실용주의 경제 성장, 자원 외교 등 친서민 정책을 구축했다.

2008년 이명박 정부는 서브프라임 모기지 사태인 미국발 금융 위기에 성공적으로 대처하여 조기에 경제 위기를 극복하였다. 하지만 한미소고기협상 논란으로 혼미한 정국에서 미국산 광우병 소고기 반대 촛불 시위가 심각하게 벌어졌다. 그런 상황에서도 이명박 대통령은 G20정상회의와 핵안보정상회의를 개최하여 대한민국의 국제적 위상을 높였다. 또 참여정부 때 다소 악화되었던 한미 관계를 복원하여 역대 정부 중 처음으로 한미 관계를 동등한 동반자 관계로 발전시켰다.

4대강 정비 사업 공사를 완료하였고, 질적 성장 추구, 성장과 복지간 선순환 구조 구축, 선성장 후복지, 법치의 확립과 헌법 존중, 국가·사회간 시너지 협력을 통한 발전, 전방위 외교 및 남북 관계 실질적 변화 추구, 공교육 질적 향상을 위한 교육 개혁, 지역 발전의 전기 마련, 일자리 창출을 핵심으로 한 경제 살리기 정책을 실천했다.

이명박 대통령의 경제 정책은 시장 중시 경제 정책(MB노믹스)이었다. 세금은 줄이고, 간섭과 규제는 풀고, 법치주의를 확립하여 성장 우선 정책을 실시하였다. 또 규제 완화와 제도 개선으로 투자 활성화를 이끌어냈고, 각종 감세 정책 등이 적극 추진되었다. 단기 고도 성장에 대한 집착에서 탈피해 지구 환경을 중시하는 저탄소 녹색 성장에 관심을 두기도 했다. 이는 '온실 가스와 환경 오염을 줄이는, 미래에 무게 중심을 둔 지속 가능한 성장'으로 표방되었다. 신성장 동력과 일자리를 창출하는 신국가 발전 구상을 추진하였고 앞으로 글로벌 경쟁에서 뒤처지지 않기 위해 이산화탄소를 배출하지 않는 원천 기술을 개발하고 그에 투자했다. 이명박 대통령은 원전 수주를 위해 아랍에미리트연합(UAE)을 방문하여 외교를 펼쳤다. UAE의 200억 달러 규모의 원자력발전소 건설을 수주한 것이 자원과 에너지 외교의 대표적인 실적이다. UAE와의 석유·가스 분야 협력개발양해각서(MOU)를 통해 UAE 아부다비 유전 개발 참여권도 확보했다.

진보, 보수 등으로 분열된 국론을 친서민 정책 강화로 영세 상인에 대해 배려했다. 그의 임기 중에 열린 2008년 베이징 하계 올림픽은 대한민국 올림픽 출전 역사상 가장 많은 금메달을 획득한 대회였다. 또 2010년 벤쿠버 동계 올림픽에서는 한국 대표팀 역사상 최초로 김연아 선수가 여자 피겨에서 금메달을 수상했다. 또 종합 순위 5위를 달성하는 쾌거를 올렸다.

샌프란시스코에서 열린 '세계여성 컨퍼런스'

이명박 대통령은 한미동맹 강화로 미국 주도의 대량 살상 무기 확산 방지 구상(PSI)과 MD 계획에도 적극 참여했다. 전시작전통제권 양도를 2015년으로 연기하기로 합의했고 한미동맹은 한국과 미국의 안보뿐 아니라 태평양 전체 안보의 핵심(Linchpin)이라는 인식을 공고히 했다. 이처럼 한미동맹 강화를 통해 동등한 한미 관계로 그 위상을 높일 수 있었다.

해외 한인 동포와 한미 관계 이해

대한민국의 한(韓)은 마한(馬韓), 진한(辰韓), 변한(弁韓) 등 삼한(三韓)에서 유래했다. 진한은 신라로 삼국을 통일했고 '한(韓)'은 한반도 및 한민족으로 두루 쓰였다. 한(韓)이라는 말은 종교적 의미와 정치적 의미가 복합적으로 어우러져 우리 민족 고대로부터 내려오던 말이다. 마한, 진한, 변한을 통합한 고려에서 조선이 개국되었고 조선 고종(高宗)은 대한제국으로 국호를 고쳐 황제로 등극하였다. 일제의 강점으로 왕권은 중단되었으나 임시정부도 국호를 '대한민국'으로 하였다. '한(韓)'은 '크다' 또는 '중앙'을 뜻하는 말로, 해방 후 새로운 민주공화국을 세울 때도 국호에 '한' 자를 넣어 대한민국이라 이름 지었다.

미주한인이민 100주년 기념사업회가 작성 결의한 '미주한인의 날' 제정결의안(2003.6.9.)

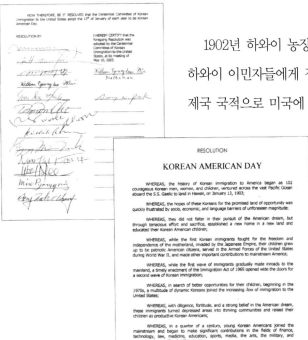

1902년 하와이 농장에서 일할 구인 모집이 대한제국 언론에 공고되었다. 하와이 이민자들에게 정식으로 집조(執照 : 여권)가 발급되었고 그들은 대한제국 국적으로 미국에 이주했다. 1905년 을사늑약으로 외교권이 상실되었을 때 미주에 있던 한인들은 임시정부격인 대한인국민회를 조직해 일본인이 아닌 한인(Korean)임을 선언했다. 우리 민족은 이로써 미국 정부와 다른 민족들에게 대한의 백성임을 주장했다.

오늘에 이르러 대한민국은 위대한 나라로 성장했고 나라 밖에 살고 있는 해외 한인 동포가 UN이 정한 지구촌 나라 거의 모든 곳에 디아스포라 민족으로 흩어져 살고 있다.

미국에 한인의 이민 역사가 100년이 되던 해를 기

념하기 위해 미주한인이민100주년기념사업회가 결성되어 미국 전 지역에서 성공리에 기념 행사를 마감했다. 기념사업회 관계자들은 그간 해외 동포를 교포, 교민이라고 부르던 명칭을 바꿔, 우리 민족의 정체성을 표시한 이름인 한인으로 통일해 부르기로 하고 언론과 해외 동포 사회에 이를 홍보했다.

미주한인이민 100주년 기념사업회
남가주 법인등록증

재미 교포 혹은 교민이라는 명칭을 다시 살펴보자. 교포에서 '교' 자에는 일제 강점기에 우리 민족을 비하하던 의미가 들어 있다. 교(僑, 더부살이 교) 자는 곁불 쬐는 불쌍한 모습으로, 나라 잃은 백성이 기댈 곳 없이 떠도는 처량한 신세를 무시하여 일컫은 말이었다. 그래서 교민이나 교포라는 말이 해외 동포에게 더 이상 사용되어서는 안 된다는 운동도 있었다. 미국에서도 더 이상 재미 교포나 미주 교민이란 말을 쓰지 않는다. 미주 한인(Korean American)으로 통칭하고 있다.

해외 동포 사회에서도 지역이나 도시 명칭에 우리 민족의 정체성을 표시하여 캐나다 한인(Korean), 멕시코 한인라 하고, 재일 교포가 아닌 일본 한인, 도쿄 한인이라 부른다. 또 조선족이 아닌 중국 한인으로, 고려인이 아닌 러시아 한인, 카자흐스탄 한인, 유럽 한인 등으로 부르도록 장려하고 있다.

미국의 국가 기념일로 제정된 'Korean American Day'의 한국어 명칭을 '미주 한인의 날'로 통일했으며 미주한인이민100주년기념사업회는 영어의 'Korean American'을 한국말로 '미주 한인'이라 부르기로 했다. 한국에서 사용하고 있는 '재외 교포'나 '교민' 등은 모두 해외 한인을 부르는 표현으로 올바르지 않다.

세계한인재단은 해외 한인 동포들의 임의 단체로 한민족의 정체성 계승과 발전을 위해 족보의 중요성을 실천해오고 있다. 또 한국성씨총연합회와 사단법인 한국뿌리보존회에서 시작한 씨알의 날(매년 10월 10일) 기념일 준수와 축제에 한인 지도자들이 참여하여 한인의 위상 제고과 발전에 기여하고 있다.

한미 관계에 대한 정책과 전략은 양국 정부에 의해서 결정되고 추진되어 왔

미주한인재단 로고

세계한인재단 로고

지만 양국 국민의 이해는 다양하게 해석되어 왔다. 보수와 진보로, 여당과 야당으로 대략 양분되어 다른 해석으로 기록되었으며 해외 동포 사회에서도 다양하게 이해되었다.

미주 한인 사회를 대표하는 단체로 미주한인회총연합회는 우리 민족이 나라가 없던 시기에 미국에서 독립운동을 했던 단체와 애국 지사들의 유산을 계승했다. 대한민국 정부가 수립되고 부강한 나라로 성장해온 역사에 미국 내 한인 거주 지역의 단체인 한인회와 지역 한인회 전·현직 회장들로 조직된 미주한인회총연합회가 미주 한인 이민 역사와 전통을 이어오고 있다고 본다.

한편 미주 한인 사회 대표 단체를 기능적으로 보면 미국 내 지역 단위로 상공인 단체인 상공회의소, 해외한인무역인협회, 세계상공인총연합회, 재미대한체육회, 식품상협회, 의류협회, 향우회, 재향군인회, 6·25참전유공자회, 한글학교, 글로벌어린이재단, 한미부인회, 광복회, 3.1여성동지회, 어머니봉사회, 주부클럽, 여성경제인협회, 시민권자협회인 시민연맹, 미주한인유권자연대, 한국의 날 축제(LA, OC, NY, SF, DC, Chicago, Seattle, Oregon, Atlanta, Hawaii, Dallas 등 미주한인사회) 단체, 재미영화인협회 등 문화 예술 단체, 한미연합회, 한인청소년회관, 민족학교, 한인가정상담소, 한인건강정보센터, 한인노동상담소, 기독교협의회, 목사회, 장로회 등 수많은 종교 관련 단체와 봉사 단체가 있다.

베트남전참전용사회, 미주한인이민100주년기념사업회 승계 단체인 미주한인재단, 건국대통령 이승만박사기념사업회, 박정희 대통령 기념 사업 관련 단체, 재미해병대전우회, 대한민국 대통령이 임명하는 민주평화통일자문위원회와 임의 단체 인민화협, 한국인권문제연구소, 세계한인교류협력기구와 세계한인재단이 있다.

박용만기념재단(회장 박상원)과 샌프란시스코한인회(회장 곽정연)가 주최한 대한독립선언 100주년 기념식(대회장 엄기호, 준비위원장 양성전)에 참석한 샌프란시스코 시장(니콜 런던)은 2019년 2월 1일을 대한독립선언 100년의 날로 선포했다. 베트남전 참전 용사인 미국 국가 방위군 전 사령관 포터 장군(MG

Joseph V. Potter, USND)은 대한독립선언 100주년 기념사에서 한국 해병대와 함께 베트남전쟁 중 전투에 참여하는 것이 영광이었다며 이승만, 안창호, 박용만, 이대위, 정재관과 같은 한국 지도자들이 커다란 개인 희생과 확고한 충성이 요구되는 힘겨운 투쟁으로 승리했다고 밝혔다.

미국에서 개최되었던 1984년 LA올림픽과 1996년 애틀랜타 올림픽 대회, 월드컵 등 체육 행사는 미주 한인 동포 사회가 하나임을 확인했던 감동적인 기회였다. LA올림픽에 이어 개최된 88서울올림픽 그리고 2002년 월드컵은 한민족의 단합을 이루게 한 감동의 순간이 되었다. 2018 평창동계올림픽의 성공은 남북 교류의 획기적 기회로 활용되었고 2028년 LA올림픽은 한미 관계 발전에 가슴 설레는 기대로 추진되고 있다.

매년 1월 13일 미주 한인의 날 기념 행사는 전국 행사 전통으로 워싱턴DC 미 연방의회에서 한미 양국 대통령의 축사와 지원 가운데 미주 한인의 날 축전으로 개최되고 있으며 미 전역에서도 기념일 준수에 따른 다양한 기념 행사가 개최되고 있다.

미주한인이민100주년기념사업회가 2003년 1월 1일에 참가한 제114회 로즈퍼레이드(위원장 정용봉 박사)는 미주 한인의 자긍심을 한껏 드높인 행사이다. 미

미주한인이민 100주년 기념 한국 꽃차, 제114회 파사데나 로즈퍼레이드에 참가해 수상한 센테니얼 한국꽃차(2003.1.1.)

주 한인 사회가 참여한 100년의 꽃차 전통을 이어가기 위해 로즈퍼레이드 축제에 계속 참가하려고 했으나 이루지 못해 아쉽다. 이는 바람직한 한미 관계 개선과 이해 제고 등 상호 유익을 위해 다시 추진해야 할 사업이라 하겠다.

바람직한 한미 관계와 한미동맹 개선을 위해 정부의 역할이 중요하지만 민간 차원의 활발한 교류와 노력도 매우 중요하다. 대한민국 안에서 민간 차원의 활동이 적극 권장되어야겠고 아울러 해외 동포 사회와 미주 한인 사회가 연대한 활발한 교류와 실익을 적극 추진해야 하겠다. 국내외 단체들이 헌신해온 민간 차원의 유익한 활동은 정부가 하지 못한 많은 일을 해왔고 훌륭한 업적을 이룩한 사례들로 기록되었다.

제2차 세계대전 종전 및 대한민국 정부 수립 70주년 기념

제2차 세계대전에서 연합군이 나치 독일에 승리한 날을 기념하는 승전 70주년 행사가 2015년 5월 8일 미국과 영국, 프랑스, 폴란드 등에서 열렸다. '유럽 승리의 날'은 미국과 유럽 연합군이 지난 1945년 독일 나치 정권으로부터 항복을 받아내고 제2차 세계대전이 종료된 날이다. 유럽과 미국에서는 이 날을 기념하여 제2차 세계대전 전승 70주년 기념 행사를 성대히 개최했다.

뉴욕지역한인회연합회 최영배 의장이 뉴욕시경 국장과 아시안범죄 예방을 위해 한인단체장들 면담과 광복절 경축 기념

프랑수아 올랑드 프랑스 대통령은 제2차 세계대전 승리가 전체주의를 뛰어넘는 이상의 승리였다며 파리국립묘지를 찾아 제2차 세계대전 무명 용사 묘소에 헌화했다. 영국에서도 기념 음악회와 거리 축제 등 다양한 행사가 이어졌다. 나치 독일은 1945년 5월 8일 연합군에 무조건 항복한다는 문서에 서명했지만 일본 천황은 미국의 원자폭탄 공격을 받고서야 8월 15일 항복했다.

대한민국 건국을 언제로 하느냐는 데 대해 해석을 달리하고 있어 안타깝다. 1919년에 대한민국 상하이 임시정부를 수립하였기에 대한민국은 이 역사를 계승하고 있다. 하지만 중국 땅 상하이 지역에 망명 정부로 수립한 것이지 이것이 나라를 건국한 것이라고 주장할 수는 없다.

2018년 국립중앙박물관에서 열린 광복절 73주년 및 정부 수립 70주년 경축식에서 문재인 대통령은 "오늘은 광복 73주년이자 대한민국 정부 수립 70주년을 맞는 매우 뜻깊고 기쁜 날"이라고 경축사를 했다. 건국 시점을 둘러싸고 해석이 분분한 가운데 보수 진영에서는 임시정부보다는 1948년 대한민국 정부 수립을 건국으로 주장하고 있다. 제2차 세계대전 이후 식민지에서 해방된 국가들 가운데 대한민국처럼 산업화와 민주화에 동시에 성공한 나라는 세계 역사에 유일하다.

'건국 70주년'이냐 '정부 수립 70주년'이냐는 논란 속에 해외 한인 동포 사회에서도 분열과 다툼으로 역사관이 정립되지 못했다. 좌우파 역사학자들과 정치권이 '대한민국 건국일'을 놓고 왜 첨예하게 대립하고 있는지 그 이유를 일반 국민들은 잘 모른다. 대부분은 '8.15 광복절'이 국경일이라는 사실 외에 해방(解放), 광복(光復), 독립(獨立), 건국(建國)이란 용어들의 차이를 굳이 구분하지 않았다. 국내외 여러 단체와 애국 지사들이 앞장서 대한민국 건국절 제정을 주장했고 8월 15일을 대한민국 건국일로 기념하게 되었다. 세계한인재단도 "1948년 8월 15일 대한민국 생일 기념식"을 개최하였다.

만약 대한민국이 1919년도에 건국되어 있었다면, 그래서 당시 대한민국이 독립 국가였다면 1936년 8월 베를린 올림픽에서 마라톤 선수 손기정과 남승룡 선수가 일본의 '기테이 손(Kitei Son)'과 '쇼류 남(Shoryu Nan)'으로서 각각 1위와 3위를 차지한 것으로 기록되지 않았을 것이다.

대한민국의 건국 과정은 1910년부터 1945년까지 일본 식민지, 1945년부터 1948년까지 미군정기(美軍政期)를 거쳐 1948년 8월 15일 대한민국이 독립 국가로 탄생한 것으로 구분하는 것이 타당하다고 본다. 그래서 분명 대한민국이란 국가는 1948년 8월 15일 건국일로부터 역사가 시작된 것이다.

3·1운동과 임시정부는 좌우파를 떠나 대한민국 국민 누구도 부인할 수 없는 독립 투쟁의 역사다. 대한민국 상하이 임시정부와 순국 선열들은 대한의 독립을 위해 목숨 걸고 투쟁했다. 그러나 국가의 의미는 영토·국민·주권으로 정의할 수 있다. 그러니 상하이 임시정부는 1909년에 미주 한인들이 무형의 정부로 설립한 대한인국민회의 연장으로 '임시' 정부였지 하나의 독립 국가라 할 수 없다.

제2차 세계대전 승전 기념일이 대한민국의 광복절이고 독립기념일이자 생일이다. 우리의 기념일을 의미있게 보내는 것이 대한민국과 한민족의 번영에 매우 유익하다.

박근혜 정부

박근혜 정부(2013년 2월 25일~2017년 3월 10일)는 '국민 행복, 희망의 새 시대'라는 국정 비전을 갖고 신뢰받는 정부로 시작했다. 창조 경제를 통해 고용을 창출하고 국민의 장래에 대한 불안감을 해소하며 공정한 시장경제 질서를 확립하고 경제·사회적 불평등을 보정하며 신뢰공동체 속의 안락한 삶의 보장과 국민을 중심에 둔 통합형·소통형 정부를 운영하여 행복한 대한민국을 위한 정책을 추진했다.

튼튼한 국방력과 국제 협력을 바탕으로 대한민국의 주권과 안전을 확실히 확보하기 위한 한반도 신뢰 프로세스를 통해 행복한 통일을 지향하였고 전통 우방, 주변국 등과의 상생 외교 및 외교 지평을 확대하였다. 또 신뢰받는 모범 국가, 경제·복지·사회통합·정신문화 등 모든 부문에서 세계의 모범이 될 수 있는 성숙한 국가로 발전시키고, 환경·ODA 등 '지구촌 행복 시대'의 중추적 역할 담당을 국정 운영 기조로 하여 지속 가능한 발전과 사회 대통합을 위해 국가 발전

박근혜 대통령과 오바마 미 대통령(피플뉴스)

패러다임의 전환을 제시했다. 국정 중심을 국가에서 국민 개개인에게 맞추고, 경제 성장 모델을 기존의 선진국 추격형에서 세계 시장 선도형으로, 생산성 중심 질적 성장을 목표로 내수·서비스업·중소기업 균형 성장과 원칙이 바로 선 자본주의를 목표로 추진했다.

취임 후 박근혜 대통령은 존 케리 미국 국무장관과 버락 오바마 대통령을 만났다. 박근혜 대통령은 2013년 5월 미국을 방문하였고 북한 문제 등에 관한 내용에 대해 회담을 했다. 2014년 4월 한미정상회담에서 박근혜 대통령과 버락 오바마 미국 대통령은 북한의 핵과 미사일 위협이 고조된 안보 환경에 효율적으로 대처하기 위하여 전작권 전환의 조건과 시기를 재검토하는 방안에 대하여 합의하여 한미연합사 해체와 전시작전통제권 전환를 무기 연기했다. 박근혜 대통령은 미국 연방의회 상하원 합동 연설에서 DMZ 세계평화공원 조성를 제안했다.

한국의 메르스 사태로 인하여 방미 직전인 6월 10일 박근혜 대통령은 방미를 취소하여 한미정상회담이 연기됐다. 미투운동(Me Too movement)은 성폭행이나 성희롱을 고발하기 위한 것으로 처음 미국에서 시작되었고 할리우드 유명 영화 제작자 성추문을 폭로하고 비난하는 활동이 미국 사회 전반에 걸쳐 대중화되었다. 한국의 미투운동도 정치, 교육, 체육, 예술계 등 사회 전 분야에서 고발, 피해 호소 사건이 폭로되며 크게 확산되었다.

세월호 사건으로 시작된 촛불 시위가 심화되었고 2016년 12월 9일 박근혜 대통령의 대통령 탄핵안이 국회에서 통과되었다. 2017년 3월 10일 헌법재판소는 재판관 전원 일치로 탄핵소추안을 인용하여 박근혜 대통령은 대통령직에서 파면되었다. 현직 대통령에 대한 헌법재판소의 탄핵 인용은 이 판결이 처음이다. 박근혜 대통령 탄핵이 부당했음을 호소하는 국내외 태극기집회가 계속됐다.

애국 선열 합동 추모와 한민족의 뿌리

애국 선열 합동 추모에 대한 중요성은 대한민국의 보훈 정책의 일환으로 꾸준히 실천되어왔다. 우리 민족의 조국 광복을 위해 목숨 바쳐 희생한 숭고한 정신을 추모하고 그 업적을 선양하는 것은 대를 이어 계승해야 하며 우리와 우리 후손들의 당연한 의무라고 본다.

대한민국 독립 유공자 예우에 관한 법률에 의하면 순국 선열, 애국 지사, 호국 영령의 정의는 다음과 같다. 순국 선열은 일제의 국권 침탈 전후로부터 1945년 8월 14일까지 국내외에서 일제의 국권 침탈을 반대하거나 독립운동을 위하여 일제에 항거하다가 그 반대나 항거로 인하여 순국한 자로서 그 공로로 건국훈장·건국포장 또는 대통령 표창을 받은 자이다. 또 애국 지사는 일제의 국권 침탈 전후로부터 1945년 8월 14일까지 국내외에서 일제의 국권 침탈을 반대하거나 독립운동을 위하여 일제에 항거한 사실이 있는 자로서, 그 공로로 건국 훈장·건국포장 또는 대통령 표창을 받은 자로 정의되어 있다. 호국 영령은 목숨을 바쳐 나라를 지킨 명예로운 영혼으로 국가의 부름을 받고 전쟁터에서 적과 싸워 나라를 지키다 희생된 분들이다. 대한민국을 수호하다 목숨을 바친 분은 물론이요, 국가의 부름으로 자유 수호를 위해 베트남전에 참전하였다가 목숨 바친 군인들 또한 대한민국의 호국 영령이다.

미국에서 애국선열합동추모식은 미주 한인 이민 100주년 기념 사업 일환으로 추진되어 2002년 9월 21일 제1회 애국선열합동추모제를 치렀다. 이를 매년

제1회 세계한인 순국선열.애국지사.
호국영령 합동추모식

제2회 애국선열합동추모제(2003.9. 로스
앤젤레스 소재 로즈데일 공원묘지)

추진해오다 대한민국 국가 기념일인 매년 11월 17일 순국선열의 날과 중복되므
로 미주한인재단 로스앤젤레스 지부가 해오던 추모 행사를 대한인국민회기념
재단과 한인회 등 단체가 보훈처의 도움으로 추진하고 있다.

제1회 세계 한인 순국 선열·애국 지사·호국 영령 합동 추모식이 서울 동작동
국립서울현충원에서 개최되었다. 이날 행사는 선조들의 숭고한 정신을 추모하
고 아직도 세계 도처에서 채 발굴되지 못한 애국 선열들의 영혼을 위로하며 업
적 발굴에 도움이 되도록 재차 다짐하는 자리가 되었다.

미주한인재단이 앞장서 미국에서 미주 한인의 날이 국가 기념일로 제정되도
록 기여한 것처럼 세계한인교류협력기구(상임대표 김영진)가 세계 한인의 날
제정 범국민청원서명운동을 미주한인재단과 함께 주도적으로 펼쳤다. 그 덕분
에 매년 10월 5일이 대한민국의 국가 기념일 '세계 한인의 날'로 제정 선포되었
다. 세계한인재단(상임대표 총회장 박상원)은 해외 동포 사회 지도자들과 함께
세계 한인의 날 기념 행사를 개최해오고 있다.

우리 한민족은 지구촌 곳곳 거의 모든 국가에 거주하는 디아스포라 민족이
되었다. 175개국에 750만 명이 흩어져 살고 있다. 이민의 역사가 깊어질수록
소중히 지켜야 할 한민족의 정체성인 민족의 뿌리를 계승해가는 것이 매우 중
요하게 되었다. 대한민국에서 한국성씨총연합회와 사단법인 한국뿌리문화보존

회가 족보와 민족의 정체성 발전을 위해 헌신하고 있으며 각 성씨와 문중 등 한 민족의 데이터를 세밀하게 자료화하고 있다. 국회에서 관련 법안을 입법화하는 것부터 족보와 문중들 행사에 이르기까지 인류 역사상 초일류민족으로 부상하는 준비를 철저히 하고 있다고 하겠다. 매년 10월 10일 씨알의 날로 정하고 기념 행사와 지도자들의 만남을 통해 장구한 민족 번영을 추진하고 있다.

한미 간 향우회로 호남향우회, 충남향우회, 평택향우회 등이 있고 친목과 교류 증진을 도모하는 학교 동문회와 여러 단체 활동이 이민 사회 역사이고 해외 동포 한국인의 뿌리라 하겠다.

〈독립유공자 명단(대한민국 보훈처 자료)〉

독립유공자 1급: 대한민국장 (31명)

강우규(姜宇奎) 김구(金九) 김규식(金奎植) 김좌진(金佐鎭) 김창숙(金昌淑) 민영환(閔泳煥) 서재필(徐載弼) 손병희(孫秉熙) 신익희(申翼熙) 쑨원[孫文, 중국인] 쑹메이링[宋美齡, 중국인] 안중근(安重根) 안창호(安昌浩) 오동진(吳東振) 윤봉길(尹奉吉) 이강년(李康秊) 이승만(李承晩) 이승훈(李昇薰) 이시영(李始榮) 이준(李儁) 임병직(林炳稷) 장제스[蔣介石, 중국인] 조만식(曺晩植) 조병세(趙秉世) 조소앙(趙素昂) 천궈푸[陳果夫, 중국인] 천치메이[陳其美, 중국인] 최익현(崔益鉉) 한용운(韓龍雲) 허위(許蔿)

독립유공자 2급: 대통령장 (93명)

구춘선(具春先) 권동진(權東鎭) 권병덕(權秉悳) 김경천(金擎天) 김동삼(金東三) 김병조(金秉祚) 김붕준(金朋濬) 김상옥(金尙玉) 김성수(金性洙) 김완규(金完奎) 김익상(金益相) 김지섭(金祉燮) 김하락(金河洛) 나석주(羅錫疇) 나용환(羅龍煥) 나인협(羅仁協) 남상덕(南相悳) 남자현(南慈賢) 노백린(盧伯麟) 당계요[唐繼堯, 중국인] 문창범(文昌範) 문태수(文泰洙) 민종식(閔宗植) 박동완(朴東完) 박렬(朴烈) 박승환(朴昇煥) 박용만(朴容萬) 박은식(朴殷植) 박준승(朴準承) 배설[裵說, 영국인] 백용성(白龍城) 손과(孫科, 중국인) 송교인(宋敎仁, 중국인) 신규식(申圭植) 신돌석(申乭石) 신석구(申錫九) 신채호(申采浩) 신홍식(申洪植) 안

미주한인이민 100주년 기념비(로스앤젤레스 한인회관 내에 세움)

재홍(安在鴻) 양기탁(梁起鐸) 양전백(梁甸伯) 양한묵(梁漢默) 여천민(呂天民, 중국인) 연기우(延基羽) 오세창(吳世昌) 오화영(吳華英) 우빈(于斌, 중국인) 유동열(柳東說) 유여대(劉如大) 유인석(柳麟錫) 윤기섭(尹琦燮) 윤영로(윤여로) 이동녕(李東寧) 이동휘(李東輝) 이명룡(李明龍) 이범석(李範奭) 이범윤(李範允) 이봉창(李奉昌) 이상재(李商在) 이승희(李承熙) 이위종(李瑋鍾) 이은찬(李殷贊) 이인영(李麟榮) 이재명(李在明) 이종일(李鍾一) 이종훈(李鍾勳) 이필주(李弼柱) 임삼(林森) 임예환(林禮煥) 장건상(張建相) 장인환(張仁煥) 전명운(田明雲) 전해산(全海山) 정환직(鄭煥直) 조성환(曹成煥) 조완구(趙琬九) 주가화(朱家화, 중국인) 주시경(周時經) 지청천(池靑天) 진성(陳誠, 중국인) 채상덕(蔡相惪) 최석순(崔碩淳) 최성모(崔聖模) 호한민(胡漢民, 중국인) 홍기조(洪基兆) 홍범도(洪範圖) 홍병기(洪秉箕) 황흥(黃興, 중국인)

독립유공자 3급: 독립장 (821명)

강경선(康景善) 강기덕(康基德) 강기운(姜基云) 강윤희(姜允熙) 강명규(姜明奎) 강무경(姜武景) 강상모(姜尙模) 강순필(姜順必) 강원형(姜遠馨) 강인수(姜人壽) 강제하(康濟河) 강진원(姜震遠) 강창제(姜昌濟) 강철구(姜鐵求) 계봉우(桂奉瑀) 계화(桂和) 고광순(高光洵) 고두환(高斗煥) 고운기(高雲起) 고이허(高而虛) 고인덕(高仁德) 고제량(高濟亮) 고창일(高昌一) 고평(高平) 곽재기(郭在驥) 곽중규(郭重奎) 곽태기(郭泰棋) 구연영(具然英) 구예선(具禮善) 권기옥(權基玉) 권석도(權錫燾) 권순명(權順明) 권영만(權寧萬) 권용일(權用佾) 권인규(權仁圭) 권준(權晙)(임시정부) 권준(權俊)(의병) 권쾌복(權快福) 금기철(琴基哲) 금달연(琴達淵) 기산도(奇山度) 기삼연(奇參衍) 기우만(奇宇萬) 김갑(金甲) 김강(金剛) 김경운(金景云) 김경태(金敬泰) 김관보(金官寶) 김관오(金冠五) 김광진(金光振) 김교헌(金敎獻) 김규식(金圭植) 김기한(金起漢) 김기형(金基瀅) 김낙용(金洛用) 김난섭(金蘭燮) 김대규(金大圭) 김대지(金大池) 김덕순(金德順) 김덕제(金德濟) 김덕흥(金德興) 김도원(金道源) 김도현 (金燾鉉) 김동수(金東洙)(광복군) 김동수(金東洙)(의병) 김동식(金東植) 김동신(金東臣) 김두만(金斗萬) 김마리아(金瑪利亞) 김만수(金萬秀) 김명권(金明權) 김문희(金文熙) 김범이(金範伊) 김법린(金法麟) 김병로(金炳魯) 김병록(金丙錄) 김병조(金炳朝) 김병태(金餠泰) 김보형(金寶炯) 김복한(金福漢) 김봉규(金奉奎) 김봉수(金鳳秀) 김봉식(金鳳植) 김봉원(金鳳源) 김봉학(金奉學) 김상길(金相吉) 김상덕(金尙德) 김상옥(金尙沃) 김상태(金尙台) 김석(金晳) 김석진(金奭鎭) 김석창(金錫昌) 김석황(金錫璜) 김선여(金善汝) 김성근(金聲根) 김성범(金成範) 김성수(金聖壽) 김성숙(金星淑) 김성엽(金聖燁) 김성택(金聖擇) 김성호(金聖灝) 김세환(金世煥) 김수곡(金水谷) 김수민(金秀敏) 김순애(金淳愛) 김승곤(金勝坤) 김승만(金承萬) 김승학(金承學) 김시중(金時中) 김약연(金躍淵) 김영란(金永蘭) 김영렬(金泳烈) 김영숙(金永肅) 김영철(金榮哲) 김영현(金寧炫) 김예진(金禮鎭) 김용구(金容球) 김용대(金容大) 김용성(金容成) 김용재(金容宰) 김우근(金宇根) 김원국(金元國, 만주 방면) 김원국(金元國, 의병) 김원범(金元範) 김원벽(金元璧) 김원식(金元植, 정의부) 김원식(金元植, 의병) 김원조(金遠祚) 김율(金聿) 김응백(金應伯) 김의한(金毅漢) 김이섭(金利燮) 김이직(金理直) 김인전(金仁全) 김일곤(金逸坤) 김일봉(金一鳳) 김일원(金日元) 김재근(金載根) 김정련(金正連) 김정수(金晶壽) 김정원(金正元) 김정익(金貞益) 김종철(金鍾鐵) 김준승(金俊承) 김준택(金俊澤) 김중건(金中建) 김지환(金智煥) 김진만(金鎭萬) 김진묵(金溱默) 김진성(金振聲) 김진준(金珍俊) 김찬수(金燦洙) 김창곤(金昌坤) 김창균(金昌均) 김창근(金昌根) 김창환(金昌煥) 김천성(金天成) 김천익(金天益) 김철(金澈) 김철남(金鐵男) 김최명(金最明) 김춘배(金春培) 김치보(金致寶) 김치홍(金致洪) 김태연(金泰淵, 정의부) 김태연(金泰淵, 중국 방면) 김태오(金泰

午) 김태원(金泰元, 의병, 62) 김태원(金泰元, 의병, 93) 김태원(金泰元, 벽창의

용대, 63) 김평식(金平植) 김학규(金學奎) 김학무(金學武) 김학섭(金學燮) 김한종

(金漢鍾) 김혁(金赫) 김형빈(金亨彬) 김호(金乎) 김홍량(金鴻亮) 김홍서(金弘敍)

김홍일(金弘壹) 김훈(金勳) 나병삼(羅炳三) 나시운(羅時雲) 나월환(羅月煥) 나정

구(羅正龜) 나중소(羅仲昭) 나창헌(羅昌憲) 나철(羅喆) 나태섭(羅泰燮) 남공선

(南公善) 남궁억(南宮檍) 남석인(南錫仁) 남정각(南廷珏) 노기용(盧企容) 노병대

(盧炳大) 노복선(盧福善) 노원섭(盧元燮) 노을룡(盧乙龍) 노응규(盧應奎) 노임수

(盧琳壽) 노종균(盧鍾均) 노태준(盧泰俊) 대립(戴笠, 중국인) 마수례(馬樹禮, 중

국인) 마진(馬晋) 막덕혜(莫德惠, 중국인) 명제세(明濟世) 모의리(牟義理, 미국

인) 문상익(文相翊) 문석봉(文錫鳳) 문양목(文讓穆) 문일민(文一民) 문일평(文一

平) 문창숙(文昌淑) 문창학(文昌學) 민강(閔橿) 민긍호(閔肯鎬) 민산해(閔山海,

영국인) 민양기(閔良基) 민영구(閔泳玖) 민용호(閔龍鎬) 민필호(閔弼鎬) 민효식

(閔孝植) 박건병(朴健秉) 박건웅(朴健雄) 박걸(朴傑, 영국인) 박경순(朴敬淳) 박

기성(朴基成) 박기제(朴基濟) 박기한(朴基寒) 박도경(朴道京) 박문용(朴文鎔) 박

문용(朴文鎔) 박봉석(朴奉石) 박사화(朴士化) 박상진(朴尙鎭) 박세건(朴世健) 박

세화(朴世和) 박승길(朴昇吉) 박시창(朴始昌) 박여성(朴汝成) 박영준(朴英俊) 박

영희(朴寧熙) 박응백(朴應伯) 박인항(朴仁恒) 박인호(朴寅浩) 박인화(朴仁和) 박

장호(朴長浩) 박재혁(朴載赫) 박중서(朴重緖) 박차정(朴次貞, 김원봉의 처) 박찬

익(朴贊翊) 박춘실(朴春實) 박치의(朴治毅) 박치화(朴致化) 박태열(朴泰烈) 박희광(朴喜光) 반하경(潘夏慶) 방순희(方順熙) 배설(裵說) 백기환(白基煥) 백낙주(白樂疇) 백남규(白南奎) 백삼규(白三圭) 백시찬(白時瓚) 백운한(白雲翰) 백일규(白一圭) 백정기(白貞基) 변춘식(邊春植) 변학기(邊鶴基) 비오생(費吾生, 미국인) 사도덕(司徒德, 중국인) 서병희(徐炳熙) 서상교(徐尙敎) 서상렬(徐相烈) 서상용(徐相庸) 서상한(徐相漢) 서영석(徐永錫) 서원준(徐元俊) 서의배(徐義培) 서일(徐一) 서종채(徐鍾采) 석호필(石虎弼, 영국인) 선우 혁(鮮于赫) 설악(薛岳, 중국인) 성익현(成益鉉) 손기업(孫基業) 손기혁(孫琪赫) 손덕오(孫德五) 손승억(孫承億) 손양윤(孫亮尹) 손영각(孫永珏) 손정도(孫貞道) 손창준(孫昌俊) 송계백(宋繼白) 송병선(宋秉璿) 송병순(宋秉珣) 송병조(宋秉祚) 송종익(宋鍾翊) 송주면(宋宙勉) 송진우(宋鎭禹) 송학선(宋學先) 송헌주(宋憲澍) 쇼우(아일랜드) 신건식(申健植) 신공제(辛公濟) 신덕영(申德永) 신석우(申錫雨) 신송식(申松植) 신숙(申肅) 신언성(申彦聖) 신언준(申彦俊) 신영삼(申榮三) 신우여(申禹汝) 신우현(申禹鉉) 신정백(申正栢) 신창룡(申昌龍) 신창룡(申昌龍) 신태식(申泰植) 신팔균(申八均) 신현구(申鉉九) 신현규(申鉉圭) 심남일(沈南一) 심용준(沈龍俊) 안경근(安敬根) 안경신(安敬信) 안공근(安恭根) 안광조(安光祚) 안국형(安國亨) 안규홍(安圭洪) 안명근(安明根) 안무(安武) 안병무(安炳武) 안병찬(安秉瓚) 안상익(安相益) 안세환(安世桓) 안승우(安承禹) 안원규(安元奎) 안재환(安載煥) 안정근(安定根) 안지호(安知鎬) 안춘생(安椿生) 안태국(安泰國) 안현경(安顯景) 안희제(安熙濟) 양경학(梁景學) 양근환(梁槿煥) 양진여(梁振汝) 양기하(梁基瑕) 양세봉(梁世奉) 양승우(楊承雨) 양우조(楊宇朝) 양윤숙(楊允淑) 양한규(梁漢奎) 엄순봉(嚴舜奉) 엄주필(嚴柱弼) 엄항섭(嚴恒燮) 엄해윤(嚴海潤) 여순근(呂淳根) 여준(呂準) 여행열(呂行烈) 연병호(延秉昊) 염온동(廉溫東) 염인서(廉仁瑞) 오강표(吳剛杓) 오광선(吳光鮮) 오광심(吳光心) 오기호(吳基鎬) 오면직(吳冕稙) 오복원(吳復元) 오상서(吳祥瑞) 오상원(吳相元) 오성술(吳成述) 오영선(吳永善) 오운흥(吳雲興) 오의선(吳義善) 왕광연(王光演) 왕죽일(汪竹一, 중국인) 왕회종(王會鍾) 우덕순(禹德淳) 우동선(禹東鮮) 우승창(禹承昌) 우재룡(禹在龍) 원세훈(元世勳) 원심창(元心昌) 유관순(柳寬順) 유광흘(劉光屹) 유근(柳瑾) 유기동(柳基東) 유도발(柳道發) 유동하(劉

東夏) 유득신(劉得信) 유림(柳林) 유명규(劉明奎) 유민식(俞民植) 유병기(劉秉淇) 유상근(柳相根) 유상렬(柳相烈) 유석현(劉錫鉉) 유성삼(劉成三) 유시연(柳時淵) 유영요(劉詠堯) 유인식(柳寅植) 유일한(柳一韓) 유장렬(柳장烈) 유지명(柳志明) 유창순(庚昌淳) 유택수(柳澤秀) 유해준(俞海濬) 유흥수(柳興洙) 윤덕보(尹德甫) 윤동주(尹東柱) 윤세복(尹世復) 윤병구(尹炳球, 미주 방면) 윤병구(尹炳球, 의열단) 윤산온(尹山溫) 윤상열(尹相悅) 윤세용(尹世茸) 윤세주(尹世冑) 윤이병(尹履炳) 윤익선(尹益善) 윤인순(尹仁淳) 윤준희(尹俊熙) 윤창하(尹敞夏) 윤해(尹海) 윤현진(尹顯辰) 윤흥곤(尹興坤) 이갑(李甲) 이강(李剛) 이강산(李江山) 이강훈(李康勳) 이건석(李建奭) 이경섭(李景燮) 이관석(李寬錫) 이관직(李觀稙) 이광(李光) 이광민(李光民) 이광복(李光福) 이광세(李光世) 이광호(李光浩) 이교영(李敎永) 이교재(李敎載) 이구연(李龜淵) 이규갑(李奎甲) 이규선(李奎善) 이규창(李圭昌) 이규채(李圭彩) 이기(李沂) 이기손(李起巽) 이기송(李基松) 이남규(李南珪) 이능권(李能權) 이달(李達) 이대극(李大克) 이대위(李大爲) 이덕삼(李德三) 이동수(李東秀) 이만도(李晩燾) 이면주(李冕宙) 이명균(李明均) 이명상(李明相) 이명서(李明瑞) 이명순(李明淳) 이명하(李命夏) 이민화(李敏華) 이범직(李範稷) 이병묵(李丙默) 이병욱(李丙旭) 이병진(李秉進) 이병채(李秉埰) 이병화(李炳華) 이봉우(李鳳雨) 이봉희(李鳳羲) 이붕해(李鵬海) 이상룡(李相龍) 이상만(李象萬) 이상정(李相定) 이상철(李相哲) 이상호(李相虎) 이서현(李瑞賢) 이석(李錫) 이석용(李錫庸) 이석이(李石伊) 이설(李楔) 이성구(李成九) 이성우(李誠宇) 이성화(李成化) 이세영(李世永) 이소응(李昭應) 이수흥(李壽興) 이순모(李順模) 이승길(李承吉) 이신애(李信愛) 이애라(李愛羅) 이양섭(李陽燮) 이영준(李英駿) 이용담(李龍潭) 이우식(李祐植) 이우영(李宇榮) 이원대(李元大) 이원직(李元稙) 이유필(李裕弼) 이윤재(李允宰) 이은영(李殷榮) 이응서(李應瑞) 이의준(李義俊) 이인(李仁) 이인금(李寅今) 이인식(李仁植) 이재윤(李載允) 이재현(李在賢) 이정렬(李定烈) 이종건(李鍾乾, (임시정부) 이종건(李鍾乾, 통의부) 이종암(李鍾巖) 이종욱(李鍾郁) 이종혁(李種赫) 이종호(李鍾浩) 이종희(李鍾熙) 이준식(李俊植) 이준용(李濬鎔) 이중봉(李重鳳) 이중언(李中彦) 이중집(李仲執) 이진룡(李鎭龍) 이진무(李振武) 이진영(李進榮) 이진택(李珍澤) 이창덕(李昌德) 이창용(李昌用) 이철형(李哲衡) 이춘

영(李春永) 이충응(李忠應) 이치모(李致模) 이탁(李鐸) 이필봉(李弼奉) 이필상(李弼相) 이필희(李弼熙) 이학순(李學純) 이한구(李韓久) 이한응(李漢應) 이현(李鉉) 이현규(李鉉圭) 이현섭(李鉉燮) 이형우(李亨雨) 이호원(李浩源) 이홍래(李鴻來) 이화익(李化翼) 이화일(李化日) 이화주(李化周) 이황룡(李黃龍) 이회영(李會榮) 이흥관(李興官) 이희경(李喜儆) 이희룡(李熙龍) 이희삼(李熙三) 이희승(李熙昇) 임국정(林國楨) 임병극(林炳極) 임병찬(林炳瓚) 임봉주(林鳳柱) 임성우(林成雨) 임용상(林龍相) 임의탁(林義鐸) 임이걸(林利杰) 임창모(林昌模) 임치정(林蚩正) 임하중(林夏仲) 장계(張繼, 중국인) 장관주(張觀柱) 장군(張群, 중국인) 장기천(張基千) 장덕준(張德俊) 장덕진(張德震) 장도빈(張道斌) 장두량(張斗良) 장두환(張斗煥) 장명도(張明道) 장봉한(張鳳漢) 장석영(張錫英) 장소진(張韶鎭) 장윤덕(張胤德) 장인초(張仁初) 장일환(張日煥) 장지연(張志淵) 장진원(張鎭元) 장진홍(張鎭弘) 장철호(張喆鎬) 장태수(張泰秀) 장한성(張寒星) 장해평(莊海平) 장형(張炯) 저보성(저補成, 중국인) 전덕기(全德基) 전덕명(全德明) 전덕원(全德元) 전좌한(全佐漢) 전태선(全泰善) 전학수(田學秀) 전홍섭(全弘燮) 정기선(鄭基善) 정기찬(鄭奇贊) 정남용(鄭南用) 정동식(鄭東植) 정봉준(鄭鳳俊) 정봉화(鄭鳳和) 정서송(鄭庶松) 정순경(鄭順敬) 정순만(鄭淳萬) 정신(鄭信) 정용기(鄭鏞基) 정용대(鄭用大) 정운경(鄭雲慶) 정원집(鄭元執) 정의도(丁義道) 정이형(鄭伊衡) 정인국(鄭寅國) 정인보(鄭寅普) 정인복(鄭仁福) 정인승(鄭寅承) 정찬조(鄭燦朝) 정철화(鄭哲和) 정춘서(鄭春瑞) 정태진(丁泰鎭) 정태희(鄭泰熙) 정한경(鄭翰景) 정화암(鄭華岩) 조경한(趙擎韓) 조경환(曹京煥) 조길룡(曹吉龍) 조도선(曹道先) 조명하(趙明河) 조맹선(趙孟善) 조병두(趙炳斗) 조병옥(趙炳玉) 조병요(趙炳堯) 조병준(趙秉準) 조시원(趙時元) 조용하(趙鏞夏) 조원세(趙元世) 조윤하(趙潤河) 조인제(趙仁濟) 조인환(曹仁煥) 조정인(趙正仁) 조종대(趙鍾大) 조지영(趙志英) 조진탁(曹振鐸) 조창룡(趙昌龍) 조창선(趙昌善) 조창호(趙昌鎬) 조화선(趙化善) 조훈(趙勳) 주경란(朱慶瀾, 중국인) 주기철(朱基徹) 주명우(朱明禹) 주병웅(朱秉雄) 주석환(朱錫煥) 지달수(池達洙) 지석용(池錫湧) 지용기(池龍起) 진입부(陳立夫, 중국인) 진치언(陳致彦) 진희창(秦熙昌) 차도선(車道善) 차병수(車炳修) 차병제(車秉濟) 차병혁(車炳赫) 차이석(車利錫) 차천리(車千里) 차천모(車天模) 차희식(車喜植)

채광묵(蔡光默) 채기중(蔡基中) 채세윤(蔡世允) 채영(蔡永) 채원개(蔡元凱) 채응언(蔡應彦) 채찬(蔡燦) 천병림(千炳林) 천세헌(千世憲) 최관용(崔寬用) 최규동(崔奎東) 최낙철(崔洛哲) 최능찬(崔能贊) 최도환(崔道煥) 최동오(崔東旿) 최병선(崔秉善) 최병수(崔炳秀) 최병호(崔炳鎬) 최봉준(崔鳳俊) 최산흥(崔山興) 최석준(崔錫濬) 최성천(崔聖天) 최세윤(崔世允) 최수봉(崔壽鳳) 최시흥(崔時興) 최양옥(崔養玉) 최영걸(崔英傑) 최영호(崔永浩) 최용덕(崔用德) 최욱영(崔旭永) 최은식(崔殷植) 최이붕(崔以鵬) 최익룡(崔翊龍) 최익형(崔益馨) 최일엽(崔日燁) 최재형(崔在亨) 최중호(崔重鎬) 최지관(崔志寬) 최진동(崔振東) 최진하(崔鎭河) 최창식(崔昌植) 최천유(崔千有) 최천호(崔天浩) 최천호(崔天浩) 최해(崔海) 최현배(崔鉉培) 추삼만(秋三萬) 태양욱(太陽郁) 한봉근(韓鳳根) 한봉수(韓鳳洙) 한상렬(韓相烈) 한상호(韓相浩) 한성수(韓聖洙) 한시대(韓始大) 한이경(韓利敬) 한정만(韓貞萬) 한징(韓澄) 한훈(韓君) 한흥(韓興) 한흥근(韓興根) 함석은(咸錫殷) 함태영(咸台永) 허근(許根) 허빈(許斌) 허형(許炯) 현순(玄楯) 현익철(玄益哲) 현정건(玄鼎健) 현정경(玄正卿) 현천묵(玄天默) 호종남(胡宗南, 중국인) 홍만식(洪萬植) 홍범식(洪範植) 홍사구(洪思九) 홍석호(洪碩浩) 홍성익(洪成益) 홍언(洪焉) 홍원식(洪元植) 홍주(洪疇) 홍준옥(洪準玉) 홍진(洪震) 홍찬섭(洪燦燮) 홍충희(洪忠熹) 홍학순(洪學淳) 황각(黃覺, 중국인) 황덕환(黃德煥) 황병길(黃炳吉) 황병학(黃炳學) 황봉신(黃鳳信) 황봉운(黃鳳雲) 황상규(黃尙奎) 황재운(黃在雲) 황준성(黃俊聖) 황창오(黃昌五) 황학봉(黃學奉) 황학수(黃學秀) 황현(黃海水) 흘법(訖法, 미국인)

독립유공자 4급: 애국장 (4,338명)

안봉순(安奉舜), 이육사(李陸史), 유진동(劉振東), 유평파(劉平波) 외 4334명

최순한(건국훈장애족장) 건국포장

대통령 표창

문응국(文應國), 후세다 쓰지[布施辰治, 일본인독립유공자]

독립유공자 5급: 애족장(5,763명)

한국전 참전 용사와 베트남전 참전 용사를 위한 보은 사업

한미관계185년사에서 대사건 중 군이 하나를 말한다면 1950년 6월 25일 갑자기 북의 침략으로 일어난 6·25전쟁이다. 동족상잔의 비극이었던 6·25전쟁으로 미국 등 유엔군까지 희생되었고 한반도가 비참하게 초토화되었다. 1953년 7월 27일 정전협정 체결로 6·25전쟁은 일단 멈췄지만 종료되지는 않았고 아직도 긴장과 통일에 대한 염원이 이어지고 있다.

2007년에 6·25전쟁 캐나다 참전 용사인 빈센트 커트니 씨의 제안으로 시작된 유엔참전용사 국제추모식은 부산 소재 유엔묘지에서 열렸다. 대한민국 보훈처가 주관하는 정부 기념 행사이며 대한민국을 지켜낸 국군 및 유엔군 참전 용사의 희생과 공헌을 기리기 위한 행사로, 매년 11월 11일 11시에 1분간 묵념한다. 같은 날, 같은 시각에 6·25전쟁에 참전한 21개국에서 부산을 향해 묵념하는데 이날 기념식을 턴투워드 부산(turn toward Busan)이라고도 한다. 전투 지원 16개국(미국, 영국, 터키, 캐나다, 호주, 프랑스, 네덜란드, 뉴질랜드, 남아프리카공화국, 콜롬비아, 그리스, 태국, 에티오피아, 필리핀, 벨기에, 룩셈부르크), 의료 지원 5개국(노르웨이, 덴마크, 인도, 이탈리아, 스웨덴) 등 유엔군 참전의 날은 7월 27일 대한민국의 기념일이다. 이 행사는 6·25전쟁 당시 대한민국의 영토와 공산화를 저지하고 자유민주주의를 수호한 국군과 유엔군 참전 용사의 희생에 감사하고 공헌을 기리는 행사로, 정부 차원에서 매년 개최되고 있다.

유엔참전용사 국제추모식

재미한국영화인협회 고문 김지미 영화배우와 회장 정광석 영화감독.

미국에서도 6·25전쟁 정전협정 체결일인 7월 27일을 한국전 참전 용사 휴전의 날(Natonal Korean War Veterans Armistice Day)로 미연방의회에서 제정하였다. 이는 미국의 국가 기념일로, 매년 워싱턴D.C.에서 기념식을 개최하고 있다. 7월 27일을 미국의 국가 기념일로 지정하는 데 주도적 역할을 한 미주 한인 한나 김은 미 전역과 참전국으로 직접 찾아가 한국전 참전 용사 보은에 앞장서고 있다.

워싱턴DC에 세워진 한국전참전용사기념비(Korean War Veterans Memorial)는 6·25전쟁에 참전한 미국군을 기리기 위하여 세운 현충 시설이고 유엔기념공원(United Nations Memorial Cemetery in Korea/UNMCK)은 대한민국 부산광역시 남구에 있는 유엔군 묘지이다. 1951년에 만들어졌으며 세계에서 유일한 유엔군 묘지로 6·25전쟁 때 전사한 유엔군 장병 유해가 안장되어 있다. 유엔군은 1950년 7월 9일 대전 근처와 금천, 신동 등지에 임시 군사 묘지를 세웠고 부산 교두보 전투가 벌어지며 마산과 밀양, 대구 등지에도 임시 묘지가 세워졌다. 부산에는 1950년 7월 11일에 묘지가 세워졌다. 북한과의 싸움이 이어지며 개성과 선천, 원산, 북청, 유담리 및 고토리 등의 마을도 임시 묘지가 세워졌다.

6·25전쟁이 벌어진 뒤 처음 두 달 동안 열한 개의 사단 규모의 묘지가 세워졌고 이후 북한 지역에 다섯 개의 유엔군 묘지가 세워졌다. 1951년 1월 18일 유엔군은 부산시 남구 대연동 당곡마을에 28.2헥타르를 넘는 크기의 유엔군묘지

(United Nations Military Cemetery)를 인력으로 조성하기 시작했고 같은 해 4월에 묘지가 완공돼 4월 6일 매슈 리지웨이 대장이 봉헌했다. 1955년 11월 7일 대한민국 국회에서 토지를 유엔에 영구히 기증하고 묘지를 성지로 지정할 것을 유엔에 건의했고 동년 12월 15일 유엔총회결의 제977(X)호가 통과돼 묘지를 유엔이 영구적으로 관리하며 토지에 불가침권을 부여하기로 결의했다.

조지 알렌 미연방 상원의원, 미주한인의 날 제정결의안 통과를 주도함.

탐 데이비스 미연방 하원의원, 미주한인의 날 제정결의안 통과를 주도함.

대한민국은 서울 동작동에 위치한 국립서울현충원을 비롯해 대전, 광주 등 여러 곳에 현충원을 조성하여 순국 선열, 애국 지사, 호국 영령을 모셨다. 또 전국 곳곳에 충혼탑과 추모비, 전적비 등 6·25전쟁의 기념물을 세웠다. 새에덴교회(소강석 목사)는 한국전 참전 용사들을 초청하여 보은 행사를 계속하여 한미동맹과 우호 증진에 크게 기여했다. 양국 정부 차원의 추모와 보은 행사도 중요하지만 민간 차원의 한미 간 단체와 지도자들이 헌신적으로 추진해온 수많은 보은 행사가 잊혀진 전쟁을 사람들에게 상기시키는, 매우 의미깊은 기회로 기록되었다.

워싱턴DC에서는 한국전 정전 65주년을 맞아 미동부재향군인회가 6·25전쟁에 참전한 한미 양국의 참전 용사들을 초청해 유엔군 참전 용사들을 영웅으로 추대하고 군건한 한미동맹을 위해 유엔군 참전 보은의 날을 개최했다. 미국 제8군사령관으로 6·25전쟁 중에 교통사고로 순직한 제1·2차 세계대전의 영웅 월턴 해리스 워커(Walton Harris Walker, 1889년 12월 3일~1950년 12월 23일) 장군과 제2차 세계대전에 혁혁한 공을 세웠고 6·25전쟁에서 포로가 되었던 윌리엄 프리시 딘(William Frishe Dean, 1899년 8월 1일~1981년 8월 24일) 장군에 대한 기념 사업은 한미동맹과 한미 우호 증진을 위해 크게 기여했다. 또 한국전 참전 용사들및 베트남전 참전 용사들 가족들과 후손들에게까지 대를 이은 보은 사업과 추모 행사들은 한미 관계를 더욱 돈독히 해왔다.

　무적해병신문 신동설 발행인은 〈해병대전우70년사〉를 편찬하며 "자랑스러운 해병대를 발굴해서 역사 속에 올렸다"라고 했다. 대한민국을 위해 목숨 바친 호국 영령들과 현역인 군인, 경찰 등에 대한 보은의 전통과 사명을 대한민국의 역사를 이어갈 후손들에게 이어주는 일은 매우 중요하다. 이를 통해 국격을 높이며 숭고한 민족이 될 수 있게 한다.

　대한민국 안에 설립된 단체와 연계되어 미국 전 지역에 결성된 재향군인회, 6·25참전유공자전우회, 재미베트남참전동우회, 육해공전우회, 간호장교회 등 로스앤젤레스 지역 한인 6·25 참전 유공자는 약 1천여 명이고 베트남전 참전 유공자는 미주 전체 지역에서 2천800명이다. 베트남전 참전 국가유공자 고엽제 피해 가족을 위한 행사가 뉴욕, 시카고, 샌프란시스코, 워싱턴DC 등 한인회가 있는 지역에서 개최됐으며 한인 베트남전 참전 용사들에게도 미국 재향 군인과 동일한 건강보험 혜택을 제공하는 법안이 발의됐다. 연방하원에 상정된 법안(H.R. 5990)은 한국군 소속으로 베트남전에 참전했던 재향 군인 중 미국으로 귀화해 살고 있는 사람들에게 미국 보훈처(DVA)에서 제공하는 건강보험 혜택을 받도록 하는 내용을 골자로 하고있다. 이 법으로 한인 재향 군인들은 미국 재향 군인과 같은 대우를 받게 돼 민간 병원에서 다루기 힘든 외상후스트레스장애(PTSD), 고엽제 후유증, 우울증 등 전쟁 후유증에 대한 전문적인 치료를 받을 수 있게 된다. 현재 이러한 혜택은 일부 유럽 국가 출신들에만 적용돼 있지만, 이 법안이 통과되면 아시안커뮤니티에서는 한인들이 최초 수혜 대상이 된다.

세계 한인의 날과 미주 한인의 날 기념

세계 한인의 날(Korean Day)은 10월 5일로 대한민국의 국가 기념일이다. 우리 민족에게 역사적 의미가 있는 개천절(10월 3일)과 한글날(10월 9일) 사이 한 주간을 재외동포주간으로 활용하였으며, 2007년 5월 '각종 기념일 등에 관한 규정'에 의해 법정 기념일로 제정되었다. 재외 동포의 거주국 내 권익 신장과 역량을 강화하고 한민족으로서의 정체성 및 자긍심을 고양하며 동포 간 화합 및 모국과 동포 사회 간 호혜적 발전을 도모하기 위해 제정된 날이기에 세계 한인의 날 기념일은 해외 동포 사회가 적극 참여해야 하는 날이다.

세계한인교류협력기구(상임대표 김영진)는 대한민국 국회에서도 세계 한인의 날 기념식을 개최하도록 의결하여 정부(주관부처:외교통상부)의 기념식과 별도로 국회에서도 기념식을 하고있으며 세계한인재단(상임대표 총회장 박상원)은 해외 동포 사회와 더불어 민간 차원에서 기념 행사를 개최하고 있다.

2019년은 대한민국 상하이 임시정부 수립 100주년의 해였다. 1919년에 대한독립선언(2월 1일)이 단초가 되어 2·8독립선언과 3·1독립선언으로 이어져 마침내 거족적인 독립만세운동이 전국 방방곡곡에서 불길처럼 일어났다. 그 결과 임시정부가 여러 곳에서 결성되었으며 드디어 대한민국 상하이 임시정부로 통합되었다.

대한민국 해외한인의 날 제정을 위한 공동기자회견 (2007.1.11. 로스앤젤레스)

대한독립선언 100주년 기념식 샌프란시
스코(2019.2.1.)

1919년 2월 1일은 미국 시간으로 1월 31일이다. 대한독립선언서에 서명한 39명 중에 이승만, 안창호, 박용만, 이대위, 정재관 5인은 샌프란시스코에 도착했던 미주 한인 독립운동가이다. 이 역사를 기념하고 추모하기 위해 2019년 1월 31일 오전 열한 시에 샌프란시스코 한인회관에서 대한독립선언 100주년 기념식을 개최했다. 대한독립선언 100주년 기념 행사는 샌프란시스코한인회와 세계한인재단이 주최하고 박용만기념재단 주관으로 개최되었다. 샌프란시스코시와 카운티 시장 런던 브리드(London Breed)는 2019년 2월 1일을 '대한독립선언 100년의 날(Korean Declaration of Independence Centennial Day)'로 선포했다. 아울러 박용만기념재단은 대한독립선언의 뿌리와 역사를 조명하는 사명으로 샌프란시스코에서 선포한 대한독립선언 100년의 날 선포 1주년 기념식을 2020년 2월 1일에 서울에서 개최했다.

'미주 한인의 날(Korean American Day)' 기념은 미주한인이민100주년기념사업회(CCKI)의 기능과 역할을 승계한 미주한인재단이 중심이 되어 매년 기념 행사를 개최하고 있다. 또 미국 전 지역에서 한인회 등 유관 단체와 함께 미국

대한독립선언 100년의 날 선포문(2019.2.1.)

미주한인의 날 미연방하원 제정결의안
(2006.12.13.)

국가 기념일로 준수하고 있다.

홍선표 박사(독립기념관연구소, 한국학중앙연구원)는 연원으로 "미주 한인의 날은 미주한인이민100주년기념사업회를 모태로 설립한 미주한인재단의 수고로 미국 연방의회가 2005년 12월 13일 하원에서, 16일 상원에서 만장일치로 '미주 한인의 날'을 법으로 통과시키면서 역사적인 날로 확정되었다. 이로써 재미 한인들은 한인 이민의 첫발을 내디딘 1월 13일을 매년 '미주 한인의 날(The Korean American Day)'로 공식화하게 되었다. 첫 발의는 미주한인이민100주년기념사업회가 2003년 5월 9일 워싱턴DC 힐튼 호텔에서 개최한 전국 대회에서 매년 1월 13일을 미주 한인의 날로 정하기를 결의하면서 비롯하였다. 동년 6월 9일 장인환·전명운 의사 흉상 제막식 행사를 계기로 샌프란시스코에서 가진 전국 총회에서 미주한인이민 100주년기념사업회는 100주년 사업의 종결을 계기로 자체를 해소하는 대신 그 기능과 역할을 계속 발전시킬 승계 단체로 미주한인재단을 설립할 것과 제1회 미주 한인의 날을 로스앤젤레스에서 개최할 것을 결정하였다.

이후 2003년 10월 22일 LA시의회는 미주 한인의 날 제정 결의안을 만장일치로 통과시켰고, 2004년 1월 12일 캘리포니아주의회는 새크라멘토의회 의사당에서 미주 한인의 날을 법제화하는 데 만장일치로 합의했다. 이에 따라 미주한인재단은 2004년 1월 13일 LA시의회에서 미주 한인의 날 선포식을 거행하고,

민병철 박사가 제15회 미주한인의 날 축전 대회장으로 평창동계올림픽 성공 개최를 위해 김래혁 강원도 대사와 함께 미 연방 하원에 입장하고있다(2015.1.13.)

제13회 미주한인의 날 미연방의회 하원 기념식에서 에드 로이스 미 하원 외교위원장에게 선플재단이 공로패와 선플운동증서를 수여하고 기념사진을 찍고있다. 〈왼쪽부터〉 민병철 박사, 에드 로이스 미연방 하원의원, 박상원 박사.

(사)국제피플투피플(PTPI) 한국본부 행사

미주한인이민 114주년 기념 미주한인의 날 기념식(뉴저지 한인회, 2017.1.13.)

이범헌 (사)한국예총 회장과 박상원 세계한인재단 총회장. 문화예술교육 발전을 위한 업무협약체결(2021.7.26.)

김한정 아트코리아 대표, 이범헌 한국예총 회장, 최정무 아멕스지 회장, 박상원 총회장 업무협약 (2021.8.12.)

LA윌셔그랜드호텔에서 제1회 미주 한인의 날 행사를 처음으로 거행하였다. 이어서 2005년 1월 13일 LA윌셔그랜드호텔에서 제2회 행사를 개최하였다. 2005년 7월 23일 미주한인재단은 워싱턴DC에서 전국 임시 총회를 개최하고 미국 연방의회 차원에서 미주 한인의 날 법 제정을 위한 노력을 개시하였다. 그 결과 마침내 12월 13일과 16일 양일에 걸쳐 미국연방상·하원에서 만장일치로 통과시켜 전국적인 행사로 공인하였다.

미국연방의회가 미주 한인의 날이 제정되도록 가결한 것은 미주 한인들의 개척적인 삶과 미국 사회에 기여한 헌신적인 활동과 업적을 높이 평가하였음을 의미한다. 이에 따라 미주 한인들은 미국 사회에서 당당한 주역의 일원으로 인정받게 되었고 그 위상은 크게 제고될 수 있었다"라고 집필했다.

미국에 이주해 살고 있는 수많은 소수 민족 중에서 자기 나라 이름과 민족의 이름을 붙여서 미국의 국가 기념일로 제정받은 민족은 오직 한인(Korean)이 유일하다. 매년 1월 13일 미주 한인의 날은 모든 미국인과 더불어 기념하고 기억해야 할 미주 한인의 역사이고 생일이다. 매년 미주 한인의 날 기념식은 미국 전 지역에서 성대하게 개최되고 있으며 뉴욕한인회, 시카고한인회, 씨애틀한인회 등 지역 한인회와 미주한인재단 하와이와 LA, 워싱턴DC 등 미주한인재단 지역 재단이 매년 성대한 행사로 미주 한인 사회 위상을 드높이고 있다. 2018년 평창동계올림픽과 선플운동본부의 세계화로 선플운동을 창시한 민병철 박사가 미연방의회에서 개최된 미주 한인 이민 115주년 기념 제13회 미주 한인의 날 축전에 대회장으로 헌신했다. 미주 한인의 날이 제정된 이후 이날을 기념하기 위해 미국 대통령과 대한민국 대통령이 축사를 보내 미국의 국가 기념일을 빛내고 있으며 2020년에도 미국 전 지역에서 기념 행사가 개최되었다.

문재인 정부

문재인 정부는 박근혜 전 대통령이 임기 중에 탄핵된 후, 2017년 5월 9일에 치러진 대통령 선거에서 문재인 대통령인 제19대 대통령으로 당선되면서 동년 5월 10일에 출범했다.

제17대 이명박 대통령과 제18대 박근혜 대통령에 이어 9년 만에 보수와 대립되는 진보 정권이 출범하면서 한미 관계에 대해 미국우선주의(Make America Great Again)를 표방하는 트럼프 행정부와의 갈등이 생기지 않을까 우려되었고 이는 한미동맹에 대해서도 유지 및 발전에 상당한 부담으로 작용하고 있다.

이를 극복하기 위한 외교 정책으로 한미정상회담의 조기 성사가 추진되었다. 가장 중요한 쟁점은 사드 배치에 관한 것이었다. 북한에 1년 5개월 가량 억류되어 있다가 풀려난 오토 웜비어가 혼수 상태로 미국에 돌아온 지 일주일 만에 사망하면서 또 다른 문제가 만들어졌다. 문재인 정부의 대북 접근법이 큰 틀에서 이전 정권과 차별되게 추진되고 있음을 당혹스럽게 받아들이는 보수 인사가 더욱 많아졌고 태극기 집회와 투쟁, 진보를 자처하는 반대 집회와 투쟁도 우려 속에 해를 넘기며 계속되었다.

미국 트럼프 대통령은 무임승차론을 주장하며 한미FTA를 공정하지 않은 협정으로 규정, 재협상을 추진했고 통상 부분에서 한국이 미국산 전투기를 구매하면서 미국의 무역 역조 문제를 완화하기로 합의했다. 미국 대통령으로서는 25년 만에 트럼프 대통령이 한국에 국빈 방문하였는데 첫 일정으로 캠프험프

문재인 대통령과 트럼프 미 대통령

리스(평택)를 방문했다. 이어 첫날에는 청와대에서 공식 환영식을 열고 정상회담과 만찬에 이어 문화 공연을 관람했다. 다음날에는 대한민국 국회 본회의장에서 감동적인 연설로 한미동맹과 안보 공약에 이상 없음을 증명했다.

평창올림픽을 개최하면서 북한의 유화적 태도를 평화 정책으로 발전시켰고 마이크 펜스 부통령을 단장으로 하여 에드 로이스 하원외교위원장, 빈센트 K. 브룩스 주한미군사령관 등이 개막식에 참석하였다. 북한의 올림픽 참석을 두고 환영과 비판의 양분된 견해로 혼란스런 가운데 트럼프 대통령의 딸인 이방카가 폐회식에 참석하여 한국의 대북 제재를 위한 노력을 지지한다며 북한 제재 입장으로 인터뷰했다. 트럼프 대통령은 한국에 대해 안보무임승차론을 제기하면서 전략 자산 전개 비용을 한국이 부담해야 한다고 주장하고 있다. 자주 국방의 경우에는 막대한 국방비가 큰 부담이 된다는 우려가 있고 군복무 기간은 현재 21개월에서 18개월로의 단축을 추진했다. 2016년 7월 8일 국방부와 한미연합군사령부가 사드를 배치했고 시험 가동을 시작했다.

암호화폐는 화폐인지 자산인지 제대로 규정되어 있지 않아 다소 혼란스럽다. 하지만 세계 추세를 감안하면 4차산업혁명을 백안시해서는 안 될 은행과 금융의 정책적인 고민 속에 법인의 운영 자금 계좌로 위장한 사실상의 암호화폐 거래 가상 계좌인 벌집계좌도 원천 차단하기로 했다. 또 정부는 암호화폐 거래와 관련된 불법 행위는 엄정히 대처할 것이며 실명제도 차질 없이 추진하겠다고도 밝혔다. 문재인 정부의 과기정통부는 블록체인을 4차산업혁명의 핵심 기술로 보고 적극적으로 육성할 계획을 가지고 있어 암호화폐 논란이 블록체인으로 번지는 것을 경계하고 있다.

남북 정상 회담과 남북미 외교

한반도 전쟁 위기설이 돌 정도로 최악의 상황에 처했던 남북 관계가 급진전되면서 2018년 평창동계올림픽에 북한 선수단이 참가했다. 문화 예술 교류의 축제가 남북 양측에서 개최되었고 마침내 11년 만의 남북 정상회담 개최로 이어졌다. 도널드 트럼프 미국 대통령은 대한민국에 방문하여 국회 연설에서 한국 현대사의 성장 및 발전 과정을 감동적으로 세밀하게 정리해 발표했으며 6·25전쟁 이후 놀라운 경제 성장과 어려운 여건을 극복하고 큰 발전을 이룩한 한국인의 위대한 정신력을 극찬했다.

2019년 오사카 G20정상회의가 끝난 후 트럼프 대통령은 한국을 방문, 문재인 대통령을 만나 남측 지역에 위치한 평화의 집에서 미북정상회담에 참석했다. 이날 문재인 대통령도 합류하여 남북미 삼국의 정상이 마주하는 갑작스런 정상 외교가 이루어졌다. 베트남 하노이에서 개최된 제2차 미북정상회담에서 도출하지 못하고 결렬되었던 북한의 비핵화에 대해 협상 재개가 성사될 것으로 기대되었으나 여론만 무성한 이벤트로 끝났다.

제74차 유엔총회 참석을 위해 뉴욕을 방문 중 한미 두 정상은 뉴욕 인터콘티넨탈바클레이 호텔에서 다시 회담을 가졌다. 트럼프 대통령은 한국과 러시아, 오스트레일리아, 인도 등 4개국을 서방 주요 7개국(G7) 회의에 초청하였는데 문재인 대통령은 기꺼이 참석하겠다고 결정했다. 대선 국면을 맞은 트럼프 대통령은 홍콩 보안법과 코로나19 확산 책임 등을 들며 거세게 중국을 비판하는 가운데 G7 확대는 역시 중국을 고립, 견제하겠다는 뜻이 강하게 담겨 있다고 해석한다. 중국과의 미묘한 국제 정세임에도 문 대통령은 "올해 G7이 대면 확대 정상회의로 개최되면 포스트 코로나의 이정표가 될 것"이라며 "적절한 시기에 성공 개최되면 세계가 정상적인 상황과 경제로 돌아간다는 신호탄이 될 것"이라고 말했다. 이런 국제 환경과 해결해야 할 남북미 문제 등 정책적인 대변환의 시기에 6월 5일 제21대 대한민국 국회가 개원되었다.

세계 정세가 급변하는 가운데 북한은 UN 결의에 의한 규제(saction)를 해결하지 못했고 남북연락사무소 폭파로 대한민국과 한미연합에 관한 대책을 긴장으로 재촉했으며 트럼프 미국 대통령의 미북 외교 정책의 실패로 여기는 여론이 팽배해졌다.

2020년 4월, 이명박 전 대통령과 박근혜 전 대통령이 구속되어 있고 코로나 바이러스로 전 세계가 큰 어려움에 처해 있는 가운데 제21대 국회의원을 선출하는 4·15총선을 치렀다. 여대야소의 총선 결과로 보다 안정된 정국을 기대하며 국내외 한인 동포, 우리 한민족 모두는 대한민국의 번영과 안녕을 위해 문재인 정부의 성공을 간절히 염원한다.

2020년 11월 미국 대통령 선거와 동시에 선출된 당선자를 위한 축하 공고(LOKA-USA)

II

제2장

한미 정치·외교의 도전과 변화

Challenges and Changes in South Korea
-U.S. Politics and Diplomacy

1. 한미정상회담, 양국간 당면 과제와 이슈

이승만 대통령과 드와이트 D. 아이젠하워 미 대통령

1954년 7월 27일 아침 9시, 이승만 대통령 내외는 아이젠하워 내외, 그리고 그의 손자 손녀들의 전송을 받으며 숙소를 영빈관(블레어 하우스)으로 옮기기 위해 백악관을 나섰다. 백악관과 가까운 거리에 있는 영빈관에 이 대통령 내외가 도착한 것은 9시 15분이었다. 30분간 휴식을 취한 이 대통령은 정상회담을 하기 위해 다시 백악관으로 향했다. 한미 정상회담에 임하는 이승만 대통령의 감회는 남달랐다. 이 대통령은 꼭 50년 전인 1904년, 30세의 나이로 미국행 배를 탔다. 고종 황제의 밀서를 테오도르 루스벨트 대통령에게 전하기 위해서다. 그러나 그런 만남은 실현되지 못했고 이후 40년간 미국에서 망명생활을 하면서 미국 대통령은 고사하고 각료급 인사와의 접촉도 힘들었다.

그런데 이제 대한민국의 대통령으로서 미국 대통령과 처음으로 공식 대좌를 하게 된 것이다. 사실, 이 대통령은 1952년 12월 아이젠하워와 한국에서 만난 적이 있었다. 그러나 아이젠하워는 당시 대통령 당선인 신분이었고 둘 사이의 만남은 휴전에 대한 서로의 입장 차이 때문에 매끄럽지 못했다.

그 후 휴전이 성립되고 제네바회의가 성과 없이 끝나자 이 대통령은 미국의 정치지도자들, 특히 아이젠하워 대통령에게 할 말이 많았다. 이 대통령은 아이젠하워의 천진난만한 웃음 뒤에 가려진 이중적인 인격에 대해 신뢰하지 않고 있었다. 아이젠하워가 군인 출신의 정치인답지 않은 인기에 영합하는 유화주의자라는 사실을 이승만은 간파하고 있었다.

이승만 대통령은 1954년 7월 27일 오전 10시 백악관 회의실로 들어섰다. 그는 한편으로 역사적인 정상회담을 한다는 흐뭇한 감회를 가졌지만, 또 한편으로는 자신과 스타일이 너무 다르며 인상이 별로 좋지 않은 미국 대통령과 대좌해야 하는 불편한 심기를 감출 수 없었다.

우리 측에서는 손원일 국방부장관, 백두진 경제조정관, 양유찬 대사, 정일권 육군참모총장이 이 대통령을 보좌했고, 미국 측에서는 아이젠하워를 비롯해 덜레스 국무장관, 윌슨 국방장관, 브리그스 주한미국대사, 타일러 우드 경제조정관 등이 참석했다.

참고로 이 회담에 참석했던 손원일 국방부장관은 우리 해군을 창설해 행동과 정신으로 큰 가르침을 줬기에 '대한민국 해군의 아버지'로 추앙받고 있다. 그러나 필자는 그의 홍보에 대한 식견에 놀라움을 금치 못한다.

손원일 장관이 이승만 대통령을 수행해 미국 방문을 끝낸 지 2개월 만에 국방부는 '방미−리승만 대통령 연설집'(1954년 10월· 사진)이라는 책을 발간했다. 공보처에서 'President Syngman Rhee's Journey to America'와 '리승만 대통령 각하 방미 수행기'를 발간하기 수개월 전이다. 아이러니컬하게도 대한민국 대통령의 해외순방 기록을 최초로 남긴 것은 홍보를 관장하던 공보처가 아니라 국방부였다.

이 책의 머리말에서 손원일 장관은 다음과 같이 적고 있다.

"이승만 대통령이 미국을 방문한 목적은 우리 국민과 약소민족의 소리를 호소함으로써 양보에 양보를 거듭하는 자유 진영의 새로운 각성을 촉구함이었다. 이 연설문집을 간행하는 목적은 (이 대통령의 연설을 통해서) 우리 스스로의 목소리를 다시금 상기하며 조국 통일을 싸워서 얻어 내기 위해 더욱더 분발하자는 데 있다."

특히, '방미−리승만 대통령 연설집'은 제목처럼 연설문과 사진만을 수록했지만 공보처에서 발간된 책자에는 보이지 않는 귀중한 자료인 '한미 공동성명'과 '중립감시위원회 철수 요구에 대한 성명서'가 국문과 영문으로 수록돼 있음을 알려 둔다.

손원일 장관이 이렇게 공보처보다 연설문집을 먼저 만든 데에는 나름대로 이유가 있었던 것 같다. 그는 단순히 대통령을 수행만 하지 않았다. 오히려 한미 정상회담에서 한국 측 의제를 마련해 이승만 대통령에게 보고하는 등 대통령 방미에 관한 핵심적인 역할을 수행했었다.

손 장관은 회담에 앞서 1) 한일 공동방위체제문제, 2) 미국의 대 한국 지원증가와 군사원조 및 민간원조 분리문제 등에 관한 의제를 마련하고, 3) 일본 문제에 있어서 미국과의 의견이 엇갈리더라도 회담을 결렬시켜서는 안 될 것이라고 이 대통령에게 보고했었다고 한다.

한미 양국 대표가 백악관 회의실의 타원형 테이블에 마주앉자 이승만 대통령이 먼저 말문을 열었다.

"제네바회의가 예상대로 실패로 돌아갔습니다. 앞으로 어떤 수를 써서라도 북한에 주둔하고 있는 100만 중공군을 철수시켜야 합니다. 늦기는 했지만, 미국의 유럽 중심 세계 전략을 이제라도 수정하는 것이 현명합니다. 지금은 아시아의 안보에 대한 배려가 절실한 시점입니다."

이렇게 미국의 세계 전략의 부당성을 지적한 이 대통령은 이어서 한국에 대한 미국의 군사 및 경제원조를 역설했다.

아이젠하워 대통령은 이승만 대통령의 발언에 대해 구체적으로 답변하는 것이 아니라, "모든 문제는 평화적으로 해결하는 것이 좋습니다"라는 말을 여러 차례 반복함으로써 이 대통령의 입장에 대해 유보적인 태도를 견지했다. 이어 화제가 한일 국교정상화 문제로 넘어가자, 이승만 대통령은 크게 화를 내며 언성을 높였다.

"한일회담의 일본 수석대표 구보다라는 자가 일본의 한국 통치가 유익했다는 말을 하고 있는데, 당신네는 알고 있는가? 이런 성의 없는 자들과 어떻게 국교를 정상화하라는 말인가?"라고 신랄하게 따졌다. 회의장의 분위기가 긴장되고 무거워지자 아이젠하워가 덜레스 국무장관에게 사실 여부를 확인했다. 덜레스는 즉시 구보다의 망언으로 한일회담이 결렬됐다고 보고했다.

여기서 잠시 구보다 발언의 내용이 무엇인지를 짚고 넘어가는 것이 좋을 것 같다.

1953년 10월 15일 개최된 제3차 한일회담 재산청구권분과위원회 제2차 회의에서 일본 측 수석대표였던 구보다 간이치의 발언은 예나 지금이나 문제가 되는 한일관계 전반에 관한 일본인들의 시각을 잘 대변하기 때문이다.

이 회담에서 구보다의 발언은 다음과 같다.

"한국 측에서 대일청구권을 주장한다면, 일본으로서도 대한청구권을 주장할 수 있다. 일본은 조선의 철도나 항만을 만들고 농지를 조성했으며, 대장성이 당시 매년 많은 돈을 들였는데 많게는 2000만 엔을 내놓은 해도 있었다. 이것들을 돌려달라고 주장해서 일본 측의 대한청구권과 한국 측의 대일청구권과 상쇄하면 되지 않겠는가?"

"개인적인 의견이지만, 내가 외교사 연구를 한 바에 따르면 당시 일본이 한국에 가지 않았다면 중국이나 러시아가 들어갔을지도 모른다고 생각한다."

미국의 세계정책에 대한 이승만 대통령의 비판에 이어, 한일 국교정상화에 대한 미국 측의 입장과 우리 측의 입장 간에 현격한 차이를 보인 제1차 한미 정상회담은 별다른 소득 없이 1시간 반 만에 폐회됐다. 역사적인 회담이었지만 회담에 임하는 양국 간, 아니 양국 지도자 사이에는 말로 표현하기 어려운 거리감이 존재했었다. 〈이현표 전 주미한국대사관 문화홍보원장〉

6·25전쟁 중 이승만 대통령이 임시 수도 부산시 서구 대통령 관저에서 아이젠하워 미 대통령 당선자와 악수하고 있다 (1952.12.3.)

박정희 대통령과 린든 B. 존슨 미 대통령

1961년 취임한 케네디 대통령은 쿠바 위기 해결에서 보듯이 소련의 팽창정책에 강력히 대응했다. 그러나 1963년 11월 흉탄에 맞아 서거하고, 존슨 부통령이 대통령직을 이어받았고, 베트남전쟁은 본격화됐다. 군사정부를 거쳐 민주선거를 통해서 1963.12.17일 취임한 박 대통령은 경제개발에 본격 착수했으며, 1964.12월 독일 국빈방문으로 종자돈을 마련했다. 그러나 턱없이 부족한 재원 확보를 위해서 한일회담을 추진하고, 미국으로부터 베트남전쟁에 국군파병 요청을 받았지만, 국민의 저항이 만만치 않았다. 이렇게 어려운 상황이었지만, 박 대통령은 미국을 방문해서 그 어느 아시아의 지도자도 경험하지 못했던 역사적인 환대를 받았다. 존슨과 박 대통령 내외가 워싱턴 DC에서 카퍼레이드를 벌일 때는 76만 명의 인구 중 13만 명의 시민이 거리에서 환영했으며, 뉴욕에서도 100만 명의 환호 속에 성대한 카퍼레이드가 펼쳐졌다고 한다.

미국 측의 환대는 이런 외형적인 것만이 아니었다. 한미 양국 정상은 2차례 정상회담을 갖고, 1965.5.18일 14개 항목의 공동성명을 발표했다. 한미상호방위조약에 따른 미국의 한국 원조, 한국 내 미군사력 유지, 한일국교정상화 이후에도 미국의 한국에 대한 경제원조 유지·강화, 개발차관 1억 5천만 달러 제공, 한미행정협정의 조속 타결 등이 주요 골자다. 특히 1억 5천만 달러의 개발차관은 놀라운 성과였다. 그 규모와 의의가 어떤 것인지는 미 국제개발처가 1959년 개편·발족된 이후 1965년까지 6년 동안 우리나라에 제공한 차관 총액이 고작 1억 달러였음을 감안하면 쉽게 이해할 수 있다. 이런 역사적 환대는 박정희 정부가 '우리의 국익 추구만이 아니라, 상대의 국익도 배려'하는 '주고받는(give and take) 외교'를 오랫동안 일관되게 추진했기 때문에 가능했던 것이다. 조금 더 구체적으로 설명하자면, 4년 동안의 국내정치 발전과 일관된 외교정책 추진의 결실이라고 할 수 있다.

첫째, 1961년 5.16혁명은 한미 양국 사이에 갈등과 위험을 초래한 사건이었다. 미국 정부와 여론이 혁명세력의 민주주의와 반공 의지에 대해서 강한 불신과 비판의 눈초리를 보냈기 때문이다. 그러나 군사정부는 한국 민주주의 발전과 반공에 관한 의혹을 해소하고 미국측의 요구를 충족시켰다. 거사 직후부터 정식·비공식 외교채널을 동원해서 케네디 대통령과 미국 정부에 대해 혁명의 필요성과 향후계획에 대해서 적극적인 홍보에 나섰다. 또한 1961년 11월 박정희 국가재건최고회의 의장이 케네디 대통령 초청으로 방미하여 양국이 추구하는 이념과 목표가 같음을 확신시켰고, 1963.10.15일 자유민주선거에 의해서 제5대 대한민국 대통령에 당선되었다.

둘째, 미국은 아시아의 공산화에 대한 우려와 자국의 국익을 위해서 한일국교정상화를 우리보다 더 바라고 있었다. 박 대통령은 국내의 반대여론을 무릅쓰고 국교정상화를 추진했으며, 방미 한 달 후인 1965.6.22일 한일협정이 정식으로 조인됐다. 참고로 당시 우리 정부의 독도 문제 처리가 잘못됐다는 주장도 있지만, 정답은 오히려 그 반대라고 할 수 있다. 한일협상 과정에서 일본측은 독도가 분쟁지역이므로 해결책이 협정에 포함되어야 한다고 집요하게 물고 늘어졌다. 그러나 우리측은 독도가 한국 고유 영토라는 이유로 반대했다. 결국 협정조인 날까지 계속된 갈등은 '분쟁해결에 관한 교환공문'으로 해결됐다. "양국 간의 분쟁은 우선 외교상의 경로를 통해서 해결하는 것으로 하고, 이에 의해서 해결할 수 없는 경우에는 양국 정부가 합의하는 절차에 따라 조정에 의하여 해결을 도모한다. 일본 측은 교환공문 서두의 "양국 간의 분쟁" 앞에 "독도를 포함한"이란 문구의 삽입을 주장했다. 그러나 우리측 반대로 무산되었고, 한일협정 문안 그 어디에도 독도라는 용어는 보이지 않는다. 이는 일본측이 한국의 실효적인 독도 지배와 영유권을 인정한 것으로 볼 수 있다.

셋째, 박정희 정부는 국군을 베트남전쟁에 파견함으로써 미국에 대한 혈맹으로서의 신의(信義)를 지켰다. 1964.9월 이동외과 의료병력 130명과 태권도 교관 10명 파견을 시작으로 방미 3개월 전인 1965.2월에는 2,000여 명의 비둘기부대(후방군사원조지원단)를 파병했다. 전투병력 파병은 박 대통령의 국빈방문 직후인 1965.7.2.일 결정됐다. 이후 1973.3월 완전철수 할 때까지 8년 동안

미국 워싱턴 백악관에서 기자회견 하는 박정희 대통령과 존슨 대통령(1965.5.17.)

국군은 미군 다음으로 많은 총 34만 명이 베트남전쟁에 참전했다. 우리는 적지 않은 인명피해를 입었으나, 그런 고귀한 희생은 결코 헛되지 않았다. 경제발전의 원동력인 외화를 획득할 수 있었고, 군사기술 및 장비의 현대화와 한미군사동맹 관계를 증진시키는데 결정적으로 기여했다. 〈이현표 전 주미한국대사관 문화홍보원장〉

전두환 대통령과 로널드 레이건 미 대통령

전두환 대통령은 1981년 1월과 1985년 4월, 2차례에 걸쳐서 미국을 방문하고, 1983년 11월에는 레이건 미 대통령을 서울로 초청하여 3차례에 걸쳐 한미 정상회담을 가졌다.

전두환–레이건 정상회담의 첫 번째는, 전두환 대통령이 레이건 행정부가 출범한지 1주일만인 1981년 1월 28일부터 2월 7일까지 10박 11일 동안 미국을 방문하여 2월 1일 오전 11시 백악관의 대통령집무실에서 1시간 20분 동안 진행되었다. 정상회담은 전임 카터행정부에서 제기했던 주한미군 철수 문제를 백지화했으며 안보협력의 강화, 1·12제의에 관한 의견의 일치, 한·미 간 안보협의회와 경제협의회의 즉각 개최 등에 합의하였다. 이 정상회담은 한·미 간 전통적인 우호협력관계를 확인하고 새로운 동반자관계로 발전할 것을 다짐하여 내외에 상호 신뢰의 회복을 입증하였다.

정상회담을 결산하는 공동성명은 레이건대통령이 주최한 오찬 후 오후 3시에 발표되었다. 14개 항의 공동성명을 통해 밝힌 양국 정상이 합의한 내용은 크게 3가지였다. 첫째, 안보 면에서 주한미군 불철수를 공식 확인하고 한국군 전력 증강에 대한 미국의 협력을 명시하였다. 둘째, 남북한관계에서는 한국 정부의 입장을 전폭 지지하여 한국의 참석 없이는 북한과 접촉하지 않을 것을 분명히 하였다. 셋째, 경제협력 면에서는 미국이 한국을 주요 교역국으로 재인식하고 있다는 점을 표명하였다.

이 정상회담의 공동성명은, 미국이 전두환 대통령 정부를 전적으로 신뢰하고 있다는 것과, 레이건 이전 시대의 서먹했던 양국 관계를 청산하고 새로운 우호 관계로 재정립한다는 것은 물론, 서구 제국과 북한에게 한국이 미국의 변함없는 맹방임을 선언한 것이었다. 그러한 미국의 공동성명 발표는 한국이 미국에 우방으로서 요청할 수 있는 최대치라고 분석된다. 한·미 양국이 그러한 합의에 이른 것은 한반도와 동북아의 평화·안정 유지가 세계평화에 중요하다는 기본적인 인식 이외에도 한국이 북한의 잠재적인 남침위협에 직면하고 있으며 이는 미국의 이익과도 직결된다는 상황 판단에 기초한 것이었다.

두 번째 전두환-레이건 정상회담은, 전두환 대통령의 초청으로 레이건 대통령이 1983년 11월 12일부터 14일까지 2박 3일 간 한국을 방문하여 이루어졌다. 레이건 미 대통령의 방한은 방한 직전 KAL 여객기 피격사건, 미얀마 랭군 폭발테러사건 등으로 긴장이 고조되어 있는 가운데 이루어졌다. 방문 기간 동안 양국 정상은 두 차례 정상회담을 가지며 한반도 위기 문제를 진지하게 논의하였다.

제1차 정상회담은 1985년 11월 12일 국회의사당 본회의장에서 연설을 마친 후 청와대에서 1시간 20분간의 확대회담과 20분간의 단독회담으로 진행되었다. 양국 정상은 다방면에 걸친 상호 협력을 긴밀히 하고 확대 강화해가는 한편으로 기존 우호협력관계를 공고히 해가자는데 의견을 같이 하였다. 이 자리에서 레이건 대통령은 북한 공산 집단의 점증하는 위협에 대처하기 위하여 주한 미군의 전력을 증강하고 한국군의 전력증강에 필요한 무기체계와 기술을 계속 제공할 의사를 밝혔다.

제2차 정상회담은 레이건 대통령이 13일 오전 중서부 최전방비무장지대(DMZ) 시찰을 마치고 오후에 이루어졌다. 양국 대통령은 1차 회담 당시 합의한 원칙을 바탕으로 하여 국제문제, 경제·외교문제, 남북한문제 등에 관하여 구체적인 의견을 교환하였다. 이 자리에서 전두환 대통령은 외국인의 대한 투자환경 개선을 위하여 정부가 취한 노력을 설명하고, 한국의 국민 총생산이 1천억 달러에 이를 때까지 안보적 차원에서 미국이 협력과 지원을 더욱 강화해줄 것을 요청하였다. 확대회담에 이은 약 40분간의 단독회담을 마친 양국 대통령은 2차례에 걸친 정상회담의 성과를 공동성명으로 문서화하였다.

15개 항에 걸친 공동성명에서 양국 대통령은 어느 때보다 강력한 '안보협력'과 협력의 동반국이 될 것을 내외에 천명하였다. 공동성명 제4항은 "대한민국의 안전이 … 미국의 안전에 직결"된다는 표현을 처음으로 사용하였다. 그와 같은 한국 방위에 관한 획기적인 의견의 일치는 미국의 구체적인 실천 약속을 동반하였다. 미국은 한국의 국방비지출에 특별히 유의한다고 밝히고, 한국군 전력 증강에 대한 지원을 명문화함으로써 FMS(對한 군사판매차관)의 상환 조건·이자율·금액 등에 대해 미국 정부가 적극적인 조치를 취할 것을 시사하였다. 한반도의 평화정착을 위한 구체적인 과업으로 남북대화·주변국들의 현실 인정·한국의 UN가입 등이 지적되어, 공동성명 제9항에 미국이 한국의 UN가입을 지지하겠다고 명시되었다. 또한 한국정부가 정책적 목표의 하나로 삼고 있는 남북한 교차접촉의 원칙에 대한 지지를 공식적으로 천명하였다. 이로써 미국은 한국이 우려하던 일방적인 對 북한 접근 가능성을 배제하였다. 동시에 버마참사에도 불구하고 한국이 남북한 간의 대화 재개와 한반도의 평화적인 통일을 위하여 계속 노력할 것을 다짐하였다. 더불어 미국은 태평양지역 협력체 구성의 중요성을 인정하고 지역의 결속을 위하여 "모든 수준"의 교류가 필요하다는 것을 강조하였다. 이는 한국이 추진하고 있는 태평양 정상회담에 대한 간접적인 지지를 표현한 것이라고 할 수 있다.

　세 번째 전두환–레이건 정상회담은, 전두환 대통령이 1985년 4월 24일부터 29일까지 5박 6일에 걸쳐서 두 번째 미국을 방문하여 성사되었다. 26일 오전 11시 35분부터 양국 정상은 45분간 단독 정상회담을 가졌다. 이어서 오찬 회의로 들어가 북한의 군사적 도발위협에 대한 한미 공동대처방안, 남북대화문제, 미제 헬기의 북한유출문제 등 안보문제를 비롯해서 양국 간 경제협력과 통상확대문제 등 현안에 대해 논의하였다.

　같은 날 오후 1시 30분, 양국 정상은 공동성명 대신 회담결과를 집약한 신문 발표문을 각국 보도진에게 낭독하였다. 미국은 한국의 안전보장을 위한 종래의 미국의 공약을 재확인하고 주한미군을 포함한 양국의 전쟁 억제 노력이 동북아지역의 평화와 안전은 물론 미국의 안전에도 직결된다는데 인식을 같이 하였다. 또한 레이건 대통령은 북한군의 남진배치를 확인하고 이에 단호히 대처할 것을 약속하였다. 양국 정상은 자유무역주의와 한·미 간의 경제교류 증대가 양국의 이익과 번영에 기여한다는데 의견을 같이 하였다. 양국 정상은 모든 당면 현안에 인식을 같이 하고 있음을 새로이 입증하였다. 국내정치문제를 포함한 전반적인 현안에 대해서 인식을 같이한 것은 처음이라는 점에서 전두환 대통령의 2차 방미 성과는 큰 것이었다.

백악관에서 기념촬영하는 전두환 대통령
과 레이건 미 대통령 내외(1985.4.)

전두환 대통령의 두 번째 방미는, 레이건 대통령의 집권 2기가 시작된 후 3개월만에 이루어져 첫 번째 방미와 같은 맥락에서 이해될 수 있다. 레이건 행정부가 세계전략의 차원에서 한반도의 전략적 위치를 중시하고 있다는 것을 시사한다. 다른 한편으로 전대통령의 2차 방미는 미국내 진보세력이 진출할 것으로 예상되었던 1985년의 미의회 중간선거를 앞두고 미국행정부의 확고한 對한 공약과 88올림픽의 성공적인 개최를 위한 미국의 지지를 다짐받는 기회라는 의미로도 평가될 수 있다. 〈국가기록원〉

노태우 대통령과 조지 H.W. 부시 미 대통령

노태우 정부가 출범한 이래로 한국의 대미외교는 국제정세의 혁명적 변화, 한국의 민주화와 경제성장에 따른 국제적 지위향상, 미국내 사정을 반영하면서 안보 및 경제.통상 협력 분야에서의 관계조정을 통한 성숙한 동반자 관계의 수립, 한반도의 평화정착과 북방정책에 대한 미국의 지지와 협력을 도출하는데 중점을 두었다. 노태우 대통령은 1988년 10월 방미하여 레이건 대통령과 회담을 추진한 이래로 재임기간중 총7회의 정상회담을 통하여 한국의 대미외교를 성숙시키고 적극화시켰다. 노태우 정부 시기 제5차 한·미정상회담(1991년 7월)은 26년만의 국빈방문이라는 점과 아울러 걸프전 결과와 소련 및 동구권에서 일어난 일련의 사태와 더불어 전개되는 '냉전종식 이후의 신세계질서'에 대한 한미간의 공동인식과 노력을 확인한 회담이었다는 의의를 지닌다.

노태우 대통령은 1991년 7월 2일 워싱턴을 국빈 방문하여 부시 미대통령과 취임 후 5번째의 정상회담을 가졌다. 제5차 한·미정상회담은 한반도 안보문제, 세계질서와 동북아신질서, 국제통상 등에 대한 광범위한 의견을 교환하였다. 한·미 양정상은 남북한의 UN동시가입에 즈음하여 미국은 통일의 여건을 평화적으로 조성하려는 한국의 노력을 적극 지지하며 한국의 통일여건 조성방법·통일방식, 나아가서는 통일한국의 모습까지 포함한 통일의 기본틀에 대해 논의하였다. 아울러 한·미 정상은 한반도 통일 후에도 한미 양국은 공동의 평화와 번영을 발전시키는 데 노력한다는 점에 인식을 같이하였다.

노태우 대통령은 통일여건 조성의 첫 단계로 북한의 개방 및 개혁의 촉진을 강조했으며 , 양 정상은 그 일차적 관건이 북한의 국제원자력기구(IAEA)와의 「핵안정협정」 서명과 국제핵사찰의 전면수용, 그리고 남북한간의 실질적인 교류·협력에 달려있다는데 의견을 같이하고 양 정상은 이를 위해 공동으로 모든 외교적인 노력을 전개키로 합의하였다. 양 정상은 미·북한 관계는 북한의 개방 촉진을 위해 북한의 핵사찰 전면수용 및 남북한 관계의 진전 등과 연계하여 그 정도에 따라 진전시켜야 되며, 일·북한 관계도 이와 동일한 선상에 있어야 한다는 인식을 같이했다.

부시 대통령은 노태우 대통령의 북방외교를 아시아·태평양지역의 안정과 평화에 기여한다고 평가하였으며, 한·미 양국은 소련과 동구의 '다원적 민주주의와 개방'을 위하여 공동으로 노력한다는 점을 확인하였다. 또한 앞으로 동북아시아의 안정적인 신질서 구축을 위해 한미 양국이 긴밀히 상호 협력해 나갈 것을 확인하였다. 양국은 한·미간의 통상문제에 대해서는 노태우 대통령의 방문이 국빈방문임을 감안하여 한미 정상은 원칙수준의 언급에 그쳤다. 부시 대통령은 한국의 시장개방과 농업 구조조정을 위한 계속적인 노력을 요청한데 대하여, 노태우 대통령은 자유무역 질서의 유지 원칙 아래 다자간 협상에 의해 우루과이라운드 협상이 타결되기를 희망한다고 밝혔다. 〈국가기록원〉

한미정상회담 때 백악관 테니스 코트에서 부시 미 대통령과 함께 테니스 복식경기를 하는 노태우 대통령(1990.7.1.)

김영삼 대통령과 빌 클린턴 미 대통령

김영삼 행정부 시기의 대북정책은 대체로 강경책과 온건책을 넘나들고 있었다. 특히 미국의 대북정책과 관련하여 김영삼 행정부는 클린턴 행정부가 북한에 대한 온건책을 추구할 때 국내정치를 의식하며 종종 강경책으로 급선회하였고, 미국이 북한에 대한 강경책을 시도할 때는 한반도에서의 전쟁방지라는 명분 하에 유화책으로 선회하기도 했다.

김영삼 대통령과 클린턴 대통령의 한미정상회담은 여러 차례 이루어졌지만, 북한 핵 위기 당시 나타난 김영삼 행정부의 대표적인 대북 강경책의 모습은 1993년 11월 23일의 한미정상회담에서 잘 나타난다. 1993년 7월 14일 북한과 미국은 제네바에서 고위급 회담을 재개하여 7월 19일 제네바 선언문(Agreed Statement)을 발표하였다. 이 선언문에서 미국은 북한의 낡은 흑연감속로를 경수로로 교체하는 것에 동의하였으며, 북한은 국제원자력기구와의 협의 하에 안전담보협정의 적용과 이행에 합의했다. 또한 북한의 강석주는 11월 11일 핵문제를 상호간의 일괄타결하기를 제안했는데, 미국 역시 이러한 북한의 제안을 긍정적으로 고려하고 있었다.

그러나 한국 정부는 당시의 핵 회담이 북미 양자사이에서 이루어지며 한국이 완전히 배제되고 있다는 점을 지적하며, 한국이 북한 핵 문제 해결에서 주도적인 위치를 차지해야 한다고 미국에 주장했다. 김영삼 대통령은 11월 23일의 한미정상회담에서 북한 핵문제의 일괄타결에 반대하고, 북한 문제의 최종결정은 한국정부가 내려야 한다고 주장했다. 더불어 이러한 노력이 결실을 맺지 못할 경우 유엔의 제재를 취해야 한다는 입장을 천명했다. 한국 정부는 또한 북미 고위급 회담 이전에 남북한 특사교환이 이루어지고 남북관계의 개선이 우선되어야 함을 강조하였다. 이에 클린턴 행정부는 남북한 사이의 대화가 특사교환을 통해 이루어진다는 것을 전제로 고위급 회담을 재개하겠다고 북한에 제의했으나, 북한은 한국 정부의 영향력이 북미 고위급 회담에 미치는 것에 강력히 반발하였다.

김영삼 대통령이 방한 중인 클린턴 미국 대통령과 청와대에서 조깅하는 모습 (1993.7.)

이처럼 김영삼 행정부 시절 한국과 미국사이에는 대북정책에 대해 일정한 견해차가 있었는데, 미국이 대체로 북한과의 직접 협상을 통해 포용정책을 시도하려고 했던데 비해, 한국 정부는 북한과 미국 사이의 협상에 한국 정부가 배제되는 것을 비판하며 북한 핵 문제의 당사국으로서의 한국의 입장을 강화하려는 정책을 추진했다. 〈국가기록원〉

김대중 대통령과 조지 W. 부시 미 대통령

2001년에 김대중 대통령과 부시 대통령 간에는 3월과 10월 2차례의 정상회담이 있었다. 한승수 외무장관의 방미로 2001년 2월 7일에 개최된 한미외무장관회담에서 한·미 양국은 한반도의 평화와 안정을 위한 양국간 공조강화를 위해 정상회담을 조기에 개최하기로 합의하였으며, 이에 따라 3월 7일 김대중 대통령의 방미로 한미정상회담이 열렸다. 두번째 한미정상회담은 상하이 APEC 정상회의를 계기로 10월에 이루어졌다.

한반도에 항구적인 평화와 안정기반 구축을 위해서는 국제사회의 지지와 협력이 필수적이며, 특히 미국으로부터의 지지와 협력은 무엇보다도 긴요하다고 하겠다. 김대중 정부는 부시 행정부의 출범과 함께 정상회담을 통해 반테러 국제연대, 민주주의와 시장경제라는 공동의 가치를 바탕으로 한-미 양국이 정치, 경제, 안보, 북한 등 제 분야에서 동반자 관계에 있음을 재확인하고자 하였다. 다른 한편, 부시 대통령으로서도 임기 초기에 아시아 국가들 중에서는 처음으로 김대중 대통령을 정상회담의 상대자로 삼았다는 것은 그만치 부시 대통령이 한반도문제에 있어서의 한·미공조에 높은 관심을 가지고 있다는 것을 의미한다. 9.11 테러사태 이후에는 국제체계에 유동성이 급격히 증대된 상태에서, 미국이 테러지원국가로 지목하고 있는 북한에 대한 김대중 정부의 화해협력정책이 미국의 대북정책과 원칙적으로 상통하는 것임을 확인할 필요가 더욱 절실해졌다.

두 번의 정상회담에서 부시 대통령은 김대중 대통령의 대북 화해협력정책에 대한 미국의 확고한 지지를 재천명하였다. 미국은 한반도 문제 해결에 있어서 한국이 주도적인 역할을 수행할 것과 미국이 이를 적극적으로 지원하겠다는 의사를 표명하였다. 또한 양국 정상은 남북관계 진전과 미·북관계 개선이 상호보완적으로 이루어져야 한다는데 인식을 같이하였다. 이후 부시 대통령은 6월 6일 발표한 성명에서 대북정책 재검토 결과, 국가안보팀에게 폭넓은 의제에 대해 북한과 진지한 대화를 추진할 것을 지시하였다고 밝히고, 북한과의 대화 의제로서 북한 핵활동 관련 제네바 합의의 이행 개선, 북한 미사일 개발의 검증 가능한 억제 및 미사일 수출 금지, 보다 덜 위협적인 재래식 군사태세 등을 제시하였다. 부시 대통령은 북한이 이에 긍정적 반응을 보일 경우 미국은 북한주민을 돕기 위한 노력을 확대하고 제재를 완화하는 등 여타 정치적 조치를 취할 것이라는 입장을 표명하였다. 부시 대통령은 향후 미국이 남북간 화해, 한반도의 평화, 미·북간의 건설적 관계 및 동북아 지역 안정 증진 등의 목표 실현을 위하여 포괄적인 방식으로 북한과 관계개선을 추구할 것임을 분명히 하면서, 이러한 목표들이 지난 3월 김대중 대통령의 방미시 협의되었음을 밝히고 김대중 대통령과 함께 협력해 나가고자 하는 기대를 표시했다. 파월 국무장관은 7월 27일 서울에서 개최된 한미외무장관회담 후 기자회견에서 북한과 아무런 전제조건 없이 대화를 재개할 의사를 표명하고, 향후 미국이 대북정책을 이행하는 과정에서 한국 및 일본과 진지한 협의를 계속 할 것임을 강조하였다. 상하이 APEC 정상회의를 계기로 10월 19일 개최된 한미정상회담에서도 김대중 대통령은 굳건한 한·미동맹과 튼튼한 안보 속에 대북정책이 추진되어야 하며 이러한 측면에서 미국과의 협력은 매우 중요하다는 점을 강조했으며, 이에 대해 부시 대통령은 적극적 지지를 표명하고, 북한과 전제조건 없이 대화에 임할 것이라는 입장을 재천명하였다.

급격히 경색된 국제관계와 보수화되고 있는 미국의 외교정책을 배경으로 이루어진 한·미 정상회담은 포괄적 동반자 관계와 동맹관계 확인, 북핵제네바합의 유지와 대북정책에 있어 한·미 공조 유지, 대량살상무기 확산 저지를 통한 긍정적 세계안보환경 구축, 대북 포용정책과 남북문제 해결에 있어 한국의 주도적 역할 지지 등 한·미 관계의 대원칙들을 재확인할 수 있었던 계기였다. 그러나 다른 한편으로 부시 대통령과의 정상회담을 통해 김대중 정부는 부시 행정부가 북한에 대해 회의적인 인식을 갖고 있고 대북정책의 속도와 폭 등에서

한미정상회담 중 악수하는 김대중 대통령과 부시 미 대통령(2001.3.7.)

한국과 의견을 달리함을 확인한 만큼 대북정책 추진에 있어서 보다 적극적으로 미국과 사전절충하고 교감을 형성할 필요성을 명확하게 인식하게 되었다. 〈국가기록원〉

노무현 대통령과 조지 W. 부시 미 대통령

노무현 대통령은 부시 대통령과 8번의 한미정상회담을 가졌으며, 2007년 9월 7일 호주 시드니에서 개최된 APEC 정상회담을 계기로 임기 중 마지막 한미정상회담을 가졌다. 그러나 양국 정상의 공동성명은 없었고, 기자회견만 진행되었다. 2007년 2월 13일 6자회담에서 북한 핵 폐기와 관련한 합의가 도출되었고, 노무현 대통령의 방북 일정이 확정된 상황에서 개최된 한미정상회담인 만큼 주요 의제는 '북한 핵문제'가 회담의 주요 의제였다. 부시 대통령은 '나의 목표는 평화조약(peace treaty) 체결을 통해 6·25전쟁을 종식시키는 것이며, 이를 위해서는 김정일 위원장이 (핵)프로그램을 검증 가능하게 폐기해야 한다'고 언급했다. 즉, 미국의 입장은 김정일 위원장이 결단하여 핵프로그램을 폐기하면 한반도에 평화 체제가 구축된다는 것이다.

한편 노무현 대통령도 미국의 견해에 동의하면서, '6자회담과 남북관계가 상호 보완적으로 추진되어야 하며 북한의 비핵화가 한반도 평화체제 협상을 시작하기 위한 필수적 과제'라고 대답했다. 그리고 2007년 10월 3일–4일로 예정된 제2차 남북정상회담의 성공적 개최를 위해 긴밀히 협조해 나갈 것을 피력했다.

부시 대통령이 공식적으로 한반도 평화협정을 언급한 것만으로 한반도 평화체제 논의에 긍정적인 효과가 있을 것으로 평가되었다. 하지만 부시 대통령은 북한이 실제적으로 핵프로그램을 '완전하고 검증 가능하며 불가역적인 폐기(CVID, Complete, Verifiable and Irreversible Dismantlement)'해야 한다는 점을 강조함으로써 '선 북핵 폐기, 후 평화협정체결'을 재확인하였다고 볼 수 있다.

그러나 노무현 대통령은 '평화협정'에 중점을 두었다. 제2차 남북정상회담을 앞둔 상황에서 노무현 대통령은 2007년 9월 11일 긴급 기자간담회에서 '남북정상회담 의제로 북핵문제를 거론하는 것은 김정일 위원장을 만나 가급적 싸우라는 얘기'라는 견해를 밝히면서, '북핵문제가 풀려가는 과정은 기정사실이고 한 고비 넘어간 것이며, 이제 다음 고개가 중요한데 바로 평화정착'이라고 언급함으로써 남북 정상회담의 핵심의제는 '평화체제'임을 암시했다.

결과적으로 2000년 남북정상회담 이후 다소 소원해진 한미관계가 노무현 정부 내내 주한미군 재배치, 주한미군의 전략적 유연성, 그리고 전시작전통제권 전환 등으로 더욱 소원해진 한미관계를 회복시키지 못한 정상회담이었다. 게다가 한미 양국 간의 대북정책 공조도 이루어지지 않았다. 〈국가기록원〉

기자회견하는 한미정상
백악관에서 한미정상회담을 마친 노무현 대통령과 부시 미 대통령이 기자회견하고 있다(2003.5.15.) 〈연합뉴스〉

이명박 대통령과 버락 오바마 미 대통령

오바마 행정부 출범 이후 첫 한미 정상회담은 2009년 4월 2일 영국 런던 G20 정상회의를 계기로 개최됐다. 이명박 대통령과 오바마 대통령 간의 한미 정상회담에서는 북한의 핵·미사일 개발에 대한 공조를 확인하였고, 북핵 6자회담의 진전과 긴밀한 한미공조를 바탕으로 국제사회에서의 상호협력 의지를 재확인했다.

2009년 6월 16일 미국 워싱턴에서 개최된 정상회담에서는 '한미동맹을 위한 공동비전(Joint Vision for the Alliance of the Republic of Korea and the United States of America)'을 채택했다. '한미동맹을 위한 공동비전'의 핵심내용은 한미 간 공동의 가치와 상호 신뢰에 기반한 양자, 지역, 범세계적 범주의 포괄적 전략동맹의 구축이라 할 수 있다. 2014년 4월 25일 박근혜 대통령과 오바마 대통령 간의 정상회담에서 '강력하고 역량 있는 동맹'의 기조 속에서 한미 양국은 공통의 가치와 상호 신뢰를 기반으로 양자, 지역, 범세계적 차원에서 포괄적 전략동맹을 지속적으로 구축하기로 합의하는 기초가 됐다.

2009년 11월 19일 서울에서 열린 한미정상회담에서는 지난 6월에 채택한 '한미동맹을 위한 공동비전'을 구체화하여 핵우산 및 확장 억지력을 포함한 공고한 한미 안보태세를 재확인하였고, 미국의 한반도 안보에 대한 의지를 바탕으로 북한 핵문제에 대한 포괄적인 해결책을 공유했다. 한미 양국 간 외교·국방장관이 참여하는 2+2회담을 2010년에 개최하기로 합의하였고, 한국의 아프가니스탄 지방재건팀 파견과 대테러 등 범세계적 안보문제에 대한 공동 대응으로 한미동맹이 포괄적 전략동맹으로 발전했다.

2010년 6월 26일 캐나다 토론토 G20 정상회의를 계기로 열린 한미정상회담에서는 북한의 핵위협 등 한반도의 안보 환경을 감안하여 전작권 전환 시기를 당초 2012년 4월 17일에서 2015년 12월 1일로 3년 7개월여 연기하기로 조정 합의했다. 또한 한미 FTA가 양국 경제에 커다란 이익을 가져다주고 한미동맹을 더욱 강화할 것이라는 점에 양국 정상이 공감하여 조속한 체결과 실현을 위해 노력하기로 합의했다. 2010년 11월 11일 서울 G20 정상회의를 계기로 열린 한미정상회담에서는 한미 FTA 체결을 위해 빠른 시일 내에 협상을 마무리하는 데 의견을 같이하였고, 기후변화와 미래 에너지 관련하여서도 의견을 공유했다.

2011년 10월 13일 미국 워싱턴에서 열린 정상회담에서는 회담 전날 미국 의회에서 통과된 한미 FTA 이행법안으로 한미동맹이 기존 군사·안보 분야에서 경제분야로 확대함으로써 한미관계를 한 단계 도약시킬 것이라는 점에 의견을 같이했다. 아울러 한미동맹이 한국에게는 '안보의 제1의 축'이며, 미국에게는 '태평양지역 안보를 위한 초석'임을 재확인하고 앞으로 '평화와 번영을 위한 태평양 파트너십'을 더욱 공고화하기로 합의했다. 한미 FTA로 인해 양국 경제성장이 촉진될 것이고, 양국 간 상호 투자가 확대되며 경제 파트너십이 증진되어 세계 시장에서 양국 기업의 경쟁력이 더욱 강화될 것으로 기대하게 했다. 미국의 확고한 대한(對韓) 방위공약을 재확인하였으며, 2011년 신설된 '확장억제정책위원회(EDPC)'를 지속적으로 운영하면서 더욱 활성화해 나가기로 합의했다. 북한 핵문제 등을 해결하기 위한 대북 공조·협력 강화뿐만 아니라 한미동맹을 테러리즘, WMD 확산, 기후변화, 빈곤문제 등 국제사회가 당면한 도전에 적극 대처하

버락 오바마 미국 대통령이 청와대 상춘재에서 이명박 대통령의 태권도 시범을 따라 하고 있다(2009.11.19.) 〈연합뉴스〉

고 협력하면서 인류의 평화와 번영에 기여하는 다원적인 전략동맹으로 발전시켜 나가기로 했다.

2012년 3월 25일 서울에서 열린 한미정상회담에서는 북한의 '광명성 3호' 발사 예고에 대해 UN 안보리를 통한 추가 제재 및 중국 측에 대북 압력 강화를 공개적으로 주문했다. 미사일 발사 시 대북 영양지원 패키지를 철회할 방침을 분명히 하였고, 북한이 UN 안보리 결의를 위반할 때마다 추가적인 고립 및 제재강화 조치를 취하기로 했다. 또한 한미 간 공고한 연합방위태세를 지속적으로 강화해나가는 동시에 북한의 어떠한 위협과 도발에 대해서도 단호히 대처하기로 했다. 〈통일연구원〉

박근혜 대통령과 버락 오바마 미 대통령

박근혜 대통령과 오바마 미 대통령은 총 6차례 한미정상회담을 가졌다. 그중 2014년 4월 25일 청와대에서 열린 한미정상회담은 오바마 대통령의 재집권 이후 첫 아시아 순방 중 이뤄져 동북아지역의 국제관계 및 남북관계의 발전방향을 규정 짓는 성격을 가졌다. 양국은 한미정상회담을 통해 빈틈없는 대북공조를 재확인하고, 한미 간 포괄적 전략동맹 공고화, 동북아 지역의 평화와 안보를 위한 협력 강화, 양국 간 글로벌 파트너십 강화를 통한 국제사회 기여, 양 국민의 실질적 혜택에 초점을 맞춘 경제·사회의 협력을 심화시켜 나가기로 했다.

특히 양국 관계의 현황과 주요 협력 사례를 구체적으로 정리한 '한·미 관계 현황 공동 설명서(Joint Fact Sheet)'를 발표했다. 이는 ▲ 강력하고 역량 있는 동맹, ▲ 평화와 안보를 위한 글로벌 파트너십, ▲ 기후변화와 에너지협력, ▲ 국제 개발협력 촉진, ▲ 번영, 혁신, 기업가정신 증진을 위한 동반자 관계 형성, ▲ 과학, 기술, 사이버, 보건 분야 협력, ▲ 양국 국민간 지속적인 유대관계 등을 주요 내용으로 담고 있다.

공식 방한한 오바마 미 대통령이 청와대 대정원에서 열린 환영식에서 박근혜 대통령과 의장대를 사열하고 있다 (2014.4.25.) 〈연합뉴스〉

박근혜 대통령과 오바마 대통령 간 한미 정상회담은 한미동맹의 굳건함을 거듭 확인하고 한국과 미국이 서로 상생하는 계기를 마련했다는 데 가장 큰 의의를 지닌다. 한미 정상회담 이후 발표된 한미 관계 공동설명서에서 양국 정상은 한미동맹이 '아시아·태평양 지역 평화와 안정의 축'과 같은 결정적 역할을 하고 있다고 평가된다. 외교·안보 분야는 물론 경제·사회·문화 등을 포함하는 더욱 포괄적이며 범세계적인 동반자 관계로 한미동맹이 진화하고 있음을 확인했다. 오바마 대통령은 6·25전쟁 당시 미국으로 반출된 대한제국과 조선왕실의 인장 9점을 반환함으로써 한국과 한국 국민에 대한 존경의 의미를 전달하는 의의를 가졌다. 또한 굳건한 한미동맹 확인을 통해 북한의 안보 위협을 극복하고 민주주의 발전과 경제성장을 이룰 수 있는 계기를 마련했다.

환태평양경제동반자협정(TPP)에 대해 한미 양국 정상은 예비협의 노력 강화 등 경제분야에서 의미있는 성과를 도출했다. 미국이 주도하고 있는 TPP와 관련해 양국 정상이 지속적인 예비협의 노력을 강화키로 결정했다. 한미 FTA 발효 이후 충실한 이행에 걸림돌로 작용해 온 원산지 증명문제가 원만하게 해결됐다.

전시작전통제권 연기라는 공통의 안보적 이해 공유를 통해 향후 북한의 4차 핵실험 등에 따른 위협이 증가되는 상황에 대비 가능하게 됐다. 한미 두 정상은 1978년 창설 이래 처음으로 한미연합군사령부를 함께 방문했으며, 연합사령관으로부터 연합방위태세 현황을 직접 보고 받았다. 북한의 핵미사일 위협과 변화하는 동북아 지역 안보환경을 고려하여 2015년 12월 예정된 전시작전통제권 전환 시기를 재검토하기로 결정하였는데, 이는 향후 한반도의 평화유지 기반으로 작용 가능하다. 전작권 전환시기와 관련하여 올해 10월 열리는 한미안보협의회(SCM)에서 전환의 조건과 시기를 결정하기로 합의했다. 아울러 한미 양국은 북한의 핵·미사일 위협에 보다 효율적으로 대응하기 위해 한국형 미사일 방어(KAMD) 체제를 발전시켜 나가기로 하였으며, 이는 한미 MD의 효율적인 상호운용성을 증대시키는 성과가 있었다.

북한 핵문제 관련 긴밀한 대북공조를 통해 한반도 및 동북아 평화번영 증진에 기여를 확인했다. 북핵문제와 관련하여 '완전하고 검증 가능하며 불가역적인 비핵화 달성'을 위해 긴밀히 협력하기로 합의했다. 한미 양국은 북한이 4차 핵실험을 강행할 경우 더욱 강력한 제재가 뒤따를 것임을 경고하고 도발 중단을 요구했다. 오바마 대통령은 용산 한미연합군사령부를 방문하여 "우리는 동맹들과 우리 삶의 방식을 지키기 위해 군사력을 쓰는 것을 주저하지 않을 것"이라고 천명함으로써 강력한 대북 억제력으로 작용했다.

오바마 대통령이 한미정상회담 후 기자회견에서 위안부문제를 "끔찍하고 지독한 인권침해(terrible and egregious violation of human rights)"라고 언급하여 일본 정부에 올바른 역사인식을 촉구함으로써 한국과 일본 사이의 과거사 관련 갈등에서 한국의 입장에 공감을 표현했다. 오바마 대통령이 한일 간 갈등의 해결을 위해 일본의 진정성 있는 조치를 촉구함으로써 한국 국민들의 자존심을 세워준 회담이라 평가할 수 있다. 〈통일연구원〉

문재인 대통령과 도널드 트럼프 미 대통령

문재인 대통령과 트럼프 미 대통령은 총 8차례에 걸쳐 한미정상회담을 실시했다. 2017년 6월 28일 첫 정상회담을 앞두고 공식 환영 만찬에서 첫 상견례를 했다. 트럼프 대통령이 취임 후 백악관에서 공식 환영 만찬을 베푸는 외국정상 부부는 문 대통령 내외가 처음이었다. 동년 9월 22일 유엔 총회 기간 중에도 한미정상회담을 갖고 한미 동맹을 바탕으로 비전을 실현시켜 나가기 위한 대북 공조 및 동맹 강화 방안을 중점 논의했다.

2017년 11월 7일 트럼프 미 대통령이 1박2일 일정으로 한국을 방문한 가운데 청와대에서 문재인 대통령과 정상회담을 가졌다. 양 정상은 단독 정상회담에 이어 확대 정상회담을 진행하고 공동 기자회견을 진행했다. 문 대통령과 트럼프 대통령은 함께 평택기지(캠프 험프리즈)를 방문하는 등 한반도 안보상황에 대한 균형된 인식을 제고하는 계기를 마련했다. 또한 미국 전략자산의 한반도 순환배치를 확대키로 하는 등 확고한 대한 방위공약을 확인하였고, 한미 연합방위태세도 강화했다. 미사일 탄두 중량 제한을 완전 해제, 첨단 정찰 체계를 포함한 최첨단 군사자산 획득개발에 협력키로 하고, 공평하고 합리적인 수준의 방위비 분담원칙을 확인했다.

북한 관련, 핵·미사일 도발에 확고하고 압도적으로 대응키로 하고, 제재압박을 통해 북한을 대화의 장으로 견인키로 한다는 원칙을 다시금 확인했다. 한미 공조를 중심으로 하되 중국과 러시아 등 국제사회의 협력 제고를 위해 노력도 지속키로 했다. 이외 무역·투자 등 경제협력 증진에 노력하기로 합의, 한미FTA가 한국과 미국 양측에 도움이 되는 방향으로 개선되도록 조기에 협상한다는 원칙에 합의하였고, 양국 민간 기업간 상호 교류협력을 확대키로 했다.

2018년 5월 22일 문재인 대통령은 미국을 방문해 트럼프 미 대통령과 정상회담을 갖고 6월 12일로 예정된 북미정상회담이 차질 없이 진행될 수 있도록 최선을 다하자는 데 의견을 모았다. 양 정상은 북한이 보인 한미 양국에 대한 태도에 대해 평가하고, 북한이 처음으로 완전 비핵화를 천명한 뒤 가질 수 있는 체제 불안감의 해소 방안 등에 대해서도 논의했다. 문재인 대통령은 북미정상회담의 개최에 대한 북한의 의지를 의심할 필요가 없다며 북미 간에 실질적이고 구체적인 비핵화와 체제 안정에 대한 협의가 필요하다고 강조했다. 양국 정상은 판문점 선언에서 남북이 합의했던 종전선언을 북미정상회담 이후 남북미 3국이 함께 선언하는 방안에 대해서도 의견을 교환했다.

2018년 9월 25일 제73차 유엔 총회 참석을 위해 뉴욕을 방문 중인 문재인 대통령은 트럼프 미 대통령과 다섯 번째 정상회담을 갖고 북미 정상이 만나 비핵화를 조속히 끝내고 싶다는 김정은 북한 국무위원장의 뜻을 전달했다. 또한 양국 정상은 회담 직후 FTA 개정협정에 대한 서명식을 열었다. 문 대통령은 양국이 개정된 한미FTA 정신을 잘 살려나가면 일자리 창출과 무역증대 등의 큰 도움이 될 것이며 한미 양국이 경제 협력의 새로운 단계에 접어들었다고 평가했다.

2018년 12월 1일 양국 정상은 아르헨티나 부에노스아이레스 G20 양자회담장에서 30여 분간 배석자 없이 단독 정상회담을 갖고 한반도 평화프로세스의 진행 상황을 평가하고, 한미 간 공조 방안을 논의했다. 양 정상은 한반도 비핵화와 평화정착 프로세스가 올바른 방향으로 진전되고 있다는 데 의견을 같이하고, 공동목표를 조기에 달성하기 위해 앞으로도 굳건한 동맹관계를 바탕으로 긴밀히 공조해 나가기로 하였다. 이와 관련, 양 정상은 북한이 완전한 비핵화를 달성하기 전까지는 기존의 제재를 유지하는 것이 중요하다는 데 의견을 함께 같이 했다. 문 대통령은 트럼프 대통령의 탁월한 지도력과 과감한 결단력이 지금까지의 진전과 성과를 이루어내는 데 결정적인 역할을 했다고 높이 평가했다. 트럼프 대통령도 문 대통령이 특히 군사적 긴장 완화를 통해 한반도 비핵화를 위한 우호적 환경 조성에 주도적 역할을 해 온 것을 높이 평가했다.

　　2019년 4월 11일 문 대통령 내외는 워싱턴 D.C.를 방문했다. 문 대통령과 트럼프 대통령은 한미정상회담을 통해 한반도의 완전한 비핵화 및 항구적 평화 정착이라는 공동의 목표를 달성할 방안에 관하여 의견을 같이했다. 문 대통령은 담대한 비전과 지도력으로 한반도 문제의 최종적이고 평화적인 해결책을 모색하는 트럼프 대통령의 결의를 지지했다. 특히, 문 대통령은 김정은 국무위원장과 두 번의 정상회담을 통한 트럼프 대통령의 주도적 관여 노력이 북한의 핵·미사일 시험 유예를 포함하여 지금까지 진전을 이루는 데 핵심적 역할을 해왔다고 강조했다. 트럼프 대통령은 문 대통령이 한반도의 군사적 긴장을 완화하고 남북관계를 개선함으로써 최종적이고, 완전하게 검증된 비핵화를 위한 유리한 환경을 조성하는 데 주도적 역할을 해 온 점을 높이 평가했다. 양 정상은 톱다운 방식이 앞으로도 한반도 평화 프로세스에 필수적이라는 데 대해 인식을 같이 했다. 양 정상은 대한민국 임시정부 수립 100주년의 역사적 의미를 되새기면서, 한반도와 동북아 평화 및 안보의 핵심축인 동맹 관계를 지속 강화시켜 나가기로 했다.

　　2019년 6월 29일 트럼트 미 대통령이 두 번째로 공식 방한했다. 양국 정상은 회담을 통해 굳건한 한미 동맹을 역내 평화와 안정, 번영의 핵심축으로 삼아 양

미국 워싱턴 D.C에서 열린 한미정상회담에서 악수하는 문재인 대통령과 트럼프 미 대통령(2018.5.22.) 〈청와대〉

국 공조를 긴밀히 이어가기로 했다고 밝혔다. 특히 트럼프 미 대통령은 판문점에서 김정은 국무위원장을 만나 남측 자유의 집에서 단독회담을 가졌다. 동년 9월 23일 미국 뉴욕에서 진행된 두 양국 정상의 마지막 한미정상회담에서는 한미동맹이 한반도와 동북아 평화 및 안보에 핵심축으로써 추후의 흔들림도 없다는 점을 재확인했다. 두 정상은 양국 간 경제 협력을 포함해 호혜적이고 포괄적인 방향으로 한미동맹을 지속, 강화시켜 나가기로 했다. 또한 한반도 및 역내의 다양한 도전에 효과적으로 대처하기 위해서 앞으로도 긴밀히 협력해 나가기로 했다. 특히 한미 양국이 북한과의 관계를 전환해 70년 가까이 지속된 적대관계를 종식하고, 한반도의 항구적인 평화 체제를 구축할 의지를 재확인했다. 〈청와대〉

문재인 대통령과 조 바이든 미 대통령

문재인 대통령과 조 바이든 미 대통령은 2021년 5월 22일 백악관에서 첫 정상회담을 가졌다. 두 정상은 단독-소인수-확대 정상회담과 공동기자회견을 함께 하며, 다양한 의제를 논의했다. 정상회담에 앞서 두 정상은 6·25전쟁 참전용사로 205고지 방어과정에서 중공군의 공격을 막아낸 전쟁영웅 랠프 퍼켓 주니어 예비역 대령과 만나 인사를 나누고 명예훈장 수여식에 함께 했다.

단독회담에서 문 대통령은 "코로나19 사태 이후 첫 외국 방문으로 미국을 방문하게 된 것을 기쁘게 생각한다. 바이든 미 대통령과 회담을 갖는 것도 기쁜 일이지만, 처음으로 마스크를 쓰지 않고 회담을 갖게 된 것은 정말로 기쁜 일"이라고 말했다. 이에 바이든 미 대통령은 "문 대통령과 동일한 가치를 공유하고, 개인적으로 동질감을 느낀다"고 말했다. 이어 열린 소인수회담에서 두 정상은 "한미동맹 강화와 한반도 평화의 공동 의지를 확인했다"며 "양국의 빈틈 없는 공조를 통해 대북 접근법을 모색하겠다"고 말했다.

확대회담에서 문 대통령은 "바이든 미 대통령 취임 이후 성공적인 백신 접종으로 미국 내 방역 상황이 빠르게 안정되고 있고, 획기적 경기부양 대책으로 경제 회복에 대한 기대가 한층 높아지고 있다"며 "미국의 '더 나은 재건' 추진과 한국의 '한국판 뉴딜 정책'이 시너지를 발휘할 수 있기를 희망한다"고 말했다. 정상회담을 통해 두 정상은 각별한 신뢰와 유대감을 나눴으며, 한반도의 완전한 비핵화 의지를 공유하고, 포괄적·호혜적 동맹으로의 발전에 깊이 공감했다고 발표했다.

미국 백악관에서 열린 한미정상회담에서 문재인 대통령과 바이든 미 대통령이 단독 회담을 갖고 있다(2021.5.22.) 〈청와대〉

한미정상 공동성명을 통해 두 정상은 "공동의 희생으로 뭉쳐진 우리의 파트너십은 이후 수십 년 동안 평화 유지에 기여함으로써 양국 및 양국 국민들의 번영을 가능하게 했다"며 "인도−태평양 지역 안보 환경이 더욱 복잡다단해지고, 코로나19 대유행으로부터 기후변화 위협에 이르는 생존을 위협하는 문제들로 인해 세계가 재편되고 있는 지금 우리는 철통같은 동맹에 대한 공약을 재확인한다"고 강조했다. 또한 태평양도서국들과의 협력 강화, 대만해협에서의 평화 및 안정 유지, 코로나19 백신 협력, 과학기술 정보통신 협력 강화 등을 합의하고 미래 지향적 파트너십을 발전시켜 나가기 위해 협력할 것을 약속했다.

특히 두 정상은 "국제적 난제와 급변하는 글로벌 환경 속에서 한국, 미국 및 세계가 직면한 저해 요인들을 인식하고 있다. 우리는 한미간 협력을 통해 한미동맹이 국제적 역할을 확대함으로써 중대한 도전에 대처할 수 있도록 할 것임을 인식한다. 우리의 동맹은 호혜성과 역동성을 바탕으로 70년 넘게 변함없는 국력의 원천이 되어 왔다. 우리는 한미동맹이 향후 수십 년 동안에도 이를 유지할 수 있도록 긴밀히 협력해 나가기를 기대한다"고 강조했다. 〈청와대〉

역대 한미정상회담

회차	년도	시작일	종료일	대한민국 대통령	미국 대통령	장소
1차	1952년	12월 2일	12월 5일	이승만	드와이트 D. 아이젠하워	대한민국
2차	1954년	7월 25일	8월 13일	이승만	드와이트 D. 아이젠하워	미국
3차	1960년	6월 19일	6월 20일	허정(국무총리)	드와이트 D. 아이젠하워	대한민국
4차	1961년	11월 11일	11월 25일	박정희	존 F. 케네디	미국
5차	1965년	5월 16일	5월 26일	박정희	린든 B. 존슨	미국
6차	1966년	10월 31일	11월 2일	박정희	린든 B. 존슨	대한민국
7차	1968년	4월 17일	4월 20일	박정희	린든 B. 존슨	미국 하와이
8차	1969년	8월 20일	8월 23일	박정희	리처드 닉슨	미국 샌프란시스코
9차	1974년	11월 22일	11월 23일	박정희	제럴드 포드	대한민국
10차	1979년	6월 30일	7월 1일	박정희	지미 카터	대한민국
11차	1981년	1월 28일	2월 7일	전두환	로널드 레이건	미국
12차	1983년	11월 12일	11월 14일	전두환	로널드 레이건	대한민국
13차	1985년	4월 24일	4월 29일	전두환	로널드 레이건	미국
14차	1988년	10월 17일	10월 22일	전두환	로널드 레이건	미국
15차	1989년	2월 27일	2월 27일	전두환	조지 H. W. 부시	미국
16차	1989년	10월 15일	10월 20일	전두환	조지 H. W. 부시	미국
17차	1990년	6월 3일	6월 8일	노태우	조지 H. W. 부시	미국
18차	1991년	7월 1일	7월 3일	노태우	조지 H. W. 부시	미국
19차	1991년	9월 22일	9월 25일	노태우	조지 H. W. 부시	미국 뉴욕
20차	1992년	1월 5일	1월 7일	노태우	조지 H. W. 부시	대한민국
21차	1993년	7월 10일	7월 11일	김영삼	빌 클린턴	대한민국
22차	1993년	11월 17일	11월 24일	김영삼	빌 클린턴	미국 워싱턴 D.C.
23차	1994년	11월 14일	11월 14일	김영삼	빌 클린턴	인도네시아
24차	1995년	7월 25일	7월 28일	김영삼	빌 클린턴	미국
25차	1996년	4월 16일	4월 16일	김영삼	빌 클린턴	대한민국 제주도
26차	1996년	11월 24일	11월 24일	김영삼	빌 클린턴	필리핀
27차	1997년	6월 23일	6월 27일	김영삼	빌 클린턴	미국 뉴욕
28차	1997년	11월 24일	11월 24일	김영삼	빌 클린턴	캐나다
29차	1998년	6월 6일	6월 13일	김대중	빌 클린턴	미국
30차	1998년	11월 20일	11월 23일	김대중	빌 클린턴	대한민국
31차	1999년	7월 2일	7월 4일	김대중	빌 클린턴	미국
32차	2000년	6월 8일	6월 8일	김대중	빌 클린턴	일본
33차	2000년	9월 7일	9월 7일	김대중	빌 클린턴	미국 뉴욕
34차	2000년	11월 15일	11월 15일	김대중	빌 클린턴	브루나이 APEC
35차	2001년	3월 6일	3월 10일	김대중	조지 W. 부시	미국
36차	2001년	10월 19일	10월 19일	김대중	조지 W. 부시	중국 상하이

회차	년도	시작일	종료일	대한민국 대통령	미국 대통령	장소
37차	2002년	2월 19일	2월 21일	김대중	조지 W. 부시	대한민국
38차	2003년	5월 11일	5월 16일	노무현	조지 W. 부시	미국
39차	2003년	10월 20일	10월 20일	노무현	조지 W. 부시	태국 방콕
40차	2004년	11월 20일	11월 20일	노무현	조지 W. 부시	칠레 산티아고
41차	2005년	6월 9일	6월 10일	노무현	조지 W. 부시	대한민국
42차	2005년	11월 11일	11월 16일	노무현	조지 W. 부시	대한민국 경주 APEC
43차	2006년	9월 12일	9월 15일	노무현	조지 W. 부시	미국 워싱턴 D.C.
44차	2006년	11월 18일	11월 18일	노무현	조지 W. 부시	베트남 하노이
45차	2007년	9월 7일	9월 7일	노무현	조지 W. 부시	오스트레일리아 시드니
46차	2008년	4월 15일	4월 19일	이명박	조지 W. 부시	미국 캠프 데이비드
47차	2008년	7월 9일	7월 9일	이명박	조지 W. 부시	일본 도야호
48차	2008년	8월 5일	8월 6일	이명박	조지 W. 부시	대한민국
49차	2008년	11월 22일	11월 22일	이명박	조지 W. 부시	페루 리마
50차	2009년	4월 2일	4월 2일	이명박	버락 오바마	영국 런던
51차	2009년	6월 15일	6월 17일	이명박	버락 오바마	미국
52차	2009년	11월 18일	11월 19일	이명박	버락 오바마	대한민국
53차	2010년	6월 26일	6월 26일	이명박	버락 오바마	캐나다 토론토
54차	2010년	11월 10일	11월 12일	이명박	버락 오바마	대한민국 서울
55차	2011년	10월 11일	10월 15일	이명박	버락 오바마	미국
56차	2012년	3월 25일	3월 27일	이명박	버락 오바마	대한민국
57차	2013년	5월 5일	5월 10일	박근혜	버락 오바마	미국
58차	2014년	4월 25일	4월 26일	박근혜	버락 오바마	대한민국
59차	2014년	11월 11일	11월 11일	박근혜	버락 오바마	중국 베이징
60차	2015년	10월 13일	10월 18일	박근혜	버락 오바마	미국 워싱턴 D.C.
61차	2016년	3월 31일	3월 31일	박근혜	버락 오바마	미국 워싱턴 D.C.
62차	2016년	9월 6일	9월 6일	박근혜	버락 오바마	라오스
63차	2017년	6월 28일	7월 2일	문재인	도널드 트럼프	미국 워싱턴 D.C.
64차	2017년	9월 22일	9월 22일	문재인	도널드 트럼프	미국 뉴욕
65차	2017년	11월 7일	11월 8일	문재인	도널드 트럼프	대한민국
66차	2018년	5월 22일	5월 22일	문재인	도널드 트럼프	미국 워싱턴 D.C.
67차	2018년	9월 25일	9월 25일	문재인	도널드 트럼프	미국 워싱턴D.C
68차	2018년	12월 1일	12월 1일	문재인	도널드 트럼프	아르헨티나
69차	2019년	4월 11일	4월 11일	문재인	도널드 트럼프	미국 워싱턴D.C
70차	2019년	6월 29일	6월 30일	문재인	도널드 트럼프	대한민국
71차	2019년	9월 23일	9월 23일	문재인	도널드 트럼프	미국 뉴욕
72차	2021년	5월 22일	5월 22일	문재인	조 바이든	미국 워싱턴D.C

2. 역대 주미한국대사의 면모와 그들의 역할

대수	이름	기간
1	장 면	1949년2월~1951년2월
2	양유찬	1951년4월~1960년4월
3	정일권	1960년5월~1960년9월
4	장이욱	1960년10월~1961년5월
5	정일권	1961년6월~1963년4월
6	김정렬	1963년5월~1964년10월
7	김현철	1964년12월~1967년9월
8	김동조	1967년10월~1973년11월
9	함병춘	1973년12월~1977년3월
10	김용식	1977년4월~1981년6월
11	류병현	1981년7월~1985년10월
12	김경원	1985년11월~1988년4월
13	박동진	1988년5월~1991년2월
14	현홍주	1991년3월~1993년3월
15	한승수	1993년4월~1994년12월
16	박건우	1995년1월~1998년4월
17	이홍구	1998년5월~2000년7월
18	양성철	2000년8월~2003년3월
19	한승주	2003년4월~2005년1월
20	홍석현	2005년2월~2005년9월
21	이태식	2005년10월~2009년2월
22	한덕수	2009년3월~2012년2월
23	최영진	2012년3월~2013년5월
24	안호영	2013년6월~2017년10월
25	조윤제	2017년11월~2019.10월
26	이수혁	2019년10월~

장면

　장면(1899~1966)은 인천 출신으로 1925년 미 맨해튼가톨릭대 문과를 졸업했다. 1946년 정계 투신, 민주의원 의원, 과도정부 입법의원 등을 역임하고 1948년 제헌 국회의원에 당선됐다. 파리에서 열린 제3차 유엔총회에 한국 수석대표로 참가, 한국의 국제적 승인을 얻었고, 대통령 특사로 교황청을 방문했다. 1949년 초대 주미대사로 부임, 6·25전쟁 때 유엔의 지원을 얻는 데 크게 공헌했다. 이후 국무총리, 부통령을 역임했다.

양유찬

　양유찬(1897~1975)은 부산 출신으로 1923년 미 보스턴대 의학부를 졸업, 의학박사 학위를 받았다. 하와이 호놀룰루에서 병원을 개업하면서 재미교포의 단결과 친목에 기여했다. 1951년 주미대사로 발탁된 데 이어, 유엔총회 한국 수석대표로 임명되어 6·25전쟁 이후 한국의 국제적 지위향상에 공헌했다. 1953년까지 한일회담 수석대표가 되어 대일교섭의 주역을 맡았다. 1960년 주미대사 겸 브라질대사, 1965~1972년 순회대사로 활약했다.

정일권

　정일권(1917~1994)은 함북 경원 출신으로 1940년 일본 육사를 졸업했다. 광복 후 국군 창설에 참여했으며, 1950년 3군총사령관, 1954년 육군참모총장을 거쳐 1956년 합동참모본부총장에 취임했다. 1957년 육군대장으로 예편과 동시에 주터키대사로 임명됐다. 1959년 주프랑스대사, 1960년 주미대사, 1961~1962년 유엔총회 한국 대표 등으로 활동했다. 이후 외무부장관, 국무총리, 국회의원, 국회의장 등을 역임했다.

장이욱

장이욱(1895~1983)은 평양 출신으로 1925년 미 더뷰크대 교육학을 졸업했다. 귀국해 평북 선천의 신성중학교 교장에 취임했으나, 신사참배 거부가 발단이 된 동우회사건으로 일제에 체포, 석방 후 평양자동차공업주식회사 사장을 지냈다. 1948년 서울대 총장에 취임했고, 6·25전쟁 중 유엔군 총사령관 고문으로 일했다. 1960년에 주미대사로 임명돼 활동했으나 정치적 격변기 속에 8개월만에 사직했다. 이후 흥사단 이사장을 역임하며 사회교육활동에 진력했다.

김정렬

김정렬(1917~1992년)은 서울 출신으로 1941년 일본 육사를 졸업하고 일본군 전투기 조종사로 활약했다. 해방 후 국군 조직에 참여해 초대 공군참모총장이 됐다. 예편 후 1957년 국방부장관에 취임했다. 1963년 민주공화당 초대의장이 되었으며, 그해 주미대사로 임명돼 한일국교 정상화와 월남파병에 관한 임무를 수행했다. 이후 국회의원, 삼성물산 사장, 경제동우회 회장, 대한상공회의소 부회장, 정우개발 회장 등을 거쳐 국무총리를 역임했다.

김현철

김현철(1901~1989)은 서울 출신으로 1921년 경성고등공업학교를 졸업했다. 이후 도미, 컬럼비아대 석사·아메리칸대 박사학위를 취득했다. 1933년 이승만의 제안으로 대한민국 임시정부 주미외교위원부 위원 겸 재정부장을 맡아 활동했으며, 해방 후 이승만의 요청으로 귀국, 재무부장관·부흥부장관·경제기획원·내각수반을 역임했다. 1964년 주미대사로 임명돼 박정희 대통령의 방미, 존슨 미 대통령의 방한을 성사시켰다.

김동조

김동조(1918~2004)는 부산 출신으로 1943년 일본 규슈대 법문학부를 졸업했다. 광복 후 이승만 정부의 체신부 장관 비서실장, 감찰국장으로 재직 뒤 1951년 외무부 정무국장으로 임명됐다. 이어 중국대사관 참사관, 외무부 차관, 초대 주일대사, 주미대사 등을 역임하며 한일수교와 베트남전쟁 파병, 국군 현대화 계획 교섭 등에 활약했다. 이후 외무부장관, 한국석유개발공사 사장 등을 역임하고 변호사로도 활동했다.

함병춘

함병춘(1932~1983)은 서울 출신으로 1956년 미 노스웨스턴대를 졸업하고 1959년 미 하버드대 법학박사 학위를 받았다. 1970년 대통령 정치담당 특별보좌관으로 발탁됐고, 1973년 주미대사로 기용돼 한미관계가 어려웠던 시기에 외교적 역량을 발휘했다. 이후 외무부 본부대사, 대통령 외교담당 특별보좌관, 연세대 교수, 대통령 비서실장 등을 역임했다. 1983년 전두환 대통령의 서남아·대양주 6개국 순방 수행 도중 아웅산폭탄테러사건으로 순직했다.

김용식

김용식(1913~1995)은 경남 통영 출신으로 1939년 일본 주오대 법대를 졸업했다. 1940년 일본 고등문관시험 사법과에 합격, 청진지방법원 판사로 근무했다. 해방 후 변호사 개업을 했으며, 1949년 주홍콩 총영사로 외교관 생활을 시작해 주호놀룰루총영사, 주일본공사, 주프랑스공사, 주제네바공사, 주영국대사, 주필리핀대사, 주미대사 등을 지냈다. 이외 외무장관, 주유엔대사, 국토통일원 장관, 대한적십자사 총재 등 주요 요직을 역임했다.

류병현

류병현(1924~2020)은 충북 청주 출신으로, 1948년 육사를 졸업했다. 육군 기갑병과 창설의 주역이 됐으며 국방대학원 교수부장, 육군기갑학교 교장, 육본 비서실장 등을 지내다 농림부장관에 발탁됐다. 해박한 군사지식과 유창한 영어 구사로 군사외교 일선에서 활약했으며, 합참의장 역임 후 육군대장으로 예편했다. 각종 야전 지휘관과 전략정책 주요 참모직을 두루 거친 작전통의 지장으로 평가 받았으며, 1981년 주미대사로 임명돼 활동했다.

김경원

김경원(1936~2012)은 평남 남포 출신으로 미 윌리엄스대 정치학과를 졸업하고, 1963년 미 하버드대 정치학박사 학위를 받았다. 1971년 귀국해 고려대 교수로 부임했으며, 1975년 대통령 국제정치담당 특별보좌관을 지냈다. 1980년 대통령 비서실장, 1982년 주유엔대사, 1985년 주미대사를 지냈다. 민주화운동·칼기폭파사건 등 어려운 현안 속에 한미 관계를 잘 조율한 것으로 평가받는다. 이후 사회과학원장, 김앤장법률사무소 고문 등을 역임했다.

박동진

박동진(1922~2013)은 대구 출신으로 일본 주오대를 졸업했다. 1951년 외무부에 입부, 외무부차관, 주베트남대사, 주브라질대사, 주유엔대사 등을 거쳐 외무부장관, 국회의원, 국토통일원 장관 등을 역임했다. 특히 1975년부터 5년간 대한민국 역대 최장수 외무부장관을 지내며 격동의 한국 현대 외교사에 큰 족적을 남겼다. 1988년 주미대사를 역임하며 한미 관계를 원만히 이끌어 현재 한미동맹 초석을 닦았다고 평가받는다.

현홍주

현홍주(1940~2017)는 서울 출신으로 서울대 법학과를 졸업했다. 제16회 고등고시 사법과에 합격, 검사로 근무하고 1980년 국가안전기획부 제1차장을 지냈다. 1985년 국회의원에 당선된 뒤 법제처장, 주유엔대사, 주미대사 등을 역임했다. 1980~1990년대 한국 외교 핵심으로 활약하며 한미동맹 강화와 북방정책 추진에 기여했으며, 특히 남북한 동시 유엔 가입에 중요한 역할을 했다. 이후 김앤장법률사무소에서 변호사로 활동했다.

한승수

한승수(1936~)는 강원도 춘천 출신으로 연세대 정치외교학과를 졸업했다. 서울대에서 행정학 석사를, 요크대에서 경제학 박사 학위를 취득했으며, 서울대와 요크대, 캠브리지대에서 경제학 교수로 근무했다. 1988년 13대 국회의원에 당선된 뒤 상공부장관, 주미대사, 대통령 비서실장 등을 역임했다. 주미대사 역임 간에는 대북 문제, 특히 북핵 문제를 해결하기 위해 노력했다. 이후 39대 국무총리를 지냈으며, 현재는 유한재단 이사장으로 활동하고 있다.

박건우

박건우(1937~2008)는 대전 출신으로 서울대 법학과를 졸업했다. 제14회 외무고시 합격, 1972년 외무부 총무과 과장을 맡았다. 이후 미국대사관 참사관, 나이지리아 공사, 주캐나다와 주콜롬비아 대사를 역임했으며, 31대 외무부 차관을 지낸 이후 주미대사로 근무하며, 특히 한미동맹을 공고히 해 한반도 평화 분위기를 만들기 위해 노력했다. 이후 외교통상부 본부대사를 지냈으며, 제2·3대 경희사이버대학교 총장을 지냈다.

이홍구

이홍구(1934~)는 경기도 고양 출신으로 서울대 법학과 입학 후 미국으로 건너가 에모리대에서 정치학학사를, 예일대에서 정치학 석·박사 학위를 취득했다. 귀국 후 서울대 교수를 지냈으며 통일부장관, 영국대사, 국무총리 등을 역임했다. 신한국당 소속으로 15대 국회의원을 지냈는데 정권 교체 후에는 김대중 정권 첫 주미대사를 맡아 국내 정치에 상징적인 역할을 했다. 이후 중앙일보 고문을 맡았으며 현재는 유민문화재단 이사장으로 활동 중이다.

양성철

양성철(1939~)은 전남 곡성 출신으로, 서울대 정치학과를 졸업했다. 한국일보 근무 후 도미해 하와이대 석사, 켄터키대 박사 학위를 취득했다.

1986년까지 켄터키대에서 재직하다가 귀국 후 경희대에서 재직했다. 이후 김대중 정권에서 입문해 제15대 국회의원과 제18대 주미대사를 역임했다. LA 내 도산 안창호 동상 건립에 기여했다. 현재는 한반도평화포럼 고문으로 활동 중이다.

한승주

한승주(1940~)는 서울 출신으로, 서울대 외교학과를 졸업했다. 미국 뉴햄프셔대 정치학석사, 캘리포니아대 정치학박사 학위를 취득했으며, 캘리포니아대와 뉴욕대에서 정치학과 교수를, 귀국 후 고려대 정치외교학과 교수를 지냈다. 외무부장관, 유네스코 석좌교수, 고려대 정책대학원 원장, 주미대사 등을 지냈다. 주미대사 근무 간에는 6자 회담 개최 등 외교를 통한 한반도 평화를 위해 힘썼다. 현재 아산정책연구원 이사장으로 활동 중이다.

홍석현

홍석현(1949~)은 서울 출신으로, 서울대 전자공학과를 졸업했다. 삼성 코닝의 중역을 맡은 후 중앙일보의 회장, Jtbc의 회장직을 맡았다. 특히 중앙일보 한글 제호 변경, 가로쓰기 시행, 섹션 신문 발행 등 일간지의 혁신을 이끌며 언론인의 길을 걸었으며, 아시아인 최초 세계신문협회 회장을 맡았다. 2005년 주미대사를 지내며 노무현 정권 한미 외교의 큰 축을 담당했다는 평가를 받는다. 현재 중앙홀딩스 회장으로 활동하고 있다.

이태식

이태식(1945~)은 경주 출신으로, 서울대 외교학과를 졸업했다. 외무부에 들어간 이후 필리핀, 라이베리아, 유럽연합, 이스라엘, 영국, 오스트리아 등 다양한 나라의 대사관에서 근무하며 실무를 쌓았다. 경력을 바탕으로 2005년부터 2009년까지 정권이 바뀌는 오랜 기간 안정적으로 주미대사 업무를 수행했다. 한·중 교류 증진에 공헌한 공로로 '2014 자랑스러운 한·중인상'을 수상했으며, 현재는 연세대 석좌교수를 지내고 있다.

한덕수

한덕수(1949~)는 전북 전주 출신으로, 서울대 경제학과를 졸업했다. 1970년 제8회 행정고시에 합격해 경제기획원, 대통령비서실, 통상산업부 등에서 통상·경제 관련 업무를 주로 맡았다. 2007년 국무총리를 맡은 이후 2009년 주미대사를 역임했다. 특히 한미 FTA 협상에 큰 역할을 한 것으로 평가받는다. 이후 한국무역협회 회장, 기후변화센터 이사장 등을 맡았으며 현재 청소년적십자 사업후원회 고문으로 활동 중이다.

최영진

최영진(1948~)은 서울 출신으로 연세대 정치외교학과를 졸업하고, 파리 제 1대학교에서 국제관계정치학 석·박사 학위를 취득했다. 외무부 국제경제국장, 외교통상부 외교정책실장, 외교통상부 차관, 주오스트리아대사, 주미대사 등 을 역임했다. 주미대사 임무 수행 간 한미동맹을 공고히 하는 데에 힘썼다. 현 재 연세대 석좌교수로 지내며, 외교·통상의 어른으로서 계속해서 목소리를 내 고 있다.

안호영

안호영(1956~)은 부산 출신으로, 서울대 외교학과를 졸업했다. 1977년 제11 회 외무고시 합격 후 주인도대사관 서기관, 주OECD대한민국대표부 참사관, 외교통상부 국장, 외교통상부 차관 등을 역임했다. 이후 비교적 젊은 나이에 주 미대사에 임명돼 박근혜 정부 때 5년 동안 안정적으로 임무를 수행했으며, 특 히 미국 내 한인 사회의 국내 정치 참여를 위해 힘썼다. 현재는 북한대학원대학 교 총장으로 활동하고 있다.

조윤제

조윤제(1952~)는 부산 출신으로, 서울대 경제학과를 졸업하고 스탠퍼드대 대학원에서 경제학 석·박사 학위를 취득했다. IBRD·IMF 경제분석관, 한국조 세연구원 부원장, 대통령비서실 경제보좌관 등 경제 분야에서 두각을 드러낸 뒤 노무현정부 당시 주영대사 경력을 인정받아 2017년 주미대사로 임명됐다. 한미 FTA 재협의, 한미 정상회담 등을 이끌어내며 한미 소통의 길을 새로 열었 다는 평가를 받는다. 현재 한국은행 금융통화위원으로 활동 중이다.

이수혁

　이수혁(1949~)은 전북 정읍 출신으로 서울대 외교학과를 졸업했다. 1975년 제9회 외무고시를 합격했으며 외교통상 비서관, 유고슬라비와 독일의 주재대사를 역임했고, 국정원 제1차장으로서 해외 업무를 담당하기도 했다. 제20대 국회의원으로 당선돼 국회 외교통일위원회 간사, 더불어민주당 국제위원장 등을 맡았고, 주미대사로 임명돼 의원직을 사퇴했다. 실리적 한미동맹 유지를 위해 노력 중이다.

3. 역대 주한미국대사

대수	이름	영문	임명	취임	퇴임
1	존 무초	John J. Muccio	1949년 04월 07일	1949년 04월 20일	1952년 09월 08일
2	엘리스 브릭스	Ellis O. Briggs	1952년 08월 25일	1952년 11월 25일	1955년 04월 12일
3	윌리엄 레이시	William S. B. Lacy	1955년 03월 24일	1955년 05월 12일	1955년 10월 20일
4	월터 다울링	Walter C. Dowling	1956년 05월 29일	1956년 07월 14일	1959년 10월 02일
5	월터 매카너기	Walter P. McConaughy	1959년 10월 05일	1959년 12월 17일	1961년 04월 12일
6	새뮤얼 버거	Samuel D. Berger	1961년 06월 12일	1961년 06월 27일	1964년 07월 10일
7	윈스럽 브라운	Winthrop G. Brown	1964년 07월 31일	1964년 08월 14일	1967년 06월 10일
8	윌리엄 포터	William J. Porter	1967년 06월 09일	1967년 08월 23일	1971년 08월 18일
9	필립 하비브	Philip C. Habib	1971년 09월 30일	1971년 10월 10일	1974년 08월 19일
10	리처드 스나이더	Richard L. Sneider	1974년 08월 23일	1974년 09월 18일	1978년 06월 21일
11	윌리엄 글라이스틴	William H. Gleysteen Jr.	1978년 06월 27일	1978년 07월 24일	1981년 06월 10일
12	리처드 워커	Richard L. Walker	1981년 07월 18일	1981년 08월 12일	1986년 10월 25일
13	제임스 릴리	James R. Lilley	1986년 10월 16일	1986년 11월 26일	1989년 01월 03일
14	도널드 그레그	Donald P. Gregg	1989년 09월 14일	1989년 09월 27일	1993년 02월 27일
15	제임스 레이니	James T. Laney	1993년 10월 15일	1993년 11월 02일	1997년 02월 05일
16	스티븐 보즈워스	Stephen W. Bosworth	1997년 10월 24일	1997년 12월 15일	2001년 02월 10일
17	토마스 허버드	Thomas C. Hubbard	2001년 08월 03일	2001년 09월 12일	2004년 04월 17일
18	크리스토퍼 힐	Christopher R. Hill	2004년 05월 12일	2004년 09월 01일	2005년 04월 12일
19	알렉산더 버시바우	Alexander R. Vershbow	2005년 10월 12일	2005년 10월 17일	2008년 09월 18일
20	캐슬린 스티븐스	Kathleen Stephens	2008년 08월 04일	2008년 10월 06일	2011년 10월 23일
21	성 김	Sung Y. Kim	2011년 10월 13일	2011년 11월 25일	2014년 10월 24일
22	마크 리퍼트	Mark W. Lippert	2014년 05월 01일	2014년 11월 21일	2017년 01월 20일
23	해리 해리스	Harry B. Harris Jr.	2018년 05월 23일	2018년 07월 07일	

존 무초

엘리스 브릭스

윌리엄 레이시

월터 다울링

월터 매카너기

마셜 그린

새뮤얼 버거

윈스럽 브라운

윌리엄 포터

필립 하비브

리처드 스나이더

윌리엄 글라이스틴

리처드 워커

제임스 릴리

도널드 그레그

제임스 레이니

스티븐 보즈워스

토마스 허버드

크리스토퍼 힐

알렉산더 버시바우

캐슬린 스티븐스

성 김

마크 리퍼트

해리 해리스

III

제3장

한미 경제의 변화와 발전

Changes and Developments in the Korean and U.S. and South Korea

1. 한미 경제 관계 전개

2. 정부 수립 및 한국전쟁 시기 한미경제

3. 비약적인 경제 발전과 외환위기

4. 한미 경제 관계의 현재와 미래

1. 한미 경제 관계 전개

미국의 통상 시도와 조미수호통상조약

1866년에 일어난 미국의 제너럴 셔먼(General Sherman)호 사건은 한국과 미국의 첫 번째 공식적 교섭이자 경제관계로 볼 수 있다. 그 이전인 1852년 미국의 포경선(捕鯨船) 한 척이 일본 홋카이도 근해에서 고래를 잡다가 동래부 용당포 앞바다에 표착한 적이 있었다. 하지만 고래잡이 과정에서의 일시적 조난과 불법상륙이었던 데다 언어의 불통으로 우연한 조우로 지나가고 말았다. 반면 제너럴 셔먼호는 서해를 거쳐 대동강까지 들어가 통상과 교역을 요구하였다. 그러나 완전무장한 제너럴 셔먼호가 양이(洋夷)를 동반한 중국의 해적선으로 오인 받은 가운데 먼저 포를 발사하면서 조선 측 사상자가 발생했다. 이에 평양 군민의 화공을 받아 제너럴 셔먼호 승무원 전원이 몰살되면서 첫 경제적 교섭은 실패로 끝나고 말았다.

이에 대한 보복으로 미국은 1871년 신미양요(辛未洋擾)를 일으켰다. 제너럴 셔먼호 사건의 조선 측 책임을 요구하는 동시에 강제로 통상조약을 맺기 위해 아시아 함대를 출동시켰다. 그러나 예상외로 강한 조선의 반격으로 어설프게 물러나고 말았다. 제너럴 셔먼호와 신미양요는 당시의 실권자 대원군에게 잘못된 자신감을 심어주면서 쇄국정책을 더 강화시키는 계기가 되고 말았다. 만약 미국이 보다 강력한 함대를 출동시켜 통상을 요구하였다면 미국이 조선의 첫 번째 통상국이 되었을 가능성이 높다.

신미양요 이후 조선과 미국의 관계가 소강상태를 보이던 중 1876년 일본이 1875년에 발생한 운요호 사건을 빌미로 '조일수호조규(강화도 조약)'를 맺었다. 이 조약은 조선이 외국과 맺은 최초의 근대적 조약인 동시에 최초의 불평등 조약이었다. 조선만 3개의 항구(부산, 원산, 인천)를 개항하고 일본인에 대한 치외법권 인정, 관세 규정 미비 등 조선의 권리는 거의 없고 일본의 권리만 인정하고 있기 때문이다. 이후 미국도 조선과의 수교를 서두르면서 1882년 청(淸) 이홍장의 주선으로 '조미수호통상조약'을 체결하였다. 조미수호통상조약은 조

강화도 조약

선의 관세 자주권을 인정하는 등 '조일수호조규'에 비해 진일보한 점은 있었다. 하지만 미국에 최혜국(最惠國) 대우를 부여하고 치외법권을 허용하는 등 조선에 불리한 내용들이 상당수 포함되어 있었다. 이후 조미수호통상조약을 준용해 영국과 독일 등 서구 열강과의 통상조약을 체결하면서 조선의 문호개방이 본격화되었다.

조미수호통상조약
조미수호통상조약은 조선 고종 때인 1882년에 조선과 미국 사이에 맺은 수교와 무역에 대한 조약이다. 치외 법권을 인정하고 최혜국 조항을 넣은 불평등한 조약이었다.

조미수호통상조약의 체결에 따라 1883년 4월 조선주재 미국 초대공사로서 루시어스 푸트(Lucius H. Foote)가 입국하였고, 조선에서도 같은 해 6월 민영익(閔泳翊)을 수반으로 하는 보빙사 일행을 미국에 파견하였다. 이로써 조선과 미국은 본격적인 외교 및 통상관계를 수립하였다. 이후 주식회사 설립 등 상공업분야에서 근대적 제도가 도입되기 시작하였다. 1883년에는 대동회사, 장통회사 등 우리나라 최초의 주식회사가 설립되었다. 또한 같은 해 개항 이후 상업 자유화와 일본 상인들에게 밀려 위협을 받게 된 보부상(褓負商)을 보호하기 위

김홍도의 '부부행상'

한 기관으로 혜상공국(惠商公局)을 설치하기도 하였다. 1896년 미국이 운산금광의 개발권을 취득한 이후 독일·영국·일본 등 열강의 자본이 광업 분야에 대거 진출하였다. 이에 따라 1906년 7월에는 광업법(鑛業法)을 공포하는 등 상업 뿐 아니라 광공업에서도 급격한 변화를 겪게 되었다.

가쓰라-태프트 밀약(The Katsura-Taft Agreement)과 조미관계의 단절

그러나 1905년 11월 일본과의 을사보호조약 강제 체결로 대한제국의 외교권이 박탈되고 일본의 보호국(protectorate)이 되면서 미국과의 관계는 단절되었다. 을사보호조약이 체결된 지 10일 후 미국 대사관은 대한제국으로부터 철수하였다. 1904년 러일 전쟁에서 승리한 일본은 1905년 7월 가쓰라-태프트 밀약(The Katsura-Taft Agreement)을 통해 미국으로부터 일본의 대한제국에 대한 종주권을 인정받았기 때문이었다.

가쓰라-태프트 밀약은 당시 일본의 내각총리대신이자 임시 외부대신이었던 가쓰라 다로(桂太郎)와 미국의 육군장관 윌리엄 태프트(William H. Taft, 후에 미국의 제 27대 대통령)가 맺은 비밀 협약이다. 이에 따라 미국은 필리핀, 일본은 대한제국의 지배를 서로 인정하면서 일본은 제국주의 열강들의 승인 아래 대한제국의 보호국화에 이은 식민화를 노골적으로 추진할 수 있었다. 공식적으

가쓰라-태프트 밀약
1905년 10월 러·일전쟁 종전 직후에 일본 총리대신 가쓰라(桂太郎)와 미국 루스벨트 대통령 특사 태프트(W.H.Taft) 육군장관이 한국문제를 중심으로 하여 맺은 비밀협약. 이 밀약온 미국의 필리핀 지배를 일본이 인정함을 전제로, 한국을 식민지화하는 일본의 침략정책을 묵인·방조하는 내용을 담고 있다.

가쓰라-태프트 밀약 관련 당시 만평

로는 을사보호조약의 체결과 함께 미국과의 모든 관계가 단절되었지만 그 이전에 맺은 가쓰라−태프트 밀약으로 조선과 미국의 관계는 이미 단절된 것과 마찬가지였다.

"달면 삼키고 쓰면 뱉는다."는 속담처럼 미국이 자국의 이익을 위하여 일본과 거래하는 과정에서 대한제국이 일본의 식민지로 넘어가게 되었다는 사실은 100여년이 지난 이 시점에서도 잊지 말아야 할 것이다. 영원한 우방도 영원한 적도 없는 것이다. 다만 100여년 전처럼 나라 전체를 주고받는 경우는 발생하지 않을 것이다. 하지만 한 나라가 어느 나라와 더 긴밀한 협력관계를 가져갈 것인가하는 정치적, 외교적, 경제적 결정이 그 나라의 경제와 사회의 미래에 엄청난 영향을 미칠 것이다.

1945∼1948년(미군정기) : 미국의 점령과 좌우대립 혼란기

미국이 주도하는 2차 세계대전 연합국 지도자들은 1943년 11월 카이로선언과 1945년 7월의 포츠담선언으로 한국의 독립을 약속하였다. 1945년 8월 일본의 항복에 이은 미국의 38선 이남 한반도 점령은 이후 남한만의 대한민국 정부 수립 및 한국전쟁과 함께 미국과 동맹국 관계를 형성하는 계기가 되었다. 크게 아쉬운 것은 유엔의 38선을 경계로 한 임시적 분할결정이 미소 관계의 악화와 남북한의 갈등으로 인해 영구화되면서 지금까지 이어지고 있다는 점이다. 만약 통일한국을 세울 수 있었다면 한국전쟁이 일어나지 않았음은 물론 체제 경쟁비용 등을 줄이면서 한반도 전체가 더 빨리 선진국으로 진입할 수 있었을 것이다. 그나마 다행인 것은 반쪽이나마 남한지역이 미국의 지원에 힘입어 자본주의 체제의 민주공화국으로 독립정부를 구성하였다는 점이다. 이후 남한은 북한과의 경제성장 경쟁(1인당 국민소득)에서 1970년대 초반까지는 밀리는 듯 보였으나 이후 급성장을 지속하면서 북한과의 격차를 확대하고 있다. 이 같은 남북 역전의 배경과 원동력으로 남북간의 체제 경쟁과 리더십, 경제정책 노선 등을 들 수 있지만 미국의 군사적, 경제적 지원과 후원자 역할도 무시하지 못할 것이다.

미국이 남한지역을 실질적으로 지배한 미군정시기는 미군이 38선 이남지역을 통칭하는 남한에 진입한 1945년 9월 9일부터 대한민국 정부가 수립된 1948년 8월 15일까지이다. 남한은 독립 이후 한 달 남짓의 무정부 상태를 겪었으며 미군 진주 이후 군정기에도 정치적 혼란과 무질서의 연속이었다. 소련이 북한 지역에 공산주의 체제를 이식한 반면 미국은 자본주의 체재를 이식하면서 좌우 대립 등의 과정에서 경제구호만 난무했을 뿐 국민들의 삶은 어제와 같은 오늘, 오늘과 같은 내일이 계속되었을 뿐이었다. 그나마 미국의 경제적 원조가 이어지면서 극빈생활을 면할 정도였다고 할 수 있다.

당시 박헌영을 중심으로 한 공산주의 진영에서는 계획경제제도, 토지분배, 누진세, 주요기업의 국유화, 8시간 노동제, 최저임금제 등을 제시하였다. 듣기에도 솔깃한 정책들로 일반 국민들의 공산주의 또는 사회주의 성향을 부추기는 역할을 하였다. 실제로 미군정청 여론국의 여론조사(동아일보 1945년 8월 13일자)에 따르면 지지하는 이념에 대한 질문에서 사회주의 70%, 자본주의 14%, 공산주의 7%로 나타날 정도였다. 그러나 미국은 남한에 북한과 같은 공산주의 또는 사회주의 체재가 들어서는 걸 원치 않았으며, 대신 자유민주주의·자본주의 국가를 세워 남한과 함께 일본을 공산주의로부터 지켜내려고 하였다.

한반도의 야경(NASA)

카이로 회담에 참석한 중국의 장제스 총통, 미국의 루스벨트 대통령, 영국의 처칠 수상(왼쪽부터)

포츠담 회담에 참석한 영국의 처칠 수상, 미국의 트루먼 대통령, 소련의 스탈린 서기장(왼쪽부터)

1945~1948년(미군정기) : 미국의 원조로 연명하는 고물가고실업시대

제2차 세계대전 이후 승전국 미국은 독일과 이탈리아, 일본 등 패전국과 이들 국가들의 식민지였던 이른 바 제3세계 국가들에게 각종 물자 및 용역 또는 화폐자본을 무상으로 제공하기 시작했다. 원조는 인도적 차원 또는 경제적 차원에서 이뤄지기는 하지만 정치적·군사적 목적을 가지고 있을 수밖에 없다. 전후 미국의 원조는 냉전체제를 유지시키는 일차적 수단으로 서구 및 제3세계에 대한 소련의 침투를 저지하고 이들 지역을 미국의 영향권 안에 묶어두기 위한 대외정책의 일환이었다.

그 중 우리나라에 대한 원조도 빼놓을 수 없다. 원조를 통해 남한지역의 자본주의 체제를 안정적으로 유지함으로써 소련의 확장을 막는 것은 물론 장기적으로 미국의 상품 및 자본시장으로 확보·성장시키려는 경제적 목적을 관철시키기 위한 것이었다. 미국의 한국에 대한 원조는 무상증여에 의한 식량원조인 '점령지역 원조구호자금(GARIOA·Government Aid and Relief in Occupied Areas)'이 시작이었다. GARIOA는 원래 패전국인 독일과 일본, 오스트리아에 대한 긴급원조로 점령지역의 굶주림을 완화시키기 위한 식량원조였는데 남한에까지 차례가 온 것이었다. 1948년까지 계속된 GARIOA는 식량원조를 통해 한국인들의 기본적 욕구를 어느 정도 해소함으로써 정치적·경제적 불안을 수습하는 동시에 통화남발에 따른 인플레이션은 안정시키고자 하는 것이 주목적이었다. GARIOA를 통해 미국은 약 4억 달러의 원조를 제공하였다.

광복 직후 남한 경제는 물가가 급등하는 가운데 일자리는 찾기 어려운 최악의 상황이 이어지고 있었다. 일본인들이 귀환하면서 예금을 현금으로 대거 인출한 데다 일본인들이 두고 간 기업들의 부실채권이 늘어나면서 현금 부족에 직면한 일반은행을 상대로 조선은행도 통화를 발행할 수밖에 없는 상황이었다. 또한 미군정이 일제강점기에 중앙은행 역할을 하던 조선은행의 화폐발행권을 접수한 다음 군사주둔 및 도로 정비 등의 지출을 보전하기 위해 막대한 양의 통화를 차입해서 사용하기 시작했다. 엎친 데 덮친 격으로 1946년에 발생한 '조선정판사 위조지폐 사건'은 말이 위조지폐라 그렇지 조선은행의 지폐인쇄원판을 빼돌려 지폐를 찍어내는 사건이 발생했다. 당시 조선공산당의 수중에 있던 조선정판사가 지폐를 얼마나 찍어냈는지도 모를 정도로 찍어내 통화증발을 부추겼다. 여기다 기업들의 생산이 급감하는데 따른 공급부족도 물가를 상승시키는 요인으로 작용하였다. 특히 남한의 인구(1600만명)가 북한 인구(900만명)보다 많았지만 자원과 전기 등 에너지, 비료 등을 대부분 북한에 의존하고 있었고, 기술과 자본·원자재는 일본에 의존하고 있었기 때문에 남북한 분단에 따라 남한지역의 광공업은 물론 농업 생산도 급감할 수밖에 없었다. 결국 막대한 양의 통화남발에 따른 수요급증에다 공급부족까지 겹치면서 물가는 급등세를 이어갔다. 한국은행의 '숫자로 보는 광복 60년(2005년)'에 따르면 소비자물가상승률이 1946년 280.4%에 달했으나 이후 미국의 원조와 미군정청의 노력에 힘입어 78.9%(1947년), 58.4%(1948년)로 상대적으로 안정되는 흐름을 보였다.

광복 직후만 해도 농업인구가 압도적으로 많은 가운데 귀속농지불하 및 이어진 농지개혁 등으로 농업인구는 그런대로 현상을 유지하고 있었다. 하지만 대다수 적산 기업들이 주인을 찾지 못하고 표류하면서 실업자를 양산하고 있었다. 대졸 실업률이 13%를 넘는다는 통계가 나올 정도였다. 지역적 통계이기는 하지만 1948년 9월 대구의 총인구 33만 6,524명 중 22만 6,848명(67.4%)이 직업이 없다는 통계도 있다. 당시 대구지역 신문인 '남선경제신문 (1948년 9월 25일자)'은 "아무리 광복 후 사회적 혼란으로 정업(定業)을 갖기가 매우 곤란하다고 하더라도 전인구의 1, 2할이라면 모르겠지만 무직이 7할이라는 막대한 숫자를 나타내고 있다는 것은 당국의 시책이 옳지 못함을 여실히 증명하는 것이다. 대체 이 수많은 무직자들이 어떻게 연명을 하여 가는

조선정판사 위조지폐 사건

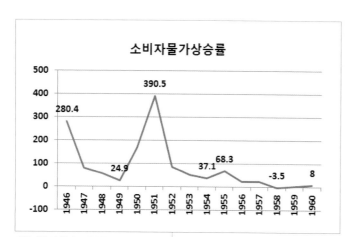

소비자물가상승률

광복 직후 남한의 소비자물가상승률
(1946~1960)(단위: %)
자료 : 한국은행, "숫자로 보는 광복 60년",
2005.8.13.

가. 이것은 큰 기적이라고 하지 않을 수 없다."
라고 보도하고 있다. 무직자 중에는 어린이와
학생은 물론 가정주부와 고령은퇴자 등 요즘으
로 치면 비경제활동인구까지 포함되어 있기는
해도 많은 것은 사실이다. 인구 및 산업구조 등
의 변화로 수평적 비교가 어렵기는 하지만 2019
년 기준으로 보면 우리나라 총인구 5,170.9만
명 중 무직자는 총 2,458.6만 명(15세 미만 인
구 720.5만 명, 15세 이상 인구 중 비경제활동인구 1,631.8만 명, 실업자 106.3
만 명)이라는 계산이 나온다. 이 경우 무직자 비율은 48.1%가 되면서 67.4%
에 비해 거의 20%포인트나 낮다. 또한 당시 대구에서 직업을 가진 사람 10만
9,676명 중 농업인이 3만 4,000명으로 도시지역임에도 31.0%를 차지하고 있
다. 2019년 현재 우리나라 전체의 농업인구 비중은 5.1%에 불과하며 대구와 같
은 대도시의 경우 1%에도 채 안 될 것이다. 상당수 남한 인구가 미국의 원조로
연명했음을 알 수 있는 대목이다.

2. 정부 수립 및 한국전쟁 시기 한미경제

1945~1948년(미군정기) : 미군정의 귀속재산 불하 및 귀속농지 불하

이 시기에 경제분야에서 눈여겨봐야 할 부분은 귀속재산 불하(歸屬財産拂下), 통상 '적산 불하(敵産拂下)'라고 불리는 미군정의 조치이다. 광복 이후 일제강점기 일본인들이 한국 내에 설립한 부동산 또는 반입 후 되가져가지 못한 동산 등의 자산을 미군정이 미군정법령으로 1945년 9월부터 몰수하여 미군정에 귀속한 귀속재산을 1947년부터 한국 내의 기업 또는 개인에게 불하한 정책이다. 대상 자산은 일본인들이 일본으로 돌아가면서 주인을 잃은 토지나 가옥 등의 부동산, 각종 기업체, 그와 관련된 차량과 기계류 등을 의미한다.

미군정이 몰수한 귀속재산의 총액은 정확하게 알려지고 있지 않다. 다만 광복 당시 일본인이 소유하고 있던 기업이 남한지역 기업의 85%를 차지하고 있었다는 점에서 귀속재산이 남한 경제에 차지하는 비중이 매우 컸다고 할 수 있다. 미군정에 의한 적산 기업의 불하는 1947년에 시작되었으나 1948년 정부 수립시까지 전체 적산기업의 15%만 불하되었으며 나머지는 새로 수립한 대한민국 정부로 인계되었다. 남한지역 기업의 85% 중 15%만이 민간에게 불하되었으니까 비율을 따져보면 1948년 정부수립시까지 70%가 넘는 기업들이 주인을 없는 상태가 계속되었으니 경제가 제대로 돌아갈 수가 없는 상황이었다. 미군정의 불하원칙은 해당 적산기업과 관계있는 사람에게 우선 불하하고, 매각 대금 중 1/5 이상을 일시납하고 나머지를 10년간 연리 7%로 납부하도록 하는 것이었다. 이에 따라 해당 적산기업과 직접 이해관계가 있는 사람들이 우선적으로 선정되면서 불하대상자와 관련 정치인, 지역유력자, 담당 관료 등과의 사이에 상당한 결탁과 부정부패가 횡행하였다. 여기다 광복 이후 급속한 물가상승에 따른 인플레이션에도 불구하고 적산불하가 헐값에 이루어지면서 이 같은 부정부패는 더 확산되었다. 뿐만 아니라 미군정의 임기응변식 적산 관리 및 불하에다 광복 이후 일본 경제와의 단절 등으로 인해 수많은 적산 기업이 부실에 빠지면서 정상적 경영이 어려워질 수밖에 없었다. 그 결과 생필품 등의 생산에 어려움을 겪으면서 인플레이션은 더 가속화하는 악순환을 겪게 되었다.

1945년 새로 들어선 이승만 정부는 미군정으로부터 인계받은 적산불하 작업을 계속하였다. 미군정의 불하 원칙을 그대로 승계하면서 결탁과 부정부패가 미군정기와 크게 다를 바가 없었다. 다만 적산기업을 조속히 처분해야 경제가 제대로 돌아갈 수 있다는 전문가들의 주장과 적산기업 처분을 통한 재정의 확보하려는 이승만 정부의 노력이 맞아떨어지면서 1949년 12월 '귀속재산처리법'이 제정·공포되었다. 1950년 발발한 한국전쟁으로 불하가 지연되기도 했지만 국유 또는 공유로 지정된 일부를 제외하고는 모두 불하되었다. 미군정기와 이승만 정부 시기에 불하된 적산 기업은 총 2,000여개에 달했다.

미군정의 귀속재산 불하와 함께 다뤄야 할 부분은 '귀속농지불하(歸屬農地拂下)'이다. 미군정은 1946년 2월 미군정 법령 제52호로 신한공사를 세우고 일제강점기 시절 동양척식주식회사가 소유한 일체의 재산을 인수하게 했으며 소작료를 3·1제로 정했다. 그러나 일본인 및 친일파들의 토지몰수와 소작료 3·7제를 주장하는 등 토지제도의 전면적 개혁을 바라는 농민들의 목소리가 커지기 시작하였다. 게다가 북한지역의 북조선 임시인민위원회에서 무상몰수·무상분배 원칙에 의한 토지개혁이 실시되자 미군정도 토지개혁을 서두를 수밖에 없었다. 1947년 12월 농지개혁법안이 남조선과도입법의원에 상정하기도 했으나 심의조차 되지 못했다. 이에 미군정은 전면적 농지개혁은 단독정부 수립 이후로 미루는 대신 일본인 소유지만의 매각에 착수했다. 이에 따라 신한공사(1948년 3월 중앙토지행정처로 개명)가 관리하던 경작지 27만여 정보 중 약 85%가 1948년 정부 수립 이전까지 매각·분배되었다.

이 같은 귀속재산 및 농지의 불하와 식량원조에도 불구하고 미군정의 경제정책은 광복 후 남한지역의 경제발전에 큰 도움을 주지 못했다는 평가를 받고 있다. 연구자에 따라 조금씩 다르기는 하겠지만 미국 캘리포니아주립대의 제임스 매트레이(James I. Matray)교수는 1945~1948년 3년간 미군정청의 경제정책은 미행정부의 준비 부족과 남북한 통일정부 수립에 대한 기대로 인해 남한의 경제발전이 지지부진했다고 주장했다. 예를 들면 전후 점령지 일본에 대한 준비로 1,500여명의 미국 육군 및 해군장교를 교육시킨 반면 30여개 점령예정지에 대한 소개책자에서 한국은 빠져 있었다. 뿐만 아니라 한국을 담당한 장교들은 대부분 일본에서 단기 교육을 받고 온 한국어를 전혀 하지 못하는 장교들이었다. 이들이 갑자기 한국으로 발령을 받고 와서 현황을 파악하고 하는 데만 상당기간이 소요되면서 한국의 경제발전은 늦어질 수밖에 없었다는 것이다.

〈표 1〉 귀속기업체의 시기별 불하 현황(단위: 개)

1946~1948.8.15.	1948.8.15. ~1953년	1954~1960년	미상	총계
135	1,252	637	37	2,061

자료 : 재무부, "법인대장" 출처 : 김기원, "미군정기의 경제구조(1990)"에서 재인용

1948년~ 대한민국 정부 수립 후에도 원조 경제 지속

1948년 이승만을 초대 대통령으로 하는 대한민국 정부가 수립되면서 경제부처가 만들어졌다. 하지만 초기에는 미군정청의 정책을 이어받는 수준이어서 정부 주도의 자체적인 경제개발보다는 정식으로 국교를 수립한 미국으로부터 원조를 많이 받아서 그 원조를 어떻게 효과적으로 활용하느냐에 초점을 두고 있었다. 이에 따라 당시 대미외교는 사회·경제적 불안과 점증하는 북한의 군사적 위협 속에서 미국의 경제원조보장과 지원을 확보하려는 데 집중되었다.

1948년 12월 한국과 미국은 '한미원조협정'을 체결하였다. 미국의 대외경제원조를 맡은 부서인 경제협력처(ECA· Economic Cooperation Adminstration)의 이름을 따서 ECA원조협정이라고도 부른다. 이 협정에 따라 미국 정부는 한국의 경제적 위기를 방지하고 경제부흥을 촉진함으로써 국내적 안정을 확보하기 위하여 한국 국민에게 재정적·물질적·기술적 원조를 제공하기로 하였다. 이 협정에 따라 미국이 제공한 총 원조금액은 1953년까지 2억 달러를 넘었다. 한국전쟁으로 미사용분이 미육군성 원조로 이관되는 등 우려곡절을 겪었으나 1961년 2월 '한미경제원조협정'에 의해 공식적으로 대체될 때까지 10년 이상 한

국 경제를 지탱하는 버팀목이 되었다. 이와 함께 유럽부흥원조계획인 이른바 마셜플랜(Marshall Plan)의 일환으로 제정된 미국의 원조법(FAA)에 따른 원조도 1948년부터 1951년까지 계속되었다.

한국전쟁 시기에는 미국의 군사적·경제적 원조 외에도 유엔 차원에서의 원조가 이어졌다. 전시긴급구호 제공 및 전후복구를 위해 유엔에 의해 만들어진 한국민간구호계획(CRIK) 원조와 유엔한국재건단(UNKRA) 원조가 있었다. CRIK는 4억 5,700만 달러, UNKRA는 1억 2,200만 달러의 원조를 제공하였다.

미국의 경제적 원조는 한국전쟁 휴전 이후 본격화하기 시작했다. 미국의 원조는 FOA 원조·ICA 원조·AID 원조·PL480 원조 등으로 이어졌다. 하지만 이 같은 미국의 무상원조는 미국의 국제수지가 크게 악화되는 1957년을 고비로 점차 줄어드는 대신 추후 갚아야 하는 유상차관 방식으로 바뀌어갔다. 1945년부터 경제개발 5개년계획이 시작되기 전해인 61년까지 미국의 총 무상원조액은 약 31억 달러에 달했다. 이중 42%가 제조업과 사회간접자본 부문에 쓰이는 원재료 및 중간제품이었고, 25%가 밀과 옥수수 등 농산물이었으며, 자본재가 9%, 기술용역이 5%를 차지했다. 미국은 무상원조 외에도 유상차관 등 1945~61년까지 약 200억 달러의 경제적 원조를 제공함으로써 한국 경제의 재건과 부흥에 중요한 역할을 담당하였다.

미국 구호물자 부산 인수식에 참석한
이승만 대통령

1945년 이후 제공된 미국의 무상원조는 광복 후 미군정기와 정부수립이라는 혼란기와 참혹한 한국전쟁을 겪으면서 극심한 식량난 및 광공업 생산 급감 등을 극복하고 신생 한국의 경제체제를 안정시키는데 크게 기여했다. 그러나 식량과 원면 등과 같은 당장에 먹고 입는 의식(衣食) 위주의 소비재 중심의 원조였다는 점에서는 오히려 자립경제 구축을 가로막는 걸림돌 역할을 했다는 비판도 제기되었다. 또한 미국으로부터의 원조라는 가장 큰 돈줄을 기반으로 정권의 독재화와 정경유착을 가능하게 만듦으로써 비민주적 정치권력의 장기화, 독과점적 경제구조의 정착 등의 부작용을 낳았다고 할 수 있다.

〈표 2〉 우리나라의 원조 수원 현황(1949~1991)(단위: 100만 달러)

	1945~1960	1961~1975	1976~1990	1991~1999	합 계
무상원조	3,045.6	1,999.0	750.4	1,202.5	6,997.5
(비중, %)	(98.3)	(50.7)	(21.4)	(54.0)	(54.8)
유상원조	52.3	1,942.4	2,760.4	1,023.7	5,788.8
(비중, %)	(1.7)	(49.3)	(78.6)	(46.0)	(45.2)
합 계	3,097.9	3,941.4	3,510.8	2,226.2	12,776.3

자료 : 외교통상부, "우리나라 대외원조 현황 및 정책 방향", 2008.4.8.

1950년 애치슨 라인과 한국전쟁, 미국의 참전 : 한국의 전화위복(轉禍爲福)

미국은 제2차 세계대전이라는 역사상 최대의 전쟁이 끝나자 군사비를 대폭 삭감하면서 대대적인 병력감축에 들어갈 수밖에 없었다. 이 과정에서 미국은 원자폭탄의 위력을 과신하면서 공산주의자들에 의한 국지전 또는 제한전은 원자폭탄의 위협 때문에 발생치 않을 것으로 보고 주한미군 철수를 계획하였다. 이에 이승만 정부는 사절단 파견과 주미대사관, 더글라스 맥아더 장군과의 개인적 친분 등을 통해 미군 주둔 지속과 함께 군사 및 경제 원조를 획득하고자 노력하였다. 그러나 미국은 1948년부터 미군을 철수하기 시작해 1949년 6월에는 주한미군군사고문단(KMAG)의 자격으로 500여명의 병력만 남겨 놓고 완전히 철수하였다. 당시 이승만대통령은 가쓰라–태프트 밀약에서처럼 미국이 일본을 위해 한국을 포기할 수 있음을 주장하면서 심각한 우려를 표명했지만 미

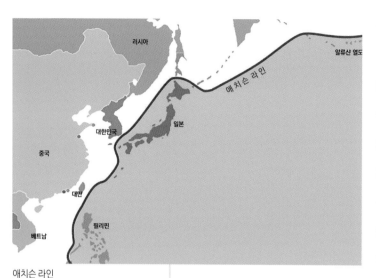

애치슨 라인

국의 반응은 냉담했다.

이후 1950년 1월 미국의 딘 애치슨(Dean G. Acheson) 국무장관은 태평양에서의 미국의 방위선을 알류산 열도-일본-오키나와-필리핀을 잇는 선으로 정한다는 이른바 '애치슨 라인'을 발표했다. 이에 따라 한국과 대만은 방위선에서 제외되었다. 가쓰라-태프트 밀약 이후 한국(남한)이 다시 한번 미국의 국익에서 배제되는 운명을 맞은 것이었다. 미국의 입장에서 한국은 지정학적 가치는 물론 미래의 경제적 가치도 없는 지역으로 추락한 것이었다. 이는 같은 해 6월 북한의 남침으로 발발한 한국전쟁의 가장 큰 요인으로 작용했다. 게다가 한국전쟁 직전 북한은 현대식 무기로 장비한 20만 대군을 가진 반면 한국은 38선을 경비하는 데도 불충분한 정도의 경무장을 갖춘 10만 명이라는 불균형이 발생하고 있었다.

한국전쟁은 광복과 단독정부 수립이라는 혼란을 겪고 있던 남한에 엄청난 피해를 초래할 수밖에 없었다. 그나마 남은 기업들과 공장은 초토화되고 수많은 인명 손실을 겪어야 했기 때문이다. 다행히 미국이 북한의 남침 직후 참전을 결정한 배경으로는 2가지를 들 수 있다. 애치슨라인에 대한 결자해지(結者解之)라는 점과 한국이 공산화될 경우 일본 또한 위험해질 것이라는 순망치한(脣亡齒寒)이라는 점이다. 북한의 남침이 미국이 한반도를 미국의 중요한 요충지이자 한국을 동맹국으로 격상시키는 결과를 가져왔다고 할 수 있다. 애치슨라인으로 북한의 도발을 부추긴 셈이었지만 이후 미국은 전쟁 수행 및 남한 경제의 보호자(patron)로서의 역할을 수행했다고 할 수 있다. 한국으로서는 불행 중 다행으로 전화위복의 계기가 된 셈이다. 미국은 한국전쟁 후 20여년간(1953~1975년) 약 101억 달러에 달하는 무상원조로 한국을 지원했다. 이는 전후 남한의 복구와 경제 유지를 가능케 하였으며 이후 이어지는 1960년대 경제개발계획의 디딤돌 역할을 하였다.

이영훈 서울대 교수는 1950년대 한국 경제에 대해 다음과 같이 말하고 있다. "한국 경제는 미국과 유엔의 무상원조 덕분에 부흥했다. 1953년 국내총생산(GDP)에서 경제 원조가 차지하는 비중은 10%에 달했다. 1956년에는 이 비중이 최고 13%까지 올라갔다. 당시 국내투자자금의 90%가 원조에서 나왔다. 한국 경제가 전쟁 이후 1960년까지 연 4~5%대의 성장을 이룬 것은 대부분 원조의 힘이었다. 원조 달러를 민간에 불하하면 민간은 그에 상당하는 한화(韓貨)를 한국은행에 예치했다. 이 대충자금(對充資金)의 상당 부분은 정부의 재정수입으로 이전됐다. 1954~1959년 대충자금 전입금이 재정수입에서 차지하는 비중은 평균 43%였다. 1967년에도 이 비중은 20%를 차지했다. 엄밀히 말해 그때까지 대한민국은 재정적으로 '독립국가'가 아니었던 것이다." 결국 미국과 유엔 등 국제사회의 원조가 한국 경제를 가난에서 벗어나게 하고 그를 바탕으로 경제발전에 성공할 수 있는 디딤돌을 만들었다는 것이다.

1953년 한미상호방위조약의 체결과 경제적 우산효과

한국전쟁에서 휴전회담이 시작되자 이승만 정부는 국민의 전폭적인 지지 하에 휴전을 반대하면서 단독으로라도 북진하여 통일을 달성하겠다는 입장을 고수했다. 반면 미국은 중공군의 한국전쟁 개입과 미국 내의 반전(反戰) 분위기 확산 등으로 어떤 식으로건 전쟁을 끝내고자 했다. 1953년 1월 취임한 아이젠하워 미국 대통령의 강력한 휴전 의지를 파악한 이승만 정부는 재침략을 받을 경우 미국이 참전한다는 것을 보장하고 한국군을 강화시켜 준다는 내용의 한미상호방위조약을 휴전성립 전에 체결해 줄 것을 요구하였다. 이에 미국은 한국에 대해 경제원조와 한미 방위조약의 체결을 약속하고 1953년 7월 28일 휴전을 성립시켰다. 그 직후 한국과 미국은 8월 8일 상호방위조약안에 합의하고 10월 1일 정식으로 '한미상호방위조약'을 체결하였다.

이 조약은 현재까지도 이어지면서 한미동맹의 상징이자 기반을 구축하는 가장 튼튼한 받침돌이 되고 있다. 이를 통해 미국은 전쟁재발을 방지하기 위한 군사원조와 경제원조에 주력했다. 한국은 이를 발판으로 삼아 북한의 재침 위협을 제거하는 것은 물론 1945~50년대의 원조 경제를 벗어나 자립경제를 만들

한미상호방위조약 체결

어갈 수 있었다. 한미상호방위조약은 남북간 전쟁을 방지하는 역할을 하였을 뿐 아니라 한국이 국방력에 사용할 경제적 역량을 미국과 미군이 상당부분 부담해왔다는 점은 부인할 수 없는 사실이다.

최근까지도 남한 정부예산의 10% 안팎이 국방비 예산을 차지고 있지만 만약 한미상호방위조약이 없었더라면 훨씬 더 많은 국방비 예산이 투입되었을 것이다. 대신 남한은 미국의 우산 아래 들어감으로써 국방비 예산을 줄이는 대신 경제개발에 역량을 집중할 수 있었다. 또한 든든한 미국의 안전보장을 배경으로 대규모 외자 유치에 성공함으로써 북한과의 체제경쟁에서 우위를 점할 수 있는 여건을 만들 수 있었다. 한미상호방위조약이 없었더라면 미국 등 주요 선진국 기업들이 남한에 들어와서 투자하고 공장을 건설하기는 어려웠을 것이다. 이에 더해 1956년 체결되어 1957년부터 발효된 '한미우호통상조약(韓美友好通商條約)' 또한 한미상호방위조약과 함께 한국의 경제발전에 크게 기여하였다.

PL480과 옥수수 빵 6개 반의 추억

1960년대 중반 필자가 초등학교 2학년이던 때의 일이다. 어느 날 담임선생이 불러서 갔더니 전교생을 대상으로 한 이야기대회에 나가라는 것이었다. 머뭇거리던 초등 2년생은 담임선생의 옥수수 빵을 몇 개 주겠노라는 말에 두 말 않고 나가겠다고 대답했다. 이야기대회에서 무슨 이야기를 얼마나 잘 했는지는 전혀 기억에 없다. 다만 담임선생으로 받은 옥수수 빵을 무려 6개 반이나 가방에 넣고 의기양양하게 집으로 가던 발걸음이 생각난다. 6개면 6개, 7개면 7개지 왜 하필이면 6개 반일까? 그나마 100명에 가까운 학생에게 각 한 개씩도 못 주고 절반씩 주었기 때문이다. 그 날 학생들에게 주고 남은 빵에다 기특했던지 몇 개 더 얹어 준 것이리라. 당시에는 옥수수 빵이 미국의 원조라는 정도로 알고 있었다. 어쩌다 배급받은 밀가루로 만든 수제비, 옥수수 빵과 옥수수 죽은 지금도 많은 중장노년들의 추억으로 남아있을 것이다. 그래서 그런지 필자는 한국이든 미국이나 유럽이든 빵집에만 가면 가장 먼저 찾는 빵이 옥수수 빵이다.

현재 40대 중반부터 50~60대에 속하는 대한민국 사람으로 'PL480'을 모르는 사람은 없을 것이다. 미국의 농업수출진흥 및 원조법을 지칭하는 Public Law 480을 의미하며 통상 미공법 480 또는 'PL480'으로 줄여서 부른다. 미국은 자국의 농산물 가격을 유지하고 농산물 수출을 진흥하는 한편 저개발국의 식량부족을 완화하기 위하여 1954년에 법제화하였다. 이 법에 따라 미국의 잉여농산물을 각국에 무상원조로 제공하였다. 우리나라는 1955년 미국과 협정을 체결하여 1956년부터 잉여농산물을 무상으로 원조받

PL480으로 보내온 밀가루 포대

미국 구호식량으로 급식하는 초등학생들

기 시작하였으며 1981년에 종료되었다.

도입된 농산물은 밀이 40%, 나머지 60%가 옥수수·원면·보리·쌀 등이었다. 미국산 잉여농산물은 한국 곡물 생산량의 40%를 차지했다. 가격은 국내산과 비교할 없을 정도로 낮았다. 이에 따라 미국의 PL480에 따른 잉여농산물 원조는 남한으로서는 광복 이후 해외동포의 귀환 등 인구증가와 사회적 혼란기와 한국전쟁으로 인한 극심한 식량난을 해소하는 동시에 물가안정에 크게 기여하였다. 그러나 계속된 농산물의 도입으로 국내의 곡물가격을 하락시키고 농업과 공업간의 불균형을 심화시켜 경제발전의 장애요소로 작용했다는 부정적 측면도 간과할 수는 없다. 특히 지속적인 낮은 곡물가격은 농가 소득을 감소시켰을 뿐아니라 농민들의 생산의욕을 감퇴시킴으로써 만성적인 식량 수입국으로 전락하게 되었다. 또한 원조받은 식량이 이승만 정부의 권력유지 기반 역할을 하였다는 점도 지적해야 할 것이다.

이 같은 찬반논란에도 불구하고 PL480은 남한 국민들을 영양실조에서 구했다는 점만은 인정해야 할 것이다. 1950년대 이후 출생자들은 대부분 미국의 PL480 원조로 받은 옥수수와 밀가루, 분유(장기간 배로 운송해 오는 사이에 굳은 분유를 쪄서 먹은 기억이 날 것) 등으로 영양실조를 면하면서 지금의 체격과 체력을 유지하는 유아기와 소년기를 보냈다고 할 수 있다. 만약 미국의 PL480 등에 의한 식량원조가 없었더라면 1960년대 이후 급속한 경제개발도 어려웠을 것이다. 북한에서 기아에 허덕이다 못해 굶어죽는 주는 사람이 속출했던 1990년대 중반 이후 10여년 동안에 태어나고 자란 지금의 청장년들을 생각해보라. 태어나면서부터 영양부족에 시달려 키도 작고 몸무게도 안 나가는 이들이 과연 중후장대한 전통제조업(자동차, 조선, 철강, 기계 등)에서 제대로 일을 할 수 있을 것인가.

3. 비약적인 경제 발전과 외환위기

1961년 경제개발 5개년 계획의 시작과 미국의 안보·경제 우산 : 한강의 기적

4·19 혁명에 이은 5·16 군사정변으로 들어선 박정희 정부는 1962년부터 경제개발 5개년 계획을 시작하였다. 섬유 및 봉제, 가발 등 경공업부문 수출을 엔진으로 하는 경제개발 5개년 계획은 이후 지속되면서 세계 경제 역사상 가장 성공적인 경제개발을 가능케 하였다. 당시 한국은 미국과 일본, 독일 등 주요선진국, 세계은행과 아시아개발은행(ADB) 등으로부터 차관 등을 받아 불모지를 세계적인 제조업 공장을 키워낼 수 있었다. 한국 경제의 실정에 맞는 경제개발 계획의 수립과 집행이라는 점이 가장 크게 작용했을 것이다. 더불어 경제개발 계획의 안정적 추진을 가능케 한 한미상호방위조약과 이어진 미국의 안보공약, 그에 따른 한반도의 군사적·정치적 안정을 빼놓을 수는 없을 것이다.

더욱이 미국은 한국의 경제개발에 원조 및 차관 등 직간접적인 지원을 아끼지 않은 적극적인 조력자였다. 뿐만 아니라 한국이 경제개발의 결과물인 다양한 상품을 내다팔 수 있는 제1의 수출시장으로서의 역할을 담당했다. 광복 이후 한국의 제1의 수출시장은 미국이었으며, 이를 바탕으로 적극적인 수출주도 성장정책을 이어나갈 수 있었다. 한국의 제1의 수출시장으로서의 미국의 위치는 2003년 중국이 제1의 수출시장으로 올라설 때까지 계속되었다. 2018년부터는 베트남이 미국을 제치고 한국의 2위 수출국으로 올라섰다. 하지만 중국과 베트남으로의 수출이 대부분 원자재·중간재·장비 등 미국으로의 최종수출을 위한 우회수출이라는 점에서 여전히 수출시장으로서의 미국은 압도적 위치를 유지하고 있다고 할 수 있다.

미국의 입장에서 보는 한국의 경제적 위상 또한 계속 상승세를 달렸다. 1989년 한국은 대미수출 206억 달러, 수입 159억 달러로 미국의 7대 무역상대국으로 올라섰다. 더욱이 한국은 세계 제12위의 무역국으로서 미국과의 통상마찰을 걱정해야 하는 위치로까지 올라섰다. 2차 세계대전이 끝나고 독립할 때만 해도

제1차 경제개발 5개년 계획 1차 시안

극동아시아의 작은 반도에 있는 국가로 미국의 점령지역 안내책자에도 빠져있던 한국이었다. 하지만 불과 30여년 만에 미국의 7대 무역상대국이 되었다는 것은 놀랄 만한 성공스토리가 아닐 수 없다. 독일의 '라인강의 기적'에 버금가는 한국의 '한강의 기적'으로 불려도 손색이 없다고 할 것이다.

이 과정에서 우리나라가 자립경제를 넘어 수출경제로 들어서면서 대미의존도가 상대적으로 줄어들기 시작한 것도 사실이다. 그러나 여전히 한미간 유대강화는 경제발전을 이어가기 위한 기본틀이라는 점에서 대미외교는 원조를 넘어 군사적·경제적 상호협력단계로 접어들었다고 할 수 있다.

제1차 경제개발 5개년 계획 최종 평가 보고

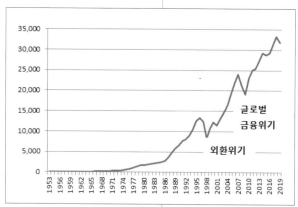

〈그림 2〉 한국의 1인당 GDP 추이(1953~2019)(단위 : 달러) 자료 : 한국은행

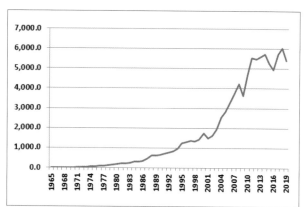

〈그림 3〉 한국의 수출 추이(1965~2019)(단위 : 억 달러) 자료 : 한국은행

1964년 베트남 파병과 미국과의 혈맹 관계 구축

우리나라는 미국 등 자유우방의 적극적인 지원에 힘입어 한국전쟁을 승리로 이끌 수 있었다. 그 후 1960년대 들어서도 미국 지상군에 우리나라 안보의 한 축을 맡기고 있는 상황이 계속되었다. 5·16 군사정변 직후 혁명정부의 최고회의 의장 박정희 장군은 1961년 11월 케네디 미국 대통령의 초청으로 미국을 방문했다. 이를 통해 장기경제개발계획에 대한 미국의 경제원조 및 협력 계속, 무력공격 재개시 군사력 사용을 포함한 가능한 모든 원조의 즉각 제공 등을 내용으로 하는 공동성명을 성공적으로 이끌어냈다. 박정희 정부는 베트남 사태를 미국의 파병 요청 이전부터 예의주시하고 있었다. 이런 가운데 존슨 미국 대통령의 베트남 파병 요청과 남베트남 정부에서도 파병을 요청해 오자 국회 동의를 거쳐 파병을 결정하였다. "한국전쟁시 참전한 우방국에 보답한다."는 명분과 "베트남 전선은 한국 전선과 직결되어 있다."는 국가 안보 차원의 결정임을 내세웠다.

베트남 파병은 한국이 처음으로 미국과 어깨를 나란히 하는 일종의 연합국의 일원으로 혈맹관계를 구축한 케이스라고 할 수 있다. 일부에서는 베트남 파병을 용병으로 격하시키기도 하지만 베트남에서 한국군은 독자적인 지휘권 하에서 작전에 임하였기 때문이다.

이후 한국 정부는 베트남 파병 증원 등을 조건으로 한국군 현대화 등 한국의 안보와 경제개발 5개년계획에 대한 계속적 지원 등을 보장받을 수 있었다. 대한(大韓) 국제차관단의 구성과 한미간 무역증대를 위한 연례 상무장관회의 등에 합의한 것도 베트남 파병과정에서 얻어낸 성과이다. 닉슨 미국 대통령이 취임한 이후에도 이 같은 공조가 이어지면서 아시아·태평양지역 문제에 대한 상호협조, 한국방위공약 준수, 향토예비군에 대한 지원 계속과 베트남 문제에 대한 긴밀한 협조, 한국의 경제자립 노력에 대한 지원 계속, 한국의 과학·기술발전을 한 기술협력지원의 계속, 한국에 대한 민간투자·합작투자의 강화 등을 이끌어냈다.

1964년 제1차 베트남 파병 때 파월 장병

　1964년 9월부터 1973년 3월까지 계속된 베트남 파병은 한국의 국제적 위상 제고는 물론 국내적 경제발전에도 지렛대 역할을 하였다고 해도 과언이 아닐 것이다. 자유우방에 대한 신의와 보답에 더해 미국의 한반도 안보 보장이라는 우산 하에서 자체적인 경제개발계획을 안정적으로 수행할 수 있는 환경을 만든 역사적 사건이자 한국으로서는 절호의 기회였고 이를 잘 활용했다고 할 수 있다.

1970~90년대의 한미 경제관계 : 군사동맹관계에서 포괄적 동반자 관계로

　1960년대 초 경제개발 5개년 계획이 시작된 이후 한국 경제는 순풍에 돛을 달았다고 할 정도로 순항했다. 1969년 닉슨 미국 대통령은 '닉슨 독트린(Nixon Doctrine)'에서 미국은 아시아에서 베트남전쟁과 같은 군사적 개입을 피하겠다고 선언했다. 이에 따라 한국의 독자적인 군사적·경제적 역할이 강조되었지만 미국의 한국에 대한 우호정책에는 큰 변화가 없었다. 한국 경제는 1970년대 2차에 걸친 오일쇼크와 1972년 10월 유신, 1979년 박정희 대통령 피격과 그에 이은 12·12 군사반란, 1987년 6월 항쟁 등에도 불구하고 국내외적 위기가 발생하면 잠시 위축되는 듯 했지만 곧바로 정상궤도로 돌아왔다. 1970년대에 이어 1980년대에도 연평균 10%에 가까운 고도성장을 이어간 것이다.

이 과정에서 새로 들어선 한국의 대통령들은 미국과의 우호적 관계 유지를 최우선적 외교 및 경제현안으로 다루었다. 미국 또한 새로 들어선 한국 정부에 대해 가급적 다른 목소리를 내지 않으면서 그간의 우호적 관계를 유지하려고 노력했다. 다만 닉슨 독트린 이후 한국 내 미군 감축이 시작되었고 주한미군 철수를 선거 공약을 내건 카터 행정부에 와서는 주한미군 철수가 단행되었지만 완전 철수는 아니었다. 닉슨 대통령, 포드 대통령에 이어 카터 대통령도 주한미군 철수에 대한 보완으로 한국의 방위산업 육성과 자주국방을 위한 국군 현대화에 차질이 없도록 적극 지원했다. 한국도 이에 대응하여 한국군의 현대화 및 자주국방을 정책목표로 설정하였다. 미국의 안보 우산이 작아지는 만큼 독자적인 자주국방으로 안보를 강화해 간 것이었다. 또한 이 같은 한미간 군사적 관계의 변화가 이미 속도가 붙은 경제개발에 큰 영향을 미치지는 않았다.

1980년대 들어 전두환·노태우 정부는 친미(親美) 일변도의 정책을 추진하면서 베트남 파병 이후 계속된 혈맹관계가 이어지는 전통적 우방관계를 유지했다. 그러나 1979년 12·12 군사 반란과 1980년 5·18 광주 민주화 운동에서 신군부의 군대 이동 및 투입을 미국이 알고서도 묵인한 데 대한 반감이 형성되면서 학생들의 반미(反美) 운동이 거세졌다. 1982년 3월의 부산 미국문화원 방화 사건, 서울 미국문화원 점거 농성 사건 등의 반미운동은 한미 정부간 통상마찰의 심화 및 국민적 갈등으로까지 확대되었다. 1980년대는 1945년 광복 이후 한미관계가 가장 악화된 시기였다고 할 수 있다. 그렇다고 해서 우호적 관계의 기본 틀에 문제가 발생한 것은 아니었다. 한미간 통상마찰은 미국의 대한(對韓) 무역적자 지속이 가장 큰 원인이었지만 그만큼 한국의 위상이 이전과 달리 미국 의존 일변도를 벗어나는 계기로 작용했다. 한국이 여전히 군사적으로는 미국의 우산 아래에 있는 상황이지만 적어도 경제적으로는 목소리를 낼 수 있는 위치로까지 올라선 것이었다.

1990년대 들어서는 미국의 대북 협상이 한미간 우호적 관계가 일시적으로 틀어지는 계기가 되었다. 클린턴 미국 대통령의 대북 포용정책과 김영삼 대통령의 '핵을 가진 집단과는 대화할 수 없다'는 대북 강경론이 충돌했기 때문이었다. 1994년 10월 한국을 배제한 북·미 간에 이뤄진 제네바 합의, 1996년 10월 북한 잠수함 강릉 침투 사건과 미국 해군정보국 김채곤(로버트 김) 컴퓨터분석관의 군사기밀 유출 사건 처리 등에서도 양국 정부간 갈등이 커졌다. 일부에서는 김영삼 정부가 임기 말에 발생한 1997년 외환위기 때 미국의 신속한 도움을 받지 못한 것도 이 같은 양국간 갈등 때문이라는 분석을 내놓기도 하였다. 실제로 로버트 루빈 미국 재무장관은 외환위기 당시 미국의 한국에 대한 지원에 대해 부정적이었던 것으로 알려지고 있기도 하다.

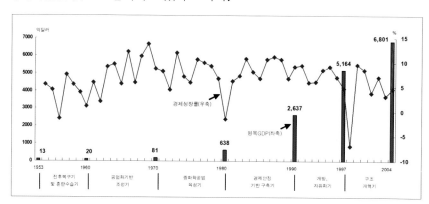

〈그림 4〉 우리나라의 명목 GDP 규모 및 경제 성장률 추이(1953~2004)(단위 : 억 달러, %)
자료 : 한국은행, "숫자로 보는 광복 60년", 2005.8.13.

에피소드 #2

미국과 가까운 나라와 먼 나라의 운명과 미래

"1959년 쿠바혁명 이후 변한 게 거의 없었습니다. 건물도 도로도 그 위를 달리는 차량도 그 때 그 모습 그대로랍니다."

필자와 친한 분이 쿠바를 다녀왔다길래 어떻더냐고 여줬더니 여행가이드가 해 준 말이라면서 돌아온 대답이다. 피델 카스트로는 1959년 2월 정권을 잡으면서 대대적인 경제개혁에 나섰다. 전기요금과 임대료를 낮춘 데 이어 토지개혁법으로 거의 보상 없이 사유토지와 재산을 몰수하였다. 쿠바의 중산층 이상 상류층이 소유하던 토지와 농장, 기업들을 국유화하는 등 공산주의의 실험장이 되었다. 이에 따라 쿠바의 상당수 중산층들이 미국으로 탈출하였다. 미국 소유의 석유, 전화, 전기 회사와 설탕 공장의 국유화(250억 달러)하자 미국은 미국 내 쿠바인의 자산을 동결하면서 쿠바에 대한 통상 제한을 강화하는 경제제재에 나섰다. 이후 미국의 오바마 정부 때 일부 경제제재가 완화되었으나 미국의 쿠바에 대한 경제제재는 현재까지 60년 이상 지속되고 있다.

세계 최대의 석유매장량을 자랑하는 베네수엘라. 이미 언론에 많이 보도되었지만 베네수엘라의 경제를 요약하면 다음과 같다. 2019년 현재 1인당 국내총생산(GDP)는 2,550달러, GDP성장률은 −35%, 소비자물가상승률은 19,906%, 실업률은 35.5%(2018년)에 달한다. 인구는 2,852만 명으로 고점이었던 2015년 3,008만 명과 비교하면 150만 명 이상이 감소했다. 못 먹고 살아서 탈출한 인구가 공식 통계 상 150만 명 정도이고 실제로는 400만 명 이상이 가난으로 인해 베네수엘라를 등졌다는 보도가 나오고 있다. 전 국민의 몸무게가 평균 10kg씩이나 빠지고 화폐는 가치가 떨어질 대로 떨어져서 종이공예품을 만들어 파는 게 더 돈벌이가 될 정도라고 한다.

1999~2013년까지 14년간 집권한 우고 차베스 대통령의 포퓰리즘(대중적 인기영합주의)과 반시장적 정책과 그 뒤를 이어받은 니콜라스 마두로 대통령이 만들어낸 결과라고 한다. 무상교육, 무상의료, 토지공개념, 노동시간 단축과 같은 복지정책의 확대와 석유 등 주요핵심사업의 국유화, 노조의 경영 참여와 같은 사회주의적 정책이 계속되면서 경제가 나락으로 떨어진 경우이다. 여기다 미국의 경제제재 또한 베네수엘라 경제에 적잖은 타격을 가했다고 볼 수 있다. 차베스의 국유화 때부터 관계가 멀어진 미국은 2008년 마약 거래와 관련해 베네수엘라를 경제제재 대상국으로 이름을 올렸다. 이후 2014년 반정

쿠바의 상징 올드카와 거리 풍경

부 집회, 2017년 의회 선거 부정, 2018년 대통령 선거 부정 등을 근거로 경제 제재를 계속 강화하여 지금에 이르고 있다.

쿠바와 베네수엘라의 1인당 국내총생산(GD) 추이를 우리나라와 비교하면 미국의 경제제재가 얼마나 혹독한가를 알 수 있다. 1980년만 해도 쿠바와 베네수엘라와 1인당 GDP는 각각 2,150달러, 4,670달러로 우리나라의 1,704달러보다 훨씬 더 높은 수준이었다. 그러나 2019년으로 오면 쿠바와 베네수엘라의 1인당 GDP는 각각 7,150달러, 2,550달러에 그치면서 오히려 한국의 1/4, 1/10도 안 되는 수준으로 전락했다. 쿠바와 베네수엘라 외에도 북한, 이란, 이라크, 러시아, 수단, 시리아 등 30여개국 또는 지역이 미국의 경제제재를 받았거나 받는 중이며, 이로 인해 경제성장에 큰 어려움을 겪고 있다는 것은 다 아는 사실이다. 미국은 최근 국가보안법을 제정한 홍콩을 제제대상에 올렸다.

반면 미국과 가깝게 지내면서 좋은 관계를 유지한 나라들은 대부분 잘 나가고 있다. 영국, 캐나다, 멕시코, 호주, 일본 등이다. 한국 또한 미국과 좋은 관계를 유지해온 나라로 이름을 올릴 수 있다. 이영훈 서울대 교수는 다음과 같이 말한다. "2차 세계대전 후의 세계 경제는 미국이 중심이 된 체제이다. 후진국이 이 체제를 떠나 자립적 민족경제를 건설하고자 했던 노선은 어느 나라에서도 실패했다. 원조를 통해 한국은 미국 체제에 포섭됐다. 1960년대에는 미국에 공산품을 수출하는 나라로 발돋움했다. 원조가 일으킨 공업 덕분이었다." 다른 의견도 있을 수 있다. 하지만 적어도 지금까지 나타난 결과로만 본다면 미국과의 관계를 어떻게 정립하느냐에 따라 한 나라의 운명과 미래가 달렸다고 해도 과언은 아닐 것이다.

〈표 3〉 베네수엘라·쿠바·한국의 1인당 국내총생산(GDP) 추이(단위: 달러, 배)

	1980년	2019년	2019/1980
베네수엘라	4,670	2,550	0.5
쿠 바	2,150	7,150	3.3
한 국	1,704	31,430	18.4

자료 : IMF(2020.4), 쿠바는 2015년 세계은행 통계

1997년 IMF 외환위기와 미국의 소방관 역할 : 외환보유액 39억 달러

최근 우리나라의 외환보유액은 4,000억 달러를 넘고 있다. 외환보유액은 '긴급한 경우에 사용할 수 있는 국가차원의 비상금 또는 비상식량'이다. 예를 들어 계속된 경상수지 적자로 달러가 부족하게 되어 필요한 원자재를 수입할 없는 경우 중앙은행이나 정부가 보유하고 있는 외환보유액을 헐어 대신 결제할 수 있다. 뿐만 아니라 환율이 비정상적으로 치솟을 경우 외환시장 안정을 위해 언제든지 사용할 수 있는 달러표시 대외지급준비자산이다. 이 같은 국가차원의 비상금이 턱없이 부족하면 언제라도 달러 부족으로 인한 외환위기를 겪을 수 있다. 그런데 외환위기를 겪고 있던 1997년 12월 18일 우리나라의 외환보유액은 39.4억 달러에 불과했다. 23년 전이라지만 어떻게 이런 일이 발생할 수 있었을까?

1980년대 중반부터 단군 이래 최대의 호황이라고 불릴 정도의 '86·88 올림픽 경기'가 이어지면서 대규모 경상수지 흑자를 보였다. 광복 이후 1985년까지 거의 매년 적자를 보였던 경상수지가 세계적 호황에다 철강·자동차·기계·화학 등 우리나라 제조업의 성장과 맞물리면서 얻은 성과였다. 하지만 1990년부터

IMF 구제금융 공식 요청 보도

경상수지가 적자로 돌아서더니 1993년(17억 달러 흑자)을 제외하고는 계속 적자를 이어갔다. 특히 1994년부터는 경상수지 적자 규모가 커지기 시작하더니 1996년에는 245억 달러를 기록, 국내총생산(GDP)의 4%를 넘어섰다. 국제통화기금(IMF)이 적정선으로 보는 3%를 뛰어넘은 것이었다.

이처럼 급증하는 경상수지를 메우기 위해 외채를 도입하면서 우리나라의 총외채는 1993년 말 439억 달러에서 1996년 말에는 1,643억 달러로 3년 사이에 1,200억 달러 이상이나 늘어났다. 더욱이 국내 단자회사와 리스회사들이 만기 1년 미만의 외채를 들여와서 태국과 말레이시아 등 국가신용등급이 낮은 국가에 만기 1년이 넘는 장기로 빌려주는 돈놀이를 하는 과정에서 단기외채가 대거 늘어났다. 이에 따라 단기외채 비중이 1993년 말 43.7%이던 것이 1996년 말에는 56.6%로 치솟았다(이후 1997년 말 외환위기를 겪는 와중에 외채 작성기준의 변경으로 현재의 총외채 통계와는 차이가 발생하나 위기 당시 국내외 투자자들이 알고 있던 통계이므로 그대로 쓰기로 하였음). 그만큼 당장 갚아야 할 외채가 급증한 것이다.

반면 1996년 말 우리나라의 외환보유액은 294억 달러에 불과했고 그나마 당장에 쓸 수 있는 가용외환보유액(Usable Foreign Reserve·이 또한 외환위기의 와중에 IMF가 당시 우리 정부와 한국은행이 외환보유액이라고 잡고 있던 통계 중 당장에 현금화할 수 없는 부분을 제외한 나머지)은 100억 달러 남짓에 불과했다.

　　물론 태국, 말레이시아, 필리핀, 인도네시아 등 동남아시아의 연쇄적 외환위기의 전염효과(contagion effect)라고 할 수도 있다. 하지만 근본적으로는 우리 경제의 허약함과 우리 정부의 외환관리 미숙과 실패가 직접적인 원인이다. 김영삼 대통령의 임기 중 1인당 소득 1만 달러 달성이라는 목표 달성을 위해 환율을 낮게 유지할 필요에 따른 인위적(?) 저환율(원화가치의 과대평가) 유지와 전 세계적 공급과잉에 따른 수출 부진에 따른 경상수지 적자 확대, 외채 및 단기외채 비중의 급등 등은 당시 정부의 미숙한 거시경제 관리의 결과라고 할 수밖에 없을 것이다. 여기다 관치금융 하에서 금융회사들의 안일한 위험관리와 감독 소홀, 기업들의 과다차입과 과잉투자, 정부·금융·기업 등 사회전체적으로 만연된 도덕적 해이 등도 원인으로 들 수 있을 것이다.

　　그 결과 1997년 8월 태국의 외환위기를 시작으로 우리나라 환율이 급등하는

구제금융에 합의하는 임창렬 경제부총리와 캉드쉬 IMF 총재 〈사진=연합뉴스〉

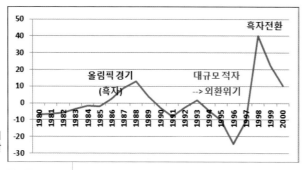

<그림 5>
외환위기 전후 경상수지 추이
(1980~2000)(단위 : 10억 달
러) 자료 : 한국은행

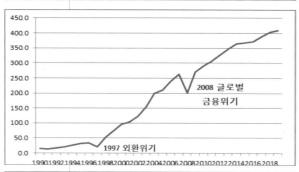

<그림 6>
우리나라 외환보유액 추이
(1990~2019)(단위 : 10억 달
러) 자료 : 한국은행

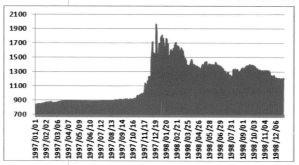

<그림 7>
1997 외환위기시 대미달러 환
율 추이(1997.1~1998.12)(단
위 : 원/달러) 자료 : 한국은행

흐름을 이어가면서 외환위기로 들어서기 시작했다. 우리 정부가 국제통화기금(IMF)에 요청한 구제금융을 받아 위기를 극복했다고 해서 'IMF 위기', 'IMF외환위기', 'IMF사태', 'IMF 환란' 등으로 부르고 있지만 정확하게는 '1997년 외환위기'로 불러야 할 것이다. 1997년 초만 해도 달러당 840원대를 유지하던 환율이 8월 들어 900원을 넘어서더니 11월 11일에는 1,000원도 돌파했다. 이후 불과 한 달 여만인 12월 23일에는 지금까지도 사상최고치인 달러당 1,962원을 기록했다. 외국계 금융회사들과 외국인투자자들이 우리나라에서 달러를 계속 빼나갔기 때문이었다.

우리 정부는 결국 IMF에 구제금융을 요청하고 12월 3일 총 350억 달러(IMF 210억 달러, 세계은행 100억 달러, ADB 40억 달러) 규모의 구제금융을 받기로 합의했다. 그러나 그 이후에도 계속 달러가 빠져나가면서 12월 23일에는 급기야 외환보유액이 39.4억 달러로 줄어든 것이다. 하루에 10억 달러 안팎의 외환보유액이 줄어들고 있어서 이제 2~3일이면 국가부도를 선언할 수밖에 없는 상황이었다. 환율은 달러당 2,000원을 넘어설 기세인데다 외환보유액은 말 그대로 '0(제로)'에 근접한 상황이었다. 당시 한국은행 워싱턴사무소에서 근무하고 있던 필자는 아무 것도 할 수 있는 일이 없는 가운데 "아, 이렇게 대한민국이 망하는구나~"라는 자괴감이 들 수밖에 없었다. 이 때 구원투수이자 소방관으로 나선 것이 바로 미국이었다.

1997년 12월 24일 크리스마스 이브에 FRB로부터 받은 전화

1997년 12월 24일은 필자가 한국은행 워싱턴사무소에 맞은 그야말로 우울한 크리스마스 이브 날이었다. 나라는 망하게 생겼고 할 수 있는 일은 없고 그렇다고 집에 갈 수도 없는 상황이었다. 미국과 한국과의 14시간의 시차로 인해 말 그대로 밤낮없이 전화를 붙잡고 있는 날의 연속이었다. 낮에는 미국의 중앙은행인 연방준비제도이사회(FRB), IMF, 세계은행 등은 물론 미국 은행들, 투자자들로부터 오는 전화를 붙들고 있었고, 밤이 되면 한국은행 외환담당 직원들과 전화와 통계를 주고받아야 했기 때문이었다. 당시 IMF와 세계은행에는 재정경제원(현재의 기획재정부)에서 파견 나와 있는 공무원이 있어서 연락장교(liaison officer) 역할을 했고, FRB는 같은 중앙은행으로서 필자가 연락장교 역할을 하고 있었다. 6시가 지나 퇴근하기 전에 FRB의 한국담당 이코노미스트에게 크리스마스 인사라도 할까 했지만 '남의 나라 때문에 연말 휴가도 못 가고 있는데 무슨 메리 크리스마스~'하면서 있었다. 그런데 마침 그 이코노미스트의 전화가 왔다. 대뜸 이브인데도 집에 못 가고 있을 줄 알았다면서 좋은 뉴스가 있을 것 같으니까 퇴근하지 말고 기다리라는 전언이었다.

도대체 무슨 좋은 뉴스일까? 2시간여의 오랜 기다림 끝에 받은 전화는 부도 직전까지 간 한 나라의 운명을 돌려놓는 정말 좋은 뉴스였다. 선진 13개국이 한국의 외환부족을 해결하기 위해 지원키로 한 총 234억 달러 중 80억 달러를 1998년 1월 초까지 조기에 지원키로 한다는 것이었다. 13개국에는 선진 7개국(G7) 이외에 호주, 뉴질랜드, 벨기에, 네덜란드, 스웨덴, 스위스 등 6개국이 추가로 참가했다. 마치 1950년 한국전쟁 당시 다국적군이 유엔군으로 참가한 것과 같은 모양새였다. 같은 날 IMF이사회에서도 20억 달러를 조기에 지원키로 의결했다. 당시에는 제2선의 긴급지원이라는 뜻에서 'the second line defence'라는 표현을 썼다. 이처럼 좋은 뉴스를 처음으로 한국으로 전한 것이 필자였다는 점에서 지금도 뿌듯한 마음을 가지고 있다. 이 뉴스가 전 세계로 타전되면서 환율이 하락세로 돌아서기 시작했고, 주요 글로벌은행들이 만기 연장에서 나서면서 외환보유액에서 빠져나가던 달러도 멈추기 시작했다. 여기다 IMF 등의 구제금융이 들어오면서 외환보유액도 증가세로 돌아서는 등 위기의 탈출구가 보이기 시작했다.

여기서 FRB로부터 받은 뉴스를 강조하는 이유는 선진국들의 234억 달러 지원은 물론 80억 달러의 조기 지원을 이끌어낸 나라가 미국이기 때문이다. 당시 로버트 루빈 미국 재무장관과 앨런 그린스펀 FRB의장이 주요국과 직접 접촉해서 지원을 이끌어낸 것이었다. 미국의 경제대통령이자 세계의 중앙은행 총재라는 말을 듣던 FRB의 그린스펀 의상이 낭시 한국에 대한 지원에 미온적이던 루빈 장관을 설득하고 이어서 주요국 중앙은행 총재들로부터 직접적인 지원을 이끌어냈다. 미국은 2년 전인 1995년 멕시코 금융위기 시 멕시코 석유판매수입의 미국 내 예치를 담보로 200억 달러를 지원했다. 하지만 한국은 담보할 게 아무 것도 없는 상황에서 한국 차기정권의 구두 약속 하나만으로 멕시코보다 훨씬 더 많은 지원을 결정한 것이었다.

이 같은 12월 24일의 좋은 뉴스를 이끌어낼 수 있었던 배경에는 12월 19일 백악관 상황실에서 가졌던 회의가 있었다. 매들라인 올브라이트(Madeleine Albright) 국무장관, 윌리엄 코언(William Cohen) 국방장관, 로버트 루빈(Robert Rubin) 재무장관, 샌디 버거(Sandy Berger) 백악관 안보담당 비서 등이 참석한 '한국 관련 긴급 안보회의'에서 한국에 대한 지원에 난색을 표명한 루빈 장관(한국이 채무를 연기하는 모라토리엄을 선언한 후 채무협상을 하는 안을 가지고 있었던 것으로 알려짐)을 설득시키고 조기지원이라는 결정을 이끌어냈다. 미국 국무부와 국방부, 국가안보위원회(NSC)에서 한국의 경제불안을 방치할 경우 정치·사회 불안으로 이어져 자칫 북한의 도발을 부를 가능성이 있다는 우려가 미국 재무부에게 먹혀들었던 것이다.

뉴욕타임스는 백악관 회의에서 한국을 지원키로 한 배경을 "한국은 3만 7,000명의 미군이 지구상에서 가장 국수주의적인 정권과 대치하고 있는 곳이다. 일부 국방부 전략가들은 북한의 강경파 장군들이 한국의 경제 위기를 이용하려고 한다고 경고했다. 게다가 더 위급한 우려는 한국의 경제불안이 한국의 취약한 민주주의를 위협할 것이며 만약 미국이 도와주지 않는다면 한국이 미국과의 안보동맹을 의심할 것이라는 점이었다."고 분석했다. 가쓰라–태프트 밀약과 애치슨 라인 때와는 달리 미국의 국익에 한국이 자리잡고 있음이 불행 중 다행이었다.

4. 한미 경제 관계의 현재와 미래

2008년 글로벌 금융위기와 한미 통화스와프(Currency Swap)

리먼 브라더스(Lehman Brothers)는 골드만삭스, 모건스탠리, 메릴린치에 이은 세계 4위의 투자은행. 이 은행이 2008년 9월 15일 뉴욕법원에 파산보호를 신청하는 사건이 발생했다. 서브프라임모기지 부실과 파생상품에서의 손실 등으로 6,130억 달러(660조원)의 부채를 감당할 수 없었기 때문이었다. 당시로서는 사상 최대규모의 파산으로 미국은 물론 글로벌 금융시장에도 엄청난 충격을 몰고 왔다. '2008년 글로벌 금융위기' 또는 '대불황(Great Recession· 1930년대 대공황(Great Depression)과 버금가는 경기침체였다고 해서 후에 붙인 이름)'의 신호탄이었다. 이날 하루 동안에만 미국과 유럽은 물론 아시아 증시까지 2~4% 일제히 폭락하는 등 글로벌 금융시장이 요동치기 시작했다.

미국의 중앙은행인 연방준비제도이사회(FRB)는 이미 2%로 낮은 수준이었던 기준금리를 3번에 걸쳐 인하, 0~0.25%라는 기존에 없던 밴드를 만들면서 제로금리까지 인하했다. 2007년 중반까지만 해도 5.25%였던 기준금리를 서브프라임모기지의 심상찮은 움직임이 보이자 낮춰오다가 급기야 제로수준까지 낮춘 것이었다. 여기다 경제교과서에도 없는 비전통적 수단인 양적완화(Quantitative Easing· 중앙은행이 국공채, 회사채 등을 시장에서 직접 매입해서 돈을 푸는 비상조치)를 통해 달러를 풀기 시작했다. 이로 인해 일본 엔화, 유로화, 중국 위안화 등에 대한 달러 가치가 하락하는 등 세계적인 달러 약세 현상이 나타났다.

이 과정에서 태풍급 유탄을 맞은 것이 한국의 금융시장과 외환시장이었다. 원화 환율이 폭등하는 동시에 외환(달러)이 급속하게 빠져나가면서 1997년 말과 비슷한 외환위기의 조짐이 보였다. 당시 외국인투자자들이 우리나라 주식을 투매하기 시작했기 때문이었다. 서브프라임모기지 및 파생상품에서 손실이 급증한 미국계 금융회사들이 달러 유동성 부족을 해소하기 위해 우리 주식시장에서 주식을 매도할 수밖에 없는 상황이었다. 이에 따라 세계적인 달러 약세 속에서도 우리나라 원화는 급속한 약세(환율 급등), 주식시장은 급락, 외환보유액은 급감하는 이른바 '트리플 다운(Triple-down)'의 위기로 빠져드는 흐름을 보였다.

당시 환율을 보면 2007년만 하더라도 달러당 920~940원대에서 움직이다가 2008년 3월 들면서부터 급등하기 시작했다. 3월 17일 1,000원을 넘어선데 이어 9월에는 1,200원, 10월 초에는 1,300원을 넘어서더니 11월 24일에는 1,513원을 기록했다. 외환위기 이후 최고수준이었다. 이후 12월 들어 1,200~1,300원대로 진정되는 듯 보였지만 2009년 3월 들어서는 다시 1,500원을 넘어 1,552.4원으로 직전 최고치를 경신했다.

이 와중에 외환보유액은 심각한 급감 흐름을 보였다. 외환위기가 한창이던 1997년 12월 18일 39.4억 달러까지 감소했던 우리나라의 외환보유액은 2001년 9월 1,000억 달러, 2005년 2월 2,000억 달러, 2007년 말에는 2,600억 달러를 넘고 있었다. 외환위기를 겪은 이후 한국은행과 정부의 외환보유액 확충 노력에다 경상수지 흑자 및 외국인 투자자금 유입이 지속되었기 때문이다. 그러나 글로벌 금융위기가 가속화되면서 외환보유액이 급격한 감소세로 돌아서기 시작했다. 2008년 3월까지만 해도 2,642억 달러에 달하던 외환보유액이 11월에

리먼브러더스 파산 직후
뉴욕본사에 등장한 피켓

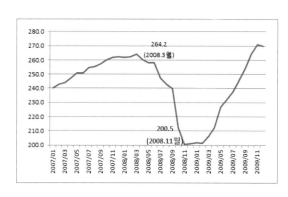

〈그림 8〉
2008 글로벌 금융위기시 월별 외환보유액
추이(2007.1~2009.12)(단위 : 10억 달러)
자료 : 한국은행

는 2,005억 달러로 8개월 만에 600억 달러 이상이나 줄어들었다. 환율은 뛰고 외환보유액은 급감하는 전형적인 외환위기의 조짐이 나타난 것이었다.

당시 한국은행은 2008년 10월부터 2009년 2월까지 불과 4개월 사이에 6번에 걸쳐 기준금리를 5.25%에서 2.0%까지 인하하였다. 정부는 2008년 6월, 9월, 11월의 3차례에 걸쳐 총 33조 원 규모의 경기부양책을 시행하였다. 우리나라를 제2차 외환위기의 위기에서 구해낸 것은 1997년 외환위기를 겪으면서 얻은 경험과 능력을 바탕으로 한 신속하면서도 적절한 정부와 한국은행의 대응에 더해 미국과의 통화스와프 체결이었다고 할 수 있다. 한국은행이 2008년 10월 미국 연방준비제도이사회(FRB)와 300억 달러 규모의 통화스와프를 체결한 것이다. 통화스와프(Currency Swap)는 말 그대로 통화(currency)를 서로 교환(swap)한다는 뜻으로, 서로 다른 통화를 미리 약정된 환율에 따라 일정한 시점에 상호 교환하는 외환거래이다. 예를 들어 한국과 미국 간에 통화스와프 계약이 체결돼 있으면 한·미 양국은 필요할 때 자국 통화를 상대방 중앙은행에 맡기고 그에 상응하는 외화를 빌려다 쓸 수 있다. 특히 기축통화국인 미국과의 통화스와프 협정은 일종의 달러표시 마이너스 통장을 개설하는 것과 같아서 계약된 액수만큼 언제든 빼다 쓸 수 있는 것이다.

FRB는 한국 등 14개 우방국과 통화스와프 협정을 맺어 달러 안전판을 제공함으로써 글로벌 금융위기 극복을 위한 글로벌 공조를 이끌어냈다. 14개국은 이미 미국과 통화스와프 계약을 체결하고 있던 호주, 캐나다, 덴마크, 영국, 유럽(ECB), 일본, 뉴질랜드, 노르웨이, 스웨덴, 스위스 등 10개국에 한국, 브라질, 멕시코, 싱가포르를 추가한 조치였다. 기축통화국인 미국의 중앙은행이 주도하는 글로벌 공조에 한국이 포함되었다는 사실만으로도 외국인 투자자들을 안심시키기에 충분했다. 당시 한국은행의 보도자료는 "이번 미국과의 통화스와프 계약은 기체결된 FRB와 10개국 중앙은행간 통화스와프 계약과 마찬가지로 세계 금융시장의 유동성 사정을 개선하고 달러화 자금 조달의 어려움이 기본적으로 경제가 건실한 국가(fundamentally sound and well managed economies)로 확산되는 것을 완화하기 위한 것"이라고 밝히고 있다. 이후 환율이 안정되고 외환보유액이 증가세로 돌아서면서 위기를 벗어날 수 있었다. 여기다 같은 해 12월 일본 및 중국과의 통화스와프 규모를 기존의 각각 130억 달러, 40억 달러 규모에서 각각 300억 달러로 확대한 것 역시 외환시장 안정에 크게 기여하였다. 여기서 미국과의 통화스와프 체결은 이어진 일본과 중국과의 통화스와프 확대의 기폭제 역할을 했다고 봐야 할 것이다.

에피소드 #4

2009년 원조 받던 나라에서 원조 하는 나라로

2009년 11월 25일은 우리나라 역사상 기념비적인 날이다. 우리나라가 경제협력개발기구(OECD) 개발원조위원회(DAC·Development Assistance Committee)에 가입함으로써 1945년 광복 이후 1990년대 후반까지 원조를 받던 우리나라가 개발도상국을 지원하는 '원조 선진국'으로 탈바꿈한 날이다. 우리나라는 DAC 가입국 중 국제 원조를 받다가 주는 나라로 성공적인 변신을 한 유일한 사례이다. 우리나라가 1945년 광복 이후 1990년대 후반까지 국제사회로부터 받은 원조 액수는 총 127억 달러. 현재 가치로 환산하면 약 600억 달러, 70조원이 넘는 금액이다. 한국은 1995년 세계은행의 원조 대상국 명단에서 제외되면서 수원국(受援國)의 지위를 졸업했다.

정부의 정책브리핑 자료(2009.11.23일자)에 따르면 40년 전인 1969년 우리나라는 800억 원에 가까운 지원을 국제사회로부터 받았다. 당시 정부 예산 규모가 3,000억 원에 불과하던 시절이었으므로 국제사회의 공적개발원조(ODA·Official Development Assistance)로 '연명'했다고 할 수 있다. 국제사회로부터 원조 받은 돈은 각종 정부 사업에 투입되면서 경제개발의 종자돈 구실을 했다. 정부 예산의 1/4에 해당하는 규모를 원조받았다는 것은 2021년 정부 예산이 556조 원인데 150조 원을 원조받는다는 것이니까 당시 원조의존도가 어느 정도인가를 알 수 있다. 40년이 지난 2009년 우리나라는 한 해 12.2억 달러(1조 4,600억 원)을 동남아시아, 아프리카, 남미 등의 개발도상국에 지원하는 '원조 공여국'으로 자리하게 된 것이다.

KOICA ODA 홈페이지 캡처

DAC는 주요 선진국 22개국이 가입, 전 세계 대외원조의 90%를 담당하면서 국제사회 원조의 규범을 세우는 국제포럼이다. 한국이 DAC의 일원이 된다는 것은 국제사회로부터 진정한 '원조 선진국'으로 인정받게 된다는 의미이다. 신각수 외교통상부 2차관은 "제2차 세계대전 후 원조를 받은 대부분의 국가는 부패한 정치 환경 등으로 밑 빠진 독에 물 붓기 꼴이 됐지만 한국만 그 수렁을 빠져 나왔다"면서 "국제무대에서도 원조 역사를 다시 썼다는 평가를 받는다."고 말했다. 원조 받던 나라에서 원조하는 나라로 올라섰다는 점, 제2차 세계대전 전만해도 식민지였던 나라가 원조하는 나라로 돌아섰다는 점이 미국과 무슨 상관이 있을까? 이영훈 서울대 교수는 "1951년 한국의 1인당 소득은 1990년 가격 기준으로 787달러에 불과했다. 아프리카 대륙 53개국의 평균 912달러에도 못 미쳤다. 이런 경제를 재건하고 1960년대의 고도 성장으로 이끈 것이 미국과 유엔의 원조였다. 1945년부터 1961년까지 총 31억달러의 경제 원조(1945~1991년 총 128억달러, 이중 무상원조가 70억 달러로 54.8%)가 이뤄졌다. 한국은 세계 어느 나라보다 많은 원조를 받았다. 미국의 어느 학자는 '한국 한 나라가 아프리카 대륙 전체보다 더 많은 원조를 받았다'고 했다."고 말했다.

제2차 세계대전 종전과 함께 미국이 점령한 30여개 국가 또는 지역 중 일본과 독일, 오스트리아 등 패전국을 제외하면 대부분 식민지들이었다. 이들 원조를 받던 식민지 중 원조하는 나라로 올라선 나라는 한국이 유일하다. 원조를 주도한 국가로서 한국을 쳐다보는 미국이 자부심과 긍지를 가질 수 있지 않을까? 원조를 바탕으로 성공적 발전을 이뤄낸 한국도 대단하지만 이를 지켜보면서 도와준 나라의 입장에서도 뿌듯함을 느낄 수 있을 것이다. 이런 면에서 한국과 미국은 앞으로도 군사동맹은 물론 정치·경제·사회·문화·안보 등 포괄적 동반자 관계를 이어가야 할 것이다.

2020년 코로나19 팬데믹과 한미 통화스와프, 어게인(again!)

2020년 3월 19일 한국은행은 미국의 중앙은행인 연방준비제도이사회(FRB)와 600억 달러 규모의 통화스와프 계약을 체결한다고 발표했다. 한국은행은 상설계약으로 맺어진 FRB와 5개국 중앙은행의 통화스와프 계약에 더해 최근 급격히 악화된 글로벌 달러 자금시장의 경색 해소를 목적으로 한다고 밝혔다. FRB와 상설

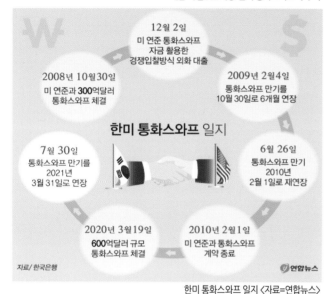

제롬 파월 FRB의장-한미 통화스와프의 주역

한미 통화스와프 일지

2008년 10월 30일
미 연준과 **300억달러**
통화스와프 체결

2009년 2월 4일
통화스와프 만기를
10월 30일로 6개월 연장

12월 2일
미 연준 통화스와프
자금 활용한
경쟁입찰방식 외화 대출

7월 30일
통화스와프 만기를
2021년
3월 31일로 연장

6월 26일
통화스와프 만기
2010년
2월 1일로 재연장

2020년 3월 19일
600억달러 규모
통화스와프 체결

2010년 2월 1일
미 연준과 통화스와프
계약 종료

자료/ 한국은행

연합뉴스

한미 통화스와프 일지 〈자료=연합뉴스〉

한국 통화스와프 체결 현황 2020년 3월 19일 기준

양자간 통화스와프

	달러 기준 스와프 규모 ( )은 자국통화	만기
미국	2008년 기준 **300억** ▶ **600억 달러** ⌊(2008년10월3일~2010년2월1일)	2020년 9월19일
캐나다	무제한	없음 (상설계약)
중국	**560억** (3600억 위안)	2020년 10월10일
스위스	**106억** (100억 프랑)	2021년 3월1일
인도네시아	**100억** (115조 루피아)	2023년 3월5일
호주	**81억** (120억 호주달러)	2023년 2월5일
UAE	**54억** (200억 디르함)	2022년 4월12일
말레이시아	**47억** (150억 링깃)	2023년 2월2일

다자간 통화스왑 ASEAN+3 국가들(384억달러, 13개국)과 체결

CMIM 치앙마이 이니셔티브	**384억**	없음

자료: 한국은행

20.03.20 뉴시스 그래픽: 전진우 기자 618tue@newsis.com

한국의 통화스와프 협정 현황 〈자료=연합뉴스〉

통화스와프 계약을 맺은 나라는 캐나다, 영국, 유럽 (ECB), 일본, 스위스 중앙은행 등의 선진국들이다. 2008년 FRB와 통화스와프 계약을 맺은 한국은 포함한 9개국 중앙은행과의 협정은 위기를 완전히 극복한 2010년에 종료한 반면 캐나다, 영국, 일본, 스위스, 유럽연합(EU)등 5개 중앙은행과는 통화스와프 협정을 유지해왔다. 그러다 이번에 FRB와 통화스와프 계약을 새로 맺은 나라는 한국 외에 덴마크, 노르웨이, 스웨덴, 호주, 뉴질랜드, 브라질, 멕시코, 싱가포르 등 9개국이었다. 2008년 10월에 통화스와프 계약을 맺을 당시와 면면이 하나도 달라진 게 없다. 어찌 보면 미국이 위기 때마다 챙기는 나라들이라고 할 수 있을 것이다.

2008년에 이어 12년 만인 2020년에 미국 FRB가 다시 통화스와프 카드를 꺼내 든 것은 코로나19의 팬데믹 때문이었다. 초유의 전 세계적인 전염병의 확산으로 주요 국가에서 '대봉쇄(Great Lockdown)'가 일어나면서 한국을 포함한 일부 국가에서 환율이 급등(통화가치 급락)하고 주가가 급락하는 가운데 외환보유액이 급감하는 '트리플 다운(Triple-down)' 현상이 일어났다. 우리나라의 경우 1997년 외환위기 및 2008년 글로벌 금융위기에 비해서는 상대적으로 약한 트리플 다운이었지만 미국과의 통화스와프를 통해 위기를 초기에 진화할 수 있었다. 여기다 1997년 외환위기와 2008년 글로벌 금융위기를 거치면서 중국, 캐나다, 스위스 등과 맺어놓은 통화스와프도

위기 진화에 크게 기여했다. 2020년 3월 현재 한국이 체결한 통화스와프는 미국 600억 달러를 포함, 총 1930억 달러 이상에 달하고 있다.

돌아보면 미국이 우리나라의 위기 때 마다 구원투수로 등판했다고 할 수 있다. 광복에 이은 한국전쟁은 물론 그 과정과 그 이후의 원조, 1997년 외환위기, 2008년 글로벌 금융위기, 2020년 코로나19위기 등 위기 때 마다 미국이 한국에게 튼튼한 동아줄을 던져주고 한국은 이를 잘 활용해 위기를 벗어났다고 하면 지나친 찬사일까.

에피소드 #5

외환위기를 겪지 않는 기축통화국

"대외부채가 아무리 많아도 절대로 외환위기를 겪지 않을 나라가 지구상에 딱 한 나라가 있다. 어느 나라일까요?"

1997년 말 우리나라가 한창 외환위기를 겪고 있을 때 워싱턴에서 열린 한 세미나에서 필자가 던진 질문이다. 일부 참가자들이 잘 나가던 한국이 어떻게 하루 아침에 외환위기를 겪는 나라가 되었냐, 도대체 어떻게 외환관리를 했기에 이런 일이 벌어지느냐면서 한국은행 워싱턴사무소에서 근무하는 필자를 겨냥해 목소리를 높이는 바람에 분위기가 격양되었었다. 코너에 몰린 필자가 궁여지책으로 내놓은 항변이었다. 미국인이 대부분이었던 참가자들의 입에서 스스로 '미국'이라는 대답이 나오면서 세미나 분위기가 차분해졌던 기억이 지금도 생생하다.

미국이 절대로 외환위기를 겪지 않는 이유가 어디에 있을까? 달러화는 세계 어느 곳에서나 통용될 뿐 아니라 누구나 선호하는 통화이므로 필요할 경우 찍어내면 되기 때문이다. 달러화는 미국 제1의 수출품으로 100달러 지폐의 60%

이상이 미국 외에서 통용되고 있다. 달러화가 국제적으로 '가치저장, 교환수단, 회계단위'로 사용되고 있기 때문이다. 이 같은 달러화를 기축통화라고 부르는데, 기축통화(基軸通貨·Key Currency)는 말 그대로 전 세계의 수많은 통화 중에서도 가장 기본 또는 기준이 되는 통화를 의미한다. 달리 표현하면 국제간의 결제나 금융거래시 거리낌없이 서로 주고받는 통화를 말한다. 국제원유 가격이나 국제 금값을 1배럴 당 몇 유로, 1온스 당 몇 파운드로 표현하는 뉴스를 들어본 적이 있는가? 원유와 금은 물론 구리, 쌀, 옥수수 등 원자재의 국제거래가격은 달러로만 표시되고 있다.

달러의 기축통화로서의 위상은 여러 가지 척도로 가늠할 수 있지만 그 중에서도 각국의 외환보유액에서 차지하는 비중을 대표적으로 들 수 있다. 전 세계 외환보유액에서 차지하는 비중을 보면 달러화가 60%를 넘고 있고 유로화가 20% 안팎이다. 일본의 엔화와 영국의 파운드화가 각각 4%대, 중국의 위안화가 2% 수준이다. 위안화의 위상이 호주 달러화와 캐나다 달러화를 넘어서고는 있지만 아직은 위상이 그리 높다고 할 수 없다. 미국 달러화는 영국이 1차 세계대전을 기점으로 힘을 잃기 시작하면서 파운드화로부터 기축통화의 역할을 넘겨받기 시작했다. 이후 2차 세계대전이 발발하면서 파운드화는 물러가고 그 자리를 미국의 달러화가 차지한 이후 지금까지 독보적인 기축통화로서의 역할을 수행하고 있다.

다만 미국이 대규모 경상수지 적자를 지속하고 있다는 점에서 보면 달러화의 기축통화로서의 위치가 굳건하다고 할 수는 없다. 2008년 글로벌 금융위기 이후 달러화를 기축통화로 하는 국제통화시스템을 바꿔야 한다는 주장이 나오기도 했다. 다른 한편에서는 비트코인(Bitcoin)과 같은 디지털 암호화폐가 새로운 기축통화가 될 것이라는 목소리도 있다. 그러나 비트코인이 국제적으로 통용되기 위해서는 먼저 통화로서의 기본조건인 '가치저장, 교환수단, 회계단위'로서의 역할을 먼저 충족시켜야 한다는 점에서 갈 길이 멀다고 할 수 있다.

따라서 앞으로도 달러화의 기축통화로서의 독주체제가 이어지는 가운데 유로화, 엔화에 이어 위안화가 도전하는 모양새가 이어질 것이다. 하지만 미국 경제가 중국을 견제하면서 경제규모는 물론 4차 산업혁명 등에서 계속 선두를 유지할 경우 기축통화로서의 달러화의 위치는 갈수록 견고해질 것이다.

Pax Americana : 미국의 글로벌 패권은 언제까지 갈 것인가?

소련이 무너지기 전에는 미국과 소련이 세계를 쥐락펴락하면서 냉전시대를 이끌어 가는 두 축이었다. 하지만 소련이 무너지고 난 이후에는 미국의 독주가 30여 년째 이어지고 있다. 이른바 미국의 일극(uni-polar)시대가 계속되고 있는 것이다. 최근 미국은 셰일오일을 무기로 에너지 자립경제를 넘어 석유수출국 대열에 들면서 더 막강한 칼을 휘두르고 있다. 주요 7개국(G7) 중 에너지와 곡물의 자급률에서 100%를 넘고 있는 캐나다를 제외하면 미국만이 100%에 가깝거나 넘고 있다(미국의 1차 에너지 자급률 92.6%(2017년, IEA World Energy Balances), 곡물자급률 124.7%(2016~2018년, 한국농총경제연구원).

미국의 일극체제가 앞으로도 상당기간 계속될 것으로 보는 이유는 셀 수 없을 정도로 많다. 에너지 자급과 곡물 자급이라는 기본적 안보 보장 외에도 경제규모 및 1인당 GDP, 영토, 자원, 인구(규모, 구조, 이민 등), 군사력, 기술과 4차 산업혁명, 교육, 정치체제 및 수준, 영어, 달러(기축통화) 등을 들 수 있다. 미국의 장점들만 늘어놓은 것이라는 비판을 받을 수도 있지만 한마디로 어디 한 군데 큰 부족함을 찾을 수 없는 미국이라고 할 수 있지 않을까?

국제정세분석가이자 '21세기의 노스트라다무스'라고 불리는 미래학자 조지 프리드먼(George Friedman)은 최근 내놓은 신작 '다가오는 폭풍과 새로운 미국의 세기(The Storm before the Calm)'에서 "2020년대 격동의 시기를 거치면서 새롭게 등장하게 될 미국이 남은 21세기의 세계체제를 규정할 것."이라고 주장했다. 태평양과 대서양이라는 두 대양을 장악한 미국에 맞설 수 있는 나라는 향후 한 세기 내에 존재하지 않을 것이라는 대담한 주장이다. 미국은 지금도

전 세계 부(富)의 4분의 1을 생산하고, 군대는 전 세계 150국에 주둔하고 있다. 한 마디로 경제력과 군사력에서 미국과 어깨를 나란히 할 나라는 없다. 최근의 미중 무역갈등에서 보는 것과 같은 중국과의 제2의 냉전, 미국을 대신할 중국의 패권 부상, 트럼프 대통령의 '미국 우선주의(America First)'로 대변되는 고립주의의 확산 등 다양한 전망들이 쏟아지지만 20세기에 이어 21세기 또한 미국이 이끌어갈 세기라는 것이다.

미국의 역사는 80~100년 주기를 갖는 '제도적 주기'와 50년마다 일어나는 '사회경제적 주기'가 서로 영향을 주면서 장기적 순환을 반복하는데 현재와 2030년대 초 사이의 아주 힘든 시기(즉, 폭풍의 시대)를 지나면 자신감과 풍요의 시대가 온다는 것이다. 미국인의 입장에서 나온 국수주의적 주장으로도 볼 수 있다. 프리드먼은 2010년에 내놓은 '100년 후(22세기를 지배할 태양의 제국 시대가 온다)'라는 책에서도 중국은 더 이상 팽창하지 못하는 종이호랑이로 전락하는 반면 미국은 태양의 제국으로 승승장구할 것으로 내다보기도 했다. 하지만 프리드먼이 제시하는 과거와 현재의 미국을 보면서 미래를 내다보면 상당 부분 수긍할 수밖에 없을 것이다.

그렇다면 한국의 정치·군사·경제 외교의 축이 될 나라로 어느 나라를 선택해야 할 것인가? 한미관계는 죽느냐 사느냐하는 생사의 문제라면 한중관계는 좀 더 잘 살고 못 살고의 문제가 아닐까? 물론 어느 한 나라, 어느 한 분야를 선택하기보다는 보다 종합적이면서도 유연한 결정이 있어야 할 것이다. 1600년대 초중반 조선의 지정학적 고민이 300여년 만에 재현되고 있다고 할 수 있다. 지는 명(明)과 뜨는 청(淸)이 대립하는 가운데 줄타기를 하고자 했던 광해군식 외교가 필요한 때이다. 더욱이 지금은 미국이 지고 중국이 뜬다고 할 수도 그 반대라고 할 수도 없을 뿐 아니라 유럽과 일본의 건재 등 훨씬 더 복잡한 상황이다. 게다가 대중(對中)전선을 구축하고자 하는 트럼프 미국 대통령은 G7 확대정상회의(G7+α), Quad(미국 주도의 미국·일본·인도·호주 4개국 협의체), Quad 플러스(Quad+)에 한국이 참여할 것을 직간접적으로 요구하고 있다. 중국의 눈치를 봐야 하는 우리나라의 입장에서는 이럴 수도 저럴 수도 없는 딜레마에 빠져 있는 상황이다. 그렇다고 마냥 눈치만 보고 있을 상황도 아니다.

　마지막으로 조지 프리드먼의 견해를 경청해보자. 프리드먼은 최근 인터뷰에서 "많은 사람이 '미국이 우리보다 더 절실하게 동맹을 원할 것'이라고 생각하는데, 사실 미국이 그렇게 절실하게 필요로 하는 나라는 거의 없다."면서 한국이 '동맹관리'에 적극 나서야 한다고 주장했다. 동맹은 구조적 규칙으로서의 효과가 있기 때문에 지정학적 위치상 한국은 항상 동맹을 만들어야 한다는 것이다. 프리드먼은 또한 "한국에 미국, 또 미국에도 한국은 필수불가결하지만 (indispensable), 미국은 한국을 잘 모른다."면서 "한국은 동맹인 미국이 한국을 필요로 하게 만들어야 하고, 또 미국을 한국에 필요하게 활용할 수 있도록 만들어야 한다."고 말했다. 이와 함께 우리는 가쓰라-태프트 밀약과 애치슨 라인을 기억해야 한다. 또한 조선시대 명과 청의 갑질은 물론 구한말 청과 일본의 간섭, 일본의 식민지배 등도 잊지 말아야 할 것이다. 그렇다고 해서 과거에 얽매일 필요도 없다. 다만 어제와 오늘의 우방이 내일의 우방이 될 것이라는 공식은 없다, 적도 우방도 없다는 사실을 명심해야 할 것이다.

IV

제4장

한미 관계의
중심이 되는 사회·문화

Social and Culture at the Center of Korea-U.S. Relations

1. 한미 사회·문화의 변천사

한국과 미국 두 나라는 나라의 크기, 지리적 위치, 역사와 문화 그 어느 모로 보나 공통점보다는 차이점이 훨씬 많다. 이런 두 나라가 신기하게도 20세기에 들어와서는 떼려야 뗄 수 없는 우방(友邦)이 되었다. 우선 구한말부터 미국은 일찍이 남장로교회 해외선교부(American Southern Presbyterian Mission)를 중심으로 기독교 선교사를 한국에 파견해 서양의술을 펴고 현대식 교육을 시작했다.

특히 미국의 선교사들은 한국의 계몽운동과 독립운동을 적극 지원함으로써 한국인들에게 큰 호감을 안겨주었다. 그 결과 한국의 기독교인들은 서양문명의 정수(精髓)이며 다른 나라에서는 제국주의 침탈의 상징이었던 기독교를 적극적으로 받아들이는 과정에서 미국식 사고를 배우고 체화해 나갔다. 그 결과 한국은 이제 동아시아에서는 물론 세계적으로도 기독교가 가장 번창한 국가가 됐다. 인구 비율로 따질 때 기독교 인구가 45%(2018년 기준)라는 사실과 한국의 지도층이 대부분 기독교 신자라는 사실은 기독교가 한국사회에서 얼마나 큰 비중을 차지하게 되었는지 잘 보여준다.[1]

그러나 두 이질적 국가를 하나로 만든 것은 냉전이란 독특한 시대적 상황이었다. 6·25전쟁을 통해 한국과 미국은 '안보'라는 공통분모를 찾았다. 국가로써 존망의 위기에 처했던 한국, 그리고 소련과의 이데올로기 전쟁을 시작한 미국과의 이해가 절묘하게 맞아떨어졌다. 한국은 냉전의 첨병으로, 미국은 자유진영의 리더로 강력한 동맹관계를 맺었다. 그리고 이념적, 안보적 차원의 상호이해는 그 밖의 차이들을 희석시키는 역할을 했다.[2]

한미 간의 각별하고도 특수한 관계는 전 세계가 놀랄 만큼의 성공을 거두었다. 1945년 독립 후 미국의 최고 수준의 선진 시스템과 문화를 '공짜'로 얻는 수혜자가 됐다. 한국은 '거지근성'을 가진 제3세계 국가에서 자본주의식 경제 발전의 총아(寵兒)로 떠오르면서 한국은 동서간의 이데올로기 전쟁에서 자본주의 체제의 우월성을 입증한 대표적인 케이스가 됐다.

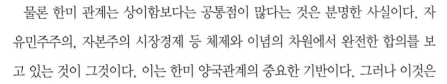

태극기와 성조기

아이러니컬한 것은 한미 간의 특수 관계의 성공이 사회적으로 오래가지 못했다는 사실이다. 한미동맹이 성취하고자 하던 모든 것이 1990년대 들어서면서 그 동맹의 유효성과 적실성(適實性)이 오히려 의문시되기 시작한 것이다. 우선 더 이상 공동으로 대처할 이념적, 안보적 위협이 사라지고 있는 시점에서 안보협력의 필요성에 대한 의문이 제기되기 시작했다. 경제체제에서도 소련 붕괴 이후 '사회주의 계획경제 대 자본주의 시장경제'라는 큰 이분법이 사라지면서 한국경제의 특수성이 부각되기 시작했고, 급기야는 개혁에 대한 요구가 대내외적으로 비등하기 시작했다.

물론 한미 관계는 상이함보다는 공통점이 많다는 것은 분명한 사실이다. 자유민주주의, 자본주의 시장경제 등 체제와 이념의 차원에서 완전한 합의를 보고 있는 것이 그것이다. 이는 한미 양국관계의 중요한 기반이다. 그러나 이것은

미국 남장로교 선교사 7인의 선발대들과 한국인 어학선생.

어디까지나 보편적인 가치와 이념에 대한 합의일 뿐, 특수한 관계를 유지하기 위해서는 수많은 변수들이 내부에 도사리고 있는 것이다.

그렇다면 한국과 미국은 앞으로 어떤 관계를 맞게 될까? 국제질서 체제가 냉전에서 데탕트를 거쳐 신냉전으로 가는 상황에서 한미 간의 특수관계가 유지되려면 안보나 경제체제의 문제뿐만 아니라 사회문화적 차원에서 한미 간 특수관계가 더욱 발전해야 할 것이다. 한미 관계에서 이념과 체제, 경제와 안보 등의 문제가 차지하는 비중이 점차 줄어들게 되면서 사회문화적 요소가 점점 더 중요해지고 있기 때문이다.

전통적 친미의식과 반미의식의 혼재

해방과 미군정(美軍政), 그리고 대한민국정부 수립 등의 역사적 사건들이 전개되었던 1940년대 후반기의 대다수 한국인들은 미국을 '해방의 은인'이며, 신생 독립국가 대한민국의 건국과 발전을 적극적으로 도와준 선량한 '후원자'로 여겼다. 미국을 절대다수의 한국인들이 동경했던 나라였으며, 동시에 배우고 본받아야 할 이상적인 국가로 간주했다.

1950년대 들어서면서 한국인들의 대미 인식은 한층 더 호의적으로 바뀌었다. 6·25전쟁의 발발과 미국의 참전, 휴전의 성립, 그리고 대한민국의 생존을 담보한 한미상호방위조약의 체결과 미국의 막대한 경제·군사원조의 제공 등이 그것이다. 1950년대의 대다수 한국인들은 미국을 북한의 남침과 중공의 군사적 개입으로부터 한국을 수호해 준 고마운 나라로 인식했다. 이어 1960년대에는 한국의 베트남 전쟁 참전을 계기로 기존의 친미의식은 더욱 강화돼 '혈맹의식(血盟意識)'으로까지 발전했다.

그러나 1970년대 들어서면서 미국의 한국에 대한 경제·군사원조가 점차로 축소되고, 베트남 전쟁의 종식과 더불어 미군이 한반도에서 일부 철수하면서 그러한 기류가 변하기 시작했다. 닉슨 대통령이 "아시아인은 아시아의 미래를 스스로 설계해야한다"는 '닉슨 독트린'을 선언하면서 주한미군을 감축하기 시작하자 한국인의 미국인식은 달라지기 시작했다. 미국도 국익(國益)에 따라 국가정책을 결정하는 국가라는 자각을 하게 됐다. 이에 따라 한국인들의 미국관도 '객관화' 되고, '현실화' 될 수밖에 없었다.

'광주민주화운동'에 대한 신군부세력의 무력진압으로 시작된 1980년대에 들어오면서부터 재야인사들과 대학생들을 중심으로 한 민주화 운동이 반독재뿐만 아니라 반외세의 노선으로 확대되어 갔다. 이때 한국사회에 처음으로 본격적인 반미운동이 등장했다. 1980년대 중반에는 '부산 미국문화원 방화사건'[3]과 성조기(星條旗)를 불태우는 것과 같은 과격한 반미운동이 유행병처럼 표출됐다.

1980년 이후 대학가 과격파 운동권 학생들을 중심으로 미국을 '해방군'에서 '점령군'으로 부르기 시작했다. 나아가 지미 카터 미 대통령의 철군 정책으로 대미 불신감이 대두되다 미국의 시장개방 압력이 거세지자 반미감정·반미의식이 요원의 불길처럼 퍼져나갔다.

1979년 10월 박정희(朴正熙) 대통령 시해 사건 이후 1980년 전두환 정권이 들어서면서 12·12사태로 집권한 군사정권을 지원하고 전·평시 작전지휘권, SOFA(한미행정협정) 협정을 체결하자 재야의 반미 감정은 더욱 표면에 드러났

6·25전쟁에 참전한 미군은 목숨을 걸고 한국민을 위해 싸웠다.

아시아에 대한 외교정책 '닉슨 독트린'을
발표하는 닉슨 미 대통령.

다. 따라서 1990년대 한국인들의 미국관에는 '전통적인 친미의식'과 '현실주의적인 선린우호의식' 그리고 일부의 '반미의식'이 혼재돼 있었다.

반미 촛불시위의 등장

2000년대에 들어와서는 한국인들의 미국인식에 커다란 변화가 일어났다. 변화를 초래하게 만든 직접적이고, 결정적인 계기는 2002년 6월 경기도 의정부에서 주한미군의 장갑차(무한궤도차량)에 의해 두 명의 여중생이 사망한 사건이었다. 5개월 후인 11월 이 사건의 책임자인 미군 병사 두 명이 무죄로 평결을 받자 한국인들은 분노했고, 마침내 반미감정은 극도에 달했다.

무죄평결에 항의하는 반미시위와 촛불시위가 연일 계속됐다. 반미구호를 외치는 대학생들과 시민단체 회원들이 미국의 시설물에 화염병을 투척하고, 침입하는 등 과격 시위가 잇달아 벌어졌다. 이들의 과격시위만으로 한국인의 반미감정이 고조된 것은 아니었다. 과거의 반미운동은 운동권 대학생이나 진보적인 시민단체들이 주도해 왔으나, 촛불시위에는 각계각층의 사람들이 적극적으로 참가했다.

2002년 12월 말 김대중(金大中) 대통령도 오산 공군기지 연설에서 "한국인들은 (한미) 양국관계가 성숙하게 발전하기를 희망하고 있다"면서 "여기에는 여중생들을 사망으로 이끈 훈련 사고에 대한 진심어린 사과와 주둔군 지위협정(SOFA) 문제가 포함된다"고 지적했다. 장갑차 사고는 SOFA 내용이나 미국 실정법으로는 무죄판결이 있을 수 있는 결과였기 때문이었다.

2002년 노무현(盧武鉉) 후보가 대통령에 당선되면서 반미 촛불시위가 다시 일어났고, 불평등한 '한미주둔군 지위협정'의 개정을 요구하고 주한미군의 철수를 부르짖는 목소리가 함께 터져나왔다. 한미관계가 '수평적인 동반자 관계'로 발전해야 한다는 목소리는 한국인의 정당한 주장이지만, 주한미군의 철수와 한미동맹의 폐기를 주장하는 목소리는 남북이 군사적으로 첨예하게 대치하고 있는 상황에서 분명 우려스러운 주장이었다.

그러나 16대 대통령 선거 때, 종합 일간지 1면에 주한미군이 몰던 장갑차에 여중생 두 명이 치여 숨진 사건으로 촉발된 반미(反美) 감정을 적극 활용한 광고를 게재하고 "미국에 가지 않겠다" "반미면 어떠냐"고 외쳤던 당시 민주당 노무현 후보가 대통령에 당선된 뒤에 극적으로 변화하는 모습을 보였다.

노무현 대통령은 2003년 3월 취임 이후, 이라크 파병을 결정하고 미국에 대

한미 자유무역협정(FTA) 협상을 타결 지은 김종훈 한국수석대표와 웬디 커틀러 미국수석대표가 서울 하얏트 호텔에서 기자회견을 마친 뒤 악수하고 있다 (2007.4.2.) 〈연합뉴스〉

여중생 사망사건 1주기 추모 시청 앞 촛불집회(2003.6.13.) 〈연합뉴스〉

해 기존과 다름없이 유화적인 외교를 펼치는 한편, 우리나라와 미국 간의 자유무역협정(FTA)인 한미 FTA를 타결지었다.

2007년 4월 2일, 14개월간의 긴 협상을 마치고 한미 FTA가 최종 타결됐다.[4] 한·미 FTA에 불만이 없지 않은 국민들조차도 세계 경제 10위권 국가 간의 통상 문제를 반미와 매국(賣國) 문제로 접근하는 데는 찬성하지 않았던 것이다. 이는 노무현 대통령이 이라크 파병과 한미 FTA 등과 같이 국가적 사안에서 미국에서 원하는 것들을 국익에 손상이 가지 않는 범위에서 받아들이되, 이를 빌미로 북한 문제와 관련해 미국에 할 말을 하는 방식을 선택했던 것이다.

비 온 뒤 땅이 굳었다… '광우병 파동' 소란

2008년 2월, 노무현 대통령 후임으로 이명박(李明博) 대통령이 취임했다. 이명박 정부는 미국의 부시 행정부가 퇴임하는 2009년까지 임기를 1년 남겨둔 점을 감안, 한·미 간 신뢰관계를 공고히 회복하면서 21세기 한미 전략동맹 발전 추진에 대한 미국의 합의를 이끌어내는 등 새로운 미래지향적 발전기반을 구축하는 데 주력했다. 또한 무기구매(FMS: Foreign Military Sale) 지위 격상, 미국 비자면제프로그램(Visa Waiver Program) 가입, 대학생연수취업프로그램(WEST: Work, English Study and Travel) 신설 등을 조속히 완결지어 동맹 발전의 저변을 확대하는데 집중했다.

노무현 정부 때의 한미관계는 '이혼관계'라는 평가를 들었고 사실상 한미관계가 파탄 그 자체였다. 이 때문에 이명박 정부는 대미 관계 복원에 많은 초점을 맞췄다. 이로 인해 미국과의 관계개선을 통한 미국의 전략에 편승한 정책을 펼쳤다. 특히 천안함 피격사건과 연평도 포격 사태라는 위기상황에서 한미관계의 협력은 가장 잘 두드러졌다. 한미관계가 급격히 개선된 원인은 물론 부시 행정부의 대외정책과 한반도 주변 여건 변화를 무시할 수는 없겠지만, 이명박 대통령이 발휘했던 특유의 개인적 친화력도 중요한 요소였다. 이명박 대통령은 미국을 방문한 한국 대통령 중 최초로 미국 대통령의 별장인 캠프 데이비드에 숙박하기도 했다.

이명박 대통령과 조지 부시 미 대통령의
한미정상 공동기자회견(2008.4.20.) 〈연
합뉴스〉

2008년 4월에 열린 한미 쇠고기 협상에서, 2003년 12월 미국에서 소해면상
뇌증(광우병) 발생 후 수입 금지와 재개가 되풀이되던 쇠고기의 수입을 재개하
고 부위 대부분을 자유롭게 수입할 수 있도록 합의했다. 협상 직후 공개된 주요
내용과 2008년 5월 5일에 공개된 합의문은 축산농가의 피해, 광우병의 위험성
에 대한 우려와 함께 국민의 의견이 반영되지 않았다는 지적을 받으면서 논란
을 불러일으켰다. 정당, 언론, 전문가 등이 문제를 제기하면서 논란은 더욱 증
폭됐다.

이후 1개월여에 걸쳐 국회와 방송에서 각종 보도와 토론이 진행됐고, 촛불시
위와 정부의 설득, 국민의 재협상 요구가 계속됐다. 그해 6월 19일엔 이명박 대
통령이 특별기자회견을 통해 대국민 사과를 했다. 정부는 2008년 6월 26일 고
시(告示)를 관보에 게재하면서 미국산 쇠고기 수입을 재개했다. "미국산 소고
기를 먹으면 광우병에 걸린다"는 괴담의 대부분이 거짓으로 판명되면서 파문은
가라앉았지만, '광우병 파동'은 극심한 국론분열과 함께 반미를 촉발했다는 점
에서 남긴 상처가 매우 크다.

이명박 전 대통령 회고록[5]에 의하면, 이 전 대통령이 2008년 2월 18일 청와

대 관저에서 노무현 전 대통령을 만났을 때 노무현 대통령은 한·미 쇠고기 협상을 마무리 짓고 청와대를 떠날 의사가 없었고, 한·미 쇠고기 및 FTA 협상을 떠안을 수밖에 없었다고 밝혔다.

이 전 대통령은 "나는 대외 의존도가 매우 높은 우리 경제의 특성에 비춰 실추된 대외 신인도를 복원하는 것이 급선무라 생각했다"며 "한·미 FTA도 어떻게든 처리해야 했다"고 했다. 이어 "쇠고기 협상 타결 열흘 뒤인 4월 29일부터 상황은 급변하기 시작했다"며 "MBC 'PD수첩'이 '미국산 쇠고기, 과연 광우병에서 안전한가'라는 프로그램을 방영하면서 사태는 걷잡을 수 없이 커져 중·고생들을 중심으로 인터넷에 광우병 괴담이 퍼져나갔다"고 했다.

이 전 대통령은 "광우병 사태는 국제사회에서 한국의 신뢰도를 높이는 중요한 계기가 됐다"며 "쇠고기 사태는 한·미 관계의 신뢰를 회복하는 데도 중요한 계기가 됐다. 이후 세계 금융위기가 닥쳤을 때 한국의 국가부도 사태를 막은 한·미 통화스와프 체결이나 한국의 G20 참여, G20 정상회의와 핵안보정상회의(Nuclear Security Summit) 유치 등 굵직한 외교적 성과의 이면에는 광우병 사태를 계기로 쌓인 국제사회의 신뢰가 있었다"고 했다.

서울 대학로 마로니에 공원에서 열린 미국산 쇠고기 수입반대 집회(2006.6.11.) 〈연합뉴스〉

한미동맹의 굳건함을 상징하는 '평택미군기지'의 완성

박근혜(朴槿惠) 정부 출범 이후 미국 정치권은 박근혜 대통령이 중국과 가깝게 지내는 것에 대해 노골적으로 불편한 기색을 드러냈다. 일본은 그 틈을 타 동맹 내에서의 지분을 넓히고 한국과의 관계에서 주도권을 잡으려는 상황이 전개됐다.

더구나 박근혜 대통령이 2015년 9월 베이징에서 개최된 '항일전쟁 승리 70주년 기념식'에 참석, 열병식까지 참석한 것은 '외교 참사'로까지 불린다. 비록 미국이 이 문제에 대해 "한국의 주권 문제이고 존중한다"라는 입장을 발표했지만, 이미 헤리티지재단은 박 대통령의 열병식 참석은 '실수(영어로 Poor idea)'라고 표현할 정도로 미국 조야(朝野)가 박 대통령의 열병식 참석으로 나타난 '중국 경사(傾斜)'를 불편하게 생각했다는 증거다.[6]

2016년 1월 북한의 4차 핵실험과 장거리 로켓(미사일) 발사로 핵·미사일 위협이 증대되자 주한미군 고고도미사일방어체계(THAAD·사드) 배치의 필요성을 주장하는 목소리가 커졌다. 한미 군 당국은 같은 해 7월 경북 성주군을 사드 기지 부지로 정했다. 이에 시민단체와 지역민들의 거세게 반발했지만 그 해 9월 북한의 5차 핵실험의 여파 속에 성주골프장이 대체 부지로 확정되고 사드 배치가 추진됐다. 사드는 고도 40~150㎞에서 탄도미사일을 요격하는 고층방어체계다. 고도 40㎞이하의 하층 방어체계인 한국형 미사일방어체계(KAMD)와 함께 다층방어체계를 구축한다.

2017년 3월 주한미군은 성주 기지에 레이더와 미사일 발사대 2기를 배치했다. 당시 정부는 소규모 환경영향평가를 진행했다. 이는 지역주민 참관, 공청회 개최 등 의견수렴 절차 필요 없이 사업을 빠르게 진행하는 방법이지만, 필요한 절차가 생략됐다는 논란이 일었다. 국방부는 문재인 정부 출범 후인 같은 해 7월, 청와대 지시에 따라 소규모 환경영향평가 대신 일반환경영향평가를 하기로 결정했다. 이후 미군이 사업계획서를 제출하지 않아 사드 정식배치가 미뤄져 왔다.[7]

북한의 4차 핵실험과 그에 대한 안보 정책의 일환으로 요격용 사드 배치 협의를 공식화한 것을 계기로 박근혜 정부는 현실을 인식하기 시작했다. 과거 3년 간의 친중 편향적 외교정책이 실패하였음을 인정함과 동시에 한중 우호에서 탈피해 전통적인 한미동맹을 기반으로 한 미국과의 공조를 다시 선택했다. 이에 대해 미국 역시 한국의 친중 편향 외교정책 여파로 인해 냉랭했던 관계를 회복하고 F-22, B-2 폭격기, 그리고 핵항모까지 한반도에 동시 다발적으로 전개시킴으로써 미국이야말로 한국의 가장 완벽하고도 진정한 동맹임을 보여주기 위해 조치들을 적극적으로 취해 나갔다.

박근혜 정부 때, 한미동맹을 상징하는 역사(役事)이자 이정표가 완성됐다는 사실이다. 세계 최대의 해외 미군기지인 '캠프 험프리스(Camp Humphreys)'가 완공된 것이다. 주한미군의 상징인 미 8군사령부가 64년 만에 주둔지를 서울 용산에서 경기 평택으로 이전하는 작업을 마무리했다. 미8군 사령부는 2017년 7월 11일 평택 신청사 개관식을 열고 '캠프 험프리스' 기지를 국내 언론에 공개했다.

미8군의 새 둥지인 험프리스 기지는 1961년 작전 도중 헬기 사고로 숨진 미 육군 장교 벤저민 K 험프리 준위를 기념해 1962년 그의 이름을 따서 명명됐다. 1919년 일본군이 건설한 기지 활주로는 6·25전쟁 때도 사용했으며, 미 공군이 미 해병비행단 주둔을 위해 사용하려고 확장·보수해 K-6로도 불린다. 부지 면적은 총 1468만m²(약 444만 평)로 서울 여의도의 약 다섯 배에 달한다. 기지 내에 513동(한국 측 226동, 미국 측 287동)의 건물이 들어섰다. 학교, 상점, 은행, 운동장 등 미군과 가족을 위한 시설도 포함됐다. 미군 자녀들이 다닐 초·중·고교도 문을 열었다.

미8군은 주한미군의 주축으로서 한국의 현대사를 함께해 왔다. 6·25전쟁 당시 인천상륙작전과 낙동강 전선의 북한군 제압, 평양 점령 등을 주도했다. 1953년 7월 정전협정 후 휴전상태에 들어간 뒤 용산에 주둔했다. 미 8군사령부의 평택 이전은 한국과 미국 간 합의로 추진 중인 주한미군 평택 이전 사업의 일부였다.

주한미군 평택 이전 사업은 전국에 흩어져 있는 주한미군 기지를 통폐합하는 프로젝트로, 2003년 노무현 정부 당시 한·미 정상 합의 후 본격적으로 추진됐다. 주한미군의 중·대대급 부대 이전은 2013년부터 진행됐지만, 미8군 사령부는 2017년 3월 선발대 이전을 시작한 데 이어 2017년 6월 본대 이전을 마쳤다. 2018년까지 미2사단을 포함한 모든 부대가 험프리스 기지에 주둔을 마친 상태다.

미8군 평택 기지는 동북아시아 기동부대로서 위상이 강화될 것으로 보인다. 인근에 오산 미 공군기지와 평택항, 철도 시설도 있어 유사시 신속한 병력과 물자 집결이 가능하기 때문이다. 게다가 평택에는 한국 해군 2함대 기지가 있고, 충남 서산 해미에도 KF-16을 주기종으로 하는 공군 20전투비행단이 배치돼 있다.

이날 개관식에는 토머스 밴달 주한 미8군사령관(중장), 백선엽 예비역 육군 대장(명예 미8군사령관), 태미 스미스 미8군 부사령관(소장) 등 미군 측 300여 명과 군 관계자가 참석했다. 밴달 미 8군사령관은 환영사에서 "총 107억달러가 투입된 평택 기지 건설 프로젝트가 험프리스 기지의 규모를 확장해 미 국방부 해외 육군 기지 중 최대 규모로 거듭나게 했다"며 "이 시설들이야말로 미 국방부의 해외 시설 중 단연 최고"라고 말했다. 또 "2020년 전체 기지가 완공되면 한·미 양국 정부의 동맹을 향한 영원한 헌신(獻身)이 주한미군의 변혁을 통해 나타나게 될 것"이라며 "궁극적으로는 오늘 밤에라도 당장 전투에 임할 수 있는 준비 태세가 더욱 향상될 것"이라고 강조했다.

평택 미군기지는 21세기 미국에 도전하는 중국의 목에 단검(短劍)을 겨눈 것과 같은 미국의 전략 요충이다. 냉전시대에 소련에 대항하기 위해서는 일본이 동아태의 중심이 되어야 하고, 한국은 일본 방위에 중요한 존재였다. 21세기에 미국이 중국과 자웅을 겨루는 데 있어서는 한국의 역할은 결정적이며, 주일미군은 한반도를 지키기 위해 중요하다는 논리로 재정립되어야 한다. 서태평양의 항행의 자유(freedom of navigation)를 확보하기 위해 한국은 주변 우방국과 더욱 긴밀히 협조해야 한다.[8]

바이든 행정부 시대의 한미 관계

그런 측면에서 최근 대두되는 미국·일본·인도·호주로 구성된 안보 협의체 쿼드(Quad)의 가입문제는 국가적 차원에서 심사숙고해야 할 필요가 있다. 이 모임은 2007년 시작되었으나 9년 동 안 열리지 않다가 2017년 재개됐다. 중국 견제의 필요성이 대두됐기 때문이었다. 쿼드 외교장관들은 2020년 10월 6일 도쿄에서 회동하고 '법치에 기초한 자유롭고 개방된 인도-태평양을 목표로 세계

경북 성주군에 배치된 사드 발사대(2017.5.30.) 〈연합뉴스〉

경기 평택시 캠프 험프리스에서 열린 미8군 사령부 신청사 개관식 테이프 커팅(2017.7.11.) 〈연합뉴스〉

와 역내의 다양한 도전에 함께 대응한다'는 원칙을 확인했다.

퀴드는 아직 공식 협의체로 제도화되지는 않았지만, 퀴드 플러스(Quad Plus) 형식으로 확대 가능성을 열어 놓고 있다. 퀴드는 미국이 중심적인 역할을 하고 있고 '인도-태평양 전략'과 관련이 있기 때문에 2021년 1월 출범하는 바이든 행정부에서도 존속될 가능성이 매우 높다. 한국 정부는 지금까지 중국의 반발 때문에 퀴드 참여에 부정적인 입장을 보였다. 한국 외교부는 "다른 국가들의 이익을 자동으로 배제하는 그 어떤 것도 좋은 아이디어가 아니다"라며 퀴드 참여에 중국을 의식하며 유보적인 입장을 보이고 있다.

한국이 퀴드에 참여해서는 안 된다는 주장의 근거는 두 가지로 요약된다. 하나는, 중국의 반발이 우려된다는 것이다. 중국은 퀴드를 '거대한 안보 위협'으로 규정한다. 두 번째는 퀴드가 북대서양조약기구(NATO)와 같은 군사동맹이라는 중국의 주장 때문이다. 왕이 외교부장은 2020년 10월 14일 "퀴드는 미국이 획책하고 있는 인도-태평양판 나토"라고 비난했다. 하지만 퀴드가 집단안보체제로 기능할 가능성은 현재로서는 희박하다. 인도·호주는 말할 것도 없고 일본이 반대한다. 스가 요시히데(菅義偉) 총리는 퀴드가 나토 같은 방식으로 나아가서는 안 된다는 생각이 강하다.

한편, 쿼드에 참가해야 한다는 당위론으로는 첫째, 쿼드 불참은 대세에서 벗어나는 일이라는 것이다. 최근에 국제사회에서 반중 분위기가 확산되고 있다. 중국과의 관계가 인도와 호주 등 아시아 태평양 주요 국가들도 하나 둘 등을 돌리고 있다. 둘째, 쿼드 불참은 한·미 공조에 차질을 줄 가능성이 있다. 미·중 갈등이 격화하는 상황에서 미국의 다른 동맹국들은 미국과 여러 형태로 공조하고 있는데 우리는 어정쩡한 태도를 취하고 있다. 바이든은 2013년 12월 부통령 자격으로 방한했을 때도 박근혜 대통령에게 "미국의 반대편에 베팅하는 것이 좋은 베팅이었던 적이 없었다"는 말로 한·미 공조를 강조한 바 있다.

셋째, 쿼드 참가는 대중국 레버리지를 높일 수 있는 기회다. 우리는 기회가 있을 때마다 대중(對中) 지렛대를 만들어야 한다. 쿼드 불참은 중국으로 하여금 한국을 '약한 고리'로 보는 경향을 강화시켜줄 것이다. 우리는 한반도가 가진 지정학적 의의를 귀중하게 발휘해야 한다. 중국에게 경제논리는 정확히 서로의 이익에 기여하는 것임을 명확히 하고, 중국의 사드 반격에 허둥거리지 말아야 한다. 박근혜 대통령이 천안문에 서서 중국 인민해방군의 무력시위에 무기력하게 동참했던 천하무비의 어리석음을 되풀이해서는 안 된다.[9]

박근혜 대통령 탄핵으로 2017년 5월 출범한 문재인(文在寅) 정부는 다른 정부의 한미관계보다도 남북관계를 대미관계와 연계시켜 복합적으로 작용시켜가며 관리하고 있다. 임기 전반부는 트럼프 미국 대통령과 2018년 2월 평창 동계올림픽 이후 그 해 4월 잇달아 열린 남북정상회담, 싱가포르 북미정상회담(6월)으로 남북, 북미관계에 순풍이 불며 한미 양국 간에 공조가 잘 이뤄지는 듯했다. 하지만 2019년 2월 2차 하노이 북미정상회담이 성과 없이 끝나고, 북한이 다시 미사일 도발을 감행하자 미국은 섣부른 대북 화해, 대북 유화책에 신중해지기 시작했다.

한반도 평화프로세스[10]의 파트너였던 도널드 트럼프 미국 대통령이 재선에 실패하고 조 바이든 민주당 대통령 후보가 당선되면서, 문재인 정부는 평화프

조 바이든 미국 대통령이 취임 후 첫 쿼드(Quad) 정상 화상회의에 참석했다 (2021.3.12.) 〈연합뉴스〉

로세스의 큰 틀을 유지하며 북한과 바이든 행정부와의 접점을 찾기 위해 노력하고 있다. 문 대통령은 미국 대선 전인 2020년 9월과 10월 2차례 '한반도 종전선언'을 제안하며 얼어붙은 남북미 관계 회복을 시도했다. 한반도 종전선언(Declaration of the end of war)은 새로운 제안이 아닌 이미 문 대통령과 김정은 국무위원장, 트럼프 대통령 등 남·북·미 정상간에 합의한 사안으로, 미국 대선 이후 한반도 평화프로세스를 재개하려는 의도였다.

바이든 행정부가 출범한 만큼, 당분간 한반도 평화프로세스의 추진은 속도조절이 필요하다. 정권 교체로 인한 전임 행정부 외교안보 라인를 교체하고 정책을 재검토하는 데 시간이 소요되기 때문이다. 바이든 대통령은 2020년 1월 20일 취임해 트럼프 행정부의 정책을 검토하고 한반도 문제를 담당할 외교안보라인을 구성하고 있다. 이 시간은 최소 6개월 이상 시간이 걸릴 것으로 예상된다.

바이든 대통령은 북미 비핵화 협상에 있어서도 실무협의를 토대로 정상간 합의를 도출하는 '바텀업 방식'으로 추진하고 있다. 트럼프 대통령의 정상 간 합의 후 실무협의를 이어가는 '톱다운 방식'보다 협상에 속도가 붙지 않을 수 있다. 물리적 시간뿐만 아니라 대북정책 내용면에서도 바이든 대통령이 트럼프 대통령에 비해 북핵 문제에 있어 강경한 태도를 보이기도 했다. 바이든 대통령은 2020년 10월 22일 미 대선 TV토론회에서 트럼프 대통령이 대북 외교 성과를 내세우자 "(트럼프 대통령이) 무슨 일을 했느냐. 북한을 정당화시켰을 뿐"이라며 김정은은 '좋은 친구'가 아닌 "폭력배(thug)"라고 반박했다.

바이든 대통령이 버락 오바마 전 대통령 재임 당시 부통령을 지냈던 만큼, 향후 바이든 행정부도 오바마 행정부의 대북정책 기조인 '전략적 인내'(Strategic patience)로 회귀할 가능성이 있다. 문재인 대통령은 임기가 1년 6개월여 남은데 반해 바이든 행정부는 이제 시작하는 단계이고, 대화 방식과 기조 등을 감안하면 문재인 정부 임기 내 한반도 평화프로세스가 가시적 성과를 내기는 쉽지 않을 전망이다.

문재인 대통령과 조 바이든 미 대통령이 백악관에서 정상회담 후 공동기자회견 하고 있다(2021.5.22.) 〈연합뉴스〉

마크 리퍼트 전 주한 미 대사

2. 한미 사회 역사 속 인물들

한미동맹의 끈 이어준 마크 리퍼트 대사

역대 한미 관계 증진을 위한 가교(架橋) 역할을 한 이들은 많지만, 최근에 한미 관계를 돈독히 해준 인물로 유튜브 아시아태평양 지역 정책 총괄 디렉터인 마크 리퍼트(47) 전 주한 미국 대사를 꼽을 수 있다. 그는 역대 주한미국 대사 가운데 가장 젊은 나이에 한국에 부임했고, 가장 유명세를 치렀다. 리퍼트 전 대사는 2014~2017년 주한 미국 대사 시절 한국어로 트위터를 운영하고, 한국에서 낳은 두 자녀의 한국어 이름을 지어주며 한국 국민과 친근하게 소통했다.[11]

그런데 그는 '한국에서 미국 대사 피습'이라는 초유의 사태를 겪기도 했다. 2015년 3월 서울 세종문화회관에서 열린 조찬 강연회에 참석했다가, 극좌 시민단체 인물에게 얼굴과 왼손 등을 흉기로 공격당해 80바늘을 꿰매는 중상을 입었다. 퇴원하며 "비 온 뒤 땅 굳는다", "같이 갑시다"라며 한국말로 오히려 한국인들을 위로해 감동을 선사했다.

2017년 대사 임기를 마치는 기자회견에서는 아쉬움에 눈물을 보이기도 했다. 오바마 전 대통령의 상원의원 시절부터 보좌한 최측근으로 알려져 있다. 오바마 행정부에서는 국방부 아태 보안담당 차관보, 국방부 장관 비서실장을 역임했다. 트럼프 정부가 들어선 후에는 미국 보잉사의 부사장으로 근무하다가 2020년 5월 유튜브에 영입됐다. 그는 한국 프로야구 애호가로도 유명하다. 2019년 한국시리즈 1, 2차전 때는 서울 잠실 야구장을 직접 찾아 경기를 관람하기도 했다. 응원하는 구단은 두산 베어스. 자신의 트위터 계정에도 한국 야구 관련 내용을 종종 올린다.

'2020 미국 대선'에서 한국계 연방 하원의원 4명 당선

재미교포 최초로 1992년 연방 하원의원에 당선된 김창준(제이 킴·81) 전 의원이 정치에 뛰어들 당시만 해도 한인 사회의 존재감은 거의 없었다고 한다. 이민

1세대들은 영어 능력이 떨어지고, 사고방식도 한국적이어서 주류 정치권 진입이 어려웠던 탓도 컸다. 그러나 이민 2세대는 주류 사회의 정점인 정치권의 문을 두드리기 시작했다. 김창준에 이어 2018년 한국계 앤디 김(38)이 연방 하원의원의 맥을 이었다.

제이 킴(김창준) 전 미연방 하원의원.

앤디 김 의원은 중동 전문가로서 전임 버락 오바마 행정부에 몸담았던 '오바마 키즈' 가운데 한 명으로 꼽힌다. 당시 부통령을 지낸 조 바이든 민주당 대선후보와 오바마 전 대통령이 2년 전 그의 선거운동을 지원하기도 했다. 한국계 이민 2세인 김 의원은 뉴저지에서 학창 시절을 보내고 시카고대를 졸업했다. 로즈 장학생으로 선발돼 영국 옥스퍼드대에서 국제관계학으로 박사 학위를 받았다.

앤디 김 미연방 하원의원.

지난 2009년 9월 이라크 전문가로서 국무부에 첫발을 디딘 뒤 2011년에는 아프가니스탄 카불에서 아프간 주둔 미군 사령관의 전략 참모를 지냈다. 2013년부터 2015년 2월까지는 국방부와 백악관 국가안보회의(NSC)에서 각각 이라크 담당 보좌관을 역임했다. 특히 2013년에는 수니파 무장조직 '이슬람 국가(IS) 전문가로서 오바마 행정부의 IS 폭격과 인도주의 지원을 담당하는 팀의 일원으로 활약했다. 이번 2020년 미국 대선과 함께 치러진 의회선거에선 앤디 김 민주당 의원은 공화당의 데이비드 릭터 후보를 여유있게 따돌리고 재선에 성공했다.

이번에 한국계는 앤디 김을 포함, 연방 하원의원을 4명이나 배출했다. 특히 이들 중 3명이 여성이다. 한국계 여성 연방 하원의원 탄생은 처음이다. 13세 때 가족과 함께 미국으로 건너온 김영옥(미국명 영 김) 당선인은 하원 외교위원장인 에드 로이스 의원의 아시아 정책보좌관으로 21년간 활동했다. 박은주(미셸 박 스틸) 당선인은 로스앤젤레스시 소방국장 등을 지냈다.

영 김 미연방 하원의원.

미국 연방하원의원에 도전한 한국계 여성 '순자'(메릴린 스트릭랜드) 후보는 워싱턴주 제10 선거구에 민주당으로 출마해 프라이머리(예비선거)에서 2위를

미셸 박 스틸 미연방 하원의원.

하며 본선에 진출한 같은 당의 베스 도글리오 워싱턴주 하원의원을 물리치고 승리했다.

스트릭랜드 의원은 한국인 어머니 김인민 씨와 미군인 흑인 아버지 윌리 스트릭랜드 사이에서 1962년 서울에서 태어났다. 세 살 되던 1967년, 아버지가 포트루이스 기지로 배치되면서 워싱턴주 타코마로 건너온 스트릭랜드 당선인은 마운트타코마 고교를 졸업한 뒤 워싱턴대학에서 경영학을, 클라크애틀랜타 대학에서 경영학석사(MBA)를 전공했다.

노던 생명보험사, 스타벅스 등을 거쳐 타코마 시의원으로 선출되며 정계에 입문한 스트릭랜드 의원은 2년간의 시의회 경험 뒤 타코마 시장에 당선돼 2010년부터 2018년까지 시장을 역임했다. 타코마 시장으로는 첫 동양계였으며, 흑인 여성으로서 타코마 시장에 당선된 것도 처음이었다. 시장직을 마친 뒤에는 시애틀 메트로폴리탄 상공회의소 회장을 맡기도 했다.

스트릭랜드 의원은 '노스웨스트 아시안 위클리'와의 인터뷰에서 '자신의 정체성을 절반은 한국인, 절반은 흑인인 여성'이라고 규정하며 "교육, 그리고 학교에서 잘하는 것은 내 부모가 내게 불어넣은 가치였기 때문에 나는 운이 좋았다"라고 말했다. 이어 "특히 우리 엄마는 내가 학업을 증진할 일을 하도록 확실히 하려고 했다"며 "그녀는 자신이 정규 교육을 마치지 못했다는 걸 알고 있었고 내가 그것을 갖기를 매우 원했다"고 강조했다.

현재 한국계 미국 시민권자는 대략 250만 명으로 숫자로는 소수지만, 워낙 교육열이 높고 성실해 경제, 학계, 문화 등 다방면에서 두각을 나타내고 있다. 정치의 본고장 미국에서 한국계 인재들의 약진이 우리 민족의 우수성을 다시한 번 확인시켜 주는 증표다. 이들의 활약은 '인종 용광로'인 미국 민주주의를 재확인하는 상징이며, 한미 간 든든한 가교 역할을 할 수 있을 것으로 보인다.

메릴린 스트릭랜드(순자) 미연방 하원의원.

한국인 최초의 유엔사무총장

미국이 사실상 주도하는 유엔이라는 국제기구의 총수로 한국인이 임명된 것은 한미 관계사에서 의미 있는 '사건'이었다. 주인공은 반기문(潘基文) 전 외교부장관. 현재 국가기후환경회의 위원장이자 IOC 윤리위원장이다. 그는 유일한 한국 출신 유엔 사무총장이자 아시아-태평양 지역 그룹 출신의 두 번째[12] 사무총장이다.

반기문 전 유엔 사무총장.

그는 1944년 충청북도 음성에서 태어나 1963년 충주고[13]를 졸업했다. 고등학교 3학년이던 1962년 여름 적십자가 후원하는 에세이 대회에서 대한민국 대표 학생으로 선발되어 미국을 방문했을 때 백악관에서 자신의 우상인 존 F. 케네디 대통령을 만났다. 당시 그 만남에 참여했던 한 저널리스트가 장래 희망을 물어보자 "외교관이 되겠다"고 말했고, 서울대 외교학과에 진학했다. 1970년 2월 대학을 졸업함과 동시에 외무고시에 합격해 5월 외무부에 들어갔다. 외무부에 재직 중 하버드대 케네디스쿨에 유학해 1985년 4월 행정학 석사학위를 취득했다.

전두환 정권 시기 국무총리이자 국가안전기획부장이었던 노신영 밑에서 외무와 정무(총리실 의전비서관)를 배웠으며, 그를 롤 모델로서 존경한다고 한다. 1972년 주뉴델리 부영사를 시작으로 1976년 주인도대사관의 1등서기관, 1990년 외무부 미주국장, 1992년 외무부 장관 특별보좌관, 1996년 외무부 제1차관보와 대통령비서실 외교안보 수석비서관, 2000년 외교통상부 차관, 2002년 외교부 본부대사, 2003년 대통령비서실 외교보좌관을 거쳐 2004년 제33대 외교통상부 장관이 됐다.

노무현 정부의 외교통상부 장관 재임 시절, 2004년 이라크에서 김선일이 납치, 피살당하는 끔찍한 사건이 발생했다. 당시 반 장관은 알자지라 방송에 직접 출연해 석방을 호소하는 등 제스처를 취했으나 구출작전이나 교섭 등 실질적인 조치가 없었고, 결국 김선일은 참수당하고 말았다. 이로 인해 외교부 장관 경질론까지 불거졌고, 반 총장 자신도 이때가 가장 힘들었다고 회고했다.

1993~1994년 제1차 북한 핵 위기 때 주미국대사관 정무공사로 재직하면서 한국과 미국 사이의 대북정책을 조율하는 실무총책을 담당했다. 또 1997년 북한 노동당 비서를 지낸 황장엽이 망명할 때 중국과 필리핀을 오가면서 밀사 역할을 하여 망명을 성사시키기도 했다. 외교통상부 내에서 대표적인 미국통으로 알려져 있으며, 철두철미한 업무 처리로 정평이 나 있다.

외교통상부 장관으로 재직 중인 2006년 2월 유엔 사무총장직에 출마를 공식 선언했다. 전임의 아프리카 가나 출신 코피 아난에 이어 마침 아시아 대륙에서 사무총장을 낼 차례가 돌아왔는데, 출마선언 한 인도, 아프가니스탄, 태국, 스리랑카 등 아시아 각국의 경쟁자들이 결격사유로 탈락하는 바람에 유력후보로 급부상했다.

그럼에도 사무총장이 되는 과정이 순탄한 것은 아니었다. 예를 들어 상임이사국 중 하나인 프랑스는, '반기문은 프랑스어를 못 한다'라는 이유로 거부권을 행사하려 했다. 단순히 프랑스의 자존심만으로 치부할 수 없었던 것이, 프랑스어는 16세기 이래 세계 외교가의 표준언어기 때문이었다. 이에 반기문은 프랑스어 과외 교사를 고용해서 프랑스어를 벼락치기로 공부, 당시 프랑스 대통령이던 자크 시라크와 어느 정도 대화를 하는 데 성공해 프랑스의 지지를 받아냈다.

당시 노무현 대통령도 반기문 장관의 유엔 사무총장 당선을 위해, 당시 준비 중이던 2007~2008년 비상임이사국 선거에서 경합을 포기하고 경쟁자 중 하나인 인도네시아를 지지했다. 이에 인도네시아를 비롯한 동남아시아가 즉시 반기문을 지지한 것은 물론이다. 동남아시아의 지지도 지지였지만, 사무총장 배출국이 비상임이사국까지 독식한다는 비난을 막기 위해서였다.

2006년 10월 9일 유엔 안전보장이사회에서 단독 후보로 추대됐으며, 14일 유엔 총회에서 공식 제8대 유엔 사무총장으로 공식 임명됐다. 한국인으로는 최초로 2007년 1월 2일부터 유엔 사무총장으로서 업무를 수행하게 되었으며, 2012년 연임되어 2016년 12월 임기를 마쳤다.

반기문 총장은 재임 기간 내내 소외받는 소수자들의 인권 신장을 위해 노력했다. 특히 아직도 세계 곳곳에서 종교와 관습 상의 이유로 박해받는 여성의 인권 신장에 특히 기여한 것으로 평가받고 있다. 이러한 덕분에 반기문 총장이 10년 임기를 마무리하자 해외에서는 긍정적인 평가와 찬사가 쏟아졌다.

유엔 기구가 반기문 총장을 높이 평가했다. 2016년 9월 개막한 제71차 유엔총회는 반기문 총장의 임기 만료를 앞두고 최근 만장일치로 반기문 총장의 업적을 높이 평가하는 의장 성명을 채택했다. 피터 톰슨 유엔총회 의장은 성명에서 "반기문 총장이 프로페셔널리즘과 지칠 줄 모르는 헌신적인 봉사를 통해 유엔을 이끌었다"며 △기후변화에 대항하는 전지구적인 조치 마련을 가능케 했던 리더십 △지속가능발전 의제 채택으로 세계에 새로운 비전을 제시 △양성평등 등 인권 부문에 대한 흔들림없는 지지 등을 업적으로 꼽았다.

아울러 "인류의 근본적인 인권을 진전시키고 후세를 위해 지구를 보호한 업적들은 주목할 만 하다"며 "평화·안보·지속가능발전·인권 분야에 있어서 우리

유엔본부에서 열린 유엔 총회에서 반기문 제8대 유엔 사무총장이 공식 선출된 뒤 수락 연설 하고 있다(2006.10.14.) 〈연합뉴스〉

가 맞이한 도전의 극복을 염두에 두고 유엔의 역량을 향상하기 위한 특별한 기여를 한 것에 대해 열렬한 경의를 표한다"고 밝혔다.

미국 의회에서도 반기문 총장의 임기 만료에 즈음해 이례적으로 특별한 감사와 경의를 표하는 발언이 나왔다. 에드 로이스 미 하원 외교위원장은 2016년 12월 8일 하원 본회의 자유발언을 통해 "반기문 총장은 10년의 임기 동안 경제·안보·인권에 대한 헌신으로 세계 평화에 기여했다"며 "국제적인 분쟁과 인도주의적 재난으로 고통받는 사람들을 돕는 것을 유엔의 확고한 과제로 삼았다"고 평가했다.

이어 "전염병과 대량살상무기의 확산 등 세계적인 위협에 대처한 반기문 총장의 리더십은 국제 평화와 안보에 기여했다"며 "그는 세계의 인권 증진을 위해 쉼 없이 노력했고, 특히 여권 신장과 양성 평등을 장려했다"고 밝혔다. 나아가 "북한 김정은 정권이 저지른 만행에 대한 포괄적인 인권보고서를 펴내는 등 북한 인권 개선을 위해서도 싸웠다"며 "(인권보고서는) 북한의 인권 학대에 대한 양심의 충격을 안겼을 뿐만 아니라, 북한이 반드시 그 책임을 지게 될 것이라는 걸 깨닫게 했다"고 강조했다.

세계 최고의 게임 수출국 한국

비록 근대 산업혁명이라는 인류사의 거대한 전기(轉機)는 영국이 마련했지만, 이를 완성한 것은 미국이다. 경제계에서도 '미국식'은 이제 보편타당한 것이 됐다. 미국은 자동차, 철강, 조선, 전기, 비행기 등 모든 분야에서 타의 추종을 불허하는 기술과 생산방식을 개발함으로써 그 이후 모든 국가들이 추구하는 발전의 방향을 설정해 주었다. 프랑스, 독일, 소련, 일본 등 수많은 후발국가들이 나름대로의 특색을 갖고 있는 산업발전과 근대화를 꾀해 보았지만 그 기본적인 개념과 제도, 기술은 미국의 것을 차용했다.[14] 나치 독일과 소련의 경제체제는 제2차 세계대전과 냉전을 통하여 패배하면서 결국 미국체제의 우월성을 인정할 수밖에 없었다.

미국은 이에 더해 1990년대 들어서면서 디지털 혁명과 이를 기반으로 하는 정보혁명을 일으켰다. 1970~80년대를 통해 전통적인 산업혁명의 총아인 자동차, 철강, 화학 등의 분야에서 미국은 급격하게 국제 경쟁력을 상실했다. 그런데 미국은 과감하게 사양산업의 해체를 단행함과 동시에 새로운 지식혁명의 기반을 착실히 쌓았고, 그러한 구조조정이 1990년대 들어서면서 본격적으로 실효를 거뒀다. 그 결과, 이제는 비록 중국의 추격을 받고 있지만 여전히 타의추종을 불허하는 경제력을 갖추면서 역사상 최장 기간 동안 경제성장을 구가하고 있다.

한국 역시 미국을 거대수출시장으로 삼아 경제력을 키워나갔다. 제조업 전체 부가가치를 기준으로 한국은 세계 5위의 제조업 생산국가다. 한국 위로 중국, 독일, 일본, 미국이 있다. 전체 GDP에 비해 제조업 부가가치 순위가 매우 높은 건 GDP 대비 제조업 비중이 전 세계에서 제일 높기 때문이다.[15] 글로벌 평균 15%, 중국 29%, 미국 12%, 영국, 프랑스 11%, 독일 23%, 일본 19%. 제조업 분야 GDP로 따지면 5위이다. 프랑스, 영국, 인도보다 높다. 한국의 경제규모가 10위 수준인 것을 감안하면 정말 엄청나다.

특히 한국은 IT분야에서 세계 정상급 기술력을 보유하고 있다. 반도체 산업 총 매출액(메모리 반도체와 비메모리 반도체 합산)은 2013년 처음 일본을 넘어선 이후 줄곧 세계 2위를 유지하고 있다. 물론 1위는 미국. 세계 반도체 기업 Top 10에도 삼성전자와 SK하이닉스가 각각 2, 3위에 이름을 올렸고, 2018년에는 메모리 반도체의 슈퍼사이클과 맞물려 삼성전자가 인텔을 제치고 반도체 매출액 1위 기업을 달성했다.

디스플레이 산업에서 한국은 압도적인 세계 1위를 유지하고 있다. 14년 수량 기준에서는 이미 중국이 한국을 초월했지만, 매출 기준으로는 한국(44%), 대만(27%), 일본(15%), 중국(12%)의 순서이다. 디스플레이 분야에서는 원천기술마저도 한국이 보유하고 있기 때문에 고부가가치 제품에서는 한국이 여전히 우위를 쥐고 있는 셈이다. 대표적 기업으론 삼성디스플레이과 LG디스플레이가 있다.[16]

데스크탑과 노트북 등의 컴퓨터 브랜드를 보유하고 있으며, 리드 일렉트로닉스 리서치(Reed Electronics Research)에 따르면, 한국은 중국, 미국에 이어 세계 3위의 무선통신기기 생산국이다. 점유율은 8.6%. 스마트폰은 삼성전자에 힘입어 당당히 세계 1위를 차지하고 있다. 기사에 따르면 삼성전자와 LG전자는 세계 1~5위에 해당하는 종합 가전업체이다.

그러나 한국의 ICT 기업의 가치는 미국과 중국에 비해서는 뒤지는 것으로 나타났다. 한국의 시가총액 기준 상위 5개 정보통신기술(ICT) 기업 가치는 미국, 중국 상위 5개 기업에 비해 각각 15분의 1, 4분의 1에 불과하다는 분석이 나왔다. 글로벌 100대 ICT 기업(S&P 캐피탈 IQ 기준)에 한국 기업으로 유일하게 삼성전자가 11위로 이름을 올렸다.[17] 전국경제인연합회가 지난 10년간 한국, 미국, 중국 등 주요국 증권시장 시총 상위 5개 ICT 기업 변화를 분석해 2020년 8월 10일 공개한 결과다.

한국, 미국, 중국 증시 상위 5개 ICT기업들의 시가총액 합계에서 국가별 기업 가치 차이가 극명하게 갈렸다. 미국 상위 5개 기업 시총 합은 약 8092조원, 중국은 약 2211조원으로 뒤를 이었다. 한국 톱5 ICT기업의 시총 합은 약 530조원이었다. 인터넷 포털 및 전자상거래 기업 간 차이가 컸다. 네이버, 카카오 등 2개 기업 시총은 약 83조원으로 중국 전자상거래업체 징둥닷컴 시총(120조원)보다 적었다. 전경련 측은 "해외매출 비중이 네이버 30%대, 카카오는 아직 공식통계가 없는 실정으로 미국과 중국 인터넷 기업에 비해 글로벌 영향력이 미미해 상대적으로 증가세가 느린 것"이라고 분석했다.

글로벌 시총 기준 상위 100대 ICT 기업 명단에서 한국의 위상은 아직 만족스럽지 못하다. 가장 많은 수의 기업을 보유한 국가는 미국으로 애플, 넷플릭스, 테슬라 등 57개사를 보유했으며, 중국 역시 대표 기업인 알리바바를 포함한 12개사, 일본과 유럽이 각각 11개, 10개사를 보유해 뒤를 이었다. 떠오르는 ICT 강국 인도 역시 3개사를 순위에 올렸지만, 한국은 단 1개 기업(삼성전자, 11위)만이 랭크됐다. ICT 강국이라 불리는 한국의 글로벌 시장 지분율이 단 1%에 그친 것이다.

삼성전자가 1996년 세계 최초로 개발에
성공한 1기가 D램 반도체. 〈연합뉴스〉

코로나 팬데믹이 디지털 이코노미로의 전환 시기를 더욱 앞당긴 가운데, 국내 제조업이 성장 기회를 확대하기 위해서는 '디지털 혁신'을 가속해야 한다는 지적이 나온다. 전경련은 제조업 중심의 한국은 IT 디지털기업의 육성은 물론, 기존 제조업–IT 분야 간 융합으로 향후 글로벌 경쟁에 나서야 한다고 밝혔다. MS·테슬라 등 기존산업에서 디지털 혁신 및 융합에 성공한 모델을 참고해야 한다고 강조했다.

한 예로 MS는 1997년부터 2008년까지 총 20년간 시총 1~4위를 차지하다가 애플, 구글 등 후발 IT기업에 밀려 2009년에는 시총 10위 밖으로 밀려나기도 했다. 이후 클라우드 사업 확장, 구독 서비스 제공 등 변화를 통해 2020년 현재 애플과 시총 1위를 다투며 디지털 혁신에 성공했다.

자동차를 디지털 디바이스 개념으로 개발함으로써 패러다임을 전환한 테슬라는 지난 10년간 시총 연평균 증가율 64.3%를 기록해 2020년 8월 기준 시총 16위로 Top 10 진입을 앞두고 있다. 이는 세계 1위 자동차 기업 도요타가 연평균 4.5% 증가한 것과 비교했을 때 폭발적으로 증가한 수치다. MS의 경우 독보적 위치에 있으나 끊임없는 디지털 혁신으로 기업가치를 제고했고, 테슬라는 전통제조업인 자동차산업을 디지털과 결합해 새로운 형태의 고부가가치 사업을 만들어낸 것이다.

대표적인 문화산업인 게임에서 한국의 독주(獨走)는 이어지고 있다. 세계적인 게임사인 넥슨, NC소프트, 스마일 게이트 등이 한국의 회사이며 국산 게임이 단일규모 최대 게임시장인 중국에서 대박을 터뜨리며 매우 안정적인 위치를 차지하고 있다. 넥슨의 '던전앤파이터', NC소프트의 '리니지', 스마일 게이트의 '크로스파이어' 등은 세계적인 게임 프랜차이즈에서 세계 10위권이다. 이는 GTA, 헤일로, WOW 등의 유명 게임보다 높은 순위다. 또한, 네이버, 카카오 등의 IT 기업들도 포털사이트와 소셜 미디어 등으로 유명하다.

한류에서 가장 큰 비중을 차지하는 것은 게임 산업이다. 그 다음이 서적(학습만화 위주)이다.[18] 막상 드라마, 영화, 음악 등은 아직 중국, 동남아 등지의 개도국들을 주 소비 대상으로 하는 수준이기 때문에 그다지 큰 부가가치를 끌어오지 못한다. 그러나 게임은 시장의 크기도 엄청날 뿐더러 전 세계적으로 먹히는 한류 콘텐츠라 말할 수 있다.

미국 샌프란시스코 모스코니 센터에서 열린 30회 게임개발자회의(GDC) 2016 전시장 내 한국 문화기술 공동관 (2016.3.17.) 〈연합뉴스〉

한국게임산업협회가 발표한 '2020세계 속의 한국게임' 자료에 따르면, 게임 산업은 최근 10년간 연평균 10%에 가까운 성장률을 보이고 있다. 또 문화 콘텐츠 수출의 약 67%(약 8조2000억 원)를 차지하는 등 국가의 고부가가치 산업으로 자리 잡았다.

서비스업은 그 자체의 가치뿐만 아니라 그 나라의 '소프트파워' 향상에 큰 도움이 되기에 포기할 수 없다. 미국을 운운하지만 미국은 너무나 압도적이고 실제로는 유럽, 일본 등 세계 2류 수준만 되어도 소프트파워는 실로 대단한 것이다. 한류 자체는 성장하고 있지만 전망은 마냥 밝지만은 않다. 정부 관계자들이 현장방문을 통해 4차 산업혁명과 포스트코로나에 시대에 전개될 게임 산업의 사회적 변화를 예측하는 등 규제개선 방안을 모색해야 하는 시점이다.

세계은행 수장의 탄생

한국의 경제적 위상 상승에 발맞춰 국제기구의 수장들도 속속 탄생하고 있다. 그 기구가 세계은행(World Bank)이다.[19] 김용(金墉·61) 하버드대학 의대 교수가 세계은행의 수장자리에 올랐다. 김용 교수는 다트머스대 총장을 거쳐 2012년 제12대 세계은행(WB) 총재에 취임한 한국계 미국인이다. 세계기구 급으로 보면 반기문 유엔 사무총장 못지않은 유명인이다.

김용 세계은행 총재

김용 총재는 1959년 12월 서울에서 태어나 다섯살 때 부모와 함께 미국으로 이민했다고 한다. 철학자인 어머니의 영향으로 정치학과 철학에 관심이 많았지만, 치과의사 출신인 아버지의 뜻에 따라 진로를 의대로 정했다. 브라운대를 거쳐 하버드대에서 의학과 인류학 박사학위를 받았으며, 하버드 의대 교수를 지냈다. 특히 1987년 하버드대 의대 친구였던 폴 파머 하버드대 의대 교수 등과 함께 의료봉사기구인 파트너스인헬스(PIH)를 설립해 중남미와 러시아 등 빈민지역에서 결핵 퇴치를 위한 의료구호활동을 벌여왔다. 이 공로를 인정받아 2004년에는 세계보건기구(WHO) 에이즈국장을 맡아 에이즈 치료를 위한 활동을 벌이기도 하였다.

2005년에는 '미국의 최고지도자 25명'에 선정됐으며, 2006년에는 미국『타임』지가 뽑은 '세계에서 가장 영향력 있는 100인'에 뽑히기도 하였다. 이후 2009년 아시아계 중 처음으로 아이비리그(미국 동부 8개 명문 사립대) 중 하나인 다트머스대의 첫 한국인 총장이 됐다.

이후 2012년 4월 16일 미국 워싱턴에서 열린 세계은행 임시이사회에서 로버트 졸릭 총재의 후임으로 선출되면서 2012년 7월 1일부터 5년간의 임기를 시작했다. 힐러리 클린턴 전 국무부 장관 등 쟁쟁한 후보를 제치고 총재에 지명된 것이다. 아시아계 미국인으로는 최초의 세계은행 총재가 된 셈이다. 김 총재는 1968년 세계은행 역사상 처음으로 공개경쟁을 통해 총재에 올랐으며, 첫 비(非)백인 총재라는 기록도 세웠다.

세계은행 총재는 100여 개국 지역본부 1만 3000여 명의 직원을 거느리며, 국제개발협회(IDA)·국제금융공사(IFC)·국제투자보증기구(MIGA)·국제투자분쟁해결본부(ICSID) 총재직도 겸임한다. 미국은 제2차 세계대전 이후인 1968년 세계은행을 설립한 이래 비공식 협정에 따라 총재직을 줄곧 유지해 왔다.

하지만 2012년에는 미국을 비롯한 서방의 국제금융질서 독점에 반발한 브라

버락 오바마 미 대통령이 백악관 로즈가든에서 김용 세계은행 총재 후보를 지명하며 소개하고 있다(2012.3.24.)

질, 중국 등 신흥국들이 처음으로 후보를 내며 유례없는 대결구도가 형성된 바 있다. 김 총재는 2016년 연임에 성공하면서 2017년 7월 1일부터 5년 임기에 들어갔다. 그러나 임기 만료를 3년 반 정도 남긴 2019년 1월 7일 전격 사퇴를 발표했으며, 조기 사임 이유에 대한 구체적인 언급은 피했다.

'백신의 황제' 이종욱 WHO 사무총장

2019년 12월 31일, 중국 정부는 스위스 제네바 세계보건기구(WHO) 본부에 몇 건의 특이한 폐렴 사례를 보고했다. 발원지는 중국 후베이성 우한시 화난 수산시장. 그로부터 일주일 후인 올해 1월 7일, WHO가 중국에서 신종 코로나바이러스 감염증(코로나19)이 발견됐다는 사실을 발표하면서 전 세계 보건 당국에 비상이 걸렸다.

이종욱 전 WHO 사무총장.

바로 그 시각, WHO 본부에서 가장 바삐 움직인 곳은 다름 아닌 '이종욱 전략보건운영센터(SHOC)'다. 일명 '워룸(War Room)'으로 불리는 이곳은 비상상황 시 가동하는 WHO의 핵심 컨트롤타워다. 365일 24시간 전 세계의 감염병 정보를 모으고, 이를 토대로 즉각적인 대응 전략을 세울 수 있는 시스템이 구축돼 있다. 사무실 중앙 대형 모니터에 떠 있는 세계지도에는 감염병 발생지별 현황과 의약품 및 의료물자 지원 현황, 각국 공항 상황 등이 실시간으로 올라온다.

2004년 말 인도양 대지진과 지진해일(쓰나미)에 이어 2009년 조류인플루엔자(H1N1), 2011년 동일본 대지진, 2014년 에볼라 바이러스 대유행 등 인류를 위협하는 위기가 발생할 때마다 SHOC 위기대응팀이 가동됐고 발 빠른 대처를 해왔다.

이번 코로나19 사태를 맞아 테드로스 아드하놈 거브러여수스 WHO 사무총장이 팬데믹(세계적 대유행) 선언 직전까지 소극적 태도와 늑장 대응, 특정 국가에 대한 편향성 등 갖가지 논란을 일으키면서 이종욱(李鍾郁·1945~2006) 전 사무총장이 새롭게 조명되고 있다. WHO 내부의 반대 속에서도 SHOC 조직을 만든 당사자이자 현장을 중시하던 과거 이 전 총장의 모습이 테드로스 현 사무총장의 행보와 크게 대조되기 때문이다.

이종욱 WHO 전 총장이 한국인 최초의 국제기구 수장인 WHO 사무총장에 선출된 것은 2003년 5월 21일 세계보건총회에서다. 2개월간 취임 준비를 마친 그는 직원들에게 새로운 감염병 대유행을 경고하면서 대책 마련의 시급함을 강조했다. 이 전 총장은 그 직후 SHOC의 토대가 될 위기관리센터를 신속하게 만들도록 지시했다. 위치는 사무총장 집무실에서 8개 층 아래에 있는 지하 작은 강당. 센터 구축에 책정된 예산은 500만 달러(60억 원)나 됐다. 2003년 7월 31일 작성된 센터 초안 자료 중 일부다.

당시 WHO 본부 내부에선 센터 설치에 회의적인 시각과 반대가 많았다. 이 센터의 중요성과 가능성을 끝까지 확신하고 열의를 보인 사람은 이 전 총장뿐이었다. 이런저런 사정으로 당초 100일 안에 신속하게 설치하려던 이 센터는 2004년 말에야 완공됐다.

WHO가 이 전 총장 사후(死後) 이 센터에 그의 이름을 붙인 건 단지 그가 만들었기 때문만은 아니다. 1983년 WHO 남태평양지역사무처 한센병퇴치팀장을 시작으로 사무총장까지 올라 2006년 5월 22일 세계보건총회 개회 당일 사망하기 전까지 무려 23년간 WHO에 남긴 그의 족적과 성과가 그만큼 컸기 때문이다. 특히 소아마비와 결핵, 에이즈 등과의 전쟁에서 기념비적인 성과를 남겼다.

자크 시라크 대통령이 고인을 생전에 각별히 배려해준 것은 잘 알려진 사실이다. 조지 W 부시 미국 대통령이 WHO의 사업에 지원을 아끼지 않았고, 두 차례나 그를 미국으로 불러 면담하면서 "굿맨"이라며 칭찬하기도 했다. 이 총장은 23년 동안 WHO에서 근무한 국제적 의료 테크노크라트다. 하지만 직원 1만명이 넘는 유엔 기구를 이끌면서 조직과 사업을 활성화시키고 보건 문제를 글로벌 이슈로 만드는, 탁월한 정치력도 보여주었다.

빌 게이츠를 포함한 유명 인사들로부터 에이즈를 포함한 각종 질병퇴치 기금을 받아내는 등 '펀딩' 능력에도 탁월한 면모를 보여주었다. 이 총장의 이러한 노력은 미국을 포함한 회원국들의 호응을 받아 WHO는 여느 유엔 산하 기구와는 달리 여유 있는 예산을 운영할 수 있었다.

이종욱 전 사무총장은 한국인으로서는 최초로 선출직 유엔 전문기구 수장이 됨으로써 우리 전문 두뇌들의 국제기구 진출사에 초석(礎石)을 남겼다. 이종욱 총장은 지난 2003년 한국인으로서는 최초로 선출직 유엔 전문기구 수장이 됐고, 2006년 7월 21일 취임 3년을 앞두고 있었다. 고인의 역량과 친화력을 볼 때 5년 임기를 무난히 마치는 것은 물론 2기 연임도 충분히 바라볼 수 있었다는 것이 제네바 외교계의 평이었다.

제네바 외교가에서는 이 총장이 코피 아난의 뒤를 이를 차기 유엔 사무총장 감으로 보고 있었다. 고인도 언론 인터뷰에서 이를 부인치 않았다. 이종욱 총장이 2006년 7월 러시아의 상트페테르부르크에서 열린 G8(서방선진 7개국과 러시아) 정상회담에 초청받았던 것도 그의 비중을 말해준다.

이 전 총장이 WHO와 인연을 맺은 것은 1983년 WHO 남태평양지역의 도서국가 피지에서 한센병(나병) 관리책임자로 근무를 시작하면서부터다. 이 박사는 그 후 WHO 서태평양지역 사무처 질병관리국장(1993~1994)을 거쳐 1994년부터 WHO 본부 예방백신사업국장 및 세계아동백신운동 사무국장을 역임했다. 이 박사는 지난 1995년 백신국장으로 일하며 소아마비 유병률을 극적으로 떨어뜨려 미국의 과학지 '사이언티픽 아메리칸'으로부터 '백신의 황제'라는 별칭

이종욱 WHO 사무총장이 서울대학교에서 열린 국제백신연구소 본부 준공기념 심포지엄에 참석, 연구소 관계자들의 안내를 받아 연구소를 둘러보고 있다 (2003.6.26.) 〈연합뉴스〉

을 얻었다.

영국 의학전문지 랜싯(The Lancet)은 그를 '조용한 뇌성(quiet thunder)'이라 불렀다. 2000년에는 결핵국장으로 자리를 옮겨 북한에 결핵치료제를 공급하는 등 19개 국가를 대상으로 결핵퇴치사업을 추진해 북한 지도부는 물론 주제네바 북한 대표부측과도 터놓고 말할 수 있는 관계를 유지해왔다.

1963년 경복고등학교를 졸업하고 대입에서 의대를 지망했으나 낙방해 군에 입대했다. 제대 후 서울대 공과대학을 입학해 졸업한 후 1970년 서울대 의대에 진학해 1976년 졸업했다. 의과대학 재학 중 경기도 안양의 성 라자로 마을에서 한센병 환자들을 돌봤다. 이때 봉사를 하던 일본 출신의 동갑내기 부인 가라부키 레이코(鏑木珍子) 여사와 만났다. 두 사람은 1979년 명동성당에서 노기남 대주교의 주례로 결혼식을 올려 화제가 됐다.

이종욱 전 총장은 생전에 페루에서 의료봉사를 하는 부인과 떨어져 제네바 외곽 도시인 니용의 작은 아파트에서 검소하게 생활을 했었다. 고인은 생전에 돈에는 아무런 욕심이 없었고, 일 욕심만큼은 타의 추종을 불허할 정도였다고 한다. 이 총장의 지인들은 "고인이 생전에 테니스와 스쿠버 다이빙, 스키, 크로스 컨트리 등과 같은 스포츠를 즐겼지만, 과로가 화를 부른 것 같다"고 했다. 그의 노력 덕분에 인류는 소아마비가 없는 세상에 한발 다가섰다. WHO는 2019년 10월 24일 세계 소아마비의 날을 맞아 소아마비를 일으키는 '폴리오바이러스 3형(WPV3)'이 완전히 사라졌다고 발표했다. 테드로스 총장은 "천연두와 폴리오바이러스 2형 박멸 이후 세계 보건사상 기념비적인 사건"이라고 평가했다.

생전 뛰어난 전문성과 리더십으로 '백신의 황제' '행동하는 사람' '아시아의 슈바이처' 등으로 불린 이 전 총장. 만약 그의 노력과 성과가 없었으면 지금 같은 코로나19 위기에 어떤 상황이 벌어졌을까. 많은 국가의 반대와 비판 속에서도 세계적 대유행에 대한 이 전 총장의 예견과 선제적 대응 전략이 다시금 빛을 발하고 있다.

미국의 문화를 흡수해 새롭게 창조하다

사상적, 정치적, 경제적 패권을 바탕으로 미국은 문화에서도 세계를 주도하고 있다. 대중문화에서 고급문화에 이르기까지 미국의 것은 곧 세계의 것이 되어버렸다. 음식문화는 햄버거와 피자, 코카콜라가, 운동문화에서는 미 프로농구와 메이저리그가, 영화에서는 할리우드와 넷플릭스가, 소셜네트워크 문화에서는 페이스북과 트위터, 유튜브, 인스타그램이 이미 미국만이 아닌 세계가 공유하는 문화유산이 된 지 오래다.

특히 미국의 영화가 전 세계의 문화를 규정하는 데 끼치는 영향력은 대단하다. 미국의 영화산업은 '대중문화(popular culture)'라는 새로운 종류의 문화를 창출하면서 급속히 전 세계를 제패해 나갔다. 할리우드는 전 세계의 모든 계급

미국 문화의 중심지 뉴욕 브로드웨이.

과 성별, 인종이 쉽게 공유할 수 있는 새로운 문화의 장르를 발명하는 데 성공했다. 전 세계가 '어벤저스'라는 영화를 보며 팍스 아메리카나를 저항 없이 수용하고, 미국의 아카데미상 시상식을 보면서 함께 환호성을 올리는 현실 속에서 미국의 문화는 끊임없이 확대 재생산되고 있다.

그렇다고 미국이 대중문화만 선도하고 있는 것은 아니다. 미국의 문화적 영향력은 고급 문화권에서도 이미 가히 절대적인 수준에 이르렀다. 뉴욕과 로스앤젤레스는 이미 전 세계 미술과 음악의 중심지가 되었다. '캣츠', '오페라의 유령', '미스 사이공', '레미제라블' 등 우리가 아는 4대 뮤지컬은 영국에서 만들어져 미국 브로드웨이에서 꽃을 피우고 있다.

무엇보다도 미국의 고급문화를 대표하는 것은 미국의 대학이다. 미국의 대학은 전 세계의 지도자들을 양성, 배출한다. 미국에서 교육받는 지도자들은 미국의 가치와 체제의 우월성에 대한 인식을 의식, 무의식적으로 갖게 된다. 또한 미국의 대학은 전 세계를 주도하는 자유주의 사상과 이론, 이념을 끊임없이 재생산해 내고 있다. 따라서 미국의 대학은 이미 한국을 포함한 전 세계 학생들의 선망의 대상이다. 미국 유수대학의 학위는 세계 어디에서도 통용되고 인정을 받는다.

이제는 중국학, 일본학, 한국학을 공부하기 위해서도 미국에 유학을 가야 하는 일들이 벌어진다. 전 세계에서 만주어를 아직도 가르치고 있는 곳은 하와이대학밖에 없어서 자신의 모국어를 배우기 위해서 미국에 유학 온 만주계 중국인 학생도 있다고 한다. 유수 미국 대학도서관들이 보유하고 있는 동양학에 관한 장서(藏書)는 아무도 따라갈 수 없는 방대한 것들이다. 그리고 동양을 연구하는 학자들의 수준 또한 놀랍다. 동양에 대한 연구조차 미국의 대학에 의해서 주도되고 있는 것이 현실이다.

'미국 1호 박사'는 이승만 대통령

대한민국의 국부(國父, The Founding Father) 이승만(李承晩1875~1965) 대통령은 미국 유수의 대학에서 유학하고, '민족자결주의'를 제창한 우드로 윌슨(Woodrow Wilson)을 지도교수로 가르침을 받은 인물이다. 그의 유창한 영어는 우리나라의 독립운동사에서 전 세계를 상대로 외교적 역량을 발휘했고, 6·25전쟁 기간 중 미군 장군들과 격의 없는 커뮤니케이션을 통해 한미동맹을 구축하는 데 크나큰 역할을 했다.

이승만은 1899년 1월 9일 발생한 박영효 일파의 대한제국 고종(高宗) 폐위 음모에 가담했다는 혐의로 체포돼, 1904년 8월 9일 석방될 때까지 5년 7개월간 한성감옥에 투옥됐다. 그는 옥중 성경책을 통해 영어공부를 틈틈이 했으며, 이때부터 이승만은 영어공부에 재미를 느끼면서 심심풀이로 혼자서 한영사전 등을 정리하기도 했다.

그는 한성감옥에서 생활하면서 동료 죄수들은 물론, 간수들도 기독교로 개종시키고 한글과 영어를 가르치면서 많은 개화인사들을 길러내기도 했다. 1904년 8월 9월 석방된 이승만은 이후 민영환을 만나 그의 밀서(密書)를 소지하고 미국 대통령을 만나기 위해 그해 11월 4일 제물포항에서 미국으로 출국했다. 독립보전에 대한 미국의 지원을 호소하기 위한 고종의 밀사 자격이었다. 일본 고베를 거쳐 호놀룰루에 도착해 윤병구 목사와 합류했다.

1904년 12월 31일 샌프란시스코, 로스앤젤레스, 시카고를 거쳐 워싱턴에 도착했다. 1905년 1월 15일 미국 신문 '워싱턴포스트'지와 기자회견을 갖고 일본

한성감옥 시절, 맨 왼쪽의 중죄수 복장이 이승만(1903.)

이승만 대통령이 조지워싱턴대를 졸업할 무렵(1907.)

의 한국 침략의 부당성을 폭로하는 인터뷰를 했다. 1905년 4월 세례를 받았고, 8월에는 태프트(William H. Taft) 국무장관의 주선으로 시어도어 루즈벨트(Theodore Roosevelt) 대통령과 만났다. 이승만은 그 자리에서 한국의 독립 보존을 청원했지만, 러일전쟁을 계기로 미국은 일본을 지지하는 정책을 취하게 되어 성과를 거두지 못했다.

이후 이승만은 미국에서 머물며 학위과정에 들어간다. 그는 5년 5개월만에 박사학위까지 취득한다. 이승만이 초고속으로 학위를 받을 수 있었던 것은 주한선교사를 비롯한 미국 기독교계의 전폭적인 지원 때문이었다. 물론 배재학당 입학 6개월만에 영어교사가 될 정도로 그의 능력은 탁월했다. 일찍이 이승만은 배재학당 수학, 한성감옥 옥살이 과정에서 서양학문을 익히고 기독교에 입교했다. 이 과정에서 미국 선교사들과 폭넓게 교류했으며, 그들의 전폭적인 지원을 받았다. 선교사들은 이승만을 장차 조선의 기독교 지도자로 키우고자 했고, 이것이 이들 선교사들의 적극적 지원의 중요한 배경이 됐다.

1904년 말 이승만은 게일, 언더우드, 벙커, 질레트, 스크랜턴, 프레스턴 등 저명한 선교사들의 추천서를 무려 19통이나 가지고 미국으로 향했다. 선교사들은 추천서에서 이승만이 정치범으로 감옥 생활을 할 때 40여 명의 동료죄수들을 기독교로 개종시킨 사실을 강조하고, 그가 장차 한국 기독교계에서 주도적 역할을 할 것을 확신하면서 그에게 2~3년간의 교육 '완성' 기회를 베풀어 줄 것을 부탁했다.

이승만은 이런 추천서를 가지고 루이스 햄린 목사를 만나 세례와 유학지도를 부탁했고, 햄린은 조지워싱턴대학 찰스 니덤 총장에게 이승만을 소개했다. 이런 과정을 거쳐 이승만은 조지워싱턴대학에 '특별생'으로 편입했다. 대학 측은 이승만이 장차 '교역자(敎役者)'가 되겠다고 의사표명을 했기 때문에 등록금 전액에 해당하는 장학금도 마련해 주었다.[20]

1905년 2월 워싱턴의 조지워싱턴 대학교에 2학년 장학생으로 입학해 철학을 공부했다. 1907년 6월 5일 조지워싱턴대 콜럼비아 학부를 졸업하고 학사

(Bachelor of Arts) 학위를 받았다. 1907년 9월 하버드대 석사과정에 입학했다. 1908년에 수료했으나 안중근의 이토 히로부미 저격 사건과 전명운(田明雲), 장인환(張仁煥)의 스티븐스 암살 사건으로 친일 미국교수들로부터 냉대를 받게 됐다.

이승만은 천신만고 끝에 학업을 이어나갔고 1910년 2월 하버드대에서 석사학위를 받았다. 1908년 9월 프린스턴대 박사과정에 입학해 정치학과 국제법을 공부했다. 지도교수인 우드로 윌슨 총장(제28대 대통령 역임) 가족과 친밀한 관계를 유지했다. 1910년 7월 18일 프린스턴 대학교에서 '미국의 영향을 받은 영세중립론(Neutrality as influenced by the United States)'이라는 논문으로 철학박사(Doctor of Philosophy) 학위를 받았다.

후원자가 없던 이승만은 노동과 아르바이트로 학비를 조달했다. 그의 처지를 알게 된 지도교수가 학교에 요청해 장학금과 박사학위 출간 비용을 지원받기도 했다. 박사 논문 제본 비용 80달러가 없어서 논문은 2년 후인 1912년에 출간했다. 이때 이승만은 인접 프린스턴 신학교에서 강의를 들었다고 한다.

이승만은 서구적인 교육의 영향으로 그의 이름을 성보다 앞서 사용하는 서양식 이름을 썼다'Syngman Rhee' 또는 '승만 리'라고 썼다. 당시 박사(博士)가 거의 없었던 한국에서 이승만은 '1호 박사'로서 박사의 대명사가 되었고, 1948년

하버드대 재학 시절 지도교수 및 급우들과 함께 한 이승만 대통령.

8월 대통령이 된 뒤에도 사람들은 그를 이승만 대통령보다는 '이승만 박사'라고 친근하게 불렀다. 이승만 대통령은 미국에서 받은 교육을 바탕으로 그것을 대한민국 건국(建國)에 활용했다.

이 대통령은 그의 박사논문을 토대로 한 저서 '일본 내막기(Japan Inside Out)'를 저술하는 등 일본의 미국 침략을 경고했다. 1941년 태평양 전쟁이 발발하자 일본 제국의 패전을 확신하고 일제가 망하는 즉시 한국이 빼앗긴 주권을 돌려받을 수 있도록 국제사회가 대한민국 임시 정부를 정식 승인해야 한다는 외교활동을 적극적으로 펼쳤다. '미국의 소리(VOA)' 초단파 방송을 통해 고국 동포들의 투쟁을 격려했으며, 임시정부와 미군 전략첩보국(OSS) 간의 한미 군사협력을 주선했다.

이승만 대통령이 프린스턴대학교 대학원 박사학위 졸업사진(1910.)

전쟁 중에도 미국 유학을 보낸 육군

풀브라이트 장학금(Fulbright Scholarship)은 해방 후 한국의 인재들을 미국으로 부르는 역할을 톡톡히 했다. 한국에서도 1960년에 반관반민체(半官半民體) 성격의 지부가 만들어져 상호 교육·교환계획에 따라 교수·교사·학생 및 기타 관계 인사를 유학 또는 시찰하게 하는 일을 해오고 있다. 풀브라이트재단에서 장학금을 받고 유학한 전 세계의 지식인들은 약 120개국 10만여 명으로, 한국에도 이현재(李賢宰) 전 국무총리, 조순(趙淳) 전 서울시장, 김재익(金在益) 청와대 경제수석 등 1000여 명이 장학금 혜택을 받았다.

풀브라이트 장학금은 미 아칸소대 총장을 지낸 풀브라이트의 제안에 의해 창립된 장학금이다. 1946년 제정된 풀브라이트법에 근거한 장학금으로, 법률 내용은 '미국 정부가 가지고 있는 잉여농산물을 외국에 판매해 얻은 수입을 현지의 국가에 적립해 두었다가 그 나라의 문화·교육의 교류에 사용하도록 한 것'이었다.

풀브라이트 장학금은 군인(軍人)들에게도 미국 유학을 떠날 수 있는 기회를 주었다. 상당수의 육군사관학교 교수요원이 풀브라이트 장학금의 혜택을 받았고, 이렇게 미국 유학을 다녀온 박사들은 국가에 큰 기여를 했다. 한국 정보통신 혁명의 살아있는 전설 오명(吳明·81) 박사가 대표적 인물이다.

오명 전 정보통신부 장관은 경기고와 육사를 11기로 졸업하고, 서울대 전자공학과와 뉴욕주립대 스토니브룩에서 전자공학을 전공했다. 1980년, 그는 마흔의 나이에 청와대 경제비서관으로 관직에 들어선 후 체신부 장관으로 일하며 한국 정보통신 혁명의 기틀을 닦았다. 전전자교환기(TDX-1), 전국 전화 자동화 사업, 4MD램 반도체 개발 등 정보화 사회에 필요한 기초 작업을 했다. 그뿐 아니라 88서울올림픽의 정보통신 시스템을 이끈 공로를 인정받아 모교인 뉴욕주립대 스토니브룩 캠퍼스의 '유니버시티 프로페서'로 임명되기도 했다.

풀브라이트 재단 로고.

육사 교수로 국가적으로 기여한 인물로는 김성진(金聖鎭) 박사가 있다. 김성진은 인천고 출신으로 육사에 수석 입학해 육사 11기를 수석으로 졸업했다. 1959년 서울대 문리대 사학과를 수료하고 육사 교관으로 재직 중 미국 일리노이대학교로 유학해 물리학 석사학위를 취득했다. 육군 중령 때인 1970년 미국 플로리다대에서 '샌드위치판의 대칭 및 비대칭 왜곡'이란 주제로 공학박사 학위를 취득했다. 1980년 육군 준장 예편 후, 국방과학연구소장을 했다.

김성진은 국방과학연구소(ADD)에서 국방연구원(KIDA)을 분리시켰는데, KIDA는 공학 중심의 ADD에서 경영학, 정치학 중심의 국방관리로 전환해 많은 인재를 배출했다. 1983년 10월 체신부 장관에 임명돼 정보화 사회에 대비한 통신 발전 중장기 계획을 수립했다. 1985년 2월부터 6대 과학기술처 장관직을 수행했다. 1987년 2월 한국전산원의 창립과 함께 초대 원장으로 임명되면서 국가 기간 전산망 사업을 추진했다.

1970년대에 들어서자 박정희 대통령은 육사 졸업 성적 1등에서 4등까지 외국 유학을 시켰다. 국가재정에 여유는 없었으나 인재를 중시하는 박정희의 탁월한 결정 덕분이었다. 박정희는 사관학교 출신을 졸업 5년 후 연수를 시킨 후 임용 고시를 거쳐 사무관으로 특채했다. 행정의 달인 고건(高建) 서울시장 등은 이들을 활용했다.

6·25전쟁 중에도 장교들 미국 유학 보내

작고한 백선엽 장군의 회고록을 보면, 6·25전쟁 기간 중임에도 우리 군은 보병학교(Fort Benning) 등 군 교육기관에 꾸준히 유학을 보내고 있었다. 1953년 5월 중순, 백선엽 장군은 이승만 대통령의 명에 따라 한미동맹을 아이젠하워 미 대통령에게 요청하기 위해 방미했다.

그때 조지아 주의 통신헌병 훈련학교(Fort Gordon)과 포트베닝에서 도미 유학 중인 육군 장교들을 만났다고 술회하고 있다. 백 장군은 "특히 미 보병학교에는 손희선(소장 예편)을 단장으로 한 유학생이 수백 명이나 있어 마치 국군 보병학교를 옮겨 놓은 듯한 느낌이 들 정도였다"며 "대부분 영어에 미숙했기 때문에 교육에는 통역장교를 두고 있었으나 교육성과는 훌륭하다는 평을 듣고 있었다"고 했다.[21]

전후 복구 과정에서 한국군 장교들은 미군의 군사행정(軍事行政)을 배웠다. 일례로 6·25가 발발할 무렵, 미군은 해방 직후 군정(軍政)을 위해 진주하면서 일본에서 축적 5만분의 1의 한국지도를 가져왔다. 이 흑백지도는 일제 때 일본군 참모본부 육지측량부에서 제작한 것으로, 미군은 이를 정부에 넘겨줘 내무부 토목과가 관장했다. 전쟁이 발발하자 지도를 보관하던 육군 공병감이 그대로 두고 후퇴했다가 군(軍) 지도 인쇄창이 수복 후 이를 발견해 이 지도를 원도(原圖) 삼아 지명만 일부 한글로 바꿔 인쇄했을 정도였다고 한다.

군의 방대한 보고서 작성도 미군의 도움을 받았다. 백선엽 장군이 1군사령관 시절, 미 8군 부사령관 윌리엄즈 소장은 1군 담당지역을 속속들이 살펴보고 단시간 내에 보고서를 작성해 백 장군을 놀라게 했다. 그 보고서에는 전선의 배치에서부터 전투 및 지원부대의 문제점, 심지어 식당운용에 이르기까지 지적사항을 빠짐없이 언급하고 있었다. 백 장군은 윌리엄즈 소장에게 요청해 대형트렁크 3개 분량의 서류들을 통째로 빌려 한 달 동안 모조리 타자해 한 벌을 복사했다고 한다.[22] 이 때 타이핑으로 복사한 서류들이 우리 군 행정의 토대가 됐음은 물론이다.

이처럼 6·25전쟁을 거치면서 군사행정은 신생정부의 행정에 온전히 이식(移植)됐고, 5·16군사정변 이후 권력을 잡은 군부세력에 의해 발전을 거듭해 1970년대 이후 '대한민국 전자정부' 탄생의 기틀을 마련했다. 참고로 전자정부(electronic government)라는 개념은 1993년 미국의 클린턴 행정부에서 사용되기 시작했다. 우리나라에서는 1996년 '정보화촉진기본계획'이 확정되면서 기존의 행정정보화 개념은 퇴색하고 전자정부라는 개념이 공식화되기 시작했다.

미 해군 순양함 로스앤젤레스함에서 백선엽(右) 군단장이 알레이 버크 제독과 만나 악수를 나누고 있다(1953.5.)

2002년 6월에 발간된 유엔의 '전자정부 벤치마킹 보고서(United Nations E-Government Survey 2002)'는 우리나라를 전자정부 정책이 가장 성공한 나라로 평가했다. 같은 해 12월에 발표된 미국 브라운 대학의 전자정부 평가에서는 우리나라가 세계 2위로 선정됐다. 당시에 '나라장터', '홈텍스', '온나라시스템', '전자민원시스템', '전자출입국관리시스템' 등이 만들어졌으며, 행정 당국이나 공공기관에서도 홈페이지를 통해 공공정보를 공개하기 시작했다.

원자력 유학생 미국 파견

이승만 대통령이 1950년대에 원자력연구소를 만들며 학생들을 미국으로 유학 보낸 것도 탁월한 선택이었다. 정부수립 직전인 1948년 5월 4일, 북한은 남한으로의 송전을 일시에 끊는 이른바 '5·14 단전'을 감행했다. 5·14 단전으로 미군정하의 남한은 심각한 전력난에 빠졌다. 그때 구세주처럼 나타난 인물이 워커 시슬러(Walker Lee Cisler·1897~1994)였다.

시슬러는 코넬대학에서 기계공학을 전공하고 미 정부 전쟁물자생산국에서 전력생산과 관계된 일을 한 국제 전력계의 거물(巨物)이었다. 제2차 세계대전 때는 아이젠하워 유럽주둔군 총사령관 휘하에서 전후 유럽의 전력계통에 대한 복구사업의 총책임을 맡아 유명세를 떨쳤다.

한국 정부는 1956년 7월 시슬러를 초청했다. 전후 복구사업으로 전력 문제가 심각했고, 그의 자문이 필요했던 것이다. 시슬러는 7월 8일 이승만 대통령과

워커 시슬러 미국 전력협회장.

만나 한국의 전력사업 개황을 듣고 "한국도 원자력 발전을 해 보는 것이 좋겠다"고 권유한다. 이 대통령은 "우리가 원자력 발전을 하려면 무엇부터 시작해야 하고, 언제쯤 실현 가능하냐"고 물었고, 시슬러는 "정부 안에 원자력 전담기구를 설치해 정부 차원의 원자력 발전 업무를 추진하고, 원자력연구소를 설립해 원자력에 관한 연구를 맡기고, 50명 정도의 과학자를 선진국에 보내 원자력 과학자를 양성해야 한다"고 건의했다.

시슬러는 휴대하고 다니는 '에너지 박스(Energy Box)'를 이 대통령에게 선보였다. 그는 박스에서 3.5파운드 무게의 핵연료 막대기를 꺼냈다. 시슬러는 "3.5파운드 무게의 석탄을 태우면 4.5kW/h의 전기를 생산할 수 있고, 3.5파운드의 우라늄을 태우면 1200만kW/h의 전력을 생산할 수 있다"며 "무게는 같지만 우라늄은 무려 300만 배나 더 많은 전기를 생산할 수 있다"고 했다.

이승만 대통령이 "한국은 언제쯤 원전을 가질 수 있느냐"고 묻자, 그는 "20년 후면 충분히 가능하다"고 했다. 실제로 그의 예언대로 한국은 21년이 지난 1977년 고리 1호기 시운전에 들어갔다. 미국에 유학해 원자력의 힘을 잘 알고 있던 이승만 대통령은 시슬러의 원자력 권유에 적극적으로 호응했다.

당시 한국은 1인당 국내총생산(GDP) 70달러에 불과한 최빈국이었다. 이러한 실정에서 이승만 대통령은 시슬러의 조언을 귀담아 원자력 인재 양성에 큰 관심을 기울였다. 1957년 원자력 전문가를 키우기 위해 국비 유학생 제도를 도입하라고 지시했다. 원자력 공부에 목말라하던 인재들이 대거 지원했다. 선발된 인재들은 여러 해에 걸쳐 총 237명이 차례로 출국했다. 그들의 절반은 영국으로, 나머지는 미국으로 향했다.

미국 유학생으로 가장 먼저 선발돼 도미한 유학생 대표는 윤세원(尹世元·전 선문대 총장, 2013년 작고)이었다. 1950년대 실무 차원에서 한국원자력의 토대를 마련한 두 사람은 박철재와 윤세원이었다. 연희전문-교토제대 동문 관계로 얽힌 두 사람은 이승만 대통령의 신임을 받으며 한국 원자력의 토대를 만들었다.

교육부가 발표한 '2019 국외 한국인 대학(원) 유학생 통계'에 따르면, 국외 한국인 유학생은 2019년 21만3000명으로, 2011년 26만명에 비해 크게 줄어들고 있다. 유학을 가는 나라로는 미국(25.6%), 중국(23.8%), 호주(8.8%), 일본(8%), 캐나다(7.7%) 순으로 나타났다. 특이한 점은 2017~2018년의 경우 미국보다 중국유학이 더 많았으나 중국 유학이 급감하는 대신, 미국유학이 늘어나는 추세다. 캐나다 유학이 가장 증가세가 뚜렷하다고 한다.[23]

2019년 4월 기준 국내 외국인 유학생 수는 16만명을 넘어섰다. 교육부와 한국교육개발원은 이 최근 '2019년 교육기본통계' 조사 결과를 발표했다. 국내 대학에서 공부하고 있는 외국인 유학생은 16만165명으로 2018년보다 1만7960명 증가했다. 학위과정 유학생은 10만215명, 비학위과정 유학생은 5만9950명이다. 비학위과정 유학생은 전공 공부가 아닌 어학을 목적으로 온 어학연수생이나 교환학생 등을 말한다.

외국인 유학생은 대부분 아시아 국가 출신이다. 전체 유학생의 91%, 14만

한국 최초 연구용 원자로 기공식에서 첫 삽을 뜨는 이승만 대통령(1959.7.14.)

5747명이 아시아 국가 출신이었다. 다음은 유럽 6312명(3.9%), 북미 4053명

(2.5%), 아프리카 2670명(1.7%), 남미 972명(0.6%), 오세아니아 411명(0.2%) 순이다. 1999년 국내에서 공부하는 외국인 유학생은 3418명에 불과했다. 학업을 목적으로 한국을 찾은 유학생이 20년 만에 40배 이상 늘어난 것이다.

이처럼 외국 유학생들이 증가하면서 유명인사의 자녀들도 한국 유학을 선택하고 있다. 영화배우 안젤리나 졸리(45)가 장남 매덕스(19)를 연세대에 진학시킨 것이 그것이다. 연세대는 2019년 8월 "안젤리나 졸리의 아들 매덕스가 오는 9월 연세대 언더우드국제대학(UIC) 생명공학전공으로 입학한다"고 밝혔다. 이에 앞서 2018년 11월 졸리는 아들 매덕스, 팍스(17)와 함께 서울 연세대 캠퍼스에 방문했다. 졸리는 당시 연세대 측에 직접 캠퍼스 투어를 신청, 연세대 홍보대사 학생들의 안내를 받아 두 아들과 함께 학교를 둘러보기도 했다. 매덕스의 연세대 입학은 케이팝(K-pop) 등 한류에 관심이 많던 그가 선택한 것으로 전해졌다.

3. 새로운 역사를 써내려가는 한류

한류드라마의 성공 정점 찍은 '기생충'

한국은 1967년부터 국산영화 의무상영제인 '스크린 쿼터(Screen Quota)' 제도를 실시했다. 국내 영화시장을 싹쓸이하는 헐리우드 영화라는 '공룡'에 대응하기 위해 자국영화의 시장확보와 보호육성책이었다.

1970년대 초부터 본격적인 사회현상으로 나타난 우리의 대중문화는 서구적인 것과 일본적인 것이 혼재해 왔다. 1990년대에는 왜색문화(倭色文化) 침투의 주범도 일본의 첨단기술에 기반한 위성방송이었다. 즉 일본의 영화와 만화, 비디오 등을 통해 일본인의 사회적 관습과 사고방식이 무의식 상태에서 받아들여졌다.

1950년대부터 일본 드라마가 한국을 비롯해 아시아 시장을 주도했다. 일본 TV 프로그램의 수출은 1960년에 시작됐다. 애니메이션이 수출 총량의 50% 이상을 차지하고, 드라마는 20%대의 비중을 차지했다. 일본 정부가 전략적으로 방송 프로그램 수출을 장려했던 1980년대 말에 일본의 TV 프로그램 수출은 비약적으로 증가했다. 일본 드라마 '오싱'은 1984년 싱가포르와 중국, 1990년 베트남, 1994년 대만 등 50개국에 수출되어 큰 반향을 얻었다. 1980년대 말부터 1990년대 초까지 아시아 시장에서 일본 드라마는 전성기를 구가한 이후 급격히 쇠퇴한다.[24]

그러나 지금, 스크린 쿼터제나 왜색문화를 걱정하는 일은 과거의 추억이 되어버렸다. '한류(韓流)'가 출현한 것이다. 한국이 문화수입국에서 수출국으로 갑과 을의 위치가 바뀌는 순간이었다! 한류란 중국, 일본, 동남아 등지에서 유행하는 '한국 대중문화 열풍' 현상을 가리키는 말이다. 1999년 중반 중국 언론 매체에서 처음 쓰기 시작한 신조어로서 중국, 대만, 홍콩 등 중화문화권에서 일어난 한국 대중문화 붐을 의미한다. '한류'는 중국 '베이징칭니엔바오(北京靑年報)'가 1999년 11월 19일자에서 가장 먼저 사용했다. 드라마 방영으로 조성된 한국에 대한 관심이 HOT의 음반 발매와 더불어 한국 대중문화에 대한 열기로

영화 〈기생충〉 2019, 포스터

발전했고 클론의 공연이 성공하자 이를 '한류'로 표현했다.

　한국 방송사의 프로그램 수출은 1991~1992년에 지상파방송사들이 프로덕션을 설립하면서 시작된다. 1993년에 KBS가 '질투'를 중국에 수출한 것에서 드라마의 수출이 시작된다. '느낌'이 1994년 베트남에 수출됐으며, '별은 내가슴에'가 1997년 홍콩에, '초대'가 1998년 대만에 수출됐다. 1997년 중국 CCTV에서 '사랑이 뭐길래'를 방송한 이후 한국 드라마는 일본이 주도하던 아시아 드라마 시장의 판세를 뒤집기 시작했다.

92회 미국 아카데미 시상식에서 작품상, 감독상, 각본상, 국제장편영화상 등 4개 부문을 수상한 봉준호 감독. 〈연합뉴스〉

　마침내 한국 드라마는 1999년 역사적인 '한류'를 낳고, 2000년 '가을동화'의 성공과 함께 아시아 시장을 장악하기에 이른다. 2003년 4월에 일본 NHK 위성 채널로 방송된 '겨울연가'가 파격적으로 인기를 끌자 2005년까지 지상파 채널과 위성 채널로 네 번이나 다시 편성했다. 이로써 '겨울연가' 신드롬이 형성되고, 욘사마(배용준)는 일본에서 최고의 인기 스타가 된다. 이어 '대장금'이 중국, 홍콩, 대만을 비롯해 중동, 아프리카, 중남미 등 전 지구적으로 위세를 떨쳤다.

　칸영화제와 골든글로브 시상식에서 수상할 때까지만 해도 몰랐다. 영화 '기생충'이 미국 최고 권위의 아카데미 시상식에서 작품상을 타게 될 줄은 말이다. 봉준호 감독은 미국 영화 역사를, 그리고 대한민국 영화 역사를 새로 썼다. 우리나라 영화의 아카데미 시상식(이하 '오스카')을 향한 도전은 1963년 신상옥 감독이 '사랑방 손님과 어머니'를 아카데미 외국어영화상 부문에 출품하면서 시작됐다. 그러니까 '기생충'은 우리 영화가 오스카에 첫발을 내디딘 지 정확히 57년 만에 작품상, 감독상, 각본상, 국제 장편영화상 4개 부문을 수상하면서 새로운 역사를 만든 것이다.

　한국 영화로서는 최초의 아카데미 시상식 수상이고 나아가 아시아권 최초였다. 칸 황금종려상과 아카데미 작품상을 동시에 받은 것도 1955년 미국영화 '마티' 이후 단 두 번째다. 미국에서 개봉 후 대중의 좋은 반응을 이끌었다는 것도 의미가 있다. 2019년 10월 11일 북미 개봉과 동시에 봉준호 감독은 '봉하이브'라는 팬덤을 얻었다. '봉준호'란 이름도 마찬가지다. 이미 '설국열차' '옥자'로 할리우드 스타와 손잡기 전부터 '살인의 추억' '괴물' '마더'로 해외에도 팬덤을 쌓았다. 2019년 칸 황금종려상에 이어 이번 아카데미 수상 성과로 봉준호는 명실상부 세계적 명성을 공고히 했다.

한국의 영화사뿐만 아니라 한미 문화교류사 측면에서 보더라도 오스카상 수상은 큰 의미를 준다. 물론, 오스카상 측에도 여러모로 의미가 있는 수상이었다. 그간 영어권 영화에만 작품상을 수여했던 오스카가 이젠 비영어권 영화에도 작품상을 줄 자세가 됐음을 공식화한 것이다. 영화평론가 이동진은 "'기생충'이 오스카가 필요했던 게 아니고, 오스카가 '기생충'이 필요한 해였다"고 말했다. '기생충'의 작품상 수상은 기네스북에도 등재됐다. 잉그마르 베르히만의 '화니와 알렉산더', 이안 감독의 '와호장룡'과 함께 '오스카에서 가장 많은 상을 받은 외국어 영화' 공동 1위에 올랐다.

이처럼 오늘날 우리의 젊은 세대들은 과거와 달리 이미 매스컴과 인터넷, 해외여행을 통해서 외국의 문화와 깊은 교류를 하고 있다. 세계 여론의 향방을 좌우하는 미국의 막강한 언론사가 보도하는 뉴스를 보고 듣기 위해서 영어공부를 하고, 구미의 최고 대학에서 세계 최고 권위의 교육을 받기 위해서 영어 공부를 하고, 이미 세계를 제패하고 있는 미국 영화가 그리는 세계를 보다 잘 이해하기 위해서 영어 공부를 한다. 또 이미 보편문화가 되어버린 일본의 컴퓨터게임과 오락, 만화를 제대로 즐기고 보고 듣고 이해하기 위해서 일본말을 배우는 것이 오늘의 젊은 세대들이다.

따라서 이제 우리는 수준 높은 세계화를 함으로써 우리 문화의 정체성을 찾아야 한다. 우리 전통문화의 수준을 끌어올리는 작업은 우리의 문화인과 지식인, 젊은이들이 외국의 문화를 더욱 많이 접하고 보다 깊이 이해하는 데서 시작해야만 한다. 그들이 세계의 문물에 대한 방대하고 철저한 이해를 바탕으로 우리의 전통문화를 다시 해석하고 포장해서 내놓을 때 우리의 전통문화는 비로소 그 특수성을 발하고 보편성을 획득할 수 있게 된다.

백남준의 비디오 예술

그리고 우리는 미국에서 일세를 풍미했던 한 사람의 세계적 예술가를 기억해야만 한다. 그의 이름은 백남준(白南準·1932~2006)이다. 백남준은 1932년 서울의 창신동에서 방직회사를 경영하는 거부의 집에서 5남매의 막내로 태어났다. 어려서부터 피아노 치기를 좋아했다. 중학생 때부터 신재덕에게 피아노를 사사받고 이건우에게 작곡을 사사 받는다.

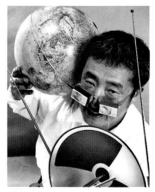

비디오 아티스트 백남준.

한국에서 17세 반이 될 때까지 살다가, 18살에 아버지와 함께 홍콩을 건너가 학교에 다녔다. 그는 한국에서 중요한 두 가지를 배웠다고 기록했다. 유물론 창시자 칼 마르크스(Karl Marx)와 작곡가 아르놀트 쇤베르크(Arnold Schonberg)다. 칼 마르크스는 당시 전 세계적인 유행이었다. 마르크스에게 심취하긴 하였지만, 어머님이 집안을 위해 밤새도록 하는 굿을 지켜 볼 때면 백남준은 자신도 모르게 자신 가족의 안녕을 위해서 빌게 되었다고 한다.

백남준은 아버지 사업상 홍콩에 통역으로 따라갔고 홍콩에서 반년 학교도 다닌다. 백남준의 여권 번호는 7번이었고 아버지의 여권번호는 6번이었다. 1950년 서울에 살고 있는 조카의 백일 잔치를 보러 아버지와 함께 귀국했다가 6·25 전쟁을 맞는다. 백남준은 당시 한국에서 영화 '카사블랑카'를 보려고 마음 먹었는데 전쟁이 났다고 했다.

일본에서 백남준은 동경제대에 입학해 미학 및 음악사, 미술사를 전공한다. 아놀트 쇤베르크에 관한 연구 논문으로 동경제대 문학부 미학 미술사학과를 졸업한 후 독일 유학길에 오른다. 1958년 독일 다름슈타트 국제 현대음악 하기 강습회에 참가한다. 그곳에서 현대음악사의 독보적 인물이며 아방가르드 작곡가인 존 케이지(John Cage)를 만난다. 백남준은 케이지를 만나기 1년 전 1957년을 자신 삶의 '기원전 B.C(Before Cage) 1년'이라고 말했다.

고전 음악에 회의를 느꼈던 백남준이 새로운 개념의 음악을 하게 되는 인생의 터닝 포인트가 됐다. 백남준이 말하는 새로운 음악이란 결국 음악과 관객의 새로운 관계를 만드는 음악이었다. 이 새로운 관계란 관객이 음악을 감상한다는 '일방적 관계'가 아니라 관객이 음악 활동에 참여한다는 '상호적(인터엑티브) 관계'였다. 이러한 관계 속에 창작 대신 우연(해프닝)으로 예술을 만들고, 예술가는 일개 무명의 수행자(퍼포머) 역할을 하게 된다. 그의 첫 퍼포먼스 '존케이지에게 바치는 경의: 녹음기와 피아노를 위한 음악'을 발표했다. 퍼포먼스 과정에서 피아노를 파괴한다.

비스바덴 미술관에서 개최된 플럭서스 페스티벌에서 백남준은 머리를 붓으로 사용하여 먹물을 적신 머리로 바닥을 기어가며 그림을 그린 '머리를 위한 선'을 보여주었다. 그때 그려진 '묵화'가 먹물 묻은 넥타이와 함께 지금까지 비스바덴 미술관에 소장됐다. 한편, 미국에서는 히피문화가 있었고 유럽에서는 비틀즈의 로큰롤을 중심으로 한 새로운 문화형태가 젊은이들의 의식을 해방시키고 있었다. 다다이즘(전통을 부정한 예술운동)이 제1차 세계대전 중에 발생한 절망과 불안의 문화라고 한다면, 플럭서스는 대량생산과 대량소비가 막 시작된 1960년의 해방문화라고 말할 수 있다. 플럭서스는 제2차 세계대전 후 서구에서 새로운 예술적 돌파구로 찾은 대표적 아방가르드다.

플럭서스 탄생 해인 1962년 백남준은 'One of Violin Solo'를 연주한다. 바이올린을 가만히 들어 올렸다가 밑으로 내리쳐 깨뜨리는 단순한 음악적 '사건'으로 볼 수도 있다. 바이올린을 내리치려는 순간, 시립관현악단의 단장이 "바이올린을 살려달라"고 고함을 쳐 소란이 났고, 그때 우연히 옆에 있던 요셉 보이스(Joseph Beuys)가 "콘서트 방해하지 말라"고 소리치면서 바이올리니스트를 연주회장 밖으로 밀어냈다. 백남준이 바이올린을 파손시키는 이 작품은 플럭서스 음악의 대표적 레퍼토리를 이루며 많은 동료 예술가들에 의해 재연됐다.

1963년 일본 공연 여행 중에 전자 기술자인 아베 슈야를 만난다. 처음 아베를 만났을 때 백남준은 그의 방대한 지식에 놀랐다고 한다. 그는 메르세데스 벤츠의 섀시 구조에서 부터 뒤샹(Marcel Duchamp)의 레디메이드에 이르기까지 모든 것을 알고 있었다고 백남준은 말한다.

1965년 10월, 백남준은 캠코더가 시판되던 첫날 구입해 돌아오다 교황 바오르 6세와 마주쳤고, 교황의 뉴욕 방문기념 행진을 찍어 '전자 비디오 레코더'라

백남준의 대표작 '다다익선' 〈연합뉴스〉

는 이름으로 그날 밤 카페에서 상영한다. 이것이 최초의 비디오 작업이었다.

백남준은 46세에 일본 비디오 아티스트 구보타 시게코(久保田成子)와 결혼했다. 14년에 걸친 시게코의 구애 끝에 뉴욕에서 결혼식을 올렸다. 1982년 뉴욕 휘트니 미술관에서 첫 회고전이 열렸다. 그때 인터뷰에서 1965~1967년 작 '달은 가장 오래된 TV'라는 작품을 설명하면서, "서양 민족과 달리 한국인 등 우랄알타이계 사람들은 달을 보면서 토끼가 떡방아를 찧는 장면을 상상하여 많은 설화를 남겼다"면서 "달이 가장 큰 볼거리였기 때문에 가장 오래된 TV인 셈"이라고 설명했다.

백남준은 회갑을 맞을 때 과천 국립현대미술관에서 대회고전을 열었다. 초기의 음악적 오브제에서 비디오테이프, 비디오조각, 대형비디오 설치에 이르는 다양한 작품을 선보였다. 1993년 '유목민으로서의 예술가'라는 주제로 동서양을 잇는 '전자 슈퍼하이웨이'를 만들어 독일관 작가로 참가한 백남준은 베니스 비엔날레 대상의 영예를 안았다. 2004년 소호의 한 스튜디오에서 컬러플한 물감으로 피아노에 채색하고 넘어뜨리는 퍼포먼스를 했다. 이 퍼포먼스는 생애 마지막 퍼포먼스가 됐다. 비디오 아티스트의 창시자 백남준은 2006년 1월 마이애미 자택에서 별세했다.

미8군을 통해 한국 가요가 잉태

한국 대중음악의 시작이 미8군 무대라고하면 이의를 제기하는 사람들이 있을 것이다. 미8군 음악의 수용자가 내국인이 아닌 미군장병이었다는 점 때문에 '절름발이 음악'이라고 하거나 '전 국민의 사랑을 받는 트로트가 엄연히 주류로 이어오고 있는데 무슨 소리냐'고 할지도 모른다. 그러나 그렇게 말하는 사람도 1960년대부터 1980년대까지 한국 대중가요의 발전을 이루어내고 역사를 바꾼 음악인들이 모두 이곳 출신들이라는 점은 인정하지 않을 수는 없을 것이다.

1960년대 음악은 6·25전쟁을 겪으며 좀 더 완숙한 체제로의 음악형태를 추구했다. 그것은 수난기에서 돌출돼 온 히트곡들의 영향과 더불어 창작인들의 창작 욕구를 더 한층 불러 일으켰다. 특히 미8군의 방송과 함께 8군 쇼에서 활약

미8군 무대에 선 가수 신중현(右)과 이남
이(左)

한 가수들의 무대진입이 활발히 나타났던 시기였다. 이때는 민요라는 장르가
퇴색되는 시점이었고, 팝 음악을 선호하는 층도 생겨났음은 물론, 음악다방의
출현으로 청년문화가 꽃을 피우기 시작했다.

미8군 쇼는 1963년에 만들어졌으며 이때 실력 있는 가수들이 이 무대를 거치
며 활발한 활동을 해나갔다. 그러나 초기 때는 개런티가 돈이 아닌 커피나 초컬
릿, 술, 빵 등으로 대치됐고, 개런티는 약간의 수고비 정도였다. 초기 미8군 쇼
에서 활약한 팀은 김시스터즈, 김보이즈, 패티김, 이금희, 서수남, 코리안 키튼

'노란 샤쓰 입은 사나이'로 공전의 히트를
친 가수 한명숙.

즈의 윤복희, 한명숙, 임희숙, 신중현 등이 미8군 쇼를 거쳐갔다.

이런 와중에 1961년 한명숙의 '노란 샤쓰 입은 사나이'가 일반인들은 물론 택시 운전기사들에게까지 유행이 번져 노란셔츠를 입고 운전하는 운전사들의 모습도 비쳐졌다. 같은 해 최희준은 '내 사랑 쥬리안'과 '우리 애인은 올드미스'로 인기를 구가했고, 1963년에는 현미의 허스키한 목소리로 '밤안개'를 불러 공전의 히트를 쳤다.

미8군 쇼 무대에서 단련한 음악인들은 1960년대부터 한국인 대중을 상대로 한 이른바 '일반 무대'에 본격적으로 진출해 돌풍을 일으켰다. 미8군 무대는 한국 대중가요의 산실이었고, 우리 가요발전의 토대가 되었다.

유튜브 시대 말춤 추는 글로벌 스타 탄생

2000년대 들어서면서 국내 가요는 세계화의 물결을 타고 동남아를 위시해 미국과 유럽으로 퍼져나갔다. 그 첨병 역할을 한 것이 싸이(박재상·43)다. 그는 유튜브 시대 B급 정서의 글로벌 스타다. 2012년 글로벌 히트곡 '강남스타일'로 한국 대중음악의 역사를 새롭게 썼다. 유튜브라는 새로운 미디어 환경이 만들어 낸 글로벌 스타다. '강남스타일'은 빌보드 차트 2위에 올랐고, 유튜브에서 많이 본 동영상 1위를 차지했다.

싸이는 데뷔 때부터 스스로를 '비주류 3류'로 희화화해 온 B급 정서의 대표주자다. 그래서 그를 두고 '세계를 놀래킨 B급의 힘'이라고 한다. 2012년 한국을 찾은 에릭 슈미트(Eric Schmidt) 구글 회장은 "당신 때문에 세계가 한국을 주목하고 있다. 당신은 한국의 영웅이다"라고 했다. 그의 말을 빌리지 않더라도, 싸이만큼 전 세계에서 유명한 한국인이 또 있을까.

'강남스타일'은 한국 대중음악으로는 최초로 4주 연속 빌보드 차트 2위에 올랐다. 비록 1주 천하에 그쳤지만, 빌보드보다 훨씬 보수적이고 콧대 높다는 영국 UK 차트 1위에도 올랐다. 아이튠스 차트에서도 미국·영국 등 전 세계 30여 개국에서 1위였다. 세계적인 음악상도 30여 개 휩쓸었다. 팝의 본 고장인 영미권에서 거둔 성공이라 더욱 의미 있었다.

유튜브 신기록 행진은 더욱 놀랍다. 유튜브 조회 수는 2014년 5월 20억 뷰를 돌파했다(뮤직비디오 게시는 2012년 7월 15일). 역대 가장 많이 본 동영상 1위다. 유튜브 동영상 사상 최초로 10억 뷰를 넘어선 동영상이기도 하다. 2013년 4월 발표한 후속 곡 '젠틀맨'도 가장 많이 본 동영상 10위다(2014년 1월). '강남스타일' 뮤직비디오는 유튜브에서 그 외 '최단 기간 최다 조회 수', '가장 많은 좋아요 획득' 등의 기록도 세웠다.

싸이의 성공은 유튜브 없이는 불가능했다. 저스틴 비버(Justin Bieber)의 매니저인 스쿠터 브라운(Scooter Braun) 역시 유튜브 뮤직비디오를 보고 싸이에게 계약을 제의했다. 싸이가 미국으로 건너가 지상파 TV의 빅쇼에 연이어 출연하고, 빌보드 차트 2위에 오르기까지가 불과 두 달이었다. 뮤직비디오는 유튜브 공개 52일 만에 1억 뷰, 161일 만에 10억 뷰를 넘어서며 신드롬을 일으켰다.

이전에도 K팝 한류 열풍이 뜨거웠지만, 이건 종류가 달랐다. 일본·중국·동남아 등 전통적인 한류 강세 지역이 아닌 미국과 유럽을 강타했다. 또 기존 서구의 K팝 팬들이 한국 문화를 좋아하는 소수 커뮤니티 중심이었다면 이번에는 주류사회가 움직였다. 자신의 SNS에 '강남스타일'을 올린 셀러브리티(유명인)들도 인기의 기폭제가 됐다. 톱스타 브리트니 스피어스, 톰 크루즈, 케이티 페리, 노벨상 수상자인 경제학자 폴 크루그먼, CNN 인기 앵커 앤더슨 쿠퍼 등이 가세했다.

유튜브에서는 일단 원곡 뮤직비디오가 엄청난 속도로 퍼졌고, 그다음에 팬들이 제작한 팬 비디오들이 쏟아졌다. '강남스타일'을 보면서 즐거워하는 장면을 담은 리액션 비디오에서 직접 말춤을 따라 추는 모습을 올리는 패러디물까지 다양했다. 수십, 수백 명이 대학이나 경기장에 모여 그들만의 'OO 스타일'을 췄다. 미국 오레곤대학생들의 '오레곤 스타일', 코넬대학생들의 '코넬 스타일', 런던 '트라팔가 광장 스타일' 등이다. 전 세계에서 올라온 팬 비디오들은 다시 원곡의 인기를 끌어올렸다.

음악적으로도 '강남스타일'은 세계적으로 인기 있는 일렉트로닉 댄스 팝이다. 쉽고 중독성 있는 멜로디와 절로 따라 하고 싶은 재미있는 춤이 특색이다. 서구 팬들의 관점에서 보면 '강남스타일'은 K팝 특유의 후크송(짧은 가사를 반복하

유튜브를 통해 전 세계적으로 폭발적인
인기를 끈 가수 싸이의 '강남스타일' 〈유
튜브 캡쳐〉

는 노래)이면서 기존의 통제 시스템 아래서 기계로 찍어 낸 듯한 아이돌 음악과
는 달리, 우스꽝스러운 외모의 남성이 B급 코드(싼 분위기, 성적인 짓궂음, 유
치한 유머 등)를 들고 나온 곡이다.

실제로 싸이는 "미국에 가니 나를 '오스틴 파워'의 주인공과 닮았다는 사람이
많더라"고 했다. 미국식 B급 코드, 미국식 화장실 유머의 화신으로 꼽히는 캐릭
터다. 후속 곡 '젠틀맨'에서도 점잖은 신사 이미지를 전복시키면서 성적 짓궂음
과 몽상을 더욱 노골화했다. '강남스타일'은 동시에 인터넷에서 호시탐탐 재미
있는 놀 거리를 찾아 헤매는 유튜브 시대 대중에게 매력적인 콘텐츠였다. K팝
일반이 그러하듯, 단순히 음악을 듣는 것이 아니라 그것을 따라 하고 그것을 즐
기는 모습을 영상으로 찍어 다시 공유하는 SNS 시대 음악 소비에 적격이라는
것이다.

미국 진출 후 귀국한 싸이가 시청 앞 광장에서 8만 명의 관객과 말춤을 춘 광
경은, B급 정서로 무장한 비주류의 아이콘이던 그가 국민 영웅으로 추대되는
흥미로운 장면이었다. 싸이의 성공은 이처럼 유튜브라는 새로운 음악 생산·유
통·소비 환경이 음악 시장과 산업 자체를 근본적으로 뒤흔들고 있음을, 또 거기

에서 예상치 못한 메가 히트작이 나올 수 있음을 보여 준다. 그런 점에서 중독성 강한 K팝은 유튜브 세대가 함께 놀고 공유하기 좋은 음악 스타일일 수 있다. 한마디로 '유튜브 프렌들리'한 K팝이다.

K팝의 역사 새로 쓴 방탄소년단

2013년 데뷔해 국내외 신인상을 휩쓴 '방탄소년단'(BTS)이 아시아를 넘어 북미, 유럽, 남미, 중동에 이르기까지 전 세계 방탄소년단 열풍을 일으키며 글로벌 슈퍼스타로 우뚝 섰다. 미국 빌보드, 영국 오피셜 차트, 일본 오리콘, 아이튠즈, 스포티파이, 애플뮤직 등 세계 유수의 차트에서 기록한 성적이 이를 증명하고 있다.

음반 판매량, 뮤직비디오 조회수, SNS 지수 등에서도 독보적인 수치를 기록 중이다. 또한, 스타디움 투어를 개최하며 전 세계 콘서트 시장에서도 글로벌 아티스트로서의 면모를 이어가고 있으며, 유엔 연설 및 LOVE MYSELF 캠페인 등을 통해 선한 영향력을 실천하고 있다.

2020년 10월 6일 방탄소년단은 한국국제교류재단이 미국 버몬트주 소재 미들베리칼리지에서 오픈한 '방탄소년단과 함께하는 한국어'(Learn! KOREAN with BTS) 교재를 활용한 '글로벌 e-스쿨' 강좌를 개설했다.

방탄소년단은 미국 최고 권위의 대중음악 시상식 '그래미 어워즈' 후보로 지명됐다. 한국의 클래식과 국악 관계자가 그래미 후보에 오른 적은 있었지만, 한국 대중음악 관계자가 후보로 지명된 것은 처음으로, K팝의 역사를 새로 썼다는 평가를 받고 있다.

방탄소년단은 대한민국의 7인조 아이돌 보이그룹이다. 2013년 데뷔조 암흑기 시절 데뷔한 보이그룹들 중에서 유일하게 성공한 그룹으로 국내에서의 인기는 물론, 한국을 넘어 아시아 가요계 역사상 그 전례를 찾아볼 수 없을 정도로 전 세계인들을 사로잡으며 해외 음악 시장을 석권하고 있다. K-POP의 중심으로써 한류를 빛내는 그룹으로 평가받는 아이돌이다.

방탄소년단(防彈少年團)이란 이름에 대해서는 '방탄은 총알을 막아낸다'라는 뜻이다. '10대는 살아가는 동안 힘든 일을 겪고 편견과 억압을 받는다. 우리가 그것을 막아내겠다'는 의미를 담고 있다.

2020년 11월 25일 새벽 발표된 '제63회 그래미 어워즈' 후보에 방탄소년단은 '베스트 팝 듀오/그룹 퍼포먼스'(Best Pop Duo/Group Performance) 부문에 '다이너마이트'로 지명됐다. 방탄소년단은 다이너마이트로 미국 빌보드 메인 차트 정상 자리에 오른 뒤 "더 이루고 싶은 것은 그래미"라고 수 차례 언급한 바 있다. 방탄소년단의 '다이너마이트'는 레이디 가가와 아리아나 그란데의 '레인 온 미', 제이 발빈·두아 리파·배드 버니&테이니의 '언 디아', 저스틴 비버와 퀘이보의 '인텐션스', 테일러 스위프트와 본 이베어의 '엑사일'과 경합하게 된다.

방탄소년단은 2019년엔 시상자 자격으로, 올해는 아시아 가수 최초로 그래미 합동 무대에 오르긴 했지만, 후보로 입성하는 것은 처음이다. 이로써 방탄소년단은 한국 가수로는 최초로 미국 3대 음악시상식에서 모두 후보에 오르는 기록을 갖게 됐다.

한국 대중음악 역사상 최초로 미국 빌보드 메인 싱글 차트 '핫 100' 1위에 오른 방탄소년단(BTS) 〈연합뉴스〉

'다이너마이트'는 방탄소년단이 2020년 8월 21일 발매한 디스코 팝으로, 한국 대중음악 노래 중 처음으로 미국 빌보드 메인 싱글 차트 '핫 100' 1위에 올랐다. 10주 이상 '핫 100' 최상위권에 머물렀다.

류현진 – 메이저리그를 떨게 한 괴물

한반도에 스포츠를 전래한 것은 선교사들이었다. 현재 제물포고등학교 자리에 있던 웃터골운동장은 서울의 경성운동장이나 부산의 부산공설운동장보다 훨씬 앞선 1920년에 준공됐다. 웃터골운동장에서는 인천항을 통해 들어온 각종 서구식 신식 스포츠도 많이 행해졌다.

야구, 축구, 육상 등의 경기가 선교사들을 통해 개항장에서 실제로 행해졌고, 웃터골운동장에서는 학교별 대항전 등 다양한 대회가 열렸다. 인천 사람들은 파리채 같은 것을 들고 땀을 뻘뻘 흘리는 선교사를 보며, 혀를 끌끌 차면서 "저렇게 힘든 것을 하인을 시키지, 왜 손수 하누?"라고 의아해 했다고 한다.

논란의 여지는 있지만, 한국 야구와 축구의 출발점을 인천 개항장 인근으로 보는 사람도 있다. 따라서 이곳 웃텃골운동장이 한국 야구와 추구의 시작점이라 볼 수 있다. 실제로 한국에서 야구가 행해진 기록 중 가장 빠른 것은 1899년에 기록된 인천의 일본인 학생의 일기에서 야구를 했다는 기록이다.

박찬호(47) 현 KBO 국제홍보위원은 원조 메이저리거이자 역대 두 번째 아시아인 메이저리거다. 그는 한국 야구선수들의 미국 메이저리그 진출의 첨병 역할을 톡톡히 했다. 불같은 강속구와 낙차 큰 커브로 '코리안 특급'이라는 별명을 얻으며 한때 다저스의 1선발급 에이스까지 올라갔던 선수로, 한국인 최초로 메이저리그 100승을 달성했다.

메이저리그 아시아인 통산 최다승(124승)을 기록한 대투수이며, 2001년에는 다저스의 개막전 선발이었다. 그는 한국인 야구선수로서 최초로 메이저리그에서 홈런을 때린 타자이기도 하다. 투수도 타격을 하는 내셔널리그 시절, 그는 돈트렐 윌리스나 잭 그레인키처럼 수준급 타격 실력을 뽐내는 투수 축에 들어갔다.

한국인 최초 메이저리거 박찬호는 통산 124승을 달성하며 '코리안 특급'이라는 별명으로 불리었다. 〈연합뉴스〉

한국에선 단순히 뛰어난 운동선수가 아닌 한국 스포츠의 상징이자 영웅으로 여겨진다. 뛰어난 실력, 어려움을 딛고 성공을 거두었다는 점도 인기 요인이지만 1997년 외환위기로 어려웠던 국민들에게 위안과 희망을 주었다는 점이 그가 영웅이라 불리는 까닭이다. 외환위기로 나라가 폭삭 망하고 직장까지 잃으니 그 당시 사람들의 패배감과 실망감은 이루 말할 수가 없었다. 그때 박찬호가 이역만리 타국에서 활약하는 것을 보며 국민들은 위로와 희망을 얻은 것이다. 이러한 인기를 반영하듯이 박찬호 경기 중계의 시청률은 낮에도 25%가 나왔었다.

박찬호의 뒤를 잇는 투수는 류현진 (33)이다. 한국 국적의 토론토 블루제이스 소속 좌완 투수다. 한국 야구 역사상 역대 최고의 투수를 논할 때 박찬호, 김병현과 함께 반드시 거론된다. 이른바 박·김·류 '3대장'이다. 아시아 전체로 범위를 넓혀봐도 박찬호, 김병현, 노모 히데오, 구로다 히로키, 다르빗슈 유, 다나카 마사히로, 이와쿠마 히사시, 왕첸밍, 우에하라 코지 등과 함께 다섯 손가락 안에 꼽힌다. 함께 거론되는 아시아 투수들이 모두 우완인 관계로 자연스레 아시아 야구 역사상 최고의 좌완 투수로 평가된다.

2006년 신인드래프트 1라운드 전체 2순위로 한화 이글스에 지명돼 신인 왕&MVP&골든글러브를 동시에 수상했고, 한국야구협회(KBO) 사상 최초의 루키 시즌 트리플 크라운을 달성해 언론을 놀라게 했다. 이후로도 구단 역사상 가장 암울한 시기에 팀의 자존심이자 국내 최고의 투수로 리그를 지배하였다. 국가대표팀에서는 부동의 1선발로 활약하며 올림픽 야구 금메달에 기여했다.

2012시즌이 끝난 후, 본인의 등번호 99번을 한화 이글스의 임시결번으로 남기고 7년 간의 국내 커리어를 뒤로한 채 국내 최초로 포스팅 시스템을 통한 미국 진출을 선언하며 로스앤젤레스 다저스와 6년 총액 6173만 달러라는 전례 없는 계약으로 메이저 리그에 진출했다.

2013년부터 로스앤젤레스 다저스의 소속으로 현역 최고의 투수들인 클레이튼 커쇼, 잭 그레인키에 이어 팀의 3선발로 활약했다. 2014년까지 활약을 이어갔으나 커리어 초반부터 이어온 혹사의 여파로 데드암 선고를 받고 내리막길로 접어든 듯했다. 하지만 1.7%에 불과한 실질 복귀율을 이겨내고 2017년 재기에 성공, 2019년에는 하락세를 맞이한 커쇼를 밀어내고 팀의 1선발을 차지하며 아시아 선수로서는 노모 히데오에 이어 2번째로 올스타전 선발투수로 등판했다.

한국을 넘어 아시아 야구 역사상 최고의 좌완 투수로 평가되는 메이저리거 류현진. 〈연합뉴스〉

아시아 선수로서는 최초로 ERA 타이틀 홀더가 되며 커리어 하이를 기록했다. 2019년 12월 23일 토론토 블루제이스와 4년 8000만 달러의 대형 계약을 따내며 메이저리그 아시아 선수 누적 연봉 5위를 기록했다.[25] 한국 선수로는 추신수에 이어 누적 연봉 2위를 기록하며 커리어를 이어가는 중이다.

2020시즌 류현진은 미국 프로야구 메이저리그 토론토 블루제이스의 에이스로 맹활약했고, 미국야구기자협회(BBWAA) 토론토 지부가 뽑은 '올해의 투수'에 선정됐다. BBWAA 토론토 지부는 2020년 12월 3일 "류현진은 올 시즌 12경기에 선발 출전해 5승 2패 평균자책점 2.69, 탈삼진 72개를 기록했으며, 아메리칸리그 평균자책점 4위, 최다 탈삼진 9위, 삼진/볼넷 비율 8위, 최다 이닝 공동 10위 등 많은 부문에서 '톱10'에 이름을 올렸다"고 밝혔다.

이어 "류현진은 마지막 10경기 중 9경기에서 2자책점 이하를 기록하는 등 꾸준한 성적을 냈다"며 "토론토 구단은 류현진의 활약 속에 2016년 이후 첫 포스트시즌 진출을 이뤄냈다"고 덧붙였다. BBWAA는 무엇보다 류현진이 높은 bWAR(대체선수대비승리기여도·베이스볼 레퍼런스 기준)을 기록했다고 강조했다. BBWAA는 "류현진의 bWAR은 3.0으로 메이저리그 전체에서 무키 베츠(3.4·로스앤젤레스 다저스), 셰인 비버(3.2·클리블랜드 인디언스)에 이은 3위"라고 했다.

WAR은 대체 선수와 비교할 때 얼마나 많이 팀 승리에 기여했는지 나타내는 수치다. 현대야구에서 야구 선수의 가치를 평가할 때 많이 쓴다. WAR 3.0은 대체 선수보다 토론토에 3.0승을 더 안겨줬다는 의미다. 60경기 체제에서 어마어마한 수치다. 해당 기록에서 류현진보다 앞선 베츠는 올해 골든글러브와 실버슬러거를 동시 수상했고, 비버는 만장일치로 아메리칸리그 사이영상을 받았다.

박세리, 한국인 최초 LPGA 석권한 골프 여제

대한민국 여자 골프의 역대 최고 선수이자 선구자는 박세리(43)다. 미국 여자프로골프(LPGA)에서 활약한 전설적 프로골퍼다. 1990년대 말, 박찬호와 더불어 IMF 외환위기로 인해 지치고 성 난 국민들에게 위로와 희망을 준 '국 민영웅'이라고 불렸다.

한국인 최초 LPGA를 석권한 골프 여제 박 세리. 〈연합뉴스〉

박세리는 1977년 9월, 충청남도 대 덕군 유성읍에서 아버지 박준철의 3 녀 중 둘째로 출생했다.

어렸을 때 육상을 시작으로 스포츠 에 입문했다. 1989년, 초등학교 6학 년 때 싱글 핸디캐퍼였던 골프광 아 버지 박준철 씨에 이끌려 골프를 시작했다. 어린 나이에 훈련장에서 새벽 2시 까지 혼자 남아 훈련을 하는 등 쉬는 날 없이 엄격한 훈련을 받은 것으로 알려 졌다.

박세리는 1996년에 프로로 전향했다. 당시 언론에서는 박세리를 "무서운 10 대"로 불렀다. 이미 어렸을 때부터 천재성을 보인 박세리는, 1992년 중3 시절 초청 받은 KLPGA 대회 '라일앤스콧 여자오픈'에서 원재숙을 연장전 끝에 꺾고 우승을 차지했다. 아무리 LPGA–JLPGA 대비, 한 수 아래의 투어라고 해도 중 3이라는 나이에, 프로 선수와 연장에서 승리한 것 자체는 그야말로 쇼킹한 사 건이었다.

1998년 US여자오픈(US Women's Open)에서 우승하며 국민적 스타 반열에 올랐다. 1998년부터 LPGA 투어에 참가해 투어 참가 첫 해에 맥도널드 LPGA 챔피언십과 US 여자오픈에서 우승하면서 신인상을 받았다. 맥도널드 LPGA 챔피언십에서 우승하기 전까지 성적이 좋지 않아 이 대회를 마지막으로 생각하 고 경기에 임했다고 한다. 이 우승을 시작으로 계속 활약하면서, 그해에만 4승 을 거뒀다. 맥도널드 LPGA 챔피언십에서 첫 우승은 신인으로써는 역대 2번째 에 해당하는 와이어 투 와이어로 달성이라고 한다.

이후 다시 메이저 대회인 US 여자오픈에서 우승을 차지했다. 그 당시간 대한민국 국민이라면 절대 잊히지 않을 장면이 떠오른다. 박세리가 양말을 벗고 연못에 들어갔을 때 까맣게 탄 종아리와 대비되는 하얀 발, 그리고 그의 투지가 레전드급 장면으로 화제가 됐다. 특히 1997년 12월에 대한민국을 어둠으로 몰아넣은 IMF 사건으로 큰 실의에 빠진 대한민국의 온 국민들에게 악전고투 끝에 우승하는 모습이 생중계되면서, 박찬호와 함께 국민적인 영웅으로 떠올랐다. 그리고 당시 대한민국 50주년 기념으로 만들어진 공익광고에 이 장면이 들어갔고, 상록수와 함께 엄청난 시너지를 냈다. 박세리는 그해 LPGA '올해의 신인왕'을 수상했다.

2000년대 중반까지 아니카 소렌스탐, 캐리 웹 등과 함께 여자 골프계를 셋으로 나누는 최고의 선수 였으며 현재 세계를 누비는 한국의 여성 골퍼들에게 영감을 준 선수다. 박세리는 2016년을 끝으로 프로 생활을 마무리했으며 현재는 SBS 골프 해설위원이다.

2016 리우데자네이루 올림픽 여자 골프 국가대표팀 감독을 맡았고, 2020 도쿄 올림픽에서 여자 골프 국가대표팀 감독을 맡을 계획이다. 올림픽을 앞두고 한 기자회견에서 박세리는 "골프 국가대표팀의 목표는 금, 은, 동을 휩쓰는 것"이라며 자신감을 표했다. 2016년 리우 하계 올림픽에서 박인비가 금메달을 획득하자 기쁨의 눈물을 흘리는 박세리의 모습이 카메라에 잡히기도 했다. 박인비의 금메달을 이끌어내면서, 지도자로서 성공적인 첫발을 내딛게 되었다.

피겨여왕의 탄생

'피겨퀸' 김연아(30)는 대한민국을 대표하는 피겨 스케이터다. 2010 밴쿠버 동계올림픽 피겨 스케이팅 여자 싱글 금메달리스트이자 2014 소치 동계올림픽 피겨 스케이팅 여자 싱글 은메달리스트다. 현역 활동 당시 데뷔부터 은퇴까지 최정점에 있었던 선수로서 세계신기록만 11회 경신한 압도적인 스케이터이다. 별명은 그에 걸맞는 피겨 여왕이다. 2014 소치 동계 올림픽을 끝으로 현역에서 은퇴했다.

2009 피겨 세계선수권에서 여자 선수 최초로 200점을 돌파하면서 압도적인

기록으로 우승을 차지하자 미국의 유니버설 스포츠 메인페이지에 "Long live the Queen!"이라는 문구가 김연아의 사진과 함께 크게 실리는가 하면, AP통신은 "경쟁이기보다는 즉위식에 가까웠다"고 전했다. 이 말은 생중계를 통해 전 세계로 퍼져나가며 김연아의 선수 생활을 관통하는 짧고도 임팩트 있는 한마디로 기록됐다.

김연아는 대한민국 스포츠를 상징하는 최고의 스타 중 하나로, 박찬호와 박세리 등과 같은 레전드급 스타로 스포츠 역사상 국민들의 뜨거운 사랑을 받고

김연아는 2010 밴쿠버 동계올림픽에서 금메달을 차지하며 피겨여왕으로 등극했다. 〈연합뉴스〉

있다. 또한 출전했던 모든 세계, 국내 대회에서 3위 안에 드는 입상 경력, 즉 '올포디움'의 소유자이며, 쇼트와 프리 중 하나는 반드시 '1위'를 차지했던 선수이기도 하다.

토리노 올림픽 시즌 이후부터 소치 올림픽 때까지 그야말로 10여 년 간 피겨계를 지배하고 군림했던 전설적 존재다. 도로시 해밀, 미셸 콴, 카타리나 비트, 크리스티 야마구치 등 그 시대 피겨계를 장악했던 전설들에게도 극찬을 받았다. 또한 그레이시 골드, 리쯔쥔, 애슐리 와그너, 예브게니야 메드베데바, 율리아 리프니츠카야, 키히라 리카, 히구치 와카바 등 전 세계 후배 선수들에게도 존경받는 스타다.

이준구, 미국 태권도의 아버지

미국에서 '그랜드 마스터 리(Grand Master Lee)'로 통하는 이준구(1932~2018)에 대한 미국 내 이미지는 크게 세 가지다. 신비한 동양무술을 하는 근육질의 스포츠맨, 어린이를 대상으로 도덕교육을 펼치는 자원봉사자, 그리고 미국 정치계에 친구가 많은 아시아인이다. 이준구는 충남 아산에서 태어나 1946년 서울로 올라와 동성중학에 다니며 서울 견지동 청도관에서 태권도에 입문했다. 어린 시절부터 "태권도를 미국과 세계에 알리겠다"는 다짐을 했다고 한다.

당시에는 '태권도'라는 말이 없었고 가라테의 한자인 '당수' 혹은 '공수도'로 불렸다. 태권도 동작 역시 가라테와 흡사했다. 태권도라는 명칭은 1955년 육군 소장 최홍희가 만든 후 널리 보급되었다. 이준구는 어느 날 미국 영화 속 금발의 여자 주인공을 보고 미국을 동경했다.

미국행을 목표로 영어를 열심히 공부하는 한편 미국에 자리잡을 수단으로 태권도를 선택했다. 그래서 대학도 막 신설된 동국대 태권도학과에 입학했다. 이준구는 6·25전쟁이 한창이던 1951년 12월 사병으로 입대했다. 전쟁이 끝난 뒤에는 소위로 임관해 항공대 정비교관으로 근무했다. 영어를 잘해 미군과 관련된 일은 모두 그가 도맡아 했다.

그가 미국으로 이주한 것은 1957년 11월 21일이었다. 이후 텍사스주립내에서 토목공학을 전공하는 한편, 1958년 4월 대학 내에 '코리아 가라테'라는 이름으로 태권도 클럽을 열었다. 당시 미국에는 태권도라는 말 자체가 아예 없었다. 다행히 처음부터 170명의 회원이 몰려온 덕에 학비는 해결됐다. 1960년 미국에서 군사교육을 받고 있던 최홍희 소장으로부터 태권도 명칭을 써달라는 요청을 받은 후에는 '태권도'와 '코리아 가라테'를 병행해 사용했다.

미국 태권도의 아버지 이준구.

텍사스에 있으면서도 항상 워싱턴 진출을 꿈꾸던 이준구에게 기회가 찾아온 것은 1962년 5월이었다. 워싱턴에 있는 국방부 직원들에게 태권도를 가르치러 갔다가 대학 마지막 한 학기를 포기하고 그대로 워싱턴에 눌러앉은 것이다.

이준구는 1962년 6월 28일 워싱턴에 '준 리 태권도' 도장을 열었다. '워싱턴포스트'지에 광고를 냈더니 120명이 몰려왔다. 그는 태권도를 배우면 체력 단련은 물론 예의도 바르고 공부도 잘하고 가족과도 화목하게 지내게 된다고 홍보했다. 이러한 교육적인 요소들은 미국 사회의 학부모들에게 인상적으로 비쳤다.

이준구는 1965년 5월 제임스 클리블랜드 하원의원이 강도를 당했다는 워싱턴포스트지 기사를 보고 바로 그 의원에게 전화를 걸어 "태권도를 배우면 그런 봉변을 당하지 않는다"고 일러주었다. 얼마 후 클리블랜드 의원의 초청을 받아 그의 사무실을 찾아가니 그 의원 말고 상원의원 1명과 하원의원 2명이 함께 있었다. 그들 앞에서 선보인 태권도 시범은 라이프지와 워싱턴포스트 지에 기사화됐다.

이 일을 계기로 국회의사당 내 건물에 태권도 전용 훈련도장을 열게 되자 일주일에 3일, 1시간씩 무료로 의원들에게 태권도를 가르쳤다. 그때부터 2012년까지 도장을 거쳐간 인사들은 빌 클린턴 등 대통령들과 하원의장 10명을 포함해 모두 350명 정도나 된다. 홍콩 배우 리샤오룽(李小龍)과 전설의 복서인 무하마드 알리에게도 태권도를 가르쳤다. 이준구는 생전 "브루스 리(리샤오룽)에게 발차기를 전수했고, 위대한 복서 알리에게 주먹기술을 가르쳤다"며 "이 모든 것이 다 태권도로 맺어진 운명이었다"고 했다.

이준구의 워싱턴 의사당 태권도 클럽을 거쳐간 제자 중엔 뉴트 깅그리치 전 하원의장, 흑인 인권운동가 제시 잭슨 목사의 아들인 제시 잭슨 주니어 하원의원도 포함돼 있다. 이들은 고스란히 이준구의 인맥이 됐다.

이준구는 1967년 워싱턴의 TV에 태권도 광고를 시작했다. 1969년부터 1980년까지는 당시 워싱턴에 있는 5개의 TV 채널에 하루도 빠짐없이 한군데씩 돌아가며 광고를 했다. 모델로는 자신의 어린 아들과 딸을 등장시켰다. 아이들이 "Nobody Bothers Me!(아무도 나를 건드릴 수 없어!)"라는 슬로건을 외치며 끝나는 광고는 큰 히트를 쳤다. 이후 워싱턴에서 '준 리'를 모르는 사람은 없었다.

이준구의 태권도는 그때나 지금이나 남북 어디에도 속하지 않은 독립적 위치에 있다. 그의 태권도는 우리가 알고 있는 태권도 동작과는 다른 스타일로 이뤄져 있다. 우리 태권도에서는 주먹을 허리춤에 댔다가 지르지만 그의 태권도에서는 주먹이 가슴에서 나간다. 그는 "주먹이 허리에서 나가면 어깨에 힘이 들어가 못쓴다"며 "가슴에서 주먹이 나가야 힘도 안 들고 속도도 빠르다"고 주장한다.

음악에 맞춰 벌이는 '태권도 발레'까지 만드는 등 독자적인 태권도를 개발했기 때문에 한국의 태권도계와는 관계가 불편하다. 태권도 보호 장구를 개발해 대련할 수 있게 함으로써 태권도의 올림픽 종목 채택에도 큰 힘을 보탠 것으로 알려졌다.

이준구는 1976년 미국 독립 200주년 기념행사 때 '세기의 무술인'으로 선정됐다. 복싱에는 무하마드 알리, 야구에는 조 디마지오 그리고 무술 분야에 이준구가 선정된 것이다. 이준구는 레이건 대통령 때는 교육고문, 아버지 부시 대통령 때는 체육 고문을 역임했다. 아들 부시 대통령 때는 백악관 직속 아시아·태평양정책 자문위원으로 활동했다. 1986년 챌린저 폭발사고로 숨진 여교사 매콜리프를 추모해 미 정부가 1월 28일을 '스승의 날'로 제정한 것도 이준구가 미국 의회에 직접 건의해 채택된 것이다.

　2000년 3월 2일에는 미 법무부 이민국이 선정한 '가장 성공한 이민 200명'에 선정됐다. 명단에 포함된 인사들 중에는 천재 물리학자 알베르트 아인슈타인(독일), 전화 발명자 알렉산더 그레이엄 벨(스코틀랜드), 전직 국무장관인 헨리 키신저(독일), '007' 영화 주인공 로저 무어(영국), 지휘자 주빈 메타(인도) 등이 있다.

　2003년 6월 28일은 워싱턴 시장에 의해 3만 명이 운집한 축구장에서 '준 리 데이'(이준구의 날)를 선포했는데 6월 28일은 41년 전 이준구가 워싱턴에 처음 태권도장을 연 날이었다. 일흔을 넘겨서도 매일 팔굽혀펴기 1000개를 하고 송판을 격파할 정도로 수련을 게을리하지 않았다. 이준구가 2018년 5월 1일 86세를 일기로 버지니아 자택에서 별세하자, 이날 워싱턴포스트·AP 등 외신들은 "'미국 태권도의 아버지(father of American Taekwondo)'가 세상을 떠났다"고 보도했다.

V

제5장

혈맹으로 써내려간
한미 군사 역사

South Korea-U.S. military history written as a blood alliance.

1. 개화기 : 한미수호통상조약과 한미 군사 형성

한미수교 이전 미국의 조선 진출 배경

미국은 건국 직후 자국의 상선을 보호하기 위한 무력수단으로 1801년 지중해 함대를 창설하였고, 1820년대부터는 아시아·태평양 지역에 관심을 보이기 시작하였다.[1] 이에 따라 미국은 1820년에 아메리카·태평양함대(American Pacific Squadron)를 창설하였고, 1835년에는 이를 동인도(東印度) 및 중국해함대(East India and China Seas Squadron)로 개편하였다. 이어 미국의 대(對)아시아 교역의 비중이 증대하자 1865년에는 아시아함대(Asiatic Fleet)로 개편하여 이 지역에서의 포함외교(Gunboat Diplomacy)를 적극적으로 전개하였다.[2] 건국이후 미국의 아시아지역에 대한 관심은 상업적 이익의 추구였다.

따라서 미국은 영국식민지시대인 1784년 「임프레스 오브 차이나」(The Empress of China)호가 광동(廣東)에서 최초로 청과 무역을 개시하였음에도 1842년 남경조약(南京條約)이 체결될 당시 미국의 대청 무역액은 남미(南美) 전체의 무역액을 훨씬 초과한 사실에서 미국의 아시아지역에서의 상업적 관심도를 짐작할 수 있다.

그러나 미국이 중국에 대해서는 이처럼 적극적인 관심을 가지고 일찍부터 중국과의 조약체결을 위해 노력을 하였으나, 조선에 대해서는 별로 관심을 보이지 않았다.

그렇지만 한미간의 접촉은 18세기까지 거슬러 올라갔다. 역사적으로 한미간의 최초의 접촉은 1757년 미국산 인삼과 한국산 인삼이 청나라 시장에서 경쟁을 벌인 것이 시초였다. 그후 로버츠(Edmund Roberts)가 1833년 수마트라 원주민의 습격과 약탈로 피해를 입은 미국 선박 프렌드쉽(Friend ship)호에 대한 사건을 조사한 후 폴시드(John Forsyth) 국무장관에게 제출한 보고서에서 조선을 최초로 공식적으로 언급하였다.

1845년 2월 5일에는 뉴욕 하원의원 출신 프래트(Zadoc Pratt) 해사위원장(海

事委員長)이 하원 제28차 본회의에서 미국의 농산물 및 공산품과 관련된 통상의 확장을 위한 목적으로 일본에 통상사절을 파견할 것을 제안하면서 조선과도 통상할 수 있는 즉각적인 조치를 취해 줄 것을 내용으로 한 일본 및 조선에 대한 통상사절 파견 안을 제출하였다.[3] 그는 이 안(案)에서 일본과의 통상확대에 역점을 두었으나 조선도 인구가 1,500만으로 예상되어 조선과의 교역개설은 미국 국민에게 유리하다고 판단하였다.

따라서 일본에 파견할 사절단에 조선과의 협상을 위한 특사를 같이 파견할 것을 제안하였다.[4] 프래트 의원은 1,500만 명이라는 조선 인구가 그들의 농산물과 공산품을 판매하는데 좋은 고객이 될 것이라고 판단하였다.[5] 이처럼 미국은 조선을 무역대상국으로 생각하고 이를 관철하기 위한 통상조약조약체결을 위해 노력하였다.

미국의 강화도 원정 이전 한미간의 접촉

미국은 아시아에서 지리적 조건상 자국의 난파선박 및 선원을 구휼하기 위해 조선과의 교류가 필요하다고 생각하였다. 또한 미국 상선이 청·일과의 교역으로 이들 국가와 왕래가 빈번해 짐에 따라 인접국가인 조선 근해를 통과하는 횟수도 늘어나게 되었다.

1852년 12월에는 미국 포경선 1척이 경상도 동래(東萊) 용당포(龍塘浦)에 출현하였고, 1855년 7월 15일에는 조선해협을 통과하던 중 풍랑을 만난 미국 선박 투 브라더즈(Two Brothers)호 선원 4명이 동해안 통천(通川) 연안에 표류하였다.[6]

1866년 6월에는 서프라이즈(Surprise)호의 선장 맥카슬린(McCaslin) 등 미국 선원 6명과 중국인 선원 2명이 평안도 철산부(鐵山府) 선암리(仙巖里)에 표류하였다.[7]

그러나 이때까지도 미국인이 조선에 대해 무지했던 것처럼 조선 사람도 미국에 대해 전혀 알지 못하였다. 조선은 미국이라는 나라가 어디에 위치하고, 인구가 얼마이고 정체(政體)가 무엇이며 생산품이 어떤 것인지 전혀 몰랐다. 그 결과 조선은 1866년 대동강에서 소각시킨 제너럴 셔먼(General Sherman)호가 미국 선박인 줄도 몰랐다.

1880년 5월 슈펠트 제독의 요청으로 일본의 곤도(近藤) 영사가 동래부사를 방문하였을 때에도 부사 심동신(沈東臣)은 곤도 영사의 설명으로 미리견(美利堅)과 미국이 같은 나라임을 비로소 알았다.[8]

〈표 1〉 조선의 대미(對美) 접촉과정에서 나타난 미국명 표기

사용시기	1852년	1855년	1871년	1882년
미국명	며리계(旀里界)	화기국(花旗國)	미리견(美利堅)	대아미리가합중국(大亞美理駕合衆國)

이후에도 미국 선박의 조선 해안 표류는 계속되었다. 1865년에는 경상도 연일현(延日縣)과 강원도 삼척(三陟)에 미국 포경선이 표류하였고, 1866년에는 사불호(士佛號)가 부산에 와서 조선과의 통상을 요구하였다. 이처럼 19세기 중엽부터 신미양요 이전까지 미국 선박이 조선 해안에 표착한 내용들을 정리하면 〈표 2〉와 같다.

〈표 2〉 신미양요 이전 조선에 표착한 미국 선박(1852~1866)

연 도	선박명	용 도	표착 장소	비 고
1852. 12	미상	포경선	경상도 동래 용당포	한미양국간 최초 접촉. 미국을 며리계(旀里界)로 표기
1855. 7. 15	투브라더즈 호	상 선	강원도 통천	선원 4명 중국 봉천 호송 미국을 화기국(花旗國)으로 표기
1865	미상	포경선	경상도 연일현, 강원도 삼척	
1866	사불(士佛)호	상 선	부산	통상 요구
1866. 6. 24	서프라이즈 호	상 선	평안도 철산부 선암리	선원 8명 중국에 인도
1866. 8. 9	제너럴셔먼 호	상 선	평안도 대동강	선원 24명 사망, 선박 전소

　그 당시 조선에게 있어 미국인이나 러시아인, 프랑스인, 영국인은 모두 똑같은 서양 오랑캐인 양이(洋夷)일 뿐이었다. 또한 서양인은 하나같이 천주교도로 생각되었고, 천주교도는 조상(祖上)도 모르는 야만인이기 때문에 조선의 미풍양속을 해칠 것이라고 생각했다. 조선의 이러한 서양관이 바로 서프라이즈호 사건과 제너럴 셔먼호 사건을 각각 다르게 취급했던 것이다. 서프라이즈호처럼 단순한 조난선과 그 선원에 대해서는 인도주의적 견지에서 후대하는데 반해, 제너럴 셔먼호와 같이 난폭한 행위를 한 이양선에 대해서는 강경한 입장을 취했다. 1866년 8월 미국 상선 제너럴 셔먼호 사건도 이러한 배경하에서 일어났다.

　한편 주청미국공사 버링게임(Anson Burlingame)은 1866년 8월 미국 상선 제너럴 셔먼호가 대동강에서 소각되고 선원 24명 전원이 행방불명되었다는 소식을 전해듣고 이 사건의 실마리를 청국 정부에서 찾으려고 하였다.[9] 버링게임 공사는 먼저 총리아문을 방문하고 조선에 대한 청의 종주국 지위를 내세우면서 책임을 추궁하였다. 그러나 공친왕(恭親王)은 조선에 대한 관할권 행사를 거부하면서 조·청간의 조공관계(朝貢關係)는 의례적인 것에 불과하다면서 책임을 회피하였다.

　청국의 책임회피에 따라 미국 공사는 아시아함대 사령관 벨(Bell) 제독에게 행방불명된 제너럴 셔먼호에 대한 수색을 요청하였다. 요청을 받은 벨 제독은 1867년 1월 21일 와추세트(Wachusett)호 함장 슈펠트(Robert W. Shufeldt)를 조선으로 파견하였다. 또한 조선개항에 관심이 컸던 미 국무장관 시워드(William Seward)는 제너럴 셔먼호 사건을 보고 받은 후 미국주재 프랑스공사 베르테미(Berthemy)와 1867년 3월 2일 회담을 갖고 양국 국민의 조선에서의 살해사건에 대한 배상을 위해 조선에 공동원정대 파견을 제의하였다. 그러나 불란서는 이 제안을 거절하였다.[10]

　시워드 국무장관은 다시 일본의 협조를 얻고자 하였다. 그는 주일미국공사 발켄버그(Robert B. Van Valkenburgh)를 내세워 일본의 거중조정(居中調整)을 얻어내기 위해 교섭을 벌였다. 이에 일본은 미국의 요구에 따라 사절단을 조선에 파견하였으나 대원군이 그들의 입국을 거부함으로써 실패하였다.

이에 미국은 청·일을 통한 해결방법이 실패로 돌아가자 1871년 군대를 앞세워 수마트라·일본·중국 등 아시아·태평양 지역에서 행했던 포함외교를 조선에 적용하기에 이르렀다.

미국 아시아 함대 창설 배경과 임무

1871년 포함외교를 앞세워 강화도를 원정한 미군은 50년의 역사를 지닌 아시아함대(Asiatic Fleet)였다. 미국은 건국 이후부터 통상 및 외교문제를 해결하고, 해외 주재 미국 외교관·선교사·상인의 생명과 재산을 보호할 목적으로 해군함대를 창설하여 포함외교의 전통을 수립해 나갔다. 미국의 함대 건설은 1801년에 창설된 지중해함대에 그 기원을 두고 있다.

지중해함대는 지중해 지역에서 미국의 상선을 보호할 뿐 아니라 미국이 대외정책을 추진할 때 포함외교 구현의 무력적 수단으로 이용되었다. 이러한 지중해함대의 포함외교 전통은 약 20년 뒤 아시아·태평양 지역을 담당하기 위해 창설된 아시아함대로 이어졌다.

이는 19세기 아시아·태평양 지역 진출의 주력을 이룬 해군 함대사령관들 대부분이 지중해함대 출신들이었다는 사실에서 알 수 있다. 미국의 해외 팽창사(膨脹史)에서 지중해 함대가 차지하는 비중은 매우 컸다.

지중해함대 출신 제독들 중 아시아지역에서 포함외교를 적용했던 인사들로는 1815년 최초로 일본원정을 제의한 포터(David Porter) 제독, 지중해 및 동인도함대 사령관을 역임한 후 1844년 미·청(美淸)간 망하조약의 비준문서를 교환하고 대일(對日) 협상을 전개했던 비들(James Biddle) 제독, 동인도함대사령관을 지낸 커니(Lawrence Kearny) 제독, 1832년 동남아시아 수마트라를 원정한 다운즈(John Downes) 제독, 1853-1854년 일본원정을 단행한 페리(Matthew C. Perry) 제독, 1867년 제너럴 셔먼호를 탐문하기 위해 조선을 방문한 슈펠트(Robert W. Shufeldt) 제독, 그리고 1871년 조선 강화도를 원정한 로저스(John Rodgers) 제독 등이 바로 그들이다. 이들 해군 제독들은 지중해함대에서 익힌 포함외교를 아시아·태평양 지역에 적용시킨 인사들이었다.[11]

아시아·태평양 지역을 책임지고 있는 아시아함대는 1822년 '아메리카·태평양 함대'로 출발한 후 1835년에 '동인도 및 중국해함대'로 개칭되었다. 1865년 남북전쟁 직후 아시아함대로 자리잡게 되었다. 바로 이 아시아함대가 1871년 조선을 원정했던 함대이다. 이처럼 19세기 미국이 포함외교를 전개할 때, 아시아·태평양 지역에서 활동한 미국 함대의 변천과정을 보면 〈표 3〉과 같다.

〈표 3〉 19세기 아시아태평양지역 미국 함대의 변천사

구 분	아메리카태평양 함대	동인도 및 중국함대	아시아 함대
창설연도	1822년	1835년	1865년

1871년 강화도 원정 이전 아시아 함대의 임무는 일본 북해도에서 포경활동을 하는 자국 선박의 보호와 아시아·태평양 지역에서 활동하는 미국인 외교관·선교사·상인들의 생명과 재산을 보호하고 해적들의 약탈 행위로부터 자국 상선을 보호하는 일이었다.[12]

미국 아시아 함대의 아시아 지역에서의 포함외교 활동

미국 아시아 함대는 1871년 강화도 원정 이전에도 여러 차례 아시아·태평양 지역에서 포함외교(gunboat diplomacy)를 위한 무력 시위를 하였다. 그 중에는 1831년 잭슨(Andrew Jackson) 대통령의 수마트라 원정, 1853년 필모아(Milliard Filmore) 대통령의 일본 원정, 1856년 뷰캐넌(James Bucanan) 대통령의 중국 원정, 그리고 1871년 그랜트(Ulysses S. Grant) 대통령의 조선 원정이 있다. 이를 정리하면 〈표 4〉와 같다.

〈표 4〉 19세기 미국의 아시아 지역에서의 포함 외교

구 분	수마트라 원정	일본 원정	중국 원정	조선 원정
미국 대통령	잭슨 대통령	필모어 대통령	뷰캐넌 대통령	그랜트 대통령
원정 일시	1831년 8월 26일	1853년	1856년 11월 22일	1871년
함대사령관	다운즈 제독	페리 제독	암스트롱 제독	로저스 제독
원정 전력	함정1척, 병력 500명	함정5척, 병력 500명	대포34문, 상륙군 287명	함정5척, 병력1230명

1831년 수마트라 원정은 미국 잭슨(Andrew Jackson) 대통령의 집권시기로, 현재 인도네시아의 수마트라에서 후추 무역을 하는 미국 상선 프렌드쉽(Friendship)호에 대한 원주민의 선박 약탈에 대해 미국이 동남아시아에서 최초로 단행한 포함외교에 의한 군사개입이었다. 미국의 우드베리(Levi Woodbery) 해군장군은 잭슨 대통령의 응징보복 지시를 받고 아시아 함대의 전신인 아메리카·태평양함대 사령관 다운즈(John Downes) 제독에게 이 임무를 부여하였다.

1831년 8월 26일 다운즈 제독은 군함 포토맥(Potomac)호와 대포 50문, 수병(水兵)과 해병(海兵) 500명을 이끌고 뉴욕 항에서 수마트라 원정에 나섰다. 뉴욕을 출발하여 거의 6개월간의 항해 끝에 드디어 1832년 2월 초 수마트라에 도착한 다운즈 제독은 이 섬을 지배하고 있는 아치에 왕국에 사죄와 보상을 요구하였으나, 이에 응하지 않자 상륙작전을 실시하여 성채를 파괴하였다. 미국 해군이 아시아에서 벌인 최초의 전투는 2시간 반만에 끝나버렸다. 그 결과 미국은 동남아시아에서 후추 무역을 독점하게 되었다.[13]

1853년 미국 동인도 함대의 일본 원정은 1815년 포터(David Porter) 제독이 메디슨(James Madison) 대통령에게 일본과의 문호개방과 통상무역 관계 수립을 위해 일본 원정의 필요성을 역설한 것이 계기가 되었다. 최초 일본 원정은 피어스(Franklin Pierce) 대통령 집권기에 올리크(J. H. Aulick) 제독이었으나, 그는 일본 원정 항해 도중 예하 함장들과의 불화로 인해 원정을 취소하고 귀환하였다. 이에 그라함(William A. Graham) 해군장관은 올리크의 후임으로 페리(Matthew C. Perry) 제독을 임명하여 일본 원정을 단행하게 하였다.

1853년 페리 제독은 동인도 및 중국해 함대사령관으로 임명되어 함정 5척과 수·해병 500명을 거느리고 일본원정에 나섰다. 미국이 단행한 일본 원정의 목적은 조난 선원의 구휼, 식량·담수·연료 공급 보장, 일본 항구 출입 보장, 그리고 가장 중요한 일본 근해에 미군 해군기지 및 저탄소(貯炭所) 확보 등이었다.[14]

페리 제독은 일본 에도(江戶) 만에 입항하여 해상무력 시위가 전개되는 속에서 500명의 병력과 함께 상륙하여 도쿠가와(德川) 막부의 전권대표에게 필모어(Millard Filmore) 대통령의 국서를 전달했다. 일본은 당시 개항정책을 채택하고 있었기 때문에 미·일간에는 별다른 충돌이 없는 가운데 원활한 협상이 이루어졌다. 페리 제독은 국서를 전달한 후 중국 지부(芝罘)로 돌아가 대기하고 있던 중 러시아와 프랑스 함대의 동태가 심상치 않다는 정보를 입수하고 일본 개항의 주도권을 잡기 위해 1854년 1월 다시 일본을 방문하였다. 그리고 평화적인 교섭 끝에 1854년 3월 31일 미일화친조약(美日和親條約)을 체결하고 문호개방에 성공하였다.

1856년 미국의 중국원정은 영국·프랑스 대(對) 청나라간의 전쟁인 애로우(Arrow)호 사건이 발단이 되었다. 미국은 이미 1842년 8월에 청나라가 아편전쟁(阿片戰爭) 패배로 영국과 불평등조약인 남경조약(南京條約)을 맺자 이를 기회로 쿠싱(Caleb Cushing)을 청에 파견, 1844년 7월 31일 미·청 간에 망하조약(望廈條約, Treaty of Wandhia)을 체결하였다. 그 결과 미국은 영국과 동일하게 중국 내 5개 개항장에 미해군 함정이 출입할 수 있게 되었다.[15]

따라서 애로우호 사건이 일어나자 미국의 동인도함대사령관 암스트롱(James Amstrong) 제독은 청나라의 협조를 구한 뒤, 전쟁 지역인 광주만(廣州灣)에 있는 미국 시민을 소개하기 위해 함대를 이끌고 광주만에 들어갔다. 이때 광주성의 청나라 수비군이 미군 함대에 포격을 가하자, 미국은 성조기를 손상시킨 불법행위에 대한 보상을 요구하였다.

그러나 중국 측의 반응이 신통치 않자 미국은 1856년 11월 22일부터 12월 6일까지 대포 34문, 상륙군 287명을 동원하여 광주 성채를 함락시켰다.[16] 그 결과 미국은 미국인의 생명과 재산을 보호하기 위해 정기적으로 중국의 5개 항구에 포함(砲艦)을 순항시키고, 아울러 양자강(揚子江)을 거슬러 내륙 도시인 의창(宜昌) 및 한구(漢口)까지 정기적으로 순항하게 되었다.

미국 아시아 함대의 조선 강화도 원정 배경

미국과 조선이 접촉을 한 1866년 제너럴 셔먼(General Sherman)호 사건이나 1871년 미국의 강화도 원정 등은 모두 미국 아시아함대와 관계가 있다. 아시아함대는 미국이 남북전쟁으로 아시아지역에서 동인도 함대의 대부분을 철수하여 남북전쟁에서 승리한 후 잔존한 동인도 함정을 재건하여 아시아함대를 새로이 발족하였다. 따라서 아시아함대는 1865년 벨(H. H. Bell) 제독을 초대 사령관으로 하여 전함 5척으로 출발한 미국의 극동함대(極東艦隊)이다.

아시아함대는 19세기 조선과 미국과의 외교관계에서 중요한 역할을 하였다. 제너멀 셔먼호 사건 진상조사를 위한 두 차례의 조선 서해안 탐문항행을 비롯하여 1871년 강화도 원정, 그리고 조선과의 조약교섭을 위해 슈펠트가 이용한 함정은 모두 아시아 함대였다.

미국 아시아 함대가 강화도를 원정하기 이전 한미간에는 미국 상선 및 포경선이 조난(遭難) 등으로 조선 연안에 자주 표류하였다. 조선 정부는 대부분 인도주의 입장에서 이들 미국 선원들을 잘 접대하여 청나라를 통해 돌려보냈다. 그러나 조선에서 1866년 1월 대원군의 천주교 금압정책에 따라 프랑스 신부 베르뇌(Berneux) 등 9명의 신부를 비롯하여 8천여 명의 조선인 신도가 처형된 병인박해(丙寅迫害) 사건이 발생하였다. 이 사실을 접한 프랑스 정부는 9월과 10월 두 차례에 거쳐 조선 항로를 위한 탐색원정과 강화도 침공을 단행하였다. 프랑스의 제1차 원정은 군함 3척을 파견하여 실시한 진상조사를 위한 원정이었고, 제2차 원정은 로즈(Roze) 제독이 7척의 군함에 상륙군 600명을 이끌고 조선을 원정한 사건이었다.[17] 제2차 원정에서 프랑스 원정군은 일시 강화부를 점령하였으나 양헌수(梁憲洙)가 지휘하는 조선군에 의해 정족산성(鼎足山城) 전투에서 패퇴하고 물러났다. 이는 병인양요로 기록되고 있다.

〈표 5〉 미국 아시아함대 사령관 현황, 1865-1871년

1865~1867	1867	1867~1869	1869~1871
벨 (H. H. Bell)	골즈브로 (J. R. Goldsborough)	로완 (Stephen C. Rowan)	로저스 (John Rodgers, Jr.) * 1870. 8. 20일 로완과 인계인수

〈표 6〉 1866년 프랑스의 조선 수로(水路) 탐색과 강화도 원정

구 분	일 시	원정 전력	목 적
1차 원정	1866년 9월	군함 3척	조선 수로와 항로 탐색 위한 정탐 원정
2차 원정	1866년 10월 15일	군함 7척, 병력 600명	프랑스 강화도점령, 양헌수 격퇴로 철수

또한 1866년 8월에는 미국 상선 제너럴 셔먼호가 그들의 도발적인 행위에 분개한 평양의 관민(官民)에 의해 선원 24명이 몰살하고 배가 불에 탄 사건이 있었다. 제너럴 셔먼호 사건을 놓고 1866년 12월 주청미국공사 버링게임은 셔먼호 사건과 병인양요(丙寅洋擾) 관련국가인 미·영·프랑스 등 3국이 연합하여 조선을 공동원정하는 안을 내놓았으나 실현되지 못하였다.[18] 다만 미국은 제너럴 셔먼호 사건의 탐문 조사를 위해 조선에 함대를 파견하였다. 이는 주청미국공사 윌리엄즈(S. W. Williams)가 아시아 함대 사령관 벨(H. H. Bell) 제독에게 셔먼호 소각과 선원 살해에 대한 탐문 및 조선 정부에 대한 배상 요구를 지시함으로써 이루어졌다.

1867년 1월 21일 벨 제독은 셔먼호 탐문 임무를 슈펠트(Robert W. Shufeldt)에게 부여하였고, 슈펠트는 와추세트(Wachusett) 호를 타고 1월 23일 황해도 장연현(長淵縣) 오차포(吾叉浦) 월내도(月乃島)에 정박하였다. 슈펠트의 조선 탐사와 관련한 조선측 문헌에는 다음과 같이 기록되어 있다.

고종 3년 12월 25일(경술) 앞서 미국 군함 와슈트(Wachth) 함장 해군 대좌(大佐) 로버트 슈펠트는 황해도 장연현 오차포 월내도(黃海道 長淵縣 吾叉浦 月乃島)에 도착하여 그 곳 주민에게 제너럴 셔먼호의 소식을 묻고 이 배에 편승한 사람 중에 생존자가 있으면 교부(交付)하여 줄 것을 청하다. 장연 현감 한치용(韓致容)은 22일까지 회답문(回答文)을 교부할 것을 약속하다. 와슈트호, 회답을 기다리지 않고 떠나다.[19]

1867년 1월 24일 슈펠트는 함께 온 중국인 우문태(于文泰)를 시켜 제너럴 셔먼호 소각 및 선원 살해에 대한 이유와 보상 내용이 담긴 서한을 조선 국왕에

게 바치라고 한 후 소식을 기다렸으나 아무런 소식이 없자 식량부족과 혹한으로 더 이상 기다리지 못하고 상해로 귀환하였다. 그러나 슈펠트는 이 탐문조사를 계기로 조선과의 조약을 체결할 결의를 갖게 되었고 또한 가능할 것으로 확신하였다.[20]

〈표 7〉 미국 아시아 함대의 셔먼호 탐문 원정

구분	일시	함장(艦長)	함대 이름	아시아함대사령관
1차 원정	1867년 1월 21일	슈펠트 대령	와추세트 (Wachusett) 호	벨(H. H. Bell) 제독
2차 원정	1868년 4월	페비거 대령	세난도어 (Shenandoah)호	골즈브로 제독 (J. R. Goldsborough 로완 제독 (Stephen C. Rowan)

1868년 3월 주청 윌리엄스 대리공사로부터 셔먼호 진상조사 함정을 조선에 파견해 달라는 요청을 받은 미국의 아시아 함대사령관 골즈브로(J. R. Goldsborough) 제독은 세난도어(Shenandoah)호 부함장 페비거(John C. Febiger) 대령에게 셔먼호 탐문 임무를 지시하였다.

페비거는 4월 10일 황해도 허사동(許沙洞)에 도착하여 슈펠트 제독이 조선 국왕에게 바친 서한에 대한 회신을 받았다. 황해도 관찰사 박승휘(朴承輝)의 이름으로 된 회신문에는 셔먼호 사건이 선원들의 도발적인 행동으로 일어난 일이라고 쓰여 있었다. 페비거는 조선의 회신문을 주청미국공사에게 전달했고 주청 미국공사는 이를 다시 미국무부로 정식 보고하였다. 미 국무부는 보고를 접하고 조선 개항에 대한 결심을 굳히게 되었다.

그러나 대원군이 집권하던 조선은 이들 사건 외에도 1868년 5월 대원군의 아버지 남연군(南延君)의 묘 도굴사건으로 배외감정이 고조되면서 쇄국양이정책(鎖國攘夷政策)을 더욱 강화하였다.

미국 아시아 함대의 강화도 원정 준비와 출동

미국은 조선에 대한 1867년 미·불공동원정과 1868년 단독원정 계획이 무산된 가운데, 조선개항문제는 1869년 그랜트 행정부로 넘어오게 되었다. 그랜트 행정부의 미국은 아시아 무역정책의 일환으로 조선개항을 매우 중요한 과제로 상정하고 있었다.

그러나 새로 국무장관이 된 피쉬(Hamilton Fish)는 아시아 외교문제에 생소했기 때문에, 1870년 2월 8일 전 국무장관 시워드의 조카이자 아시아 외교경험이 풍부한 조지 시워드(George Seward) 상해 총영사를 비롯해 데이비스(J. C. B. Davis) 국무부 차관보와 로저스(John Rodgers)[21] 아시아 함대사령관이 조선개항 문제를 협의하였다. 여기에서 피쉬는 조선원정과 조선개항 교섭 총책임자로 주청미국공사 로우(Frederick Low)를 조선전권공사에 임명할 것을 그랜트 대통령에게 건의했다.

미국 아시아 함대 사령관 로저스 제독은 함재 대포 85문, 총병력 1,230명의 수해병을 이끌고 조선원정(1871. 5. 16~7. 3)을 총지휘했다.

그랜트 대통령은 전 캘리포니아주지사를 지낸 바 있는 로우 공사를 조선 전권공사에 임명해 조선개항 교섭의 임무를 부여하고 로저스 제독에게 로우 공사의 신변 보호를 지시하였다. 또 국무부에 화전(和戰)의 책임을 맡겨 로브슨(George M. Robeson) 해군장관에게 로우 공사의 조선 원정에 최대한의 병력을 지원할 것을 지시하였다.[22] 따라서 로우공사는 조선원정군에 대한 모든 책임과 조선과의 교섭문제, 그리고 전쟁 개입에 관한 결정권을 지닌 반면, 로저스 제독은 조선원정군에 대한 지휘책임만을 지니고 있었다.[23]

조선전권공사에 임명된 주청미국공사 로우가 아시아함대의 총병력을 1871년 5월 초까지 일본 나가사키(長崎)로 집결하라는 명령을 내리자, 아시아 함대사령관 로저스 제독은 모든 병력을 이끌고 나가사키로 집결하였다. 4월 초 기함 콜로라도 호를 타고 일본 에도(江戶)만에 먼저 입항한 로저스 제독은 일본의 협조 속에서 조선 개항을 성공적으로 추진하기 위하여 메이지(明治) 천황을 예방하였다.

1871년 5월초 일본 나가사키에 집결한 아시아 함대는 조선과의 전쟁에 대비해 약 보름 동안 실전을 방불케 하는 해상 기동훈련을 실시했다. 이것은 장차 조선정부가 평화적 협상을 거부하고 적대적 행동을 보였을 때 미국의 전통적인 포함외교에 의해 무력적 공격을 감행하겠다는 의지였다.

〈표 8〉의 통계에 따르면 로저스 제독이 거느린 아시아 함대는 군함 5척, 함재 대포 78문, 총병력은 1,369명이었다. 그러나 일반적으로 군함 5척, 군함에 탑재된 대포 78문, 남북전쟁 당시 사용한 야포 7문 등 85문이었고, 병력은 수병과 해병을 합쳐 1,230명으로 알려져 있다.[24] 이 같이 통계 숫자에 차이가 나는 이유는 로저스 제독이 일본 나가사키(長崎)를 출발해서 조선원정을 나설 때 병력과 장비를 조정한 것으로 해석할 수 있다.[25]

〈표 8〉 1871년 조선 원정에 동원된 미국 아시아 함대 현황 [26]

함대명	함 장(艦長)	건조 시기	길이 (피트)	무게 (톤)	장병수	대포
콜로라도호	해병 대령 쿠퍼(G. H. Cooper)	1856년	263	3,425	646명	44
모노카시호	해군중령 맥크리(E. P. McCrea)	1866년	265	1,370	159명	6
팔로스호	해군대위 록크웰(C. H. Rockwell)	1866년	137	420	–	곡사포 6
베니시아호	해군중령 킴벌리(L. A. Kimberly)	1868년	250	2,400	291명	14
알래스카호	해군중령 블레이크(H. C. Blake)	1868년	250	2,400	273명	8

조선 원정에 참가한 군함으로는 기함 콜로라도(Colorado)을 비롯하여 포함 알래스카(Alaska)호, 베니시아(Benicia)호, 모노카시(Monocacy)호, 팔로스(Palos)호 등이었다. 이 때 일본 정부는 주일미국공사(駐日美公使) 드롱(De Long)을 통해 공동 참전을 희망하였으나[27] 실현되지 못하였다.

한편 로우 공사는 1871년 4월 11일 북경을 출발하여 상해에서 로저스 제독을 만났으며 5월 8일 콜로라도 호에 승선하여 5월 12일 나가사키에 도착한 뒤, 이곳에서 5월 16일 오전 6시 30분 조선을 향해 출발하였다. 5월 16일 나가사키를 출발한 아시아함대는 5월 19일 서해안 남양만(南陽灣)에 도착하여 해로를 탐사하면서 강화해협 쪽으로 북상하고 있었다.

로저스 제독은 5월 29일 인천 앞바다의 월미도(月尾島)와 작약도(芍藥島) 사이를 모함 기지로 정하고 기함 콜로라도호를 정박했다. 5월 30일 조선 문정관(問情官)이 처음으로 정박중인 콜로라도 호를 방문하여 5월 31일에 조선의 정식 대표가 함대를 방문할 것이라고 전하였다. 다음날 조선 대표 3명이 방문하였으나 그들의 품계가 낮다는 이유로 로우 공사와 로저스 제독은 이들을 영접하지 않고 국무부의 드류(E. B. Drew)와 카울스(Cowels)에게 조선 대표를 영접하게 하였다. 드류와 카울스는 조선 대표에게 "6월 1일 미국 함대가 강화해협으로 탐측함대를 파견할 것이니 조선 당국은 이를 방해하지 말 것"을 일방적으로 통고한 후 조선측의 답변도 듣지 않고 행동에 들어갔다.

손돌목 포격사건과 미국 아시아 함대의 강화도 침공

1871년 6월 1일 아침 탐측함대의 책임자인 블레이크(H. C. Blake) 중령은 모노카시 호와 팔로스 호 등 포함 2척과 기정 4척의 탐측함대를 이끌고 강화도와 본토 사이인 강화해협의 염하수로(salee river)를 탐측하기 위해 북상했다. 탐측대장인 블레이크 중령은 팔로스호에 승선하여 지휘하였다.[28]

미국의 탐측함대가 연안에 있는 조선 포대를 정찰하면서 손돌목에 이르렀을 때, 조선포대는 미국 탐측함대의 불법 침입을 저지하기 위해 집중적인 포격을

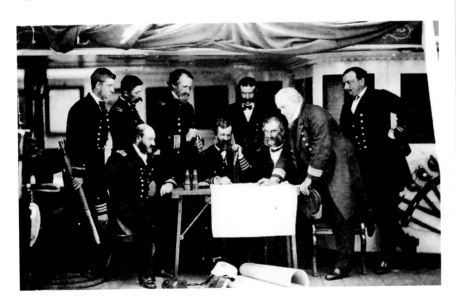

아시아함대 지휘관들의 강화도 상륙작전 회의. 로저스 제독(오른쪽 2번째)이 강화도 지도를 펴 놓고 각군 지휘관들과 강화도 상륙작전 회의를 주재하고 있다.

가하였다. 조선 포대로부터 15분 동안 200여 발의 포격을 받은 미국의 탐측함대는 다행히 인명피해는 없었으나, 이를 보고 받은 로저스 제독은 이에 대한 보복을 선언하면서 지휘관 회의를 소집하였다. 그러나 블레이크가 10일간의 여유를 두자고 제의함에 따라 '디데이'(D-day)를 6월 10일로 정하게 되었다.

조선과 미국은 손돌목 포격 사건을 놓고 서로 다른 입장을 밝혔다. 조선은 미국 함대의 영해침범으로 야기된 손돌목 사건에 대해 사과는 물론이고 대관(大官)을 파견해서 협상에 응하지 않겠다는 강경한 태도를 취했다. 로저스 제독은 보복원정을 단행하여 강화도 상륙작전을 통해 조선을 무력으로 굴복하겠다는 방침을 정했다.

조선의 입장을 확인한 로저스 제독은 6월 10일 예정대로 강화도 상륙작전을 단행하기로 하고, 부대 재편성에 들어갔다. 총사령관에 로저스 제독, 원정군 총지휘관에 블레이크 해군 중령, 강화도 상륙군 지휘관에 킴벌리(L. A. Kimberly) 해군 중령, 해군대대 지휘관(Commnader Navy Battallion)에 케이시(Silas Casey) 중령, 해병대 지휘관(Commander Marines)에 틸톤(McLane Tilton) 대위, 포병대지휘관에 카셀(D. R. Cassel) 중령, 정찰대장(Pionner Commander)에 퀸(Mate Quinn), 그리고 의무반장(Hospital Force)에 웰스(Wells) 하사를 임명하였다.

함대편성은 포함 모노카시호와 팔로스호 등 포함 2척과 기정 4척, 단정 18척, 상륙병력은 해병대 109명을 포함하여 655명, 그리고 해상 지원병 310명 총 965명이 동원되었다. 여기에 포병대(야포 7문 보유), 공병대, 의무대, 사진반이 편성되어 후속하였다.[29]

〈표 9〉 19세기 강화도 원정시 미 해군 및 해병대 편성표[30]

구 분	인 원	편 성
해군대대	546명	보병 8개 중대, 포병 3개 포대, 1개 정찰대, 의무반
해 병 대	109명(장교 4, 사병 105)	보병 2개 중대

변수

〈표 10〉 강화도 공격시 조선수비군과 미군의 전력 비교 [31]

구분	총사령관	전 력	무기 및 장비
강화 조선군	어재연 장군	·5개 요새지 ·2천명의 병력	·143문의 대포(대완구 불랑기) ·소총 : 화승총, 선박 : 평저선/범선
미국 원정군	로저스 제독	·상륙군 10개 중대 ·포병·공병·의무대 ·총병력 945명 – 상륙군 644명 – 해상 병력 301명	·함재(艦載)대포, 달그랜 곡사포 ·레밍턴 소총, 연발 권총 군함 : 증기동력선 ·기정 4척, 보트 22척, 쌍안경

상륙부대로는 보병 8개 중대와 해병 2개 중대 등 총 10개 중대이었고, 개인화기 및 장비로는 최신식 1867년형 레밍턴 소총(Remington Rifle), 스프링필드 소총, 플리머스 소총에 탄약 60~100발을 휴대하였다. 여기에 2일분의 식량과 담요·수통 등의 개인 식량 및 장구류를 지참하였다. 특히 포병·공병·의무대 병력은 레밍턴 연발 권총과 단도를 휴대하였다.

미국과 조선과의 전투는 6월 10일 미국 포함 모노카시호와 팔로스호가 초지진에 대한 함포사격을 개시로 시작되어, 6월 12일 광성보를 점령한 미국 상륙부대가 조선군 지휘기인 '수자기'(帥字旗)를 내리고 성조기를 게양함으로써 끝났다. 신미양요로 기록된 이 전쟁은 한·미간 최초의 군사관계로 정립되었다.[32]

당시 강화도의 초지진(草芝鎭), 덕진진(德津鎭), 광성보(廣城堡) 등의 각 포대와 돈대에는 조선 수비병 2천명이 배치되어 있었다. 이중 1,500명은 진무영(鎭撫營) 소속이었고 500명은 수군이었다. 조선 정부는 1866년 병인양요 이후 강화도에 진무영을 설치하고 포수 3천명을 배치하여 수비를 강화하고 있었다.

첫 전투가 벌어진 초지진[33]에서는 6월 10일 12시경 이곳에 도착한 미국 포함 모노카시호와 팔로스 호가 함포사격을 실시한 후에 상륙군 부대가 상륙을 개시하여 무혈 점거하였다.[34] 6월 10일 초지진에서 하루 밤을 숙영한 미군 상륙군 부대는 그 다음날인 6월 11일 새벽 4시에 기상하여 다음 목표인 덕진진[35]을 공격하였다. 이 때 미국은 함포 및 야포 사격으로 진지를 초토화시킨 후 덕진진 또한 무혈 점령하였다.[36] 이어 미군은 강화도에서 가장 난공불락으로 알려져 있는 광성보에 대한 공격에 들어갔다.

광성보에는 손돌목 돈대를 중심으로 용두돈대(龍頭墩臺)와 광성돈대(廣城墩臺) 등 3개의 돈대가 솥발처럼 정립(鼎立)해 있었다. 미군은 먼저 10시부터 11시까지 함포 및 야포사격을 가하여 진지를 초토화시켰다. 그리고 11시 정각에 킴벌리 상륙군 지휘관은 상륙개시 20분 만에 손돌목 돈대[37]에 있는 수자기(帥字旗)를 내리고 성조기를 게양했다.[38]

〈표 11〉 조선 강화도 요새(要塞)에 대한 미국식 명칭[39]

강화도 요새명	초지진(草芝鎭)	덕진진(德津鎭)	광성보(廣城堡)
미국식 명칭	Marine Redoubt	Fort Monocacy	Fort McKee

당시 손돌목 사건으로 강화 진무중군(鎭撫中軍)에 임명된 어재연(魚在淵)이 지휘하는 조선군은 미군의 함포 및 야포사격으로 대부분이 희생되고, 미군의 상륙군 부대가 들어올 때는 중과부적이었다. 어재연 장군마저 진두지휘를 하다가 베니시아호 소속의 도우허티(James Dougherty) 사병이 쏜 총탄을 맞고 49세의 나이로 부임(赴任)한지 약 10일만에 격전지에서 장렬하게 전사하였다. 미국의 아시아 함대사령관 로저스 제독은 16시간의 짧은 전쟁(sixteen hour compaign)인 '최초의 한국전쟁'(First Korean War)을 1871년 6월 12일 끝내고 나서 전승축하훈령(Admiral Rodger's Congratulatory Order)을 발표하며 전승을 자축하였다.

한편 미 상륙군부대가 광성보를 함락하고 손돌목 돈대에 성조기를 게양하던 날인 6월 12일 대원군은 미국의 침략행위를 규탄하면서 척화정책을 계속 유지할 것을 천명하였다. 조선의 이러한 입장을 모른 채 로저스 제독은 작약도 모함기지에서 조선대표가 협상 테이블로 나올 것을 기대하며 7월 3일까지 약 21일 동안 기다렸다. 그러나 조선 정부로부터 아무런 반응이 없음을 알게 되자 전 함대를 이끌고 일본으로 철수하였다.

결국 조선군은 미 해병대 지휘관인 틸턴(Tilton) 대위와 로우 공사가 국무부에 보낸 보고서에서 말했듯이, 조선군은 미군과의 전투에서 최대한의 용기를 보여주었고 요새가 함락될 때까지 끝까지 싸웠다.[40] 그 결과 조선군은 어재연

장군을 포함하여 전사 350명,[41] 부상 20명 등 막대한 피해를 입었고, 미군은 D 중대 중대장 맥키(Hugh McKee) 중위,[42] 콜로라도함 소속 알렌(Soth A. Allen) 일병, 그리고 베니시아호 소속 하마한(Dennis Hamahan) 병사를 포함해서 전사 3명, 중상 5명, 경상 6명이라는 경미한 희생만을 내었다.[43] 이를 표로 정리하면 〈표 12〉와 같다.[44]

〈표 12〉 1871년 강화도 전투시 조선군과 미국군 피해 현황

구 분	계	전 사	부 상	비 고
조선군	370명	350명	20명	총사령관 어재연 장군 등 전사
미국군	12명	3명	9명	상륙군 중대장 맥키 중위 전사

미군은 강화도 요새지로부터 장수기인 수자기(帥字旗)를 비롯해서 각종 군기(軍旗) 50개와 조선 대포 481문을 약탈해 갔다. 현재 이들 약탈품은 미국 아나폴리스(Annapolis)에 있는 미 해군사관학교 박물관에 보관되어 있다.

이처럼 미국은 군사적 승리에도 불구하고 본래의 원정목적을 달성하지 못하였다. 로저스 아시아함대 사령관이 조선을 원정한 목적은 제너럴 셔먼호 사건을 응징하고 조선을 개항시키는데 있었다. 그러나 이러한 막강한 포함의 위력을 이용해 조선을 개항하려고 했던 당초의 목적은 조선의 쇄국정책에 의한 완강한 거부로 실패하게 되었다. 이로써 미국과 조선은 1882년 한미수호통상조약 체결까지 10년을 더 기다리지 않을 수 없게 되었다.

손돌목 돈대에 게양되었던 수자기(帥字旗). 틸톤 대위가 광성보(廣城堡)를 함락, 퍼비스(左), 브라운(中)과 함께 수자기를 내리고 성조기를 게양했다.

조선 개항을 성사시킨 슈펠트 제독은 이홍장의 속방론을 거부하고, 조선 독립국론을 관철하여 한·미 조약을 체결했다.

미 의회의 조선사절단 파견 결의안과 슈펠트 제독

1878년은 미국이 7년 전에 일어난 강화도 원정에서 이루지 못했던 조선 개항을 다시 시도한 해이다. 이는 1876년 조선과 일본이 맺은 강화도 조약이 중요하게 작용하였다. 또 미국의 정치환경도 1871년과는 많이 바뀌었다. 신미양요(辛未洋擾) 당사자인 그랜트 대통령이 두번째 임기를 마치고 1877년에 물러났고, 이 때는 공화당의 헤이스(Rutherford B. Hayes) 대통령이 집권 2년째를 맞이하고 있었다. 따라서 조선과의 개항 논의가 본격적으로 이루어진 시기는 미국 헤이스 대통령 집권기이다.

1878년 4월 17일 미국 상원 해군위원장 사전트(Aaron A. Sergent)는 1876년 한·일조약 체결에 자극 받아 수교를 위한 사절단을 조선에 파견하자는 결의안을 상정하였다. 그는 경제적, 정치적, 인도적, 문화적 이유를 들어 조선과의 개항 필요성을 역설하였다. 그는 미국의 잉여농산물 및 공산품의 판매시장을 확보하고, 한반도에서의 미국의 영향력 증대 및 러시아의 남진정책을 저지하고, 조난선원의 구휼 및 보호, 그리고 미국 청년을 활용하여 조선의 개화를 도울 수 있다고 생각하였다.

사전트의 결의안은 상원 외교위(外交委)로 넘겨져 독회(讀會)까지 거쳤으나 상원이 곧 휴회에 들어감에 따라 더 이상 후속조치가 취해지지 않아 빛을 보지 못했다. 그러나 이 결의안은 그로부터 4년후에 결실을 보게된 한미수교 성공에 영향을 미친 것으로 보이며, 한반도에 관한 자세한 보고서로 알려져 있다.[45]

또한 1878년 12월 톰프슨(Richard W. Thompson) 해군장관은 국무부의 승인을 받아 1867년 제너럴 셔먼호 사건 탐문 차 조선을 방문한 적이 있는 슈펠트 제독을 일본으로 파견하면서 조선개항을 교섭해 보라는 임무를 부여하였다.

슈펠트(Robert W. Shufeldt) 제독은 초기 한미관계에서 중추적인 역할을 하였다. 그는 2차례 조선을 방문하면서 한미수호통상조약을 성립시키고, 또 이를 조인한 미국 측 전권대표로 참석하여 조약문에 서명한 역사적 인물이다. 한미 조약 체결 후에는 고종의 요청으로 1886년 조선을 국빈방문(國賓訪問)하여 약 4개월간 머무르다 간 지한파(知韓派) 인사이다.

슈펠트의 조선 개항교섭 활동과 일(日)·청(淸)의 중재

1880년 4월 슈펠트 제독은 티콘데로가(Ticonderoga)호를 타고 일본을 방문한 후, 이노우에(井上馨) 일본 외상의 소개장을 들고 그해 5월 부산을 방문하였다. 이 때 주일미국공사 빙햄(John A. Bingham)은 이노우에 일본 외상에게 슈펠트의 조선 개항을 적극 협조해 줄 것을 요청하였다.

1880년 5월 3일 슈펠트는 티콘데로가호를 타고 부산을 방문하였다. 슈펠트의 부산 도착에 대해서 조선 문헌에는 "앞서 아메리카 합중국은 일본국의 알선으로 우리나라와 통호(通好)하려 하여 해군대장(海軍大將) 슈펠트(R. W. Shufeldt)에게 부산(釜山)으로 항진할 것을 명한 바 있는데, 슈펠트는 군함 티

슈펠트(Robert W. Shufeldt) 제독이 조선과의 교섭 협상을 위해 타고온 미국 전함 티콘데로가호.

〈표 13〉 슈펠트 제독의 조선 방문, 1867-1886[46]

구 분	방문 일시	도착 장소	방문 목적	함정 이름
1차 방문	1867. 1. 21	황해도 장연	제너럴 셔먼호 탐문	와추세트(Wachusett) 호
2차 방문	1880. 5. 3	부 산 동 래	조선과의 개항 교섭	티콘데로가(Ticonderoga)호
3차 방문	1882. 5. 12	인 천 화도진	조미수교조약 체결	스와타라(Swatara)호
4차 방문	1886. 10. 19	서 울	고종 요청, 국빈방문	–

콘데로가(Ticonderoga)호에 탑승하여 이 날로 부산 흑암(黑巖) 앞바다에 이르렀다"[47]고 적혀 있다. 〈표 13〉은 슈펠트의 4차례에 걸친 조선 방문을 정리한 내용이다.

부산에 도착한 슈펠트는 부산주재 일본영사 곤도(近藤眞鋤)를 찾아가 이노우에의 소개장을 전하면서 동래부사와 교섭을 마련해 줄 것을 요청하였다. 이에 곤도(近藤)는 동래부사 심동신(沈東臣)을 방문하고, 한미조약 협상에 응해 줄 것을 요청했다. 또한 미국 대통령의 친서를 조선 조정에 전달해 줄 것도 부탁하였다. 조선과의 교섭을 위해 방문한 슈펠트에 대해 조선은 다음과 같이 당시 상황을 기록하고 있다.

고종 17년 3월 27일(甲午) 부산주재 일본국 영사 곤도(近藤眞鋤)는 슈펠트의 요청 및 본국 외무경의 훈령에 따라 동래부에 와서 아메리카합중국이 조선과 통호(通好) 맺기를 원한다 하고, 아메리카 합중국 서계(書契)를 받치고, 아메리카나 합중국인의 접견과 서계를 정부에 전달할 것을 청하다. 부사 심동신은 이 날 완강히 거절하여 아국이 아메리카합중국과는 성기(聲氣)가 통하지 않으므로 그들이 통화수서(通和修書)를 운운하는 것은 이(理)에 닿지 않는다고 하였다. 또 일본인은 우리나라가 양이에 대하여 엄히 처리하고 있음을 알면서도 이와 같이 와서 간청하는 것은 교린원의(交隣原誼)에 어긋나는 것일 뿐 아니라, 무릇 우리 경계에 내박(來泊)한 외국인을 접하지 않고 또 그 서계를 받지 않는 것은 조정의 명령이라 하고 관중(館中)으로부터 해국인처(該國人處)에 칙유(飭諭)하며 즉시 기선을 돌릴 것을 요청하다. 경상도관찰사 이근필(李根弼)은 전후 사유를 치계(馳啓)하고 동래부사에게 연이어 경계하도록 일러 이국선(異國船)을 각별히 정탐 비우(備虞)케 하다.[48]

동래부사 심동신은 1871년 미국 아시아 함대의 강화도 내침을 규탄하고 미국과의 수교는 어불성설이며, 일본을 통한 조선개항 교섭은 받아들일 수 없다고 주장하면서 슈펠트를 만나주지도 않았다. 이에 슈펠트는 동래부사를 만나보지도 못한 채 일본 나가사키로 돌아오고 말았다.

빙햄 공사가 다시 이노우에 외무경에게 조선과의 중재 협조를 요청하자, 이노우에는 예조판서 윤자승(尹慈承)에게 미국의 수호 요청을 받아들이라는 친서를 보냈다. 조선에서는 1880년 7월 수신사 김홍집(金弘集)이 일본 동경에 가게 되자 수신사 편에 윤자승의 회신(回信)과 앞서 조선 국왕에게 보낸 슈펠트의 친서를 보내었다. 이에 김홍집은 슈펠트의 친서는 빙햄 공사에게 돌려 주었고, "지금 조선은 미국과 전혀 수교할 의사가 없다"는 내용의 윤자승 친서를 이노우에에게 전달하였다. 그러나 이노우에는 여기서 그치지 않고 다시 한번 윤자승에게 편지를 보내 청·러간 국경분쟁인 '이리 사건'(伊犁事件, The Ili Crisis) 등 국제정세를 들어 수교를 청하였으나, 일본의 중재에 의한 조선과 미국간의 교섭은 결국 성사되지 못하였다.[49]

한편 슈펠트의 이러한 사정을 잘 알고 있는 나가사키(長崎)의 청국 영사는 본국 정부의 이홍장에게 슈펠트의 부산 방문 협상에 대해서 자세히 보고하였다. 이에 대한 조선 및 일본 문헌의 내용을 보면 다음과 같다.

고종 17년 5월 3일(庚午) 앞서 아메리카합중국 해군대장 슈펠트는 본국에 서계를 전달하지 못한 채 나가사키로 회항하자 일본국주차 아메리카합중국 특명전권공사 빙햄(John. Bingham)이 본국에 권고하여 정약토록 하여 줄 것을 일본국외무경 이노우에(井上馨)에게 청하다. 이노우에는 곧 본국 예조판서에게 전달한 서계를 작성하고 부산주재영사 곤도(近藤眞鋤)에게 명하여 아메리카합중국 서계와 함께 동래부사(東萊府使)에게 전달하게 하다. 이 날 곤도(近藤)가 동

속방론(1882) 주창자 이홍장은 한미수호
통상조약에 속방조항을 포함하려 했으나
슈펠트의 반대로 뜻을 이루지 못했다.

래부에 이르러 해당 서계 등 및 변리공사(辦理公使) 하나부사(花房義質)의 부서(副書)를 전달하다. 이노우에의 서계내용은 현금(現今) 우내(宇內)의 대세는 옛날과 달리하여 쇄국할 수가 없는데 그것은 폐국(敝國 : 일본을 지칭)이 경험하여 알고 있는 청국(淸國) 또한 그러하다. 지금 귀국(貴國)을 위하여 도모할 바는 유원(柔遠)한 마음으로 그들의 청을 청허(聽許)하여 충서(忠恕)로써 행하고 공도(公道)로써 요함만 같지 못하다. 즉 외모(外侮)를 막아 자주권을 단단이 하는 소이가 여기에 있는 것이다. 만약 그렇지 못하여 변을 일으킨다고 하면 그 해는 말로 다할 수 없을 것이다. 폐국(敝國)이 귀국정략(貴國政略)에 간섭하려는 것은 아니지만 외교의 열력(閱歷)이 길고 청국(淸國)의 왕사(往事)에 징(徵)하여 복심(復心)을 말하는 바이다.[50]

이에 이홍장은 한반도에서 청의 종주권을 유지하려면 자신이 나서서 조미수교(朝美修交)를 주선할 수밖에 없다고 판단, 슈펠트 제독을 천진(天津)으로 초청했다. 천진에서 이홍장과 슈펠트는 조선개항 문제를 논의하였다. 회담후 슈펠트는 미 해군부에 "이홍장으로부터 조선 개항에 영향력을 행사하겠다는 확약을 받았다. 본인은 이홍장으로부터 중국 해군 고문관에 부임해 달라는 요청을 받았다"라고 보고했다.[51] 이 보고를 받은 미국 정부는 1881년 7월 슈펠트를 주청미국공사관 무관에 임명했다. 이어 1881년 11월 14일 슈펠트를 다시 '조선특명전권공사'에 임명하면서, "조선 전권대표에게 대통령 국서를 전달할 것, 조선과 조난선원 구휼협정을 체결할 것, 통상 권리를 확보할 것, 영사재판권과 여행자유권을 확보할 것, 외교사절을 교환할 것" 등을 지시하였다.

이렇게 하여 조선과 미국간의 조약은 조선 전권대표를 배제한 채 슈펠트와 이홍장 간의 타협으로 진행되었다. 그러나 이 두 사람사이에 "조선은 본래부터 청국의 속방이다"라는 이홍장의 속방론(屬邦論)과 슈펠트의 조선독립국론이 대립하였다. 이홍장이 속방조항문 삽입을 주장하자 슈펠트는 이를 강력히 반발하며 조약교섭을 포기하겠다고 맞서자 서로 양보하게 되었다. 즉, 1882년 4월 이홍장은 조약문에 속방조항문을 삭제하는 대신, 한미조약 체결 후 조선 국왕이 미국 대통령에게 보내는 별도조회문(別途照會文)에 한·청간의 종속관계를 밝히기로 슈펠트와 합의를 보았다.[52]

슈펠트 제독과 조선 전권대표의 한미수호통상조약 체결

1882년 4월 이홍장과 슈펠트간에 한미조약에 관한 합의가 이루어지고, 조선에서는 「조선책략」의 영향을 받아 대미수교방침(對美修交方針)이 정해지면서 한미간의 조약 교섭은 급진전되었다. 1882년 5월 12일 슈펠트 제독은 수행원 15명과 호위병 20명, 그리고 중국인 통역관 2명과 함께 군함 스와타라(Swatara)호를 타고 인천 앞 바다에 도착했다.[53] 스와타라호는 미국 아시아함대사령관 크리츠(John B. Clitz)가 1881년 11월 12일에 이미 미 해군부의 지시를 받고 슈펠트와 협의한 후 선택한 군함이었다.[54] 이에 앞서 중국의 이홍장은 조선정부에게 청국에 보낸 미국 정부의 공문 내용을 밝히고 여기에 대비할 것과 또 불원간 미국 함정이 방문할 때 청국도 별사(別使)를 보낼 것이니 양지하라는 공한(公翰)을 보냈다. 따라서 이홍장은 속방론 구현을 위해 그의 심복인 마건충(馬建忠)과 정여창(丁汝昌)을 군함 3척(威遠·揚威·鎭海)과 함께 조선에 파견함으로써, 슈펠트 보다 4일 앞선 1882년 5월 8일 인천 앞 바다에 미리 도착하여 대기하고 있었다.

한편 조선 정부에서는 전권대신(全權大臣)에 신헌(申櫶), 부대신에 김홍집(金弘集), 종사관에 서상우(徐相雨)를 임명하여 한미조약 체결을 위한 준비를 하였다. 이 때 미·청 양국의 군함이 월미도와 작약도 사이 해상에 정박하자 조선의 전권대신은 양국 함정을 순방하고 위로하였다. 먼저 조선 대표는 청국 군함으로 올라가 청국 대표와 인사를 나누었다. 이어 미국 군함을 방문하고 슈펠트 제독과 인사를 나누었다.

1882년 5월 20일 슈펠트 제독은 마건충·정여창과 함께 배를 타고 제물포 묘도(猫島)로 상륙해 인천부 행관(仁川府行館)에서 조선대표와 인사하였다. 이 때 양국 대표는 신임장을 상호 수교하였고, 슈펠트 제독은 아더(Chester A.

한미수호통상조약.

Arthur) 대통령의 국서와 신임장을 전달했다. 다음날 5월 21일 전권부대신 김홍집은 조선국왕에게 바친 미국 대통령의 국서에 대한 답신을 슈펠트에게 전달했다. 이 답신은 조선 국왕이 조약 체결을 최종적으로 윤허한 재가문(裁可文)이다. 당시 미국 대통령은 1881년 취임한 아더이며, 국무장관은 프렐링하이젠(Frederick T. Frelinghuysen)이고, 상원 외교관계위원장은 윈던(William Windon)이었다.

1882년 5월 22일 오전 10시 48분 조선과 미국은 제물포 화도진(花島鎭) 언덕 위에 설치된 천막에서 역사적인 한미조약이 체결되었다. 조인 장소인 텐트 입구 앞에는 미국의 성조기와 한국의 임시국기인 태극도형기(太極圖形旗)가 교차되어 있었다.[55] 쿠퍼(P. H. Cooper) 함장과 스파이서(Spicer)가 지휘하는 해병대의 호위를 받으며 조인 장소에 도착한 슈펠트는 속방론을 주장하는 청의 마건충과 정여창을 별실로 퇴장시키고, 조선 전권대표 신헌·김홍집과 마주 앉아 역사적인 한미조약 조인식을 거행하였다. 총 14개조로 된 한문본 3통과 영문본 3통의 조약문에 양국대표가 서명날인을 하자,[56] 쿠퍼 함장의 신호에 따라 회담 장소 앞 바다에 정박에 있던 미국 군함 스와타라호에서 축하 예포 21발을 발포하였다. 이는 조선이 청의 속국이 아니라 자주 독립국임을 알리는 신호탄이었다.[57]

한미수호통상조약 체결의 역사적 의의

한미조약의 정식 명칭은 「조미수호통상조규(朝美修好通商條規)」이고 영문명은 "Treaty of Peace, Amity, Commerce and Navigation between Korea and the United States"이다. 한미조약은 슈펠트 제독의 끈질긴 협상 끝에 2년 1개월만에 이루어졌다.[58]

한미조약은 서문을 포함 14개조로 되어 있다. 서문에는 이 조약의 목적과 사절단의 인적사항, 그리고 조약협정 방법 등을 명시하고 있다. 다음은 한미조약 서문내용이다.

"대조선국과 미합중국은 양국 국민사이에 영원한 친선과 우호의 관계가 확립되기를 충심으로 열망하여 이를 실현시키기 위해 대조선국의 군주가 특파한 전권대신 신헌과 전권부관(全權副官) 김홍집과 미합중국 대통령이 특파한 수사총병(水師總兵) 슈펠트는 서로 전권위임장을 제시하고 그것이 정당한 형식을 갖춘 것임을 확인한 후 조문(條文)을 협정하였다. 조관(條款)을 좌(左)에 나열한다."[59]

조미조약 비준문서교환 한국(조선) 대표 독판교섭통상사무(외무장관) 민영목.

이어서 제1조부터 제14조까지 조약문이 나열되어 있다. 제1조는 거중조정(居中調整) 문제, 제2조는 외교관과 영사관 설치 문제, 제3조는 난파 선원 보호 및 난파선 수선 문제, 제4조는 영사재판권 문제, 제5조는 종가세(10%)와 술·시계 등 사치품 종가세(5%), 및 관세 문제(5전 부과), 제6조는 거주지 매수 문제와 창고 건립 허용 문제 및 내지 물품 매매 금지 문제와 토산품 수송금지 문제, 제7조는 아편 수입금지 문제, 제8조는 미국인의 홍삼무역 금지 문제, 제9조는 무기 취급 제한 문제, 제10조는 토착인 고용권 문제 및 범법자에 대한 신고의무 문제, 제11조는 해외 유학생 파견 문제, 제12조는 1882년 5월 22일부터 5년 뒤의 본 조약 개정 문제와 공식 문건의 한문 사용 문제 및 미국 측의 번역물 첨부 문제, 제14조는 영사 특혜권 문제를 규정하고 있다.[60]

조인식이 끝나자 슈펠트 제독은 5월 24일 미국 국서에 대한 조선 국왕이 아더 대통령에게 보내는 답서와 별도조회문(別途照會文)을 휴대하고 5월 24일 스와타라호를 타고 중국으로 떠났다.[61]

조미조약 비준문서교환 미국 대표 초대 주한미국 특명전권공사 푸트.

1822년 5월 22일 한미조약은 동년 7월 29일 하원의 동의를 얻고 그 다음해인 1883년 1월 19일 상원의 승인을 얻었다. 동년 2월 13일에 아더 대통령이 비준하고 조약 1년 후인 5월 19일에 양국간에 비준서를 교환했으며, 6월 4일 이를 공포하였다.[62] 초대 주조선미국특명전권공사 푸트는 1883년 5월 20일 고종에게 신임장을 제정하였다.

한미조약은 조선이 구미(歐美) 여러 나라 가운데 미국과 최초로 체결한 조약으로, 조선이 향후 유럽 열강과 조약을 체결할 때 하나의 모델이 되었다. 이후 조선은 영·독·불·이·러시아 등 유럽 열강과 조약을 체결할 때 항시 이 한·미조약문을 본보기로 삼았다. 또한 미국 의회의 비준을 거친 한국 최초의 공식 외교문서라는 점에서 역사적 의의가 크다고 할 수 있다.

한미조약은 조선의 정치·경제·사회·문화·군사에도 심대한 영향을 끼쳤다. 정치적 측면에서 조약 체결로 중국의 종주권이 흔들리게 되었으며 조선은 이후 미국에 의존하려는 경향이 있었다. 경제적 측면에서 한미조약은 미국에 대한 최혜국 대우 조항으로 청의 상업적 특권을 부정함으로써 한미간의 무역의 길이 열릴 수 있게 되었다. 사회·문화적 측면에서 한미조약 체결로 미국 문화가 조선에 들어오게 되었다. 군사적 측면에서 한미조약 체결로 주한미국공사관이 설치되고 주한미국외교사절이 조선에 파견됨으로써 조선 국왕은 근대식 군사교육을 위해 미국으로부터 군사교관을 초빙하고 우리나라 최초의 사관학교라 할 수 있는 연무공원(鍊武公院)을 설치하여 운영하게 되었다.[63]

특히 한미조약 체결과정에서 슈펠트 제독의 역할은 매우 중요하였다. 그는 1880년부터 한·청·일 세 나라를 순방하면서 왕복외교(shuttle diplomacy)에 의해 조선개항에 필요한 조약 체결에 노력하였다. 그러나 그는 일본을 개항시킨 페리(Perry) 제독처럼 미국에서 높이 평가받지 못하였다. 이는 페리(Matthew C. Perry)가 1854년 개항시킨 일본이 이후 부국강병으로 선진국 대열에 진입한데 비해, 조선은 슈펠트의 개항노력에도 불구하고 일본에게 나라를 빼앗기는 망국의 길을 걸었기 때문이다.

주미조선외교사절의 군사외교 활동과 군사 및 교육기관 시찰

1882년 5월 22일 한미조약 체결 이후 한미간에는 외교사절들이 왕래하고, 양국의 수도에는 자국의 공사관을 설치하여 외교활동을 전개하였다. 1883년 5월 주한미국특명전권공사(Envoy Extraordinary and Minister Plenipotentiary, 駐韓美國特命全權公使)에 임명된 푸트(Lucius H. Foote)는 5월 19일 독판교섭통상사무(督辦交涉通商事務) 민영목(閔泳穆)과 비준문서를 교환함으로써 역사적 한미외교관계가 정식으로 수립되었다. 푸트는 그 다음날인 5월 20일 조선국왕에게 신임장을 제정하고 공식 업무에 들어갔다.[64]

주한미국공사 푸트는 비준문서를 교환한 후, 1883년 6월 정동(貞洞)에 미국공사관을 개설했다. 이 때 공사관 구입비는 2,200달러였다.[65] 조선도 미국처럼 공사를 파견하고 워싱턴에 상주공관을 설치해야 되지만 재정적인 문제로 그렇게 하지 못하고, 푸트의 권유에 따라 견미사절인 보빙사(報聘使)를 파견하였

주조선미국공사관 전경. 1883년 6월에 초대 주조선미국공사 푸트가 서울 정동(貞洞)에 설치했다.

다. 이후 주조선미국공사에는 푸트(Lucius H. Foote), 포크(George C. Foulk), 파커(William H. Parker), 록힐(William W. Rockhill), 딘스모아(Hugh A. Dinsmore), 롱(Charles C. Long), 허어드(Augustine Heard), 헤롯(Joseph R. Herod), 실(John M. B. Sill), 알렌(Horace N. Allen), 패독(Gordon Paddock), 모건(Edwin V. Morgan) 등이 차례로 역임하였다. 주미조선공사에는 민영익(閔泳翊)을 비롯하여, 박정양(朴定陽), 이하영(李夏榮), 이완용(李完用), 이채연(李采淵), 이승수(李承壽), 이현직(李玄稙), 박용규(朴鎔奎), 서광범(徐光範), 이범진(李範晉), 신태무(申泰茂), 조민희(趙民熙), 김윤정(金潤晶) 등이 역임하였다. 이들 중 모건 주조선미국공사와 김윤정 주미조선공사는 1905년 을사보호조약으로 조선이 외교권을 박탈당해 한미외교관계가 단절되자, 각각 본국 정부의 훈령에 따라 자국의 공사관을 철수한 장본인들이다. 역대 주미조선공사(駐美朝鮮公使)와 주조선미국공사(駐朝鮮美國公使)의 현황은 〈표 14〉와 같다.

1882년부터 시작하여 1905년 을사조약 체결로 한국의 외교관이 박탈되어 주한미공사관이 철수할 때까지 외교사절들이 파견되면서 23년 동안 한미간에 공식적인 외교관계가 전개되었다.

조선보빙사일행(朝鮮報聘使一行) 샌프란시스코 도착 기념사진. 앞의 열 왼쪽으로부터 미국인 참찬관 로우엘, 전권부대신 홍영식(洪英植), 전권대신 민영익(閔泳翊), 종사관 서광범(徐光範), 청국인 오례당(吳禮堂), 뒤의 열 왼쪽으로부터 현흥택(玄興澤), 日本人 미야오카(宮岡恒次郞), 유길준(兪吉濬), 최경석(崔景錫), 고영철(高永喆), 변수(邊燧).

<표 14> 역대 주조선미국공사·주미국조선공사 현황, 1883–1905[66]

조 선	미 국		
조선보빙사·주미조선공사	대통령	국무장관	주조선 미국공사
민영익(閔泳翊) 전권대신(1883. 7. 16) *보빙사	아더 (1881–85)	프렐링하이젠 (1881–1885)	푸트 초대공사 (1883. 5. 13–85. 1. 10)
박정양(朴定陽) 초대주미공사(1887. 8. 7–88. 11)			포크 임시공사대리 (1885. 1–86. 6)
이하영(李夏榮) 공사대리(1888. 11–89. 6)	클리블랜드 (1885–89)	베이야드 (1885. 3. 7– 89. 3. 6)	파커 변리공사 (1886. 6. 12–9. 1)
이완용(李完用) 공사대리(1889. 6–90. 9)			포크 임시공사대리 (1886. 9–12. 11)
이채연(李采淵) 공사대리(1890. 9–93. 6)			록힐 임시공사대리 (1886. 12–87. 4)
이승수(李承壽) 공사대리(1893. 3–94. 8)			딘스모어 변리공사 (1887. 4–90. 5) *롱 임시공사대리 (1888. 12–89. 2)
이현직(李玄稙) 임시공사대리(1894. 8–95. 3)			
박용규(朴鎔奎) 임시공사대리(1895. 3–96. 2) *민영환(閔泳煥) 주미공사 임명(1895. 9. 28), 부임 못함	해리슨 (1889–93)	블레인 (1889–92) 포스터 (1892–93)	허어드 변리공사 (1890. 5–93. 6. 27) *알렌 임시공사대리 (1892. 6–9)
서광범(徐光範) 주미공사(1895. 12–96. 9)	클리블랜드 (1893–97)	그레샴 (1893–95)	헤롯 변리공사 (1893. 6. 27–8. 31)
이범진(李範晉) 주미공사(1896. 6–1900. 6) *민영환(閔泳煥) 주미공사 임명 (1899. 3. 15), 부임 못함			알렌 임시공사대리 (1893. 8–94. 4)
신태무(申泰茂) 임시공사대리(1900. 6–01. 3) *이용태(李容泰) 주미공사 임명 (1901. 1. 30) *박정양 주미공사 임명(1901. 3), 두 사람 부임 못함		올니 (1895–97)	실 변리공사 (1894. 4. 30–97. 9. 13) *알렌 임시공사대리(95.9–10) *알렌 임시공사대리(96.9–11)
	맥킨리 (1897–1901)	셔먼(1897–98) 데이(1898) 헤이 (1898–1905)	알렌 변리공사(1897. 7–1901. 6)
조민희(趙民熙) 주미공사(1901. 3–04. 2)	루스벨트 (1901–1909)	헤이 (1898–1905)	알렌 특명전권공사 (1901. 6. 2–05. 3) *패독 임시공사대리 (1901. 10–02. 3)
신태무(申泰茂) 공사대리(1904. 2–05. 5)			
김윤정(金潤晶) 공사대리(1905. 6–11) *공사관 철수(1905. 11. 23)로 귀국 (1905. 12. 30)		루트 (1905–09)	모건 특명전권공사 (1905. 3–11. 23)

조선보빙사의 파미(派美)와 미국에서의 외교 및 군사 활동

조선보빙사는 전권대신 민영익(閔泳翊), 전권부대신 홍영식(洪英植), 그리고 수행인과 외국인 3명 등 모두 11명이었다. 이들은 1883년 7월 16일 미국 해군 함정인 모노카시호를 타고 제물포를 출발, 일본 나가사키에 도착하여 요코하마를 경유 동경에서 한 달간 체류한 후, 1883년 8월 18일 상선 아라빅(Arabic)호를 타고 샌프란시스코에 도착해 미국 육군소장 쇼필드(John M. Schofield)의 영접을 받았다. 여기서 대륙횡단 열차를 타고 9월 12일 시카고에 도착해 남북 전쟁 영웅으로 당시 미 육군총사령관인 세리단(Philip H. Sheridan) 육군 대장의 영접을 받았다.[67]

조선 사절과 세리단 총사령관은 이 자리에서 미국 고문관 파견 문제를 최초로 거론하였다.[68] 보빙사가 워싱턴에 도착한 때는 고국을 떠난 지 정확히 2개월이 지난 9월 15일이었다. 아더(Chester A. Arthur) 대통령에 대한 보빙사의 국서(國書) 제정식은 9월 18일 오전 11시에 뉴욕 피브스 애버뉴 호텔 대접견실에서 거행되었다.[69] 이 때 보빙사 일행은 1883년 3월 6일 새로 제정 반포한 태극기를 그들이 투숙한 호텔 옥상에 게양하여 미국에서 독립국가의 면모를 과시하였다.[70]

조선보빙사는 신임장 제정식이 끝난 직후인 9월 18일부터 10월 12일 미국을 떠날 때까지 미국내 주요 군사시설과 교육기관 등을 포함하여 국무부 등 정부 부서 및 산업시설들을 두루 시찰하였다. 그들이 시찰한 주요 군사시설 및 군사 교육기관으로는 뉴욕의 브루클린 해군공창(海軍工廠)과 웨스트 포인트 미 육군 사관학교를 들 수 있다. 한편 조선보빙사는 귀국할 때 두 팀으로 나누어 귀국하였다. 민영익(閔泳翊)을 단장으로 하는 일행은 아더 대통령이 내준 미국 군함 트렌턴(Trenton)호를 타고 1884년 6월 2일에 귀국하였고, 홍영식(洪英植)을 단장으로 하는 일행은 샌프란시스코에서 배를 타고 일본을 경유해 1884년 12월 21일에 귀국하여 고종에게 방문 결과를 보고하였다.

초대 주미조선특명전권공사 부임과 대미 외교 및 군사 활동

조선 정부가 협판내무부사(協辦內務府事 : 종2품) 박정양(朴定陽)을 주미특
명전권공사(駐美特命全權公使)로 임명한 것은 1883년 5월 초 푸트 주한미국공
사가 서울에 부임한지 만 4년이 지난 1887년 8월 18일이었다.[71] 조선에 대한 종
주권을 주장하던 이홍장은 특명전권공사 대신 3등공사인 변리공사(辨理公使)
를 주장하였다. 그러나 조선 정부가 특명전권공사를 고집하자 '영약삼단'(另約
三端)[72]을 제시하며 조건부로 전권공사의 파미(派美)에 동의하였다. 초대 주미
전권공사 편성은 주미특명전권공사 박정양, 참찬관(參贊官) 이완용(李完用), 서
기관 이하영(李夏榮), 이상재(李商在), 번역관 이채연(李采淵), 무관 이종하(李
鍾夏), 미국인 알렌(Horace N. Allen), 그리고 수행원 등 11명이었다.

주미전권공사 일행은 1887년 11월 16일 제물포에서 미국 군함 오마하
(Omaha)호를 타고 부산과 나가사키를 거쳐 12월 16일 요코하마에 도착했다.
여기에서 다시 영국선 '오션익'(Oceanic)호를 타고 하와이를 경유하여 1888년
1월 1일 샌프란시스코에 상륙해 팰리스 호텔에 투숙했다. 1888년 1월 4일 대
륙횡단 철도를 타고 1월 9일 워싱턴에 도착한 후 1월 13일에 베이야드(T. F.
Bayard) 국무장관을 방문하고 국서 부본과 영문 역본을 수교했다. 1월 17일 박

초대 주미 조선전권공사 박정양 일행
(1887). 앞열 좌로부터 서기관 이상재,
참찬관 이완용(李完用), 전권공사 박정양
(朴定陽), 서기관 이하영(李夏榮), 번역관
이채연(李采淵), 뒤의 열 좌로부터 수행
원 김노미(金老美), 이헌용(李憲用)·강진
희(姜進熙), 무관 이종하(李鍾夏), 수행
원 허용업(許龍業)

공사 일행은 백악관을 방문 클리블랜드(Grover Cleveland) 대통령에게 신임장을 제정하였다. 1월 18일 박정양 공사는 워싱턴시 15가 1513번지에 위치한 3층 건물 '피서옥'(皮瑞屋, Fisher)을 임대해 주미조선공사관(駐美朝鮮公使館)으로 개설하였다. 이후 주미조선공사관은 1891년 11월 28일 워싱턴시 아이오와 서클(Iowa Circle) 13가 1500번지에 소재한 3층 건물을 2만 5천 달러에 매입하여 이전하였다. 이 때 주미조선공사관의 정식 명칭은 '대조선주차미국화성돈공사관(大朝鮮駐箚美國華盛頓公使館)'이다.[73] 〈표 15〉은 주미조선공사의 미 군사시설 시찰과 외교활동을 나타내고 있다.

〈표 15〉 주미조선공사의 미 군사시설 시찰 및 외교활동

구 분	활동 일시	주요 인사	내 용
조선보빙사 일행 (1883. 7. 16~84. 12. 21)	1883. 9. 24	민영익 전권대신	뉴욕의 브루클린 해군공창(海軍工廠) 시찰, 한국인 최초로 웨스트포인트 육군사관학교 방문
초대주미조선공사 (1887. 8. 7~88. 11. 19)	1888. 5. 3	박정양 주미공사	웨스트포인트 육군사관학교 방문, 미군 병제(兵制) 및 병력 현황 파악 *세리단 장군 장례식 참석('88. 7. 4) 미국 군사교관 4명 조선 도착 ('88. 4. 28)
주미조선공사 대리 (1893. 3~94. 8. 28)	1893. 11. 10 ~11. 13	이승수 공사대리	미 육해군사관학교에 조선인 학생의 유학 문제를 주선하였으나 실패

박정양(朴定陽) 주미공사는 1888년 5월 3일 민영익에 이어 조선인으로는 두 번째로 미 웨스트 포인트에 있는 육군사관학교를 방문하여 생도들의 훈련모습과 학교시설을 시찰하였다. 당시 미국의 병제(兵制)는 지원제로 18~40세의 국민이 지원할 수 있으며, 미 육군병력은 30,000명으로 수도 워싱턴에는 약 300명이 배치되어 있는 것을 확인하기도 하였다.[74] 1888년 7월 4일에는 조선보빙사가 미국을 방문했을 때 민영익 일행을 영접했던 남북전쟁 영웅 세리단 장군의 장례식에도 참석하였다.

박정양이 청나라에서 주미공사 부임조건으로 제시한 '영약삼단'을 무시하고 대미자주외교(對美自主外交)를 펼치자 이홍장은 조선 정부에 압력을 가했고,

주미조선공사관. 1891년 11월 28일 조선 국왕 명의로 25,000달러에 구입한 한국 공사관. 한일합방 직후(1910. 8. 31) 일본이 불법 매각하였다.

그는 청의 강압에 의해 1888년 11월 19일 귀국하게 된다. 이 때부터 1894년까지 주미공사관은 공사가 공석이 됨에 따라 임시공사대리 시대를 맞게 된다. 임시공사 대리 중 1893년 3월부터 1894년 8월 28일까지 공사대리(公使代理)에 이어 변리공사(辨理公使) 겸 총영사 임무를 수행한 이승수(李承壽)는 대미 군사외교에서 눈부신 활약을 하였다.

이승수(李承壽) 주미공사대리의 대미(對美) 군사외교 활동

박정양의 귀국으로 주미공사가 공석으로 있자 조선정부는 이하영, 이완용, 이채연 공사대리에 이어 이승수(李承壽)를 주미조선공사대리에 임명하였다. 이승수는 1893년 3월 9일 주미참무관(駐美參務官)에 임명되면서 미국과 인연을 맺게 되었다. 당시 이 직책은 박정양의 귀국으로 공석이 된 주미공사 임무를 대신하는 것이었다. 이러한 사실은 독판교섭통상사무(督辦交涉通商事務)인 조병직(趙秉稷)이 미 국무장관 그레샴(Walter Q. Gresham)에게 이승수의 참무관 임명사실과 그가 조선을 대표한다는 내용의 통고문에서 알 수 있다.[75]

1893년 5월 25일 워싱턴에 도착한 이승수는 대리공사를 맡고 있던 이채연이 귀국하자 1893년 6월 20일부터 대리공사 임무를 수행하였다. 대리공사로 재직 중 이승수는 미 육군사관학교와 미 해군사관학교에 조선인 사관생도를 파견하기 위한 군사외교 활동을 전개하였다. 1893년 8월 27일 독판교섭통상사무(督辦交涉通商事務) 남정철(南廷哲)은 주조선미국공사대리 헤롯(Joseph R. Herod)과 이승수에게 "조선정부는 조만간 총명한 어린 자제를 선발하여 미국 육·해군사관학교 생도로 보내 학습 및 기예를 익힐 생각이니 졸업 기간, 왕래할 때 소요되는 비용, 교육 이수 후 활용 이점 등에 대해 문서로 작성하여 보고해 줄 것"[76]을 각각 훈령하였다.

남정철의 훈령을 받은 이승수는 1893년 11월 10일 미 국무장관 그레샴에게 사관생도 파견에 대한 협조문을 보냈다. 협조문에서 이승수는 "사관생도 훈련 문제를 완결키 위한 귀하의 진정한 협조"를 바라고 있다고 적었다.[77] 이승수 요청에 대하여 미국의 반응은 긍정적이었다. 미 국무차관 에드윈 울(Edwin F. Uhl)은 11월 13일 미국무부는 "주조선미국공사관과 미국의 전쟁·해군부에 이를 통보했고, 미국 의회의 승인을 얻으려 한다"는 요지의 회신을 이승수에게 보내왔다. 울 국무차관 차관이 조선정부에 보낸 통지문의 내용은 다음과 같다.

나는 아나폴리스 해군사관학교와 웨스트 포인트 육군사관학교에 조선 청년을 훈련시키고자 파견하려는 귀국의 요청을 담은 이 달(11월) 10일자 귀하의 통첩을 받는 영광을 갖게 되었습니다. 국무부는 주조선미국공사관을 통하여 귀국의 바람을 이미 통지하였으며, 그 문제에 대하여 전쟁부와 해군부에도 조문으로 알렸습니다. 해군부는 1868년 7월 27일 「법령집」(Statutes at Large)에 나와 있는 일본 학생에게 적용하였던 의회 공동 결의안에 의거하여 긍정적인 답변을 하였습니다. 국무부는 웨스트포인트 육군사관학교에 확인하기 위하여 교장에게 미리 조회를 하였습니다. 국무부는 귀하가 추진하고 있는 그 문제에 대하여 의회의 승인을 얻으려고 노력할 것입니다.[78]

또 같은 날인 1893년 11월 13일 미 국무장관도 이승수에게 긍정적인 답변을 보내왔다. 국무장관은 "의회의 동의를 받지 않아도 되며, 심지어는 학비 없이

도 입학이 허용된다"는 내용의 답신을 보내왔다. 국무장관이 이승수에게 보낸 답신 내용은 다음과 같다.

나는 이달 11월 10일자 귀하의 통첩에 대한 답변을 할 수 있는 영광을 갖게 되었습니다. 나는 조선 관비 유학생에 대한 국왕의 질문에 대하여 웨스트포인트 육군사관학교 교장이 내린 결론에 대하여 전쟁차관으로부터 조회문을 받았습니다. 나는 육군사관학교가 앞으로 모든 외국 학생들에게 취한 조치에 만족합니다. 왜냐하면 그 조치는 조선에서 온 몇몇의 학생을 그 때마다 교육을 하기 위하여 의회의 허락을 얻지 않아도 되기 때문입니다. 재언(再言)하면 해군부로부터 최근에 받은 그 조회문에 전적으로 만족할 수 있고, 따라서 모든 외국인 학생은 물론 앞으로 미국에 오는 조선인 학생에게도 해군사관학교에서 공부하기가 편리해졌다는 것입니다. 외국인 학생에게 가해지는 특혜는 학비 없이도 미국에 건너와 교육을 받을 수 있게 되었다는 것입니다. 이 같은 조건을 국왕께서 이해한다면 국무부는 의회가 바라는 입학 허용에 필요한 단계를 취할 것입니다. 이 같은 사실은 육군사관학교와 해군사관학교에 입학하고자 하는 학생들을 위해 국무부는 준비를 진행할 것입니다.[79]

이처럼 이승수의 주선에 의하여 조선인 학생이 미국 육·해군사관학교에 입학할 가능성이 목전에 당도하였으나 아깝게도 실현되지 못하였다. 이외에도 이승수는 1894년 8월 1일 청일전쟁이 발발하자 난민구호 활동을 하여 미국무역회사 등 12개 단체가 구호사업에 참여하도록 하였다. 미국에서 다양한 활동을 펼친 이승수는 1894년 10월 25일에 귀국한 후 10월 30일에 좌승선(左丞宣)으로 승진하였다. 이승수는 1895년 8월 8일 콜레라에 걸려 사망하였다.

조선정부의 미국 군사교관 초빙 배경과 목적
1882년 5월 미국 정부는 조선과 수호조약을 맺은 지 6년 뒤인 1888년에 조선정부가 수 차례에 걸쳐 요구한 미국인 군사교관 4명을 파견하기에 이른다. 조선정부는 미군 교관들을 연무공원(鍊武公院)의 사관(士官)과 시위대 병사의 훈련을 관장하도록 하였다. 연무공원의 훈련 목적은 당시 왕권을 직접 수호하고 친군용호영(親軍龍虎營)을 지휘·관할할 장교를 양성하는데 있었다. 이들 사관은 일정교육기간이 지나면 과거에 응시하거나 6품직에 임명되었다.[80] 그러나 이러한 군사훈련은 여러 가지 대내외적 악조건으로 인하여 괄목할 만한 성과 없이 1894년에 중단되고 말았다. 그럼에도 불구하고 이들의 내한활동은 한미(韓美)간에 이루어진 최초의 군사 관계라는 측면에서 커다란 의의를 부여할 수 있다.

조선은 미국과 국교를 맺기 이전부터 병인양요(丙寅洋擾), 신미양요(辛未洋擾), 운양호사건(雲揚號事件) 등 일련의 무장충돌을 통하여 군사근대화의 방안을 모색하였다. 그 결과 1880년대 초에는 청국으로부터 신식무기를 도입하고 영선사(領選使)의 인솔하에 천진 기기국(機器局)에 유학생을 파견하여 신식무기제조법과 운용법을 실습시켰다. 또 일본에 조사시찰단(朝士視察團 : 일명 신사유람단)을 파견하여 명치일본(明治日本)의 군사제도와 시설을 시찰시키고 호리모토(堀本禮造) 중위를 초청하여 교련병대(敎鍊兵隊 : 일명 별기군)이란 신식 군대의 훈련을 맡겼다. 임오군란 후에는 서울에 진주한 청군의 오장경(吳長慶) 제독 휘하 장교 원세개(袁世凱)와 왕득공(王得功)에게 조선 중앙군의 재정비와 훈련을 위임하는 한편, 14명의 조선청년을 일본 동경의 토야마(戶山) 육군학교에 유학시켜 근대적인 군사교육을 익히도록 하였다.[81]

청국과 일본을 통한 1880년대 초 조선의 군사근대화 정책은 청일 양국이 조선에 대하여 제국주의적 야욕을 갖고 있었다는 점에서 궁극적으로 조선의 이익에 배치되는 모순점을 안고 있었다. 따라서 미국과 수호조약을 맺은 후부터 조선 정부는 "영토적 야욕이 없고 남의 인민을 탐내지 않고, 남의 정사(政事)에 간여하지 않는 나라"[82]인 미국으로부터 군사적 협조를 받는 것이 상책이라는 견해를 더욱 굳히게 되었다.

따라서 1883년 5월 미국의 초대 주조선미국공사 푸트(Lucius H. Foote)가 서울에 도착하자 조선정부에서는 그를 통하여 그리고 최초의 견미사절단(遣美使

節團)인 보빙사(報聘史, 閔泳翊)를 통하여 미국에 협조를 요청하게 되었다.

고종은 1883년 7월 보빙사에게 미국으로부터 외교관계고문관과 군사고문관을 초빙하는 임무를 부여하였다.[83] 이어 동년 10월 16일에는 국왕 자신이 푸트 공사를 접견하고 그 자리에서 위와 같은 취지의 요청을 하는 가운데 군사고문관에 관해서 "짐은 짐의 군대를 교련할 미국인 군사교관을 용빙(傭聘)하고 싶소. 만약 이런 교관이 천거되면 짐은 그에게 짐의 왕국에서 제2의 무관직을 주겠소"[84]라는 언질을 주면서 미국인 교관 초빙에 지대한 관심을 보였다.

그 후 보빙사 일행이 귀국하여 미국의 국무장관 프렐링하이젠(Frederick T. Frelinghuysen)이 교관파견 문제에 협조하겠다는 약속과 더불어, 한미조약에 산파역을 맡았던 슈펠트(Robert W. Shufeldt) 제독 자신이 한국의 군사고문관직에 관심이 있다는 소식을 전하자 미국 군사교관 초빙에 대한 기대는 한층 높아졌다. 이러한 기대감속에서 조선정부는 빈약한 재정을 기울여 1884년 6월부터 1885년 9월까지 일본 요코하마에 있는 미국무역회사(The American Trading Company)를 통하여 다량의 무기를 구입하였다. 이 때 구입한 미제 무기는 장전식(裝塡式) 소총 4,000정과 실탄 7,500발, 레밍톤(Remington) 소총 3,000정과 피버디 마티니(Peabody Martini) 소총 1,000정, 소총 실탄 20만발, 개트링(Gatling)포 6문 등이었다. 또 미 군사교관이 조선에 들어온 뒤에는 닌스테드가 1889년 11월 세창양행을 통하여 대포 6문을 구입하였다. 조선 정부는 무기 구입을 위해 홍삼을 판매하여 대금을 마련하였다.[85]

또한 청일 양국은 천진조약(天津條約)에 의해 조약 당사국이 아닌 제3국의 군사교관에게 조선군대의 훈련을 맡기기로 합의하였다. 이에 따라 청일 양국은 1880년대 초에 경쟁적으로 조선의 군비강화에 직접 개입하던 책동을 스스로 포기하고 그 대신 그들이 믿을 수 있는 제3국, 즉 미국에게 조선군대의 훈련권을 양보하였다. 따라서 천진조약이 유효했던 1885~1894년의 10년간 미국은 조선의 군사문제에 깊이 간여할 수 있는 특권을 조선 정부 뿐 아니라 청일 양국 정부로부터 인정받는 독보적 지위를 향유하였다.

<表 16> 조선정부의 미국제 무기 구입 현황(1884. 6~1885. 9)

구 분	장전식 소총	레밍턴 소총	피버디 마티나 소총	개트링 포	소총 실탄
수 량	4,000정	3,000정	1,000정	6문	20만발

미국 군사교관 용빙(傭聘)을 위한 한미 양국의 막후 교섭

1883년 여름이래 조선 측이 요구한 군사고문 혹은 교관의 파견에 대한 미국 측의 반응은 한마디로 미온적이었다. 남북전쟁을 끝낸 지 20년도 채 못된 미국인의 관심은 전재(戰災) 복구와 국내개발에 집중되어 있어 한국 같은 원격지 국가의 군사문제에 깊이 개입할 여유가 없었다. 보빙사 일행에게 협조를 약속했던 공화당의 프렐링하이젠 국무장관이 1885년 3월에 물러나고, 그 대신 한국문제에 관한 한 청국 위주의 편의주의적 불간섭정책을 채택한 민주당의 베이야드 (Thomas F. Bayard)가 국무장관으로 들어선 것도 조선에게 불리한 요인으로 작용하였다.

고종을 비롯한 조선 측 위정자의 간곡하고 집요한 요구에도 불구하고 미국정부는 교관 파한(派韓) 문제를 오랫동안 미결로 끌어오다가 1888년에 가서야 비로소 미국정부가 파견하는 현역장교가 아닌 퇴역장교를 차출해서 보내줌으로써 현안의 일단락을 보았다.

먼저 한국측 입장을 살펴보면, 고종은 이 기간 동안에 세 번 바뀐 미국공사 푸트, 파커(William H. Parker), 딘스모아(Hugh A. Dinsmore)와 두 번 바뀐 임시대리공사 포크(George C. Foulk) 중위와 록힐(William W. Rockhill) 등을 통해서 미국정부에 군사고문관 파견을 수차 독촉하였다. 고종이 이렇게 미국에 대해 계속 기대를 걸고 이 문제를 해결하려고 고집한 데에는 무엇보다도 1885년 이후 청국의 대한정책이 이전 보다 더 고압적으로 되었기 때문이다. 주차관 원세개를 통하여 여러모로 왕권 내지 주권을 침해하는데 대항하여 미국과 유대를 강화함으로써 조선의 독립을 보존해 보려는 정치적 의도가 작용하였다. 이 외에도 갑신정변, 거문도사건, 그리고 동학(東學)의 소요 등 점증하는 내우외환에 대비하여 자신과 왕조의 안녕을 도모해야 하는 절실한 군사적 필요성이 항존하였다. 고종은 미국 정부측이 교관파견요청에 대하여 냉담한 반응을 보이자 한 때 슈펠트 제독과 포크 중위 같은 친한파 인사를 직접 교섭을 통하여 기용하려고 했으나 이들의 사절로 이 시도는 실패하였다.[86]

다음으로 미국측이 취한 조치를 검토해 보면 프렐링하이젠 국무장관은 1883년 9월에 보빙사 일행에게 외교·군사고문관의 차출을 약속한 바 있다.[87] 그러나 그는 그 후 한참동안 속수무책이다가 푸트 공사로부터 여러 번 재촉을 받고서야 1884년 11월 5일부로 푸트 공사에게 보낸 전문에서 '조선국군사교관선파건(朝鮮國軍事敎官選派件)'을 전쟁부장관에게 의뢰했다고 통보해 왔다.[88] 그로부터 약 2개월이 지난 1885년 1월에 아더(Chester A. Arthur) 대통령은 의회에 교서를 보내 상하양원의 공동결의로 조선에 미국군 장교를 고문관으로 파견하는 안을 인정해 줄 것을 요청하였다.[89] 이러한 요청을 받은 의회는 이에 대해 아무런 반응도 보이지 않았다.

〈표 17〉는 1883년부터 1888년까지의 5년간 군사교관 초빙문제를 비롯한 한미간의 교섭을 정리한 내용이다.

그 후 클리블랜드(Grover Cleveland) 대통령의 새로운 행정부가 들어서자, 신임 대통령은 1885년 12월 8일부로 의회에 미국군 장교의 파한(派韓)을 승인해 주도록 요청하였다. 이러한 행정부의 요청에 부응하여 1886년 1월 12일 상원은 미국군 장교가 조선정부에 일시적으로 빙용(聘用)되는 것을 허용하는 상하양원의 공동결의안을 만들었다. 그러나 이 안은 상원의 한 분과위원회의 토론과정에서 묵살되고 말았다. 이로써 미국정부가 조선정부를 상대로 파견하는 정식고문관 내지 교관의 파한(派韓)은 실현 불가능하게 되었다.

미국 의회의 소극적 태도로 인하여 미국군의 현역 장교가 한국에 고문관으로 오는 길이 막혀버리자, 1886년 12월에 서울에 부임한 록힐 임시대리공사는 다음해 2월 조선정부의 외무독판을 통하여 새로운 의견을 제시하였다. 조선정부가 초빙해 온 미국의 군사교관으로 현역이 아닌 퇴역 장교라도 무방하다면 미국교관의 용빙(傭聘)이 용이할 뿐만 아니라 이런 경우 미국 정부는 책임있게 유

능한 인물을 물색할 것이니 조선정부의 입장을 밝혀 줄 것을 요구해 왔다.[90]

이에 대해 국왕은 유능한 장교라면 현역·퇴역을 막론하고 채용할 용의가 있으며, 수석교관 1명, 조교관 2명 총 3명의 군사교관을 좋은 조건으로 채용할 계획임을 아울러 명시해 주었다. 이러한 조선의 반응은 국무장관에게 곧 타전되었다.

〈표 17〉 조선과 미국간 미 군사교관 교섭과 활동(1883~1899)

일 시	내 용	비 고
1883. 7	고종, 조선보빙사에게 미 국무부에 군사고문관 파한 요청 지시	국무장관 파한 약속
1883. 10. 19	고종, 푸트 초대 주조선미국공사에게 군사교관 파한 요청	푸트 국무부에 요청
1884. 11. 5	프렐링하이젠 국무장관, 푸트 공사에게 '조선국 군사교관선파건(朝鮮國軍事教官選派件)' 전쟁부장관에게 의뢰했음 통보	
1885. 1	아더 대통령, 미 의회에 조선 미군 장교 교관 파견 요청	의회 반응 없음
1885. 12. 8	클리블랜드 대통령, 미 의회에 미군 장교 파한 요청	1886. 1. 12 상원 묵살
1887. 2	록힐 공사, 조선 외무독판에게 현역 아닌 퇴역 장교 파한 문의	
1887. 10. 18	베이야드 국무장관, 딘스모아 주한미공사에게 퇴역장교 연봉 및 제반 경비 지급에 관해 조선정부에 문의 지시	10. 23 조선 외무독판 수락 의사 밝힘
1888. 1	파한할 군사교관 선발, 박정양 공사 세리단 장군에게 선발 위임	세리단, 다이 추천
1888. 4. 7	미국 군사교관 조선 도착, 다이 장군 등 4명	
1889. 9. 18	조선정부, 군사교관 커민스 대령과 리 소령 해고	딘스모아공사 항의
1891. 3	해고한 커민스 대령과 리 소령에게 체불 봉급 지불 후 퇴거	
1894. 7. 23	일본 강요로 연무공원 폐지하고 미 군사교관 해고	다이, 7월까지 근무
1898. 3	닌스테드 군부고문에서 해임되고, 미국으로 귀국	
1899. 5. 5	다이 장군 미국으로 귀국, 미 군사교관 활동 종료	다이, 11월 사망

미국 군사교관 용빙건에 돌파구를 마련한 록힐 임시대리공사는 문제의 완결을 보지 못한 채 4개월만에 서울을 떠나고 그 대신 딘스모아 공사가 부임하였다. 딘스모아는 부임초부터 현안의 해결에 주력한 결과, 1887년 10월 18일에 베이야드 국무장관으로부터 용빙될 세 사람의 미국 교관들에게 출발 일로부

터 계산을 시작하여 급료를 지급하고, 그들의 귀국 여비도 지급할 것을 보장하는 명확한 제의를 조선정부에 하라는 고무적인 훈령을 받았다. 딘스모아 공사가 이를 조선에 조회한 결과 조선의 외무독판은 10월 23일부로 이 조건을 수락함은 물론, 수석교관에게는 연봉 5,000달러, 조교관에게는 3,000달러, 그리고 내임(來任) 및 귀국여비 명목으로 각각 500달러를 지불하겠다고 통지하였다. 이로써 미국의 퇴역장교를 용빙하는 구체적 조건이 쌍방간에 합의되었다.[91]

이후 미국인 군사교관 선발은 1888년 1월 초대 주미조선공사인 박정양 공사가 워싱턴에 도착하여 공사관을 개설하고 현지 외교를 전개하면서 이루어졌다. 박정양 공사와 참찬관 알렌(Horace N. Allen)의 적극적인 교섭으로, 미국 정부는 조선에 파견할 미국 퇴역장교의 선임을 미국 육군총사령관 세리단 대장(Philip H. Sheridan, 1831~1888)에게 위임하였다.[92]

세리단 장군은 육사 동기인 다이(William McEntyre Dye, 1831~1899) 준장을 수석교관으로 추천하고 다이에게 두 명의 조교관(助敎官)을 선발하도록 하였다.[93] 다이는 퇴역 장교인 커민스(Edmund H. Cummins)와 리(John G. Lee)를 조교관으로 선발함으로써 조선이 요구한 세 명의 교관 선발이 끝났다.

이들 선발과 함께 딘스모아 주한미공사의 주선으로 일본 고베(神戶)에 있던 닌스테드(Ferdinand John H. Nienstead) 예비역 해군대령이 군사 교관으로 선발되었다. 미국인 군사교관은 1888년 4월 7일과 5월에 조선에 도착함으로써 5년간 끌었던 미국인 교관 용빙(傭聘) 문제가 해결되었다.[94] 미국인 군사교관 부임에 대해 당시 조선에서는 "아메리카합중국(合衆國)에서 용빙해 오는 군사 교련교사(軍事敎鍊敎師) 육군소장(陸軍小將) 다이(Dye, William M. Dye, 茶伊)와 육군대좌(陸軍大佐) 커민스(Cummins, Col.)와 육군소좌(陸軍小佐) 리(Lee, Maj.)가 도임(到任)하다"[95]라고 기록하고 있다. 1888년에 내한한 미국 군사교관들은 조선 정부로부터 높은 직급과 많은 연봉을 받으며 연무공원에서 군사훈련을 실시하였다.

카쓰라 테프트 비밀 협정과 한미 외교관계 단절

근대 초기 한미관계에서 가장 중요한 역사적 사건은 1882년 5월 22일 서양 국가 중 최초로 한미관계를 성립시킨 한미수호통상조약(韓美修好通商條約)과 서구 국가 중 가장 먼저 외교 관계를 단절시켰던 1905년의 카쓰라–태프트 비밀 협정(Taft–Katsura Agreement)[96]을 꼽을 수 있다. 왜냐하면 미국과 일본 간에 맺어진 카쓰라–태프트 비밀 협정은 한반도에서 일본의 지배권을 사실상 인정하는 결과를 낳았기 때문이다. 이는 비밀협정 이후 나타난 포츠머스 강화 조약에서 루스벨트의 친일본적 중재 협상,[97] 1905년 제2차 영일동맹(英日同盟)에 대한 미국의 적극적 지지, 그리고 한일간의 을사조약 체결 후 미국이 보인 주한미국공사관의 즉각 철수 등이 증명해 주고 있다.

〈표 18〉 카스라–태프트협정과 포츠머스조약의 주요 내용

미·일간의 카쓰라–태프트 비밀협정(1905. 7. 27)	러·일간의 포츠머스 강화조약 (1905. 9. 5)
① 일본의 미국의 필리핀 지배 희망, 필리핀 군도 　(群島)에 대한 침략 의도 없음 ② 미국은 극동의 전반적인 평화 위해 영·일(英日) 　동맹 지지 ③ 미일 양국, 한국에서 일본 종주권 수립 승인	① 한반도에서 일본의 정치, 경제, 군사상 우월권 인정 ② 러·일 양군은 만주로부터 동시 철군 ③ 관동주(關東州), 동청철도(東淸鐵道)남만지선 일 　본 양도 ④ 남사할린 일본 양도 ⑤ 연해주에서 일본 어업권 승인

1905년 7월 27일 미국 육군장관 태프트(William H. Taft)와 일본 수상 카쓰라(桂太郎) 사이에 맺어진 카쓰라 태프트 비밀 협정으로 조선의 운명은 결정된 것이나 마찬가지였다. 미국은 러일전쟁(Russo–Japanese War, 1904. 2~1905. 8)을 종식하기 위한 포츠머스(Portsmouth) 강화조약 체결 2개월 전에 태프트를 일본 동경에 보내 카쓰라(桂太郎)와 비밀회담을 갖고 일본이 필리핀을 침략하지 않는다는 조건으로 한반도에서의 일본의 지배권을 인정하는 외교적 합의를 보게 되었다. 1905년 7월 27일 체결된 태프트–카쓰라 비밀협정은 주일미국공사인 그리스콤(Lloyd C. Griscom)도 모르게 진행되었다는 점에서 이 회담의 비밀성을 알 수 있다. 이 문서가 체결협정 19년이 지난 1924년에야 테네트(Tyler Tennett) 교수에 의해 발견·공개되어 세상에 알려지게 된 것도 바

로 이러한 미·일간의 비밀외교의 결과물이었다.[98]

러일전쟁에서 지구전(持久戰)의 불리함을 느낀 일본이 전쟁을 신속히 끝내기 위해 미국의 루스벨트 대통령에게 강화회담 중재를 요청했다. 이 때 루스벨트는 일본의 중재 요청을 받고 한반도에서의 평화를 가져오게 되면 만주(滿洲)에서의 문호개방정책(Open Door Policy)을 존중해 줄 것을 바란다는 조건부로 중재에 응했다. 루스벨트 대통령은 1905년 9월 5일 조인된 포츠머스 강화조약에서 러시아로 하여금 한반도에서 일본의 정치·경제·군사상의 우월권을 인정하는 조약을 체결하도록 하였다.[99] 그 결과 일본은 조선에 대해 외교권을 박탈하는 을사조약을 1905년 11월 9일 체결함으로써 한반도에서의 일본의 지배권을 강화해 나갔다. 이를 뒷받침이라도 하듯 미국은 1905년 11월 23일 주한미공사관의 철수를 명함으로써 일본의 대한(對韓) 지배권에 더욱 힘을 실어주는 역할을 하게 되었다.

그러나 19세기 미국은 서양 국가 중 조선과 가장 먼저 조약을 체결한 국가이다. 이를 계기로 서구 열강 제국은 조선과의 조약 체결을 서두르게 되었다. 그런데 한미조약이 아직 비준도 되지 않은 상황에서 조선에서는 1882년 7월 23일 임오군란(壬午軍亂)이 발생하였다. 이처럼 조선의 국내 상황이 악화되자 영국과 독일은 조약 비준을 거부하는 기회로 악 이용하였으나, 미국은 강력한 아시아(Strong Asia)정책에 기초하여 한미조약을 파기하지 않고 추진해 나갔다.[100]

미국의 이러한 대한(對韓) 우호 조치는 군란(軍亂) 소식을 듣고 아시아함대 소속 군함 모노카시(Monocacy)호를 조선에 파견한 일이나, 미 의회의 한미수호통상조약 비준, 그리고 초대 주조선미국공사 임명과 그 직책을 청국이나 일본 공사와 동급인 특명전권공사로 격상한 조치 등으로 나타났다. 이는 영국이 주청영국공사로 하여금 주한영국공사를 겸하게 하고 서울에는 대리 총영사를 둔 것과 비교하면 파격적인 조치였다.

그러나 미국은 조선이 청·일에게 경제적·정치적으로 종속된 희망 없는 국가라는 판단을 하면서 미국의 대한(對韓) 관심은 급속히 감소하기 시작하였다. 미국의 이러한 변화는 조선 정부의 미국인 군사교관 파견 요청을 5년만에 조치한 것이나, 또 주한공사의 지위를 특명전권공사에서 총영사급인 변리공사(辨理公使)로 격하하는 조치에서 알 수 있다. 그리고 이에 푸트 주한미국공사가 항의하고 사임하자 18개월간이나 변리공사도 임명하지 않고 외교 경험도 없는 29세의 해군 중위 포크를 대리공사로 임명하였다.

미국의 이와 같은 대한 무관심 및 불개입정책은 루스벨트 행정부까지 지속되었다. 실례로 미국은 조선에서 미국의 직접 개입이 가장 필요했던 청일전쟁이 임박했을 때 이승수 주미조선공사의 개입 요청을 단호히 거절하였다.

한편 1901년 맥킨리(William McKinley) 대통령의 암살로 대통령직을 승계한 루스벨트(Theodore Roosevelt) 대통령은 만주진출을 위해 러시아를 견제하기 위해 필요한 영국과의 협력, 일본의 조선에 대한 지배권 인정 등 대한정책에 근본적인 변화를 추구했다. 이러한 변화를 더욱 가속화 한 것이 바로 1902년 1월 영국과 일본이 맺은 영일동맹(英日同盟)이다. 영일동맹은 극동에서 러시아의 팽창을 저지하기 위하여 일본측의 요구로 성립되었다. 영일동맹을 통하여 일본의 조선지배가 인정되었고, 영국은 일본의 만주진출을 지지하기로 동의하였다. 이때 영국과 일본간의 이러한 동맹체결에 어떠한 반대도 표명하지 않았다. 이처럼 영일동맹의 핵심은 1905년 7월 포츠머스(Portsmouth) 강화회의가 열리기 전에 일본과 미국간에 맺은 카스라-태프트 비밀협정과 대동소이하다.

이때부터 루스벨트 대통령은 미국은 일본이 러시아의 세력을 저지할 수 있고, 또 이제까지 일본이 해온 행위를 볼 때 조선을 차지할 자격이 있다는 생각을 하면서 조선에서의 일본 우위를 지지하는 정책을 펼쳤던 것이다. 그 결과가 한반도에서 일본의 지배권을 인정하는 조치로 나타나게 되었다. 즉, 1903년부터 루스벨트는 "미국이 쿠바를 지배한 것처럼 일본과 한국과의 관계가 그렇게 되는 것"에 동의하였다.[101] 따라서 1905년 8월 10일 포츠머스(Portsmouth) 강화회담이 열리자 안창호(安昌浩)를 중심으로 설립된 미국 내 독립단체인 공립협회(共立協會)에서 윤병구(尹炳求)가 루스벨트 대통령을 방문하여 회담 참석권을 요청하였으나 한국 정부에서 공식으로 제출한 것이 아니라는 이유로 루스벨트가 거절한 것도 이와 무관하지 않다.[102]

한편 러시아는 영일동맹을 극동에서의 그들의 팽창을 억제하는 장애물로 생각하지 않을 수 없었다. 이에 러시아와 일본은 영일동맹 체결 1년 후인 1903년 한국과 만주문제를 해결하기 위하여 협상을 시작하였다. 협상에서 일본은 만주에서 러시아의 경제적 이익의 우월권을 인정하는 대신 일본의 조선에 대한 완전한 지배를 요구하였다. 반면 러시아는 만주에 대한 경제적 우월권을 일본이 인정하는 대가로 39도선 이남의 조선에 대한 일본의 이익을 인정하고 39도선 이북의 조선은 중립지역으로 할 것을 요구하였다. 결국 협상은 결렬되었고 일본은 전쟁으로 이 문제를 해결하고자 하였다.[103] 그 결과 일본은 1904년 2월 6일 여순(旅順)항에 정박해 있던 러시아 함대를 기습 공격함으로써 러일전쟁 (Russo-Japanese War)을 일으켜 승리했으며 일본 단독의 조선지배의 소원을 이루게 되었다.

이처럼 미국은 한미조약 체결 이후 1883년 5월 초대 주한미국공사로 루시 푸트(Lucius H. Foote)가 부임했으나 조선의 내정은 불안정한 상태였다. 더군다나 교역의 가치가 있는 상품도 별로 없었으며, 한반도를 둘러싼 주변국의 침략 야욕이 팽배해 있었기 때문에 미국정부는 중립정책과 불간섭정책으로 방향을 전환하고, 급기야는 카쓰라-태프트 밀약으로 한반도에 대한 일본의 우월권을 인정하게 되었다.

즉, 1885년 청의 영향력이 증대되자 클리블랜드(Cleveland) 행정부의 베이야드(Thomas F. Bayard) 국무장관은 딘스모아(Hugh A. Dinsmore) 공사에게 조선에 대한 청의 종주권을 인정하도록 훈령했고, 청일전쟁의 결과 일본이 승리하자 중립을 지켜 일본을 자극하는 일이 없도록 하라고 지시하였다.[104] 또한 1896~1898년 러시아가 우월권을 장악하자 미국은 침묵을 지켰고, 1905년 일본이 필리핀에 대해 적대적인 정책을 쓰지 않는 대가로 조선에 대한 일본의 우월권을 인정한 카츠라-태프트 각서를 교환하였다.

특히 을사조약의 체결로 한국의 외교권이 상실되자 1905년 11월 23일 모건(Edwin Morgan) 주한미국공사를 철수시켰고, 조선정부 역시 주미조선공사관을 철수시켰다. 당시 주미조선공사대리 임무를 수행하고 있던 김윤정(金潤晶) 공사대리(公使代理)는 주조선미국공사관 철수 1개월 후인 1905년 12월 30일 귀국하였다. 이로써 1882년 한미조약 체결 이후 23년간 지속된 한미 양국의 공식 관계는 종지부를 찍게 되었고, 한미군사관계도 태평양 전쟁기 미국 전략사무국(OSS)과 한국광복군 및 한인과의 한미군사합작이 형성 될 때까지 약 40년간 공백기를 맞이하게 되었다.

2. 일제침략기 : 한미 군사 합작과 한미 군사 협력 관계

19세기 한인들의 미주지역 이민과 독립운동 기반 조성

한국인의 도미(渡美)는 1882년 한미수호통상조약 체결로부터 시작되었다. 한국인으로서 최초의 도미는 1883년 9월 2일 조선보빙사(朝鮮報聘使)로 미국에 간 민영익(閔泳翊) 일행이었다.[105] 그후 초대주미조선공사 박정양(朴定陽)을 비롯하여 갑신정변 때 망명객인 서광범(徐光範)·서재필(徐載弼) 등과 유학생 유길준(俞吉濬)[106]·윤치호(尹致浩) 등이 미국으로 건너갔다.

순수 민간인 신분으로는 1898년 이후 몇 사람의 인삼(人蔘) 장수가 미국으로 건너갔으나 그 숫자는 적었다. 한인들이 미국에 본격적으로 들어간 것은 하와이 이민이 시작되면서부터이다. 1902년 하와이의 사탕수수농장 경작자동맹회가 한국에 노동자 모집을 요청하자, 조선 정부가 완민원(綏民院)을 설치하여 추진하면서 하와이 이민이 본격적으로 시작되었다.

1903년 1월 13일 한인 노동자 102명이 게일릭(Gaelic)호에 몸을 싣고 인천항을 떠나 호놀룰루(Honolulu)항 제2부두에 첫발을 내디디면서 한인들의 하와이 이민(移民) 역사는 그 막을 올리게 되었다. 1903년에 1,333명, 1904년에 3,434명, 1905년 2,659명 등 총 7,843명이 하와이로 이민을 갔다. 이후 1912년부터 1924년까지 한인 여성 951명이 하와이로 결혼 이민을 떠났다.

후에 하와이 한인 이민들은 하루 임금 69센트(cent)에서 20센트를 거둬 독립자금을 마련하여 대한민국 임시정부에 보내는 최대의 독립자금 공급처 역할을 했을 뿐만 아니라 일제시대 독립운동의 해외 전초기지 역할을 충실히 해내기도 했다.[107]

〈표 19〉 초기 하와이 이민현황, 1903~1905년

구 분	노동자이민				한인여성	비고
	소 계	1903	1904	1905	1912~24	완민원(綏民院)에서 추진
인원 수(명)	7,843명	1,333	3,434	2,659	951	

한편 하와이 노동이민을 전후하여 멕시코에도 1,300여 명의 노동자 이민이

있었다.[108] 그러나 이민 초기 한인노동자 이민들은 대부분 배우지 못한 영세농민들이어서 자치단체 활동을 할 수 있는 능력을 갖추지도 못하였다. 재미 한인들이 조직적인 단체활동을 하게 된 것은 재미지도자인 안창호(安昌浩), 윤병구(尹炳求), 박용만(朴容萬) 등이 도미하면서부터 시작되었다. 이들은 교포들을 대상으로 계몽운동을 실시한 결과, 문화 및 사회활동을 할 수 있는 기초를 조성하였다. 이러한 토대 위에서 윤병구와 홍승하(洪承夏) 등이 1903년 하와이에서 애국운동 단체인 신민회(新民會)를 조직하였고, 1907년 7월에는 하와이의 여러 교포단체들을 연합하여 합성협회(合成協會)를 만들어 항일계몽운동에 이바지하였다.

하와이 이민모집 광고(1903. 8. 6). 전국 주요 도시에 게시된 이민모집 내용.

또한 미 본토의 한인들도 1903년 하와이에서 신민회가 결성될 무렵, 안창호와 이대위(李大偉) 등 9명이 친목단체인 샌프란시스코 친목회(親睦會)를 발족했다가 러일전쟁이 일어나자 공립협회(共立協會)로 명칭을 바꾸고 항일운동을 전개하였다. 공립협회는 1905년 2월에 샌프란시스코에 회관을 설립한 후 1907년까지 미국 서해안의 도시에 지회(支會)를 설치하였을 뿐만 아니라 그 조직망을 멀리 만주, 시베리아, 국내에까지 확대하였다.

한편 온건노선을 걷고 있는 공립협회에 반대하여 1907년 1월 샌프란시스코에서는 대동보국회(大同保國會)를 조직하여 과격한 애국론을 전개하였다. 보국회도 1908년까지 그 세를 확장함으로써 새크라멘토(Sacramento), 프래스노(Frasno), 덴버(Denver), 상해에까지 지회를 설치하게 되었다. 미국인 고문 스티븐슨을 살해한 장인환(張仁煥)과 전명운(田明雲)은 대동보국회원이었다.

그렇지만 미주지역에서의 본격적인 독립운동을 위한 활동은 1908년 신진 엘리트들의 주도로 시작되었다. 박용만, 이승만, 윤병구로 대표되는 이들 신진 엘리트들은 교포수가 늘고 자치능력이 강화되자 1908년 7월 범미주통합기구(汎美洲統合機構) 결성을 위한 대회를 미국 민주당 대회가 열리는 콜로라도주 덴버에서 개최하여 미국인의 주목을 끌었다. 이 대회의 목적은 해외 각처에 있는 한국인 단체들을 규합하여 독립운동에서 행동을 통일하기 위한 것이었다. 대회에는 미국 각주의 대표를 비롯하여 하와이 및 블라디보스톡 대표 등이 모여 이승만을 회장으로 선출하였다. 이처럼 범미독립운동은 교포들의 대단결을 촉진케 하여 1909년 1월 초 독립운동 단체인 대한인국민회(大韓人國民會)를 결성하였다.

1910년 5월 창설된 대한인국민회는 국민회와 대동보국회를 통합한 단체로서 한민족 유일의 전세계적 광역단체의 성격을 띠고 출발하였다.[109] 대한인국민회(이하 대한인국민회 또는 국민회로 표기)는 중앙총회를 샌프란시스코에 두고 교포들이 있는 세계 곳곳에 약 120개의 지회를 설치하여 운영하였다.[110] 국민회는 미주의 독립운동의 총본산으로서 활동을 하기 위해 회원들로부터 의연금을 모아 운영하였고, 상해에 임시정부가 수립된 뒤에는 매년 2~3천 달러씩 임시

정부로 보내 독립운동을 지원하였다. 이들 단체이외에도 미국에는 신민회의 후신인 안창호의 흥사단(興士團)과 1917년 7월 캘리포니아주에서 조직된 재미한국여성의 애국운동단체인 대한여자애국단(大韓女子愛國團) 등이 활동하였다.

이처럼 미국에서의 독립운동은 일본 군사력의 영향력하에 있는 만주나 시베리아의 그것과는 확연히 달랐다. 미국은 외교선전이 용이할 뿐만 아니라 독립운동을 위한 자금 조성 및 사관양성을 위한 활동에 있어 일본의 간섭이나 방해를 받지 않았다. 이는 미국이 세계 외교무대의 중심지로서 한국의 사정을 알리는데 적합하고, 또 일본의 직접적인 세력권에서 벗어나 있기 때문에 만주나 시베리아에서처럼 일본 군경(軍警)의 박해를 받지 않는다는 이점이 있었다. 따라서 미주지역은 한국 독립운동에 있어 선전 및 외교의 전선이었고, 독립자금 조달의 유일한 제공처가 되었다. 한국광복군을 창설할 때에도 재미교포들이 보내준 성금으로 창설식을 개최할 수 있었다. 또한 한국광복군의 군비(軍費)는 하와이의 대한인국민회(大韓人國民會), 동지회, 북미의 대한인국민회 등 미주동포로부터 조달한다는 계획하에 추진되었다.[111]

재미 한인지도자 및 단체의 군인양성 및 군사외교 활동

재미 교포들의 본격적인 항일을 위한 군사외교 활동은 1905년 을사조약에 결정적인 영향을 미친 포츠머스(Portsmouth) 강화조약에서 한국문제를 제출케할 목적으로 공립협회에서는 윤병구(尹炳求)를 대표로, 이승만(李承晩)을 통역으로 선발하여 루스벨트(Theodore Roosevelt) 대통령을 만나 강화회담의 참석권을 요청하였으나 거절당했다. 이후부터 재미교포들은 미국 내에서 열리는 각종 집회에 대표를 보내 한민족의 입장을 천명케 하였다.

이와 같은 내용이 1910년 한일합방으로 일본에게 국권을 상실할 때까지의 재미교포들의 항일 독립운동의 성격이었다. 그렇지만 1910년 이후부터 재미교포들은 국권을 되찾는데 가장 필요한 것이 군사활동이라는 사실을 인식하고 각종 군사학교 및 단체들을 설립하여 항일무장세력의 구심체가 될 사관(士官) 양성에 주력하였다. 재미한인 군사지도자들은 이들 사관들을 양성하여 만주의 독립군 편성을 지원한다는 것이었다.

이에 따라 1909년 6월 박용만이 네브라스카(Nebraska)의 커니(Kearney) 농장에 설립한 소년병학교(少年兵學校)를 필두로, 1910년 10월 3일 북미지방총회에서는 로스앤젤레스 클레어몬트(Clairmont) 학생양성소에 군사훈련반, 10월에는 롬폭(Lompoc)에 의용훈련대(義勇訓練隊), 11월에는 캔사스(Kansas)에 소년병학원(少年兵學院), 12월에는 와이오밍(Wyoming) 슈페리오(Superior) 지방에 청년병학원(靑年兵學院)이 조직되어 매일 저녁 군사훈련을 실시하였다. 또한 하와이(Hawaii) 지방총회에서도 국민회내에 연식부(鍊式部)를 설치하여 약 200명의 청년을 상대로 병식교련(兵式敎鍊)을 실시하였다. 이처럼 미주 전역에서 군인양성운동이 활발히 전개된 것은 박용만의 공로이다. 이러한 독립군 양성운동은 박용만이 하와이로 건너간 후 1914년 국민군단(國民軍團)과 1918년 대조선독립단(大朝鮮獨立團)으로 그 맥을 이어갔다.[112] 또한 한인 노동자가 이주한 멕시코에서도 1910년 2월 17일 메리다 지방에 숭무학교(崇武學校)를 설립하여 약 118명의 사관을 양성하였으나 멕시코 내란으로 1913년 폐교되었다. 〈표 2-2〉는 미주지역에서의 한인군사학교 설립시기와 장소를 정리한 것이다.

이처럼 미국에서 독립군 사관양성을 통한 독립전쟁론에 입각하여 군사훈련에 가장 많이 공을 세운 이가 바로 우성(又醒) 박용만(朴容萬)이었다.[113] 박용만은 1905년 도미한 후, 국권회복의 방략(方略)으로 무장투쟁론을 주창하였다. 그는 1909년 네브라스카 주립대학에서 ROTC로 과정을 이수하는 한편, 동년 6월에는 내브라스카주 커니(Kearney)시에 한인 최초의 한인 소년병학교를 설립하여 사관 양성을 시작하였다.[114] 또한 1910년 6월에는 헤이팅스(Hastings) 대학의 후원을 받아 교실과 운동장을 사용하게 된 뒤로는 소년병학교가 더욱 확장되어 1912년 9월에는 제1회 졸업생 13명을 배출시켰다. 미국인들이 소년병학교를 '조선의 웨스트포인트(West Point)'라고 칭송할 정도로 군사교육의 모범을 보여 주었다.[115] 그러나 이해 11월 「국민개병설(國民皆兵說)」[116]을 출간했던 박용만이 하와이 신문사 주필로 초빙되어 가면서 이 학교는 얼마가지 못하고 폐교되었다.

표 20〉미주(美洲)내 군사학교 설립 현황[117]

군사학교	설립자 및 단체	설립일시	장소	인원
소년병학교	박용만	1909. 6. 10	네브라스카 커니(Kearney)시	27명
군사훈련반	북미지방총회	1910. 10. 3	로스앤젤레스 클레어몬트	미상
의용훈련대	북미지방총회	1910. 10. 8	롬폭	미상
소년병학원	북미지방총회	1910. 11. 10	캔사스	미상
국민회 연식부	하와이지방총회	1910. 11	하와이 일대	200명
숭무학교	멕시코지방총회	1910. 11. 17	멕시코 메리다	118명
청년병학원	북미지방총회	1910. 12. 5	와이오밍 슈페리오	미상
국민군단	박용만	1914. 6. 10	하와이 오하우⊠가할루	311명
비행사양성소	노백린⊠김종림	1920. 2. 20	캘리포니아주	19명

미국의 한인 군사지도자 박용만(朴容萬)은 네브라스카 주립대학을 졸업하고, 그 곳에 소년병학교를 설립하였다. 그 후 하와이로 가서 국민군단을 조직하여 군사활동을 전개하였다.

그러나 박용만은 하와이에 가서도 군대양성을 위해 노력하였다. 1914년 6월 10일 그는 국민회 연식부(鍊式部)의 사업을 확장하여 가할루 지방의 아후마두 농장에서 국민군단(國民軍團)을 조직하였다. 처음 103명이던 학생수는 점차 늘어나 311명에 달하였고, 미군사령부의 호의로 미 군용 자재를 사용함으로써 훈련의 극대화를 기할 수 있었다. 국민군단의 편성은 사령부, 경리부, 제복소, 병학교, 훈련대, 별동대, 곡호수(曲號手) 등으로 조직되어 있었고, 단장에는 박용만, 부관(副官)에는 구종권과 태병선 등이 있었다. 국민군단은 학도들의 숙식을 제공외에도 군복, 단총(短銃), 군도(軍刀), 나팔, 북, 목총 등을 지급하여 훈련에 임하게 하였다.

특히 이들 학도들이 배운 교재로는 박용만이 1911년 저술한 「국민개병설(國民皆兵說)」과 영문군사학 관계서적 30여 종이 있었다. 국민군단 재정은 리비농장을 도급(都給)으로 경작하여 거기서 나온 수입으로 충당하였는데, 재정은 비교적 여유가 있는 편이었다. 연간 총수입은 78,642달러에 군단경비 지출 58,442달러로 20,200달러가 남았다. 이 남은 돈을 만주 노령지역으로 보내 무장군인 양성에 충당하였다. 그러나 1916년 10월 농장의 경작계약이 만료되고 토질이 좋지 않아 농사를 폐지하자 국민군단은 재정난으로 해산하지 않을 수 없었다. 이리하여 미국에서의 군인양성 운동은 대체적으로 중단상태에 들어갔다.[118]

이외에도 임시정부 군무총장인 노백린(盧伯麟)이 캘리포니아주에 체류할 때, 6개월간 비행술을 교육받은 후 1920년 2월 20일 김종림(金鍾林)과 함께 한국인 비행사양성소를 설치하여 19명의 한국인 비행사를 양성하기도 하였다. 이 때 노백린은 비행사 양성을 위해 비행기 2대와 한국인 비행교사 6명, 그리고 미국인 기술자 1명 등으로 교수진을 갖춘 다음 비행교육을 실시하였다.

이후 재미한인들을 대표하는 단체인 국민회에서는 1917년 10월 29일 뉴욕에서 열리는 약소국동맹회의에 박용만을 대표로 파견하여 한국의 입장을 호소하게 하였고, 1918년 10월 1일에는 워싱턴에서 열리는 강화회의에 이승만과 정한경 등 대표를 선발하여 파견하였으나 미국정부는 제1차 세계대전 전승국인 일본과의 외교관계를 고려하여 한국 대표의 출석을 허락하지 않았다. 또한 국민회는 신한청년당 후원으로 1919년 2월 김규식(金奎植)이 파리 강화회의에 참석하기 위해 출발하자, 위임장과 경비를 지원하고 파리에 한국대사관을 설치하게 하였다.[119]

1919년 상해 임시정부가 수립되자, 국민회는 1919년 4월 15일 필라델피아 국민회의 외교사무소를 임시정부 통신부(通信部)로 개칭하고 한국독립운동을 위한 외교사업을 위한 활동을 하게 하였다. 또한 이승만은 자신이 임시정부 대통령으로 선출되자, 1919년 9월 구미(歐美)각지에 대한 임시정부의 행정을 대행할 기구로 구미위원부(歐美委員部)를 워싱턴에 설치하고 활동에 들어갔다. 그러나 이승만은 구미위원부를 설치하면서 정부에 문의도 하지 않았고, 입법기관인 임시 의정원의 승인도 받지 않은 채 애국공채(愛國公債)를 발행하려하자 임시정부는 구미위원부를 부인한 데 이어 이승만을 탄핵하여 면직시키고 구미위원부 폐지령을 내렸다. 그러나 이승만은 구미위원부를 독자적으로 운영하다가 1928년 재정난으로 해산될 때까지 활동하였다.

이후 미주에서는 구미위원부와 관련하여 이승만 지지파와 임시정부 지지파로 갈라졌던 미주의 각 단체 대표들이 1941년 4월 16일 호놀룰루에 모여 재미한족연합위원회(在美韓族聯合委員會)를 결성하고, 항일전선을 위해 임시정부를 중심으로 독립운동을 전개한다는 내용의 6개항의 결의안을 채택하였다. 재미한족연합위원회에 참석한 각 단체는 북미대한인국민회, 동지회, 중앙회, 중앙민중동맹단, 하와이 대한인국민회, 대조선독립단, 한국독립당 하와이지부, 의용대미주후원회, 대한부인구제회, 대한여자애국단 등이었으며 이밖에도 멕시코와 쿠바의 한국인 사회단체들이 참가하였다.

태평양 전쟁이 일어나자 250여 명의 한인들이 미군에 입대하여 전쟁에 참여했고, 이중에는 여성들도 있었다. 여성 중에는 안창호의 딸 안수산도 있었다. 또한 재미한인들은 개별적인 입대 뿐 아니라 미국의 전시 국방공채 모금에도 적극 동참하였다. 여기에는 재미한족연합위원회의 역할이 컸다. 실제로 한족연합위원회는 1943년 8월 30일 한미전승후원금(韓美戰勝後援金) 26,265달러를 모금하여 미국 정부에 기증했고, 적십자에도 약 430달러를 모금하여 기탁하였다.

특히 재미한족연합위원회 집행부에서는 1941년 12월 22일 한인국방군 편성 계획을 미국 전쟁부(Department of War)에 제출하여 허가를 얻었다. 이에 따라 로스엔젤레스에 한인국방경위대(韓人國防警衛隊)가 편성되었는데 이들은 일종의 민병대(民兵隊)였다. 재미한인들은 미군과 함께 대일 승전을 기약하며, 한국독립에 대한 연합국의 동정을 구하기 위하여 이를 조직했다. 한인국방경위대 편성에 응모한 사람은 30세부터 65세까지 109명이었고, 이들 중에는 대한제국 시대의 군인들도 포함되어 있었다.

캘리포니아주 민병대에 속한 한인국방경위대는 맹호군(猛虎軍)이라 명명하고, 1942년 2월 대한민국 임시정부 군사위원회의 인준을 받았다.[120] 이외에도 한족연합위원회는 미국의 전시체제에 적극 호응하는 입장을 취했다. 즉, 한인 청년들은 각주의 방위군에 입대하게 하고, 여자들은 적십자사의 군수품 제조에 협력케 하였다. 태평양 전선에 복무할 통역요원을 선발하여 지원하였다. 그러나 재미맹호군(在美猛虎軍)과 재중광복군(在中光復軍)과의 연합전선을 계획하였으면서도 한인지도자인 이승만, 한길수(韓吉秀), 김구, 김원봉(金元鳳)간의 불화로 실패하였다.[121]

또한 태평양 전쟁 이후 비록 실현은 되지 않았지만 이승만의 군사외교 분야에서의 활약도 컸다. 그는 1941년 당시 대일정보수집을 책임지고 있는 정보조정처(COI)의 중국책임자인 게일(Esson McDowell Gale)과 미 전쟁부 정보참모부로 근무할 때부터 알고 지내던 COI의 제2인자이자 도노반(William J. Donovan)의 오른팔인 굿펠로우(Preston M. Goodfellow)와의 친분을 이용하여 한인들의 대일 특수작전 및 정보공작에 참여하는 문제를 제의하였으나 중국측의 반대 등으로 성사되지 못하였다.

1941년 12월 8일 태평양전쟁 이후 하와이 교포들은 국방경위대를 조직했다.

그후 계속해서 이승만은 제2차 세계대전시 일본인 2세로 구성된 '니세이부대'[122]와 같은 미국군 소속의 외국군 부대로 한인부대 창설을 비롯하여 50만 달러의 무기대여요청(1943. 9. 29), 태평양섬의 한인노무자를 이용한 특수작전(1944. 7. 19) 등을 제의하였으나 미국정부로부터 받아들여지지 않았다.[123]

그러나 박용만이나 이승만, 한국광복군, 그리고 대한인국민회 등과 같은 미주(美洲)의 많은 애국민족단체들이 무장투쟁에 입각한 대미군사외교 및 군사활동을 꾸준히 전개하였기 때문에 냅코작전과 독수리작전과 같은 한미연합작전이 이루어지게 되었다. 비록 당시 미국은 대한민국 임시정부를 여러 가지 이유로 승인은 하지 않았지만 군사부분에서 한국광복군과 한인들을 통한 한미군사관계를 유지하려고 하였던 것은 대단히 의미 있는 일이다.

미국 전략사무국(OSS)의 냅코 작전 추진 배경과 계획

냅코(NAPKO Project)[124]작전은 OSS가 미국 내에 수용되어 있던 한인 전쟁포로들을 첩보요원으로 활용하려는 계획이었다. 이 계획은 일찍부터 미국 내 한인들과 밀접한 관계를 유지해 오던 OSS 워싱턴 본부의 에이플러(Carl F. Eifler) 대령과 굿펠로우(Preston Goodfellow) 대령이 유일한(柳一韓)·장석윤

(張錫潤) 등과 함께 미국 내 전쟁포로수용소의 한인포로들을 훈련시켜 오키나와에서 잠수함으로 한반도에 비밀리에 침투시키는 작전이었다.[125] 이는 에이플러와 장석윤이 태평양전쟁 초기 중국으로의 진출 실패를 고려하여 중국을 거치지 않고 미국에서 곧바로 한반도로 침투하는 것이었다.

OSS 한반도침투계획은 1944년부터 본격화되었다. 왜냐하면 OSS는 전쟁에서의 승리를 위해 만들어졌음에도 유럽전선에서는 별로 기여한 바가 없었기 때문이다. 따라서 유럽에서 전쟁이 실질적으로 끝난 1944년 중반 OSS가 최종적으로 눈을 돌리게 된 것이 태평양전선이었다. 이는 1945년 1월 23일 워싱턴 OSS의 기획단이 작성한 '비밀정보수집을 위한 일본내 요원침투 특수계획(Special Program for Agent Penetration of Japan's Inner Zone, for Secret Intelligence Purposes)'으로 구체화되었다. 이 계획은 중국 전구(戰區)가 한반도 침투작전에 가장 적합한 근거지로 결정되면서 중국전구 OSS의 활동을 강화하고 한인들을 대일첩보요원으로 활용한다는 것이었다. 또한 워싱턴의 OSS본부도 한인과의 군사합작계획인 냅코작전을 별도로 추진하고 있었다.[126]

냅코계획은 1945년 2월 26일 에이플러가 도노반에게 보고서를 제출하면서 가시화되었고, 1945년 3월 7일 에이플러가 도노반에게 'NAPKP PROJECT'라는 보고서에서 냅코라는 명칭을 사용하면서 공식화되었다. 그후 워싱턴의 OSS 기획단이 1945년 5월 31일 냅코작전을 공식 승인하였고, 미 합참도 6월 19일 이를 승인함으로써 추진에 박차를 가하게 되었다.

그러나 냅코작전은 태평양전쟁 초기 이미 시작되고 있었다. 다만 보다 구체적인 계획이 이 시기에 나타났을 뿐이었다. 냅코작전은 OSS의 부책임자인 굿펠로우가 1942년 중국을 우회한 한반도침투작전 계획인 '올리비아계획(Olivia Scheme)'[127]이 그 시초였다. 이후 OSS의 전신인 COI(Coordinator of Information)[128]가 1942-44년 특수부대인 제101지대의 활동경험을 토대로 1944년말-45년 초에 냅코계획으로 발전시킨 것이다. 특히 이러한 배경에는 장석윤이 위스콘신주 멕코이(McCoy) 포로수용소에서 얻은 정보 및 공작원 확보, 그리고 미얀마 전선에서 징용으로 일본군에 끌려간 한인학병 탈주자 등이 냅코작전을 구체화시키는데 커다란 도움이 되었다.

냅코작전에 참가한 한인 요원들의 훈련과 일본 패전

냅코작전에 동원된 한인들은 모두 19명이었다. 이들을 신분별로 보면, 재미한인, 미군에 입대한 한인병사, 맥코이 포로수용소 출신, 일본군을 탈출한 학병 출신 등으로 이루어졌다. 특히 냅코작전에 중요한 역할을 했던 장석윤은 맥코이 포로수용소에 잠입하여 냅코작전에 필요한 한인 학병 및 노무자 출신을 선발하는 임무를 수행하였다.

맥코이 수용소에 수용된 한인으로는 노무자 출신으로 사이판에서 포로가 된 김필영, 김현일, 이종흥이 있었고, 학병으로 미얀마 전선에서 탈출한 박순동, 박순무, 이종실이 있었다. 이들 포로 및 노무자 출신을 제외한 13명은 재미한인 출신으로 미 육군에 입대한 후 OSS에 배속된 사람과 군을 거치지 않고 곧바로 OSS에 참여한 인사로 구분되었다.

미 육군에 입대후 OSS에 배속된 인사로는 장석윤을 비롯하여 변일서, 유일한, 이태모, 차진주, 최창수 등 6명이었고, 민간인 출신으로 OSS에 들어온 사람으로는 김강을 비롯하여 변준호, 이근성, 이초, 최진하, 하문덕 등 7명이 있었다.

이들 냅코작전에 투입될 한인 요원들은 샌프란시코 연안에 위치한 산타 카탈리나섬에서 특수훈련을 받았다. 이들은 유격훈련, 무선훈련, 폭파훈련, 그리고 첩보교육 등을 3~4개월씩 받았다. 그밖에도 독도법, 촬영, 낙하산훈련, 선전 등의 훈련도 받았다.

그리하여 1945년 3월에는 한반도에 투입될 두 개조가 편성되었다. 이때 편성된 조(組)가 아이넥조(Einec Mission)와 차로조(Charo Mission)였다. 아이넥조는 조장 유일한(柳一韓)을 포함하여 이초, 변일서, 차진주, 이종흥 등 5명이었다. 이들 임무는 서울에 침투하여 한국의 경제사정과 일본군 부대의 위치를 파악하여 보고하는 것이었다. 차로조는 이근성, 김강, 변준호 등 3명이었다. 이들 임무는 진남포(鎭南浦)를 경유하여 평양(平壤)으로 잠입하여 근거지를 구축한

다음 일본으로 침투하는 것이었다.[129] 1945년 5월 냅코팀은 한인포로로 구성된 새로운 무로조(Mooro Mission)를 편성하였다. 에이플러는 팀 편성시 작전지역을 고려하여 황해도 출신들을 선발하였다. 이들 임무는 황해도 앞 바다에 있는 섬을 점령하여 그곳에서 섬 주민을 전향시키는 것이었다. 1945년 6월 23일에는 이근성, 김강, 변준호, 하문덕 등 4명으로 차모조(Chamo Mission)를 편성하였다. 이들 임무는 함경남도에 건설될 연합군 비행장을 위해 공작원 양성소를 설립하는 것이었다. 〈표 2-8〉은 냅코작전을 위해 OSS의 FEU에 들어오기 전의 인적사항과 OSS 훈련기간을 나타내고 있다.

그러나 냅코작전도 한인 요원들이 훈련을 끝내고 중국 및 태평양 지역 미군 사령관들의 승인을 기다리는 과정에서 일본이 패전함으로써 실행에 들어가지 못했다. 냅코작전을 실행에 옮겨지지 못한 데에는 극동지역 미군사령관들의 반대가 크게 작용하였다. 중국전구 미군사령관 웨드마이어나 태평양지역 미 육군 사령관 맥아더, 그리고 태평양 지역 미 해군사령관 니미츠 제독은 냅코작전이 자칫 이 지역내 미군의 기존 전투력을 감소시키고 자체 정보활동에 영향을 줄 수 있다는 점에서 반대하였다.

또한 중국 전구 미 OSS도 한국광복군과 연합하여 추진하고 있는 독수리작전을 위험에 빠뜨릴 가능성이 있다는 점을 들어 부정적이었다. 그러면서 중국 전구 OSS는 독수리작전이 대한민국 임시정부와 관련이 있기 때문에 냅코작전이 독수리 작전의 일부로 추진되어야 한다고 주장하였다.[130] 이러한 과정을 거치는 동안 냅코작전은 일제의 패망으로 그 시기를 놓치게 되었고, 미 합참도 극동지역사령관들의 반대에 별다른 조치를 취하지 못하다가 일본 항복 1주일후인 1945년 8월 23일 그 실행이 불가능해졌다는 명령서를 하달함으로써 냅코작전은 공식 취소되기에 이르렀다. 이에 따라 냅코작전을 위해 미군에 입대했던 재미한인들은 1945년 9월~10월 사이에 제대했지만, 포로출신으로 훈련에 참가했던 한인포로 및 노무자 6명은 아무런 보상이나 대가를 받지 못한 채 하와이 포로수용소로 다시 이송되었다.

〈표 21〉 냅코작전에 참가한 한인 출신 인사 명단 현황[131]

이 름	전 신분	주요 내용	훈련기간
金 剛 (Kim, Diamond)	미국시민	1945. 1. 4일 민간요원으로 OSS입소	1945. 1~8월
김필영 (Pil Young Kim)	징 용	1944. 6월 사이판에서 노무자로 체포	1945. 5~9월
김현일(Hyen Il Kim)	징 용	1944. 6월 사이판에서 노무자로 체포	1945. 5~9월
박기벽(Ki Buck Park)	미국시민	미군 입대후 1944. 12. 20일 OSS배속	1945. 7~9월
박순동 (Soon Dong Pak)	학 병	1945. 3월 미얀마에서 탈출	1945. 6~9월
박형무 (Hyng Mu Pak)	학 병	1945년 미얀마에서 탈출	1945. 6~9월
변일서(Earl S. Ben)	미국시민	미군 입대후 1944. 9. 18일 OSS배속	1945. 2~9월
변준호(James Penn)	미국시민	1945년 OSS에 민간요원으로 참가	1945. 1~8월
유일한(Ilhan New)	미국시민	1945년 미군 입대후 OSS 배속	1945. 2~4월
이근성 (Kunsung S. Rie)	미국시민	1945년 OSS에 민간요원으로 참가	1945. 1~9월
이종실 (Chong Sil Rhee)	학 병	1945년 미얀마에서 탈출	–
이종흥 (Chong Hung Rhee)	징 용	1944.6월 사이판에서 노무자로 체포	1945. 5~9월
이 초(Charles Lee)	미국시민	1942년 OSS에 민간요원으로 참가	1945. 2~9월
이태모(Tai Mo Lee)	미국시민	1943년 미군 입대후 OSS 배속	1944. 10~ 45. 5월
장석윤 (Sukyoon Chang)	미국시민	1942년 미군 입대후 COI 훈련 이수 및 OSS에서 교관 활동	1945. 10월 미육군 상사 로 제대
차진주 (James C. Charr)	미국시민	1944년 미군 입대후 OSS 배속	1945. 2~9월
최진하 (Chin Ha Choy)	미국시민	1945년 6월 4일 OSS FEU입대	1945. 9월 제대
최창수 (Stanley D. Choy)	미국시민	미군 입대후 1945. 5월 OSS에 합류	–
하문덕 (Harr, Moon Duck)	미국시민	1945년 OSS에 민간요원으로 참가	1945. 5~9월

3. 미 군정기 : 건군과 정부 수립 이후 한미 군사 발전 관계

미 제24군단의 남한 점령 임무인 베이커-포티작전 계획

일본 항복 후, 남한 점령임무는 최초 미 제10군에서 제24군단으로 결정되었다. 이는 맥아더 미 태평양육군사령관의 1945년 8월 12일 전문에 따른 것이었다. 이에 대한 맥아더의 전문 내용은 다음과 같다.[132]

> (…) 한국점령임무는 제24군단이 맡는 것으로 수정되었다. 제24군단은 한국에서 제10군이 맡은 임무를 사령부의 직접 책임 하에 수행하게 될 것이다 … 제10군은 류큐에 남아 임무를 수행한다.[133]

또한 1945년 8월 15일 맥아더 미 태평양육군사령관은 예하 부대인 제1·6·8·10군과 미 제24군단, 그리고 극동공군에게 임무를 부여하면서, 미 제24군단은 3단계에 의해 북위 38도선 이남의 한국을 점령하여 일본군의 항복을 받고 군사정부를 수립하라는 임무를 부여하였다.[134] 미 제24군단이 부여받은 베이커-포티(Baker Forty) 작전, 즉 한국점령임무는 이렇게 시작되었다.

미 제24군단의 남한점령임무인 베이커-포티 작전은 3단계로 구분하여 실시하도록 계획되었다. 제1단계인 베이커-포티(Baker Forty) 작전은 합동상륙작전에 의해서 한국의 서울지역을 점령하고 조선총독부와 일본 육·해군을 통제하는 것이었다. 제2단계인 베이커-포티-원(Baker Forty One) 작전은 지상 및 해상작전에 의해서 남쪽의 부산을 점령하는 것이었다. 제3단계인 베이커-포티-투(Baker Forty Two) 작전은 지상 및 해상작전을 통해서 남쪽의 군산(群山)~전주(全州)지역을 점령하는 것이었다.[135] 이를 정리하면 〈표 22〉과 같다.

〈표 22〉 미 제24군단의 남한점령 위한 베이커-포티(Baker Forty) 작전

작전단계 (작전개시일)	미 제24군단 남한점령 작전명	작전 실시 내용
제1단계 (B+27일)	베이커포티 (Baker Forty)	·합동상륙작전으로 한국의 서울지역 점령 ·조선총독부와 일본 육·해군에 대한 통제 확보

제2단계 (R-day)	베이커포티원 (Baker Forty One)	·지상 및 해상작전으로 부산 점령
제3단계 (P-day)	베이커포티투 (Baker Forty Two)	·지상 및 해상작전으로 군산~전주지역 점령

미 제24군단의 베이커-포티작전 시행과 남한지역 점령

미 제24군단장 하지는 1945년 8월 27일 주한미군점령군사령관의 직책을 부여받았다.[136] 하지는 주한미군 점령군사령관으로서 일반명령 제1호에 의해 38도선 이남지역의 일본군 항복에 대한 접수 책임을 맡고 남한점령 임무를 개시하게 되었다.

이에 따라 제24군단은 8월 28일 한국 상륙에 관한 군단 작전명령(Field Order) 제55호를 예하부대에 하달하고 본격적인 남한점령 임무에 들어갔다.[137] 미 제24군수지원사령부는 인천점령 개항 임무를 맡았다.[138]

1945년 9월 1일 미 제24군단은 제7보병사단, 제40보병사단, 제96보병사단, 제10군 고사포부대, 제137방공단, 제101통신대대, 제24군단 포병대, 제71의무대, 제1140야전공병단, 제24군수지원사령부(ASCOM 24 : Army Service Command 24)로 편성되었다. 이외에도 제24군단 책임지역에는 제308폭격항공단(308th Bomb Wing)이 작전활동을 하고 있었다.[139] 미 제24군단의 남한 점령은 1945년 9월 8일 군단 지휘부와 미 제7사단의 인천상륙으로부터 시작되었다.

미 제24군단 부대마크

〈표 23〉 남한 점령 미군부대 및 점령 기간[140]

남한점령 미군부대	지 휘 관	주둔 기간	예하 부대
미 제24군단	중장 하지 (John R. Hodge)	1945. 9. 8~1949. 1.15	제6·7·40사단
보병 제7사단	소장 아놀드 (Archbold V. Arnold)	1945. 9. 8~1948.12.29	제7·32·184연대
보병 제40사단	준장 마이어스 (Donald J. Myers)	1945. 9.22~1946. 3.15	제108·160·185연대
보병 제6사단	소장 우즈 (Orlando Woods)	1945.10.16~1949. 1.10	제1·20·63연대
	소장 허디스 (Charles H. Hurdis)		
제308폭격항공단	–	1945~1946	–

미 제24군단장 하지 중장은 1945년 9월 4일 일본군 항복 접수 문제를 조선총독부와 사전 논의하기 위해 해리스(Charles S. Harris) 육군준장을 단장으로 하는 37명의 선발대를 8대의 비행기에 탑승시켜 서울로 파견하였다. 그러나 악천후로 인하여 해리스 단장을 비롯한 6대의 비행기는 복귀하고, 2대의 비행기만 이날 12시에 김포비행장에 도착하였다.[141]

또한 미 제24군단 본대도 심한 폭풍우 때문에 계획 보다 하루 늦은 9월 5일 아침 오키나와를 출발하여 인천으로 향했다. 미 제24군단의 상륙부대를 태운 함정은 모두 42척의 함정으로 이루어진 대선단(大船團)이었다. 이들 상륙부대는 3일 후인 9월 8일 오후 1시에 도착하여 17시 30분에 인천지역을 점령하였다. 상륙 다음날인 9월 9일 16시 조선총독부 청사 제1회의실에서 미국대표와 일본대표간에 항복조인식이 거행되었다.[142]

조인식이 끝난 직후 조선총독 시대를 마감하듯, 조선총독부 건물에는 일장기 대신 성조기가 게양되었고, 남한지역에서의 미군정이 시작되었다. 〈표 3-12〉은 역대 조선통감 및 총독을 나타내고 있다.

미 제24군단 점령작전인 베이커-포티작전이 최초로 실행단계에 옮겨진 것은 1945년 9월 21일 군단작전명령 제56호에 근거하고 있다. 군단작전명령에 의하면 미 제96사단이 전남·전북·충북을, 미 제40사단이 경남과 경북을, 미 제7사단이 경기도(인천지역 제외)·강원도·충북을, 그리고 제24군수지원사령부가 인천지역을 점령하도록 되어 있었다. 그러나 제96사단이 천진(天津)의 소요진압을 위해 중국으로 이동하게 되자, 10일 1일부로 제7사단이 충남과 전북을, 제40사단이 전남을 점령하게 되었다.

한편 미 제24군단은 서울과 인천시를 비롯한 8개 도에 대한 점령은 3차에 걸쳐 이루어졌다. 제1차는 1945년 9월 8일부터 10월말까지 미 제7사단이 서울을 비롯한 경기도, 강원도, 충청남북도, 전라북도를, 미 제24군수지원사령부가 인천을 점령하고, 미 제40사단이 경상남북도와 전라남도를 점령함으로써 미군은 남한 전역을 점령하였다. 제2차는 1945년 10월 16일 인천에 상륙한 미 제6사단 제1제대가 10월 25일까지 미 제40사단이 점령한 전라남도(제주도 제외)와 미 제7사단이 점령한 전라북도를 인수하여 점령하였다. 제3차는 미 제40사단이 본국으로 귀환함에 따라, 1945년 10월 24일 인천에 상륙한 미 제6사단 제2제대가 1945년 11월 5일부터 1946년 2월 20일 사이에 미 제40사단이 점령하고 있던 경상북도와 경상남도를 점령하였다. 이를 정리하면 〈표 24〉와 같다.

군정기 미군병력은 10월 31일 77,643명으로 최고에 달했다. 그러나 1946년 2월 20일 미 제40사단 본국 귀환 당시 남한 주둔 미지상군 병력은 44,252명으로 감소하였다. 여기에는 제5공군 소속의 제308폭격항공단은 포함되지 않았다. 이는 1946년 6월 1일 부로 인가된 주한미군병력 54,643명 보다 10,391명이 적은 숫자이다.[143]

〈표 24〉 미 제24군단 예하 사단의 남한점령 지역 및 기간

점령부대		남한상륙 (1945년)	최초 미군 점령계획 (서울·인천, 8개도) 제1차점령지역 (45. 9. 8~10월말)	실제 점령단계		
				제2차점령지역 (45.10.16~10.25)	제3차점령지역 (45.11. 5~46. 2.20)	
최초	미 제7사단	9. 9	서울, 경기, 강원, 충북	좌동+충남+전북	(좌동)-(전북)	서울, 경기, 강원, 충남, 충북
	미 제40사단	9.12-23	경남, 경북	좌동+전남	(좌동)-(전남)	본국 철수 (46. 3. 15)
	미 제96사단	–	충남, 전남, 전북	미 제6사단과 교체		
	미 제24군수 지원사령부		인천	인천	인천	인천
교체	미 제6사단	10. 6	제96사단과 교체	–	전남, 전북	전남, 전북, 경남, 경북

미 제7보병사단 부대마크

미 제7사단의 서울·경기·강원지역 점령 과정

아놀드(Archbold V. Arnold) 소장이 지휘하는 미 제7사단은 일본 항복 이후 남한지역에 상륙한 최초의 미군 부대이다. 1945년 9월 8일 사단 예하의 제17연대와 제32연대가 인천에 상륙하였고, 다음날인 9월 9일에는 제184연대가 또한 인천으로 상륙하였다. 9월 9일에는 제32연대와 제184연대가 기차를 이용 서울로 진주하였다. 제32연대의 책임지역은 남북으로 이어진 철로를 중심으로 서쪽지역을 담당하였고, 그 나머지 지역은 제184연대가 담당하였다. 사단사령부는 군단사령부가 설치된 반도호텔에서 남쪽에 위치한 전 주한일본군사령부에 설치하였다.[144]

미 제7사단은 서울지역 점령을 마친 9월 12일 경기도 점령에 들어갔다. 9월 12일 제32연대 제2대대 1개중대가 트럭을 타고 개성으로 들어갔다. 이들 부대의 임무는 소련군과 접촉하는 것이었다. 9월 13일 제2대대(-1)가 기차로 개성에 진입하여 11개의 경계초소(guard post)를 설치하였다. 제2대대는 9월 15일 연대본부와 소련군과의 연락을 위해 유선(wire communication)을 설치하였다.

한편 9월 15일 제184연대 제2대대 1개 중대가 미 제24군단의 선발대(reconnaissance party) 임무를 부여받고 부산으로 내려갔다. 선발대의 임무는 부산항 시설에 대한 조사였다. 이날 제7사단 부대들은 서울 남쪽에 위치한 수원과 인천지역에 대한 수색정찰을 실시하였다.

9월 16일 제32연대 제2대대가 책임구역을 개성에서 서쪽으로 20마일 떨어진 연안까지 확대하였다. 3일 후인 9월 19일 제32연대 제3대대 1개중대가 강원도 춘천을 점령하였다. 제3대대(-1)는 9월 22일 춘천에 진입하였다. 9월 23일 제17연대가 제1대대가 수원과 인천을 점령하였다.[145] 9월 28일 제17연대가 여주 및 안성 등지를 점령하였다. 9월 29일에는 제32연대 제1대대가 삼척을 점령하였다. 10월 5일에는 제17연대가 청주를 점령하였다. 10월 6일에는 제32연대가 원주를 점령한데 이어 10일까지 횡성, 평창, 영월 등을 점령하였고, 10월 12일에는 강원도 전역을 점령하였다.

이와 같이 미 제7사단은 서울, 개성, 춘천, 수원, 원주 등을 포함한 경기도와 강원도 전역을 점령하였다. 또한 미 제7사단이 인천 및 서울 지역을 점령함으로써 남한점령작전의 제1단계인 베이커-포티 작전도 완료되었다.

그러나 미 제96사단이 중국 천진(天津)으로 이동하게 됨에 따라 10월 1일 미 제7사단은 제96사단의 책임지역 중 전북과 충남지역을 점령하게 되었다. 이에 따라 10월 7일 청주에 주둔하고 있던 제17연대 제3대대가 천안, 평택, 조치원, 대전을 점령하였고, 제7사단 제49포병대대가 10월 7일 군산으로 내려가 10월 12일까지 전주를 비롯하여 군산, 남원, 정읍 등을 점령하였다.

미 제40사단의 경상도지역 점령 과정

미국 캘리포니아-유타-네바다주 출신으로 구성된 주방위군(National Guard) 사단인 미 제40사단은 1941년 3월 연방군으로 소집되어 태평양전쟁에 참전하였다. 사단은 일본이 항복한 1945년 8월 15일에는 미 제14군단에 배속되어 1945년 11월로 예정된 일본 본토 상륙작전인 올림픽(Olympic)작전을 준비하고 있었다. 미 제40사단이 제24군단으로 예속 변경됨과 동시에 한국점령 임무를 정식으로 통보 받은 것은 1945년 8월 22일이었으나, 명령상으로는 8월 15일이었다.[146] 당시 사단장은 마이어스(Donald J. Myers) 준장으로 브러쉬(Rapp Brush) 소장의 후임이었다.

미 제40보병사단 부대마크

미 제40사단은 군단작전명령(Field Order) 제55호에 근거하여 사단작전명령 제20호(1945. 9. 5) 발령하여 점령임무에 착수하였다. 이에 따라 한국 상륙부대 제2단계 점령부대로 편성된 미 제40사단은 최초 상륙부대인 미 제7사단에 비해 약 2주 늦은 1945년 9월 22일 부산으로 상륙하였다. 미 제40사단의 부산 도착에 앞서 미 제24군수지원사령부 예하 부대들이 9월 20일 부산에 도착하여 미 제40사단을 맞을 준비를 하였다. 9월 21일 발령된 미 제24군단 작전명령 제56호에 따른 제40사단의 임무는 다음과 같다. ① 경상남도 및 경상북도 및 인접지역의 점령과 통제, ② 동 지역에 군정 설치, ③ 동 지역의 일본군 무장해제, ④ 진해에서 미 제7함대의 일본해군 무장해제 지원, ⑤ 부산 및 진해항을 통해 철수하는 일본군 및 일본 민간인 통제, ⑥ 부산항을 통해 입국하는 해외 한국인의 고향 이동 지원, ⑦ 서울-부산 간 철도노선 유지 등이었다.[147]

미 제40사단은 제108·160·185연대로 편성되었다. 9월 22일 사단 선발대가 인천에 상륙한데 이어 9월 23일에는 제160연대 제3대대가 부산에 상륙하였고, 9월 30일에는 제108연대가 인천으로 들어와 10월 5일 부산으로 출발하였다. 10월 1일부터 2일 사이 제108연대는 경주에 연대본부를 설치하고, 경북의 상주, 경주, 김천, 왜관, 경산 등을 점령하였다. 이 때 사단포병부대인 제164포병대대와 제143포병대대가 진해에 도착하였고, 제213포병대대가 진주에 도착하였다. 제108연대는 10월 8일 포항, 감포, 영천 등지를 점령한데 이어, 10월 15일에는 창녕과 영산 등을 점령하였다.

이로써 10월 15일까지 제40사단 소속의 3개 연대와 포병부대들은 부산을 비롯한 경상남도와 경상북도 전역을 장악하였다. 그리고 10월 1일부로 제96사단의 담당지역 중에서 전남지역을 점령하였다.

이에 따라 제108연대 제2대대가 10월 8일 인천에서 광주로 출발, 10월 9일 광주를 점령하였다. 또 제108연대가 다시 나주, 보성, 목포를 점령한데 이어, 제40사단 제213포병대대가 여수, 순천 등에 도착하였다. 특히 제주도에는 10월 22일 제24군수지원사령부에 배속된 제749포병대대가 점령하였다.

이로써 제24군단은 제7사단과 제40사단, 그리고 제24군수지원사령부가 남한지역을 완전히 점령하였다. 또한 9월 23일 미 제40사단이 부산을 점령함으로써 베이커-포티작전의 제2단계 작전인 베이커-포티원 작전이 완료되었다.

미 제6사단의 전라도 및 경상도지역 점령 과정

태평양 전쟁기 미 제6사단은 제6군 예하 제1군단에 배속되어 전투를 하였다. 제6사단은 1945년 9월 23일 제3군단에서 제24군단으로 배속이 변경되면서 한국점령 임무를 맡게 되었다. 이는 1946년 7월 이전 미군의 대폭적인 감축 계획에 따라 이루어졌다.[148] 제6사단장은 태평양 전쟁 종전 당시 필리핀 루손 (Luzon) 전투에서 중상을 입은 패트릭(Erwin D. Patrick) 소장에 이어 사단포 병단장인 허디스(Charles H. Hurdis) 준장이 사단장에 임명되었고, 그는 나중에 소장으로 진급하여 1946년까지 제6사단장을 역임하였다.[149]

미 제96사단과 대체하여 한국점령 임무를 맡은 미 제6사단은 제1·20·63연 대로 편성되었다. 점령시기도 2단계로 구분하여 시행하였다. 첫 번째는 1945 년 10월 16일부터 10월 25일까지 전남과 전북지역을 점령하였다. 두 번째는 1945년 11월 5일부터 1946년 2월 20일까지 전남과 전북을 비롯하여 경남과 경북을 점령하였다. 경남과 경북지역 점령은 미 제40사단의 철수에 따른 후 속 조치였다.

먼저 미 제6사단은 전남과 전북지역을 점령하였다. 1945년 10월 16일 제20 연대와 제63연대의 인천 상륙을 개시로 11월 2일까지 전 사단이 상륙을 완료하 였다. 제20연대는 10월 19일 광주를 점령하고 그곳에 연대본부를 설치하였다. 10월 18일 제63연대가 군산을 점령하고 연대본부를 설치하였다. 전주에 사단 사령부를 설치한 제6사단은 10월 25일까지 제주도를 제외한 전남과 전북을 점 령 완료하였다. 따라서 제96사단과 대체하여 제7사단과 제40사단이 맡았던 지 역을 인수하였다.

두 번째로 미 제6사단은 1946년 3월 미 제40사단의 철수로 인해 사단 책임지 역은 전남과 전북에 이어 경남과 경북으로까지 확대되었다. 제6사단은 10월 20 일 제40사단이 점령했던 경상남북도 지역을 11월 3일까지 인수하라는 지시에 의해 이 지역에 대한 점령 임무에 들어갔다. 이에 제6사단은 10월 21일 제1연대 와 사단포병대의 선발대 파견에 이어, 10월 24일에는 제1연대 제1·2대대가, 10 월 31일에는 제3대대가 인천에 도착하였다.

미 제6보병사단 부대마크

미 제6사단의 경북지역 점령은 11월 5일부터 10일까지 이루어졌다. 1945년 11월 5일 제3대대가 상주를, 11월 2일에 예천을 점령하였다. 11월 10일에는 제2대대가 안동을, 제1대대와 제80포병대대가 김천을 점령함으로써 경북지역에 대한 점령은 완료되었다.

미 제6사단의 경남 지역 점령은 11월 1일 점령 지시를 받고 11월 10일까지 점령을 완료하였다. 11월 7일 제1포병대대가 거창·함양·하동을, 11월 10일에는 사단 포병이 진주를, 제80포병대대가 사천을 점령하였다. 또한 11월 10일 제1연대가 김천으로 이동하여 사단 포병대의 업무를 인수받았다.

한편 전주에 사령부를 둔 제6사단사령부는 1946년 2월 17일 부산으로 이동하였다. 이에 따라 미 제40사단은 1946년 2월 20일 그의 임무를 제6사단에 인계하고, 3월 15일 미국 샌프란시스코로 철수하였다. 이후 미점령군으로 남한에 진주한 미군 사단은 정부 수립 이후 완전히 철수하게 되었다. 제7사단이 1948년 12월 29일 철수한데 이어, 제6사단이 1949년 1월 10일 철수하였고, 마지막 전투병력인 제5연대전투단도 1949년 6월 29일 완전히 철수하였다.

미 제24군단의 남한지역 점령 이후 활동

일본의 무조건 항복으로 남한에 진주하게 된 미 제24군단의 임무는 명확하였다. 이는 1945년 9월 2일 발표된 연합군최고사령부의 일본군 무장해제를 규정한 일반명령 제1호에 의해 주한미육군사령관 하지 장군이 발표한 포고문에 잘 나타나 있다. 여기에는 '남한민중 제위(諸位)에게 고함'을 비롯하여 1945년 9월 9일 하지 주한미육군사령관의 미군 상륙 및 민주주의 질서 유지를 다룬 연합군사령관 포고 제1호인 '한국민에게 고함', 그리고 9월 7일 맥아더 미 태평양육군총사령부의 남한에 대한 군정실시를 다룬 포고 제1호인 '조선 주민에 포고함'이 있다.

1945년 9월 8일부터 진주하기 시작한 미 제24군단의 임무는 조선총독부와 일본군으로부터 항복을 받고 북위 38도선 이남의 남한에 군정을 실시하는 것이었다. 또한 일본 군인과 민간인, 그리고 기타 외국인의 본국 송환, 남한 내 포로수용소에 수용되어 있는 연합군 포로의 석방, 그리고 전범자(戰犯者)의 체포 임무를 수행하였다.[150]

미 제24군단은 일본군의 항복을 접수한 후, 일본군 무장해제 및 본국 철수에 대한 점령업무에 들어갔다. 일본군인의 송환을 책임진 부대는 미 제40사단 제160연대와 제6사단이 부산으로 철수하는 제17방면군을 담당하였고,[151] 제주도의 제58군은 미 제24군수지원사령부(ASCOM 24)에 배속된 제749야전포병대대가 담당하였다 송환 대상 남한 주둔 일본군은 179,720명이었다. 이들은 대부분 제17방면군 소속의 육군 병력이었다. 일본군의 철수가 본격으로 이루어진 것은 1945년 9월 24일 이후부터였다. 제17방면군이 9월 24일부터 1946년 2월까지 철수를 완료한 반면, 제주도의 제58군은 1945년 10월 23일부터 11월 18일까지 철수를 끝마쳤다.

미 제24군단 포로인수팀(Recovery Team)의 연합군포로 석방

1945년 종전(終戰) 무렵 미군 정보에 의하면 일본이 수용하고 있는 연합국 포로는 약 168,000명이고, 그 중 한반도에는 11~12개의 포로수용소에 약 2,500명의 연합국 포로가 수용되어 있는 것으로 알려졌다. 그러나 실제로 한반도에는 3개의 포로수용소에 680명의 포로가 있었다.[152] 포로수용소는 남한지역에 2곳, 북한지역에 1곳이 있었다. 남한에는 인천포로수용소(Incheon Camp)와 서울포로수용소(Seoul Camp)가 있었고, 북한에는 함흥 근처에 위치한 곤안포로수용소(Konan Camp)가 있었다.

이들 포로수용소에 수용된 연합군 포로들은 태평양전쟁 초기인 말레이전투(Malaya Campaign)와 필리핀 바탄(Battan) 및 코레기도르(Corregidor) 전투에서 일본군에 포로가 된 미국·영국·호주인(Australian) 장교 및 사병 680명이었다. 그렇지만 종전 이후 이들 포로수용소 중 남한에 있는 인천 및 서울포로수용소는 미 제24군단의 관할하에 있었고, 북한의 함흥 근처에 있는 곤안포로수용소는 소련 제25군의 관할하에 있었다.[153] 따라서 북한에 있는 연합군 포로 송환을 위해서는 미·소간의 상호 협조가 필요하였다.

인천포로수용소는 바탄 및 코레기도르 전투, 그리고 말레이 전투에서 포로가 된 미국·영국·호주군(Australian forces) 포로 168명이 수용되어 있었다. 이 중 필리핀 전투에서 포로가 된 미군은 장교 112명과 사병 26명을 합쳐 138명이었고, 이 중 선임장교는 비쵀(Curtis T. Beecher)중령이었다. 미군 포로 대부분은 1945년 4월 27일 이곳에 수용되었다. 말레이 전투에서 포로가 된 영국군은 미군 포로 보다 훨씬 빠른 시기에 이곳에 수용되었다. 영국군은 장교 9명과 사병 17명을 포함 26명이었고, 호주군은 사병 4명이 수용되어 있었다.[154] 일본군 포로수용소 소장은 오쿠다(Okuda) 소령과 오카자키(Okazaki) 중령이었다.

서울 포로수용소는 말레이 전투에서 포로가 된 영국군과 호주군이 수용되어 있었다. 이들 포로들은 1942년 9월 25일 싱가포르에서 부산을 경유하여 이곳 포로수용소에 수용되었다. 서울포로수용소에는 총 158명의 연합군 포로가 있었는데, 이중에는 미군 장교 2명이 있었고, 영국군은 141명으로 장교 91명과 준사관 2명에 사병 48명이었다. 호주군은 모두 15명으로 장교 6명에 사병 9명이었다.[155] 포로수용소 소장은 고토(Goto) 대위였다. 특히 이곳 포로수용소에는 소련군 포로 9명이 있었다.[156]

북한에 위치한 곤안포로수용소에는 말레이 전투에서 포로가 된 영국군과 호주군 포로 354명이 수용되어 있었다. 이들은 1942년 2월 16일 싱가포르 함락시 포로가 되었다. 이들 중 많은 포로가 말레이 전투에 참전했던 호주 제8사단 병력이었다. 이들은 싱가포르에서 6개월 동안 수용되어 있다가 곤안수용소로 이송되었다.[157] 곤안 수용소에는 미군 포로는 없고, 영국군은 총 포로 302명 중 장교 4명, 준사관 3명, 사병 295명이 있었고, 호주군은 총 52명 중 장교 1명, 준사관 1명, 사병 50명이 있었다.[158] 포로수용소 소장은 오타케(Otake) 대위였다.[159] 이를 표로 정리하면 〈표 3-16〉과 같다.

〈표 25〉 한반도에 수용된 연합군 포로 현황[160]

구 분	계	인천수용소	서울수용소	곤안수용소
계	680명(231/449)	168명(121/47)	158명(101/57)	354명(9/345)
미국군	140명(114/26)	138명(112/26)	2명(2/0)	없음
영국군	469명(109/360)	26명(9/17)	141명(93/48)	302명(7/295)
호주군	71명(8/63)	4명(0/4)	15명(6/9)	52명(2/50)

※ 장교(준사관 포함)/사병

미국은 한반도에 수용된 연합국 포로들을 석방하기 위해 종전 직전 '포로인수팀'(Recovery Team)을 편성하고 훈련하였다. 이에 따라 미 제24군단은 3개의 포로인수팀을 배속받아 한반도에서의 연합군 포로석방에 대한 임무를 수행하게 되었다. 이들 제24군단에 배속된 포로인수팀으로는 제9포로인수연락팀(Liaison Team No. 9), 제69포로인수팀(Recovery Team No. 69), 제70포로인수팀(Recovery Team No. 70) 등 3개 팀이 있었다.[161]

스텐겔(George J. Stengel) 대위를 팀장으로 하는 포로인수팀은 1945년 9월 3일 비행기로 오키나와를 출발하였으나 기상악화로 9월 6일 14시 30분에 김포비행장에 도착하였다. 스텐겔 대위는 한반도의 연합국 포로들을 총책임지고 있는 노구치(Noguchi) 대좌를 조선호텔에서 만나 수용소 현황, 연합군 포로명부, 그리고 연합군 포로 사망자 명부를 인계 받았다.[162] 한국에서 포로의 신분으로 사망한 연합군 포로는 모두 27명이었다.[163]

스텐겔 대위는 9월 7일 일본군 포로책임자를 대동하고 서울수용소와 인천수용소를 차례로 방문하고 이들을 석방하였다.

먼저 1945년 9월 8일 인천포수용소에 수용된 연합군 포로들을 병원선으로 후송된데 이어, 9월 9일에는 서울수용소 포로들을 병원선 레퓨지(Reguge)호로 후송하였다. 그러나 북한 함흥 근처에 위치한 곤안포로수용소는 남한에 수용된 포로들 보다 늦게 후송되었다. 이는 소련과의 협조가 필요했기 때문이다.

1945년 9월 14일 미 제24군단은 평양 주재 소련 제25군사령부로부터 곤안포로수용소에 연합군 포로들이 있다는 내용의 전문을 받았다. 이에 스텐겔 대위와 제70포로인수팀 요원들은 베너 소위와 2명의 미군, 호주군 1명, 그리고 호주 종군기자인 바스델(Barsdell)은 곧장 곤안에 있던 포로 354명을 소련군이 제공한 기차로 함흥을 출발하여, 9월 22일 서울을 거쳐 인천에서 머시(Mercy)호로 후송되었다. 이 때 미군과 소련군간에는 포로인계인수에 관한 문서에 주한미군사령관과 주북한소련군사령관을 대표하여 미국의 스텐겔 대위와 소련의 사취코프(P. A. Satchkov) 소령이 서명하였다.[164]

남한 내 일본인 전쟁범죄자 체포

미 제24군단은 군단 작전명령에 의해서 연합군 포로에 대한 전쟁범죄 행위자를 체포하겠다고 공표했다.[165] 이에 1945년 10월 9일 연합군 전쟁포로와 관련된 진범자로서 한반도 내 연합군포로책임자인 노구치 대좌를 포함하여 일본군 장교 8명을 체포하였다. 이들은 인천포로수용소 소장 오카자키(岡崎弘十郎) 중좌, 서울포로수용소장 고토(後藤 勇) 대위, 서울포로수용소 부관 테라다(寺田武夫) 대위, 서울포로수용소 통역 우시하라(牛原長巳) 오장(伍長)이다. 10월 12일에는 7명을 더 체포함으로써 남한지역에서 체포된 전범 관련 일본군은 모두 15명이 되었다.[166]

이들 전범자들은 미 제24군수지원사령부(ASCOM 24)에 구금되었다가, 주한미군 방첩대(CIC : Counter Intelligence Corps)로부터 조사를 받은 후 1946년 5월 14일 일본 동경의 미 태평양육군사령부로 이송되었다.[167] 이들 15명중 1947년 9월 15일 요코하마(橫浜)에 위치한 미 제8군 군사법정에 회부된 사람은 12명이었다. 군사재판에 회부된 12명 중 1명만 무죄 선고를 받고 11명은 유죄선고를 받았다. 무죄 선고를 받은 일본군 장교는 서울포로수용소장 고토 대위였다. 유죄판결을 받은 일본군으로는 주한연합군포로수용소 총책임자인 노구치 대좌가 22년, 인천포로수용소장 오카자키 중좌가 20년, 서울포로수용소장 부관 테라다 대위가 37년, 인천포로수용소 군의관 미즈구치(水口安俊) 소위가 사형,

서울포로수용소 통역 우시하라 오장이 10년형을 선고받았다. 군사법정에서 이들이 선고받은 죄명(罪名)은 전쟁법규 위반과 포로학대였다.

중앙군정기구인 주한미군정청(USAMGIK)의 설치

1946년 1월 남한지역 미 군정은 제도적 전환기를 맞이하게 되었다. 이제까지 군정임무를 수행했던 미 제24군단사령부내 설치된 주한미군군정청이 1946년 1월 4일부로 정식 군정기관으로 발족한 주한미군정청(USAMGIK : Unites States Army Military Government in Korea)에 그 임무를 인계하게 되었다. 즉, 남한에 대한 군정을 위해 주한미군 부대 병력으로 임시 구성된 '주한미군군정청'은 1946년 1월 4일 정식 군정기관인 주한미군정청이 설치됨에 따라 대체되었다.

그 결과 1946년 1월 14일에는 모든 군정부대들이 새로 발족한 주한미군정청의 지휘를 받아 군정임무를 수행하게 되었다. 이에 따라 종전의 전술부대에 의한 작전형 군정에서 군정부대에 의한 지역형 군정으로 전환되었다. 물론 1946년 1월 4일 이전에도 지방에는 군정부대가 진주하여 지역형 군정을 실시하고 있었지만, 남한 전체로 볼 때는 전술부대에 의한 작전형 군정의 성격이 강했다.

또한 1946년 1월 4일부로 아놀드 군정장관이 물러나고 러취(Archer L. Learch) 소장이 군정장관에 취임하였다. 따라서 주한군정청은 러취 장군의 군정장관 취임과 함께 이루어졌던 것이다. 주한미군정청 발족 당시 인원은 장교 663명, 준사관 8명, 사병 1,316명으로 구성되었다.[168]

주한미군정청의 발족으로 군정의 주체도 주한미군(USAFIK)에서 주한미군정청으로 바뀌게 되었다. 미군정청 설립 후 군정수반은 군정장관(Military Governor)을 정점으로 부군정장관(Deputy Military Governor), 민정장관(Civil Administrator), 그리고 국장(局長)-과장(課長) 순으로 이어졌다. 〈표 3-19〉는 역대 미 군정장관들을 정리한 것이다.

주한미군은 1945년 9월 9일 조선총독부로부터 항복을 받은 이후에도 조선총독부 관리를 계속 근무케 하였다. 이는 일본의 돌연한 항복을 예측하지 못했던 미군이 남한에 대한 확고한 점령정책이 결정되지 못하고 군정요원을 사전에 준비하지 못했기 때문이다. 초기 주한미군은 행정고문으로 조선총독부 관리를 계속 근무케 하고 있다가 1945년 9월 12일에는 군정청 국장에 미국인을 임명하면서 이를 확대해 나갔다.[169] 1945년 10월 5일에는 김성수(金性洙)를 비롯한 11명이 군정장관 고문으로 임명되었고, 12월에는 각 국장을 비롯한 부서장에 미국인과 한국인이 겸임하는 인사조치가 이루어졌다.

〈표 26〉 미 군정기 군정장관 현황

구 분	직 책	계급	성 명	재 직 기 간
주한미군군정청 (MG, USAFIK)	군정장관 대리	준장	찰스 해리스 (Charles S. Harris)	1945.8.29~1945.9.12
	군정장관	소장	아치볼드 아놀드 (Archibald V. Arnold)	1945.9.12~1946.1.3
주한미군정청 (USAMGIK)	군정장관	소장	아쳐 러치 (Archer L. Learch)*	1946.1.4~1947.11.3
	군정장관 대리	준장	헬믹 (C. G. Helmick)	1947.6~1947.11.3
	군정장관	소장	윌리암 딘 (William F. Dean)	1947.11.3~1948.8.15

* 러치 소장은 1947년 9월 11일 서울에 위치한 미 제39육군병원에서 사망함.

1947년 2월에는 각 부·처장을 전원 한국인으로 임명하고, 미국인은 고문관으로서 부결권(否決權) 행사를 통해 군정에 참여하였다. 1947년 2월 10일 민정장관에 안재홍(安在鴻)이 취임하였다.

한편 1946년 8월 24일자 미군정법령 제118호에 의해 남조선과도입법의원(南朝鮮過渡立法議院, South Korean Interim Legislative Assembly)[170] 설치가 공포되었고, 12월 12일 개원한 입법의원은 군정청의 입법권과 4등급 이상의 관리임명 동의권에 대한 권한을 행사하였다. 입법의원이 제정한 법률은 미군정법률로 군정장관의 인준후 미군정청 관보에 게재되어 발효되었다.[171]

1947년 5월 17일자 미군정법령 제141호 "남조선과도정부의 명칭"에 의거 남조선 미군정청 한국인기구를 남조선과도정부(南朝鮮過渡政府, South Korean Interim Government)로 호칭하고, 6월 3일 과도정부를 수립하였다.[172] 이 과도정부가 1948년 8월 15일 수립된 대한민국 정부로 이행하는 과도기관 역할을 하게 되었다.

4. 6·25전쟁기 : 미국의 참전과 한미 혈맹

6·25전쟁과 한미연합군의 역할

미국은 6·25전쟁에 이르기까지 약 200년도 안 된 짧은 역사 속에서 적지 않은 국제 전쟁에 개입하였다. 미국은 건국이래 6·25전쟁에 이르기까지 모두 6차례의 국제전쟁에 개입하였다. 1812년 영·미전쟁(the War of 1812), 1846년 멕시코전쟁(the Mexican-American War), 1898년 미·서전쟁(the Spanish American War), 제1차 세계대전(World War 1), 제2차 세계대전(World War II), 그리고 6·25전쟁(the Korean War) 및 베트남전쟁(the Vietrar War) 등이 그것이다. 그러나 이 기간 동안 미국이 개입한 여섯 차례의 국제전쟁은 유럽의 전통 적인 군사 강대국인 영국과 러시아, 그리고 프랑스와 비교해 볼 때 가장 적은 횟수를 나타내고 있다. 영국의 경우, 같은 기간 동안 8번의 전쟁을 치름으로써 평균 22년에 1번 정도였고, 러시아는 13번의 전쟁을 치름으로써 평균 14년마다 1번씩 전쟁을 경험하였다. 그리고 프랑스는 14번의 전쟁에 개입 함으로써 평균 13년에 1번씩 전쟁을 치른 역사를 지니고 있다.

또한 미국이 국제전쟁의 개입을 통해 막대한 군비와 엄청난 병력을 파견한 것은 세계평화와 자유민주주의 질서의 옹호, 그리고 공산주의 침략에 맞서 자유 우방국가를 지원하기 위함이었다. 1812년 영미전쟁 시에는 항해의 자유를 획득하기 위해서, 미서전쟁 시에는 약소국 국민의 해방을 위해서, 제1차 세계대전시에는 자유 민주주의 수호를 위해서, 제2차 세계대전시에는 전체주의 국가의 분쇄를 위해서, 그리고 6·25전쟁 및 베트남전쟁 시에는 반공 및 자유수호를 위해서 미군은 피를 흘리며 싸웠던 것이다.

미국이 대외정책 및 전략 차원에서 개입하였던 6·25전쟁은 기존에 미국이 개입하였던 국제전쟁과 비교해 볼 때 몇 가지 변화와 특징을 나타내고 있다. 그 변화와 특징을 살펴보면 다음과 같다.

첫째, 6·25전쟁 이전 미국이 전쟁에 개입했던 기간은 통상 20~30년 주기로

미국은 6·25전쟁 시 해리 S. 트루먼 미국 대통령의 해외파병권에 의하여 참전을 결정했다.

유엔 안보리 회의에서 소련 대표가 불참한 가운데 7개 이사국이 손을 들어 한국에 대한 군사지원을 결의하고 있다 (1950.6.27.)

상당히 길었다. 그러나 6·25전쟁은 제2차 세계대전이 끝난 지 불과 5년만에 발발한 전쟁이었다. 또한 6·25전쟁 발발 당시는 미군 병력이 대부분 복원된 상태에서 군사적으로 미처 전쟁 준비가 안 된 최악의 상태에서 전쟁을 맞이하였다.

둘째, 한국은 당시 유럽에 비해 미국의 즉각적인 안보상의 이해가 걸린 사회적 이익지역(vital incerest area)이 아닌 데에도, 미국은 북한이 기습남침을 가하자 전력을 다하여 광범위한 군사작전을 단행하여 공산주의 위협으로부터 한국을 구원하였다. 이는 한국이 군사적, 경제적인 측면에서 미국과의 이해관계가 낮은 데에도 불구하고, 미국은 '대소봉쇄전략'과 '제3차 세계대전의 방지'라는 세계전략 차원에서 참전하였다.

셋째, 미국은 의회의 동의를 구하지 않고 6·25전쟁에 개입하였다. 트루먼(Harry S. Truman) 대통령은 북한의 기습 남침으로부터 미국의 개입에 이르기까지 모든 상황과 정보를 분석하고 판단하여 의회의 동의 없이 독단으로 전쟁을 결정했다는 점에서 기존의 전쟁 개입과 큰 차이를 보여주었다. 즉, 트루먼은 이전까지 미국이 전쟁에 개입할 때 헌법에 보장된 전쟁선포에 관한 권한을 갖고 있는 의회의 동의를 사전에 구하지 않고 군사적 개입을 취한 후 의회 지도자들에게 통보하는 형식을 취하였다. 미국 외교사에서 6·25전쟁을 일명 '미스터 트루먼 전쟁(Mr. Truman War)'으로 부르고 있는 것도 이 때문이다.

6·25전쟁 직후 이승만 대통령의 요청에 한달음에 달려온 맥아더 장군이 수원비행장에서 반갑게 인사하고 있다 (1950.6.29.)

넷째, 미국은 대외적으로 천명한 개입명분을 제2차 세계대전 이후 국제평화기구로 창설된 유엔을 통해 해결하고자 노력하였다. 미국의 유엔을 통한 군사적 해결 노력은 결국 유엔군사령부의 설치를 가능케 하였고, 유엔회원국 16개국이 사상 초유로 유엔군 치하에서 싸울 수 있게 하였다. 또한 미국은 1950년 7월 15일 이승만 대통령으로부터 한국군 작전지휘권을 이양받아 한미연합전선을 형성하는 계기를 마련하였다.

이렇게 한국전선에 참전한 미국은 6·25전쟁 3년 1개월 동안 최고 30만 명의 병력을 투입하면서 6·25전쟁에서의 승리를 위해 전사 3만 7천 명을 비롯하여 실종 및 포로 등 13만 7천 명이 희생당했다. 여기에는 한국전선 최고사령관인 미 제8군사령관 워커(Walton H. Walker) 장군, 제9군단장 무어(Bryant E. Moore) 장군, 제24사단장 딘(William F. Dean) 장군. 그리고 제34연대장 마틴(Robert Martain) 대령으로부터 이등병에 이르기까지 광범위하였다. 또한 미국은 아이젠하워 원수의 아들을 비롯하여 현역 장성(將星)의 아들이 142명이나 참전하여 35명이 전사·실종·부상 등의 인명피해를 입었다.

맥아더 장군이 콜린스 장군에게 유엔기를 이양 받고 있다(1950.7.14. 도쿄)

오늘날 한미간의 군사동맹을 혈맹으로 평가하는 것도 미국의 엄청난 희생의 대가에서 나온 것이었다. 미국의 6·25전쟁에서의 희생과 전후 동북아시아에서 공산세력의 침략 억제라는 커다란 전략적 틀 속에서 향후 한반도에서 전쟁 재발을 방지하고자 한미간에 이루어진 것이 한미상호방위조약이다. 한미상호방위조약은 1953년 7월 27일 휴전협정이 조인된 후, 북한의 도발에 대처하기 위해 그해 10월 1일 체결되었으며, 이듬해 1월 양국 의회의 비준을 거쳐 공식적인 한미군사동맹관계(韓美軍事同盟關)가 수립되었다. 이 조약에 명시된 규정에 의거 오늘날 주한미군은 한국에 주둔하면서 한미연합방위체제의 법적(法的) 근간을 이루며 동북아의 안정세력으로서 뿐만 아니라 한반도 전쟁억지세력으로서의 역할을 다하고 있는 것이다.

〈표 27〉 6·25전쟁 시 미국의 군별 지원 내역 (단위 : %)

구분	계	미국	한국	기타 유엔군
지상군	100	50.3	40.1	9.6
해군	100	85.9	7.4	6.7
공군	100	93.4	5.6	1.0

6·25전쟁에 참전하는 유엔군 병력을 태운 군함이 부산항에 입항하자 이들의 환영식을 거행하고 있다(1950.9.20. 부산)

북한의 29일 승리계획 vs 한미 연합국방

6·25전쟁은 북한의 남침으로 시작됐다. 전쟁을 일으킬 때 북한은 승리에 대해 자신감이 있었다. 전력 면에서 국군을 압도하고도 남음이 있었기 때문이다. 병력에서는 20만의 북한군이 10만인 국군의 딱 두 배였다.

사단 수로는 국군의 8개 사단에 비해 북한군은 10개 전투사단에 1개 전차여단이 있었다. 국군이 전방 4개 사단에만 1개 포병대대를 보유한 것에 비해 북한군의 모든 사단에는 4개 포병대대가 있었다. 여기에 북한군에는 중국의 항일전과 국공내전(國共內戰)에서 단련된 한인(韓人) 병사 5~6만명이 편입된 상태였다. 격심한 전력차이였다.

거기다 북한은 소련제 현대식 무기와 장비로 무장했다. 국군에게 단 1대도 없는 전차가 242대나 있었고, 항공 전력도 연습기와 연락기밖에 없는 국군에 비해 전투기를 비롯하여 각종 항공기를 북한은 226대나 보유하고 있었다.

지상전의 꽃이라고 할 수 있는 포병화력도 사거리가 짧은 국군의 105밀리 91문에 비해 북한은 자주포 등으로 무장한 각종 대포 748문을 보유하고 있었다. 여기에 기동력이 뛰어난 2인승 모터싸이클 540대가 있었다. 이는 도로가 좁은 한반도의 굴곡진 산악지형에서 기동전(機動戰)을 감행하겠다는 의도였다. 북한군 전력은 국군을 압도했다. 북한은 그것을 믿고 남침을 감행했다. 승산이 있다고 믿었다.

인천상륙작전을 지휘하는 맥아더 장군. 인천상륙작전은 6·25전쟁의 전세를 뒤바꾼 역사적인 군사작전이었다.

북한은 우세한 전력을 앞세워 '승전(勝戰)계획'을 짰다. '29일만에 전쟁을 끝낸다'는 것이었다. 전략의 핵심은 미국이 참전하기전에 전쟁을 끝낸다는 것이었다. 남침계획에 참여했던 소련전략가들은 미 본토의 미군이 병력과 물자를 싣고 한반도에 도달하는데 배로 1개월에서 1개월 반이 소요될 것으로 판단했다.

미군의 참전을 막으려면 1개월 이내에

전쟁을 끝내야 했다. 그래서 '29일 전쟁계획'이 나왔다. 전쟁 개시일로부터 29일 만에 전쟁을 끝낸다는 개념이다. 최종목표는 부산이었다. 얼핏 보면 무모한 계획처럼 보였다.

하지만 북한의 전력상 충분히 가능했다. 북한의 남침계획은 2차대전 시 독소전(獨蘇戰)에 참전했던 소련의 유능한 군사전략가들이 스탈린의 지시를 받고 평양에 와서 수립했다. 그들은 러시아어로 된 한반도 지도를 펴놓고 남침계획을 수립했다. 광활한 유럽에서 히틀러의 독일군과 싸웠던 소련군사고문단에게 한반도는 협소했다. 그들은 작전지역의 거리부터 따졌다. 당시 남북한 국경선 역할을 했던 38도선으로부터 한반도 남단까지는 350km였다. 그들은 이를 3단계로 나눴다. 전쟁모의 과정에서 스탈린이 김일성에게 훈수했던 남침3단계전략이었다.

소련군사고문단은 1단계로 38도선에서 수원 이남까지의 90km를 전쟁개시일로부터 5일만에 점령하도록 했다. 그 과정에서 수도 서울은 2일만에 점령하게 했다. 이를 위해 북한군은 춘천을 점령한 후 모터싸이클 부대를 투입하여 수원 이남으로 우회시켜 국군의 퇴로를 차단시킨 상태에서, 서울 북쪽에서 전차여단을 앞세운 북한군 정예사단을 투입하여 한강이북의 국군주력을 남북 양쪽에서 협공하여 섬멸한다는 것이었다.

당시 수도권에는 국군 8개 사단 중 4개 사단이 있었다. 속전속결에 의한 섬멸작전이었다. 그때 남한에서 20만의 남로당들이 '인민봉기'를 일으키면 전쟁은 훨씬 빨리 끝날 것으로 여겼다. 그들은 1단계 작전에서 국군을 회복불능의 상태로 만들 계획이었다.

소련군사고문단이 수립한 2단계작전은 수원 이남에서 군산-대구-포항에 이르는180km를 14일만에 점령하도록 했다. 이때 북한군이 상대할 국군은 후방에 남은 3개 사단뿐이었다. 그런데 국군의 후방사단에는 포병부대가 없었다. 그렇기때문에 전차를 앞세운 북한군의 상대가 될 수 없었다. 북한군은 2단계 작전을 쉽게 달성할 수 있다고 봤다. 그렇게 되면 전쟁은 이미 끝난 거나 다름 없었다.

북한의 3단계 작전은 군산-대구-포항에 이르는 선에서 한반도의 남단인 남 해안까지의 80km를 10일만에 평정하려고 했다. 여기에는 최종목표인 부산이 포함됐다. 이때 국군은 조직적인 저항을 하지 못하고, 기껏해야 패잔병에 의한 소규모의 저항이 있을 것으로 판단했다. 소련군사고문단이 수립한 3단계작전 은 완벽했다. 흠잡을 데가 거의 없었다. 러시아어로 작성된 남침공격계획은 소 련2세들로 구성된 북한군 장교들에 의해 번역된 후, 북한군에 하달됐다.

하지만 전쟁 실행과정에서 문제가 발생했다. 그것은 남침계획을 북한군 수뇌 부가 제대로 이해하지 못했기 때문이다. 북한군 수뇌부는 과거 중대급 이하의 소규모 게릴라부대만을 지휘한 경험밖에 없었다. 그것도 비정규전이었다. 사단 급 이상의 대규모 정규작전을 지휘한 경험이 없었다. 그러다보니 각 군 간의 합 동작전은 고사하고, 제병과(諸兵科)에 따른 협동작전에서도 지휘상의 미숙함이 드러났다. 이는 전쟁초기부터 지휘계통의 혼선을 불러왔다.

이때 국군도 한몫했다. 국군장병은 전황이 아무리 나빠도 적에게 투항하지 않고 끝까지 싸웠다. 감투정신이 투철했다. 위협적인 적 전차에 대해서도 물러

서울수복작전에서 북한군 수색 작전을 펼치고 있는 미 해병대원들(1950.9.)

중국군 참전으로 유엔군들이 강추위 속에 후퇴하면서 추위와 졸음으로 길가에 쓰러져 눈을 붙이고 있다(1950.12.6.)

서지 않고 화염병과 수류탄으로 맞섰다. 몸을 던져 싸우는 육탄전이었다. 그 과정에서 기적 같은 일이 벌어졌다. 최초 춘천을 점령한 후 수원 이남으로 진출하여 한강이북의 국군주력의 퇴로를 차단한후 섬멸하려고 했던 북한군의 야심찬 계획도 국군 6사단과 춘천시민의 끈질긴 항전(抗戰)으로 무산됐다.

그뿐만이 아니었다. 전쟁당일 대한민국 후방을 노리고 600명의 무장게릴라를 태워 부산 근해까지 내려왔던 북한해군의 1천톤급 대형수송선이 해군의 백두산함에 포착되어 격침됐다. 거

흥남철수작전에서 미군은 군수물자를 포기하며 피란민을 전함에 태워 10만여 명의 목숨을 구했다(1950.12.19.)

기다 전쟁초기 여의도비행기지와 김포비행장을 습격하며 서울시민을 불안케 했던 북한공군도 미 극동군사령관 맥아더의 지시를 받은 미 공군의 집중 공격을 받고 무력화됐다.

이로써 북한은 전쟁모의과정에서 그토록 두려워했던 미국과 유엔군이 참전할 시간적 여유를 주게 됐다. 이로 인해 전쟁은 북한과 소련이 전혀 예상치 못한 방향으로 전개됐다. 바로 미국과 유엔군의 참전이었다. 그것은 대한민국에게는 행운이었고, 북한에게는 최악의 상황이었다. 그 결과 국군은 대한민국 첫 국방기조였던 연합국방에 의해 자유민주주의 체제의 조국을 수호할 수 있게 됐다.

미국의 6·25전쟁 수행정책과 군사전략

미국은 제2차 세계대전 이후 소련 공산주의 체제에 맞서 자유민주주의 체재를 보호하기 위해 봉쇄정책을 택하였다. 대소 및 대공산주의 침략을 막기 위한 봉쇄성책은 트루먼 독트린(Truman Doctrine)과 마샬플랜(Marshall plan), 그리고 북대서양조약기구(NATO) 등으로 강화되었다. 그러나 이러한 정책과 전략적 배경에는 태평양 전쟁에서 진가를 발휘한 원자폭탄이 있었다.

미국의 봉쇄정책은 핵무기 의존정책의 성격이 강하게 작용하였다. 트루먼 행

스탈린과 김일성 초상이 걸린 건물 앞에서 시가전을 벌이는 유엔군.

정부가 적용하였던 주변기지전략도 미국의 대소 우위인 미 공군력과 핵무기를 결합시켜 소련의 주변에 공군기지를 설치하여 소련의 침략을 핵무기를 이용하여 봉쇄한다는 전략이었다. 그 결과 미국은 2차 대전시 동원했던 대규모 복원을 단행하고 군비를 축소했던 것도 이러한 연유에서이다.

제2차 대전 이후 최초로 벌어진 6·25전쟁에서 트루먼 행정부의 핵무기 정책은 성공하지 못하였다. 왜냐하면 트루먼 행정부는 핵무기를 봉쇄정책에서 적극적으로 활용하지 못했기 때문이었다. 물론 트루먼 행정부가 1950년 7월부터 핵무기 사용을 검토하고 중공군 개입 후에는 핵무기 사용도 배제하지 않을 것이라는 발언도 하였지만 결국은 사용하지 못하였다. 이는 트루먼 행정부의 소극적 핵무기 정책 때문이었다.

트루먼 행정부는 6·25전쟁에서 제2차 세계대전과 같이 먼저 재래식 전쟁으로 문제를 해결하다가 그것이 여의치 않을 경우 최종적으로 핵무기를 사용한다는 개념이었다. 이는 아이젠하워 정부의 대량보복전략이 핵무기에 의존한다는 점에서 일견 트루먼 행정부의 군사전략과 동일시 볼 지 모르나 실제로 적용면에서 이는 근본적으로 달랐다. 트루먼 행정부는 전쟁이나 분쟁에 임해서 재래식 무기로 대처하다가 해결되지 않을 경우 최후에 핵무기를 사용하는 군사전략을 택한 반면, 아이젠하워 행정부는 모든 전쟁이나 분쟁에 관계없이 봉쇄정책을 실행하는데 있어서 가장 먼저 핵무기를 사용하여 적의 침략을 분쇄한다는 개념이었다. 이러한 점에서 트루먼의 행정부의 핵무기 정책이 소극적인 정책이라면, 아이젠하워의 핵무기 정책은 훨씬 적극적인 핵무기 의존정책이라고 할 수 있다.

따라서 6·25전쟁 당시 트루먼 행정부의 전쟁 수행전략은 핵무기 의존정책에 기인하고 있었음에도, 이는 처음부터 배제됨으로써 결국 6·25전쟁에 적용된 군사정책 및 전략은 제2차 대전 당시 형성된 클라우제비츠(Karl Yon Clausewitz)의 섬멸전략에 기초를 둔 재래식 군사전략 개념이었다.

제2차 세계대전 시 미국인이 알고 있는 전쟁수행개념은 적군을 격멸하고, 적의 수도를 함락시키고, 적의 영토를 점령하고, 적 국민의 저항의지를 말살하여 전쟁에서 승리를 구하는 전통적 전쟁 수행방식이었다. 미국인은 제2차 세계대전 시 형성된 이와 같은 전쟁 개념이 6·25전쟁에 적용되기를 바랐다. 그렇기 때문에 미국인들은 6·25전쟁을 그러한 수준에서 생각하였고, 또 그렇게 되기를 희망하였다. 특히 미국에게는 그만한 능력이 충분히 있다고 믿고 있었다는 사실이다. 그러나 중요한 것은 이것이 전쟁을 바라보는 미국의 고위 정책 및 전략 수립가들과 미국 국민 사이에 존재하는 커다란 인식의 차이였다.

미국은 6·25전쟁이 발발하자 이에 대한 전쟁 목표와 전략 개념을 확정지었다. 1950년 6월 개전 초부터 1950년 11월 중공군의 본격적인 개입 이전까지 미국의 군사전략은 일관된 것이었다. 전쟁 초기 미국은 적을 격퇴할 충분한 공격능력을 갖출 때까지 시간을 벌기 위한 전략적 방어를 수행하였다. 그러나 1950년 9월 인천상륙작전이 성공하자 미국은 공산주의의 침략을 격퇴하고 북한을 해방한다는 개념하에서 전략적 공세로 전환하였다. 1950년 11월 중공군의 본격적인 개입이 이루어지자 미국은 북한으로부터 강요에 의한 전략적 철수를 단행하였고, 이어 남북한이 캔사스(Kansas) 선을 따라 대치하게 되자 다시 전략적 방어로 전환하였다.

밴플리트 장군은 6·25전쟁 시 미 제8군사령관을 맡은 이후 대한민국과 깊은 인연을 맺고, 한국군의 현대화와 미국의 원조에 적극적으로 공헌하였다.

중공군의 5월 공세가 저지된 1951년 6월 이후 미국은 정상적인 전쟁방식대로라면 적을 파괴하고 한반도에서 그들을 축출하는데 필요한 전략적 공세를 취해야 하는 데에도 그렇게 하지 않았다. 이에 미 제8군사령관 밴플리트 (James A. Van Fleet) 장군은 바로 그러한 전략적 공세를 건의하였으나, 받아들여지지 않았다. 대신 미국은 전략적 방어를 그대로 유지하면서 군사적 수단이 아닌 휴전회담 및 외교 협상을 통하여 전쟁을 종결짓고자 하였다.

이러한 군사전략은 미국의 정책변화에 따라 신속히 이루어졌다. 당시 미국의 이러한 정책 결심은 전쟁 수행 방식을 결정하는 군사전략에 심각한 변화를 가져다주었다. 1950년 11월 중공군의 전쟁 개입에 따라 미국은 공산주의 침략을 저지하고 북한을 해방하는 적극적 전쟁 정책을 포기하고 공산주의 팽창을 단순히 봉쇄하는 소극적 전쟁 정책을 선택하였다. 미국이 이러한 정책을 취하게 된 데에는 전쟁의 확산을 막고, 소련과의 핵 충돌을 방지한다는 차원에서 이루어졌다. 일찍이 미국의 봉쇄정책의 설계자이자 소련 전문 아인 케난(George E. Kennan)이 강조했던 것처럼, 공산주의 국가를 다루는 최선의 방책은 그들을 직접 공격하는 것이 아니라 그들의 팽창을 봉쇄하는 것이었다.

미국이 국가정책으로 채택한 이러한 봉쇄정책은 군사전략을 전략적 방어로 전환시켰다. 이러한 전략적 방어는 적을 격멸하는 적극적인 공세적 전략에 비하면 수동적이고 소극적일 수밖에 없다. 이러한 전략적 방어는 적의 공세를 저지하여 현상을 유지하는 것이 근본 목적이었다. 이러한 전략의 변화로 3가지 예기치 못한 문제가 발생하였다.

첫째, 이는 전략적 공세를 계속 유지하고 있는 적과 부조화를 이루었다. 맥아더 장군은 1951년 의회 청문회에서 6·25전쟁의 전쟁지도를 놓고 벌인 대논쟁(Great Debure)에서 "단순히 적에 저항하기 위해 그곳에 있어야 한다는 개념은 군사적으로 최악의 경우이다. 적은 우리 군을 격멸한다는 명확한 목적을 가지고 싸우고 있는 것이다"라고 말함으로써 전략적 방어의 부작 정성을 지적하였다.

둘째, 전략적 방어로는 전쟁의 결말을 낼 수 없다는 것이다. 전장에서 가장 이상적인 결과는 교착상태이다. 외교적 협상과 같은 다른 수단도 전쟁을 해결하는 실마리가 될 수는 있었다. 6·25전쟁은 이의 전형적인 사례가 되었다. 1951년 전선이 교착되어 1953년 정전협정이 맺기 전까지 2년간의 외교적 협상이 이루어졌다. 이때 대부분의 미국인들은 전쟁이 장기전화 됨에 따라 6·25전쟁에 염증을 느끼고 군대를 철수하기를 바랐다. 이러한 양상은 베트남전쟁에서도 그대로 재연되었다.

셋째, 전략적 변화에 대한 이해 부족이다. 미국 정부는 6·25전쟁에서 왜 전략적 변화를 모색하지 않으면 안 되는가에 대해 국민들을 충분히 납득시키지 못하였다. 미국인들은 적을 압박할 경우 이로 인해 일어날 핵전쟁의 위험성을 알지 못하였다. 미국인들은 6·25전쟁을 제2차 세계대전의 수준에서 보았다. 제2차 대전시 미국은 전략적 공세 정책과 군사전략을 채택하여 적군을 섬멸하고, 적의 수도 및 영토를 점령하고, 그리고 적의 저항의지를 말살하여 완전한 승리를 거두었다. 이러한 연장선상에서 맥아더 장군은 적의 군사력 분쇄 및 말살과 이에 따른 무조건 항복을 요구하게 되었고, 이러한 총체적 개념의 표출이 바로 '승리를 대신할 것은 없다(no substitute for victory)'라는 것으로 나타났다.

이승만 대통령과 밴프리트 미 8군사령관(좌)을 비롯한 유엔군 고위층이 한국 주둔 미 해병부대를 사열하고 있다 (1952.9.18.)

그러나 역사적으로 모든 전쟁에는 시대별로 제한사항이 있었다. 미국은 미서 전쟁(Spanish-Arrierican War)에서 스페인을 침공하거나 수도 마드리드를 점령하지 않고도 승리를 거두었다. 이처럼 전쟁에서의 승리에는 제2차 세계 대전에서처럼 완전한 승리도 필요하지만, 6·25전쟁에서처럼 전쟁이전 상태의 회복도 현실적인 대안으로 생각하였다. 이러한 점에서 6·25전쟁에서 미국의 군사전략은 성공한 것으로 평가되었다. 미국은 한반도에서 전쟁 이전 상태를 회복하였고, 대한민국을 독립된 자유국가로 유지하였기 때문이었다.

미군의 6·25전쟁 참전과 결과

미국은 6·25전쟁이 발발하자 유엔 참전 16개국 중에서 제일 먼저 한국 전선에 전투부대를 파병한 국가이며, 유엔군 중 가장 큰 규모의 지상군 해군, 공군을 파견하여 6·25전쟁을 지원한 혈맹의 우방국이다. 또한 미국은 유엔군사령부 창설을 통해 모든 유엔군을 지휘 및 통제하는 등 전쟁 전 기간 전쟁 계획을 수립하고 주도하였다.

미국은 지상군 투입에 앞서 해·공군을 지원하였다. 미국의 해·공군은 유엔의 북한에 대한 침략 중지 결의안이 통과된 다음날인 6월 27일부터 미 극동해군과 공군을 한국에 전개하였다. 지상군은 6월 30일 지상군 파병이 결정됨에 따라 주일 미 제24사단 스미스 특수임무부대가 선발대로 편성되어 부산에 도착함으

6·25전쟁은 판문점에서 윌리엄 해리슨 미 육군 중장과 남일 북한 조선인민군 대장이 정전협정에 서명하며 정전을 맞았다 (1953.7.27.)

로써 6·25전쟁에 본격적으로 개입하게 되었다. 이는 결국 북한에게 미국의 참전을 알리고, 한국군과 한미연합전선을 형성하는 계기를 만들었다.

전쟁 기간 중 미 지상군은 1·9·10군단 등 3개 군단, 제1기병사단을 비롯한 8개 육군사단, 1개 해병사단, 2개 연대 전투단, 그리고 제2·3군수지원사령부 및 한국병참지구사령부(KCONZ) 등 후방지원부대들이 속속 투입됨으로써 미군 전투 병력은 최고 302,000명에 달하였고, 연 참전병력은 178만 명에 이르렀다.

미국 해군은 극동해군사령부의 해군 전력과 제7함대의 전력이 투입되었다. 6·25전쟁에 투입된 해군전력은 제90·95기동함대를 주축으로 작전에 따라 해상작전, 또는 지상군 작전을 지원하였고, 해군항공부대는 공군 작전을 지원하였다.

미 공군은 미 극동공군이 주축을 이루어 전쟁을 수행하였다. 이들 공군전력으로는 일본 주둔 제5공군, 오키나와의 제20공군, 필리핀의 제13공군으로 구성되어, 전쟁 기간 중 최대 20개 비행단, 77개 비행대대에 대한 작전을 통제하였다.

특히 미국은 유엔의 통합군사령부 설치 결의에 따라 미 극동군 중심으로 유엔군사령부를 창설하였으며, 유엔군사령부는 미 극동 예하 구성군사령부인 제8군사령부, 미 극동해군사령부, 그리고 미 사령부의 지휘조직을 이용하여 전쟁 기간 내내 한국군과 16개국에서 파견된 각 군을 지휘 및 작전 통제하였다.

그 결과 6·25전쟁 중 수행된 주요 전투 및 작전은 미군이 개입하기 이전 초기 38도선 전투부터 7월 초 지연전을 제외하고는 거의 대부분이 미군의 지휘 및 작전통제 하에 이루어진 전쟁이라고 해도 과언이 아닐 것이다. 미군의 주도로 수행된 주요 전투 및 작전은 약 140여 개에 달하고, 여기에 작은 전투까지 합하면 그 숫자는 약 200여 개에 이른다.

미국은 6·25전쟁에서 전투 및 작전을 수행하기 위해 유엔군의 참전 전력 중, 지상군은 전체 유엔군의 50.3%, 해군은 85.9%, 공군은 93.4%라는 엄청난 양의 병력과 전투물자를 지원하였다. 미국은 원자무기를 사용하지 않았을 뿐이지 미국의 모든 역량을 동원한 총력전을 전개하였다.

〈표 28〉 6·25전쟁 시 미군 참전병력 및 피해 현황 (단위 : 명)

구분	연 참전병력	인 명 피 해					
		계	전사	사망	부상	포로	실종
내용	1,789,000	137,250	33,686	3,254	92,134	4,439	3,737

미군은 1950년 7월 1일 스미스 특수임무부대가 한반도에 전개된 이래 스미스 특수임무 부대의 7월 5일 오산전투를 비롯하여 대전전투, 진주−하동전투, 영산전투, 낙동강방어선전투, 인천상륙작전, 서울탈환작전, 평양탈환작전, 흥남철수작전, 군우리전투, 장진호전투, 지평리전투, 펀치볼전투, 벙커고지 전투, 불모고지 전투, 포크찹고지 전투, 저격능선전투 등 수없이 많은 전투를 수행하였다.

6·25전쟁 시 미군은 연 178만 9천 명의 병력을 파견하여 한국의 국제평화와 한국의 자유수호를 위해 피를 흘렸다. 3년간의 6·25전쟁에서 미군은 전사 23,637명을 비롯하여 부상으로 인한 사망자 2,484명, 실종 사망자 4,759명, 포로 사망자 2,806명, 그리고 일반사망 3,254명 등 36,940명의 전·사망자를 내었다. 또한 실종 3,737명, 포로 4,439명, 부상 92,134명 등 총 137,250명의 인명피해를 입었다. 이는 전체 참전 병력의 약 8%에 해당하는 비율로 미국이 참전한 국제전쟁 중 제1·2차 세계대전 및 베트남전쟁의 7%보다 높은 인명피해 비율을 나타내고 있다.

1951년 6월 9일 고양시 인근 행주에 정체된 M-26 탱크를 지나 아이를 업고 걸어가는 한 어린 소녀의 모습. 미군 종군기자가 촬영한 이 사진은 6·25전쟁의 처참함을 알리는 대표적인 사진이 되었다.

5. 정전체제기 : 한미군사 동맹 관계와 한·미연합방위체제

한미상호방위조약 체결배경과 과정

한미상호방위조약은 한국전쟁에서 한국이 정전협정을 조건으로 미국으로부터 얻어낸 최대의 성과였다. 한국전쟁 기간 중 유엔군과 공산군간에 휴전회담을 위한 예비회담이 진행되자 한국은 범국민적 차원에서 휴전회담을 결사적으로 반대하게 되었다. 더욱이 1953년에 이르러 휴전협상이 타결될 단계에 접어들자 국내에서는 휴전반대운동이 전개되면서 정부는 휴전회담이 성립될 경우, 국군을 유엔군으로부터 분리시킬 준비를 할 것이며, 필요시 단독이라도 공산군과 싸울 것이라는 의사를 미 국무부에 통보하였다.[173]

이에 미 국무부는 유엔군사령부를 통해 한국 정부의 북진 정책을 포기하도록 종용하면서 정전협정체결 및 수락 이후에도 미국은 미국과 필리핀, 미국과 일본, 앤저스(ANZUS) 조약과 같은 상호방위조약 및 동맹조약을 한국과 체결할 수 있다는 의사를 표명하였다. 그러나 한국 정부는 휴전 전에 체결해야 한다는 주장을 앞세워 완강히 거부반응을 나타냈다.

미국이 한국이 요구하고 있는 휴전 이전 한미상호방위조약 체결을 회피하고 있는 것은 공산군측이 방위조약체결로 휴전협상을 결렬시킬지도 모른다는 우려와 휴전회담에서 미국이 공산군측에 대하여 유리한 입장을 지키려는 의도에서 비롯되었다. 그후 휴전회담의 타결 가능성이 확실시되자, 정부는 종래의 휴전반대 태도를 바꾸어 휴전협정에 동의하되, 그 선행 조건으로 한미방위조약 체결은 물론, 한국군 증강을 위한 지원 및 소련의 침략행위에 대비하여 미 해군의 한국 해역 봉쇄, 그리고 공중방위 보장 등을 요구하였다.[174]

특히 이승만 대통령은 미국과의 상호방위조약 체결을 촉구하기 위한 압력조치의 하나로 반공포로 석방을 단행하였다. 이에 당황한 미국 정부는 1953년 6월 25일 미 대통령 특사로 로버트슨 국무부 차관보를 한국에 급파하여 이승만(李承晩) 대통령에게 다음과 같은 내용의 메시지를 전달하였다. ① 미국은 평화적 수단으로 한국을 통일하는데 계속 노력한다. ② 전후 한미방위조약을 체결한다. ③ 미국 정부가 허용하는 한 장기적인 경제원조를 제공한다.[175]

이를 토대로 정부 당국은 휴전문제를 중심으로 한 주한미군의 감축 등이 포함된 현안문제를 로버트슨(Walter S. Robertson) 특사와 토의하였다. 그 결과 한미간에 다음과 같은 내용이 합의되었다. ① 정전후 한미 양국은 상호방위조약을 체결한다. ② 미국은 한국에 장기적인 경제원조를 제공하며 1단계로 2억달러를 제공한다. ③ 미국은 한국군의 20개 사단과 해·공군력을 증강시킨다. ④ 양국은 휴전회담에 있어 90일이 경과되어도 정치회담에 성과가 없을 경우 이 회담에서 탈퇴하여 별도의 대책을 강구한다. ⑤ 한미 양국은 정치회담을 개최하기 이전에 공동목적에 관하여 양국의 고위회담을 개최한다.[176]

〈표 29〉 한미상호방위조약 체결 일정

일 자	내 용	장 소	비 고
1953. 8. 4	1953년 8월 4일 한미상호방위조약 체결 위해 덜레스 국무장관 등 8명 내한		
1953. 8. 8	한미상호방위조약 가조인	한국 서울	미국 대표 : 덜레스 국무장관
1953.10. 1	한미상호방위조약 체결	미국 워싱턴	한국 대표 : 변영태 외무장관
1954. 1.15	대한민국 국회 한미상호방위조약 비준 동의		
1954. 1.19	미국 상원(上院) 외교관계위원회 한미상호방위조약 승인 (조건부 승인)		
1954. 1.26	미국 상원 조약 비준 동의	미국 워싱턴	81대 6으로 가결되어 통과
1954.11.17	한미상호방위조약 비준서 교환, 한미군사동맹 법적 토대 형성 계기		

이에 정전협정이 체결 직후인 1953년 8월 4일 덜레스(John F. Dulles) 미 국무장관이 8명의 미 고위사절을 대동하고 내한(來韓)하여 한국 대표와 상호방위조약 초안 검토를 위한 회합을 가졌다. 1953년 8월 8일 변영태(卞榮泰) 외무장관과 덜레스(John F. Dulles)는 중앙청(中央廳)에서 한미상호방위조약 원안(原案)에 가조인(假調印)하였다.[177]

한미상호방위조약 체결은 1953년 10월 1일 미국 워싱턴에서 변영태 대한민국

변영태 외무장관과 델레스 미 국무장관이
한·미 상호방위조약에 정식 조인하고 있
는 모습(1953. 10. 1, 미국 워싱턴).

외무부장관과 델레스 미 국무장관이 서명함으로써 이루어졌다. 아이젠하워 미
국 대통령은 1954년 1월 11일 미 상원에 이를 제출하고 조속한 비준을 요청했다.
미 상원외교위원회는 1954년 1월 19일 한미방위조약 비준을 "대외적인 무력 공
격이 있을 때에만 상호 원조하는 책무를 갖는다는 조항을 첨가한다"는 조건부로
가결했다. 그리고 1월 26일 미 상원은 이 조약을 81대 6으로 통과시켰다.[178] 이
조약은 미 상원 비준 10개월 후인 1954년 11월 17일 정식 발효되어 한미군사동
맹의 법적 토대를 이루게 되었다.

한미상호방위조약의 내용과 구성

한미상호방위조약(韓美相互防衛條約)은 연합방위 체제의 법적 근간으로서 한
미주둔군지위협정과 정부간 또는 군사 당국자간의 각종 안보 및 군사 관련 후속
협정들의 기초를 제공하고 있다. 한미상호방위조약은 전문과 본문 6조로 구성
되어 있다. 전문에는 외부로부터의 무력공격에 대한 공동방위의 결의가 명시되
어 있다.[179]

한미상호방위조약

1953.10. 1 워싱턴에서 서명, 1954.11.18 발효

본 조약의 당사국은 모든 국민과 모든 정부와 평화적으로 생활하고자 하는 희망을 재인식하며 또한 태평양지역에 있어서의 평화기구를 공고히 할 것을 희망하고 당사국 중 어느 일방이 태평양지역에 있어서 고립하여 있다는 환각을 어떠한 잠재적 침략자도 가지지 않도록 외부로부터의 무력공격에 대하여 그들 자신을 방위하고자 하는 공통의 결의를 공공연히 또한 정식으로 선언할 것을 희망하고 또한 태평양지역에 있어서 더욱 포괄적이고 효과적인 지역적 안전보장 조직이 발생될 때까지 평화와 안전을 유지하고자 집단적 방위를 위한 노력을 공고히 할 것을 희망하여 다음과 같이 합의한다.

제 1 조
당사국은 관련될지도 모르는 어떠한 국제적 분쟁이라도 국제적 평화와 안전과 정의를 위태롭게 하지 않는 방법으로 평화적 수단에 의하여 해결하고 또한 국제관계에 있어서 국제연합의 목적이나 당사국이 국제연합에 대하여 부담한 의무에 배치되는 방법으로 무력에 의한 위협이나 무력의 행사를 삼가할 것을 약속한다.

제 2 조
당사국 중 어느 일방의 정치적 독립 또는 안정이 외부로부터의 무력침공에 의하여 위협을 받고 있다고 어느 당사국이든지 인정할 때에는 언제든지 당사국은 서로 협의한다. 당사국은 단독적으로나 공동으로나 자조와 상호원조에 의하여 무력공격을 방지하기 위한 적절한 수단을 지속하여 강화시킬 것이며, 본 조약을 실행하고 그 목적을 추진할 적절한 조치를 협의와 합의하에 취할 것이다.

제 3 조
각 당사국은 타 당사국의 행정 관리하에 있는 영토 또한 금후 각 당사국이 타 당사국의 행정 관리하에 합법적으로 들어갔다고 인정하는 영토에 있어서 타 당사국에 대한 태평양지역에 있어서의 무력공격을 자국의 평화와 안전을 위태롭게 하는 것이라고 인정하고 공통한 위험에 대처하기 위하여 각자의 헌법상의 수속에 따라 행동할 것을 선언한다.

제 4 조
상호합의에 의하여 결정된 바에 따라 미합중국의 육군, 해군과 공군을 대한민국의 영토 내와 그 주변에 배치하는 권리를 대한민국은 이를 허여(許與)하고 미합중국은 이를 수락한다.

제 5 조
본 조약은 대한민국과 미합중국에 의하여 각자의 헌법상의 절차에 따라 비준되어야 하며, 그 비준서가 양국에 의하여 워싱턴에서 교환되었을 때에 효력을 발생한다.

제 6 조
본 조약은 무기한으로 유효하다. 어느 당사국이든지 타 당사국에 통고한 일년 후에 본 조약을 종지시킬 수 있다.

이상의 증거로서 하기 전권위원은 본 조약에 서명하였다.
본 조약은 1953년 10월 1일 워싱턴에서 한국문과 영문의 2통으로 작성되었다.

대한민국을 위하여 변 영 태
미합중국을 위하여 존 포스터 델레스

제1조는 모든 분쟁을 평화적으로 해결한다는 유엔헌장을 지지하며, 무력의 위협이나 행사를 삼가할 것을 강조하고 있다.

제2조는 자조(自助)와 상호원조에 의해 무력공격을 방지하기 위한 적절한 수단을 지속, 강화하며 조약을 실행하기 위한 적절한 조치를 강구하기로 되어 있다. 이에 따라 한미 양국은 한미안보협의회의(SCM : Security Consultative Meeting) 및 군사위원회회의(MCM : Military Committee Meeting) 등을 통한 협의기능을 강화해 왔다. 그 외에도 한·미연합훈련, 군사정보교환, 방산협력(防産協力) 등 다각적인 협력관계를 유지해 왔다.

제3조는 당사국의 영토에 대한 무력공격을 자국의 평화와 안전을 위협하는 것으로 인정하고 공동대처할 것임을 명시함으로써, 군사 동맹관계를 선언함은 물론 공동방위의 근거를 제공하고 있다.

제4조는 미국의 대한(對韓) 안보공약의 구체적 수단을 실제화하고 주한미군 주둔의 근거를 제공하고 있고, 제5조와 제6조는 조약의 합법성과 어느 일방이 동 조약의 폐기를 통고하지 않는 한 무기한으로 유효함을 선언하고 있다.[180]

한미상호방위조약과 한미군사동맹관계 형성

한미상호방위조약은 한국전쟁 직후인 1953년 10월 1일 미국의 수도 워싱턴에서 체결되어 이듬해인 1954년 11월 18일에 발효되었다. 한·미 상호방위조약은 북한의 재침(再侵)을 억제하고 한국에 대한 어떠한 침략세력의 공격에도 한국과 미국이 공동으로 대처하여 국가의 평화와 안전을 보장하고 나아가 지역내 평화와 안전에 기여하기 위한 제도적 장치이다. 이 조약은 한국의 안보뿐만 아니라 동북아의 안정과도 직결된 안정 장치로서 중요한 기능을 수행하였다.[181]

한국전쟁으로 이루어진 한미상호방위조약은 미국의 동아시아 정책 및 전략에 커다란 변화를 가져왔다. 미국은 한국전쟁 이전까지 아시아 국가와는 동맹조약이나 집단안전보장에 관한 조약을 체결하지 않았다. 다만 유럽 제일주의 정책을 추구하였던 미국이 할 수 있었던 것은 북대서양조약기구(NATO) 하나뿐이었다.

그러나 한국전쟁으로 미국은 아시아 및 태평양지역의 우방국들과 상호방위조약을 체결하였다. 1951년 8월 30일 미·필리핀상호방위조약, 1951년 9월 8일 미·일안보조약, 1951년 9월 1일 미국·호주·뉴질랜드간의 앤저스(ANZUS)조약, 1954년 12월 2일 미·대만상호방위조약, 그리고 1954년 9월 8일 동남아시아조약기구(SEATO) 등과 같은 상호방위 및 집단안보조약을 체결하여 이 지역에서의 대소(對蘇) 봉쇄정책을 구현하였다. 〈표 5-17〉은 이를 정리한 것이다.

이처럼 한미상호방위조약을 근간으로 양국은 한미합의의사록(韓美合意議事錄)과 주둔군지위협정(SOFA) 등 정부간의 협정도 체결하였다. 즉, 한미상호방위조약은 연합방위체제의 법적 근간으로서 한미합의의사록과 한미주둔군지위협정(SOFA) 등 정부간 및 군사당국간의 각종 안보 및 군사관련 후속 협정에기초를 제공하였다.

특히 한미상호방위조약은 국방부, 합참, 정보본부, 각 군 본부 등 군사당국간 또는 실무 부서간에 전시비축물자, 미군장비 설치, 군사판매 및 기술지원, 작전, 정보협력, 시설 공동건설 및 운영 등의 실무협정 체결에 지렛대 역할을 함으로써 한미연합방위 능력 제고에 기여하였다. 한미상호방위조약에 따라 양국은 한미안보협의회의(SCM) 및 한미군사위원회회의(MCM) 등을 설치하여 실질적인 안보협력관계를 형성하는 계기를 마련하였다.[182]

한미안보협력체제의 법적 근거와 설치배경

한미안보협력체제의 구성은 한미연례안보협의회의와 군사위원회회의로 크게 구분된다. 이러한 한미안보협력체제는 1953년 10월 1일에 서명한 한미상호방위조약에 기초하고 있으며, 이것은 특히 1966년 7월의 한미주둔군지위협정(SOFA : Status of Forces Agreement)과 1978년 11월 한미연합군사령부(CFC : Combined Forces Command)의 창설, 그리고 1991년 11월의 전시지원협정(WHNS : Wartime Host Nation Support) 등에 의해 상호지원적 협력체제로 제도화되었다.[183]

한미간 주요 안보현안은 1968년부터 연례적으로 개최해오고 있는 한미안보협의회의(SCM : Security Consultative Meeting)를 통해 협의·조정·해결하고 있다. 또한 1978년에는 양국 합참의장을 대표로 하는 군사위원회회의(MCM)를 설치하여 한미연합사에 주요 전략지침과 지시를 하달하고 있다.

이외에도 한미연례안보협의회의를 보좌하기 위한 정책검토위원회(PRS : Policy Review Sub-committee), 안보협력위원회(SCC : Security Cooperation Committee), 군수협력위원회(LCC : Logistics Cooperation Committee), 방산기술협력위원회(DTICC : Defense Technology & Industrial Cooperation Committee), 공동성명위원회(JCC : Joint Communique Committee) 등 5개 실무분과위원회가 있다. 이들 분과위원회는 한미안보협의회의 개최 이전 의제 선정 및 협상방향을 상호 검토하고 발전시키는 역할을 한다.

한미연례안보협의회의 설치배경 및 임무와 기능

한미연례안보협의회의는 한미간의 각종 안보 현안문제를 해결하는 최고의 협의기구이다. 한미 양국은 1968년부터 매년 국방장관 수준에서 주요 안보문제를 협의하고 해결하기 위하여 한미안보협의회의를 개최하고 있다. 한미안보협의회의는 1968년 2월 12일 밴스(Cyrus R. Vance) 미 국무장관이 존슨(Lydnon B. Johnson) 미 대통령 특사로 방한했을 때, 1·21사태 및 미 해군정보함 푸에블로호 사건에 따른 한반도의 긴장고조와 한국의 베트남파병에 따른 양국간의 우호적인 군사협력 분위기를 기반으로 양국의 안전보장문제를 협의하기 위해 국방 각료급(閣僚級) 연례회의를 개최하기로 합의함에 따라 이루어졌다.

이에 따라 한미 양국은 1968년 4월 17일 박정희 대통령과 존슨 대통령간의 한미 정상회담시 이를 구체화하여 1968년 5월에 제1차 한미국방각료회담을 워싱턴에서 갖게 되었다. 한미안보협의회의는 1968년 5월 워싱턴에서의 제1차 회의를 시작으로 2002년까지 모두 34차에 걸쳐 개최되었다. 특히 1971년 제4차 회의 때부터는 명칭을 한미연례안보협의회의로 바꾸면서 외교통상부(外交通商部)

도 참여하는 명실상부한 안보차원의 회의로 발전되어 오늘에 이르고 있다.

한미연례안보협의회의는 한·미 양국의 안보문제 전반에 관한 정책협의, 동북아 및 한반도의 군사적 위협평가 및 공동대책 수립, 양국간 긴밀한 군사협력을 위한 의사조정 및 전달, 한·미 연합방위력의 효율적 건설 및 운용방안을 협의하는 기능을 수행하고 있다. 또한 한미연례안보협의회의는 한미 양국의 국가통수 및 군사지휘기구(NCMA)로부터 위임을 받아 군사위원회에 전략지침을 하달하고 있다.

이 회의에는 국방부 주요인사와 외교관계 고위관계관이 참석하여 양국의 공동 안보 관심사를 심도있게 협의하고, 이를 통해 양국간 안보협력관계를 대내외에 과시함은 물론 연합방위태세의 강화에도 실질적으로 기여하고 있다.

한미연례안보협의회의는 1990년대부터 한미 안보관계가 재조정되는 과정에서 그 성격과 기능이 발전적으로 조정되었다. 과거에는 주로 미국의 대한(對韓) 방위공약 재천명과 한국 군사력 증강계획에 대한 지원약속을 공표(公表)하는 등 선언적 역할에 의의를 부여하였으나, 1980년대 말부터는 점차 주한미군 감축 및 역할 조정, 북한의 핵(核) 문제, 작전통제권 이양, 방위비 분담 등 한미간의 주요 안보현안문제에 대해 상호 대등한 입장에서 협의하고 있다. 또한 양국 군사관계의 장기 발전방향을 공동으로 설계하는 등 실질적인 정책협의기구로 활동하고 있다.[184]

한미연례안보협의(SCM) 회의 분석 및 성과

한미연례안보협의회의는 1968년 1·21사태 및 푸에블로(Pueblo) 납북사건 이후 양국 국방장관간 회담이 매년 각국에서 교대로 개최되고 있다. 한미안보협의회의는 1971년 3월 미 제7사단 철수와 관련하여 외무부(차관보급)가 참석하는 안보차원 회의로 격상되었고, 명칭도 기존의 한미연례국방장관회담에서 한미연례안보협의회의(SCM)로 개칭되었다. 한미안보협의회의는 한미 군사협력관계를 상징적으로 대내외에 천명하여 왔을 뿐만 아니라 한미 연합방위태세 강화에도 실질적으로 기여하여 왔다.

1968년 동 회의를 시작하면서부터 한국은 소화기(小火器) 군수공장 건립, 예비군 무장지원, 추가 군원도입 등의 지원을 받음으로써 한국의 자주국방 계기를 조성하였다.

1970년대는 동 회의를 통하여 대외군사판매(FMS : Foreign Military Sales)차관을 적극 도입하여 한국의 전력증강사업을 위한 재원으로 활용하였고, 그리고 한미연합군사령부 창설과 군사위원회 설치에 합의함으로써 한미연합지휘체제를 확립하였다. 즉, 1977년 7월 제10차 SCM에서 한미연합사 창설 및 연합사에 전략지시 및 작전지침을 부여할 한미군사위원회 구성에 합의하였다.[185]

1980년대는 한반도의 안전보장을 위한 미국 지원노력의 일환으로 전쟁지속 능력의 강화를 위한 제반 제도 및 절차에 합의하여 유사시 미국의 신속한 군수 지원을 가능케 하였다. 또한 미 공격헬기대대 및 랜스부대가 한국에 전개되도록 하여 연합방위전력을 실질적으로 강화하였고, 한국의 방위산업 및 기술능력 향상에도 기여하였다. 뿐만 아니라 미국은 한국의 북방정책에 대한 지원입장을 확실히 하고, 한국은 미국의 국방비 삭감정책을 감안하여 호혜적이고 효과적인 협력증진 방안을 강구하였다.

특히 1988년 6월 7일 개최된 제20차 한미안보협의회의에서는 그 동안의 대미

군사협력정책을 전반적으로 재검토하여 보다 확고한 협력기반 구축을 위한 전환점을 마련하였다. ① 제24회 서울올림픽 안전개최를 보장하기 위해 미국은 효과적인 군사지원대책 및 테러활동 봉쇄대책을 포함하여 각종 외교적 지원을 약속하였으며, 특히 2개 항모전투단과 1개 전함전투단을 포함한 미 군사력의 한반도 시현과 조기경보 및 감시자산의 증가 운용에 합의하였다. ② 올림픽 이후 한반도 군사긴장 완화방안에 대한 공동연구 및 정책개발에 합의하였다. ③ 방산기술분야와 군수협력분야 등 여러 가지 기본협정을 체결함으로써 공동 안보이익의 증진을 위한 법적 기반을 구축하였다. ④ 향후 방위비 분담은 원칙적으로 한반도 전쟁억제를 위한 연합전력강화에 직결되는 분야로 국한시킨다는데 합의하였다. ⑤ 한미연합지휘체제의 개선을 위한 단계별 추진에 관하여 합의하였다.[186]

1990년대는 소련의 붕괴와 남북한 유엔 동시가입 등 급변하는 국내외 정세를 공동으로 평가하고, 주한미군 2단계 감축을 북한의 핵개발과 연계시키는 등 실질적인 안보현안에 집중함으로써 남북관계 개선을 통한 통일기반 조성에 기여하는 방안을 주로 협의하였다. 또한 1989년에는 점차 주한미군 감축 및 역할조정, 북한 핵, 작전 통제권, T/S, 방위비 분담 등 한·미간에 실질적인 주요 안보현안들을 상호 대등한 입장에서 협의하여 대책을 마련하였다.

특히 양국은 미래지향적 한·미 안보관계 발전방향에 대하여 양국 국방당국간에 정책적 공감대를 형성하게 되었다. 이에 따라 2002년 제34차 한미연례안보협의회의에서 미래 한미동맹 발전 방향에 논의가 구체적으로 이루어졌다. 제34차 SCM에서는 크게 4가지 의제에 대해 협의하였다. ① 이라크 사태를 포함한 최근 국제정세와 대(對) 테러전쟁, ② 북핵 문제 및 남북관계를 포함한 동북아 및 한반도 안보정세, ③ 한미방위태세 발전 및 군사위원회회의(MCM) 결과보고, ④ 미래지향적 한미동맹 발전 등이었다.[187]

회의에서 이준(李俊) 한국 국방장관과 럼스펠드(Donald H. Rumsfeld) 미국 국방장관은 한미양국의 평화적인 북한 핵문제 해결 원칙과 유사시 대비 한미연합방위태세 강화 등 한미안보공약을 재확인하면서 한국전쟁 이후 지난 반세기 동안 견고하게 유지되어 온 한미동맹 관계의 중요성을 재평가한 뒤 미래 동맹관계의 발전을 위해 '미래 한미동맹정책(韓美同盟政策) 구상 공동협의'를 추진하기로 합의하고 관련 약정(TOR)에 서명함으로써 안보·군사분야에서 새로운 50년을 맞이하는 의지와 결의를 다지는 계기를 마련하게 되었다.[188]

한미연합방위체제의 목적과 역할

한미안보체제는 크게 세 가지의 요소를 근간으로 형성되어 있다. 여기에는 1953년 체결된 한미상호방위조약과 한미연례안보협의회의(SCM), 그리고 한미연합군사령부가 있다.

한미연합방위체제는 한반도 평화의 기본 축으로 지역 안정에 크게 기여해 왔다. 한미 양국은 연합방위체제내에서 효과적인 전쟁수행을 위하여 위기 고조시 전쟁 억제를 위한 다양한 신속억제방안(FDO : Flexible Deterrent Options), 유사시 전투력 증강(FE : Force Enhancement) 및 전시증원을 위한 시차별 부대전개목록(TPFDL : Time Phased Forces Deployment List) 등의 개념을 발전시켜 작전계획에 반영함으로써 연합방위태세를 지속적으로 강화해 나가고 있다.

미국은 1997년 5월 19일 발표된 미국의 4년주기 국방정책검토보고서(QDR)의 중간 검토 결과에서 한반도 및 중동지역 등 2개 지역의 동시 전쟁발발에 대처한다는 2개 주요전구전쟁(MTW) 전략개념을 강조하고, 아·태지역에 10만명의 미군을 계속 유지하기로 하였다. 이는 미국이 한반도를 포함한 아·태지역에 대한 참여정책을 지속하겠다는 강력한 의지의 표현으로써, 한반도의 대북 억제태세에 긍정적으로 기여할 것으로 판단된다.

한·미 연합방위체제의 핵심적 수단인 한미연합전력은 북한의 도발을 사전에 억제하고, 만약 억제가 실패하여 북한이 도발할 경우에는 승리하는 것을 목표로 양국의 긴밀한 협조하에 자국의 계획에 따라 꾸준히 정비하여 왔다. 이러한 과정에서 양국의 중복노력을 지양하기 위하여, 미국은 평시에 초전대응 필수전력의 점차적인 보강과 유사시를 대비하여 해·공군 전력 중심의 우선 지원이 가능토록 주한미군 전력을 현대화하고 증원전력 개념을 발전시켜 왔으며, 한국은 한미연합전력을 뒷받침하기 위해 대북한 취약분야에 우선 순위를 두고 전력을 보완해 왔다.

이에 따라 미국은 주한미군를 위해 코브라 헬기 대대를 아파치 헬기 대대로 교체하고 M109 A2, A3 자주포를 M109 A6 155M 자주포로 교체하고, AH-64 헬기와 A-10대전차공격기, 그리고 패트리어트 미사일을 배치하는 등 무기와 장비의 현대화를 지속적으로 추진하여 왔다. 이처럼 한미연합방위체제의 한 부분을 구성하고 있는 주한미군은 한미상호방위조약의 확고한 이행 의지의 표현수단으로서 한반도 유사시 미군의 자동개입 효과를 높이면서, 북한의 도발을 억제하는 중요한 역할을 수행하여 왔다.[189]

이처럼 한미연합방위체제는 지난 반세기 동안 한 반도의 안정과 평화보장이라는 한미양국의 공동목표를 실현하고, 국가이익을 증진하는데 있어 결정적인 기여를 해왔다.

또한 한미연합방위체제는 북한의 대남 우위의 군사력에도 불구하고, 한국이 군사력 열세를 보완함과 동시에 경제발전 및 사회개발을 통해 경제성장을 이룩할 수 있었던 원동력이 되었다. 특히 북한이 중·소와 우호협력 및 상호원조조약을 각각 체결하여 양국으로부터 경제 및 군사원조를 받고 있을 뿐만 아니라 무력도발을 감행할 경우, 중·소가 후원세력이 된다는 현실적인 점에서 한미연합방위체제는 한국의 안보뿐만 아니라 동북아의 안정에도 크게 기여하여 왔다.

한미연합사군사령부 창설

한미연합방위체제의 실질적 운영주체는 한미연합군사령부(CFC : ROK/US Combined Forces Command)이다. 1969년 닉슨독트린 이후 아시아지역에서 미군 철수계획이 진행되면서 1971년 3월 17일 주한 미 제7사단이 철수하면서 생기는 전력 공백을 메우기 위해 1971년 7월 1일 한미제1군단이 창설되는 등 기존의 한미 연합지휘체제에 변화가 있었다.

한미연합군사령부는 급변하는 한반도 주변정세에 대처하고, 주한미지상군의 철수를 보완하며, 한미연합작전 능력을 향상하기 위하여 창설되었다. 즉, 한미연합사 창설에는 주한미군철수에 따른 전력공백 보완 이외에도 다음과 같은 배경이 깔려 있음을 알 수 있다.[190]

한미연합군사령부 마크.

첫째, 미국이 한국의 국력신장과 자주국방 태세강화를 인정한 사실이다. 한국은 1960년대 초부터 계속되어 온 경제 성장을 발판으로 전반적인 국력이 괄목할 만큼 증대되었기 때문에, 한국은 물론 미국도 한미관계의 전환이 필요한 시기임을 인식하고 있다. 특히 한국은 대부분의 방위비를 자체 부담하면서 이에 상응한 권리의 회복을 요구하게 되었다. 따라서 미국은 한국의 요구에 적절한 대응을 할 수 밖에 없었다.

둘째, 카터(Jimmy Carter) 미 대통령의 주한미지상군의 완전 철수 계획이다. 이는 한미연합사 창설의 가장 직접적인 배경이 되었다. 즉, 미국은 주한미군 철수 결정 후 1977년 5월부터 한국과 철군에 대한 협의를 가졌으며, 한국의 '선 보완, 후 철수' 요구를 어느 정도 받아들여 철군 일정에 융통성을 기하고, 철군 선행 또는 병행하여 보완 조치를 취하기로 하였다. 이러한 한미간 합의에 따라 창설된 것이 한미연합사이다.

셋째, 유엔군 사령부의 탈(脫) 유엔(UN)화이다. 1972년 한국전쟁에 참전한 유엔회원국 중 마지막 남은 태국(泰國)군이 철수함으로써 유엔군은 이제 미국만이 남게 되었고, 한국 전쟁시 유엔의 적대국인 중국이 유엔안보리 상임이사국이 됨으로써 더 이상 유엔군이라는 명분 유지가 어렵게 되었다. 더구나 1975년의 제30차 유엔총회에서는 유엔군사령부에 대한 대조적인 2개안이 함께 통과되는 모순을 낳게 되자 미국은 스스로 주한 미군 시설의 유엔기를 철수하면서 유엔사의 자진 해체의사를 발표하였다. 유엔이 더 이상 한국 문제를 책임질 수 없고 유엔사가 한국의 방위를 담당할 수 없는 상황에서, 미국은 휴전관리와 마땅한 대안이 나올 때까지 정정 수행자로서 정전체제를 유지하기 위한 정전 업무만 전담하

고, 한국방위는 별도로 기구를 만들어 담당케 하자는 것이다.[191]

이에 1974년 미국은 유엔총회에서 한국 문제에 관한 공산측의 고질적인 요구사항인 유엔사 해체, 주한 미군 철수에 대비하여 적극적인 대(對) 유엔 전략의 일환으로서 유엔사 해체에 따른 정전협정 대안을 마련하기 시작하였다. 이 대안으로 미국은 1974년 4월 28일 유엔사와 대체하여 한국군의 작전통제권을 주한미군 선임장교 지휘하에 한미연합사에 이양할 것을 제의하였다.[192]

이에 따른 미국측의 제의에 대해 한국 정부는 1974년 5월 1일 기본입장을 통해 연합사 상부기구로써 군사위원회를 설치하고 연합군사령관과 연합사의 작전통제를 받는 한 한미 양국군 부대 목록은 합의하에 결정하며, 한미합의의사록을 수정하고 기타 사항은 외교 경로를 통하여 협의할 것을 제의하였다.

1975년 5월 28일 미국 정부는 연합사 구성에 대한 기본 입장을 다음과 같이 밝혔다. 첫째, 상당 수준의 미군이 주둔하는 한 연합군 사령관에 미군 대장을 임명한다. 둘째, 유엔사의 작전 통제하에 있는 한국군은 연합사령관이 계속 작전 통제한다. 셋째, 미군의 한미상호 방위조약에 따라 적의 무력 공격시 전투부대를 제공한다. 넷째, 한국 정부가 제의한 군사위원회는 일부 변경할 것을 고려한다는 것이다.[193]

1975년 한국 정부는 미국측의 입장 표명에 대하여 지난해 5월 1일자 기본 입장을 재확인하며 다음과 같이 외무부장관 서신으로 주한미국대사에게 발송하였는데 그 내용은 다음과 같다. 첫째, 지극히 애매한 상당 수준의 미군을 현 수준 또는 양국의 합의한 미군이 주둔하는 한 연합군 사령관에 미군 대장을 임명한다. 둘째, 한미 양군을 작전 통제하는 것이 연합 지휘체제의 기본 개념에 합치되므로 부대 목록은 양국 합의에 따라 결정한다. 셋째, 군사 위원회의 구성, 형태, 기능은 쌍방의 합의로 한다는 것이다.[194]

한편 1976년 5월 14일 박정희 대통령은 제9차 한미연례안보협의회의(SCM)시 한미연합지휘체제에 관한 한국측 안을 미국에 제의하도록 지시하였다. 이는 다음과 같은 판단에 따른 것이었다. 첫째, 소수의 주한미군을 가진 미군 장성이 한국군을 일방적으로 작전 통제함은 모순이므로 계획 작성 및 작전통제권 행사 과정에 한국군의 적극 참여가 필요하다. 둘째, 과거 월남은 분리된 각개 군사 지휘체제 유지로 주월 미군의 철수가 용이하였으며 이는 결과적으로 공산화의 촉진을 초래하였다. 셋째, 한미연합지휘체제를 유지할 경우 양국이 합의한 연합 사령부 해체는 미군 철수 결정 후에도 최소한 1년간의 소요 시간이 필요하리라는 판단에서였다.

박대통령의 기본 지침에 입각하여 한국은 1976년 5월 26일 제9차 한미연례안보협의회의에서 연합지휘체제에 대한 한국측안을 제시하였다. 한미 양국 정부는 그 뒤 외무부와 미 대사관을 통해 연합군사령관은 현 수준 또는 상당 수준의 미군이 주둔하는 한미군 장성으로 하며, 군사 위원회는 나토(NATO)형으로 하고, 미군에 대한 작전통제 문제는 미국내 절차에 따른 유보사항이나 양해 사항으로 하도록 합의하였다.

한미연합사 창설에 대한 합의는 1977년 제10차 SCM에서 공동성명으로 발표되었다. 이에 따라 한미 고위 장교로 구성된 창설 위원회가 약 1년 동안 구체적인 세부 시행계획을 작성하였고, 1978년 제11차 SCM에서 조직 및 기능을 최종 합의하였으며, 1978년 10월 17일 양국 정부간 연합사 설치에 관한 교환 각서(Exchange of Notes)로써 법적 근거를 마련하였다.

이에 따라 양국 합참의장으로 구성되는 한미군사위원회가 전략 지시 제1호를 하달하였고, 한미연합군사령부는 1978년 11월 7일 서울 용산(龍山)의 유엔군사령부 연병장에서 박정희 대통령과 한미 국방장관을 비롯한 한·미고위 관계자들이 참석한 가운데 창설식을 가졌다.

〈표 30〉 한미연합사령부 창설 과정

연 혁	주 요 내 용
1950. 6.25	한국전쟁 발발
1950. 7. 7	유엔사 설치결의
1950. 7.14	이 대통령, 맥아더 장군에게 지휘권(Command Authority)에 관한 서한 발송
1950. 7.16	맥아더 장군, 이 대통령에게 작전지휘권(Operational Command) 인수에 관한 답신
1950. 7.25	유엔군사령부 창설(동경의 미 극동군사령부)
1953. 7.27	정전협정 조인
1953. 10. 1	한미상호방위조약 체결(발효, 1954.11.17)
1954. 11.17	한미합의의사록 체결(발효, 1954.11.18)
1957. 6.30	미극동군사령부 해체(존속, 1947. 1. 1~57. 6.30), 미 태평양 사령부 창설
1957. 7. 1	유엔군사령부 서울로 이동
1968. 1.21	청와대 기습사건
1968. 1.23	푸에블로호 납치사건
1968.10.15	한미기획단 설치(한국방어계획 수립가능)
1968~1970	한미국방각료회의 개최(1~3차)
1969. 7.25.	닉슨 독트린 발표
1970~70. 7. 1	주한미군 감축(미 제7사단, 미 제1군단)
1971년 이후	한미연례안보회의 개최
1971. 7. 1	한·미 제1군단(집단) 창설
1974. 4월	한국/미국, 한미연합사 창설 제의(상호 의견 교환)
1977. 7월	제10차 SCM에서 한미연합사 창설 합의
1978. 7.27	제11차 SCM에서 권한위임사항(TOR) 승인(MCM, 연합사 임무/기능)
1978. 7.28	제1차 MCM 본회의에서 전략지시 1호 하달(연합사 임무 부여)
1978.10.23	제1차 MCM 상설회의에서 한미연합사를 서울 용산에 창설하기로 결정 ·창설일시 : 1978년 11월 7일 0001부 ·연합사 창설시 각 구성군사 동시 창설
1978.11. 7	한미연합군사령부 창설

한미연합군사령부의 창설 의의

한미연합군사령부는 1976년 5월 제9차 한미안보협의회의에서 최초 그 필요성이 제기된 이후 1978년 11월 7일 창설되었다. 한미연합군사령부 창설은 주한미군의 철수에 따른 군사적 공백을 보완하고 효율적인 한미연합작전 수행과 아울러 연합전력을 형성한다는 점에서 큰 의미가 있다. 또한 전·평시 미국의 정보, 통신지원과 유사시 미국 해·공군의 직접지원 및 전쟁 지속을 위해 필요한 군수물자의 지원을 받을 수 있는 효율적인 한미연합작전체제를 구축함으로써 북한의 오판가능성을 제거하는 데 결정적인 기여를 했다는 점에서도 그 의미가 크다.

한미연합사의 창설로 한미간에는 보다 긴밀한 군사 협력 및 유지를 위한 제도적 장치를 마련하게 되었다. 특히 한국군은 주한미군의 완전 철수를 대비하여 작전통제권을 인수할 수 있는 체제와 기반을 갖추게 되었다. 이러한 점에서 한미연합사의 창설과 관련하여 몇 가지 의의를 도출해 볼 수 있다.   첫째, 연합사의 창설은 대외적으로 미국의 대한(對韓) 방위 공약을 구체화하고 상징화하였다고 볼 수 있다. 한미상호방위조약의 전문에서 나타난 "당사국 중 어느 일국(一國)이 태평양 지역에 있어서 고립하여 있다는 환각을 어떠한 잠재적 침략자도 가지지 않도록 외부로부터의 무력 공격에 대하여 그들 자신을 방위하고자 하는 공통의 결의를 공공연히 또한 정식으로 선언할 것을 희망한다"[195]라는 내용은 한미연합사의 목적과 부합하고 있다.

둘째, 국가 주권과 자주국방을 위해 필수 불가결한 작전통제권 인수라는 측면에서 그 의의를 찾을 수 있다. 한국전쟁 당시부터 미 합동참모본부의 전략 지시에 따라 미국의 작전 통제를 받아 온 한국군은 연합사 창설로 군사위원회 참여를 비롯하여 전략지침과 작전계획 작성, 그리고 지휘결심 과정에 공동 참여할 수 있는 계기를 마련하게 되었다. 이는 곧 한미연합작전능력을 향상시킬 뿐만 아니라 한미연합지휘체제에서 수평적 관계로 발전·유지하게 되었다는 것을 의미한다.

셋째, 한미연합사의 창설로 한미 양군은 공동사령부를 구성함으로써 참모 협조 기능을 증진시킬 뿐만 아니라 정보, 통신, 전자, 조기 경보 및 공지 협동작전 분야 등 고도의 과학 장비 운용과 과학적인 조직 관리 기법을 공유하게 됨으로써 한국군의 정보 분석 및 지휘 체제 발전에 크게 도움이 되는 계기를 마련하였다.

넷째, 한국군이 작전통제권 행사에 참여하게 됨으로써, 북한을 비롯한 공산 세력들의 정치적 선전 공세를 점진적으로 억제할 수 있을 뿐만 아니라, 국민들로 하여금 자주 국방 의식을 고취시키는 데 도움을 줄 수 있게 되었다.

한미주둔군 지위협정(SOFA) 체결과 경과

제2차 세계대전 이후 냉전의 대결 구도 속에서 군사 동맹국에 군대를 주둔하게 되면서 군대의 파견 및 접수에 대해 규정할 필요성에 의해 나온 것이 주둔군지위협정(SOFA : Status of Forces Agreement)이다. 이 협정은 군대의 파견 및 접수에 따르는 문제 처리를 위한 것으로 유엔 헌장 제8장에 규정된 지역 협력체제의 발전과 군사기지 제도의 등장으로 발생한 문제를 해결하기 위함이다.[196]

주둔군지위협정은 외국 군대의 법적인 지위문제에 관한 것으로, 이는 전시 점령과는 달리 관계국가들간의 공동방위조약, 기타 군사기지협정에 따라 우호적 합의에 의하여 평시에 다른 나라의 영토상 장기간 주둔하는 것을 말한다.[197] 통상 주둔군지위협정이 규정하고 있는 내용은 주로 출입국관리체제, 조세 및 관세 면제, 형사재판권, 민사관할권 등이다.

제2차 대전 이후 미국은 한국을 비롯한 많은 우방국과 주둔군지위협정을 맺었다. 미국은 1951년 6월 19일 런던(London)협정을 시발로 1952년 2월 28일 일본 동경에서 서명된 '미국과 일본간의 안전보장 제3조에 의거한 행정협정', 1960년 1월 19일 워싱턴에서 서명된 '미국과 일본간의 상호협력 및 안전보장 제6조에 의거한 시설 및 구역과 미국 군대의 지위에 관한 협정', '1963년 5월 9일 캔버라에서 서명된 미국과 호주간의 미국 군대지위협정'을 비롯하여 필리핀(1947. 3. 14), 아일랜드(1965. 5. 5), 그리이스(1956. 9. 7), 스페인(1955. 2. 4), 영국(1957. 11. 1) 등 40여 개국과 주둔국지위협정을 체결하였다.

미국과 한국간의 주둔국지위협정 역사는 1945년 8월 광복 이후 미군이 남한에 진주하면서부터이다. 1945년 8월 15일 광복 이후 남한 진주한 미군은 1948년 8월 15일 대한민국 정부의 수립으로 독립국가가 됨으로써 한국 영토안에 주둔하게 된 미국 군대의 지위에 관하여 규제할 필요가 발생함에 따라 1948년 8월 24

일 서울에서 '대한민국 대통령과 합중국(合衆國) 군대 사령부간에 체결된 과도기에 시행될 잠정적 군사안전에 관한 행정협정 제3조'에서 한국은 미군이 완전 철수할 때까지 필요한 시설과 구역에 대한 사용권과 더불어 미국 군인, 군속(軍屬) 및 그들의 가족에 대한 전속적(專屬的) 재판권을 미군 당국에 부여하였다. 그러나 이 행정협정은 1949년 6월 29일 주한미군이 철수함으로써 그 효력을 상실하였다.[198]

한국전쟁 이후 참전한 미군의 신분과 지위에 관해서는 1950년 7월 12일 대전(大田)에서 전시라는 절박한 상황으로 잠정 조건으로 한미 양국간에 대전협정(大田協定)을 체결하였다. 이 협정에 의하여 한국은 미군 당국에게 배타적(排他的)인 재판권을 허용하게 되었다. 또한 1952년 5월 24일에 체결된 통합사령부(統合司令部)와의 경제조정에 관한 협정, 즉 마이어 협정에서 미군을 포함한 유엔군사령부 산하의 개인과 기관에 그들의 임무수행상 필요한 특권과 면제 및 편의를 제공함으로써 광범위한 권한을 부여하였다.[199]

한국전쟁 정전(停戰) 이후 한미 양국은 1954년 11월 17일 발효된 한미상호방위조약 제4조에 의거하여 한국을 공동방위하기 위해 한국의 영토안과 그 부근에 계속 주둔할 수 있게 되었다. 그러나 한미상호방위조약 가조인(假調印)시 합의했던 미국군대 지위협정 체결에 관한 교섭은 1962년 9월 20일 제1차 실무자 회의 이후부터 1966년 7월 8일 제82차 회의까지 총 82회에 달하는 한미간 교섭회의 끝에 1966년 7월 9일 협정에 서명을 보게 되었다. 이 협정으로 1950년의 대전협정과 1952년의 마이어 협정은 폐기되었다.

이처럼 주한미군의 법적 지위를 규정하고 있는 한미주둔군지위협정은 한미상호방위조약 제4조에 근거를 두고 1966년 7월 9일 서울에서 체결되어 이듬해인 1967년 2월 9일에 발효되었다. '행정협정'이라고도 일컬어지는 동 협정은 전문과 본문 31개조 이외에도 합의의사록(合意議事錄, Agreed Minutes), 합의양해각서(合意諒解覺書, Agreed Understanding) 및 교환각서(交換覺書, Exchanfe of Letter) 등으로 구성되어 있으며,[200] 그 전문(全文)만 7만자(字)에 달하는 방대한 분량이다. 이 협정은 주한미군이 군사적 사명을 수행함에 있어서 필요한 모든 사항을 규제하기 위한 것이다.

이 협정은 주한미군의 한국내 주둔에 있어서 필요한 토지, 시설, 출입국관리, 통관과 관세, 형사재판권 등 양국간의 권리와 의무 및 양해사항을 규정하고 있다. 즉, 1966년 7월 9일 체결된 한미주둔군지위협정은 한국에 주둔하는 주한미군이 업무를 원활히 수행할 수 있도록 토지와 시설의 제공과 반환, 형사재판권·민사청구권·노무·출입국관리·통관과 관세 등 여러 분야에서 이들에게 일정한 특권과 면제를 부여하는 한편, 한국의 관련 법규를 준수하도록 규정하고 있다.

SOFA와 관련하여 불평등한 성격을 내포한 양해사항과 교환 공한(公翰)을 1991년 2월에 폐기하는 등 일부내용을 개정한 바 있으나, 현행규정 및 운영상 미흡한 점이 발견되어 이를 수정·보완하기 위해 주한미군과 군속 및 그들 가족의 범죄에 관한 형사재판권 문제를 중심으로 협정 개정문제가 다시 제기되었다.

따라서 한·미 양국정부는 1995년 7월부터 1996년 11월까지 7차례에 걸친 개정협상을 통하여 형사재판권 관련문제와 주한미군에 고용된 한국인 근로자의 권익보호 문제, 주한미군 기지 환경문제 등 SOFA 전반에 걸쳐 포괄적이고 심도 있는 논의를 계속해 왔다. 이와 관련하여 국방부는 외무부 등 관계부처와 긴밀한 협조 하에 협정 개정협상에 동참하여, 한·미 양측이 수용 가능한 방안을 도출함으로써 한·미 연합방위태세 강화에 기여할 수 있도록 SOFA 규정의 개정 또는 운영의 개선을 위해 노력해 왔다.

최근에는 주한미군 및 군속(軍屬)의 범죄에 관한 형사재판권 관할문제를 중심으로 행정협정 개정문제가 거론되고 있다. 이러한 형사재판권 관할 문제는 행정협정 제22조 및 관련 합의의사록에 규정되어 있으며, 이러한 관련 조항의 개정은 SOFA 형사재판권 분과위 담당부처를 중심으로 추진하고 있다.[201]

한미간 방위비협정(SOFA 특별협정)과 한국의 방위금 분담

방위비 분담이란 본래 동맹관계를 맺고 있는 국가들이 공동위협에 대처하기 위하여 책임, 역할, 위험, 그리고 이에 수반되는 비용을 각국의 능력에 따라서 공정하게 분담하는 협력관계를 의미한다. 미국은 탈냉전 이후 특징되는 국제안 보환경 변화와 재정적자 해소차원의 국방예산 축소로 해외 미군 주둔정책의 조정을 추진하고 있으며, 이 같은 과정에서 주둔국의 방위비 분담 증액을 강조해 왔다.

미국의 대(對) 동맹국에 대한 방위비 분담 요구는 한국에 국한된 것만은 아니다. 미국은 이미 1960년대부터 북대서양조약기구(NATO)국가들을 대상으로 하여 방위비 분담을 요구하였고, 1970년대에는 일본에도 요구를 확대하였다. 한국은 1980년대 후반부터 이에 대한 요구를 시작하였다.

미국의 한국에 방위비 분담 요구는 1990년 2월 개최된 한미 국방장관 회담에서였다. 이 회담에서 미국은 1990년도부터 1993년도에 걸친 방위비분담 계획을 제시하였고, 이 계획 속에는 한반도에 비축되어 있는 미 전쟁예비물자의 저장관리, 미군장비의 정비, 연합방위능력 향상 등 한국이 이미 지원하고 있는 분야에 추가하여 주한미군사에 근무하고 있는 한국고용인 인건비, 주한미군 군사건설사업 등 새로운 분야가 포함되어 있었다.

한미간의 방위비분담금은 연합방위태세 강화와 미군주둔 비용 부담을 경감시키는 분야에 사용되어 왔다. 연합방위태세를 강화시키는 분야에는 연합방위증강사업(CDIP : Combined Defense Improvement Project)과 전쟁예비물자관리 및 장비정비를 포함하는 군수지원사업 등이 있다. 그리고 미군 주둔비용에 대한 직접적인 부담부분에서는 미군부대에서 근무하고 있는 한국인 고용원 인건비의 일부 부담과 주한미군 전력 유지에 긴요한 전투요원 막사, 소방시설, 환경오염 방지시설 등의 건설, 그리고 시설유지비 등을 위해 현금지원방식으로 집행되어 왔다.

그러나 한국은 한미동맹관계가 형성된 이래 주한미군에 대한 지원을 계속하여 왔다. 한국은 1953년에 체결된 한미상호방위조약과 1966년에 체결된 한미주둔군지위협정에 의거하여 토지와 시설의 무상공여는 물론, 각종 세금 및 공공요금의 면제와 감면 혜택을 제공해 왔으며, 1974년부터는 연합전비태세 강화와 한반도 전쟁억제력 제고를 위하여 한국이 토지와 시설을 제공하고, 미국이 무기체계와 장비 및 기술을 제공하는 연합방위증강사업을 시작하였다.

따라서 1980년대 초부터는 자국군 사용분은 자국이 부담한다는 원칙에 따라 한국 정부는 연합사와 야전사 운영비 등을 분담해 왔고, 카투사(KATUSA) 지원과 더불어 주한미합동군사업무단(JUSMAG-K)에 대한 운영유지비를 지원해 왔다. 1980년대 후반부터는 주한미군 주둔경비 지원성격의 패키지 개념의 방위비 분담 문제가 한미연례안보협의회의에서 본격적으로 협의되었다.

이에 따라 1989년 4천5백만 달러, 1990년 7천만 달러를 각각 지원했으며, 1991년부터는 주한미군사 한국인 고용원 인건비와 군사건설비를 새로이 지원하기 시작함으로써 기존의 연합방위증강사업 및 군수분야 사업과 더불어 4개 분야로 주한미군 주둔비용 지원사업을 확대시켰다. 이에 1992년 1억8천만 달러, 1993년 2.2억 달러, 1994년도에 2.6억 달러, 1995년도에 3억 달러를 각각 지원하였다.

한편 1991년에 체결된 제1차 방위비협정(SOFA 특별협정)에서는 주한미군의 총 주둔비용중 미국인 인건비를 제외한 비용의 1/3을 분담토록 합의하였다. 즉, 한미양국은 1995년까지 1991년의 주한미군 현지발생비용(WBC : Won- Based Costs)이 개략적으로 유지된다는 전제하에 WBC의 1/3 수준까지 연차적으로 증액 부담하기로 합의하였다. 이러한 합의는 매년 협상을 통해 이견을 조정하는 번거로운 절차에 따른 마찰요인을 불식하기 위하여 객관적이고 타당성 있는 분담목표 설정의 필요성에 대한 공동인식에서 비롯되었다.

이에 한미 양국은 1996~1998년 3년간의 방위비 분담을 위한 후속 SOFA특별협정을 체결하고, 방위비 분담금을 1995년 지원액 3억 달러를 기준으로 매년 전년대비 10%씩 증액하기로 하였다. 이에 1996년에는 3.3억 달러, 1997년에는 3.6억 달러를 미국에 지원하였다.

그러나 1998년 한국의 방위비 분담금액은 3.99억불이었으나, 1997년 말 외환사정 악화로 인한 한국의 경제 여건을 감안하여 3.1억불로 축소 조정되었다.

이어서 한·미 양국은 1999년도 이후의 방위비 분담에 관한 협정을 1999년 2월 25일에 체결하였다. 동(同) 협정에 따르면 1999년도의 방위비 분담금은 원화 2,575억원과 미화 1억 4,120만 달러로서 미화로 환산하면 약 3억 3,300만 달러 이다. 아울러 2000년과 2001년의 방위비 분담금은 전년도의 명목 국내총생산 (GDP) 성장률에 연동되도록 하여 한국의 부담능력을 위주로 한 방위비 분담금 지원이 이루어졌다. 이에 따라 2000년도 방위비 분담금은 1999년 합의액 대비 9.78% 증액되어 약 3억 9,100만 달러였다.[202] 2001년도는 4억 4천만 달러가 집 행되었고, 2002년도에는 2001년도 보다 10.4%가 늘어난 4억 9천만 달러를 지 불하였다.[203]

　한국의 대미 방위비분담은 궁극적으로는 북한의 적화위협에 대처하여 한미 연합방위태세를 공고히 함으로써 한반도에서의 전쟁을 억제하는데 그 목적이 있다. 한반도 군사력 균형이 북한측에 유리한 현 상황에서는 이러한 열세를 보 완하기 위하여 주한미군 유지가 필요하며 이를 위해서는 국가경제 및 재정능력 범위내에서 적정수준의 방위비 분담이 필요한 것이다.

6. 베트남전쟁기 : 자유수호를 위해 함께 싸운 혈맹의 역사

대한민국의 베트남전 참전

한미 혈맹은 베트남전쟁에 국군이 참전함으로 인해 더욱 공고하게 되었다. 1964년 5월, 베트남전이 국제전으로 확전되던 때 미국은 한국 등 자유우방 25개국에 베트남정부 지원 및 참전을 요청했다. 이에 박정희 대통령은 국방부의 국가안전보장회의 심의와 국회 동의를 거쳐 국군 파병을 결정했다.

한국은 1964년 9월 11일부터 1차 파병했다. 의무장교와 위생병, 간호장교 등 130명으로 이루어진 이동외과병원 의무 병력과 그리고 태권도 교관 10명으로 총 140명이었다. 이듬해 3월 16일, 2차 파병으로 2천여 명의 건설지원단이 사이공에 도착했다. 이들이 비둘기부대다.

같은 해 10월, 3차 파병으로 청룡부대가 베트남에 도착했다. 대한민국 건국 이후 최초 해외 전투병 파병이었다. 이어 4차 파병은 1966년 4월 10일 수도사단 26연대가 부산항을 출발하여 5일 만에 베트남에 도착함으로써 이루어졌다.

〈표 31〉 한미 연도별 베트남전 참전병력

구분	1964	1965	1966	1967	1968	1969	1970	1971	1972
미국	17,200	161,100	388,568	497,498	548,383	475,678	344,674	156,975	29,655
한국	140	20,542	45,608	48,839	49,869	49,755	48,512	45,694	37,438

※ 국방부 군사편찬연구소

국방부는 파월 규모가 2만 5,000명에 달하게 되자 이들 부대를 지휘할 사령부 편성이 불가피하다고 판단하여 1965년 9월 25일 국방부 일반명령 제16호로 주월한국군사령부를 창설했다. 4차 파병이 이루어지고 10월 말 9사단이 추가로 파병되자 주월한국군은 총 4만 8천여 명에 달했고 주월한국군사령부는 군단 규모로 증강됐다.

주월한국군은 오작교작전, 짜빈동전투, 안케패스작전 등 수많은 대·소부대 작전을 전개해 사살 4만 1,000여 명, 포로·귀순유도 7만여 명, 다수의 무기 노획 등 혁혁한 전과를 올려 한국의 위용과 우수성이 세계로 뻗어 나갔다. 파리 평화 협정으로 미군이 철수하면서 대한민국 역시 철군하였다. 닉슨 미 대통령이 단계적 철군을 발표한 후 한국군도 정부의 철군 방침에 따라 1971년 12월부터 73년 3월 14일까지 단계적으로 철수를 단행했다.

1953년 한미상호방위조약 등 본격적인 한미동맹이 이루어진 후 1960년대 말까지 한미관계는 지원-피지원 관계였다. 한국은 장소와 시설을 주한미군에 제공하고 미국은 한국에 군사 및 경제적으로 지원했다. 그러나 한국의 베트남전 참전을 계기로 한미관계는 한층 가까워져 혈맹 관계로 발전되었으며, 한미 양국의 우호가 두터워졌다. 미국은 한국군 파병에 의한 대가로 약 2억 3,600만 달러를 지불했고, 대한민국은 이 자금으로 경부고속도로를 건설하는 등 경제 발전을 이루었다. 대한민국의 GNP는 파병을 전후로 하여 5배가량 성장하였다.

베트남전 참전 미군 부대

베트남군사원조사령부
(MACV)

USARV
주월미국육군(USARV)

주월미국해군
(NAVFORV)

제7공군
(7AF)

제3해병상륙군
(III MAF)

제1베트남야전부대
(I FFV)

제2베트남야전부대
(II FFV)

제24군단
(XXIV Corps)

베트남전 참전 한국군 부대

주월한국군사령부

청룡부대

맹호부대

백마부대

십자성부대

비둘기부대

은마부대

백구부대

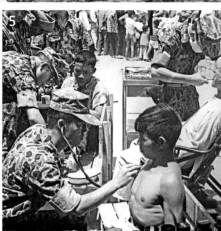

1. 베트남파병환송국민대회가 서울운동장 야구장에서 박정희 대통령을 비롯한 정부 요인과 시민, 학생, 군인 등 3만여 명이 모인 가운데 성대히 거행되었다(1965.2.9).
2. 강 건너편에 있는 베트콩에게 사격을 하고 있는 맹호부대원들. 3. 늪지를 건너 전초지로 가고있는 청룡부대 해병대원들. 4. 전지역에 출동하기 위해 헬리콥터에 오르는 백마부대 장병들. 5. 베트남 주민들을 진료하며 대민봉사하는 청룡부대원들.

시민들의 환영과 꽃가루를 맞으며 거리를
행진하고 있는 파월한국군들.

베트남전쟁 전개 과정

베트남전쟁은 남베트남 민족해방전선의 게릴라전과 북베트남 정규군인 베트남인민군의 정규전으로 전개되었다. 1964년 8월, 미국이 통킹만 사건을 구실로 개입함으로써 국제전으로 확대되었고, 1965년에 미국, 대한민국, 오스트레일리아 등이 지상군을 파병하였다. 이후 8년간의 전쟁 끝에 1973년 1월에 프랑스 파리에서 평화 협정이 체결되어 그해 3월 말까지 미군이 전부 철수하였고, 1975년 4월 30일에 사이공 함락으로 북베트남이 무력 통일을 이뤄 1976년에 베트남 사회주의 공화국이 선포되었다.

통킹만 사건 이후 린든 존슨 미 대통령은 보복을 명분으로 북베트남에 폭격을 감행하였다. 선전포고 없이 진행된 이 폭격은 존슨 대통령이 동남아시아에 주둔 중인 미군에 직접 명령한 것이었다. 미국 연방 하원은 통킹만 사건이 전면전으로 확대되는 것을 거부했지만, 존슨은 이미 대통령 독단으로 전면전을 개시하고 있었다.

1965년 3월 8일 3,500명의 미국 해병대가 베트남 다낭에 상륙한 것을 시작

린든 존슨 대통령이 베트남에서 한 미군에게 계급장을 달아주고 있다.

으로 미국은 지상군을 파병하였다. 미국 국가안전보장회의는 북베트남에 대한 폭격을 3단계로 격상시켰다. 미국 해병대는 전략 요충지인 쁠래이꾸를 공격하였으며, 소련 수상 알렉세이 코시긴이 북베트남을 국빈 방문한 동안 전개된 플래밍다트 작전, 롤링선더 작전, 아크라이트 작전 등이 진행되었다. 이후 3년간 지속된 폭격의 목표는 북베트남이 남베트남 민족해방전선을 지원하지 못하도록 북베트남의 방공망과 공업시설을 파괴하는 것이었다. 미국은 이를 통해 남베트남 민족해방전선의 사기를 꺾고자 하였다. 베트남전쟁 전체 기간에 미군이 사용한 폭탄은 모두 700만 톤에 달한다.

1968년 1월 30일, 미군이 베트남 중부 내륙으로 이동한 사이, 베트남 민족해방전선과 북베트남은 베트남의 음력 설날 명절에 이틀 동안 휴전을 하겠다는 약속을 깨고 남베트남 전역에서 기습 공격을 시작하였다. 100곳이 넘는 도시에

베트남 남부 따이닌에서 베트콩 기지를 공격하는 미군 병사와 헬기(1965.3.)

남베트남에서 순찰 중인 미군 인근에서 네이팜탄이 폭발하고 있다(1966.)

베트남 비엔호아 인근 미 1사단 2여단 16연대 1대대 주둔지에서 윌리엄 웨스트모어랜드 장군이 장병들과 대화를 나누고 있다(1965.)

남베트남 메콩 삼각주에서 미 7사단과 9사단 병력이 합동작전을 펼치며 습지를 통과하고 있다(1967.4.)

남베트남 미군 시설 공격에서 전사한 미군 장병들의 관이 성조기에 둘러져 사이공에서 미국으로 돌아가기 위해 수송기에 안치되어 있다(1965.)

서 공격이 이루어졌으며, 주베트남 미군 사령부의 본부와 미국 대사관이 있던 사이공 역시 공격을 받았다.

구정 대공세 초기 미군과 남베트남군은 고전을 면치 못하였고 상당수의 지역에서 퇴각하여야 하였지만, 얼마 지나지 않아 막강한 화력으로 응전하여 베트남 민족해방전선과 북베트남의 공격을 막아내었고, 이 과정에서 특히 베트남 민족해방전선 전투원들이 큰 피해를 입었다. 북베트남과 베트남 민족해방전선은 구정 대공세를 통해 잠시나마 남베트남의 주요 도시들을 획득할 수 있었지만 결국 큰 피해를 입고 퇴각하였다.

파리 평화협정과 미군의 철수

구정 대공세가 지나고 난 뒤 1969년 1월 제37대 미국 대통령으로 취임한 리차드 닉슨은 철군 계획을 발표하였다. 닉슨 독트린이라 불린 그의 계획은 남베트남군을 강화시켜 스스로 영토를 방어하도록 한다는 것이었다. 이 때문에 닉슨의 정책은 '베트남화'라고도 불렸다. 베트남화는 케네디 정부가 구상하였던 남베트남의 독자적 전쟁 수행과 비슷한 것이었지만, 그것과는 달리 분쟁 확산의 방지를 위해 미군이 계속 개입한다는 점이 달랐다. 그리고 그해 9월, 북베트남의 지도자 호찌민이 사망하였다.

1973년 1월 닉슨 대통령은 북베트남에 대한 공격을 중지한다고 발표하였고, 종전과 베트남의 평화 복원에 대한 파리 평화협정을 체결하여 미국의 베트남전쟁 개입을 공식적으로 종결하였다. 평화협정이 체결된 뒤 베트남 남북 정부는 휴전하였고 미군 전쟁포로가 석방되었다. 파리 평화협정은 제네바협정과 같이 남북 양측의 영토를 보장하고 선거를 통하여 통일 정부를 구성하도록 규정하였으며, 60일 안에 모든 미군이 철군하도록 하였다.

평화협정이 체결되자 북베트남과 남베트남 민족해방전선 측은 정전 기간을 최대한 자신들이 유리한 방향으로 사용하려 하였다. 반면에, 사이공은 정전이 발효되기 직전에 미국으로부터 받은 막대한 원조 물자를 사용하여 남베트남 민족해방전선을 제거하려 하였다. 이에 대항해 남베트남 민족해방전선은 건기를 맞아 공세를 시작하였다.

리차드 닉슨 제37대 미국 대통령

북베트남군은 공산주의 국가들로부터 받은 원조를 바탕으로 잘 조직되어 있었고, 사기 또한 높았다. 북베트남군은 빠른 속도로 베트남을 점령해 나갔다. 1975년 남베트남의 절반 이상을 점령한 북베트남은 사이공을 최종 공격하는 호찌민 작전을 전개했다. 티에우 남베트남 대통령은 비밀리에 미국으로 망명하였다.

티에우가 망명하자 많은 남베트남 공직자와 시민들이 공포에 휩싸인 채 사이공을 떠났다. 사이공에는 계엄이 선포되었고, 미국 대사관 직원들과 미국 시민, 대한민국 교민들과 총영사관 직원들이 헬기를 타고 사이공을 탈출했다. 1975년 4월 30일 북베트남군은 사이공을 함락하였다.

〈표 32〉 베트남전 참전국별 전·사망자 현황

구분	계	미국	한국	호주	태국	뉴질랜드	필리핀	타이완	스페인
계	64,201	58,193	5,099	520	350	39	0	0	0

※ 국방부 군사편찬연구소

VI

제6장

대한민국을 위해 희생한
영원히 기억할 이름들

Names to remember forever sacrificed
for the Republic of Korea

전쟁기념관 소재 6·25전쟁 참전 미군 희생자 명패

전쟁기념관 소재 6·25전쟁 참전 미군 희생자 명패

낮선 땅 이름 모를 곳에서 오로지 인류의 보편적 가치인 자유와 평화를 위해 대가 없는 희생을 기꺼이 받아들인 미군 참전용사의 거룩한 영혼을 기리고, 우리 후손들에게 감사와 다짐을 계기가 되기 위해 전쟁기념관 소재 6·25전쟁 참전 미군 희생자 약 3만 명의 명패를 수록한다.

전쟁기념관 전경 유엔 참전국기들.

6·25전쟁 미군 참전 기념비.

"6·25전쟁은
더 이상 잊혀진 전쟁이 아니다"

UNITED STATES OF AMERICA

ALABAMA

AARON R. ABERCROMBIE
AUBREY G. ADAMS
BERNARD B. ADAMS
JOHN R. ADAMS
ROBERT E. ADAMS
RICHARD V. ALBRIGHT
ELLIS L. ALDRIDGE
HOWARD E. ALEXANDER
OTTIS F. ALFORD
ALONZO ALLEN
JAMES R. ALLEN
MORRIS ALLUMS
R. C. ALVERSON
LLOYD G. ANDERSON
EARNEST M. ANDREWS
LUTHER M. ANGE
STANLEY H. ANTHONY
HARRY A. ARCENEAUX
B. R. ARCHER
BLOYCE C. ARNOLD
ANDREW B. ARRINGTON
HAROLD J. ATHERTON
VIRGIL M. ATWOOD
CHARLES BAILEY
JAMES J. BAILEY
RAYMOND E. BAILEY
WILLARD E. BAILEY
ODOM CARL BAIN
ISAAC E. BAKER
STEWART M. BAKER JR.
JAMES H. BALL
DAVID D. BARFIELD
WILLIAM A. BARKER
MACK R. BARNES
ROBERT A. BARNETT
JAMES F. BARRIER
ELMORE C. BATES
WILLIAM A. BATES
CHARLES L. BEAMS
JOHN A. BEASLEY
HOWARD EUGENE BEASON
DENSON H. BENEFIELD
CHARLES C. BETTS SR.
BRUCE BEVERIDGE JR
HUBERT L. BILL
EDWARD BIRCHFIELD
JAMES P. BIRD
TRAVIS A. BISHOP
WESLEY W. BISHOP JR.
PAUL EUGENE BLACK
WILLIE H. BLANKS
JOHN R. BLENKINSOP
GEORGE D. BOLTON
ROBERT L. BOOKER
BOYCE J. BOONE
IZEA BOOTH
ELZIE R. BOWEN
JEFFERSON A. BOWERS
MILAS E. BOWLIN
ARTHUR BRACKNELL
ROBERT D. BRADEN
WILMER BRANNON
CARL W. BRASWELL
CHARLIE BRIERS
ZEPHRY BRIM
ROBERT BRINGHURST
CHARLES E. BROOKS
JOHN W. BROOKS JR.
LEOTIS BROOKS
LLOYD K. BROOKS
BUFORD M. BROWN
WALTER BROWN JR.
WILLIAM E. BROWN
JOSEPH D. BROWNING
PERRY H. BROWNING
ALBERT M. BROZELL
RALPH T. BRUCE
VIVIAN D. BRYANT
LOUIE F. BURCH
ALFRED T. BURGETT
RALSTON L. BURNEY
JOHN E. BURT
BILLY J. BUSH
ERVIN A. BYRD
CRAYTON LOWELL CALDWELL
HAROLD CALHOUN
VERNON A. CALLAWAY
FLOYD D. CAMERON
CHARLIE A. CAMPBELL
CODY E. CARAWAY
JAMES R. CARROLL
DUDLEY CARTER
EMMETT J. CARTER
JAMES R. CASH
WILLIAM B. CASTLE
BILLY J. CAUSEY
WINIFRED CAUTHEN
MERRILL A. CHAMPION
JOSEPH D. CHANCERY
HOWARD HARRELL CHANCEY
HAROLD S. CHAPMAN
BILLIE F. CHAPPELL
EARL E. CHRISTIAN
CHARLES W. CLARK
O. C. CLARK JR.
ODELL CLARK
LOUIS C. CLEMENTS
TERRELL C. CLEMENTS
CLIFTON CLEVELAND

ROMAN W. COATES
WILLIAM L. COBB
JACK D. COCHRAN
L. G. COCHRAN
GEORGE G. CODY
EMORY RONALD COFFMAN
CECIL A. COKER
MARTIN A. COKER
PHILLIP M. COLE
HERBERT COLEMAN
ROGERS B. COLLIER
HARRY P. COLLINS
THOMAS H. COOK
THOMAS R. CORK
PAUL D. CORNELL
COMER C. COTNEY
GEORGE W. COUNTS
ARTHUR W. COX
JAMES A. COX
MORGAN L. CRABTREE
WILLIE CRAIG
WILLIAM T. CREEL
GEORGE A. CROCKER
CHARLES R. CROCKETT
DONALD G. CROWDER
FLOYD T. CRUMPTON
LONNIE CULPEPPER
CHARLIE W. CUMMINGS
AUGUSTU CUNNINGHAM
LUTHER CUNNINGHAM
JUDGE DANIELS
LITTLE N. DATES
CHARLES E. DAUGHTRY
GERALD E. DAVIDSON
ARNOLD G. DAVIS SR.
BILLIE HOWARD DAVIS
CLAUDE L. DAVIS
EDGAR E. DAVIS JR.
MADISON L. DAVIS
RICHARD F. DAVIS
LESLIE E. DAVISON
WILLIE D. DAW
BOBBIE DAWSON
CHARLES DE FRANCE
CHARLES L. DEASON
GEORGE DEASON JR.
EDWARD E. DELAND JR.
ROBERT DENTON
PERCY E. DICKINSON
WINFIELD DIVINE
MARVIN DIX
MELVIN L. DIXON
ALFONZO DOBY
TELLIS W. DONALDSON
WELDON C. DONALDSON
JOHNNIE K. DOOLEY
THEODORE R. DOSS
ROBERT V. DOWLING
THOMAS J. DOYLE
LARRY M. DUNN
ROBERT L. DYE
TOMMIE L. ECHOLS
JULIUS L. ELLIS
CLIFFORD O. EMMONS
EDGAR ENFINGER
CORBIT EVANS
OWENS B. EVANS
WILLIAM L. EVERETT
MAXIE FANCHER
RUDOLPH FARMER
ROY L. FINCHER
ROBERT P. FLEMING
HORRIE CHAMBERS FR.
ODIS B. FLOWERS
ANDREW J. FLOYD JR.
JAMES H. FOSTER
SAM FOY
JOHN FRANKLIN JR.
HERBERT W. FRAZIER
VANCE FRAZIER
WILLIAM H. FRAZIER
JOHN W. FREEMAN
JOSEPH B. FROMHOLD
DANIEL W. FULKS
FRED FUQUA
OBIE M. GAINES
GILBERT GAMBLE
JAMES W. GARNER
MAX F. GARNER
HERBERT J. GARRETT
THOMAS V. GATES
EDDIE GIBBY
QUILLIE S. GIGGER
GERALD S. GILL
J. W. GILLAND
CHAMP G. GILLESPIE
GEORGE D. GILLESPIE
CLAUDE GLAZE
JOSEPH E. GLOVER JR.
THOMAS GLOVER JR.
ROBERT E. GODWIN
JOHN GOODE
PAUL R. GOODSON
JOHN LOUIS GOSSETT
WILLIAM J. GRADDY
LEONARD F. GRAHAM
PAUL GRANT
LAWRENCE GRANTHAM
LEO H. GRAY

CLAUD GREENE JR.
BRUCE J. GREENHILL
JOE B. GREGORY JR.
WILLIE D. GRIFFIS
RAYMOND GRIMES
ROBERT FRANKLIN GROSS
WILLIAM HOWARD GUNTER
ROBERT H. GUTHRIE
EDDIE HAGWOOD JR.
HEDREY D. HALL
HOWARD W. HALL
W. T. HALLFORD
THOMAS J. HALLMARK
GARNETT HAMBRIGHT
HOMER M. HAMMONDS
LEROY HAMPTON JR.
JULIUS F. HARDEMAN
GEORGE R. HARDIN
RICHARD L. HARDWICK
ISAC HARDY
JAMES W. HARDY
RICHARD G. HARLESS
RAYFORD H. HARPER
JAMES HARRIS
JAMES A. HARRIS JR.
LEWIS A. HARRIS
RICHMOND GILBERT HARRIS
ROOSEVELT HARRIS
ROBERT H. HART
ROY HATAWAY
WILLIAM H. HATLEY
WILLIAM M. HAWKINS
JAMES L. HAYNES
ROBERT A. HAYS
CLIFFORD HAZWOOD
BOOKER T. HEARD
DELBERT E. HEARD
EDWIN F. HEARN
HENRY L. HELMS
CHARLES R. HENDRIX
THOMAS CALVIN HENDRIX
FRED S. HENRY
KENNETH HENRY JR.
EUGENE HERRING
ROBERT HERRINGTON
LUTHER HICKS
GEORGE CARLTON HIGGINS
JOHN S. HIGGINS JR.
CHARLES R. HILL JR
JOHN A. C. HILL
ELVEN J. HOBBS
DONALD EDWARD HOFFMAN
RAY E. HOLDER
PAUL G. HOLLOWAY
CLYDE THADEUS HOLMES JR.
ZANE MOSES HOLT
JAMES H. HOPPER
RUSSELL T. HORNE
WAYMOND LEON HORNE
CHARLES THOMAS HORTON
CORDELL HOWARD
FRANK R. HOWARD
OLIVER M. HOWARD
FRANK B. HOWZE
LESTER G. HOYT
LUCIUS W. HUGHES
MORRIS E. HUGHES
ERVIN HULETT
JOSEPH HUNTER JR.
WILLIAM BRYANT HUNTER
JOHNNIE R. HUTCHINS
DANIEL T. HYDE
CLARENCE B. INGLE
ALBERT JACKSON
ARTHUR JACKSON
COMER JACKSON JR.
DAVID JACKSON JR.
IRBY L. JACKSON
GEORGE L. JACOBS
ALBERT JAMES JR.
JAMES JANUARY
CLEVELAND JARRELL
JAMES L. C. JETER
ROBERT M. JETER
FRED S. JOHNSON
HERBERT C. JOHNSON
LEROY JOHNSON
WESLEY JOHNSON
JIMMIE CURTIS JOHNSTON
BASKIL JONES
BOBBY J. JONES
CHARLES W. JONES
CLARENCE G. JONES
JOE D. JONES
JOSEPH JONES
MACK D. JONES
ODIS F. JONES
THOMAS C. JONES
WILLIAM H. JONES
WILLIAM T. JONES
BARNEY H. JORDAN
RICHARD M. JOURNEY
JOSEPH JUMPER
JAMES W. JUSTICE
MARION W. JUSTICE
JOHN W. KEITH JR.
THOMAS E. KILBY III
FRANK KING JR
HARVEY KING

WILLIAM A. KING
WILLIE L. KINGSLEY
PAUL KIRBY
OLAND H. KIRKLAND
LESLIE KIRKPATRICK
KENNETH W. KLUG
JACK L. KNUDSON
RICHARD WILLIAM KOUNTZ
ROBERT L. LACEY
HOBERT P. LADNER
ROBERT C. LANE
BILLY J. LATHAM
CLIMON N. LATHAN JR.
JOHN E. LAWSON
ISAAC LEE JR.
WILLIAM T. LEE
AMOS LIGE
EDMUND B. LILLY
ROBERT H. LITTLE
ODYCE WATSON LIVINGSTON
CARL HUBERT LLOYD
VERNON H. LOCKLAR
WILLIAM F. LOGAN
FLOYD B. LOGGINS
JOHN B. LONG
GEORGE W. LOTT
WILLIAM MURDOCK LOVE
PAUL MACK JR.
GARLAND E. MADISON
LAWRENCE MAGOUIRK
RUBIN R. MALTBIE
WILLIAM J. MANLEY
O. C. MARCUS JR.
WILLIAM E. MAROLD
JOEL R. MARTIN
WILLIAM B. MARTIN
JIM H. MASON
ARTHUR A. MATSON JR.
GLENN MATTHEWS
SYDNEY R. MAULDIN
LEVERT MAY
JOSEPH HAYNES MAYO
MARVIN MAYO
JOHN MAYS JR.
JOHNNY L. MC ALPINE
TERRY S. MC CALL
FRANK W. MC CARTY
JOHN S. MC CLURE
CHARLES MC CULLERS
JAMES MC CULLOUGH
HOWARD N. MC DANIEL
DAVE MC GEE
WILLIAM R. MC GEE
RICHARD D. MC GHEE
CLIFTON MC INTYRE
WILLIAM MC LEOD
REVEREN MC MILLIAN
KENNETH EUGENE MCGAMIE
VERNON MEADOWS
JAKE MEFFORD JR
HUEY P. MELCHER
HARRY MEYER JR.
CLAUD MILES
AUGUSTUS MILLER
CECIL MILLER
FRANK EDWARD MILLER JR.
GRADY H. MILLER
JOE R. MILLER
VERNON EUGENE MILLER
EUGENE O. MILLS
HILERY W. MILLS
ARCHIE F. MITCHELL
BOBBY A. MITCHELL
GRADY PURDEN J. MITCHELL
WILLIAM L. MITCHELL
HERMAN L. MIXON
DAVID L. MOORE
JAMES E. MORPHEW
HARRY R. MORRIS
MAX A. MORRIS
MILTON MORRIS JR.
BILLY J. MORROW
RALPH FRANKLINE MORTON
SAMUEL L. MOSELEY
ALONZA MOSS
CALVIN B. MURPHREE
DIXON H. NABORS
JAMES H. NELSON
JEROME S. NELSON
PAUL R. NELSON
RICHARD P. NELSON
GUY HOLDER NEVINS III
JEROME E. NEWELL
FOSTER E. NEWTON JR.
NEWMAN R. ODOM
CORDELL OHARA
JAMES G. OLIVE
JESSEE HAROLD OLIVER
KENNETH E. OLIVER
JAMES A. OUSLEY
JAMES DOUGLA OVERSTREET
ROBERT E. OVERTON
CHARLIE J. PACE
ALFRED P. PARKER
DIXIE S. PARKER
F. D. PARKER
OLEN PARKER
OSCAR B. PARKER
WILLIAM E. PARMER

WILLIE PATRICK
CLARENCE PATTERSON
WILLIE L. PEAK
THOMAS P. PEARCE JR.
GILBERT B. PEARSALL
LEON B. PENDERGRASS
RAYMOND D. PENLAND
FRANK PERKINS
PAUL PETERMAN
RAYMOND C. PETTIT
WOODROW W. PHELPS
BILLY M. PHILLIPS
HUGH B. PHILLIPS
RICHARD L. PHILLIPS
FREDDIE F. PICKENS
JAMES L. PICKETT
ROBERT EDWARD PICKETT
RANSOM D. PIPER JR.
CLYDE T. PITTS
JOHN W. PITTS
JAMES F. POGUE
HOWARD L. POLARIE
LOVELL POOLE
ELVIS J. POORE
ALEC W. PORTER
NOLAND D. POSEY
MORRIS L. POTTER
LESTER M. POUNDS JR.
BUFORD B. POWELL
JAMES R. POWELL
ROBERT H. PRENTICE
VIRGIL W. PRESTWOOD
DIXIE C. PRITCHETT
WILLIAM A. PUGH
RUDOLPH RABER
ALFORD B. RAINES
ELGIN V. RANDALL
CHARLES W. PAWLS
ALTON G. RAY
LEROY J. RAYE
JAMES W. REAYES
CECIL REED
LEON REESE
WILLIE REESE
ELBERT JOSEPHUS REID JR.
RALPH LESLIE RICHARDS
N. L. RICKARD
JAMES R. RIDDLEY
EDWARD W. RIGDON
CLAUDE L. RINER JR.
NORMAN O. RIVERS
JOEL ORLANDER RIVES
EDWARD L. ROBERSON
JEFF ROBERTS JR.
JAMES ROBINSON
WILDA E. ROBINSON
COSTANZO ROGATO
HARVEY W. ROGERS
WILLIE L. ROGERS
VOORHEES S. ROOT JR.
HILLARD MARSHALL ROPER
JAMES ROSS
ADLER EARL RUDDELL
HARRY EUGENE RUSHING
LARRY W. RUSHING
FLOYD WHEELER SALZE
WADE C. SANDERS
BARNIE L. SANFORD
ISADORE SANFORD
RALPH SASSER
HARRY J. SAUNDERS
DOIL B. SAWYER
WILLIAM SCHAUFLER
ALLEN SHACKELFORD
WILLIAM JEROME SHAUF
ANDREW B. SHEA
LESLIE TAYLOR J. SHELTON
HENRY H. SHY
CLARENCE P. SILVER
GLEN D. SIMMONS
JOHNNIE L. SIMMONS
WILLIE H. SIMMONS
JOHN C. SKELTON
WAYMON SLATEN
HAYDEN W. SLATTON
CARL T. SLOAN
ALFRED AUGUST SMALLEY
BILLY E. SMITH
CHARLES SMITH
GROVER C. SMITH
HAROLD L. SMITH
JAMES H. SMITH
MOSES SMITH
RUFUS A. SMITH
TRAVIS SMITH
WALTER M. SMITH
WILLIAM L. SMITH
LOUIS M. SORMRUDE
ROBERT C. SOUTH
ROBERT L. SPAIN
KELTON SPEEGLE
GROVER C. SPENGE JR.
BOBBY E. SPIVEY
ROBERT E. SPRAGINS
MARVIN R. SPRINGER
THOMAS C. STAGG
WILLIAM L. STAGGS
JAMES C. STANFORD
DOCK L. STANPHILL

GERALD D. STEEN
DAVID L. STEWART
EDWARD F. STEWART
GERALD W. STEWART
HUELL J. STEWART JR.
ERNEST J. STIEFEL
JOHN M. STOKES
MARTIN L. STORY
MARVIN STRICKLAND
PETE STRICKLAND
TERRELL STRICKLAND
BILLY STUBBLEFIELD
JAMES E. SULSER
JAMES E. SUMNERS
ANDREW M. SUTTON
WALTER M. SWEATT
JAMES E. TENNILLE
WILLIAM TERRELL
BERNARD TEW
JACK H. THIRD
FRED THOMAS
JAMES THOMAS JR.
JOHNNY W. THOMAS
JOSEPH THOMAS JR.
MITCHELL C. THOMAS
ROY L. THOMAS
JAMES L. THOMPSON
WILLIAM B. THORNTON
BILLY L. THRASHER
WOODIE B. THREAT
RUBEN THURMAN JR.
HERBERT L. TILLEY
JAMES TINDELL JR.
BARNEY A. TOLBERT
JAMES O. TRENT
JOHN EDWARD TRIMM
JAMES J. TRIONE
ROBERT G. TURNER
THOMAS J. TURNER
JOHN T. TYNER
MAXWELL W. VAILS
IRVING VAN HORN
ALVIN L. VARNER
GENE C. VARNER
JACK DENNIS VAUGHN
VEY E. VICKERS
CHARLES J. VICKERY
WILLIAM WADSWORTH
HOMER L. WAID
WALTER L. WALKER
FLOYD WALLACE
HOWARD E. WALLACE
JOHN W. WALLACE
CHARLES P. WALTHOUR
BOBBY B. WALTON
RALPH R. WANCE
JOSEPH WASHINGTON
PRESTON WASHINGTON
BILLY S. WATFORD
JOHN W. WATSON
LEONARD WATSON
WILLIAM E. WATSON
EDDIE WATTS
CARLOS D. WEAVER
JERALD C. WEBB
GRADY M. WEEKS
ELBERT WELDON
OLESIA B. WELDON
GEORGE VINCENT WENDLING
LEE C. WESSON
ROBERT WESTER
JAMES P. WESTRY
JOHN H. WHEELER
NOIS L. WHISENANT
JAMES S. WHITE
JOHN H. WHITE
LEE WHITEHEAD JR.
JULIAN D. WILBOURN
VAN L. WILKS
BASIL A. WILLIAMS
BUCK WILLIAMS
HERMAN WILLIAMS
JAMES M. WILLIAMS
JASPER D. WILLIAMS
JOHN J. WILLIAMS
JOHN WILLIAMS JR.
OLEN B. WILLIAMS
PAUL R. WILLIAMS
ROOSEVELT WILLIAMS
ROOSEVELT WILLIAMS
CHARLES A. WILLS
ELBERT F. WILLS
CLARENCE O. WILSON
GARVIN WILSON
JAMES E. WILSON
JUAN B. WILSON
ROBERT D. WILSON
WILLIAM WINCHESTER
ROBERT W. WOMACK
BOBBY J. WOOD
WALLACE NORMAN WOOD
THOMAS B. WOODS JR.
LEWIS B. WOODSON
LEONARD E. WORRELL
JACK WORTHY
PRESTON A. WRIGHT
WILMER T. WYLY
ROBERT G. YANGEY
BILLY G. YAW

416 한미관계 155년 '어제와 오늘'

UNITED STATES OF AMERICA

ALASKA

DONALD HAROLD BINEK	EDWARD DEMOSKI	SAMUEL D. INGHRAM	WALTER L. MC LEOD	JOHN BYRON WHITSON JR.	VICTOR J. ZAPATA
ROY CHICHENOFF	PAUL HARRIS	JOHN B. LOCKWOOD			

ARIZONA

JOHN D. ABBOTT
JOHN Q. ADAMS
ROBERT G. ALANIZ
GERARDO R. ALDANA
HARRY H. ALDRIDGE
SANTOS V. ALVARADO
BILLY W. ANDERSON
RICHARD E. ANDERSON
JOAQUIN A. ARMENTA
WILFORD ASTOR
WILLIAM D. AVILES
FRANK S. BACA
JESUS C. BAZAN
EDWARD N. BEAL
LAWRENCE BEAL
RICHARD C. BENITEZ
DONALD GAILE BIGHAM
JOSEPH M. BOLOGNA
FRANK BOWIE
JAMES B. BROCK
GIBSON BURNETTE
ERNEST E. BURRUEL
WARREN M. BUSHMAN
EDUARDO CABALLERO
THEODORE CABANBAM
CARLOS M. CAJERO
ROBERT R. CALVERT
RAUL O. CAMACHO
JOSE C. CAMPOS
ROBERT DURHAM CANFIELD
SALVATO CANTARELLA JR.
JESUS RODRIOUS CARRASCO
AUBREY D. CARROLL
JAMES W. CARROLL
ARTHUR C. CASTANEDA
GRADY L. CHAMBERS
JOSEPH CHEE
GEORGE CHEGAY
THOMAS J. CHERF
JIMMY L. CHRISTIAN

MAX H. COHOE
CHARLIE L. COMOLLI
JEFFERSON L. CONNOR
LIANDRO CONTRERAS
THEODORE AMOS COOK
ROBERT L. CRAWFORD
CHARLES M. CRUM
FRED CUTTER
MERVIN H. DAVIS
GEORGE R. DEEMER
PEDRO A. DELGADO
FRANK S. DENNIS
FRANK A. DOYLE
BERNARDINO DUARTE
RODOLFO V. DUARTE
GLEN M. DUPUY
CHARLES H. DURHAM
JOHN O. EBERWEIN
CALVIN C. ECHOLES
ODIS W. EDWARDS
RICHARD O. EILER
JOHN HENRY EMBACH
BOB J. EMERSON JR
RICHARD C. ENCINAS
GORDON F. ENOS
LIBRADO E. ESQUER
HAROLD M. FAWCETT
SAMUEL R. FOWLER
VERNON E. FULKERSON
JESSE M. GAITAN
GILBERT G. GALLEGO
EDDIE M. GARCIA
GUILLERMO G. GARCIA
PORFIRIO H. GARCIA
HENRY A. GASTELO
TOMMY GATEWOOD
GEORGE GIA
WILLIAM H. GIBBENS
JACK L. GOLDSTON
GUSTAVO K. GOMEZ

GEORGE C. GONZALES
PEDRO VELASCO GONZALES
IGNACIO SALAZAR GONZALEZ
ALLEN R. GREEN
CECIL L. GREENWALL
SIMON GRIEGO
TOMMIE L. HALL
JAMES D. HAMMOND
ROBERT L. HARRIS
MANUEL B. HERNANDEZ
EDWARD D. HIGGINS
THOMAS M. HILL
WILLIAM E. HODGES
GLENN P. HOLENBECK
GLEN W. HORNSBY JR.
RAYMOND CLAUDE HUBBARD
JAMES ROBERT MUDGENS
BILLY E. HYLTON
RAUL R. ISLAS
DONALD R. JARVIS
RAY L. JENNINGS
MARVIN W. JONES
WILLIAM HERBERT JONES
JAMES JORDAN
CARLOS S. KAKAR
LEWIS C. KLUTZ
ROY J. KNIPE
ROBERT OLIVER LACEY
PETER D. LAMBRECHT
LUIS P. LARA
FRANKLIN LASKOWSKY
BOB ALFRED LAUTERBACH
CARL S. LAY
JAMES R. LOCKLAR
ALFONSO E. LOPEZ
EDWARD E. LOPEZ
RAYMOND P. LOPEZ
LUCIANO MALDONADO
DELMER R. MANUEL
ROBERT MARTIN JR

ROBERT L. MARTIN
ERNEST L. MARTINEZ
GEORGE C. MASSEY
VERLIN DEAN MASTON
FRANK C. MATA
GUS MAY
GENE R. MAYO
JOHNSON MCAFEE JR.
JERRY J. MENDOZA
NORBERTO N. MESA
HARRY MIGUEL
LLOYD L. MIGUEL
BILLY J. MONKS
MANUEL V. MONTANA
JACK S. MOORE
BEN R. MORALES
DAVID O. MORALES
JOHN A. MORALES
JOE G. MORENO
MANUEL HERNANDEZ MORENO
JOHN P. MORRIS
PRESTON MULLINS JR.
DALE MURDOCK
WILLIAM R. NASH
JOHN M. NETTERBLAD
FELIX R. NEZ
RICHARD LEE NICKLES
WAYNE O. NOBLES
ROBERTO V. NOGALES
ALBERTO OCHOA
HERADIO OCHOA
MARCOS M. OCHOA
JOHN E. ORTEGA
JUAN P. ORTEGAS
JAMES W. OSBORN
JEROME J. PADEN
RAYMOND E. PADEN
ALEXANDER BECK PADILLA
LEROY PARKER
JOE G. PEREZ

REED EDWIN PLUMB
HENRY BUSTAMENTE PORTILLO
MANUEL M. QUINTANA
ARTHUR C. RAMIREZ
EMILIO ANTONIO RAMIREZ
JOHN B. RAPEE
CLARENCE REMER
GUADALUPE R. REYES
EDWARD W. RHOADS
PAUL E. RICHARDSON
FRANK RICO
LAWRENCE THOMAS RIPLEY
JUAN RIVERA
ARMANDO F. RIVERO
CORBETT B. ROBERTSON
LEONARDO RODRIGUEZ
RODDY E. RODRIGUEZ
ROSENDO G. ROMERO
FRANKLIN ROOSEVELT
CALVIN L. ROSS
EARL RUSSELL
JAMES DAVID RYE
RALPH V. SAENZ
GREGORIO G. SANCHEZ
LEONARD C. SANDERS
LEOPOLD SANDOVAL
GILBERT D. SAXTON
MALCOLM JOSEPH SCHAEFFER
OSCAR G. SEGOBIA
GEORGE P. SEGURA
ANTHONY D. SERNA
GILMAN LEE SHELTON
CLYDE W. SHIPMAN
WAYNE C. SHURBET
DANIEL T. SIFUENTES
CLIFTON E. SMITH
EDWARD H. SMITH
JAMES L. SMITH
LUIS SMITH
ANTONIO M. SOTO

GERALD F. STEDMAN
NEIL R. STONE
JAMES RICHARD TAFT
ROBERT B. TAGGART
HOWARD TALLSALT
JAMES M. TAYLOR
AUGUSTINE TELLEZ
ROBERTO TERAN
BILLY R. THATCHER
BILLY RAY THATCHER
JOHN RUBEN TULLY
CARL D. TUMLINSON
RONALD L. TURNER
ROY DAVID TURNER
ANTONIO YANES URBALEJO
GILBERT U. VALDENEGRO
JOE MASCARENO VALENZUELA
CHARLE VAN ELSBERG
JULIO S. VARELA
FRANK G. VEJAR
JOHN ROJAS VILLA
ROBERT C. VILLALVA
ALFONSO VILLAREAL
ERNEST VILLAVERDE
ANGEL VILLEGAS
WILLIAM H. WALKER
FRANK M. WARD
HARVEY L. WELLS
HARLEY WELSH
FRANCIS E. WHELAN
FRED WILLIAMS
JACK VERNON WILLIAMS
LESLIE CONRAD WILLIAMS
WILLIAM E. WOOD
WILLIAM H. WOODRUFF
SPURGEON WRIGHT
FELIX M. YANEZ
JOHN C. YATES
DONALD O. ZEA

ARKANSAS

J. C. ABBOTT
BILLY R. ABLES
BILLIE J. ADAIR
BILLIE F. ADAMS
JOHN GORDON ADAMS
R. A. ADAMS
WILLIE G. ADAMS JR.
WILLARD J. AOKISSON
BILLY G. ANDERSON
CHARLIE M. ANDERSON
GENE EVERETT ANDERSON
JACOB G. ANDERSON
KEITH ANDERSON
PORT A. ANDERSON JR.
ROBERT EUGENE ANDERSON
TOMMY J. ANDERSON
WALTER G. ANDERSON
BILLY R. AVEN
EARL T. BAILEY
JAMES L. BAKER
JIMMY A. BAKER
RUFUS BALCH
WILLIAM ROBERT BALL JR.
WILLIAM E. BANE
CHARLES J. BANKS
BOBBIE RAY BANKSTON
LOYD E. BARBER
EDGAR N. BARKER
CALVIN PAUL BARNETT
IVEY G. BARNETT
JOHN R. BARNETT
MELVIN H. BARNETT
BENNIE T. BARRON
LONIA Z. BASS
LUTHER R. BATEY JR.
AMOS BATTLE
CHARLES E. BEATY
HENRY L. BECKHAM
LARRY E. BECKHAM
WILLIAM J. BERGMAN
BENNIE JOE BERRYMAN
HERMAN BINAM
EUGENE S. BLAIR
WALTER M. BLALOCK
JOE I. BLEVINS
PAUL R. BLEW
DONALD E. BOGAN
C. G. BOLDEN
BOBBY R. BOOHER
CHARLES X. BOONE
JAMES L. BOONE
WILLIAM A. BOST
SAMMY J. BOYD
WILLIAM O. BOYD
EDGAR N. BRADLEY
GEORGE C. BRADLEY
OSCAR S. BRADLEY
GEORGE C. BRENTS
HUBERT J. BROCK
CLARENCE G. BROWN

CLYDE U. BROWN
DUANE D. BROWN
FLOYD E. BROWN
FLOYD M. BROWN
HENRY BROWN
ISAAC BROWN
LELAND G. BROWN
MURIEL G. BROWN
RAYMOND R. BROWN
WILLIE L. BROWN
PAUL J. BROWNING
DALLAS R. BRUMMETT
ERNEST L. BUCHANAN
JOHN E. BUCHANAN
LEE A. BUFFINGTON
ROBERT D. BURNS
LEONARD W. BUTTON
FRED C. CARTER
ROBERT L. CAUDLE
PAUL O. CAUSEY
RICHARD E. CHADWICK
JAMES R. CHAPPELLE
WILLIAM H. CHARLES
GROVER CLEVELAND CHICK
ARTHUR A. CHIDESTER
HAROLD D. CHILDERS
LOYD L. CHOAT
ALBERT CLARK
ARTHUR CLAY
GEORGE GRADY CLOUD
BILLY G. COCHRAN
HAYDEN D. COCKRUM
ELMER L. COLEMAN
GILBERT G. COLLIER
MARIO COLLINSWORTH
JOHN TALMAGE COMPTON
ELISHIE M. CONDICT
GEORGE CONNAUGHTON
JAMES A. CONWAY
JOHN T. COOK
JAMES M. COOPER
RUSSELL A. COOPER
TROY GORDON COPE
DALE R. COPELAND
CLIFTON Z. COUCH JR.
BILLY W. CRAINE
WILLIE CRATER
JAMES T. CRAWFORD
EDWARD M. CRAYS
PAUL P. CRITTENDEN
JAMES A. CROFT
ROBERT L. CUMMINGS
ODELL CUNNINGHAM
WILLIAM H. CUPPLES
WILLIAM H. CURRAN
MURLIE DAILEY
ALFRED L. DAVIS
DAVID L. DAVIS
TROY C. DAVIS
MILES M. DIDD

DONALD W. DILLARD
DARL D. DIXON
DRRYL D. DIXON
VOLNEY D. DOBYNS
AUBREY W. DOCKINS
MARVIN M. DODSON
DEWAIN DOUGLAS
JAMES T. DOWNS
EDWARD FRANKLIN DREHER
CLEO L. DUNCAN
ALBERT HOWARD DUNLAP JR.
ROBERT C. DUNN
SAMUEL V. DUNN
CECIL G. DYE
WILDON C. EAST
EDWARD D. EATON
BOBBY W. EAVES
CECIL C. EDWARDS
DURWARD S. EILAND
JACKSON C. ELLIOTT
CHARLES E. ELMORE
EVERITT L. ELMORE
JAMES L. EMERSON
EDWARD E. ESTES
FLOYD R. EVANS
THOMAS L. EVANS
BOBBIE EVANTS
COLEMAN L. EVERETT
USREY H. EVERHART
J. C. FAIN
KENNETH L. FARMER
STEPHEN J. FARRIS
LYNN R. FAULKNER
GEORGE L. FELKON
CHARLES F. FLETCHER
JAMES A. FLETCHER
BILLIE J. FORBES
HERSHEL FORD
DOYLE FOREMAN
GEORGE A. FOSHEE
JOSEPH M. FOSTER
MILTON FOSTER
WILLIAM T. FOWLER
C. L. FRAZE
WALTER J. GANT
DALE R. GARRISON
JERRY M. GARRISON
HUSTON E. GATES
RILEY G. GAZZAWAY
ARGUSTER GENTRY
JOHN H. GILL
CHARLES GILLILAND
RALPH JAMES GIPSON
ELMER T. GLADDEN
BILLY R. GOLDEN
DONALD L. GOLDEN
ERNEST J. GORDON
JARPELL D. GRAHAM
ELWOOD GREEN
JOHNNIE GREEN

WILBA GREEN
RANDOLPH GRIFFITH
VIRGEL GUY
LOUIS R. HALEY JR.
ROBERT K. HALL
F. B. HALTER
RALPH A. HARP
ELDRIDG HARRINGTON
DICK HARRISON
LEWIS T. J. HARRISON
MAXIE G. HARRISON
OREN B. HARRISON JR.
J. D. HARROWER
EDWARD S. HARRY JR.
WILLIAM HART
ARTIE A. HARVEY
CARTHEL E. HARVEY
BILLY S. HAWKINS
DOVER D. HAYES
BOBBY L. HAYNES
CARMON C. HAYWOOD
HERMAN F. HEATON
EURIAH HELMS
CLIFTON D. L. HENRY
ODIS HILBURN
CHARLES B. HINSON
GRADY LOYD HINSON
WOODROW W. HIXON
HENRY C. HODGE JR.
LESTER L. HODGE
BILLY R. HOGAN
JAMES W. HOGUE
G. D. HOLLINS
CHARLES HOOKS
ANDREW L. HOPKINS
BILLY E. HOPPER
ROOSEVELT HORTON
BOBBY L. HOUSTON
BOBBY R. HUGHES
ELZIE F. HUGHES
ERNEST D. HUGHES
WAYNE G. HUGHES
SPENCER V. HUSKEY
LAWRENCE HUTCHENS
WILLIAM R. JAMES
JOHN D. JEFFERSON
ELIJAH G. JOHNSON
HENRY F. JOHNSON
JOE E. JOHNSON
RAYMOND R. JOHNSON
BILLY B. JONES
DONALD L. JONES
MELBER JONES
ODELL JONES
WILLIAM T. JONES
ARTHUR JORDAN
J. D. FLOYD JUNIOR
JAMES C. KEATHLEY
JUNIOR D. KEEN
BILLY A. KEHOE

JAMES H. KELLER
MARVIN O. KELLEY
CURTIS C. KELLY
HERBERT KELLY
JACK E. KENNEDY
ROBERT W. KENZEL
GEORGE D. KEYS
GENINE KIDD
DAVID ANTHONY KIENE
ROBE KILLINGSWORTH
COLONEL KIMBROUGH
CARL F. KLUTTS
HAROLD KNIGHT
ROBERT L. KNIGHT
DALE L. KYLE
JOHN C. LASATER
CHARLES LAUDERDALE
LOYD O. LEMARR
WALTER B. LEWIS JR
RALPH G. LILLARD
EARL LITTLE
THOMAS A. LONG
LARRY C. LOPEZ
DONALD W. LOVERN
JOHN L. LOWE JR.
BILLY J. LUSK
MELVIN E. MAHAR
JAMES F. MARTIN JR
CHARLES D. MASON
MELVIN C. MAY
JOHNNY H. MAYBERRY
ROBERT WINFRED MC ANELLY
CHARLES MC GARTNEY
TOM N. MC CLURE
LUTHER E. MC CLUSKY
JOHN J. MC CORMICK
ULYESS E. MC COY
JOHN D. MC DONALD
WILLIAM MC DOWELL
JULIUS E. MC KINNEY
BILLY E. MC LEMORE
RICHARD N. MC LEOD
ALONZO J. MC NATT
DAVID H. MEIERS
JOHN T. MELTON
EDWIN IRVING METZGER
CHARLES N. MILAM
CHARLES W. MILAM
BILLY F. MILLER
EDDIE M. MILLER JR.
TRAVIS E. MINOR
ROBERT E. MITCHELL
BOBBY M. MOORE
ANDREW J. MOREN
BUSTER E. MORRISON
JESSIE MORRISON
DOUGLAS E. MORROW
W. M. MOSLEY
CHARLES H. MOUNCE
AUGUST WILSON MOUTON

PAUL F. MULLICANE
VERLON L. MULLINAX
FRED W. MURRAY
RICHARD DEARL MUSGROVE
ROBERT C. NANCE
SILAS NEAL JR.
GEORGE G. NEIL
KENNETH O. NEWSOM
ROBERT H. NEWSOM
JAMES ELBERT NEWTON
WILLIE E. NOLEN
RALPH J. NORD
DELBERT W. OAKLEY
KENNETH H. OLDHAM
ARLANZA OLIVER
ARTHUR ROBERT OLSEN
DONALD G. OSBOURN
LOVENDER C. OSBURN
HAROLD F. OVERTON
RAYMOND E. OWENS
HARVEY OWNER
STERLING G. PAINTER
GLENDON J. PARENTI
VIRGIL HOWARD PARHAM JR.
CHARLES G. PARISH
EDWARD S. PARKER
CHARLES J. PARKINSON
ROY PARKS
JOSEPH BUFORD PARSE JR.
MAX B. PARSON
GERALD L. PERRY
NORMAN C. PERRY
ORVILLE F. PETERSON
ROBERT D. PIERCE
LOUIS PITTS JR.
CHARLES A. PORTER
ENOCH S. PORTER
JOE B. POWELL
HARRY JOHN PRINCE
ROBERT LEE PROUD JR.
LESLIE D. RAGLAND
VIRGIL F. RAGLAND
ALTON B. RAINEY
THOMAS D. RANKIN
DONALD R. REDD
LEON C. REDUS
CHARLES L. REECE
FREDDY T. REED
WAYNE W. REED
ELDEN P. RHODES
OLIVER P. RIELS
CONYARD L. RING
JAMES S. ROBASON
FENTON B. ROBBINS
CALVIN T. ROBINSON
JAMES B. ROBINSON
ROBERT EUGENE ROBINSON JR
TRACY R. RODEN
JOHN G. ROSINE
FRED ROSE JR.

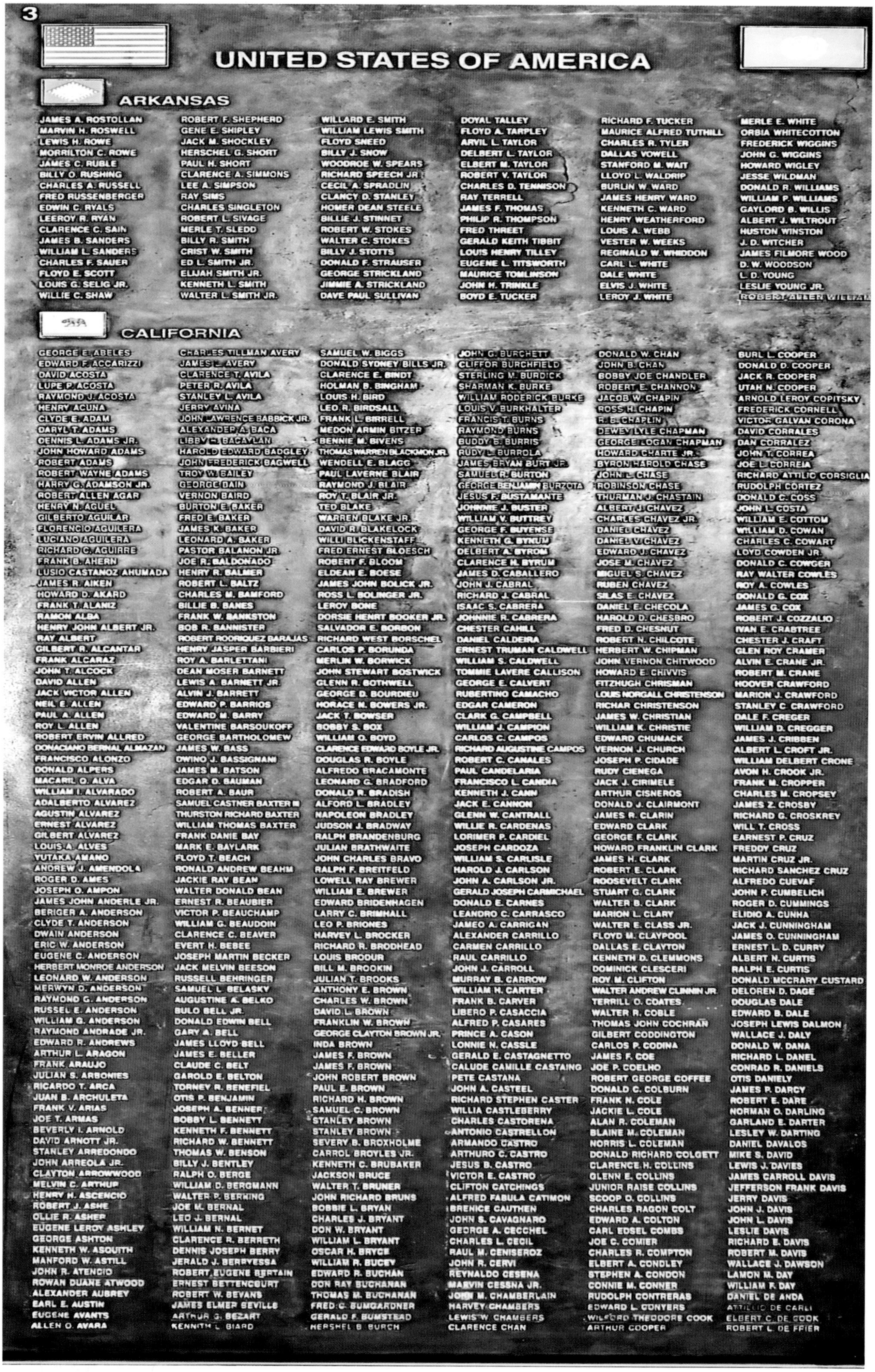
3
UNITED STATES OF AMERICA
ARKANSAS
JAMES A. ROSTOLLAN
MARVIN H. ROSWELL
LEWIS H. ROWE
MORRILTON C. ROWE
JAMES C. RUBLE
BILLY O. RUSHING
CHARLES A. RUSSELL
FRED RUSSENBERGER
EDWIN C. RYALS
LEEROY R. RYAN
CLARENCE C. SAIN
JAMES B. SANDERS
WILLIAM L. SANDERS
CHARLES F. SAUER
FLOYD E. SCOTT
LOUIS G. SELIG JR.
WILLIE C. SHAW
ROBERT F. SHEPHERD
GENE E. SHIPLEY
JACK M. SHOCKLEY
HERSCHEL G. SHORT
PAUL H. SHORT
CLARENCE A. SIMMONS
LEE A. SIMPSON
RAY SIMS
CHARLES SINGLETON
ROBERT L. SIVAGE
MERLE T. SLEDD
BILLY R. SMITH
CRIST W. SMITH
ED L. SMITH JR.
ELIJAH SMITH JR.
KENNETH L. SMITH
WALTER L. SMITH JR.
WILLARD E. SMITH
WILLIAM LEWIS SMITH
FLOYD SNEED
BILLY J. SNOW
WOODROE W. SPEARS
RICHARD SPEECH JR.
CECIL A. SPRADLIN
CLANCY D. STANLEY
HOMER DEAN STEELE
BILLIE J. STINNET
ROBERT W. STOKES
WALTER C. STOKES
BILLY J. STOTTS
DONALD F. STRAUSER
GEORGE STRICKLAND
JIMMIE A. STRICKLAND
DAVE PAUL SULLIVAN
DOYAL TALLEY
FLOYD A. TARPLEY
ARVIL L. TAYLOR
DELBERT L. TAYLOR
ELBERT M. TAYLOR
ROBERT V. TAYLOR
CHARLES D. TENNISON
RAY TERRELL
JAMES F. THOMAS
PHILIP R. THOMPSON
FRED THREET
GERALD KEITH TIBBIT
LOUIS HENRY TILLEY
EUGENE L. TITSWORTH
MAURICE TOMLINSON
JOHN H. TRINKLE
BOYD E. TUCKER
RICHARD F. TUCKER
MAURICE ALFRED TUTHILL
CHARLES R. TYLER
DALLAS VOWELL
STANFORD M. WAIT
LLOYD L. WALDRIP
BURLIN W. WARD
JAMES HENRY WARD
KENNETH C. WARD
HENRY WEATHERFORD
LOUIS A. WEBB
VESTER W. WEEKS
REGINALD W. WHIDDON
CARL L. WHITE
DALE WHITE
ELVIS J. WHITE
LEROY J. WHITE
MERLE E. WHITE
ORBIA WHITECOTTON
FREDERICK WIGGINS
JOHN G. WIGGINS
HOWARD WIGLEY
JESSE WILDMAN
DONALD R. WILLIAMS
WILLIAM P. WILLIAMS
GAYLORD B. WILLIS
ALBERT J. WILTROUT
HUSTON WINSTON
J. D. WITCHER
JAMES FILMORE WOOD
D. W. WOODSON
L. D. YOUNG
LESLIE YOUNG JR.
CALIFORNIA
GEORGE E. ABELES
EDWARD F. ACCARIZZI
DAVID ACOSTA
LUPE P. ACOSTA
RAYMOND J. ACOSTA
HENRY ACUNA
CLYDE E. ADAM
DARYL T. ADAMS
DENNIS L. ADAMS JR.
JOHN HOWARD ADAMS
ROBERT ADAMS
ROBERT WAYNE ADAMS
HARRY G. ADAMSON JR.
ROBERT ALLEN AGAR
HENRY N. AGUEL
GILBERTO AGUILAR
FLORENCIO AGUILERA
LUCIANO AGUILERA
RICHARD C. AGUIRRE
FRANK B. AHERN
LUSIO CASTANOZ AHUMADA
JAMES R. AIKEN
HOWARD D. AKARD
FRANK T. ALANIZ
RAMON ALBA
HENRY JOHN ALBERT JR.
RAY ALBERT
GILBERT R. ALCANTAR
FRANK ALCARAZ
JOHN T. ALCOCK
DAVID ALLEN
JACK VICTOR ALLEN
NEIL E. ALLEN
PAUL A. ALLEN
ROY L. ALLEN
ROBERT ERVIN ALLRED
DONACIANO BERNAL ALMAZAN
FRANCISCO ALONZO
DONALD ALPERS
MACARIL O. ALVA
WILLIAM I. ALVARADO
ADALBERTO ALVAREZ
AGUSTIN ALVAREZ
ERNEST ALVAREZ
GILBERT ALVAREZ
LOUIS A. ALVES
YUTAKA AMANO
ANDREW J. AMENDOLA
ROGER D. AMES
JOSEPH O. AMPON
JAMES JOHN ANDERLE JR.
BERIGER A. ANDERSON
CLYDE T. ANDERSON
DWAIN ANDERSON
ERIC W. ANDERSON
EUGENE C. ANDERSON
HERBERT MONROE ANDERSON
LEONARD W. ANDERSON
MERWYN D. ANDERSON
RAYMOND G. ANDERSON
RUSSEL E. ANDERSON
WILLIAM G. ANDERSON
RAYMOND ANDRADE JR.
EDWARD R. ANDREWS
ARTHUR L. ARAGON
FRANK ARAUJO
JULIAN S. ARBONIES
RICARDO T. ARCA
JUAN B. ARCHULETA
FRANK V. ARIAS
JOE T. ARMAS
BEVERLY I. ARNOLD
DAVID ARNOTT JR.
STANLEY ARREDONDO
JOHN ARREOLA JR.
CLAYTON ARROWWOOD
MELVIN C. ARTHUR
HENRY H. ASCENCIO
ROBERT J. ASHE
OLLIE R. ASHER
EUGENE LEROY ASHLEY
GEORGE ASHTON
KENNETH W. ASQUITH
MANFORD W. ASTILL
JOHN R. ATENCIO
ROWAN DUANE ATWOOD
ALEXANDER AUBREY
EARL E. AUSTIN
EUGENE AVANTS
ALLEN O. AVARA
CHARLES TILLMAN AVERY
JAMES L. AVERY
CLARENCE T. AVILA
PETER R. AVILA
STANLEY L. AVILA
JERRY AVINA
JOHN LAWRENCE BABBICK JR.
ALEXANDER A. BACA
LIBBY B. BACAYLAN
HAROLD EDWARD BADGLEY
JOHN FREDERICK BAGWELL
TROY W. BAILEY
GEORGE BAIN
VERNON BAIRD
BURTON E. BAKER
FRED E. BAKER
JAMES K. BAKER
LEONARD A. BAKER
PASTOR BALANON JR.
JOE R. BALDONADO
HENRY R. BALMER
ROBERT L. BALTZ
CHARLES M. BAMFORD
BILLIE B. BANES
FRANK W. BANKSTON
BOB R. BANNISTER
ROBERT RODRIQUEZ BARAJAS
HENRY JASPER BARBIERI
ROY A. BARLETTANI
DEAN MOSER BARNETT
LEWIS A. BARNETT JR.
ALVIN J. BARRETT
EDWARD P. BARRIOS
EDWARD M. BARRY
VALENTINE BARSOUKOFF
GEORGE BARTHOLOMEW
JAMES W. BASS
DWINO J. BASSIGNANI
JAMES M. BATSON
EDGAR D. BAUMAN
ROBERT A. BAUR
SAMUEL CASTNER BAXTER III
THURSTON RICHARD BAXTER
WILLIAM THOMAS BAXTER
FRANK DANIE BAY
MARK E. BAYLARK
FLOYD T. BEACH
RONALD ANDREW BEAHM
JACKIE RAY BEAN
WALTER DONALD BEAN
ERNEST R. BEAUBIER
VICTOR P. BEAUCHAMP
WILLIAM G. BEAUDOIN
CLARENCE C. BEAVER
EVERT H. BEBEE
JOSEPH MARTIN BECKER
JACK MELVIN BEESON
RUSSELL BEHRINGER
SAMUEL L. BELASKY
AUGUSTINE A. BELKO
BULO BELL JR.
DONALD EDWIN BELL
GARY A. BELL
JAMES LLOYD BELL
JAMES E. BELLER
CLAUDE C. BELT
GAROLD E. BELTON
TORNEY R. BENEFIEL
OTIS P. BENJAMIN
JOSEPH A. BENNER
BOBBY L. BENNETT
KENNETH F. BENNETT
RICHARD W. BENNETT
THOMAS W. BENSON
BILLY J. BENTLEY
RALPH O. BERGE
WILLIAM D. BERGMANN
WALTER P. BERKING
JOE M. BERNAL
LEO J. BERNAL
WILLIAM N. BERNET
CLARENCE R. BERRETH
DENNIS JOSEPH BERRY
JERALD J. BERRYESSA
ROBERT EUGENE BERTAIN
ERNEST BETTENCOURT
ROBERT W. BEVANS
JAMES ELMER BEVILLE
ARTHUR G. BEZART
KENNETH L. BIARD
SAMUEL W. BIGGS
DONALD SYDNEY BILLS JR.
CLARENCE E. BINDT
HOLMAN B. BINGHAM
LOUIS H. BIRD
LEO R. BIRDSALL
FRANK L. BIRRELL
MEDON ARMIN BITZER
BENNIE M. BIVENS
THOMAS WARREN BLACKMON JR.
WENDELL E. BLAGG
PAUL LAVERNE BLAIR
RAYMOND J. BLAIR
ROY T. BLAIR JR.
TED BLAKE
WARREN BLAKE JR.
DAVID R. BLAKELOCK
WILLI BLICKENSTAFF
FRED ERNEST BLOESCH
ROBERT F. BLOOM
ELDEAN E. BOESE
JAMES JOHN BOLICK JR.
ROSS L. BOLINGER JR.
LEROY BONE
DORSIE HENRY BOOKER JR.
SALVADOR E. BORBON
RICHARD WEST BORSCHEL
CARLOS P. BORUNDA
MERLIN W. BORWICK
JOHN STEWART BOSTWICK
GLENN R. BOTHWELL
GEORGE D. BOURDIEU
HORACE N. BOWERS JR.
JACK T. BOWSER
BOBBY S. BOX
WILLIAM O. BOYD
CLARENCE EDWARD BOYLE JR.
DOUGLAS R. BOYLE
ALFREDO BRACAMONTE
LEONARD G. BRADFORD
DONALD R. BRADISH
ALFORD L. BRADLEY
NAPOLEON BRADLEY
JUDSON J. BRADWAY
RALPH BRANDENBURG
JULIAN BRATHWAITE
JOHN CHARLES BRAVO
RALPH F. BREITFELD
LOWELL RAY BREWER
WILLIAM E. BREWER
EDWARD BRIDENHAGEN
LARRY C. BRIMHALL
LEO P. BRIONES
HARVEY L. BROCKER
RICHARD R. BRODHEAD
LOUIS BRODUR
BILL M. BROOKIN
JULIAN T. BROOKS
ANTHONY E. BROWN
CHARLES W. BROWN
DAVID L. BROWN
FRANKLIN W. BROWN
GEORGE CLAYTON BROWN JR.
INDA BROWN
JAMES F. BROWN
JAMES F. BROWN
JOHN ROBERT BROWN
PAUL E. BROWN
RICHARD H. BROWN
SAMUEL C. BROWN
STANLEY BROWN
STANLEY BROWN
SEVERY B. BROXHOLME
CARROL BROYLES JR.
KENNETH C. BRUBAKER
JACKSON BRUCE
WALTER T. BRUNER
JOHN RICHARD BRUNS
BOBBIE L. BRYAN
CHARLES J. BRYANT
DON W. BRYANT
WILLIAM L. BRYANT
OSCAR H. BRYCE
WILLIAM R. BUCEY
EDWARD R. BUCHAN
DON RAY BUCHANAN
THOMAS M. BUCHANAN
FRED C. BUMGARDNER
GERALD F. BUMSTEAD
HERSHEL B. BURCH
JOHN G. BURCHETT
CLIFFOR BURCHFIELD
STERLING M. BURDICK
SHARMAN K. BURKE
WILLIAM RODERICK BURKE
LOUIS V. BURKHALTER
FRANCIS T. BURNS
RAYMOND BURNS
BUDDY B. BURRIS
RUDY L. BURROLA
JAMES BRYAN BURT JR.
SAMUEL R. BURTON
GEORGE BENJAMIN BURZOTA
JESUS F. BUSTAMANTE
JOHNNIE J. BUSTER
WILLIAM V. BUTTREY
GEORGE F. BUYENSE
KENNETH G. BYKUM
DELBERT A. BYROM
CLARENCE H. BYRUM
JAMES D. CABALLERO
JOHN J. CABRAL
RICHARD J. CABRAL
ISAAC S. CABRERA
JOHNNIE R. CABRERA
CHESTER CAHILL
DANIEL CALDEIRA
ERNEST TRUMAN CALDWELL
WILLIAM S. CALDWELL
TOMMIE LAVERE CALLISON
GEORGE E. CALVERT
RUBERTINO CAMACHO
EDGAR CAMERON
CLARK G. CAMPBELL
WILLIAM J. CAMPION
CARLOS C. CAMPOS
RICHARD AUGUSTINE CAMPOS
ROBERT C. CANALES
PAUL CANDELARIA
FRANCISCO L. CANDIA
KENNETH J. CANN
JACK E. CANNON
GLENN W. CANTRALL
WILLIE R. CARDENAS
LORIMER P. CARDIEL
JOSEPH CARDOZA
WILLIAM S. CARLISLE
HAROLD J. CARLSON
JOHN A. CARLSON JR.
GERALD JOSEPH CARMICHAEL
DONALD E. CARNES
LEANDRO C. CARRASCO
JAMEO A. CARRIGAN
ALEXANDER CARRILLO
CARMEN CARRILLO
RAUL CARRILLO
JOHN J. CARROLL
MURRAY B. CARROW
WILLIAM H. CARTER
FRANK B. CARVER
LIBERO P. CASACCIA
ALFRED P. CASARES
PRINCE A. CASON
LONNIE N. CASSLE
GERALD E. CASTAGNETTO
CALUDE CAMILLE CASTAING
PETE CASTANA
JOHN A. CASTEEL
RICHARD STEPHEN CASTER
WILLIA CASTLEBERRY
CHARLES CASTORENA
ANTONIO CASTRELLON
ARMANDO CASTRO
ARTHURO C. CASTRO
JESUS B. CASTRO
VICTOR E. CASTRO
CLIFTON CATCHINGS
ALFRED FABULA CATIMON
BRENICE CAUTHEN
JOHN S. CAVAGNARO
GEORGE A. CECCHEL
CHARLES L. CECIL
RAUL M. CENISEROZ
JOHN R. CERVI
REYNALDO CESENA
MARVIN CESSNA JR.
JOHN M. CHAMBERLAIN
HARVEY CHAMBERS
LEWIS W. CHAMBERS
CLARENCE CHAN
DONALD W. CHAN
JOHN B. CHAN
BOBBY JOE CHANDLER
ROBERT E. CHANNON
JACOB W. CHAPIN
ROSS H. CHAPIN
R. B. CHAPLIN
DEWEY LYLE CHAPMAN
GEORGE LOGAN CHAPMAN
HOWARD CHARTE JR.
BYRON HAROLD CHASE
JOHN L. CHASE
ROBINSON CHASE
THURMAN J. CHASTAIN
ALBERT J. CHAVEZ
CHARLES CHAVEZ JR.
DANIEL CHAVEZ
DANIEL V. CHAVEZ
EDWARD J. CHAVEZ
JOSE M. CHAVEZ
MIGUEL S. CHAVEZ
RUBEN CHAVEZ
SILAS E. CHAVEZ
DANIEL E. CHECOLA
HAROLD D. CHESBRO
FRED D. CHESNUT
ROBERT N. CHILCOTE
HERBERT W. CHIPMAN
JOHN VERNON CHITWOOD
HOWARD E. CHIVVIS
FITZHUGH CHRISMAN
LOUIS NORGALL CHRISTENSON
RICHAR CHRISTENSON
JAMES W. CHRISTIAN
WILLIAM K. CHRISTIE
EDWARD CHUMACK
VERNON J. CHURCH
JOSEPH P. CIDADE
RUDY CIENEGA
JACK J. CIRIMELE
ARTHUR CISNEROS
DONALD J. CLAIRMONT
JAMES R. CLARIN
EDWARD CLARK
GEORGE F. CLARK
HOWARD FRANKLIN CLARK
JAMES H. CLARK
ROBERT E. CLARK
ROOSEVELT CLARK
STUART G. CLARK
WALTER B. CLARK
MARION L. CLARY
WALTER E. CLASS JR.
FLOYD M. CLAYPOOL
DALLAS E. CLAYTON
KENNETH D. CLEMMONS
DOMINICK CLESCERI
ROY M. CLIFTON
WALTER ANDREW CLINNIN JR.
TERRILL O. COATES
WALTER R. COBLE
THOMAS JOHN COCHRAN
GILBERT CODDINGTON
CARLOS P. CODINA
JAMES F. COE
JOE P. COELHO
ROBERT GEORGE COFFEE
DONALD C. COLBURN
FRANK N. COLE
JACKIE L. COLE
ALAN R. COLEMAN
BLAINE M. COLEMAN
NORRIS L. COLEMAN
DONALD RICHARD COLGETT
CLARENCE H. COLLINS
GLENN E. COLLINS
JUNIOR RAISE COLLINS
SCOOP O. COLLINS
CHARLES RAGON COLT
EDWARD A. COLTON
CARL EDSEL COMBS
JOE C. COMIER
CHARLES R. COMPTON
ELBERT A. CONDLEY
STEPHEN A. CONDON
CONNIE M. CONNER
RUDOLPH CONTRERAS
EDWARD L. CONYERS
WILFORD THEODORE COOK
ARTHUR COOPER
BURL L. COOPER
DONALD D. COOPER
JACK R. COOPER
UTAH N. COOPER
ARNOLD LEROY COPITSKY
FREDERICK CORNELL
VICTOR GALVAN CORONA
DAVID CORRALES
DAN CORRALEZ
JOHN T. CORREA
JOE L. CORREIA
RICHARD ATTILIC CORSIGLIA
RUDOLPH CORTEZ
DONALD C. COSS
JOHN L. COSTA
WILLIAM E. COTTOM
WILLIAM D. COWAN
CHARLES C. COWART
LOYD COWDEN JR.
DONALD C. COWGER
RAY WALTER COWLES
ROY A. COWLES
DONALD G. COX
JAMES G. COX
ROBERT J. COZZALIO
IVAN E. CRABTREE
CHESTER J. CRAFT
GLEN ROY CRAMER
ALVIN E. CRANE JR.
ROBERT M. CRANE
HOOVER CRAWFORD
MARION J. CRAWFORD
STANLEY C. CRAWFORD
DALE F. CREGER
WILLIAM D. CREGGER
JAMES J. CRIBBEN
ALBERT L. CROFT JR.
WILLIAM DELBERT CRONE
AVON H. CROOK JR.
FRANK M. CROPPER
CHARLES M. CROPSEY
JAMES Z. CROSBY
RICHARD G. CROSKREY
WILL T. CROSS
EARNEST P. CRUZ
FREDDY CRUZ
MARTIN CRUZ JR.
RICHARD SANCHEZ CRUZ
ALFREDO CUEVAF
JOHN P. CUMBELICH
ROGER D. CUMMINGS
ELIDIO A. CUNHA
JACK J. CUNNINGHAM
JAMES O. CUNNINGHAM
ERNEST L. D. CURRY
ALBERT N. CURTIS
RALPH E. CURTIS
DONALD MCCRARY CUSTARD
DELOREN D. DAGE
DOUGLAS DALE
EDWARD B. DALE
JOSEPH LEWIS DALMON
WALLACE J. DALY
DONALD W. DANA
RICHARD L. DANEL
CONRAD R. DANIELS
OTIS DANIELY
JAMES P. DARCY
ROBERT E. DARE
NORMAN O. DARLING
GARLAND E. DARTER
LESLEY W. DARTING
DANIEL DAVALOS
MIKE S. DAVID
LEWIS J. DAVIES
JAMES CARROLL DAVIS
JEFFERSON FRANK DAVIS
JERRY DAVIS
JOHN J. DAVIS
JOHN L. DAVIS
LESLIE DAVIS
RICHARD E. DAVIS
ROBERT M. DAVIS
WALLACE J. DAWSON
LAMON M. DAY
WILLIAM F. DAY
DANIEL DE ANDA
ATTILIO DE CARLI
ELBERT C. DE COOK
ROBERT L. DE FRIER

UNITED STATES OF AMERICA

CALIFORNIA

JEROME S. DE GROOT
JOHN DE GROOT JR.
BILLY D. DE HART
ROCHA DANIEL DE LA
ERNEST DE OCHOA
RICHARD E. DE VILLIERS
CHARLES E. DE WEES
FREDRICO F. DEALBA
GLENN R. DEAN
WILBUR H. DEBUSK
THOMAS L. DEIGNAN
LORETO DELATOBA
CALIXTE J. DELESHA
ALFRED DELGADO
GILBERT J. DELGADO
NORMAN W. DENNEY
WILLIAM H. DENNIS
LEONARD DENTI
CARLO F. DERIVI
MAX L. DEROSSETT
REGINALD DESIDERIO
RICHARD L. DESMOND
DELBERT F. DEWEY
JAMES D. DEWEY
JOSEPH G. DEWS
RUSCIO EDWARD ALLEN DI
STEFANO ANGELO EUGENIO DI
MANUEL DIAZ JR.
PHILLIP R. DIAZ
VICTORIANO DIAZ
DONALD R. DICKINSON
JOHN WILLIAM DIEMER
LAHUE B. DILLION
CARLTON E. DILLON
HARRY WALDO DINGLE
WILLIAM J. DISKIN
ROBERT B. DOBBIE
DONALD DOCKSTADER
RICHARD ALLEN DODGE
MICHAEL JAMES DOLAN
WILLIAM A. H. DOLLAR
BURLEIGH V. DOLPH
DONALD WARREN DONNELL
CONRAD EDWIN DORN
GERALD EDWARD DOTY
THOMAS L. DOUFEXIS
JAMES CLAYBORN DOWELL
DON D. DOWLER JR.
PAUL DOXIE
JOHN M. DRAKE JR.
JACK DREXLER
MIGUEL T. DUARTE
PHILLIP M. DUARTE
CHOY J. DUCK
HOWARD A. DUCK
ERNEST HENR DUDERSTADT JR.
ROBERT ELMER DUFRENE
RALPH E. DUGAN
ARTHUR J. DUKE
CHARLES J. DUNCAN
WYATT G. DUNCAN JR.
DAVID JOE DUNHAM
JOHNNY E. DUNLAP
RONALD L. DUNN
CHARLES SHELBY DUNNE
JOSEPH W. DUPART
WAYNE L. DUPUIS
ERNEST DURAN
TONY G. DURAN
RUDY F. DURAZO
VERGIL DURHAM
HARRY MAX DUSTERHOFF
LYNN FRANCIS DUTEMPLE
EUGENE J. DUTRA
CREED LEA EADS
WILLIAM SYDNEY EARNS
DONALD V. EASTMAN
JACK RICHMOND EATON
GERALD D. EBNER
PATRICK J. EDMUNDS
ROY H. EDSTROM
LEROY EDWARD
CHARLES WOODROW EDWARDS
GARY RICHARD EDWARDS
GEORGE NEIL EDWARDS
ROBERT E. EDWARDS
THOMAS ARTHUR EDWARDS
MYRLE W. EHLE
FRITZ P. ELIASSEN
ROBERT MARVIN ELLARS
JUNNIE L. ELLIOTT
DAVID M. ELLIS
JOHN F. ELLIS
RALPH ALAN ELLIS JR.
BOBBY L. ELLISON
CONWELL G. ELLISON
HAROLD EDWARD ELLISON
REX DONALD ELLISON
RALPH ELSMAN JR.
THOMAS T. EMERTON
VINCENT N. EMMETT
BENJAMIN R. ENCINAS
HACHIRO B. ENDO
DONALD C. ENGH
ALVIN ENGLISH
GLEN E. EPPERSON
WILLIAM GEORGE EPPS
WALTER H. ERICKSON
JACK ERICSON
GREGORY F. ERLACH
JIMMY LOUIS ESCALLE
LYLE ESCHENBRENNER

GEORGE J. ESCOBAR
BENNY L. ESPARZA
JOSEPH ESPINOZA
JAMES ESPITA
ROBERT LAURENCE ESSIG
ALBERT J. ESTRADA
ALFONSO A. ESTRADA
ARMAND ERNEST ESTRADA
CECIL ESTRADA
JOHNNIE P. ESTRADA
THOMAS JAMES EUSTON
CURTIS D. EVANS
DAVID BURTON EVANS
EVERETTE R. EVANS
GENE E. EVANS
JIMMIE R. EVANS
VIRGLE J. EVANS
NEAL RICHARD EWING
DEROYCE H. EZZELL
ALFRED J. FABER
WILLARD F. FADDIS
CURTIS A. FAIR
CHARLES A. FALK
PIVO FALLORINA
JOSEPH LOUIS FARBER
LAWRENCE B. FARFAN
JOSEPH G. FARIA JR.
HENRY B. FARINHOLT
GERALD A. FARRIS
FRANK FARUZZI
WARREN HENRY FAUBEL
PAUL DOUGLAS FAULCONER
LOUIS P. FAUSONE
RICHARD R. FAWLEY
RAUL R. FELICIAN
STERLING F. FELIZ
THEODORE FELLIS
OSCAR M. FELTS
SAM W. FERGUSON
EMIL F. FERNANDEZ
DAVID J. FERRARI
ALBERT A. FERRARIS
NOLAN HERBERT FERREE
GERALD J. FERREIRA
MAYER D. FIANCE
ROBERT J. FICK
DONALD L. FIELDER
GERALD J. FIELDS
WALTER MARSHALL FIFE
FRANK R. FIGUEROA
CLEMOND W. FILLER
DONALD L. FILLER
ALEX GARCIA FILOMENO
LAWRENCE FILOSENA
JERRY L. FINLEY
JOHN EDWARD FINN
ROBERT JOSEPH FINNEGAN
LAWRENCE FINNERAN
JACK STEWART FISCHER
JAMES F. FISCHER
AMOS FISHER
RALPH G. FISHER
JOHN M. FITT
ERIC N. FLACKMAN JR.
WAYNE V. FLANNIGAN
RICHARD A. FLECK
RICHARD FLEISCHER
EDWARD D. FLEMING
ROBERT FLOECK
ROBERT F. FLOOD
GRADY H. FLOOK
ERNESTO M. FLORES
FIDEL GUZMAN FLORES
FRANK-R. FLORES
MANUEL H. FLORES JR.
POLITO FLORES
ROQUE IKE FLORES
ALBERT S. FLOYD
JACK FLOYD
JAMES D. FLUD
ROBERT W. FLUKE
JERRY P. FLYNN
HONG FONG
OLIVER FONG
MIGUEL A. FONSECA
EMMITT M. FORD
JOHN L. FORD
KENNETH C. FOSS
DAVID W. FOSTER
GEORGE E. FOSTER
RICHARD K. FOSTER
ROBERT RICHARD FOSTER
DORSEY R. FOWLER
WALTER W. FOWLER
ORRIN RUSSELL FOX
JOHN FRANCHINO
ELIAZAR FRANCO
JULIO E. FRANCO
FRANCIS FRANKEY
PAUL A. FRANKLIN
ALBERT G. FRANTZICH
DONALD M. FRASHER
ARTHUR J. FRATUS
JOHN DAVID FRAZER
JOHN FRECH JR.
ELMER FREEMAN
HAROLD W. FREEMAN
THERON H. FREEMAN
ARTHUR W. FREGEAU
RUDOLPH FREGOSO
JOE L. FREITAS
LEO THOMAS FREITAS

ARTHUR D. FRESHOUR
HARRY D. FRICK
DON E. FRITZ
GERALD K. FRIZZELL
CARL D. FROST
KYRLE S. FRYLING JR.
JOSEPH J. FUGATE
SAMUEL A. FUJII
DONALD A. FULLER
RICHARD CARRELL FULLER
DONALD V. FULLERTON
VERNON FUNKHOUSER
CHARLES M. FUSON
BENNY G. GABLE JR.
VANEDWARD GAINES
THOMAS P. GALBERTH
MANUEL J. GALINDO
FRANCIS CHARLES GALL
JEROME E. GALLAGHER
CHARLES P. GALLARDO
ALBERT L. GALLEGOS
POLITO G. GALLEGOS
RAYMOND A. GAMBA
GORDON C. GAMMON
WAYNE GAMMON
DAVID GANDIN
JOSEPH E. GANTY
RICHARD GARABEDIAN
ALFONSO GARCIA
ARTHUR D. GARCIA
ARTHUR S. GARCIA
FREDIE GARCIA
JACK GARCIA
JOSE M. GARCIA JR.
MANUEL L. GARCIA
PAUL GARCIA
REGINALD J. GARCIA
ROGER B. GARCIA
BEVERLY A. GARDNER
GREGORIO GARNICA
JOHN L. GARTRELL
RICHARD EUGENE GARVER
MIKE M. GARZA
CHARLES L. GAY
WILLARD F. GEIVETT
PAUL E. GENINO
WALTER W. GEORGE
WILBUR G. GEORGE
ROBERT F. GEYER
DONALD CHARLES GHEZZI
ANTHONY J. GHIOZZI
SCOTT GEORGE GIER
MERLE G. GIFFORD
ROBERT D. GILARDI
FRANCIS GILBERT JR.
RICHARD C. GILKEY
BOBBY R. GILL
EVAN L. GILLESPIE
JOHN F. GILLETTE
WILLIAM GILLILAND
RICHARD A. GILLIS
MELVIN G. GILMORE
JIM GIPSON
EDWIN GIRON
EMIL J. GIRONA
HARRY C. GITTELSON
SALVATORE GIUSTO
THOMAS F. GIVENS
ROBERT L. GLAZE
JACK D. GLENN
VERNON R. GLIDDEN
EUAL GOAD
RAYMOND D. GODFREY JR.
ROBERT E. GODFREY
RICHARD H. GOERLICH
MURRAY GOLD
NEWMAN CAMAY GOLDEN
WALTER T. GOLDEN
NICHOLAS N. GOMBOS
BENJAMIN GOMEZ
ENRIQUE G. GOMEZ
FELIPE C. GOMEZ
JAIME OVIDIO GOMEZ
RICHARD Z. GOMEZ
WILLIAM C. GOMEZ
HAROLD L. GONSALVES
ALEX GONZALES
ARMANDO GONZALES
ROGER GONZALES
TORIBIO M. GONZALES
MANUEL V. GONZALEZ
ROSCOE FLETCHER GOOD JR.
GLENN HAROLD GOODLANDER
WILBURN M. J. GOODMAN
DONALD J. GOODRIDGE
ROBERT L. GOODWIN
CLARENCE J. GORDON
GEORGE T. GORDON
GERALD KING GORDY
PAUL J. GOTNEY
MARVIN F. GOULDING
REGINALD F. GRADIAS
JOHN H. GRADY JR.
LESLIE O. GRAGG
JOHN H. GRAHAM
ROBERT R. GRAHAM
WALTER R. GRAHAM
JAMES W. GRAM
MARTIN L. GRANILLO
JACK N. GRAVES
WILBUR J. GRAVES
GEORGE ELBERT GRAY

GILBERT A. GREEN
JOE C. GREEN
ROBERT R. GREEN
EDWIN A. GREENE JR.
WILLIAM JAMES GREENE JR.
GLEN FINLEY GREGG JR.
FRED A. GREGORY
FRANK S. GRESS
ARTHUR G. GRICE
CHARLES G. GRICE
DOWER L. GRIFFIN JR.
JOSEPH M. GRIFFITH
FRANK CLARK GRUBB
ANASTACIO GUARDIAN
ALFRED GUGLIELMONE
MORTIMER G. GUINN
WYCH EUGENE GUION
LEONARD ARLO GUNDERT
MARVIN LEE GUTHRIE
FIDENCIO GUTIERREZ
ISADOR GUTIERREZ
RUDOLPH R. GUTIERREZ
HARRY J. GUTTERIDGE
JULIUS J. GWAZDACZ
ORVILLE REINHOLDT HABER
WILLIAM JOSEPH HABERLE
FRANK D. HAGAN
MALCOM C. HAGAN
EDWARD D. HAGERTY
DONALD HUGO HAGGE
DWAINE LEROY HAIGWOOD
GEORGE R. HALBERT
PAUL HALE
GLENN M. HALL
JOHN F. HALL
JOSEPH SPENCE HALL
LENDELL HALL
LEROY HALL
LEROY S. HALL
RALPH HARLEN HALL
THEODORE K. HALL
FREDERICK HALLETT
FRANK WARREN HALLEY
KENICHI HAMAGUCHI
LARRY P. HAMBY
HENRY J. HAMPTON
NORMAN W. HANCE
WILLIAM J. HANCOCK
IRWIN HANDLER
JAMES F. HANER JR.
ELVEN N. HANEY
JOHN J. HANSEN
MARTIN A. HANSEN
NICHOLAS HANSINGER
LELAND HANSON
ROBERT GORDON HANSON
ANTHONY T. HARALSON
GEORGE E. HARDIN
HORACE C. HARDING
HAROLD E. HARDY
CLIFFORD R. HARRIES
GEORGE HARRINGTON
CHARLES M. HARRIS
DUGAN HARRIS
HARLEY STAFFORD HARRIS JR.
JAMES HARRIS
LOVIEL S. HARRIS
RALPH LIONEL HARRIS
RICHARD L. HARRIS
WALTER L. C. HARRIS
GLEN O. HARRISON
WARREN P. MARTNEY
OTIS MERLE HARWELL
ELDON E. HASH
WILBUR D. HASTINGS
CURTIS ADRIAN HATFIELD
RAYMOND D. HATFIELD
SYDNEY HATTON
RICHARD D. HAUGEN
OTHO L. HAUGHN
JOHN MYRON HAUSEMANN
ROBERT G. HAUSER
RICHARD ELLIOTT HAWES
CARLIE DARRYL HAWKINS
HOWARD K. HAWSE
JAMES AUSTIN HAYDEN
JOHN BEAL HAYDEN
JACK B. HAYES
ROBERT E. HAYNIE
DOYLE C. HAYWARD
MINEFORD L. HAYWOOD
RICHARD G. HEAD
HOWARD WAKELY HEATER
ROBERT S. HEATER
RAY HECK
JOSEPH L. HEFLIN
EUGENE L. HEINZ
STEWART GORDON HELD
WALLACE W. HELMS
ROBERT E. HELTON
JOSEPH FRANCIS HENDERSON
DONALD JERRY HENDRIX
RAYMOND L. HENDRIX
CLIFFORD D. HENKLS
MICHAEL P. HENRY
ALLAN M. HENSLEE
PETER M. HERARDO
MICHAEL HERLINY
JESSIE HERMOSILLO
PEDRO E. HERNAEZ
ANTONIO HERNANDEZ
ERNESTO HERNANDEZ

GEORGE HERNANDEZ
HENRY S. HERNANDEZ
JESUS S. HERNANDEZ
JOSE HERNANDEZ
JUAN C. HERNANDEZ
LUIS HERNANDEZ
RODOLFO HERNANDEZ
RUBEN HERNANDEZ
TRINIDAD HERNANDEZ
EDWARD L. HERRERA
HOWARD F. HEYLIGER
WILLIAM HIATT
ERNEST F. HICKLING
HENRY E. HICKMAN
WILLIAM H. HICKMAN
JACK R. HIDAY
MAYNARD LEE HIGHLEY
GILBERT R. HIGUERA
RONALD J. HIGUERA
GEORGE T. HILL
HAROLD E. HILL
LEROY A. HILL
MELVIN R. HILL
VIRGIL C. HILLIARD
HOMER C. HINCKLEY
LESTER HINGSBERGEN
ARANARI HIRAGA
LOUIS M. HIRATA
WILLIAM OTIS HOBBA
JACK MELVIN HOBBIE
LESTER E. HOBSON
KENNETH SHERRILL HODGES
ALAN N. HOFF
ERNEST HOFFMAN
LAWRENCE E. HOFFMAN
JOHN R. HOGAN
GEORGE M. HOLBROOK
PRESTON HOLEMAN JR.
FRANCIS EUGENE HOLLAND
JOHN D. HOLLAND
JACK A. HOLLARS
JAMES LAVELL HOLLEY
EDGAR ALLEN HOLLISTER
JAMES A. HOLLOWAY
MAX S. HOLT
LAWRENCE HOMEN
CLYDE E. HOMESLEY
TOMIO HONDA
LAWRENCE C. HOOD
WALTER L. HOOD
JOE E. HOOKER
JOHN G. HOPE JR.
HUBERT F. HORN
HERMAN L. HORTON
GEORGE HOUSEKEEPER
JOHN C. HOUSER
MARLYN F. HOUSER
DONALD JAMES HOVATTER
JOHN E. HOWARD
MELVIN J. HOWARD
GILBERT L. HOWELL
DONALD L. HOYT
ROBERT D. HUBBS
GENE HUBER
JAMES L. HUDDLESTON
BILLIE R. HUDSON
EARL GENE HUDSON
JAMES ALEXANDER HUDSON
LELAND V. HUGGINS
FRED HUGHES
GEORGE L. HUGHES
JOHN E. HUGHES
ROBERT E. HUGHES
ROY T. HUGHES
FRANK E. HULA
DOUGLAS E. HUMPHREY
VELOY GENE HUMPHREY
BYRON J. HUNT
WILLIAM E. HUNT
WILLIAM RALPH HUNTER
PHARES HUTCHERSON
DAVID LEE HYDE
DAVID W. ICHO
TAMIYA IKEDA
JAMES F. INGELSBY
GLENN R. INGRAM JR.
BILLY J. ISBELL
HIDEMRO SAITO ISHIDA
KIYOSHI ISHIMIZU
RICHARD MARTIN ISLAS
LESTER G. IVANCICH
SHOGO IWATSURU
JESSE G. JACKSON
R. A. JACKSON
FELTON L. JAMERSON
LEO J. JAMES
WILLIAM REID JAMES
RUDY JANN
EDWARD W. JANSEN
MARVIN T. JANSSEN
LOUIS HERENJO JARAMILLO
ROBERT V. JARDINE
JOHN W. JARRETT
JOHN W. JEAL
PAUL A. JEANPLONG
JAMES JEFFERSON JR.
DONALD RUSSELL JENKINS
PAYNE JENNINGS JR.
JOHN ROBERT JENSEN
RICHARD DELBART JENSEN
WILBUR DEAN JENSEN
WILLIAM T. JESSUP

ARTHUR JACK JOHNSON
ARTHUR W. JOHNSON
BOBBIE J. JOHNSON
CLARENCE A. JOHNSON
EUGENE A. JOHNSON
JEFFERSON JOHNSON
JOE L. JOHNSON
JOHN LAVERNE JOHNSON
JOSE JOHNSON
ROY L. JOHNSON
SAMUEL W. JOHNSON
VARNELL JOHNSON
VICTOR E. JOHNSON
WILLIAM E. JOHNSON
THOMAS HENRY JOHNSTON
WALDO J. JOHNSTON
BUSTER BROWN JONES
CARL R. JONES
CLANTON C. JONES JR.
CLARENCE E. JONES
FLOYD L. JONES
LEO S. JONES
MILES H. JONES
RALPH D. JONES
RICHARD A. JONES
ROBERT N. JONES
SAMUEL L. JONES
WILBER G. JONES JR.
WILLIAM GARDNER JONES
WILLIAM J. JONES
GEORGE A. JORDAN JR.
HERBERT L. JORDAN
EDWARD V. JORGENSEN
WILLIAM JOSEPH
RAYMOND C. JOYNER
PORFIRIO JUAREZ JR.
VICTORIANO JUAREZ
ROBERT A. JURSCH
LAWRENCE A. JUSTI
BERT W. JUSTUS JR.
ELDEN C. JUSTUS
KENNETH KAISER JR.
DEROY F. KAMMERER
WILLIAM C. KARIN
JAMES H. KASINGER
WILLIAM A. KAST
CLYDE D. KEAR
KSSEL MONFORD KEENE
GEORGE P. KEENEY
DANNY R. KEITH
LAWRENCE B. KELLER
PAUL L. KELLER
RONALD LEE KELLER
CECIL D. KELLEY
DELBERT FRANCIS KELLEY
ROBERT G. KELLY
DONALD E. KELLY
FRANCIS BERNARD KELLY
RAYMOND GENE KELLY
GENE B. KELSO
JACK WILLIAM KELSO
GAYLORD W. KENFIELD
CLYDE S. KENNEDY
GILBERT C. KENNEDY
JACK SPENCER KENNEDY
ROBERT L. KENNEDY
PAUL B. KENTON
WAYNE KENTON
BILLY J. KEOUGH
WALTER MAURICE KEPLEY
SAMUEL L. KETCHUM
JACOB M. KEYSER
HARRY D. KIEFER
HERBERT M. KIEK
JOSEPH HARRISON KIENHOLZ
JACK CARL KIGHTLINGER
CLARENCE A. KILLIAN
CHARLES J. KILLORAN
FRED V. KILMBRELL JR.
JAMES ROBERT KIMBROUGH
BILLY L. KING
DUNBAR A. KING
ELDRED H. KING
LOYD KING JR.
WILLARD G. KING
JAMES ROBERT KINNEY
RALPH L. KINNEY
CHARLES FRANK KIRK
CLARENCE E. KIRKNER
EDWARD LEWIS KIRKPATRICK
REIN KIRSIMAGI
TETSUO KIYOHIRO
MARINUS KLARENBECK
NORMAN L. KLARIS
RICHARD H. KLASE
GEORGE R. KLEIN
ROY D. KLEIN
HARRY W. KLINE
PALMER KLINE
EDWIN JOHN KLINGER
JAKE KNIGHT JR.
MERRILL IRVEN KNOX
RAYMOND JOHN KNUEPPEL
FRED LESLIE KOGH
EUGENE C. KOHFIELD
SATORU KOJIRI
ARNOLD R. KOLDEN
KEN K. KONDO
PAUL E. KREMSER
ROBERT ORVILLE KREBER
FLOYD THERMAN KRONBAUM
JERED KROHN

5
UNITED STATES OF AMERICA
CALIFORNIA
JAMES V. KRUGER
DENNIS COTTRELL KURTZ
SHIGETOSHI KUSUDA
SHOSO KUWAHARA
ROBERT L. KYSER
PAUL LA BARR
JAMES W. LA FORGE
JAMES J. LA GRANGE
ROBERT C. LABREE
HADEN R. LACEY
IVAN MARCIAN LACHNIT
ROBERT E. LADEN
CHARLES R. LAMBERT
MARVIN ROBERT LAMBERT
ROY A. LANCASTER
LLOYD WAYNE LANDERS
JOHN LANE JR.
BRUCE B. LANGFITT
JOHN P. LANGWELL
GEORGE B. LANSBERRY
RICHARD ROCA LARA
RUDOLPH LARA
ALONZO L. LARWOOD
LOYAL GENE LASSLEY
LUTHER L. LASWELL
LOUIS J. LAVASSEUR
GEOFFREY LAVELL
MARK O. LAVELLE
FRANCIS A. LAWRENCE
FRANK JOE LAWSON
JACK D. LAWVER
GENE R. LAYTON
JOHN C. LAZALDE
JAMES ROBERT LE BARON
ANTONIO A. LEAL
VICTOR C. LEAL
LESLIE WAYNE LEAR
THOMAS J. LEAVEY
GILBERT LEDESMA
BENJAMIN LEE
DOYLE LIONEL LEE
HERBERT Y. LEE
RAYMOND H. LEE
RICHARD J. LEE
ROLAND EDWARD LEE
DELMAN E. LEEDY
ROBERT G. LEFFLER
ALFRED J. LEGER JR.
PAUL W. LEGG
EDMOND G. LEIGHTON
EDWARD COZED LENEVE
JOHN H. LENO
JAMES J. LEONARD JR.
ARMANDO D. LESPRON
CLARENCE A. LESTER
BURTON HESSEL LEVENSON
LEE G. LEVERING
ALBERT DALE LEVIE
HARVEY FRANKLIN LEVINE
LEO LEVY
DANIEL H. LEWIS
DUANT E. LEWIS
EUGENE D. LEWIS
JAMES E. LEWIS
JAMES M. LEWIS JR.
JOHNNIE L. LEWIS
JOSEPH LEWIS JR.
RICHARD STANLEY LEWIS
ROBERT N. LEWIS
NORVAL L. LIDDICOAT
GERALD G. LILE
CHARLES R. LILLIE
KERMIT K. LILYROTH
ERNEST C. K. LIM
MIGUEL S. LIMA JR.
HENRY A. LIND
CHARLES A. LINDBERG
EDWARD W. LINDSEY
ORVILL LINEBAUGH
HAVILAND J. LINK
LEONARD LINK
FRANK I. LIPSCOMBE
LAWRENCE LISCANO
JOHN K. LITCH JR.
JOHN O. LITTLE
WARREN LITTLEFIELD
THOMAS R. LLOYD
ARNOLD F. LOBO
FRANK V. LOCKEFER
JIMMIE ERMIA LOCKHART
HAROLD LOEWENKAMP
EARL W. LOGAN
EDWARD ROYCE LOGSTON
JOSEPH SHELDON LONG JR.
MELVIN I. LONG
GEORGE LONGENECKER
ARNOLDO V. LOPEZ
GERALD ALVIN LOPEZ
GUILLERMO P. LOPEZ
JOHN A. LOPEZ
MIKE R. LOPEZ
MILTON LOPEZ
PETER R. LOPEZ
RAYMOND LOPEZ
TONY LOPEZ
VICTOR M. LOPEZ
WILLIAM HENRY NEWE LORENZ
ELMER M. LORENZO
COSIMO S. LOTEMPIO
FRANK THOMAS LOUGHERY
MATTHEW LOVE
ROBERT W. LOVELL
GERALD A. LOWE
RAY J. LOWE
HARRY P. LUCAS
ELIAS W. LUCERO
LOUIS LUCERO
WARREN A. LUCIO
PAUL VINCENT LUHRS
LOUIE M. LUISI
GEORGE LUJAN
RICHARD S. LUNA
EARL E. LUNDBERG
WILLIAM LUNDQUIST
LOWELL D. LUNT JR.
JOHN S. LUSH
CLARENCE P. LUTTRALL JR.
PHILIP C. LYNCH
DOUGLAS JAY MAC ARTHUR
JAMES HARRISON MACDONALD
GILBERT V. MACHADO
LEONARD I. MADRID
LUCIANO ERNEST MADRID
ROBERT BANUELOS MADRID
BENJAMIN MADRIGAL
FRANK T. MADRIGAL
PETE G. MAGALLANEZ
EDWARDO MAGANA
BYRON D. MAGEE
THOMAS A. M. MAHER
ALBERT A. MAJOMUT
LALO S. MALDANADO
JERRY L. MALEY
GENO J. MALISE
ROBERT J. MALLOY
RICHARD R. MANCEBO
THOMAS MANCHESTER
DAVID MANDELL
ALBERT J. MANGINI
LEE H. MANNING
NORMAN S. MANNING
LOWELL D. MANSON
PASTOR B. MANZANO
WARREN R. MAR
DONALD E. MARCELLI
GLEN V. MARCHANT
ARMANDO R. MARCIAS
BENNIE Z. MARES
IGNATIUS MARINELLO
ROY L. MARJAMA
HENRY A. MARNEY
GILBERT MARQUEZ
ALBERT L. MARTIN
EDWARD F. MARTIN
WILLIAM H. MARTIN
WILLIAM R. MARTIN
ALFREDO L. MARTINEZ
DENNIS O. MARTINEZ
EFREM G. MARTINEZ
ERNEST R. MARTINEZ
JESUS C. MARTINEZ
JESUS P. MARTINEZ
JOSE E. MARTINEZ
JOSEPH A. MARTINEZ
JUAN J. MARTINEZ
RAYMOND R. MARTINEZ
RICHARD J. MARTINEZ
TRINIDAD MARTINEZ
DANIEL N. MATA JR.
JAMES L. MATHIS
ROY L. MATHIS
JOHN RALPH MATTEI
DANIEL P. MATTHEWS
LEXIE D. MATTHEWS
ROBERT C. MAUPIN
JAMES P. MAURICIO
WILLIAM F. MAUS
JAMES PATRICK MAYBERRY
JIMMIE MAYEMURA
ROBERT LELAND MAYHEW
JOHN M. MAYO
JAMES T. MC AFEE
MICHAEL J. MC ALPIN
JOHN M. MC ALPINE
AARON H. MC BRIDE
BOBBY G. MC BRIDE
JAMES LLOYD MC BRIDE JR.
EDWARD L. MC CALL
RUFUS A. MC CALL
CECIL D. MC CAN
BILLIE JACK MC CARRELL
TROY D. MC CARTY
WILLIAM F. MC CLURE JR.
LAWRENCE MC COLLIM
FRANCIS N. MC COLLOM
ALBERT MC CONNELL
BILLY G. MC CORMICK
SHAFTER MC COY JR.
VERNE L. MC CREA
KENNETH MC DONALD
DONALD P. MC DOWELL
EDMOND M. MC DOWELL
LEONARD MC DOWELL
WILLIAM T. MC GHEE
LADELL MC GILL
BRIAN D. S. MC GLYNN
RONALD GEORGE MC GRATH
CHARLES F. MC GUIRE
RICHARD MC INTIRE
CHARLES HENRY MC INTYRE
JAMES H. MC KECHNIE
HENRY L. MC KEE
JOSEPH T. MC KEON
WILLIAM M. MC KEY
GORDON L. MC KINLEY
LANCE L. MC KINNEY
RICHARD MC KINNEY
MACKEY D. MC KINNON
DAVID J. MC LENDON
GEORGE T. MC MAHON
PAUL D. MC MANUS
RICHARD B. MC MANUS
ARTHUR MC MILLIAN
WILLIAM MC MORRAN
MARTIN S. MC NAMARA
CLARENCE MC NAMES
BURTON MC NAUGHTON
JOHN R. MC NAUGHTON
PATRICK JOE C. MC PHERSON
CHARLES EARNEST MC WHIRK
ALFRED MC WHIRTER
MICHAEL LAURENCE MCADAMS
WILLIAM LOGAN MCCARVER
THEODORE E. MCCORMICK
RICHARD EUGENE MCCUNE
CLYAMON G. MCDOWELL
THOMAS LESLIE MCGINNIS
LLOYD JAMES MCGRAW
HAROLD MICHAEL MCKENNA
JOSEPH ANDRE MCKENNA
RICHARD C. MCMICHAEL
MORGAN BERNDOLLAR MCNEELY
JAMES HAMILTON MCROBERTS
NEIL W. MEAGHER
ROBERT D. MEDFORD
EDWARD MEDINA
FREDERICK MEDRANO
SELIA M. MEEK
RAYMOND L. MEGERLE
DAVID T. MEJIA
JOHN H. MELDRUM JR.
JOSE M. MELENDEZ
DANIEL GILBERT MELENDREZ
ENRIQUE H. MELLO
FRANCIS J. MELLO
WILLIAM ROBERT MELTON
ALVIN R. MENDES
JOE C. MENDIBLES
FERDINAND MENDONCA
JOSEPH R. MENDONCA
ALFONSO L. MENDOZA
DANIEL P. MENDOZA
JOSEPH MENDOZA
JULIAN L. MENDOZA
RAYMOND MENDOZA
HUMBERTO MERCADO
LOUIE MERCADO
LOUIS A. MERINO
MARCUS PAUL MERNER
JOHN N. MERRILL JR.
EARL W. MERRIMAN
JOSEPH BALINT MESZAROS
WILLIAM G. METCALF
JAMES H. METZ
JOSEPH D. METZO
AL MICHAELIS
RAYMOND MICHAELS
WILLIAM ANTHONY MIDYETT
LEONARD MIGUEL
EARL CLARANCE MILES
REX H. MILES
DONALD G. MILLER
EUGENE R. MILLER
GEORGE W. MILLER
HARRY V. MILLER
HOWARD PRESTON MILLER JR.
JACKIE E. MILLER
OSCAR W. MILLER
PAUL BURNELL MILLER
PAUL E. MILLER
POSEY L. MILLER
ROBERT B. MILLER
ROLLY G. MILLER
THOMAS M. MILLER
WALDEMAR WILLIE MILLER
JAMES BENDLER MILLINGTON
DONALD F. MILLS
EDWARD R. MILOS
ALEXANDER MIRANDA
CRESCENCIO MIRELEZ
DONALD GEORGE MITCH
COY F. MITCHELL
HARRY D. MITCHELL
JOHN MITCHELL JR.
TOMMY F. MITCHELL
FRANK R. MOEN
RALPH MOISA
EPIPHANIO G. MOLINA
WILLIAM E. MOMENT
VINCENT MONDRAGON
WALTER J. MONGEON
NAPOLEON MONROE
EARLE E. MONTAGUE
GUY E. MONTAGUE JR.
ADOLFO MONTEBERDE
ANDREW J. MONTELLO
GILBERT MONTENEGRO
ALBINO C. MONTES
HORACIO NEVAREZ MONTEZ
DANIEL MONTGOMERY
GIFFORD MONTGOMERY
RAYMOND MONTGOMERY
ROBERT MONTGOMERY
LOUIS MONTOYA
STEPHEN MONTOYA
CHARLES R. MOODY
ARA MOORADIAN
CHARLES G. MOORE
CLARENCE N. MOORE
DAVID ALEXANDER MOORE
HENRY F. MOORE
JOHN D. MOORE
JOSEPH F. MOORE
LOUIS BRADT MOORE JR.
MILLER E. MOORE
DONALD S. MORAN
MELVIN W. MORE
RUSSELL MORECRAFT
EUGENE M. MORELLI
JAMES R. MORENCY
ALBERT MORENO
ALBERT G. MORENO
ALEXANDER M. MORENO
GILBERT T. MORENO
ISAAC PADILLA MORENO
PEDRO MORENO
RAMON R. MORENO
RAYMOND M. MORENO
RUDOLPH MORENO
JAMES A. MORGAN
LEROY ALBERT MORGAN JR.
JENRO MORILLO
DONALD E. MORISSETT
TETSUE MORIUCHI
PAUL ALAN MORLEY
JOHN C. MORRIS III
HERMAN E. MORSE
JOHN A. MOSELEY
WYNN THOMAS MOSS JR.
SHIZUO MOTOYAMA
JAMES A. MOYA
GERALD MULHOLLAND
WILLIAM DERRAL MULKINS
EDWARD L. MULROONEY
VALENTE V. MUNOZ
DANIEL P. MURPHY
DAVID L. MURPHY
DONALD L. MURPHY
EDMUND J. MURPHY
EUGENE THOMAS MURPHY
GLEN W. MURPHY
RICHARD J. MURPHY
WALTER L. MURPHY
FLOYD A. MURRAY
ORVILLE D. MUSICK
FORREST MARTIN MUTSCHLEK
GENE MUTTER
FRED LAWRENCE MYERS
ROBERT H. MYERS
DALE B. NAGLE
ARNOLD NALLEY
JIMMIE P. NANCE
WALTER GILBERT NAPIER
AGAPITO D. NARANJO
RAYMOND NARANJO
ALFRED EDWARD NAUMAN JR.
RALPH O. NAVARRO
EMMETT NEAL
WALTER PHILIP NEEL
KENNETH E. NEFF
JAMES H. NEIGHBORS
NORMAN L. NEIHEISEL
RALPH ANDREW NEIS
ROBERT C. NELSON
ROBERT JOHN NELSON
ROY R. NELSON
JOHN H. NESS
MAJOR J. NETTLES
GARY J. NEUMANN
SAM E. NEVAREZ
CONRAD LEROY NEVILLE
LAWRENCE W. NEVILLE
CHARLES A. NEWMAN
DONALD S. NICHOLS
EVERET C. NICHOLS
DONALD E. NICKEL
DONALD JOHN NICKEY
MELVIN E. NIEDENS
DAVID LEON NIELSEN
ROY M. NIER
WARREN T. NISHIHARA
ROY V. NOCETI
ROBERT N. NONELLA
DAVID T. NORDIN JR.
RAY G. NORLING
CARL L. NORMAN
JAMES W. NORMAN
JOHN F. NORMAN
LLEWELLYN F. NORRIS
HERBERT M. NORTON
KASMIR E. NOWICKI
ERNEST G. NOWLIN
RICHARD A. NOYES
REGINALD NUNN
ALWIN D. OAR
TADASHI OBANA
EDWARD JOSEPH OBERSHAW
EUGENE ARNOLD OBREGON
ARNOLD OCHOA
CLIFFORD PATRICK OCHOA
WILLIAM EDWARD OCKERT
FENTON M. ODELL
RICHARD OGIER
ALFRED D. OGLESBY
TOGO OKAMURA
JOHN R. OKEEFE
RICHARD N. OLAGUE
JOE RODRIGUEZ OLAQUE
STEPHEN J. OLEKSIUK
LUIS A. OLIVA
ALBERT R. OLIVAS
ALBERT S. OLIVAS
JOHN A. OLIVEIRA
ALBERT S. OLSON
STANLEY R. OLSON
ROBERT OLVERA
THEODORE OMALLEY
JAMES MIDDEKAUF OMELVERY
HENRY A. ONEAL
HOWARD L. ONSTOTT
ALLEN L. ORD
HENRY R. ORETTA
PEDRO ORNELAS
ISHMAEL OROZCO
CLIFTON C. ORR
EARL ORTIZ
EDMUND E. ORTIZ
FRED G. ORTIZ
ISABEL A. ORTIZ
RUBEN M. ORTIZ
DAVID OSANA
GERALD ALLEN OSTERBERG
JOSEPH B. OSTERGAARD
BILL M. OTOMO
LAWRENCE W. OVERMAN
DONALD WESLEY OVERTON
THOMAS R. PACINI
WILLIAM B. PADGETT
LESTER FRANK PAGE
CHARLES T. PAGEL
ALVIN EARL PAINTER
JIMMY PANTOZOPULOS
HOWARD G. PARK
ROBERT E. PARKE
RICHARD ALVIN PARKER
PATRICK E. PARKES
DAVID O. PARKHURST
HAROLD P. PARKS
HAROLD J. PARKSION
CHARLES L. PARLE
MARTIN H. PARLET
LARRY L. PARMENTIER
ROBERT E. PARNOW
JESUS C. PARRA
JOSE M. PARRA
LEROY PARRISH
ROBERT W. PASKE
BRUCE MONROE PASS
ROSARIO PASSARELLI
DONALD L. PATCH
LEWIS D. PATRICK
JAMES S. PATTERSON
WILLIAM ERNEST PATTON
CHARLES R. PAULSEN
EDDIE L. PAYNE
FRANK D. PAYNE
DONALD A. PEACH
RICHARD A. PEARCE
LOUIS G. PEARL
RAYMOND E. PEARSON
DAVID D. PECOR
ANGEL O. PEDROZA
ERNEST K. PEELER
RICHARD F. PEINADO
LELAND R. PELLERIN
LOUIE PENA
CALVIN K. PENBERTHY
CHESTER OSGOOD PENNEY JR.
ROGER WILLIAM PENNINGER
EUGENE PENNINGTON
NORTON PEPPMULLER
FIDEL PERALTA
ALFRED PEREZ
FRANK M. PEREZ
JESSE G. PEREZ
MANUEL G. PEREZ
ALVA J. PERKINS
LLOYD R. PERKINS
FRANKLIN R. PERRY
WILLIAM PERRY
WARREN ROY PERSON
ROBERT K. PETERS
FRED A. PETERSEN JR.
FRED N. PETERSEN JR.
ROBERT WILLARD PETERSEN
EARL W. PETERSON
LARRY LEE PETERSON
PETER E. PETERSON
UDELL LEE PETERSON
WILLIAM A. PHARRIS
HYDE PHILLIPS
RICHARD HENRY PHILLIPS
ERNEST M. PICKENS
ALBERT C. PIERCE
RICHARD O. PIERCE
EMERALD W. PIKE
BERNARD S. PINTER
WALLACE R. PIPER
PARIS J. PIPKIN
JOHN F. PIPPIN
JOHN A. PITTERSON
CLARK JOE PITTMAN
ALEXANDER PLOTKIN
BOBBY RAY POARE
RICHARD D. PODESTA
HAROLD ROOSEVELT PODORSON
NORMAN IVER PODOS
GEORGE JOSEPH POE
RAY POINT
KENNETH OTTO POLENSKE
KARL LEWIS POLIEKA
WYATT H. POMEROY
EDWARD POOL
OLIVER PORTER
RONALD JOHN PORTER
FRANK PORTUGAL
CALVIN R. POTTER
THOMAS LEE POTTER
ROY H. POTTS
JAMES D. POW
JAMES IRSLEY POYNTER
MIGUEL POZOS
JOSEPH F. PRAST
LAURENCE PARKER PREDDY JR.
DOUGLAS W. PRESTAGE
CHARLES PRESTISS
JOHN F. PRICE
HOWARD CLIFFORD PRIDE
MINER W. PRIDEMORE
WESLEY PRINCE JR.
THEODORE B. PRINGLE JR.
JAMES JORDAN PRIOR
CALVIN E. PROCTOR
KENNETH A. PUGH
ERVIN H. PURE
THEODORE A. PUSHNIG
GENE A. PUTZIER
GEORGE H. V. PYATT
JOSEPH R. QUARESMA
JOHN E. QUICK
GLENN F. QUINLIVAN
MIKE J. QUINTANA
ALBERT E. QUINTERO
AUGUSTIN QUINTERO
ERNEST E. RAMIREZ
FIDEL RAMIREZ
FRANK R. RAMIREZ
LUPE H. RAMIREZ
DANIEL T. RAMOS
JOSEPH D. L. C. RAMOS
MARTIN M. RAMOS
DIETER RAMPENDAHL
ROBERT L. RAMSAUR
JAMES C. RAMSEY
NOLAN R. RAMSEY
ROBERT JAMES RAMSEY
WILLIAM HENRY RANES
WILLIAM P. RANEY
WARREN J. RARICK
JAY B. RASH
KENNETH RASMUSSEN
CHARLES H. RAY
JERRY J. RAYBURN
GERALD WESTLEY RAYMOND
ROBERT V. READ
BILLY J. REAGAN
BRUCE L. REAMES
CHESTER F. REAS JR.
CHARLIE E. REAVES
LAWRENCE P. REBAGLIATI
RONALD W. REED
JACK N. REEDER
EDWIN B. REESER
ROBERT D. REGNIER
ROBERT J. REHM
VALE R. REILICH
JOHN REINHARDT JR.
GEORGE FRANCIS REIS
HARRY W. REITZE SR.
GEORGE E. RELIHAN
MANUEL J. RENDON
ANTHONY RENNEBERG
LOYD A. RESCH
WILLARD J. REY
JAMES H. REYNOLDS
ADOLPH C. REYNOSO
JOHN KYLER RHOADS
ROBERT L. RHOADS
JOSEPH JEROME RICE
ELMER G. RICHARD
HUNTER J. RICHARDS
LEONARD BERTREM RICHARDS
DEAN E. RICHARDSON
JULES A. RICHE
AGGIE L. RICHEY
CHARLES R. RICHMOND
ROSS R. RICKARD
THOMAS L. RICKETT
HOYLE T. RIDDLE
PAUL E. RIESS
LOUIE JAMES RIGHTMIRE
REGINALD ALVIN RILEY
FLORENCIO RIOS
JESSE M. RIOS
JOHN S. RIVAS
ANGEL H. RIVERA
JOSE H. RIVERA
WILLIAM P. RIVERA
ROBERT H. RIVET
GUIDO RIZZO
LEO ANTHONY RIZZUTO
JOHN B. ROBART
RAY N. ROBBINS
WAYNE ROBBINS
JACK A. ROBERSON
AUBRIE ROBERTS
FREDDIE J. ROBERTS
GERALD R. ROBERTS
GORDON G. ROBERTS
RALPH EDWARD ROBERTS
RAYMOND L. ROBERTS
EDWARD ROBERTSON
JOSEPH K. ROBERTSON
ALFRED G. ROBINSON
GEORGE A. ROBINSON
GORDON P. ROBINSON
RAMON CORDERO ROBLEDO
FRANK P. ROBLES
DARYL ERWIN RODNEY
EDWARD RODRIGUES
ARTHUR RODRIGUEZ
CLIFFORD RODRIGUEZ
DIEGO L. RODRIGUEZ
EARL G. RODRIGUEZ
JOSE RIOS RODRIGUEZ
JOSEPH R. RODRIGUEZ
OMAR L. RODRIGUEZ
THEODORE RODRIGUEZ
TONY RODRIGUEZ
HECTOR R. RODRIQUEZ

UNITED STATES OF AMERICA

CALIFORNIA

NORMAN E. ROESBERRY
JOHN JENNINGS ROESSEL
ALEXANDER ROESSLER
ERNEST ROESSNER
EUGENE ROGERS
EUGENE JEROME ROGERS
RICHARD M. ROGERS
TOMMIE E. ROGERS
GAYLEN FLOYD ROHWER
FRANK M. ROMAN
ADAM M. ROMERO
ARISTEO ROMERO
CHARLES B. ROMERO
CHARLES PATRICK ROMERO
JOSE L. ROMERO
MARTIN Z. ROMERO
ANGEL P. ROMO
ARTURO ROMO
CRISTOBAL ROMO
FERNANDO V. ROMO
JOSE ROMO
GEORGE H. ROSA
SANTIAGO ROSA
ADOLFO G. ROSALES
DOMINGO R. ROSAS
FRANK R. ROSAS
ALVIN STANFORD ROSENTHAL
FLOYD R. ROSETTE
MELVIN G. ROSKELLEY
DELMER W. ROSS
RICHARD ROSS JR.
ROBERT E. ROSS
CHARL ROSSTEUSCHER
JOHN HENRY ROUMIGUIERE
EDWARD U. ROUTH
SALVADOR J. ROVELLO
RICHARD CARL ROWE
DAVID A. ROWLEY
DONALD J. RUBIDEAUX
BENJAMIN RUBIO
JOHN F. RUFENER
JOSEPH RUFFULE
ROY L. RUFUS
VERN O. RUGH
ARMANDO RUIZ
JOHN G. RUIZ
WILLARD A. RULE
ROBERT W. RUPE
MICHEL BAINES RUSSEL
FRANK S. RUSSELL
SALVATO RUTIGLIANO
CHARLES J. RUTLEDGE
ROY GILBERT RYDIN
JOHN P. RYHTER
LOREN RYLANCE
JOSE P. SABLAN
GEORGE BISHOP SACSON
ELPIDIO M. SAGISI
CARLOS R. SALAZAR
ESTEVAN SALAZAR
SASTINES SALAZAR
ROBERT SALCIDO
JUAN SALDANA
ROBERTO SALDANA
ALEJANDRO ENRIQUE SALINAS
JAMES SALISBURY
JAMES R. SANCHEZ
JESSE B. SANCHEZ
KENNETH L SANCHEZ
ROBERT M. SANCHEZ
WILLIAM Q. SANCHEZ
MATHEW SANDER JR.
GENE A. SANDERS
HARRY TILL SANDLIN
NESTOR C. SANDSTROM
CHARLES D. SANFORD
ANDREW SANTIBANEZ
CHARLES R. SAPP
HAROLD J. SARGEANT
MIKE SAROIAN
HENRY B. SARRAIL
MINORU SASAKI
WARREN E. SAUER
JAMES M. SAUNDERS
JAMES T. SAVAGE
MERLE L. SAVAGE
DWIGHT E. SAVILLE
EDWARD J. SAVKO
KENNETH E. SAWYER
ARTHUR SAZO
ROBERT E. SCANLON
HARRY M. SCHAAD JR.
GILBERT JACK SCHAUER
WILLIAM G. SCHEMMEL
GERALD ALAN SCHICK
HARVEY T. SCHINKAL
GEORGE C. SCHMIDT
JOHN R. SCHMUTZ
WILLIAM SCHNEIDER

JOHN D. SCHOLES
WILLIAM D. SCHONDER
JOHN EMMETT SCHULTZ JR.
CHARLES CLINTON SCHWARTZ
GERALD L. SCOTT
HUBERT R. SCOTT
EDMUND G. SCOULLAR
DONALD T. SEABOURN
KEITH D. SEAMAN
LEROY D. SEAMAN
IRVING L. SEEBERG
ALVIN A. SEIFERT
CHARLES R. SELBY
WALTER K. SELENGER
A. L. SELLERS
FRANK JOSEPH SERNA
DANIEL V. SERRANO
WILLIAM G. SEWELL
RALPH J. SEYLER
GEORGE SHAMOON
RICHARD H. SHANE
CHARLES R. SHARP
JACK D. SHARP
MARVIN K. SHAW
ALAN D. SHEARER JR.
GORDON A. SHEEKS
CHARLES SHEHORN JR.
WILLIAM B. SHELTON
REYNARD E. SHENTON
CLAUDE L. SHEPPARD
HIROSHI SHIBAO
CALVIN T. SHIMATA
DALE D. SHINABARGER
ROBERT M. SHINDE
LARRY ROSS SHINER
BILLY SHULER
JERRY EARL SHUP
PHILIP SHUTMAN
THOMAS E. SIFLING
DAVID SILVA
ENFRE SILVA
LAWRENCE HENRY SIMMON
DOUGLAS N. SIMMONS
JOHN W. SIMMONS
ROBERT J. SIMMONS
WILLIAM B. SIMMONS
CLEMMIE SIMMS
GENE H. SIPPEL
HENRY M. SIPSEY
GAMEZ R. SIQUEIROS
HOMER L. SISK JR.
ROBERT W. SISK
CHARLES T. SISSON
GLEN WILLARD SKAGGS
CARTER MORRISON SKARE
CLARENCE R. SKATES
MELVIN D. SKIDMORE
PRESTON SKINNER
DONALD C. SKOGLUND
GLEN LEROY SLAVICEK
JOHN A. SLOAT
JAMES R. SMILEY
ALBERT EUGENE SMITH
BERNARD L. SMITH
BOBBY L. SMITH
CECIL E. SMITH
CLIFFORD H. SMITH
DENVER J. SMITH
DONALD F. SMITH
ERNEST SMITH
GEORGE C. SMITH
GORDON OLIVER SMITH
IRA B. SMITH
ISAAC SMITH
JAMES DELA SMITH JR
JAMES E. SMITH
JIMMIE REED SMITH
JIMMY D. SMITH
JOHN H. SMITH
JOHN W. SMITH
LLOYD G. SMITH
ORVIL SMITH
PAUL A. SMITH
RAY C. SMITH
ROBERT BRANDON SMITH
ROBERT SAMUEL SMITH
RODERICK C. SMITH
TROY N. SMITH
WILLIAM D. SMITH
WILLIAM G. SMITH JR
WILLIS PRESTON SMITH
ERNEST L. SMITHER
JAMES N. SMITHERS
PORTER JOE SMITHSON
NOLAN HARRY SNELLING
ROBERT C. SNODGRASS
JOE A. SOLIZ JR.
ROBERT SOLOMON
DONALD W. SOMERVILLE

GLEN ALLEN SOMSEN
DONALD ANTHONY SORRENTINO
DAVID B. SOTO
GEORGE JIMMIE SOTO
PETER S. SOTO JR.
TONY SOTO
DEWEY L. SOWARD
LESTER IRVING SOWELL
LEWIS W. SOWLES
DEMPSEY SPAINHOUR
ROBERT A. SPARKMAN
GLEN L. SPRADLEY
STUART LEE SPURLOCK
JAMES S. SPYRE
ANTHONY D. SROK
REX F. STACY
FRANCIS H. STAMER
RAYMOND D. STANFILL
PAT M. STANLEY JR.
DONALD WILLIAM STANTON
GERALD L. STANTON
JOHN CARL STAUBER
RICHARD EDMUND STECKEL
CHARLES OSCAR STEELE
WALTER STEELE
FRANK STEFAS
JOSEPH D. STEINBERG
PAUL B. STEMRICK
DALE L. STEPHENS
HARRY E. STEPHENS
HARLAN L. STEPP
FRANK L. STEVENS
LIONEL F. STEVENS
LYNN STEVENS
ROBERT L. STEVENS
DAVID D. STEWART
RICHARD H. STEWART
RICHARD H. STEWART
VICTOR W. STEWART
ARNOLD E. STIBELMAN
GEORGE W. STILES
JERRY D. STILES
KENNETH H. STOKES
RICHARD M. STONE
ROBERT NATHAN STONE
DONALD WILBUR STORY
PHILIP D. STOUT
JOHN R. STOVALL JR.
RALPH B. STRATTON
DELMER EUGENE STRAWHORN
RICHARD EARL STRIDER
WILLIAM F. STRITZKE
WILLIAM A. STRONG
DALE LEMOINE STROPES
CHARLES STRUTHERS
ROBERT B. STUDNICK
STANWC STUFFLEBEAM
HAMER S. STUMBO
JAMES T. STUMP
JOHN R. SUCICH
JOHN P. SUGGS
JAMES C. SULLIVAN
JOHN E. SUMRALL
TROY W. SWAIN
ALFRED LANDER SWARTHOUT
RANDALL A. SWEET
ALBERT L. SYMON
BENNIE E. TABB
ALVIN R. TADLOCK
ELIAS B. TAFOYA
JOHN M. TAFOYA
PAUL B. TAFT
GEORGE TAKAHASHI
TOHORU T. TAKAI
HERBERT TAKAMATSU
MITSUGI B. TAKAMOTO
CESARA TALAVERA
JACK F. TALBOT
ROBERT TALLEY JR.
SIDNEY D. TALLEY JR.
OSAMU TAMURA
MARLIN ARTHUR TANNER
YUKIWO TANOUYE
HAROLD MICHAL TARDIO
GEORGE G. TATARAKIS
TONY TAVARES
WILLIAM TAVRES
GERMAN V. TAYLOR
IRVIN EARLE TAYLOR
JOE D. TAYLOR
OSCAR L. TAYLOR
RALPH E. TAYLOR
ROBERT E. TAYLOR
ROBERT W. TAYLOR
WILLIAM EDWARD TAYLOR JR.
WILLIAM F. TAYLOR
BOYD THOMAS TEAGUE
ROBERT A. TEDFORD
BYRON CONWAY TEEL

PAUL TENERO JR.
JAMES C. TEIXEIRA
RUDOLPH TELLEZ
VICENT CHARLES TERINO
DONALD W. TERRY
ROGER E. TERRY
DONALD TESSENDORFF
RONALD R. TESSIER
WILLIAM J. TEUCHERT
COLUMBUS H. THACKER
FLOYD E. THATCHER
ALBERT E. THOMAS
ARNOLD L. THOMAS
GARLAND C. THOMAS
GERALD THOMAS
LLOYD THOMAS
JOSEPH E. THOMASON
CHARLES RUSSELL THOMPSON
ELWOOD JOHN THOMPSON
HAROLD D. THOMPSON
HOWARD R. THOMPSON
KENNETH T. THOMPSON
CHARLES D. THOMSON
GORDON W. THOMSON
RAYMOND R. THORNTON
RICHARD BERTRAM THORPE
WILL ROY THORPE JR.
DUNCA THORSTEINSON
GERALD GLADDEN TIDWELL
ALLEN RICHARD TIERNAN JR.
HORACE N. TILLER
DAVID TIMBERLAKE
PAUL L. TINGLE
EUGENE L. TIRADO
CHARLES E. TISDALE
HARUO TOMITA
SIMPSON TOMLINSON
DAVID A. TONG
RICHARD TORKELSON
DONALD TORRES
ERNEST E. TORRES
JOSE TORRES
MARCELO TORRES
RALPH L. TORRES
RUSSELL G. TORRES
FRANK TOSETTI
JESSIE TOWE JR.
EDWIN JACK TOWN
CLIFFORD TOWNSEND
GROVER C. TOWRY
ARTHUR A. TRAUTMANN
JOHN T. TRAVIS
GEORGE F. TREDER
DAVID OROZCO TREJO
DON L. W. TRENT
GABRIEL TREVIS
RICHARD S. TRIBBLE
JAMES B. TRIGGS
HAROLD TROLLE
BILLY R. TROW
CECIL S. TRUAX JR.
MELECIO H. TRUJILLO
ROBERT M. TRUJILLO
TONY E. TRUJILLO
JACK S. TSUBOI
CLIFFORD TUCKER
J. D. TUCKER
WILLIAM ALLEN TULK JR.
JOHN FRANKLIN TULLOCH JR.
GEORGE E. TUNIN
ALLEN T. TURNER
HALLIE K. TURNER
HAROLD PETER TURNER
RAYMOND LEE TUTTLE
ROBERT EDWARD TYKARSKI
LESTER J. UBER
WILLIAM L. ULBRICH
RICHARD R. ULREY
HERMAN A. ULRICH
ROBERT EDWARD UMHOEFER
DONALD A. UNDERWOOD
ARCHIE M. UNO
AKIRA UOTA
RICHARD R. UPTON
TAKAYA URAGAMI
ISIDRO D. URBANO
JOE D. URIBE
JOHN URIBE
JERRY URSINI
MANUEL J. UVALLE
FRANK E. VAAGE
ERNEST VALDEZ
CONCEPCIO VALENCIA
RALPH J. VALENTIN
EUGNE VALENTINE
ADOLPHO VALENZUELA
ALFREDO VALENZUELA
TONY L. VALENZUELA
NELLO VALOROSI

FRANK VAN ANTWERP
WALLACE W. VAN DYKE
JULIUS L. VAN GUNDY
HOWARD G. VAN HORN
DORAL A. VANCE
CLAYTON W. VANDARWAKA
GEORGE VANDERLOOP
JOHN EDGAR VANHOUSEN
AVELARDO VARELA
JON D. VARNEY
HENRI J. VASCHETTO
ALBERT M. VASQUEZ
ARTURO VASQUEZ
JOHN V. VASQUEZ
JOSE VASQUEZ
JOSE J. VASQUEZ
JACK EUGENE VAUGHAN
HAYDEN GALE VAUGHN
THOMAS P. VEGA
ANTONIO VELO
TONY S. VERA
WILLIAM CRISTIAN VERBURG
NICK VEZAKIS JR.
ROBERT VICALDO
IRWIN L. VICTOR JR.
OLEGARIO VIDAURRI
ROBERT LELAND VILES
HERMAN F. VILLA
PAUL VILLA
ANTONIO B. VILLELA
BOBBY D. VINYARD
DAVID G VIRAMONTES
WILLIAM T. WACKERMANN
DANNY L. WAGNER
BILLY J. WAINWRIGHT
ARCHIE WALKER
JACK EARL WALKER
JOHN A. WALKER
LAWRENCE R. WALKER
ARTHUR HINTON WALL
ROBERT J. WALLACE
WILLIAM WALLGREN
DAVID CHARLES WALSH
BILLY WALTERS JR.
LEROY WANDS
DONALD VICTOR WANEE
CHARLES E. WARD
MELVIN R. WARD
WILL WARLIE
WILLIAM WARNER
PAUL EUGENE WARREN
GEORGE H. WASHBURN
DAVID D. WATKINS
NORMAN E. WATKINS
NUMA A. WATSON JR.
WAYNE T. WATSON
DELMER C. WATTERSON
IRVING WATTERSON
ENOCH WATTS
JAMES E. WATTS
WILLIAM WEATHERMAN
JAMES M. WEAVER
LARRY A. WEAVER
DONALD F. WEBB
DONALD K. WEBB
EDWIN F. WEBB
GRANT WEBER
HAROLD WEBSTER JR.
CECIL WEDWORTH
HENRY DOUGLAS WEESE
MERLE R. WEIDNER
IRVING S. WEISS
STANLEY J. WEISSMAN
CHARLES W. WEIZEL
JAMES C. WELDON
ROBERT E. WELKER
FRANK PERRENOT WELLER
WINFRED N. WELLER
ARTHUR L. WELLS JR.
CALVIN D. WELLS
JAKE F. WENG
ROBERT GRIFFITHS WENSLEY
JAMES E. WERBER
DONALD F. WESSEL
DALLAS G. WEST
KENNETH L. WEST
RICHARD D. WEST
LESLIE ENEN WESTBERRY
JAMES R. WESTERMAN
HOWARD W. WESTERVELT JR.
STEN E. WESTIN
JONNIE WESTPHALL
ORDIS J. WHEELER
ROBERT LOCKRIDGE WHEELER
ROBERT L WHISLER
CHARLES E. WHITAKER
CLAUDE VINCENT WHITE
DONALD C. WHITE
EDWARD A. WHITE

JAMES B. WHITE
LONNIE R. WHITE
RICHARD A. WHITE
WILLIE E. WHITE JR.
JOE B. WHITENER JR.
BILLY E. WHITESIDE
RALPH H. WHITNEY
EDWARD HAROLD WHITTAKER
JOE E. WHITTEN
CONRAD D. WILCOX
JOHNNY R. WILDS
R. C. WILKERSON
CLEOPHAS WILKINS
EDDIE M. WILLETTE
OMER T. WILLETTE
HARRY E. WILLIAMS
JACK K. WILLIAMS
JAMES O. WILLIAMS
KENNETH E. WILLIAMS
ROBERT JOSEPH WILLIAMS
ROBERT R. WILLIAMS
WALTER N. WILLIAMS
MELVILL WILLIAMSON
WALLACE L. WILLIAMSON
DOYLE D. WILLIS
ROBERT WILLIS
ROBERT F. WILLIS
FRED D. WILMUTH
WILLIAM H. WILNER
ARTHUR C. WILSON JR.
EARNEST G. WILSON
LEROY W. WILSON
ROBERT V. WILSON
JOHN W. WIMBLEY JR.
WILBUR S. WING
PETER PAUL WINTER
VAN W. WINTERS
JOSEPH ROBERT WITHERSPOON
ROBERT F. WITT
MELVIN E. WOLFE
SAMUEL N. WOLFSDORF
ELLIOTT DEXTER WOLFSEN
CLARENCE WOMACK
WILLIAM F. WOMACK
WILLIAM K. C. WONG
DONALD OWEN WOOD
PAUL E. WOOD
PAUL L. WOOD
THOMAS F. WOOD
WILLIAM KING WOOD
JOEL G. WOODARD
FLOY A. WOODRING
DONAL L. WOODS
ISAAC T. WOODS
JULIGA WOODS JR.
LUTHER J. WOODS
ROBERT A. WOODWARD
RICHARD WOODWORTH
CLAUDE WOOLDRIDGE
HARRY H. WOOLLEY
LOWELL W. WOOLSEY
GEORGE WARREN WORTH JR.
ALLEN WRIGHT
JACK M. WRIGHT
RICHARD K. WRIGHT
CLYDE A. WURTZ
ROY WYATT
ERNEST W. WYCKOFF
HOMER H. WYLES
JOICHI YAMASHITA
JOE G. YANEZ
RALPH FREDERICK YAROSH
GARY K. YASUNAKA
BOBBY K. YATES
GORDON C. YATES
ERIK F. YDE
RICHARD YEE
GEORGE JACOB YOHE
STANLEY W. YOPPINI
EARNEST M. YOUNG
PAUL YOUNG
PAUL H. YOUNG
RAYMOND C. YOUNG
ROBERT H. YOUNG
RUSSELL V. YOUNG
FERMI YPARRAGUIRRE
DON YUMORI
ANTHONY C. ZAHRA
ARTHUR ZAMARRIPA
SAMUEL V. ZANTEN
MANUEL G. ZARAGOZA
ALBERT V. ZARZETSKI
FREDDIE ZAVALA
LELAND ZELINSKY
EUGENE H. ZIMMERMAN
BILLY G. ZUSPAN
JACK G. ZUVER
ROBERT L. ZUVER

CANAL ZONE

CHARLES B. BRANNON

COLORADO

RUBIE TYREE ABSHIRE JR.
WINSTON L. AUBERS
HELMUT ALTEKOT
DWIGHT CLARK ANGELL
DAVID O. ARCHULETTA

THEODORE M. ARD JR.
JAMES ARGETS
CLARENCE ARMSTRONG
DONALD B. ATHERTON
JACK MORTON BAUMER

CHARLES BEACH JR.
FRANKLIN E. BEATTIE
BRUCE BECK
NORMAN L. BEEN
ROBERT O. BERGMANN

BILLY J. BEST
WILSON L. BINGAMAN
HUBERT F. BLASHILL
JOHN D. BLEVINS JR.
ALVIN J. BOLF

PHILIP L. BOLIN
JAMES L. BOYDSTON
RAY G. BRAMHILL
ANTON E. BREWER
FRANK S. BUENO

HOWARD O. CALDWELL
ARNOLD F. CHAVEZ
BERNARD R. CHAVEZ
DON CHAVEZ
SAMUEL G. CLARK

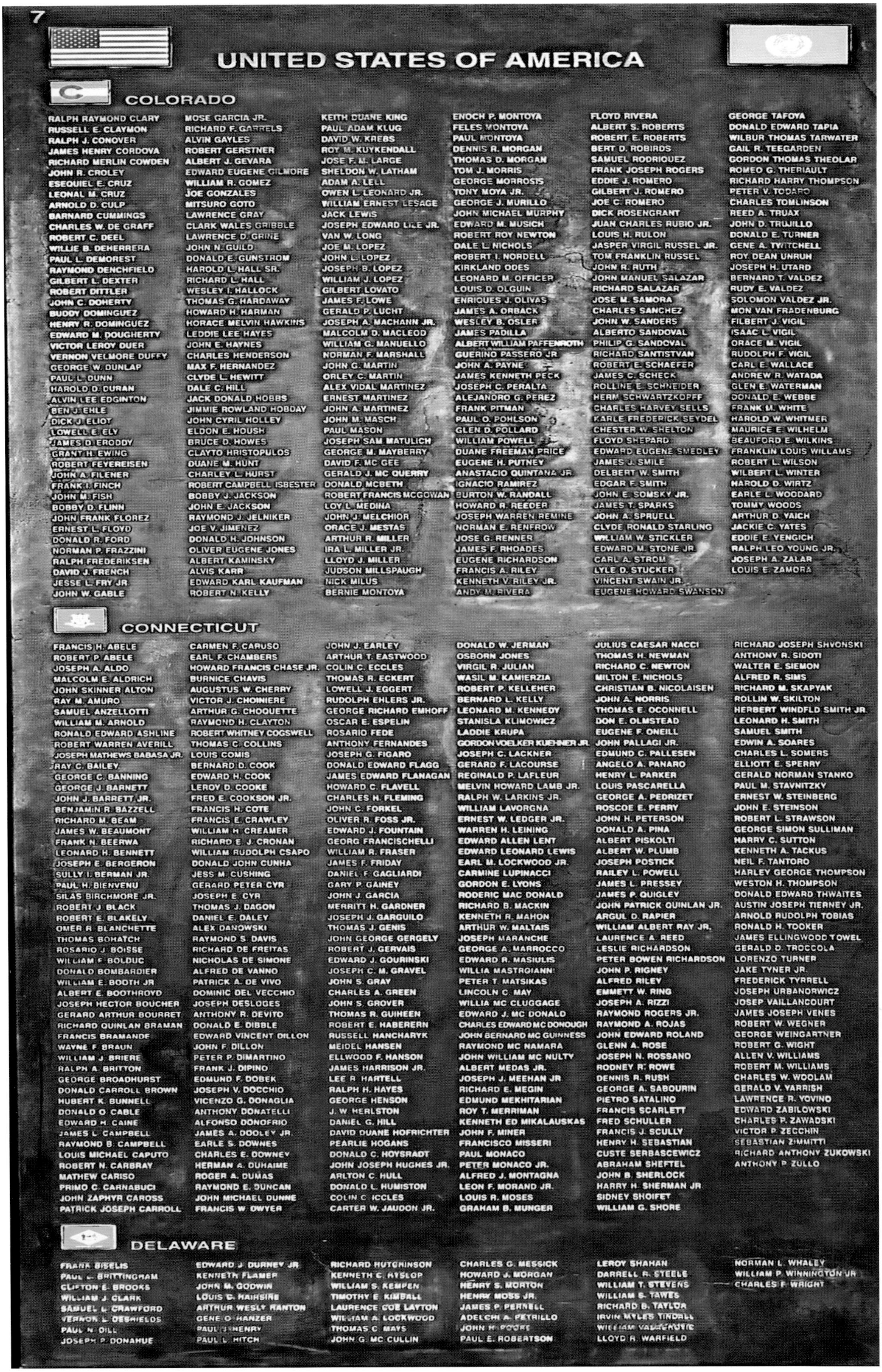
7
UNITED STATES OF AMERICA
COLORADO
RALPH RAYMOND CLARY
RUSSELL E. CLAYMON
RALPH J. CONOVER
JAMES HENRY CORDOVA
RICHARD MERLIN COWDEN
JOHN R. CROLEY
ESEQUIEL E. CRUZ
LEONAL M. CRUZ
ARNOLD D. CULP
BARNARD CUMMINGS
CHARLES W. DE GRAFF
ROBERT C. DEEL
WILLIE B. DEHERRERA
PAUL L. DEMOREST
RAYMOND DENCHFIELD
GILBERT L. DEXTER
ROBERT DITTLER
JOHN C. DOHERTY
BUDDY DOMINGUEZ
HENRY R. DOMINGUEZ
EDWARD M. DOUGHERTY
VICTOR LEROY DUER
VERNON VELMORE DUFFY
GEORGE W. DUNLAP
PAUL L. DUNN
HAROLD D. DURAN
ALVIN LEE EDGINTON
BEN J. EHLE
DICK J. ELIOT
LOWELL E. ELY
JAMES D. ERODDY
GRANT H. EWING
ROBERT FEYEREISEN
JOHN A. FILENER
FRANK I. FINCH
JOHN M. FISH
BOBBY D. FLINN
JOHN FRANK FLOREZ
ERNEST L. FLOYD
DONALD R. FORD
NORMAN P. FRAZZINI
RALPH FREDERIKSEN
DAVID J. FRENCH
JESSE L. FRY JR.
JOHN W. GABLE
MOSE GARCIA JR.
RICHARD F. GARRELS
ALVIN GAYLES
ROBERT GERSTNER
ALBERT J. GEVARA
EDWARD EUGENE GILMORE
WILLIAM R. GOMEZ
JOE GONZALES
MITSURO GOTO
LAWRENCE GRAY
CLARK WALES GRIBBLE
LAWRENCE D. GRINE
JOHN N. GUILD
DONALD E. GUNSTROM
HAROLD L. HALL SR.
RICHARD L. HALL
WESLEY I. HALLOCK
THOMAS G. HARDAWAY
HOWARD H. HARMAN
HORACE MELVIN HAWKINS
LEDDIE LEE HAYES
JOHN E. HAYNES
CHARLES HENDERSON
MAX F. HERNANDEZ
CLYDE L. HEWITT
DALE C. HILL
JACK DONALD HOBBS
JIMMIE ROWLAND HOBDAY
JOHN CYRIL HOLLEY
ELDON E. HOUSH
BRUCE D. HOWES
CLAYTO HRISTOPULOS
DUANE M. HUNT
CHARLEY L. HURST
ROBERT CAMPBELL ISBESTER
BOBBY J. JACKSON
JOHN E. JACKSON
RAYMOND J. JELNIKER
JOE V. JIMENEZ
DONALD H. JOHNSON
OLIVER EUGENE JONES
ALBERT KAMINSKY
ALVIS KARR
EDWARD KARL KAUFMAN
ROBERT N. KELLY
KEITH DUANE KING
PAUL ADAM KLUG
DAVID W. KREBS
ROY M. KUYKENDALL
JOSE F. M. LARGE
SHELDON W. LATHAM
ADAM A. LELL
OWEN L. LEONARD JR.
WILLIAM ERNEST LESAGE
JACK LEWIS
JOSEPH EDWARD LILE JR.
VAN W. LONG
JOE M. LOPEZ
JOHN L. LOPEZ
JOSEPH B. LOPEZ
WILLIAM J. LOPEZ
GILBERT LOVATO
JAMES F. LOWE
GERALD P. LUCHT
JOSEPH A. MACHANN JR.
MALCOLM D. MACLEOD
WILLIAM G. MANUELLO
NORMAN F. MARSHALL
JOHN G. MARTIN
ORLEY C. MARTIN
ALEX VIDAL MARTINEZ
ERNEST MARTINEZ
JOHN A. MARTINEZ
JOHN M. MASCH
PAUL MASON
JOSEPH SAM MATULICH
GEORGE M. MAYBERRY
DAVID F. MC GEE
GERALD J. MC QUERRY
DONALD MCBETH
ROBERT FRANCIS MCGOWAN
LOY L. MEDINA
JOHN J. MELCHIOR
ORACE J. MESTAS
ARTHUR R. MILLER
IRA L. MILLER JR.
LLOYD J. MILLER
JUDSON MILLSPAUGH
NICK MILUS
BERNIE MONTOYA
ENOCH P. MONTOYA
FELES MONTOYA
PAUL MONTOYA
DENNIS R. MORGAN
THOMAS D. MORGAN
TOM J. MORRIS
GEORGE MORROSIS
TONY MOYA JR.
GEORGE J. MURILLO
JOHN MICHAEL MURPHY
EDWARD M. MUSICH
ROBERT ROY NEWTON
DALE L. NICHOLS
ROBERT I. NORDELL
KIRKLAND ODES
LEONARD M. OFFICER
LOUIS D. OLGUIN
ENRIQUES J. OLIVAS
JAMES A. ORBACK
WESLEY B. OSLER
JAMES PADILLA
ALBERT WILLIAM PAFFENROTH
GUERINO PASSERO JR.
JOHN A. PAYNE
JAMES KENNETH PECK
JOSEPH C. PERALTA
ALEJANDRO G. PEREZ
FRANK PITMAN
PAUL O. POHLSON
GLEN D. POLLARD
WILLIAM POWELL
DUANE FREEMAN PRICE
EUGENE H. PUTNEY
ANASTACIO QUINTANA JR.
IGNACIO RAMIREZ
BURTON W. RANDALL
HOWARD R. REEDER
JOSEPH WARREN REMINE
NORMAN E. RENFROW
JOSE G. RENNER
JAMES F. RHOADES
EUGENE RICHARDSON
FRANCIS A. RILEY
KENNETH V. RILEY JR.
ANDY M. RIVERA
FLOYD RIVERA
ALBERT S. ROBERTS
ROBERT E. ROBERTS
BERT D. ROBIRDS
SAMUEL RODRIQUEZ
FRANK JOSEPH ROGERS
EDDIE J. ROMERO
GILBERT J. ROMERO
JOE C. ROMERO
DICK ROSENGRANT
JUAN CHARLES RUBIO JR.
LOUIS H. RULON
JASPER VIRGIL RUSSEL JR.
TOM FRANKLIN RUSSEL
JOHN R. RUTH
JOHN MANUEL SALAZAR
RICHARD SALAZAR
JOSE M. SAMORA
CHARLES SANCHEZ
JOHN W. SANDERS
ALBERTO SANDOVAL
PHILIP G. SANDOVAL
RICHARD SANTISTVAN
ROBERT E. SCHAEFER
JAMES C. SCHECK
ROLLINE E. SCHNEIDER
HERM SCHWARTZKOPFF
CHARLES HARVEY SELLS
KARLE FREDERICK SEYDEL
CHESTER W. SHELTON
FLOYD SHEPARD
EDWARD EUGENE SMEDLEY
JAMES J. SMILE
DELBERT W. SMITH
EDGAR F. SMITH
JOHN E. SOMSKY JR.
JAMES T. SPARKS
JOHN A. SPRUELL
CLYDE RONALD STARLING
WILLIAM W. STICKLER
EDWARD M. STONE JR.
CARL A. STROM
LYLE D. STUCKER
VINCENT SWAIN JR.
EUGENE HOWARD SWANSON
GEORGE TAFOYA
DONALD EDWARD TAPIA
WILBUR THOMAS TARWATER
GAIL R. TEEGARDEN
GORDON THOMAS THEOLAR
ROMEO G. THERIAULT
RICHARD HARRY THOMPSON
PETER V. TODARO
CHARLES TOMLINSON
REED A. TRUAX
JOHN D. TRUJILLO
DONALD E. TURNER
GENE A. TWITCHELL
ROY DEAN UNRUH
JOSEPH H. UTARD
BERNARD T. VALDEZ
RUDY E. VALDEZ
SOLOMON VALDEZ JR.
MON VAN FRADENBURG
FILBERT J. VIGIL
ISAAC L. VIGIL
ORACE M. VIGIL
RUDOLPH F. VIGIL
CARL E. WALLACE
ANDREW R. WATADA
GLEN E. WATERMAN
DONALD E. WEBBE
FRANK M. WHITE
HAROLD W. WHITMER
MAURICE E. WILHELM
BEAUFORD E. WILKINS
FRANKLIN LOUIS WILLAMS
ROBERT L. WILSON
WILBERT L. WINTER
HAROLD D. WIRTZ
EARLE L. WOODARD
TOMMY WOODS
ARTHUR D. YAICH
JACKIE C. YATES
EDDIE E. YENGICH
RALPH LEO YOUNG JR.
JOSEPH A. ZALAR
LOUIS E. ZAMORA
CONNECTICUT
FRANCIS H. ABELE
ROBERT P. ABELE
JOSEPH A. ALDO
MALCOLM E. ALDRICH
JOHN SKINNER ALTON
RAY M. AMURO
SAMUEL ANZELLOTTI
WILLIAM M. ARNOLD
RONALD EDWARD ASHLINE
ROBERT WARREN AVERILL
JOSEPH MATHEWS BABASA JR.
RAY C. BAILEY
GEORGE C. BANNING
GEORGE J. BARNETT
JOHN J. BARRETT JR.
BENJAMIN R. BAZZELL
RICHARD M. BEAM
JAMES W. BEAUMONT
FRANK N. BEERWA
LEONARD H. BENNETT
JOSEPH E. BERGERON
SULLY I. BERMAN JR.
PAUL H. BIENVENU
SILAS BIRCHMORE JR.
ROBERT J. BLACK
ROBERT E. BLAKELY
OMER R. BLANCHETTE
THOMAS BOHATCH
ROSARIO J. BOISSE
WILLIAM F. BOLDUC
DONALD BOMBARDIER
WILLIAM E. BOOTH JR
ALBERT E. BOOTHROYD
JOSEPH HECTOR BOUCHER
GERARD ARTHUR BOURRET
RICHARD QUINLAN BRAMAN
FRANCIS BRAMANDE
WAYNE F. BRAUN
WILLIAM J. BRIERE
RALPH A. BRITTON
GEORGE BROADHURST
DONALD CARROLL BROWN
HUBERT K. BUNNELL
DONALD O. CABLE
EDWARD H. CAINE
JAMES L. CAMPBELL
RAYMOND B. CAMPBELL
LOUIS MICHAEL CAPUTO
ROBERT N. CARBRAY
MATHEW CARISO
PRIMO C. CARNABUCI
JOHN ZAPHYR CAROSS
PATRICK JOSEPH CARROLL
CARMEN F. CARUSO
EARL F. CHAMBERS
HOWARD FRANCIS CHASE JR.
BURNICE CHAVIS
AUGUSTUS W. CHERRY
VICTOR J. CHOINIERE
ARTHUR G. CHOQUETTE
RAYMOND H. CLAYTON
ROBERT WHITNEY COGSWELL
THOMAS C. COLLINS
LOUIS COMIS
BERNARD D. COOK
EDWARD H. COOK
LEROY D. COOKE
FRED E. COOKSON JR.
FRANCIS H. COTE
FRANCIS E. CRAWLEY
WILLIAM H. CREAMER
RICHARD E. J. CRONAN
WILLIAM RUDOLPH CSAPO
DONALD JOHN CUNHA
JESS M. CUSHING
GERARD PETER CYR
JOSEPH E. CYR
THOMAS J. DAGON
DANIEL E. DALEY
ALEX DANOWSKI
RAYMOND S. DAVIS
RICHARD DE FREITAS
NICHOLAS DE SIMONE
ALFRED DE VANNO
PATRICK A. DE VIVO
DOMINIC DEL VECCHIO
JOSEPH DESLOGES
ANTHONY R. DEVITO
DONALD E. DIBBLE
EDWARD VINCENT DILLON
JOHN F. DILLON
PETER P. DIMARTINO
FRANK J. DIPINO
EDMUND F. DOBEK
JOSEPH V. DOCCHIO
VICENZO G. DONAGLIA
ANTHONY DONATELLI
ALFONSO DONOFRIO
JAMES A. DOOLEY JR.
EARLE S. DOWNES
CHARLES E. DOWNEY
HERMAN A. DUHAIME
ROGER A. DUMAS
RAYMOND E. DUNCAN
JOHN MICHAEL DUNNE
FRANCIS W. DWYER
JOHN J. EARLEY
ARTHUR T. EASTWOOD
COLIN C. ECCLES
THOMAS R. ECKERT
LOWELL J. EGGERT
RUDOLPH EHLERS JR.
GEORGE RICHARD EMHOFF
OSCAR E. ESPELIN
ROSARIO FEDE
ANTHONY FERNANDES
JOSEPH G. FIGARO
DONALD EDWARD FLAGG
JAMES EDWARD FLANAGAN
HOWARD C. FLAVELL
CHARLES H. FLEMING
JOHN C. FORKEL
OLIVER R. FOSS JR.
EDWARD J. FOUNTAIN
GEORG FRANCISCHELLI
WILLIAM R. FRASER
JAMES F. FRIDAY
DANIEL F. GAGLIARDI
GARY P. GAINEY
JOHN J. GARCIA
MERRITT H. GARDNER
JOSEPH J. GARGUILO
THOMAS J. GENIS
JOHN GEORGE GERGELY
ROBERT J. GERVAIS
EDWARD J. GOURINSKI
JOSEPH C. M. GRAVEL
JOHN S. GRAY
CHARLES A. GREEN
JOHN S. GROVER
THOMAS R. GUIHEEN
ROBERT E. HABERERN
RUSSELL HANCHARYK
MEIDEL HANSEN
ELLWOOD F. HANSON
JAMES HARRISON JR.
LEE R. HARTELL
RALPH H. HAYES
GEORGE HENSON
J. W. HERLSTON
DANIEL G. HILL
DAVID DUANE HOFRICHTER
PEARLIE HOGANS
DONALD C. HOYSRADT
JOHN JOSEPH HUGHES JR.
ARLTON C. HULL
DONALD L. HUMISTON
COLIN C. ICCLES
CARTER W. JAUDON JR.
DONALD W. JERMAN
OSBORN JONES
VIRGIL R. JULIAN
WASIL M. KAMIERZIA
ROBERT P. KELLEHER
BERNARD L. KELLY
LEONARD M. KENNEDY
STANISLA KLIMOWICZ
LADDIE KRUPA
GORDON VOELKER KUEHNER JR.
JOSEPH C. LACKNER
GERARD F. LACOURSE
REGINALD P. LAFLEUR
MELVIN HOWARD LAMB JR.
RALPH W. LARKINS JR.
WILLIAM LAVORGNA
ERNEST W. LEDGER JR.
WARREN H. LEINING
EDWARD ALLEN LENT
EDWARD LEONARD LEWIS
EARL M. LOCKWOOD JR.
CARMINE LUPINACCI
GORDON E. LYONS
RODERIC MAC DONALD
RICHARD B. MACKIN
KENNETH R. MAHON
ARTHUR W. MALTAIS
JOSEPH MARANCHE
GEORGE A. MARROCCO
EDWARD R. MASIULIS
WILLIA MASTROGIANNI
PETER T. MATSIKAS
LINCOLN C. MAY
WILLIA MC CLUGGAGE
EDWARD J. MC DONALD
CHARLES EDWARD MC DONOUGH
JOHN BERNARD MC GUINNESS
RAYMOND MC NAMARA
JOHN WILLIAM MC NULTY
ALBERT MEDAS JR.
JOSEPH J. MEEHAN JR
RICHARD E. MEGIN
EDMUND MEKHITARIAN
ROY T. MERRIMAN
KENNETH ED MIKALAUSKAS
JOHN F. MINER
FRANCISCO MISSERI
PAUL MONACO
PETER MONACO JR.
ALFRED J. MONTAGNA
LEON F. MORAND JR.
LOUIS R. MOSES
GRAHAM B. MUNGER
JULIUS CAESAR NACCI
THOMAS H. NEWMAN
RICHARD C. NEWTON
MILTON E. NICHOLS
CHRISTIAN B. NICOLAISEN
JOHN A. NORRIS
THOMAS E. OCONNELL
DON E. OLMSTEAD
EUGENE F. ONEILL
JOHN PALLAGI JR.
EDMUND C. PALLESEN
ANGELO A. PANARO
HENRY L. PARKER
LOUIS PASCARELLA
GEORGE A. PEDRIZET
ROSCOE E. PERRY
JOHN H. PETERSON
DONALD A. PINA
ALBERT PISKOLTI
ALBERT W. PLUMB
JOSEPH POSTICK
RAILEY L. POWELL
JAMES L. PRESSEY
JAMES P. QUIGLEY
JOHN PATRICK QUINLAN JR.
ARGUL D. RAPIER
WILLIAM ALBERT RAY JR.
LAURENCE A. REED
LESLIE RICHARDSON
PETER BOWEN RICHARDSON
JOHN P. RIGNEY
ALFRED RILEY
EMMETT W. RING
JOSEPH A. RIZZI
RAYMOND ROGERS JR.
RAYMOND A. ROJAS
JOHN EDWARD ROLAND
GLENN A. ROSE
JOSEPH N. ROSSANO
RODNEY R. ROWE
DENNIS R. RUSH
GEORGE A. SABOURIN
PIETRO SATALINO
FRANCIS SCARLETT
FRED SCHULLER
FRANCIS J. SCULLY
HENRY H. SEBASTIAN
CUSTE SERBASCEWICZ
ABRAHAM SHEFTEL
JOHN B. SHERLOCK
HARRY H. SHERMAN JR.
SIDNEY SHOIFET
WILLIAM G. SHORE
RICHARD JOSEPH SHVONSKI
ANTHONY R. SIDOTI
WALTER E. SIEMON
ALFRED R. SIMS
RICHARD M. SKAPYAK
ROLLIN W. SKILTON
HERBERT W. WINDFLD SMITH JR.
LEONARD H. SMITH
SAMUEL SMITH
EDWIN A. SOARES
CHARLES L. SOMERS
ELLIOTT E. SPERRY
GERALD NORMAN STANKO
PAUL M. STAVNITZKY
ERNEST W. STEINBERG
JOHN E. STEINSON
ROBERT L. STRAWSON
GEORGE SIMON SULLIMAN
HARRY C. SUTTON
KENNETH A. TACKUS
NEIL F. TANTORO
HARLEY GEORGE THOMPSON
WESTON H. THOMPSON
DONALD EDWARD THWAITES
AUSTIN JOSEPH TIERNEY JR.
ARNOLD RUDOLPH TOBIAS
RONALD H. TOOKER
JAMES ELLINGWOOD TOWEL
GERALD D. TROCCOLA
LORENZO TURNER
JAKE TYNER JR.
FREDERICK TYRRELL
JOSEPH URBANORWICZ
JOSEP VAILLANCOURT
JAMES JOSEPH VENES
ROBERT W. WEGNER
GEORGE WEINGARTNER
ROBERT G. WIGHT
ALLEN V. WILLIAMS
ROBERT M. WILLIAMS
CHARLES W. WOOLAM
GERALD V. YARRISH
LAWRENCE R. YOVINO
EDWARD ZABILOWSKI
CHARLES P. ZAWADSKI
VICTOR P. ZECCHIN
SEBASTIAN ZIMMITTI
RICHARD ANTHONY ZUKOWSKI
ANTHONY P. ZULLO
DELAWARE
FRANK BISELIS
PAUL L. BRITTINGHAM
CLIFTON E. BROOKS
WILLIAM J. CLARK
SAMUEL L. CRAWFORD
VERNON L. DESHIELDS
PAUL N. DILL
JOSEPH P. DONAHUE
EDWARD J. DURNEY JR.
KENNETH FLAMER
JOHN M. GODWIN
LOUIS C. HAIRSINE
ARTHUR WESLY HANTON
GENE O. HANZER
PAUL J. HENRY
PAUL L. HITCH
RICHARD HUTCHINSON
KENNETH C. HYSLOP
WILLIAM S. KEMPEN
TIMOTHY E. KIMBALL
LAURENCE COE LAYTON
WILLIAM A. LOCKWOOD
THOMAS C. MAYS
JOHN G. MC CULLIN
CHARLES G. MESSICK
HOWARD J. MORGAN
HENRY S. MORTON
HENRY MOSS JR.
JAMES P. PERNELL
ADELCHI A. PETRILLO
JOHN H. POORE
PAUL E. ROBERTSON
LEROY SHAHAN
DARRELL R. STEELE
WILLIAM T. STEVENS
WILLIAM S. TAWES
RICHARD B. TAYLOR
IRVIN MYLES TINDALL
LLOYD R. WARFIELD
NORMAN L. WHALEY
WILLIAM P. WINNINGTON JR.
CHARLES F. WRIGHT

UNITED STATES OF AMERICA

DISTRICT OF COLUMBIA

WARREN L. ANDERSON | VINCENT M. COOKE | JOSEPH D. GUDGER | JAMES M. KIDWELL | LAWRENCE S. OVERTON | FLOYD A. STEPHENSON JR.
ELBERT ARRINGTON | RUSSELL L. CRAMPTON | RAYMOND T. HANDY | ALBERT J. KNECHTEL | CHARLES H. OWENS | CHARLES STEVENSON
JOHN HORACE ARTER | WILLIAM L. CRAWFORD | JAMES W. HARGIS | GEORGE J. KNIGHT | DAVID L. PARKS | VICTOR L. STEWART
DONALD J. ASHLEY | JAMES L. CUNNINGHAM | JAMES C. HARRIS | LORENZO KOLLOCK | ROBERT L. PARKS | JAMES R. TAYLOR
ARTHUR D. BACK | RICHARD DEAN CUNNINGHAM | JOHN C. HASTIE | JAMES F. LANE JR. | PRESTON C. PATRICK | JOSEPH J. TETI
JAMES W. BONNER | GEORGE J. DAVIS | WILLIAM H. HICKMAN | MARION LEGARE | GEORGE VERNON PATTON | JAMES B. THAYER
WILLIAM J. BORLAND | ALBERT F. DENT | FRANK L. HILL | BRUCE BOWEN LLOYD | LUTHER R. PAULING | GEORGE H. THOMAS
JAMES BORUM | OSBORNE J. DIXON | SHERMONT M. HILL | LAMAR BRINDLEY LONGSHORE | JESSE J. PAXTON | HOWELL G. THOMAS JR.
DAVID BRADFORD | ERNEST F. DOVER | FRED D. HILLIARD | MUNRO MAGRUDER | MARVIN PERPER | WILLIAM B. THOMAS
ROBERT C. BRASWELL | FREDERIC N. EATON | CLARK L. HOLMAN | ALLEN B. MALACHI | LAWRENCE W. POSEY | ELMORE M. THOMPSON
JAMES N. BRIDGETT | ROBERT LOUIS ELZE | ALFONSO F. HOOKS | IRA MANNING | CHARLES D. QUARLES | PHILLIP WAYNE TILCH
WALTER T. BROADDUS | GEORGE J. FARRELL | JOSEPH A. HOUCHENS | PERCY JEROME MAPLES | NOEL F. REINHART | ROBERT L. TIMMONS
LOUIS P. BROOKS | SAINT E. FIELDS | ROBERT C. HOWARD | JAMES I. MARKS JR. | ALBERT M. RICCI | TITUS R. TORRENCE
JOHN A. BRUCKNER IV | ALAN D. FLACK | WILLIAM G. HOWARD | HERBERT MARSHBURN | CLARK M. RICHARDS | HENRY C. THIRD TRAVIS
THEODORE J. BUCOLD | LAWRENCE E. FLACK | PHILIP T. HUGHES | IRVIN W. MAY | WILLIE J. ROBERSON | ALEXANDER VOROBEY
FRANK W. BULLOCK | JAMES A. FREEMAN | EDWARD W. HUNN | JOHN J. MC CANN | WILLIAM A. ROBINSON | STANLEY E. WAFLE
JOHN D. BURGESS | WILTON E. GARMON | ELIJAH P. HURSEY | ROBERT L. MC COLE | JOHN E. SCHNEIDER | SEBASTIAN WHEELER
JOHN S. CARSON | CHARLES GASS | HAROLD G. INGRAM | JEROME F. MC GOVERN | EDWARD SCOTT JR. | EDGAR T. WHITE
ROBERT E. CAUTHERS | MARTIN LIONEL GIVOT | THEODORE A. IVEY | ROBERT M. MC GOVERN | EDWARD GORDON SEATON | SANDY MATTHEWS WHITE
ROBERT H. CHEEKS | LUIS GONZALEZ | CHESTER A. JACKSON | GEORGE W. MILLER JR. | EUGENE W. SILVA | MAURICE WILLIAMS
CURTIS CHRISTOPHER | CHARLES J. GORDON | ELWOOD L. JACKSON | RAYMOND THOMAS MILLER | DAVID M. SMALLS | WARREN W. WILSON
RUSSELL W. CLARKSON | ALEXANDER GRAHAM | JOHN P. JOHNSON | JERRY MILLOFF | JOHN H. SMITH | ARTHUR F. WINTER
FREDERICK D. COATES | WOODROW GRAY | REEVES S. JONES | KENNETH LEE MILSTEAD | LAWRENCE SMITH | RUSSELL JACK WOLFGRAM
JAMES P. CONNELLY | CHARLES E. GRIFFIS | ROBERT JONES | JOSEPH A. MURCHISON | HARRY W. SPRAKER JR. | THOMAS D. WOOD
LEON O. COOKE | WILLIAM H. GROVER | JAMES A. KEARNEY | THURMAN E. NELSON | ROBERT I. STARR | WARREN MONROE YORK JR.

FLORIDA

WHERRY ABERCROMBIE | WILLARD H. COATES | JOHN R. GLASS | WILLIAM H. JOHNSON | JESSE L. MIMS | JESSIE L. SCOTT
MELVILLE E. ADAMS | ROBERT H. COGHLAN | ANDRES J. GOODWIN | CLIFFORD L. JONES | LINUS D. MITCHELL | OSA SCOTT JR.
RICHARD L. ADAMS | FRANK JOSEPH COGINGS | GEORGE GOODWIN JR. | CONNIE W. JONES | DE SANCHE MOLINARY | RICHARD CHARLES SCOTT JR.
WILLIAM H. ADAMS | RANDALL E. COINER | CARL GRANBERRY | ENSLEY JONES | JOHN MONDELLO | RICHARD DAVID SEASOE
EUGENE GILBERT ALDRIDGE | DAVID L. COLBY | DONJUA GRAPHENREED | JACK O. JONES | JOEY MOODY | RAYMOND J. SETTLE
LONNIE V. ALEXANDER | JOSEPH STEPHEN COLLINS | LEMUEL T. GRAY | JOHN W. JONES | TROY E. MOODY JR. | R. F. J. SHACKLEFORD
LARRY C. ALLEMAN | HURDER F. COLSON | EDWIN L. GREEN | JOSEPH JONES | JOHN W. MOORE | JOHN PHILLIP SHADDICK III
ALFRED H. ALONZO SR. | ARCHIBALD HADD CONNERS JR. | ELMER D. GREEN | THOMAS E. JONES | JAMES MORRIS JR. | JAMES P. SHAW
ALFRED J. ANDERSON | GERLAN CONSTANTINO | ARCHARD H. GREENE | WILLIE E. JORDAN | NICHOLAS MORRIS | LEE SHAW JR.
PLEZE ANDERSON | BROOKS E. CONWAY | ROBERT L. GREGGS | ERNEST KAPPELMANN | PRINCE H. MORRIS | WILLIAM JOSEPH SHEEHAN JR.
WILLIE L. ANDERSON | JAMES D. COOK | CHARLES W. GRIFFIN | ROBERT L. KAPPELMANN SR. | GEORGE E. MORTON JR. | RICHARD B. SHERIDAN
DONALD ARNOLD JR. | ROSCOE COOK JR. | WILLIAM C. HABBARD | WALTER H. KERCE | DANIEL W. MOSS | RAYMOND H. SHOWALTER
PHILIP J. ASPINWALL | JOHN COOLEY JR. | BILLY A. HADLEY | JAMES H. KERKLIN | LEWIS G. MOXLEY | IRVIN O. SIMMONS JR.
WILLIE J. ATWATER | JAMES W. COOPER | CHARLES D. HADNOT | EDWARD M. KEYS | SIDNEY REDD MULLIKIN JR. | FRANK SILLS
ELLIOTT DEAN AYER | EARNEST J. CORBETT | LEWIS GENE HAEFELE | CHARLE KICKLIGHTER | JOSEPH F. MUNDA | JAMES E. SKIPPER
DE JESUS PEDR BAEZ | LEWIS K. CORDER SR. | CLAUDIUS F. HAGAN | ROBERT KILPATRICK | FREDERICK MUNSELL | GEORGE D. SLACK
HENRY BAKER | JESSE B. CORNETTE | ROGER CLIFFORD HALL SR. | CHARLIE R. KING | CHARLES D MURDOCK | WILLIAM BONNER SLADE
NATHANIEL BAKER | JOSHUA CORRUTH | FRANCIS D. HAMBLIN | EARL L. KING | HARRY E. MURNIGHAN | LUM L. SLAUGHTER
VICTOR BAKER | DONALD FRANKLIN COTTLE | ALBERT E. HAMM | JOHN A. KINNEY | RAYMOND M MURRAY | EUGENE SMITH
DANIEL E. BANKS | CALVIN M. COX | JESSE T. HAMMACK JR. | JAMES H. KNIGHT | ARTHUR M MUSGRAVE | HERBERT D. SMITH
ELMER O. BAREFOOT | JOSEPH D. COX | PHILLIP Q. HAMMOND | ROBERT R. LAMBERT | GILBERT NELSON JR. | JAMES BRUCE SMITH
WILLIAM VINSON BARFIELD | ROBERT C. CRAIG | MELVIN L. HANDY | EDWIN LAND | ALVIN NEUSTADT | LEONARD J. SMITH JR.
GEORGE T. BARLOW | RICHARD CRATIC | JOSEPH B. HANEY | JOHN F. LAND | DAVID MONTGOMERY NICOLL | LLOYD SMITH JR.
ROBERT N. BARNETT | DEWITT CRAWFORD | MILTON L. HANNER | WILLIAM G. LAND | CHARLES L. NIXON | SHERRY J. SMITH
EDGAR FOY BARRINGTON | ROY N. CRENSHAW | EARL H. HANSEL | JAMES P. LANE | ARTHUR P. NOLEN | STEVE SMITH JR.
HORACE J. BARWICK | JAMES CREWS | CHARLES ABBOTT HARKER JR. | ALFRED L. LANGSTON | WILLIAM J. OLIVER | ELTON E. SMOAK
FRANCIS N. BATES | MANCIE L. CREWS | JAMES HARMON | ABRAHAM LEE | EDISON M. OSBORN | RAYMOND SOMEILLAN
BOBBIE J. BATTE | JOHNNY CROFT JR. | PAUL M. HARMON | JAMES C. LEE | JOHN R. OWENS | GOVAN L. SPELLS
HAROLD MARTYN BEARDALL | MARVIN V. CRUCE | GUY BUCHANAN HARRELL JR. | JAMES A. LEWIS | NORRIS OWENS | ALTON R. STACEY
WILBERT C. BEECHER | JAMES FRANK CRUTCHFIELD | VIRGIL BRYAN HARRELL JR. | WALTER G. LINDSEY | RUFFUS D. PAGE | JESSIE STANDRIDGE
CHARLIE BELL | DAVID E. CUBBY | ROBERT HARRIS JR. | HARRY LINNEMAN JR. | GEORGE W. PARISH | ROBERT C. STARLING
JOHNNIE C. BELL | JACK B. CUMBIE | DONALD D. HASTINGS | JIMMIE B. LIVINGSTON | JAMES PARISH | JOHN AUGUSTA STEELE
THOMAS L. BELL | ERNEST CUNNINGHAM | GORDON M. HATCHER | LAWRENCE LIVINGSTON | BILLY L. PARKER | JACK CHARLES STEINHARTER
EMORY L. BENNETT | WOODROW W. CURTIS | WILLIAM ALEXANDER HATHCOX | ROSCOE HUBBARD LOCKE | JAKE PAYNE | JAMES F. STEVERSON
WILLIAM D. BENNETT | CHARLES S. DALY | VERNON A. HAWTHORNE | EDDIE LOCKETT JR. | CLAUDE PEOPLES | LEE E. STOCKTON
HENRY L. BERRIEN | CHARLES JONIES DAVIS | JAMES H. HAYMAN | JOHN W. LONG | JAIME R PEREZ | CLAUDE L. STOKES
CARLOS R. BIDOPIA | CHARLES ELMER DAZEY | PAUL E. HEALD | BALDOMERO LOPEZ | C. PERRYJOHN JR. | JOE L. STOKES
WILLIAM M. BLACK | DAVID ELMER DE GOLYER | ROBERT ELMER HENRY | CHARLES A. LOVE | ROBERT L. PHILLIPS | MAX R. STOVER
ELZIE L. BLAIR | CHARLES REED DEARMON JR. | JASPER N. HENSLEY | HAROLD S. LUND | FRED L. POPPELL | ASA WILTMORE STRICKLAND
WILLIS BLAKELY | REGINALD M. DEAS | BASIL H. HERRHOLZ | JAMES E. LUNSFORD | MOSE PORTER | JOHN M. STRICKLAND
EMORY M. BLANTON | RUFUS DELANCY | DWIGHT M. HEWITT | EDWARD A. LYON | CHARLIE M. POTTS | GEORGE C. SUTTON
GUY R. BOOTH | LEON F. DEVILLIER | ROBERT A. HEWITT | WILLIA MAC FARLANE | ARTHUR W. POWELL JR. | JOEL D. SWANNER
ELVIN L. BOSWELL | HENRY TREMBLE DIXON | TOMMY V. HICKS | LENTON L. MACK | CHARLES W. POWER | LESTER KEITH SWEAT
WILLIAM L. BOWDEN | KENNETH R. DIXON | ANSEL C. HIERS | FRANCIS P. MALONE | KENNETH W. POWERS | DAVID H. TANNER
NORMAN EDGAR BOWEN | KING D. DOBIE | JOHNNIE M. HIERS | OTTO MANN | SIDNEY T. PRESCOTT | JAMES R. TATE
EUGENE WHITNEY BOWIEW | JOHN A. DOBY | JOHN J. HILGERSON | GEORGE C. MANRING | CHESTER PRESTON | WILLIAM K. TAYLOR
JAMES BRADLEY | N. J. DORCH | HENRY E. HINSON | YANDAL H. MARABLE | CONNIE EUGENE PRICE | CHARLES W. THOMAS
JOE LYCURGUS BRAND JR. | GLYNN A. DOWDY | JAMES L. HODGES | OSCAR HASLUP MARK JR. | CHARLES W. PRICE | CHARLIE N. THOMAS
CHARLES W. BRAXTON | WALTER W. DOWNING | ASHTON S. HOGAN | DONALD M. MARSHALL | JOSEPH W. RAILEY JR. | RICHARD E. THOMAS
JOHN B. BRISTOW | CLYATT R. DU BOSE | ROBERT W. HOGAN | GEORGE G. MARSHALL | RUDOLPH M. RANDALL | RICHARD N. THOMAS
JOHN J. BROCKMAN | ISREAL C. J. DU BOSE | EARL HOLIDAY | ISREAL MARSHALL JR. | JOHN E. RASMUSSEN | BERNIE E. THOMPSON
WILEY B. BROOKS | RAFAEL ANTHONY DUBREVIL | JIMMIE HOLLOWAY | HARVEY J. MARTIN | HAROLD G. RATLIEFF | LONNIE THORNTON
CHARLES L. BROOME | ROY E. DUKE | WILLIAM HOOK | EARL H. MASON | KENNETH R. RAVITZ | CLARENCE A TISH JR
EDDIE D. BROWN | THEON O. EASON | JIMMIE L. HOPKINS | EDWARD D. MASSEY | THOMAS W REAGAN | HERBERT R. TISON
GEORGE ELWOOD BROWN | JOHN W. EDDINS JR. | ROY J. HOPPER | HENRY T. MATTHEWS | KENNETH E REED | BLANTON TODD
JAMES BROWN JR. | MALCOLM BRODIE EDENS | HENRY W. HOUSE JR. | EDWARD O. MAURY | CARLTON J RICE | EDWARD D TRUEBLOOD
ROBERT E. BROWN | MELVIN EDENS | EDDIE HOWARD JR. | WILBUR MAYCOX | JAMES F. RICHARDSON | THOMAS TRUITT
BOOKER T. BRYANT JR. | FRANCIS M. EDGEMON | HARLEY D. HOWELL | CHARLIE MAYFIELD | OTHA RICHARDSON | KENNETH E. TYLER
FREDERICK F. BRYANT | HARROLD JOHN EILAND | MARTIN FREDRICK HOWELL JR. | MELVIN J. MAYO | ROBERT RICHARDSON | VIRGIL E. UNDERHILL
BYRON MCQUADY BURBAGE | STANLEY HOWARD EMOND | ORVILLE C. HOWZE | MARVIN E. MC CALL | EDWARD G. RICHMOND | JAMES ALWARD VAN FLEET JR.
DOYLE J. BURKE | RICHARD LEVI EPPLEY | VERNON N. HOYT | RICHARD MC CLAIN | JAMES D. RIGSBY | CHRISTOPHER Y VARS
FRED E. BURKS | WILLIAM ESCALANTE | RICHARD K. HUGHES | EDMUND MC CULLOUGH | GEORGE C. RILES | CHARLES C. WADE
ROBERT GRAY BURNETT | EDWIN L. EVANS | ELMER B. HURST | BILLY D. MC DONALD | ARLYS I. ROBERTS | DONALD E WADSWORTH
BENJAMIN BURNS JR. | ROY B. EVANS | IRWIN M. HURST | FOREST E. MC ELROY | HUDSON ROBERTS JR | ISHMAEL W WALKER
BUFORD LEE BURNS | JOHN N. FARMER | LORENZEN HUTCHINSON | HENRY R. MC GAULEY | RUSSELL H. ROBERTS | WILLIAM E. WALKER
FORREST EDWIN BURNSED | WILLIAM G. FARMER | RAYMOND G. HYATT | WILLIE F. MC GHEE | EDDIE ROBINSON | DOYLE B WALL
WILLIAM D BUSH JR | THOMAS E. FELTON | FRANK IPPOLITO | WARREN H. MC INTYRE | WILLIAM L. ROBINSON | WILLIE J. WALL
WILLIAM EUGENE BYRD | LUTHER FENDLEY JR. | TEDRICK G. IRWIN | LEWIS MC KAY | DONALD W. ROGERS | CHARLES A WALLACE
JOHN A CAHILL | RAYMOND A. FERGUSON | BRUCE D. JACKSON | TERENCE MC LARNON | JONE ROGERS | ROBERT L. WALLACE
CARLIS J CALLAHAN | ERSKINE DONALD FINN | JAMES EDWARD JACKSON JR. | FRANCI MC LAUGHLIN | NILS M. ROJAS | LLOYD R. WALTON JR.
LAVERNE H CAMPBELL | OSCAR FLENORY | MELVIN R. JACKSON | JERRY M. MC MILLION | DANIEL F. ROOKS | STANFORD WARE
ROBERT H CANUPP | JOHN W. FORD | WALTER JACKSON | DONALD E. MC MURRAY | EDWARD M ROSE | HANSEL WASHINGTON
FREDERICK CAPALLIA | MARLYN CARR FORD | WILLIAM JACKSON | RICHARD G. MC NEIL | WALTE ROSTEUTSCHER | WILLIAM WASHINGTON
HERBERT CAPERTON | CHARLES E. FOSTER | JOSEPH T. JACOBS | GILBERT D. MC QUEEN | WILLIE ROUNDTREE | LEO WATSON
HUGH T CARDWELL | JEFF FRANKLIN | ROBERT T. JACOBS | JOHN FRANCIS MCAVOY | JOSEPH T ROWAN | ROBERT R WATSON
HENRY R CAREY | HARRISON M. FRASER | CARROLL L. JAMES | POWELL HOPE MCELHENNEY | OTHEL H ROWE | ELMER C. WEAR
ARTHUR P. CARLSEN | GEORGE E. FRAY | JESSE EDWARD JAMES | CHARLES MELVIN | CHARLES V RUSHING | CURTIS P. WEAVER JR.
JAMES T CARLTON | CHARLIE FRENCH | THOMAS E. JEFFERSON | FOSTER M VERCER | EARL RUSS | BERL D. WEEKLEY
THOMAS F CARR | CHARLES D FRISZ | MORRIS W. JOHNS | WILLIAM HENRY MERO | WILLIE M RUTLEDGE | ROY WEEKS
DAVID W. CARTER | W. J. GAINEY | CHARLES L. JOHNSON | RICHARD H. MERVIN | JIM J RYAN | JEROME R. WEHAGE
JOHN W. CARTER | IKE GANDY | EUGENE JOHNSON | FREDERICK MICHAELIS JR. | OZELL SANDERS | HARRY I. WELLS
MARION F CAUTHEN | WILLIAM M. GARRETT | EUGENE V. JOHNSON | CARNELL J MIKELL | RICHARD G. SANDERS | JOSEPH WELLS
JAMES H. CAVANAUGH | CHARLIE P GASKINS | HERBERT JOHNSON | FLOYD M MIKELL | ROBERT SANDRETZKY | THOMAS FRANKLIN WELLS
RONALD WILL'S CHESTON | HAVERT L. GATES | JAMES V. JOHNSON | CLIFTON F MILES | JOHN H. SAUNDERS | WALTER H. WESLEY
ALTON CHRISTIE | THOMAS F. GAULE | LEROY JOHNSON | ARTHER L. MILLER | HENRY SCHMIDT JR. | WILLIAM H. WESTBROOK
JAMES W. CLANCE | EDBRIDGE C. GIBSON | MCKINLEY JOHNSON | ROBERT S. MILLER | JOHN H. SCHUMAN | PERVIS WISTER
ALEXANDER CLARK SR | GEORGE D GIBSON | ROSAMOND JOHNSON | CARROLL E. MILLS | CORNELIUS ELLIOTT SCOTT | ITHIEL E. WHATLEY
LEWIS C. CLARK JR. | HEATH T GLASS JR | SAMUEL JOHNSON | JAMES R. MIMS | FRED E. SCOTT | DAVID N WHITE

9
UNITED STATES OF AMERICA
FLORIDA
JIMMIE M. WHITE
PRECHEA C. WHITE
WILLIAM L. WHITE
JOHN S. WHITTEMORE
MERVYN L. WIGGINS
SAMUEL WIGGINS
LUTHER M. WILDES
WILLIAM W. WILEY
COLEMAN B. WILLIAMS
EDDIE WILLIAMS
HENRY L. WILLIAMS
KENNETH G. WILLIAMS
TONY N. WILLIAMS
JOHN R. WILSON
RUDOLPH WILSON
THOMAS WILSON JR.
EDWARD L. WISE
DONALD EDWARD WOLF
RAYMOND G. WOOD
RONALD C. WOOD
WILLIAM L. WOOD
THURMAN K. WOODLIEF
HARRY RAYMOND WORDEN
HENRY WORTHINGTON
JAMES B. WRIGHT
JAMES E. WYNN
CLIFFORD LEE YOUNG
GEORGIA
JOHN AARON JR.
MARION V. AARON
HUGH DONALD ADAIR JR.
JOHN D. ADAMS
LEWIS C. ADAMS JR.
ROBERT ADAMS
LARRY B. AKINS
LLOYD E. AKINS
W. T. AKINS
WILLIS T. AKINS
DONALD ALBERSON
DURWARD FREDERI ALEXANDER
JOHNNIE ALEXANDER
RAYMOND K. ALFORD
COMMER E. ALLEN
LORENZA AMERSON
JOHN W. ANDERSON
TERRELL ANDERSON
THOMAS E. ANDERSON
ARTEMUS F. ANGLES
CHARLES W. ANTHONY
JOHN H. ARMOUR
LINCOLN C. ARNOLD
WILLIAM W. ASBURY
WILLIAM W. ATKINSON
ALBERT G. AUTRY
JOHN G. BACON JR.
BILLY WAYNE BAKER
FRANK A. BAKER
WEBSTER R. BAKER
WILLIAM H. BALDREE
GEORGE R. BANKS
SAMUEL BANKS
WILLIAM P. BANKS
BALDWIN B. BARCLAY
THOMAS J. BARKSDALE
KENNETH W. BARNES
CHARLES ROBERT BARNETT
HOMER E. BARNETTE
GEORGE C. BARROW
RALEIGH EDWARD BARTON JR.
CHARLIE O. BASS
WILLARD A. BAZEMORE
DAVID BEARD
JAMES I. BEAVERS
FERRILL A. BECKER
J. D. BECKWITH
DONALD I. BELL
JOHN CLAYTON BELL
MELVIN R. BELL
GEORGE G. BENNETT
CORYDON W. BENTON
WILLIAM BENTON JR.
ELMER TEE BIGGS
JAMES D. BISHOP
PAUL BLACKSTOCK
EARNEST H. BOMAN
JOHN BOSTICK
JOSEPH A. BOWEN
WILLIAM BRACEWELL
JAMES W. BRACKEN
JIMMIE BRACKEN
CHARLES W. BRADSHAW
MARSHALL BRANTLEY
BILLIE L. BRASWELL
CARL D. BREWER
WILBORN W. BROCK
CLARENCE M. BROOKS
JACK E. BROOKS
LEWIS F. BROOKS
BILL E. BROWN
BILLY C. BROWN
CHARLES O. BROWN
JOHN H. BROWN JR.
WILLIAM J. BRYANT
JOHN HARRISON BUCKLEY
CURTIS E. BUNCH
WALT W. BUNDY
RICHARD E. BUNN
CRAWFORD W. BURKE
HARVEY W. BURKE
RAYMOND L. BURKE
EUGENE B. BURKETT
JAMES I. BURNETTE
VERNON BURNS
JACK ALEXANDER BURRELL
FRED BURTON
ROBERT C. BUTLER
BOBBY L. BYARS
CURTIS P. BYRD
OWEN CECIL BYRD
HAROLD A. CALLAWAY
DAVID CAMERON JR.
HENRY C. CAMP JR.
JACK CAMP
JOSEPH F. CAMPBELL
JOHN M. CARDWELL
JAMES L. CARLOCK
NORMAN R. CARNES
JOHN W. CAROL
JOHNNIE CARR
RAYMOND E. CARROLL
GEORGE E. CARTER
JAMES E. CARTER
JOSEPH F. CARTER
JOSEPH R. CARTER
LLOYD L. CARTER
SAMUEL R. CARTER
WILLIAM L. CARTER
HOTT B. CASH
JOE CASHWELL
JAMES E. CASON
BARNEY P. CASTEEL JR.
CHARLIE L. CATO
ROY M. CAUDELL
JAMES R. CHADWICK
JAMES A. CHAFFIN
HORACE CHAMBERS
HUGH S. CHAMBERS
DAVID CHANCE
HERMAN CHAPMAN
JOHN B. CHEATAM JR.
ROBERT V. CHEEK
BENNIE F. CHILDREE
ERNEST A. CHILDRESS
JOHN L. CHILDRESS
GEORGE B. CLARIDY
JAMES V. CLARK
JESSE F. CLARK SR.
WILLIE CLARK
OLIN S. CLAY
EARL F. CLAYTON
HOWARD COBURN
JAMES L. COCHRAN
WILLIE F. COFIELD
EARL COGGIN
CLYDE COKER
SHIRLEY W. COLE
CHARLES COLEMAN
GLYNN A. COLEMAN
GROVER COLEY
LEE E. COLEY
CHARLES E. COLLIER
JAMES LAWRENCE COLLINS
JOSEPH COLLINS
WOODROW COLLINS
JOHN M. COOKE
WILLIAM A. COOKE JR.
DAVID R. COOPER
LAWRENCE E. COOPER
PAUL D. COOPER
ROBERT E. COOPER
MCCRARY CORBIN
GILBERT MARSH CORDES
JOHNNY M. CORLEY
SAMUEL S. COURSEN
LINTON J. COWART
HAROLD E. COX
ULYSSES M. COX JR.
GEORGE C. CRAWFORD
WILLIAM F. CRAWFORD
ALPHONSO CREW
BRYANT CREWS
CHARLES J. CREWS
JERONE C. CROCKER
WILLIAM H. CROWE
JOHN J. CULBERTSON
BOBBY R. CULPEPPER
ROY K. CULPEPPER
HERBERT C. CUMMINGS
ROBERT S. DAMPIER
JAMES E. DANIEL
ROBERT A. DANIELL
WILLIS L. DANIELS
WALTER H. DAUGHTRY
JACK R. DAUPHIN
EARL G. DAVIS
EDWARD DAVIS
HENRY W. DAVIS
JAMES B. DAVIS
SANFORD J. B. DAVIS
THOMAS R. DAVISON
HORACE W. DAY
ROBERT H. DAY JR.
ERNEST E. DEERING
ROBERT FRANKLIN DEES
ROY A. DEES
CECIL M. DENBY
MARTIN L. DICKERSON
EPHRAM L. DICKEY
PAUL H. DICKSON
CLYDE G. DIXON
JAMES W. DIXON
WILLIAM M. DIXON
ROBERT HENRY DOMINICK JR.
JAMES R. DOWLING
LACY DOWLING
CHANCEY E. DRONEY
LOREN G. DU BOIS
JACK DUDLEY
FRANK DUKES
ROBERT W. DUNCAN
DONALD C. DYER
PERCY W. EDGE
TY C. EDWARDS
SHELBY F. ELLIOTT
WILLIAM C. ENNIS
MARTIN EPPINGER
CLESTON B. ESTES
B. J. EVANS
JAMES H. EVANS
JOSEPH R. EVANS
FRED E. EVERETT
JAMES F. EXLEY
WILLIAM D. EZELL
ANDREW LIDDELL FARIE III
ANDREW C. FERGUSON
KENNITH G. FIELDS
ROBERT A. FINNEY JR.
HORACE R. FISCHER
ROBERT CAMERON FITTS
HAROLD LEWIS FITZ
RONALD W. FLOWERS
THOMAS FLOYD
ARTHUR L. FLUCKER
MOZELL FLUELLIN
JOHN FOOT
RUSSELL HINTON FORD
BURL FOSTON
NOEL L. FOUTS
CHARLIE H. FOWLER
ROBERT FRAZIER
WILLIE L. FREDERICK
BILLY L. FREEMAN
DARIEL J. FREEMAN
GRADY L. FREEMAN
TEDWARD E. FRIAR
ROBERT L. FULLEN
TERRELL J. FULLER
WILLIAM FULTON JR.
JAMES G. FUNDERBURK
ARVOUS FUTCH
FLETCHER GAINES
THOMAS L. GAINEY
CLAY W. GANN
CHARLES T. GARDNER
HUBERT L. GARNER
CLARENCE L. GASKINS
BILLY E. GAY
WILLIAM HOWARD GAZAWAY JR.
WINIFRED ROBERT GEORGE
MALCOLM A. GIBBS
CHESLEY GEORGE GILBERT
GARLAND GILBERT
BUFORD C. GILLIARD
DONALD S. GOODMAN
CONNIE GOOSBY
LUTHER GRACE
JOHNNY W. GRANT
ROBERT E. GRAVES
HERSCHEL D. GREEN
JAMES L. GREEN
RUDOLPH V. GREENWAY
JULIAN FLOYD GRIFFIN
ROBERT H. GRINSTEAD
FREDDIE C. GRISSION
JOHNNIE A. GRIZZLE
JOE GULLEY
DAVID LEMUEL GUNTER
JIMMIE GURR
DERRY GYDEN JR.
JOHN H. HADDOCK JR.
CARTER B. HAGLER
JOHN B. HALL
JULIUS E. HALL
WILLIAM C. HALL
BOBBY J. HALSTEAD
HERMAN HAMES
WARREN ROD HAMMETT
GLYNN R. HAMMOCK JR.
EMMETT T. HAMMOND
HUGO HAMMOND
JACK HANCOCK
TOMMIE T. HANKS
MELVIN F. HANSON
HOWARD M. HARBIN
GUY G. HARDMAN JR.
LESTER R. HARDY
THOMAS R. HARDY
LAWRENCE A. HARNAGE
LUCIOUS L. HARRELL
ELLIS HARRIS
FRANK HARRIS
JAMES C. HARRIS
ROBERT S. HARRIS
THOMAS W. HARRIS
WILLIAM R. HARRIS
WILLIE L. HARRIS
JIMMIE M. HARRISON
VERNON G. HARTWIG
FRANKIE HARVEY
EMBREE H. HATCHER
JAMES HAYES
JAMES E. HAYES
JOHN CURTIS HAYES
THOMAS H. HEATH
CLIFFORD MUR HENDERSON JR.
RALPH HENDERSON
DARRELL T. HENDRICKS
GEORGE H. HENDRICKS
BERTRA HENDRICKSON
DEWEY ROSESWALL HENRY
CHARLES E. HICKOX
BUEL G. HICKS
CARL HIGGS
ROBERT L. HILL
SAMUEL B. HILL
THOMAS W. HILL
WILLIAM G. HILL
WILLIAM B. HINKLE
BOBBY B. HOLBROOK
JULIUS J. HOLBROOKS
ROY L. HOLLIFIELD
CHARLIE HOLTZCLAW
RICHARD G. HOOTEN
JAMES W. HORNING JR.
CALVIN C. HOUSTON
RONALD B. HOUSTON
EDWIN YATES HOWE JR.
HAROLD HOWELL
GEORGE MARVIN HUDSON
HAROLD DONALD HUGHES
RAY D. HULSEY
WILLIAM E. HUMMEL
JOSEPH HUMPHERY
JAMES A. HUNNICUTT
ORA HUNT JR.
RONALD JACKSON HUNT
EDWARD D. HUNTER
WILLARD HAROLD HUNTER
FLETCHER MARION HUTCHINS
ALBERT C. HUTTO
GEORGE H. HUTTO
VERNON D. HYDE
GEORGE INGRAM
JEFF D. JACKSON
WILLIAM R. JACKSON
WILLIE JACKSON
CHARLES J. JAMES
THOMAS R. JARRARD
JOHN S. JEFFCOAT
CALVIN JENKINS
ALTON T. JOHNSON
BENJAMIN JOHNSON
CHARLES B. JOHNSON
LOUIS C. JOHNSON
MACK D. N. JOHNSON
NATHANIEL JOHNSON
ADOLPH JONES
ALBERT T. JONES
CHARLIE F. JONES
DOYLE T. JONES
JOHN H. JONES
JOHN W. JONES
LUCIUS JONES
CARL L. KELLY
GUY B. KELLY JR.
JOHN E. KENNEDY
ARTHUR M. KENTY
GLENN MONROE KETCHERSID
AMOS L. KIGHT
JACK HOLT KIMBROUGH
FRANKLIN D. KING
JIMMY E. KING
ROBERT C. KING
WILLIAM J. KING
WILLIAM J. KING JR.
WILLIAM KIRSHFIELD
RUBEN W. KITCHENS
MATTHEW KITT
HARRY H. KNOTTS
GERALD KORNREICH
CHARLES M. LAMB
HORACE LANE
LEROY LANE
OTIS O. LANE
THOMAS M. LANE JR.
ROBERT L. LANIER
WILLIAM C. LASTINGER
ROBERT LAWRENCE
ELMER L. LAWSON
ELLISON J. LAWTON
CHARLES R. LEACH
J. T. LEDFORD
WILLIAM H. LEDFORD
CARSON LEE JR.
HAYWARD R. LEE
BENJAMIN LEGGETTE
EARNEST W. LEONARD
WELCOME LEVERETT
ALBERT A. LEWIS
WARREN G. LEWIS
WILLIAM LEWIS
EVAND LILLY
CHARLES D. LIPSCOMB
SPENCER L. LOCKHART
AUBERY C. LONG
CHARLES A. LORD
CHARLES H. LORD JR.
JAMES E. LOTZ
CHARLES E. LOVETT
ROBERT L. MADDOX
RUFUS HERBERT MAHAFFEY JR.
BILLY C. MANGRUM
DONALD LIVINGSTON MANN
J. W. MANN
JOE W. MARIGNA
ROBERT A. MARKS
WILLIE F. MARSHALL
ERNEST K. MARTIN
GEORGE MARTIN JR.
OSCAR D. MARTIN
ROBERT MASSENGALE
DAVID J. MATHER
WILLIE E. MATTOX
BILLY J. MAXWELL
JAMES HAROLD MAYFIELD
GREEN B. MAYO
JAMES E. MC ABEE
JOHN W. MC CAIN
NEELY T. MC CALEB
HERMAN MC CLATCHEY
GRADY L. MC COY
CURTIS C. MC CRARY
JAMES Z. MC CREARY
JOEL F. MC CULLOUGH
JOSEPH MC CULLOUGH
JOSEPH MC CULLOUGH
CHARLES MC DANIEL
WILLIAM MC DANIEL
CHARLES MC DONALD
GARNET W. MC DOUGAL
CHARLES MC DOWELL
WILLIAM MC FADDEN
THOMAS W. MC GEEVER
OLIVER MC GUIRE
HUBERT MC KENZIE
JOHN W. MC KENZIE
RALPH H. MC KINLEY
MCDOYLE MC LANE
EDWIN MC LAUGHLIN
DELMAS MC NEAL
ROBERT D. MC NEAL
LEON MC SWAIN
JAMES FELDER MCCORKLE
HENRY MIDDLEBROOKS
HERMAN W. MILLER
ALBERT D. MILLS
ALVIN F. MILLS
EDDIE L. MILLS
ALVIN C. MITCHELL
FINNIE C. MITCHELL
JOHNNIE MITCHELL
WILLARD G. MITCHELL
FRANCIS C. MONFETTE
SHELTON WILSON MONROE
HERMAN MONTGOMERY
SAMUEL M. MOODY
THOMAS C. MOON
BOOKER MOORE
JOHNNIE E. MOORE
WILLIAM C. MOORE
CHARLES G. MORRIS
RAYFORD C. MORRIS
WILMER W. MORRIS
BENJAMIN J. MORTNER
MARVIN S. MURPHY
WILLIE MUSSELWHITE
HORACE E. MYRICK
JAMES R. NEWBERRY
LAMAR E. NEWMAN
JOE B. NICHOLSON
JESSIE ODOM
CARL HENRY OELSCHIG JR.
JAMES LARRY OGLETREE
HOWARD D. OKELLEY
BASCOMB M. OPPERT
CHARLES V. ORRIE
HOWARD OUTLEY
TED OVBEY JR.
MARVIN P. OWEN JR.
GEORGE E. OWENBY
JAMES E. PARKER
THOMAS L. PARKER
ROBERT F. PARKS SR.
DAVID L. PARMER
HENRY N. PATE
BROUGHTON PEACOCK
ROBERT L. PECK III
FLETCHER F. PERRY
HOWARD D. PHILLIPS
JAMES D. PHILLIPS
LEE HUGH PHILLIPS
WALTER DIXON PHILLIPS JR.
WILLIAM D. PHILLIPS
TED PIKE
BENJAMIN POOLE
LEONARD T. POPHAM
CARTER S. PORTER
ROGERS PORTER
FORREST E. POWELL
GEORGE POWELL
HOLLIS POWELL
JAMES M. POWELL
MARION JACKSON POWELL
SIDNEY POWELL
MATTHEW GEORGE POWERS JR.
BARNARD V. PRIEST
RICHARD E. PRIOR
WALTER C. PRITCHARD
ODREN R. PULLIN
WINSTON R. QUEEN
GREEN RABON JR.
CLEON RABURN
EDWARD R. RAVENEL
JAMES RAY
DAVID J. REAVES
JOHN REESE JR.
JERRY H. RENEW
DEWEY E. REWIS JR.
PROMUS FLETCHER REYNOLDS
VIRGIL LEE REYNOLDS
BILLY J. RHODES
CHARLES A. RICHARDS
LOUIS J. RICHARDS
LUTHER C. RINER
JOHN E. RIVERS
MELVIN G. RIVERS
JAMES C. RIX
GEORGE J. ROBENSON
EUGENE ROBERSON
ERNEST R. ROBERTS
JAMES B. ROBERTS
RANDALL C. ROBERTS
ROBERT S. ROBERTS
DEWEY E. ROBERTSON
LOUIS ROBINSON
WYLLIS P. ROGERS
GRADY L. ROLLINS
JAMES R. ROSAMOND
JOSEPH B. ROSS
WILLIAM T. ROSSER
ALLEN LON ROUNTREE
FRED BRINSON ROUNTREE
ROY E. ROUSE
ULYSEE ROUSE
CARL W. ROWLAND
WILLIE ROYAL
JOHN M. RUSS
HENRY W. RUSSEY
AMBERS B. SAMMONS
VAN B. SAMMONS
BOBBY M. SANDERS
HARRY W. SANDERS
JOHN P. SANDERS
PAUL VESTON SATTERFIELD
WILLIAM M. SATTERFIELD
JAMES R. SCHROEDER
BOBBY G. SCOGGINS
JAMES L. SCOGGINS
ELLIS SELLERS
ROBERT L. SHAVERS
JAMES L. SHEFFIELD
ROY SHELTON
CHARLES W. SHERWOOD
ROY EDWARD SHIREY JR.
DANIEL K. SIKES
JOSEPH SIMMONS
RANDOLPH SIMONS
DERWOOD W. SIMS
TRUMAN D. SIMS
GERALD SINGLETARY
JOHN P. SINGLETON
PAUL L. SINGLETON
ROBERT W. SLAICK
JAMES A. SLAUGHTER
WILLIAM SLEDGE
JAMES SMART
OTTO W. SMART
RICHARD FRANKLIN SMARTT
ALBERT W. SMITH
CHARLIE V. SMITH
JAMES C. SMITH
JAMES M. SMITH
JAMES W. SMITH
JESSE C. SMITH
MANUEL Y. SMITH
ROY CRAFTON SMITH
RUDY B. SMITH
WESLEY F. SMITH
WILLIAM S. SMITH
JAMES W. SNELL
JOHN SNIPE
JOHN EDWARD SOUTHERLAND
CHARLIE J. SPAIN
ROBERT H. SPARKS
COLUMBUS SPEARMAN
JACK L. SPILLMAN
SHERWOOD SPRATLIN
FRANK I. STANSEL
JAMES R. STAPLETON
NELSON STEEDLEY
JAMES B. STEEL
MOSE STEPHEN JR.
CLAUD N. STEVENS
JAMES P. STEVENS
THOMAS K. STEWART
CHARLIE STINSON
EDWARD J. STONE
JAMES W. STONER
LUTHER H. STORY
JAMES S. STREETMAN
JOE F. STRICKLAND
WILLIAM HENRY SUFFERN JR.
LESLIE R. SUTTON
JOSEPH V. SWEAT
QUINTON B. SWEAT
CAESAR SYLVESTER
MATTHEW TALLY
CECIL R. TANKERSLEY
BENNY C. TAYLOR
JAMES H. TAYLOR
JAMES P. TAYLOR
MOTT TAYLOR JR.
WILLIAM MARSHALL TAYLOR
WILLIAM E. TEMPLIN
LELMON J. TERRELL
ROBERT N. THACKER
LELAND C. THOMAS
LLOYD E. THOMAS
EULIS D. THOMASSON
REUBEN THOMPKINS
BENJAMIN THOMPSON
JOHN FRANKLIN THOMPSON
ROBERT E. THOMPSON
CHESTER THRAILKILL
JAMES A. THWEATT
CLINTON C. TICE
STANLEY M. TICK
GEORGE D. TILLMAN
HERBERT E. TILLMAN
WARREN G. TRANTHAM
WELTON P. TRULL JR.
ARTHUR H. TRUXES JR.
WILLIAM D. TUCK
DANIEL H. TUCKER
WILLIE L. TUFTS
JOHN H. TURMAN
ALLEN D. TURNER
BERRY W. TURNER
MARVIN TURNER
WILLIAM T. TURNER
LESTER TYSON
WILLIE D. UPTAIN
JOSEPH J. VAN HOOK
ALPHARD R. VISMOR

UNITED STATES OF AMERICA

GEORGIA

CLIFTON W. WALDRON
DAVID S. WALKER
EMILE ALAN WALKER
GUY J. WALKER
LEROY M. WALKER
NOAH WALKER
RALPH B. WALKER
TOMMY C. WALKER
JAMES EMORY WALSH
GEORGE N. WALTERS
HENRY L. WAMBLE
JESSIE T. WARD
EVERETT WARREN

JAMES O. WARREN
JOHN M. WASHINGTON
JOHN E. WATKINS
WILLIE J. WATKINS
ROGER L. WEAVER
WADIE WEAVER JR.
DELNO V. WEBB
DONALD W. WEBB
OTIS B. WEEKS
WILLIAM R. WEITMAN
WILLIAM H. WHIGHAM
DAVID R. WHITE
WILL C. WHITE

WILLIAM R. WHITLOCK
BOBBY H. WHITMAN
HAROLD WIGGINS
JIM P. WIGGINS JR.
JAMES M. WIGLEY
WILLIE C. WILBANKS
CHARLIE WILLIAM JR.
JAMES L. WILKINSON
CLYDE WILLIAMS
DONALD ROY WILLIAMS
EDWARD JULIUS WILLIAMS
GEORGE MURPHY WILLIAMS JR.
HUBERT A. WILLIAMS

JAMES I. WILLIAMS
MARVIN M. WILLIAMS
ROOSEVELT WILLIAMS
TRUMAN N. WILLIAMS
BILLIE WILLINGHAM
GEORGE W. WILLIS
MONROE WILLOUGHBY
JAMES R. WILSON
SILAS W. WILSON
HORACE T. WINSLETT
JAMES EDWARD WOLFE
LAWRENCE ERVIN WOLFE JR.
ROBERT M. WOOD

VIRGILE L. WOOD
WYATT L. WOOD
CHARLES A. WOODALL
WILLIAM F. WOODALL
WILLIAM T. WOODALL
HAROLD EVERETT WOODS
WILLIAM L. WOODWARD
CHARLES L. WORLEY
ELY E. WORLEY JR.
PAT AUGUSTA WORSHAM
DONALD WRIGHT
GERALD WRIGHT
ONZIE L. WRIGHT

MELVIN LEON YARBROUGH
LEMASTER BARNETT YEARWOOD
CHARLES KENNETH YORK
EDWARD YOUNG
FREDDIE W. YOUNG
NORMAN YOUNG
RALPH G. YOUNG
JOHN HENRY ZIMMERLEE JR.
ROBERT ZIMMERMAN

GUAM

VINCENTE QUITUGUA FEJARAN

HAWAII

JAMES G. AGUDA
BENITO R. AGUINALDO
LET LOUIS AH
KAZUAKI AKAZAWA
CLARENCE H. AKI
FREDERICK K. AKINA
GEORGE ALEXANDER
EDDIE CAPOALBO ALFARO
ALFREDO AMIS
GEORGE APAO
AUGUST L. APO
TATSUO ARAI
JAMES SEIFUKU ARAKAI
SEICHI ARAKAKI
WILFRED H. ARAKAWA
PETER ARIOLI
HIROSHI ASADA
ALBERT H. ASAU
DAVID ASPILI
JULIAN ASUNCION
CLARENCE K. AUYONG
FLORENTINO BACARRO
DANIEL BADURIA JR.
JOSE BALALONG
NORMAN L. BANNISTER
JAIME BARRETO
VINCENT V. BEDOYA
WEDRO C. BELARMINO
IGNACIO M. BERASIS
CHARLES E. BLACKLEY
MAC BRILLANTES
DANIEL K. BROWN
PHILEMON S. BUHISAN
DOUGLAS A. BURKE
ANTHONY L. BURNETT
WALTER A. BURTON
LEBERATO B. CADIZ
ERNEST M. CALHAU
LOUIS C. CAMACHO JR.
ANASTACIO CAMILLO
ROBERT R. CARDOZA
ALBERT S. CHANG
HARRY M. CHINEN
MARCHMONT T. CHONG
WILFRED Y. W. CHUN
RAYMOND C. S. CHUNG
ALLAN A. COELHO
BENJAMIN M. CORREA
JUSTIN M. DEMELLO
STANLEY C. DEMELLO
RICHARD ENAENA
HENRY P. ENOKA
JOHN S. ESHIMA
BENJAMIN B. ESTRELLA JR.
TIMOTHY TAI S. EUM
WILLIAM J. EVANS
MATAGISA S. FALANAI
HAROLD FARIAS
ROBERT W. FARMER
ROBERT C. FAULKNER
JULIO FIGUEROA
THOMAS J. FINNEGAN
WILLIAM BILLY FLORES
ERNEST D. FRIEL
JUNICHI FUJIMOTO
HITOSHI FUJITA
TAKESHI FUJITA
HARUO FUKAMIZU

RALPH T. FUKUMOTO
YOSHIMI FUKUMOTO
THOMAS Y. FUNAKOSHI
WALTER C. FURTADO
ALFREDO GAJETON
ROSALIO GALIUS
ALFREDO M. GAMPON
PEDRO A. GANAL
SEIKEN GANEKU
RUFINO GARALDE
WILLIAM A. GAYLORD
JOHN H. GOMES JR.
ROBERT GOMES
DONALD P. GONZALES
RAYMOND T. GOTO
SATOSHI GOTO
DONALD J. GOUVEIA
MASAO GOYA
BERNARD M. GRAMBERG
GILBERT M. GUSHIKEN
YOSHINOBU GUSUKUMA
RODRIGO Q. GUZMAN
YOSHIO HAGIWARA
RAYMOND A. HARI
ISAAC K. HALE
MITSUO HAMADA
PATRICK K. HAMADA
RODNEY N. HAMAGUCHI
RICHARD Y. HAYAKAWA
WALTER L. HEE
THOMAS F. HEMA
PAULINO E. HERNAEZ
HERBERT FAH YEN HEU
WILLIAM M. HEU
RICHARD D. HEWLEN
SADAYASU HIGA
YUTAKA HIGA
WALTER W. HIGASHIDA
EDWARD K. HIRAKAWA
RIN HIRAOKA
JIRO HIROKANE
JACK A. HIWATASHI
SHIGEO HIYANE
EVERETT A. F. HO
MOSES F. HOAPILI JR.
PAUL H. HOKOANA
ALFREDO C. HOMAWAN
PETER M. HOOKANO
VERNARD K. HOOKANO
HERBERT D. T. HUNG
WILFRED K. HUSSEY
ALVIN H. IAEA
YOSHIO IKEDA
EDWARD M. ISHIBASHI
MITSUYOSHI ISHIDA
WALLACE K. ISHIKAWA
ALBERT A. ISHIMOTO
ROBERT S. ISHIMOTO
YUKINOBU ITO
YEIKICHI B. ITOKAZU
EMMIT M. IVY
OSAMU IWAMI
ISAMU IZU
VERNON JERNIGAN
DAVID J. JOSEPH
MICHAEL C. KAAIHUE
JOHN K. KAAKIMAKA
BASIL K. KAAPANA

ANTH KAHOOHANOHANO
ARTHUR CECIL KAHUE
ROBERT W. KAILIANU
HOWARD K. KAIUWAILANI
CLARENCE L. KALAMA
HERBERT KALAMA
ALBERT KALAWE
WILLIAM K. KALEO
HERBERT K. KALINO
HERMAN B. KAMAI
WILL KAMAKACKALANI
WILLIAM W. KAMEKONA
BENJAMIN S. KAMOKU
FRED T. KANEKURA
DAVID T. KANESHIRO
HARRY Y. KANESHIRO
HAYATO KANESHIRO
JACK S. KANESHIRO
ALEXANDER K. KAUAHI
SAMUEL K. KAUHANE
LEROY S. KAUHN
SIDNEY K. KAUI
MASAYOSHI KAWAHARA
SUYEO KAWAHARA
MASAMI KAWAMURA
WILLIAM KAWASHIMA
MINORU KAYA
HIRAM L. KE
ROBERT W. KE
DANIEL KEALALIO
NELSON KEKIWI
JOSEPH K. KEKOA
MATTHEW K. KELII
DAVID K. KELIIKULI
SAMUEL K. KEOMAKA
MASAYUKI KIHARA
ROBERT KILAR
ALBERT W. KIM
CHAN J. P. KIM JR.
CHARLES C. S. KIM
SEIKI KIMURA
RICHARD B. K. KIM
RICHARD KINOSHITA
HIROSHI KIRIU
CARL F. KNOBLOCH
ROBERT KOBASHIGAWA
TAKASHI KOCHI
RICHARD YASUYUKI KONO
YOUNG C. KOO
MUNEO KOSHIMIZU
SUEO KOYANAGI
HOMER K. KUHNS
DAVID A. KUIKAHI
GEORGE M. KUMAKURA
MASARU KUMASHIRO
MOSES E. KUNI
MINORU KUNIEDA
LEONARD KUPAU
RICHARD KUPAU
SUSUMU KUROSAWA
KIYOMITSU KUTSUNAI
GEORGE A. N. KWOCK
JIMMIE DANCELL LABOGEN
GEORGE LACRO
EDWARD LADAO
TEOFILO LAGANSUA
FERNANDO LAGRIMAS
DAVID W. LAM

FAUSTINO LAPING
BONIFACIO LARGUSA
LAWRENCE P. LASUA
ORESTE I. LE BLANC
CHARLES S. A. LEE
SUNNIE SAY MUN LEE
YUK KAY D. LEE
EDWARD D. LOUIS
CHEW W. LUM
KING ALFRED LUM
FIRMINIO MABENIS
HENRY BORGES MACHADO JR.
LAWRENCE K. MACHIDA
ROBERT K. MACKEY
HANFORD K. MAEDA
HARUO MAEDA
JOHN J. MAGUIRE
CHARLES K. MAKAENA
FRANKLIN MANUEL
HORACE EDMUND MARTIN JR.
NICHOLAS MARTIN
WILLIAM R. MARTIN
RALPH S. MASATUSUGU
AURELIO MATEO
HEISHIN MATSUDA
KUMAJI MATSUDA
JOSEPH J. MATSUNAGA
JUN MATSUSHIGE
GEORGE MAUNAKEE MATTHEWS
GREGORIA MATUTINO
LEROY A. MENDONCA
JAMES J. MENDOZA
RAYMOND K. W. MEW
KENNETH A. MISAKI
JOHN MITCHELL JR.
ALAN T. MIYAHIRA
SAMUEL S. MIYAHIRA
DONALD S. MIYAJIMA
WILBERT Y. MIYASATO
DANIEL T. MIYASHIRO
TAMOTSU MIYASHIRO
TOMOYOSH MIYASHIRO
HARRY T. MIYATA
SHIGEO MIYAZAKI
TSUNEMATS MIZUSAWA
RAYMOND T. MOKIAO
BENJAMIN MOLINA
GEORGE MOOIKI
AKEJI MORINAGA
EIJI MORISHIGE
KIOCHI MORIWAKI
FUMIO MORIYAMA
HARUO MORIYASU
TADAO MURAKAMI
TSUKASA MURAOKA
YUKIO MURATA
HIROSHI NAGAMINE
HIDEO NAKAMA
SEISO NAKAMA
NOBORU NAKAMURA
SATOSHI NAKASATO
ROY T. NAKASHIMA
SHINICHI NAKATA
SEINOJO R. NAKATANI
RAYMOND J. NAMBA
PHILIP R. NAONE
JULIO Q. NAVARRO
GEORGE K. S. NG

LAWRENCE Y. NIHEI
RICHARD K. NIREI
RICHARD K. NISHIDA
CHARLES NISHIMURA
FREDERICK M. NITTA
NEIL N. OGASAWARA
SUETOSHI OGATA
TAKEO OGUSUKU
ARTHUR I. OKAMURA
HISAO OKIMOTO
CLIFFORD H. OKINAGA
HIROSHI OKU
MILTON T. ONOMURA
WILLIAM K. OPULAUOHO JR.
BRUNO R. ORIG
ANTONIO ORTOGERO
PAUL H. OSHIRO
MITSUYUKI OTA
THOMAS N. OTAGURO
JAMES F. PACHECO
PANTOLION M. PACLEB
ELPEDIO P. PALCAT
JAMES PALENAPA
AMADO PALOMARES JR.
ESMENIO PANELA
HOOVER T. H. PANG
RAYMOND PARK
WILSON PARK
TOM PARUNGAO
MAIKA PELE
DANIEL B. PERIO
FREDERICK PESTANA
FRED H. PETERS
JAMES M. E. PETERS
JOHN PETROFF JR.
HERBERT K. PILILAAU
JAMES W. PINEDA
BENJAMIN PONCIANO
CRISANTO N. POPA
RAYMOND KAUINOHEA PUA
MARIANI PURUGGANAN
EDWARD A. QUEJA
WILLIAM JOHN RAINALTER
LAWRENCE RAMOS
RAYMOND EDWIN REMERS
ILDEFONZO REYES
FERNANDO RIVERA JR.
RAPHAEL ROMAN
FRANK J. RUNNELS JR.
FAUSTO SAGADRACA
MASAYA SAITO
TSUGIO SAITO
ALLEN T. SAKAMOTO
JAMES N. SAKAMOTO
RICHARD SALOMON
ALBINO SANDOBAL
GILBERT SANTIAGO
TAKESHI SASAKI
SHOJI SATO
GONZALO SATOR
ALLEN W. SCHREINER
HENRY T. SENAHA
NOBUMI SHIGA
ROBERT SHIMABUKURO
SHINGO SHIMABUKURO
KENNETH SHIMOGAWA
TOSHIO SHIMONOYA
NOBUO SHISHIDO

TAKASHI SHISHIDO
ROFINO SIMBRE
EDWARD M. SNIFFEN
CHARLES F. SNYDER
CELESTINE H. T. SUN
HERBERT H. SUZUKI
ROBERT J. SWEEZEY
ADRIAN D. SYLVA
ELPIDIO TABANGCURA
HORACE S. TABUSA
THEODORE TAKAFUJI
RICHARD TAKAHASHI
HARRY F. TAKEBUCHI
NOBUYUKI TAKESHITA
CHARLES Y. TAMARU
KANAME R. TAMASHIRO
GEORGE H. TANONAKA
KIYOSHI TANOUYE
SHINJI TENGAN
FRANCIS H. TENN
RICHARD R. TOKUNAGA
DANIEL TAKASHI TOMA
CASEY N. TORIKAWA
GEORGE TORO
ROBERTO R. TORRES
GILBERT M. TRAVIS
SUEO TSUNODA
NOBORU UEHARA
SEIHO UEJO
MITSUO UEMURA
YUKIO UJIMORI
KONOMU URA
FAUSTINO URRO
ROBERT T. UYEDA
ALFRED S. UYEHARA
TAKEO UYEHARA
JUAN B. VALLESTEROS
RICHARD G. VELLES
HAROLD A. VIERRA
RAYMOND M. VINCENT
LOUIS E. WAIWAIOLE
LEONARD K. WARNER
RAYMOND P. WARRICK
RICHARD M. WATANABE
ALBERT WATKINS
JOSEPH H. WILKINS
CHARLES WILLIAMSON
KAN W. WONG
BENJAMIN H. WRIGHT
MUNED YAKA
NOBUJI YAMAGATA
TSUGIO YAMAGUCHI
YEIJI YAMAGUCHI
TIMOTHY SHITO YAMAKAWA
TAKETO YAMANE
HAROLD S. YAMASAKI
DONALD A. YAP
THOMAS H. YOKOMICHI
TETSUMI YOKOOJI
KATASHI YOKOTAKE
KANJI YOSHIDA
THOSHIHAR YOSHIKAWA
TATSUO YOSHINO
WILLIAM T. C. YOUNG

IDAHO

CHARLES W. ALLEN
FREDERICK B. ARNOLD
RUSSELL L. BACA
MAX L. BAILEY
ORA EARL BARRATT JR.
RICHARD D. BARTLEY
PATRICK J. BERKLEY
LARRY A. BOWLES
LLOYD PUGMIRE BOWMAN
ALFRED N. BOYER JR.
ROBERT HENRY BRADSHAW
MELVIN DUANE BROOKS
GENE ROWLAND BURKMAN
HAROLD D. CARLSEN
LEONARD D. CARLSON
LEONARD K. CHINN
JAMES F. CLOPTON
THOMAS L. COLVIN
HAROLD D. COOK
CHARLES B. CROFTS
FLOYD D. CROOKS

RALPH CROSS
ERNEST P. CUDDEFORD
RALLEIGH CULLISON
RICHARD G. CUSHMAN
RAYMOND EARL DE MERS
ONZEL C. DEMENT
KENNETH W. DIETZ
RAYMOND R. DYKES
DONALD EUGENE EDWARDS
ALBERT R. EYTCHISON
KENNETH FAIRCHILD
WILLIAM D. FENWICK
JAMES R. GAMWELLS
JAY M. GANO
LARSON GEORGE
OSCAR P. GIRANY
JAMES L. GOODIN
DWIGHT M. GOSS
DAVID L. GRAHAM
CHARLES M. GREEN
FRED E. GUMMOW

RONALD L. HALL
WALLACE L. HALL
VERLYN S. HALVERSON
JULIUS G. HARRINGTON
RALPH L. HARRISON
OWEN W. HENDRICKS
HENRY L. HICKS
STANFORD I. HOFF
WILLIAM J. HORNING
BARNEY E. HUTCHISON
DAVID C. HUTCHISON
RAY F. JARDINE
JAMES E. JOHNSON
RAYMOND ROY KAISER
RICHARD MICHAEL KENNEDY
PETER KREITER JR.
JOSEPH LANDA
MONTY JACK LANE
EDWIN LAPP
BYRON D. LEE
DONALD REX LEWIS JR.

HERBERT A. LITTLETON
RAY W. LOPEZ
FREEMAN W. LOUDON
JIMMY LUCAS
JOHN S. LYCAN JR.
ROBERT MAC DONALD
OTTIS P. MARK
RICHARD L. MARSHALL
FRANK MARTIN III
CHARLES MATTINGLY
JAMES H. MATTOON
LORAN MC LAUGHLIN
MERLE L. MEADOWS
ROBERT P. MEISTER
RICHARD CHARLES MERRICK
JACOB E. MICKAEL
ICHIRO R. MIYASAKI
JAMES H. MONROE
REX D. MOORE
LEWIS C. MOULTON
ANTONE NELSON

CLAYBURN E. NELSON
GEORGE W. OTTO
GEORGE N. OVERFIELD
WILLIAM E. PASKETT
DELBERT J. PEDERSON
JACK LEROY POST
ROY D. PROBST
CLARENCE R. REICH
WILLIAM ROY REYNOLDS
EARL R. RICHARDSON
JACK W. RODARME
JERRY M. ROOS
RICHARD BLAINE ROSENVALL
MELVIN R. SCHAMBER
DAN D. SCHOONOVER
JEREMIAH DAVID SHANAHAN
TONEY J. SHERARD
ALTON L. SHIRTZ
CALVIN L. SKEEN
DONALD K. SLATER
CLYDE D. SMITH

WAYNE E. STAMPER
BOB G. STONE
TEX R. STRAUB
OSCAR N. STUCKI
VERL P. TAYLOR
THOMAS B. THOMPSON
WARREN E. THOMPSON
RICHARD F. THURSIE
JAMES E. UDD
EDWARD E. URIA
PAUL R. WAGNER
RICHARD EARL WALLEN
ROBERT B. WATSON
GENE E. WEAVER
CYRUS J. WHITBY
ARLO L. WHITE
PHILIP J. WILKES
JAMES H. WILSON
MARVIN R. WOOD
GENE E. WRIGHT
ALEXANDER YAROSKY

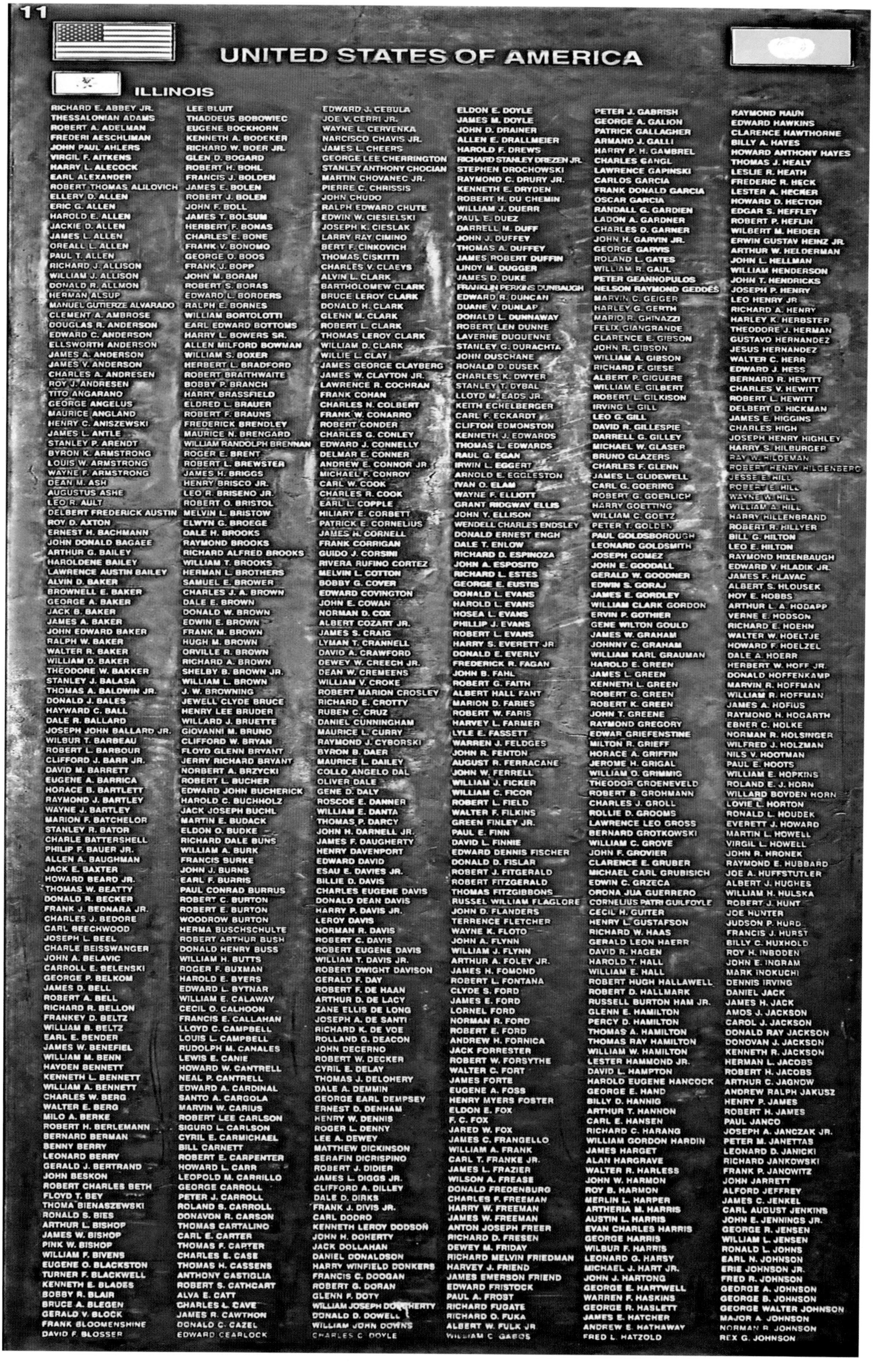
11
UNITED STATES OF AMERICA
ILLINOIS
RICHARD E. ABBEY JR.
THESSALONIAN ADAMS
ROBERT A. ADELMAN
FREDERI AESCHLIMAN
JOHN PAUL AHLERS
VIRGIL F. AITKENS
HARRY L. ALECOCK
EARL ALEXANDER
ROBERT THOMAS ALILOVICH
ELLERY D. ALLEN
ERIC G. ALLEN
HAROLD E. ALLEN
JACKIE D. ALLEN
JAMES L. ALLEN
OREALL L. ALLEN
PAUL T. ALLEN
RICHARD J. ALLISON
WILLIAM J. ALLISON
DONALD R. ALLMON
HERMAN ALSUP
MANUEL GUTIERZE ALVARADO
CLEMENT A. AMBROSE
DOUGLAS R. ANDERSON
EDWARD C. ANDERSON
ELLSWORTH ANDERSON
JAMES A. ANDERSON
JAMES V. ANDERSON
CHARLES A. ANDRESEN
ROY J. ANDRESEN
TITO ANGARANO
GEORGE ANGELUS
MAURICE ANGLAND
HENRY C. ANISZEWSKI
JAMES L. ANTLE
STANLEY P. ARENDT
BYRON K. ARMSTRONG
LOUIS W. ARMSTRONG
WAYNE F. ARMSTRONG
DEAN M. ASH
AUGUSTUS ASHE
LEO R. AULT
DELBERT FREDERICK AUSTIN
ROY D. AXTON
ERNEST H. BACHMANN
JOHN DONALD BAGAEE
ARTHUR G. BAILEY
HAROLDENE BAILEY
LAWRENCE AUSTIN BAILEY
ALVIN D. BAKER
BROWNELL E. BAKER
GEORGE A. BAKER
JACK B. BAKER
JAMES A. BAKER
JOHN EDWARD BAKER
RALPH W. BAKER
WALTER R. BAKER
WILLIAM D. BAKER
THEODORE W. BAKKER
STANLEY J. BALASA
THOMAS A. BALDWIN JR.
DONALD J. BALES
HAYWARD C. BALL
DALE R. BALLARD
JOSEPH JOHN BALLARD JR.
WILBUR T. BARBEAU
ROBERT L. BARBOUR
CLIFFORD J. BARR JR.
DAVID M. BARRETT
EUGENE A. BARRICA
HORACE B. BARTLETT
RAYMOND J. BARTLEY
WAYNE J. BARTLEY
MARION F. BATCHELOR
STANLEY R. BATOR
CHARLE BATTERSHELL
PHILIP F. BAUER JR.
ALLEN A. BAUGHMAN
JACK E. BAXTER
HOWARD BEARD JR.
THOMAS W. BEATTY
DONALD R. BECKER
FRANK J. BEDNARA JR.
CHARLES J. BEDORE
CARL BEECHWOOD
JOSEPH L. BEEL
CHARLE BEISSWANGER
JOHN A. BELAVIC
CARROLL E. BELENSKI
GEORGE P. BELKOM
JAMES D. BELL
ROBERT A. BELL
RICHARD R. BELLON
FRANKEY D. BELTZ
WILLIAM B. BELTZ
EARL E. BENDER
JAMES W. BENEFIEL
WILLIAM M. BENN
HAYDEN BENNETT
KENNETH L. BENNETT
WILLIAM A. BENNETT
CHARLES W. BERG
WALTER E. BERG
MILO A. BERKE
ROBERT H. BERLEMANN
BERNARD BERMAN
BENNY BERRY
LEONARD BERRY
GERALD J. BERTRAND
JOHN BESKON
ROBERT CHARLES BETH
FLOYD T. BEY
THOMA BIENASZEWSKI
RONALD S. BIES
ARTHUR L. BISHOP
JAMES W. BISHOP
PINK W. BISHOP
WILLIAM F. BIVENS
EUGENE O. BLACKSTON
TURNER F. BLACKWELL
KENNETH E. BLADES
BOBBY R. BLAIR
BRUCE A. BLEGEN
GERALD V. BLOCK
FRANK BLOOMENSHINE
DAVID F. BLOSSER
LEE BLUIT
THADDEUS BOBOWIEC
EUGENE BOCKHORN
KENNETH A. BODEKER
RICHARD W. BOER JR.
GLEN D. BOGARD
ROBERT H. BOHL
FRANCIS J. BOLDEN
JAMES E. BOLEN
ROBERT J. BOLEN
JOHN F. BOLL
JAMES T. BOLSUM
HERBERT F. BONAS
CHARLES E. BONE
FRANK V. BONOMO
GEORGE O. BOOS
FRANK J. BOPP
JOHN M. BORAH
ROBERT S. BORAS
EDWARD L. BORDERS
RALPH E. BORNES
WILLIAM BORTOLOTTI
EARL EDWARD BOTTOMS
HARRY L. BOWERS SR.
ALLEN MILFORD BOWMAN
WILLIAM S. BOXER
HERBERT L. BRADFORD
ROBERT BRAITHWAITE
BOBBY P. BRANCH
HARRY BRASSFIELD
ELDRED L. BRAUER
ROBERT F. BRAUNS
FREDERICK BRENDLEY
MAURICE N. BRENGARD
WILLIAM RANDOLPH BRENNAN
ROGER E. BRENT
ROBERT L. BREWSTER
JAMES H. BRIGGS
HENRY BRISCO JR.
LEO R. BRISENO JR.
ROBERT O. BRISTOL
MELVIN L. BRISTOW
ELWYN G. BROEGE
DALE H. BROOKS
RAYMOND BROOKS
RICHARD ALFRED BROOKS
WILLIAM T. BROOKS
HERMAN L. BROTHERS
SAMUEL E. BROWER
CHARLES J. A. BROWN
DALE E. BROWN
DONALD W. BROWN
EDWIN E. BROWN
FRANK M. BROWN
HUGH M. BROWN
ORVILLE R. BROWN
RICHARD A. BROWN
SHELBY B. BROWN JR.
WILLIAM L. BROWN
J. W. BROWNING
JEWELL CLYDE BRUCE
HENRY LEE BRUDER
WILLARD J. BRUETTE
GIOVANNI M. BRUNO
CLIFFORD W. BRYAN
FLOYD GLENN BRYANT
JERRY RICHARD BRYANT
NORBERT A. BRZYCKI
ROBERT L. BUCHER
EDWARD JOHN BUCHERICK
HAROLD C. BUCHHOLZ
JACK JOSEPH BUCHL
MARTIN E. BUDACK
ELDON O. BUDKE
RICHARD DALE BUNS
WILLIAM A. BURK
FRANCIS BURKE
JOHN J. BURNS
EARL F. BURRIS
PAUL CONRAD BURRUS
ROBERT C. BURTON
ROBERT E. BURTON
WOODROW BURTON
HERMA BUSCHSCHULTE
ROBERT ARTHUR BUSH
DONALD HENRY BUSS
WILLIAM H. BUTTS
ROGER F. BUXMAN
HAROLD E. BYERS
EDWARD L. BYTNAR
WILLIAM E. CALAWAY
CECIL O. CALHOON
FRANCIS E. CALLAHAN
LLOYD C. CAMPBELL
LOUIS L. CAMPBELL
RUDOLPH M. CANALES
LEWIS E. CANIE
HOWARD W. CANTRELL
NEAL P. CANTRELL
EDWARD A. CARDINAL
SANTO A. CARGOLA
MARVIN W. CARIUS
ROBERT LEE CARLSON
SIGURD L. CARLSON
CYRIL E. CARMICHAEL
BILL CARNETT
ROBERT E. CARPENTER
HOWARD L. CARR
LEOPOLD M. CARRILLO
GEORGE CARROLL
PETER J. CARROLL
ROLAND S. CARROLL
DONAVON R. CARSON
THOMAS CARTALINO
CARL E. CARTER
THOMAS F. CARTER
CHARLES E. CASE
THOMAS H. CASSENS
ANTHONY CASTIGLIA
ROBERT S. CATHCART
ALVA E. CATT
CHARLES L. CAVE
JAMES R. CAWTHON
DONALD C. CAZEL
EDWARD CEARLOCK
EDWARD J. CEBULA
JOE V. CERRI JR.
WAYNE L. CERVENKA
NARCISCO CHAVIS JR.
JAMES L. CHEERS
GEORGE LEE CHERRINGTON
STANLEY ANTHONY CHOCIAN
MARTIN CHOVANEC JR.
PIERRE C. CHRISSIS
JOHN CHUDO
RALPH EDWARD CHUTE
EDWIN W. CIESIELSKI
JOSEPH K. CIESLAK
LARRY RAY CIMINO
BERT F. CINKOVICH
THOMAS CISKITTI
CHARLES V. CLAEYS
ALVIN L. CLARK
BARTHOLOMEW CLARK
BRUCE LEROY CLARK
DONALD H. CLARK
GLENN M. CLARK
ROBERT L. CLARK
THOMAS LEROY CLARK
WILLIAM D. CLARK
WILLIE L. CLAY
JAMES GEORGE CLAYBERG
JAMES W. CLAYTON JR.
LAWRENCE R. COCHRAN
FRANK COHAN
CHARLES N. COLBERT
FRANK W. CONARRO
ROBERT CONDER
CHARLES G. CONLEY
EDWARD J. CONNELLY
DELMAR E. CONNER
ANDREW E. CONNOR JR.
MICHAEL F. CONROY
CARL W. COOK
CHARLES R. COOK
EARL L. COPPLE
HILIARY E. CORBETT
PATRICK E. CORNELIUS
JAMES H. CORNELL
FRANK CORRIGAN
GUIDO J. CORSINI
RIVERA RUFINO CORTEZ
MELVIN L. COTTON
BOBBY G. COVER
EDWARD COVINGTON
JOHN E. COWAN
NORMAN D. COX
ALBERT COZART JR.
JAMES S. CRAIG
LYMAN T. CRANNELL
DAVID A. CRAWFORD
DEWEY W. CREECH JR.
DEAN W. CREMEENS
WILLIAM V. CROKE
ROBERT MARION CROSLEY
RICHARD E. CROTTY
RUBEN C. CRUZ
DANIEL CUNNINGHAM
MAURICE L. CURRY
RAYMOND J. CYBORSKI
BYRON B. DAER
MAURICE L. DAILEY
COLLO ANGELO DAL
OLIVER DALE
GENE D. DALY
ROSCOE E. DANNER
WILLIAM E. DANTA
THOMAS P. DARCY
JOHN H. DARNELL JR.
JAMES F. DAUGHERTY
HENRY DAVENPORT
EDWARD DAVID
ESAU E. DAVIES JR.
BILLIE D. DAVIS
CHARLES EUGENE DAVIS
DONALD DEAN DAVIS
HARRY P. DAVIS JR.
LEROY DAVIS
NORMAN R. DAVIS
ROBERT C. DAVIS
ROBERT EUGENE DAVIS
WILLIAM T. DAVIS JR.
ROBERT DWIGHT DAVISON
GERALD F. DAY
ROBERT F. DE HAAN
ARTHUR D. DE LACY
ZANE ELLIS DE LONG
JOSEPH A. DE SANTI
RICHARD K. DE VOE
ROLLAND G. DEACON
JOHN DECERNO
ROBERT W. DECKER
CYRIL E. DELAY
THOMAS J. DELOHERY
DALE A. DEMMIN
GEORGE EARL DEMPSEY
ERNEST D. DENHAM
HENRY W. DENNIS
ROGER L. DENNY
LEE A. DEWEY
MATTHEW DICKINSON
SERAFIN DICRISPINO
ROBERT J. DIDIER
JAMES L. DIGGS JR.
CLIFFORD A. DILLEY
DALE D. DIRKS
FRANK J. DIVIS JR.
CARL DODRO
KENNETH LEROY DODSON
JOHN H. DOHERTY
JACK DOLLAHAN
DANIEL DONALDSON
HARRY WINFIELD DONKERS
FRANCIS C. DOOGAN
ROBERT G. DORAN
GLENN F. DOTY
WILLIAM JOSEPH DOUGHERTY
DONALD D. DOWELL
WILLIAM JOHN DOWNS
CHARLES C. DOYLE
ELDON E. DOYLE
JAMES M. DOYLE
JOHN D. DRAINER
ALLEN E. DRALLMEIER
HAROLD F. DREWS
RICHARD STANLEY DREZEN JR.
STEPHEN DROCHOWSKI
RAYMOND C. DRURY JR.
KENNETH E. DRYDEN
ROBERT H. DU CHEMIN
WILLIAM J. DUERR
PAUL E. DUEZ
DARRELL M. DUFF
JOHN J. DUFFEY
THOMAS A. DUFFEY
JAMES ROBERT DUFFIN
LINDY M. DUGGER
JAMES D. DUKE
FRANKLIN PERKINS DUNBAUGH
EDWARD R. DUNCAN
DUANE V. DUNLAP
DONALD L. DUNNAWAY
ROBERT LEN DUNNE
LAVERNE DUQUENNE
STANLEY G. DURACHTA
JOHN DUSCHANE
RONALD D. DUSEK
CHARLES K. DWYER
STANLEY T. DYBAL
LLOYD M. EADS JR.
KEITH ECHELBERGER
CARL F. ECKARDT
CLIFTON EDMONSTON
KENNETH J. EDWARDS
THOMAS L. EDWARDS
RAUL G. EGAN
IRWIN L. EGGERT
ARNOLD E. EGGLESTON
IVAN O. ELAM
WAYNE F. ELLIOTT
GRANT RIDGWAY ELLIS
JOHN Y. ELLISON
WENDELL CHARLES ENDSLEY
DONALD ERNEST ENGH
DALE T. ENLOW
RICHARD D. ESPINOZA
JOHN A. ESPOSITO
RICHARD L. ESTES
GEORGE E. EUSTIS
DONALD L. EVANS
HAROLD L. EVANS
HOSEA L. EVANS
PHILLIP J. EVANS
ROBERT L. EVANS
HARRY S. EVERETT JR.
DONALD E. EVERLY
FREDERICK R. FAGAN
JOHN B. FAHL
ROBERT G. FAITH
ALBERT HALL FANT
MARION D. FARIES
ROBERT W. FARIS
HARVEY L. FARMER
LYLE E. FASSETT
WARREN J. FELDGES
JOHN R. FENTON
AUGUST R. FERRACANE
JOHN W. FERRELL
WILLIAM J. FICKER
WILLIAM C. FICOR
ROBERT L. FIELD
WALTER F. FILKINS
GREEN FINLEY JR.
PAUL E. FINN
DAVID L. FINNIE
EDWARD DENNIS FISCHER
DONALD D. FISLAR
ROBERT J. FITGERALD
ROBERT FITZGERALD
THOMAS FITZGIBBONS
RUSSEL WILLIAM FLAGLORE
JOHN D. FLANDERS
TERRENCE FLETCHER
WAYNE K. FLOTO
JOHN A. FLYNN
WILLIAM J. FLYNN
ARTHUR A. FOLEY JR.
JAMES H. FOMOND
ROBERT L. FONTANA
CLYDE S. FORD
JAMES E. FORD
LORNEL FORD
NORMAN R. FORD
ROBERT E. FORD
ANDREW H. FORNICA
JACK FORRESTER
ROBERT W. FORSYTHE
WALTER C. FORT
JAMES FORTE
EUGENE A. FOSS
HENRY MYERS FOSTER
ELDON E. FOX
F. C. FOX
JARED W. FOX
JAMES C. FRANGELLO
WILLIAM A. FRANK
CARL T. FRANKE JR.
JAMES L. FRAZIER
WILSON A. FREASE
DONALD FREDENBURG
CHARLES F. FREEMAN
HARRY W. FREEMAN
JAMES W. FREEMAN
ANTON JOSEPH FREER
RICHARD D. FRESEN
DEWEY M. FRIDAY
RICHARD MELVIN FRIEDMAN
HARVEY J. FRIEND
JAMES EMERSON FRIEND
EDWARD FRISTOCK
PAUL A. FROST
RICHARD FUGATE
RICHARD O. FUKA
ALBERT W. FULK JR.
WILLIAM C. GABOS
PETER J. GABRISH
GEORGE A. GALION
PATRICK GALLAGHER
ARMAND J. GALLI
HARRY P. H. GAMBREL
CHARLES GANGL
LAWRENCE GAPINSKI
CARLOS GARCIA
FRANK DONALD GARCIA
OSCAR GARCIA
RANDALL G. GARDIEN
LADON A. GARDNER
CHARLES D. GARNER
JOHN H. GARVIN JR.
GEORGE GARVIS
ROLAND L. GATES
WILLIAM R. GAUL
PETER GEANNOPULOS
NELSON RAYMOND GEDDES
MARVIN C. GEIGER
HARLEY G. GERTH
MARIO R. GHINAZZI
FELIX GIANGRANDE
CLARENCE E. GIBSON
JOHN R. GIBSON
WILLIAM A. GIBSON
RICHARD F. GIESE
ALBERT P. GIGUERE
WILLIAM E. GILBERT
ROBERT L. GILKISON
IRVING L. GILL
LEO G. GILL
DAVID R. GILLESPIE
DARRELL G. GILLEY
MICHAEL W. GLASER
BRUNO GLAZERS
CHARLES F. GLENN
JAMES L. GLIDEWELL
CARL G. GOERING
ROBERT G. GOERLICH
HARRY GOETTING
WILLIAM C. GOETZ
PETER T. GOLDEN
PAUL GOLDSBOROUGH
LEONARD GOLDSMITH
JOSEPH GOMEZ
JOHN E. GOODALL
GERALD W. GOODNER
EDWIN S. GORAJ
JAMES E. GORDLEY
WILLIAM CLARK GORDON
ERVIN P. GOTHIER
GENE WILTON GOULD
JAMES W. GRAHAM
JOHNNY C. GRAHAM
WILLIAM KARL GRAUMAN
HAROLD E. GREEN
JAMES L. GREEN
KENNETH L. GREEN
ROBERT G. GREEN
ROBERT K. GREEN
JOHN T. GREENE
RAYMOND GREGORY
EDWAR GRIEFENSTINE
MILTON R. GRIEFF
HORACE A. GRIFFIN
JEROME H. GRIGAL
WILLIAM O. GRIMMIG
THEODOR GROENEVELD
ROBERT B. GROHMANN
CHARLES J. GROLL
ROLLIE D. GROOMS
LAWRENCE LEO GROSS
BERNARD GROTKOWSKI
WILLIAM C. GROVE
JOHN F. GROVIER
CLARENCE E. GRUBER
MICHAEL CARL GRUBISICH
EDWIN C. GRZECA
ORONA JUA GUERRERO
CORNELIUS PATRI GUILFOYLE
CECIL H. GUITER
HENRY L. GUSTAFSON
RICHARD W. HAAS
GERALD LEON HAERR
DAVID R. HAGEN
HAROLD T. HALL
WILLIAM E. HALL
ROBERT HUGH HALLAWELL
ROBERT D. HALLMARK
RUSSELL BURTON HAM JR.
GLENN E. HAMILTON
PERCY D. HAMILTON
THOMAS A. HAMILTON
THOMAS RAY HAMILTON
WILLIAM W. HAMILTON
LESTER HAMMOND JR.
DAVID L. HAMPTON
HAROLD EUGENE HANCOCK
GEORGE E. HAND
BILLY D. HANNIG
ARTHUR T. HANNON
CARL E. HANSEN
RICHARD C. HARANG
WILLIAM GORDON HARDIN
JAMES HARGET
ALAN HARGRAVE
WALTER R. HARLESS
JOHN W. HARMON
ROY B. HARMON
MERLIN L. HARPER
ARTHERIA M. HARRIS
AUSTIN L. HARRIS
EVAN CHARLES HARRIS
GEORGE HARRIS
WILBUR F. HARRIS
LEONARD G. HARSY
MICHAEL J. HART JR.
JOHN J. HARTONG
GEORGE E. HARTWELL
WARREN F. HASKINS
GEORGE R. HASLETT
JAMES E. HATCHER
ANDREW E. HATHAWAY
FRED L. HATZOLD
RAYMOND HAUN
EDWARD HAWKINS
CLARENCE HAWTHORNE
BILLY A. HAYES
HOWARD ANTHONY HAYES
THOMAS J. HEALY
LESLIE R. HEATH
FREDERIC R. HECK
LESTER A. HECKER
HOWARD D. HECTOR
EDGAR S. HEFFLEY
ROBERT P. HEFLIN
WILBERT M. HEIDER
ERWIN GUSTAV HEINZ JR.
ARTHUR W. HELDERMAN
JOHN L. HELLMAN
WILLIAM HENDERSON
JOHN T. HENDRICKS
JOSEPH P. HENRY
LEO HENRY JR.
RICHARD A. HENRY
HARLEY K. HERBSTER
THEODORE J. HERMAN
GUSTAVO HERNANDEZ
JESUS HERNANDEZ
WALTER C. HERR
EDWARD J. HESS
BERNARD R. HEWITT
CHARLES V. HEWITT
ROBERT L. HEWITT
DELBERT D. HICKMAN
JAMES E. HIGGINS
CHARLES HIGH
JOSEPH HENRY HIGHLEY
HARRY S. HILBURGER
RAY W. HILDEMAN
ROBERT HENRY HILGENBERG
JESSE E. HILL
ROBERT E. HILL
WAYNE W. HILL
WILLIAM A. HILL
HARRY HILLENBRAND
ROBERT R. HILLYER
BILL G. HILTON
LEO E. HILTON
RAYMOND HIXENBAUGH
EDWARD V. HLADIK JR.
JAMES F. HLAVAC
ALBERT S. HLOUSEK
HOY E. HOBBS
ARTHUR L. A. HODAPP
VERNE E. HODSON
RICHARD E. HOEHN
WALTER W. HOELTJE
HOWARD F. HOELZEL
DALE A. HOERR
HERBERT W. HOFF JR.
DONALD HOFFENKAMP
MARVIN R. HOFFMAN
WILLIAM R. HOFFMAN
JAMES A. HOFIUS
RAYMOND H. HOGARTH
EBNER C. HOLKE
NORMAN R. HOLSINGER
WILFRED J. HOLZMAN
NILS V. HOOTMAN
PAUL E. HOOTS
WILLIAM E. HOPKINS
ROLAND E. J. HORN
WILLARD BOYDEN HORN
LOVIE L. HORTON
RONALD L. HOUDEK
EVERETT J. HOWARD
MARTIN L. HOWELL
VIRGIL L. HOWELL
JOHN R. HRONEK
RAYMOND E. HUBBARD
JOE A. HUFFSTUTLER
ALBERT J. HUGHES
WILLIAM H. HULSKA
ROBERT J. HUNT
JOE HUNTER
JUDSON P. HURD
FRANCIS J. HURST
BILLY C. HUXHOLD
ROY H. INBODEN
JOHN E. INGRAM
MARK INOKUCHI
DENNIS IRVING
DANIEL JACK
JAMES H. JACK
AMOS J. JACKSON
CAROL J. JACKSON
DONALD RAY JACKSON
DONOVAN J. JACKSON
KENNETH R. JACKSON
HERMAN L. JACOBS
ROBERT H. JACOBS
ARTHUR C. JAGNOW
ANDREW RALPH JAKUSZ
HENRY P. JAMES
ROBERT H. JAMES
PAUL JANCO
JOSEPH A. JANCZAK JR.
PETER M. JANETTAS
LEONARD D. JANICKI
RICHARD JANKOWSKI
FRANK P. JANOWITZ
JOHN JARRETT
ALFORD JEFFREY
JAMES C. JENKEL
CARL AUGUST JENKINS
JOHN E. JENNINGS JR.
GEORGE R. JENSEN
WILLIAM L. JENSEN
RONALD L. JOHNS
EARL N. JOHNSON
ERIE JOHNSON JR.
FRED R. JOHNSON
GEORGE A. JOHNSON
GEORGE B. JOHNSON
GEORGE WALTER JOHNSON
MAJOR A. JOHNSON
NORMAN R. JOHNSON
REX G. JOHNSON

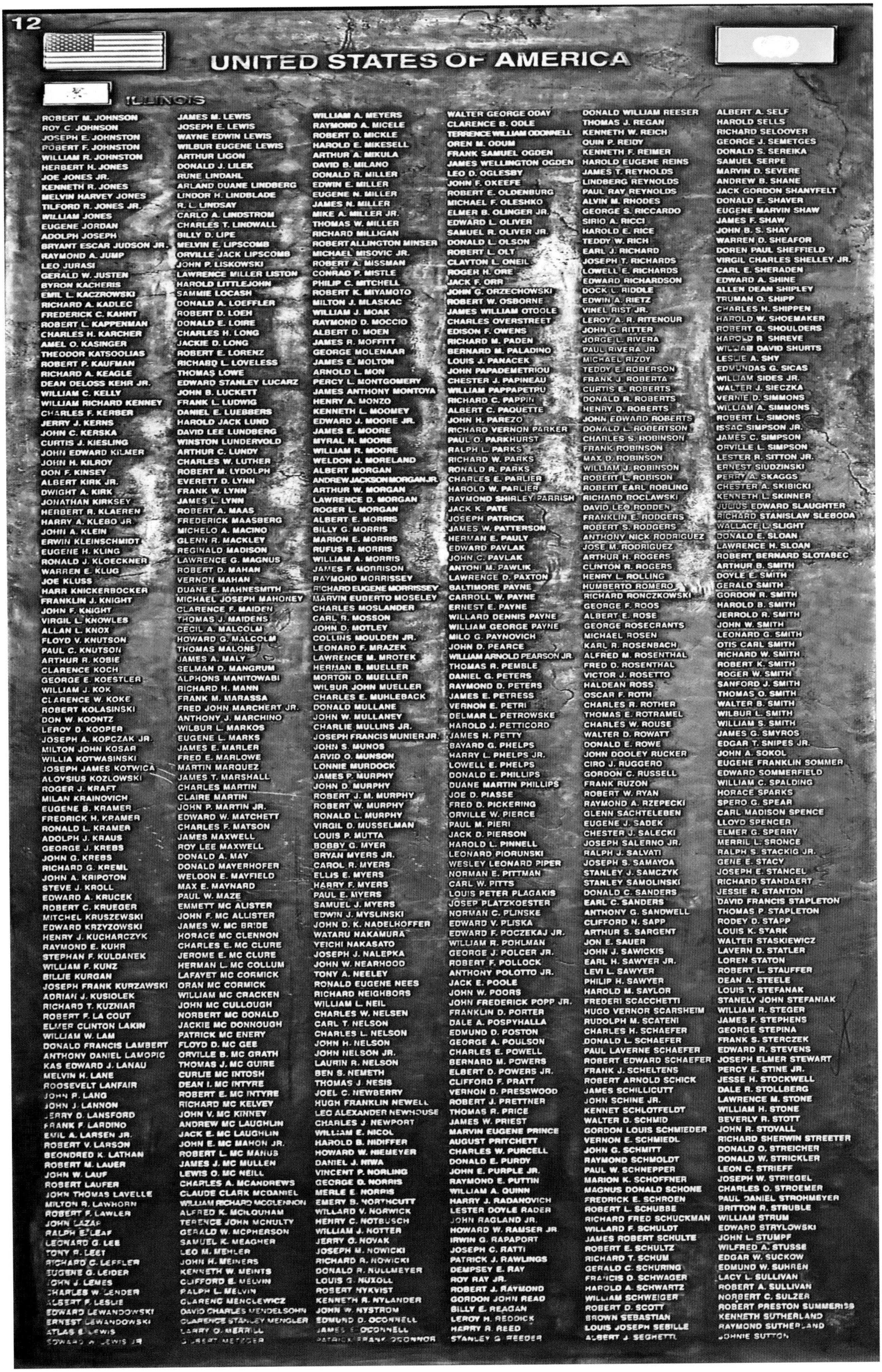
12
UNITED STATES OF AMERICA
ILLINOIS
ROBERT M. JOHNSON
ROY C. JOHNSON
JOSEPH E. JOHNSTON
ROBERT F. JOHNSTON
WILLIAM R. JOHNSTON
HERBERT H. JONES
JOE JONES JR.
KENNETH R. JONES
MELVIN HARVEY JONES
TILFORD R. JONES JR.
WILLIAM JONES
EUGENE JORDAN
ADOLPH JOSEPH
BRYANT ESCAR JUDSON JR.
RAYMOND A. JUMP
LEO JURASI
GERALD W. JUSTEN
BYRON KACHERIS
EMIL L. KACZROWSKI
RICHARD A. KADLEC
FREDERICK C. KAHNT
ROBERT L. KAPPENMAN
CHARLES H. KARCHER
AMEL O. KASINGER
THEODOR KATSOOLIAS
ROBERT P. KAUFMAN
RICHARD A. KEAGLE
DEAN DELOSS KEHR JR.
WILLIAM C. KELLY
WILLIAM RICHARD KENNEY
CHARLES F. KERBER
JERRY J. KERNS
JOHN C. KERSKA
CURTIS J. KIESLING
JOHN EDWARD KILMER
JOHN H. KILROY
DON F. KINSEY
ALBERT KIRK JR.
DWIGHT A. KIRK
JONATHAN KIRKSEY
HERBERT R. KLAEREN
HARRY A. KLEBO JR.
JOHN A. KLEIN
ERWIN KLEINSCHMIDT
EUGENE H. KLING
RONALD J. KLOECKNER
WARREN E. KLUG
JOE KLUSS
HARR KNICKERBOCKER
FRANKLIN J. KNIGHT
JOHN F. KNIGHT
VIRGIL L. KNOWLES
ALLAN L. KNOX
FLOYD V. KNUTSON
PAUL C. KNUTSON
ARTHUR R. KOBIE
CLARENCE KOCH
GEORGE E. KOESTLER
WILLIAM J. KOK
CLARENCE W. KOKE
ROBERT KOLASINSKI
DON W. KOONTZ
LEROY D. KOOPER
JOSEPH A. KOPCZAK JR.
MILTON JOHN KOSAR
WILLIA KOTWASINSKI
JOSEPH JAMES KOTWICA
ALOYSIUS KOZLOWSKI
ROGER J. KRAFT
MILAN KRAINOVICH
EUGENE B. KRAMER
FREDRICK H. KRAMER
RONALD L. KRAMER
ADOLPH J. KRAUS
GEORGE J. KREBS
JOHN G. KREBS
RICHARD G. KREML
JOHN A. KRIPOTON
STEVE J. KROLL
EDWARD A. KRUCEK
ROBERT C. KRUEGER
MITCHEL KRUSZEWSKI
EDWARD KRZYZOWSKI
HENRY J. KUCHARCZYK
RAYMOND E. KUHR
STEPHAN F. KULDANEK
WILLIAM F. KUNZ
BILLIE KURGAN
JOSEPH FRANK KURZAWSKI
ADRIAN J. KUSIOLEK
RICHARD T. KUZNIAR
ROBERT F. LA COUT
ELMER CLINTON LAKIN
WILLIAM W. LAM
DONALD FRANCIS LAMBERT
ANTHONY DANIEL LAMOPIC
KAS EDWARD J. LANAU
MELVIN H. LANE
ROOSEVELT LANFAIR
JOHN P. LANG
JOHN J. LANNON
JERRY D. LANSFORD
FRANK F. LARDINO
EMIL A. LARSEN JR.
ROBERT V. LARSON
BEONDRED K. LATHAN
ROBERT M. LAUER
JOHN W. LAUF
ROBERT LAUFER
JOHN THOMAS LAVELLE
MILTON R. LAWHORN
ROBERT F. LAWLER
JOHN LAZAR
RALPH E. LEAF
LEONARD G. LEE
TONY R. LEET
RICHARD C. LEFFLER
EUGENE G. LEIDER
JOHN J. LEMES
CHARLES W. LENDER
ALBERT F. LESLIE
EDWARD LEWANDOWSKI
ERNEST LEWANDOWSKI
ATLAS E. LEWIS
EDWARD W. LEWIS JR
JAMES M. LEWIS
JOSEPH E. LEWIS
WAYNE EDWIN LEWIS
WILBUR EUGENE LEWIS
ARTHUR LIGON
DONALD J. LILEK
RUNE LINDAHL
ARLAND DUANE LINDBERG
LINDOR H. LINDBLADE
R. L. LINDSAY
CARLO A. LINDSTROM
CHARLES T. LINDWALL
BILLY D. LIPE
MELVIN E. LIPSCOMB
ORVILLE JACK LIPSCOMB
JOHN P. LISKOWSKI
LAWRENCE MILLER LISTON
HAROLD LITTLEJOHN
SAMMIE LOCASH
DONALD A. LOEFFLER
ROBERT D. LOEH
DONALD E. LOIRE
CHARLES H. LONG
JACKIE D. LONG
ROBERT E. LORENZ
RICHARD L. LOVELESS
THOMAS LOWE
EDWARD STANLEY LUCARZ
JOHN B. LUCKETT
FRANK L. LUDWIG
DANIEL E. LUEBBERS
HAROLD JACK LUND
DAVID LEE LUNDBERG
WINSTON LUNDERVOLD
ARTHUR C. LUNDY
CHARLES W. LUTHER
ROBERT M. LYDOLPH
EVERETT D. LYNN
FRANK W. LYNN
JAMES L. LYNN
ROBERT A. MAAS
FREDERICK MAASBERG
MICHELO A. MACINO
GLENN R. MACKLEY
REGINALD MADISON
LAWRENCE G. MAGNUS
ROBERT D. MAHAN
VERNON MAHAN
DUANE E. MAHNESMITH
MICHAEL JOSEPH MAHONEY
CLARENCE F. MAIDEN
THOMAS J. MAIDENS
CECIL A. MALCOLM
HOWARD G. MALCOLM
THOMAS MALONE
JAMES A. MALY
SELMAN D. MANGRUM
ALPHONS MANITOWABI
RICHARD H. MANN
FRANK M. MARASSA
FRED JOHN MARCHERT JR.
ANTHONY J. MARCHINO
WILBUR L. MARKOS
EUGENE L. MARKS
JAMES E. MARLER
FRED E. MARLOWE
MARTIN MARQUEZ
JAMES T. MARSHALL
CHARLES MARTIN
CLAIRE MARTIN
JOHN P. MARTIN JR.
EDWARD W. MATCHETT
CHARLES F. MATSON
JAMES MAXWELL
ROY LEE MAXWELL
DONALD A. MAY
DONALD MAYERHOFER
WELDON E. MAYFIELD
MAX E. MAYNARD
PAUL W. MAZE
EMMETT MC ALISTER
JOHN F. MC ALLISTER
JAMES W. MC BRIDE
HORACE MC CLENNON
CHARLES E. MC CLURE
JEROME E. MC CLURE
HERMAN L. MC COLLUM
LAFAYET MC CORMICK
ORAN MC CORMICK
WILLIAM MC CRACKEN
JOHN MC CULLOUGH
NORBERT MC DONALD
JACKIE MC DONNOUGH
PATRICK MC ENERY
FLOYD D. MC GEE
ORVILLE B. MC GRATH
THOMAS J. MC GUIRE
CURLIE MC INTOSH
DEAN I. MC INTYRE
ROBERT E. MC INTYRE
RICHARD MC KELVEY
JOHN V. MC KINNEY
ANDREW MC LAUGHLIN
JACK E. MC LAUGHLIN
JOHN E. MC MAHON JR.
ROBERT L. MC MANUS
JAMES J. MC MULLEN
LEWIS O. MC NEILL
CHARLES A. MCANDREWS
CLAUDE CLARK MCDANIEL
WILLIAM RICHARD MCGLENNON
ALFRED K. MCILOUHAM
TERENCE JOHN MCNULTY
GERALD W. MCPHERSON
SAMUEL K. MEAGHER
LEO M. MEHLER
JOHN H. MEINERS
KENNETH W. MEINTS
CLIFFORD E. MELVIN
RALPH L. MELVIN
CLARENC MENCLEWICZ
DAVID CHARLES MENDELSOHN
CLARENCE STANLEY MENGLER
LARRY O. MERRILL
GILBERT METZGER
WILLIAM A. MEYERS
RAYMOND A. MICELE
ROBERT D. MICKLE
HAROLD E. MIKESELL
ARTHUR A. MIKULA
DAVID B. MILANO
DONALD R. MILLER
EDWIN E. MILLER
EUGENE N. MILLER
JAMES N. MILLER
MIKE A. MILLER JR.
THOMAS W. MILLER
RICHARD MILLIGAN
ROBERT ALLINGTON MINSER
MICHAEL MISOVIC JR.
ROBERT A. MISSMAN
CONRAD P. MISTLE
PHILIP C. MITCHELL
ROBERT K. MIYAMOTO
MILTON J. MLASKAC
WILLIAM J. MOAK
RAYMOND D. MOCCIO
ALBERT D. MOEN
JAMES R. MOFFITT
GEORGE MOLENAAR
JAMES E. MOLTON
ARNOLD L. MON
PERCY L. MONTGOMERY
JAMES ANTHONY MONTOYA
HENRY A. MONZO
KENNETH L. MOOMEY
EDWARD J. MOORE JR.
JAMES E. MOORE
MYRAL N. MOORE
WILLIAM R. MOORE
WELDON J. MORELAND
ALBERT MORGAN
ANDREW JACKSON MORGAN JR.
ARTHUR W. MORGAN
LAWRENCE D. MORGAN
ROGER L. MORGAN
ALBERT E. MORRIS
BILLY G. MORRIS
MARION E. MORRIS
RUFUS R. MORRIS
WILLIAM A. MORRIS
JAMES F. MORRISON
RAYMOND MORRISSEY
RICHARD EUGENE MORRISSEY
MARVIN EUBERTO MOSELEY
CHARLES MOSLANDER
CARL R. MOSSON
JOHN D. MOTLEY
COLLINS MOULDEN JR.
LEONARD F. MRAZEK
LAWRENCE M. MROTEK
HERMAN B. MUELLER
MORTON D. MUELLER
WILBUR JOHN MUELLER
CHARLES E. MUHLEBACK
DONALD MULLANE
JOHN W. MULLANEY
CHARLIE MULLINS JR.
JOSEPH FRANCIS MUNIER JR.
JOHN S. MUNOS
ARVID O. MUNSON
LONNIE MURDOCK
JAMES P. MURPHY
JOHN D. MURPHY
ROBERT J. M. MURPHY
ROBERT W. MURPHY
RONALD L. MURPHY
VIRGIL D. MUSSELMAN
LOUIS P. MUTTA
BOBBY G. MYER
BRYAN MYERS JR.
CAROL R. MYERS
ELLIS E. MYERS
HARRY F. MYERS
PAUL E. MYERS
SAMUEL J. MYERS
EDWIN J. MYSLINSKI
JOHN D. K. NADELHOFFER
WATARU NAKAMURA
YEICHI NAKASATO
JOSEPH J. NALEPKA
JOHN W. NEARHOOD
TONY A. NEELEY
RONALD EUGENE NEES
RICHARD NEIGHBORS
WILLIAM L. NEIL
CHARLES W. NELSEN
CARL T. NELSON
CHARLES L. NELSON
JOHN H. NELSON
JOHN NELSON JR.
LAURIN R. NELSON
BEN S. NEMETH
THOMAS J. NESIS
JOEL C. NEWBERRY
HUGH FRANKLIN NEWELL
LEO ALEXANDER NEWHOUSE
CHARLES J. NEWPORT
WILLIAM E. NICOL
HAROLD B. NIDIFFER
HOWARD W. NIEMEYER
DANIEL J. NIWA
VINCENT P. NORLING
GEORGE D. NORRIS
MERLE E. NORRIS
EMERY B. NORTHCUTT
WILLARD V. NORWICK
HENRY C. NOTBUSCH
WILLIAM J. NOTTER
JERRY O. NOVAK
JOSEPH M. NOWICKI
RICHARD R. NOWICKI
DONALD R. NULLMEYER
LOUIS G. NUXOLL
ROBERT NYKVIST
KENNETH R. NYLANDER
JOHN W. NYSTROM
EDMUND D. OCONNELL
JAMES E. OCONNELL
PATRICK FRANK OCONNOR
WALTER GEORGE ODAY
CLARENCE B. ODLE
TERRENCE WILLIAM ODONNELL
OREN M. ODUM
FRANK SAMUEL OGDEN
JAMES WELLINGTON OGDEN
LEO D. OGLESBY
JOHN F. OKEEFE
ROBERT E. OLDENBURG
MICHAEL F. OLESHKO
ELMER B. OLINGER JR.
EDWARD L. OLIVER
SAMUEL R. OLIVER JR.
DONALD L. OLSON
ROBERT L. OLT
CLAYTON L. ONEIL
ROGER H. ORE
JACK F. ORR
JOHN G. ORZECHOWSKI
ROBERT W. OSBORNE
JAMES WILLIAM OTOOLE
CHARLES OVERSTREET
EDISON F. OWENS
RICHARD M. PADEN
BERNARD M. PALADINO
LOUIS J. PANACEK
JOHN PAPADEMETRIOU
CHESTER J. PAPINEAU
WILLIAM PAPPAPETRU
RICHARD C. PAPPIN
ALBERT C. PAQUETTE
JOHN H. PAREZO
RICHARD VERNON PARKER
PAUL O. PARKHURST
RALPH L. PARKS
RICHARD W. PARKS
RONALD R. PARKS
CHARLES E. PARLIER
HAROLD W. PARLIER
RAYMOND SHIRLEY PARRISH
JACK K. PATE
JOSEPH PATRICK
JAMES W. PATTERSON
HERMAN E. PAULY
EDWARD PAVLAK
JOHN C. PAVLAK
ANTONI M. PAWLIK
LAWRENCE D. PAXTON
BALTIMORE PAYNE
CARROLL W. PAYNE
ERNEST E. PAYNE
WILLARD DENNIS PAYNE
WILLIAM GEORGE PAYNE
MILO G. PAYNOVICH
JOHN D. PEARCE
WILLIAM ARNOLD PEARSON JR.
THOMAS R. PEMBLE
DANIEL G. PETERS
RAYMOND D. PETERS
JAMES E. PETRESS
VERNON E. PETRI
DELMAR L. PETROWSKE
HAROLD J. PETTICORD
JAMES H. PETTY
BAYARD G. PHELPS
HARRY L. PHELPS JR.
LOWELL E. PHELPS
DONALD E. PHILLIPS
DUANE MARTIN PHILLIPS
JOE D. PIASSE
FRED D. PICKERING
ORVILLE W. PIERCE
PAUL M. PIERI
JACK D. PIERSON
HAROLD L. PINNELL
LEONARD PIORUNSKI
WESLEY LEONARD PIPER
NORMAN E. PITTMAN
CARL W. PITTS
LOUIS PETER PLAGAKIS
JOSEP PLATZKOESTER
NORMAN C. PLINSKE
EDWARD V. PLISKA
EDWARD F. POCZEKAJ JR.
WILLIAM R. POHLMAN
GEORGE J. POLCER JR.
ROBERT F. POLLOCK
ANTHONY POLOTTO JR.
JACK E. POOLE
JOHN W. POORS
JOHN FREDERICK POPP JR.
FRANKLIN D. PORTER
DALE A. POSPYHALLA
EDMUND D. POSTON
GEORGE A. POULSON
CHARLES E. POWELL
BERNARD M. POWERS
ELBERT D. POWERS JR.
CLIFFORD F. PRATT
VERNON D. PRESSWOOD
ROBERT J. PRETTNER
THOMAS R. PRICE
JAMES W. PRIEST
MARVIN EUGENE PRINCE
AUGUST PRITCHETT
CHARLES W. PURCELL
DONALD E. PURDY
JOHN E. PURPLE JR.
RAYMOND E. PUTTIN
WILLIAM A. QUINN
HARRY J. RADANOVICH
LESTER DOYLE RADER
JOHN RAGLAND JR.
HOWARD W. RAMSER JR.
IRWIN G. RAPAPORT
JOSEPH C. RATTI
PATRICK J. RAWLINGS
DEMPSEY E. RAY
ROY RAY JR.
ROBERT J. RAYMOND
GORDON JOHN READ
BILLY E. REAGAN
LEROY H. REDDICK
HARRY R. REED
STANLEY G. REEDER
DONALD WILLIAM REESER
THOMAS J. REGAN
KENNETH W. REICH
QUIN P. REIDY
KENNETH F. REIMER
HAROLD EUGENE REINS
JAMES T. REYNOLDS
LINDBERG REYNOLDS
PAUL RAY REYNOLDS
ALVIN M. RHODES
GEORGE S. RICCARDO
SIRIO A. RICCI
HAROLD E. RICE
TEDDY W. RICH
EARL J. RICHARD
JOSEPH T. RICHARDS
LOWELL E. RICHARDS
EDWARD RICHARDSON
DOCK L. RIDDLE
EDWIN A. RIETZ
VINEL RIST JR.
LEROY A. R. RITENOUR
JOHN G. RITTER
JORGE L. RIVERA
PAUL RIVERA JR.
MICHAEL RIZDY
TEDDY E. ROBERSON
FRANK J. ROBERTA
CURTIS E. ROBERTS
DONALD R. ROBERTS
HENRY D. ROBERTS
JOHN EDWARD ROBERTS
DONALD L. ROBERTSON
CHARLES S. ROBINSON
FRANK ROBINSON
MAX D. ROBINSON
WILLIAM J. ROBINSON
ROBERT L. ROBISON
ROBERT EARL ROBLING
RICHARD ROCLAWSKI
DAVID LEO RODDEN
FRANKLIN E. RODGERS
ROBERT S. RODGERS
ANTHONY NICK RODRIGUEZ
JOSE M. RODRIGUEZ
ARTHUR H. ROGERS
CLINTON R. ROGERS
HENRY L. ROLLING
HUMBERTO ROMERO
RICHARD RONCZKOWSKI
GEORGE F. ROOS
ALBERT E. ROSE
GEORGE ROSECRANTS
MICHAEL ROSEN
KARL R. ROSENBACH
ALFRED M. ROSENTHAL
FRED D. ROSENTHAL
VICTOR J. ROSETTO
HALDEAN ROSS
OSCAR F. ROTH
CHARLES R. ROTHER
THOMAS E. ROTRAMEL
CHARLES W. ROUSE
WALTER D. ROWATT
DONALD E. ROWE
JOHN DOOLEY RUCKER
CIRO J. RUGGERO
GORDON C. RUSSELL
FRANK RUZON
ROBERT W. RYAN
RAYMOND A. RZEPECKI
GLENN SACHTELEBEN
EUGENE J. SADEK
CHESTER J. SALECKI
JOSEPH SALERNO JR.
RALPH J. SALVATI
JOSEPH S. SAMAYOA
STANLEY J. SAMCZYK
STANLEY SAMOLINSKI
DONALD C. SANDERS
EARL C. SANDERS
ANTHONY G. SANDWELL
CLIFFORD N. SAPP
ARTHUR S. SARGENT
JON E. SAUER
JOHN J. SAWICKIS
EARL H. SAWYER JR.
LEVI L. SAWYER
PHILIP H. SAWYER
HAROLD M. SAYLOR
FREDERI SCACCHETTI
HUGO VERNOR SCARSHEIM
RUDOLPH M. SCATENI
CHARLES H. SCHAEFER
DONALD L. SCHAEFER
PAUL LAVERNE SCHAEFER
ROBERT EDWARD SCHAEFER
FRANK J. SCHELTENS
ROBERT ARNOLD SCHICK
JAMES SCHILLICUTT
JOHN SCHINE JR.
KENNET SCHLOTFELDT
WALTER D. SCHMID
GORDON LOUIS SCHMIEDER
VERNON E. SCHMIEDL
JOHN G. SCHMITT
RAYMOND SCHMOLDT
PAUL W. SCHNEPPER
MARION K. SCHOFFNER
MAGNUS DONALD SCHONE
FREDRICK E. SCHROEN
ROBERT L. SCHUBBE
RICHARD FRED SCHUCKMAN
WILLARD F. SCHULDT
JAMES ROBERT SCHULTE
ROBERT E. SCHULTZ
RICHARD T. SCHUM
GERALD C. SCHURING
FRANCIS D. SCHWAGER
HAROLD A. SCHWARTZ
WILLIAM SCHWEIGER
ROBERT D. SCOTT
BROWN SEBASTIAN
LOUIS JOSEPH SEBILLE
ALBERT J. SEGHETTI
ALBERT A. SELF
HAROLD SELLS
RICHARD SELOOVER
GEORGE J. SEMETGES
DONALD S. SEREIKA
SAMUEL SERPE
MARVIN D. SEVERE
ANDREW B. SHANE
JACK GORDON SHANYFELT
DONALD E. SHAVER
EUGENE MARVIN SHAW
JAMES F. SHAW
JOHN B. S. SHAY
WARREN D. SHEAFOR
DOREN PAUL SHEFFIELD
VIRGIL CHARLES SHELLEY JR.
CARL E. SHERADEN
EDWARD A. SHINE
ALLEN DEAN SHIPLEY
TRUMAN O. SHIPP
CHARLES H. SHIPPEN
HAROLD W. SHOEMAKER
ROBERT G. SHOULDERS
HAROLD R. SHREVE
WILLIAM DAVID SHURTS
LESLIE A. SHY
EDMUNDAS G. SICAS
WILLIAM SIDES JR.
WALTER J. SIECZKA
VERNIE D. SIMMONS
WILLIAM A. SIMMONS
ROBERT L. SIMONS
ISSAC SIMPSON JR.
JAMES C. SIMPSON
ORVILLE L. SIMPSON
LESTER R. SITTON JR.
ERNEST SIUDZINSKI
PERRY A. SKAGGS
CHESTER A. SKIBICKI
KENNETH L. SKINNER
JULIUS EDWARD SLAUGHTER
RICHARD STANISLAW SLEBODA
WALLACE L. SLIGHT
DONALD E. SLOAN
LAWRENCE H. SLOAN
ROBERT BERNARD SLOTABEC
ARTHUR B. SMITH
DOYLE E. SMITH
GERALD SMITH
GORDON R. SMITH
HAROLD B. SMITH
JERROLD R. SMITH
JOHN W. SMITH
LEONARD G. SMITH
OTIS CARL SMITH
RICHARD W. SMITH
ROBERT K. SMITH
ROGER W. SMITH
SANFORD J. SMITH
THOMAS O. SMITH
WALTER B. SMITH
WILBUR L. SMITH
WILLIAM S. SMITH
JAMES G. SMYROS
EDGAR T. SNIPES JR.
JOHN A. SOKOL
EUGENE FRANKLIN SOMMER
EDWARD SOMMERFIELD
WILLIAM C. SPALDING
HORACE SPARKS
SPERO G. SPEAR
CARL MADISON SPENCE
LLOYD SPENCER
ELMER G. SPERRY
MERRIL L. SRONCE
RALPH S. STACKIG JR.
GENE E. STACY
JOSEPH E. STANCEL
RICHARD STANDAERT
JESSIE R. STANTON
DAVID FRANCIS STAPLETON
THOMAS P. STAPLETON
RODEY D. STAPP
LOUIS K. STARK
WALTER STASKIEWICZ
LAVERN D. STATLER
LOREN STATON
ROBERT L. STAUFFER
DEAN A. STEELE
LOUIS T. STEFANAK
STANELY JOHN STEFANIAK
WILLIAM R. STEGER
JAMES F. STEPHENS
GEORGE STEPINA
FRANK S. STERCZEK
EDWARD R. STEVENS
JOSEPH ELMER STEWART
PERCY E. STINE JR.
JESSE H. STOCKWELL
DALE R. STOLLBERG
LAWRENCE M. STONE
WILLIAM H. STONE
BEVERLY R. STOTT
JOHN R. STOVALL
RICHARD SHERWIN STREETER
DONALD O. STREICHER
DONALD W. STRICKLER
LEON C. STRIEFF
JOSEPH W. STRIEGEL
CHARLES O. STROEMER
PAUL DANIEL STROHMEYER
BRITTON R. STRUBLE
WILLIAM STRUM
EDWARD STRYLOWSKI
JOHN L. STUMPF
WILFRED A. STUSSE
EDGAR W. SUCKOW
EDMUND W. SUHREN
LACY L. SULLIVAN
ROBERT A. SULLIVAN
NORBERT C. SULZER
ROBERT PRESTON SUMMERISS
KENNETH SUTHERLAND
RAYMOND SUTHERLAND
JOHNIE SUTTON

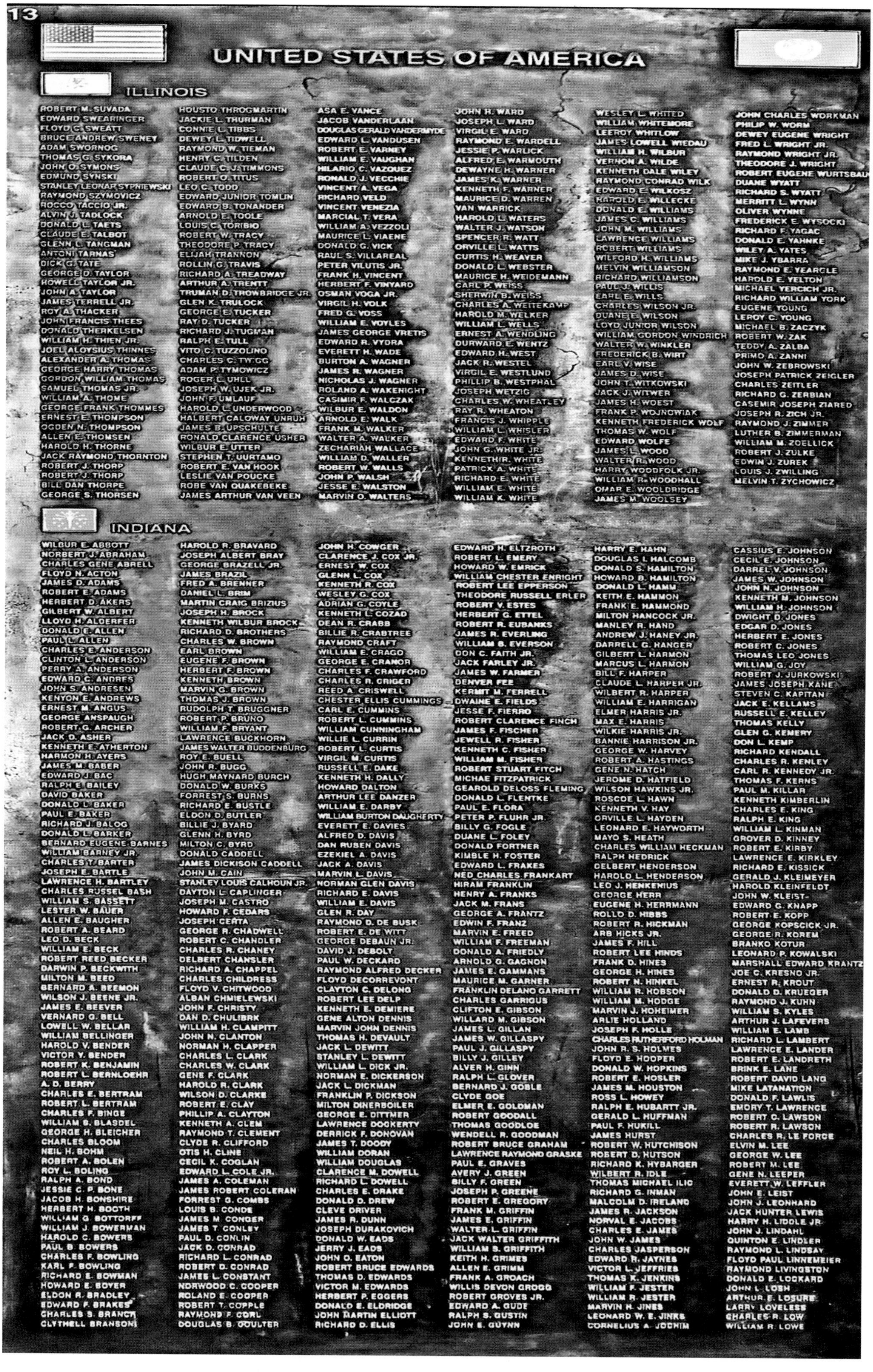
13
UNITED STATES OF AMERICA
ILLINOIS
ROBERT M. SUVADA
EDWARD SWEARINGER
FLOYD C. SWEATT
BRUCE ANDREW SWENEY
ADAM SWORNOG
THOMAS G. SYKORA
JOHN O. SYMONS
EDMUND SYNSKI
STANLEY LEONAR SYPNIEWSKI
RAYMOND SZYMOVICZ
ROCCO TACCIO JR.
ALVIN J. TADLOCK
DONALD L. TAETS
CLAUDE E. TALBOT
GLENN L. TANGMAN
ANTONI TARNAS
DICK G. TATE
GEORGE D. TAYLOR
HOWELL TAYLOR JR.
JOHN A. TAYLOR
JAMES TERRELL JR.
ROY A. THACKER
JOHN FRANCIS THEES
DONALD THERKELSEN
WILLIAM H. THIEN JR.
JOEL ALOYSIUS THINNES
ALEXANDER A. THOMAS
GEORGE HARRY THOMAS
GORDON WILLIAM THOMAS
SAMUEL THOMAS JR.
WILLIAM A. THOME
GEORGE FRANK THOMMES
ERNEST E. THOMPSON
OGDEN N. THOMPSON
ALLEN E. THOMSEN
HAROLD H. THORNE
JACK RAYMOND THORNTON
ROBERT J. THORP
ROBERT J. THORP
BILL DAN THORPE
GEORGE S. THORSEN
HOUSTO THROGMARTIN
JACKIE L. THURMAN
CONNIE L. TIBBS
DEWEY L. TIDWELL
RAYMOND W. TIEMAN
HENRY C. TILDEN
CLAUDE C. J. TIMMONS
ROBERT O. TITUS
LEO C. TODD
EDWARD JUNIOR TOMLIN
EDWARD B. TONANDER
ARNOLD E. TOOLE
LOUIS C. TORIBIO
ROBERT W. TRACY
THEODORE P. TRACY
ELIJAH TRANNON
ROLLIN G. TRAVIS
RICHARD A. TREADWAY
ARTHUR A. TRENTT
TRUMAN D. TROWBRIDGE JR.
GLEN K. TRULOCK
GEORGE E. TUCKER
RAY D. TUCKER
RICHARD J. TUGMAN
RALPH E. TULL
VITO C. TUZZOLINO
CHARLES C. TWIGG
ADAM P. TYMOWICZ
ROGER L. UHLL
JOSEPH W. UJEK JR.
JOHN F. UMLAUF
HAROLD L. UNDERWOOD
HALBERT CALOWAY UNRUH
JAMES B. UPSCHULTE
RONALD CLARENCE USHER
WILBUR E. UTTER
STEPHEN T. UURTAMO
ROBERT E. VAN HOOK
LESLIE VAN POUCKE
ROBE VAN QUAKEBEKE
JAMES ARTHUR VAN VEEN
ASA E. VANCE
JACOB VANDERLAAN
DOUGLAS GERALD VANDERMYDE
EDWARD L. VANDUSEN
ROBERT E. VARNEY
WILLIAM E. VAUGHAN
HILARIO C. VAZQUEZ
RONALD J. VECCHIE
VINCENT A. VEGA
RICHARD VELD
VINCENT VENEZIA
MARCIAL T. VERA
WILLIAM A. VEZZOLI
MAURICE L. VIAENE
DONALD G. VICK
RAUL S. VILLAREAL
PETER VILUTIS JR.
FRANK H. VINCENT
HERBERT F. VINYARD
OSMAN VOGA JR.
VIRGIL H. VOLK
FRED G. VOSS
WILLIAM E. VOYLES
JAMES GEORGE VRETIS
EDWARD R. VYDRA
EVERETT H. WADE
BURTON A. WAGNER
JAMES R. WAGNER
NICHOLAS J. WAGNER
ROLAND A. WAKENIGHT
CASIMIR F. WALCZAK
WILBUR E. WALDON
ARNOLD E. WALK
FRANK M. WALKER
WALTER A. WALKER
ZECHARIAH WALLACE
WILLIAM D. WALLER
ROBERT W. WALLS
JOHN P. WALSH
JESSE E. WALSTON
MARVIN O. WALTERS
JOHN H. WARD
JOSEPH L. WARD
VIRGIL E. WARD
RAYMOND E. WARDELL
JESSIE P. WARLICK
ALFRED E. WARMOUTH
DEWAYNE H. WARNER
JAMES K. WARNER
KENNETH F. WARNER
MAURICE D. WARREN
VAN WARRICK
HAROLD L. WATERS
WALTER J. WATSON
SPENCER R. WATT
ORVILLE L. WATTS
CURTIS H. WEAVER
DONALD L. WEBSTER
MAURICE H. WEIDEMANN
CARL P. WEISS
SHERWIN B. WEISS
CHARLES A. WEITEKAMP
HAROLD M. WELKER
WILLIAM L. WELLS
ERNEST A. WENDLING
DURWARD E. WENTZ
EDWARD H. WEST
JACK R. WESTEL
VIRGIL E. WESTLUND
PHILLIP B. WESTPHAL
JOSEPH WETZIG
CHARLES W. WHEATLEY
RAY R. WHEATON
FRANCIS J. WHIPPLE
WILLIAM L. WHISLER
EDWARD F. WHITE
JOHN G. WHITE JR.
KENNETH R. WHITE
PATRICK A. WHITE
RICHARD E. WHITE
WILLIAM E. WHITE
WILLIAM K. WHITE
WESLEY L. WHITED
WILLIAM WHITEMORE
LEEROY WHITLOW
JAMES LOWELL WIEDAU
WILLIAM H. WILBUR
VERNON A. WILDE
KENNETH DALE WILEY
RAYMOND CONRAD WILK
EDWARD E. WILKOSZ
HAROLD E. WILLECKE
DONALD E. WILLIAMS
JAMES C. WILLIAMS
JOHN M. WILLIAMS
LAWRENCE WILLIAMS
ROBERT WILLIAMS
WILFORD H. WILLIAMS
MELVIN WILLIAMSON
RICHARD WILLIAMSON
PAUL J. WILLIS
EARL E. WILLS
CHARLES WILSON JR.
DUANE E. WILSON
LOYD JUNIOR WILSON
WILLIAM GORDON WINDRICH
WALTER W. WINKLER
FREDERICK B. WIRT
EARL V. WISE
JAMES D. WISE
JOHN T. WITKOWSKI
JACK J. WITWER
JAMES H. WOEST
FRANK P. WOJNOWIAK
KENNETH FREDERICK WOLF
THOMAS W. WOLF
EDWARD WOLFE
JAMES L. WOOD
WALTER R. WOOD
HARRY WOODFOLK JR.
WILLIAM R. WOODHALL
OMAR E. WOOLDRIDGE
JAMES M. WOOLSEY
JOHN CHARLES WORKMAN
PHILIP W. WORM
DEWEY EUGENE WRIGHT
FRED L. WRIGHT JR.
RAYMOND WRIGHT JR.
THEODORE J. WRIGHT
ROBERT EUGENE WURTSBAU
DUANE WYATT
RICHARD S. WYATT
MERRITT L. WYNN
OLIVER WYNNE
FREDERICK E. WYSOCKI
RICHARD F. YAGAC
DONALD E. YAHNKE
WILEY A. YATES
MIKE J. YBARRA
RAYMOND E. YEARGLE
HAROLD E. YELTON
MICHAEL YERCICH JR.
RICHARD WILLIAM YORK
EUGENE YOUNG
LEROY C. YOUNG
MICHAEL B. ZACZYK
ROBERT W. ZAK
TEDDY A. ZALBA
PRIMO A. ZANNI
JOHN W. ZEBROWSKI
JOSEPH PATRICK ZEIGLER
CHARLES ZEITLER
RICHARD G. ZERBIAN
CASEMIR JOSEPH ZIARED
JOSEPH R. ZICH JR.
RAYMOND J. ZIMMER
LUTHER B. ZIMMERMAN
WILLIAM M. ZOELLICK
ROBERT J. ZULKE
EDWIN J. ZUREK
LOUIS J. ZWILLING
MELVIN T. ZYCHOWICZ
INDIANA
WILBUR E. ABBOTT
NORBERT J. ABRAHAM
CHARLES GENE ABRELL
FLOYD N. ACTON
JAMES D. ADAMS
ROBERT E. ADAMS
HERBERT D. AKERS
GILBERT W. ALBERT
LLOYD H. ALDERFER
DONALD E. ALLEN
PAUL L. ALLEN
CHARLES E. ANDERSON
CLINTON L. ANDERSON
PERRY A. ANDERSON
EDWARD C. ANDRES
JOHN S. ANDRESEN
KENYON E. ANDREWS
ERNEST M. ANGUS
GEORGE ANSPAUGH
ROBERT G. ARCHER
JACK O. ASHER
KENNETH E. ATHERTON
HARMON H. AYERS
JAMES M. BABER
EDWARD J. BAC
RALPH E. BAILEY
DAVID BAKER
DONALD L. BAKER
PAUL E. BAKER
RICHARD J. BALOG
DONALD L. BARKER
BERNARD EUGENE BARNES
WILLIAM BARNEY JR.
CHARLES T. BARTER
JOSEPH E. BARTLE
LAWRENCE H. BARTLEY
CHARLES RUSSEL BASH
WILLIAM S. BASSETT
LESTER W. BAUER
ALLEN E. BAUGHER
ROBERT A. BEARD
LEO D. BECK
WILLIAM E. BECK
ROBERT REED BECKER
DARWIN P. BECKWITH
MILTON M. BEED
BERNARD A. BEEMON
WILSON J. BEENE JR.
JAMES E. BEEVER
VERNARD G. BELL
LOWELL W. BELLAR
WILLIAM BELLINGER
HAROLD V. BENDER
VICTOR V. BENDER
ROBERT K. BENJAMIN
ROBERT L. BERNLOEHR
A. D. BERRY
CHARLES E. BERTRAM
ROBERT L. BERTRAM
CHARLES F. BINGE
WILLIAM S. BLASDEL
GEORGE H. BLEICHER
CHARLES BLOOM
NEIL H. BOHM
ROBERT A. BOLEN
ROY L. BOLING
RALPH A. BOND
JESSIE C. P. BONE
JACOB H. BONSHIRE
HERBERT H. BOOTH
WILLIAM G. BOTTORFF
WILLIAM J. BOWERMAN
HAROLD C. BOWERS
PAUL B. BOWERS
CHARLES F. BOWLING
KARL F. BOWLING
RICHARD E. BOWMAN
HOWARD E. BOYER
ELDON R. BRADLEY
EDWARD F. BRAKES
CHARLES S. BRANCH
CLYTHELL BRANSON
HAROLD R. BRAVARD
JOSEPH ALBERT BRAY
GEORGE BRAZELL JR.
JAMES BRAZIL
FRED A. BRENNER
DANIEL L. BRIM
MARTIN CRAIG BRIZIUS
JOSEPH H. BROCK
KENNETH WILBUR BROCK
RICHARD D. BROTHERS
CHARLES W. BROWN
EARL BROWN
EUGENE F. BROWN
HERBERT F. BROWN
KENNETH BROWN
MARVIN G. BROWN
THOMAS J. BROWN
RUDOLPH T. BRUGGNER
ROBERT P. BRUNO
WILLIAM F. BRYANT
LAWRENCE BUCKHORN
JAMES WALTER BUDDENBURG
ROY E. BUELL
JOHN R. BUGG
HUGH MAYNARD BURCH
DONALD W. BURKS
FORREST S. BURNS
RICHARD E. BUSTLE
ELDON D. BUTLER
BILLIE J. BYARD
GLENN H. BYRD
MILTON C. BYRD
DONALD CADDELL
JAMES DICKISON CADDELL
JOHN M. CAIN
STANLEY LOUIS CALHOUN JR.
DAYTON L. CAPLINGER
JOSEPH M. CASTRO
HOWARD F. CEDARS
JOSEPH CERTA
GEORGE R. CHADWELL
ROBERT C. CHANDLER
CHARLES R. CHANEY
DELBERT CHANSLER
RICHARD A. CHAPPEL
CHARLES CHILDRESS
FLOYD V. CHITWOOD
ALBAN CHMIELEWSKI
JOHN F. CHRISTY
DAN D. CHULIBRK
WILLIAM H. CLAMPITT
JOHN N. CLANTON
NORMAN H. CLAPPER
CHARLES L. CLARK
CHARLES W. CLARK
GENE F. CLARK
HAROLD R. CLARK
WILSON D. CLARKE
ROBERT E. CLAY
PHILLIP A. CLAYTON
KENNETH A. CLEM
RAYMOND T. CLEMENT
CLYDE R. CLIFFORD
OTIS H. CLINE
CECIL K. COGLAN
EDWARD L. COLE JR.
JAMES A. COLEMAN
JAMES ROBERT COLERAN
FORREST G. COMBS
LOUIS B. CONDE
JAMES M. CONGER
JAMES T. CONLEY
PAUL D. CONLIN
JACK D. CONRAD
RICHARD L. CONRAD
ROBERT D. CONRAD
JAMES L. CONSTANT
NORWOOD C. COOPER
ROLAND E. COOPER
ROBERT T. COPPLE
RAYMOND F. CORL
DOUGLAS B. COULTER
JOHN H. COWGER
CLARENCE J. COX JR.
ERNEST W. COX
GLENN L. COX
KENNETH R. COX
WESLEY G. COX
ADRIAN G. COYLE
KENNETH L. COZAD
DEAN R. CRABB
BILLIE R. CRABTREE
RAYMOND CRAFT
WILLIAM E. CRAGO
GEORGE E. CRANOR
CHARLES F. CRAWFORD
CHARLES R. CRIGER
REED A. CRISWELL
CHESTER ELLIS CUMMINGS
CARL E. CUMMINS
ROBERT L. CUMMINS
WILLIAM CUNNINGHAM
WILLIE L. CURRIN
ROBERT L. CURTIS
VIRGIL M. CURTIS
RUSSELL E. DAKE
KENNETH H. DALLY
HOWARD DALTON
ARTHUR LEE DANZER
WILLIAM E. DARBY
WILLIAM BURTON DAUGHERTY
EVERETT E. DAVIES
ALFRED D. DAVIS
DAN RUBEN DAVIS
EZEKIEL A. DAVIS
JACK A. DAVIS
MARVIN L. DAVIS
NORMAN GLEN DAVIS
RICHARD E. DAVIS
WILLIAM E. DAVIS
GLEN R. DAY
RAYMOND D. DE BUSK
ROBERT E. DE WITT
GEORGE DEBAUN JR.
DAVID J. DEBOLT
PAUL W. DECKARD
RAYMOND ALFRED DECKER
FLOYD DECORREVONT
CLAYTON C. DELONG
ROBERT LEE DELP
KENNETH E. DEMIERE
GENE ALTON DENNIS
MARVIN JOHN DENNIS
THOMAS H. DEVAULT
JACK L. DEWITT
STANLEY L. DEWITT
WILLIAM L. DICK JR.
NORMAN E. DICKERSON
JACK L. DICKMAN
FRANKLIN P. DICKSON
MILTON DINERBOILER
GEORGE E. DITTMER
LAWRENCE DOCKERTY
DERRICK F. DONOVAN
JAMES T. DOODY
WILLIAM DORAN
WILLIAM DOUGLAS
CLARENCE M. DOWELL
RICHARD L. DOWELL
CHARLES E. DRAKE
DONALD D. DREW
CLEVE DRIVER
JAMES R. DUNN
JOSEPH DURAKOVICH
DONALD W. EADS
JERRY J. EADS
JOHN O. EATON
ROBERT BRUCE EDWARDS
THOMAS D. EDWARDS
VICTOR M. EDWARDS
HERBERT P. EGGERS
DONALD E. ELDRIDGE
JOHN MARTIN ELLIOTT
RICHARD D. ELLIS
EDWARD H. ELTZROTH
ROBERT L. EMERY
HOWARD W. EMRICK
WILLIAM CHESTER ENRIGHT
ROBERT LEE EPPERSON
THEODORE RUSSELL ERLER
ROBERT V. ESTES
HERBERT G. ETTEL
ROBERT R. EUBANKS
JAMES R. EVERLING
WILLIAM B. EVERSON
DON C. FAITH JR.
JACK FARLEY JR.
JAMES W. FARMER
DENVER FEE
KERMIT M. FERRELL
DWAINE E. FIELDS
JESSE F. FIERRO
ROBERT CLARENCE FINCH
JAMES F. FISCHER
JEWELL R. FISHER
KENNETH C. FISHER
WILLIAM M. FISHER
ROBERT STUART FITCH
MICHAE FITZPATRICK
GEAROLD DELOSS FLEMING
DONALD L. FLENTKE
PAUL E. FLORA
PETER P. FLUHR JR.
BILLY G. FOGLE
DUANE L. FOLEY
DONALD FORTNER
KIMBLE H. FOSTER
EDWARD L. FRAKES
NED CHARLES FRANKART
HIRAM FRANKLIN
HENRY A. FRANKS
JACK M. FRANS
GEORGE A. FRANTZ
EDWIN F. FRANZ
MARVIN E. FREED
WILLIAM F. FREEMAN
DONALD A. FRIEDLY
ARNOLD G. GAGNON
JAMES E. GAMMANS
MAURICE M. GARNER
FRANKLIN DELANO GARRETT
CHARLES GARRIGUS
CLIFTON E. GIBSON
WILLARD M. GIBSON
JAMES L. GILLAN
JAMES W. GILLASPY
PAUL J. GILLASPY
BILLY J. GILLEY
ALVER H. GINN
RALPH L. GLOVER
BERNARD J. GOBLE
CLYDE GOE
ELMER E. GOLDMAN
ROBERT GOODALL
THOMAS GOODLOE
WENDELL R. GOODMAN
ROBERT BRUCE GRAHAM
LAWRENCE RAYMOND GRASKE
PAUL E. GRAVES
AVERY J. GREEN
BILLY F. GREEN
JOSEPH P. GREENE
ROBERT E. GREGORY
FRANK M. GRIFFIN
JAMES E. GRIFFIN
WALTER L. GRIFFIN
JACK WALTER GRIFFITH
WILLIAM S. GRIFFITH
KEITH H. GRIMES
ALLEN E. GRIMM
FRANK A. GROACH
WILLIS DEVON GROGG
ROBERT GROVES JR.
EDWARD A. GUDE
RALPH S. GUSTIN
JOHN S. GUYNN
HARRY E. HAHN
DOUGLAS L. HALCOMB
DONALD S. HAMILTON
HOWARD B. HAMILTON
DONALD L. HAMM
KEITH E. HAMMON
FRANK E. HAMMOND
MILTON HANCOCK JR.
MANLEY R. HAND
ANDREW J. HANEY JR.
DARRELL G. HANGER
GILBERT L. HARMON
MARCUS L. HARMON
BILL F. HARPER
CLAUDE L. HARPER JR.
WILBERT R. HARPER
WILLIAM E. HARRIGAN
ELMER HARRIS JR.
MAX E. HARRIS
WILKIE HARRIS JR.
BANNIE HARRISON JR.
GEORGE W. HARVEY
ROBERT A. HASTINGS
GENE N. HATCH
JEROME D. HATFIELD
WILSON HAWKINS JR.
ROSCOE L. HAWN
KENNETH V. HAY
ORVILLE L. HAYDEN
LEONARD E. HAYWORTH
MAYO S. HEATH
CHARLES WILLIAM HECKMAN
RALPH HEDRICK
DELBERT HENDERSON
HAROLD L. HENDERSON
LEO J. HENKENIUS
GEORGE HERR
EUGENE H. HERRMANN
ROLLO D. HIBBS
ROBERT R. HICKMAN
ARB HICKS JR.
JAMES F. HILL
ROBERT LEE HINDS
FRANK D. HINES
GEORGE H. HINES
ROBERT N. HINKEL
WILLIAM R. HOBSON
WILLIAM M. HODGE
MARVIN J. HOHEIMER
ARLIE HOLLAND
JOSEPH F. HOLLE
CHARLES RUTHERFORD HOLMAN
JOHN R. S. HOLMES
FLOYD E. HOOPER
DONALD W. HOPKINS
ROBERT E. HOSLER
JAMES M. HOUSTON
ROSS L. HOWEY
RALPH E. HUBARTT JR.
GERALD L. HUFFMAN
PAUL F. HUKILL
JAMES HURST
ROBERT W. HUTCHISON
ROBERT D. HUTSON
RICHARD K. HYBARGER
WILBERT R. IDLE
THOMAS MICHAEL ILIC
RICHARD G. INMAN
MALCOLM D. IRELAND
JAMES R. JACKSON
NORVAL E. JACOBS
CHARLES E. JAMES
JOHN W. JAMES
CHARLES JASPERSON
EDWARD R. JAYNES
VICTOR L. JEFFRIES
THOMAS K. JENKINS
WILLIAM F. JESTER
WILLIAM R. JESTER
MARVIN H. JINES
LEONARD W. E. JINKS
CORNELIUS A. JOCHIM
CASSIUS E. JOHNSON
CECIL E. JOHNSON
DARREL V. JOHNSON
JAMES W. JOHNSON
JOHN N. JOHNSON
KENNETH M. JOHNSON
WILLIAM H. JOHNSON
DWIGHT D. JONES
EDGAR D. JONES
HERBERT E. JONES
ROBERT C. JONES
THOMAS LEO JONES
WILLIAM G. JOY
ROBERT J. JURKOWSKI
JAMES JOSEPH KANE
STEVEN C. KAPITAN
JACK E. KELLAMS
RUSSELL E. KELLEY
THOMAS KELLY
GLEN G. KEMERY
DON L. KEMP
RICHARD KENDALL
CHARLES R. KENLEY
CARL R. KENNEDY JR.
THOMAS F. KERNS
PAUL M. KILLAR
KENNETH KIMBERLIN
CHARLES E. KING
RALPH E. KING
WILLIAM L. KINMAN
GROVER D. KINNEY
ROBERT E. KIRBY
LAWRENCE E. KIRKLEY
RICHARD E. KISSICK
GERALD J. KLEIMEYER
HAROLD KLEINFELDT
JOHN W. KLEIST
EDWARD G. KNAPP
ROBERT E. KOPP
GEORGE KOPSCICK JR.
GEORGE R. KOREM
BRANKO KOTUR
LEONARD P. KOWALSKI
MARSHALL EDWARD KRANTZ
JOE C. KRESNO JR.
ERNEST R. KROUT
DONALD D. KRUEGER
RAYMOND J. KUHN
WILLIAM S. KYLES
ARTHUR J. LAFEVERS
WILLIAM E. LAMB
RICHARD L. LAMBERT
LAWRENCE E. LANDER
ROBERT E. LANDRETH
BRINK E. LANE
ROBERT DAVID LANG
MIKE LATANATION
DONALD F. LAWLIS
EMORY T. LAWRENCE
ROBERT C. LAWSON
ROBERT R. LAWSON
CHARLES R. LE FORGE
ELVIN M. LEE
GEORGE W. LEE
ROBERT M. LEE
GENE N. LEEPER
EVERETT W. LEFFLER
JOHN E. LEIST
JOHN J. LEONHARD
JACK HUNTER LEWIS
HARRY H. LIDDLE JR.
JOHN J. LINDAHL
QUINTON E. LINDLER
RAYMOND L. LINDSAY
FLOYD PAUL LINNEMEIER
RAYMOND LIVINGSTON
DONALD E. LOCKARD
JOHN L. LOSH
ARTHUR E. LOSURE
LARRY LOVELESS
CHARLES R. LOW
WILLIAM R. LOWE

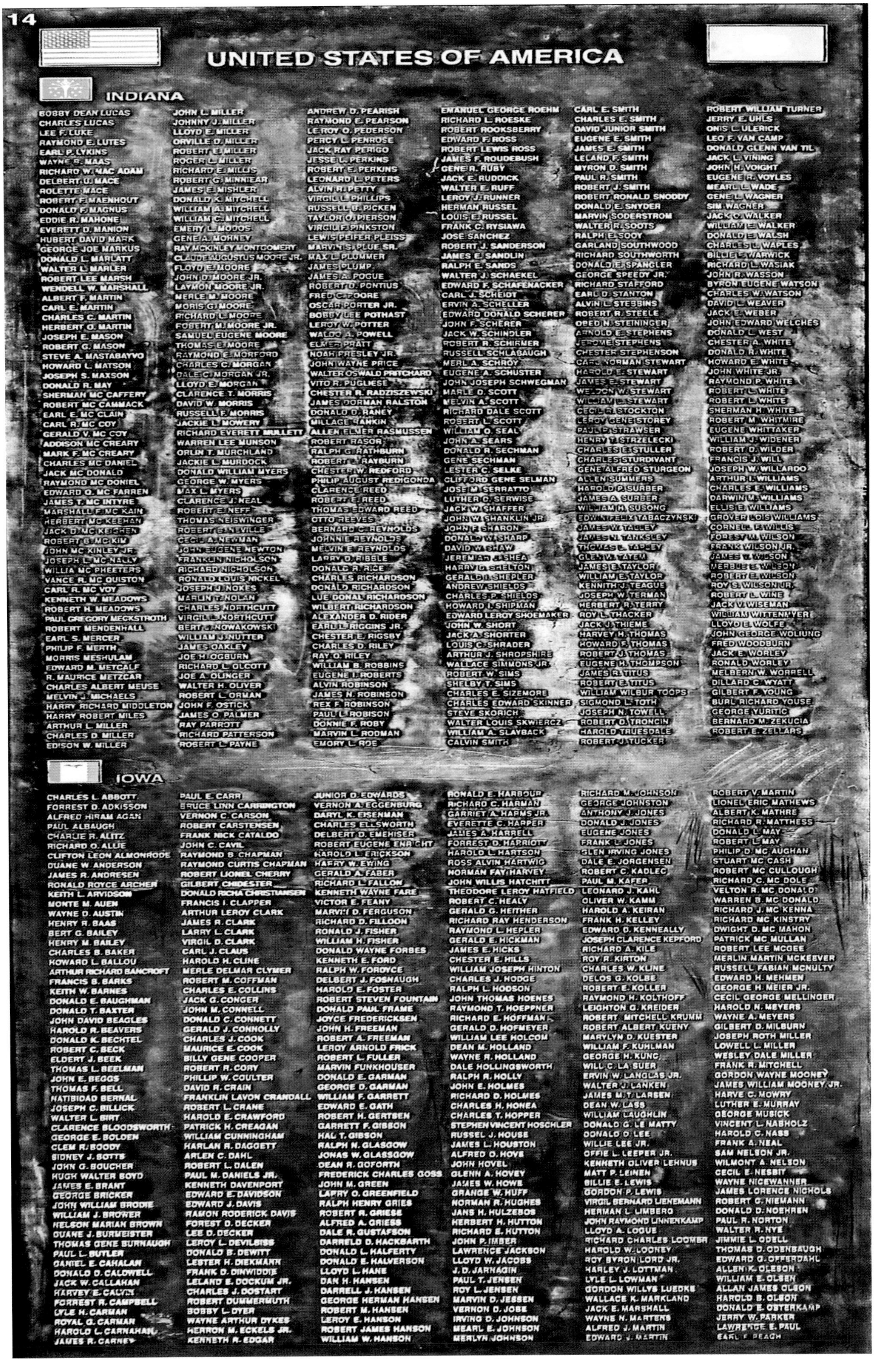

14
UNITED STATES OF AMERICA
INDIANA
BOBBY DEAN LUCAS
CHARLES LUCAS
LEE F. LUKE
RAYMOND E. LUTES
EARL P. LYKINS
WAYNE S. MAAS
RICHARD W. MAC ADAM
DELBERT U. MACE
ROLETTE MACE
ROBERT F. MAENHOUT
DONALD F. MAGNUS
EDDIE R. MAHONE
EVERETT D. MANION
HUBERT DAVID MARK
GEORGE JOE MARKUS
DONALD L. MARLATT
WALTER L. MARLER
ROBERT LEE MARSH
WENDELL W. MARSHALL
ALBERT F. MARTIN
CARL E. MARTIN
CHARLES C. MARTIN
HERBERT O. MARTIN
JOSEPH E. MASON
ROBERT G. MASON
STEVE A. MASTABAYVO
HOWARD L. MATSON
JOSEPH S. MAXSON
DONALD R. MAY
SHERMAN MC CAFFERY
ROBERT MC CAMMACK
EARL E. MC CLAIN
CARL R. MC COY
GERALD V. MC COY
ADDISON MC CREARY
MARK F. MC CREARY
CHARLES MC DANIEL
JACK MC DONALD
RAYMOND MC DONIEL
EDWARD Q. MC FARREN
JAMES T. MC INTYRE
MARSHALL F. MC KAIN
HERBERT MC KEEHAN
JACK D. MC KEIGHEN
ROBERT B. MC KIM
JOHN MC KINLEY JR.
JOSEPH L. MC NALLY
WILLIA MC PHEETERS
VANCE R. MC QUISTON
CARL R. MC VOY
KENNETH W. MEADOWS
ROBERT H. MEADOWS
PAUL GREGORY MECKSTROTH
ROBERT MENDENHALL
EARL S. MERCER
PHILIP F. MERTH
MORRIS MESHULAM
EDWARD M. METCALF
R. MAURICE METZGAR
CHARLES ALBERT MEUSE
MELVIN J. MICHAELS
HARRY RICHARD MIDDLETON
HARRY ROBERT MILES
ARTHUR L. MILLER
CHARLES D. MILLER
EDISON W. MILLER
JOHN L. MILLER
JOHNNY J. MILLER
LLOYD E. MILLER
ORVILLE D. MILLER
ROBERT E. MILLER
ROGER L. MILLER
RICHARD E. MILLIS
ROBERT G. MINNIEAR
JAMES E. MISHLER
DONALD K. MITCHELL
WILLIAM A. MITCHELL
WILLIAM C. MITCHELL
EMERY L. MOODS
GENE A. MOHNEY
RAY MCKINLEY MONTGOMERY
CLAUDE AUGUSTUS MOORE JR.
FLOYD E. MOORE
JOHN D. MOORE JR.
LAYMON MOORE JR.
MERLE M. MOORE
MORIS G. MOORE
RICHARD L. MOORE
ROBERT M. MOORE JR.
SAMUEL EUGENE MOORE
THOMAS E. MOORE
RAYMOND E. MORFORD
CHARLES C. MORGAN
DALE C. MORGAN JR.
LLOYD E. MORGAN
CLARENCE T. MORRIS
DAVID W. MORRIS
RUSSELL F. MORRIS
JACKIE L. MOWERY
RICHARD EVERETT MULLETT
WARREN LEE MUNSON
ORLIN T. MURCHLAND
JACKIE L. MURDOCK
DONALD WILLIAM MYERS
GEORGE W. MYERS
MAX L. MYERS
CLARENCE J. NEAL
ROBERT E. NEFF
THOMAS NEISWINGER
ROBERT B. NEVILLE
CECIL A. NEWMAN
JOHN EUGENE NEWTON
FRANKLIN NICHOLSON
RICHARD NICHOLSON
RONALD LOUIS NICKEL
JOSEPH J. NOKES
MARLIN T. NOLAN
CHARLES NORTHCUTT
VIRGIL L. NORTHCUTT
BERT L. NOWAKOWSKI
WILLIAM J. NUTTER
JAMES OAKLEY
JOE H. OGBURN
RICHARD L. OLCOTT
JOE A. OLINGER
WALTER H. OLIVER
ROBERT L. ORMAN
JOHN F. OSTICK
JAMES O. PALMER
RAY PARROTT
RICHARD PATTERSON
ROBERT L. PAYNE
ANDREW D. PEARISH
RAYMOND E. PEARSON
LE ROY O. PEDERSON
PERCY L. PENROSE
JACK RAY PERIGO
JESSE L. PERKINS
ROBERT E. PERKINS
LEONARD L. PETERS
ALVIN R. PETTY
VIRGIL L. PHILLIPS
RUSSELL B. PICKEN
TAYLOR O. PIERSON
VIRGIL F. PINKSTON
LEWIS PEIFER PLEISS
MARVIN S. PLUE SR.
MAX L. PLUMMER
JAMES PLUMP
JAMES A. POGUE
ROBERT D. PONTIUS
FRED C. POORE
OSCAR PORTER JR.
BOBBY LEE POTHAST
LEROY W. POTTER
WALDO A. POWELL
ELMER PRATT
NOAH PRESLEY JR.
JOHN WAYNE PRICE
WALTER OSWALD PRITCHARD
VITO R. PUGLIESE
CHESTER R. RADZISZEWSKI
JAMES DORMAN RALSTON
DONALD D. RANEY
MILLAGE RANKIN
ALLEN ELMER RASMUSSEN
ROBERT RASOR
RALPH G. RATHBURN
ROBERT L. RAYBURN
CHESTER W. REDFORD
PHILIP AUGUST REDIGONDA
CLARENCE REED
ROBERT E. REED
THOMAS EDWARD REED
OTTO REEVES
BERNARD C. REYNOLDS
JOHNNIE REYNOLDS
MELVIN E. REYNOLDS
LARRY D. RIBBLE
DONALD R. RICE
CHARLES RICHARDSON
DONALD RICHARDSON
LUE DONAL RICHARDSON
WILBERT RICHARDSON
ALEXANDER D. RIDER
EARL L. RIGGINS JR.
CHESTER E. RIGSBY
CHARLES D. RILEY
RAY O. RILEY
WILLIAM B. ROBBINS
EUGENE L. ROBERTS
ALVIN ROBINSON
JAMES N. ROBINSON
REX F. ROBINSON
PAUL L. ROBISON
DONNIE F. ROBY
MARVIN L. RODMAN
EMORY L. ROE
EMANUEL GEORGE ROEHM
RICHARD L. ROESKE
ROBERT ROOKSBERRY
EDWARD F. ROSS
ROBERT LEWIS ROSS
JAMES F. ROUDEBUSH
GENE R. RUBY
JACK E. RUDDICK
WALTER E. RUFF
LEROY J. RUNNER
HERMAN RUSSEL
LOUIS E. RUSSEL
FRANK C. RYSIAWA
JOSE SANCHEZ
ROBERT J. SANDERSON
JAMES E. SANDLIN
RALPH E. SANDS
WALTER J. SCHAEKEL
EDWARD F. SCHAFENACKER
CARL J. SCHEIDT
ERVIN A. SCHELLER
EDWARD DONALD SCHERER
JOHN F. SCHERER
JACK W. SCHINDLER
ROBERT R. SCHIRMER
RUSSELL SCHLABAUGH
MERL A. SCHROY
EUGENE A. SCHUSTER
JOHN JOSEPH SCHWEGMAN
MARLE D. SCOTT
MELVIN A. SCOTT
RICHARD DALE SCOTT
ROBERT L. SCOTT
WILLIAM O. SEAL
JOHN A. SEARS
DONALD R. SECHMAN
GENE SECHMAN
LESTER C. SELKE
CLIFFORD GENE SELMAN
JOSE M. SERRATTO
LUTHER O. SERWISE
JACK W. SHAFFER
JOHN W. SHANKLIN JR.
JOHN F. SHARON
DONALD W. SHARP
DAVID W. SHAW
JEREMIAH J. SHEA
HARRY D. SHELTON
GERALD L. SHEPLER
ANDREW SHIELDS
CHARLES P. SHIELDS
HOWARD L. SHIPMAN
EDWARD LEROY SHOEMAKER
JOHN W. SHORT
JACK A. SHORTER
LOUIS C. SHRADER
ARTHUR J. SHROPSHIRE
WALLACE SIMMONS JR.
ROBERT W. SIMS
SHELBY T. SIMS
CHARLES E. SIZEMORE
CHARLES EDWARD SKINNER
STEVE SKORICH
WALTER LOUIS SKWIERCZ
WILLIAM A. SLAYBACK
CALVIN SMITH
CARL E. SMITH
CHARLES E. SMITH
DAVID JUNIOR SMITH
EUGENE E. SMITH
JAMES E. SMITH
LELAND F. SMITH
MYRON D. SMITH
PAUL R. SMITH
ROBERT J. SMITH
ROBERT RONALD SNODDY
DONALD E. SNYDER
MARVIN SODERSTROM
WALTER R. SOOTS
RALPH E. SOOY
GARLAND SOUTHWOOD
RICHARD SOUTHWORTH
DONALD E. SPANGLER
GEORGE SPEEDY JR.
RICHARD STAFFORD
EARL D. STANTON
ALVIN L. STEBBINS
ROBERT R. STEELE
OBED N. STEININGER
ARNOLD E. STEPHENS
JEROME STEPHENS
CHESTER STEPHENSON
CARL NORMAN STEWART
HAROLD E. STEWART
JAMES E. STEWART
WELDON W. STEWART
WILLIAM E. STEWART
CECIL R. STOCKTON
LEROY GENE STOREY
PAUL P. STRAWSER
HENRY T. STRZELECKI
CHARLES E. STULLER
CHARLES STURDIVANT
GENE ALFRED STURGEON
ALLEN SUMMERS
HAROLD P. SURBER
JAMES A. SURBER
WILLIAM H. SUSONG
EDWIN FELIX TABACZYNSKI
JAMES W. TALLEY
JAMES N. TANKSLEY
THOMAS L. TAPLEY
GLEN W. TATEM
JAMES E. TAYLOR
WILLIAM E. TAYLOR
KENNITH J. TEAGUE
JOSEPH W. TERMAN
HERBERT R. TERRY
ROY L. THACKER
JACK J. THIEME
HARVEY H. THOMAS
HOWARD F. THOMAS
ROBERT J. THOMAS
EUGENE H. THOMPSON
JAMES R. TITUS
ROBERT E. TITUS
WILLIAM WILBUR TOOPS
SIGMOND L. TOTH
JOSEPH N. TOWELL
ROBERT D. TRONCIN
HAROLD TRUESDALE
ROBERT J. TUCKER
ROBERT WILLIAM TURNER
JERRY E. UHLS
ONIS L. ULERICK
LEO F. VAN CAMP
DONALD GLENN VAN TIL
JACK L. VINING
JOHN H. VOIGHT
EUGENE R. VOYLES
MEARL L. WADE
GENE L. WAGNER
SIM WAGNER
JACK O. WALKER
WILLIAM E. WALKER
DONALD E. WALSH
CHARLES L. WAPLES
BILLIE E. WARWICK
RICHARD L. WASIAK
JOHN R. WASSON
BYRON EUGENE WATSON
CHARLES W. WATSON
DAVID L. WEAVER
JACK E. WEBER
JOHN EDWARD WELCHES
DONALD L. WEST
CHESTER A. WHITE
DONALD R. WHITE
HOWARD E. WHITE
JOHN WHITE JR.
RAYMOND P. WHITE
ROBERT L. WHITE
ROBERT L. WHITE
SHERMAN H. WHITE
ROBERT M. WHITMIRE
EUGENE WHITTAKER
WILLIAM J. WIDENER
ROBERT D. WILDER
FRANCIS J. WILL
JOSEPH W. WILLARDO
ARTHUR L. WILLIAMS
CHARLES E. WILLIAMS
DARWIN M. WILLIAMS
ELLIS E. WILLIAMS
GROVER LOIS WILLIAMS
CORNELL F. WILLIS
FOREST M. WILSON
FRANK WILSON JR.
JAMES W. WILSON
MERBLE E. WILSON
ROBERT E. WILSON
ROY S. WILSON JR.
ROBERT L. WINE
JACK V. WISEMAN
WILLIAM WITTENMYER
LLOYD E. WOLFE
JOHN GEORGE WOLIUNG
FRED WOODBURN
JACK E. WORLEY
RONALD WORLEY
MELBERN W. WORRELL
DILLARD C. WYATT
GILBERT F. YOUNG
BURL RICHARD YOUSE
GEORGE YURITIC
BERNARD M. ZEKUCIA
ROBERT E. ZELLARS
IOWA
CHARLES L. ABBOTT
FORREST D. ADKISSON
ALFRED HIRAM AGAN
PAUL ALBAUGH
CHARLIE R. ALITZ
RICHARD O. ALLIE
CLIFTON LEON ALMONRODE
DUANE W. ANDERSON
JAMES R. ANDRESEN
RONALD ROYCE ARCHER
KEITH L. ARVIDSON
MONTE M. AUEN
WAYNE D. AUSTIN
HENRY R. BAAS
BERT G. BAILEY
HENRY M. BAILEY
CHARLES B. BAKER
HOWARD L. BALLOU
ARTHUR RICHARD BANCROFT
FRANCIS B. BARKS
KEITH W. BARNES
DONALD E. BAUGHMAN
DONALD T. BAXTER
JOHN DAVID BEAGLES
HAROLD R. BEAVERS
DONALD K. BECHTEL
ROBERT C. BECK
ELDERT J. BEEK
THOMAS L. BEELMAN
JOHN E. BEGGS
THOMAS F. BELL
HATIBIDAD BERNAL
JOSEPH C. BILLICK
WALTER L. BIRT
CLARENCE BLOODSWORTH
GEORGE E. BOLDEN
CLEM R. BOODY
SIDNEY J. BOTTS
JOHN G. BOUCHER
HUGH WALTER BOYD
JAMES E. BRANT
GEORGE BRICKER
JOHN WILLIAM BRODIE
WILLIAM J. BROWER
NELSON MARIAN BROWN
DUANE J. BURMEISTER
THOMAS GENE BURNAUGH
PAUL L. BUTLER
DANIEL E. CAHALAN
DONALD D. CALDWELL
JACK W. CALLAHAN
HARVEY E. CALVIN
FORREST R. CAMPBELL
LYLE H. CARMAN
ROYAL G. CARMAN
HAROLD L. CARNAHAN
JAMES R. CARNEY
PAUL E. CARR
BRUCE LINN CARRINGTON
VERNON C. CARSON
ROBERT CARSTENSEN
FRANK NICK CATALDO
JOHN C. CAVIL
RAYMOND S. CHAPMAN
RAYMOND CURTIS CHAPMAN
ROBERT LIONEL CHERRY
GILBERT CHIDESTER
DONALD RICHA CHRISTIANSEN
FRANCIS I. CLAPPER
ARTHUR LEROY CLARK
JAMES R. CLARK
LARRY L. CLARK
VIRGIL D. CLARK
CARL J. CLAUS
HAROLD H. CLINE
MERLE DELMAR CLYMER
ROBERT M. COFFMAN
CHARLES E. COLLINS
JACK G. CONGER
JOHN M. CONNELL
DONALD C. CONNETT
GERALD J. CONNOLLY
CHARLES J. COOK
MAURICE E. COOK
BILLY GENE COOPER
ROBERT R. CORY
PHILLIP W. COULTER
DAVID R. CRAIN
FRANKLIN LAVON CRANDALL
ROBERT L. CRANE
HAROLD E. CRAWFORD
PATRICK H. CREAGAN
WILLIAM CUNNINGHAM
HARLAN R. DAGGETT
ARLEN C. DAHL
ROBERT L. DALEN
PAUL M. DANIELS JR.
KENNETH DAVENPORT
EDWARD E. DAVIDSON
EDWARD J. DAVIS
RAMON RODERICK DAVIS
FOREST D. DECKER
LEE D. DECKER
LEROY L. DEVILBISS
DONALD B. DEWITT
LESTER H. DIEKMANN
FRANK D. DINWIDDIE
LELAND E. DOCKUM JR.
CHARLES J. DOSTART
ROBERT DUMMERMUTH
BOBBY L. DYER
WAYNE ARTHUR DYKES
HERRON M. ECKELS JR.
KENNETH R. EDGAR
JUNIOR D. EDWARDS
VERNON A. EGGENBURG
DARYL K. EISENMAN
CHARLES ELLSWORTH
DELBERT D. EMEHISER
ROBERT EUGENE ENRIGHT
HAROLD L. ERICKSON
HARRY W. EWING
GERALD A. FABER
RICHARD L. FALLON
KENNETH WAYNE FARE
VICTOR E. FEANY
MARVIN D. FERGUSON
RICHARD D. FILLOON
RONALD J. FISHER
WILLIAM H. FISHER
DONALD WAYNE FORBES
KENNETH E. FORD
RALPH W. FORDYCE
DELBERT J. FOSNAUGH
HAROLD E. FOSTER
ROBERT STEVEN FOUNTAIN
DONALD PAUL FRAME
JOYCE FREDERICKSEN
JOHN H. FREEMAN
ROBERT A. FREEMAN
LEROY ARNOLD FRICK
ROBERT L. FULLER
MARVIN FUNKHOUSER
DONALD E. GARMAN
GEORGE D. GARMAN
WILLIAM F. GARRETT
EDWARD E. GATH
ROBERT H. GERTSEN
GARRETT F. GIBSON
HAL T. GIBSON
RALPH N. GLASGOW
JONAS W. GLASSGOW
DEAN R. GOFORTH
FREDERICK CHARLES GOSS
JOHN M. GREEN
LARRY O. GREENFIELD
RALPH HENRY GRIES
ROBERT R. GRIESE
ALFRED A. GRIESS
DALE R. GUSTAFSON
DARRELD D. HACKBARTH
DONALD L. HALFERTY
DONALD E. HALVERSON
LLOYD L. HANE
DAN H. HANSEN
DARRELL J. HANSEN
GEORGE HERMAN HANSEN
ROBERT M. HANSEN
LEROY E. HANSON
ROBERT JAMES HANSON
WILLIAM W. HANSON
RONALD E. HARBOUR
RICHARD C. HARMAN
GARRIET A. HARMS JR.
EVERETTE C. HARPER
JAMES A. HARRELL
FORREST D. HARRIOTT
HAROLD L. HARTSON
ROSS ALVIN HARTWIG
NORMAN FAY HARVEY
JOHN WILLIS HATCHITT
THEODORE LEROY HATFIELD
ROBERT C. HEALY
GERALD G. HEITHER
RICHARD RAY HENDERSON
RAYMOND L. HEPLER
GERALD E. HICKMAN
JAMES E. HICKS
CHESTER E. HILLS
WILLIAM JOSEPH HINTON
CHARLES J. HODGE
RALPH L. HODSON
JOHN THOMAS HOENES
RAYMOND T. HOEPPNER
RICHARD E. HOFFMAN
GERALD D. HOFMEYER
WILLIAM LEE HOLCOM
DEAN M. HOLLAND
WAYNE R. HOLLAND
DALE HOLLINGSWORTH
RALPH R. HOLLY
JOHN E. HOLMES
RICHARD D. HOLMES
CHARLES H. HONEA
CHARLES T. HOPPER
STEPHEN VINCENT HOSCHLER
RUSSEL J. HOUSE
JAMES L. HOUSTON
ALFRED O. HOVE
JOHN HOVEL
GLENN A. HOVEY
JAMES W. HOWE
GRANGE W. HUFF
NORMAN R. HUGHES
JANS H. HULZEBOS
HERBERT H. HUTTON
RICHARD E. HUTTON
JOHN P. IMBER
LAWRENCE JACKSON
LLOYD W. JACOBS
J. D. JARNAGIN
PAUL T. JENSEN
ROY L. JENSEN
MARVIN D. JESSEN
VERNON D. JOSE
IRVING D. JOHNSON
MEARL E. JOHNSON
MERLYN JOHNSON
RICHARD M. JOHNSON
GEORGE JOHNSTON
ANTHONY J. JONES
DONALD J. JONES
EUGENE JONES
FRANK L. JONES
GLEN IRVING JONES
DALE E. JORGENSEN
ROBERT C. KADLEC
PAUL M. KAFER
LEONARD J. KAHL
OLIVER W. KAMM
HAROLD A. KEIRAN
FRANK H. KELLEY
EDWARD D. KENNEALLY
JOSEPH CLARENCE KEPFORD
RICHARD A. KILE
ROY R. KIRTON
CHARLES W. KLINE
DELOS G. KOLBE
ROBERT E. KOLLER
RAYMOND H. KOLTHOFF
LEIGHTON G. KREIDER
ROBERT MITCHELL KRUMM
ROBERT ALBERT KUENY
MARYLYN D. KUESTER
WILLIAM F. KUHLMAN
GEORGE H. KUNG
WILL C. LA SUER
ERVIN W. LANGLAS JR.
WALTER J. LANKEN
JAMES M. T. LARSEN
DEAN W. LASS
WILLIAM LAUGHLIN
DONALD G. LE MATTY
DONALD D. LEE
WILLIE LEE JR.
OFFIE L. LEEPER JR.
KENNETH OLIVER LEHNUS
MATT P. LEINEN
BILLIE E. LEWIS
GORDON P. LEWIS
VIRGIL BERNARD LIENEMANN
HERMAN L. LIMBERG
JOHN RAYMOND LINNENKAMP
LLOYD A. LOGUE
RICHARD CHARLES LOOMER
HAROLD W. LOONEY
ROY BYRON LORD JR.
HARLEY J. LOTTMAN
LYLE L. LOWMAN
GORDON WILLYS LUEDKE
WALLACE K. MARKLAND
JACK E. MARSHALL
WAYNE H. MARTENS
ALFRED J. MARTIN
EDWARD J. MARTIN
ROBERT V. MARTIN
LIONEL ERIC MATHEWS
ALBERT K. MATHRE
RICHARD R. MATTHESS
DONALD L. MAY
ROBERT L. MAY
PHILIP D. MC AUGHAN
STUART MC CASH
ROBERT MC CULLOUGH
RICHARD C. MC DOLE
VELTON R. MC DONALD
WARREN B. MC DONALD
RICHARD J. MC KENNA
RICHARD MC KINSTRY
DWIGHT D. MC MAHON
PATRICK MC MULLAN
ROBERT LEE MCGEE
MERLIN MARTIN MCKEEVER
RUSSELL FABIAN MCNULTY
EDWARD H. MEHMEN
GEORGE H. MEIER JR.
CECIL GEORGE MELLINGER
HAROLD N. MEYERS
WAYNE A. MEYERS
GILBERT D. MILBURN
JOSEPH ROTH MILLER
LOWELL L. MILLER
WESLEY DALE MILLER
FRANK R. MITCHELL
GORDON WAYNE MOONEY
JAMES WILLIAM MOONEY JR.
HARVE C. MOWRY
LUTHER E. MURRAY
GEORGE MUSICK
VINCENT L. NABHOLZ
HAROLD C. NASS
FRANK A. NEAL
SAM NELSON JR.
WILMONT A. NELSON
CECIL E. NESBIT
WAYNE NICEWANNER
JAMES LORENCE NICHOLS
ROBERT G. NIEMANN
DONALD D. NOEHREN
PAUL R. NORTON
WALTER R. NYE
JIMMIE L. ODELL
THOMAS D. ODENBAUGH
EDWARD G. OFFERDAHL
ALLEN K. OLESON
WILLIAM E. OLSEN
ALLAN JAMES OLSON
HAROLD B. OLSON
DONALD E. OSTERKAMP
JERRY W. PARKER
LAWRENCE E. PAUL
EARL F. PEACH

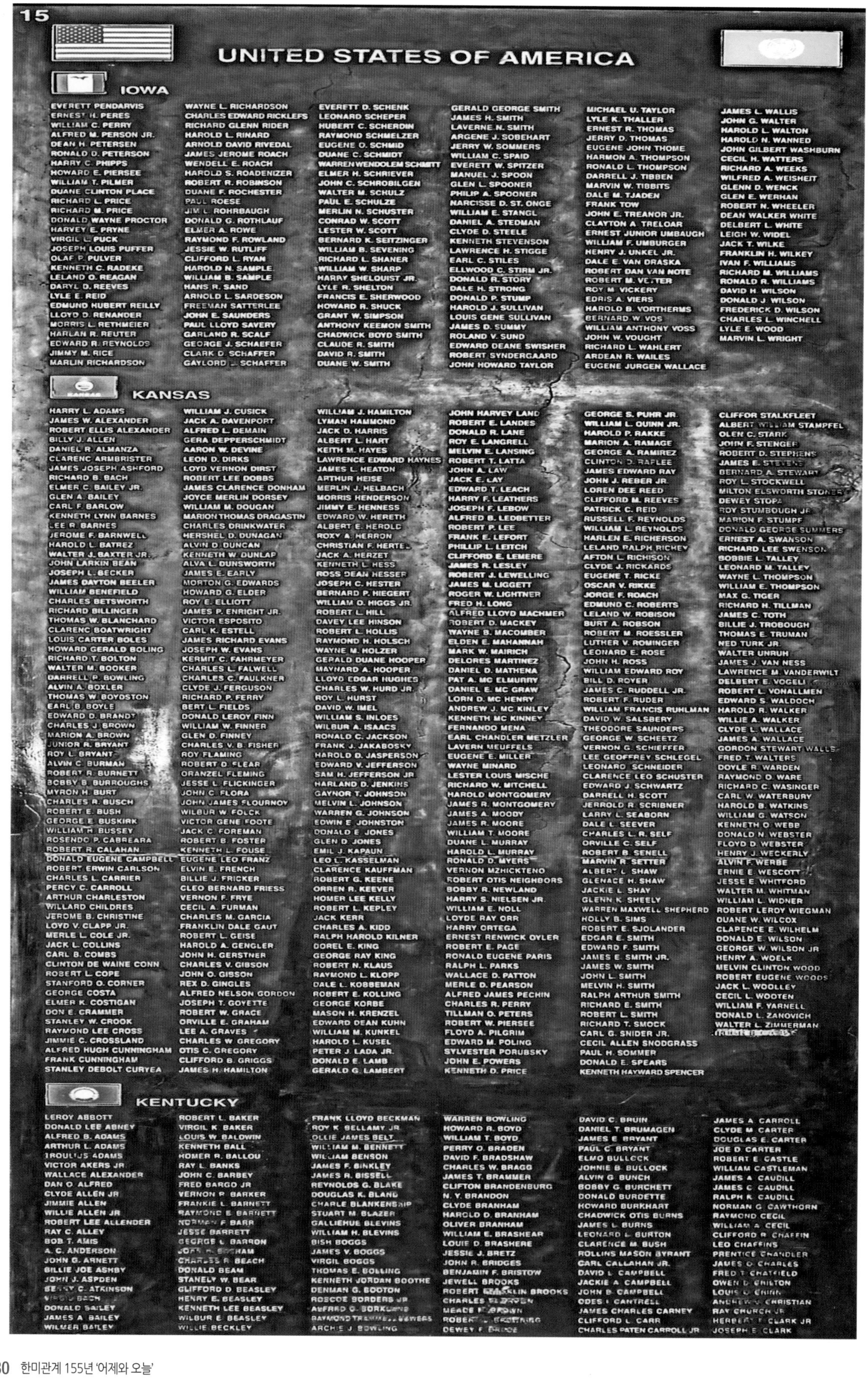
15
UNITED STATES OF AMERICA
IOWA
EVERETT PENDARVIS
ERNEST H. PERES
WILLIAM C. PERRY
ALFRED M. PERSON JR.
DEAN H. PETERSEN
RONALD D. PETERSON
HARRY C. PHIPPS
HOWARD E. PIERSEE
WILLIAM T. PILMER
DUANE CLINTON PLACE
RICHARD L. PRICE
RICHARD M. PRICE
DONALD WAYNE PROCTOR
HARVEY E. PRYNE
VIRGIL L. PUCK
JOSEPH LOUIS PUFFER
OLAF P. PULVER
KENNETH C. RADEKE
LELAND O. REAGAN
DARYL D. REEVES
LYLE E. REID
EDMUND HUBERT REILLY
LLOYD D. RENANDER
MORRIS L. RETHMEIER
HARLAN R. REUTER
EDWARD R. REYNOLDS
JIMMY M. RICE
MARLIN RICHARDSON
WAYNE L. RICHARDSON
CHARLES EDWARD RICKLEFS
RICHARD GLENN RIDER
HAROLD L. RINARD
ARNOLD DAVID RIVEDAL
JAMES JEROME ROACH
WENDELL E. ROACH
HAROLD S. ROADENIZER
ROBERT R. ROBINSON
DUANE F. ROCHESTER
PAUL ROESE
JIM L. ROHRBAUGH
DONALD G. ROTHLAUF
ELMER A. ROWE
RAYMOND F. ROWLAND
JESSIE W. RUTLIFF
CLIFFORD L. RYAN
HAROLD N. SAMPLE
WILLIAM B. SAMPLE
HANS R. SAND
ARNOLD L. SARDESON
FREEMAN SATTERLEE
JOHN E. SAUNDERS
PAUL LLOYD SAVERY
GARLAND R. SCALF
GEORGE J. SCHAEFER
CLARK D. SCHAFFER
GAYLORD L. SCHAFFER
EVERETT D. SCHENK
LEONARD SCHEPER
HUBERT C. SCHERDIN
RAYMOND SCHMELZER
EUGENE O. SCHMID
DUANE C. SCHMIDT
WARREN WENDOLEM SCHMITT
ELMER H. SCHRIEVER
JOHN C. SCHROBILGEN
WALTER M. SCHULZ
PAUL E. SCHULZE
MERLIN N. SCHUSTER
CONRAD W. SCOTT
LESTER W. SCOTT
BERNARD K. SEITZINGER
WILLIAM B. SEVENING
RICHARD L. SHANER
WILLIAM W. SHARP
HARRY SHELQUIST JR.
LYLE R. SHELTON
FRANCIS E. SHERWOOD
HOWARD R. SHUCK
GRANT W. SIMPSON
ANTHONY KEEMON SMITH
CHADWICK BOYD SMITH
CLAUDE R. SMITH
DAVID R. SMITH
DUANE W. SMITH
GERALD GEORGE SMITH
JAMES H. SMITH
LAVERNE N. SMITH
ARGENE J. SOBEHART
JERRY W. SOMMERS
WILLIAM C. SPAID
EVERETT W. SPITZER
MANUEL J. SPOON
GLEN L. SPOONER
PHILIP A. SPOONER
NARCISSE D. ST. ONGE
WILLIAM E. STANGL
DANIEL A. STEDMAN
CLYDE D. STEELE
KENNETH STEVENSON
LAWRENCE H. STIGGE
EARL C. STILES
ELLWOOD C. STIRM JR.
DONALD R. STORY
DALE H. STRONG
DONALD P. STUMP
HAROLD J. SULLIVAN
LOUIS GENE SULLIVAN
JAMES D. SUMMY
ROLAND V. SUND
EDWARD DEANE SWISHER
ROBERT SYNDERGAARD
JOHN HOWARD TAYLOR
MICHAEL U. TAYLOR
LYLE K. THALLER
ERNEST R. THOMAS
JERRY D. THOMAS
EUGENE JOHN THOME
HARMON A. THOMPSON
RONALD L. THOMPSON
DARRELL J. TIBBEN
MARVIN W. TIBBITS
DALE M. TJADEN
FRANK TOW
JOHN E. TREANOR JR.
CLAYTON A. TRELOAR
ERNEST JUNIOR UMBAUGH
WILLIAM F. UMBURGER
HENRY J. UNKEL JR.
DALE E. VAN DRASKA
ROBERT DAN VAN NOTE
ROBERT M. VETTER
ROY M. VICKERY
EDRIS A. VIERS
HAROLD B. VORTHERMS
BERNARD W. VOS
WILLIAM ANTHONY VOSS
JOHN W. VOUGHT
RICHARD L. WAHLERT
ARDEAN R. WAILES
EUGENE JURGEN WALLACE
JAMES L. WALLIS
JOHN G. WALTER
HAROLD L. WALTON
HAROLD N. WANNED
JOHN GILBERT WASHBURN
CECIL H. WATTERS
RICHARD A. WEEKS
WILFRED A. WEISHEIT
GLENN D. WENCK
GLEN E. WERHAN
ROBERT N. WHEELER
DEAN WALKER WHITE
DELBERT L. WHITE
LEIGH W. WIDEL
JACK T. WILKE
FRANKLIN H. WILKEY
IVAN F. WILLIAMS
RICHARD M. WILLIAMS
RONALD R. WILLIAMS
DAVID H. WILSON
DONALD J. WILSON
FREDERICK D. WILSON
CHARLES L. WINCHELL
LYLE E. WOOD
MARVIN L. WRIGHT
KANSAS
HARRY L. ADAMS
JAMES W. ALEXANDER
ROBERT ELLIS ALEXANDER
BILLY J. ALLEN
DANIEL R. ALMANZA
CLARENC ARMBRISTER
JAMES JOSEPH ASHFORD
RICHARD B. BACH
ELMER C. BAILEY JR.
GLEN A. BAILEY
CARL F. BARLOW
KENNETH LYNN BARNES
LEE R. BARNES
JEROME F. BARNWELL
HAROLD L. BATREZ
WALTER J. BAXTER JR.
JOHN LARKIN BEAN
JOSEPH L. BECKER
JAMES DAYTON BEELER
WILLIAM BENEFIELD
CHARLES BETSWORTH
RICHARD BILLINGER
THOMAS W. BLANCHARD
CLARENC BOATWRIGHT
LOUIS CARTER BOLES
HOWARD GERALD BOLING
RICHARD T. BOLTON
WALTER M. BOOKER
DARRELL P. BOWLING
ALVIN A. BOXLER
THOMAS W. BOYDSTON
EARL B. BOYLE
EDWARD D. BRANDT
CHARLES J. BROWN
MARION A. BROWN
JUNIOR R. BRYANT
ROY L. BRYANT
ALVIN C. BURMAN
ROBERT R. BURNETT
BOBBY B. BURROUGHS
MYRON H. BURT
CHARLES R. BUSCH
ROBERT E. BUSH
GEORGE E. BUSKIRK
WILLIAM H. BUSSEY
ROSENDO P. CABREARA
ROBERT R. CALAHAN
DONALD EUGENE CAMPBELL
ROBERT ERWIN CARLSON
CHARLES L. CARRIER
PERCY C. CARROLL
ARTHUR CHARLESTON
WILLARD CHILDRES
JEROME B. CHRISTINE
LOYD V. CLAPP JR.
MERLE L. COLE JR.
JACK L. COLLINS
CARL B. COMBS
CLINTON DE WAINE CONN
ROBERT L. COPE
STANFORD O. CORNER
GEORGE COSTA
ELMER K. COSTIGAN
DON E. CRAMMER
STANLEY W. CROOK
RAYMOND LEE CROSS
JIMMIE C. CROSSLAND
ALFRED HUGH CUNNINGHAM
FRANK CUNNINGHAM
STANLEY DEBOLT CURYEA
WILLIAM J. CUSICK
JACK A. DAVENPORT
ALFRED L. DEMAIN
GERA DEPPERSCHMIDT
AARON W. DEVINE
LEON D. DIRKS
LOYD VERNON DIRST
ROBERT LEE DOBBS
JAMES CLARENCE DONHAM
JOYCE MERLIN DORSEY
WILLIAM M. DOUGAN
MARION THOMAS DRAGASTIN
CHARLES DRINKWATER
HERSHEL D. DUNAGAN
ALVIN D. DUNCAN
KENNETH W. DUNLAP
ALVA L. DUNSWORTH
JAMES E. EARLY
MORTON G. EDWARDS
HOWARD G. ELDER
ROY E. ELLIOTT
JAMES P. ENRIGHT JR.
VICTOR ESPOSITO
CARL K. ESTELL
JAMES RICHARD EVANS
JOSEPH W. EVANS
KERMIT C. FAHRMEYER
CHARLES L. FALWELL
CHARLES C. FAULKNER
CLYDE J. FERGUSON
RICHARD P. FERRY
BERT L. FIELDS
DONALD LEROY FINN
WILLIAM W. FINNER
GLEN D. FINNEY
CHARLES V. B. FISHER
ROY FLAMING
ROBERT D. FLEAR
ORANZEL FLEMING
JESSE L. FLICKINGER
JOHN C. FLORA
JOHN JAMES FLOURNOY
WILBUR W. FOLCK
VICTOR GENE FOOTE
JACK C. FOREMAN
ROBERT B. FOSTER
KENNETH L. FOUSE
EUGENE LEO FRANZ
ELVIN E. FRENCH
BILLIE J. FRICKER
CLEO BERNARD FRIESS
VERNON F. FRYE
CECIL A. FURMAN
CHARLES M. GARCIA
FRANKLIN DALE GAUT
ROBERT L. GEISE
HAROLD A. GENGLER
JOHN H. GERSTNER
CHARLES V. GIBSON
JOHN O. GIBSON
REX D. GINGLES
ALFRED NELSON GORDON
JOSEPH T. GOYETTE
ROBERT W. GRACE
ORVILLE E. GRAHAM
LEE A. GRAVES
CHARLES W. GREGORY
OTIS C. GREGORY
CLIFFORD B. GRIGGS
JAMES H. HAMILTON
WILLIAM J. HAMILTON
LYMAN HAMMOND
JACK D. HARRIS
ALBERT L. HART
KEITH M. HAYES
LAWRENCE EDWARD HAYNES
JAMES L. HEATON
ARTHUR HEISE
MERLIN J. HELBACH
MORRIS HENDERSON
JIMMY E. HENNESS
EDWARD W. HERETH
ALBERT E. HEROLD
ROXY A. HERRON
CHRISTIAN F. HERTEL
JACK A. HERZET
KENNETH L. HESS
ROSS DEAN HESSER
JOSEPH C. HESTER
BERNARD P. HIEGERT
WILLIAM O. HIGGS JR.
ROBERT L. HILL
DAVEY LEE HINSON
ROBERT L. HOLLIS
RAYMOND H. HOLSCH
WAYNE M. HOLZER
GERALD DUANE HOOPER
MAYNARD A. HOOPER
LLOYD EDGAR HUGHES
CHARLES W. HURD JR.
ROY L. HURST
DAVID W. IMEL
WILLIAM S. INLOES
WILBUR A. ISAACS
RONALD C. JACKSON
FRANK J. JAKABOSKY
HAROLD D. JASPERSON
EDWARD V. JEFFERSON
SAM H. JEFFERSON JR.
HARLAND D. JENKINS
GAYNOR T. JOHNSON
MELVIN L. JOHNSON
WARREN G. JOHNSON
EDWIN E. JOHNSTON
DONALD E. JONES
GLEN D. JONES
EMIL J. KAPAUN
LEO L. KASSELMAN
CLARENCE KAUFFMAN
ROBERT G. KEENE
ORREN R. KEEVER
HOMER LEE KELLY
ROBERT L. KEPLEY
JACK KERR
CHARLES A. KIDD
RALPH HAROLD KILNER
DOREL E. KING
GEORGE RAY KING
ROBERT N. KLAUS
RAYMOND L. KLOPP
DALE L. KOBBEMAN
ROBERT E. KOLLING
GEORGE KORBE
MASON H. KRENZEL
EDWARD DEAN KUHN
WILLIAM M. KUNKEL
HAROLD L. KUSEL
PETER J. LADA JR.
DONALD E. LAMB
GERALD G. LAMBERT
JOHN HARVEY LAND
ROBERT E. LANDES
DONALD R. LANE
ROY E. LANGRELL
MELVIN E. LANSING
ROBERT T. LATTA
JOHN A. LAW
JACK E. LAY
EDWARD T. LEACH
HARRY F. LEATHERS
JOSEPH F. LEBOW
ALFRED B. LEDBETTER
ROBERT P. LEE
FRANK E. LEFORT
PHILLIP L. LEITCH
CLIFFORD E. LEMERE
JAMES R. LESLEY
ROBERT J. LEWELLING
JAMES M. LIGGETT
ROGER W. LIGHTNER
FRED H. LONG
ALFRED LLOYD MACHMER
ROBERT D. MACKEY
WAYNE B. MACOMBER
ELDEN E. MAHANNAH
MARK W. MAIRICH
DELORES MARTINEZ
DANIEL D. MATHENA
PAT A. MC ELMURRY
DANIEL E. MC GRAW
LORN D. MC HENRY
ANDREW J. MC KINLEY
KENNETH MC KINNEY
FERNANDO MENA
EARL CHANDLER METZLER
LAVERN MEUFFELS
EUGENE E. MILLER
WAYNE MINARD
LESTER LOUIS MISCHE
RICHARD W. MITCHELL
HAROLD MONTGOMERY
JAMES R. MONTGOMERY
JAMES A. MOODY
JAMES R. MOORE
WILLIAM T. MOORE
DUANE L. MURRAY
HAROLD L. MURRAY
RONALD D. MYERS
VERNON MZHICKTENO
ROBERT OTIS NEIGHBORS
BOBBY R. NEWLAND
HARRY S. NIELSEN JR.
WILLIAM E. NOLL
LOYDE RAY ORR
HARRY ORTEGA
ERNEST RENWICK OYLER
ROBERT E. PAGE
RONALD EUGENE PARIS
RALPH L. PARKS
WALLACE D. PATTON
MERLE D. PEARSON
ALFRED JAMES PECHIN
CHARLES R. PERRY
TILLMAN O. PETERS
ROBERT W. PIERSEE
FLOYD A. PILGRIM
EDWARD M. POLING
SYLVESTER PORUBSKY
JOHN E. POWERS
KENNETH D. PRICE
GEORGE S. PUHR JR.
WILLIAM L. QUINN JR.
HAROLD P. RAKKE
MARION A. RAMAGE
GEORGE A. RAMIREZ
CLINTON D. RAFLEE
JAMES EDWARD RAY
JOHN J. REBER JR.
LOREN DEE REED
CLIFFORD M. REEVES
PATRICK C. REID
RUSSELL F. REYNOLDS
WILLIAM L. REYNOLDS
HARLEN E. RICHERSON
LELAND RALPH RICHEY
AFTON L. RICHISON
CLYDE J. RICKARDS
EUGENE T. RICKE
OSCAR V. RIKKE
JORGE F. ROACH
EDMUND C. ROBERTS
LELAND W. ROBISON
BURT A. ROBSON
ROBERT M. ROESSLER
LUTHER V. ROMINGER
LEONARD E. ROSE
JOHN H. ROSS
WILLIAM EDWARD ROY
BILL D. ROYER
JAMES C. RUDDELL JR.
ROBERT F. RUDER
WILLIAM FRANCIS RUHLMAN
DAVID W. SALSBERY
THEODORE SAUNDERS
GEORGE W. SCHEETZ
VERNON G. SCHIEFFER
LEE GEOFFREY SCHLEGEL
LEONARD SCHNEIDER
CLARENCE LEO SCHUSTER
EDWARD J. SCHWARTZ
DARRELL H. SCOTT
JERROLD R. SCRIBNER
LARRY L. SEABORN
DALE L. SEEVER
CHARLES L. R. SELF
ORVILLE C. SELF
ROBERT B. SENELL
MARVIN R. SETTER
ALBERT L. SHAW
GLENACE H. SHAW
JACKIE L. SHAY
GLENN K. SHEELY
WARREN MAXWELL SHEPHERD
HOLLY B. SIMS
ROBERT E. SJOLANDER
EDGAR E. SMITH
EDWARD F. SMITH
JAMES E. SMITH JR.
JAMES W. SMITH
JOHN L. SMITH
MELVIN H. SMITH
RALPH ARTHUR SMITH
RICHARD E. SMITH
ROBERT L. SMITH
RICHARD T. SMOCK
CARL G. SNIDER JR.
CECIL ALLEN SNODGRASS
PAUL H. SOMMER
DONALD E. SPEARS
KENNETH HAYWARD SPENCER
CLIFFOR STALKFLEET
ALBERT WILLIAM STAMPFEL
OLEN C. STARK
JOHN F. STENGER
ROBERT D. STEPHENS
JAMES E. STEVENS
BERNARD A. STEWART
ROY L. STOCKWELL
MILTON ELSWORTH STONER
DEWEY STOPA
ROY STUMBOUGH JR.
MARION F. STUMPF
DONALD GEORGE SUMMERS
ERNEST A. SWANSON
RICHARD LEE SWENSON
BOBBIE L. TALLEY
LEONARD M. TALLEY
WAYNE L. THOMPSON
WILLIAM E. THOMPSON
MAX G. TIGER
RICHARD H. TILLMAN
JAMES C. TOTH
BILLIE J. TROBOUGH
THOMAS E. TRUMAN
NED TURK JR.
WALTER UNRUH
JAMES J. VAN NESS
LAWRENCE M. VANDERWILT
DELBERT E. VOGELI
ROBERT L. VONALLMEN
EDWARD S. WALDOCH
HAROLD R. WALKER
WILLIE A. WALKER
CLYDE L. WALLACE
JAMES A. WALLACE
GORDON STEWART WALLS
FRED T. WALTERS
DOYLE R. WARDEN
RAYMOND D. WARE
RICHARD C. WASINGER
CARL W. WATERBURY
HAROLD B. WATKINS
WILLIAM G. WATSON
KENNETH O. WEBB
DONALD N. WEBSTER
FLOYD D. WEBSTER
HENRY J. WECKERLY
ALVIN F. WERBE
ERNIE E. WESCOTT
JESSE E. WHITFORD
WALTER M. WHITMAN
WILLIAM L. WIDNER
ROBERT LEROY WIEGMAN
DUANE W. WILCOX
CLARENCE E. WILHELM
DONALD E. WILSON
GEORGE W. WILSON JR.
HENRY A. WOELK
MELVIN CLINTON WOOD
ROBERT EUGENE WOODS
JACK L. WOOLLEY
CECIL L. WOOTEN
WILLIAM F. YARNELL
DONALD L. ZANOVICH
WALTER L. ZIMMERMAN
KENTUCKY
LEROY ABBOTT
DONALD LEE ABNEY
ALFRED B. ADAMS
ARTHUR L. ADAMS
TROULIUS ADAMS
VICTOR AKERS JR.
WALLACE ALEXANDER
DAN O. ALFRED
CLYDE ALLEN JR.
JIMMIE ALLEN
WILLIE ALLEN JR.
ROBERT LEE ALLENDER
RAY C. ALLEY
BOB T. AMIS
A. C. ANDERSON
JOHN G. ARNETT
BILLIE JOE ASHBY
JOHN J. ASPDEN
BENNY C. ATKINSON
VIRGIL BACH
DONALD BAILEY
JAMES A. BAILEY
WILMER BAILEY
ROBERT L. BAKER
VIRGIL K. BAKER
LOUIS W. BALDWIN
KENNETH BALL
HOMER R. BALLOU
RAY L. BANKS
JOHN C. BARBEY
FRED BARGO JR.
VERNON P. BARKER
FRANKIE L. BARNETT
RAYMOND E. BARNETT
NORMAN F. BARR
JESSE BARRETT
GEORGE L. BARRON
JOHN H. BEAHAM
CHARLES R. BEACH
DONALD BEAM
STANLEY W. BEAR
CLIFFORD D. BEASLEY
HENRY E. BEASLEY
KENNETH LEE BEASLEY
WILBUR E. BEASLEY
WILLIE BECKLEY
FRANK LLOYD BECKMAN
ROY K. BELLAMY JR.
OLLIE JAMES BELT
WILLIAM M. BENNETT
WILLIAM BENSON
JAMES F. BINKLEY
JAMES R. BISSELL
REYNOLDS G. BLAKE
DOUGLAS K. BLAND
CHARLE BLANKENSHIP
STUART M. BLAZER
GALLIEHUE BLEVINS
WILLIAM H. BLEVINS
BISH BOGGS
JAMES V. BOGGS
VIRGIL BOGGS
THOMAS E. BOLLING
KENNETH JORDAN BOOTHE
DENMAN G. BOOTON
ROSCOE BORDERS JR.
ALFRED C. BORKLUND
RAYMOND TRAMMELL BOWERS
ARCHIE J. BOWLING
WARREN BOWLING
HOWARD R. BOYD
WILLIAM T. BOYD
PERRY O. BRADEN
DAVID F. BRADSHAW
CHARLES W. BRAGG
JAMES T. BRAMMER
CLIFTON BRANDENBURG
N. Y. BRANDON
CLYDE BRANHAM
HAROLD D. BRANHAM
OLIVER BRANHAM
WILLIAM E. BRASHEAR
LOUIE D. BRASHERE
JESSIE J. BRETZ
JOHN R. BRIDGES
BENJAMIN F. BRISTOW
JEWELL BROOKS
ROBERT FRANKLIN BROOKS
CHARLES
MEADE
ROBERT
DEWEY F. BRUCE
DAVID C. BRUIN
DANIEL T. BRUMAGEN
JAMES E. BRYANT
PAUL C. BRYANT
ELMO BULLOCK
JOHNIE B. BULLOCK
ALVIN G. BUNCH
BOBBY G. BURCHETT
DONALD BURDETTE
HOWARD BURKHART
CHADWICK OTIS BURNS
JAMES L. BURNS
LEONARD L. BURTON
CLARENCE M. BUSH
ROLLINS MASON BYRANT
CARL CALLAHAN JR.
DAVID L. CAMPBELL
JACKIE A. CAMPBELL
JOHN B. CAMPBELL
ODES L. CANTRELL
JAMES CHARLES CARNEY
CLIFFORD L. CARR
CHARLES PATEN CARROLL JR.
JAMES A. CARROLL
CLYDE M. CARTER
DOUGLAS E. CARTER
JOE D. CARTER
ROBERT E. CASTLE
WILLIAM CASTLEMAN
JAMES A. CAUDILL
JAMES C. CAUDILL
RALPH K. CAUDILL
NORMAN G. CAWTHORN
RAYMOND CECIL
WILLIAM A. CECIL
CLIFFORD R. CHAFFIN
LEO CHAFFINS
PRENTICE CHANDLER
JAMES O. CHARLES
FRED T. CHATFIELD
OWEN D. CHILTON
ANDREW J. CHRISTIAN
RAY CHURCH JR.
HERBERT E. CLARK JR.
JOSEPH E. CLARK

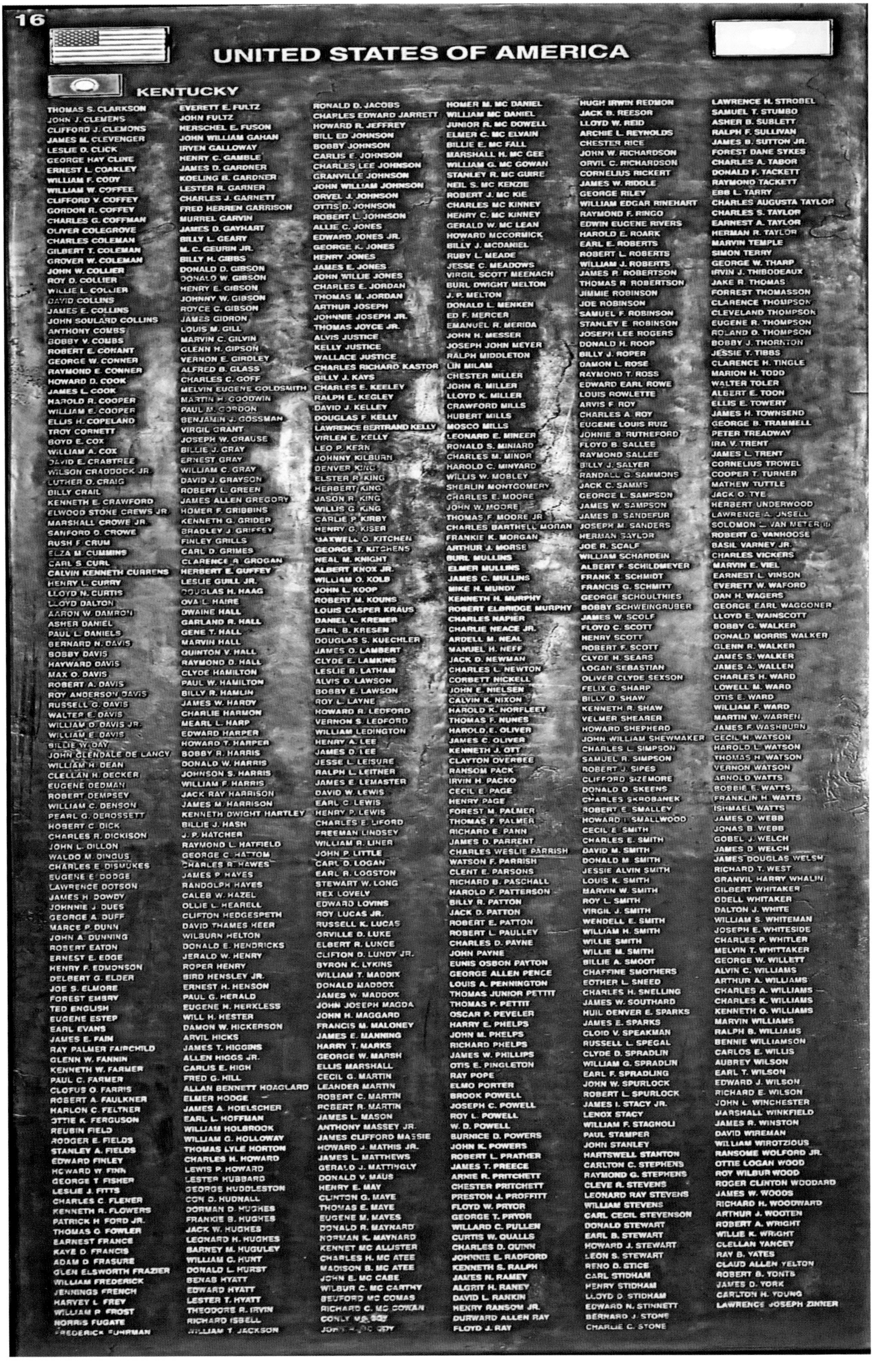
16
UNITED STATES OF AMERICA
KENTUCKY
THOMAS S. CLARKSON
JOHN J. CLEMENS
CLIFFORD J. CLEMONS
JAMES M. CLEVENGER
LESLIE D. CLICK
GEORGE HAY CLINE
ERNEST L. COAKLEY
WILLIAM F. CODY
WILLIAM W. COFFEE
CLIFFORD V. COFFEY
GORDON R. COFFEY
CHARLES G. COFFMAN
OLIVER COLEGROVE
CHARLES COLEMAN
GILBERT T. COLEMAN
GROVER W. COLEMAN
JOHN W. COLLIER
ROY D. COLLIER
WILLIE L. COLLIER
DAVID COLLINS
JAMES E. COLLINS
JOHN SOULARD COLLINS
ANTHONY COMBS
BOBBY V. COMBS
ROBERT E. CONANT
GEORGE W. CONNER
RAYMOND E. CONNER
HOWARD D. COOK
JAMES L. COOK
HAROLD R. COOPER
WILLIAM E. COOPER
ELLIS H. COPELAND
TROY CORNETT
BOYD E. COX
WILLIAM A. COX
DAVID E. CRABTREE
WILSON CRADDOCK JR.
LUTHER O. CRAIG
BILLY CRAIL
KENNETH E. CRAWFORD
ELWOOD STONE CREWS JR.
MARSHALL CROWE JR.
SANFORD O. CROWE
RUSH F. CRUM
ELZA M. CUMMINS
CARL S. CURL
CALVIN KENNETH CURRENS
HENRY L. CURRY
LLOYD N. CURTIS
LLOYD DALTON
AARON W. DAMRON
ASHER DANIEL
PAUL L. DANIELS
BERNARD N. DAVIS
BOBBY DAVIS
HAYWARD DAVIS
MAX O. DAVIS
ROBERT A. DAVIS
ROY ANDERSON DAVIS
RUSSELL G. DAVIS
WALTER E. DAVIS
WILLIAM D. DAVIS JR.
WILLIAM E. DAVIS
BILLIE W. DAY
JOHN GLENDALE DE LANCY
WILLIAM H. DEAN
CLELLAN H. DECKER
EUGENE DEDMAN
ROBERT DEMPSEY
WILLIAM C. DENSON
PEARL G. DEROSSETT
HOBERT C. DICK
CHARLES R. DICKISON
JOHN L. DILLON
WALDO M. DINGUS
CHARLES E. DISMUKES
EUGENE E. DODGE
LAWRENCE DOTSON
JAMES H. DOWDY
JOHNNIE J. DUES
GEORGE A. DUFF
MARCE P. DUNN
JOHN A. DUNNING
ROBERT EATON
ERNEST E. EDGE
HENRY F. EDMONSON
DELBERT G. ELDER
JOE S. ELMORE
FOREST EMBRY
TED ENGLISH
EUGENE ESTEP
EARL EVANS
JAMES E. FAIN
RAY PALMER FAIRCHILD
GLENN W. FANNIN
KENNETH W. FARMER
PAUL C. FARMER
CLOFUS O. FARRIS
ROBERT A. FAULKNER
HARLON C. FELTNER
OTTIE K. FERGUSON
REUBIN FIELD
RODGER E. FIELDS
STANLEY A. FIELDS
EDWARD FINLEY
HOWARD W. FINN
GEORGE T. FISHER
LESLIE J. FITTS
CHARLES C. FLENER
KENNETH R. FLOWERS
PATRICK H. FORD JR.
THOMAS O. FOWLER
EARNEST FRANCE
KAYE D. FRANCIS
ADAM D. FRASURE
GLEN ELSWORTH FRAZIER
WILLIAM FREDERICK
JENNINGS FRENCH
HARVEY L. FREY
WILLIAM P. FROST
NORRIS FUGATE
FREDERICK FUHRMAN
EVERETT E. FULTZ
JOHN FULTZ
HERSCHEL E. FUSON
JOHN WILLIAM GAHAN
IRVEN GALLOWAY
HENRY C. GAMBLE
JAMES D. GARDNER
KOELING B. GARDNER
LESTER R. GARNER
CHARLES J. GARNETT
FRED HERREN GARRISON
MURREL GARVIN
JAMES D. GAYHART
BILLY L. GEARY
M. C. GEURIN JR.
BILLY H. GIBBS
DONALD D. GIBSON
DONALD W. GIBSON
HENRY E. GIBSON
JOHNNY W. GIBSON
ROYCE C. GIBSON
JAMES GIDRON
LOUIS M. GILL
MARVIN C. GILVIN
GLENN H. GIPSON
VERNON E. GIRDLEY
ALFRED B. GLASS
CHARLES C. GOFF
MELVIN EUGENE GOLDSMITH
MARTIN H. GOODWIN
PAUL M. GORDON
BENJAMIN J. GOSSMAN
VIRGIL GRANT
JOSEPH W. GRAUSE
BILLIE J. GRAY
ERNEST GRAY
WILLIAM C. GRAY
DAVID J. GRAYSON
ROBERT L. GREEN
JAMES ALLEN GREGORY
HOMER F. GRIBBINS
KENNETH G. GRIDER
BRADLEY J. GRIFFEY
FINLEY GRILLS
CARL D. GRIMES
CLARENCE A. GROGAN
HERBERT E. GUFFEY
LESLIE GUILL JR.
DOUGLAS H. HAAG
OVA L. HAIRE
DWAINE HALL
GARLAND R. HALL
GENE T. HALL
MARVIN HALL
QUINTON V. HALL
RAYMOND D. HALL
CLYDE HAMILTON
PAUL W. HAMILTON
BILLY R. HAMLIN
JAMES W. HARDY
CHARLIE HARMON
MEARL L. HARP
EDWARD HARPER
HOWARD T. HARPER
BOBBY R. HARRIS
DONALD W. HARRIS
JOHNSON S. HARRIS
WILLIAM F. HARRIS
JACK RAY HARRISON
JAMES M. HARRISON
KENNETH DWIGHT HARTLEY
BILLIE J. HASH
J. P. HATCHER
RAYMOND L. HATFIELD
GEORGE C. HATTOM
CHARLES R. HAWES
JAMES P. HAYES
RANDOLPH HAYES
CALEB W. HAZEL
OLLIE L. HEARELL
CLIFTON HEDGESPETH
DAVID THAMES HEER
WILBURN HELTON
DONALD E. HENDRICKS
JERALD W. HENRY
ROPER HENRY
BIRD HENSLEY JR.
ERNEST H. HENSON
PAUL G. HERALD
EUGENE H. HERKLESS
WILL H. HESTER
DAMON W. HICKERSON
ARVIL HICKS
JAMES T. HIGGINS
ALLEN HIGGS JR.
CARLIS E. HIGH
FRED G. HILL
ALLAN BENNETT HOAGLAND
ELMER HODGE
JAMES A. HOELSCHER
EARL L. HOFFMAN
WILLIAM HOLBROOK
WILLIAM G. HOLLOWAY
THOMAS LYLE HORTON
CHARLES H. HOWARD
LEWIS P. HOWARD
LESTER HUBBARD
GEORGE HUDDLESTON
CON D. HUDNALL
DORMAN D. HUGHES
FRANKIE B. HUGHES
JACK W. HUGHES
LEONARD H. HUGHES
BARNEY M. HUGULEY
WILLIAM C. HUNT
DONALD L. HURST
BENAS HYATT
EDWARD HYATT
LESTER T. HYATT
THEODORE R. IRVIN
RICHARD ISBELL
WILLIAM T. JACKSON
RONALD D. JACOBS
CHARLES EDWARD JARRETT
HOWARD R. JEFFREY
BILL ED JOHNSON
BOBBY JOHNSON
CARLIS E. JOHNSON
CHARLES LEE JOHNSON
GRANVILLE JOHNSON
JOHN WILLIAM JOHNSON
ORVEL J. JOHNSON
OTTIS D. JOHNSON
ROBERT L. JOHNSON
ALLIE C. JONES
EDWARD JONES JR.
GEORGE K. JONES
HENRY JONES
JAMES E. JONES
JOHN WILLIE JONES
CHARLES E. JORDAN
THOMAS M. JORDAN
ARTHUR JOSEPH
JOHNNIE JOSEPH JR.
THOMAS JOYCE JR.
ALVIS JUSTICE
KELLY JUSTICE
WALLACE JUSTICE
CHARLES RICHARD KASTOR
BILLY J. KAYS
CHARLES E. KEELEY
RALPH E. KEGLEY
DAVID J. KELLEY
DOUGLAS F. KELLY
LAWRENCE BERTRAND KELLY
VIRLEN E. KELLY
LEO P. KERN
JOHNNY KILBURN
DENVER KING
ELSTER R. KING
HERBERT KING
JASON R. KING
WILLIS G. KING
CARLIE P. KIRBY
HENRY G. KISER
MAXWELL O. KITCHEN
GEORGE T. KITCHENS
NEAL M. KNIGHT
ALBERT KNOX JR.
WILLIAM O. KOLB
JOHN L. KOOP
ROBERT M. KOUNS
LOUIS CASPER KRAUS
DANIEL L. KREMER
EARL B. KRESEN
DOUGLAS S. KUECHLER
JAMES O. LAMBERT
CLYDE E. LAMKINS
LESLIE B. LATHAM
ALVIS O. LAWSON
BOBBY E. LAWSON
ROY L. LAYNE
HOWARD R. LEDFORD
VERNON S. LEDFORD
WILLIAM LEDINGTON
HENRY A. LEE
JAMES D. LEE
JESSE L. LEISURE
RALPH L. LEITNER
JAMES E. LEMASTER
DAVID W. LEWIS
EARL C. LEWIS
HENRY P. LEWIS
CHARLES E. LIFORD
FREEMAN LINDSEY
WILLIAM R. LINER
JOHN P. LITTLE
CARL D. LOGAN
EARL R. LOGSTON
STEWART W. LONG
REX LOVELY
EDWARD LOVINS
ROY LUCAS JR.
RUSSELL K. LUCAS
ORVILLE D. LUKE
ELBERT R. LUNCE
CLIFTON D. LUNDY JR.
BYRON K. LYKINS
WILLIAM T. MADDIX
DONALD MADDOX
JAMES W. MADDOX
JOHN JOSEPH MAGDA
JOHN H. MAGGARD
FRANCIS M. MALONEY
JAMES E. MANNING
HARRY T. MARKS
GEORGE W. MARSH
ELLIS MARSHALL
CECIL G. MARTIN
LEANDER MARTIN
ROBERT C. MARTIN
ROBERT R. MARTIN
JAMES L. MASON
ANTHONY MASSEY JR.
JAMES CLIFFORD MASSIE
HOWARD J. MATHIS JR.
JAMES L. MATTHEWS
GERALD J. MATTINGLY
DONALD V. MAUS
HENRY E. MAY
CLINTON G. MAYE
THOMAS E. MAYE
EUGENE M. MAYES
DONALD R. MAYNARD
NORMAN K. MAYNARD
KENNET MC ALLISTER
CHARLES H. MC ATEE
MADISON B. MC ATEE
JOHN E. MC CABE
WILBUR C. MC CARTHY
BEUFORD MC COMAS
RICHARD C. MC COWAN
CONLY
HOMER M. MC DANIEL
WILLIAM MC DANIEL
JUNIOR R. MC DOWELL
ELMER C. MC ELVAIN
BILLIE E. MC FALL
MARSHALL H. MC GEE
WILLIAM G. MC GOWAN
STANLEY R. MC GUIRE
NEIL S. MC KENZIE
ROBERT J. MC KIE
CHARLES MC KINNEY
HENRY C. MC KINNEY
GERALD W. MC LEAN
HOWARD MCCORMICK
BILLY J. MCDANIEL
RUBY L. MEADE
JESSE C. MEADOWS
VIRGIL SCOTT MEENACH
BURL DWIGHT MELTON
J. P. MELTON
DONALD L. MENKEN
ED F. MERCER
EMANUEL R. MERIDA
JOHN H. MESSER
JOSEPH JOHN MEYER
RALPH MIDDLETON
LIN MILAM
CHESTER MILLER
JOHN R. MILLER
LLOYD K. MILLER
CRAWFORD MILLS
HUBERT MILLS
MOSCO MILLS
LEONARD E. MINEER
RONALD S. MINIARD
CHARLES M. MINOR
HAROLD C. MINYARD
WILLIS W. MOBLEY
SHERLIN MONTGOMERY
CHARLES E. MOORE
JOHN W. MOORE
THOMAS F. MOORE JR.
CHARLES BARTHELL MORAN
FRANKIE K. MORGAN
ARTHUR J. MORSE
BURL MULLINS
ELMER MULLINS
JAMES C. MULLINS
MIKE H. MUNDY
KENNETH H. MURPHY
ROBERT ELDRIDGE MURPHY
CHARLES NAPIER
CHARLIE NEACE JR.
ARDELL M. NEAL
MANUEL H. NEFF
JACK D. NEWMAN
CHARLES L. NEWTON
CORBETT NICKELL
JOHN E. NIELSEN
CALVIN K. NIXON
HAROLD R. NORFLEET
THOMAS F. NUNES
HAROLD E. OLIVER
JAMES C. OLIVER
KENNETH J. OTT
CLAYTON OVERBEE
RANSOM PACK
IRVIN H. PACKO
CECIL E. PAGE
HENRY PAGE
FOREST M. PALMER
THOMAS F. PALMER
RICHARD E. PANN
JAMES D. PARRENT
CHARLES WESLIE PARRISH
WATSON F. PARRISH
CLENT E. PARSONS
RICHARD B. PASCHALL
HAROLD F. PATTERSON
BILLY R. PATTON
JACK D. PATTON
ROBERT E. PATTON
ROBERT L. PAULLEY
CHARLES D. PAYNE
JOHN PAYNE
EUNIS OSBON PAYTON
GEORGE ALLEN PENCE
LOUIS A. PENNINGTON
THOMAS JUNIOR PETTIT
THOMAS P. PETTIT
OSCAR P. PEVELER
HARRY E. PHELPS
JOHN M. PHELPS
RICHARD PHELPS
JAMES W. PHILLIPS
OTIS E. PINGLETON
RAY POPE
ELMO PORTER
BROOK POWELL
JOSEPH C. POWELL
ROY L. POWELL
W. D. POWELL
BURNICE D. POWERS
JOHN K. POWERS
ROBERT L. PRATHER
JAMES T. PREECE
ARNIE R. PRITCHETT
CHESTER PRITCHETT
PRESTON J. PROFFITT
FLOYD W. PRYOR
GEORGE T. PRYOR
WILLARD C. PULLEN
CURTIS W. QUALLS
CHARLES D. QUINN
JOHNNIE E. RADFORD
KENNETH S. RALPH
JAMES N. RAMEY
ALGRIT H. RANEY
DAVID L. RANKIN
HENRY RANSOM JR.
DURWARD ALLEN RAY
FLOYD J. RAY
HUGH IRWIN REDMON
JACK B. REESOR
LLOYD W. REID
ARCHIE L. REYNOLDS
CHESTER RICE
JOHN W. RICHARDSON
ORVIL C. RICHARDSON
CORNELIUS RICKERT
JAMES W. RIDDLE
GEORGE RILEY
WILLIAM EDGAR RINEHART
RAYMOND F. RINGO
EDWIN EUGENE RIVERS
HAROLD E. ROARK
EARL E. ROBERTS
ROBERT L. ROBERTS
WILLIAM J. ROBERTS
JAMES R. ROBERTSON
THOMAS R. ROBERTSON
JIMMIE ROBINSON
JOE ROBINSON
SAMUEL F. ROBINSON
STANLEY E. ROBINSON
JOSEPH LEE ROGERS
DONALD H. ROOP
BILLY J. ROPER
DAMON L. ROSE
RAYMOND T. ROSS
EDWARD EARL ROWE
LOUIS ROWLETTE
ARVIS F. ROY
CHARLES A. ROY
EUGENE LOUIS RUIZ
JOHNIE B. RUTHEFORD
FLOYD B. SALLEE
RAYMOND SALLEE
BILLY J. SALYER
RANDALL G. SAMMONS
JACK C. SAMMS
GEORGE L. SAMPSON
JAMES W. SAMPSON
JAMES B. SANDEFUR
JOSEPH M. SANDERS
HERMAN SAYLOR
JOE R. SCALF
WILLIAM SCHARDEIN
ALBERT F. SCHILDMEYER
FRANK X. SCHMIDT
FRANCIS G. SCHMITT
GEORGE SCHOULTHIES
BOBBY SCHWEINGRUBER
JAMES W. SCOLF
FLOYD C. SCOTT
HENRY SCOTT
ROBERT F. SCOTT
CLYDE H. SEARS
LOGAN SEBASTIAN
OLIVER CLYDE SEXSON
FELIX G. SHARP
BILLY D. SHAW
KENNETH R. SHAW
VELMER SHEARER
HOWARD SHEPHERD
JOHN WILLIAM SHEWMAKER
CHARLES L. SIMPSON
SAMUEL R. SIMPSON
ROBERT J. SIPES
CLIFFORD SIZEMORE
DONALD D. SKEENS
CHARLES SKROBANEK
ROBERT E. SMALLEY
HOWARD SMALLWOOD
CECIL E. SMITH
CHARLES E. SMITH
DAVID M. SMITH
DONALD M. SMITH
JESSIE ALVIN SMITH
LOUIS K. SMITH
MARVIN W. SMITH
ROY L. SMITH
VIRGIL J. SMITH
WENDELL E. SMITH
WILLIAM H. SMITH
WILLIE SMITH
WILLIE M. SMITH
BILLIE A. SMOOT
CHAFFINE SMOTHERS
EOTHER L. SNEED
CHARLES H. SNELLING
JAMES W. SOUTHARD
HUIL DENVER E. SPARKS
JAMES E. SPARKS
CLOID V. SPEAKMAN
RUSSELL L. SPEGAL
CLYDE D. SPRADLIN
WILLIAM G. SPRADLIN
EARL F. SPRADLING
JOHN W. SPURLOCK
ROBERT L. SPURLOCK
JAMES I. STACY JR.
LENOX STACY
WILLIAM F. STAGNOLI
PAUL STAMPER
JOHN STANLEY
HARTSWELL STANTON
CARLTON C. STEPHENS
RAYMOND G. STEPHENS
CLEVE R. STEVENS
LEONARD RAY STEVENS
WILLIAM STEVENS
CARL CECIL STEVENSON
DONALD STEWART
EARL B. STEWART
HOWARD J. STEWART
LEON S. STEWART
RENO D. STICE
CARL STIDHAM
HENRY STIDHAM
LLOYD D. STIDHAM
EDWARD N. STINNETT
BERNARD J. STONE
CHARLIE C. STONE
LAWRENCE H. STROBEL
SAMUEL T. STUMBO
ASHER B. SUBLETT
RALPH F. SULLIVAN
JAMES B. SUTTON JR.
FOREST DANE SYKES
CHARLES A. TABOR
DONALD F. TACKETT
RAYMOND TACKETT
EBB L. TARRY
CHARLES AUGUSTA TAYLOR
CHARLES S. TAYLOR
EARNEST A. TAYLOR
HERMAN R. TAYLOR
MARVIN TEMPLE
SIMON TERRY
GEORGE W. THARP
IRVIN J. THIBODEAUX
JAKE R. THOMAS
FORREST THOMASSON
CLARENCE THOMPSON
CLEVELAND THOMPSON
EUGENE R. THOMPSON
ROLAND D. THOMPSON
BOBBY J. THORNTON
JESSIE T. TIBBS
CLARENCE H. TINGLE
MARION H. TODD
WALTER TOLER
ALBERT E. TOON
ELLIS E. TOWERY
JAMES H. TOWNSEND
GEORGE B. TRAMMELL
PETER TREADWAY
IRA V. TRENT
JAMES L. TRENT
CORNELIUS TROWEL
COOPER T. TURNER
MATHEW TUTTLE
JACK O. TYE
HERBERT UNDERWOOD
LAWRENCE A. UNSELL
SOLOMON VAN METER III
ROBERT G. VANHOOSE
BASIL VARNEY JR.
CHARLES VICKERS
MARVIN E. VIEL
EARNEST L. VINSON
EVERETT W. WAFORD
DAN H. WAGERS
GEORGE EARL WAGGONER
LLOYD E. WAINSCOTT
BOBBY G. WALKER
DONALD MORRIS WALKER
GLENN R. WALKER
JAMES S. WALKER
JAMES A. WALLEN
CHARLES H. WARD
LOWELL M. WARD
OTIS E. WARD
WILLIAM F. WARD
MARTIN W. WARREN
JAMES F. WASHBURN
CECIL H. WATSON
HAROLD L. WATSON
THOMAS H. WATSON
VERNON WATSON
ARNOLD WATTS
BOBBIE E. WATTS
FRANKLIN H. WATTS
ISHMAEL WATTS
JAMES D. WEBB
JONAS B. WEBB
GOBEL J. WELCH
JAMES D. WELCH
JAMES DOUGLAS WELSH
RICHARD T. WEST
GRANVIL HARRY WHALIN
GILBERT WHITAKER
ODELL WHITAKER
DALTON J. WHITE
WILLIAM S. WHITEMAN
JOSEPH E. WHITESIDE
CHARLES P. WHITLER
MELVIN T. WHITTAKER
GEORGE W. WILLETT
ALVIN C. WILLIAMS
ARTHUR A. WILLIAMS
CHARLES A. WILLIAMS
CHARLES K. WILLIAMS
KENNETH O. WILLIAMS
MARVIN WILLIAMS
RALPH B. WILLIAMS
BENNIE WILLIAMSON
CARLOS E. WILLIS
AUBREY WILSON
EARL T. WILSON
EDWARD J. WILSON
RICHARD E. WILSON
JOHN L. WINCHESTER
MARSHALL WINKFIELD
JAMES R. WINSTON
DAVID WIREMAN
WILLIAM WIROTZIOUS
RANSOME WOLFORD JR.
OTTIE LOGAN WOOD
ROY WILBUR WOOD
ROGER CLINTON WOODARD
JAMES W. WOODS
RICHARD H. WOODWARD
ARTHUR J. WOOTEN
ROBERT A. WRIGHT
WILLIE K. WRIGHT
CLELLAN YANCEY
RAY B. YATES
CLAUD ALLEN YELTON
ROBERT B. YONTS
JAMES D. YORK
CARLTON H. YOUNG
LAWRENCE JOSEPH ZINNER

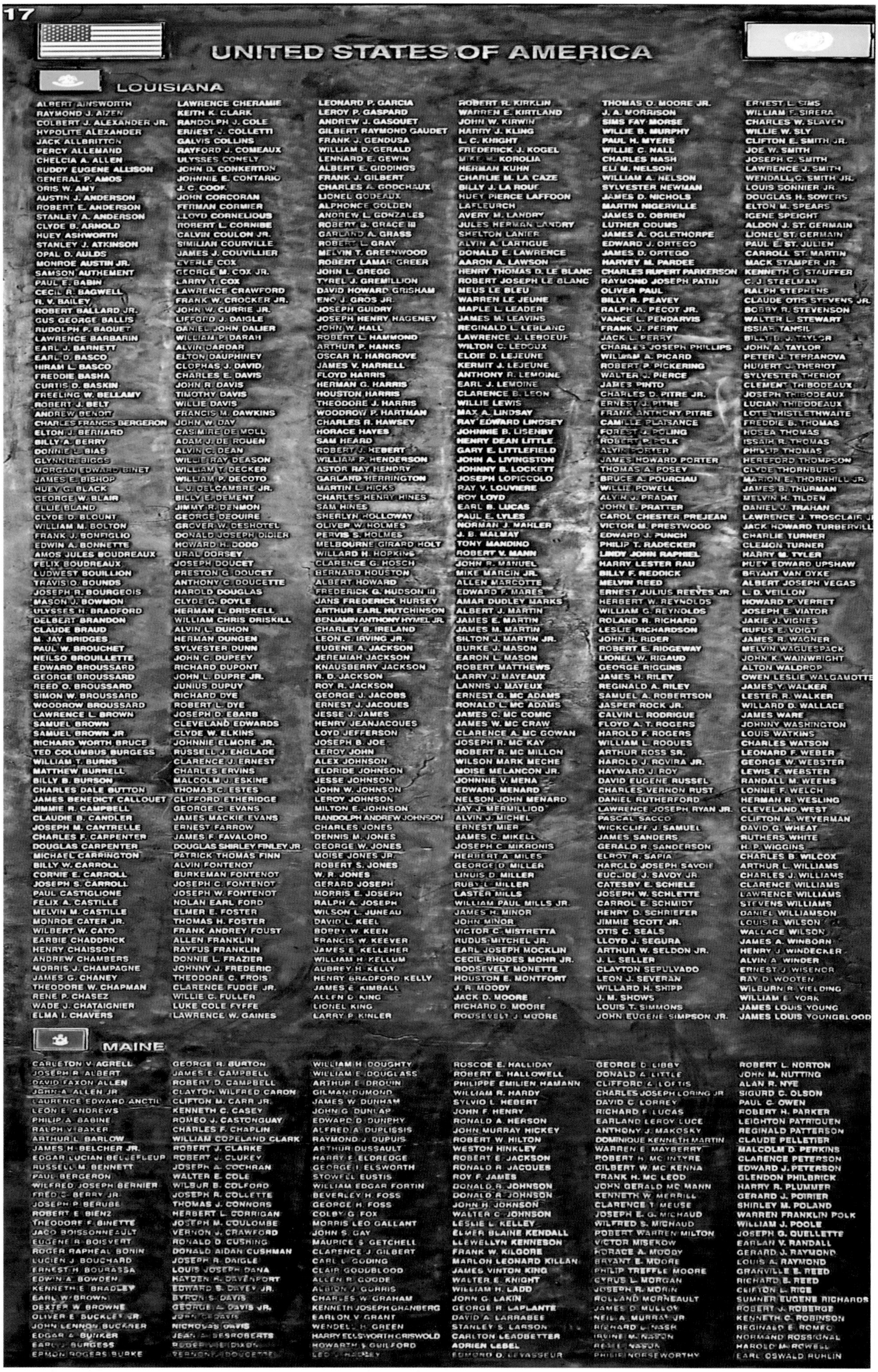

UNITED STATES OF AMERICA

LOUISIANA

ALBERT AINSWORTH
RAYMOND J. AIZEN
COLBERT J. ALEXANDER JR.
HYPOLITE ALEXANDER
JACK ALLBRITTON
PERCY ALLEMAND
CHELCIA A. ALLEN
BUDDY EUGENE ALLISON
GENERAL P. AMOS
ORIS W. AMY
AUSTIN J. ANDERSON
ROBERT E. ANDERSON
STANLEY A. ANDERSON
CLYDE B. ARNOLD
HUEY ASHWORTH
STANLEY J. ATKINSON
OPAL D. AULDS
MONROE AUSTIN JR.
SAMSON AUTHEMENT
PAUL E. BABIN
CECIL R. BAGWELL
R. V. BAILEY
ROBERT BALLARD JR.
GUS GEORGE BALLIS
RUDOLPH P. BAQUE
LAWRENCE BARBARIN
EARL J. BARNETT
CARL O. BASCO
HIRAM J. BASCO
FREDDIE BASHA
CURTIS D. BASKIN
FREELING W. BELLAMY
ROBERT J. BELT
ANDREW BENOIT
CHARLES FRANCIS BERGERON
ELTON J. BERNARD
BILLY A. BERRY
DONNIE L. BIAS
GLYNN R. BIGGS
MORGAN EDWARD BINET
JAMES E. BISHOP
HUEY J. BLACK
GEORGE W. BLAIR
ELLIE BLAND
CLYDE D. BLOUNT
WILLIAM M. BOLTON
FRANK J. BONFIGLIO
EDWIN A. BONNETTE
AMOS JULES BOUDREAUX
FELIX BOUDREAUX
LUDWEST BOUILLION
TRAVIS O. BOUNDS
JOSEPH R. BOURGEOIS
MASON J. BOWMON
ULYSSES H. BRADFORD
DELBERT BRANDON
CLAUDE BRAUD
M. JAY BRIDGES
PAUL W. BROUCHET
NEILSO BROUILLETTE
EDWARD BROUSSARD
GEORGE BROUSSARD
REED O. BROUSSARD
SIMON W. BROUSSARD
WOODROW BROUSSARD
LAWRENCE L. BROWN
SAMUEL BROWN
SAMUEL BROWN JR
RICHARD WORTH BRUCE
TED COLUMBUS BURGESS
WILLIAM T. BURNS
MATTHEW BURRELL
BILLY B. BURSON
CHARLES DALE BUTTON
JAMES BENEDICT CALLOUET
JIMMIE R. CAMPBELL
CLAUDIE B. CANDLER
JOSEPH M. CANTRELLE
CHARLES F. CARPENTER
DOUGLAS CARPENTER
MICHAEL CARRINGTON
BILLY W. CARROLL
CORNIE E. CARROLL
JOSEPH S. CARROLL
PAUL CASTIGLIONE
FELIX A. CASTILLE
MELVIN M. CASTILLE
MONROE CATER JR.
WILBERT W. CATO
EARBIE CHADDRICK
HENRY CHAISSON
ANDREW CHAMBERS
MORRIS J. CHAMPAGNE
JAMES G. CHANEY
THEODORE W. CHAPMAN
RENE P. CHASEZ
WADE J. CHATAIGNIER
ELMA I. CHAVERS

LAWRENCE CHERAMIE
KEITH K. CLARK
RANDOLPH J. COLE
ERNEST J. COLLETTI
GALVIS COLLINS
RAYFORD J. COMEAUX
ULYSSES CONELY
JOHN D. CONKERTON
JOHNNIE E. CONTARO
J. C. COOK
JOHN CORCORAN
FERMAN CORMIER
LLOYD CORNELIOUS
ROBERT L. CORNIBE
CALVIN COULON JR.
SIMILIAN COURVILLE
JAMES J. COUVILLIER
EVERLE COX
GEORGE M. COX JR.
LARRY T. COX
LAWRENCE CRAWFORD
FRANK W. CROCKER JR.
JOHN W. CURRIE JR.
LIFFORD J. DAIGLE
DANIEL JOHN DALIER
WILLIAM P. DARAH
ALVIN DARDAR
ELTON DAUPHINEY
CLOPHAS J. DAVID,
CHARLES E. DAVIS
JOHN R. DAVIS
TIMOTHY DAVIS
WILLIE DAVIS
FRANCIS M. DAWKINS
JOHN W. DAY
CASIMIRE DE MOLL
ADAM J. DE ROUEN
ALVIN C. DEAN
WILLIE RAY DEASON
WILLIAM T. DECKER
WILLIAM P. DECOTO
L. J. DELCAMBRE JR.
BILLY E. DEMENT
JIMMY R. DENMON
GEORGE DEOUIRE
GROVER W. DESHOTEL
DONALD JOSEPH DIDIER
HOWARD H. DODD
URAL DORSEY
JOSEPH DOUCET
PRESTON G. DOUCET
ANTHONY C. DOUCETTE
HAROLD DOUGLAS
CLYDE G. DOYLE
HERMAN L. DRISKELL
WILLIAM CHRIS DRISKILL
ALVIN L. DUHON
HERMAN DUNGEN
SYLVESTER DUNN
JOHN C. DUPEEY
RICHARD DUPONT
JOHN L. DUPRE JR.
JUNIUS DUPUY
RICHARD DYE
ROBERT L. DYE
JOSEPH D. EBARB
CLEVELAND EDWARDS
CLYDE W. ELKINS
JOHNNIE ELMORE JR.
RUSSELL J. ENGLADE
CLARENCE J. ERNEST
CHARLES ERVINS
MALCOLM J. ESKINE
THOMAS C. ESTES
CLIFFORD ETHERIDGE
GEORGE C. EVANS
JAMES MACKIE EVANS
ERNEST FARROW
JAMES J. FAVALORO
DOUGLAS SHIRLEY FINLEY JR
PATRICK THOMAS FINN
ALVIN FONTENOT
BURKEMAN FONTENOT
JOSEPH C. FONTENOT
JOSEPH W. FONTENOT
NOLAN EARL FORD
ELMER E. FOSTER
THOMAS H. FOSTER
FRANK ANDREY FOUST
ALLEN FRANKLIN
RAYFUS FRANKLIN
DONNIE L. FRAZIER
JOHNNY J. FREDERIC
THEODORE C. FROIS
CLARENCE FUDGE JR.
WILLIE G. FULLER
LUKE COLE FYFFE
LAWRENCE W. GAINES

LEONARD P. GARCIA
LEROY P. GASPARD
ANDREW J. GASQUET
GILBERT RAYMOND GAUDET
FRANK J. GENDUSA
WILLIAM D. GERALD
LENNARD E. GEWIN
ALBERT E. GIDDINGS
FRANK J. GILBERT
CHARLES A. GODCHAUX
LIONEL GODEAUX
ALPHONCE GOLDEN
ANDREW L. GONZALES
ROBERT B. GRACE III
GARLAND A. GRASS
ROBERT L. GRAY
MELVIN T. GREENWOOD
ROBERT LAMAR GREER
JOHN L. GREGG
TREL J. GREMILLION
DAVID HOWARD GRISHAM
ENO J. GROS JR.
JOSEPH GUIDRY
JOSEPH HENRY HAGENEY
JOHN W. HALL
ROBERT L. HAMMOND
ARTHUR P. HANKS
OSCAR H. HARGROVE
JAMES V. HARRELL
FLOYD HARRIS
HERMAN G. HARRIS
HOUSTON HARRIS
THEODORE J. HARRIS
WOODROW P. HARTMAN
CHARLES R. HAWSEY
HORACE HAYES
SAM HEARD
ROBERT J. HEBERT
WILLIAM J. HENDERSON
ASTOR RAY HENDRY
GARLAND HERRINGTON
MARTIN L. HICKS
CHARLES HENRY HINES
SAM HINES
SHERLYN HOLLOWAY
OLIVER W. HOLMES
PERVIS S. HOLMES
MELBOURNE GIRARD HOLT
WILLARD H. HOPKINS
CLARENCE G. HOSCH
BERNARD HOUSTON
ALBERT HOWARD
FREDERICK G. HUDSON III
JANS FREDERICK HURSEY
ARTHUR EARL HUTCHINSON
BENJAMIN ANTHONY HYMEL JR.
CHARLES B. IRELAND
LEON C. IRVING JR.
EUGENE A. JACKSON
JEREMIAH JACKSON
KNAUSBERRY JACKSON
R. D. JACKSON
ROY R. JACKSON
GEORGE J. JACOBS
ERNEST J. JACQUES
JESSE J. JAMES
HENRY JEANJACQUES
LOYD JEFFERSON
JOSEPH B. JOE
LEROY JOHN
ALEX JOHNSON
ELDRIDE JOHNSON
JESSE JOHNSON
JOHN W. JOHNSON
LEROY JOHNSON
MILTON E. JOHNSON
RANDOLPH ANDREW JOHNSON
CHARLES JONES
DENNIS M. JONES
GEORGE W. JONES
MOISE JONES JR.
ROBERT S. JONES
W. R. JONES
GERARD JOSEPH
MORRIS E. JOSEPH
RALPH A. JOSEPH
WILSON L. JUNEAU
DAVID L. KEEL
BOBBY W. KEEN
FRANCIS W. KEEVER
JAMES E. KELLEHER
WILLIAM H. KELLUM
AUBREY H. KELLY
HENRY BRADFORD KELLY
JAMES E. KIMBALL
ALLEN O. KING
LIONEL KING
LARRY P. KINLER

ROBERT R. KIRKLIN
WARREN E. KIRTLAND
JOHN W. KIRWIN
HARRY J. KLING
L. C. KNIGHT
FREDERICK J. KOGEL
MIKE M. KOROLIA
HERMAN KUHN
CHARLIE M. LA CAZE
BILLY J. LA ROUE
HUEY PIERCE LAFFOON
LAFLEURCH
AVERY M. LANDRY
JULES HERMAN LANDRY
SHELTON LANIER
ALVIN A. LARTIGUE
DONALD E. LAWRENCE
AARON A. LAWSON
HENRY THOMAS D. LE BLANC
ROBERT JOSEPH LE BLANC
NEUS LE BLEU
WARREN LE JEUNE
MAPLE L. LEADER
JAMES M. LEAVINS
REGINALD L. LEBLANC
LAWRENCE J. LEBOEUF
WILTON C. LEDOUX
ELOIE D. LEJEUNE
KERMIT J. LEJEUNE
ANTHONY R. LEMOINE
EARL J. LEMOINE
CLARENCE B. LEON
WILLIE LEWIS
MAX A. LINDSAY
RAY EDWARD LINDSEY
JOHNNIE B. LISENBY
HENRY DEAN LITTLE
GARY E. LITTLEFIELD
JOHN A. LIVINGSTON
JOHNNY B. LOCKETT
JOSEPH LOPICCOLO
RAY V. LOUVIERE
ROY LOYD
EARL B. LUCAS
PAUL E. LYLES
NORMAN J. MAHLER
J. B. MALMAY
TONY MANDINO
ROBERT V. MANN
JOHN R. MANUEL
MIKE MARCIN JR.
ALLEN MARCOTTE
EDWARD F. MARES
AMAR DUDLEY MARKS
ALBERT J. MARTIN
JAMES E. MARTIN
JAMES M. MARTIN
SILTON J. MARTIN JR.
BURKE J. MASON
EARON L. MASON
ROBERT MATTHEWS
LARRY J. MAYEAUX
LANNIS J. MAYEUX
ERNEST G. MC ADAMS
RONALD L. MC ADAMS
JAMES C. MC COMIC
JAMES W. MC CRAW
CLARENCE A. MC GOWAN
JOSEPH R. MC KAY
ROBERT R. MC MILLON
WILSON MARK MECHE
MOISE MELANCON JR.
JOHNNIE V. MENA
EDWARD MENARD
NELSON JOHN MENARD
JAY J. MERMILLIOD
ALVIN J. MICHEL
ERNEST MIER
JAMES C. MIKELL
JOSEPH C. MIKRONIS
HERBERT A. MILES
GEORGE D. MILLER
LINUIS D. MILLER
RUBY L. MILLER
LASTER MILLS
WILLIAM PAUL MILLS JR.
JAMES H. MINOR
JOHN MINOR
VICTOR C. MISTRETTA
RUDUS MITCHEL JR.
EARL JOSEPH MOCKLIN
CECIL RHODES MOHR JR.
ROOSEVELT MONETTE
HOUSTON E. MONTFORT
J. R. MOODY
JACK D. MOORE
RICHARD D. MOORE
ROOSEVELT J. MOORE

THOMAS O. MOORE JR.
J. A. MORRISON
SIMS FAY MORSE
WILLIE B. MURPHY
PAUL H. MYERS
WILLIE C. NALL
CHARLES NASH
ELI M. NELSON
WILLIAM A. NELSON
SYLVESTER NEWMAN
JAMES D. NICHOLS
MARTIN NIGERVILLE
JAMES D. OBRIEN
LUTHER ODUMS
JAMES A. OGLETHORPE
EDWARD J. ORTEGO
JAMES D. ORTEGO
HARVEY M. PARDEE
CHARLES RUPERT PARKERSON
RAYMOND JOSEPH PATIN
OLIVER PAUL
BILLY R. PEAVEY
RALPH A. PECOT JR.
VANCE L. PENDARVIS
FRANK J. PERRY
JACK L. PERRY
CHARLES JOSEPH PHILLIPS
WILLIAM A. PICARD
ROBERT P. PICKERING
WALTER J. PIERCE
JAMES PINTO
CHARLES D. PITRE JR.
ERNEST J. PITRE
FRANK ANTHONY PITRE
CAMILLE PLAISANCE
FOREST J. POLING
ROBERT P. POLK
ALVIN PORTER
JAMES HOWARD PORTER
THOMAS A. POSEY
BRUCE A. POURCIAU
WILLIE POWELL
ALVIN J. PRADAT
JOHN E. PRATTER
CAROL CHESTER PREJEAN
VICTOR M. PRESTWOOD
EDWARD J. PUNCH
PHILIP T. RADECKER
LINDY JOHN RAPHIEL
HARRY LESTER RAU
BILLY F. REDDICK
MELVIN REED
ERNEST JULIUS REEVES JR.
HERBERT W. REYNOLDS
WILLIAM G. REYNOLDS
ROLAND R. RICHARD
LESLIE RICHARDSON
JOHN H. RIDER
ROBERT E. RIDGEWAY
LIONEL W. RIGAUD
GEORGE RIGGINS
JAMES H. RILEY
REGINALD A. RILEY
SAMUEL A. ROBERTSON
JASPER ROCK JR.
CALVIN L. RODRIGUE
FLOYD A. T. ROGERS
HAROLD F. ROGERS
WILLIAM L. ROQUES
ARTHUR ROSS SR.
HAROLD J. ROVIRA JR.
HAYWARD J. ROY
DAVID EUGENE RUSSEL
CHARLES VERNON RUST
DANIEL RUTHERFORD
LAWRENCE JOSEPH RYAN JR.
PASCAL SACCO
WICKCLIFF J. SAMUEL
JAMES SANDERS
GERALD R. SANDERSON
ELROY R. SAPIA
HAROLD JOSEPH SAVOIE
EUCLIDE J. SAVOY JR.
CATESBY E. SCHIELE
JOSEPH W. SCHLETTE
CARROL E. SCHMIDT
HENRY D. SCHRIEFER
JIMMIE SCOTT JR.
OTIS C. SEALS
LLOYD J. SEGURA
ARTHUR W. SELDON JR.
J. L. SELLER
CLAYTON SEPULVADO
LEON J. SEVERAN
WILLARD H. SHIPP
J. M. SHOWS
LOUIS T. SIMMONS
JOHN EUGENE SIMPSON JR.

ERNEST L. SIMS
WILLIAM F. SIRERA
CHARLES W. SLAVEN
WILLIE W. SLY
CLIFTON E. SMITH JR.
JOE W. SMITH
JOSEPH C. SMITH
LAWRENCE J. SMITH
WENDALL C. SMITH JR.
LOUIS SONNIER JR.
DOUGLAS H. SOWERS
ELTON M. SPEARS
IGENE SPEIGHT
ALDON J. ST. GERMAIN
LIONEL ST. GERMAIN
PAUL E. ST. JULIEN
CARROLL ST. MARTIN
MACK STAMPER JR.
KENNETH G. STAUFFER
C. J. STEELMAN
RALPH STEPENS
CLAUDE OTIS STEVENS JR.
BOBBY R. STEVENSON
WALTER L. STEWART
ISSIAR TANSIL
BILLY B. J. TAYLOR
JOHN A. TAYLOR
PETER J. TERRANOVA
HUBERT J. THERIOT
SYLVESTER THERIOT
CLEMENT THIBODEAUX
JOSEPH THIBODEAUX
LUCIAN THIBODEAUX
LOTE THISTLETHWAITE
FREDDIE B. THOMAS
HOSEA THOMAS
ISSAIH R. THOMAS
PHILLIP THOMAS
HEREFORD THOMPSON
CLYDE THORNBURG
MARION E. THORNHILL JR.
JAMES B. THURMAN
MELVIN H. TILDEN
DANIEL J. TRAHAN
LAWRENCE J. TROSCLAIR JR.
JACK HOWARD TURBERVILL
CHARLIE TURNER
CLEMON TURNER
HARRY M. TYLER
HUEY EDWARD UPSHAW
BRYANT VAN DYKE
ALBERT JOSEPH VEGAS
L. D. VEILLON
HOWARD P. VERRET
JOSEPH E. VIATOR
JAKIE J. VIGNES
RUFUS E. VOIGT
JAMES R. WAGNER
MELVIN WAGUESPACK
JOHN K. WAINWRIGHT
ALTON WALDROP
OWEN LESLIE WALGAMOTTE
JAMES V. WALKER
LESTER R. WALKER
WILLARD D. WALLACE
JAMES WARE
JOHNNY WASHINGTON
LOUIS WATKINS
CHARLES WATSON
LEONARD F. WEBER
GEORGE W. WEBSTER
LEWIS F. WEBSTER
RANDALL M. WEEMS
LONNIE F. WELCH
HERMAN R. WESLING
CLEVELAND WEST
CLIFTON A. WEYERMAN
DAVID G. WHEAT
RUTHERS WHITE
H. P. WIGGINS
CHARLES B. WILCOX
ARTHUR L. WILLIAMS
CHARLES J. WILLIAMS
CLARENCE WILLIAMS
LAWRENCE WILLIAMS
STEVENS WILLIAMS
DANIEL WILLIAMSON
LOUIS R. WILSON
WALLACE WILSON
JAMES A. WINBORN
HENRY J. WINDECKER
ALVIN A. WINDER
ERNEST J. WISENOR
RAY D. WOOTEN
WILBURN R. YIELDING
WILLIAM E. YORK
JAMES LOUIS YOUNG
JAMES LOUIS YOUNGBLOOD

MAINE

CARLETON V. AGRELL
JOSEPH R. ALBERT
DAVID FAXON ALLEN
JOHN A. ALLEN JR.
LAURENCE EDWARD ANCTIL
LEON E. ANDREWS
PHILIP A. BABINE
RALPH V. BAKER
ARTHUR L. BARLOW
JAMES H. BELCHER JR.
EDGAR LUCIAN BELLEFLEUR
RUSSELL M. BENNETT
PAUL BERGERON
WILFRED JOSEPH BERNIER
FRED C. BERRY JR.
JOSEPH P. BERUBE
ROBERT E. BIENZ
THEODORE F. BINETTE
JACO BOISSONNEAULT
EUGENE R. BOISVERT
ROGER RAPHEAL BONIN
LUCIEN J. BOUCHARD
ERNEST H. BOURASSA
EDWIN A. BOWDEN
KENNETH E. BRADLEY
EARL W. BROWN
DEXTER W. BROWNE
OLIVER E. BUCKLEY JR.
JOHN LENNON BUCKNER
EDGAR A. BUNKER
EARL C. BURGESS
EPMON ROGERS BURKE

GEORGE R. BURTON
JAMES E. CAMPBELL
ROBERT D. CAMPBELL
CLAYTON WILFRED CARON
CLIFTON M. CARR JR.
KENNETH C. CASEY
ROMEO J. CASTONGUAY
CHARLES F. CHAPLIN
WILLIAM COPELAND CLARK
ROBERT J. CLARKE
ROBERT J. CLUKEY
JOSEPH A. COCHRAN
WALTER E. COLE
WILBUR B. COLFORD
JOSEPH R. COLLETTE
THOMAS J. CONNORS
HERBERT L. CORRIGAN
JOSEPH M. COULOMBE
VERNON A. CRAWFORD
RONALD D. CUSHING
DONALD AIDAN CUSHMAN
JOSEPH A. DAIGLE
LOUIS JOSEPH DANA
HAYDEN R. DAVENPORT
EDWARD S. DAVEY JR.
BYRON S. DAVIS
GEORGE A. DAVIS JR.
JOHN S. DAVIS
NICHOLAS DAVIS
JEAN A. DESROBERTS
ROBERT V. DOUCETTE
BERNARD DOUCETTE

WILLIAM H. DOUGHTY
WILLIAM E. DOUGLASS
ARTHUR F. DROUIN
GILMAN DUMOND
JAMES W. DUNHAM
JOHN G. DUNLAP
EDWARD D. DUNPHY
ALFRED A. DUPLISSIS
RAYMOND J. DUPUIS
ARTHUR DUSSAULT
HARRY F. ELDREDGE
GEORGE I. ELSWORTH
STOWELL EUSTIS
WILLIAM EDGAR FORTIN
BEVERLEY H. FOSS
GEORGE H. FOSS
COLBY G. FOX
MORRIS LEO GALLANT
JOHN S. GAY
MAURICE S. GETCHELL
CLARENCE J. GILBERT
CARL L. GODING
CLAIR GOODBLOOD
ALLEN R. GOODE
ALBION J. GURRIS
CHARLES W. GRAHAM
KENNETH JOSEPH GRANBERG
EARLON V. GRANT
WENDELL H. GREEN
HARRY ELLSWORTH GRISWOLD
HOWARTH S. GUILFORD
LEO J. HACKEY

ROSCOE E. HALLIDAY
ROBERT E. HALLOWELL
PHILIPPE EMILIEN HAMANN
WILLIAM H. HARDY
SYLVIO L. HEBERT
JOHN F. HENRY
RONALD A. HERSON
JOHN MURRAY HICKEY
ROBERT W. HILTON
WESTON HINKLEY
ROBERT E. JACKSON
RONALD R. JACQUES
ROY F. JAMES
DONALD A. JOHNSON
DONALD R. JOHNSON
JOHN H. JOHNSON
WALTER C. JOHNSON
LESLIE L. KELLEY
ELMER BLAINE KENDALL
LLEWELLYN KENNESON
FRANK W. KILGORE
MARLON LEONARD KILLAN
JAMES VINTON KING
WALTER K. KNIGHT
WILLIAM H. LADD
JOHN G. LAKIN
GEORGE R. LAPLANTE
DAVID A. LARRABEE
STANLEY S. LARSON
CARLTON LEADBETTER
ADRIEN LEBEL
EDMOND O. LEVASSEUR

GEORGE D. LIBBY
DONALD A. LITTLE
CLIFFORD A. LOFTIS
CHARLES JOSEPH LORING JR.
DAVID C. LORREY
RICHARD F. LUCAS
EARLAND LEROY LUCE
ANTHONY J. MAKOSKY
DOMINIQUE KENNETH MARTIN
WARREN E. MAYBERRY
ROBERT H. MC INTYRE
GILBERT W. MC KENNA
FRANK H. MC LEOD
JOHN GERALD MC MANN
KENNETH W. MERRILL
CLARENCE T. MEUSE
JOSEPH E. G. MICHAUD
WILFRED S. MICHAUD
ROBERT WARREN MILTON
VICTOR MISEKOW
HORACE A. MOODY
BRYANT E. MOORE
PHILIP TREFFLE MOORE
CYRUS L. MORGAN
JOSEPH R. MORIN
ROLLAND MORNEAULT
JAMES D. MULLOY
NEIL A. MURRAY JR.
REMI E. NASH
IRVINE M. NASON
REMI E. NASON
PHILIP NOTEWORTHY

ROBERT L. NORTON
JOHN M. NUTTING
ALAN R. NYE
SIGURD C. OLSON
PAUL C. OWEN
ROBERT H. PARKER
LEIGHTON PATRIQUEN
REGINALD PATTERSON
CLAUDE PELLETIER
MALCOLM D. PERKINS
CLARENCE PETERSON
EDWARD J. PETERSON
GLENDON PHILBRICK
HARRY R. PLUMMER
GERARD J. POIRIER
SHIRLEY M. POLAND
WARREN FRANKLIN POLK
WILLIAM J. POOLE
JOSEPH G. QUELLETTE
EARLAN V. RANDALL
GERARD J. RAYMOND
LOUIS A. RAYMOND
GRANVILLE B. REED
RICHARD B. REED
CLIFTON A. RICE
SUMNER EUGENE RICHARDS
ROBERT J. ROBERGE
KENNETH C. ROBINSON
REGINALD E. ROMEO
NORMAND ROSSIGNAL
HAROLD M. ROWELL
EARL OSWALD RUHLIN

UNITED STATES OF AMERICA

 MAINE

ALBERT RANDOLPH SAMPSON
JAMES E. SANBORN
LINWOOD B. SANBORN
HARRY L. SARGENT JR.
WILLIAM H. SHERWOOD
JOSEPH A. F. SIMARD
JOSEPH H. SIMONEAU

RENO G. SIROIS
GERALD LORIAN SMITH
WILLIAM E. SOUTHARD
LEE F. SPOFFARD
OSCAR L. SPRAGUE
WARREN E. STEWART
ROBERT J. TAIT

PHILIP P. TARR
CONRAD WALTER THERIAULT
JOHN E. THOMPSON
CHARLES O. TIBBETTS
STANLEY P. TOBIAS
DAVID K. TREMBLEY
RICHARD G. TREMBLEY

ROY FREDERICK TURNER
WILLIAM H. TURNER
DONALD VASHON
JOSEPH C. VIOLETTE
ROBERT JAMES VIOLETTE
RICHARD VOISINE
CECIL ALDEN WADDELL

ROBERT P. WARREN
ROBERT D. WELCH
HARLAN A. WHITE
STANLEY H. WHITE
HARLAND N. WILCOX
RALPH S. WILCOX
DONALD W. WILSON JR.

ELMER V. WING JR.
FRED W. WOOD
RUSSELL H. WOODMAN
RICHARD C. WORMWOOD
VANCE OLLAND WORSTER
WARREN W. WORSTER

 MARYLAND

WALTER R. AKRIDGE
JOHN W. ALLMOND
RICHARD C. AMES
NORMAN E. AMSDEN
FRED ANDERS
WILLIAM ANDERSON
EARL R. ANDREWS
DONALD E. ANGLE
WILSON C. ARMSTRONG
GILBERT LAMOUR ASHLEY JR.
RICHARD L. BACON
JAMES BAIDO
EDWIN H. BAILER
WALTER J. BAILEY
DONALD L. BAKIE
JAY T. BALLENGER
WILLIAM S. BARGER
CARL M. BARNES
CHARLES W. BARTON
RICHARD R. BEARD
CLAUDE H. BELCHER
BERNARD J. BELFE
ROBERT W. BENINGTON
EARL BENNETT
HENRY A. BENNETT
VANDERBILT BENNETT
NORMAN E. BENSINGER
JOHN H. BEVERLEY JR.
CHARLES LE BILLINGSLEA JR.
DONALD L. BISHOP
JOHN LEWIN BITTERS
HERENE K. BLEVINS
RAYMOND E. BOLLMAN
DONALD DAVID BOLT
MARSHALL D. BOLTON
RAYMOND I. BOND
RUDOLPH BONINCONTRI
CHARLES L. BOWEN
GEORGE W. BOYCE
CHARLES E. BOYD
JOHN JOSEPH BOYLE
ISAAC M. BRADBURN
CHRLE BRANDENBURG
MELVIN A. BRASHEAKS
WILLIAM H. BRIGHT
THOMAS BOGGS BROOKS
BRUCE F. BROWN
EARL J. BROWN
GEORGE BROWN JR.
HARRY L. BROWN
JOHN C. BROWN
ROBERT B. BROWN
EDWIN NASH BROYLES JR.
BERNARD C. BUETTNER
HARRY L. BULLINGTON
RAYMOND FRANKLIN BURHORST
JOHN S. BURKE
WALTER R. BURTON JR.
KENNETH E. BUTLER
NEHEMIAH E. BUTLER
OSCAR H. BUTTS JR.
CLAYTON J. W. BYRD
ROBERT MONROE CALLAGHAN
ALBERT CALLON
ALEXANDER CAMPBELL
FRANKLIN M. CANTERBURY
WILLIAM J CARBAUGH
RICHARD C. CARRIGO
ANDREW CARTER
BOBBY RAY CARTER
EDWARD R. CARTER
PAUL K. CARTY
JAMES E. CAVE
HARRY LEDDY CHANTI II
CHARLES DAVID CHAPMAN
RICHARD A. CHAPMAN
CHARLES A. CHEW
ALPHONSO CHURCH
MACK CHURCH
EARNEST ARTHUR COBLENTZ
JAMES C. COLBERT
WILLIAM COLLETTI
CALVIN ROBERT COLLINS
CHARLES T. COMPTON
DEHAVEN LAWRENCE CONWAY
RICHARD K. COOK
LEROY M. COOKE

JAMES P. COOPER
RICHARD J. COOPER
CLAYBORN L. COX
GEORGE S. CRISP
CLARENCE CROMIER
LEROY CROWELL
MANVILLE DAGENHART
RICHARD A. DALEY
LOUIS A. DAMEWOOD
ALLEN D. DASHIELL
RICHARD L. DAVID
DAVE H. DAY JR.
HOMER G. DE ANGELIS
ROY C. DELAUTER
PETRO J. DELEONARDO
LEONARD O. DELUNA
GEORGE T. DESHIELDS
GOERGE D. DEVONE
ROBERT C. DEWITT
JOHN W. P. DIEDEMAN
PATRICK MICHAEL DIFFER
FLOYD N. DILLARD
JAMES A. DILVER
ROBERT P. DOMAN
WILLIAM H. DOTSON
GUY DOWELL
LAWRENCE A. DOYLE
ARNOLD G. DYE
DAILEY FRANCIS DYE
CHARLES K. ECKARD
WILLIAM H. EDER JR.
LESTER E. EDMONDS
JAMES J. EDWARDS
EMANUEL ELLIS
JACOB A. ELY
LEONARD ENGLISH JR.
ROBERT G. ESPEY
WALTER D. EVANS
CHARLES W. FAIDLEY
LESLIE L. FAIRCHILD
RONALD J. FARLEY
JOHN FRANCIS FAYMAN
GEORGE D. FERGUSON
ROBERT E. FINK
WILLIAM FISH
EDWARD R. FISHER
RAYMOND R. FLAJR
JAMES N. FLING JR.
CHARLES K. FLORA
RAYMOND P. FOLEY
TEDDY L. FRANKLIN
WILLIAM B. FRIEND
ERNEST A. FROEB
SAMUEL O. FRYE
CHRISTIAN PETER GAAEL JR.
RAYMOND H. GALLANT
ROBERT L. GALT JR.
JAMES D. GARDNER
WILLIAM GARDNER
VERNON T. GARRISON
CHARLES E. GARVER
WILLIAM L. GEARY
ALBERT F. GECKLE
GEORGE GIEDOSH
JOHN R. GILMORE
JAMES W. GITTINGS
PETER R. GIULIONI
JAMES W. GLADDEN
ALPHONS GLADKOWSKI
HENRY M. GLASHOFF
JOHN A. GOOCH
FRANK J. GOSSMAN
ISADORE R. GRAHAM
MARION D. GRAY
ROBERT E. L. GREAVER
FRANCIS GREENWOOD
FREDERIC W. GREER
HAROLD W. GRIFFITH
HAROLD E. GWYNN
IRVIN D. HAIRSTON
JOSEPH H. HALL JR.
LEON D. HAMILTON
WILLIAM D. HAMMEL
ERNEST M. HANLIN
CLARENCE E. HANNEN
ARTHUR HANSEN JR.
JAMES HARCHENHORN

JAMES R. HARE
EDGAR F. HARMAN
CHARLES HASTINGS
THEODORE FRANK HAUSEMAN
CORNELIUS E. HAYES
DULANEY R. HAYES
FREDERICK S. J. HAYS
EDWARD F. HEATH JR.
JAMES M. HEROLD
CHARLES G. HESTER
WILLIAM HILDEBRAND
JAMES C. HILL
XAVIER W. HILL
CHARLES W. HINES
CHARLES MARLAND HIRBERT
WESTON WESLEY HOEY
FRANK SHAWN HOFFECKER JR.
WILLIAM B. HOFFMAN
HENRY HOFMEISTER
WILLIAM A. HOLLADAY
RICHARD G. HOLLYOAK
CHARLES W HOLMES
EARL HOLMES
JAMES ROCKNE HOPKINS
LEROY W. HORTON
HENRY G. HORWATH
ELMER HOWELL
MICHAEL HRABCSAK
MELVIN J. HUMES
MELVIN JOSEPH HUNT
JAMES A. HUTTON
CHARLES RUSSELL HYDE
THEODORE A. HYSON
PAUL J. IDDINGS JR.
BERNARD A. ISAACS
WILLIAM H. ISBELL
FRANK J. IWANCZYK
WILLIAM R. JACKSON
WALTER G. JACOR
WILLIAM R. JECELIN
WILLIAM H. JENKINS
ALFRED S. JENNINGS
RICHARD JEROME
LOVELL P. JOLLYMORE
ARTHUR M. JONES
CHARLES MOYE JONES
JACK E. JONES
RONNIEMORE A. JONES
ROBIE L. JORDAN
JAMES I. JUBB
CHARLES J. KACHELE
GORDON KING KAHL
BUFORD E. KANE
CHARLES J. KEEL
FLETCHER M. KEENER
ROBERT G. KENNEDY
JOHN EDWARD KILDUFF
ROBERT W. KING
CHARLES KIRBY JR.
OLEY B. KNIPP
LEO KNOTT JR.
RUDOLPH S. KNOTTS
ANDREW J. KOBAGE
THADEUS KOZLOWSKI
MARTIN J. KRAGER
ANTHONY P. KRUMPACH
CLARENCE RONALD LABINE
JESSE F. LAKE
JOHN FRANCIS LANE
HOMER V. LANEHART
CLAUDE LANIER
HARRY F. LEE
ROBERT LEE
JOSEPH A. LEMME
CHARLES W. LEONARD
MAX W. LILLER
WILLIAM LINTHICUM
JAMES R. LISTER
JAMES J. LLOYD
HARVEY E. LUBY
HENRY LUCKE
HAROLD E. LUGENBEEL
EDWARD A. LUND
FRANK J. MACEK
KENNETH C. MACLEAN
JOHN B. MAHER
CHARLES P. MALOY

WILLIAM ANDREW MANNS
ROBERT A. MARKLE JR.
HARVEY L. MARKS
ELIJA MARSH
EDWARD L. MARTIN
EDWARD W. MARTIN
WALTER J. MASON
STEPHEN MATE JR.
RANDOLPH E. MATHER
GRAYSON L. MATHIS
PAUL F. MAURICIO
EDWARD W. MAYNARD
ROBERT L. MC CAIN
DOUGLAS F. MC CAINE
HOMER C. MC CARTHY
ERNEST G. MC CAULEY
IRVIN M. MC CORD
ROBERT MC CORMICK
GLENN MC COY
RAYMOND H. MC COY
ROBERT H. MC COY
WILLIAM MC DONALD
PHILLIP MC DONOUGH
HENRY MC INTOSH JR.
CHARLES MC INTYRE
DAN L MC KEITHEN
JOHN L. MC KENZIE
FRANKLI MC PHERSON
DONALD EARL MCCARTY
CHARLES W. MCCOY
ALTON GORE MCDONALD
CHARLES ROBERT JU MCNELLY
ROBERT B. MERRYMAN
OWENNE MESSERSMITH
GENE P. MILLER
WALLACE T. MINNICH
ALBERT L. MISS
IRA VICTOR MISS JR.
FREDERICK MITCHELL
JOHN W. MITCHELL
LOUIS N. MOHR
JEREMIAH F. MONGAN
DONALD MONTELEONE
ERNEST L. MOORE
ROBERT L. MOORE
NORMAN M. MORRIS
LEO WALTER MRYNCZA
ALLEN C. MUHLBACH
VERNON G. MULLIGAN
JOHN F. MURRAY
EARL C. NAZELROD
PERCY W. NEIGHBORS
JOSEPH NIEBERLEIN
ERNEST W. NOCKEMAN
IRVIN NORFLEET
JOHN F. NOWAK
ARTHUR P. OREAR
WILLIAM E. OTTO
PERRY D. OWENS
RALPH D. OWINGS
CHARLES D. PARKER
JOHN T. PARKER
CHARLES W. PARKS
WILLIAM A. PERRY
CARL O. PETERSEN
MARLIN L. PIGOTT
RUSSELL G. PITMAN
ROBERT L. PITZINGER
ALPHONSO H. PLONK
ANGELO G. POLETIS
DONN F. PORTER
HENRY M. PORTER
THOMAS R. PORTER
EDWARD M. POULSEN
KERMIT Q. PRATHER
ROBERT H. PRESSLER
JEROME W. QUINN
JAMES W. RAFFERTY
CHARLES H. RANDALL JR.
FRED M. REA
JOHN B. REAHL
MELVILLE EUGENE REFFNER
NORMAN L. REID
JOHN P. REINHARDT
WILLIAM REINHARDT
JACK WALTER REINSMITH
JUNIOR W REPP

EDWARD F. RICHARDS
WILLIAM G. RIDEL
KENNETH L. RIDGE
WILLIAM RUSSEL RIGGS
ROGER B. RIGNEY
WILLARD A. RINEHART
CHARLES C. ROBERTS
WILLIAM M. ROBERTS
WILLIAM M. ROBERTS
WILLIAM LEWIS ROBERTSON
JOSEPH W. ROBINSON
LELAND S. ROBINSON
LAWRENCE ROHRBACK
KENNETH ROMPALSKI
JAMES S. ROSE
GEORGE A. ROSENTHAL
MILFORD N. ROWLAND
KENNETH RUTHERFORD
LEON R. SADLER
GEORGE SANDERBECK
WILLIAM H. SANFORD
JOHN E. SARNO
ANDREW A. SAUNDERS
EDWARD SAUNDERS
JAMES RICHARD SAUNDERS JR.
LOUIS A. SAUNDERS
NORBERT B. SAUNDERS
GEORGE SCARBOROUGH
WILLIAM A. SCHMADER JR.
EDWARD L. SCHNEIDER
WALTER O. SCHNEIDER
LOUIS SCHONBERGER
JAMES M. SCRIBER
WILLIAM R. SEGGIE
JAMES F. SEITZ
LONNIE J. SELLERS
DONALD W. SENTZ
LAWRENCE D. SEYMORE
JOHN F. SHADEL
JOSEPH M. SHANNON
JOHN T. SHARP
IRVIN E. SHAVER
LEON M. SHEPARD
JAMES W. SHEPPARD
EARL W. SHERMAN
THOMAS L. SHORT
CHARLES T. SHROYER
THEODORE MORGAN SKEALS JR.
PHILLIP C. SKILES
LEONARD P. SLAGLE
HAROLD SLOAN
RICHARD E. SMALL
ALLEN L. SMITH
CHARLES M. SMITH
CLYDE J. SMITH
HARRY W. SMITH
JAMES M. SMITH
JOHN W. SMITH
KENNETH LEE SMITH
LEOTIS Q. SMITH
PAUL T. SMITH
ROBERT J. SMITH
RONNIE T. SMITH
SHADRACH B. SMITH
WALTER JOSEPH SMYK JR.
ARLON P. SNIDER
ALAN S. SNOUFFER
THOMAS G. SNOWDEN
CHARLES H. SNYDER
JOSEPH LEONARD SREBROSKI
VIRGIL L. STAMBAUGH
CHARLES RAMSAY STAPLER
CLYDE M. STARKEY
LEWIS B. STARKEY
NORMAN F. STARR
BERNARD ULRICH STAVELY
LLOYD E. STEELE
ROBERT STEVENS JR.
STANLEY STEWART
WILLIAM S. STEWART
DOUGLA STOCKSTILL
LOUIS J. STORCK
CHARLES H. STOTLER
JOHN E. SUGGS
KERMIT G. SWAVELY
CARROLL W. SWEIGER
THOMAS A. SYMINGTON JR.

MARVIN TAFT
CHARLES J. TALBOTT
DOMINIC TAMBERINO
JOSEPH TAORMINO
JACK TATE
JOHN J. TAYLOR
WESLEY E. TEMPLE
BRYANT A. TERRY
CHARLES F. THOMAS
FRANCIS D. THOMAS
FRANK W. THOMAS
HERMAN L. THOMAS
JACK WILLIAM THOMAS
MORBOURN ANTON THOMAS
ROBERT C. THOMAS JR.
ROY H. THOMAS
FRANKLIN BEN THOMPSON
NORMAN R. THOMPSON
JOHN NORMAN THOMSON
EDWARD EDYERT THORN
WILLIAM A. TILGHMAN
THEODORE TIMMERMAN
JOSEPH H. TRAIL
WILLIAM S. TRAVERS
JOSEPH F. TRINKAUS
GRANVILLE H. TRUITT
HOWARD L. TURNER
JAMES B. TYNES
ROBERT E. UMBEL
HERBERT VAN METER
CLEVELAND VAUGHN
WALTER F. VAUGHN
IRA H. VERILL
LEONARD PAUL VOGT
LEONARD L. WADE
JAMES H. WAITES
LEONARD LAWRENCE WALKER
JACK D. WALLACE
WILLIAM K. WALLACE
FREEMON C. WALLER
JOHN SPRINGER WALMSLEY JR.
GEORGE W. WALTERS
ALFRED JOSEPH WARD
CALVIN BENJAMIN WARD
EDWARD F. WARFIELD
T. P. WARREN
WILLIE WATERS
MILTON K. WATKINS
MICHAEL R. WATSON
GEORGE W. WATT
WILLIAM H. WEHLAND
NILE LEROY WELLS
THOMAS J. WELLS
CHARLES WENN
E. GEORGE WEST
CHARLES WATSO WHEELWRIGHT
HUGH D. WHITACRE
RICHARD C. WHITE
WILLIAM A. WHITE
FLOYD N. WHITEMAN
JOSEPH C. WHITESELL
GEORGE H. WHITNEY
JAMES E. WIELERT
FREDERICK RUSS WILLIAMS
JAMES WASHINGTON WILLS JR.
VICTOR L. WILLS
CHARLES E. WILSON
JESSE E. WILSON
RALPH E. WILSON JR.
ESLEY WISE
DAVID J. WISHON JR.
WILLIAM L. WOOLFORD
THOMAS B. WOOTTEON
PAUL T. WRIGHT
CHARLES H. YOUNG
JAMES T. YOUNG
KENNETH E. YOUNG
WILLIAM J. YOUNG
ALBERT A. ZALNER
ROBERT WILLIAM ZELLER
CHARLES E. ZEPP
JACK A. ZIRKLE

MASSACHUSETTS

FRANCIS R. ABBOTT
WILLIAM ABDERHALDEN
JAMES ABDON
MANUEL ABREU JR.
ROBERT L. ADAMS
ERNEST MAX ADLER
CHARLES L. AGARD
ANTHONY O. ALEXA JR.
JOHN B. ALEXANDER
ARTHUR B. ALLEN
JOSEPH ALMEIDA
FRANCIS ALTAVILLA
RICHARD G. AMADON
GERALD R. ANCTIL
JOHN P. ANDONIAN
SHIRLEY B. ANDREWS
WILLIAM K. ANTONUCCI
RICHARD ARCHAMBEAULT
WALTER G. ARMSTRONG
HENRY ASHENFELTER
LOUIS W. ASHFORTH
JOSEPH P. AUCOIN
HAROLD S. AVERY JR.
JOSEPH PHILIP BABIN JR.
RICHARD IRVING BACKOFF
RONALD C. BAER
ALLAN R. BAIN
CORNELIUS JOSEPH BAKER JR.
FRANCIS L. BAKER
HERBERT WALTER BALDOM
JOSEPH W BALSON

DANIEL JOSEPH BALLEM
ALBERT L. BARBER
MALEN W. BARKER
GEORGE BARNES JR.
DAVID E. BARNEY
RONALD P. BARON
WILLIAM A. BASTIE
LLOYD BATTEN
HERBERT L. BAZLEY
HUBERT W. BEAUBIEN
JOSEPH BEAUCHEMIN
JOSEPH BEAULIEU
RICHARD J BEAULIEU
WILLIAM G. BECK
ARTHUR N. BELANGER
JOHN L. BELHUMEUR
DAVID BENSON
THOMAS H. BERARDI
ROBERT M. BERRIER
ROBERT H. BERRY
LEONARD J. BEST
WALTER H. BILLIEL
ADRIAN L. BILODEAU
ALBERT J. BISHOP
JOHN L. BLACK
LAURENT R. BLAIN
JAMES C. BLANCHARD
JOSEPH L. BLANCHARD
STUART A. BOARDMAN
THEODORS BOCKHOFF
WILLIAM V BOEKLER

ARTHUR A. BOLAND
RICHARD G. BOLES
CHARLES E. BOND
JOHN G. BONINO
ALEXANDER BOOKER
ROBERT W. BOOTH
JOHN PETER BORSETI
GEORGE E. BORUS
ALFRED M. BOTELHO
FRED J. BOTT JR.
NORMAN A. BOURQUE
ROBERT LAYMAN BOWERS JR.
NORMAN C BRACKETT
CLARK M BRADFORD
EDWARD F. BRADFORD
PAUL G. BRADFORD
DOUGLAS H.T BRADLEE
RALPH PORTER BRADLEY
JOHN T. BRADY
ANTHONY BRAGA
DONALD S. BRANDER
JOSEPH W. BRAND
CHARLES E. BRIDGE
DONALD E. BRINE
ROBERT J. BROGNA
JOHN L. BROWN
FRED W. BROWN
RICHARD A. BROYNE
LAWRENCE W. BRUNO
STANLEY F. BRZOZOWSKI
JOHN D. BURGESS

ROBERT JAMES BURGWINKLE
ROLAND L. BURKE
WILLIAM J. BURKE JR.
FRANCIS BERNARD BURNS
ANTHONY BUTTINSKY
ROSCOE M CALCOTE
OTTO B. CALEGARI
EDWARD J. CALLAHAN
GEORGE G. CAMERON
JAMES R. CAMERON
OWEN J. CAMERON
JOHN JOSEPH CANNEY
WILLIAM CAREY
NORMAN G. CARLSON
ROBERT E. CARLSON
DONALD CARMICHAEL
HARVEY E. CARPENTER
JOHN ADRIAN CARPENTER
RICHARD J CARRELL
WILLIAM G CARROLL
JOSEPH EUGENE CARUSO
JEREMIAH CASEY
RUSSELL M. CASEY
WILLIAM ALFRED CASEY
WILLIAM J CHAMBERS
MELVIN H. CHANTRE
ROBERT J. CHARETTE
FRANK K. CHARIDO
GEORGE P. CHARNOCK
JAMES G. CHEEK
GERALD CHEPPO

GEORGE CIPRIANO
CARLETON B. CLAY
RODNEY F. CLOUTMAN
ARTHUR G. COFFEY
JAMES W. COFFIN
LOUIS A. COLAGEO
DOMENIC COLAMETA
JOSEPH W. COMEAU
SAMUEL W. COMER
DONALD R. COMTOIS
JOSEPH F. CONCANNON
JOHN JOSEPH CONLON
HENRY D. CONNELL
MARK CONNOLLY
PAUL M. CONNOLLY
ROBERT EDWARD CONNORS
EVERETT L. COPELAND
FRANCIS X. COPPENS
DANIEL CORREIA
JAMES J. COSTELLO
JAMES BREWER CRANE COUCH
JOHN A. COULTON
FRANCIS J COURTNEY
JOSEPH A W COUTURE
THOMAS J. COX
GARRETT COYNE
GORDON G. CRAIG
CHESTER H. CRAMTON
GEORGE A. CRIBBIE
RAYMOND J. CRIMMINS

ROBERT O. CROCKER
MAYNARD A. CRONIN
ROBERT E. CROTEAU
JOHN J. CROWLEY JR.
NEIL J. CROWLEY
JOHN J. CULLEN
PAUL FRANCIS CULLEN
WILLIAM FRANCIS CULLINANE
THOMAS W. CULLITON
ROBERT G. CURRAN
FRANK W. CURTIN
DANA A. CURTIS
MYRON L. CUTLER
NORMAN STEWART DAGENAIS
HOWARD WINSTON DAHART
RAYMOND F. DAHLGREN
ROY W. DAIGLE
ROBERT G. DAIGNAULT
PHILLIP DAIGNAULT
ROBERT C. DAKIN
JAMES M. DALEY
JAMES G. DANCE JR.
CHARLES DANDREA
PHILIP F. DANNOLFO
WILLIAM A. DAULTON
DONALD L. DAVIS
GEORGE LOUIS DE FORGE
JOHN J. DE LUCA
WILFRED K. DE BEULE
ROCCO W. DE POSE
RONALD R. DECKER JR.

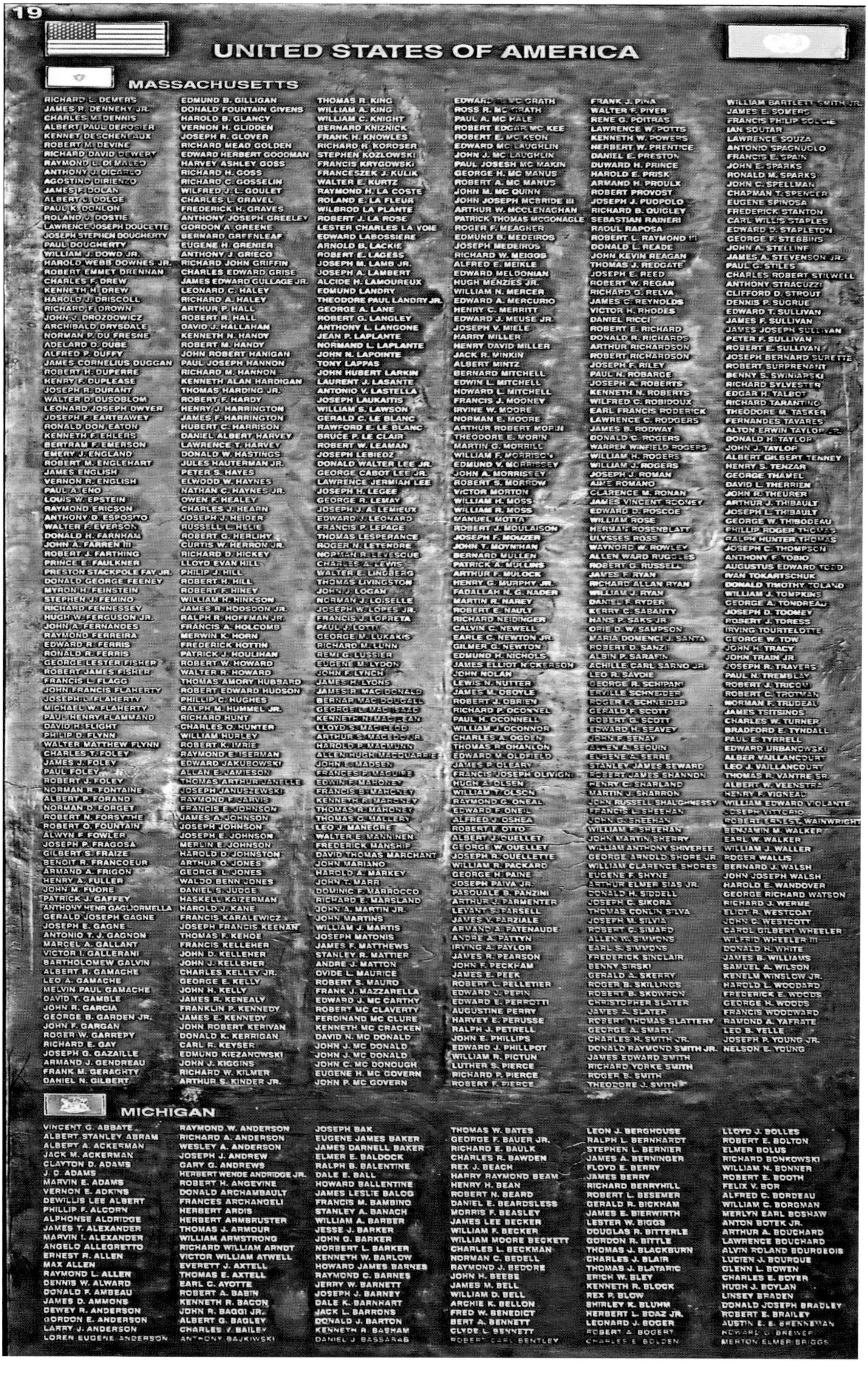
19
UNITED STATES OF AMERICA
MASSACHUSETTS
RICHARD L. DEMERS
JAMES R. DENNEHY JR.
CHARLES M. DENNIS
ALBERT PAUL DEROSIER
KENNEY DESCHENEAUX
ROBERT M. DEVINE
RICHARD DAVID DEWERY
RAYMOND L. DI MALEO
ANTHONY J. DICARLO
AGOSTINO DIRIENZO
JAMES F. DOLAN
ALBERT C. DOLGE
PAUL K. DONLON
ROLAND J. DOSTIE
LAWRENCE JOSEPH DOUCETTE
JOSEPH STEPHEN DOUGHERTY
PAUL DOUGHERTY
WILLIAM J. DOWD JR.
HAROLD WEBB DOWNES JR.
ROBERT EMMET DRENNAN
CHARLES F. DREW
KENNETH H. DREW
HAROLD J. DRISCOLL
RICHARD F. DROWN
JOHN J. DROZDOWICZ
ARCHIBALD DRYSDALE
NORMAN P. DU FRESNE
ADELARD O. DUBE
ALFRED P. DUFFY
JAMES CORNELIUS DUGGAN
ROBERT H. DUPERRE
HENRY F. DUPLEASE
JOSEPH R. DURANT
WALTER D. DUSOBLOM
LEONARD JOSEPH DWYER
JOSEPH F. EARTBAWEY
RONALD DON EATON
KENNETH F. EHLERS
BERTRAM F. EMERSON
EMERY J. ENGLAND
ROBERT M. ENGLEHART
JAMES ENGLISH
VERNON R. ENGLISH
PAUL A. ENO
LOUIS W. EPSTEIN
RAYMOND ERICSON
ANTHONY D. ESPOSITO
WALTER F. EVERSON
DONALD H. FARNHAM
JOHN A. FARREN III
ROBERT J. FARTHING
PRINCE E. FAULKNER
PRESTON STACKPOLE FAY JR.
DONALD GEORGE FEENEY
MYRON H. FEINSTEIN
STEPHEN J. FEMINO
RICHARD FENNESSEY
HUGH W. FERGUSON JR.
JOHN A. FERNANDES
RAYMOND FERREIRA
EDWARD R. FERRIS
RONALD R. FERRIS
GEORGE LESTER FISHER
ROBERT JAMES FISHER
FRANCIS L. FLAGG
JOHN FRANCIS FLAHERTY
JOSEPH L. FLAHERTY
MICHAEL W. FLAHERTY
PAUL HENRY FLAMMAND
DAVID H. FLIGHT
PHILIP D. FLYNN
WALTER MATTHEW FLYNN
CHARLES T. FOLEY
JAMES J. FOLEY
PAUL FOLEY
ROBERT J. FOLEY
NORMAN R. FONTAINE
ALBERT P. FORAND
NORMAN D. FORGET
ROBERT N. FORSYTHE
ROBERT O. FOUNTAIN
ALVYN F. FOWLER
JOSEPH P. FRAGOSA
GILBERT S. FRAIZE
BENOIT R. FRANCOEUR
ARMAND A. FRIGON
HENRY A. FULLER
JOHN M. FUORE
PATRICK J. GAFFEY
ANTHONY HENRI GAGLIORMELLA
GERALD JOSEPH GAGNE
JOSEPH E. GAGNE
ANTONIO T. J. GAGNON
MARCEL A. GALLANT
VICTOR I. GALLERANI
BARTHOLOMEW GALVIN
ALBERT R. GAMACHE
LEO A. GAMACHE
MELVIN PAUL GAMACHE
DAVID T. GAMBLE
JOHN R. GARCIA
GEORGE B. GARDEN JR.
JOHN F. GARGAN
ROGER W. GARREPY
RICHARD E. GAY
JOSEPH G. GAZAILLE
ARMAND J. GENDREAU
FRANK M. GERAGHTY
DANIEL N. GILBERT
EDMUND B. GILLIGAN
DONALD FOUNTAIN GIVENS
HAROLD B. GLANCY
VERNON H. GLIDDEN
JOSEPH R. GLOVER
RICHARD MEAD GOLDEN
EDWARD HERBERT GOODMAN
HARVEY ASHLEY GOSS
RICHARD H. GOSS
RICHARD C. GOSSELIN
WILFRED J. L. GOULET
CHARLES L. GRAVEL
FREDERICK H. GRAVES
ANTHONY JOSEPH GREELEY
GORDON A. GREENE
BERNARD GREENLEAF
EUGENE H. GRENIER
ANTHONY J. GRIECO
RICHARD JOHN GRIFFIN
CHARLES EDWARD GRISE
JAMES EDWARD GULLAGE JR.
LEONARD C. HALEY
RICHARD A. HALEY
ARTHUR P. HALL
ROBERT R. HALL
DAVID J. HALLAHAN
KENNETH N. HANDY
ROBERT M. HANDY
JOHN ROBERT HANIGAN
PAUL JOSEPH HANNON
RICHARD M. HANNON
KENNETH ALAN HARDIGAN
THOMAS HARDING JR.
ROBERT F. HARDY
HENRY J. HARRINGTON
JAMES F. HARRINGTON
HUBERT C. HARRISON
DANIEL ALBERT HARVEY
LAWRENCE T. HARVEY
DONALD W. HASTINGS
JULES HAUTERMAN JR.
PETER S. HAYES
ELWOOD W. HAYNES
NATHAN C. HAYNES JR.
OWEN F. HEALEY
CHARLES J. HEARN
JOSEPH J. HEIDER
RUSSELL L. HELIE
ROBERT G. HERLIHY
CURTIS W. HERRON JR.
RICHARD D. HICKEY
LLOYD EVAN HILL
PHILIP J. HILL
ROBERT H. HILL
ROBERT F. HINEY
WILLIAM H. HINKSON
JAMES R. HODSDON JR.
RALPH R. HOFFMAN JR.
FRANCIS A. HOLCOMB
MERWIN K. HORN
FREDERICK HOTTIN
PATRICK J. HOULIHAN
ROBERT W. HOWARD
WALTER R. HOWARD
THOMAS AMORY HUBBARD
ROBERT EDWARD HUDSON
PHILLIP C. HUGHES
RALPH M. HUMMEL JR.
RICHARD HUNT
CHARLES O. HUNTER
WILLIAM HURLEY
ROBERT K. IMRIE
RAYMOND E. ISERMAN
EDWARD JAKUBOWSKI
ALLAN E. JAMIESON
THOMAS ARTHUR JANELLE
JOSEPH JANUSZEWSKI
RAYMOND F. JARVIS
FRANCIS E. JOHNSON
JAMES A. JOHNSON
JOSEPH JOHNSON
JOSEPH E. JOHNSON
MERLIN E. JOHNSON
HAROLD D. JOHNSTON
ARTHUR O. JONES
GEORGE L. JONES
WALDO BENN JONES
DANIEL S. JUDGE
HASKELL KAIZERMAN
HAROLD J. KANE
FRANCIS KARALEWICZ
JOSEPH FRANCIS KEENAN
THOMAS F. KEHOE
FRANCIS KELLEHER
JOHN D. KELLEHER
JOHN J. KELLEHER
CHARLES KELLEY JR.
GEORGE E. KELLY
JOHN H. KELLY
JAMES R. KENEALY
FRANKLIN P. KENNEDY
JAMES E. KENNEDY
JOHN ROBERT KERIVAN
DONALD K. KERRIGAN
CARL R. KEYSER
EDMUND KIEZANOWSKI
JOHN J. KIGGINS
RICHARD W. KILMER
ARTHUR S. KINDER JR.
THOMAS R. KING
WILLIAM A. KING
WILLIAM C. KNIGHT
BERNARD KNIZNICK
FRANK H. KNOWLES
RICHARD R. KOROSER
STEPHEN KOZLOWSKI
FRANCIS KRYGOWSKI
FRANCESZEK J. KULIK
WALTER E. KURTZ
RAYMOND H. LA COSTE
ROLAND E. LA FLEUR
WILBROD LA PLANTE
ROBERT J. LA ROSE
LESTER CHARLES LA VOIE
EDWARD LABOSSIERE
ARNOLD B. LACKIE
ROBERT E. LAGESS
JOSEPH M. LAMB JR.
JOSEPH A. LAMBERT
ALCIDE H. LAMOUREUX
EDMUND LANDRY
THEODORE PAUL LANDRY JR.
GEORGE A. LANE
ROBERT G. LANGLEY
ANTHONY L. LANGONE
JEAN P. LAPLANTE
NORMAND L. LAPLANTE
JOHN N. LAPOINTE
TONY LAPPAS
JOHN HUBERT LARKIN
LAURENT J. LASANTE
ANTONIO V. LASTELLA
JOSEPH LAUKAITIS
WILLIAM S. LAWSON
GERALD C. LE BLANC
RAWFORD E. LE BLANC
BRUCE P. LE CLAIR
ROBERT W. LEAMAN
JOSEPH LEBIEDZ
DONALD WALTER LEE JR.
GEORGE CABOT LEE JR.
LAWRENCE JERMIAH LEE
JOSEPH H. LEGEE
GEORGE R. LEMAY
JOSEPH J. A. LEMIEUX
EDWARD J. LEONARD
FRANCIS P. LEPAGE
THOMAS LESPERANCE
ROGER N. LETENDRE
NORMAN R. LEVESCUE
CHARLES A. LEWIS
WALTER E. LINDBERG
THOMAS LIVINGSTON
JOHN J. LOGAN
NORMAN J. LOISELLE
JOSEPH W. LOPES JR.
FRANCIS J. LOPRETA
PAUL J. LOTTI
GEORGE M. LUKAKIS
RICHARD M. LUNN
REMI G. LUSSIER
EUGENE M. LYDON
JOHN F. LYNCH
JAMES H. LYONS
JAMES R. MAC DONALD
BERNAR MAC DOUGALL
GEORGE L. MAC ISAAC
KENNETH N. MAC LEAN
LLOYD S. MAC LEOD
ARTHUR S. MACEDO JR.
HAROLD P. MACMUNN
ALLEN HUGH MACQUARRIE
JOHN E. MADSEN
FRANCES P. MAGUIRE
EDWIN P. MAHONEY
FRANCIS B. MAHONEY
KENNETH R. MAHONEY
THOMAS R. MAHONEY
THOMAS G. MALLERY
LEO J. MANEGRE
WALTER E. MANNINEN
FREDERICK MANSHIP
DAVID THOMAS MARCHANT
JOHN MARIANO
HAROLD A. MARKEY
JOHN T. MARR
DOMINIC F. MARROCCO
RICHARD E. MARSLAND
JOHN A. MARTIN JR.
JOHN MARTINS
WILLIAM J. MARTIS
JOSEPH MATONIS
JAMES F. MATTHEWS
STANLEY R. MATTIER
ANDRE J. MATTON
OVIDE L. MAURICE
ROBERT S. MAURO
FRANK J. MAZZARELLA
EDWARD J. MC CARTHY
ROBERT MC CLAVERTY
FERDINAND MC CLURE
KENNETH MC CRACKEN
DAVID N. MC DONALD
JOHN J. MC DONALD
JOHN J. MC DONALD
JOHN C. MC DONOUGH
EUGENE H. MC GOVERN
JOHN P. MC GOVERN
EDWARD MC GRATH
ROSS R. MC GRATH
PAUL A. MC HALE
ROBERT EDGAR MC KEE
ROBERT E. MC KEON
EDWARD MC LAUGHLIN
JOHN J. MC LAUGHLIN
PAUL JOSESH MC MAKIN
GEORGE H. MC MANUS
ROBERT A. MC MANUS
JOHN M. MC QUINN
JOHN JOSEPH MCBRIDE III
ARTHUR W. MCCLENACHAN
PATRICK THOMAS MCGONAGLE
ROGER F. MEAGHER
EDMUND B. MEDEIROS
JOSEPH MEDEIROS
RICHARD W. MEIGGS
ALFRED E. MEIKLE
EDWARD MELDONIAN
HUGH MENZIES JR.
WILLIAM N. MERCER
EDWARD A. MERCURIO
HENRY C. MERRITT
EDWARD J. MEUSE JR.
JOSEPH V. MIELE
HARRY MILLER
HENRY DAVID MILLER
JACK R. MINKIN
ALBERT MINTZ
BERNARD MITCHELL
EDWIN L. MITCHELL
HOWARD L. MITCHELL
FRANCIS J. MOONEY
IRVINE W. MOORE
NORMAN E. MOORE
ARTHUR ROBERT MORIN
THEODORE E. MORIN
MARTIN G. MORRILL
WILLIAM F. MORRISON
EDMUND V. MORRISSEY
JOHN A. MORRISSEY
ROBERT S. MORROW
VICTOR MORTON
WILLIAM H. MOSS
WILLIAM R. MOSS
MANUEL MOTTA
ROBERT J. MOULAISON
JOSEPH F. MOUZER
JOHN T. MOYNIHAN
BERNARD MULLEN
PATRICK A. MULLINS
ARTHUR F. MULOCK
HENRY G. MURPHY JR.
FADALLAH N. G. NADER
MARTIN R. NAREY
ROBERT E. NAULT
RICHARD NEIDINGER
CALVIN C. NEWELL
EARLE C. NEWTON JR.
GILMER G. NEWTON
EDMUND H. NICHOLS
JAMES ELLIOT NICKERSON
JOHN NOLAN
LEWIS N. NUTTER
JAMES M. OBOYLE
ROBERT J. OBRIEN
RICHARD P. OCONNEL
PAUL H. OCONNELL
WILLIAM J. OCONNOR
CHARLES A. OGDEN
THOMAS R. OHANLON
EDWARD M. OLDFIELD
JAMES P. OLEARY
FRANCIS JOSEPH OLIVIGNI
HUGH A. OLSEN
WILLIAM T. OLSON
RAYMOND G. ONEAL
EDWARD F. ONEIL
ALFRED J. OSHEA
ROBERT F. OTTO
ALBERT J. OUELLET
GEORGE W. OUELLET
JOSEPH R. OUELLETTE
WILLIAM R. PACKARD
GEORGE H. PAINE
JOSEPH PAIVA JR.
PASQUALE B. PANZINI
ARTHUR J. PARMENTER
LEVANT S. PARSELL
JAMES V. PARZIALE
ARMAND A. PATENAUDE
ANDRE A. PATTYN
IRVING A. PAYLOR
JAMES R. PEARSON
JOHN F. PECKHAM
JAMES E. PEEK
ROBERT L. PELLETIER
EDWARD J. PEPIN
EDWARD E. PERROTTI
AUGUSTINE PERRY
HARVEY E. PERUSSE
RALPH J. PETRELL
JOHN E. PHILLIPS
EDWARD J. PHILLPOT
WILLIAM R. PICTUN
LUTHER S. PIERCE
RICHARD P. PIERCE
ROBERT F. PIERCE
FRANK J. PINA
WALTER F. PIVER
RENE G. POITRAS
LAWRENCE W. POTTS
KENNETH W. POWERS
HERBERT W. PRENTICE
DANIEL E. PRESTON
DUWARD H. PRINCE
HAROLD E. PRISK
ARMAND H. PROULX
ROBERT PROVOST
JOSEPH J. PUOPOLO
RICHARD B. QUIGLEY
SEBASTIAN RAINERI
RAOUL RAPOSA
ROBERT L. RAYMOND III
DONALD L. READE
JOHN KEVIN REAGAN
THOMAS J. REDGATE
JOSEPH E. REED
ROBERT W. REGAN
RICHARD G. RELVA
JAMES C. REYNOLDS
VICTOR H. RHODES
DANIEL RICCI
ROBERT E. RICHARD
DONALD R. RICHARDS
ARTHUR RICHARDSON
ROBERT RICHARDSON
JOSEPH F. RILEY
PAUL N. ROBARGE
JOSEPH A. ROBERTS
KENNETH N. ROBERTS
WILFRED C. ROBIDOUX
EARL FRANCIS RODERICK
LAWRENCE C. RODGERS
JAMES B. RODWAY
DONALD C. ROGERS
WARREN WINFIELD ROGERS
WILLIAM H. ROGERS
WILLIAM J. ROGERS
JOSEPH J. ROMAN
AIME ROMANO
CLARENCE M. RONAN
JAMES VINCENT ROONEY
EDWARD D. ROSCOE
WILLIAM ROSE
HERMAN ROSENBLATT
ULYSSES ROSS
WAYNORD W. ROWLEY
ALLEN WARD RUGGLES
ROBERT G. RUSSELL
JAMES F. RYAN
RICHARD ALLAN RYAN
WILLIAM J. RYAN
DANIEL F. RYDER
KERRY C. SABANTY
HANS P. SAKS JR.
ORIE D. W. SAMPSON
MARIA DOMENCI J. SANTA
ROBERT D. SANZI
ALBIN P. SARAFIN
ACHILLE CARL SARNO JR.
LEO R. SAVOIE
GEORGE R. SCHIPANI
ERVILLE SCHNEIDER
ROGER F. SCHNEIDER
GERALD F. SCOTT
ROBERT G. SCOTT
EDWARD H. SEAVEY
JOHN F. SENAY
ALLEN A. SEQUIN
EUGENE A. SERRE
STANLEY JAMES SEWARD
ROBERT JAMES SHANNON
HENRY C. SHARLAND
MARTIN J. SHARRON
JOHN RUSSELL SHAUGHNESSY
FRANCIS L. SHEEHAN
JOHN G. SHEEHAN
WILLIAM F. SHEEHAN
JOHN MARTIN SHERRY
WILLIAM ANTHONY SHIVEREE
GEORGE ARNOLD SHORE JR.
WILLIAM CLARENCE SHORES
EUGENE F. SHYNE
ARTHUR ELMER SIAS JR.
DONALD H. SIDDELL
JOSEPH C. SIKORA
THOMAS CONLIN SILVA
JOSEPH M. SILVIA
ROBERT C. SIMARD
ALLEN W. SIMMONS
EARL S. SIMMONS
FREDERICK SINCLAIR
BENNY SIRSKI
GERALD A. SKERRY
ROGER B. SKILLINGS
ROBERT B. SKOWRON
CHRISTOPHER SLATER
JAMES A. SLATER
ROBERT THOMAS SLATTERY
GEORGE A. SMART
CHARLES H. SMITH JR.
DONALD RAYMOND SMITH JR.
JAMES EDWARD SMITH
RICHARD YORKE SMITH
ROGER E. SMITH
THEODORE J. SMITH
WILLIAM BARTLETT SMITH JR.
JAMES E. SOMERS
FRANCIS PHILIP SOUCIE
IAN SOUTAR
LAWRENCE SOUZA
ANTONIO SPAGNUOLO
FRANCIS E. SPAIN
JOHN E. SPARKS
RONALD M. SPARKS
JOHN C. SPELLMAN
CHAPMAN T. SPENCER
EUGENE SPINOSA
FREDERICK STANTON
CARL WILLIS STAPLES
EDWARD D. STAPLETON
GEORGE F. STEBBINS
JOHN A. STELLINE
JAMES A. STEVENSON JR.
PAUL G. STILES
CHARLES ROBERT STILWELL
ANTHONY STRACUZZI
CLIFFORD D. STROUT
DENNIS P. SUGRUE
EDWARD T. SULLIVAN
JAMES F. SULLIVAN
JAMES JOSEPH SULLIVAN
PETER F. SULLIVAN
ROBERT E. SULLIVAN
JOSEPH BERNARD SURETTE
ROBERT SURPRENANT
BENNY S. SWINIARSKI
RICHARD SYLVESTER
EDGAR H. TALBOT
RICHARD TARANTINO
THEODORE M. TASKER
FERNANDES TAVARES
ALTON ERWIN TAYLOR JR.
DONALD H. TAYLOR
JOHN J. TAYLOR
ALBERT GILBERT TENNEY
HENRY S. TENZAR
GEORGE THAMEL
DAVID L. THERRIEN
JOHN R. THEURER
ARTHUR J. THIBAULT
JOSEPH L. THIBAULT
GEORGE W. THIBODEAU
PHILLIP ROGER THOMAS
RALPH HUNTER THOMAS
JOSEPH C. THOMPSON
ANTHONY F. TOBIO
AUGUSTUS EDWARD TODD
IVAN TOKARTSCHUK
DONALD TIMOTHY TOLAND
WILLIAM J. TOMPKINS
GEORGE A. TONDREAU
JOSEPH D. TOOMEY
ROBERT J. TORESS
IRVING TOURTELOTTE
GEORGE W. TOW
JOHN H. TRACY
JOHN TRAIN JR.
JOSEPH R. TRAVERS
PAUL N. TREMBLAY
ROBERT J. TRICOMI
ROBERT C. TROTMAN
NORMAN F. TRUDEAU
JAMES TSITSINOS
CHARLES W. TURNER
BRADFORD E. TYNDALL
PAUL E. TYRRELL
EDWARD URBANOWSKI
ALBER VAILLANCOURT
LEO J. VAILLANCOURT
THOMAS R. VANTRE SR.
ALBERT W. VEENSTRA
HENRY F. VIGNEAU
WILLIAM EDWARD VIOLANTE
JOSEPH VITTORIO
ROBERT ERNEST WAINWRIGHT
BENJAMIN M. WALKER
EARL W. WALKER
WILLIAM J. WALLER
ROGER WALLIS
BERNARD J. WALSH
JOHN JOSEPH WALSH
HAROLD E. WANDOVER
GEORGE RICHARD WATSON
RICHARD J. WERME
ELIOT R. WESTCOAT
JOHN C. WESTCOTT
CAROL GILBERT WHEELER
WILFRID WHEELER III
DONALD H. WHITE
JAMES B. WILLIAMS
SAMUEL A. WILSON
KENELM WINSLOW JR.
HAROLD L. WOODARD
FREDERICK E. WOODS
GEORGE H. WOODS
FRANCIS WOODWARD
RAMOND A. YAFRATE
LEO B. YELLE
JOSEPH P. YOUNG JR.
NELSON E. YOUNG
MICHIGAN
VINCENT G. ABBATE
ALBERT STANLEY ABRAM
ALBERT A. ACKERMAN
JACK M. ACKERMAN
CLAYTON D. ADAMS
J. D. ADAMS
MARVIN E. ADAMS
VERNON E. ADKINS
DEWILLIS LEE ALBERT
PHILLIP F. ALCORN
ALPHONSE ALDRIDGE
JAMES T. ALEXANDER
MARVIN I. ALEXANDER
ANGELO ALLEGRETTO
ERNEST R. ALLEN
MAX ALLEN
RAYMOND L. ALLEN
DENNIS W. ALWARD
DONALD F. AMBEAU
JAMES D. AMMONS
DEWEY R. ANDERSON
GORDON E. ANDERSON
LARRY J. ANDERSON
LOREN EUGENE ANDERSON
RAYMOND W. ANDERSON
RICHARD A. ANDERSON
WESLEY A. ANDERSON
JOSEPH J. ANDREW
GARY G. ANDREWS
HERBERT WENDE ANDRIDGE JR.
ROBERT H. ANGEVINE
DONALD ARCHAMBAULT
FRANCES ARCHANGELI
HERBERT ARDIS
HERBERT ARMBRUSTER
THOMAS J. ARMOUR
WILLIAM ARMSTRONG
RICHARD WILLIAM ARNDT
VICTOR WILLIAM ATWELL
EVERETT J. AXTELL
THOMAS E. AXTELL
EARL C. AYOTTE
ROBERT A. BABIN
KENNETH R. BACON
JOHN R. BAGGI JR.
ALBERT G. BAGLEY
CHARLES V. BAILEY
ANTHONY BAJKIWSKI
JOSEPH BAK
EUGENE JAMES BAKER
JAMES DARNELL BAKER
ELMER E. BALDOCK
RALPH B. BALENTINE
DALE E. BALL
HOWARD BALLENTINE
JAMES LESLIE BALOG
FRANCIS M. BAMBINO
STANLEY A. BANACH
WILLIAM A. BARBER
JESSE J. BARKER
JOHN G. BARKER
NORBERT L. BARKER
KENNETH W. BARLOW
HOWARD JAMES BARNES
RAYMOND C. BARNES
JERRY W. BARNETT
JOSEPH J. BARNEY
DALE K. BARNHART
JACK L. BARRONS
DONALD J. BARTON
KENNETH R. BASHAM
DANIEL J. BASSARAB
THOMAS W. BATES
GEORGE F. BAUER JR.
RICHARD E. BAULK
CHARLES R. BAWDEN
REX J. BEACH
HARRY RAYMOND BEAM
HENRY H. BEAN
ROBERT N. BEARD
DANIEL E. BEARDSLESS
MORRIS F. BEASLEY
JAMES LEE BECKER
WILLIAM F. BECKER
WILLIAM MOORE BECKETT
CHARLES L. BECKMAN
NORMAN C. BEDELL
RAYMOND J. BEDORE
JOHN H. BEEBE
JAMES M. BELL
WILLIAM D. BELL
ARCHIE K. BELLON
FRED W. BENEDICT
BERT A. BENNETT
CLYDE L. BENNETT
ROBERT CARL BENTLEY
LEON J. BERGHOUSE
RALPH L. BERNHARDT
STEPHEN L. BERNIER
JAMES A. BERNINGER
FLOYD E. BERRY
JAMES BERRY
RICHARD BERRYHILL
ROBERT L. BESEMER
GERALD R. BICKHAM
JAMES E. BIERWIRTH
LESTER W. BIGGS
DOUGLAS R. BITTERLE
GORDON R. BITTLE
THOMAS J. BLACKBURN
CHARLES J. BLAIR
THOMAS J. BLATARIC
ERICH W. BLEY
KENNETH R. BLOCK
REX P. BLOW
SHIRLEY K. BLUMM
HERBERT W. BOAZ JR.
LEONARD J. BOGER
ROBERT A. BOGERT
CHARLES E. BOLDEN
LLOYD J. BOLLES
ROBERT E. BOLTON
ELMER BOLUS
RICHARD BONKOWSKI
WILLIAM N. BONNER
ROBERT E. BOOTH
FELIX V. BOR
ALFRED C. BORDEAU
WILLIAM C. BORGMAN
MERLYN EARL BOSHAW
ANTON BOTEK JR.
ARTHUR A. BOUCHARD
LAWRENCE BOUCHARD
ALVIN ROLAND BOURGEOIS
LUCIEN J. BOURQUE
GLENN L. BOWEN
CHARLES E. BOYER
HUGH J. BOYLAN
LINSEY BRADEN
DONALD JOSEPH BRADLEY
ROBERT E. BRAILEY
AUSTIN E. E. BRENNEMAN
HOWARD G. BREWER
MERTON ELMER BRIGGS

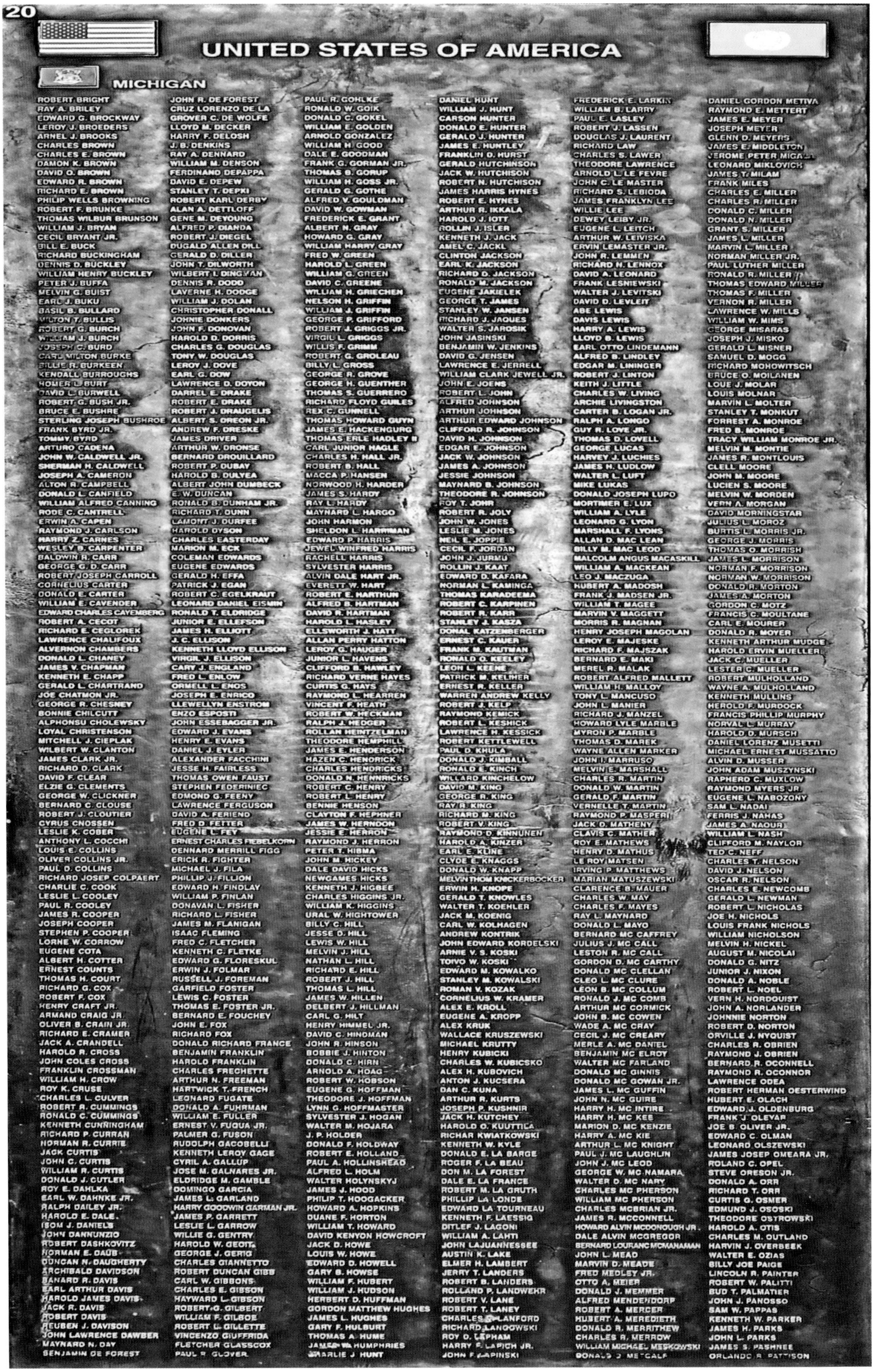
20
UNITED STATES OF AMERICA
MICHIGAN
ROBERT BRIGHT
RAY A. BRILEY
EDWARD G. BROCKWAY
LEROY J. BROEDERS
ARNEL J. BROOKS
CHARLES BROWN
CHARLES E. BROWN
DAMON K. BROWN
DAVID O. BROWN
EDWARD R. BROWN
RICHARD E. BROWN
PHILIP WELLS BROWNING
ROBERT F. BRUNKE
THOMAS WILBUR BRUNSON
WILLIAM J. BRYAN
CECIL BRYANT JR.
BILL E. BUCK
RICHARD BUCKINGHAM
DENNIS D. BUCKLEY
WILLIAM HENRY BUCKLEY
PETER J. BUFFA
MELVIN G. BUIST
EARL J. BUKU
BASIL B. BULLARD
MILTON T. BULLIS
ROBERT G. BURCH
WILLIAM J. BURCH
JOSEPH C. BURD
CARL MILTON BURKE
BILLIE R. BURKEEN
KENDALL BURROUGHS
HOMER L. BURT
DAVID L. BURWELL
ROBERT G. BUSH JR.
BRUCE E. BUSHRE
STERLING JOSEPH BUSHROE
FRANK BYRD JR.
TOMMY BYRD
ARTURO CADENA
JOHN W. CALDWELL JR.
SHERMAN H. CALDWELL
JOSEPH A. CAMERON
ALTON R. CAMPBELL
DONALD L. CANFIELD
WILLIAM ALFRED CANNING
RODE C. CANTRELL
ERWIN A. CAPEN
RAYMOND J. CARLSON
HARRY Z. CARNES
WESLEY B. CARPENTER
BALDWIN R. CARR
GEORGE G. D. CARR
ROBERT JOSEPH CARROLL
CORNELIUS CARTER
DONALD E. CARTER
WILLIAM E. CAVENDER
EDWARD CHARLES CAYEMBERG
ROBERT A. CECOT
RICHARD E. CEGLOREK
LAWRENCE CHALIFOUX
ALVERNON CHAMBERS
DONALD L. CHANEY
JAMES V. CHAPMAN
KENNETH E. CHAPP
GERALD L. CHARTRAND
JOE CHATMON JR.
GEORGE R. CHESNEY
BONNIE CHILCUTT
ALPHONSU CHOLEWSKY
LOYAL CHRISTENSON
MITCHELL J. CIEPLAK
WILBERT W. CLANTON
JAMES CLARK JR.
RICHARD O. CLARK
DAVID F. CLEAR
ELZIE G. CLEMENTS
GEORGE W. CLICKNER
BERNARD C. CLOUSE
ROBERT J. CLOUTIER
CYRUS CNOSSEN
LESLIE K. COBER
ANTHONY L. COCCHI
LOUIS E. COLLINS
OLIVER COLLINS JR.
PAUL D. COLLINS
RICHARD JOSEP COLPAERT
CHARLIE C. COOK
LESLIE L. COOLEY
PAUL R. COOLEY
JAMES R. COOPER
JOSEPH COOPER
STEPHEN P. COOPER
LORNE W. CORROW
EUGENE COTA
ALBERT H. COTTER
ERNEST COUNTS
THOMAS H. COURT
RICHARD G. COX
ROBERT F. COX
HENRY CRAFT JR.
ARMAND CRAIG JR.
OLIVER B. CRAIN JR.
RICHARD E. CRAMER
JACK A. CRANDELL
HAROLD R. CROSS
JOHN COLES CROSS
FRANKLIN CROSSMAN
WILLIAM H. CROW
ROY K. CRUSE
CHARLES L. CULVER
ROBERT R. CUMMINGS
RONALD C. CUMMINGS
KENNETH CUNNINGHAM
RICHARD P. CURRAN
NORMAN R. CURRIE
JACK CURTIS
JOHN C. CURTIS
WILLIAM R. CURTIS
DONALD J. CUTLER
ROY E. DAHLKA
EARL W. DAHNKE JR.
RALPH DAILEY JR.
HAROLD E. DALE
ISOM J. DANIELS
JOHN DANNUNZIO
ROBERT DASHKOVITZ
NORMAN E. DAUB
DUNCAN N. DAUGHERTY
ARCHIBALD DAVIDSON
BANARD R. DAVIS
EARL ARTHUR DAVIS
HAROLD JAMES DAVIS
JACK R. DAVIS
ROBERT DAVIS
REUBEN J. DAVISON
JOHN LAWRENCE DAWBER
MAYNARD N. DAY
BENJAMIN DE FOREST
JOHN R. DE FOREST
CRUZ LORENZO DE LA
GROVER C. DE WOLFE
LLOYD M. DECKER
HARRY F. DELOSH
J. B. DENKINS
RAY A. DENNARD
WILLIAM M. DENSON
FERDINAND DEPAPPA
DAVID E. DEPEW
STANLEY T. DEPKI
ROBERT KARL DERBY
ALAN A. DETTLOFF
GENE M. DEYOUNG
ALFRED P. DIANDA
ROBERT J. DIEGEL
DUGALD ALLEN DILL
GERALD D. DILLER
JOHN T. DILWORTH
WILBERT I. DINGMAN
DENNIS R. DODD
LAVERNE H. DODGE
WILLIAM J. DOLAN
CHRISTOPHER DONALL
JOHNIE DONKERS
JOHN F. DONOVAN
HAROLD D. DORRIS
CHARLES G. DOUGLAS
TONY W. DOUGLAS
LEROY J. DOVE
EARL G. DOW
LAWRENCE D. DOYON
DARREL E. DRAKE
ROBERT E. DRAKE
ROBERT J. DRAUGELIS
ALBERT S. DREON JR.
ANDREW F. DRESKE
JAMES DRIVER
ARTHUR W. DRONSE
BERNARD DROUILLARD
ROBERT P. DUBAY
HAROLD B. DULYEA
ALBERT JOHN DUMBECK
E. W. DUNCAN
RONALD B. DUNHAM JR.
RICHARD T. DUNN
LAMONT J. DURFEE
HAROLD DYSON
CHARLES EASTERDAY
MARION M. ECK
COLEMAN EDWARDS
EUGENE EDWARDS
GERALD H. EFFA
PATRICK J. EGAN
ROBERT C. EGELKRAUT
LEONARD DANIEL EISMIN
RONALD T. ELDRIDGE
JUNIOR E. ELLEFSON
JAMES H. ELLIOTT
J. C. ELLISON
KENNETH LLOYD ELLISON
VIRGIL J. ELLISON
CARY J. ENGLAND
FRED L. ENLOW
ORMELL L. ENOS
JOSEPH E. ENRICO
LLEWELLYN ENSTROM
ENZO ESPOSTI
JOHN ESSEBAGGER JR.
EDWARD J. EVANS
HENRY E. EVANS
DANIEL J. EYLER
ALEXANDER FACCHINI
JESSE H. FAIRLESS
THOMAS OWEN FAUST
STEPHEN FEDERINIEC
EDMOND G. FEENY
LAWRENCE FERGUSON
DAVID A. FERIEND
FRED D. FETTER
EUGENE L. FEY
ERNEST CHARLES FIEBELKORN
DENNARD MERRILL FIGG
ERICH R. FIGHTER
MICHAEL J. FILA
PHILLIP J. FILLION
EDWARD H. FINDLAY
WILLIAM P. FINLAN
DONAVAN L. FISHER
RICHARD L. FISHER
JAMES M. FLANIGAN
ISAAC FLEMING
FRED C. FLETCHER
KENNETH C. FLETKE
EDWARD G. FLORESKUL
ERWIN J. FOLMAR
RUSSELL J. FOREMAN
GARFIELD FOSTER
LEWIS C. FOSTER
THOMAS E. FOSTER JR.
BERNARD E. FOUCHEY
JOHN E. FOX
RICHARD FOX
DONALD RICHARD FRANCE
BENJAMIN FRANKLIN
HAROLD FRANKLIN
CHARLES FRECHETTE
ARTHUR N. FREEMAN
HARTWICK T. FRENCH
LEONARD FUGATE
DONALD A. FUHRMAN
WILLIAM E. FULLER
ERNEST V. FUQUA JR.
PALMER G. FUSON
RUDOLPH GACOBELLI
KENNETH LEROY GAGE
CYRIL A. GALLUP
JOSE M. GALNARES JR.
ELDRIDGE M. GAMBLE
DOMINGO GARCIA
JAMES L. GARLAND
HARRY GOODWIN GARMAN JR.
JAMES P. GARRETT
LESLIE L. GARROW
WILLIE G. GENTRY
HAROLD W. GEOIT
GEORGE J. GERIG
CHARLES GIANNETTO
ROBERT DUNCAN GIBB
CARL W. GIBBONS
CHARLES E. GIBSON
HAYWARD L. GIBSON
ROBERT G. GILBERT
WILLIAM F. GILBOE
ROBERT L. GILLETTE
VINCENZO GIUFFRIDA
FLETCHER GLASSCOX
PAUL R. GLOVER
PAUL R. GOHLKE
RONALD W. GOIK
DONALD C. GOKEL
WILLIAM E. GOLDEN
ARNOLD GONZALEZ
WILLIAM H. GOOD
DALE E. GOODMAN
FRANK G. GORMAN JR.
THOMAS B. GORUP
WILLIAM H. GOSS JR.
GERALD G. GOTHE
ALFRED V. GOULDMAN
DAVID W. GOWMAN
FREDERICK E. GRANT
ALBERT N. GRAY
HOWARD G. GRAY
WILLIAM HARRY GRAY
FRED W. GREEN
HAROLD L. GREEN
WILLIAM G. GREEN
DAVID C. GREENE
WILLIAM H. GRIECHEN
NELSON H. GRIFFIN
WILLIAM J. GRIFFIN
GEORGE P. GRIFFORD
ROBERT J. GRIGGS JR.
VIRGIL L. GRIGGS
WILLIS F. GRIMM
ROBERT G. GROLEAU
BILLY L. GROSS
GEORGE R. GROVE
GEORGE H. GUENTHER
THOMAS S. GUERRERO
RICHARD FLOYD GUILES
REX C. GUNNELL
THOMAS HOWARD GUYN
JAMES E. HACKENGURG
THOMAS ERLE HADLEY II
CARL JUNIOR HAGLE
CHARLES H. HALL JR.
ROBERT B. HALL
MACCA P. HANSEN
NORWOOD H. HARDER
JAMES S. HARDY
RAY L. HARDY
MAYNARD L. HARGO
JOHN HARMON
SHELDON L. HARRIMAN
EDWARD P. HARRIS
JEWEL WINFRED HARRIS
RACHELL HARRIS
SYLVESTER HARRIS
ALVIN DALE HART JR.
EVERETT W. HART
ROBERT E. HARTHUN
ALFRED B. HARTMAN
DAVID R. HARTMAN
HAROLD L. HASLEY
ELLSWORTH J. HATT
ALLAN PERRY HATTON
LEROY G. HAUGER
JUNIOR L. HAVENS
CLIFFORD B. HAWLEY
RICHARD VERNE HAYES
CURTIS G. HAYS
RAYMOND L. HEARREN
VINCENT F. HEATH
ROBERT W. HECKMAN
RALPH J. HEDGER
ROLLAN HEINTZELMAN
THEODORE HEMPHILL
JAMES E. HENDERSON
HAZEN C. HENORICK
CHARLES HENDRICKS
DONALD N. HENNRICKS
ROBERT C. HENRY
ROBERT L. HENRY
BENNIE HENSON
CLAYTON F. HEPHNER
JAMES W. HERNDON
JESSIE E. HERROU
RAYMOND J. HERRON
PETER T. HIBMA
JOHN M. HICKEY
DALE DAVID HICKS
NEWGAMES HICKS
KENNETH J. HIGBEE
CHARLES HIGGINS JR.
WILLIAM K. HIGGINS
URAL W. HIGHTOWER
BILLY C. HILL
JESSE D. HILL
LEWIS W. HILL
MELVIN J. HILL
NATHAN L. HILL
RICHARD E. HILL
ROBERT J. HILL
THOMAS L. HILL
JAMES W. HILLEN
DELBERT J. HILLMAN
CARL G. HILT
HENRY HIMMEL JR.
DAVID C. HINDMAN
JOHN R. HINSON
BOBBIE J. HINTON
DONALD C. HIRN
ARNOLD A. HOAG
ROBERT W. HOBSON
EUGENE G. HOFFMAN
THEODORE J. HOFFMAN
LYNN G. HOFFMASTER
SYLVESTER J. HOGAN
WALTER M. HOJARA
J. P. HOLDER
DONALD F. HOLDWAY
ROBERT E. HOLLAND
PAUL A. HOLLINSHEAD
ALFRED L. HOLM
WALTER HOLYNSKYJ
JAMES J. HOOD
PHILIP T. HOOGACKER
HOWARD A. HOPKINS
DUANE F. HORTON
WILLIAM T. HOWARD
DAVID KENYON HOWCROFT
JACK D. HOWE
LOUIS W. HOWE
EDWARD D. HOWELL
GARY B. HOWSE
WILLIAM F. HUBERT
WILLIAM J. HUDSON
HERBERT D. HUFFMAN
GORDON MATTHEW HUGHES
JAMES L. HUGHES
GARY F. HULBURT
THOMAS A. HUME
JAMES W. HUMPHRIES
CHARLIE J. HUNT
DANIEL HUNT
WILLIAM J. HUNT
CARSON HUNTER
DONALD E. HUNTER
GERALD J. HUNTER
JAMES E. HUNTLEY
FRANKLIN D. HURST
GERALD HUTCHINSON
JACK W. HUTCHISON
ROBERT N. HUTCHISON
JAMES HARRIS HYNES
ROBERT E. HYNES
ARTHUR R. IKKALA
HAROLD J. IOTT
ROLLIN J. ISLER
KENNETH J. JACK
AMEL C. JACKL
CLINTON JACKSON
EARL K. JACKSON
RICHARD D. JACKSON
RONALD M. JACKSON
EUGENE JAKIELEK
GEORGE T. JAMES
STANLEY W. JANSEN
RICHARD J. JAQUES
WALTER S. JAROSIK
JOHN JASINSKI
BENJAMIN W. JENKINS
DAVID G. JENSEN
LAWRENCE E. JERRELL
WILLIAM CLARK JEWELL JR.
JOHN E. JOENS
ROBERT L. JOHN
ALFRED JOHNSON
ARTHUR JOHNSON
ARTHUR EDWARD JOHNSON
CLIFFORD R. JOHNSON
DAVID H. JOHNSON
EDGAR E. JOHNSON
JACK W. JOHNSON
JAMES A. JOHNSON
JESSIE JOHNSON
MAYNARD B. JOHNSON
THEODORE R. JOHNSON
ROY T. JOHR
ROBERT R. JOLY
JOHN W. JONES
LESLIE M. JONES
NEIL E. JOPPIE
CECIL F. JORDAN
JOHN J. JURMU
ROLLIN J. KAAT
EDWARD D. KAFARA
NORMAN L. KAMINGA
THOMAS KARADEEMA
ROBERT C. KARPINEN
ROBERT R. KARR
STANLEY J. KASZA
DONAL KATZENBERGER
ERNEST C. KAUER
FRANK M. KAUTMAN
RONALD O. KEELEY
LEON L. KEENE
PATRICK M. KELHER
ERNEST R. KELLER
WARREN ANDREW KELLY
ROBERT J. KELP
RAYMOND KEMICK
ROBERT L. KESHICK
LAWRENCE E. KESSICK
ROBERT KETTLEWELL
PAUL D. KHULA
DONALD J. KIMBALL
RONALD E. KINCH
WILLARD KINCHELOW
DAVID M. KING
GEORGE R. KING
RAY R. KING
RICHARD M. KING
ROBERT V. KING
RAYMOND D. KINNUNEN
HAROLD A. KINZER
EARL E. KLINE
CLYDE E. KNAGGS
DONALD W. KNAPP
MELVIN THOM KNICKERBOCKER
ERWIN H. KNOPE
GERALD T. KNOWLES
WALTER T. KOEHLER
JACK M. KOENIG
CARL W. KOLHAGEN
ANDREW KONTRIK
JOHN EDWARD KORDELSKI
ARNIE V. S. KOSKI
TOIVO W. KOSKI
EDWARD M. KOWALKO
STANLEY M. KOWALSKI
ROMAN V. KOZAK
CORNELIUS W. KRAMER
ALEX E. KROLL
EUGENE A. KROPP
ALEX KRUK
WALLACE KRUSZEWSKI
MICHAEL KRUTTY
HENRY KUBICKI
CHARLES W. KUBICSKO
ALEX H. KUBOVICH
ANTON J. KUCSERA
DAN C. KUNA
ARTHUR R. KURTS
JOSEPH P. KUSHNIR
JACK H. KUTCHEY
HAROLD O. KUUTTILA
RICHAR KWIATKOWSKI
KENNETH W. KYLE
DONALD E. LA BARGE
ROGER F. LA BEAU
DON M. LA FOREST
DALE E. LA FRANCE
ROBERT M. LA GRUTH
PHILLIP LA LONDE
EDWARD LA TOURNEAU
KENNETH F. LAESSIG
DITLEF J. LAGONI
WILLIAM A. LAHTI
JOHN LAJUANNESSEE
AUSTIN K. LAKE
ELMER H. LAMBERT
JERRY T. LANDERS
ROBERT B. LANDERS
ROLLAND P. LANDWEHR
ROBERT V. LANE
ROBERT T. LANEY
CHARLES R. LANFORD
RICHARD LANGOWSKI
ROY O. LAPHAM
HARRY F. LAPICH JR.
JOHN F. LAPINSKI
FREDERICK E. LARKIN
WILLIAM B. LARRY
PAUL E. LASLEY
ROBERT J. LASSEN
DOUGLAS J. LAURENT
RICHARD LAW
CHARLES S. LAWER
THEODORE LAWRENCE
ARNOLD L. LE FEVRE
JOHN C. LE MASTER
RICHARD S. LEBIODA
JAMES FRANKLYN LEE
WILLIE LEE
DEWEY LEIBY JR.
EUGENE L. LEITCH
ARTHUR W. LEIVISKA
ERVIN LEMASTER JR.
JOHN R. LEMMEN
RICHARD H. LENNOX
DAVID A. LEONARD
FRANK LESNIEWSKI
WALTER J. LEVITSKI
DAVID D. LEVLEIT
ABE LEWIS
DAVIS LEWIS
HARRY A. LEWIS
LLOYD B. LEWIS
EARL OTTO LINDEMANN
ALFRED B. LINDLEY
EDGAR M. LININGER
ROBERT J. LINTON
KEITH J. LITTLE
CHARLES W. LIVING
ARCHIE LIVINGSTON
CARTER B. LOGAN JR.
RALPH A. LONGO
GUY R. LOVE JR.
THOMAS D. LOVELL
GEORGE LUCAS
HARVEY J. LUCHIES
JAMES H. LUDLOW
WALTER L. LUFT
MIKE LUKAS
DONALD JOSEPH LUPO
MORTIMER E. LUX
WILLIAM A. LYLE
LEONARD G. LYON
MARSHALL F. LYONS
ALLAN D. MAC LEAN
BILLY M. MAC LEOD
MALCOLM ANGUS MACKASKILL
WILLIAM A. MACKEAN
LEO J. MACZUGA
HUBERT A. MADOSH
FRANK J. MADSEN JR.
WILLIAM T. MAGEE
MARVIN V. MAGGETT
MORRIS R. MAGNAN
HENRY JOSEPH MAGOLAN
LEROY E. MAJESKE
RICHARD F. MAJSZAK
BERNARD E. MAKI
MEREL R. MALAK
ROBERT ALFRED MALLETT
WILLIAM H. MALLOY
TONY L. MANCUSO
JOHN L. MANIER
RICHARD J. MANZEL
HOWARD LYLE MARBLE
MYRON P. MARBLE
THOMAS D. MAREK
WAYNE ALLEN MARKER
JOHN I. MARRUSO
MELVIN E. MARSHALL
CHARLES R. MARTIN
DONALD W. MARTIN
GERALD F. MARTIN
VERNELLE T. MARTIN
RAYMOND P. MASPERI
JACK D. MATHENY
CLAVIS C. MATHER
ROY E. MATHEWS
HENRY D. MATHUS
LE ROY MATSEN
IRVING P. MATTHEWS
MARIAN MATUSZEWSKI
CLARENCE B. MAUER
CHARLES W. MAY
CHARLES F. MAYES
RAY L. MAYNARD
DONALD L. MAYO
BERNARD MC CAFFREY
JULIUS J. MC CALL
LESTON R. MC CALL
GORDON D. MC CARTHY
DONALD MC CLELLAN
CLEO L. MC CLURE
LEON B. MC COLLUM
RONALD J. MC COMB
ARTHUR MC CORMICK
JOHN B. MC COWEN
WADE A. MC CRAY
CECIL J. MC CREARY
MERLE A. MC DANIEL
BENJAMIN MC ELROY
WALTER MC FARLAND
DONALD MC GINNIS
DONALD MC GOWAN JR.
JAMES L. MC GUFFIN
JOHN N. MC GUIRE
HARRY H. MC INTIRE
HARRY H. MC KEE
MARION D. MC KENZIE
HARRY A. MC KIE
ARTHUR L. MC KNIGHT
PAUL J. MC LAUGHLIN
JOHN J. MC LEOD
GEORGE W. MC NAMARA
WALTER D. MC NARY
CHARLES MC PHERSON
WILLIAM MC PHERSON
CHARLES MCBRIAN JR.
JAMES R. MCCONNELL
HOWARD ALVIN MCDONOUGH JR.
DALE ALVIN MCGREGOR
BERNARD LOURANC MCMANAMAN
JOHN L. MEAD
MARVIN D. MEADE
FRED MEDLEY JR.
OTTO A. MEIER
DONALD J. MEMMER
ALFRED MENDENDORP
ROBERT A. MERCER
HUBERT A. MEREDIETH
DONALD R. MERRITHEW
CHARLES R. MERROW
WILLIAM MICHAEL MESKOWSKI
DONALD J. METCALF
DANIEL GORDON METIVA
RAYMOND E. METTERT
JAMES E. MEYER
JOSEPH MEYER
GLENN D. MEYERS
JAMES E. MIDDLETON
JEROME PETER MIGALA
LEONARD MIKLOVICH
JAMES T. MILAM
FRANK MILES
CHARLES E. MILLER
CHARLES R. MILLER
DONALD C. MILLER
DONALD N. MILLER
GRANT S. MILLER
JAMES L. MILLER
MARVIN L. MILLER
NORMAN MILLER JR.
PAUL LUTHER MILLER
RONALD R. MILLER
THOMAS EDWARD MILLER
THOMAS F. MILLER
VERNON R. MILLER
LAWRENCE W. MILLS
WILLIAM W. MIMS
GEORGE MISARAS
JOSEPH J. MISKO
GERALD L. MISNER
SAMUEL D. MOGG
RICHARD MOHOWITSCH
BRUCE O. MOILANEN
LOUE J. MOLAR
LOUIS MOLNAR
MARVIN L. MOLTER
STANLEY T. MONKUT
FORREST A. MONROE
FRED B. MONROE
TRACY WILLIAM MONROE JR.
MELVIN M. MONTIE
JAMES R. MONTLOUIS
CLELL MOORE
JOHN M. MOORE
LUCIEN S. MOORE
MELVIN W. MORDEN
VERN A. MORGAN
DAVID MORNINGSTAR
JULIUS L. MOROZ
BURTIS L. MORRIS JR.
GEORGE J. MORRIS
THOMAS O. MORRISH
JAMES L. MORRISON
NORMAN F. MORRISON
NORMAN W. MORRISON
DONALD R. MORTON
JAMES A. MORTON
GORDON C. MOTZ
FRANCIS C. MOULTANE
CARL E. MOURER
DONALD R. MOYER
KENNETH ARTHUR MUDGE
HAROLD ERVIN MUELLER
JACK C. MUELLER
LESTER C. MUELLER
ROBERT MULHOLLAND
WAYNE A. MULHOLLAND
KENNETH MULLINS
HEROLD F. MURDOCK
FRANCIS PHILLIP MURPHY
NORVAL L. MURRAY
HAROLD D. MURSCH
DANIEL LORENZ MUSETTI
MICHAEL ERNEST MUSSATTO
ALVIN D. MUSSER
JOHN ADAM MUSZYNSKI
RAPHERD C. MUXLOW
RAYMOND MYERS JR.
EUGENE L. NABOZONY
SAM L. NADAI
FERRIS J. NAHAS
JAMES A. NAOUR
WILLIAM L. NASH
CLIFFORD M. NAYLOR
TED C. NEFF
CHARLES T. NELSON
DAVID J. NELSON
OSCAR R. NELSON
CHARLES E. NEWCOMB
GERALD L. NEWMAN
ROBERT L. NICHOLAS
JOE H. NICHOLS
LOUIS FRANK NICHOLS
WILLIAM NICHOLSON
MELVIN H. NICKEL
AUGUST M. NICOLAI
DONALD G. NITZ
JUNIOR J. NIXON
DONALD A. NOBLE
ROBERT L. NOEL
VERN H. NORDQUIST
JOHN A. NORLANDER
JOHNNIE NORTON
ROBERT D. NORTON
ORVILLE J. NYQUIST
CHARLES R. OBRIEN
RAYMOND J. OBRIEN
BERNARD R. OCONNELL
RAYMOND R. OCONNOR
LAWRENCE ODEA
ROBERT HERMAN OESTERWIND
HUBERT E. OLACH
EDWARD J. OLDENBURG
FRANK J. OLEYAR
JOE B. OLIVER JR.
EDWARD C. OLMAN
LEONARD OLSZEWSKI
JAMES JOSEP OMEARA JR.
ROLAND C. OPEL
STEVE ORESON JR.
DONALD A. ORR
RICHARD T. ORR
CURTIS G. OSMER
EDMUND J. OSOSKI
THEODORE OSTROWSKI
HAROLD A. OTIS
CHARLES M. OUTLAND
HARVIN J. OVERBEEK
WALTER E. OZIAS
BILLY JOE PAIGE
LINCOLN R. PAINTER
ROBERT W. PALITTI
BUD T. PALMATIER
JOHN J. PANOSSO
SAM W. PAPPAS
KENNETH W. PARKER
JAMES H. PARKS
JOHN L. PARKS
JAMES S. PASHNEE
ORLANDO R. PATTISON

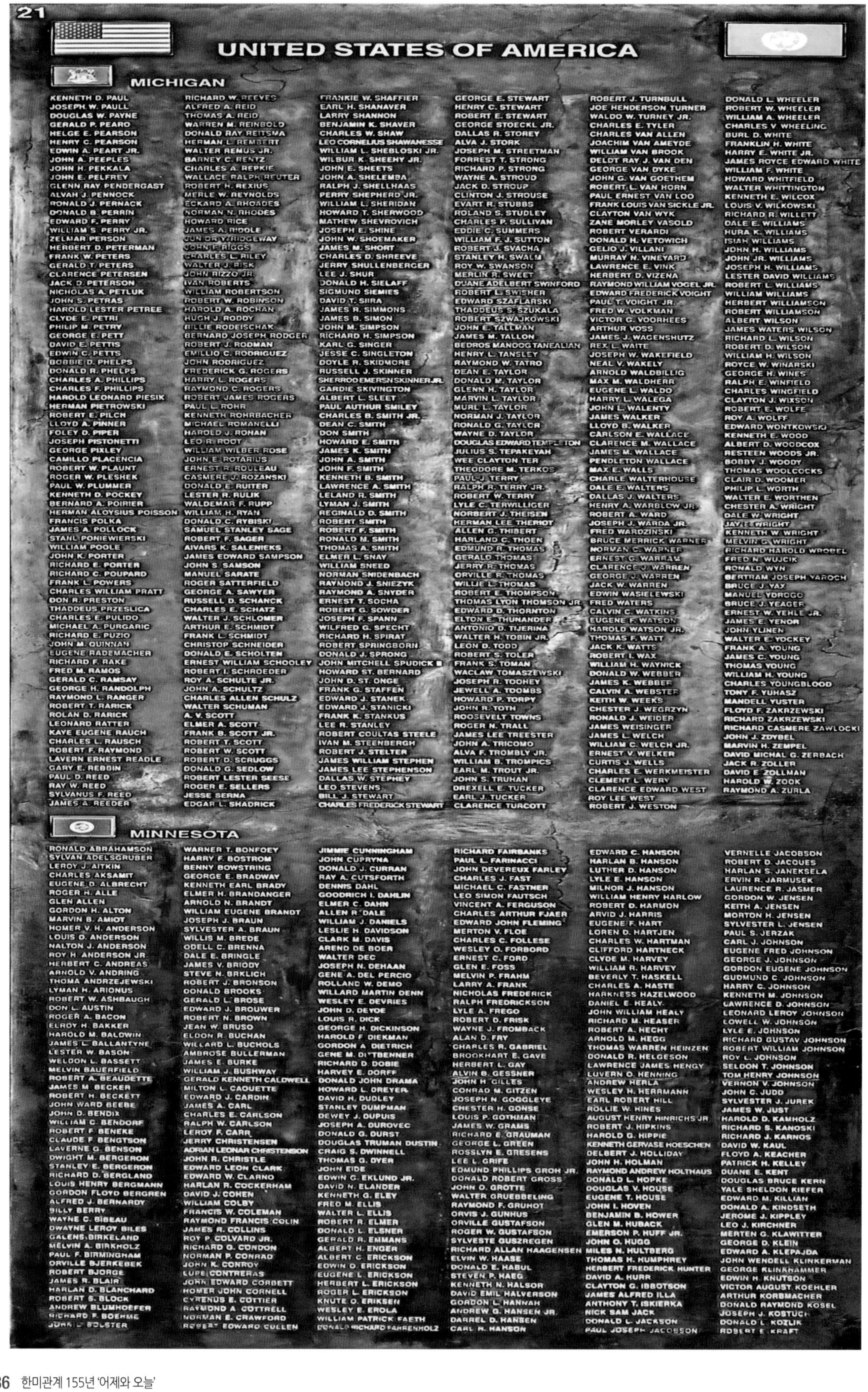
21
UNITED STATES OF AMERICA
MICHIGAN
KENNETH D. PAUL
JOSEPH W. PAULL
DOUGLAS W. PAYNE
GERALD P. PEARO
HELGE E. PEARSON
HENRY C. PEARSON
EDWIN A. PEART JR.
JOHN A. PEEPLES
JOHN H. PEKKALA
JOHN E. PELFREY
GLENN RAY PENDERGAST
ALVAH J. PENNOCK
RONALD J. PERNACK
DONALD B. PERRIN
EDWARD F. PERRY
WILLIAM S. PERRY JR.
ZELMAR PERSON
HERBERT D. PETERMAN
FRANK W. PETERS
GERALD T. PETERS
CLARENCE PETERSEN
JACK D. PETERSON
NICHOLAS A. PETLUK
JOHN S. PETRAS
HAROLD LESTER PETREE
CLYDE E. PETRI
PHILIP M. PETRY
GEORGE E. PETT
DAVID E. PETTIS
EDWIN C. PETTS
BOBBIE D. PHELPS
DONALD R. PHELPS
CHARLES A. PHILLIPS
CHARLES F. PHILLIPS
HAROLD LEONARD PIESIK
HERMAN PIETROWSKI
ROBERT E. PILCH
LLOYD A. PINNER
FOLEY D. PIPER
JOSEPH PISTONETTI
GEORGE PIXLEY
CAMILLO PLACENCIA
ROBERT W. PLAUNT
ROGER W. PLESHEK
PAUL W. PLUMMER
KENNETH D. POCKEY
BERNARD A. POIRIER
HERMAN ALOYSIUS POISSON
FRANCIS POLKA
JAMES A. POLLOCK
STANL PONIEWIERSKI
WILLIAM POOLE
JOHN K. PORTER
RICHARD E. PORTER
RICHARD C. POUPARD
FRANK L. POWERS
CHARLES WILLIAM PRATT
DON R. PRESTON
THADDEUS PRZESLICA
CHARLES E. PULIDO
MICHAEL A. PURGARIC
RICHARD E. PUZIO
JOHN M. QUINNAN
EUGENE RADEMACHER
RICHARD F. RAKE
FRED M. RAMOS
GERALD C. RAMSAY
GEORGE H. RANDOLPH
RAYMOND L. RANGER
ROBERT T. RARICK
ROLAN D. RARICK
LEONARD RATTER
KAYE EUGENE RAUCH
CHARLES L. RAUSCH
ROBERT F. RAYMOND
LAVERN ERNEST READLE
GARY E. REBBIN
PAUL D. REED
RAY W. REED
SYLVANUS F. REED
JAMES A. REEDER
RICHARD W. REEVES
ALFRED A. REID
THOMAS A. REID
WARREN M. REINBOLD
DONALD RAY REITSMA
HERMAN L. REMBERT
WALTER REMUS JR.
BARNEY C. RENTZ
CHARLES A. REPKIE
WALLACE RALPH REUTER
ROBERT H. REXIUS
MERLE W. REYNOLDS
ECKARD A. RHOADES
NORMAN N. RHODES
HOWARD RICE
JAMES A. RIDDLE
CONORD Y. RIDGEWAY
JOHN F. RIGGS
CHARLES L. RILEY
WALTER J. RISK
JOHN RIZZO JR.
IVAN ROBERTS
WILLIAM ROBERTSON
ROBERT W. ROBINSON
HAROLD A. ROCHAN
HUGH J. RODDY
BILLIE RODEISCHAK
BERNARD JOSEPH RODGER
ROBERT J. RODMAN
EMILLIO C. RODRIGUEZ
JOHN RODRIGUEZ
FREDERICK G. ROGERS
HARRY L. ROGERS
RAYMOND C. ROGERS
ROBERT JAMES ROGERS
PAUL L. ROHR
KENNETH ROHRBACHER
MICHAEL ROMANELLI
HAROLD J. RONAN
LEO R. ROOT
WILLIAM WILBER ROSE
JOHN E. ROTARIUS
ERNEST R. ROULEAU
CASMERE J. ROZANSKI
DONALD E. RUITER
LESTER R. RULIK
WALDEMAR F. RUPP
WILLIAM H. RYAN
DONALD C. RYBISKI
SAMUEL STANLEY SAGE
ROBERT F. SAGER
AIVARS K. SALENIEKS
JAMES EDWARD SAMPSON
JOHN S. SAMSON
MANUEL SARATE
ROGER SATTERFIELD
GEORGE A. SAWYER
RUSSELL D. SCHANCK
CHARLES E. SCHATZ
WALTER J. SCHLOMER
ARTHUR E. SCHMIDT
FRANK L. SCHMIDT
CHRISTOP SCHNEIDER
DONALD E. SCHOLTEN
ERNEST WILLIAM SCHOOLEY
ROBERT I. SCHROEDER
ROY A. SCHULTE JR.
JOHN A. SCHULTZ
CHARLES ALLEN SCHULZ
WALTER SCHUMAN
A. V. SCOTT
ELMER A. SCOTT
FRANK B. SCOTT JR.
ROBERT T. SCOTT
ROBERT W. SCOTT
ROBERT D. SCRUGGS
DONALD G. SEDLOW
ROBERT LESTER SEESE
ROGER E. SELLERS
JESSE SERNA
EDGAR L. SHADRICK
FRANKIE W. SHAFFIER
EARL H. SHANAVER
LARRY SHANNON
BENJAMIN K. SHAVER
CHARLES W. SHAW
LEO CORNELIUS SHAWANESSE
WILLIAM L. SHEBLOSKI JR.
WILBUR K. SHEEHY JR.
JOHN E. SHEETS
JOHN A. SHELEMBA
RALPH J. SHELLHAAS
PERRY SHEPHERD JR.
WILLIAM L. SHERIDAN
HOWARD T. SHERWOOD
MATHEW SHEVROVICH
JOSEPH E. SHINE
JOHN W. SHOEMAKER
JAMES M. SHORT
CHARLES D. SHREEVE
JERRY SHULLENBERGER
LEE J. SHUR
DONALD H. SIELAFF
SIGMUND SIEMIES
DAVID T. SIIRA
JAMES R. SIMMONS
JAMES B. SIMON
JOHN M. SIMPSON
RICHARD H. SIMPSON
KARL G. SINGER
JESSE C. SINGLETON
DOYLE R. SKIDMORE
RUSSELL J. SKINNER
SHERROD EMERSN SKINNER JR.
GARDIE SKIVINGTON
ALBERT L. SLEET
PAUL AUTHUR SMILEY
CHARLES B. SMITH JR.
DEAN C. SMITH
DON SMITH
HOWARD E. SMITH
JAMES K. SMITH
JOHN A. SMITH
JOHN F. SMITH
KENNETH B. SMITH
LAWRENCE A. SMITH
LELAND R. SMITH
LYMAN J. SMITH
REGINALD D. SMITH
ROBERT SMITH
ROBERT F. SMITH
RONALD M. SMITH
THOMAS A. SMITH
ELMER L. SNAY
WILLIAM SNEED
NORMAN SNIDENBACH
RAYMOND J. SNIEZYK
RAYMOND A. SNYDER
ERNEST T. SOCHA
ROBERT G. SOWDER
JOSEPH F. SPANN
WILFRED G. SPECHT
RICHARD H. SPIRAT
ROBERT SPRINGBORN
DONALD J. SPRONG
JOHN MITCHELL SPUDICK II
HOWARD ST. BERNARD
JOHN D. ST. ONGE
FRANK G. STAFFEN
EDWARD J. STANEK
EDWARD J. STANICKI
FRANK K. STANKUS
LEE R. STANLEY
ROBERT COULTAS STEELE
IVAN M. STEENBERGH
ROBERT J. STELTER
JAMES WILLIAM STEPHEN
JAMES LEE STEPHENSON
DALLAS W. STEPHEY
LEO STEVENS
BILL J. STEWART
CHARLES FREDERICK STEWART
GEORGE E. STEWART
HENRY C. STEWART
ROBERT E. STEWART
GEORGE STOECKL JR.
DALLAS R. STOREY
ALVA J. STORK
JOSEPH M. STREETMAN
FORREST T. STRONG
RICHARD P. STRONG
WAYNE A. STROUD
JACK D. STROUP
CLINTON J. STROUSE
EVART R. STUBBS
ROLAND S. STUDLEY
CHARLES P. SULLIVAN
EDDIE C. SUMMERS
WILLIAM F. J. SUTTON
ROBERT J. SVACHA
STANLEY H. SWALM
ROY W. SWANSON
MERLIN R. SWEET
DUANE ADELBERT SWINFORD
ROBERT L. SWISHER
EDWARD SZAFLARSKI
THADDEUS S. SZUKALA
ROBERT SZWAJKOWSKI
JOHN E. TALLMAN
JAMES M. TALLON
BEDROS MANOOG TANEALIAN
HENRY L. TANSLEY
RAYMOND W. TATRO
DEAN E. TAYLOR
DONALD M. TAYLOR
GLENN H. TAYLOR
MARVIN L. TAYLOR
MURL L. TAYLOR
NORMAN J. TAYLOR
RONALD G. TAYLOR
WAYNE D. TAYLOR
DOUGLAS EDWARD TEMPLETON
JULIUS S. TEPAKEYAH
WEE CLAYTON TER
THEODORE M. TERKOS
PAUL J. TERRY
RALPH R. TERRY JR.
ROBERT W. TERRY
LYLE C. TERWILLIGER
NORBERT J. THEISEN
HERMAN LEE THERIOT
ALLEN C. THIBERT
HARLAND C. THOEN
EDMUND R. THOMAS
GERALD THOMAS
JERRY R. THOMAS
ORVILLE R. THOMAS
WILLIE L. THOMAS
ROBERT E. THOMPSON
THOMAS LYON THOMSON JR.
EDWARD D. THORNTON
ELTON E. THUNANDER
ANTONIO D. TIJERINA
WALTER H. TOBIN JR.
LEON D. TODD
ROBERT S. TOLER
FRANK S. TOMAN
WACLAW TOMASZEWSKI
JOSEPH R. TOOHEY
JEWELL A. TOOMBS
HOWARD P. TORPY
JOHN R. TOTH
ROOSEVELT TOWNS
ROGER N. TRALL
JAMES LEE TREESTER
JOHN A. TRICOMO
ALVA F. TROMBLY JR.
WILLIAM B. TROMPICS
EARL M. TROUT JR.
JOHN S. TRUHAN
DREXELL E. TUCKER
EARL J. TUCKER
CLARENCE TURCOTT
ROBERT J. TURNBULL
JOE HENDERSON TURNER
WALDO W. TURNEY JR.
CHARLES E. TYLER
CHARLES VAN ALLEN
JOACHIM VAN AMEYDE
WILLIAM VAN BROOK
DELDT RAY J. VAN DEN
GEORGE VAN DYKE
JOHN G. VAN GOETHEM
ROBERT L. VAN HORN
PAUL ERNEST VAN LOO
FRANK LOUIS VAN SICKLE JR.
CLAYTON VAN WYK
ZANE MORLEY VASOLD
ROBERT VERARDI
DONALD H. VETOWICH
GELIO J. VILLANI
MURRAY N. VINEYARD
LAWRENCE E. VINK
HERBERT D. VIZENA
RAYMOND WILLIAM VOGEL JR.
EDWARD FREDERICK VOIGHT
PAUL T. VOIGHT JR.
FRED W. VOLKMAN
VICTOR G. VOORHEES
ARTHUR VOSS
JAMES J. WAGENSHUTZ
REX L. WAITE
JOSEPH W. WAKEFIELD
NEAL V. WAKELY
ARNOLD WALDBILLIG
MAX M. WALDHERR
EUGENE L. WALDO
HARRY L. WALEGA
JOHN L. WALENTY
JAMES WALKER
LLOYD B. WALKER
CARLSON E. WALLACE
CLARENCE M. WALLACE
JAMES M. WALLACE
PENDLETON WALLACE
MAX E. WALLS
CHARLE WALTERHOUSE
DALE E. WALTERS
DALLAS J. WALTERS
HENRY A. WARBLOW JR.
ROBERT A. WARD
JOSEPH J. WARDA JR.
FRED WARDZINSKI
BRUCE MERRICK WARNER
NORMAN C. WARNER
ERNEST G. WARRAM
CLARENCE J. WARREN
GEORGE J. WARREN
JACK W. WARREN
EDWIN WASIELEWSKI
FRED WATERS
CALVIN C. WATKINS
EUGENE F. WATSON
HAROLD WATSON JR.
THOMAS F. WATT
JACK K. WATTS
ROBERT I. WAX
WILLIAM H. WAYNICK
DONALD W. WEBBER
JAMES K. WEBBER
CALVIN A. WEBSTER
KEITH W. WEEKS
CHESTER J. WEGRZYN
RONALD J. WEIDER
JAMES WEISINGER
JAMES L. WELCH
WILLIAM C. WELCH JR.
ERNEST V. WELKER
CURTIS J. WELLS
CHARLES E. WERKMEISTER
CLEMENT L. WERY
CLARENCE EDWARD WEST
ROY LEE WEST
ROBERT J. WESTON
DONALD L. WHEELER
ROBERT W. WHEELER
WILLIAM A. WHEELER
CHARLES V. WHEELING
BURL D. WHITE
FRANKLIN H. WHITE
HARRY E. WHITE JR.
JAMES ROYCE EDWARD WHITE
WILLIAM F. WHITE
HOWARD WHITFIELD
WALTER WHITTINGTON
KENNETH E. WILCOX
LOUIS V. WILKOWSKI
RICHARD R. WILLETT
DALE E. WILLIAMS
HURA K. WILLIAMS
ISIAH WILLIAMS
JOHN H. WILLIAMS
JOHN JR. WILLIAMS
JOSEPH H. WILLIAMS
LESTER DAVID WILLIAMS
ROBERT L. WILLIAMS
WILLIAM WILLIAMS
HERBERT WILLIAMSON
ROBERT WILLIAMSON
ALBERT WILSON
JAMES WATERS WILSON
RICHARD L. WILSON
ROBERT D. WILSON
WILLIAM H. WILSON
ROYCE W. WINARSKI
GEORGE H. WINES
RALPH E. WINFIELD
CHARLES WINGFIELD
CLAYTON J. WIXSON
ROBERT E. WOLFE
ROY A. WOLFF
EDWARD WONTKOWSKI
KENNETH E. WOOD
ALBERT D. WOODCOX
RESTEEN WOODS JR.
BOBBY J. WOODY
THOMAS WOOLCOCKS
CLAIR D. WOOMER
PHILIP L. WORTH
WALTER E. WORTHEN
CHESTER A. WRIGHT
DALE W. WRIGHT
JAY E. WRIGHT
KENNETH W. WRIGHT
MELVIN G. WRIGHT
RICHARD HAROLD WROBEL
FRED N. WUJCIK
RONALD WYN
BERTRAM JOSEPH YAROCH
BRUCE J. YAX
MANUEL YDROGO
BRUCE J. YEAGER
ERNEST W. YEHLE JR.
JAMES E. YENOR
JOHN YLINEN
WALTER E. YOCKEY
FRANK A. YOUNG
JAMES C. YOUNG
THOMAS YOUNG
WILLIAM H. YOUNG
CHARLES YOUNGBLOOD
TONY F. YUHASZ
MANDELL YUSTER
FLOYD F. ZAKRZEWSKI
RICHARD ZAKRZEWSKI
RICHARD CASMERE ZAWLOCKI
JOHN J. ZDYBEL
MARVIN H. ZEMPEL
DAVID MICHAL G. ZERBACH
JACK R. ZOLLER
DAVID E. ZOLLMAN
HAROLD W. ZOOK
RAYMOND A. ZURLA
MINNESOTA
RONALD ABRAHAMSON
SYLVAN ADELSGRUBER
LEROY J. AITKIN
CHARLES AKSAMIT
EUGENE D. ALBRECHT
ROGER H. ALLE
GLEN ALLEN
GORDON H. ALTON
MARVIN B. AMIOT
HOMER V. H. ANDERSON
LOUIS O. ANDERSON
NALTON J. ANDERSON
ROY H. ANDERSON JR.
HERBERT C. ANDREAS
ARNOLD V. ANDRING
THOMA ANDRZEJEWSKI
LYMAN H. ARIONUS
ROBERT W. ASHBAUGH
DON L. AUSTIN
ROGER A. BACON
ELROY H. BAKKER
HAROLD M. BALDWIN
JAMES L. BALLANTYNE
LESTER W. BASON
WELDON L. BASSETT
MELVIN BAUERFIELD
ROBERT A. BEAUDETTE
JAMES M. BECKER
ROBERT H. BECKETT
JOHN WARD BEEBE
JOHN D. BENDIX
WILLIAM C. BENDORF
ROBERT F. BENEKE
CLAUDE F. BENGTSON
LAVERNE G. BENSON
DWIGHT M. BERGERON
STANLEY E. BERGERON
RICHARD D. BERGLAND
LOUIS HENRY BERGMANN
GORDON FLOYD BERGREN
ALFRED J. BERNARDY
BILLY BERRY
WAYNE C. BIBEAU
DWAYNE LEROY BILES
GALENS BIRKELAND
MELVIN A. BIRKHOLZ
PAUL F. BIRMINGHAM
ORVILLE BJERKEBEK
ROBERT BJORGE
JAMES R. BLAIR
HARLAN D. BLANCHARD
ROBERT S. BLOCK
ANDREW BLUMHOEFER
RICHARD F. BOEHME
JOHN L. BOLSTER
WARNER T. BONFOEY
HARRY F. BOSTROM
BENNY BOWSTRING
GEORGE E. BRADWAY
KENNETH EARL BRADY
ELMER H. BRANDANGER
ARNOLD N. BRANDT
WILLIAM EUGENE BRANDT
JOSEPH J. BRAUN
SYLVESTER A. BRAUN
WILLIS M. BREDE
ODELL C. BRENNA
DALE E. BRINGLE
JAMES V. BRIODY
STEVE N. BRKLICH
ROBERT J. BRONSON
DONALD BROOKS
GERALD L. BROSE
EDWARD J. BROUWER
ROBERT N. BROWN
JEAN W. BRUSO
ELDON R. BUCHAN
WILLARD L. BUCHOLS
AMBROSE BULLERMAN
JAMES E. BURKE
WILLIAM J. BUSHWAY
GERALD KENNETH CALDWELL
MILTON L. CAQUETTE
EDWARD J. CARDIN
JAMES A. CARL
CHARLES E. CARLSON
RALPH W. CARLSON
LEROY F. CARR
JERRY CHRISTENSEN
ADRIAN LEONAR CHRISTENSON
JOHN R. CHRISTLE
EDWARD LEON CLARK
EDWARD W. CLARNO
HARLAN R. COCKERHAM
DAVID J. COHEN
WILLIAM COLBY
FRANCIS W. COLEMAN
RAYMOND FRANCIS COLIN
JAMES R. COLLINS
ROY P. COLVARD JR.
RICHARD G. CONDON
NORMAN P. CONRAD
JOHN K. CONROY
LUPE CONTRERAS
JOHN EDWARD CORBETT
HOMER JOHN CORNELL
CYRENUS E. COTTIER
RAYMOND A. COTTRELL
NORMAN E. CRAWFORD
ROBERT EDWARD CULLEN
JIMMIE CUNNINGHAM
JOHN CUPRYNA
DONALD J. CURRAN
RAY A. CUTSFORTH
DENNIS DAHL
GOODRICH I. DAHLIN
ELMER C. DAHN
ALLEN R. DALE
WILLIAM J. DANIELS
LESLIE H. DAVIDSON
CLARK M. DAVIS
AREND DE BOER
WALTER DEC
JOSEPH N. DEHAAN
GENE A. DEL PERCIO
ROLLAND W. DEMO
WILLARD MARTIN DENN
WESLEY E. DEVRIES
JOHN D. DEYOE
LOUIS R. DICK
GEORGE H. DICKINSON
HAROLD F. DIEKMAN
GORDON A. DIETRICH
GENE M. DITTBENNER
RICHARD D. DOBIE
HARVEY E. DORFF
DONALD JOHN DRAMA
HOWARD L. DREYER
DAVID H. DUDLEY
STANLEY DUMPMAN
DEWEY J. DUPUIS
JOSEPH A. DUROVEC
DONALD G. DURST
DOUGLAS TRUMAN DUSTIN
CRAIG S. DWINNELL
THOMAS G. DYER
JOHN EIDE
EDWIN G. EKLUND JR.
DAVID N. ELANDER
KENNETH G. ELEY
FRED M. ELLIS
WALTER L. ELLIS
ROBERT R. ELMER
DONALD L. ELSNER
GERALD R. EMMANS
ALBERT H. ENGER
ALBERT C. ERICKSON
EDWIN D. ERICKSON
EUGENE L. ERICKSON
HERBERT L. ERICKSON
ROGER L. ERICKSON
KNUTE O. ERIKSEN
WESLEY E. EROLA
WILLIAM PATRICK FAETH
DONALD RICHARD FAHRENHOLZ
RICHARD FAIRBANKS
PAUL L. FARINACCI
JOHN DEVEREUX FARLEY
CHARLES J. FAST
MICHAEL C. FASTNER
LEO SIMON FAUTSCH
VINCENT A. FERGUSON
CHARLES ARTHUR FJAER
EDWARD JOHN FLEMING
MERTON V. FLOE
CHARLES C. FOLLESE
WESLEY O. FORBORD
ERNEST C. FORD
GLEN E. FOSS
MELVIN P. FRAHM
LARRY A. FRANK
NICHOLAS FREDERICK
RALPH FREDRICKSON
LYLE A. FREGO
ROBERT O. FRISK
WAYNE J. FROMBACK
ALAN D. FRY
CHARLES R. GABRIEL
BROOKHART E. GAVE
HERBERT L. GAY
ALVIN B. GESSNER
JOHN H. GILLES
CONRAD M. GITZEN
JOSEPH N. GOGGLEYE
CHESTER H. GONSE
LOUIS P. GOTHMAN
JAMES W. GRAMS
RICHARD E. GRAUMAN
GEORGE L. GREEN
ROSSLYN E. GRESENS
LEE L. GRIFE
EDMUND PHILLIPS GROH JR.
DONALD ROBERT GROSS
JOHN O. GROTTE
WALTER GRUEBBELING
RAYMOND F. GRUHOT
ORVIS J. GUNHUS
ORVILLE GUSTAFSON
ROGER W. GUSTAFSON
SYLVESTE GUSZREGEN
RICHARD ALLAN HAAGENSEN
ELVIN W. HAASE
DONALD E. HABUL
STEVEN P. HAEG
KENNETH N. HALSOR
DAVID EMIL HALVERSON
GORDON L. HANNAH
ANDREW G. HANSEN JR.
DARREL D. HANSEN
CARL H. HANSON
EDWARD C. HANSON
HARLAN B. HANSON
LUTHER D. HANSON
LYLE E. HANSON
MILNOR J. HANSON
WILLIAM HENRY HARLOW
ROBERT D. HARMON
ARVID J. HARRIS
EUGENE F. HART
LOREN D. HARTJEN
CHARLES W. HARTMAN
CLIFFORD HARTNECK
CLYDE M. HARVEY
WILLIAM R. HARVEY
BEVERLY T. HASKELL
CHARLES A. HASTE
HARKNESS HAZELWOOD
DANIEL E. HEALY
JOHN WILLIAM HEALY
RICHARD M. HEASER
ROBERT A. HECHT
ARNOLD M. HEGG
THOMAS WARREN HEINZEN
DONALD R. HELGESON
LAWRENCE JAMES HENGY
LUVERN O. HENNING
ANDREW HERLA
WESLEY H. HERRMANN
EARL ROBERT HILL
ROLLIE W. HINES
AUGUST HENRY HINRICHS JR
ROBERT J. HIPKINS
HAROLD G. HIPPIE
KENNETH GERVASE HOESCHEN
DELBERT J. HOLLIDAY
JOHN H. HOLMAN
RAYMOND ANDREW HOLTHAUS
DONALD L. HOPKE
DOUGLAS V. HOUSE
EUGENE T. HOUSE
JOHN I. HOVEN
BENJAMIN B. HOWER
GLEN M. HUBACK
EMERSON P. HUFF JR.
JOHN O. HUGG
MILES N. HULTBERG
THOMAS H. HUMPHREY
HERBERT FREDERICK HUNTER
DAVID A. HURR
CLAYTON G. IBBOTSON
JAMES ALFRED ILLA
ANTHONY T. ISKIERKA
NICK SAM JACK
DONALD L. JACKSON
PAUL JOSEPH JACOBSON
VERNELLE JACOBSON
ROBERT D. JACQUES
HARLAN S. JANEKSELA
ERVIN R. JARMUSEK
LAURENCE R. JASMER
GORDON W. JENSEN
KEITH A. JENSEN
MORTON H. JENSEN
SYLVESTER L. JENSEN
PAUL S. JERZAK
CARL J. JOHNSON
EUGENE FRED JOHNSON
GEORGE J. JOHNSON
GORDON EUGENE JOHNSON
GUDMUND C. JOHNSON
HARRY C. JOHNSON
KENNETH M. JOHNSON
LAWRENCE D. JOHNSON
LEONARD LEROY JOHNSON
LOWELL W. JOHNSON
LYLE E. JOHNSON
RICHARD GUSTAV JOHNSON
ROBERT WILLIAM JOHNSON
ROY L. JOHNSON
SELDON T. JOHNSON
TOM HENRY JOHNSON
VERNON V. JOHNSON
JOHN C. JUDD
SYLVESTER J. JUREK
JAMES W. JUST
HAROLD D. KAMHOLZ
RICHARD S. KANOSKI
RICHARD J. KARNOS
DAVID W. KAUL
FLOYD A. KEACHER
PATRICK H. KELLEY
DUANE E. KENT
DOUGLAS BRUCE KERN
YALE SHELDON KIEFER
EDWARD M. KILLIAN
DONALD A. KINDSETH
JEROME J. KIPPLEY
LEO J. KIRCHNER
MERTEN G. KLAWITTER
GEORGE D. KLEIN
EDWARD A. KLEPAJDA
JOHN WENDELL KLINKERMAN
GEORGE KLINKHAMMER
EDWIN H. KNUTSON
VICTOR AUGUST KOEHLER
ARTHUR KORBMACHER
DONALD RAYMOND KOSEL
JOSEPH J. KOSTUCH
DONALD L. KOZLIK
ROBERT E. KRAFT

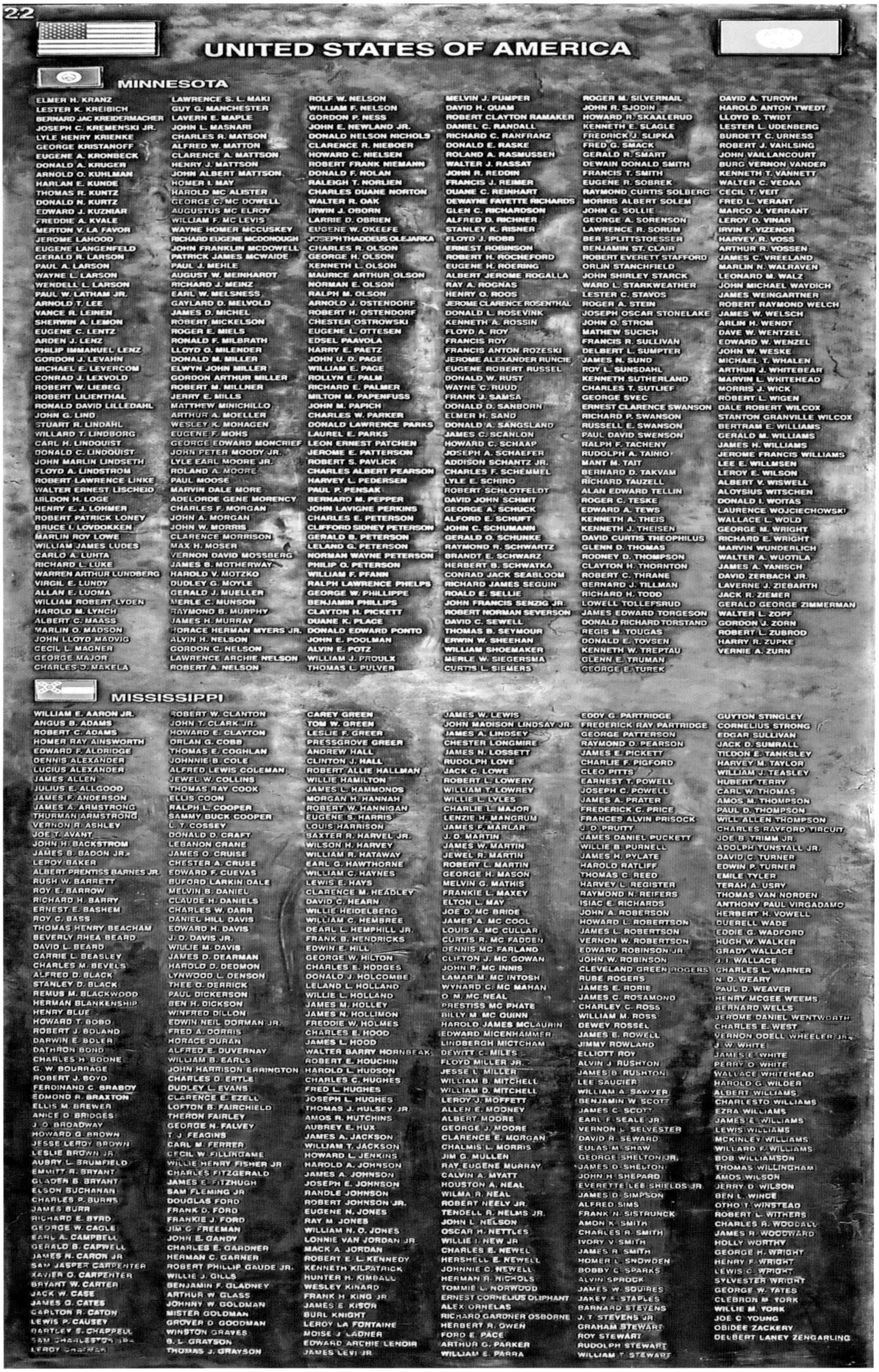

22

UNITED STATES OF AMERICA

MINNESOTA

ELMER H. KRANZ
LESTER K. KREIBICH
BERNARD JAC KREIDERMACHER
JOSEPH C. KREMENSKI JR.
LYLE HENRY KRIENKE
GEORGE KRISTANOFF
EUGENE A. KRONBECK
DONALD A. KRUGER
ARNOLD O. KUHLMAN
HARLAN E. KUNDE
THOMAS R. KUNTZ
DONALD N. KURTZ
EDWARD J. KUZNIAR
FREDDIE A. KVALE
MERTON V. LA FAVOR
JEROME LAHOOD
EUGENE LANGENFELD
GERALD R. LARSON
PAUL A. LARSON
WAYNE L. LARSON
WENDELL L. LARSON
PAUL W. LATHAM JR.
ARNOLD T. LEE
VANCE R. LEINEN
SHERWIN A. LEMON
EUGENE C. LENTZ
ARDEN J. LENZ
PHILIP IMMANUEL LENZ
GORDON J. LEVAHN
MICHAEL E. LEVERCOM
CONRAD J. LEXVOLD
ROBERT W. LIEBEG
ROBERT LILIENTHAL
RONALD DAVID LILLEDAHL
JOHN G. LIND
STUART R. LINDAHL
WILLARD T. LINDBORG
CARL H. LINDQUIST
DONALD C. LINDQUIST
JOHN MARLIN LINDSETH
FLOYD A. LINDSTROM
ROBERT LAWRENCE LINKE
WALTER ERNEST LISCHEID
MILDON H. LOGE
HENRY E. J. LOHMER
ROBERT PATRICK LONEY
BRUCE I. LOVDOKKEN
MARLIN ROY LOWE
WILLIAM JAMES LUDES
CARLO A. LUHTA
RICHARD L. LUKE
WARREN ARTHUR LUNDBERG
VIRGIL E. LUNDY
ALLAN E. LUOMA
WILLIAM ROBERT LYDEN
HAROLD M. LYNCH
ALBERT C. MAASS
MARLIN O. MADSON
JOHN LLOYD MADVIG
CECIL L. MAGNER
GEORGE MAJOR
CHARLES J. MAKELA
LAWRENCE S. L. MAKI
GUY G. MANCHESTER
LAVERN E. MAPLE
JOHN L. MASNARI
CHARLES R. MATSON
ALFRED W. MATTON
CLARENCE A. MATTSON
HENRY J. MATTSON
JOHN ALBERT MATTSON
HOMER I. MAY
HAROLD MC ALISTER
GEORGE C. MC DOWELL
AUGUSTUS MC ELROY
WILLIAM F. MC LEVIS
WAYNE HOMER MCCUSKEY
RICHARD EUGENE MCDONOUGH
JOHN FRANKLIN MCDOWELL
PATRICK JAMES MCWAIDE
PAUL J. MEHLE
AUGUST W. MEINHARDT
RICHARD J. MEINZ
EARL W. MELSNESS
GAYLARD O. MELVOLD
JAMES D. MICHEL
ROBERT MICKELSON
ROGER E. MIELS
RONALD F. MILBRATH
LLOYD O. MILENDER
DONALD M. MILLER
ELWYN JOHN MILLER
GORDON ARTHUR MILLER
ROBERT M. MILLNER
JERRY E. MILLS
MATTHEW MINICHILLO
ARTHUR A. MOELLER
WESLEY K. MOHAGEN
EUGENE F. MOHS
GEORGE EDWARD MONCRIEF
JOHN PETER MOODY JR.
LYLE EARL MOORE JR.
ROLAND A. MOORE
PAUL MOOSE
MARVIN DALE MORE
ADELORDE GENE MORENCY
CHARLES F. MORGAN
JOHN A. MORGAN
JOHN W. MORRIS
CLARENCE MORRISON
MAX H. MOSER
VERNON DAVID MOSSBERG
JAMES B. MOTHERWAY
HAROLD V. MOTZKO
DUDLEY G. MOYLE
GERALD J. MUELLER
MERLE C. MUNSON
RAYMOND B. MURPHY
JAMES H. MURRAY
HORACE HERMAN MYERS JR.
ALVIN H. NELSON
GORDON C. NELSON
LAWRENCE ARCHIE NELSON
ROBERT A. NELSON
ROLF W. NELSON
WILLIAM F. NELSON
GORDON P. NESS
JOHN E. NEWLAND JR.
DONALD NELSON NICHOLS
CLARENCE R. NIEBOER
HOWARD C. NIELSEN
ROBERT FRANK NIEMANN
DONALD F. NOLAN
RALEIGH T. NORLIEN
CHARLES DUANE NORTON
WALTER R. OAK
IRWIN J. OBORN
LARRIE D. OBRIEN
EUGENE W. OKEEFE
JOSEPH THADDEUS OLEJARKA
CHARLES R. OLSON
GEORGE H. OLSON
KENNETH L. OLSON
MAURICE ARTHUR OLSON
NORMAN E. OLSON
RALPH M. OLSON
ARNOLD J. OSTENDORF
ROBERT H. OSTENDORF
CHESTER OSTROWSKI
EUGENE L. OTTESEN
EDSEL PAAVOLA
HARRY E. PAETZ
JOHN U. D. PAGE
WILLIAM E. PAGE
ROLLYN E. PALM
RICHARD E. PALMER
MILTON M. PAPENFUSS
JOHN M. PAPICH
CHARLES W. PARKER
DONALD LAWRENCE PARKS
LAUREL E. PARKS
LEON ERNEST PATCHEN
JEROME E. PATTERSON
ROBERT S. PAVLICK
CHARLES ALBERT PEARSON
HARVEY L. PEDERSEN
PAUL P. PENSAK
BERNARD M. PEPPER
JOHN LAVIGNE PERKINS
CHARLES E. PETERSON
CLIFFORD SIDNEY PETERSON
GERALD B. PETERSON
LELAND G. PETERSON
NORMAN WAYNE PETERSON
PHILIP O. PETERSON
WILLIAM F. PFANN
RALPH LAWRENCE PHELPS
GEORGE W. PHILLIPPE
BENJAMIN PHILLIPS
CLAYTON H. PICKETT
DUANE K. PLACE
DONALD EDWARD PONTO
JOHN E. POOLMAN
ALVIN E. POTZ
WILLIAM J. PROULX
THOMAS L. PULVER
MELVIN J. PUMPER
DAVID H. QUAM
ROBERT CLAYTON RAMAKER
DANIEL C. RANDALL
RICHARD C. RANFRANZ
DONALD E. RASKE
ROLAND A. RASMUSSEN
WALTER J. RASSAT
JOHN R. REDDIN
FRANCIS J. REIMER
DUANE C. REINHART
DEWAYNE FAYETTE RICHARDS
GLEN C. RICHARDSON
ALFRED D. RICHNER
STANLEY K. RISNER
FLOYD J. ROBB
ERNEST ROBINSON
ROBERT H. ROCHEFORD
EUGENE H. ROERING
ALBERT JEROME ROGALLA
RAY A. ROGNAS
HENRY O. ROOS
JEROME CLARENCE ROSENTHAL
DONALD L. ROSEVINK
KENNETH A. ROSSIN
FLOYD A. ROY
FRANCIS ROY
FRANCIS ANTON ROZESKI
JEROME ALEXANDER RUNCIE
EUGENE ROBERT RUSSEL
DONALD W. RUST
WAYNE C. RUUD
FRANK J. SAMSA
DONALD D. SANBORN
ELMER H. SAND
DONALD A. SANGSLAND
JAMES C. SCANLON
HOWARD C. SCHAAP
JOSEPH A. SCHAEFER
ADDISON SCHANTZ JR.
CHARLES F. SCHEMMEL
LYLE E. SCHIRO
ROBERT SCHLOTFELDT
DAVID JOHN SCHMIT
GEORGE A. SCHUCK
ALFORD E. SCHUFT
JOHN C. SCHUMANN
GERALD O. SCHUNKE
RAYMOND R. SCHWARTZ
BRANDT E. SCHWARZ
HERBERT B. SCHWATKA
CONRAD JACK SEABLOOM
RICHARD JAMES SEGUIN
ROALD E. SELLIE
JOHN FRANCIS SENZIG JR.
ROBERT NORMAN SEVERSON
DAVID C. SEWELL
THOMAS B. SEYMOUR
ERWIN W. SHEEHAN
WILLIAM SHOEMAKER
MERLE W. SIEGERSMA
CURTIS L. SIEMERS
ROGER M. SILVERNAIL
JOHN R. SJODIN
HOWARD R. SKAALERUD
KENNETH E. SLAGLE
FREDRICK J. SLIPKA
FRED G. SMACK
GERALD R. SMART
DEWAIN DONALD SMITH
FRANCIS T. SMITH
EUGENE R. SOBREK
RAYMOND CURTIS SOLBERG
MORRIS ALBERT SOLEM
JOHN G. SOLLIE
GEORGE A. SORENSON
LAWRENCE R. SORUM
BER SPLITTSTOESSER
BENJAMIN ST. CLAIR
ROBERT EVERETT STAFFORD
ORLIN STANCHFIELD
JOHN SHIRLEY STARCK
WARD L. STARKWEATHER
LESTER C. STAVOS
ROGER A. STEIN
JOSEPH OSCAR STONELAKE
JOHN O. STROM
MATHEW SUCICH
FRANCIS R. SULLIVAN
DELBERT L. SUMPTER
JAMES N. SUND
ROY L. SUNSDAHL
KENNETH SUTHERLAND
CHARLES T. SUTLIEF
GEORGE SVEC
ERNEST CLARENCE SWANSON
RICHARD P. SWANSON
RUSSELL E. SWANSON
PAUL DAVID SWENSON
RALPH F. TACHENY
RUDOLPH A. TAINIO
MANT M. TAIT
BERNARD D. TAKVAM
RICHARD TAUZELL
ALAN EDWARD TELLIN
ROGER C. TESKE
EDWARD A. TEWS
KENNETH A. THEIS
KENNETH J. THEISEN
DAVID CURTIS THEOPHILUS
GLENN D. THOMAS
RODNEY D. THOMPSON
CLAYTON H. THORNTON
ROBERT C. THRANE
BERNARD J. TILLMAN
RICHARD H. TODD
LOWELL TOLLEFSRUD
JAMES EDWARD TORGESON
DONALD RICHARD TORSTAND
REGIS M. TOUGAS
DONALD E. TOVSEN
KENNETH W. TREPTAU
GLENN E. TRUMAN
GEORGE E. TUREK
DAVID A. TUROVH
HAROLD ANTON TWEDT
LLOYD D. TWIDT
LESTER L. UDENBERG
BURDETT C. URNESS
ROBERT J. VAHLSING
JOHN VAILLANCOURT
BURG VERNON VANDER
KENNETH T. VANNETT
WALTER C. VEDAA
CECIL T. VEIT
FRED L. VERANT
MARCO J. VERRANT
LEROY D. VINAR
IRVIN F. VIZENOR
HARVEY R. VOSS
ARTHUR R. VOSSEN
JAMES C. VREELAND
MARLIN N. WALRAVEN
LEONARD M. WALZ
JOHN MICHAEL WAYDICH
JAMES WEINGARTNER
ROBERT RAYMOND WELCH
JAMES W. WELSCH
ARLIN H. WENDT
DAVE W. WENTZEL
EDWARD W. WENZEL
JOHN W. WESKE
MICHAEL T. WHALEN
ARTHUR J. WHITEBEAR
MARVIN L. WHITEHEAD
MORRIS J. WICK
ROBERT L. WIGEN
DALE ROBERT WILCOX
STANTON GRANVILLE WILCOX
BERTRAM E. WILLIAMS
GERALD M. WILLIAMS
JAMES H. WILLIAMS
JEROME FRANCIS WILLIAMS
LEE E. WILLMSEN
LEROY E. WILSON
ALBERT V. WISWELL
ALOYSIUS WITSCHEN
DONALD I. WOITAS
LAURENCE WOJCIECHOWSKI
WALLACE L. WOLD
GEORGE M. WRIGHT
RICHARD E. WRIGHT
MARVIN WUNDERLICH
WALTER A. WUOTILA
JAMES A. YANISCH
DAVID ZERBACH JR.
LAVERNE J. ZIEBARTH
JACK R. ZIEMER
GERALD GEORGE ZIMMERMAN
WALTER L. ZOPF
GORDON J. ZORN
ROBERT L. ZUBROD
HARRY R. ZUPKE
VERNIE A. ZURN

MISSISSIPPI

WILLIAM E. AARON JR.
ANGUS B. ADAMS
ROBERT C. ADAMS
HOMER RAY AINSWORTH
EDWARD F. ALDRIDGE
DENNIS ALEXANDER
LUCIUS ALEXANDER
JAMES ALLEN
JULIUS E. ALLGOOD
JAMES F. ANDERSON
JAMES A. ARMSTRONG
THURMAN ARMSTRONG
VERNON R. ASHLEY
JOE T. AVANT
JOHN H. BACKSTROM
JAMES B. BADON JR.
LEROY BAKER
ALBERT PRENTISS BARNES JR.
RUSH W. BARRETT
ROY E. BARROW
RICHARD H. BARRY
ERNEST E. BASHEM
ROY C. BASS
THOMAS HENRY BEACHAM
BEVERLY RHEA BEARD
DAVID L. BEARD
CARRIE L. BEASLEY
CHARLES M. BEVELS
ALFRED D. BLACK
STANLEY O. BLACK
REMUS M. BLACKWOOD
HERMAN BLANKENSHIP
HENRY BLUE
HOWARD T. BOBO
ROBERT J. BOLAND
DARWIN E. BOLER
DATHRON BOND
CHARLES H. BOONE
G. W. BOURRAGE
ROBERT J. BOYD
FERDINAND C. BRABOY
EDMOND R. BRAXTON
ELLIS M. BREWER
ANICE D. BRIDGES
J. O. BROADWAY
HOWARD G. BROWN
JESSE LEROY BROWN
LESLIE BROWN JR.
AUBRY L. BRUMFIELD
EMMITT R. BRYANT
GLADEN B. BRYANT
ELSON BUCHANAN
CHARLES P. BURNS
JAMES BURR
RICHARD E. BYRD
GEORGE W. CAGLE
EARL A. CAMPBELL
GERALD B. CAPWELL
JAMES N. CARON JR
SAM JASPER CARPENTER
XAVIER O. CARPENTER
BRYANT W. CARTER
JACK W. CASE
JAMES G. CATES
CARLTON R. CATON
LEWIS P. CAUSEY
BARTLEY S. CHAPPELL
SAM CHARLESTON JR.
LEROY [illegible]
ROBERT W. CLANTON
JOHN T. CLARK JR.
HOWARD E. CLAYTON
ORLAN G. COBB
THOMAS E. COGHLAN
JOHNNIE B. COLE
ALFRED LEWIS COLEMAN
JEWEL W. COLLINS
THOMAS RAY COOK
ELLIS COON
RALPH L. COOPER
SAMMY BUCK COOPER
L. T. COSSEY
DONALD D. CRAFT
LEBANON CRANE
JAMES O. CRUISE
CHESTER A. CRUSE
EDWARD F. CUEVAS
BUFORD LARKIN DALE
MELVIN B. DANIEL
CLAUDE H. DANIELS
CHARLES W. DARR
DANIEL HILL DAVIS
EDWARD H. DAVIS
J. D. DAVIS JR.
WILLIE M. DAVIS
JAMES D. DEARMAN
HAROLD D. DEDMON
LYNWOOD L. DENSON
THEE O. DERRICK
PAUL DICKERSON
BEN H. DICKSON
WINFRED DILLON
EDWIN NEIL DORMAN JR.
FRED A. DORRIS
HORACE DURAN
ALFRED E. DUVERNAY
WILLIAM B. EARLS
JOHN HARRISON ERRINGTON
CHARLES D. ERTLE
DUDLEY L. EVANS
CLARENCE E. EZELL
LOFTON B. FAIRCHIELD
THERON FAIRLEY
GEORGE H. FALVEY
T. J. FEAGINS
CARL M. FERRER
CECIL W. FILLINGAME
WILLIE HENRY FISHER JR
CHARLES FITZGERALD
JAMES E. FITZHUGH
SAM FLEMING JR
DOUGLAS FORD
FRANK D. FORD
FRANKIE J. FORD
JIM C. FREEMAN
JOHN E. GANDY
CHARLES E. GARDNER
HERMAN C. GARNER
ROBERT PHILLIP GAUDE JR.
WILLIE J. GILLS
BENJAMIN F. GLADNEY
ARTHUR W. GLASS
JOHNNY W. GOLDMAN
MISTER GOLDMAN
GROVER D. GOODMAN
WINSTON GRAVES
B. L. GRAYSON
THOMAS J. GRAYSON
CAREY GREEN
TOM W. GREEN
LESLIE F. GREER
PRESSGROVE GREER
ANDREW HALL
CLINTON J. HALL
ROBERT ALLIE HALLMAN
WILLIE HAMILTON
JAMES L. HAMMONDS
MORGAN H. HANNAH
ROBERT W. HANNIGAN
EUGENE S. HARRIS
LOUIS HARRISON
BAXTER R. HARVEL JR.
WILSON H. HARVEY
WILLIAM R. HATAWAY
EARL G. HAWTHORNE
WILLIAM C. HAYNES
LEWIS E. HAYS
CLARENCE M. HEADLEY
DAVID C. HEARN
WILLIE HEIDELBERG
WILLIAM C. HEMBREE
DEARL L. HEMPHILL JR.
FRANK B. HENDRICKS
EDWIN E. HILL
GEORGE W. HILTON
CHARLES E. HODGES
DONALD J. HOLCOMBE
LELAND L. HOLLAND
WILLIE L. HOLLAND
JAMES M. HOLLEY
JAMES N. HOLLIMON
FREDDIE W. HOLMES
CHARLES E. HOOD
JAMES L. HOOD
WALTER BARRY HORNBEAK
ROBERT E. HOUCHIN
HAROLD L. HUDSON
CHARLES C. HUGHES
FRED L. HUGHES
JOSEPH L. HUGHES
THOMAS J. HULSEY JR.
AMOS R. HUTCHINS
AUBREY E. HUX
JAMES A. JACKSON
WILLIAM T. JACKSON
HOWARD L. JENKINS
HAROLD A. JOHNSON
JAMES A. JOHNSON
JOSEPH E. JOHNSON
RANDLE JOHNSON
ROBERT JOHNSON JR.
EUGENE N. JONES
RAY M. JONES
WILLIAM N. O. JONES
LONNIE VAN JORDAN JR
MACK A. JORDAN
ROBERT E. L. KENNEDY
KENNETH KILPATRICK
HUNTER H. KIMBALL
WESLEY KINARD
FRANK H. KING JR
JAMES E. KISOR
BURL KNIGHT
LEROY LA FONTAINE
MOISE J. LADNER
EDWARD ARCHIE LENOIR
JAMES LEVI JR
JAMES W. LEWIS
JOHN MADISON LINDSAY JR.
JAMES A. LINDSEY
CHESTER LONGMIRE
JAMES N. LOSSETT
RUDOLPH LOVE
JACK C. LOWE
ROBERT L. LOWERY
WILLIAM T. LOWREY
WILLIE L. LYLES
CHARLIE L. MAJOR
LENZIE H. MANGRUM
JAMES F. MARLAR
J. D. MARTIN
JAMES W. MARTIN
JEWEL R. MARTIN
ROBERT L. MARTIN
GEORGE H. MASON
MELVIN G. MATHIS
FRANKIE L. MAXEY
ELTON L. MAY
JOE D. MC BRIDE
JAMES A. MC COOL
LOUIS A. MC CULLAR
CURTIS R. MC FADDEN
DENNIS MC FARLAND
CLIFTON J. MC GOWAN
JOHN R. MC INNIS
LAMAR M. MC INTOSH
WYNARD C. MC MAHAN
O. M. MC NEAL
PRESTISS MC PHATE
BILLY M. MC QUINN
HAROLD JAMES MCLAURIN
EDWARD MICENHAMMER
LINDBERGH MICTCHAM
DEWITT C. MILES
FLOYD MILLER JR.
JESSE L. MILLER
WILLIAM B. MITCHELL
WILLIAM D. MITCHELL
LEROY J. MOFFETT
ALLEN E. MOONEY
ALBERT MOORE
GEORGE J. MOORE
CLARENCE E. MORGAN
CHALMIS L. MORRIS
JIM G. MULLEN
RAY EUGENE MURRAY
CALVIN A. MYATT
HOUSTON A. NEAL
WILMA R. NEAL
ROBERT NEELY JR.
TENDELL R. NELMS JR.
JOHN L. NELSON
OSCAR H. NETTLES
WILLIE I. NEW JR
CHARLES E. NEWEL
HERSHELL E. NEWELL
JOHNNIE C. NEWELL
HERMAN R. NICHOLS
TOMMIE L. NORWOOD
ERNEST CORNELIUS OLIPHANT
ALEX ORNELAS
RICHARD GARDNER OSBORNE
HERBERT R. OWEN
FORD E. PACE
ARTHUR G. PARKER
WILLIAM E. PARRA
EDDY G. PARTRIDGE
FREDERICK RAY PARTRIDGE
GEORGE PATTERSON
RAYMOND D. PEARSON
JAMES E. PICKETT
CHARLIE F. PIGFORD
CLEO PITTS
EARNEST T. POWELL
JOSEPH C. POWELL
JAMES A. PRATER
FREDERICK C. PRICE
FRANCES ALVIN PRISOCK
J. D. PRUITT
JAMES DANIEL PUCKETT
WILLIE B. PURNELL
JAMES H. PYLATE
HAROLD RATLIFF
THOMAS C. REED
HARVEY L. REGISTER
RAYMOND N. REIFERS
ISIAC E. RICHARDS
JOHN A. ROBERSON
HOWARD L. ROBERTSON
JAMES L. ROBERTSON
VERNON W. ROBERTSON
EDWARD ROBINSON JR
JOHN W. ROBINSON
CLEVELAND GREEN ROGERS
RUBE ROGERS
JAMES E. RORIE
JAMES C. ROSAMOND
CHARLEY C. ROSS
WILLIAM M. ROSS
DEWEY ROSSEL
JAMES E. ROWELL
JIMMY ROWLAND
ELLIOTT ROY
ALVIN J. RUSHTON
JAMES B. RUSHTON
LEE SAUCIER
WILLIAM A. SAWYER
BENJAMIN W. SCOTT
JAMES C. SCOTT
EARL F. SEALE JR
VERNON L. SELVESTER
DAVID R. SEWARD
EULAS M. SHAW
GEORGE SHELTON JR.
JAMES D. SHELTON
JOHN H. SHEPARD
EVERETTE LEE SHIELDS JR
JAMES D. SIMPSON
ALFRED SIMS
FRANK N. SISTRUNCK
AMON K. SMITH
CHARLES R. SMITH
IVORY V. SMITH
JAMES R. SMITH
HOMER L. SNOWDEN
BOBBY C. SPARKS
ALVIN SPROCK
JAMES W. SQUIRES
JAKEY F. STAPLES
BARNARD STEVENS
J. T. STEVENS JR
GRAHAM STEWART
ROY STEWART
RUDOLPH STEWART
WILLIAM T. STEWART
GUYTON STINGLEY
CORNELIUS STRONG
EDGAR SULLIVAN
JACK D. SUMRALL
TILDON E. TANKSLEY
HARVEY M. TAYLOR
WILLIAM J. TEASLEY
HUBERT TERRY
CARL W. THOMAS
AMOS M. THOMPSON
PAUL D. THOMPSON
WILL ALLEN THOMPSON
CHARLES RAYFORD TIRCUIT
JOE B. TRIMM JR.
ADOLPH TUNSTALL JR.
DAVID C. TURNER
EDWIN P. TURNER
EMILE TYLER
TERAH A. USRY
THOMAS VAN NORDEN
ANTHONY PAUL VIRGADAMO
HERBERT H. VOWELL
DUERELL WADE
EDDIE G. WADFORD
HUGH W. WALKER
GRADY WALLACE
J. I. WALLACE
CHARLES L. WARNER
N. D. WEARY
PAUL D. WEAVER
HENRY MCGEE WEEMS
BERNARD WELLS
JEROME DANIEL WENTWORTH
CHARLES E. WEST
VERNON ODELL WHEELER JR.
J. W. WHITE
JAMES E. WHITE
PERRY O. WHITE
WALLACE WHITEHEAD
HAROLD G. WILDER
ALBERT WILLIAMS
CHARLESTO WILLIAMS
EZRA WILLIAMS
JAMES E. WILLIAMS
LEWIS WILLIAMS
MCKINLEY WILLIAMS
WILLARD F. WILLIAMS
BOB WILLIAMSON
THOMAS WILLINGHAM
AMOS WILSON
JERRY D. WILSON
BEN L. WINCE
OTHO T. WINSTEAD
ROBERT L. WITHERS
CHARLES R. WOODALL
JAMES R. WOODWARD
HOLLY WORTHY
GEORGE H. WRIGHT
HENRY F. WRIGHT
LEWIS C. WRIGHT
SYLVESTER WRIGHT
GEORGE W. YATES
CLEBRON M. YORK
WILLIE M. YORK
JOE C. YOUNG
OBIDEE ZACKERY
DELBERT LANEY ZENGARLING

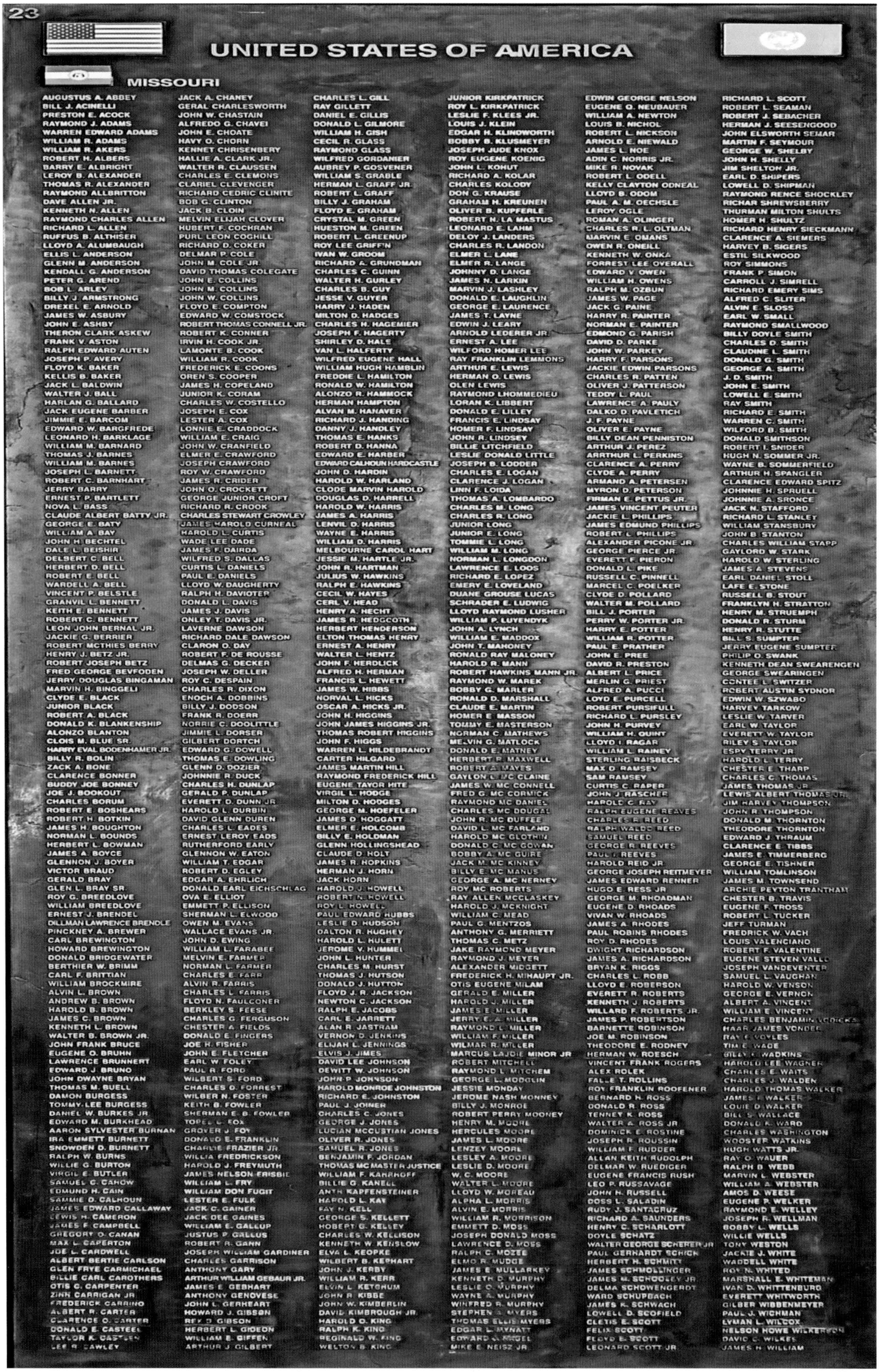
23
UNITED STATES OF AMERICA
MISSOURI
AUGUSTUS A. ABBEY
BILL J. ACINELLI
PRESTON E. ACOCK
RAYMOND J. ADAMS
WARREN EDWARD ADAMS
WILLIAM R. ADAMS
WILLIAM R. AKERS
ROBERT H. ALBERS
BARRY E. ALBRIGHT
LEROY B. ALEXANDER
THOMAS R. ALEXANDER
RAYMOND ALLBRITTON
DAVE ALLEN JR.
KENNETH N. ALLEN
RAYMOND CHARLES ALLEN
RICHARD L. ALLEN
RUFFUS B. ALTHISER
LLOYD A. ALUMBAUGH
ELLIS L. ANDERSON
GLENN M. ANDERSON
KENDALL G. ANDERSON
PETER G. AREND
BOB L. ARLEY
BILLY J. ARMSTRONG
DREXEL E. ARNOLD
JAMES W. ASBURY
JOHN E. ASHBY
THERON CLARK ASKEW
FRANK V. ASTON
RALPH EDWARD AUTEN
JOSEPH P. AVERY
FLOYD K. BAKER
KELLIS B. BAKER
JACK L. BALDWIN
WALTER J. BALL
HARLAN G. BALLARD
JACK EUGENE BARBER
JIMMIE E. BARCOM
EDWARD W. BARGFREDE
LEONARD H. BARKLAGE
WILLIAM M. BARNARD
THOMAS J. BARNES
WILLIAM M. BARNES
JOSEPH L. BARNETT
ROBERT C. BARNHART
JERRY BARRY
ERNEST P. BARTLETT
NOVA L. BASS
CLAUDE ALBERT BATTY JR.
GEORGE E. BATY
WILLIAM A. BAY
JOHN H. BECHTEL
DALE L. BEISHIR
DELBERT C. BELL
HERBERT D. BELL
ROBERT E. BELL
WARDELL A. BELL
VINCENT P. BELSTLE
GRANVIL L. BENNETT
KEITH E. BENNETT
ROBERT C. BENNETT
LEON JOHN BERNAL JR.
JACKIE G. BERRIER
ROBERT MCTHIES BERRY
HENRY J. BETZ JR.
ROBERT JOSEPH BETZ
FRED GEORGE BEVFODEN
JERRY DOUGLAS BINGAMAN
MARVIN H. BINGGELI
CLYDE E. BLACK
JUNIOR BLACK
ROBERT A. BLACK
DONALD K. BLANKENSHIP
ALONZO BLANTON
CLOIS M. BLUE SR.
HARRY EVAL BODENHAMER JR.
BILLY R. BOLIN
ZACK A. BONE
CLARENCE BONNER
BUDDY JOE BONNEY
JOE J. BOOKOUT
CHARLES BORUM
ROBERT E. BOSHEARS
ROBERT H. BOTKIN
JAMES H. BOUGHTON
NORMAN L. BOUNDS
HERBERT L. BOWMAN
JAMES A. BOYCE
GLENNON J. BOYER
VICTOR BRAUD
GERALD BRAY
GLEN L. BRAY SR.
ROY G. BREEDLOVE
WILLIAM BREEDLOVE
ERNEST J. BRENDEL
DILLMAN LAWRENCE BRENDLE
PINCKNEY A. BREWER
CARL BREWINGTON
HOWARD BREWINGTON
DONALD BRIDGEWATER
BERTHIER W. BRIMM
CARL F. BRITTIAN
WILLIAM BROCKMIRE
ALVIN L. BROWN
ANDREW B. BROWN
HAROLD B. BROWN
JAMES C. BROWN
KENNETH L. BROWN
WALTER B. BROWN JR.
JOHN FRANK BRUCE
EUGENE O. BRUHN
LAWRENCE BRUNNERT
EDWARD J. BRUNO
JOHN DWAYNE BRYAN
THOMAS M. BUELL
DAMON BURGESS
TOMMY LEE BURGESS
DANIEL W. BURKES JR.
EDWARD M. BURKHEAD
AARON SYLVESTER BURNAN
IRA EMMETT BURNETT
SNOWDEN D. BURNETT
RALPH W. BURNS
WILLIE G. BURTON
VIRGIL E. BUTLER
SAMUEL C. CAHOW
EDMUND H. CAIN
SAMMIE D. CALHOUN
JAMES EDWARD CALLAWAY
LEWIS H. CAMERON
JAMES F. CAMPBELL
GREGORY O. CANAN
MAX L. CAPERTON
JOE L. CARDWELL
ALBERT BERTIE CARLSON
GLEN FRYE CARMICHAEL
BILLIE CARL CAROTHERS
OTIS C. CARPENTER
ZINN CARRIGAN JR.
FREDERICK CARRINO
ALBERT R. CARTER
CLARENCE O. CARTER
DONALD E. CASTEEL
TAYLOR K. CAS
LEE R. CAWLEY
JACK A. CHANEY
GERAL CHARLESWORTH
JOHN W. CHASTAIN
ALFREDO G. CHAVEZ
JOHN E. CHOATE
HAVY O. CHORN
KENNET CHRISENBERY
HALLIE A. CLARK JR.
WALTER R. CLAUSSEN
CHARLES E. CLEMONS
CLARIEL CLEVENGER
RICHARD CEDRIC CLINITE
BOB G. CLINTON
JACK B. CLOIN
MELVIN ELIJAH CLOVER
HUBERT F. COCHRAN
PURL LEON COGHILL
RICHARD D. COKER
DELMAR P. COLE
JOHN M. COLE JR.
DAVID THOMAS COLEGATE
JOHN E. COLLINS
JOHN M. COLLINS
JOHN W. COLLINS
FLOYD E. COMPTON
EDWARD W. COMSTOCK
ROBERT THOMAS CONNELL JR.
ROBERT K. CONNER
IRVIN H. COOK JR.
LAMONTE B. COOK
WILLIAM R. COOK
FREDERICK E. COONS
OREN S. COOPER
JAMES H. COPELAND
JUNIOR K. CORAM
CHARLES W. COSTELLO
JOSEPH E. COX
LESTER A. COX
LONNIE E. CRADDOCK
WILLIAM E. CRAIG
JOHN W. CRANFIELD
ELMER E. CRAWFORD
JOSEPH CRAWFORD
ROY W. CRAWFORD
JAMES R. CRIDER
JOHN G. CROCKETT
GEORGE JUNIOR CROFT
RICHARD R. CROOK
CHARLES STEWART CROWLEY
JAMES HAROLD CURNEAL
HAROLD L. CURTIS
WADE LEE DADE
JAMES F. DAIRDA
WILFRED S. DALLAS
CURTIS L. DANIELS
PAUL E. DANIELS
LLOYD W. DAUGHERTY
RALPH H. DAVIOTER
DONALD L. DAVIS
JAMES J. DAVIS
ONLEY T. DAVIS JR.
LAVERNE DAWSON
RICHARD DALE DAWSON
CLARON O. DAY
ROBERT F. DE ROUSSE
DELMAS G. DECKER
JOSEPH W. DELLER
ROY C. DESPAIN
CHARLES R. DIXON
ENOCH A. DOBBINS
BILLY J. DODSON
FRANK R. DOERR
NORRIE C. DOOLITTLE
JAMES L. DORSEY
GILBERT DORTCH
EDWARD G. DOWELL
THOMAS E. DOWLING
GLENN D. DOZIER
JOHNNIE R. DUCK
CHARLES H. DUNLAP
GERALD P. DUNLAP
EVERETT D. DUNN JR.
HAROLD L. DURBIN
DAVID GLENN DUREN
CHARLES L. EADES
ERNEST LEROY EADS
RUTHERFORD EARLY
GLENNON W. EATON
WILLIAM T. EDGAR
ROBERT D. EGLEY
EDGAR A. EHRLICH
DONALD EARL EICHSCHLAG
OVA E. ELLIOT
EMMETT P. ELLISON
SHERMAN L. ELWOOD
OWEN M. EVANS
WALLACE EVANS JR.
JOHN D. EWING
WILLIAM L. FARABEE
MELVIN E. FARMER
NORMAN L. FARMER
CHARLES E. FARR
ALVIN R. FARRIS
CHARLES L. FARRIS
FLOYD N. FAULCONER
BERKLEY S. FEESE
CHARLES G. FERGUSON
CHESTER A. FIELDS
DONALD E. FINGERS
JOE H. FISHER
JOHN E. FLETCHER
EARL W. FOLEY
PAUL R. FORD
WILBERT S. FORD
CHARLES O. FORREST
WILBER N. FOSTER
KEITH B. FOWLER
SHERMAN E. B. FOWLER
TOPEL C. FOX
GROVER J. FOY
DONALD E. FRANKLIN
CHARLIE FRAZIER JR.
WILLIA FREDRICKSON
HAROLD J. FREYMUTH
JAMES NELSON FRISBIE
JIMMIE L. FRY
WILLIAM DON FUGIT
LESTER E. FULK
JACK C. GAINER
JACK DEE GAINES
WILLIAM E. GALLUP
JUSTUS P. GALLUS
ROBERT R. GANN
JOSEPH WILLIAM GARDINER
CHARLES GARRISON
ANTHONY GARY
ARTHUR WILLIAM GEBAUR JR.
JAMES E. GEBHART
ANTHONY GENOVESE
JOHN L. GERHEART
HOWARD J. GIBSON
REX D. GIBSON
HERBERT L. GIDEON
WILLIAM E. GIFFEN
ARTHUR J. GILBERT
CHARLES L. GILL
RAY GILLETT
DANIEL E. GILLIS
DONALD L. GILMORE
WILLIAM H. GISH
CECIL R. GLASS
RAYMOND GLASS
WILFRED GORDANIER
AUBREY P. GOSVENER
WILLIAM S. GRABLE
HERMAN L. GRAFF JR.
ROBERT L. GRAFF
BILLY J. GRAHAM
FLOYD E. GRAHAM
CRYSTAL M. GREEN
HUESTON M. GREEN
ROBERT L. GREENUP
ROY LEE GRIFFIN
IVAN W. GROOM
RICHARD A. GRUNDMAN
CHARLES C. GUINN
WALTER H. GURLEY
CHARLES B. GUY
JESSE V. GUYER
HARRY J. HADEN
MILTON D. HADGES
CHARLES H. HAGEMIER
JOSEPH F. HAGERTY
SHIRLEY D. HALE
VAN L. HALFERTY
WILFRED EUGENE HALL
WILLIAM HUGH HAMBLIN
FREDDIE L. HAMILTON
RONALD W. HAMILTON
ALONZO R. HAMMOCK
HERMAN HAMPTON
ALVAN M. HANAVER
RICHARD J. HANDING
DANNY J. HANDLEY
THOMAS E. HANKS
ROBERT D. HANNA
EDWARD E. HARBER
EDWARD CALHOUN HARDCASTLE
JOHN D. HARDIN
HAROLD W. HARLAND
CLODE MARVIN HAROLD
DOUGLAS D. HARRELL
HAROLD W. HARRIS
JAMES A. HARRIS
LENVIL D. HARRIS
WAYNE E. HARRIS
WILLIAM D. HARRIS
MELBOURNE CAROL HART
JESSIE M. HARTLE JR.
JOHN R. HARTMAN
JULIUS W. HAWKINS
RALPH E. HAWKINS
CECIL W. HAYES
CERL V. HEAD
HENRY A. HECHT
JAMES R. HEDGCOTH
HERBERT HENDERSON
ELTON THOMAS HENRY
ERNEST A. HENRY
WALTER L. HENTZ
JOHN F. HERDLICK
ALFRED H. HERMAN
FRANCIS L. HEWETT
JAMES W. HIBBS
NORVAL L. HICKS
OSCAR A. HICKS JR.
JOHN H. HIGGINS
JOHN JAMES HIGGINS JR.
THOMAS ROBERT HIGGINS
JOHN P. HIGGS
WARREN L. HILDEBRANDT
CARTER HILGARD
JAMES MARTIN HILL
RAYMOND FREDERICK HILL
EUGENE TAYOR HITE
VIRGIL L. HODGE
MILTON D. HODGES
GEORGE M. HOEFELER
JAMES D. HOGGATT
ELMER E. HOLCOMB
BILLY E. HOLDMAN
GLENN HOLLINGSHEAD
CLAUDE D. HOLT
JAMES R. HOPKINS
HERMAN J. HORN
JACK HORN
HAROLD J. HOWELL
ROBERT N. HOWELL
ROY L. HOWELL
PAUL EDWARD HUBBS
LESLIE D. HUDSON
DALTON R. HUGHEY
HAROLD L. HULETT
JEROME V. HUMMEL
JOHN L. HUTER
CHARLES M. HURST
THOMAS J. HUTSON
DONALD J. HUTTON
FLOYD J. R. JACKSON
NEWTON C. JACKSON
RALPH E. JACOBS
CARL E. JARRETT
ALAN R. JASTRAM
VERNON D. JENKINS
ELIJAH L. JENNINGS
ELVIS J. JIMES
DAVID LEE JOHNSON
DEWITT W. JOHNSON
JOHN P. JOHNSON
HAROLD MONROE JOHNSTON
RICHARD E. JOHNSTON
PAUL J. JOINER
CHARLES C. JONES
GEORGE J. JONES
LUCIAN MCCUSTIAN JONES
OLIVER R. JONES
SAMUEL R. JONES
BENJAMIN F. JORDAN
THOMAS MC MASTER JUSTICE
WILLIAM F. KARRHOFF
BILLIE C. KANELL
ANTON KAPFENSTEINER
HAROLD L. KAY
FAY N. KELL
GEORGE S. KELLETT
HOBERT G. KELLEY
CHARLES W. KELLISON
KENNETH W. KENSLOW
ELVA L. KEOPKE
WILBERT B. KEPHART
JOHN J. KERBY
WILLIAM R. KERR
ELVIN L. KETCHUM
JOHN R. KIBBE
JOHN W. KIMBERLIN
DAVID KIMBROUGH JR.
HAROLD O. KING
RALPH K. KING
REGINALD W. KING
WELTON B. KING
JUNIOR KIRKPATRICK
ROY L. KIRKPATRICK
LESLIE F. KLEES JR.
LOUIS J. KLEIN
EDGAR H. KLINGWORTH
BOBBY B. KLUSMEYER
JOSEPH JUDE KNOX
ROY EUGENE KOENIG
JOHN L. KOHUT
RICHARD A. KOLAR
CHARLES KOLODY
DON G. KRAUSE
GRAHAM H. KREUNEN
OLIVER B. KUPFERLE
ROBERT H. LA MASTUS
LEONARD E. LAHM
DELOY J. LANDERS
CHARLES R. LANDON
ELMER L. LANE
ELMER R. LANGE
JOHNNY D. LANGE
JAMES N. LARKIN
MARVIN J. LASHLEY
DONALD E. LAUGHLIN
GEORGE E. LAURENCE
JAMES T. LAYNE
EDWIN J. LEARY
ARNOLD LEDERER JR.
ERNEST A. LEE
WILFORD HOMER LEE
RAY FRANKLIN LEMMONS
ARTHUR E. LEWIS
HERMAN O. LEWIS
OLEN LEWIS
RAYMOND LHOMMEDIEU
LORAN K. LIBBERT
DONALD E. LILLEY
FRANCIS E. LINDSAY
HOMER F. LINDSAY
JOHN R. LINDSEY
BILLIE LITCHFIELD
LESLIE DONALD LITTLE
JOSEPH B. LODDER
CHARLES E. LOGAN
CLARENCE J. LOGAN
LINN F. LOIDA
THOMAS A. LOMBARDO
CHARLES M. LONG
CHARLES R. LONG
JUNIOR LONG
JUNIOR E. LONG
TOMMIE L. LONG
WILLIAM M. LONG
NORMAN L. LONGDON
LAWRENCE E. LOOS
RICHARD E. LOPEZ
EMERY E. LOVELAND
DUANE GROUSE LUCAS
SCHRADER E. LUDWIG
LLOYD RAYMOND LUSHER
WILLIAM P. LUYENDYK
JOHN A. LYNCH
WILLIAM E. MADDOX
JOHN T. MAHONEY
RONALD RAY MALONEY
HAROLD R. MANN
ROBERT HAWKINS MANN JR.
RAYMOND W. MAREK
BOBBY G. MARLER
RONALD D. MARSHALL
CLAUDE E. MARTIN
HOMER E. MASSON
TOMMY E. MASTERSON
NORMAN C. MATHEWS
MELVIN G. MATLOCK
DONALD E. MATNEY
HERBERT R. MAXWELL
ROBERT A. MAYES
GAYLON L. MC CLAINE
JAMES W. MC CONNELL
FRED G. MC CORMICK
RAYMOND MC DANIEL
CHARLES MC DOUGAL
JOHN R. MC DUFFEE
DAVID L. MC FARLAND
HAROLD MC GLOTHIN
DONALD C. MC GOWAN
BOBBY A. MC GUIRE
JACK M. MC KINNEY
BILLY E. MC MANUS
GEORGE A. MC NERNEY
ROY MC ROBERTS
RAY ALLEN MCCLASKEY
HAROLD J. MCKNIGHT
WILLIAM C. MEAD
PAUL G. MENTZOS
ANTHONY G. MERRIETT
THOMAS C. METZ
JAKE RAYMOND MEYER
RAYMOND J. MEYER
ALEXANDER MIDGETT
FREDERICK H. MIHAUPT JR.
OTIS EUGENE MILAM
GERALD E. MILLER
HAROLD J. MILLER
JAMES E. MILLER
JERRY E. A. MILLER
RAYMOND L. MILLER
WILLIAM F. MILLER
WILMAR R. MILLER
MARCUS LAJOIE MINOR JR
ROBERT MITCHELL
RAYMOND L. MITCHEM
GEORGE L. MODGLIN
JESSIE MONDAY
JEROME NASH MONNEY
BILLY J. MONROE
ROBERT PERRY MOONEY
HENRY M. MOORE
HERCULES MOORE
JAMES L. MOORE
LENZEY MOORE
LESLEY A. MOORE
LESLIE D. MOORE
W. C. MOORE
WALTER L. MOORE
LLOYD W. MOREAU
ALVA L. MORRIS
ALVIN E. MORRIS
WILLIAM R. MORRISON
EMMETT D. MOSS
JOSEPH DONALD MOSS
LAWRENCE D. MOSS
RALPH C. MOZEE
ELMO R. MUDGE
JAMES E. MULLARKEY
KENNETH D. MURPHY
LESLIE C. MURPHY
WAYNE A. MURPHY
WINFRED R. MURPHY
STEPHEN A. MYERS
THOMAS ELLIS MYERS
EDGAR L. MYNATT
EDWARD A. NAGEL
MIKE E. NEISZ JR.
EDWIN GEORGE NELSON
EUGENE Q. NEUBAUER
WILLIAM A. NEWTON
LOUIS B. NICHOL
ROBERT L. NICKSON
ARNOLD E. NIEWALD
JAMES L. NOE
ADIN C. NORRIS JR.
MIKE R. NOVAK
ROBERT L. ODELL
KELLY CLAYTON ODNEAL
LLOYD B. ODOM
PAUL A. M. OECHSLE
LEROY OGLE
ROMAN A. OLINGER
CHARLES R. L. OLTMAN
MARVIN E. OMANS
OWEN R. ONEILL
KENNETH W. ONKA
FORREST LEE OVERALL
EDWARD V. OWEN
WILLIAM H. OWENS
RALPH M. OZBUN
JAMES W. PAGE
JACK G. PAINE
HARRY R. PAINTER
NORMAN E. PAINTER
EDMOND G. PARISH
DAVID D. PARKE
JOHN W. PARKEY
HARRY F. PARSONS
JACKIE EDWIN PARSONS
CHARLES R. PATTEN
OLIVER J. PATTERSON
TEDDY L. PAUL
LAWRENCE A. PAULY
DALKO D. PAVLETICH
J. F. PAYNE
OLIVER E. PAYNE
BILLY DEAN PENNISTON
ARTHUR J. PEREZ
ARRTHUR L. PERKINS
CLARENCE A. PERRY
CLYDE A. PERRY
ARMAND A. PETERSEN
MYRON D. PETERSON
FIRMAN E. PETTUS JR.
JAMES VINCENT PEUTER
JACKIE L. PHILLIPS
JAMES EDMUND PHILLIPS
ROBERT L. PHILLIPS
ALEXANDER PICONE JR.
GEORGE PIERCE JR.
EVERETT F. PIERON
DONALD L. PIKE
RUSSELL C. PINNELL
MARCEL C. POELKER
CLYDE D. POLLARD
WALTER M. POLLARD
BILL J. PORTER
PERRY W. PORTER JR.
HARRY E. POTTER
WILLIAM R. POTTER
PAUL E. PRATHER
JOHN E. PREE
DAVID R. PRESTON
ALBERT L. PRICE
MERLIN G. PRIEST
ALFRED A. PUCCI
LOYD E. PURCELL
ROBERT PURSIFULL
RICHARD L. PURSLEY
JOHN H. PURVEY
WILLIAM H. QUINT
LLOYD I. RAGAR
WILLIAM L. RAINEY
STERLING RAISBECK
MAX D. RAMSEY
SAM RAMSEY
CURTIS C. RAPER
JOHN J. RASCHER
HAROLD C. RAY
RALPH EUGENE REAVES
CHARLES R. REED
RALPH WALDO REED
SAMUEL REED
GEORGE R. REEVES
PAUL I. REEVES
HAROLD REID JR.
GEORGE JOSEPH REITMEYER
JAMES EDWARD RENNER
HUGO E. RESS JR
GEORGE M. RHOADMAN
EUGENE D. RHOADS
VIVAN W. RHOADS
JAMES A. RHODES
PAUL ROBINS RHODES
ROY D. RHODES
DWIGHT RICHARDSON
JAMES A. RICHARDSON
BRYAN K. RIGGS
CHARLES L. ROBB
LLOYD E. ROBERSON
EVERETT W. ROBERTS
KENNETH J. ROBERTS
WILLARD F. ROBERTS JR.
JAMES P. ROBERTSON
BARNETTE ROBINSON
JOE M. ROBINSON
THEODORE E. RODNEY
HERMAN W. ROESCH
VINCENT FRANK ROGERS
ALEX ROLEK
FALLE T. ROLLINS
ROY FRANKLIN ROOFENER
BERNARD H. ROSS
DONALD R. ROSS
TENNEY K. ROSS
WALTER A. ROSS JR.
DOMINICK E. ROSTINE
JOSEPH R. ROUSSIN
WILLIAM F. RUDDER
ALLAN KEITH RUDOLPH
DELMAR W. RUEDIGER
EUGENE FRANCIS RUSH
LEO P. RUSSAVAGE
JOHN H. RUSSELL
DOSS L. SALADIN
RUDY J. SANTACRUZ
RICHARD A. SAUNDERS
HENRY C. SCHARLOTT
DOYLE SCHATZ
WALTER GEORGE SCHERER JR
PAUL GERNARDT SCHICK
HERBERT H. SCHMITT
JAMES SCHMOLLINGER
JAMES M. SCHOOLEY JR.
DELMA SCHOWENGERDT
WARD SCHUPBACH
JAMES K. SCHWACH
LOWELL D. SCOFIELD
CLETIS E. SCOTT
FELIX SCOTT
FLOYD E. SCOTT
LEONARD SCOTT JR.
RICHARD L. SCOTT
ROBERT L. SEAMAN
ROBERT J. SEBACHER
HERMAN J. SEESENGOOD
JOHN ELSWORTH SEMAR
MARTIN F. SEYMOUR
GEORGE W. SHELBY
JOHN H. SHELLY
JIM SHELTON JR.
EARL D. SHIPERS
LOWELL D. SHIPMAN
RAYMOND RENCE SHOCKLEY
RICHAR SHREWSBERRY
THURMAN MILTON SHULTS
HOMER H. SHULTZ
RICHARD HENRY SIECKMANN
CLARENCE A. SIEMERS
HARVEY B. SIGERS
ESTIL SILKWOOD
ROY SIMMONS
FRANK P. SIMON
CARROLL J. SIMRELL
RICHARD EMERY SIMS
ALFRED C. SLITER
ALVIN E. SLOSS
EARL W. SMALL
RAYMOND SMALLWOOD
BILLY DOYLE SMITH
CHARLES D. SMITH
CLAUDINE L. SMITH
DONALD G. SMITH
GEORGE A. SMITH
J. D. SMITH
JOHN E. SMITH
LOWELL E. SMITH
RAY SMITH
RICHARD E. SMITH
WARREN C. SMITH
WILFORD B. SMITH
DONALD SMITHSON
ROBERT I. SNIDER
HUGH N. SOMMER JR.
WAYNE B. SOMMERFIELD
ARTHUR H. SPANGLER
CLARENCE EDWARD SPITZ
JOHNNIE H. SPRUELL
JOHNNIE A. SRONCE
JACK N. STAFFORD
RICHARD L. STANLEY
WILLIAM STANSBURY
JOHN B. STANTON
CHARLES WILLIAM STAPP
GAYLORD W. STARK
HAROLD W. STERLING
JAMES A. STEVENS
EARL DANIEL STOLL
LAFE E. STONE
RUSSELL B. STOUT
FRANKLYN H. STRATTON
HENRY M. STRUEMPH
DONALD R. STURM
HENRY R. STUTTE
BILL S. SUMPTER
JERRY EUGENE SUMPTER
PHILIP O. SWANK
KENNETH DEAN SWEARENGEN
GEORGE SWEARINGEN
CONTEE L. SWITZER
ROBERT AUSTIN SYDNOR
EDWIN W. SZWABO
HARVEY TARKOW
LESLIE W. TARVER
EARL W. TAYLOR
EVERETT W. TAYLOR
RILEY S. TAYLOR
ESPY TERRY JR
HAROLD L. TERRY
CHESTER E. THARP
CHARLES C. THOMAS
JAMES THOMAS JR
LEWIS ALBERT THOMAS JR.
JIM HARVEY THOMPSON
JOHN R. THOMPSON
DONALD M. THORNTON
THEODORE THORNTON
EDWARD J. THRAUM
CLARENCE E. TIBBS
JAMES E. TIMMERBERG
GEORGE E. TISHNER
WILLIAM TOMLINSON
JAMES M. TOWNSEND
ARCHIE PEYTON TRANTHAM
CHESTER B. TRAVIS
EUGENE F. TROSS
ROBERT L. TUCKER
JEFF TURMAN
FREDRICK W. VACH
LOUIS VALENCIANO
ROBERT F. VALENTINE
EUGENE STEVEN VALLE
JOSEPH VANDEVENTER
SAMUEL L. VAUGHAN
HAROLD W. VENSON
GEORGE E. VERNON
ALBERT A. VINCENT
WILLIAM E. VINCENT
CHARLES BENJAMIN
HAAR JAMES VONDER
RAY E. VOYLES
TIM E. WADE
BILLY WADKINS
HAROLD LEE WAGNER
CHARLES E. WAITS
CHARLES J. WALDEN
HAROLD THOMAS WALKER
JAMES F. WALKER
LOUIE D. WALKER
BILL S. WALLACE
DONALD K. WARD
CHARLES WASHINGTON
WOOSTER WATKINS
HUGH WATTS JR.
RAY O. WAUER
RALPH B. WEBB
MARVIN L. WEBSTER
WILLIAM A. WEBSTER
AMOS D. WEESE
EUGENE P. WELKER
RAYMOND F. WELLEY
JOSEPH R. WELLMAN
BOBBY L. WELLS
WILLIE WELLS
TONY WESTON
JACKIE J. WHITE
WADDELL WHITE
ROY N. WHITED
MARSHALL E. WHITEMAN
IVAN D. WHITTENBURG
EVERETT WHITWORTH
GILBER WIBBENMEYER
PAUL J. WICHMAN
LYMAN L. WILCOX
NELSON HOWE WILKERSON
DAVID C. WILKES
JAMES H. WILLIAM

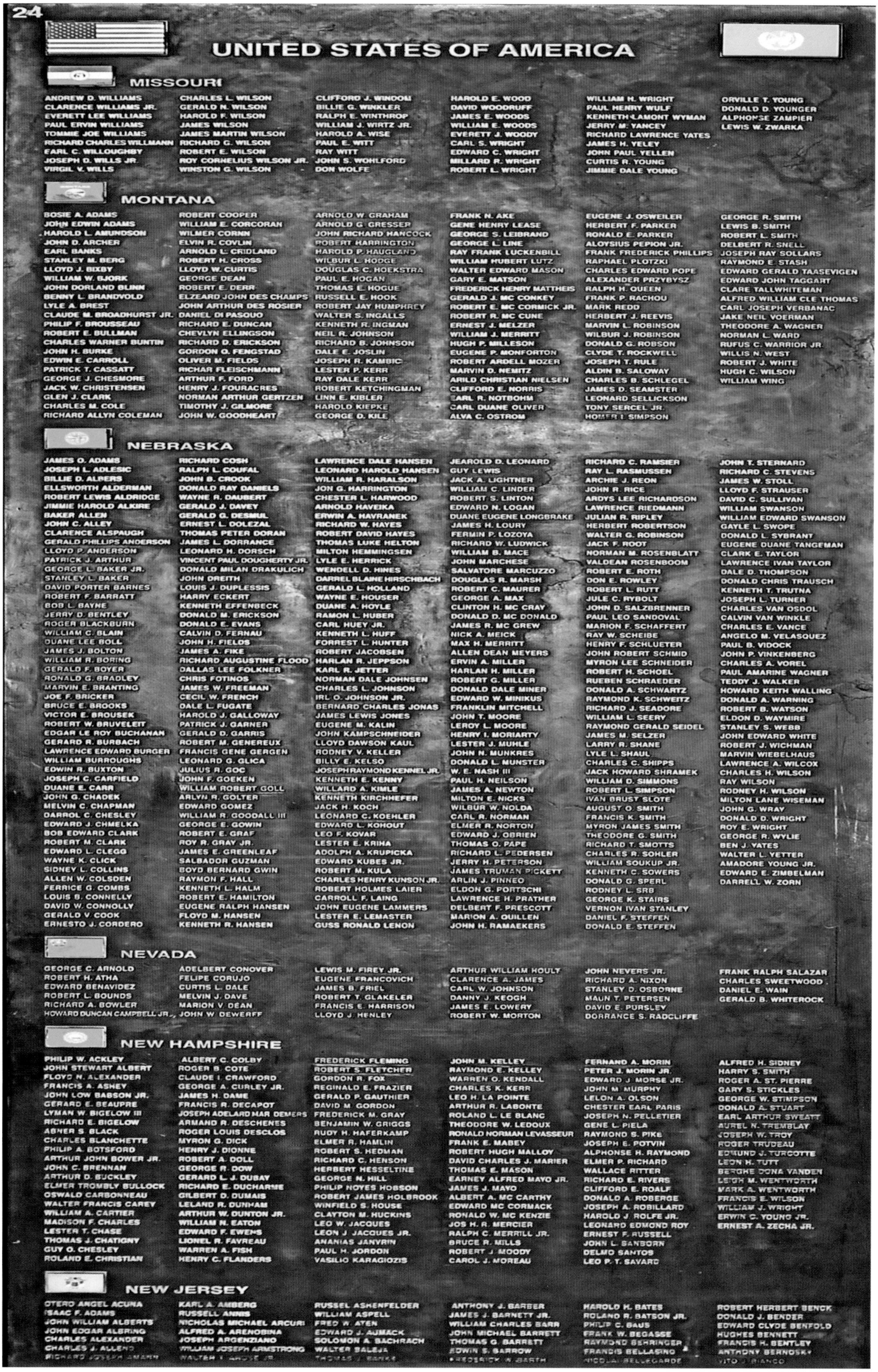

UNITED STATES OF AMERICA

MISSOURI

ANDREW D. WILLIAMS
CLARENCE WILLIAMS JR.
EVERETT LEE WILLIAMS
PAUL ERVIN WILLIAMS
TOMMIE JOE WILLIAMS
RICHARD CHARLES WILLMANN
EARL C. WILLOUGHBY
JOSEPH D. WILLS JR.
VIRGIL V. WILLS

CHARLES L. WILSON
GERALD N. WILSON
HAROLD F. WILSON
JAMES WILSON
JAMES MARTIN WILSON
RICHARD G. WILSON
ROBERT E. WILSON
ROY CORNELIUS WILSON JR.
WINSTON G. WILSON

CLIFFORD J. WINDOLL
BILLIE G. WINKLER
RALPH E. WINTHROP
WILLIAM J. WIRTZ JR.
HAROLD A. WISE
PAUL E. WITT
RAY WITT
JOHN S. WOHLFORD
DON WOLFE

HAROLD E. WOOD
DAVID WOODRUFF
JAMES E. WOODS
WILLIAM E. WOODS
EVERETT J. WOODY
CARL S. WRIGHT
EDWARD C. WRIGHT
MILLARD R. WRIGHT
ROBERT L. WRIGHT

WILLIAM H. WRIGHT
PAUL HENRY WULF
KENNETH LAMONT WYMAN
JERRY M. YANCEY
RICHARD LAWRENCE YATES
JAMES H. YELEY
JOHN PAUL YELLEN
CURTIS R. YOUNG
JIMMIE DALE YOUNG

ORVILLE T. YOUNG
DONALD D. YOUNGER
ALPHONSE ZAMPIER
LEWIS W. ZWARKA

MONTANA

BOSIE A. ADAMS
JOHN EDWIN ADAMS
HAROLD L. AMUNDSON
JOHN D. ARCHER
EARL BANKS
STANLEY M. BERG
LLOYD J. BIXBY
WILLIAM W. BJORK
JOHN DORLAND BLINN
BENNY L. BRANDVOLD
LYLE A. BREST
CLAUDE M. BROADHURST JR.
PHILIP F. BROUSSEAU
ROBERT E. BULLMAN
CHARLES WARNER BUNTIN
JOHN H. BURKE
EDWIN E. CARROLL
PATRICK T. CASSATT
GEORGE J. CHESMORE
JACK W. CHRISTENSEN
GLEN J. CLARK
CHARLES M. COLE
RICHARD ALLYN COLEMAN

ROBERT COOPER
WILLIAM E. CORCORAN
WILMER CORNN
ELVIN R. COVLIN
ARNOLD L. CRIDLAND
ROBERT H. CROSS
LLOYD W. CURTIS
GEORGE DEAN
ROBERT E. DERR
ELZEARD JOHN DES CHAMPS
JOHN ARTHUR DES ROSIER
DANIEL DI PASQUO
RICHARD E. DUNCAN
CHEVLYN ELLINGSON
RICHARD D. ERICKSON
GORDON O. FENGSTAD
OLIVER M. FIELDS
RICHAR FLEISCHMANN
ARTHUR F. FORD
HENRY J. FOURACRES
NORMAN ARTHUR GERTZEN
TIMOTHY J. GILMORE
JOHN W. GOODHEART

ARNOLD W. GRAHAM
ARNOLD G. GRESSER
JOHN RICHARD HANCOCK
ROBERT HARRINGTON
HAROLD P. HAUGLAND
WILBUR L. HODGE
DOUGLAS C. HOEKSTRA
PAUL E. HOGAN
THOMAS E. HOGUE
RUSSELL E. HOOK
ROBERT JAY HUMPHREY
WALTER S. INGALLS
KENNETH R. INGMAN
NEIL R. JOHNSON
RICHARD B. JOHNSON
DALE E. JOSLIN
JOSEPH R. KAMBIC
LESTER P. KERR
RAY DALE KERR
ROBERT KETCHINGMAN
LINN E. KIBLER
HAROLD KIEPKE
GEORGE D. KILE

FRANK N. AKE
GENE HENRY LEASE
GEORGE S. LEIBRAND
GEORGE L LINE
RAY FRANK LUCKENBILL
WILLIAM HUBERT LUTZ
WALTER EDWARD MASON
GARY E. MATSON
FREDERICK HENRY MATTHEIS
GERALD J. MC CONKEY
ROBERT E. MC CORMICK JR.
ROBERT R. MC CUNE
ERNEST J. MELZER
WILLIAM J. MERRITT
HUGH P. MILLESON
EUGENE P. MONFORTON
ROBERT ARDELL MOZER
MARVIN D. NEMITZ
ARILD CHRISTIAN NIELSEN
CLIFFORD E. NORRIS
EARL R. NOTBOHM
CARL DUANE OLIVER
ALVA C. OSTROM

EUGENE J. OSWEILER
HERBERT F. PARKER
RONALD E. PARKER
ALOYSIUS PEPION JR.
FRANK FREDERICK PHILLIPS
RAPHAEL PLOTZKI
CHARLES EDWARD POPE
ALEXANDER PRZYBYSZ
RALPH H. QUEEN
FRANK P. RACHOU
MARK REDD
HERBERT J. REEVIS
MARVIN L. ROBINSON
WILBUR J. ROBINSON
DONALD G. ROBISON
CLYDE T. ROCKWELL
JOSEPH T. RULE
ALDIN B. SALOWAY
CHARLES B. SCHLEGEL
JAMES D. SEAMSTER
LEONARD SELLICKSON
TONY SERCEL JR.
HOMER L SIMPSON

GEORGE R. SMITH
LEWIS B. SMITH
ROBERT L. SMITH
DELBERT R. SNELL
JOSEPH RAY SOLLARS
RAYMOND E. STASH
EDWARD GERALD TAASEVIGEN
EDWARD JOHN TAGGART
CLARE TALLWHITEMAN
ALFRED WILLIAM CLE THOMAS
CARL JOSEPH VERBANAC
JAKE NEIL VOERMAN
THEODORE A. WAGNER
NORMAN L. WARD
RUFUS C. WARRIOR JR.
WILLIS N. WEST
ROBERT J. WHITE
HUGH C. WILSON
WILLIAM WING

NEBRASKA

JAMES O. ADAMS
JOSEPH L. ADLESIC
BILLIE D. ALBERS
ELLSWORTH ALDERMAN
ROBERT LEWIS ALDRIDGE
JIMMIE HAROLD ALKIRE
BAKER ALLEN
JOHN C. ALLEY
CLARENCE ALSPAUGH
GERALD PHILLIPS ANDERSON
LLOYD P. ANDERSON
PATRICK J. ARTHUR
GEORGE L. BAKER JR.
STANLEY L. BAKER
DAVID PORTER BARNES
ROBERT F. BARRATT
BOB L. BAYNE
JERRY D. BENTLEY
ROGER BLACKBURN
WILLIAM C. BLAIN
DUANE LEE BOLL
JAMES J. BOLTON
WILLIAM H. BORING
GERALD F. BOYER
RONALD G. BRADLEY
MARVIN E. BRANTING
JOE F. BRICKER
BRUCE E. BROOKS
VICTOR E. BROUSEK
ROBERT W. BRUVELEIT
EDGAR LE ROY BUCHANAN
GERARD R. BURBACH
LAWRENCE EDWARD BURGER
WILLIAM BURROUGHS
EDWIN R. BUXTON
JOSEPH C. CARFIELD
DUANE E. CARR
JOHN G. CHADEK
MELVIN C. CHAPMAN
DARROL C. CHESLEY
EDWARD J. CHMELKA
BOB EDWARD CLARK
ROBERT M. CLARK
EDWARD L. CLEGG
WAYNE K. CLICK
SIDNEY L. COLLINS
ALLEN W. COLSDEN
FERRICE G COMBS
LOUIS B. CONNELLY
DAVID W. CONNOLLY
GERALD V COOK
ERNESTO J. CORDERO

RICHARD COSH
RALPH L. COUFAL
JOHN B. CROOK
DONALD RAY DANIELS
WAYNE R. DAUBERT
GERALD J. DAVEY
GERALD O. DESMUL
ERNEST L. DOLEZAL
THOMAS PETER DORAN
JAMES L. DORRANCE
LEONARD H. DORSCH
VINCENT PAUL DOUGHERTY JR.
DONALD MILAN DRAKULICH
JOHN DREITH
LOUIS J. DUPLESSIS
HARRY ECKERT
KENNETH EFFENBECK
DONALD M. ERICKSON
DONALD E. EVANS
CALVIN D. FERNAU
JOHN H. FIELDS
JAMES A. FIKE
RICHARD AUGUSTINE FLOOD
DALLAS LEE FOLKNER
CHRIS FOTINOS
JAMES W. FREEMAN
CECIL W. FRENCH
DALE L. FUGATE
HAROLD J. GALLOWAY
PATRICK J. GARNER
GERALD D. GARRIS
ROBERT M. GENEREUX
FRANCIS GENE GERGEN
LEONARD G. GLICA
JULIUS R. GOC
JOHN F. GOEKEN
WILLIAM ROBERT GOLL
ARLYN R. GOLTER
EDWARD GOMEZ
WILLIAM R. GOODALL III
GEORGE E. GOWIN
ROBERT E. GRAF
ROY R. GRAY JR.
JAMES E. GREENLEAF
SALBADOR GUZMAN
BOYD BERNARD GWIN
RAYMON F. HALL
KENNETH L. HALM
ROBERT E. HAMILTON
EUGENE RALPH HANSEN
FLOYD M. HANSEN
KENNETH R. HANSEN

LAWRENCE DALE HANSEN
LEONARD HAROLD HANSEN
WILLIAM R. HARALSON
JON G. HARRINGTON
CHESTER L. HARWOOD
ARNOLD HAVEIKA
ERWIN A. HAVRANEK
RICHARD W. HAYES
ROBERT DAVID HAYES
THOMAS LUKE HELTON
MILTON HEMMINGSON
LYLE E. HERRICK
DARREL BLAINE HIRSCHBACH
WENDELL D. HINES
GERALD L. HOLLAND
WAYNE E. HOUSER
DUANE A. HOYLE
RAMON L. HUBER
CARL HUEY JR.
KENNETH L. HUFF
FORREST L. HUNTER
ROBERT JACOBSEN
HARLAN R. JEPPSON
KARL R. JETTER
NORMAN DALE JOHNSEN
CHARLES L. JOHNSON
IRL O. JOHNSON JR.
BERNARD CHARLES JONAS
JAMES LEWIS JONES
EUGENE N. KALIN
JOHN KAMPSCHNEIDER
LLOYD DAWSON KAUL
RODNEY V. KELLER
BILLY E. KELSO
JOSEPH RAYMOND KENNEL JR.
KENNETH E. KENNY
WILLARD A. KIMLE
KENNETH KIRCHHEFER
JACK H. KOCH
LEONARD C. KOEHLER
EDWARD L. KOHOUT
LEO F. KOVAR
LESTER E. KRIHA
ADOLPH A. KRUPICKA
EDWARD KUBES JR.
ROBERT M. KULA
CHARLES HENRY KUNSON JR.
ROBERT HOLMES LAIER
CARROLL F. LAING
JOHN EUGENE LAMMERS
LESTER E. LEMASTER
GUSS RONALD LENON

JEAROLD D. LEONARD
GUY LEWIS
JACK A. LIGHTNER
WILLIAM C. LINDER
ROBERT S. LINTON
EDWARD N. LOGAN
DUANE EUGENE LONGBRAKE
JAMES H. LOURY
FERMIN P. LOZOYA
RICHARD W. LUDWICK
WILLIAM B. MACK
JOHN MARCHESE
SALVATORE MARCUZZO
DOUGLAS R. MARSH
ROBERT C. MAURER
GEORGE A. MAX
CLINTON H. MC CRAY
DONALD D. MC DONALD
JAMES R. MC GREW
NICK A. MEICK
MAX H. MERRITT
ALLEN DEAN MEYERS
ERVIN A. MILLER
HARLAN H. MILLER
ROBERT G. MILLER
DONALD DALE MINER
EDWARD W. MINIKUS
FRANKLIN MITCHELL
JOHN T. MOORE
LEROY L. MOORE
HENRY I. MORIARTY
LESTER J. MUHLE
JOHN N. MUNKRES
DONALD L. MUNSTER
W. E. NASH III
PAUL H. NEILSON
JAMES A. NEWTON
MILTON E. NICKS
WILBUR W. NOLDA
CARL R. NORMAN
ELMER R. NORTON
EDWARD J. OBRIEN
THOMAS O. PAPE
RICHARD L. PEDERSEN
JERRY H. PETERSON
JAMES TRUMAN PICKETT
ARLIN J. PINNEO
ELDON G. PORTSCHI
LAWRENCE H. PRATHER
DELBERT F. PRESCOTT
MARION A. QUILLEN
JOHN H. RAMAEKERS

RICHARD C. RAMSIER
RAY L. RASMUSSEN
ARCHIE J. REON
JOHN R. RICE
ARDYS LEE RICHARDSON
LAWRENCE RIEDMANN
JULIAN R. RIPLEY
HERBERT ROBERTSON
WALTER G. ROBINSON
JACK F. ROOT
NORMAN M. ROSENBLATT
VALDEAN ROSENBOOM
ROBERT E. ROTH
DON E. ROWLEY
ROBERT L. RUTT
JULE C. RYBOLT
JOHN D. SALZBRENNER
PAUL LEO SANDOVAL
MARION R. SCHAFFERT
RAY W. SCHEIBE
HENRY R. SCHLUETER
JOHN ROBERT SCHMID
MYRON LEE SCHNEIDER
ROBERT H. SCHOEL
RUEBEN SCHRAEDER
DONALD A. SCHWARTZ
RAYMOND K. SCHWEITZ
RICHARD J. SEADORE
WILLIAM L. SEERY
RAYMOND GERALD SEIDEL
JAMES M. SELZER
LARRY R. SHANE
LYLE L. SHAUL
CHARLES C. SHIPPS
JACK HOWARD SHRAMEK
WILLIAM D. SIMMONS
ROBERT L. SIMPSON
IVAN BRUST SLOTE
AUGUST O. SMITH
FRANCIS K. SMITH
MYRON JAMES SMITH
THEODORE G. SMITH
RICHARD T. SMOTTS
CHARLES R. SOHLER
WILLIAM SOUKUP JR.
KENNETH C. SOWERS
DONALD G. SPERL
RODNEY L. SRB
GEORGE K. STAIRS
VERNON IVAN STANLEY
DANIEL F. STEFFEN
DONALD E. STEFFEN

JOHN T. STERNARD
RICHARD C. STEVENS
JAMES W. STOLL
LLOYD F. STRAUSER
DAVID C. SULLIVAN
WILLIAM SWANSON
WILLIAM EDWARD SWANSON
GAYLE L. SWOPE
DONALD L. SYBRANT
EUGENE DUANE TANGEMAN
CLARK E. TAYLOR
LAWRENCE IVAN TAYLOR
DALE D. THOMPSON
DONALD CHRIS TRAUSCH
KENNETH T. TRUTNA
JOSEPH L. TURNER
CHARLES VAN OSDOL
CALVIN VAN WINKLE
CHARLES E. VANCE
ANGELO M. VELASQUEZ
PAUL B. VIDOCK
JOHN P. VINKENBERG
CHARLES A. VOREL
PAUL AMARINE WAGNER
TEDDY J. WALKER
HOWARD KEITH WALLING
DONALD A. WARNING
ROBERT B. WATSON
ELDON D. WAYMIRE
STANLEY S. WEBB
JOHN EDWARD WHITE
ROBERT J. WICHMAN
MARVIN WIEBELHAUS
LAWRENCE A. WILCOX
CHARLES H. WILSON
RAY WILSON
RODNEY H. WILSON
MILTON LANE WISEMAN
JOHN G. WRAY
DONALD D. WRIGHT
ROY E. WRIGHT
GEORGE R. WYLIE
BEN J. YATES
WALTER L. YETTER
AMADORE YOUNG JR.
EDWARD E. ZIMBELMAN
DARRELL W. ZORN

NEVADA

GEORGE C. ARNOLD
ROBERT N. ATHA
EDWARD BENAVIDEZ
ROBERT L. BOUNDS
RICHARD A. BOWLER
HOWARD DUNCAN CAMPBELL JR.

ADELBERT CONOVER
FELIPE CORUJO
CURTIS L. DALE
MELVIN J. DAVE
MARION V DEAN
JOHN W. DEWERFF

LEWIS M. FIREY JR.
EUGENE FRANCOVICH
JAMES B. FRIEL
ROBERT T. GLAKELER
FRANCIS E. HARRISON
LLOYD J HENLEY

ARTHUR WILLIAM HOULT
CLARENCE A. JAMES
CARL W. JOHNSON
DANNY J. KEOGH
JAMES E. LOWERY
ROBERT W. MORTON

JOHN NEVERS JR.
RICHARD A. NIXON
STANLEY D. OSBORNE
MAUN T. PETERSEN
DAVID E. PURSLEY
DORRANCE S. RADCLIFFE

FRANK RALPH SALAZAR
CHARLES SWEETWOOD
DANIEL E. WAIN
GERALD B. WHITEROCK

NEW HAMPSHIRE

PHILIP W. ACKLEY
JOHN STEWART ALBERT
FLOYD N. ALEXANDER
FRANCIS A. ASHEY
JOHN LOW BABSON JR.
GERARD E. BEAUPRE
LYMAN W. BIGELOW III
RICHARD E. BIGELOW
ABNER S. BLACK
CHARLES BLANCHETTE
PHILIP A. BOTSFORD
ARTHUR JOHN BOWER JR.
JOHN C. BRENNAN
ARTHUR D. BUCKLEY
ELMER TROMBLY BULLOCK
OSWALD CARBONNEAU
WALTER FRANCIS CAREY
WILLIAM A. CARTIER
MADISON F. CHARLES
LESTER T. CHASE
THOMAS J. CHATIGNY
GUY O. CHESLEY
ROLAND E. CHRISTIAN

ALBERT C. COLBY
ROGER B. COTE
CLAUDE I. CRAWFORD
GEORGE A. CURLEY JR.
JAMES H. DAME
FRANCIS R. DECAPOT
JOSEPH ADELARD MAR DEMERS
ARMAND R. DESCHENES
ROGER LOUIS DESCLOS
MYRON G. DICK
HENRY J. DIONNE
ROBERT A. DOLL
GEORGE R. DOW
GERARD L J. DUBAY
RICHARD E. DUCHARME
GILBERT D. DUMAIS
LELAND R. DUNHAM
ARTHUR W. DUNTON JR.
WILLIAM N. EATON
EDWARD F. EWENS
LIONEL R. FAVREAU
WARREN A. FISH
HENRY C. FLANDERS

FREDERICK FLEMING
ROBERT S. FLETCHER
GORDON P. FOX
REGINALD E. FRAZIER
GERALD P. GAUTHIER
DAVID M. GORDON
FREDERICK M. GRAY
BENJAMIN W. GRIGGS
RUOY H. HAFERKAMP
ELMER R. HAMLIN
ROBERT S. HEDMAN
RICHARD C. HENSON
HERBERT HESSELTINE
GEORGE N. HILL
PHILIP HOYES HOBSON
ROBERT JAMES HOLBROOK
WINFIELD S. HOUSE
CLAYTON M. HUCKINS
LEO W. JACQUES
LEON J JACQUES JR.
ANANIAS JANVRIN
PAUL H. JORDON
VASILIO KARAGIOZIS

JOHN M. KELLEY
RAYMOND E. KELLEY
WARREN O. KENDALL
CHARLES K. KERR
LEO H. LA FONTE
ARTHUR R. LABONTE
ROLAND L LE BLANC
THEODORE W. LEDOUX
RONALD NORMAN LEVASSEUR
FRANK E. MABEY
ROBERT HUGH MALLOY
DAVID CHARLES J. MARIER
THOMAS E. MASON
EARNEY ALFRED MAYO JR.
JAMES J. MAYO
ALBERT A. MC CARTHY
EDWARD MC CORMACK
RONALD W. MC KENZIE
JOS H. R. MERCIER
RALPH C. MERRILL JR.
BRUCE R. MILLS
ROBERT J. MOODY
CAROL J. MOREAU

FERNAND A. MORIN
PETER J. MORIN JR.
EDWARD J MORSE JR.
JOHN M MURPHY
LELON A. OLSON
CHESTER EARL PARIS
JOSEPH N. PELLETIER
GENE L. PIELA
RAYMOND S. PIKE
JOSEPH E. POTVIN
ALPHONSE H. RAYMOND
ELMER P. RICHARD
WALLACE RITTER
RICHARD E. RIVERS
CLIFFORD E. ROALF
DONALD A. ROBERGE
JOSEPH A. ROBILLARD
HAROLD J ROLFE JR.
LEONARD EDMOND ROY
ERNEST F. RUSSELL
JOHN L. SANBORN
DELMO SANTOS
LEO P. T. SAVARD

ALFRED H. SIDNEY
HARRY S. SMITH
ROGER A. ST. PIERRE
GARY S. STICKLES
GEORGE W. STIMPSON
DONALD A. STUART
EARL ARTHUR SWEATT
JOSEPH W. TROY
ROGER TRUDEAU
EDMUND J. TURCOTTE
LEON H. TUTT
BERGHE DONA VANDEN
LEIGH M. WENTWORTH
MARK A. WENTWORTH
FRANCIS E. WILSON
WILLIAM J. WRIGHT
ERWIN C. YOUNG JR.
ERNEST A. ZECHA JR.

NEW JERSEY

OTERO ANGEL ACUNA
ISAAC F. ADAMS
JOHN WILLIAM ALBERTS
JOHN EDGAR ALBRING
CHARLES ALEXANDER
CHARLES J. ALLENO
RICHARD JOSEPH AMANN

KARL A. AMBERG
RUSSELL ANNIS
NICHOLAS MICHAEL ARCURI
ALFRED A. ARENOBINA
JOSEPH ARGENZIANO
WILLIAM JOSEPH ARMSTRONG
WALTER J ARNTS JR.

RUSSEL ASHENFELDER
WILLIAM ASPELL
FRED W ATEN
EDWARD J. AJMACK
SOLOMON A. BACHRACH
WALTER BALEJA
THOMAS J. BANKS

ANTHONY J. BARBER
JAMES J. BARNETT JR.
WILLIAM CHARLES BARR
JOHN MICHAEL BARRETT
THOMAS G. BARRETT
EDWIN S. BARROW
FREDERICK W. BARTH

HAROLD H. BATES
ROLAND R. BATSON JR.
PHILIP C. BAUS
FRANK W. BEGASSE
RAYMOND BEHRINGER
FRANCIS BELLASINO
NICOLA BELLEGARDE

ROBERT HERBERT BENCK
DONALD J. BENDER
EDWARD CLYDE BENFOLD
HUGHES BENNETT
FRANCIS H. BENTLEY
ANTHONY BERNOSK
VITO J. BIANCO

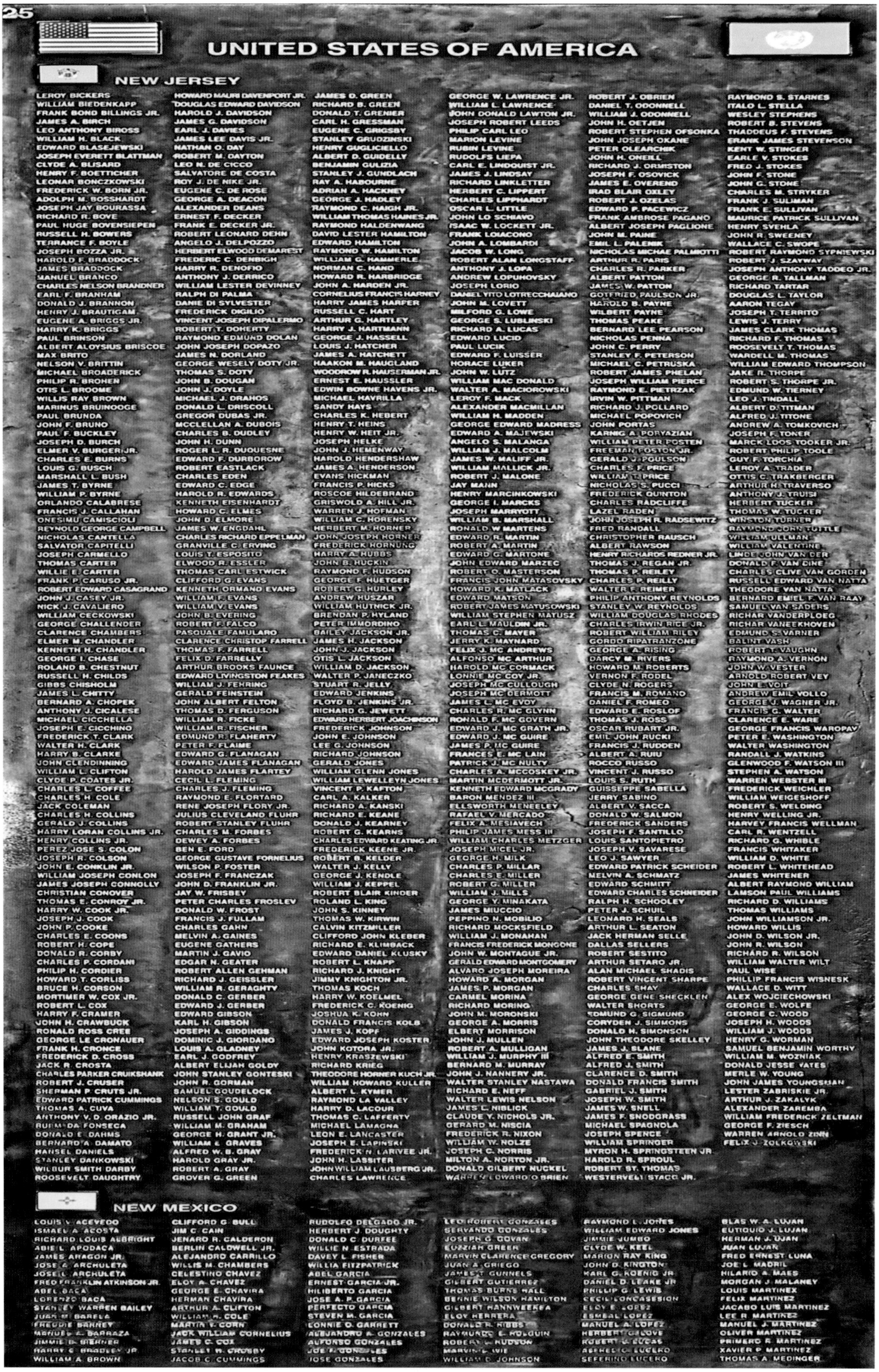

UNITED STATES OF AMERICA

NEW JERSEY

LEROY BICKERS
WILLIAM BIEDENKAPP
FRANK BOND BILLINGS JR.
JAMES A. BIRCH
LEO ANTHONY BIROSS
WILLIAM H. BLACK
EDWARD BLASEJEWSKI
JOSEPH EVERETT BLATTMAN
CLYDE A. BLISARD
HENRY F. BOETTICHER
LEONAR BONCZXOWSKI
FREDERICK W. BORN JR.
ADOLPH M. BOSSHARDT
JOSEPH JAY BOURASSA
RICHARD R. BOVE
PAUL HUGE BOVENSIEPEN
RUSSELL H. BOWERS
TERRANCE F. BOYLE
JOSEPH BOZZA JR.
HAROLD F. BRADDOCK
JAMES BRADDOCK
MANUEL BRANCO
CHARLES NELSON BRANDNER
EARL F. BRANHAM
DONALD J. BRANNON
HENRY J. BRAUTIGAM
EUGENE A. BRIGGS JR.
HARRY K. BRIGGS
PAUL BRINSON
ALBERT ALOYSIUS BRISCOE
MAX BRITO
NELSON V. BRITTIN
MICHAEL BRODERICK
PHILIP R. BROHEN
OTIS L. BROOME
WILLIS RAY BROWN
MARINUS BRUINOOGE
PAUL BRUNDA
JOHN F. BRUNO
PAUL F. BUCKLEY
JOSEPH D. BURCH
ELMER V. BURGER JR.
CHARLES E. BURNS
LOUIS G. BUSCH
MARSHALL L. BUSH
JAMES T. BYRNE
WILLIAM P. BYRNE
ORLANDO CALABRESE
FRANCIS J. CALLAHAN
ONESIMU CAMISCIOLI
REYNOLD GEORGE CAMPBELL
NICHOLAS CANTELLA
SALVATOR CAPITELLI
JOSEPH CARMELLO
THOMAS CARTER
WILLIE E. CARTER
FRANK F. CARUSO JR.
ROBERT EDWARD CASAGRAND
JOHN J CASEY JR.
NICK J. CAVALIERO
WILLIAM CECKOWSKI
GEORGE CHALLENDER
CLARENCE CHAMBERS
ELMER M. CHANDLER
KENNETH H. CHANDLER
GEORGE I. CHASE
ROLAND B. CHESTNUT
RUSSELL H. CHILDS
GIBBS CHISHOLM
JAMES L. CHITTY
BERNARD A CHOPEK
ANTHONY J. CICALESE
MICHAEL CICCHELLA
JOSEPH E. CICCHINO
FREDERICK T. CLARK
WALTER H. CLARK
HARRY B. CLARKE
JOHN CLENDINNING
WILLIAM L. CLIFTON
CLYDE P. COATES JR.
CHARLES T. COFFEE
CHARLES H. COLE
JACK COLEMAN
CHARLES H. COLLINS
GERALD J. COLLINS
HARRY LORAN COLLINS JR.
HENRY COLLINS JR.
PEREZ JOSE S. COLON
JOSEPH R. COLSON
JOHN E. CONKLIN JR.
WILLIAM JOSEPH CONLON
JAMES JOSEPH CONNOLLY
CHRISTIAN CONOVER
THOMAS E. CONROY JR.
HARRY W. COOK JR.
JOSEPH J. COOK
JOHN P. COOKE
CHARLES E. COONS
ROBERT H. COPE
DONALD R. CORBY
CHARLES P. CORDANI
PHILIP H. CORDIER
HOWARD T. CORLISS
BRUCE H. CORSON
MORTIMER W. COX JR.
ROBERT L. COX
HARRY F. CRAMER
JOHN H. CRAWBUCK
RONALD ROSS CREE
GEORGE LE CRONAUER
FRANK H. CRONCE
FREDERICK D. CROSS
JACK R. CROSTA
CHARLES PARKER CRUIKSHANK
ROBERT J. CRUSER
SHERMAN P CRUTS JR.
EDWARD PATRICK CUMMINGS
THOMAS A. CUVA
ANTHONY V. D. ORAZIO JR.
RUFINO DA FONSECA
DONALD E DAHMS
BERNARD A DAMATO
HANSEL DANIELS
STANLEY DANKOWSKI
WILBUR SMITH DARBY
ROOSEVELT DAUGHTRY

HOWARD MAURI DAVENPORT JR.
DOUGLAS EDWARD DAVIDSON
HAROLD J. DAVIDSON
JAMES G. DAVIDSON
EARL J. DAVIES
JAMES LEE DAVIS JR.
NATHAN O. DAY
ROBERT M. DAYTON
LEO N. DE CICCO
SALVATORE DE COSTA
ROY J. DE NIKE JR.
EUGENE C. DE ROSE
GEORGE A. DEACON
ALEXANDER DEANS
ERNEST R. DECKER
FRANK E. DECKER JR.
ROBERT LEONARD DEHN
ANGELO J. DELPOZZO
HERBERT ELWOOD DEMAREST
FREDERIC C. DENBIGH
HARRY R. DENOFIO
ANTHONY J. DERRICO
WILLIAM LESTER DEVINNEY
RALPH DI PALMA
DANIE DI SYLVESTER
FREDERICK DIGILIO
VINCENT JOSEPH DIPALERMO
ROBERT T. DOHERTY
RAYMOND EDMUND DOLAN
JOHN JOSEPH DOPAZO
JAMES N. DORLAND
GEORGE WESELY DOTY JR.
THOMAS S. DOTY
JOHN B. DOUGAN
JOHN J. DOYLE
MICHAEL J. DRAHOS
DONALD L. DRISCOLL
GREGOR DUBAS JR.
MCCLELLAN A. DUBOIS
CHARLES B. DUDLEY
JOHN H. DUNN
ROGER L. R. DUQUESNE
EDWARD F. DURBOROW
ROBERT EASTLACK
CHARLES EDEN
EDWARD C. EDGE
HAROLD R. EDWARDS
KENNETH EISENHARDT
HOWARD G. ELMES
JOHN D. ELMORE
JAMES W. ENGDAHL
CHARLES RICHARD EPPELMAN
GRANVILLE C. ERVING
LOUIS T. ESPOSITO
ELWOOD R. ESSLER
THOMAS CARL ESTWICK
CLIFFORD G. EVANS
KENNETH ORMAND EVANS
WILLIAM EVANS
WILLIAM V. EVANS
JOHN B. EVERING
ROBERT F. FALCO
PASQUALE FAMULARO
CLARENCE CHRISTOP FARRELL
THOMAS F. FARRELL
FELIX D. FARRELLY
ARTHUR BROOKS FAUNCE
EDWARD LIVINGSTON FEAKES
WILLIAM J. FEHRING
GERALD FEINSTEIN
JOHN ALBERT FELTON
THOMAS D. FERGUSON
WILLIAM R. FICKE
WILLIAM R. FISCHER
EDMUND R. FLAHERTY
PETER F. FLAIME
EDWARD G. FLANAGAN
EDWARD JAMES FLANAGAN
HAROLD JAMES FLARTEY
CECIL L. FLEMING
CHARLES C. FLEMING
RAYMOND E. FLORTARD
RENE JOSEPH FLORY JR.
JULIUS CLEVELAND FLUHR
ROBERT STANLEY FLUHR
CHARLES M. FORBES
DEWEY A. FORBES
BEN E. FORD
GEORGE GUSTAVE FORNELIUS
WILSON P. FOSTER
JOSEPH F. FRANCZAK
JOHN D. FRANKLIN JR.
JAY W. FRISBEY
PETER CHARLES FROSLEV
DONALD W. FROST
FRANCIS J. FULLAM
CHARLES GAHN
MELVIN A. GAINES
EUGENE GATHERS
MARTIN J. GAVIO
EDGAR N. GEATER
ROBERT ALLEN GEHMAN
RICHARD J. GEISSLER
WILLIAM R. GERAGHTY
DONALD C. GERBER
EDWARD J. GERBER
EDWARD GIBSON
KARL H. GIBSON
JOSEPH A. GIDDINGS
DOMINIC J. GIORDANO
LOUIS A. GLADNEY
EARL J. GODFREY
ALBERT ELIJAH GOLDY
JOHN STANLEY GONTESKI
JOHN R. GORMAN
SAMUEL GOUDELOCK
NELSON S. GOULD
WILLIAM T. GOULD
RUSSELL JOHN GRAF
WILLIAM M. GRAHAM
GEORGE H. GRANT JR.
WILLIAM A. GRAVES
ALFRED W. B. GRAY
HAROLD GRAY JR.
ROBERT A. GRAY
GROVER G. GREEN

JAMES D. GREEN
RICHARD B. GREEN
DONALD T. GRENIER
CARL H. GRESSMAN
EUGENE C. GRIGSBY
STANLEY GRUDZINSKI
HENRY GUGLICIELLO
ALBERT D. GUIDELLY
BENJAMIN GULIZIA
STANLEY J. GUNDLACH
RAY A. HABOURNE
ADRIAN A. HACKNEY
GEORGE J. HADLEY
RAYMOND C. HAIGH JR.
WILLIAM THOMAS HAMES JR.
RAYMOND HALDENWANG
DAVID LESTER HAMILTON
EDWARD HAMILTON
RAYMOND W. HAMILTON
WILLIAM G. HAMMERLE.
NORMAN C. HAND
HOWARD R. HARBRIDGE
JOHN A. HARDEN JR.
CORNELIUS FRANCIS HARNEY
HARRY JAMES HARPER
RUSSELL G. HART
ARTHUR G. HARTLEY
HARRY J. HARTMANN
GEORGE J. HASSELL
LOUIS J. HATCHER
JAMES A. HATCHETT
HAAKON M. HAUGLAND
WOODROW R. HAUSERMAN JR.
ERNEST A. HAUSSLER
EDWIN BOWNE HAVENS JR.
MICHAEL HAVRILLA
SANDY HAYS JR.
CHARLES K. HEBERT
HENRY T. HEINS
HENRY W. HEIT JR.
JOSEPH HELKE
JOHN J. HEMENWAY
HAROLD HENDERSHAW
JAMES A. HENDERSON
EVANS HICKMAN
FRANCIS P. HICKS
ROSCOE HILDEBRAND
GRISWOLD A. HILL JR.
WARREN J. HOFMAN
WILLIAM C. HORENSKY
HERBERT M. HORNER
JOHN JOSEPH HORNER
FREDERICK HORNUNG
HARRY A. HUBBS
JOHN B. HUCKIN
RAYMOND F. HUDSON
GEORGE F. HUETGER
ROBERT G. HURLEY
ANDREW HUSZAR
WILLIAM HUTNICK JR.
BRENDAN P. HYLAND
PETER IMMORDINO
BAILEY JACKSON JR.
JAMES H. JACKSON
JOHN J. JACKSON
OTIS L. JACKSON
WILLIAM D. JACKSON
WALTER P. JANECZKO
STUART R. JELLY
EDWARD JENKINS
FLOYD B. JENKINS JR.
RICHARD G. JEWETT
EDWARD HERBERT JOACHIMSON
FREDERICK JOHNSON
JOHN E. JOHNSON
LEE G. JOHNSON
RICHARD JOHNSON
GERALD JONES
WILLIAM GLENN JONES
WILLIAM LLEWELLYN JONES
VINCENT P. KAFTON
CARL A. KALKER
RICHARD A. KANSKI
RICHARD E. KEANE
DONALD J. KEARNEY
ROBERT G. KEARNS
CHARLES EDWARD KEATING JR.
FREDERICK KEENE JR.
ROBERT B. KELDER
WALTER J. KELLY
GEORGE J. KENDLE
WILLIAM J. KEPPEL
ROBERT BLAIR KINDER
ROLAND L. KING
JOHN S. KINNEY
THOMAS W. KIRWIN
CALVIN KITZMILLER
CLIFFORD JOHN KLEBER
RICHARD E. KLIMBACK
EDWARD DANIEL KLUSKY
ROBERT L. KNAPP
RICHARD J. KNIGHT
JIMMY KNIGHTON JR.
THOMAS KOCH
HARRY W. KOELMEL
FREDERICK C. KOENIG
JOSHUA K. KOHN
DONALD FRANCIS KOLB
JAMES J. KOPF
EDWARD JOSEPH KOSTER
JOHN KOTORA JR.
HENRY KRASZEWSKI
RICHARD KRIEG
THEODORE HORNER KUCH JR.
WILLIAM HOWARD KULLER
ALBERT L. KYMER
RAYMOND LA VALLEY
HARRY D. LACOUR
THOMAS C. LAFFERTY
MICHAEL LAMAGNA
LEON E. LANCASTER
JOSEPH E. LAPINSKI
FREDERICK N. LARIVEE JR.
JOHN H. LASSITER
JOHN WILLIAM LAUSBERG JR.
CHARLES LAWRENCE

GEORGE W. LAWRENCE JR.
WILLIAM L. LAWRENCE
JOHN DONALD LAWTON JR.
JOSEPH ROBERT LEEDS
PHILIP CARL LEO
MARION LEVINE
RUBIN LEVINE
RUDOLFS LIEPA
CARL E. LINDQUIST JR.
JAMES J. LINDSAY
RICHARD LINKLETTER
HERBERT C. LIPPERT
CHARLES LIPPHARDT
OSCAR L. LITTLE
JON LO SCHIAVO
ISAAC W. LOCKETT JR.
FRANK LOIACONO
JOHN A. LOMBARDI
JACOB W. LONG
ROBERT ALAN LONGSTAFF
ANTHONY J. LOPA
ANDREW LOPUHOVSKY
JOSEPH LORIO
DANIEL VITO LOTRECCHIAIANO
JOHN M. LOVETT
WILFORD O. LOWE
GEORGE S. LUBLINSKI
RICHARD A. LUCAS
EDWARD LUCID
PAUL LUCIK
EDWARD F. LUISSER
HORACE LUKER
JOHN W. LUTZ
WILLIAM MAC DONALD
WALTER A. MACIOROWSKI
LEROY F. MACK
ALEXANDER MACMILLAN
WILLIAM H. MADDEN
GEORGE EDWARD MADRESS
EDWARD A. MAJEWSKI
ANGELO S. MALANGA
WILLIAM J. MALCOLM
JAMES W. MALIFF JR.
WILLIAM MALLICK JR.
ROBERT J. MALONE
JAY MANN
HENRY MARCINKOWSKI
GEORGE A. MARCKS
JOSEPH MARRYOTT
WILLIAM B. MARSHALL
RONALD W MARTENS
EDWARD R. MARTIN
ROBERT A. MARTIN
EDWARD G. MARTONE
JOHN EDWARD MARZEC
ROBERT O. MASTERSON
FRANCIS JOHN MATASOVSKY
HOWARD K MALLACK
EDWARD MATSON
ROBERT JAMES MATUSOWSKI
WILLIAM STEPHEN MATUSZ
EARL L. MAULDIN JR.
THOMAS C. MAYER
JERRY K. MAYNARD
FELIX J. MC ANDREWS
ALFONSO MC ARTHUR
HAROLD MC CORMACK
LONNIE MC COY JR.
JOSEPH MC CULLOUGH
JOSEPH MC DERMOTT
JAMES L. MC EVOY
CHARLES R. MC GLYNN
RONALD E. MC GOVERN
EDWARD J. MC GRATH JR.
EDWARD J. MC GUIRE
JAMES P. MC GUIRE
FRANCES E. MC LAIN
PATRICK J. MC NULTY
CHARLES A. MCCOSKEY JR.
MARTIN MCDERMOTT JR.
KENNETH EDWARD MCGRADY
BARON MEDBERG III
ELLSWORTH MENEELEY
RAFAEL V. MERCADO
FELIX A. MESIAVECH
PHILIP JAMES MESS III
WILLIAM CHARLES METZGER
JOSEPH MICEL JR.
GEORGE N. MILK
CHARLES P. MILLAR
CHARLES E. MILLER
ROBERT G. MILLER
WILLIAM J. MILLS
GEORGE Y. MINAKATA
JAMES MIUCCIO
PEPPINO N. MOBILIO
RICHARD MOCKSFIELD
WILLIAM J. MONAHAN
FRANCIS FREDERICK MONGONE
JOHN W. MONTAGUE JR.
GERALD EDWARD MONTGOMERY
ALVARO JOSEPH MOREIRA
HOWARD A. MORGAN
JAMES P. MORGAN
CARMEL MORINA
RICHARD MORING
JOHN M. MORONSKI
GEORGE A. MORRIS
ELBERT MORRISON
JOHN J. MULLEN
ROBERT A. MULLIGAN
WILLIAM J. MURPHY III
BERNARD M. MURRAY
JOHN J. NANNERY JR.
WALTER STANLEY NASTAWA
RICHARD E. NEFF
WALTER LEWIS NELSON
JAMES C. NIBLICK
CLAUDE Y. NICHOLS JR.
GERARD M. NISCIA
FREDERICK N. NIXON
WILLIAM W. NOLZE
JOSEPH C. NORRIS
MILTON A. NORTON JR.
DONALD GILBERT NUCKEL
WARREN EDWARD O'BRIEN

ROBERT J. OBRIEN
DANIEL T. ODONNELL
WILLIAM J. ODONNELL
JOHN H. OETJEN
ROBERT STEPHEN OFSONKA
JOHN JOSEPH OKANE
PETER OLEARCHIK
JOHN H. ONEILL
RICHARD J. ORMISTON
JOSEPH F. OSOVICK
JAMES E. OVEREND
IRAD BLAIR OXLEY
ROBERT J. OZELAS
EDWARD P. PACEWICZ
FRANK AMBROSE PAGANO
ALBERT JOSEPH PAGLIONE
JOHN M. PAINE
EMIL L. PALENIK
NICHOLAS MICHAE PALMIOTTI
ARTHUR R. PARIS
CHARLES R. PARKER
ALBERT PATTON
JAMES W. PATTON
GOTFRIED, PAULSON JR.
HAROLD B. PAYNE
WILBERT PAYNE
THOMAS PEAKE
BERNARD LEE PEARSON
NICHOLAS PENNA
JOHN C. PERRY
STANLEY T. PETERSON
MICHAEL C. PETRUSKA
ROBERT JAMES PHELAN
JOSEPH WILLIAM PIERCE
RAYMOND E. PIETRZAK
IRVIN W. PITTMAN
RICHARD J. POLLARD
MICHAEL POPOVICH
JOHN PORTAS
KARNIG A. PORYAZIAN
FREEMAN POSTEN JR.
GERALD J. POULSON
CHARLES F. PRICE
WILLIAM H PRICE
NICHOLAS S. PUCCI
FREDERICK QUINTON
CHARLES RANCLIFFE
LAZEL RADEN
JOHN JOSEPH R. RADSEWITZ
FRED RANDALL
CHRISTOPHER RAUSCH
ALBERT RAWSON
HENRY RICHARDS REDNER JR.
THOMAS J. REGAN JR.
THOMAS P. REILEY
CHARLES P. REILLY
WALTER E. REIMER
PHILIP ANTHONY REYNOLDS
STANLEY W. REYNOLDS
WILLIAM DOUGLAS RHODES
CHARLES IRWIN RICE JR.
ROBERT WILLIAM RILEY
GORDO RIPATRANZONE
GEORGE A. RISING
DARCY M. RIVERS
HOWARD M. ROBERTS
VERNON F. RODEL
CLYDE N. ROGERS
FRANCIS M. ROMANO
DANIEL F. ROMEO
EDWARD E. ROSLOF
THOMAS J. ROSS
OSCAR RUBART JR.
EMIL JOHN RUCKI
FRANCIS J. RUDDEN
ALBERT A. RUIU
ROCCO RUSSO
VINCENT J. RUSSO
LOUIS S. RUTH
GUISSEPPE ISABELLA
JERRY SABINO
ALBERT V. SACCA
DONALD W. SALMON
FREDERICK SANDERS
JOSEPH F. SANTILLO
LOUIS SANTOPIETRO
JOSEPH V. SAVARESE
LEO J. SAWYER
EDWARD PATRICK SCHEIDER
MELVIN A. SCHMATZ
EDWARD SCHMITT
EDWARD CHARLES SCHNEIDER
RALPH H. SCHOOLEY
PETER J. SCHUIL
LEONARD H. SEALS
WALTER L. SEATON
JACK HERMAN SELLE
DALLAS SELLERS
ROBERT SESTITO
ARTHUR SETARO JR.
ALAN MICHAEL SHADIS
ROBERT VINCENT SHARPE
CHARLES SHAY
GEORGE GENE SHECKLEN
WALTER SHORTS
EDMUND G. SIGMUND
CORYDEN J. SIMMONS
DONALD M. SIMONSON
JOHN THEODORE SKELLEY
JAMES J. BLANE
ALFRED T. SMITH
ALFRED J. SMITH
CLARENCE D. SMITH
DONALD FRANCIS SMITH
GABRIEL J. SMITH
JOSEPH W. SMITH
JAMES W. SNELL
JAMES F. SNODGRASS
MICHAEL SPAGNOLA
JOSEPH SPENCE
WILLIAM SPRINGER
BYRON N. SPRINGSTEEN JR
HAROLD R. SPROUL
ROBERT ST. THOMAS
WESTERVELT STACC JR.

RAYMOND S. STARNES
ITALO L. STELLA
WESLEY STEPHENS
ROBERT B. STEVENS
THADDEUS F. STEVENS
FRANK JAMES STEVENSON
KENT W. STINGER
EARLE V. STOKES
FRED J. STOKES
JOHN F. STONE
JOHN G. STONE
CHARLES M. STRYKER
FRANK J. SULIMAN
FRANK E. SULLIVAN
MAURICE PATRICK SULLIVAN
JOHN R. SWEENEY
WALLACE C. SWOPE
ROBERT RAYMOND SYPNIEWSKI
ROBERT J. SZAYWAY
JOSEPH ANTHONY TADDEO JR.
GEORGE R. TALLMAN
RICHARD TARTAR
DOUGLAS L. TAYLOR
AARON TEGAY
JOSEPH T. TERRITO
LEWIS J. TERRY
JAMES CLARK THOMAS
RICHARD F. THOMAS
ROOSEVELT S. THOMAS
WARDELL M. THOMAS
WILLIAM EDWARD THOMPSON
JAKE R. THORPE
ROBERT S. THORPE JR.
EDMUND W. TIERNEY
LEO J. TINDALL
ALBERT D. TITMAN
ALFRED J. TITONE
ANDREW A. TOMKOVICH
JOSEPH F. TONER
MARCK LOOS TOOKER JR.
ROBERT PHILIP TOOLE
GUY F. TORCHIA
LEROY A. TRADER
OTTIS C. TRAKBERGER
ARTHUR H.TRAVERSO
ANTHONY J. TRUISI
HERBERT TUCKER
THOMAS W. TUCKER
WINSTON TURNER
RAYMOND JOHN TUTTLE
WILLIAM ULLMAN
WILLIAM VALENTINE
LINDE JOHN VAN DER
DONALD F. VAN CINE
CHARLES CLIVE VAN GORDEN
RUSSELL EDWARD VAN NATTA
THEODORE VAN NATTA
BERNARD EMIEL T. VAN RAAY
SAMUEL VAN SADERS
RICHAR VANDERPLOEG
RICHAR VANEEKHOVEN
EDMUND S. VARNER
BALINT VASH
ROBERT T. VAUGHN
RAYMOND A. VERNON
JOHN W. VESTER
ARNOLD ROBERT VEY
JOHN VOIT
ANDREW EMIL VOLLO
GEORGE J. WAGNER JR.
FRANCIS G. WALTER
CLARENCE E. WARE
GEORGE FRANCIS WAROPAY
PETER E. WASHINGTON
WALTER WASHINGTON
RANDALL J. WATKINS
GLENWOOD F. WATSON III
STEPHEN A. WATSON
WARREN WEBSTER III
FREDERICK WEICHLER
WILLIAM WEIGESHOFF
ROBERT S. WELDING
HENRY WELLING JR.
HARVEY FRANCIS WELLMAN
CARL R. WENTZELL
RICHARD G. WHIBLE
FRANCIS WHITAKER
WILLIAM D. WHITE
EARL L. WHITEHEAD
JAMES WHITENER
ALBERT RAYMOND WILLIAM
LAMSON PAUL WILLIAMS
RICHARD D. WILLIAMS
THOMAS WILLIAMS
JOHN WILLIAMSON JR.
HOWARD WILLIS
JOHN D. WILSON JR.
RICHARD R. WILSON
WILLIAM WALTER WILT
PAUL WISE
PHILLIP FRANCIS WISNESK
WALLACE D. WITT
ALEX WOJCIECHOWSKI
GEORGE E. WOLFE
GEORGE C. WOOD
JOSEPH H. WOODS
WILLIAM J. WOODS
HENRY G. WORMAN
SAMUEL BENJAMIN WORTHY
WILLIAM M. WOZNIAK
DONALD JESSE YATES
MERLE W. YOUNG
JOHN JAMES YOUNGSMAN
LESTER ZABRISKIE JR.
ARTHUR J. ZAKALYK
ALEXANDER ZAREMBA
WILLIAM FREDERICK ZELTMAN
GEORGE F. ZIESCH
WARREN ARNOLD ZINN
FELIX J. ZOLKOWSKI

NEW MEXICO

LOUIS V. ACEVEDO
ISMAEL A. ACOSTA
RICHARD LOUIS ALBRIGHT
ABIE L. APODACA
JAMES ARAGON JR.
JOSE G. ARCHULETA
JOSE L. ARCHULETA
FRED FRANKLIN ATKINSON JR.
ABEL BACA
LORENZO BACA
STANLEY WARREN BAILEY
JUAN M. BARELA
FREDDIE BARNEY
MANUEL E. BARRAZA
JIMMIE D. BERNER
HARRY E. BRADLEY JR.
WILLIAM A. BROWN

CLIFFORD G. BULL
JIM C. CAIN
JENARD R. CALDERON
BERLIN CALDWELL JR.
ALEJANDRO CARRILLO
WILLIS M. CHAMBERS
CELESTINO CHAVEZ
ELOY A. CHAVEZ
GEORGE E. CHAVIRA
HERMAN CHAVIRA
ARTHUR A. CLIFTON
WILLIAM N. COLE
MARTIN T. CORN
JACK WILLIAM CORNELIUS
JAMES D. COX
STANLEY W. CROSBY
JACOB C. CUMMINGS

RUDOLFO DELGADO JR.
HERBERT J DOUGHTY
DONALD C DURFEE
WILLIE N ESTRADA
DAVEY L. FISHER
WILLIA FITZPATRICK
ABEL GARCIA
ERNEST GARCIA JR.
HILIBERTO GARCIA
JOSE A. P. GARCIA
PERFECTO GARCIA
LONNIE D. GARRETT
ALEJANDRO A. GONZALES
ALFONSO GONZALES
JOE R. GONZALES
JOSE GONZALES

LEO ROBERT GONZALES
SERVANDO GONZALES
JOSEPH G. GOVAN
EUZRIAH GREER
MARVIN CLARENCE GREGORY
JUAN A. GRIEGO
JAMES T. GUNNELS
GILBERT GUTIERREZ
THOMAS BURNS HALL
BERNIE WILSON HAMILTON
GILBERT HANNWEEKRA
ELOY HERRERA
DONALD R. HIBBS
RAYMUNDO E. HOLGUIN
ROBERT W. HUDSON
MARVIN C. IVIE
WILLIAM D. JOHNSON

RAYMOND L. JONES
WILLIAM EDWARD JONES
JIMMIE JUMBO
CLYDE W. KEEL
MARION RAY KING
JOHN D. KINGTON
KARL G. KOENIG JR.
DANIEL D. LEAKE JR.
PHILLIP G. LEWIS
CECIL LONCASSEION
ELOY E. LOPEZ
ESIDAL LOPEZ
MANUEL A. LOPEZ
HERBERT LOVE
ROBERT G. LUCAS
ASTHELIC LUCERO
SEFERINO LUCERO

BLAS W. A. LUJAN
EUTIQUIO LUJAN
HERMAN J. LUJAN
JUAN LUJAN
FRED ERNEST LUNA
JOE L. MADRIL
HILARIO A. MAES
MORGAN J. MALANEY
LOUIS MARTINEX
FELIX MARTINEZ
JACABO LUIS MARTINEZ
LEE R. MARTINEZ
MANUEL J. MARTINEZ
OLIVER MARTINEZ
PRIMERO D. MARTINEZ
XAVIER P. MARTINEZ
THOMAS A. MEDINGER

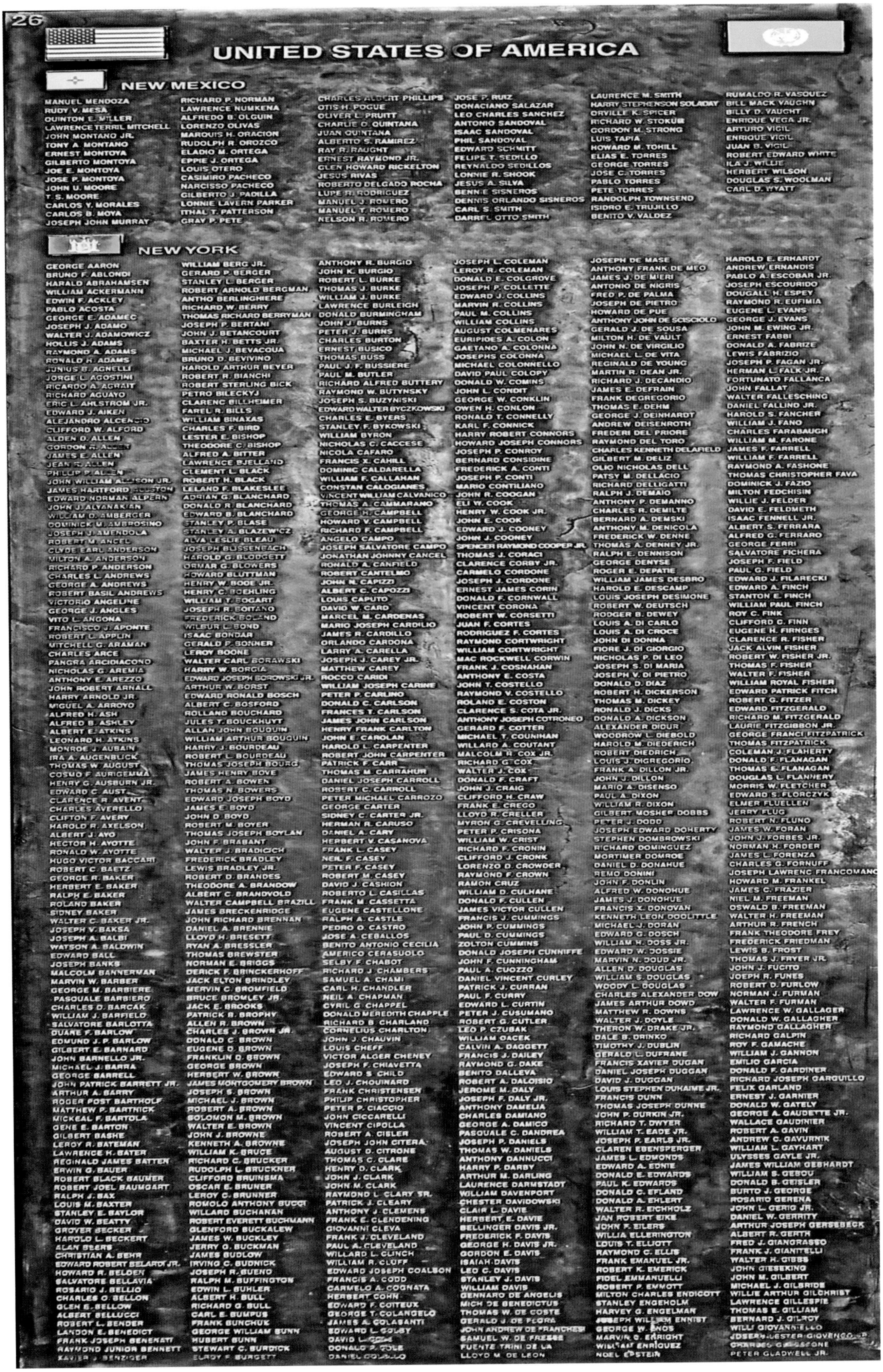
26
UNITED STATES OF AMERICA
NEW MEXICO
MANUEL MENDOZA
RUDY V. MESA
QUINTON E. MILLER
LAWRENCE TERRIL MITCHELL
JOHN MONTANO JR.
TONY A. MONTANO
ERNEST MONTOYA
GILBERTO MONTOYA
JOE E. MONTOYA
JOSE P. MONTOYA
JOHN U. MOORE
T.S. MOORE
CARLOS Y. MORALES
CARLOS B. MOYA
JOSEPH JOHN MURRAY
RICHARD P. NORMAN
LAWRENCE NUMKENA
ALFREDO B. OLGUIN
LORENZO OLIVAS
MARQUIS H. ORACION
RUDOLPH R. OROZCO
ELADIO M. ORTEGA
EPPIE J. ORTEGA
LOUIS OTERO
CASIMIRO PACHECO
NARCISSO PACHECO
GILBERTO J. PADILLA
LONNIE LAVERN PARKER
ITHAL T. PATTERSON
GRAY P. PETE
CHARLES ALBERT PHILLIPS
OTIS H. POGUE
OLIVER L. PRUITT
CHARLIE O. QUINTANA
JUAN QUINTANA
ALBERTO S. RAMIREZ
RAY R. RAUGHT
ERNEST RAYMOND JR.
GLEN HOWARD RICKELTON
JESUS RIVAS
ROBERTO DELGADO ROCHA
LUPE R. RODRIGUEZ
MANUEL J. ROMERO
MANUEL T. ROMERO
NELSON R. ROMERO
JOSE P. RUIZ
DONACIANO SALAZAR
LEO CHARLES SANCHEZ
ANTONIO SANDOVAL
ISAAC SANDOVAL
PHIL SANDOVAL
EDWARD SCHMITT
FELIPE T. SEDILLO
REYNALDO SEDILLOS
LONNIE R. SHOOK
JESUS A. SILVA
BENNIE SISNEROS
DENNIS ORLANDO SISNEROS
CARL S. SMITH
DARREL OTTO SMITH
LAURENCE M. SMITH
HARRY STEPHENSON SOLADAY
ORVILLE K. SPICER
RICHARD W. STOKUS
GORDON M. STRONG
LUIS TAPIA
HOWARD M. TOHILL
ELIAS E. TORRES
GEORGE TORRES
JOSE C. TORRES
PABLO TORRES
PETE TORRES
RANDOLPH TOWNSEND
ISIDRO E. TRUJILLO
BENITO V. VALDEZ
RUMALDO R. VASQUEZ
BILL MACK VAUGHN
BILLY D. VAUGHT
ENRIQUE VEGA JR.
ARTURO VIGIL
ENRIQUE VIGIL
JUAN B. VIGIL
ROBERT EDWARD WHITE
ILA J. WILLIE
HERBERT WILSON
DOUGLAS S. WOOLMAN
CARL D. WYATT
NEW YORK
GEORGE AARON
BRUNO F. ABLONDI
HARALD ABRAHAMSEN
WILLIAM ACKERMANN
EDWIN F. ACKLEY
PABLO ACOSTA
GEORGE E. ADAMEC
JOSEPH J. ADAMO
WALTER J. ADAMOWICZ
HOLLIS J. ADAMS
RAYMOND A. ADAMS
RONALD R. ADAMS
JUNIUS B. AGNELLI
JORGE L. AGOSTINI
RICARDO A. AGRAIT
RICHARD AGUAYO
ERIC L. AHLSTROM JR.
EDWARD J. AIKEN
ALEJANDRO ALCENCIO
CLIFFORD W. ALFORD
ALDEN D. ALLEN
GORDON R. ALLEN
JAMES E. ALLEN
JEAN R. ALLEN
PHILLIP P. ALLEN
JOHN WILLIAM ALLISON JR.
JAMES HARTFORD ALSTON
EDWARD NORMAN ALPERN
JOHN J. ALYANAKIAN
WILLIAM D. AMBERGER
DOMINICK U. AMBROSINO
JOSEPH J. AMENDOLA
ROBERT M. ANCEL
CLYDE EARL ANDERSON
MILTON A. ANDERSON
RICHARD P. ANDERSON
CHARLES L. ANDREWS
GEORGE A. ANDREWS
ROBERT BASIL ANDREWS
VICTORIO ANGELINE
GEORGE J. ANGLES
VITO L. ANGONA
FRANCISCO J. APONTE
ROBERT L. APPLIN
MITCHELL G. ARAMAN
CHARLES ARCE
PANGRA ARCIDIACONO
NICHOLAS G. AREMIA
ANTHONY E. AREZZO
JOHN ROBERT ARNALL
HARRY ARNOLD JR.
MIGUEL A. ARROYO
ALFRED H. ASH
ALFRED B. ASHLEY
ALBERT E. ATKINS
LEONARD H. ATKINS
MONROE J. AUBAIN
IRA A. AUGENBLICK
THOMAS W. AUGUST
HENRY G. AUSBURN JR.
EDWARD AUST
CLARENCE R. AVENT
CHARLES AVERELLO
CLIFTON F. AVERY
HAROLD R. AXELSON
ALBERT J. AYO
HECTOR H. AYOTTE
RONALD W. AYOTTE
HUGO VICTOR BACCARI
ROBERT C. BAETZ
GEORGE R. BAKER
HERBERT E. BAKER
RALPH E. BAKER
ROLAND BAKER
SIDNEY BAKER
WALTER C. BAKER JR.
JOSEPH V. BAKSA
JOSEPH A. BALBI
WATSON A. BALDWIN
EDWARD BALL
JOSEPH BANKS
MALCOLM BANNERMAN
MARVIN W. BARBER
GEORGE M. BARBIERE
PASQUALE BARBIERO
CHARLES D. BARCAK
WILLIAM J. BARFIELD
SALVATORE BARLOTTA
DUANE F. BARLOW
EDMUND J. P. BARLOW
GILBERT E. BARNARD
JOHN BARNELLO JR.
MICHAEL J. BARRA
GEORGE BARRELL
JOHN PATRICK BARRETT JR.
ARTHUR A. BARRY
ROGER POST BARTHOLF
MATTHEW P. BARTNICK
MICKEAL F. BARTOLA
GENE E. BARTON
GILBERT BASHE
LEROY R. BATEMAN
LAWRENCE H. BATER
REGINALD JAMES BATTEN
ERWIN G. BAUER
ROBERT BLACK BAUMER
ROBERT JOEL BAUMGART
RALPH J. BAX
LOUIS M. BAXTER
STANLEY E. BAYLOR
DAVID W. BEATTY
GROVER BECKER
HAROLD L. BECKERT
ALAN BEERS
CHRISTIAN A. BEHR
EDWARD ROBERT BELARDI JR.
HOWARD R. BELDEN
SALVATORE BELLAVIA
ROSARIO J. BELLIO
CHARLES O. BELLON
GLEN E. BELLOW
ALBERT BELLUCCI
ROBERT L. BENDER
LANDON E. BENEDICT
FRANK JOSEPH BENENATI
RAYMOND JUNIOR BENNETT
XAVIER J. BENZIGER
WILLIAM BERG JR.
GERARD P. BERGER
STANLEY L. BERGER
ROBERT ARNOLD BERGMAN
ANTHO BERLINGHIERE
RICHARD W. BERRY
THOMAS RICHARD BERRYMAN
JOSEPH P. BERTANI
JOHN J. BETANCOURT
BAXTER H. BETTS JR.
MICHAEL J. BEVACQUA
BRUNO D. BEVIVINO
HAROLD ARTHUR BEYER
ROBERT R. BIANCHI
ROBERT STERLING BICK
PETRO BILECKYJ
CLARENC BILLHEIMER
FAREL R. BILLS
WILLIAM BINAXAS
CHARLES F. BIRD
LESTER E. BISHOP
THEODORE C. BISHOP
ALFRED A. BITTER
LAWRENCE BJELLAND
CLEMENT L. BLACK
ROBERT H. BLACK
LELAND F. BLAKESLEE
ADRIAN G. BLANCHARD
DONALD R. BLANCHARD
EDWARD B. BLANCHARD
STANLEY P. BLASE
STANLEY P. BLAZEWICZ
ALVA LESLIE BLEAU
JOSEPH BLISSENBACH
HAROLD G. BLODGETT
ORMAR G. BLOWERS
HOWARD BLUTTMAN
HENRY W. BODE JR.
HENRY C. BOEHLING
WILLIAM T. BOGART
JOSEPH R. BOITANO
FREDERICK BOLAND
WILBUR L. BOND
ISAAC BONDAR
GERALD P. BONNER
LEROY BOONE
WALTER CARL BORAWSKI
HARRY W. BORGIA
EDWARD JOSEPH BOROWSKI JR.
ARTHUR W. BORST
EDWARD RONALD BOSCH
ALBERT C. BOSFORD
ROLLAND BOUCHARD
JULES T. BOUCKHUYT
ALLAN JOHN BOUQUIN
WILLIAM ARTHUR BOUQUIN
HARRY J. BOUDREAU
ROBERT L. BOURDEAU
THOMAS JOSEPH BOURG
JAMES HENRY BOVE
ROBERT A. BOWEN
THOMAS N. BOWERS
EDWARD JOSEPH BOYD
JAMES E. BOYD
JOHN D. BOYD
ROBERT M. BOYER
THOMAS JOSEPH BOYLAN
JOHN F. BRABANT
WALTER J. BRADICICH
FREDERICK BRADLEY
LEWIS BRADLEY JR.
ROBERT D. BRANDES
THEODORE A. BRANDOW
ALBERT C. BRANDVOLD
WALTER CAMPBELL BRAZILL
JAMES BRECKENRIDGE
JOHN RICHARD BRENNAN
DANIEL A. BRENNIE
LLOYD H. BRESETT
RYAN A. BRESSLER
THOMAS BREWSTER
NORMAN E. BRIGGS
DERICK F. BRINCKERHOFF
JACK ELTON BRINDLEY
MERVIN C. BROMFIELD
BRUCE BROMLEY JR.
JACK E. BROOKS
PATRICK R. BROPHY
ALLEN R. BROWN
CHARLES J. BROWN JR.
DONALD C. BROWN
EUGENE D. BROWN
FRANKLIN D. BROWN
GEORGE BROWN
HERBERT W. BROWN
JAMES MONTGOMERY BROWN
JOSEPH S. BROWN
MICHAEL J. BROWN
ROBERT A. BROWN
SOLOMON M. BROWN
WALTER E. BROWN
JOHN J. BROWNE
KENNETH A. BROWNE
WILLIAM K. BRUCE
RICHARD C. BRUCKER
RUDOLPH L. BRUCKNER
CLIFFORD BRUINSMA
OSCAR E. BRUNER
LEROY C. BRUNNER
ROMOLO ANTHONY BUCCI
WILLARD BUCHANAN
ROBERT EVERETT BUCHMANN
GLENFORD BUCKALEW
JAMES W. BUCKLEY
JERRY G. BUCKMAN
JAMES BUDLOW
IRVING C. BUDNICK
JOSEPH R. BUENO
RALPH M. BUFFINGTON
EDWIN L. BUHLER
ALBERT H. BULL
RICHARD G. BULL
CARL E. BUMPUS
FRANK BUNCHUK
GEORGE WILLIAM BUNN
HUBERT BUNN
STEWART C. BURDICK
ELROY F. BURGETT
ANTHONY R. BURGIO
JOHN K. BURGIO
ROBERT L. BURKE
THOMAS J. BURKE
WILLIAM J. BURKE
LAWRENCE BURLEIGH
DONALD BURMINGHAM
JOHN J. BURNS
PETER J. BURNS
CHARLES BURTON
ERNEST BUSICO
THOMAS BUSS
PAUL J. F. BUSSIERE
PAUL M. BUTLER
RICHARD ALFRED BUTTERY
RAYMOND W. BUTYNSKY
JOSEPH S. BUZYNISKI
EDWARD WALTER BYCZKOWSKI
CHARLES E. BYERS
STANLEY F. BYKOWSKI
WILLIAM BYRON
NICHOLAS C. CACCESE
NICOLA CAFARO
FRANCIS X. CAHILL
DOMINIC CALDARELLA
WILLIAM F. CALLAHAN
VINCENT WILLIAM CALVANICO
THOMAS J. CAMMARANO
GEORGE H. CAMPBELL
HOWARD V. CAMPBELL
RICHARD F. CAMPBELL
ANGELO CAMPO
JOSEPH SALVATORE CAMPO
JONATHAN JOHNNY CANCEL
RONALD A. CANFIELD
ROBERT CANTELMO
JOHN N. CAPIZZI
ALBERT C. CAPOZZI
LOUIS CAPUTO
DAVID W. CARD
MARCEL M. CARDENAS
MARIO JOSEPH CARDILIO
JAMES R. CARDILLO
ORLANDO CARDONA
LARRY A. CARELLA
JOSEPH J. CAREY JR.
MATTHEW CAREY
ROCCO CARIDI
WILLIAM JOSEPH CARINE
PETER P. CARLINO
DONALD C. CARLSON
FRANCES T. CARLSON
JAMES JOHN CARLSON
HENRY FRANK CARLTON
JOHN E. CAROLAN
HAROLD L. CARPENTER
ROBERT JOHN CARPENTER
PATRICK F. CARR
THOMAS M. CARRAHUR
DANIEL JOSEPH CARROLL
ROBERT C. CARROLL
PETER MICHAEL CARROZO
GEORGE CARTER
SIDNEY C. CARTER JR.
HERMAN R. CARUSO
DANIEL A. CARY
HERBERT V. CASANOVA
FRANK L. CASEY
NEIL F. CASEY
PETER F. CASEY
ROBERT M. CASEY
DAVID J. CASHION
ROBERTO L. CASILLAS
FRANK M. CASSETTA
EUGENE CASTELLONE
RALPH A. CASTLE
PEDRO O. CASTRO
JOSE A. CEBALLOS
BENITO ANTONIO CECILIA
AMERICO CERASUOLO
SELBY F. CHABOT
RICHARD J. CHAMBERS
SAMUEL A. CHAMI
CARL H. CHANDLER
NEIL A. CHAPMAN
CYRIL G. CHAPPEL
DONALD MEREDITH CHAPPLE
RICHARD B. CHARLAND
CORNELIUS CHARLTON
JOHN J. CHAUVIN
LOUIS CHEFF
VICTOR ALGER CHENEY
JOSEPH F. CHIAVETTA
EDWARD S. CHILD
LEO J. CHOUINARD
FRANK CHRISTENSEN
PHILIP CHRISTOPHER
PETER P. CIACCIO
JOHN CICCARELLI
VINCENT CIPOLLA
ROBERT A. CISLER
JOSEPH JOHN CITERA
AUGUST D. CITRONE
THOMAS C. CLARE
HENRY D. CLARK
JOHN J. CLARK
JOHN M. CLARK
RAYMOND L. CLARY SR.
PATRICK J. CLEARY
ANTHONY J. CLEMENS
FRANK E. CLENDENING
GIOVANNI CLEVA
FRANK J. CLEVELAND
PAUL A. CLEVELAND
WILLARD L. CLINCH
WILLIAM R. CLUFF
EDWARD JOSEPH COALSON
FRANCIS A. CODD
CARMELO A. COGNATA
HERBERT COHN
EDWARD F. COITEUX
GEORGE T. COLANGELO
JAMES A. COLASANTI
EDWARD L. COLBY
DONALD P. COLE
DANIEL COLELLO
JOSEPH L. COLEMAN
LEROY R. COLEMAN
DONALD E. COLGROVE
JOSEPH P. COLLETTE
EDWARD J. COLLINS
MARVIN R. COLLINS
PAUL M. COLLINS
WILLIAM COLLINS
AUGUST COLMENARES
EURIPIDES A. COLON
GAETANO A. COLONNA
JOSEPHS COLONNA
MICHAEL COLONNELLO
DAVID PAUL COLOPY
DONALD W. COMINS
JOHN L. CONDIT
GEORGE W. CONKLIN
OWEN H. CONLON
RONALD T. CONNELLY
KARL F. CONNICK
HARRY ROBERT CONNORS
HOWARD JOSEPH CONNORS
JOSEPH P. CONROY
BERNARD CONSIDINE
FREDERICK A. CONTI
JOSEPH P. CONTI
MARIO CONTILIANO
JOHN R. COOGAN
ELI W. COOK
HENRY W. COOK JR.
JOHN E. COOK
EDWARD J. COONEY
JOHN J. COONEY
SPENCER RAYMOND COOPER JR.
THOMAS J. CORACI
CLARENCE CORBY JR.
CARMELO CORDONE
JOSEPH J. CORDONE
ERNEST JAMES CORIN
DONALD F. CORNWALL
VINCENT CORONA
ROBERT W. CORSETTI
JUAN F. CORTES
RODRIGUEZ F. CORTES
RAYMOND CORTWRIGHT
WILLIAM CORTWRIGHT
MAC ROCKWELL CORWIN
FRANK J. COSNAHAN
ANTHONY E. COSTA
JOHN T. COSTELLO
RAYMOND V. COSTELLO
ROLAND E. COSTON
CLARENCE S. COTA JR.
ANTHONY JOSEPH COTRONEO
GERARD F. COTTER
MICHAEL T. COUNIHAN
WILLARD A. COUTANT
MALCOLM R. COX JR.
RICHARD G. COX
WALTER J. COX
DONALD F. CRAFT
JOHN J. CRAIG
CLIFFORD H. CRAW
FRANK E. CREGO
LLOYD R. CRELLER
MYRON G. CREVELLING
PETER P. CRISONA
WILLIAM W. CRIST
RICHARD F. CRONIN
CLIFFORD J. CRONK
LORENZO D. CROWDER
RAYMOND F. CROWN
RAMON CRUZ
WILLIAM D. CULHANE
DONALD F. CULLEN
JAMES VICTOR CULLEN
FRANCIS J. CUMMINGS
JOHN P. CUMMINGS
PAUL D. CUMMINGS
ZOLTON CUMMINS
DONALD JOSEPH CUNNIFFE
JOHN F. CUNNINGHAM
PAUL A. CUOZZO
DANIEL VINCENT CURLEY
PATRICK J. CURRAN
PAUL F. CURRY
EDWARD L. CURTIN
PETER J. CUSUMANO
ROBERT G. CUTLER
LEO P. CZUBAK
WILLIAM DACEK
CALVIN A. DAGGETT
FRANCIS J. DAILEY
RAYMOND G. DAKE
BENITO DALLEVA
ROBERT A. DALOISIO
JEROME M. DALY
JOSEPH F. DALY JR.
ANTHONY DAMELIA
CHARLES DAMIANO
GEORGE A. DAMICO
PASQUALE C. DANDREA
JOSEPH P. DANIELS
THOMAS W. DANIELS
ANTHONY DANNUCCI
HARRY P. DARBY
ARTHUR M. DARLING
LAURENCE DARMSTADT
WILLIAM DAVENPORT
CHESTER DAVIDOWSKI
CLAIR L. DAVIE
HERBERT E. DAVIE
BELLINGER DAVIS JR.
FREDERICK F. DAVIS
GEORGE H. DAVIS JR.
GORDON E. DAVIS
ISAIAH DAVIS
LEO C. DAVIS
STANLEY J. DAVIS
WILLIAM DAVIS
GENNARO DE ANGELIS
MICH DE BENEDICTUS
THOMAS W. DE COSTE
GERALD J. DE FLORA
JOHN ANDREW DE FRANCHESI
SAMUEL W. DE FRESSE
FUENTE TRINI DE LA
LLOYD M. DE LEON
JOSEPH DE MASE
ANTHONY FRANK DE MEO
JAMES J. DE MIERI
ANTONIO DE NIGRIS
FRED P. DE PALMA
JOSEPH DE PIETRO
HOWARD DE PUE
ANTHONY JOHN DE SCISCIOLO
GERALD J. DE SOUSA
MILTON H. DE VAULT
JOHN N. DE VIRGILIO
MICHAEL L. DE VITA
REGINALD DE YOUNG
MARTIN R. DEAN JR.
RICHARD J. DECANDIO
JAMES E. DEFRAIN
FRANK DEGREGORIO
THOMAS E. DEHM
GEORGE J. DEINHARDT
ANDREW DEISENROTH
FREDERI DEL PRIORE
RAYMOND DEL TORO
CHARLES KENNETH DELAFIELD
GILBERT M. DELIZ
OLIO NICHOLAS DELL
PATSY M. DELLACIO
RICHARD DELLIGATTI
RALPH J. DEMAIO
ANTHONY P. DEMANNO
CHARLES R. DEMILTE
BERNARD A. DEMSKI
ANTHONY M. DENICOLA
FREDERICK W. DENNE
THOMAS A. DENNEY JR.
RALPH E. DENNISON
GEORGE DENYSE
ROGER E. DEPATIE
WILLIAM JAMES DESBRO
HAROLD E. DESCAMP
LOUIS JOSEPH DESIMONE
ROBERT W. DEUTSCH
RODGER B. DEWEY
LOUIS A. DI CARLO
LOUIS A. DI CROCE
JOHN DI DONNA
FIORE J. DI GIORGIO
NICHOLAS P. DI LEO
JOSEPH S. DI MARIA
JOSEPH V. DI PIETRO
DONALD D. DIAZ
ROBERT H. DICKERSON
THOMAS M. DICKEY
RONALD J. DICKS
DONALD A. DICKSON
ALEXANDER DIDUR
WOODROW L. DIEBOLD
HAROLD M. DIEDERICH
ROBERT DIEDRICH
LOUIS J. DIGREGORIO
FRANK A. DILLON JR.
JOHN J. DILLON
MARIO A. DISENSO
PAUL A. DIXON
WILLIAM R. DIXON
GILBERT MOSHER DOBBS
PETER J. DODD
JOSEPH EDWARD DOHERTY
STEPHEN DOMBROWSKI
RICHARD DOMINGUEZ
MORTIMER DOMROE
DANIEL D. DONAHUE
REMO DONINI
JOHN F. DONLIN
ALFRED W. DONOHUE
JAMES J. DONOHUE
FRANCIS X. DONOVAN
KENNETH LEON DOOLITTLE
MICHAEL J. DORAN
EDWARD G. DOSCH
WILLIAM H. DOSS JR.
EDWARD W. DOSSIE
MARVIN N. DOUD JR.
ALLEN D. DOUGLAS
WILLIAM S. DOUGLAS
WOODY L. DOUGLAS
CHARLES ALEXANDER DOW
JAMES ARTHUR DOWD
MATTHEW R. DOWNS
WALTER J. DOYLE
THERON W. DRAKE JR.
DALE B. DRINKO
TIMOTHY J. DUBLIN
GERALD L. DUFRANE
FRANCIS XAVIER DUGAN
DANIEL JOSEPH DUGGAN
DAVID J. DUGGAN
LOUIS STEPHEN DUHAIME JR.
FRANCIS DUNN
THOMAS JOSEPH DUNNE
JOHN P. DURKIN JR.
RICHARD T. DWYER
WILLIAM T. EADE JR.
JOSEPH P. EARLS JR.
CLAREN EBENSPERGER
JAMES L. EDMONDS
EDWARD A. EDNIE
DONALD E. EDWARDS
PAUL K. EDWARDS
DONALD C. EFLAND
DONALD A. EHLERT
WALTER R. EICHHOLZ
JAN ROBERT EIKE
JOHN F. EILERS
WILLIA ELLERINGTON
LOUIS T. ELLIOTT
RAYMOND C. ELLIS
FRANK EMANUEL JR.
ROBERT K. EMERICK
FIDEL EMMANUELLI
ROBERT P. EMMOTT
MILTON CHARLES ENDICOTT
STANLEY ENGEHOLM
HARVEY G. ENGELMAN
JOSEPH WILLIAM ENNIST
GEORGE W. ENOS
MARVIN C. ENRIGHT
WILLIAM ENRIQUEZ
NOEL EPSTEIN
HAROLD E. ERHARDT
ANDREW ERNANDIS
PABLO A. ESCOBAR JR.
JOSEPH ESCOURIDO
DOUGALL H. ESPEY
RAYMOND R. EUFIMIA
EUGENE L. EVANS
GEORGE J. EVANS
JOHN M. EWING JR.
ERNEST FABBI
DONALD A. FABRIZE
LEWIS FABRIZIO
JOSEPH P. FAGAN JR.
HERMAN L. FALK JR.
FORTUNATO FALLANCA
JOHN FALLAT
WALTER FALLESCHING
DANIEL FALLINO JR.
HAROLD S. FANCHER
WILLIAM J. FANO
CHARLES FARABAUGH
WILLIAM M. FARONE
JAMES F. FARRELL
WILLIAM F. FARRELL
RAYMOND A. FASHONE
THOMAS CHRISTOPHER FAVA
DOMINICK J. FAZIO
MILTON FEDCHISIN
WILLIE J. FELDER
DAVID E. FELDMETH
ISAAC FENNELL JR.
ALBERT S. FERRARA
ALFRED G. FERRARO
GEORGE FERRI
SALVATORE FICHERA
JOSEPH F. FIELD
PAUL G. FIELD
EDWARD J. FILARECKI
EDWARD A. FINCH
STANTON E. FINCH
WILLIAM PAUL FINCH
ROY C. FINK
CLIFFORD C. FINN
EUGENE H. FIRNGES
CLARENCE R. FISHER
JACK ALVIN FISHER
ROBERT W. FISHER JR.
THOMAS F. FISHER
WALTER F. FISHER
WILLIAM ROYAL FISHER
EDWARD PATRICK FITCH
ROBERT G. FITZER
EDWARD FITZGERALD
RICHARD M. FITZGERALD
LAURIE FITZGIBBON JR.
GEORGE FRANCI FITZPATRICK
THOMAS FITZPATRICK
COLEMAN J. FLAHERTY
DONALD F. FLANAGAN
THOMAS E. FLANAGAN
DOUGLAS L. FLANNERY
MORRIS W. FLETCHER
EDWARD S. FLORCZYK
ELMER FLUELLEN
JERRY FLUG
ROBERT N. FLUNO
JAMES W. FORAN
JOHN J. FORBES JR.
NORMAN H. FORDER
JAMES L. FORENZA
CHARLES G. FORNUFF
JOSEPH LAWRENC FRANCOMANO
HOWARD M. FRANKEL
JAMES C. FRAZIER
NIEL M. FREEMAN
OSWALD B. FREEMAN
WALTER H. FREEMAN
ARTHUR R. FRENCH
FRANK THEODORE FREY
FREDERICK FRIEDMAN
LEWIS B. FROST
THOMAS J. FRYER JR.
JOHN J. FUCITO
JOSEPH R. FUNES
ROBERT D. FURLOW
NORMAN J. FURMAN
WALTER F. FURMAN
LAWRENCE W. GALLAGER
DONALD W. GALLAGHER
RAYMOND GALLAGHER
RICHARD GALPIN
ROY F. GAMACHE
WILLIAM J. GANNON
EMILIO GARCIA
DONALD J. GARDINER
RICHARD JOSEPH GARGUILLO
FELIX GARLAND
ERNEST J. GARNIER
DONALD W. GATELY
GEORGE A. GAUDETTE JR.
WALLACE GAUDINIER
ROBERT A. GAVIN
ANDREW C. GAVURNIK
WILLIAM L. GAYHART
ULYSSES GAYLE JR.
JAMES WILLIAM GEBHARDT
WILLIAM S. GEBOU
DONALD B. GEISLER
BURTO J. GEORGE
ROSARIO GERENA
JOHN L. GERIG JR.
DANIEL W. GERRITY
ARTHUR JOSEPH GERSEBECK
ALBERT R. GERTH
FRED J. GIANGRASSO
FRANK J. GIANITELLI
WALTER H. GIBBS
JOHN GIESEKING
JOHN M. GILBERT
MICHAEL J. GILBRIDE
WILLIE ARTHUR GILCHRIST
LAWRENCE GILLESPIE
THOMAS E. GILLIAM
BERNARD J. GILROY
WILLI GIOVANNIELLO
JOSEPH LESTER GIOVENCO
PETER GLADWELL JR.

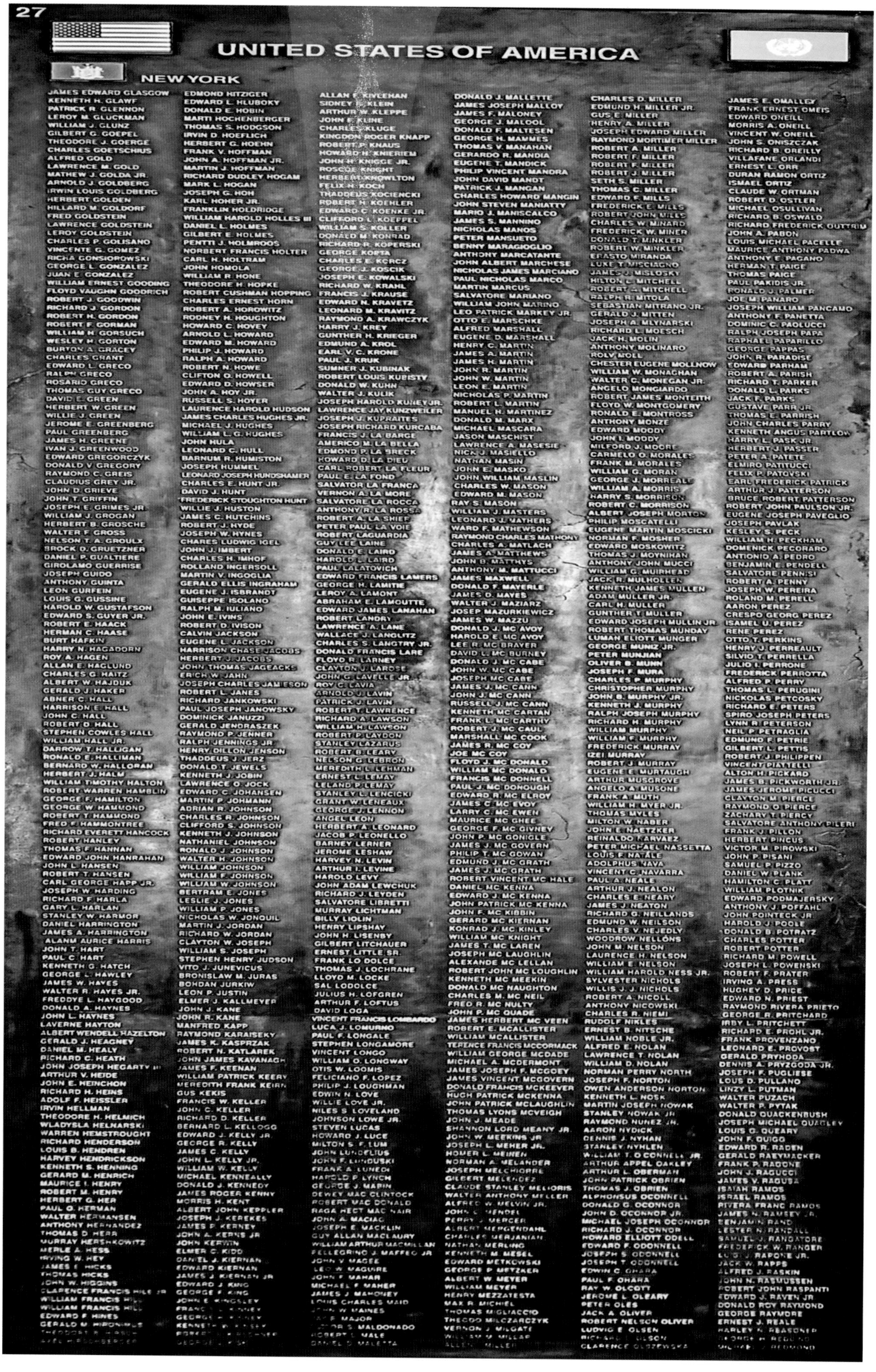

UNITED STATES OF AMERICA

NEW YORK

JAMES EDWARD GLASGOW
KENNETH H. GLAWE
PATRICK R. GLENNON
LEROY M. GLUCKMAN
WILLIAM J. GLUNZ
GILBERT G. GOEPEL
THEODORE J. GOERGE
CHARLES GOETSCHIUS
ALFRED GOLD
LAWRENCE M. GOLD
MATHEW J. GOLDA JR.
ARNOLD J. GOLDBERG
IRWIN LOUIS GOLDBERG
HERBERT GOLDEN
HILARD M. GOLDORF
FRED GOLDSTEIN
LAWRENCE GOLDSTEIN
LEROY GOLDSTEIN
CHARLES P. GOLISANO
VINCENTE G. GOMEZ
RICHA GONSIOROWSKI
GEORGE L. GONZALEZ
JUAN E. GONZALEZ
WILLIAM ERNEST GOODING
FLOYD VAUGHN GOODRICH
ROBERT J. GOODWIN
RICHARD J. GORDON
ROBERT N. GORDON
ROBERT F. GORMAN
WILLIAM N. GORSUCH
WESLEY M. GORTON
BURTON A. GRACEY
CHARLES GRANT
EDWARD L. GRECO
RALPH GRECO
ROSARIO GRECO
THOMAS GUY GRECO
DAVID E. GREEN
HERBERT W. GREEN
WILLIE J. GREEN
JEROME E. GREENBERG
PAUL GREENBERG
JAMES H. GREENE
IVAN J. GREENWOOD
EDWARD GREGORCZYK
DONALD V. GREGORY
RAYMOND C. GREIS
CLAUDIUS GREY JR.
RION D GRIEVE
JOHN P. GRIFFIN
JOSEPH E. GRIMES JR.
WILLIAM J. GROGAN
HERBERT B. GROSCHE
WALTER F. GROSS
NELSON T. A. GROULX
BROCK D. GRUETZNER
DANIEL R. GUALTIERE
GIROLAMO GUERRISE
JOSEPH GUIDO
ANTHONY GUINTA
LEON GURFEIN
LOUIS G. GUSSINE
HAROLD W. GUSTAFSON
EDWARD S. GUYER JR.
ROBERT E. HAACK
HERMAN C. HAASE
BURT HAFKIN
HARRY N. HAGADORN
ROY A. HAGEN
ALLAN E. HAGLUND
CHARLES G. HAITZ
ALBERT W. HAJDUK
GERALD J. HAKER
ABNER C. HALL
HARRISON E. HALL
JOHN C. HALL
ROBERT D HALL
STEPHEN COWLES HALL
WILLIAM HALL JR.
DARROW T. HALLIGAN
RONALD E. HALLIMAN
BERNARD W. HALLORAN
HERBERT J. HALM
WILLIAM TIMOTHY HALTON
ROBERT WARREN HAMBLIN
GEORGE F. HAMILTON
GEORGE W. HAMMOND
ROBERT T. HAMMOND
FRED F. HAMMONTREE
RICHARD EVERETT HANCOCK
ROBERT HANLEY
THOMAS J. HANNAN
EDWARD JOHN HANRAHAN
JOHN L. HANSEN
ROBERT F. HANSEN
CARL GEORGE HAPP JR.
JOSEPH W. HARDING
RICHARD F. HARLA
GARY L. HARLAN
STANLEY W. HARMOR
DANIEL HARRINGTON
JAMES A. HARRINGTON
ALANM AURICE HARRIS
JOHN T. HART
PAUL C. HART
KENNETH G. HATCH
GEORGE L. HAWLEY
JAMES W. HAYES
WALTER R. HAYES JR.
FREDDY L. HAYGOOD
DONALD A. HAYNES
JOHN L. HAYNES
LAVERNE HAYTON
ALBERT WENDELL HAZELTON
GERALD J. HEAGNEY
DANIEL M. HEALY
RICHARD C. HEATH
JOHN JOSEPH HEGARTY III
ARTHUR V. HEIDE
JOHN E. HEINCHON
RICHARD H. HEINS
ADOLF F. HEISSLER
IRVIN HELLMAN
THEODORE H. HELMICH
WLADYSLA HELNARSKI
WARREN HEMSTROUGHT
RICHARD HENDERSON
LOUIS B. HENDREN
HARVEY HENDRICKSON
KENNETH S. HENNING
GERARD M. HENRICH
MAURICE I. HENRY
ROBERT M. HENRY
HERBERT G. HER
PAUL G. HERIAN
WALTER HERMANSEN
ANTHONY HERNANDEZ
THOMAS D. HERR
MURRAY HERSHKOWITZ
MERLE A. HESS
IRVING W. HEY
JAMES F. HICKS
THOMAS HICKS
JOHN W. HIGGINS
CLARENCE FRANCIS HILE JR.
WILLIAM FRANCIS HILL
WILLIAM FRANCIS HILL
EDWARD F. HINES
GERALD M. HIRONIMUS
THEODORE H. HIRSCHBERG
LIEL HIRSCHBERGER

EDMOND HITZIGER
EDWARD L. HLUBOKY
DONALD E. HOBIN
MARTI HOCHENBERGER
THOMAS S. HODGSON
IRVIN D. HOEFLICH
HERBERT G. HOEHN
FRANK V. HOFFMAN
JOHN A. HOFFMAN JR.
MARTIN J. HOFFMAN
RICHARD DUDLEY HOGAM
MARK L. HOGAN
JOSEPH G. HOH
KARL HOHER JR.
FRANKLIN HOLDRIDGE
WILLIAM HAROLD HOLLES III
DANIEL L. HOLMES
GILBERT E. HOLMES
PENTTI J. HOLMROOS
NORBERT FRANCIS HOLTER
CARL H. HOLTRAM
JOHN HOMOLA
WILLIAM R. HONE
THEODORE H. HOPKE
ROBERT CUSHMAN HOPPING
CHARLES ERNEST HORN
ROBERT A. HOROWITZ
RODNEY H. HOUGHTON
HOWARD C. HOVEY
ARNOLD L. HOWARD
EDWARD M. HOWARD
PHILIP J. HOWARD
RALPH A. HOWARD
ROBERT N. HOWE
CLIFTON D. HOWELL
EDWARD D. HOWSER
JOHN A. HOY JR.
RUSSELL S. HOYER
LAURENCE HAROLD HUDSON
JAMES CHARLES HUGHES JR.
MICHAEL J. HUGHES
WILLIAM L. G. HUGHES
JOHN HULA
LEONARD C. HULL
BARNUM R. HUMISTON
JOSEPH HUMMEL
LEONARD JOSEPH HUNDSHAMER
CHARLES E. HUNT JR.
DAVID J. HUNT
FREDERICK STOUGHTON HUNT
WILLIE J. HUSTON
JAMES C. HUTCHINS
ROBERT J. HYDE
JOSEPH W. HYNES
CHARES LUDWIG IGEL
JOHN J. IMBERT
CHARLES H. IMHOF
ROLLAND INGERSOLL
MARTIN V. INGOGLIA
GERALD ELLIS INGRAHAM
EDWARD FRANCIS LAMERS
GEORGE H. LAMITIE
LEROY A. LAMONT
ABRAHAM E. LAMOUTTE
EDWARD JAMES LANAHAN
ROBERT LANDRY
LAWRENCE A. LANE
WALLACE J. LANGTZ
CHARLES S. LANGTRY JR.
DONALD FRANCIS LARE
FLOYD R LARNEY
CLAYTON J. LAROSE
JOHN G. LAVELLE JR.
ROY C. LAVIA
ARNOLD J. LAVIN
PATRICK J. LAVIN
ROBERT Y. LAWRENCE
RICHARD M. LAWSON
WILLIAM H. LAYDON
ROBERT P. LAYDON
STANLEY LAZARUS
ROBERT B. LEARY
NELSON G. LEBRON
MEREDITH L. LEHMAN
ERNEST L. LEMAY
LELAND P. LEMAY
STANLEY W. LENCICKI
GRANT W. LENEAUX
GEORGE J. LENNON
ANGEL LEON
HERBERT A. LEONARD
JACOB P. LEONELLO
BARNEY LERNER
JEROME LESHAW
HARVEY N. LEVINE
ARTHUR V. LEVINE
HAROLD LEVY
JOHN ADAM LEWCHUK
RICHARD J. LEYDEN
SALVATORE LIBRETTI
MURRAY LICHTMAN
BILLY LIOLIN
HENRY LIPSHAY
JOHN R LINDSAY
GILBERT LITCHAUER
ERNEST LITTLE SR.
FRANK LO DOLCE
THOMAS J. LOCHRANE
LLOYD M. LOCKE
SAL LODOLCE
JULIUS H. LOFGREN
ARTHUR F. LOFTUS
DAVID LOGA
VINCENT FRANCIS LOMBARDO
LUCA J. LOMURNO
PAUL F. LONGALE
STEPHEN LONGAMORE
VINCENT LONGO
WILLIAM O. LONGWAY
OTIS W. LOOMIS
FELICIANO F. LOPEZ
PHILIP J. LOUGHMAN
EDWIN N. LOVE
WILLIE LOVE JR.
NILES S LOVELAND
JOHNSON LOWE JR.
STEVEN LUCAS
HOWARD J. LUCE
MILTON S. F. LUM
JOHN LUNDELIUS
JOHN F. LINDUSKI
FRANK A LUNEDI
HAROLD P. LYNCH
GEORGE J. MAHN
DEWEY MAC CLINTOCK
ROBERT MAC DONALD
RAGA HECT MAC NAIR
JOHN A. MACIAG
JOSEPH E. MACKLIN
GUY ALLAN MACLAURY
WILLIAM ARTHUR MACMILLAN
PELLEGRINO J MAFFEO JR.
JOHN V MAGEE
LEO W MAGUIRE
JOHN F MAHAR
MICHAEL F MAHONEY
JAMES J MAHONEY
LOUIS CHARLES MAID
JOHN W MAINES
GEORGE J KESLEY
KENNETH KESLEY
ROBERT S KSEN
A F MAJOR
ICTOR S MALDONADO
ROBERT L MALE
DANIEL S MALETTA

ALLAN F KIVLEHAN
SIDNEY H. KLEIN
ARTHUR W. KLEPPE
JOHN E. KLINE
CHARLES KLUGE
KINGDON ROGER KNAPP
ROBERT P. KNAUS
HOWARD H. XNIERIEM
JOHN H. KNIGGE JR.
ROSCOE KNIGHT
HERBERT KNOWLTON
FELIX H. KOCH
THADDEUS KOCIENCKI
ROBERT H. KOEHLER
EDWARD C. KOENKE JR.
CLIFFORD L. KOEPPEL
WILLIAM S. KOLLER
DONALD M. KONRAD
RICHARD R. KOPERSKI
GEORGE KOPTA
CHARLES E. KORCZ
GEORGE J. KOSCIK
JOSEPH E. KOWALSKI
RICHARD W. KRAHL
FRANCIS J. KRAUSE
LEONARD M. KRAVETZ
RAYMOND A KRAWCZYK
HARRY J. KREY
GUNTHER H. KRIEGER
EDMUND A. KROL
EARL V. C. KRONE
PAUL J. KRUK
SUMNER A. KUBINAK
ROBERT LOUIS KUBISTY
DONALD W. KUHN
WALTER J. KULIK
JOSEPH HAROLD KUNEY JR.
LAWRENCE JAY KUNZWEILER
JOSEPH J. KUPRAITES
JOSEPH RICHARD KURCABA
FRANCIS J. LA BARGE
AMERICO M. LA BELLA
EDMOND P. LA BRECK
HOWARD D LA DIEU
CARL ROBERT LA FLEUR
PAUL E. LA FOND
SALVATOR LA FRANCA
VERNON A. LA MORE
SALVATORE LA ROCCA
ANTHONY R. LA ROSSA
ROBERT A. LA SHEA
PETER PAUL LA VOIE
GUY LEE LAINE
DONALD E. LAIRD
HAROLD S. LAIRD
PAUL LALATOVICH
CHARLES D. MILLER
EDMUND H. MILLER JR.
GUS E. MILLER
HENRY A. MILLER
JOSEPH EDWARD MILLER
RAYMOND MORTIMER MILLER
ROBERT A. MILLER
ROBERT F. MILLER
ROBERT J. MILLER
SETH S. MILLER
THOMAS C. MILLER
EDWARD F. MILLS
FREDERICK E. MILLS
ROBERT JOHN MILLS
CHARLES W. MINARD
FREDERICK W. MINER
DONALD T. MINKLER
ROBERT W. MINKLER
ERASTO MIRANDA
LUXE T. MISCLIGNA
JAMES O. MISLOSKY
HILTON L. MITCHELL
ROBERT L. MITCHELL
RALPH R. MITOLA
SEBASTIAN MITRANO JR.
GERALD J. MITTEN
JOSEPH A. MLYNARSKI
RICHARD L. MOESCH
JACK M. MOLIN
ANTHONY MOLINARO
ROLV MOLL
CHESTER EUGENE MOLLNOW
WILLIAM W. MONAGHAN
WALTER C. MONEGAN JR.
ANGELO MONGIARDO
ROBERT JAMES MONTEITH
FLOYD W. MONTGOMERY
RONALD E MONTROSS
ANTHONY MONZE
EDWARD MOODY
JOHN I. MOODY
MILFORD S. MOORE
CARMELO O. MORALES
FRANK M. MORALES
WILLIAM G. MORAN
GEORGE J. MORREALE
WILLIAM A. MORRIS
HARRY S. MORRISON
ROBERT C. MORRISON
ALBERT JOSEPH MORTON
PHILIP MOSCATELLI
EUGENE MARTIN MOSCICKI
MORRIAN F. MOSHER
EDWARD MOSKOWITZ
THOMAS J. MOYNIHAN
ANTHONY JOHN MUCCI
WILLIAM G. MUIRHEAD
JACK R. MULHOLLEN
KENNETH JAMES MULLEN
ADAM MULLER JR.
CARL M. MULLER
GUNTHER T. MILLER
EDWARD JOSEPH MULLIN JR.
ROBERT THOMAS MUNDAY
LUMAN ELIOTT MUNGER
GEORGE MUNIZ JR.
PETER MUNJIAN
OLIVER B. MUNN
CHARLES P. MURPHY
CHRISTOPHER MURPHY
JOHN B. MURPHY JR.
KENNETH J. MURPHY
RALPH JOSEPH MURPHY
RICHARD H. MURPHY
WILLIAM MURPHY
WILLIAM F. MURPHY
FREDERICK MURRAY
IZELI MURRAY
ROBERT J. MURRAY
EUGENE E. MURTAUGH
ARTHUR MUSGROVE
ANGELO A. MUSONE
FRANK A. MUTH
WILLIAM H. MYER JR.
THOMAS MYLES
MILTON W. NABER
JOHN E. NAETZKER
REINALDO L ARVEAZ
PETER MICHAEL NASSETTA
LOUIS F. NA ALE
ADOLPHUS NAVA
VINCENT C. NAVARRA
PAUL A. NEALE
ARTHUR J. NELON
CHARLES E. NEARY
JAMES J. NEATON
RICHARD G. NEILLANDS
EDMUND W. NEILSON
CHARLES V. NEJEDLY
WOODROW NELLONS
JOHN M. NELSON
LAURENCE H. NELSON
LUCILLAM E. NELSON
WILLIAM HAROLD NESS JR.
SYLVESTER NICHOLS
WILLIS J. J. NICHOLS
ROBERT A. NICOLL
ANTHONY NICOWSKI
CHARLES R. NIEMI
RUDOLF NIKLES
ERNEST B. NITSCHE
WILLIAM NOBLE JR.
ALFRED E. NOLAN
LAWRENCE T. NOLAN
WILLIAM D. NOLAN
NORMAN PERRY NORTH
JOSEPH F. HORTON
OWEN ANDERSON HORTON
KENNETH L. NOSK
MARTIN JOSEPH NOWAK
STANLEY NOWAK JR.
RAYMOND NUNEZ JR.
AARON NYDICK
DENNIS J. NYHAN
STANLEY NYHLEN
WILLIAM T O CONNELL JR.
ARTHUR APPEL OAKLEY
ARTHUR L OBERMAN
JOHN PATRICK OBRIEN
THOMAS J. OBRIEN
ALPHONSUS OCONNELL
DONALD O. OCONNOR
JOHN D. OCONNOR JR.
MICHAEL JOSEPH OCONNOR
RICHARD O. OCONNOR
HOWARD ELLIOTT ODELL
EDWARD F. ODONNELL
JOSEPH S. ODONNELL
JAMES T. ODONNELL
EDWIN O. OHARA
PAUL F. OHARA
RAY W. OLCOTT
JEROME L. OLEARY
PETER OLES
JACK A. OLIVER
ROBERT NELSON OLIVER
LUDVIG E. OLSEN
MICHAEL J. OLSON
CLARENCE OLSZEWSKA

DONALD J. MALLETTE
JAMES JOSEPH MALLOY
JAMES F. MALONEY
GEORGE J. MALOOD
DONALD F. MALTESEN
GEORGE H. MAMMES
THOMAS V. MANAHAN
GERARDO R. MANDIA
EUGENE T. MANDICK
PHILIP VINCENT MANDRA
JOHN DAVID MANDT
PATRICK J. MANGAN
CHARLES HOWARD MANGIN
JOHN STEVEN MANIATTY
MARIO J. MANISCALCO
JAMES S. MANNINO
NICHOLAS MANOS
PETER MANSUETO
BENNY MARAGIOGLIO
ANTHONY MARCANTE
JOHN ALBERT MARCHESE
NICHOLAS JAMES MARCIANO
PAUL NICHOLAS MARCO
MARTIN MARCUS
SALVATORE MARINO
WILLIAM JOHN MARINO
LEO PATRICK MARKEY JR.
OTTO E. MARSCHKE
ALFRED MARSHALL
EUGENE D. MARSHALL
HENRY C. MARTIN
JAMES A. MARTIN
JAMES H. MARTIN
JOHN R. MARTIN
LEON E. MARTIN
NICHOLAS V. MARTIN
ROBERT L. MARTIN
MANUEL H. MARTINEZ
DONALD M. MARX
MICHAEL MASCARA
JASON MASCHIST
LAWRENCE A. MASESIE
NICAJ. MASIELLO
NATHAN MASIN
JOHN E. MASKO
CHARLES W. MASON
EDWARD M. MASON
RAY S. MASON
WILLIAM J. MASTERS
LEONARD J. MATHERS
WARD R. MATHEWSON
RAYMOND CHARLES MATHONY
CHARLES A. MATLACH
JAMES A. MATTHEWS
JOHN B. MATTHYS
ANTHONY M. MATTUCCI
DONALD F. MAYERLE
JAMES MAXWELL
JAMES D. MAYES
WALTER J. MAZIARZ
JOSEP MAZURKIEWICZ
JAMES W. MAZZU
DONALD J. MC AVOY
HAROLD E. MC AVOY
LEE R. MC BRAYER
DAVID L. MC BURNEY
DONALD J. MC CABE
JOHN W. MC CABE
JOSEPH MC CABE
JAMES MC CANN
JOHN J. MC CANN
RUSSELL J. MC CANN
KENNETH MC CARTAN
FRANK L. MC CARTHY
ROBERT J. MC CAUL
MARSHALL H. MC COOK
JAMES R. MC COY
JOE MC COY
FLOYD J. MC DONALD
WILLIAM MC DONALD
FRANCIS MC DONNELL
PAUL J. MC DONOUGH
EDWARD R MC ELROY
JAMES C MC EVOY
LARRY C. MC EWEN
MAURICE MC GHEE
GEORGE F. MC GIVNEY
JOHN P. MC GONIGLE
JAMES J. MC GOVERN
PHILIP T. MC GOWAN
EDMUND J. MC GRATH
JAMES J. MC GRATH
ROBERT VINCENT MC HALE
DANIEL MC KENNA
EDWARD J. MC KENNA
JOHN PATRICK MC KENNA
JOHN F. MC KIBBIN
GERARD MC KIERNAN
KONRAD J. MC KINLEY
WILLIAM MC KNIGHT
JAMES T. MC LAREN
JOSEPH MC LAUGHLIN
ALEXANDE MC LELLAN
ROBERT JOHN MC LOUGHLIN
KENNETH MC MEEKIN
DONALD MC NAUGHTON
CHARLES M. MC NEIL
FRED R. MC NULTY
JOHN R. MC QUADE
JAMES HERBERT MC VEEN
ROBERT E. MCALLISTER
WILLIAM MCALLISTER
TERENCE FRANCIS MCCORMACK
WILLIAM GEORGE MCDADE
MICHAEL A. MCDERMOTT
JAMES JOSEPH F. MCGOEY
JAMES VINCENT MCGOVERN
DONALD FRANCIS MCKEEVER
HUGH PATRICK MCKENNA
JOHN PATRICK MCLAUGHLIN
THOMAS LYONS MCVEIGH
JOHN J. MEADE
SHANNON LORD MEANY JR.
JOHN W. MEEKINS JR.
JOSEPH L. MEHER JR.
RALPH F. LUM
NOMER L. HEINEN
NORMAN K. MELANDER
JOSEPH MELCHIORRE
GILBERT MELENDEZ
CLAUDE STANLEY MELIORIS
WALTER ANTHONY MELLER
ALFRED W. MELVIN JR.
JOHN S. MENDEL
ALBERT MERGENDAHL
CHARLES MERJANIKAN
NATHAN MERLING
KENNETH M. MESEL
EDWARD METKOWSKI
GEORGE P. METZKER
ALBERT W MEYER
WILLIAM MEYER
HENRY MEZZATASTA
MAX R. MIGNTA
THOMAS MIGLIACCIO
THEODO MILCZARCZYK
VERNON J. MILGATE
WILLIAM M MILLAR
ALLEN N. MILLER

CHARLES D. MILLER
JAMES E. OMALLEY
FRANK ERNEST OMEIS
EDWARD ONEILL
MORRIS A. ONEILL
VINCENT W. ONEILL
JOHN S. ONISZCZAK
RICHARD B OREILLY
VILLFANE ORLANDI
ERNEST L. ORR
DURAN RAMON ORTIZ
ISMAEL ORTIZ
CLAUDE W. ORTMAN
ROBERT D. OSTLER
MICHAEL OSULLIVAN
RICHARD B. OSWALD
RICHARD FREDERICK OUTTRIM
JOHN A. PABON
LOUIS MICHAEL PACELLE
MAURICE ANTHONY PADWA
ANTHONY E. PAGANO
HERMAN T. PAIGE
THOMAS PAIGE
PAUL PAKIDIS JR.
DONALD J. PALMER
JOE M. PANARO
JOSEPH WILLIAM PANCAMO
ANTHONY F. PANETTA
DOMINIC C. PAOLUCCI
RALPH JOSEPH PAPA
RAPHAEL PAPARILLO
GEORGE PAPPAS
JOHN R. PARADISE
EDWARD PARHAM
ROBERT A. PARISI
RICHARD T. PARKER
DONALD L. PARKS
JACK F. PARKS
GUSTAVE PARR JR.
THOMAS L. PARISH
JOHN CHARLES PARRY
KENNETH ANGUS PARTLOW
HARRY L. PASK JR.
HENRI J. PASSER
PETER A. PATETE
ELMIRO PATITUCCI
FELIX P. PATOVSKI
EARL FREDERICK PATRICK
ARTHUR J. PATTERSON
BRUCE ROBERT PATTERSON
ROBERT JOHN PAULSON JR.
EUGENE JOSEPH PAVEGLIO
JOSEPH PAVLAK
KESLEY S. PECK
WILLIAM H. PECKHAM
DOMENICK PECORARO
ANTONIO A. PEDRO
BENJAMIN E. PENDELL
SALVATORE PENNISI
ROBERTA PENNY
JOSEPH W. PEREIRA
ROLAND M. PERELL
AARON PEREZ
CRESPO GEORG PEREZ
ISAMEL U. PEREZ
RENE PEREZ
OTTO T. PERKINS
HENRY J. PERREAULT
SILVIO T. PERRELLA
JULIO I. PEARONE
FREDERICK PERROTTA
ALFRED E. PERRY
THOMAS L PERUGINI
NICKOLAS PETCOSKY
RICHARD E. PETERS
SPIRO JOSEPH PETERS
LYNN R PETERSON
NEIL P. PETRAGLIA
EDMUND F. PETRIE
GILBERT L. PETTIS
ROBERT J PHILIPPEN
VINCENT PIATELLI
ALTON H. PICKARD
JAMES B. PICKWORTH JR.
JAMES JEROME PICUCCI
CLAYTON M. PIERCE
RAYMOND O PIERCE
ZACHARY T. PIERCY
SALVATORE ANTHONY PILERI
FRANK J. PILLON
HERBERT PINDUS
VICTOR M PIROWSKI
JOHN P. PISANI
SAMUEL P. PIZZO
DANIEL W. PLANK
HAMILTON C. PLATT
WILLIAM PLOTNIK
EDWARD PODMAJERSKY
ANTHONY J POFFAHL
JOHN POINTECK JR.
HAROLD J POOLE
DONALD B. POTRATZ
CHARLES POTTER
ROBERT POTTER
RICHARD M. POWELL
JOSEPH L. POWENSKI
ROBERT F. PRATER
IRVING A. PRESS
HUGHEY D. PRICE
EDWARD N. PRIEST
RAYMOND RIVERA PRIETO
GEORGE R. PRITCHARD
IRBY L. PRITCHETT
RICHARD E. PROHL JR.
FRANK PROVENZANO
LEONARD R. PROVOST
GERALD PRYHODA
DENNIS A. PRZYGODA JR.
JOSEPH F. PUGLIESE
LOUS D. PULLANO
LINZY L. PUTMAN
WALTER PUZACH
WALTER P. PYTAK
DONALD QUACKENBUSH
JOSEPH MICHAEL QUADLEY
LOUIS G. QUEARY
JOHN F. QUIGG
EDWARD R. RADEN
GERALD RAEYMACKER
FRANK P. RAGONE
JOHN J. RAGUCCI
JAMES V. RAGUSA
ISAIAH RAMOS
ISRAEL RAMOS
RIVERA FRANC RAMOS
JAMES V. RAMSEY JR.
LESTER N. RANDALL
SAMUEL J. RANGATORE
FREDERICK W. RANGER
LLOY J. RAPOTE JR.
JACK W. RAPPS
ALFRED J. RASKIN
NIN N. RASMUSSEN
ROBERT JOHN RASPANTI
EDWARD J. RATEN
DONALD ROY RAYMOND
GEORGE RUDORE
ERNEST J. REAL
HARLEY K. REASONER
ORGE K REDLING
MICHAEL J REDMOND

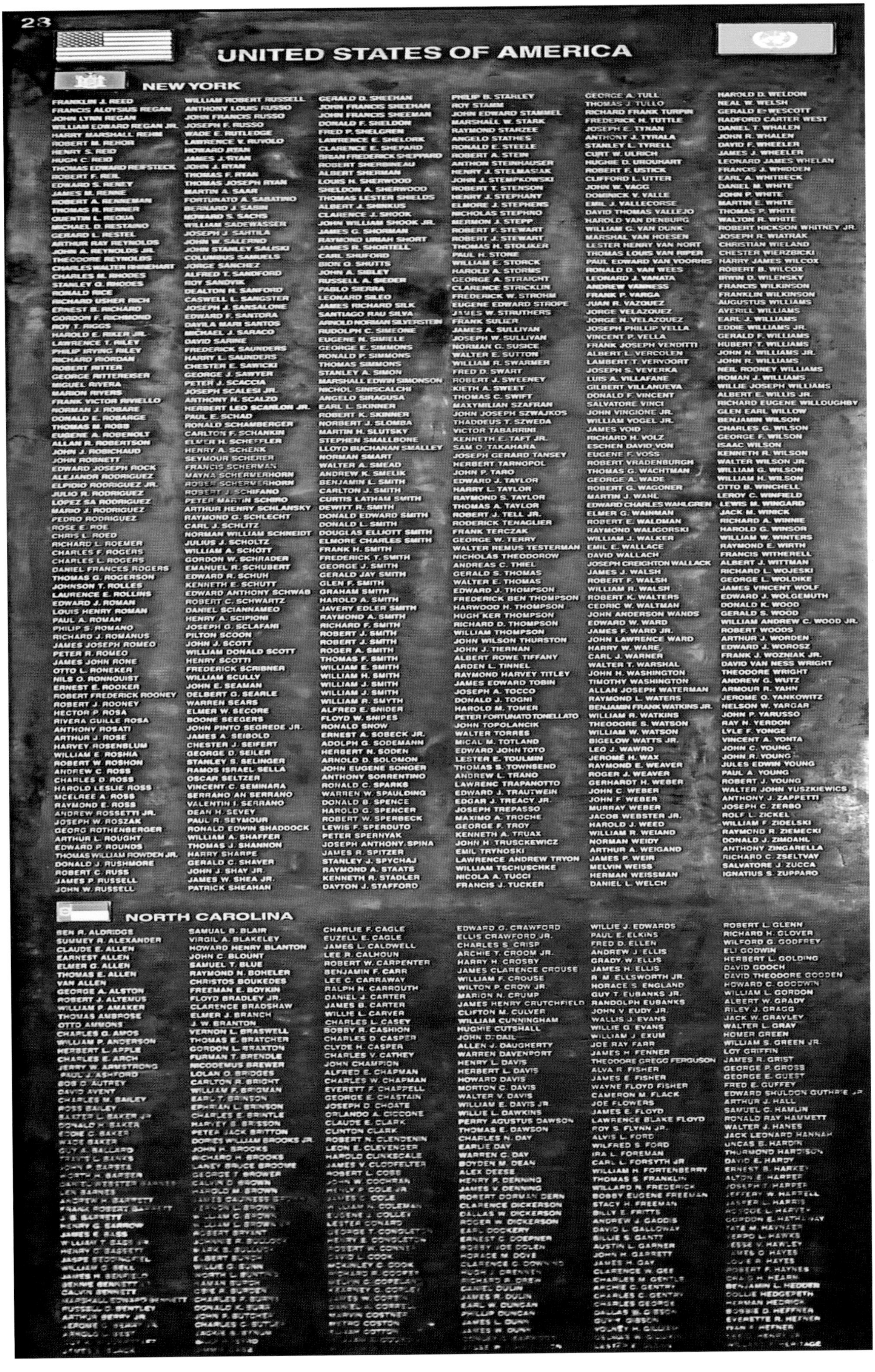

UNITED STATES OF AMERICA

NEW YORK

FRANKLIN J. REED	WILLIAM ROBERT RUSSELL	GERALD D. SHEEHAN	PHILIP B. STAHLEY	GEORGE A. TULL	HAROLD D. WELDON
FRANCIS ALOYSIUS REGAN	ANTHONY LOUIS RUSSO	JOHN FRANCIS SHEEHAN	ROY STAMM	THOMAS J. TULLO	NEAL W. WELSH
JOHN LYNN REGAN	JOHN FRANCIS RUSSO	JOHN FRANCIS SHEEMAN	JOHN EDWARD STAMMEL	RICHARD FRANK TURPIN	GERALD E. WESCOTT
WILLIAM EDWARD REGAN JR.	JOSEPH F. RUSSO	DONALD F. SHELDON	MARSHALL W. STARK	FREDERICK M. TUTTLE	RADFORD CARTER WEST
HARRY MARSHALL REHM	WADE E. RUTLEDGE	FRED P. SHELGREN	RAYMOND STARZEE	JOSEPH E. TYNAN	DANIEL L. WHALEN
ROBERT M. REHOR	LAWRENCE V. RUVOLO	LAWRENCE E. SHELORK	ANGELO STATHES	ANTHONY J. TYRALA	JOHN R. WHALEN
HENRY S. REID	HOWARD RYAN	LAWRENCE E. SHEPARD	RONALD E. STEELE	STANLEY L. TYRELL	DAVID F. WHEELER
HUGH C. REID	JOHN J. RYAN	BRAN FREDERICK SHEPPARD	ROBERT A. STEIN	CURT W. ULRICH	JAMES F. WHEELER
THOMAS EDWARD REIFSTECK	THOMAS F. RYAN	ROBERT SHERBRINEAU	ANTHON STEINHAUSER	HUGHIE D. URQUHART	LEONARD JAMES WHELAN
ROBERT F. REIL	THOMAS JOSEPH RYAN	ALBERT SHERMAN	HENRY J. STELMASIAK	ROBERT F. USTICK	FRANCIS J. WHIDDEN
EDWARD S. RENEY	MARTIN A. SAAR	LOUIS N. SHERWOOD	JOHN J. STEMPKOWSKI	CLIFFORD L. UTTER	EARL A. WHITBECK
JAMES M. RENNE	FORTUNATO A. SABATINO	SHELDON A. SHERWOOD	ROBERT T. STENSON	DOMINICK V. VALLE	DANIEL M. WHITE
ROBERT A. RENNEMAN	BERNARD J. SABIN	THOMAS LESTER SHIELDS	HENRY J. STEPHANY	EMIL J. VALLECORSE	JOHN P. WHITE
THOMAS A. RENNER	HOWARD S. SACHS	ALBERT J. SHIMKUS	ELMORE J. STEPHENS	DAVID THOMAS VALLEJO	MARTIN E. WHITE
QUENTIN L. REQUA	WILLIAM SADEWASSER	CLARENCE S. SHOOK	NICHOLAS STEPHNO	HAROLD VAN DENBURG	THOMAS P. WHITE
MICHAEL D. RESTAINO	JOSEPH J. SAHTILA	COHN WILLIAM SHOOK JR.	MERMON J. STERY	WILLIAM G. VAN DUNK	WALTON R. WHITE
GERARD L. RESTEL	JOHN W. SALERNO	JAMES G. SHORMAN	ROBERT F. STEWART	MARSHAL VAN HOESEN	ROBERT HICKSON WHITNEY JR.
ARTHUR RAY REYNOLDS	JOHN STANLEY SALISKI	RAYMOND URIAH SHORT	ROBERT J. STEWART	LESTER HENRY VAN NORT	JOSEPH R. WIATRAK
JOHN A. REYNOLDS JR.	COLUMBUS SAMUELS	JAMES R. SHORTELL	THOMAS H. STOLIKER	THOMAS LOUIS VAN RIPER	CHRISTIAN WIELAND
THEODORE REYNOLDS	JORGE SANCHEZ	CARL SHUFORD	PAUL H. STONE	PAUL EDWARD VAN VOORHIS	CHESTER WIERZBICKI
CHARLES WALTER RHINEHART	ALFRED T. SANDFORD	BION Q. SHUTTS	WILLIAM E. STORCK	RONALD D. VAN WEES	HARRY JAMES WILCOX
CHARLES R. RHODES	ROY SANDVIK	JOHN A. SIBLEY	HAROLD A. STORMS	LEONARD J. VANATA	ROBERT B. WILCOX
STANLEY O. RHODES	DEALTON H. SANFORD	RUSSELL M. SIEDER	GEORGE A. STRAIGHT	ANDREW VANNESS	IRWIN D. WILENSKY
RONALD RICE	CASWELL L. SANGSTER	PABLO SIERRA	CLARENCE STRICKLIN	FRANK P. VARGA	FRANCIS WILKINSON
RICHARD USHER RICH	JOSEPH J. SANSALONE	LEONARD SILEO	FREDERICK W. STROHM	JUAN R. VAZQUEZ	FRANKLIN WILKINSON
ERNEST D. RICHARD	EDWARD F. SANTORA	JAMES RICHARD SILK	EUGENE EDWARD STROPE	JORGE VELAZQUEZ	AUGUSTUS WILLIAMS
GORDON F. RICHMOND	DAVILA MARI SANTOS	SANTIAGO RAU SILVA	JAMES W. STRUTHERS	JORGE N. VELAZOUEZ	AVERILL WILLIAMS
ROY T. RIGGS	MICHAEL J. SARACO	ARNOLD NORMAN SILVERSTEN	FRANK SULIER	JOSEPH PHILLIP VELLA	EARL J. WILLIAMS
HAROLD E. RIKER JR.	DAVID SARINE	RUDOLPH C. SIMEONE	JAMES A. SULLIVAN	VINCENT P. VELLA	EDDIE WILLIAMS JR.
LAWRENCE T. RILEY	FREDERICK SAUNDERS	EUGENE N. SIMIELE	JOSEPH W. SULLIVAN	FRANK JOSEPH VENDITTI	GERALD F. WILLIAMS
PHILIP IRVING RILEY	HARRY L. SAUNDERS	GEORGE E. SIMMONS	NORMAN G. SUSICE	ALBERT L. VERCOLEN	HUBERT T. WILLIAMS
RICHARD RIORDAN	CHESTER E. SANTORI	RONALD D. SIMMONS	WALTER E. SUTTON	LAMBERT T. VERVOORT	JOHN N. WILLIAMS JR.
ROBERT RITTER	GEORGE J. SAWYER	THOMAS SIMMONS	WILLIAM H. SWARMER	JOSEPH S. VEVERKA	JOHN R. WILLIAMS
GEORGE RITTHERSER	PETER J. SCACCIA	STANLEY A. SIMON	FRED D. SWART	LUIS A. VILLAFANE	NEIL RODNEY WILLIAMS
MIGUEL RIVERA	JOSEPH SCALESI JR.	MARSHALL EDWIN SIMONSON	ROBERT J. SWEENEY	GILBERT VILLANUEVA	ROMAN J. WILLIAMS
MARION RIVERS	ANTHONY M. SCALZO	NICHOL SINISCALCHI	KIETH A. SWEET	DONALD F. VINCENT	WILLIE JOSEPH WILLIAMS
FRANK VICTOR RIVIELLO	HERBERT LEO SCANLON JR.	ANGELO SIRAGUSA	THOMAS C. SWIFT	SALVATORE VINCI	ALBERT E. WILLIS JR.
NORMAN J. ROBARE	PAUL E. SCHAD	EARL L. SKINNER	MAXYMILIAN SZAFRAN	JOHN VIRGIONE JR.	RICHARD EUGENE WILLOUGHBY
DONALD E. ROBARGE	RONALD SCHAMBERGER	ROBERT M. SKINNER	JOHN JOSEPH SZWAJKOS	WILLIAM VOGEL JR.	GLEN EARL WILLOW
THOMAS M. ROBB	CARLTON F. SCHANKIN	NORBERT J. SLOMBA	THADDEUS T. SZYWEDA	JAMES VOID	BENJAMIN WILSON
EUGENE A. ROBENOLT	ELMER H. SCHEFLER	MARTIN M. SLUTSKY	VICTOR TABARRINI	RICHARD H. VOLZ	CHARLES G. WILSON
ALLAN R. ROBERTSON	HENRY A. SCHENK	STEPHEN SMALLBONE	KENNETH E. TAFT JR.	ESCHEN DAVID VON	GEORGE F. WILSON
JOHN J. ROBICHAUD	SEYMOUR SCHERER	LLOYD BUCHANAN SMALLEY	SAM O. TAKAHARA	EUGENE F. VOSS	ISAAC WILSON
JOHN ROBNETT	FRANCIS SCHERMAN	NORMAN SMART	JOSEPH GERARD TANSEY	ROBERT VRADENBURGH	KENNETH R. WILSON
EDWARD JOSEPH ROCK	MAYNA SCHERMERHORN	WALTER A. SMEAD	HERBERT TARNOPOL	THOMAS G. WACHTMAN	WALTER WILSON JR.
ALEJANDRA RODRIGUEZ	ROGER SCHERMERHORN	ANDREW K. SMELIK	JOHN P. TARO	GEORGE A. WADE	WILLIAM G. WILSON
ELPIDIO RODRIGUEZ JR.	ROBERT J. SCHIFANO	BENJAMIN L. SMITH	EDWARD J. TAYLOR	ROBERT G. WAGONER	WILLIAM H. WILSON
JULIO R. RODRIGUEZ	PETER MARTIN SCHIRO	CARLTON L. SMITH	HARRY L. TAYLOR	MARTIN J. WAHL	OTTO B. WINCHELL
LOPEZ SA RODRIGUEZ	ARTHUR HENRY SCHLANSKY	CURTIS LATHAM SMITH	RAYMOND S. TAYLOR	EDWARD CHARLES WAHLGREN	LEROY C. WINFIELD
MARIO J. RODRIGUEZ	RAYMOND O. SCHLECHT	DEWITT R. SMITH	THOMAS A. TAYLOR	ELMER G. WAINMAN	LEWIS M. WINGARD
PEDRO RODRIGUEZ	CARL J. SCHULTZ	DONALD EDWARD SMITH	ROBERT J. TELL JR.	ROBERT E. WALDMAN	JACK M. WINICK
ROSE E. ROE	NORMAN WILLIAM SCHNEIDT	DONALD L. SMITH	RODERICK TENAGLIER	RAYMOND WALIGORSKI	RICHARD A. WINNIE
CHRIS L. ROED	JULIUS J. SCHOLTZ	DOUGLAS ELLIOTT SMITH	FRANK TERCZAK	WILLIAM J. WALKER	HAROLD G. WINSOR
RICHARD L. ROEMER	WILLIAM A. SCHOTT	ELMORE CHARLES SMITH	GEORGE W. TERRY	EMIL E. WALLACE	WILLIAM W. WINTERS
CHARLES F. ROGERS	GORDON W. SCHRADER	FRANK H. SMITH	WALTER REMUS TESTERMAN	DAVID WALLACH	RAYMOND E. WIRTH
CHARLES L. ROGERS	EMANUEL R. SCHUBERT	FREDERICK T. SMITH	NICHOLAS THEODOROW	JOSEPH CREIGHTON WALLACK	FRANCIS WITHERELL
DANIEL FRANCES ROGERS	EDWARD R. SCHUH	GEORGE J. SMITH	ANDREAS C. THIEL	JAMES J. WALSH	ALBERT J. WITTMAN
THOMAS G. ROGERSON	KENNETH E. SCHUTT	GERALD JAY SMITH	GERALD S. THOMAS	ROBERT F. WALSH	RICHARD L. WOJESKI
JOHNSON T. ROLLES	EDWARD ANTHONY SCHWAB	GLEN F. SMITH	WALTER E. THOMAS	WILLIAM R. WALSH	GEORGE L. WOLDIKE
LAURENCE E. ROLLINS	ROBERT C. SCHWARTZ	GRAHAM SMITH	EDWARD J. THOMPSON	ROBERT K. WALTERS	JAMES VINCENT WOLF
EDWARD J. ROMAN	DANIEL SCIANNAMEO	HAROLD A. SMITH	FREDERICK BEN THOMPSON	CEDRIC W. WALTMAN	EDWARD J. WOLGEMUTH
LOUIS HENRY ROMAN	HENRY A. SCIPIONI	JAVERY EDLER SMITH	HARWOOD H. THOMPSON	JOHN ANDERSON WANDS	DONALD K. WOOD
PAUL A. ROMAN	JOSEPH G. SCLAFANI	RAYMOND A. SMITH	HUGH'KER THOMPSON	EDWARD W. WARD	GERALD S. WOOD
PHILIP S. ROMANO	PILTON SCOON	RICHARD F. SMITH	RICHARD D. THOMPSON	JAMES F. WARD JR.	WILLIAM ANDREW C. WOOD JR.
RICHARD J. ROMANUS	JOHN J. SCOTT	ROBERT J. SMITH	WILLIAM THOMPSON	JOHN LAWRENCE WARD	ROBERT WOODS
JAMES JOSEPH ROMEO	WILLIAM DONALD SCOTT	ROBERT J. SMITH	JOHN WILSON THURSTON	HARRY W. WARE	ARTHUR J. WORDEN
PETER R. ROMEO	HENRY SCOTTI	ROGER A. SMITH	JOHN J. TIERNAN	CARL J. WARNER	EDWARD J. WOROSZ
JAMES JOHN RONE	FREDERICK SCRIBNER	THOMAS F. SMITH	ALBERT ROWE TIFFANY	WALTER T. WARSHAL	FRANK J. WOZNIAK JR.
OTTO L. RONEKER	WILLIAM SCULLY	WILLIAM H. SMITH	RAYMOND HARVEY TITLEY	JOHN H. WASHINGTON	DAVID VAN NESS WRIGHT
NILS O. RONNQUIST	JOHN E. SEAMAN	WILLIAM H. SMITH	JAMES EDWARD TOBIN	TIMOTHY WASHINGTON	THEODORE WRIGHT
ERNEST E. ROOKER	DELBERT G. SEARLE	WILLIAM J. SMITH	JOSEPH A. TOCCO	ALLAN JOSEPH WATERMAN	ANDREW G. WUTZ
ROBERT FREDERICK ROONEY	WARREN SEARS	WILLIAM R. SMYTH	DONALD J. TOGNI	RAYMOND L. WATERS	ARMOUR R. YAHN
ROBERT J. ROONEY	ELMER W. SECORE	ALFRED E. SNIDER	HAROLD M. TOMER	BENJAMIN FRANK WATKINS JR.	JEROME O. YANKOWITZ
HECTOR P. ROSA	BOONE SEEGERS	FLOYD W. SNIPES	PETER FORTUNATO TONELLATO	WILLIAM R. WATKINS	NELSON W. YARGAR
RIVERA GUILLE ROSA	JOHN PINTO SEGREDE JR.	RONALD SNOW	JOHN TOPOLANCIK	THEODORE B. WATSON	JOHN P. YARUSSO
ANTHONY ROSATI	JAMES A. SEIBOLD	ERNEST A. SOBECK JR.	WALTER TORRES	WILLIAM W. WATSON	RAY N. YERDON
ARTHUR J. ROSE	CHESTER J. SEIFERT	ADOLPH G. SODEMANN	MICAL M. TOTLAND	BIGELOW WATTS JR.	LYLE F. YONGE
HARVEY ROSENBLUM	GEORGE D. SEILER	HERBERT N. SODEN	EDWARD JOHN TOTO	LEO J. WAWRO	VINCENT A. YONTA
WILLIAM E. ROSHIA	STANLEY E. SELINGER	ARNOLD D. SOLOMON	LESTER E. TOULMIN	JEROME H. WAX	JOHN C. YOUNG
ROBERT W. ROSHON	RAMOS ISRAEL SELLA	JOHN EUGENE SONGER	THOMAS S. TOWNSEND	RAYMOND E. WEAVER	JOHN R. YOUNG
ANDREW C. ROSS	OSCAR SELTZER	ANTHONY SORRENTINO	ANDREW L. TRANO	ROGER J. WEAVER	JULES EDWIN YOUNG
CHARLES O. ROSS	VINCENT C. SEMINARA	RONALD C. SPARKS	LAWRENC TRAPANOTTO	GERHARDT H. WEBER	PAUL A. YOUNG
HAROLD LESLIE ROSS	SERRANO AN SERRANO	WARREN W. SPAULDING	EDWARD J. TRAUTWEIN	JOHN C. WEBER	ROBERT J. YOUNG
MCELREE A. ROSS	VALENTIN I. SERRANO	DONALD B. SPENCE	EDGAR J. TREACY JR.	JOHN F. WEBER	WALTER JOHN YUSZKIEWICS
RAYMOND E. ROSS	DEAN H. SEVEY	HAROLD G. SPENCER	JOSEPH TREPASSO	MURRAY WEBER	ANTHONY J. ZAPPETTI
ANDREW ROSSETTI JR.	PAUL R. SEYMOUR	ROBERT W. SPERBECK	MAXIMO A. TROCHE	JACOB WEBSTER JR.	JOSEPH C. ZERBO
JOSEPH M. ROSZAK	RONALD EDWIN SHADDOCK	LEWIS F. SPERDUTO	GEORGE F. TROY	HAROLD J. WEBER	ROLF L. ZICKEL
GEORG ROTHENBERGER	WILLIAM A. SHAFFER	PETER SPERNYAK	KENNETH A. TRUAX	WILLIAM R. WEIAND	WILLIAM F. ZIDELSKI
ARTHUR L. ROUGHT	THOMAS J. SHANNON	JOSEPH ANTHONY SPINA	JOHN H. TRUSCKEWICZ	NORMAN WEIDY	RAYMOND R. ZIEMECKI
EDWARD P. ROUNDS	HARRY SHARPE	JAMES R. SPITZER	EMIL TRYNOSKI	ARTHUR A. WEIGAND	DONALD J. ZIMOAHL
THOMAS WILLIAM ROWDEN JR.	GERALD C. SHAVER	STANLEY J. SPYCHAJ	LAWRENCE ANDREW TRYON	JAMES P. WEIR	ANTHONY ZINGARELLA
DONALD J. RUSHMORE	JOHN J. SHAY JR.	RAYMOND A. STAATS	WILLIAM TSCHUSCHKE	MELVIN WEISS	RICHARD C. ZSELTVAY
ROBERT C. RUSS	JAMES W. SHEA JR.	KENNETH R. STADLER	NICOLA A. TUCCI	HERMAN WEISSMAN	SALVATORE J. ZUCCA
JAMES P. RUSSELL	PATRICK SHEAHAN	DAYTON S. STAFFORD	FRANCIS J. TUCKER	DANIEL L. WELCH	IGNATIUS S. ZUPPARO
JOHN W. RUSSELL					

NORTH CAROLINA

BEN A. ALDRIDGES	SAMUAL B. BLAIR	CHARLIE F. CAGLE	EDWARD G. CRAWFORD	WILLIE J. EDWARDS	ROBERT L. GLENN
SUMMEY M. ALEXANDER	VIRGIL A. BLAKELEY	EUZELL E. CAGLE	ELLIS CRAWFORD JR.	PAUL E. ELKINS	RICHARD H. GLOVER
CLAUDE E. ALLEN	HOWARD HENRY BLANTON	JAMES L. CALDWELL	CHARLES S. CRISP	FRED D. ELLEN	WILFORD O. GODFREY
EARNEST ALLEN	JOHN C. BLOUNT	LEE R. CALHOUN	ARCHIE Y. CROOM JR.	ANDREW J. ELLIS	ELI GODWIN
ELMER O. ALLEN	SAMUEL T. BLUE	ROBERT W. CARPENTER	HARRY H. CROSBY	GRADY W. ELLIS	HERBERT L. GOLDING
THOMAS E. ALLEN	RAYMOND N. BOHELER	BENJAMIN F. CARR	JAMES CLARENCE CROUSE	JAMES H. ELLIS	DAVID GOOCH
VAN ALLEN	CHRISTOS BOUKEDES	LEE C. CARRAWAY	WILLIAM F. CROUSE	R M ELLSWORTH JR.	DAVID THEODORE GOODEN
GEORGE A. ALSTON	FREEMAN E. BOYKIN	RALPH N. CARROUTH	WILTON P. CROW JR.	HORACE S. ENGLAND	HOWARD C. GOODWIN
ROBERT E. ALTEMUS	FLOYD BRADLEY JR.	DANIEL J. CARTER	MARION N. CRUMP	GUY T. EUBANKS JR.	WILLIAM L. GORDON
WILLIAM P. AMAKER	CLARENCE BRADSHAW	JAMES B. CARTER	JAMES HENRY CRUTCHFIELD	RANDOLPH EUBANKS	ALBERT W. GRADY
THOMAS AMBROSE	ELMER J. BRANCH	WILLIE L. CARVER	CLIFTON M. CULVER	JOHN V. EUDY JR.	RILEY J. GRAGG
OTTO AMMONS	J. W. BRANTON	CHARLES L. CASEY	WILLIAM CUNNINGHAM	WALLIS J. EVANS	JACK W. GRAVLEY
CHARLES O. AMOS	VERNON L. BRASWELL	BOBBY R. CASHION	HUGHIE CUTSHALL	WILLIE G. EVANS	WALTER L. GRAY
WILLIAM P. ANDERSON	THOMAS E. BRATCHER	CHARLES D. CASPER	JOHN D. DAIL	WILLIAM V. EVUM	HOMER GREEN
HERBERT L. APPLE	GORDON L. BRAXTON	CLYDE H. CASPER	ALLEN A. DAUGHERTY	JOE RAY FAIR	WILLIAM S. GREEN JR.
CHARLES E. ARCH	FURMAN T. BRENDLE	CHARLES V. CATHEY	WALTER DAVENPORT	JAMES H. FENNER	LOY GRIFFIN
JERRY W. ARMSTRONG	NICODEMUS BREWER	JOHN CHAMPION	HENRY L. DAVIS	THEODORE GREGG FERGUSON	JAMES A. GRIST
PAUL J. ASHFORD	LOGAN O. BRIDGES	ALFRED E. CHAPMAN	HERBERT L. DAVIS	ALVA R. FISHER	GEORGE P. GROSS
BOB O. AUTREY	CARLTON R. BRIGHT	CHARLES W. CHAPMAN	HOWARD DAVIS	JAMES E. FISHER	GEORGE C. GUEST
DAVO AVENT	WILLIAM F. BRIGMAN	EVERETT F. CHAPPELL	MORTON C. DAVIS	WAYNE FLOYD FISHER	FRED E. GUFFEY
CHARLES W. BAILEY	EARL T. BRINSON	GEORGE E. CHASTAIN	WALTER V. DAVIS	CAMERON M. FLACK	EDWARD SHULDON GUTHRIE JR.
ROSS BAILEY	EPHRAIM L. BRINSON	JOSEPH D. CHOATE	WILLIAM E. DAVIS JR.	JOE FLOWERS	ARTHUR J. HALL
WALTER L. BAKER JR.	CHARLES E. BRINTLE	ORLANDO A. CICCONE	WILLIE S. DAWKINS	JAMES E. FLOYD	SAMUEL C. HAMLIN
DONALD H. BAKER	HARVEY S. BRISSON	CLAUDE E. CLARK	PERRY AGUSTUS DAWSON	LAWRENCE BLAKE FLOYD	RONALD RAY HAMMETT
EDIE C. BAKER	PETER JACK BRITTON	CLINTON CLARK	THOMAS E. DAWSON	ROY S. FLYNN JR.	WALTER J. HANES
WADE BAKER	DORRIS WILLIAM BROOKS JR.	ROBERT N. CLENDENIN	CHARLES N. DAY	ALVIS L. FORD	JACK LEONARD HANNAH
GUY A. BALLARD	JOHN B. BROOKS	LEON E. CLEVINGER	EARLIE DAY	WILFRED S. FORD	UNCAS B. HARDIN
	RICHARD H. BROOKS	HAROLD CLINKSCALE	WARREN C. DAY	IRA L. FOREMAN	THURMOND HARDISON
	JANEY BRUCE BROOME	JAMES V. CLODFELTER	BOYDEN M. DEAN	CARL L. FORSYTH JR.	DAVID E. HARDY
	GEORGE T. BROWER	ROBERT L. COBB	ALEX DEESE	WILLIAM H. FORTENBERRY	ERNEST B. HARKEY
	CALVIN O. BROWN	JOHN W. COCHRAN	HENRY P. DENNING	THOMAS S. FRANKLIN	ARTHUR E. HARPER
	HAROLD M. BROWN	HENLY P. COLE JR.	JAMES V. DENNING	WILLARD H. FREDERICK	JOSEPH T. HARPER
				BOBBY EUGENE FREEMAN	JEFFERY W. HARRELL
				STACY H. FREEMAN	JASPER L. HARRIS
				BILLY E. FRITTS	ROYCOE L. HARVEY
				ANDREW J. GADDIS	GORDON E. HATHAWAY
				DAVID L. GALLOWAY	TATE M. HAYNIER
				BILLIE S. GANTT	JEPRO L. HAWKS
				AUSTIN L. GARNER	ESSIE V. HAXLEY
				JAMES H. GAY	LOUIE B. HAYES
				CLARENCE W. GEE	ROBERT F. HAYNES
				CHARLES M. GENTLE	CRAIG H. HEARN
				ARCHIE C. GENTRY	BENJAMIN L. HEDDEN
				CHARLES GEORGE	COLLIE HEDGEPETH
				GUY C. GIBSON	HERMAN HEDRICH
					BOBBIE D. HEFFNER
					EVERETTE R. HEFNER

UNITED STATES OF AMERICA

NORTH CAROLINA

JOHN O. HERRING
JAMES G. HICKERSON
CHARLES HICKS
JOHN HILEMON
CLARENCE H. HILL
WILLIE D. HILL
SELVEN HILTON
NED HINNANT JR.
CARLTON L. HOBSON
EMERY E. HODGES
THEODORE R. HODGES
JOHNNIE R. HOLDER
RAYMOND L. HOLLIDAY
ALBERT C. HOLMAN JR.
WALTER B. HOOD
ALONZA L. HOOPER
DANIEL H. HOPPING
HUBERT HORTON JR.
LONNIE EDWARD HORTON
HOWARD HOSKINS
NORVEL F. HOUCK
HENRY C. HOWARD
CLAUDE C. HOWELL JR.
LLOYD B. HOWELL
LUTHER R. HOWELL
WILLIAM L. HOWELL
WALTER C. HUBBARD
WILLIAM HUBBARD JR.
LELAND C. HUCKS
DOVER C. HUDSON
RUFUS F. HUDSON JR.
JACK G. HUDSPETH
ROY L. HUFFMAN
RUFUS HUFFSTICKLER
HORACE W. HUGGINS
ELRIN M. HUNDLEY
CARL V. HUNT
CHARLES O. HUNT
GWYN R. HUNT
LAWRENCE E. HUNT
THOMAS A. HUNT
WILLIE R. HUNT
JAMES E. HUNTER
JAMES B. HUNILEY
OTIS E. HUTCHISON
DON HYATT
WILLIAM RANDOLH INGOLD
ANDERSON F. INMAN
PAUL E. ISRAEL
CHARLES E. IVEY
LACY C. IVEY
SPENCER HEWITT JARNAGIN
JAMES H. JEFFERYS
JESSIE R. JENKINS
WILLIAM H. JENKINS
DELBERT G. JENNETTE
CARL O. JERNIGAN
GERALD D. JOHNSON
JOHN B. JOHNSON
WILLIAM C. JOHNSON
CLYDE JONES
DAVID R. JONES
DELMAN J. JONES
JAMES D. JONES
JOHNNY C. JONES
LINWOOD G. JONES
LISBURN H. JONES
WILLIAM C. JONES JR.
WILLIAM H. JONES
WILLIAM J. JONES
ALFRED S. JORDAN
FRED O. JORDAN
DAVID A. JOYCE
BARNABAS JOYNER
LLOYD V. JOYNER
THEODORE JOYNER
CLARENCE KEARNEY
HARRY L. KEARNEY
CARL L. KEARNS
WALTER L. KEETON
RAYMOND F. KELLUM
CLAUDE J. KENAN
GAYLE C. KINCADE
HOMER G. KING
JAMES PAUL KING
LEROY F. KING
ROGER B. KIRCHOFER
WILLIAM M. KITCHENS JR.
JAMES L. KITTRELL
GERALD WESLEY KNOTT
JAMES L. KORNEGAY
DAN R. LAIL
THOMAS C. LAMAR
CHAUNCEY V. LAMBETH
JOHN W. LAMM
CLARENCE E. LANE

ORLIN N. LANIER
WILLIAM H. LASSITER
WINIFRED LASSITER
BOBBIE J. LATHAM
MARTIN A. LAWING
WILLIAM C. LAWRENCE
GENE A. LAWS
FRED A. LAWSON
HARVEY LAWSON
ROBERT E. LAWSON
WALTER KEITH LAWSON
WILLIAM LE FEVERS
ADOLPHUS M. LEACH
CHARLES LEAK
MAX L. LEAR
JOHN B. LEDBETTER
BILLY SAM LEE
JACK A. LEE
JASPER W. LEE
HARRY E. LEFLER
GERALD L. LENTZ
RUSSELL ALFRED LETHBRIDGE
ELWOOD LEWIS
ROBERT O. LEWIS
SAMUEL B. LEWIS
EDMUND J. LILLY III
L. L. LITTLETON
JUNIOR LOCKLEAR
PRESTON LOFTIN
HANSEFORD DEE LONG
FRED LOVE JR.
WILLIAM J. LOVILL
ALFRED N. LOWDER
JAMES H. LOWRANCE
LEO LUPTON
SAMUEL A. LUTTERLOH
BILLY J. LUTZ
ROBERT G. LUTZ
ELMER L. LYNN
ISSAC S. MABE
JOHN R. MABRY
HENRY T. MAC GILL
ROBY L. MANGUM
JAMES E. MANN
BILLY L. MANING
WILLIAM D. MANUEL
CHRISTOPHER MARION
KENT M. MARKS
FRED J. MARLEY
CHARLES MARLOW JR.
CHARLES S. MARLOWE
MERLIN E. MARSHALL
ELWIN C. MARTIN JR.
FLOYD W. MARTIN JR.
GEORGE J. MATHEWS
OLIVER W. MATTHEWS
HERBERT H. MATTOCKS
CHARLES HENRY MATTOX
ALFRED MAY
RAYMOND F. MAY
ROBERT C. MAYES
GEORGE U. MC ADEN
HUGH G. MC BRYDE
LEROY MC CLEAIN
WADE L. MC CORMICK
JAMES H. MC COTTER
MILES E. MC CRAW
WILLIE MC CULLOUGH
HUGHLON MC DANIEL
ROGER G. MC DONALD
CLEM F. MC DUFFIE
KENDRICK MC FADDEN
DOUGLAS H. MC GOWAN
RICHARD MC HARGUE
JAMES M. MC JUNKINS
THOMAS H. MC KINLEY
VANDERBE MC KINNON
ARTIS MC LEAN
JOHN W. MC LELLAN
WILLIE P. MC LENDON
CURTIS MC NEILL
CLINTON MC RAE
WILLIAM ALBERT MCGINNIS
ESQUE MCKEITHAN
WILLIAM H. MCLELLAN
CLEVELAND MEADOWS
CHARLES VERNON MEARS
WILLIAM S. MELTON
CLOYD L. MENSER
JAMES MERRITT
ROBER MIDDLESWORTH
BOBBY MILLER
DARDEN O. MILLER
JOSEPH E. MILLER
JOHNNY A. MILLON
EZEKIEL S. MILLS

GEORGE C. MILLS
JOHN W. MILLS
RICHARD M. MINTON
RUSSELL Y. MITCHELL
HOWARD R. MIZELL
RUFUS D. MOBLEY
FLOYD W. MOFFITT
ARTHUR L. MOORE
BENNY A. MOORE
BRADDY MOORE III
CHARLES S. MOORE
CHESTER S. MOORE
ARNOLD L. MORGAN
DONALD MORGAN
MELVIN H. MORGAN
NEAL M. MORRIS
JAMES W. MORROW
JOHN W. MORROW
RAEFORD L. MORTON
ROBERT H. MOSER
WILLARD L. MOSLEY
ERVIN L. MULDOON
STACY A. MULLINAX
ERWIN R. MUMFORD
WILLIAM A. MUNCY
JACK MURPHY
JOSEPH EDWARD MURPHY
HAROLD B. MURRAY
ALLIE E. MYERS
DOUGLAS M. NEEL
JOHNIE R. NEWSOME
JAY T. NOBLES
CLYDE L. NORMAN
HOWARD G. NORRIS
GLENN C. NYE
ERIC FRANKLIN O'BRIANT
GEORGE E. ONEAL
CLYDE ORR
BYRON M. OTWELL JR.
BERNARD J. OUSNAMER
GEORGE M. OUTLAW
BILLY OWEN
CLAUD OWEN
LAWRENCE J. OWENS
ROOSEVELT PAGE
CHARLES EASTON PARHAM JR.
JAS E. PARHAM
GARY N. PARKER
HARRY J. PARKER
VINCENT PARKER
HAROLD G. PARRIS
HENRY A. PARRON
CLARENCE PATTERSON
JOSEPH A. PATTERSON
CALVIN F. L. PAYNE
BILLY EUGENE PEACOCK
AARON PEARCE
LAWSON PEARSON
SYLVESTER PENDER
BILLY PENDLEY
TROY PENLAND
BARTIE PENNINGTON
BILLY A. PHILLIPS
CARSON PHILLIPS
CHARLIE A. PHILLIPS
JAMES K. PHILLIPS
JOSEPH F. PHILLIPS
WILLIAM M. PIERCE
WILLIAM E. PINER
JAMES L. PINKSTON
ARNOLD PITMAN
PATRICK D. PITTILLO
CHARLES PITTMAN JR.
RUFUS C. POINDEXTER
JAMES DEAN POPE
HENRY N. PORTER
JIMMY T. PORTER
JOHN BELTON POWE JR.
DONALD W. POWELL
REX W. POWELL
ROBERT L. POWELL
EDWIN E. POWERS
FORREST L. PRICE
TALMADGE PRICE JR.
WILLIAM O. PRICE
ERNEST RAY PRINCE
CLYDE PUGH
DAVID L. PUGH
JACK C. PULLEY
AMOS PURNELL JR.
GILMER D. QUEEN
EARNEST E. RACKLEY
ROBERT E. RAMSEY
JOHN B. RANDOLPH
HERBERT L. RAWLS JR.
JAMES W. RAY

WILLIAM DURWOOD RAYNOR
JAMES C. REECE
ROBERT D. REED
KENNETH F. REESE
ALTON R. REGISTER
VERNON C. REINHARDT
JACK RENFRO JR.
WINFERD L. REYNOLDS
JAY RUFFUS RHODES
CARL D. RICE
JAMES RICE
HOUSTON M. RICH
AMOS E. RICHARDSON
JACK RICHARDSON
VINCENT R. RICKMAN
CLIFTON R. RIGGINS
RAY L. RIGGS
RAYMOND JONES RIGHTMYER
GEORGE L. RIGHTS
GEORGE P. RILEY
ERIC ROACH
EDWARD B. ROBBINS
HARRY P. ROBERSON
WAYNE ROBERSON
PINKNEY ROBERTS JR.
JAMES W. ROBINSON
JAMES C. ROCHELLE
ROBERT R. RODGERS
GERALD E. ROGERS
GILBERT G. ROSE JR.
HERMAN ROSE
ROBERT A. ROSS
LEFF V. ROYAL
MARVIN ROYAL
OTIS G. RUCKER JR.
CARLTON M. RUMLEY
JOHN T. RUSSELL
EUGENE SADLER
EARL C. SALTZ
RUDOLPH SAMPSON
MCDONALD SANDERS
WILLIAM T. SANDS
JAMES B. J. SAUNDERS
EUGENE SCHULER
CHARLES D. SCOTT
SAMUEL L. SCOTT
ALTIE F. SEAGLE
LARRY E. SELL
FLOYD H. SELLERS
WILLIAM J. SELLERS
NORMAN C. SETZER
JOHN CARLTON SHELNUTT
HAROLD R. SHEPARD
FREDERICK J. SHIPMAN
JACKIE PAGE SIKES
J. S. SILVERS
CALVIN G. SIMMONS
EDWARD L. SIMMONS
CLAUDE T. SIMS
WILLIAM SINGLETON
ZEMRIA V. SIZEMORE
ANDREW J. SLAUGHTER
DAVID P. SLUDER
CLAUDE SMITH JR.
EARL SMITH
EDWARD M. SMITH
EMMITE SMITH
ERNEST M. SMITH
EUGENE W. SMITH
GERALD L. SMITH
HERBERT LEROY SMITH
JOHN D. SMITH
JOHN R. SMITH
JOSEPH S. SMITH
KIMBALL E. SMITH
ROBERT A. SMITH
ROY E. SMITH
LEON S. SNIPES
THOMAS F. SOLOMETO
SMITH S. SOMERVILLE
JAMES SOUTHERLAND
LEONARD L. SPEARS
WARREN H. SPRINKLE
ROLAND B. STACY III
VERNON D. STALLINGS
CLYDE J. STANBACK
LEE R. STANCIL
JAMES J. STANLEY
OTHA P. STANLEY
ROBERT CICERO STOCKARD
KELLY L. STONE
WOOLARD STRICKLAND
RA C. STROUP
ROY A. STROUP
CONLEY R. SUTHER
ALLEN L. SUTTON

HARRY E. SUTTON
JOHN R. SUTTON
JAMES E. SWINSON
ALTON L. TADLOCK
LEONARD EARL TANT
JACK G. TAPSCOTT
ALLEN R. TAYLOR
BOBBY D. TAYLOR
GENE S. TAYLOR
JOHN M. TAYLOR
WILLIAM H. TAYLOR
WORTH W. TAYLOR
JAMES W. TEAGUE
EARL CLAYTON TEW
JACKSON THOMAS
HERBERT THOMPKINS
BEKAY THOMPSON
FLETCHER THOMPSON
HOWARD S. THOMPSON
JAMES K. THOMPSON
JAMES W. THOMPSON
BOBBY O. THORNTON
JACK S. THORNTON
BOBBY A. TINGLE
ALTON L. TOLER
FERMAN L. TORRENCE
GEORGE C. TREXLER
DELMER L. TRIPLETT
RAY TRIPP
CLARENCE W. TRIVETT
VANCE E. TROGDON
DONALD O. TROXLER
PAUL H. V. TRUEHEART
FURMAN MAXEY TRUETT
JUNIOR R. TUCKER
BENJAMIN F. TWIDDY
JOHN W. UPTEGROVE
WILLIAM B. VANHOY
THOMAS H. VARNER
GRAYSON S. VAUGHN
GORDON R. VICK
CECIL VINES
JOHN G. WADE
WILLIE R. WADE
JAMES S. WAGONER
DON WALKER
TELMA W. WALL JR.
STEPHEN WALSTON
JAMES E. WARD
GEORGE RILEY WATKINS
SAMUEL K. WATKINS
CLARENCE R. WATSON
ROY H. WATTS JR.
WILLIAM F. D. WATTS
LOGAN C. WEATHERS
LEE R. WEBSTER
DILLON H. WELCH
ROY R. WESTMORELAND
BOBBY T. WETHINGTON
RALPH J. WHETSTINE
BILLY R. WHITE
MINTER W. WHITEHEAD
WILLIAM WHITEHURST
ANDREW A. WHITMORE
CARLIE A. WIKE
JAMES W. WIKE
JAMES B. WILDER
FARREL K. WILEY
GORDON M. WILKERSON
FRANK BUD WILLHITE
AMOS WILLIAMS
JIM E. WILLIAMS
REYNOLDS WILLIAMS
WILLIE S. WILLIAMS
JAMES H. WILLIAMSON
CHARLES B. WILSON
GILMER W. WILSON
HALLIE W. WILSON JR.
HURLEY WILSON
LINWOOD F. D. WILSON
HENRY G. WINSTEAD
BRYANT H. WOMACK
ALPHONSO WOODLIEF
FRANK WORLEY
MARCELLUS O. WORTH
BILLIE DEAN WRIGHT
C. W. WRIGHT JR.
CLYDE M. WRIGHT
HAROLD L. YARBROUGH
EDWARD J. YATES
THOMAS W. YELTON
JACK R. YOUNG

NORTH DAKOTA

LEONARD E. AARONS
MYLO S. AASER
SEYMOUR R. ADSEM
ARTHUR L. ALVESHERE
ALFRED ANDERSON JR.
FRANCIS ANDERSON
JOHN R. ARMAN
DONALD W. ARMESON
HERBERT AVERY
PAUL GERALD BAENEN
RENFREW D. BAILEY
HARRY J. BARTH
KEITH ROBERT BAYLEY
ELMER BEAR
CLYDE BEARSTAIL
JOHN A. BERG
EDMUND J. BERGUM
LEO B. BERTRAND
CARL J. BICHLER
MILTON BILLIGMEIER
CHARLES HERBERT BLOMBERG
MARVIN BOSCHEE
DENNIS H. BRADY
CECIL WILLIAM BRANDSTED
VERNON LLOYD BROKKE
HERBERT E. BUIK
WILLIAM BULLINGER
WALLACE S. BUTLER JR.
LAWRENCE CLOVER
CLYDE R. COLVIN
DONALD P. CULLEN
GERALD JOSEPH DAY
EUGENE A. DE SAUTEL
JAMES K. DIONNE
TONY DIRK

THOMAS R. DOWNIE
DONALD L. DUFF
MIKE W. DUTCHAK
MICHAEL A. DWORSHAK
DUANE E. EGE
MARVIN L. EGGLESTON
VINCENT J. EICHOLTZ
RAYMOND W. ELGLAND
LEO F. ENGELHART
MYRON J. ENGER
EUGENE H. FALCON
EINO E. FALLS
FRANK R. FAULHABER
MOJMIR P. FICEK
LEROY S. FORDAHL
ARBY A. FRYER JR.
HAROLD O. GEORGESON
CLIFFORD T. GILSTAD
MARTIN J. GLASSER
LAVERN P. GOHL
HARLAN GAY GOODROAD
DARWYN H. HAGEN
ORLIN K. HAGEN
RONALD W. HAGEN
HAROLD R. HALVORSON
DAVID V. HAMAN
DONALD R. HARMAN
ROBERT O. HAUGEN
ORVIS A. HAUGTVEDT
KENNETH HEFTA
ALLEN S. HEWITT
ARNOLD J. HOUDEK
ELON L. HOUSE
MARION E. HUDECEK

EDWARD J. JAGER
GEORGE JANGULA
CARL C. JENSEN
WILLIAM D. JOHNSON
BOYD L. JOTHEN
DELBERT R. KAMPHAUG
LOUIS C. KELLY
MICHAEL L. KENNEDY
GENE F. KLOS
DONALD D. KORTE
LEO J. KRAFT
MORYLN DWIGHT KRANZLER
MARTIN M. KRUMP
NICKOLAUS KUNTZ
HAROLD KVAM
WILLIAM J. LAFRANCE
ARTHUR G. LANG
BERTIL S. LARSON
DAMON JUAN LARSON
JASON C. LARSON
ALFRED LAVALLIE JR.
DONALD M. LEONHARD
WALTER D. LIEN
CLETUS D. LIES
VERNON A. LINDVIG
ALFRED A. LOKEN
MELVIN E. LOKKEN
WILLIAM BRIAN LOURIM
EDWARD G. LOVEJOY
WILLIAM R. MAGYAR
JOSEPH M. MATHIS
MELVIN GERALD MC NEA
KENNETH MC RITCHIE
ALLEN L. METTLER

JOSEPH K. MEYER
DUANE A. MILLER
DONALD D. MISEMER
ARNE O. MOE
LELAND R. MOLLAND
EARL PURDON MOLLERUD
DONALD L. MONSON
FRED W. MONSON JR.
JARED W. MORROW
THOMAS F. MURPHY
JAMES B. NEHOWIG
HAROLD D. NEWMAN
THOMAS C. ODENBAUGH
JOHN R. OGILVIE
CLARENCE E. OPPERUD
JOSEPH M. ORR
ROBERT H. ORTLOFF
JOHN D. PARK
MARVIN W. PEDERSON
ERVIN A. PERMANN
RUSSELL D. PETERSON
WILMER R. PFEIFLE
NICHOLAS A. PFLIGER
RAYMOND S. PORTER
EUGENE A. PRASKA
LUVERNE C. PRESCOTT
FRITZ J. REBSOM
HORN WILLIAM RED
MEINHARDT RENNICH
ROY RETZLOFF
RICHARD LLOYD ROBINSON
STEPHEN K. ROE
RICHARD E. SAD
JAMES F. SAND
FRED B. SAYRE

FERDIN SCHILLINGER
ROBERT G. SCHMITT
GLENN A. SCHREINER
LLOYD F. SELBY
DONALD E. SELLERS
LEROY JAAMES SHERMAN
LELAND K. SIME
PAUL V. SMITH
ROBERT J. SMITH
WILLIAM SPRUAT SMITH JR.
EDWARD SOMMERFELD
CARL EDWARD SOREIDE
BEAR IGNAT SPOTTED
ALLEN GENE STENERSON
JAMES K. TAYLOR
LAWRENCE K. TAYLOR
PETER TERNES
CALVIN M. THEIS
LEONARD THOMAS
DONALD O. THOMPSON
LESLIE C. THOMPSON
THOMAS J. TIGHE
JAMES E. TREPANIER
MARVIN VAN NINGEN
EUG VAN STEENVOORT
ROBERT LEE WANNER
JOSEPH S. WARDYNSKI
WALTER W. WARNKE
LIGHTNING P. WHITE
JOHN A. WILKERSON
BEAR JASPER YOUNG
RALPH L. ZINCK

OHIO

DAVID HERBERT ABERNATHY
MARION A. ACITELLI
EINO ADAMS JR.
JACKIE L. ADAMS
ROBERT E. ADDISON
JAMES E. AINSCOUGH
JOHN E. AKEY
BOYD K. ALDERDICE
JAMES R. ALDRIDGE
HILARY F. ALLEMEIER

CHARLES ALLEN
JACK LEON ALLEN
JOHN P. ALLEN
JOHNNY LEE ALLEN
KENNETH H. ALLEN
ROBERT L. AMICK
CHARLES E. ANDERSON
CLYDE E. ANDERSON
HERBERT A. ANDERSON
JAMES ANDERSON

JAMES T. ANDERSON
JESSE K. ANDERSON
JOHN H. ANDERSON
WILLIAM P. ANDERSON
HAROLD O. ANDREWS
ROBERT ANDREWS
JACK E. ANGEL
ROBERTO APONTE-DELGADO
FRANCIS E. APPIS
WALTER G. ARCHAMBO

JOHN F. ARCHER
WALTER J. ARKENBERG
JOHN WALTER ARMS
ROBERT W. ARMSTRONG
RALPH ELGIN ARRINGTON
JAMES V. ASHBAUGH
JAMES L. ASHBROOK
BILLY J. ASHLEY
FLOYD J. ASHLEY
ROBERT J. AUKERMAN

LEON AUSTIN JR.
RAYMOND S. AUSTIN
JACK A. AVERY
GEORGE H. BABCOCK
THOMAS M. BACHOP
WILLIAM F. BADEN
JAMES L. BAECHLE
JACK W. BAER
JOSEPH E. BAHLEDA
JAMES R. BAIR

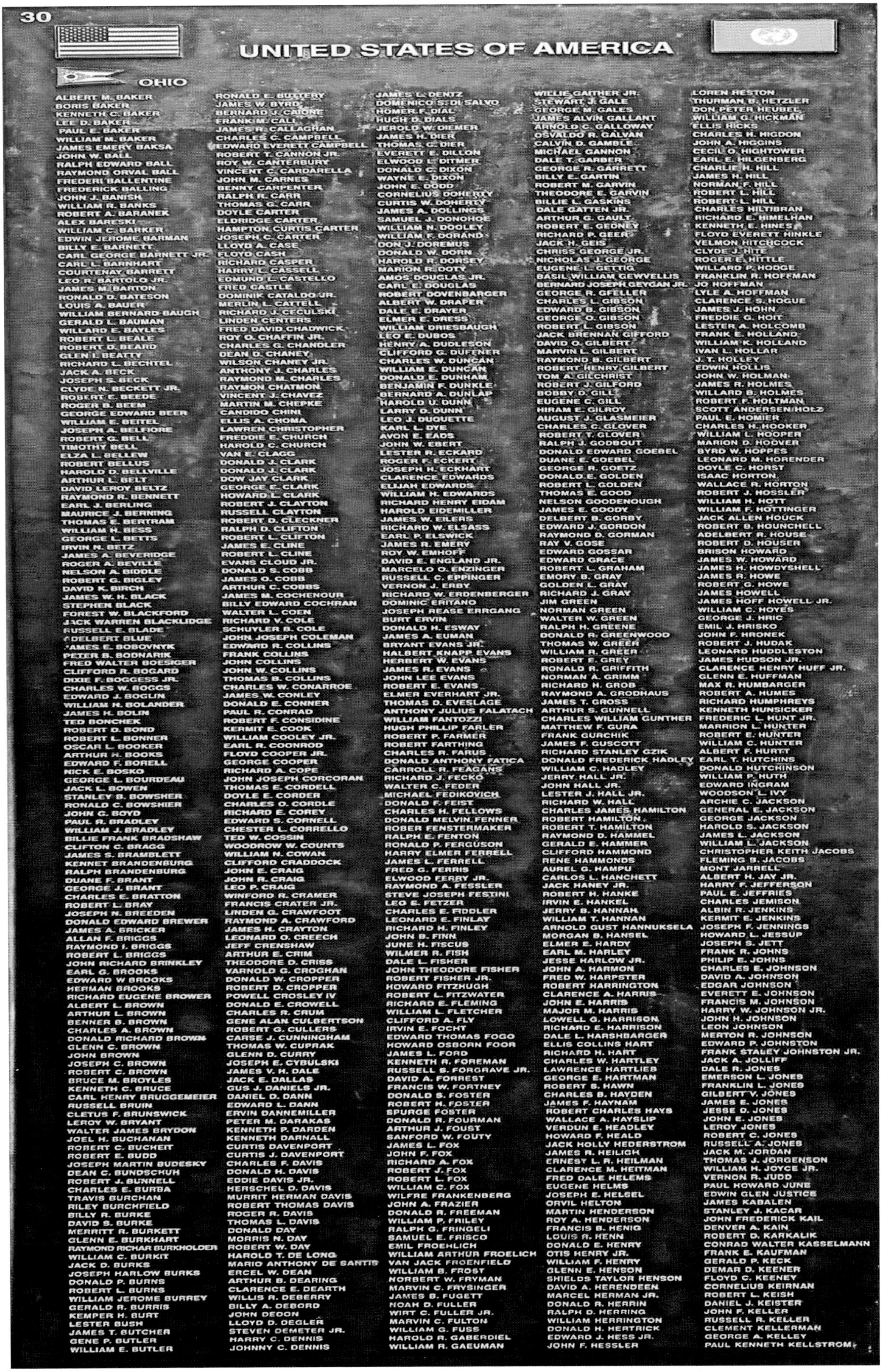
30
UNITED STATES OF AMERICA
OHIO
ALBERT M. BAKER
BORIS BAKER
KENNETH C. BAKER
LEE D. BAKER
PAUL E. BAKER
WILLIAM M. BAKER
JAMES EMERY BAKSA
JOHN W. BALL
RALPH EDWARD BALL
RAYMOND ORVAL BALL
FREDERI BALLENTINE
FREDERICK BALLING
JOHN J. BANISH
WILLIAM R. BANKS
ROBERT A. BARANEK
ALEX BARESKI
WILLIAM C. BARKER
EDWIN JEROME BARMAN
BILLY E. BARNETT
CARL GEORGE BARNETT JR.
CARL L. BARNHART
COURTENAY BARRETT
LEO R. BARTOLO JR.
JAMES M. BARTON
RONALD D. BATESON
LOUIS A. BAUER
WILLIAM BERNARD BAUGH
GERALD L. BAUMAN
WILLARD E. BAYLES
ROBERT L. BEALE
ROBERT L. BEARD
GLEN L. BEATTY
RICHARD L. BECHTEL
JACK A. BECK
JOSEPH S. BECK
CLYDE N. BECKETT JR.
ROBERT E. BEEDE
ROGER B. BEEM
GEORGE EDWARD BEER
WILLIAM E. BEITEL
JOSEPH A. BELFIORE
ROBERT G. BELL
TIMOTHY BELL
ELZA L. BELLEW
ROBERT BELLUS
HAROLD D. BELLVILLE
ARTHUR L. BELT
DAVID LEROY BELTZ
RAYMOND R. BENNETT
EARL J. BERLING
MAURICE J. BERNING
THOMAS E. BERTRAM
WILLIAM H. BESS
GEORGE L. BETTS
IRVIN N. BETZ
JAMES A. BEVERIDGE
ROGER A. BEVILLE
NELSON A. BIDDLE
ROBERT G. BIGLEY
DAVID K. BIRCH
JAMES W. H. BLACK
STEPHEN BLACK
FOREST W. BLACKFORD
JACK WARREN BLACKLIDGE
RUSSELL E. BLADE
ADELBERT BLUE
JAMES E. BOBOVNYK
PETER B. BODNARIK
FRED WALTER BOESIGER
CLIFFORD R. BOGARD
DIXIE F. BOGGESS JR.
CHARLES W. BOGGS
EDWARD J. BOGLIN
WILLIAM H. BOLANDER
JAMES H. BOLIN
TED BONCHEK
ROBERT D. BOND
ROBERT L. BONNER
OSCAR L. BOOKER
ARTHUR H. BOOKS
EDWARD F. BORELL
NICK E. BOSKO
GEORGE L. BOURDEAU
JACK L. BOWEN
STANLEY B. BOWSHER
RONALD C. BOWSHIER
JOHN G. BOYD
PAUL R. BRADLEY
WILLIAM J. BRADLEY
BILLIE FRANK BRADSHAW
CLIFTON C. BRAGG
JAMES S. BRAMBLETT
KENNET BRANDENBURG
RALPH BRANDENBURG
DUANE F. BRANT
GEORGE J. BRANT
CHARLES E. BRATTON
ROBERT L. BRAY
JOSEPH N. BREEDEN
DONALD EDWARD BREWER
JAMES A. BRICKER
ALLAN F. BRIGGS
RAYMOND I. BRIGGS
ROBERT L. BRIGGS
JOHN RICHARD BRINKLEY
EARL G. BROOKS
EDWARD W. BROOKS
HERMAN BROOKS
RICHARD EUGENE BROWER
ALBERT L. BROWN
ARTHUR L. BROWN
BENNER B. BROWN
CHARLES A. BROWN
DONALD RICHARD BROWN
GLENN C. BROWN
JOHN BROWN
JOSEPH C. BROWN
ROBERT C. BROWN
BRUCE M. BROYLES
KENNETH C. BRUCE
CARL HENRY BRUGGEMEIER
RUSSELL BRUIN
CLETUS F. BRUNSWICK
LEROY W. BRYANT
WALTER JAMES BRYDON
JOEL H. BUCHANAN
ROBERT C. BUCHEIT
ROBERT E. BUDD
JOSEPH MARTIN BUDESKY
DEAN C. BUNDSCHUH
ROBERT J. BUNNELL
CHARLES E. BURBA
TRAVIS BURCHAN
RILEY BURCHFIELD
BILLY R. BURKE
DAVID S. BURKE
MERRITT R. BURKETT
GLENN E. BURKHART
RAYMOND RICHAR BURKHOLDER
WILLIAM C. BURKIT
JACK D. BURKS
JOSEPH HARLOW BURKS
DONALD P. BURNS
ROBERT L. BURNS
WILLIAM JEROME BURREY
GERALD R. BURRIS
KEMPER H. BURT
LESTER BUSH
JAMES T. BUTCHER
GENE P. BUTLER
WILLIAM E. BUTLER
RONALD E. BUTTERY
JAMES W. BYRD
BERNARD J. CAIONE
FRANKLIN M. CALL
JAMES R. CALLAGHAN
CHARLES C. CAMPBELL
EDWARD EVERETT CAMPBELL
ROBERT T. CANNON JR.
ROY W. CANTERBURY
VINCENT C. CARDARELLA
JOHN M. CARNES
BENNY CARPENTER
RALPH R. CARR
THOMAS G. CARR
DOYLE CARTER
ELDRIDGE CARTER
HAMPTON CURTIS CARTER
JOSEPH C. CARTER
LLOYD A. CASE
FLOYD CASH
RICHARD CASPER
HARRY L. CASSELL
EDMUND L. CASTELLO
FRED CASTLE
DOMINIK CATALDO JR.
MERLIN L. CATTELL
RICHARD J. CECULSKI
LINDEN CENTERS
FRED DAVID CHADWICK
ROY O. CHAFFIN JR.
CHARLES G. CHANDLER
DEAN D. CHANEY
WILSON CHANEY JR.
ANTHONY J. CHARLES
RAYMOND M. CHARLES
RAYMON CHATMON
VINCENT J. CHAVEZ
MARTIN M. CHEPKE
CANDIDO CHINI
ELLIS A. CHOMA
LAWREN CHRISTOPHER
FREDDIE E. CHURCH
HAROLD C. CHURCH
VAN E. CLAGG
DONALD J. CLARK
DONALD J. CLARK
DOW JAY CLARK
GEORGE E. CLARK
HOWARD L. CLARK
ROBERT J. CLAYTON
RUSSELL CLAYTON
ROBERT D. CLECKNER
RALPH D. CLIFTON
ROBERT L. CLIFTON
JAMES E. CLINE
ROBERT L. CLINE
EVANS CLOUD JR.
DONALD S. COBB
JAMES O. COBB
ARTHUR C. COBBS
JAMES M. COCHENOUR
BILLY EDWARD COCHRAN
WALTER L. COEN
RICHARD V. COLE
SCHUYLER B. COLE
JOHN JOSEPH COLEMAN
EDWARD R. COLLINS
FRANK COLLINS
JOHN COLLINS
JOHN W. COLLINS
THOMAS B. COLLINS
CHARLES W. CONARROE
JAMES W. CONLEY
DONALD E. CONNER
PAUL R. CONRAD
ROBERT F. CONSIDINE
KERMIT E. COOK
WILLIAM COOLEY JR.
EARL R. COONROD
FLOYD COOPER JR.
GEORGE COOPER
RICHARD A. COPE
JOHN JOSEPH CORCORAN
THOMAS E. CORDELL
DOYLE E. CORDER
CHARLES O. CORDLE
RICHARD E. COREY
EDWARD S. CORNELL
CHESTER L. CORRELLO
TED W. COSSIN
WOODROW W. COUNTS
WILLIAM N. COWAN
CLIFFORD CRADDOCK
JOHN E. CRAIG
JOHN R. CRAIG
LEO P. CRAIG
WINFORD R. CRAMER
FRANCIS CRATER JR.
LINDEN G. CRAWFOOT
RAYMOND A. CRAWFORD
JAMES H. CRAYTON
LEONARD O. CREECH
JEFF CRENSHAW
ARTHUR E. CRIM
THEODORE D. CRISS
ARNOLD G. CROGHAN
DONALD W. CROPPER
ROBERT D. CROPPER
POWELL CROSLEY IV
DONALD E. CROWELL
CHARLES R. CRUM
GENE ALAN CULBERTSON
ROBERT G. CULLERS
CARSE J. CUNNINGHAM
THOMAS W. CUPRAK
GLENN D. CURRY
JOSEPH E. CYBULSKI
JAMES V. H. DALE
JACK E. DALLAS
GUS J. DANIELS JR.
DANIEL D. DANN
EDWARD L. DANN
ERVIN DANNEMILLER
PETER M. DARAKAS
KENNETH P. DARDEN
KENNETH DARNALL
CURTIS DAVENPORT
CURTIS J. DAVENPORT
CHARLES F. DAVIS
DONALD H. DAVIS
EDDIE DAVIS JR.
HERSCHEL D. DAVIS
MURRIT HERMAN DAVIS
ROBERT THOMAS DAVIS
ROGER R. DAVIS
THOMAS L. DAVIS
DONALD DAY
MORRIS N. DAY
ROBERT W. DAY
HAROLD T. DE LONG
MARIO ANTHONY DE SANTIS
ERCEL W. DEAN
ARTHUR B. DEARING
CLARENCE E. DEARTH
WILLIS R. DEBERRY
BILLY A. DEBORD
JOHN DEDON
LLOYD D. DEGLER
STEVEN DEMETER JR.
HARRY C. DENNIS
JOHNNY C. DENNIS
JAMES L. DENTZ
DOMENICO S. DI SALVO
HOMER F. DIAL
HUGH D. DIALS
JEROLD W. DIEMER
JAMES H. DIER
THOMAS G. DIER
EVERETT E. DILLON
ELWOOD L. DITMER
DONALD C. DIXON
WAYNE E. DIXON
JOHN E. DODD
CORNELIUS DOHERTY
CURTIS W. DOHERTY
JAMES A. DOLLINGS
SAMUEL J. DONOHOE
WILLIAM N. DOOLEY
WILLIAM F. DORAND
DON J. DOREMUS
DONALD W. DORN
HAROLD R. DORSEY
MARION R. DOTY
AMOS DOUGLAS JR.
CARL E. DOUGLAS
ROBERT DOVENBARGER
ALBERT W. DRAPER
DALE E. DRAYER
ELMER E. DRESS
WILLIAM DRIESBAUGH
LEO E. DUBOS
HENRY A. DUDLESON
CLIFFORD G. DUFENER
CHARLES W. DUNCAN
WILLIAM E. DUNCAN
DONALD E. DUNHAM
BENJAMIN F. DUNKLE
BERNARD A. DUNLAP
HAROLD U. DUNN
LARRY D. DUNN
LEO J. DUQUETTE
KARL L. DYE
AVON E. EADS
JOHN W. EBERT
LESTER R. ECKARD
ROGER F. ECKERT
JOSEPH H. ECKHART
CLARENCE EDWARDS
ELIJAH EDWARDS
WILLIAM H. EDWARDS
RICHARD HENRY EIDAM
HAROLD EIDEMILLER
JAMES W. EILERS
RICHARD W. ELSASS
EARL P. ELSWICK
JAMES R. EMERY
ROY W. EMHOFF
DAVID E. ENGLAND JR.
MARCELO O. ENZINGER
RUSSELL C. EPPINGER
VERNON J. ERBY
RICHARD W. ERDENBERGER
DOMINIC ERITANO
JOSEPH REASE ERRGANG
BURT ERVIN
DONALD H. ESWAY
JAMES A. EUMAN
BRYANT EVANS JR.
HALBERT KNAPP EVANS
HERBERT W. EVANS
JAMES R. EVANS
JOHN LEE EVANS
ROBERT E. EVANS
ELMER EVERHART JR.
THOMAS D. EVESLAGE
ANTHONY JULIUS FALATACH
WILLIAM FANTOZZI
HUGH PHILLIP FARLER
ROBERT P. FARMER
ROBERT FARTHING
CHARLES R. FARUS
DONALD ANTHONY FATICA
CARROLL R. FEAGANS
RICHARD J. FECKO
WALTER C. FEDER
MICHAEL FEDIKOVICH
DONALD F. FEIST
CHARLES H. FELLOWS
DONALD MELVIN FENNER
ROBER FENSTERMAKER
RALPH E. FENTON
RONALD P. FERGUSON
HARRY ELMER FERRELL
JAMES L. FERRELL
FRED G. FERRIS
ELWOOD FERRY JR.
RAYMOND A. FESSLER
STEVE JOSEPH FESTINI
LEO E. FETZER
CHARLES E. FIDDLER
LEONARD E. FINLAY
RICHARD H. FINLEY
JOHN B. FINN
JUNE H. FISCUS
WILMER R. FISH
DALE E. FISHER
JOHN THEODORE FISHER
ROBERT FISHER JR.
HOWARD FITZHUGH
ROBERT L. FITZWATER
RICHARD E. FLEMING
WILLIAM L. FLETCHER
CLIFFORD A. FLY
IRVIN E. FOCHT
EDWARD THOMAS FOGO
HOWARD OSBORN FOOR
JAMES L. FORD
KENNETH R. FOREMAN
RUSSELL S. FORGRAVE JR.
DAVID A. FORREST
FRANCIS W. FORTNEY
DONALD S. FOSTER
ROBERT H. FOSTER
SPURGE FOSTER
DONALD R. FOURMAN
ARTHUR J. FOUST
SANFORD W. FOUTY
JAMES L. FOX
JOHN F. FOX
RICHARD A. FOX
ROBERT J. FOX
ROBERT L. FOX
WILLIAM C. FOX
WILFRE FRANKENBERG
JOHN A. FRAZIER
DONALD R. FREEMAN
WILLIAM P. FRILEY
RALPH G. FRINGELI
SAMUEL E. FRISCO
EMIL FROEHLICH
WILLIAM ARTHUR FROELICH
VAN JACK FROENFIELD
WILLIAM B. FROST
NORBERT W. FRYMAN
MARVIN C. FRYSINGER
JAMES B. FUGETT
NOAH D. FULLER
WIRT C. FULLER JR.
MARVIN C. FULTON
WILLIAM G. FUSS
HAROLD R. GABERDIEL
WILLIAM R. GAEUMAN
WILLIE GAITHER JR.
STEWART J. GALE
GEORGE M. GALES
JAMES ALVIN GALLANT
ARNOLD C. GALLOWAY
OSVALDO R. GALVAN
CALVIN D. GAMBLE
MICHAEL GANNON
DALE T. GARBER
GEORGE R. GARRETT
BILLY E. GARTIN
ROBERT M. GARVIN
THEODORE E. GARVIN
BILLIE L. GASKINS
DALE GATTEN JR.
ARTHUR G. GAULT
ROBERT E. GEDNEY
RICHARD P. GEER
JACK H. GEIS
CHRISS GEORGE JR.
NICHOLAS J. GEORGE
EUGENE L. GETTIG
BASIL WILLIAM GEWVELLIS
BERNARD JOSEPH GEYGAN JR.
GEORGE R. GIELLER
CHARLES L. GIBSON
EDWARD B. GIBSON
GEORGE O. GIBSON
ROBERT L. GIBSON
JACK BRENNAN GIFFORD
DAVID O. GILBERT
MARVIN L. GILBERT
RAYMOND B. GILBERT
ROBERT HENRY GILBERT
TOM A. GILCHRIST
ROBERT J. GILFORD
BOBBY D. GILL
EUGENE C. GILL
HIRAM E. GILROY
AUGUST J. GLASMEIER
CHARLES C. GLOVER
ROBERT T. GLOVER
RALPH J. GODBOUT
DONALD EDWARD GOEBEL
DUANE E. GOEBEL
GEORGE R. GOETZ
DONALD E. GOLDEN
ROBERT L. GOLDEN
THOMAS E. GOOD
NELSON GOODENOUGH
JAMES E. GOODY
DELBERT B. GORBY
EDWARD J. GORDON
RAYMOND D. GORMAN
RAY V. GOSE
EDWARD GOSSAR
EDWARD GRACE
ROBERT L. GRAHAM
EMORY B. GRAY
GOLDEN L. GRAY
RICHARD J. GRAY
JIM GREEN
NORMAN GREEN
WALTER W. GREEN
RALPH H. GREENE
DONALD R. GREENWOOD
THOMAS W. GREER
WILLIAM R. GREER
ROBERT E. GREY
RONALD R. GRIFFITH
NORMAN A. GRIMM
RICHARD H. GROB
RAYMOND A. GRODHAUS
JAMES T. GROSS
ARTHUR S. GUNNELL
CHARLES WILLIAM GUNTHER
MATTHEW F. GURA
FRANK GURCHIK
JAMES F. GUSCOTT
RICHARD STANLEY GZIK
DONALD FREDERICK HADLEY
WILLIAM C. HADLEY
JERRY HALL JR.
JOHN HALL JR.
LESTER J. HALL JR.
RICHARD W. HALL
CHARLES JAMES HAMILTON
ROBERT HAMILTON
ROBERT T. HAMILTON
RAYMOND D. HAMMEL
GERALD E. HAMMER
CLIFFORD HAMMOND
RENE HAMMONDS
AUREL G. HAMPU
CARLOS L. HANCHETT
JACK HANEY JR.
ROBERT H. HANKE
IRVIN E. HANKEL
JERRY B. HANNAH
WILLIAM T. HANNAN
ARNOLD GUST HANNUKSELA
MORGAN B. HANSEL
ELMER E. HARDY
EARL M. HARLEY
JESSE HARLOW JR.
JOHN A. HARMON
FRED W. HARPSTER
ROBERT HARRINGTON
CLARENCE A. HARRIS
JOHN E. HARRIS
MAJOR M. HARRIS
LOWELL G. HARRISON
RICHARD E. HARRISON
DALE L. HARSHBARGER
ELLIS COLLINS HART
RICHARD H. HART
CHARLES W. HARTLEY
LAWRENCE HARTLIEB
GEORGE E. HARTMAN
ROBERT S. HAWN
CHARLES B. HAYDEN
JAMES F. HAYNAM
ROBERT CHARLES HAYS
WALLACE A. HAYSLIP
VERDUN E. HEADLEY
HOWARD F. HEALD
JACK HOLLY HEDERSTROM
JAMES R. HEILIGH
ERNEST L. R. HEILMAN
CLARENCE M. HEITMAN
FRED DALE HELEMS
EUGENE HELMS
JOSEPH E. HELSEL
ORVIL HELTON
MARTIN HENDERSON
ROY A. HENDERSON
FRANCIS B. HENIG
LOUIS R. HENN
DONALD E. HENRY
OTIS HENRY JR.
WILLIAM F. HENRY
GLENN E. HENSON
SHIELDS TAYLOR HENSON
DAVID A. HEREDEEN
MARCEL HERMAN JR.
DONALD R. HERRIN
RALPH D. HERRING
WILLIAM HERRINGTON
DONALD H. HERTRICK
EDWARD J. HESS JR.
JOHN F. HESSLER
LOREN HESTON
THURMAN B. HETZLER
DON PETER HEUBEL
WILLIAM G. HICKMAN
ELLIS HICKS
CHARLES H. HIGDON
JOHN A. HIGGINS
CECIL O. HIGHTOWER
EARL E. HILGENBERG
CHARLIE H. HILL
JAMES H. HILL
NORMAN F. HILL
ROBERT L. HILL
ROBERT L. HILL
CHARLES HILTIBRAN
RICHARD E. HIMELHAN
KENNETH E. HINES
FLOYD EVERETT HINKLE
VELMON HITCHCOCK
CLYDE J. HITE
ROGER E. HITTLE
WILLARD P. HODGE
FRANKLIN R. HOFFMAN
JO HOFFMAN
LYLE A. HOFFMAN
CLARENCE S. HOGUE
JAMES J. HOHN
FREDDIE G. HOIT
LESTER A. HOLCOMB
FRANK E. HOLLAND
WILLIAM K. HOLLAND
IVAN L. HOLLAR
J. T. HOLLEY
EDWIN HOLLIS
JOHN W. HOLMAN
JAMES R. HOLMES
WILLARD B. HOLMES
ROBERT F. HOLTMAN
SCOTT ANDERSEN HOLZ
PAUL E. HOMIER
CHARLES H. HOOKER
WILLIAM L. HOOPER
MARION D. HOOVER
BYRD W. HOPPES
LEONARD M. HORENDER
DOYLE C. HORST
ISAAC HORTON
WALLACE R. HORTON
ROBERT J. HOSSLER
WILLIAM H. HOTT
WILLIAM F. HOTTINGER
JACK ALLEN HOUCK
ROBERT B. HOUNCHELL
ADELBERT R. HOUSE
ROBERT D. HOUSER
BRISON HOWARD
JAMES W. HOWARD
JAMES H. HOWDYSHELL
JAMES R. HOWE
ROBERT G. HOWE
JAMES HOWELL
JAMES HOFF HOWELL JR.
WILLIAM C. HOYES
GEORGE J. HRIC
EMIL J. HRISKO
JOHN F. HRONEK
ROBERT J. HUDAK
LEONARD HUDDLESTON
JAMES HUDSON JR.
CLARENCE HENRY HUFF JR.
GLENN E. HUFFMAN
MAX R. HUMBARGER
ROBERT A. HUMES
RICHARD HUMPHREYS
KENNETH HUNSICKER
FREDERIC L. HUNT JR.
MARRION L. HUNTER
ROBERT E. HUNTER
WILLIAM C. HUNTER
ALBERT F. HURTT
EARL T. HUTCHINS
DONALD HUTCHINSON
WILLIAM P. HUTH
EDWARD INGRAM
WOODSON L. IVY
ARCHIE C. JACKSON
GENERAL E. JACKSON
GEORGE JACKSON
HAROLD S. JACKSON
JAMES L. JACKSON
WILLIAM L. JACKSON
CHRISTOPHER KEITH JACOBS
FLEMING S. JACOBS
MONT JARRELL
ALBERT H. JAY JR.
HARRY F. JEFFERSON
PAUL E. JEFFRIES
CHARLES JEMISON
ALBIN R. JENKINS
KERMIT E. JENKINS
JOSEPH F. JENNINGS
HOWARD L. JESSUP
JOSEPH S. JETT
FRANK R. JOHNS
PHILIP E. JOHNS
CHARLES E. JOHNSON
DAVID A. JOHNSON
EDGAR JOHNSON
EVERETT E. JOHNSON
FRANCIS M. JOHNSON
HARRY W. JOHNSON JR.
JOHN H. JOHNSON
LEON JOHNSON
MERTON R. JOHNSON
EDWARD P. JOHNSTON
FRANK STANLEY JOHNSTON JR.
JACK A. JOLLIFF
DALE R. JONES
EMERSON L. JONES
FRANKLIN L. JONES
GILBERT V. JONES
JAMES E. JONES
JESSE D. JONES
JOHN E. JONES
LEROY JONES
ROBERT C. JONES
RUSSELL A. JONES
JACK M. JORDAN
THOMAS J. JORGENSON
WILLIAM H. JOYCE JR.
VERNON R. JUDD
PAUL HOWARD JUNE
EDWIN GLEN JUSTICE
JAMES KABALEN
STANLEY J. KACAR
JOHN FREDERICK KAIL
DENVER A. KAIN
ROBERT D. KARKALIK
CONRAD WALTER KASSELMANN
FRANK E. KAUFMAN
GERALD P. KECK
DEMAR D. KEENER
FLOYD C. KEENEY
CORNELIUS KEIRNAN
ROBERT L. KEISH
DANIEL J. KEISTER
JOHN F. KELLER
RUSSELL R. KELLER
CLEMENT KELLERMAN
GEORGE A. KELLEY
PAUL KENNETH KELLSTROM

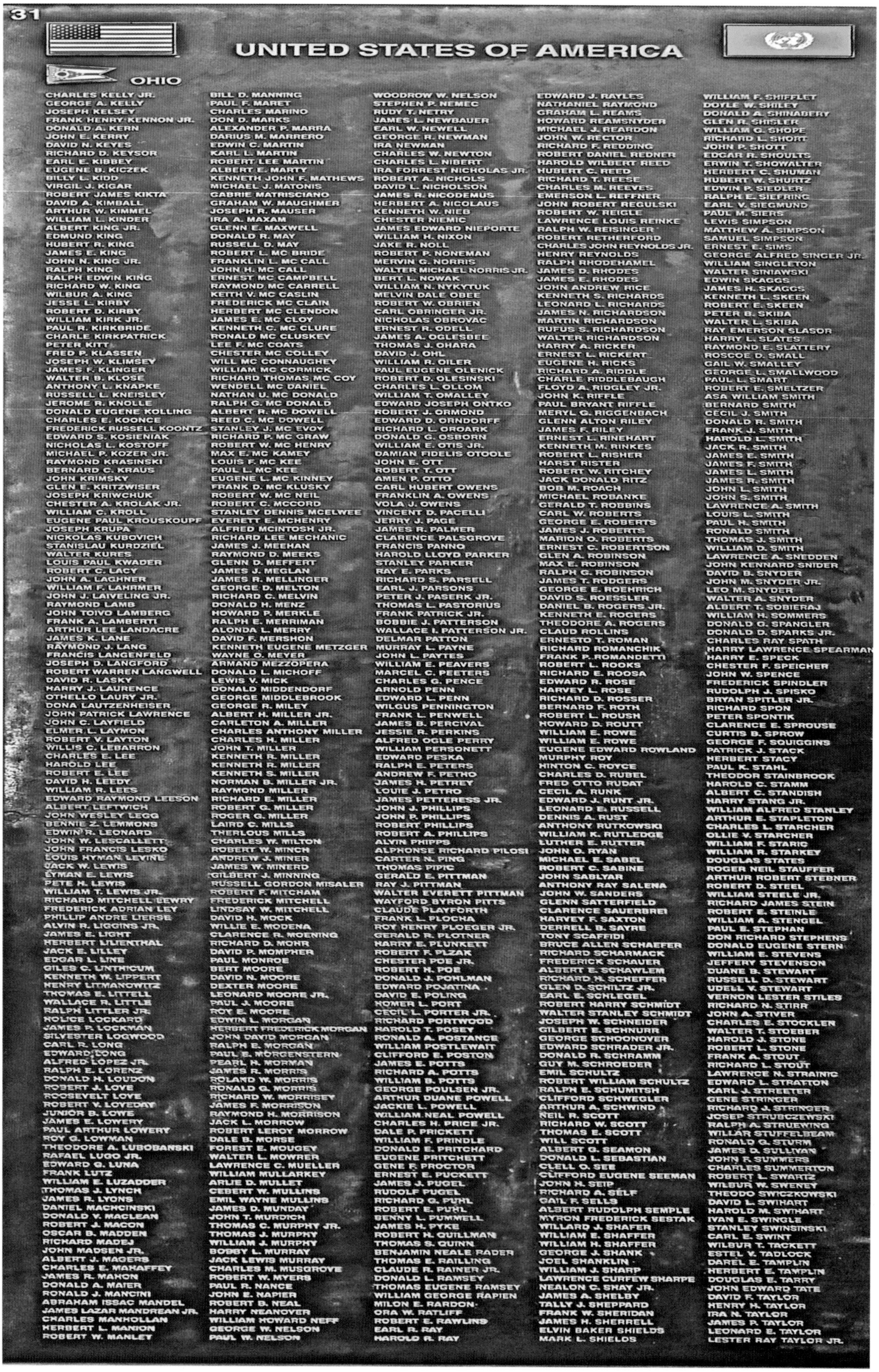
31
UNITED STATES OF AMERICA
OHIO
CHARLES KELLY JR.
GEORGE A. KELLY
JOSEPH KELSEY
FRANK HENRY KENNON JR.
DONALD A. KERN
JOHN E. KERRY
DAVID N. KEYES
RICHARD D. KEYSOR
EARL E. KIBBEY
EUGENE B. KICZEK
BILLY L. KIDD
VIRGIL J. KIGAR
ROBERT JAMES KIKTA
DAVID A. KIMBALL
ARTHUR W. KIMMEL
WILLIAM L. KINDER
ALBERT KING JR.
EDMUND KING
HUBERT R. KING
JAMES E. KING
JOHN N. KING JR.
RALPH KING
RALPH EDWIN KING
RICHARD W. KING
WILBUR A. KING
JESSE L. KIRBY
ROBERT D. KIRBY
WILLIAM KIRK JR.
PAUL R. KIRKBRIDE
CHARLE KIRKPATRICK
PETER KITT
FRED P. KLASSEN
JOSEPH W. KLIMSEY
JAMES F. KLINGER
WALTER B. KLOSE
ANTHONY L. KNAPKE
RUSSELL L. KNEISLEY
JEROME R. KNOLLE
DONALD EUGENE KOLLING
CHARLES E. KOONCE
FREDERICK RUSSELL KOONTZ
EDWARD S. KOSIENIAK
NICHOLAS L. KOSTOFF
MICHAEL P. KOZER JR.
RAYMOND KRASINSKI
BERNARD C. KRAUS
JOHN KRIMSKY
GLEN E. KRITZWISER
JOSEPH KRIWCHUK
CHESTER A. KROLAK JR.
WILLIAM C. KROLL
EUGENE PAUL KROUSKOUPF
JOSEPH KRUPA
NICKOLAS KUBOVICH
STANISLAU KURDZIEL
WALTER KURES
LOUIS PAUL KWADER
ROBERT C. LACY
JOHN A. LACHNER
WILLIAM F. LAHRMER
JOHN J. LAIVELING JR.
RAYMOND LAMB
JOHN TOIVO LAMBERG
FRANK A. LAMBERTI
ARTHUR LEE LANDACRE
JAMES K. LANE
RAYMOND J. LANG
FRANCIS LANGENFELD
JOSEPH D. LANGFORD
ROBERT WARREN LANGWELL
DAVID R. LASKY
HARRY J. LAURENCE
OTHELLO LAURY JR.
DONA LAUTZENHEISER
JOHN PATRICK LAWRENCE
JOHN C. LAYFIELD
ELMER L. LAYMON
ROBERT V. LAYTON
WILLIS C. LEBARRON
CHARLES E. LEE
HAROLD LEE
ROBERT E. LEE
DAVID H. LEEDY
WILLIAM R. LEES
EDWARD RAYMOND LEESON
ALBERT LEFTWICH
JOHN WESLEY LEGG
BENNIE Z. LEMMONS
EDWIN R. LEONARD
JOHN W. LESCALLETT
JOHN FRANCIS LESKO
LOUIS HYMAN LEVINE
JACK W. LEWIS
LYMAN E. LEWIS
PETE H. LEWIS
WILLIAM T. LEWIS JR.
RICHARD MITCHELL LEWRY
FREDERICK ADRIAN LEY
PHILLIP ANDRE LIERSE
ALVIN R. LIGGINS JR.
JAMES E. LIGHT
HERBERT LILIENTHAL
JACK R. LILLEY
EDGAR L. LINE
GILES C. LINTHICUM
KENNETH W. LIPPERT
HENRY LITMANOWITZ
THOMAS E. LITTELL
WALLACE R. LITTLE
RALPH LITTLER JR.
HOLICE LOCKARD
JAMES P. LOCKMAN
SILVESTER LOGWOOD
CARL R. LONG
EDWARD LONG
ALFRED LOPEZ JR.
RALPH E. LORENZ
DONALD H. LOUDON
ROBERT J. LOVE
ROOSEVELT LOVE
ROBERT V. LOVEDAY
JUNIOR B. LOWE
JAMES E. LOWERY
PAUL ARTHUR LOWERY
ROY G. LOWMAN
THEODORE A. LUBOBANSKI
RAFAEL LUGO JR.
EDWARD G. LUNA
FRANK LUTZ
WILLIAM E. LUZADDER
THOMAS J. LYNCH
JAMES R. LYONS
DANIEL MACHCINSKI
DONALD V. MACLEAN
ROBERT J. MACON
OSCAR B. MADDEN
RICHARD MADEJ
JOHN MADSEN JR.
ALBERT J. MAGERS
CHARLES E. MAHAFFEY
JAMES R. MAHON
DONALD A. MAIER
RONALD J. MANCINI
ABRAHAM ISSAC MANDEL
JAMES LAZAR MANDREAN JR.
CHARLES MANHOLLAN
HERBERT L. MANION
ROBERT W. MANLEY
BILL D. MANNING
PAUL F. MARET
CHARLES MARINO
DON D. MARKS
ALEXANDER P. MARRA
DARIUS M. MARRERO
EDWIN C. MARTIN
KARL L. MARTIN
ROBERT LEE MARTIN
ALBERT E. MARTY
KENNETH JOHN F. MATHEWS
MICHAEL J. MATONIS
GABRIE MATRISCIANO
GRAHAM W. MAUGHMER
JOSEPH R. MAUSER
IRA A. MAXAM
LEWIN E. MAXWELL
DONALD R. MAY
RUSSELL D. MAY
ROBERT L. MC BRIDE
FRANKLIN L. MC CALL
JOHN H. MC CALL
ERNEST MC CAMPBELL
RAYMOND MC CARRELL
KEITH V. MC CASLIN
FREDERICK MC CLAIN
HERBERT MC CLENDON
JAMES E. MC CLOY
KENNETH C. MC CLURE
RONALD MC CLUSKEY
LEE F. MC COATS
CHESTER MC COLLEY
WILL MC CONNAUGHEY
WILLIAM MC CORMICK
RICHARD THOMAS MC COY
WENDELL MC DANIEL
NATHAN U. MC DONALD
RALPH G. MC DONALD
ALBERT R. MC DOWELL
REED C. MC DOWELL
STANLEY J. MC EVOY
RICHARD P. MC GRAW
ROBERT W. MC HENRY
MAX E. MC KAMEY
LOUIS F. MC KEE
PAUL L. MC KEE
EUGENE L. MC KINNEY
FRANK D. MC KLUSKY
ROBERT W. MC NEIL
ROBERT C. MCCORD
STANLEY DENNIS MCELWEE
EVERETT E. MCHENRY
ALFRED MCINTOSH JR.
RICHARD LEE MECHANIC
JAMES J. MEEHAN
RAYMOND D. MEEKS
GLENN D. MEFFERT
JAMES J. MEGLAN
JAMES R. MELLINGER
GEORGE D. MELTON
RICHARD C. MELVIN
DONALD H. MENZ
HOWARD P. MERKLE
RALPH E. MERRIMAN
ALONDA L. MERRY
DAVID F. MERSHON
KENNETH EUGENE METZGER
WAYNE O. MEYER
ARMAND MEZZOPERA
DONALD L. MICHOFF
LEWIS V. MICK
DONALD MIDDENDORF
GEORGE MIDDLEBROOK
GEORGE R. MILEY
ALBERT H. MILLER JR.
CARLETON A. MILLER
CHARLES ANTHONY MILLER
CHARLES H. MILLER
JOHN T. MILLER
KENNETH R. MILLER
KENNETH R. MILLER
KENNETH S. MILLER
NORMAN B. MILLER JR.
RAYMOND MILLER
RICHARD E. MILLER
ROBERT G. MILLER
ROGER G. MILLER
LAIRD C. MILLS
THERLOUS MILLS
CHARLES W. MILTON
ROBERT W. MINCH
ANDREW J. MINER
JAMES W. MINERD
GILBERT J. MINNING
RUSSELL GORDON MISALER
ROBERT F. MITCHAM
FREDERICK MITCHELL
LINDSAY W. MITCHELL
DAVID H. MOCK
WILLIE E. MODENA
CLARENCE R. MOENING
RICHARD D. MOHR
DAVID P. MOMPHER
PAUL MONROE
BERT MOORE
DAVID N. MOORE
DEXTER MOORE
LEONARD MOORE JR.
PAUL J. MOORE
ROY E. MOORE
EDWIN L. MORGAN
HERBERT FREDERICK MORGAN
JOHN DAVID MORGAN
RALPH E. MORGAN
PAUL E. MORGENSTERN
PEARL H. MORMAN
JAMES R. MORRIS
ROLAND W. MORRIS
RONALD G. MORRIS
RICHARD W. MORRISEY
JAMES F. MORRISON
RAYMOND H. MORRISON
JACK L. MORROW
ROBERT LEROY MORROW
DALE B. MORSE
FOREST E. MOUGEY
WALTER L. MOWRER
LAWRENCE C. MUELLER
WILLIAM MULLARKEY
ARLIE D. MULLET
CEBERT W. MULLINS
EMIL WAYNE MULLINS
JAMES D. MUNDAY
JOHN T. MURDICH
THOMAS C. MURPHY JR.
THOMAS J. MURPHY
WILLIAM J. MURPHY
BOBBY L. MURRAY
JACK LEWIS MURRAY
CHARLES M. MUSGROVE
ROBERT W. MYERS
PAUL R. NANCE
JOHN E. NAPIER
ROBERT B. NEAL
HARRY NEANOVER
WILLIAM HOWARD NEFF
GEORGE W. NELSON
PAUL W. NELSON
WOODROW W. NELSON
STEPHEN P. NEMEC
RUDY T. NETRY
JAMES L. NEWBAUER
EARL W. NEWELL
GEORGE R. NEWMAN
IRA NEWMAN
CHARLES W. NEWTON
CHARLES L. NIBERT
IRA FORREST NICHOLAS JR.
ROBERT A. NICHOLS
DAVID L. NICHOLSON
JAMES R. NICODEMUS
HERBERT A. NICOLAUS
KENNETH W. NIEB
CHESTER NIEMIC
JAMES EDWARD NIEPORTE
WILLIAM H. NIXON
JAKE R. NOLL
ROBERT P. NONEMAN
MERVIN G. NORRIS
WALTER MICHAEL NORRIS JR.
BERT L. NOWAK
WILLIAM N. NYKYTUK
MELVIN DALE OBEE
ROBERT W. OBRIEN
CARL OBRINGER JR.
NICHOLAS OBROVAC
ERNEST R. ODELL
JAMES A. OGLESBEE
THOMAS J. OHARA
DAVID J. OHL
WILLIAM R. OILER
PAUL EUGENE OLENICK
ROBERT D. OLESINSKI
CHARLES L. OLLOM
WILLIAM T. OMALLEY
EDWARD JOSEPH ONTKO
ROBERT J. ORMOND
EDWARD D. ORNDORFF
RICHARD L. OROARK
DONALD G. OSBORN
WILLIAM E. OTIS JR.
DAMIAN FIDELIS OTOOLE
JOHN E. OTT
ROBERT T. OTT
AMEN P. OTTO
CARL HUBERT OWENS
FRANKLIN A. OWENS
VOLA J. OWENS
VINCENT D. PACELLI
JERRY J. PAGE
JAMES R. PALMER
CLARENCE PALSGROVE
FRANCIS PANNO
HAROLD LLOYD PARKER
STANLEY PARKER
RAY E. PARKS
RICHARD S. PARSELL
EARL J. PARSONS
PETER J. PASERK JR.
THOMAS L. PASTORIUS
FRANK PATRICK JR.
BOBBIE J. PATTERSON
WALLACE I. PATTERSON JR.
DELMAR PATTON
MURRAY L. PAYNE
JOHN L. PAYTES
WILLIAM E. PEAVERS
MARCEL C. PEETERS
CHARLES G. PENCE
ARNOLD PENN
EDWARD L. PENN
WILGUS PENNINGTON
FRANK L. PENWELL
JAMES B. PERCIVAL
JESSIE R. PERKINS
ALFRED OGLE PERRY
WILLIAM PERSONETT
EDWARD PESKA
RALPH E. PETERS
ANDREW F. PETHO
JAMES H. PETREY
LOUIE J. PETRO
JAMES PETTERESS JR.
JOHN J. PHILLIPS
JOHN P. PHILLIPS
ROBERT PHILLIPS
ROBERT A. PHILLIPS
ALVIN PHIPPS
ALPHONSE RICHARD PILOSI
CARTER N. PING
THOMAS PIPIC
GERALD E. PITTMAN
RAY J. PITTMAN
WALTER EVERETT PITTMAN
WAYFORD BYRON PITTS
CLAUDE PLAYFORTH
FRANK L. PLOCHA
ROY HENRY PLOEGER JR.
GERALD R. PLOTNER
HARRY E. PLUNKETT
ROBERT F. PLZAK
CHESTER POE JR.
ROBERT H. POE
DONALD J. POHLMAN
EDWARD POJATINA
DAVID E. POLING
HOMER L. PORT
CECIL L. PORTER JR.
RICHARD PORTWOOD
HAROLD T. POSEY
RONALD A. POSTANCE
WILLIAM POSTLEWAIT
CLIFFORD E. POSTON
JAMES E. POTTS
RICHARD A. POTTS
WILLIAM B. POTTS
GEORGE POULSEN JR.
ARTHUR DUANE POWELL
JACKIE L. POWELL
WILLIAM NEAL POWELL
CHARLES H. PRICE JR.
DALE P. PRICKETT
WILLIAM F. PRINDLE
DONALD E. PRITCHARD
EUGENE PRITCHETT
GENE F. PROCTOR
ERNEST E. PUCKETT
JAMES J. PUGEL
RUDOLF PUGEL
RICHARD G. PUHL
ROBERT E. PUHL
BENNY L. PUMMELL
JAMES H. PYKE
ROBERT H. QUILLMAN
THOMAS S. QUINN
BENJAMIN NEALE RADER
THOMAS E. RAILLING
CLAUDE R. RAINER JR.
DONALD L. RAMSEY
THOMAS EUGENE RAMSEY
WILLIAM GEORGE RAPIEN
MILON E. RARDON
ORA W. RATLIFF
ROBERT E. RAWLINS
EARL R. RAY
HAROLD R. RAY
EDWARD J. RAYLES
NATHANIEL RAYMOND
GRAHAM L. REAMS
HOWARD REAMSNYDER
MICHAEL J. REARDON
JOHN W. RECTOR
RICHARD F. REDDING
ROBERT DANIEL REDNER
HAROLD WILBERT REED
HUBERT C. REED
RICHARD T. REESE
CHARLES M. REEVES
EMERSON L. REFFNER
JOHN ROBERT REGULSKI
ROBERT W. REIGLE
LAWRENCE LOUIS REINKE
RALPH W. REISINGER
ROBERT RETHERFORD
CHARLES JOHN REYNOLDS JR.
HENRY REYNOLDS
RALPH RHODEHAMEL
JAMES D. RHODES
JAMES E. RHODES
JOHN ANDREW RICE
KENNETH S. RICHARDS
LEONARD L. RICHARDS
JAMES N. RICHARDSON
MARTIN RICHARDSON
RUFUS S. RICHARDSON
WALTER RICHARDSON
HARRY A. RICKER
ERNEST L. RICKERT
EUGENE H. RICKS
RICHARD A. RIDDLE
CHARLE RIDDLEBAUGH
FLOYD A. RIDGLEY JR.
JOHN K. RIFFLE
PAUL BRYANT RIFFLE
MERYL G. RIGGENBACH
GLENN ALTON RILEY
JAMES F. RILEY
ERNEST L. RINEHART
KENNETH M. RINKES
ROBERT L. RISHER
HARRY RISTER
ROBERT W. RITCHEY
JACK DONALD RITZ
BOB M. ROACH
MICHAEL ROBANKE
GERALD T. ROBBINS
CARL W. ROBERTS
GEORGE E. ROBERTS
JAMES J. ROBERTS
MARION O. ROBERTS
ERNEST C. ROBERTSON
GLEN A. ROBINSON
MAX E. ROBINSON
RALPH G. ROBINSON
JAMES T. RODGERS
GEORGE J. RODRICH
DAVID S. ROESSLER
DANIEL B. ROGERS JR.
KENNETH E. ROGERS
THEODORE A. ROGERS
CLAUD ROLLINS
ERNESTO T. ROMAN
RICHARD ROMANCHIK
FRANK P. ROMANDETTI
ROBERT L. ROOKS
RICHARD E. ROOSA
EDWARD R. ROSE
HARVEY L. ROSE
RICHARD D. ROSSER
BERNARD F. ROTH
ROBERT L. ROUSH
HOWARD D. ROUTT
WILLIAM E. ROWE
WILLIAM E. ROWE
EUGENE EDWARD ROWLAND
MURPHY ROY
HINTON C. ROYCE
CHARLES D. RUBEL
FRED OTTO RUDAT
CECIL A. RUNK
EDWARD J. RUNT JR.
LEONARD E. RUSSELL
DENNIS A. RUST
ANTHONY RUTKOWSKI
WILLIAM K. RUTLEDGE
LUTHER E. RUTTER
JOHN O. RYAN
MICHAEL E. SABEL
ROBERT C. SABINE
JOHN SABLYAR
ANTHONY RAY SALENA
JOHN W. SANDERS
GLENN SATTERFIELD
CLARENCE SAUERBREI
HARVEY F. SAXTON
DERRELL B. SAYRE
TONY SCAFFIDI
BRUCE ALLEN SCHAEFER
RICHARD SCHARMACK
FREDERICK SCHAUER
ALBERT E. SCHAWLEM
RICHARD N. SCHEFFER
GLEN D. SCHILTZ JR.
EARL E. SCHLEGEL
ROBERT HARRY SCHMIDT
WALTER STANLEY SCHMIDT
JOSEPH W. SCHNEIDER
GILBERT E. SCHNURR
GEORGE SCHOONOVER
EDWARD SCHRADER JR.
DONALD R. SCHRAMM
GUY M. SCHROEDER
EMIL SCHULTZ
ROBERT WILLIAM SCHULTZ
RALPH E. SCHUMITSH
CLIFFORD SCHWEGLER
ARTHUR A. SCHWIND
NEIL R. SCOTT
RICHARD W. SCOTT
THOMAS E. SCOTT
WILL SCOTT
ALBERT G. SEAMON
DONALD L. SEBASTIAN
CLELL O. SEE
CLIFFORD EUGENE SEEMAN
JOHN H. SEIP
RICHARD A. SELF
GAIL F. SELLS
ALBERT RUDOLPH SEMPLE
MYRON FREDERICK SESTAK
WILLARD J. SHAFER
WILLIAM E. SHAFFER
WILLIAM H. SHAFFER
GEORGE J. SHANK
JOEL SHANKLIN
WILLIAM J. SHARP
LAWRENCE CURFEW SHARPE
NEALON C. SHAY JR.
JAMES A. SHELBY
TALLY J. SHEPPARD
FRANK W. SHERIDAN
JAMES H. SHERRELL
ELVIN BAKER SHIELDS
MARK L. SHIELDS
WILLIAM F. SHIFFLET
DOYLE W. SHILEY
DONALD A. SHINABERY
GLEN R. SHISLER
WILLIAM G. SHOPE
RICHARD L. SHORT
JOHN P. SHOTT
EDGAR F. SHOULTS
ERWIN T. SHOWALTER
HERBERT C. SHUMAN
HUBERT W. SHURTZ
EDWIN P. SIEDLER
RALPH E. SIEFRING
EARL V. SIEGMUND
PAUL M. SIERS
LEWIS SIMPSON
MATTHEW A. SIMPSON
SAMUEL SIMPSON
ERNEST E. SIMS
GEORGE ALFRED SINGER JR.
WILLIAM SINGLETON
WALTER SINIAWSKI
EDWIN SKAGGS
JAMES H. SKAGGS
KENNETH L. SKEEN
ROBERT E. SKEEN
PETER B. SKIBA
WALTER L. SKIBA
RAY EMERSON SLASOR
HARRY L. SLATES
RAYMOND E. SLATTERY
ROSCOE D. SMALL
GAIL W. SMALLEY
GEORGE L. SMALLWOOD
PAUL L. SMART
ROBERT E. SMELTZER
ASA WILLIAM SMITH
BERNARD SMITH
CECIL J. SMITH
DONALD R. SMITH
FRANK J. SMITH
HAROLD L. SMITH
JACK R. SMITH
JAMES E. SMITH
JAMES F. SMITH
JAMES L. SMITH
JAMES R. SMITH
JOHN L. SMITH
JOHN S. SMITH
LAWRENCE A. SMITH
LOUIS L. SMITH
PAUL H. SMITH
RONALD SMITH
THOMAS J. SMITH
WILLIAM D. SMITH
LAWRENCE A. SNEDDEN
JOHN KENNARD SNIDER
DAVID B. SNYDER
JOHN M. SNYDER JR.
LEO M. SNYDER
WALTER A. SNYDER
ALBERT T. SOBIERAJ
WILLIAM H. SOMMERS
DONALD G. SPANGLER
DONALD D. SPARKS JR.
CHARLES RAY SPATH
HARRY LAWRENCE SPEARMAN
HARRY E. SPECK
CHESTER F. SPEICHER
JOHN W. SPENCE
FREDERICK SPINDLER
RUDOLPH J. SPISKO
BRYAN SPITLER JR.
RICHARD SPON
PETER SPONTIK
CLARENCE E. SPROUSE
CURTIS B. SPROW
GEORGE F. SQUIGGINS
PATRICK J. STACK
HERBERT STACY
PAUL K. STAHL
THEODOR STAINBROOK
HAROLD C. STAMM
ALBERT C. STANDISH
HARRY STANG JR.
WILLIAM ALFRED STANLEY
ARTHUR E. STAPLETON
CHARLES L. STARCHER
OLLIE V. STARCHER
WILLIAM F. STARIC
WILLIAM R. STARKEY
DOUGLAS STATES
ROGER NEIL STAUFFER
ARTHUR ROBERT STEBNER
ROBERT D. STEEL
WILLIAM STEELE JR.
RICHARD JAMES STEIN
ROBERT E. STEINLE
WILLIAM A. STENGEL
PAUL E. STEPHAN
DON RICHARD STEPHENS
DONALD EUGENE STERN
WILLIAM E. STEVENS
JEFFERY STEVENSON
DUANE B. STEWART
RUSSELL D. STEWART
LOELL V. STEWART
VERNON LESTER STILES
RICHARD H. STIRR
JOHN A. STIVER
CHARLES E. STOCKLER
WALTER T. STOEBER
HAROLD J. STONE
ROBERT L. STONE
FRANK A. STOUT
RICHARD L. STOUT
LAWRENCE N. STRAINIC
EDWARD L. STRATTON
KARL J. STREETER
GENE STRINGER
RICHARD J. STRINGER
JOSEP STRUBCZEWSKI
RALPH A. STRUEWING
WILLAR STUFFELBEAM
RONALD G. STURM
JAMES D. SULLIVAN
JOHN F. SUMMERS
CHARLES SUMMERTON
ROBERT L. SWARTZ
WILBUR R. SWENEY
THEODO SWICZKOWSKI
DAVID L. SWIHART
HAROLD M. SWIHART
IVAN E. SWINGLE
STANLEY SWINSINSKI
CARL E. SWINT
WILBUR T. TACKETT
ESTEL V. TADLOCK
DAREL E. TAMPLIN
HERBERT E. TAMPLIN
DOUGLAS E. TARRY
JOHN EDWARD TATE
DAVID F. TAYLOR
HENRY H. TAYLOR
IRA N. TAYLOR
JAMES P. TAYLOR
LEONARD E. TAYLOR
LESTER RAY TAYLOR JR.

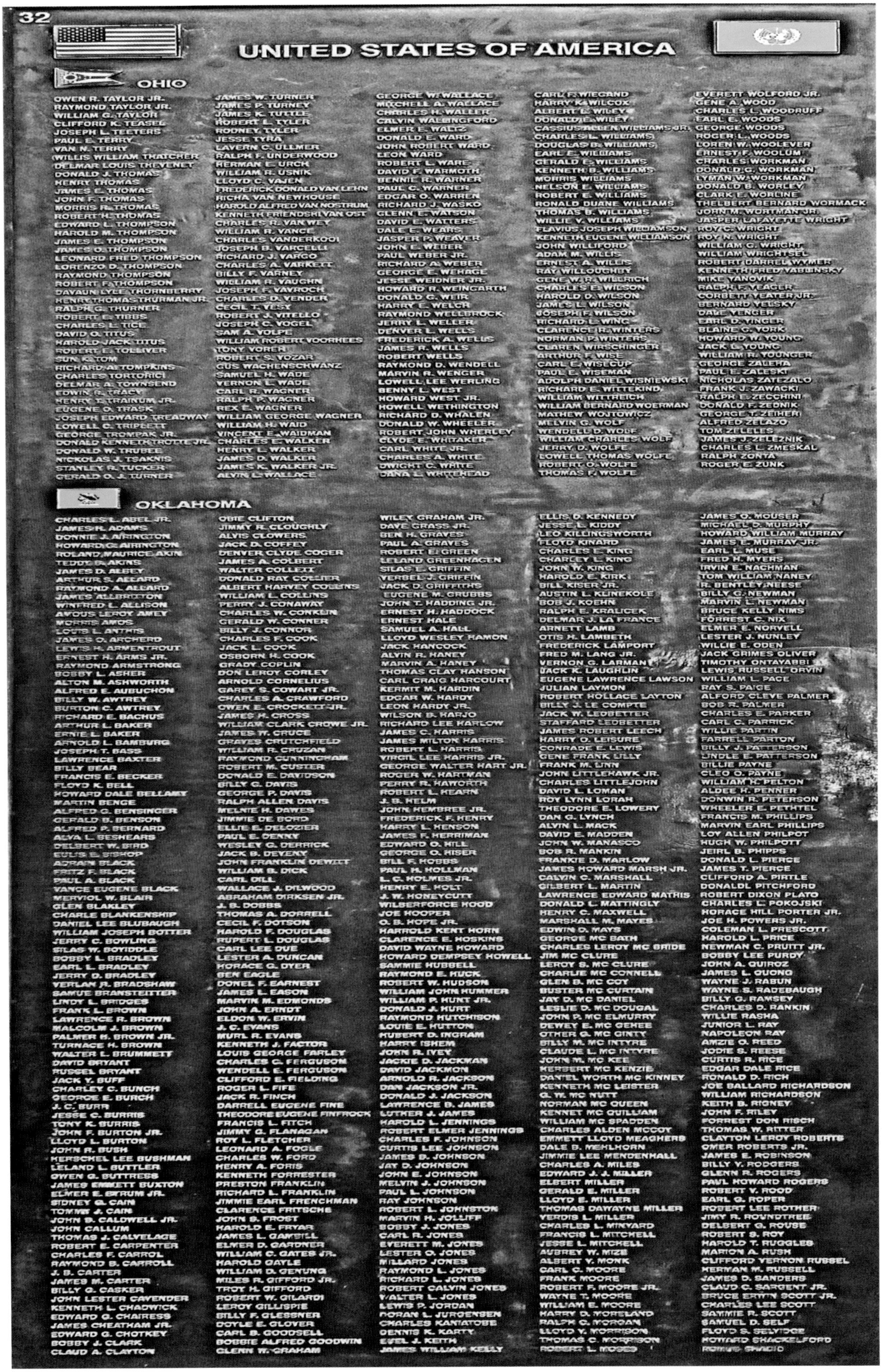
32
UNITED STATES OF AMERICA
OHIO
OWEN R. TAYLOR JR.
RAYMOND TAYLOR JR.
WILLIAM G. TAYLOR
CLIFFORD K. TEASEL
JOSEPH L. TEETERS
PAUL E. TERRY
VAN N. TERRY
WILLIS WILLIAM THATCHER
DELMAR LOUIS THEVENET
DONALD J. THOMAS
HENRY THOMAS
JAMES E. THOMAS
JOHN F. THOMAS
MORRIS R. THOMAS
ROBERT H. THOMAS
EDWARD L. THOMPSON
HAROLD M. THOMPSON
JAMES E. THOMPSON
JAMES O. THOMPSON
LEONARD FRED THOMPSON
LORENZO D. THOMPSON
RAYMOND THOMPSON
ROBERT F. THOMPSON
DAVAUN LYLE THORNBERRY
HENRY THOMAS THURMAN JR.
RALPH G. THURNER
ROBERT E. TIBBS
CHARLES L. TICE
DAVID O. TITUS
HAROLD JACK TITUS
ROBERT E. TOLLIVER
SUN K. TOM
RICHARD A. TOMPKINS
CHARLES TORTORICI
DELMAR A. TOWNSEND
EDWIN R. TRACY
HENRY T. TRAINUM JR.
EUGENE O. TRASK
JOSEPH EDWARD TREADWAY
LOWELL C. TRIPLETT
GEORGE TROMPAK JR.
DONALD KENNETH TROTTE JR.
DONALD W. TRUBEE
NICKOLAS J. TSAKIRIS
STANLEY R. TUCKER
GERALD O. J. TURNER
JAMES W. TURNER
JAMES P. TURNEY
JAMES K. TUTTLE
ROBERT L. TYLER
RODNEY TYLER
JESSE TYRA
LAVERN C. ULLMER
RALPH F. UNDERWOOD
HERMAN E. URCH
WILLIAM R. USNIK
LLOYD C. VAJEN
FREDERICK DONALD VAN LEHN
RICHA VAN NEYHOUSE
HAROLD ALFRED VAN NOSTRUM
KENNETH FRIENDSHI VAN OST
CHARLES R. VAN WEY
WILLIAM R. VANCE
CHARLES VANDERKOOI
JOSEPH B. VARCELLI
RICHARD J. VARGO
CHARLES A. VARKETT
BILLY F. VARNEY
WILLIAM R. VAUGHN
JOSEPH F. VAVROCH
CHARLES D. VENDER
CECIL T. VESY
ROBERT J. VITELLO
JOSEPH G. VOGEL
SAM A. VOLPE
WILLIAM ROBERT VOORHEES
TONY VORER
ROBERT S. VOZAR
GUS WACHENSCHWANZ
SAMUEL H. WADE
VERNON L. WADE
CARL R. WAGNER
RALPH P. WAGNER
REX E. WAGNER
WILLIAM GEORGE WAGNER
WILLIAM H. WAID
VINCENT E. WAIDMAN
CHARLES E. WALKER
HENRY L. WALKER
JAMES D. WALKER
JAMES K. WALKER JR.
ALVIN L. WALLACE
GEORGE W. WALLACE
MITCHELL A. WALLACE
CHARLES H. WALLER
CALVIN WALLINGFORD
ELMER E. WALTZ
DONALD E. WARD
JOHN ROBERT WARD
LEON WARD
ROBERT L. WARE
DAVID F. WARMOTH
BENNIE R. WARNER
PAUL C. WARNER
EDGAR O. WARREN
RICHARD J. WASKO
GLENN E. WATSON
DAVID E. WATTERS
DALE E. WEARS
JASPER P. WEAVER
JOHN E. WEBER
PAUL WEBER JR.
RICHARD A. WEBER
GEORGE E. WEHAGE
JESSE WEIDNER JR.
HOWARD R. WEINGARTH
DONALD G. WEIR
HARRY E. WELCH
RAYMOND WELLBROCK
JERRY L. WELLER
DENVER L. WELLS
FREDERICK A. WELLS
JAMES R. WELLS
ROBERT WELLS
RAYMOND D. WENDELL
MARVIN R. WENGER
LOWELL LEE WERLING
BENNY L. WEST
HOWARD WEST JR.
HOWELL WETHINGTON
RICHARD D. WHALEN
DONALD W. WHEELER
ROBERT JOHN WHERLEY
CLYDE E. WHITAKER
CARL WHITE JR.
CHARLES A. WHITE
DWIGHT C. WHITE
DANA L. WHITEHEAD
CARL F. WIEGAND
HARRY K. WILCOX
ALBERT L. WILEY
DONALD E. WILEY
CASSIUS ALLEN WILLIAMS JR.
CHARLES L. WILLIAMS
DOUGLAS B. WILLIAMS
EARL E. WILLIAMS
GERALD E. WILLIAMS
KENNETH B. WILLIAMS
MORRIS WILLIAMS
NELSON E. WILLIAMS
ROBERT E. WILLIAMS
RONALD DUANE WILLIAMS
THOMAS B. WILLIAMS
WILLIE V. WILLIAMS
FLAVIUS JOSEPH WILLIAMSON
KENNETH EUGENE WILLIAMSON
JOHN WILLIFORD
ADAM M. WILLIS
ERNEST A. WILLIS
RAY WILLOUGHBY
GENE W. R. WILLRICH
CHARLES E. WILSON
HAROLD D. WILSON
JAMES L. WILSON
JOSEPH F. WILSON
RICHARD L. WING
CLARENCE R. WINTERS
NORMAN P. WINTERS
CLAREN WIRSCHINGER
ARTHUR F. WISE
CARL E. WISECUP
PAUL E. WISEMAN
ADOLPH DANIEL WISNIEWSKI
RICHARD E. WITTEKIND
WILLIAM WITTREICH
WILLIAM BERNARD WOERMAN
MATHEW WOJTOWICZ
MELVIN G. WOLF
WENDELL D. WOLF
WILLIAM CHARLES WOLF
JERRY D. WOLFE
LOWELL THOMAS WOLFE
ROBERT O. WOLFE
THOMAS F. WOLFE
EVERETT WOLFORD JR.
GENE A. WOOD
CHARLES L. WOODRUFF
EARL E. WOODS
GEORGE WOODS
ROGER L. WOODS
LOREN W. WOOLEVER
ERNEST F. WOOLUM
CHARLES WORKMAN
DONALD G. WORKMAN
LYMAN W. WORKMAN
DONALD B. WORLEY
CLARK E. WORLINE
THELBERT BERNARD WORMACK
JOHN M. WORTMAN JR.
JASPER LAFAYETTE WRIGHT
ROY C. WRIGHT
ROY N. WRIGHT
WILLIAM G. WRIGHT
WILLIAM WRIGHTSEL
ROBERT DARREL WYMER
KENNETH FRED YABLINSKY
MIKE YANOVIC
RALPH F. YEAGER
CORBETT YEATER JR.
BERNARD YELSKY
DALE YENGER
EARL D. YINGER
BLAINE C. YORK
HOWARD W. YOUNG
JACK L. YOUNG
WILLIAM R. YOUNGER
GEORGE ZALEHA
PAUL E. ZALESKI
NICHOLAS ZATEZALO
FRANK J. ZAWACKI
RALPH E. ZECCHINI
DONALD F. ZEDNIK
GEORGE T. ZEIHER
ALFRED ZELAZO
TOM ZELELES
JAMES J. ZELEZNIK
CHARLES L. ZMESKAL
RALPH ZONTA
ROGER E. ZUNK
OKLAHOMA
CHARLES L. ABEL JR.
JAMES R. ADAMS
DONNIE J. AIRINGTON
HOWARD G. AIRINGTON
ROLAND MAURICE AKIN
TEDDY B. AKINS
JAMES D. ALBEY
ARTHUR S. ALLARD
RAYMOND A. ALLARD
JAMES ALLBRITTON
WINFRED L. ALLISON
AMOUS LEROY AMEY
MORRIS AMOS
LOUIS L. ANTHIS
JAMES O. ARCHERD
LEWIS H. ARMENTROUT
ERNEST R. ARMS JR.
RAYMOND ARMSTRONG
BOBBY L. ASHER
ALTON M. ASHWORTH
ALFRED E. AUBUCHON
BILLY W. AWTREY
BURTON C. AWTREY
RICHARD E. BACHUS
ARTHUR L. BAKER
ERNIE L. BAKER
ARNOLD L. BAMBURG
JOSEPH T. BASS
LAWRENCE BAXTER
BILLY BEAR
FRANCIS E. BECKER
FLOYD K. BELL
HOWARD DALE BELLAMY
MARTIN BENGE
ALFRED G. BENSINGER
GERALD B. BENSON
ALFRED P. BERNARD
ALVA L. BESHEARS
DELBERT W. BIRD
ELLIS E. BISHOP
ADRAIN BLACK
FRITZ F. BLACK
PAUL A. BLACK
VANCE EUGENE BLACK
MERVIOL W. BLAIR
GLEN BLAKLEY
CHARLE BLANKENSHIP
DANIEL LEE BLUBAUGH
WILLIAM JOSEPH BOTTER
JERRY C. BOWLING
SILAS W. BOYIDDLE
BOBBY L. BRADLEY
EARL L. BRADLEY
JERRY D. BRADLEY
VERLAN R. BRADSHAW
SAMUE BRANSTETTER
LINDY L. BRIDGES
FRANK L. BROWN
LAWRENCE R. BROWN
MALCOLM J. BROWN
PALMER H. BROWN JR.
TURNACE H. BROWN
WALTER L. BRUMMETT
DAVID BRYANT
RUSSEL BRYANT
JACK Y. BUFF
CHARLEY C. BUNCH
GEORGE E. BURCH
J. C. BURR
JESSE C. BURRIS
TONY K. BURRIS
JOHN F. BURTON JR.
LLOYD L. BURTON
JOHN R. BUSH
HERSCHEL LEE BUSHMAN
LELAND L. BUTTLER
OWEN G. BUTTRESS
JAMES EMMETT BUXTON
ELMER E. BYRUM JR.
SIDNEY G. CAIN
TOMMIE J. CAIN
JOHN B. CALDWELL JR.
JOHN CALLUM
THOMAS J. CALVELAGE
ROBERT E. CARPENTER
CHARLES F. CARROL
RAYMOND B. CARROLL
J. B. CARTER
JAMES M. CARTER
BILLY G. CASKER
JOHN LESTER CAVENDER
KENNETH L. CHADWICK
EDWARD G. CHAIRESS
JAMES CHEATHAM JR.
EDWARD G. CHOTKEY
BOBBY J. CLARK
CLAUD A. CLAYTON
OBIE CLIFTON
JIMMY R. CLOUGHLY
ALVIS CLOWERS
JACK D. COFFEY
DENVER CLYDE COGER
JAMES A. COLBERT
WALTER COLLETT
DONALD RAY COLLIER
ALBERT HARVEY COLLINS
WILLIAM L. COLLINS
PERRY J. CONAWAY
CHARLES W. CONKLIN
GERALD W. CONNER
BILLY J. CONNOR
CHARLES F. COOK
JACK L. COOK
OSBORN H. COOK
GRADY COPLIN
DON LEROY CORLEY
ARNOLD CORNELIUS
GAREY S. COWART JR.
CHARLES A. CRAWFORD
OWEN E. CROCKETT JR.
JAMES H. CROSS
WILLIAM CLARK CROWE JR.
JAMES W. CRUCE
GRAVES CRUTCHFIELD
WILLIAM R. CRUZAN
RAYMOND CUNNINGHAM
ROBERT M. CUSTER
DONALD E. DAVIDSON
BILLY C. DAVIS
GEORGE P. DAVIS
RALPH ALLEN DAVIS
MELVIE H. DAWES
JIMMIE DE BORD
ELLIS E. DELOZIER
PAUL E. DENNY
WESLEY C. DERRICK
JACK B. DEVENY
JOHN FRANKLIN DEWITT
WILLIAM B. DICK
CARL DILL
WALLACE J. DILWOOD
ABRAHAM DIRKSEN JR.
J. B. DOBBS
THOMAS A. DORRELL
CECIL F. DOTSON
HAROLD F. DOUGLAS
RUPERT L. DOUGLAS
CARL LEE DUE
LESTER A. DUNCAN
HORACE G. DYER
BEN EAGLE
DONEL F. EARNEST
JAMES L. EASON
MARVIN M. EDMONDS
JOHN A. ERNDT
ELDON W. ERVIN
J. C. EVANS
MURL R. EVANS
KENNETH J. FACTOR
LOUIS GEORGE FARLEY
CHARLES C. FERGUSON
WENDELL E. FERGUSON
CLIFFORD E. FIELDING
ROGER L. FIFE
JACK R. FINCH
DARRELL EUGENE FINE
THEODORE EUGENE FINFROCK
FRANCIS L. FITCH
JIMMY G. FLANAGAN
ROY L. FLETCHER
LEONARD A. FOGLE
CHARLES W. FORD
HENRY A. FORIS
KENNETH FORRESTER
PRESTON FRANKLIN
RICHARD L. FRANKLIN
JIMMIE EARL FRENCHMAN
CLARENCE FRITSCHE
JOHN B. FROST
HAROLD E. FRYAR
JAMES L. GAMBILL
ELMER D. GARDNER
WILLIAM C. GATES JR.
HAROLD GAYLE
WILLIAM D. GENUNG
MILES R. GIFFORD JR.
TROY H. GIFFORD
ROBERT W. GILARDI
LEROY GILLISPIE
BILLY F. GLESSNER
DOYLE E. GLOVER
CARL B. GOODSELL
BOBBIE ALFRED GOODWIN
GLENN W. GRAHAM
WILEY GRAHAM JR.
DAVE GRASS JR.
BEN H. GRAVES
PAUL A. GRAVES
ROBERT E. GREEN
LELAND GREENHAGEN
SILAS E. GRIFFIN
VERBEL J. GRIFFIN
JACK D. GRIFFITHS
EUGENE M. GRUBBS
JOHN T. HADDING JR.
ERNEST H. HADDOCK
ERNEST HALE
SAMUEL A. HALL
LLOYD WESLEY HAMON
JACK HANCOCK
ALVIN R. HANEY
MARVIN A. HANEY
THOMAS CLAY HANSON
CARL CRAIG HARCOURT
KERMIT M. HARDIN
EDGAR W. HARDY
LEON HARDY JR.
WILSON B. HARJO
RICHARD LEE HARLOW
JAMES C. HARRIS
JAMES MILTON HARRIS
ROBERT L. HARRIS
VIRGIL LEE HARRIS JR.
GEORGE WALTER HART JR.
ROGER W. HARTMAN
PERRY R. HAWORTH
ROBERT L. HEARN
J. B. HELM
JOHN HEMBREE JR.
FREDERICK F. HENRY
HARRY L. HENSON
JAMES F. HERRIMAN
EDWARD O. HILL
GEORGE O. HISER
BILL F. HOBBS
PAUL H. HOLLMAN
L. C. HOLMES JR.
HENRY E. HOLT
J. W. HONEYCUTT
WILBERFORCE HOOD
JOE HOOPER
O. B. HOPE JR.
HARROLD KENT HORN
CLARENCE E. HOSKINS
DAVID WAYNE HOWARD
HOWARD DEMPSEY HOWELL
SAMMIE HUBBELL
RAYMOND E. HUCK
ROBERT W. HUDSON
WILLIAM JOHN HUMMER
WILLIAM P. HUNT JR.
DONALD J. HURT
RAYMOND HUTCHISON
LOUIE E. HUTTON
HUBERT D. INGRAM
HARRY ISHEM
JOHN R. IVEY
JACKIE D. JACKMAN
DAVID JACKMON
ARNOLD R. JACKSON
DAN JACKSON JR.
DONALD J. JACKSON
LAWRENCE B. JAMES
LUTHER J. JAMES
HAROLD L. JENNINGS
ROBERT ELMER JENNINGS
CHARLES F. JOHNSON
CURTIS LEE JOHNSON
JAMES B. JOHNSON
JAY D. JOHNSON
JOHN E. JOHNSON
MELVIN J. JOHNSON
PAUL L. JOHNSON
RAY JOHNSON
ROBERT L. JOHNSTON
MARVIN H. JOLLIFF
BOBBY J. JONES
CARL R. JONES
EVERETT M. JONES
LESTER O. JONES
MILLARD JONES
RAYMOND L. JONES
RICHARD L. JONES
ROBERT CALVIN JONES
WALTER L. JONES
LEWIS P. JORDAN
DORAN L. JURGENSEN
CHARLES KANTATOBE
DENNIS K. KARTY
EVEL J. KEITH
JAMES WILLIAM KELLY
ELLIS D. KENNEDY
JESSE L. KIDDY
LEO KILLINGSWORTH
FLOYD KINARD
CHARLES E. KING
CHARLEY L. KING
JOHN W. KING
HAROLD E. KIRK
BILL KISER JR.
ALVIN L. KLINEKOLE
BOB J. KOEHN
RALPH E. KRALICEK
DELMAR J. LA FRANCE
ARNETT LAMB
OTIS H. LAMBETH
FREDERICK LAMPORT
FRED M. LANG JR.
VERNON G. LARMAN
JACK K. LAUGHLIN
EUGENE LAWRENCE LAWSON
JULIAN LAYMON
ROBERT HOLLACE LAYTON
BILLY J. LE COMPTE
JACK W. LEDBETTER
STAFFARD LEDBETTER
JAMES ROBERT LEECH
HARRY O. LEISURE
CONRADE E. LEWIS
GENE FRANK LILLY
FRANK M. LITTLE
JOHN LITTLEHAWK JR.
CHARLES LITTLEJOHN
DAVID L. LOMAN
ROY LYNN LORAH
THEODORE E. LOWERY
DAN C. LYNCH
ALVIN L. MACK
DAVID E. MADDEN
JOHN W. MANASCO
BOB R. MANKIN
FRANKIE D. MARLOW
JAMES HOWARD MARSH JR.
CALVIN C. MARSHALL
GILBERT L. MARTIN
LAWRENCE EDWARD MATHIS
DONALD L. MATTINGLY
HENRY C. MAXWELL
MARSHALL M. MAYES
EDWIN D. MAYS
GEORGE MC BATH
CHARLES LEROY MC BRIDE
JIM MC CLURE
LEROY S. MC CLURE
CHARLIE MC CONNELL
GLEN B. MC COY
BUSTER MC CURTAIN
JAY D. MC DANIEL
LESLIE D. MC DOUGAL
JOHN P. MC ELMURRY
DEWEY E. MC GEHEE
OTHER G. MC GINTY
BILLY M. MC INTYRE
CLAUDE L. MC INTYRE
JOHN M. MC KEE
HERBERT MC KENZIE
DANIEL WORTH MC KINNEY
KENNETH MC LEISTER
G. W. MC NUTT
NORMAN MC QUEEN
KENNET MC QUILLIAM
WILLIAM MC SPADDEN
CHARLES ALDEN MCCOY
EMMETT LLOYD MEAGHERS
DALE B. MEHLHORN
JIMMIE LEE MENDENHALL
CHARLES A. MILES
EDWARD J. J. MILLER
ELBERT MILLER
GERALD E. MILLER
LLOYD E. MILLER
THOMAS DAWAYNE MILLER
VERDIS L. MILLER
CHARLES L. MINYARD
FRANCIS L. MITCHELL
JESSE L. MITCHELL
AUBREY W. MIZE
ALBERT V. MONK
CARL C. MOORE
FRANK MOORE
ROBERT F. MOORE JR.
WAYNE T. MOORE
WILLIAM E. MOORE
HARRY D. MORELAND
RALPH C. MORGAN
LLOYD V. MORRISON
THOMAS C. MORRISON
ROBERT L. MOSES
JAMES O. MOUSER
MICHAEL D. MURPHY
HOWARD WILLIAM MURRAY
JAMES E. MURRAY JR.
EARL L. MUSE
FRED H. MYERS
IRVIN E. NACHMAN
TOM WILLIAM NANEY
R. BENTLEY NEESE
BILLY G. NEWMAN
MARVIN L. NEWMAN
BRUCE KELLY NIMS
FORREST C. NIX
ELMER E. NORVELL
LESTER J. NUNLEY
WILLIE E. ODEN
JACK GRIMES OLIVER
TIMOTHY ONTAYABBI
LEWIS RUSSELL ORVIN
WILLIAM L. PACE
RAY S. PAIGE
ALFORD CLEVE PALMER
BOB R. PALMER
CHARLES E. PARKER
CARL C. PARRICK
WILLIE PARTIN
FARRELL PARTON
BILLY J. PATTERSON
LYNDLE B. PATTERSON
BILLIE PAYNE
CLEO O. PAYNE
WILLIAM H. PELTON
ALDEE H. PENNER
DONWIN R. PETERSON
WHEELER E. PETHTEL
FRANCIS M. PHILLIPS
MARVIN EARL PHILLIPS
LOY ALLEN PHILPOT
HUGH W. PHILPOTT
JEIRL B. PHIPPS
DONALD L. PIERCE
JAMES T. PIERCE
CLIFFORD A. PIRTLE
DONALDL PITCHFORD
ROBERT DIXON PLATO
CHARLES L. POKOJSKI
HORACE HILL PORTER JR.
JOE H. POWERS JR.
COLEMAN L. PRESCOTT
HAROLD L. PRICE
NEWMAN C. PRUITT JR.
BOBBY LEE PURDY
JOHN A. QUIROZ
JAMES L. QUONG
WAYNE J. RABUN
WAYNE S. RAISBAUGH
BILLY G. RAMSEY
CHARLES D. RANKIN
WILLIE RASHA
JUNIOR L. RAY
NAPOLEON RAY
AMZIE O. REED
JODIE S. REESE
CURTIS R. RICE
EDGAR DALE RICE
RONALD D. RICH
JOE BALLARD RICHARDSON
WILLIAM RICHARDSON
KEITH B. RIGNEY
JOHN F. RILEY
FORREST DON RISCH
THOMAS W. RITTER
CLAYTON LEROY ROBERTS
OMER ROBERTS JR.
JAMES E. ROBINSON
BILLY Y. RODGERS
GLENN R. ROGERS
PAUL HOWARD ROGERS
ROBERT V. ROOD
EARL G. ROPER
ROBERT LEE ROTHER
JIMY R. ROUNDTREE
DELBERT G. ROUSE
ROBERT S. ROY
HAROLD T. RUGGLES
MARION A. RUSH
CLIFFORD VERNON RUSSEL
DUNCAN W. RUSSELL
JAMES D. SANDERS
CLAUD D. SARGENT JR.
BRUCE ERWIN SCOTT JR.
CHARLES LEE SCOTT
SAMMIE R. SCOTT
SAMUEL D. SELF
FLOYD S. SELVIDGE
HOWARD SHACKELFORD
ROMUS SHADID

제6장 | "Thank you" -대한민국을 위해 희생한 영원히 기억할 이름들- 447

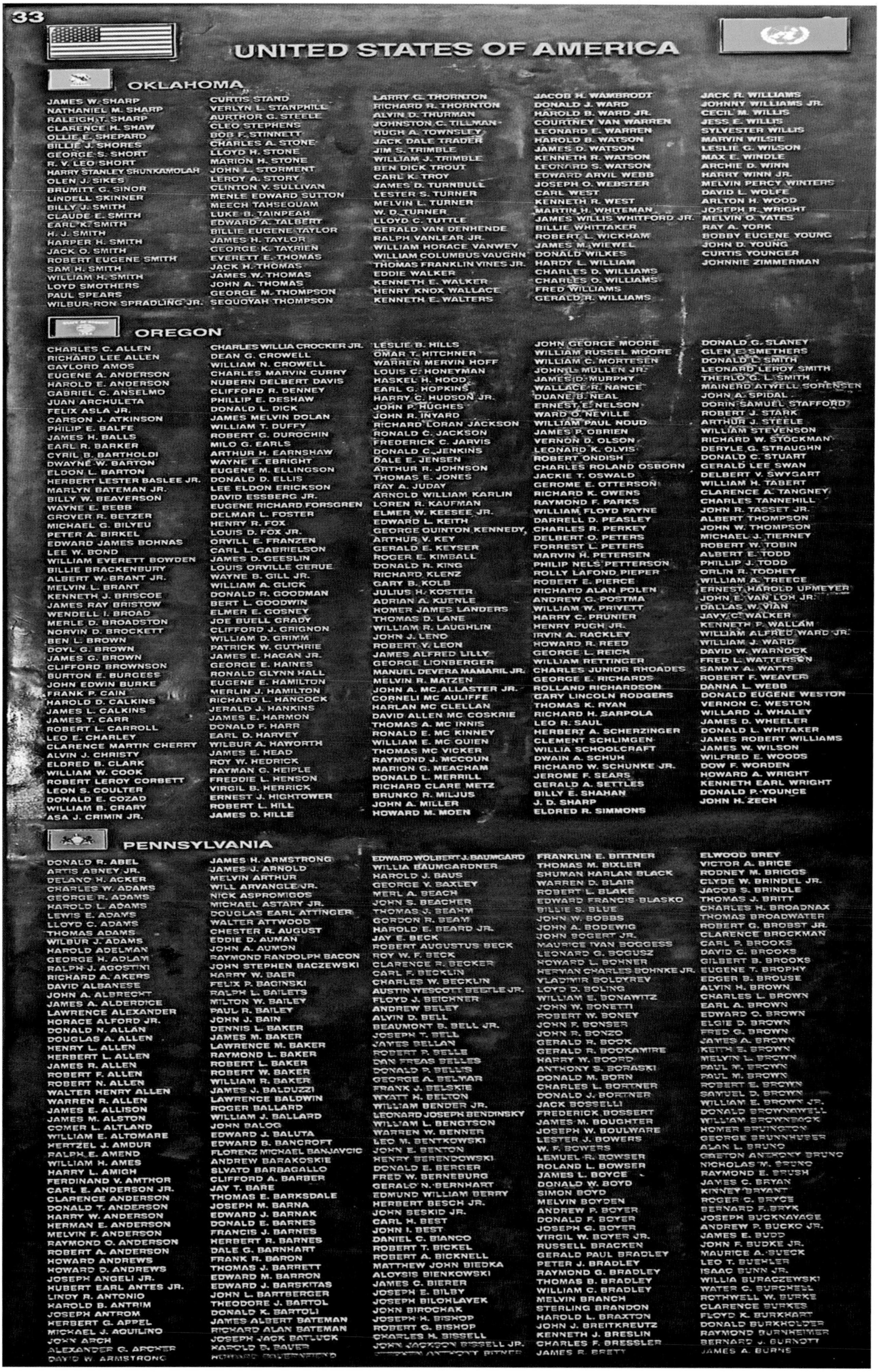

33
UNITED STATES OF AMERICA
OKLAHOMA
JAMES W. SHARP
NATHANIEL M. SHARP
RALEIGH T. SHARP
CLARENCE H. SHAW
OLLIE E. SHEPARD
BILLIE J. SHORES
GEORGE S. SHORT
R. V. LEO SHORT
HARRY STANLEY SHUNKAMOLAH
OLEN J. SIKES
BRUMITT G. SINOR
LINDELL SKINNER
BILLY J. SMITH
CLAUDE E. SMITH
EARL K. SMITH
H. J. SMITH
HARPER H. SMITH
JACK O. SMITH
ROBERT EUGENE SMITH
SAM H. SMITH
WILLIAM H. SMITH
LOYD SMOTHERS
PAUL SPEARS
WILBUR RON SPRADLING JR.
CURTIS STAND
VERLYN L. STANPHILL
AURTHOR G. STEELE
CLEO STEPHENS
BOB F. STINNETT
CHARLES A. STONE
LLOYD H. STONE
MARION H. STONE
JOHN L. STORMENT
LEROY A. STORY
CLINTON V. SULLIVAN
MENLE EDWARD SUTTON
MEECH TAHSEQUAM
LUKE B. TAINPEAH
EDWARD A. TALBERT
BILLIE EUGENE TAYLOR
JAMES H. TAYLOR
GEORGE K. TAYRIEN
EVERETT E. THOMAS
JACK H. THOMAS
JAMES W. THOMAS
JOHN A. THOMAS
GEORGE M. THOMPSON
SEQUOYAH THOMPSON
LARRY G. THORNTON
RICHARD R. THORNTON
ALVIN D. THURMAN
JOHNSTON C. TILLMAN
HUGH A. TOWNSLEY
JACK DALE TRADER
JIM S. TRIMBLE
WILLIAM J. TRIMBLE
BEN DICK TROUT
CARL K. TROY
JAMES D. TURNBULL
LESTER S. TURNER
MELVIN L. TURNER
W. D. TURNER
LLOYD C. TUTTLE
GERALD VAN DENHENDE
RALPH VANLEAR JR.
WILLIAM HORACE VANWEY
WILLIAM COLUMBUS VAUGHN
THOMAS FRANKLIN VINES JR.
EDDIE WALKER
KENNETH E. WALKER
HENRY KNOX WALLACE
KENNETH E. WALTERS
JACOB H. WAMBRODT
DONALD J. WARD
HAROLD B. WARD JR.
COURTNEY VAN WARREN
LEONARD E. WARREN
HAROLD B. WATSON
JAMES D. WATSON
KENNETH R. WATSON
LEONARD S. WATSON
EDWARD ARVIL WEBB
JOSEPH O. WEBSTER
CARL WEST
KENNETH R. WEST
MARTIN H. WHITEMAN
JAMES WILLIS WHITFORD JR.
BILLIE WHITTAKER
ROBERT L. WICKHAM
JAMES M. WIEWEL
DONALD WILKES
HARDY L. WILLIAM
CHARLES D. WILLIAMS
CHARLES O. WILLIAMS
FRED WILLIAMS
JACK R. WILLIAMS
JOHNNY WILLIAMS JR.
CECIL M. WILLIS
JESS E. WILLIS
SYLVESTER WILLIS
MARVIN WILSIE
LESLIE G. WILSON
MAX E. WINDLE
ARCHIE D. WINN
HARRY WINN JR.
MELVIN PERCY WINTERS
DAVID L. WOLFE
ARLTON H. WOOD
JOSEPH R. WRIGHT
MELVIN O. YATES
RAY A. YORK
BOBBY EUGENE YOUNG
JOHN D. YOUNG
CURTIS YOUNGER
JOHNNIE ZIMMERMAN
OREGON
CHARLES C. ALLEN
RICHARD LEE ALLEN
GAYLORD AMOS
EUGENE A. ANDERSON
HAROLD E. ANDERSON
GABRIEL C. ANSELMO
JUAN ARCHULETA
FELIX ASLA JR.
CARSON J. ATKINSON
PHILIP E. BALFE
JAMES H. BALLS
EARL R. BARKER
CYRIL B. BARTHOLDI
DWAYNE W. BARTON
ELDON L. BARTON
HERBERT LESTER BASLEE JR.
MARLYN BATEMAN JR.
BILLY W. BEAVERSON
WAYNE E. BEBB
GROVER R. BETZER
MICHAEL G. BILYEU
PETER A. BIRKEL
EDWARD JAMES BOHNAS
LEE W. BOND
WILLIAM EVERETT BOWDEN
BILLIE BRACKENBURY
ALBERT W. BRANT JR.
MELVIN L. BRANT
KENNETH J. BRISCOE
JAMES RAY BRISTOW
WENDELL I. BROAD
MERLE D. BROADSTON
NORVIN D. BROCKETT
BEN L. BROWN
DOYL G. BROWN
JAMES G. BROWN
CLIFFORD BROWNSON
BURTON E. BURGESS
JOHN EDWIN BURKE
FRANK P. CAIN
HAROLD D. CALKINS
JAMES L. CALKINS
JAMES T. CARR
ROBERT L. CARROLL
LEO E. CHARLEY
CLARENCE MARTIN CHERRY
ALVIN J. CHRISTY
ELDRED B. CLARK
WILLIAM W. COOK
ROBERT LEROY CORBETT
LEON S. COULTER
DONALD E. COZAD
WILLIAM B. CRARY
ASA J. CRIMIN JR.
CHARLES WILLIA CROCKER JR.
DEAN G. CROWELL
WILLIAM N. CROWELL
CHARLES MARVIN CURRY
NUBERN DELBERT DAVIS
CLIFFORD R. DENNEY
PHILLIP E. DESHAW
DONALD L. DICK
JAMES MELVIN DOLAN
WILLIAM T. DUFFY
ROBERT G. DUROCHIN
MILO G. EARLS
ARTHUR H. EARNSHAW
WAYNE E. EBRIGHT
EUGENE M. ELLINGSON
DONALD D. ELLIS
LEE ELDON ERICKSON
DAVID ESSBERG JR.
EUGENE RICHARD FORSGREN
DELMAR L. FOSTER
HENRY R. FOX
LOUIS D. FOX JR.
ORVILL E. FRANZEN
CARL L. GABRIELSON
JAMES D. GEESLIN
LOUIS ORVILLE GERUE
WAYNE B. GILL JR.
WILLIAM A. GLICK
DONALD R. GOODMAN
BERT L. GOODWIN
ELMER E. GOSNEY
JOE BUELL GRADY
CLIFFORD J. GRIGNON
WILLIAM D. GRIMM
PATRICK W. GUTHRIE
JAMES E. HAGAN JR.
GEORGE E. HAINES
RONALD GLYNN HALL
EUGENE E. HAMILTON
MERLIN J. HAMILTON
RICHARD L. HANCOCK
JERALD J. HANKINS
JAMES E. HARMON
DONALD F. HARR
EARL D. HARVEY
WILBUR A. HAWORTH
JAMES E. HEAD
ROY W. HEDRICK
RAYMAN C. HEIPLE
FREDDIE L. HENSON
VIRGIL B. HERRICK
ERNEST J. HIGHTOWER
ROBERT L. HILL
JAMES D. HILLE
LESLIE B. HILLS
OMAR T. HITCHNER
WARREN MERVIN HOFF
LOUIS C. HONEYMAN
HASKEL H. HOOD
EARL G. HOPKINS
HARRY C. HUDSON JR.
JOHN P. HUGHES
JOHN R. INYARD
RICHARD LORAN JACKSON
RONALD C. JACKSON
FREDERICK C. JARVIS
DONALD C. JENKINS
DALE E. JENSEN
ARTHUR R. JOHNSON
THOMAS E. JONES
RAY A. JUDAY
ARNOLD WILLIAM KARLIN
LOREN R. KAUFMAN
ELMER W. KEESEE JR.
EDWARD L. KEITH
GEORGE QUINTON KENNEDY
ARTHUR V. KEY
GERALD E. KEYSER
ROGER E. KIMBALL
DONALD R. KING
RICHARD KLENZ
GARY B. KOLB
JULIUS H. KOSTER
ADRIAN A. KUENLE
HOMER JAMES LANDERS
THOMAS D. LANE
WILLIAM R. LAUGHLIN
JOHN J. LENO
ROBERT V. LEON
JAMES ALFRED LILLY
GEORGE LIONBERGER
MANUEL DEVERA MAMARIL JR.
MELVIN R. MATZEN
JOHN A. MC ALLASTER JR.
CORNELI MC AULIFFE
HARLAN MC CLELLAN
DAVID ALLEN MC COSKRIE
THOMAS A. MC INNIS
RONALD E. MC KINNEY
WILLIAM E. MC QUIEN
THOMAS MC VICKER
RAYMOND J. MCCOUN
MARION G. MEACHAM
DONALD L. MERRILL
RICHARD CLARE METZ
BRUNKO R. MILJUS
JOHN A. MILLER
HOWARD M. MOEN
JOHN GEORGE MOORE
WILLIAM RUSSEL MOORE
WILLIAM C. MORTESEN
JOHN L. MULLEN JR.
JAMES D. MURPHY
WALLACE R. NANCE
DUANE B. NEAL
ERNEST E. NELSON
WARD O. NEVILLE
WILLIAM PAUL NOUD
JAMES P. OBRIEN
VERNON D. OLSON
LEONARD K. OLVIS
ROBERT ONDISH
CHARLES ROLAND OSBORN
JACKIE T. OSWALD
GEROME E. OTTERSON
RICHARD K. OWENS
RAYMOND F. PARKS
WILLIAM FLOYD PAYNE
DARRELL D. PEASLEY
CHARLES R. PERKEY
DELBERT O. PETERS
FORREST L. PETERS
MARVIN H. PETERSEN
PHILIP NELS PETTERSON
ROLLY LAFOND PIEPER
ROBERT E. PIERCE
RICHARD ALAN POLEN
ANDREW G. POSTMA
WILLIAM W. PRIVETT
HARRY C. PRUNIER
HENRY PUGH JR.
IRWIN A. RACKLEY
HOWARD R. REED
GEORGE L. REICH
WILLIAM RETTINGER
CHARLES JUNIOR RHOADES
GEORGE E. RICHARDS
ROLLAND RICHARDSON
GARY LINCOLN RODGERS
THOMAS K. RYAN
RICHARD H. SARPOLA
LEO R. SAUL
HERBERT A. SCHERZINGER
CLEMENT SCHLIMGEN
WILLIA SCHOOLCRAFT
DWAIN A. SCHUH
RICHARD W. SCHUNKE JR.
JEROME F. SEARS
GERALD A. SETTLES
BILLY E. SHAHAN
J. D. SHARP
ELDRED R. SIMMONS
DONALD G. SLANEY
GLEN E. SMETHERS
DONALD L. SMITH
LEONARD LEROY SMITH
THERLO G. L. SMITH
MAINERD ATWELL SORENSEN
JOHN A. SPIDAL
DORIN SAMUEL STAFFORD
ROBERT J. STARK
ARTHUR J. STEELE
WILLIAM STEVENSON
RICHARD W. STOCKMAN
DERYLE G. STRAUGHN
DONALD C. STUART
GERALD LEE SWAN
DELBERT V. SWYGART
WILLIAM H. TABERT
CLARENCE A. TANGNEY
CHARLES TANNEHILL
JOHN R. TASSET JR.
ALBERT THOMPSON
JOHN W. THOMPSON
MICHAEL J. TIERNEY
ROBERT W. TOBIN
ALBERT E. TODD
PHILLIP J. TODD
ORLIN R. TOOHEY
WILLIAM A. TREECE
ERNEST HAROLD UPMEYER
JOHN E. VAN LOH JR.
DALLAS W. VIAN
JAVY C. WALKER
KENNETH F. WALLAM
WILLIAM ALFRED WARD JR.
WILLIAM J. WARD
DAVID W. WARNOCK
FRED L. WATTERSON
SAMMY A. WATTS
ROBERT F. WEAVER
DANNA L. WEBB
DONALD EUGENE WESTON
VERNON C. WESTON
WILLARD J. WHALEY
JAMES D. WHEELER
DONALD L. WHITAKER
JAMES ROBERT WILLIAMS
JAMES W. WILSON
WILFRED E. WOODS
DOW F. WORDEN
HOWARD A. WRIGHT
KENNETH EARL WRIGHT
DONALD P. YOUNCE
JOHN H. ZECH
PENNSYLVANIA
DONALD R. ABEL
ARTIS ABNEY JR.
DELANO H. ACKER
CHARLES W. ADAMS
GEORGE R. ADAMS
HAROLD L. ADAMS
LEWIS E. ADAMS
LLOYD C. ADAMS
THOMAS ADAMS
WILBUR J. ADAMS
HAROLD ADELMAN
GEORGE H. ADLAM
RALPH J. AGOSTINI
RICHARD A. AKERS
DAVID ALBANESE
JOHN A. ALBRECHT
JAMES A. ALDERDICE
LAWRENCE ALEXANDER
HORACE ALFORD JR.
DONALD N. ALLAN
DOUGLAS A. ALLEN
HENRY L. ALLEN
HERBERT L. ALLEN
JAMES R. ALLEN
ROBERT F. ALLEN
ROBERT N. ALLEN
WALTER HENRY ALLEN
WARREN R. ALLEN
JAMES E. ALLISON
JAMES M. ALSTON
COMER L. ALTLAND
WILLIAM E. ALTOMARE
HERTZEL J. AMDUR
RALPH E. AMEND
WILLIAM H. AMES
HARRY L. AMIGH
FERDINAND V. AMTHOR
CARL E. ANDERSON JR.
CLARENCE ANDERSON
DONALD T. ANDERSON
HARRY W. ANDERSON
HERMAN E. ANDERSON
MELVIN F. ANDERSON
RAYMOND O. ANDERSON
ROBERT A. ANDERSON
HOWARD ANDREWS
HOWARD D. ANDREWS
JOSEPH ANGELI JR.
HUBERT EARL ANTES JR.
LINDY R. ANTONIO
HAROLD B. ANTRIM
JOSEPH ANTROM
HERBERT G. APPEL
MICHAEL J. AQUILINO
JOHN ARCH
ALEXANDER G. ARCHER
DAVID W. ARMSTRONG
JAMES H. ARMSTRONG
JAMES J. ARNOLD
MELVIN ARTHUR
WILL ARVANGLE JR.
NICK ASPROMIGOS
MICHAEL ASTARY JR.
DOUGLAS EARL ATTINGER
WALTER ATTWOOD
CHESTER R. AUGUST
EDDIE D. AUMAN
JOHN A. AUMON
RAYMOND RANDOLPH BACON
JOHN STEPHEN BACZEWSKI
HARRY W. BAER
FELIX P. BAGINSKI
RALPH L. BAILETS
MILTON W. BAILEY
PAUL R. BAILEY
JOHN J. BAIN
DENNIS L. BAKER
JAMES M. BAKER
LAWRENCE M. BAKER
RAYMOND L. BAKER
ROBERT L. BAKER
ROBERT W. BAKER
WILLIAM R. BAKER
JAMES J. BALDUZZI
LAWRENCE BALDWIN
ROGER BALLARD
WILLIAM J. BALLARD
JOHN BALOG
EDWARD J. BALUTA
EDWARD B. BANCROFT
FLORENZ MICHAEL BANJAVCIC
ANDREW BARAKOSKIE
SILVATO BARBAGALLO
CLIFFORD A. BARBER
JAY T. BARE
THOMAS E. BARKSDALE
JOSEPH M. BARNA
EDWARD J. BARNAK
DONALD E. BARNES
FRANCIS J. BARNES
HERBERT R. BARNES
DALE G. BARNHART
FRANK R. BARON
THOMAS J. BARRETT
EDWARD M. BARRON
EDWARD J. BARSKITAS
JOHN L. BARTBERGER
THEODORE J. BARTOL
DONALD K. BARTOLI
JAMES ALBERT BATEMAN
RICHARD ALAN BATEMAN
JOSEPH JACK BATLUCK
HAROLD D. BAUER
EDWARD WOLBERT J. BAUMGARD
WILLIA BAUMGARDNER
HAROLD J. BAUS
GEORGE V. BAXLEY
MERL A. BEACH
JOHN S. BEACHER
THOMAS J. BEAHM
GORDON R. BEAM
HAROLD E. BEARD JR.
JAY E. BECK
ROBERT AUGUSTUS BECK
ROY W. F. BECK
CLARENCE R. BECKER
CARL F. BECKLIN
CHARLES W. BECKLIN
AUSTIN WESCOTT BEETLE JR.
FLOYD J. BEICHNER
ANDREW BELEY
ALVIN D. BELL
BEAUMONT B. BELL JR.
JOSEPH T. BELL
JAMES BELLAN
ROBERT R. BELLE
DAN FREAS BELLES
DONALD P. BELLIS
GEORGE A. BELYAR
FRANK J. BELSKIE
WYATT H. BELTON
WILLIAM BENDER JR.
LEONARD JOSEPH BENDINSKY
WILLIAM L. BENGTSON
WARREN W. BENNER
LEO M. BENTKOWSKI
JOHN E. BENTON
HENRY BERENDOWSKI
DONALD E. BERGER
FRED W. BERNEBURG
GERALD N. BERNHART
EDMUND WILLIAM BERRY
HERBERT BESCH JR.
JOHN BESKID JR.
CARL H. BEST
JOHN I. BEST
DANIEL C. BIANCO
ROBERT T. BICKEL
ROBERT A. BICKNELL
MATTHEW JOHN BIEDKA
ALOYSIS BIENKOWSKI
JAMES C. BIERER
JOSEPH E. BILBY
JOSEPH BILOHLAVEK
JOHN BIROCHAK
JOSEPH H. BISHOP
ROBERT G. BISHOP
CHARLES H. BISSELL
JOHN JACKSON BISSELL JR.
FRANKLIN E. BITTNER
THOMAS M. BIXLER
SHUMAN HARLAN BLACK
WARREN D. BLAIR
ROBERT L. BLAKE
EDWARD FRANCIS BLASKO
BILLIE S. BLUE
JOHN W. BOBBS
JOHN A. BODEWIG
JOHN BOGERT JR.
MAURICE IVAN BOGGESS
LEONARD G. BOGUSZ
HOWARD L. BOHNER
HERMAN CHARLES BOHNKE JR.
VLADIMIR BOLDYREV
LOYD D. BOLING
WILLIAM E. BONAWITZ
JOHN W. BONETTI
ROBERT W. BONEY
JOHN R. BONSER
JOHN R. BONZO
GERALD R. BOOK
GERALD R. BOOKAMIRE
HARRY W. BOORD
ANTHONY S. BORASKI
DONALD M. BORN
CHARLES L. BORTNER
DONALD J. BORTNER
JACK BOSSELLI
FREDERICK BOSSERT
JAMES M. BOUGHTER
JOSEPH W. BOULWARE
LESTER J. BOWERS
W. F. BOWERS
LEMUEL R. BOWSER
ROLAND L. BOWSER
JAMES L. BOYCE
DONALD W. BOYD
SIMON BOYD
MELVIN BOYDEN
ANDREW P. BOYER
DONALD F. BOYER
JOSEPH G. BOYER
VIRGIL W. BOYER JR.
RUSSELL BRACKEN
GERALD PAUL BRADLEY
PETER J. BRADLEY
RAYMOND G. BRADLEY
THOMAS B. BRADLEY
WILLIAM C. BRADLEY
MELVIN BRANCH
STERLING BRANDON
HAROLD L. BRAXTON
JOHN J. BREITKREUTZ
KENNETH J. BRESLIN
CHARLES F. BRESSLER
JAMES R. BRETT
ELWOOD BREY
VICTOR A. BRICE
RODNEY M. BRIGGS
CLYDE W. BRINDEL JR.
JACOB S. BRINDLE
THOMAS J. BRITT
CHARLES H. BROADNAX
THOMAS BROADWATER
ROBERT G. BROBST JR.
CLARENCE BROCKMAN
CARL P. BROOKS
DAVID C. BROOKS
GILBERT B. BROOKS
EUGENE T. BROPHY
EDGER B. BROUSE
ALVIN H. BROWN
CHARLES L. BROWN
EARL A. BROWN
EDWARD C. BROWN
ELGIE D. BROWN
FRED G. BROWN
JAMES A. BROWN
KEITH E. BROWN
MELVIN L. BROWN
PAUL F. BROWN
PAUL M. BROWN
ROBERT E. BROWN
SAMUEL D. BROWN
WILLIAM E. BROWN JR.
DONALD BROWNAWELL
WILLIAM BROWNBACK
HOMER BRUINGTON
GEORGE BRUNNHUBER
ALAN L. BRUNO
GRETON ANTHONY BRUNO
NICHOLAS M. BRUNO
RAYMOND E. BRUSH
JAMES C. BRYAN
KINNEY BRYANT
ROGER C. BRYCE
BERNARD F. BRYK
JOSEPH BUCKNAVAGE
ANDREW P. BUCKO JR.
JAMES E. BUDD
JOHN F. BUDKE JR.
MAURICE A. BUECK
LEO T. BUEHLER
ISAAC BUNN JR.
WILLIA BURACZEWSKI
WATER C. BURCHELL
ROTHWELL W. BURKE
CLARENCE BURKES
FLOYD K. BURKHART
DONALD BURKHOLDER
RAYMOND BURNHEIMER
BERNARD J. BURNOTT
JAMES A. BURNS

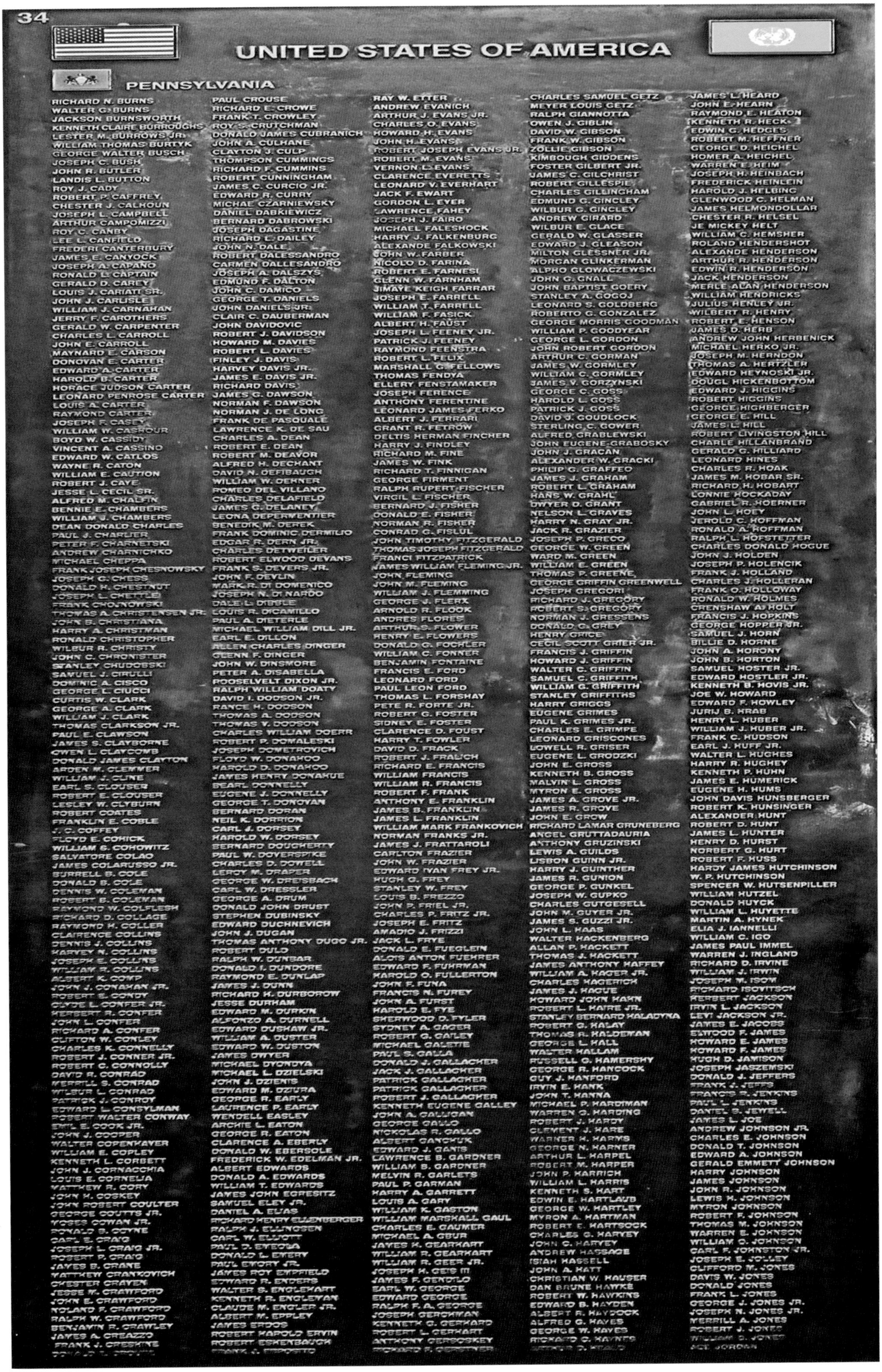

UNITED STATES OF AMERICA

PENNSYLVANIA

RICHARD N. BURNS
WALTER G. BURNS
JACKSON BURNSWORTH
KENNETH CLAIRE BURROUGHS
LESTER M. BURROWS JR.
WILLIAM THOMAS BURTYK
GEORGE WALTER BUSCH
JOSEPH C. BUSH
JOHN R. BUTLER
LANDIS L. BUTTON
ROY J. CADY
ROBERT P. CAFFREY
CHESTER J. CALHOUN
JOSEPH L. CAMPBELL
ARTHUR CAMPOMIZZI
ROY C. CANBY
LEE L. CANFIELD
FREDERI CANTERBURY
JAMES E. CANYOCK
JOSEPH A. CAPANO
RONALD L. CAPTAIN
GERALD D. CAREY
LOUIS J. CARIATI SR.
JOHN J. CARLISLE
WILLIAM J. CARNAHAN
JERRY F. CAROTHERS
GERALD W. CARPENTER
CHARLES L. CARROLL
JOHN E. CARROLL
MAYNARD E. CARSON
DONOVAN E. CARTER
EDWARD A. CARTER
HAROLD B. CARTER
HORACE JUDSON CARTER
LEONARD PENROSE CARTER
LOUIS A. CARTER
RAYMOND CARTER
JOSEPH F. CASEY
WILLIAM W. CASHOUR
BOYD W. CASSIDY
VINCENT A. CASSINO
EDWARD W. CATLOS
WAYNE E. CATON
WILLIAM E. CAUTION
ROBERT J. CAVE
JESSE L. CECIL SR.
ALFRED M. CHALFIN
BENNIE E. CHAMBERS
WILLIAM J. CHAMBERS
DEAN DONALD CHARLES
PAUL J. CHARLER
PETER F. CHARNETSKI
ANDREW CHARNICHKO
MICHAEL CHEPA
FRANK JOSEPH CHESNOWSKY
JOSEPH C. CHESS
DONALD H. CHESTNUT
JOSEPH L. CHETTLE
FRANK CHOJNOWSKI
THOMAS A. CHRISTENSEN JR.
JOHN B. CHRISTIANA
HARRY A. CHRISTMAN
RONALD CHRISTOPHER
WILBUR R. CHRISTY
JOHN C. CHRONISTER
STANLEY CHUDOBSKI
SAMUEL J. CIRULLI
DOMINIC A. CISCO
GEORGE L. CIUCCI
CURTIS W. CLARK
GEORGE A. CLARK
WILLIAM J. CLARK
THOMAS CLARKSON JR.
PAUL E. CLAWSON
JAMES S. CLAYBORNE
OVEN L. CLAYCOMB
DONALD JAMES CLAYTON
ARDEN W. CLEMMER
WILLIAM J. CLINE
EARL S. CLOUSER
ROBERT E. CLOUSER
LESLEY W. CLYBURN
ROBERT COATES
FRANKLIN E. COBLE
J. C. COFFEY
FLOYD E. COHICK
WILLIAM S. COHOWITZ
SALVATORE COLAO
JAMES COLARUSSO JR.
BURRELL B. COLE
DONALD B. COLE
DENNIS W. COLEMAN
ROBERT B. COLEMAN
RAYMOND W. COLFLESH
RICHARD D. COLLAGE
RAYMOND H. COLLER
CLARENCE COLLINS
DENNIS J. COLLINS
HARVEY H. COLLINS
JOSEPH E. COLLINS
WILLIAM R. COLLINS
ALBERT K. COMP
JOHN J. CONAHAN JR.
ROBERT E. CONDY
CLYDE E. CONFER JR.
HERBERT R. CONFER
JOHN L. CONFER
RICHARD A. CONFER
CLIFTON W. CONLEY
CHARLES K. CONNELLY
ROBERT J. CONNER JR.
ROBERT G. CONNOLLY
DAVID R. CONRAD
MERRILL S. CONRAD
WILBUR L. CONRAD
PATRICK J. CONROY
EDWARD L. CONSYLMAN
ROBERT WALTER CONWAY
EARL E. COOK JR.
JOHN J. COOPER
WALTER COPENHAVER
WILLIAM E. COPLEY
KENNETH L. CORBETT
JOHN J. CORNACCHIA
LOUIS J. CORNELIA
MATTHEW R. CORY
JOHN M. COSKEY
JOHN ROBERT COULTER
GEORGE COUTTS JR.
MOSES COWAN JR.
RONALD B. COYNE
CARL E. CRAIG
JOSEPH L. CRAIG JR.
ROBERT P. CRAIG
JAMES B. CRANE
MATTHEW CRANKOVICH
CHESTER CRAVEN
JESSE W. CRAWFORD
JOHN E. CRAWFORD
ROLAND E. CRAWFORD
RALPH W. CRAWFORD
BENJAMIN R. CRAWLEY
JAMES A. CREAZZO
FRANK J. CRESKYE
DONALD J. CRISS

PAUL CROUSE
RICHARD E. CROWE
FRANK T. CROWLEY
ROY S. CRUTCHMAN
DONALD JAMES CUBRANICH
JOHN A. CULHANE
CLAYTON J. CULP
THOMPSON CUMMINGS
RICHARD F. CUMMINS
ROBERT CUNNINGHAM
JAMES C. CURCIO JR.
EDWARD R. CURRY
MICHAE CZARNIEWSKY
DANIEL DABKIEWICZ
BERNARD DABROWSKI
JOSEPH DAGASTINE
RICHARD L. DAILEY
JOHN A. DALE
ROBERT DALESSANDRO
CARMEN DALLESANDRO
JOSEPH A. DALSZYS
EDMUND F. DALTON
JOHN C. DAMICO
GEORGE T. DANIELS
JOHN DANIELS JR.
CLAIR C. DAUBERMAN
JOHN DAVIDOVIC
ROBERT J. DAVIDSON
HOWARD M. DAVIES
ROBERT L. DAVIES
FINLEY J. DAVIS
HARVEY DAVIS JR.
JAMES E. DAVIS JR.
RICHARD DAVIS
JAMES G. DAWSON
NORMAN F. DAWSON
NORMAN J. DE LONG
FRANK DE PASQUALE
LAWRENCE K. DE SAU
CHARLES A. DEAN
ROBERT E. DEAN
ROBERT M. DEAVOR
ALFRED H. DECHANT
DAVID N. DEFIBAUGH
WILLIAM W. DERNER
ROMEO DEL VILLANO
CHARLES DELAFIELD
JAMES G. DELANEY
LEONA DEPERWENTER
BENEDIK M. DEREK
FRANK DOMINIC DERMILIO
EDGAR R. DEEN JR.
CHARLES DETWEILER
ROBERT ELWOOD DEVANS
FRANK S. DEVERS JR.
JOHN F. DEVLIN
MARK H. DI DOMENICO
JOSEPH N. DI NARDO
DALE L. DIBBLE
LOUIS R. DICAMILLO
PAUL A. DIETERLE
MICHAEL WILLIAM DILL JR.
EARL E. DILLON
ALLEN CHARLES DINGER
GLENN F. DINGER
JOHN W. DINSMORE
PETER A. DISABELLA
ROOSEVELT DIXON JR.
RALPH WILLIAM DOATY
DAVID I. DODSON JR.
RANCE H. DODSON
THOMAS A. DODSON
THOMAS V. DODSON
CHARLES WILLIAM DOERR
ROBERT P. DOWALESKI
JOSEPH DOWETROVICH
FLOYD W. DONAHOO
HAROLD D. DONAHOO
JAMES HENRY DONAHUE
BEARL DONNELLY
EUGENE J. DONNELLY
GEORGE T. DONOVAN
BERNARD DORAN
NEIL K. DORRION
CARL J. DORSEY
HAROLD W. DORSEY
BERNARD DOUGHERTY
PAUL W. DOVERSPIKE
CHARLES D. DOWELL
LEROY M. DRAPER
GEORGE W. DRESBACH
CARL W. DRESSLER
GEORGE A. DRUM
DONALD JOHN DRUST
STEPHEN DUBINSKY
EDWARD DUCHNEVICH
JOHN J. DUGAN
THOMAS ANTHONY DUGO JR.
ROBERT DULD
RALPH W. DUNBAR
DONALD I. DUNDORE
RAYMOND E. DUNLAP
JAMES J. DUNN
RICHARD H. DURBOROW
JESSE DURHAM
EDWARD M. DURKIN
ALFONZO A. DURNELL
EDWARD DUSHAW JR.
WILLIAM A. DUSTER
EDWARD DUTTON
JAMES DWYER
MICHAEL DYONDYA
MICHAEL L. DZIELSKI
JOHN J. DZIENIS
EDWARD M. DZIURA
GEORGE R. EARLY
LAURENCE P. EARLY
WENDELL EASLEY
ARCHIE L. EATON
GEORGE R. EATON
CLARENCE E. EBERLY
DONALD W. EBERSOLE
FREDERICK W. EDELMAN JR.
ALBERT EDWARDS
DONALD A. EDWARDS
WILLIAM T. EDWARDS
JAMES JOHN EGRESITZ
SAMUEL ELEY JR.
DANIEL A. ELIAS
RICHARD HENRY ELLENBERGER
RALPH J. ELLINGSEN
CARL W. ELLIOTT
PAUL D. EPPEDA
DONALD L. EMERY
PAUL EMORY JR.
JAMES ROY ENFIELD
EDWARD R. ENDERS
WALTER S. ENGLEHART
KENNETH H. ENGLEMAN
CLAUDE M. ENGLER JR.
ALBERT W. EPPLEY
JAMES EROOS
ROBERT HAROLD ERVIN
ROBERT ESKENBANGH
FRANK J. ESPOSITO

RAY W. ETTER
ANDREW EVANICH
ARTHUR J. EVANS JR.
CHARLES O. EVANS
HOWARD H. EVANS
JOHN H. EVANS
ROBERT JOSEPH EVANS JR.
ROBERT M. EVANS
VERNON L. EVANS
CLARENCE EVERETTS
LEONARD V. EVERHART
JACK F. EWART
GORDON L. EYER
LAWRENCE FAHEY
JOSEPH J. FAIRO
MICHAEL FALESHOCK
HARRY J. FALKENBURG
ALEXANDE FALKOWSKI
JOHN W. FARBER
NICOLO D. FARINA
ROBERT E. FARNESI
GLENN W. FARNHAM
JIMAYE KEIGH FARRAR
JOSEPH E. FARRELL
WILLIAM T. FARRELL
WILLIAM F. FASICK
ALBERT H. FAUST
JOSEPH L. FEENEY JR.
PATRICK J. FEENEY
RAYMOND FEENSTRA
ROBERT L. FELIX
MARSHALL G. FELLOWS
THOMAS FENDYA
ELLERY FENSTAMAKER
JOSEPH FERENCE
ANTHONY FERENTINE
LEONARD JAMES FERKO
ALBERT J. FERRARI
GRANT R. FETROW
DELTIS HERMAN FINCHER
HARRY J. FINDLEY
RICHARD M. FINE
JAMES W. FINK
RICHARD T. FINNIGAN
GEORGE FIRMENT
RALPH RUPERT FISCHER
VIRGIL L. FISCHER
BERNARD J. FISHER
DONALD E. FISHER
NORMAN R. FISHER
CONRAD C. FISLUL
JOHN TIMOTHY FITZGERALD
THOMAS JOSEPH FITZGERALD
FRANCI FITZPATRICK
JAMES WILLIAM FLEMING JR.
JOHN FLEMING
JOHN M. FLEMING
WILLIAM J. FLEMMING
GEORGE J. FLERX
ARNOLD R. FLOOK
ANDRES FLORES
ARTHUR L. FLOWER
HENRY E. FLOWERS
DONALD G. FOCHLER
WILLIAM C. FONNER
BENJAMIN FONTAINE
FRANCIS E. FORD
LEONARD FORD
PAUL LEON FORD
THOMAS L. FORSHAY
PETE R. FORTE JR.
ROBERT G. FOSTER
SIDNEY E. FOSTER
CLARENCE D. FOUST
HARRY T. FOWLER
DAVID D. FRACK
ROBERT J. FRALICH
RICHARD E. FRANCIS
WILLIAM FRANCIS
WILLIAM R. FRANCIS
ROBERT F. FRANK
ANTHONY L. FRANKLIN
JAMES B. FRANKLIN
JAMES L. FRANKLIN
WILLIAM MARK FRANKOVICH
NORMAN FRANKS JR.
JAMES J. FRATTAROLI
CARLTON FRAZIER
JOHN W. FRAZIER
EDWARD IVAN FREY JR.
HUGH G. FREY
STANLEY W. FREY
LOUIS B. FREZZO
JOHN P. FRIEL JR.
CHARLES P. FRITZ JR.
JOSEPH E. FRITZI
AMADIO J. FRIZZI
JACK L. FRYE
DONALD J. FUEGLEIN
ALOIS ANTON FUEHRER
EDWARD F. FUHRMAN
HAROLD O. FULLERTON
JOHN F. FUNA
FRANCIS N. FUREY
JOHN A. FURST
HAROLD E. FYE
SHERWOOD D. TYLER
SYDNEY A. CAYER
ROBERT G. GAILEY
MICHAEL GALETIE
PAUL S. GALLA
DONALD J. GALLAGHER
JACK J. GALLAGHER
PATRICK GALLAGHER
PATRICK GALLAGHER
ROBERT J. GALLAGHER
KENNETH EUGENE GALLEY
JOHN A. GALLIGAN
GEORGE GALLO
NICHOLAS D. GALLO
ALBERT GANGHUK
EDWARD J. GANTS
LAWRENCE B. GARDNER
WILLIAM B. GARDNER
MELVIN R. GARLETS
PAUL P. GARMAN
HARRY A. GARRETT
LOUIS A. GARY
WILLIAM K. GASTON
WILLIAM MARSHALL CAUL
CHARLES E. GAUMER
MICHAEL A. GBUR
JAMES K. GEARHART
WILLIAM B. GEARHART
WILLIAM R. GEER JR.
JOSEPH H. GEIS III
JAMES F. GENDLO
EARL W. GEORGE
EDWARD GEORGE
RALPH F. A. GEORGE
JOSEPH GERCHMAN
KENNETH O. GERHARD
ROBERT GERHART
ANTHONY GERPOSKEY

CHARLES SAMUEL GETZ
MEYER LOUIS GETZ
RALPH GIANNOTTA
OWEN J. GIBILISH
DAVID W. GIBSON
FRANK W. GIBSON
ZOLLIE GIBSON
KIMBOUGH GIDDENS
FOSTER GILBERT JR.
JAMES C. GILCHRIST
ROBERT GILLESPIE
CHARLES GILLINGHAM
EDMUND G. GINCLEY
ANDREW GIRARD
WILBUR E. GLACE
GERALD W. GLASSER
EDWARD J. GLEASON
MILTON GLESSNER JR.
MORGAN GLINKERMAN
ALPHO GLOWACZEWSKI
JOHN G. GNALL
JOHN BAPTIST GOERY
STANLEY A. GOGOJ
LEONARD S. GOLDBERG
ROBERTO G. GONZALEZ
GEORGE MORRIS GOODMAN
WILLIAM P. GOODYEAR
GEORGE L. GORDON
JOHN ROBERT GORDON
ARTHUR C. GORMAN
JAMES W. GORMLEY
WILLIAM C. GORMLEY
JAMES V. GORZYNSKI
GEORGE C. GOSS
HAROLD L. GOSS
PATRICK J. GOSS
DAVID J. GOUDLOCK
STERLING C. GOWER
ALFRED GRABLEWSKI
JOHN EUGENE GRABOSKY
JOHN J. GRACAN
ALEXANDER W. GRACKI
PHILIP G. GRAFFEO
JAMES J. GRAHAM
ROBERT L. GRAHAM
HANS W. GRAHL
DWYER D. GRANT
NELSON L. GRAVES
HARRY N. GRAY JR.
JACK R. GRAZIER
JOSEPH P. GRECO
GEORGE W. GREEN
WARD M. GREEN
WILLIAM E. GREEN
THOMAS P. GREENE
GEORGE GRIFFIN GREENWELL
JOSEPH GREGORI
RICHARD J. GREGORY
ROBERT S. GREGORY
NORMAN J. GRESSENS
DONALD G. GREY
HENRY GRICE
CECIL SCOTT GRIER JR.
FRANCIS J. GRIFFIN
HOWARD J. GRIFFIN
WALTER C. GRIFFIN
SAMUEL C. GRIFFITH
WILLIAM G. GRIFFITHS
STANLEY GRIFFITHS
HARRY GRIGGS
EUGENE GRIMES
PAUL K. GRIMES JR.
CHARLES E. GRIMPE
LEONARD GRISCONES
LOWELL R. GRISER
EUGENE L. GRODZKI
JOHN E. GROSS
KENNETH B. GROSS
MALVIN L. GROSS
MYRON E. GROSS
JAMES A. GROVE JR.
JAMES R. GROVE
JOHN E. GROW
RICHARD LAMAR GRUNEBERG
ANGEL GRUTTADAURIA
ANTHONY GRUZINSKI
LEWIS A. GUILDS
LISBON GUINN JR.
JAMES J. GUINTHER
JAMES R. GUNION
GEORGE P. GUNKEL
JOSEPH W. GUPKO
CHARLES GUYGESELL
JOHN W. GUYER JR.
JAMES S. GUZZI JR.
JOHN L. HAAS
WALTER HACKENBERG
ALLAN P. HACKETT
THOMAS J. HACKETT
JAMES ANTHONY HAFFEY
WILLIAM A. HAGER JR.
CHARLES HAGERICH
JAMES J. HAGUE
HOWARD JOHN HAHN
ROBERT L. HAHN
STANLEY BERNARD HALADYNA
ROBERT G. HALAY
THOMAS R. HALDEMAN
GEORGE L. HALL
WALTER HALLAM
RUSSELL G. HAMERSHY
GEORGE R. HANCOCK
GUY J. HANFORD
IRVIN E. HANK
JOHN T. HANNA
MICHAEL D. HARDIMAN
WARREN C. HARDING
ROBERT J. HARDY
CLEMENT J. HARE
WARNER H. HARMS
GEORGE N. HARNER
ARTHUR L. HARPEL
ROBERT M. HARPER
JOHN P. HARRICH
WILLIAM L. HARRIS
KENNETH S. HART
EDWIN E. HARTLAUB
GEORGE W. HARTLEY
MYRON A. HARTMAN
ROBERT E. HARTSOCK
CHARLES G. HARVEY
JOHN C. HARVEY
ANDREW HASSAGE
ISAIAH HASSELL
JOHN A. HATT
CHRISTIAN W. HAUSER
DAN BRUNE HAWKE
ROBERT W. HAWKINS
EDWARD B. HAYDEN
ALBERT H. HAYCOCK
ALFRED G. HAYES
GEORGE W. HAYES
RICHARD C. HAYNES
ARTHUR G. HEARD

JAMES L. HEARD
JOHN E. HEARN
RAYMOND E. HEATON
KENNETH R. HECK
EDWIN G. HEDGES
ROBERT M. HEFFNER
GEORGE D. HEICHEL
HOMER A. HEICHEL
WARREN E. HEIM
JOSEPH H. HEINBACH
FREDERICK HEINLEIN
JOSEPH J. HELBING
GLENWOOD C. HELMAN
JAMES HELMONDOLLAR
CHESTER R. HELSEL
JE MICKEY HELT
WILLIAM C. HEMSHER
ROLAND HENDERSHOT
ALEXANDE HENDERSON
ARTHUR R. HENDERSON
EDWIN R. HENDERSON
JACK HENDERSON
MERLE ALAN HENDERSON
WILLIAM HENDRICKS
JULIUS HENLEY JR.
WILBERT R. HENRY
ROBERT E. HENSON
JAMES D. HERB
ANDREW JOHN HERBENICK
MICHAEL HERKO JR.
JOSEPH M. HERNDON
THOMAS A. HERTZLER
EDWARD HEYNOSKI JR.
DOUGL HICKENBOTTOM
EDWARD J. HIGGINS
ROBERT HIGGINS
GEORGE HIGHBERGER
GEORGE E. HILL
JAMES L. HILL
ROBERT LIVINGSTON HILL
CHARLE HILLANBRAND
GERALD G. HILLIARD
LEONARD HINES
CHARLES R. HOAK
JAMES M. HOBAR SR.
RICHARD H. HOBART
LONNIE HOCKADAY
GABRIEL R. HOERNER
JOHN L. HOEY
JEROLD L. HOFFMAN
RONALD A. HOFFMAN
RALPH L. HOFSTETTER
CHARLES DONALD HOGUE
JOHN J. HOLDEN
JOSEPH P. HOLENCIK
FRANK J. HOLLAND
CHARLES J. HOLLERAN
FRANK O. HOLLOWAY
RONALD W. HOLMES
CRENSHAW A. HOLT
FRANCIS J. HOPKINS
GEORGE HOPPER JR.
SAMUEL J. HORN
BILLIE D. HORNE
JOHN A. HORONY
JOHN B. HORTON
SAMUEL HOSTER JR.
EDWARD HOSTLER JR.
KENNETH B. HOVIS JR.
DEW. HOWARD
EDWARD F. HOWLEY
JURIJ B. HRAB
HENRY L. HUBER
WILLIAM J. HUBER JR.
FRANK C. HUDSON
EARL J. HUFF JR.
WALTER L. HUGHES
HARRY R. HUGHEY
KENNETH P. HUHN
JAMES E. HUMERICK
EUGENE H. HUMS
JOHN DAVIS HUNSBERGER
ROBERT K. HUNSINGER
ALEXANDER HUNT
ROBERT D. HUNT
JAMES L. HUNTER
HENRY D. HURST
NORBERT G. HURT
ROBERT F. HUSS
HARDY JAMES HUTCHINSON
W. P. HUTCHINSON
SPENCER W. HUTSENPILLER
WILLIAM HUTZEL
DONALD HUYCK
WILLIAM L. HUYETTE
MARTIN A. HYNEK
ELIA J. IANNELLI
WILLIAM C. IGO
JAMES PAUL IMMEL
WARREN J. INGLAND
RICHARD D. IRVINE
WILLIAM J. IRVIN
JOSEPH M. ISON
RICHARD ISOVITSCH
HERBERT JACKSON
IRVIN L. JACKSON
LEVI JACKSON JR.
JAMES J. JACOBS
ELWOOD F. JAMES
HOWARD E. JAMES
HOWARD F. JAMES
HUGH D. JAMISON
JOSEPH JASZEMSKI
DONALD J. JEFFERS
FRANK J. JEFFERS
FRANCIS J. JENKINS
PAUL L. JENKINS
DANIEL S. JEWELL
JAMES L. JOE
ANDREW JOHNSON JR.
CHARLES E. JOHNSON
DONALD T. JOHNSON
EDWARD A. JOHNSON
GERALD EMMETT JOHNSON
HARRY JOHNSON
JAMES JOHNSON
JOHN R. JOHNSON
LEWIS H. JOHNSON
MYRON JOHNSON
ROBERT F. JOHNSON
THOMAS M. JOHNSON
WARREN E. JOHNSON
WILLIAM O. JOHNSON
CARL F. JOHNSTON JR.
JOSEPH E. JOLLEY
CLIFFORD M. JONES
DAVIS W. JONES
DONALD JONES
FRANK L. JONES
GEORGE E. JONES JR.
JOSEPH N. JONES JR.
MERRILL A. JONES
ROBERT J. JONES
WILLIAM D. JONES
JOE JORDAN

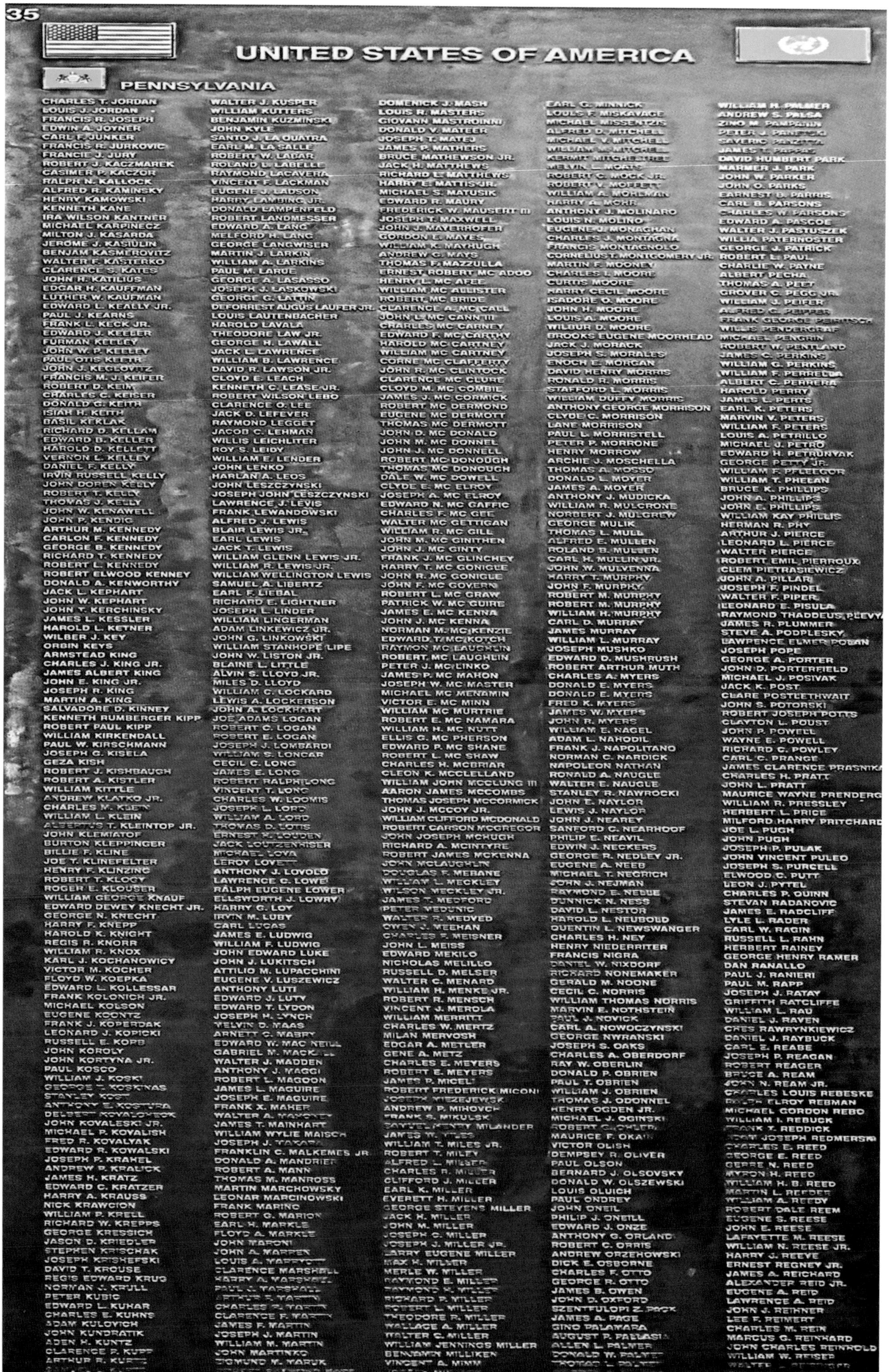

UNITED STATES OF AMERICA

PENNSYLVANIA

CHARLES T. JORDAN
LOUIS J. JORDAN
FRANCIS R. JOSEPH
EDWIN A. JOYNER
CARL F. JUNKER
FRANCIS R. JURKOVIC
FRANCIE J. JURY
ROBERT J. KACZMAREK
CASIMER D. KACZOR
RALPH N. KALLOCK
ALFRED R. KAMINSKY
HENRY KAMOWSKI
KENNETH KANE
IRA WILSON KANTNER
MICHAEL KARPINECZ
MILTON J. KASARDA
JEROME J. KASIULIN
BENJAM KASMEROVITZ
WALTER F. KASTERKO
CLARENCE S. KATES
JOHN R. KATILIUS
EDGAR H. KAUFMAN
LUTHER W. KAUFMAN
EDWARD L. KEALLY JR.
PAUL J. KEARNS
FRANK L. KECK JR.
EDWARD J. KEELER
FURMAN KELLEY
JOHN W. P. KEELEY
PAUL OTIS KEETR
JOHN J. KEGLOVITZ
FRANCIS M. J. KEIFER
ROBERT D. KEIM
CHARLES C. KEISER
DONALD G. KEITH
ISIAH H. KEITH
BASIL KEKLAK
RICHARD D. KELLAM
EDWARD H. KELLER
HAROLD D. KELLETT
VERNON L. KELLEY
DANIEL F. KELLY
IRVIN RUSSELL KELLY
JOHN DOREN KELLY
ROBERT T. KELLY
THOMAS J. KELLY
JOHN W. KENAWELL
JOHN P. KENDIG
ARTHUR M. KENNEDY
CARLON F. KENNEDY
GEORGE B. KENNEDY
RICHARD T. KENNEDY
ROBERT L. KENNEDY
ROBERT ELWOOD KENNEY
DONALD A. KENWORTHY
JACK L. KEPHART
JOHN W. KEPHART
JOHN T. KERCHINSKY
JAMES L. KESSLER
HAROLD L. KETNER
WILBER J. KEY
ORBIN KEYS
ARMSTEAD KING
CHARLES J. KING JR.
JAMES ALBERT KING
JOHN E. KING JR.
JOSEPH R. KING
MARTIN A. KING
SALVADORE D. KINNEY
KENNETH RUMBERGER KIPP
ROBERT PAUL KIPP
WILLIAM KIRKENDALL
PAUL W. KIRSCHMANN
JOSEPH G. KISELA
GEZA KISH
ROBERT J. KISHBAUGH
ROBERT A. KISTLER
WILLIAM KITTLE
ANDREW KLATKO JR.
CHARLES M. KLEIN
WILLIAM L. KLEIN
ALBERTUS T. KLEINTOP JR.
JOHN KLEMIATOF
BURTON KLEPPINGER
BILLIE F. KLINE
JOE T. KLINEFELTER
HENRY F. KLINZING
ROBERT F. KLOCY
ROGER E. KLOUSER
WILLIAM GEORGE KNAUF
EDWARD DEWEY KNECHT JR.
GEORGE N. KNECHT
HARRY F. KNEPP
HAROLD K. KNIGHT
REGIS R. KNORR
WILLIAM R. KNOX
KARL J. KOCHANOWICY
VICTOR M. KOCHER
FLOYD W. KOEPKA
EDWARD L. KOLLESSAR
FRANK KOLONICH JR.
MICHAEL KOLSON
EUGENE KOONTZ
FRANK J. KOPERDAK
LEONARD J. KOPICKI
RUSSELL E. KOPB
JOHN KOROLY
JOHN KORTYNA JR.
PAUL KOSCO
WILLIAM J. KOSKI
GEORGE V. KOSKNAS
STANLEY KOSS
ANTHONY E. KOSTURA
DELBERT KOVALOVSOK
JOHN KOVALESKI JR.
MICHAEL P. KOVALISH
FRED R. KOVALYAK
EDWARD R. KOWALSKI
JOSEPH P. KRAHEL
ANDREW R. KRALICK
JAMES M. KRATZ
EDWARD C. KRATZER
HARRY A. KRAUSS
NICK KRAWCION
WILLIAM P. KRELL
RICHARD W. KREPPS
GEORGE KRESSOCK
JASON D. KRIEGLER
STEPHEN KRISCHAK
JOSEPH KRISHEFSKI
DAVID T. KROUSE
REGIS EDWARD KRUG
NORMAN J. KRULL
PETER KUBIC
EDWARD L. KUHAR
CHARLES E. KUHNS
ADAM KULOVICH
JOHN KUNDRATIK
ADEN H. KUNTZ
CLARENCE R. KUPP
ARTHUR R. KURP
SAMUEL L. KURP

WALTER J. KUSPER
WILLIAM KUTTERS
BENJAMIN KUZMINSKI
JOHN KYLE
SANTO J. LA QUATRA
EARL M. LA SALLE
ROBERT W. LABAR
ROLAND D. LABELLE
RAYMOND LACAVERA
VINCENT F. LACKMAN
EUGENE J. LADSON
HARRY LAMBING JR.
DONALD LAMPENFELD
ROBERT LANDMESSER
EDWARD A. LANG
MELFORD H. LANG
GEORGE LANGWISER
MARTIN J. LARKIN
WILLIAM A. LARKINS
PAUL M. LARUE
GEORGE A. LASASSO
JOSEPH A. LASKOWSKI
GEORGE G. LATON
DEFORREST AUGUS LAUFER JR.
LOUIS LAUTENBACHER
HAROLD LAVALA
THEODORE LAW JR.
GEORGE H. LAWALL
JACK L. LAWRENCE
WILLIAM B. LAWRENCE
DAVID R. LAWSON JR.
CLOYD E. LEACH
KENNETH C. LEASE JR.
ROBERT WILSON LEBO
CLARENCE O. LEE
JACK D. LEFEVER
RAYMOND LEGGET
JACOB C. LEHMAN
WILLIS LEICHLITER
ROY S. LEIDY
WILLIAM E. LENDER
JOHN LENKO
HARLAN A. LEOS
JOHN LESZCZYNSKI
JOSEPH JOHN LESZCZYNSKI
LAWRENCE J. LEVIS
FRANK LEWANDOWSKI
ALFRED J. LEWIS
BLAIR LEWIS JR.
EARL LEWIS
JACK T. LEWIS
WILLIAM GLENN LEWIS JR.
WILLIAM R. LEWIS JR.
WILLIAM WELLINGTON LEWIS
SAMUEL A. LIBERTZ
EARL F. LIEBAL
RICHARD E. LIGHTNER
JOSEPH L. LINDER
WILLIAM LINGERMAN
ADAM LINKEWICZ JR.
JOHN G. LINKOWSKI
WILLIAM STANHOPE LIPE
JOHN W. LISTON JR.
BLAINE L. LITTLE
ALVIN S. LLOYD JR.
MILES D. LLOYD
WILLIAM C. LOCKARD
LEWIS A. LOCKERSON
JOHN A. LOCKHART
JOE ADAMS LOGAN
ROBERT C. LOGAN
ROBERT E. LOGAN
JOSEPH J. LOMBARDI
WILLIAM S. LONCAR
CECIL C. LONG
JAMES E. LONG
ROBERT RALPH LONG
VINCENT T. LONG
CHARLES W. LOOMIS
JOSEPH L. LOTTS
WILLIAM A. LOTTS
THOMAS D. LOTTS
ERNEST R. LOUDEN
JACK LOUTZENHISER
MICHAEL LOVA
LEROY LOVE
ANTHONY J. LOVOLO
LAWRENCE C. LOWE
RALPH EUGENE LOWER
ELLSWORTH J. LOWRY
HARRY G. LOY
IRVIN M. LOBY
CARL LUCAS
JAMES E. LUDWIG
WILLIAM F. LUDWIG
JOHN EDWARD LUKE
JOHN J. LUKITSCH
ATTILIO M. LUPACCHINI
EUGENE V. LUSZEWICZ
ANTHONY LUTI
EDWARD J. LUTY
EDWARD T. LYDON
JOSEPH H. LYNCH
MELVIN D. MAAS
ARNETT C. MABRY
EDWARD W. MAC NEILL
GABRIEL M. MACK
WALTER J. MADDEN
ANTHONY J. MAGGI
ROBERT L. MAGOON
JAMES J. MAGUIRE
JOSEPH M. MAGUIRE
FRANK X. MAHER
WALTER A. MAHONEY
JAMES T. MAINHART
WILLIAM WYLIE MAISCH
JOSEPH J. TAKAR
FRANKLIN C. MALKEMES JR.
DONALD A. MANDRIET
ROBERT A. MANN
THOMAS M. MANROSS
MARTIN MARCHOWSKY
LEONAR MARCINOWSKI
FRANK MARINO
ROBERT G. MARION
EARL H. MARKLE
FLOYD A. MARKLE
JOHN MARONI
JOHN A. MARREN
LOUIS A. WATT
CLARENCE MARSHALL
HARRY A. MARSHALL
PAUL J. TARSHALL
ARTHUR E. TARTIN
CHARLES R. MARTIN
CLARENCE R. MARTIN
JAMES F. MARTIN
JOSEPH J. MARTIN
WILLIAM M. MARTIN
JOHN MARTINKO
SIGMUND W. MARUK
ROBERT RAYMOND MASE

DOMENICK J. MASH
LOUIS R. MASTERS
GIOVANN MASTROINNI
DONALD V. MATEER
JOSEPH T. MATEJ
JAMES P. MATHERS
BRUCE MATHEWSON JR.
JACK H. MATTHEWS
RICHARD L. MATTHEWS
HARRY E. MATTIS JR.
MICHAEL S. MATUSIK
EDWARD D. MAURY
FREDERICK W. MAUSERT III
JOSEPH T. MAXWELL
JOHN J. MAYERHOFER
GORDON E. MAYES
WILLIAM K. MAYHUGH
ANDREW G. MAYS
THOMAS F. MAZZULLA
ERNEST ROBERT MC ADOO
HENRY L. MC AFEE
WILLIAM MC ALLISTER
ROBERT MC BRIDE
CLARENCE A. MC CALL
JOHN L. MC CANN III
CHARLES MC CARTNEY
EDWARD F. MC CARTHY
HAROLD MC CARTNEY
WILLIAM MC CARTNEY
CORNE MC CLAFFERTY
JOHN R. MC CLINTOCK
CLARENCE MC CLURE
CLOYD M. MC COMBIE
JAMES J. MC CORMICK
ROBERT MC DERMOND
EUGENE MC DERMOTT
TOMAS MC DERMOTT
JOHN O. MC DONALD
JOHN M. MC DONNEL
JOHN J. MC DONNEL
ROBERT MC DONOUGH
THOMAS MC DONOUGH
DALE W. MC DOWELL
CLYDE E. MC ELROY
JOSEPH A. MC ELROY
EDWARD N. MC GAFFIC
CHARLES F. MC GEE
WALTER MC GETTIGAN
WILLIAM R. MC GILL
JOHN M. MC GINTHEN
JOHN J. MC GINTY
FRANK H. MC GLINCHEY
HARRY T. MC GONIGLE
JOHN R. MC GONIGLE
JOHN F. MC GOVERN
ROBERT L. MC GRAW
PATRICK W. MC GUIRE
JAMES E. MC KENNA
JOHN J. MC KENNA
NORMAN M. MC KENZIE
EDWARD T. MC KOTCH
RAYMON MC LAUGHLIN
ROBERT MC LAUGHLIN
PETER J. MC LINKO
JAMES P. MC MAHON
JOSEPH W. MC MASTER
MICHAEL MC MENMIN
VICTOR E. MC MINN
WILLIAM MC MURTRIE
ROBERT E. MC NAMARA
WILLIAM H. MC NUTT
ELLIS G. MC PHERSON
EDWARD P. MC SHANE
ROBERT L. MC SHAW
CHARLES H. MCBRIAR
CLEON K. MCCLELLAND
WILLIAM JOHN MCCLUNG III
AARON JAMES MCCOMBS
THOMAS JOSEPH MCCORMICK
JOHN J. MCCOY JR.
WILLIAM CLIFFORD MCDONALD
ROBERT CARSON MCGREGOR
JOHN JOSEPH MCGHOR
RICHARD A. MCINTYRE
ROBERT JAMES MCKENNA
JOHN MCLAUGHLIN
DOUGLAS F. MERANE
WILLIAM L. MECKLEY
WILSON MECKLEY JR.
JAMES T. MEDFORD
PETER MEDUNIC
WALTER R. MEDVED
OWEN J. MEEHAN
CHARLES E. MEISNER
JOHN L. MEISS
EDWARD MEKILO
NICHOLAS MELILLO
RUSSELL D. MELSER
WALTER S. MENARD
WILLIAM H. MENKE JR.
ROBERT P. MENSCH
VINCENT J. MEROLA
WILLIAM MERRITT
CHARLES W. MERTZ
MILAN MERVOSH
EDGAR A. METLER
GENE A. METZ
CHARLES E. MEYERS
ROBERT E. MEYERS
JAMES P. MICEL
ROBERT FREDERICK MICONI
JOSEPH WIEZEJEWSK
ANDREW P. MIHOVCH
FRANK S. MIKULSK
DAVID MATHIAS MILANDER
JAMES W. MILES
WILLIAM T. MILES JR.
ROBERT T. MILEY
ALFRED L. MILLER
CHARLES R. MILLER
CLIFFORD J. MILLER
EARL K. MILLER
EVERETT H. MILLER
GEORGE STEVENS MILLER
JACK H. MILLER
JOHN M. MILLER
JOSEPH C. MILLER JR.
LARRY EUGENE MILLER
MAX H. MILLER
MERLE W. MILLER
RAYTOND E. MILLER
RAYMOND MILLER
RICHARD P. MILLER
ROBERT H. MILLER
THEODORE H. MILLER
WALLACE A. MILLER
WALTER C. MILLER
WILLIAM JENNINGS MILLER
BENJAMIN MILLIKEN
VINCENT A. MIMM
JOSEPH MINNICK

EARL G. MINNICK
LOUIS F. MISKAVAGE
MICHAEL MISSENTZIS
ALFRED D. MITCHELL
MICHAEL V. MITCHELL
WILLIAM W. MITCHELL
KERMIT MITCHELTREE
MELVIN L. MOATS
ROBERT C. MOCK JR.
ROBERT V. MOFFETT
WILLIAM A. MOHLMAN
ANTHONY J. MOLINARO
LOUIS N. MOLINO
EUGENE J. MONAGHAN
CHARLES J. MONTAGNA
FRANCIS MONTAGNOLO
CORNELIUS T. MONTGOMERY JR.
MARTIN F. MOONEY
CHARLES L. MOORE
CURTIS MOORE
HARRY CECIL MOORE
ISADORE O. MOORE
JOHN H. MOORE
LOUIS A. MOORE
WILBUR D. MOORE
BROOKS EUGENE MOORHEAD
JACK J. MORACK
JOSEPH S. MORALES
ENOCH E. MORGAN
DAVID HENRY MORRIS
RONALD R. MORRIS
STAFFORD L. MORRIS
WILLIAM DUFFY MORRIS
ANTHONY GEORGE MORRISON
CLYDE C. MORRISON
LANE MORRISON
PAUL L. MORRISTELL
PETER P. MORRONE
HENRY MORROW
ARCHIE A. MOSCHELLA
THOMAS A. MOSSO
DONALD L. MOYER
JAMES A. MOYER
ANTHONY J. MUDICKA
WILLIAM R. MULCRONE
NORBERT J. MULGREW
GEORGE MULIK
THOMAS L. MULL
ALFRED E. MULLEN
ROLAND B. MULLEN
CARL H. MULLIN JR.
JOHN W. MULVENNA
HARRY T. MURPHY
JOHN F. MURPHY
ROBERT M. MURPHY
ROBERT M. MURPHY
WILLIAM H. MURPHY
CARL D. MURRAY
JAMES MURRAY
WILLIAM L. MURRAY
JOSEPH MUSHKO
EDWARD D. MUSHRUSH
ROBERT ARTHUR MUTH
CHARLES A. MYERS
DONALD E. MYERS
DONALD E. MYERS
FRED R. MYERS
JAMES W. MYERS
JOHN R. MYERS
WILLIAM E. NAGEL
ADAM L. NAHODIL
FRANK J. NAPOLITANO
NORMAN C. NARDICK
NAPOLEON NATHAN
RONALD A. NAUGLE
WALTER E. NAUGLE
STANLEY R. NAWROCKI
JOHN E. NAYLOR
LEWIS J. NAYLOR
JOHN J. NEAREY
SANFORD C. NEARHOOF
PHILIP E. NEAVIL
EDWIN J. NECKERS
GEORGE R. NEDLEY JR.
EUGENE A. NEEB
MICHAEL T. NEGRICH
JOHN J. NEJMAN
RAYMOND E. NEBUE
DUNNICK N. NESS
DAVID L. NESTOR
HAROLD L. NEUBOLD
QUENTIN L. NEWSWANGER
CHARLES H. NEY
HENRY NIEDERRITER
FRANCIS NIGRA
DANIEL W. NIXDORF
RICKARD NONEMAKER
GERALD M. NOONE
CECIL C. NORRIS
WILLIAM THOMAS NORRIS
MARVIN E. NOTHSTEIN
PAUL J. NOVICK
CARL A. NOWOCZYNSKI
GEORGE NWRANSKI
JOSEPH S. OAKS
CHARLES A. OBERDORF
RAY W. OBERLIN
DONALD P. OBRIEN
PAUL T. OBRIEN
WILLIAM J. OBRIEN
THOMAS J. ODONNELL
HENRY OGDEN JR.
MICHAEL J. OGINSKI
ROBERT G. OHLER
MAURICE F. OKAIR
VICTOR OLISH
DEMPSEY R. OLIVER
PAUL OLSON
BERNARD J. OLSOVSKY
DONALD W. OLSZEWSKI
LOUIS OLUICH
PAUL ONDREY
JOHN ONEIL
PHILIP J. ONEILL
EDWARD J. ONZE
ANTHONY G. ORLAND
ROBERT C. ORRIS
ANDREW ORZEHOWSKI
DICK E. OSBORNE
CHARLES F. OTTO
GEORGE R. OTTO
JAMES B. OWEN
JOHN D. OXFORD
SZENTTUILOPI J. PACK
JAMES A. PAGE
GINO PALAMARA
AUGUST J. PALASIA
ALLEN L. PALMER
DONALD W. PALYE
THOMAS L. PALYE

WILLIAM H. PALMER
ANDREW S. PALSA
ZINO M. PAMPRIN
PETER J. PANITTO
SAVERIC PANZITTA
JAMES T. PAPPAS
DAVID HUMBERT PARK
MARMER J. PARK
JOHN W. PARKER
JOHN O. PARKS
EARNEST D. PARRIS
CARL B. PARSONS
CHARLES W. PARSONS
EDWARD A. PASCOE
WALTER J. PASTUSZEK
WILLIA PATERNOSTER
GEORGE J. PATRICK
ROBERT L. PAUL
CHARLIE W. PAYNE
ALBERT PECHA
THOMAS A. PEET
GROVER C. PEGG JR.
WILLIAM J. PEIFER
ALFRED C. PEPPER
FRANK GEORGE PEIRISCH
WILLIS PENDERGRAF
MICHAEL PENGRIN
ROBERT W. PENLAND
JAMES PERKINS
WILLIAM G. PERKINS
WILLIAM F. PERRELLA
ALBERT C. PERRERA
HAROLD PERRY
JAMES L. PERTS
EARL K. PETERS
MARVIN V. PETERS
WILLIAM F. PETERS
LOUIS A. PETRILLO
MICHAEL J. PETRO
EDWARD H. PETRUNYAK
GEORGE PETTY JR.
WILLIAM F. PFEEGOR
WILLIAM T. PHEAN
BRUCE K. PHILLIPS
JOHN A. PHILLIPS
JOHN E. PHILLIPS
WILLIAM KAY PHILLIS
HERMAN R. PHY
ARTHUR J. PIERCE
LEONARD L. PIERCE
WALTER PIERCE
ROBERT EMIL PIERROUX
CLEM PIETRASIEWICZ
JOHN A. PILLAR
JOSEPH F. PINDEL
WALTER F. PIPER
LEONARD E. PISULA
RAYMOND THADDEUS PLEVYA
JAMES R. PLUMMER
STEVE A. PODPLESKY
LAWRENCE ELMER POHAN
JOSEPH POPE
GEORGE A. PORTER
JOHN D. PORTERFIELD
MICHAEL J. POSIVAK
JACK K. POST
CLARE POSTLETHWAIT
JOHN S. POTORSKI
ROBERT JOSEPH POTTS
CLAYTON L. POUST
JOHN P. POWELL
WAYNE E. POWELL
RICHARD C. POWLEY
CARL C. PRANGE
JAMES CLARENCE PRASNIKA
CHARLES H. PRATT
JOHN L. PRATT
MAURICE WAYNE PRENDERG
WILLIAM R. PRESSLEY
HERBERT L. PRICE
MILFORD HARRY PRITCHARD
JOE L. PUGH
JOHN PUGH
JOSEPH P. PULAK
JOHN VINCENT PULEO
JOSEPH S. PURCELL
ELWOOD C. PUTT
LEON J. PYTEL
CHARLES P. QUINN
STEVAN RADANOVIC
JAMES E. RADCLIFF
LYLE L. RADER
CARL W. RAGIN
RUSSELL L. RAHN
HERBERT RAINEY
GEORGE HENRY RAMER
DAN RANALLO
PAUL J. RANIERI
PAUL M. RAPP
JOSEPH J. RATAY
GRIFFITH RATCLIFFE
WILLIAM L. RAU
DANIEL J. RAVEN
CHES RAWRYNKIEWICZ
DANIEL J. RAYBUCK
CARL E. REABE
JOSEPH P. REAGAN
ROBERT REAGER
BRUCE A. REAM
JOHN N. REAM JR.
CHARLES LOUIS REBESKE
RALPH ELROY REBMAN
MICHAEL GORDON REBO
WILLIAM I. REBUCK
FRANK T. REDDICK
ALVIN JOSEPH REDMERSK
CHARLES E. REED
GEORGE E. REED
GERRE N. REED
MYRON H. REED
WILLIAM H. B. REED
MARTIN L. REEDER
WILLIAM A. REEDY
ROBERT DALE REEM
EUGENE S. REESE
JOHN E. REESE
LAFAYETTE M. REESE
WILLIAM N. REESE JR.
HARRY J. REEVE
ERNEST REGNEY JR.
JAMES A. REICHARD
ALEXANDER REID JR.
EUGENE A. REID
LAWRENCE A. REID
JOHN J. REINER
LEE F. REIMERT
CHARLES M. REIN
MARCUS O. REINHARD
JOHN CHARLES REINROLD
WILLIAM W. REISER
WALTER REITMER
EDWARD J. PETTI

36
UNITED STATES OF AMERICA
PENNSYLVANIA
ROBERT N. REITMEYER
JOHN RENTERIA
JAMES D. RENTSCHLER
VERNON R. RHINE
ROBERT E. RHOADS
ANTHONY A. RICCI
DONALD RICE
ARTHUR L. RICHARDS
GEORGE I. RICHARDS
DAVID G. RICHARDSON
JOHN RICHETTA
LEROY A. RICHTER
ADAM L. RICKENBACH
FREDERICK RIDDACH
EDWARD R. RIEDY
GENE F. RIGGLE
KARL L. RIGGLE
CHARLES E. RINGER
VICTOR J. RIOLI
IRVING RIPPEN
ROBERT B. RITCHIE
JOEL N. RITTER
ROBERT D. RITTER
STANLEY C. RITTER
THEODORE E. RITTKO
LOUIS RIVARDO
EDWARD J. RIZZO
CLARENCE C. ROBERTS
GEORGE B. ROBERTS
GORDON A. ROBERTS
MARTIN ROBERT ROBERTS
ROBERT I. ROBERTS
GEORGE ROBINSON
JASPER ROBINSON
JOSEPH C. ROBINSON
ROBERT W. ROBINSON
RAYMOND C. ROBSON
ARTHUR H. ROCK
ROBERT ROCKENBAUCH
JACKIE H. ROCKWELL
PAUL E. ROCUS
RALPH A. RODEMER
LEONARD T. RODGERS
SAMUEL J. RODKEY
EDDIE L. ROEBUCK
JOSEPH R. ROGINSKIE
THEODORE ROGOSKY
WILLIAM ROHR
GEORGE ROLLER
JOSEPH ROMAN
STEPHEN J. ROMANICK
RAYMOND J. ROMANO
VINCENZO D. ROMEO
CARMEN A. ROMITO
HOWARD L. ROOT
CHESTER J. ROPER
PAUL E. ROSE
WILLIAM H. ROSELER
SOL ROSENBERG
GUY ROSS JR.
KENNETH W. ROSS
RICHARD C. ROSS
ARMAND G. ROSSI
CLAREN ROTENBERGER
JOSEPH H. ROTH
RICHARD ROTH
DONALD K. ROTHERMEL
JAMES A. ROUND
PHILLIP L. ROWE
WILLIAM F. ROWE
HAROLD C. ROWLEY
JOHN M. ROZEAR JR.
THOMAS E. RUBLE
THOMAS E. RUDDOCK
FREDERICK A. RUDGE
HERBERT E. RUGAR
NORMAN D. RUSS
ALBERT J. RUTKOWSKI
CLAUDE E. RUTTER
ARTHUR A. RYAN
THOMAS J. RYNCAVAGE
PAUL T. RZECZOWSKI
ELMER J. SABINO
EMERY J. SABO
JAMES SABO JR.
JOSEPH D. SACCULLO
JOSEPH J. SADY
JOHN J. SALAZER
ALFRED L. SALTER
ROBERT J. SALVIE
PAUL SAMBOL JR.
FRANCIS SANDERSON
WILLIAM CHARLES SANKEY JR.
JOSEPH DANIEL SANKO
JOSEPH SANTARSIERO
ANTHONY C. SANTELLA
FRANK SANTI
GEORGE J. SANTORE
JAMES S. SAPACK
STEVE SARAPA JR.
HARRY E. SCARBOROUGH
WILLIAM C. SCARSELLONE
CARL LAMAR SCHAEFFER
RAYMOND H. SCHATZ
ROBERT G. SCHEIRER
JOHN SCHELLHAMMER
PAUL W. SCHILDT
DELMOND W. SCHLEGEL
CARL S. SCHLOSSMAN
JOSEPH F. SCHMITZ
FLOYD M. SCHMOUDER
JAMES ANTHONY SCHNEIDER
CHRISTIA SCHOELLER
BLAIR SCHOFFSTOLL
GEORGE A. SCHOFIELD JR.
PAUL SCHRECENGOST
DAVID A. SCHREFFLER
ROBERT C. SCHREIBER
RONALD R. SCHUCHERT
RALPH K. SCHULER JR.
JOHN T. SCHULTE JR.
DANIEL J. SCHULTZ
HENRY J. SCHUMACHER
LON SCHWARTZ
RAYMOND PAUL SCHWERER
PAUL R. SCHWOEGL
WILLIAM J. SCIULLI
DOMINIC SCOCCHERA
CHARLES W. SCOTT
JOHN SCOTT
WILLIAM J. SCOTT
WILLIAM G. SCURR
GEORGE SEBEST
ALFONSO N. SEBIA JR.
JOSEPH GEORGE SEDLAK
JOSEPH C. SEIGLE
DONALD H. SELBY
ROBERT L. SELDON
LEONARD T. SELENSKI
BENJAMIN J. SELL
FREDERICK PAUL SELL
REGIS ALOYSIVS SELLERS
GEORGE SEMOSKY JR.
JOHN SEMULKA JR.
GEORGE ALBERT SENIOR
MARTIN SENKOSKI
DANIEL J. SERRE
CHESTER P. SESCILLA
PHILIP K. SESLER
HARRY E. SETHMAN
GEORGE L. SHAFFER
HAROLD R. SHAFFER
ROBERT R. SHAFFER
PAUL SHAFFRON
FORREST S. SHAMBAUGH
JOHN ALBERT SHAMMO
ROBERT E. SHANNON
HARRY M. SHARPLESS
RICHARD M. SHARROW
JOSEPH C. SHATTAS
JAMES C. SHAW
RODNEY C. SHECKLER
ROBERT W. SHEE
ROBERT L. SHEED
PHILIP D. SHELTON
JOSEPH F. SHEMELEWSKI
ROBERT SHENAULT
ROBERT A. SHEPARD
LOUIS SHERIFF
ANDREW E. SHERMAN
ALLEN SHERRY JR.
VERNON W. SHERRY
GORDON R. SHERTZER
CHAUNCEY E. SHICK
HILTON G. SHICK
WILLIAM E. SHIFFER
ROBERT N. SHIPE
WILLIAM D. SHIPMAN
FRED D. SHIRLEY
CHARLES H. SHOE
FRANCIS SHOEMAKER
IRA W. SHORE JR.
RAYMOND A. SHORTINO
IRVING SHULMAN
BENDUM D. SHUMATE
GENE E. SHUPP
WILLARD J. SIBLEY
LESLIE A. SICILIANO
PETER M. SIDORKA
J. DONALD SIESKY JR.
JOHN M. SIEWIELSKI
RICHARD GEORGE SIGG
ROBERT L. SIGGINS
WILLIAM R. SIGWART
MICHAEL SIKORA JR.
CHARLES E. SILFIES
ALBERT E. SIMMONS
BRYAN EUGENE SIMMONS
LEON F. SIMMONS
WILBERT SIMMS
PETER W. SIMON
HARVEY E. SINGLEY
DONALD STAINTHORPE SIRMAN
ANDREW SISSACK
WILLIAM S. SITMAN
DONALD N. SKEAN
ROBERT S. SKEES
CHARLES M. SKERO
GERALD G. SLEMMER
RAYMOND A. SLOOP
DONALD E. SLOUGHFY
ANTHONY F. SLYSZ
EVERETT F. SMALLEY
WILLIAM SMALLSTEY
NICKOLAS SMERKAR
ARTHUR LEE SMICKLEY
KENNETH H. SMILEY
ALFRED SMITH JR.
BENJAMIN F. SMITH
DAVID L. SMITH
DAYLE L. SMITH
DONALD L. SMITH
DONALD L. SMITH
EDWARD J. SMITH
EDWARD W. SMITH
ELMER D. SMITH
FRED H. SMITH JR.
FREDERICK O. SMITH
GENEJO SMITH
GILBERT R. SMITH
HARRY B. SMITH
HOWARD A. SMITH
HOWARD F. SMITH
JAMES C. SMITH
JAMES MARVIN SMITH
JOHN SMITH
JOHN C. SMITH
JOHN C. SMITH
JOSEPH L. SMITH
LEVERE E. SMITH
MARION L. SMITH
MAURICE K. SMITH
RAYMOND TODD SMITH
ROBERT EUGENE SMITH
THOMAS C. SMITH
THOMAS J. SMITH
WILLIAM E. SMITH
WILLIAM L. SMITH
RAYMOND SMOLINSKI
FRANK S. SMOLINSKY
WILLIAM H. SMUGI
PAUL E. SNAVELY JR.
LAWRENCE L. SNEAD
DAVID M. SNIDERMAN
JOSEPH M. SNOCK JR.
RUSSELL L. SNOOK
EARL M. SNOW
DAVID L. SNYDER
EDWARD C. SNYDER
ELWOOD M. SNYDER
FRED M. SNYDER
GERALD D. SNYDER
RONALD F. SNYDER
WALTER HENRY SNYDER JR.
WILLIAM H. SNYDER
ROBERT LEROY SOBEY
JOSEPH J. SOCHA
RUDOLPH W. SOELLNER
STEPHEN RAY SOMJAI
FRANK H. SONOSKI
JOSEPH A. SOPKO
ROY H. SOUTHWORTH
CHARLES ORMAND SPALLONE
GEORGE SPANGENBERG
CHARLES S. SPARKS
WALKER J. SPARROW
CLIFTON T. SPEICHER
ROBERT A. SPEICHER
MARVIN JAMES SPENCE
CARL P. SPERONDIO
GEORGE E. SPIEGEL
CHRISTIAN J. SPOERL JR.
GERALD K. SPONSLER
CLARENCE SPOONHOUR
HOMER J. SPRANKLE
GEORGE J. SROGONCIK
GEORGE A. ST. CLAIR
VICTOR J. STACCONE
FRANK J. STANKEVICH
THEODORE STANKS
HERMAN F. STARKEY
JACK R. STARKEY
JAMES LEONARD STARR
ROBERT W. STAUB
JOSEPH STDKO
NATHAN STEELE JR.
JOHN C. STEFANAC
EDWIN STEIGERWALT
JAMES ANTHONY STEINER
DALE C. STEINMETZ
JOHN CLINTON STENGER
JOHN JAY STENZ
LEON B. STEPHENS
ALBERT STEPHENSON
JOHN M. L. STERN JR.
ALTON G. STERNER
WALTER W. STERNER
GLENWOOD STETTLER
HARRY M. STEWART JR.
JAMES W. STEWART
KENNETH C. STEWART
ROBERT J. STIM
FELIX CHARLES STOCK
WALTER STODOLSKY
JAY R. STONER
MARVIN E. STOY
JOHN J. STRACK
CHARLES GLASGOW STRAHLEY
RICHARD STRICKLER
PAUL W. STRINE
HARRY C. STRINGER
LEONA STRINGFELLOW
JOHN THOMAS STRITCH
EDWARD D. STROCKY
KEITH A. STROTMAN
JAMES N. STRYKER
KENNETH R. STUCK
RICHARD L. STUCK
FREDERICK STUCKEY
GEORGE R. STUHAN
ROBERT STYSLINGER
PETER D. SUKLEY
JOHN L. SULLIVAN
THOMAS J. SUMMERS
HARRY W. SUNDAY
MARSHALL SUNTZENICH
PAUL J. SUTER
RICHARD L. SVITEK
JAMES E. SWAINBANK
FRANCIS R. SWAINSON
ROGER G. SWALM
DONALD W. SWEETALL
CARL L. SWEIGART
WILLIAM C. SWEITZER
KENNETH SWENSON
ANDREW C. SWIERS JR.
JOHN SWISHER
GEORGE A. SWOPE
WILLIAM U. SYKES
JAMES SYLVESTER
JOSEPH SYSAK
ANTHON SZCZEPANSKI
FRANK SZELINSKI
MICHAEL G. SZOLLOSY
CHARLES T. TAIT
JOHN C. TALARICO
CHARLES TALIAFERRO
ROBERT TALLENTIRE
PAUL J. TANSKI
RUDOLPH TATALOVICH
MICHAEL R. TATAR
NICHOLAS R. TAWEEL
ARCHIBALD H. TAYLOR
FRANCIS E. TAYLOR
HARVEY TAYLOR JR.
JAMES FRANKLIN TAYLOR
RICHARD J. TAYLOR
WILLIAM E. TAYLOR
JOHN W. TEDFORD
CLAIR F. TEETER
HOWARD C. TENLEY
GEORGE L. THAYER
LEO W. THAYER
FRANCIS ROBERT THOMAS JR.
JAMES THOMAS
KENNETH D. THOMAS
ROBERT A. THOMAS
ALBERT A. THOMPSON
GERALD T. THOMPSON
RICHARD E. THOMPSON
DONALD J. THOMSON
JOHN C. R. THOMSON
MALCOLM M. THOMSON
ERNEST L. THORPE JR.
WESLEY E. TIETGE
JARED E. TILLOTSON
EDWARD T. TINDELL
LEONIDAS TITCHNELL
SILVIO N. TOCCO
DUANE H. TODD
JOSEPH H. TOECUS
WILLIAM RAWLE TOME
RAYMOND C. TONER
EDWARD F. TORAITIS
GEORGE TORHAN
ROSELIO J. TORRES
EDWARD J. TOTH
JOHN E. TRAUTMAN
WILLIAM F. TRAXLER
DONALD M. TRENT
RAYFIELD A. TREXLER
HOWARD A. TROUP
PAUL THEODORE TROXELL JR.
LAWRENCE E. TROY
JOHN J. TRUAN
RAY E. TRUETT
JAMES G. TULIP
STANLEY TURBA
ERNEST K. TURNER
RICHARD C. TURNER
KENNETH E. TUTTLE
AVERY B. TYNDALL JR.
PAUL A. UHERCHIK
EDWARD M. UHL
LOUIS M. ULRICH
WILLIAM UNDERDOWN
WILLIAM URICK
LEROY C. URQUHART
CURTIS USHER
FRANCIS A. UZZO
DANIEL J. VACCARO
ANDREW VAGANKA
WILLIAM F. VAHLSING
EDWARD VAN ARSDALE
FRED J. VAN WHY
GAST JAMES VANDER
RALPH J. VANGSNESS
POMPEY J. VANICOLA
JULIUS JOHN VARGO
ALBERT S. VASQUEZ
JOHN VECKLY JR.
JOSEPH S. VECKOV
JOHN ROBERT VENDITTO
ROBERT J. VENETZ
HAROLD MARK VERNON JR.
WENDELL VICKERS
RAYMOND A. VILAGE
PETER A. VISCUSO
BRUCE C. VOGEL
LEO S. VOGEN JR.
ROBERT J. VOLACK
PRESTON W. VORTISH
DANIEL VUKASOVICH
EDWARD L. WADDELL
ALEXANDER WADE JR.
JOHN W. WADSWORTH
FLOYD R. WAGAMAN
DONALD L. WAGNER
MILES E. WAGNER JR.
ROBERT A. WAGNER
ROBERT B. WAGNER
KENNETH E. WAITE
FRANKLIN WAKEFIELD
JOE R. WALBECK
JOSEPH MICHAEL WALCK
JOHN G. WALCZAK
CHARLES WALKER JR.
FRANCIS J. WALKER
JAMES W. WALKER
JESSE L. WALKER
RICHARD D. WALKER
EARL WALLACE JR.
WILLIAM W. WALLACK
JAMES T. WALLEN
STEPHEN C. WALTER
WILLIAM F. WALTERS
SHULLER WANAMAKER
FRANK P. WANCOSKI
JOHN N. WARNY
JOHN E. WARRICK
JAMES D. WARRINER
NICK WASYLYSHYN
JOHN L. WATERS
MELVIN WATKINS
WILLIAM JOHN WATSON
GEORGE F. WATTS JR.
GEORGE WAY
CHARLES A. WEAVER
CHARLES E. WEAVER
CLYDE W. WEAVER
EDWARD P. WEAVER
ROBERT R. WEAVER JR.
ROBERT S. WEAVER
WILLIAM G. WEAVER
DONALD L. WEBSTER
HERBERT E. WEBSTER
JOHN J. WEHINGER
WILLIAM P. WEHRLE
BENJAMIN D. WEIDNER
RONALD WILLIAM WEIK
RICHARD MAURICE WEIL
CHARLES E. WEIMER
MELVIN WEINRAUB
CHARLES J. WEISER
ARTHUR R. WELCH SR.
HARVEY J. WELCOMER
RANDOLPH W. WELLER
JAMES E. WELLS
RAY EDWARD WELLS
DONALD L. WELSH
ROY W. WELSH
ROYCE A. WELSH
DONALD G. WEMPLE
CHESTER WENTKO
WALTER L. WENTZ
JOHN BAILEY WERB
DONALD WERKHEISER
JAMES W. WERKMAN
FORREST R. WERLEY
FRANCIS E. WERTZ
JOHN F. WESTFALL
EUGENE V. WETZEL
ELWOOD E. WEYANDT
FLOYD L. WHEELER JR.
JESSE JAMES WHEELER
DAVID J. WHITE
GRACEON H. WHITE
PAUL F. WHITE
WILLIAM G. WHITE
WILMER C. WHITE
RICHARD D. WHITEMAN
WALTER WIECKOWSKI
THADDEUS J. WIEGEL
WILLIAM C. WIENER
JOSEPH WIERZBICKI
THOMAS R. WILCOSKY
WILLIAM J. WILEY
CHARLES C. WILHELM
JOHN HENRY WILHELM
EDWARD JOHN WILHIDE
PAUL W. WILKINS
WILLIAM WILKINSON
CARL WILLIAMS
CHARLES WILLIAMS
CHESTER L. WILLIAMS
CLYDE S. WILLIAMS
FRANKLIN WILLIAMS
HAROLD G. WILLIAMS
JACK PRYER WILLIAMS
JAMES E. WILLIAMS
LEONARD J. WILLIAMS
PERCY E. WILLIAMS
RELDA H. WILLIAMS
ROBERT H. WILLIAMS
CLAUD H. WILLIAMSON
GEORGE WILLIAMSON
JAMES WILLIAMSON
JAMES E. WILLISON
EUGENE E. WILLS
JAMES C. WILSON
JERRY WILSON
RUSSELL CHARLES WILSON
SYLVESTER WILSON
JOSEPH G. WILUSZ
THOMAS HENRY WINES JR.
FRANK N. WINKLE JR.
MARVIN J. WINKLER
HOWARD W. WINRADER
GERALD A. WINTER
SAMUEL G. WINTER
DONALD F. WINTERS
SAMUEL WIRRICK
ALBERT WISHER
ALBIN J. WISNESKI
FELIX J. WISNIEWSKI
EARL L. WITHEROW
ROBERT H. WITHERSPOON
STANLEY WITKOWSKI
NORMAN F. WOLBERT
THOMAS R. WOLF
GLENN H. WOLFE
JOSEPH J. WOLK
HAROLD T. WOOD
ELMER JAMES WOODRING JR.
RAYMOND L. WOODRING
GUY WOODSON
WALTER WORHACH
HULL LEROY WRIGHT
JAMES H. WRIGHT
JAMES W. WRIGHT
JOSEP WRZESNIEWSKI
JOHN P. WYDA
FRANK A. YABLONSKI
JOHN A. YANECKO
FRANK EARL YEAGER
GEORGE R. YERGER JR.
RICHARD A. YERNAUX
THOMAS YESENKO
CHARLES R. YETSKO
EDWARD F. YOST
BERNARD MAURICE YOUNG
FRANCIS E. YOUNG
GEORGE A. YOUNG
KENNETH YOUNG
RALPH C. YOUNG
RICHARD W. YOUNG
WALTER R. YOUNG
WAYNE R. YOUNGQUIST
STEVE A. ZAGURSKIE
ANTHONY MICHAEL ZALEK JR.
RUPERT ZARIN
PAUL ZATZEK
JOHN C. ZAVALICK
LAWRENCE ZIGERELLI
GLEASON ZIMMERMAN
MICHAEL ZIMMERMAN
SIEGFRIED ZIMNIUCH
CHARLES E. ZINKAN
FRANCIS J. ZINKUS
ALOYSIUS L. ZONCA
ANTHONY J. ZUKAS
CHARLES ZUMAR
PUERTO RICO
GARCIA ROBER ABREU
CRUZ NICOL ACEVEDO
ISAAC ACEVEDO
TIRADO JUA ACEVEDO
FRANCISCO ACOSTA
GARCIA JAIM ACOSTA
MARTINEZ JO ACOSTA
MARTINEZ LU ACOSTA
RUBEN ACOSTA
BERRIOS ANT AGOSTO
MARQUEZ ENR AGUIAR
JOSE M. AGUIRRE
ABRAHAM ALBALADEJO
RODRIGUEZ ALGARIN
COTO LUIS ALICEA
REYES RAMON ALICEA
TEODORO ALICEA
CEPEDA GRE ALLENDE
SEGARRA ALMODOVAR
RUIZ MAXIMI ALOMAR
HECTOR L. ALVARADO
MIGUEL T. ALVARENGA
HUGO ALVAREZ
MERCADO AN ALVAREZ
HERMOGENES ALVERIO
CARCIA LUIS AMARO
SANTIAGO JOSE AMY
PEREZ EMILI ANDINO
JOSE A. ANTUNA
HECTOR L. APONTE
JUAN P. APONTE
VALLELLAN ARCHILLA
JUARBE LUIS ARMADA
GOMEZ E. ARRIGOITIA
ABREU RUBEN ARROYO
GUZMAN CAR ASENCIO
MERCADO ARTE AULET
OSORIO CRUZ AULI
ESQUILIN ANG AYALA
GONZALEZ RAMON AYMERICH
CANINO NEFTAL BAEZ
RAFAEL E. BALZAC
MARRERO CE BARBOSA
RODRIGUEZ J. BELLON
ANTONIO BERMUDEZ
MEDINA JORG BERNAL
SANTIAGO J. BERRIO
DIAZ VICTO BERRIOS
ORTIZ CAND BERRIOS
PEDRO M. BERRIOS
SUAREZ ANT BERRIOS
VELAZQUEZ BERRIOS
FELIX R. BEVERAGGI
ROSADO ENRIQU BIRD
DE JESUS AN BONANO
ALMEDINA D. BONILLA
ARCE GONZALO BONILLA
DAVILA DEU BONILLA
VEGA JULIO BONILLA
VALENTIN FR BRENES
VIDAL PEDRO BRUNO
LORETO BURGOS
VELAZQUEZ M. BURGOS
MELENDEZ JO BURSET
MORENO A. CABALLERO
ROSARIO CABALLERO
GONZALEZ FROILAN CABRERA
ORTIZ JACI CALCANO
COSME TOMAS CALDERON

UNITED STATES OF AMERICA

PUERTO RICO

TEXIDOR A. CALIMANO
ROMAN MIGU CAMACHO
BENIGNO CARABALLO
ORTIZ JUAN CARAMBOT
MARRERO AN CARDONA
PEREZ VICENTE CARLO
NIEVES CARRILLO
CONTRERAS CARRION
JORGE L. CARRION
MARTINO LU CARRION
MIGUEL A. CARRION
COLON MI CARTAGENA
QUINONES CASTILLO
HENRIQUEZ J. CASTRO
LUIS G. CASTRO
RAMOS ARMAN CEDENO
BERNARDO D. CENTENO
ISREAL CENTENO
SOTO NILTON CHACON
DIAZ BE CHARBONIER
GUMERSINDO CHEVRE
HERMINIO CINTRON
MIGUEL A. CINTRON
PAGAN MODE CINTRON
TEODULO CINTRON
PIZARRO GRE CIRINO
RIVERA ARTH CIRINO
MUSSENDEN COLBERG
EITHER M. COLLAZO
ALICEA JOAQU COLON
APONTE MANUE COLON
BURGOS PEDRO COLON
CONCEPCION COLON
FANTAUZZI IS COLON
FLORES ANTON COLON
FONSECA CAND COLON
MARTINEZ MAR COLON
NEGRON LUIS COLON
RAMOS WILFRL COLON
REYES FELIX COLON
RODRIGUEZ AR COLON
RODRIGUEZ FR COLON
VELAZQUEZ FI COLON
DIAZ HE CONCEPCION
LOPEZ J. CONCEPCION
PABON R. CONCEPCION
JAMES W. CONNER
BARRETO SI CORDERO
CAJIGAS ZE CORDERO
CANTINO FELIPE CORDERO
DELA ROSA CORDERO
BOIJOLI JO CORTES
CONCEPCION CORTES
OSTOLAZA AN CORTES
BAEZ FRANCIS COSME
HERNANDEZ AN COTTO
LUYANDA CALI COTTO
SIERRA FRANC COTTO
JOSE R. COUVERTIER
G. CRUHIGGER-RODRIGUEZ
ALICEA ERNEST CRUZ
ALICEA JUAN CRUZ
BELTRAN JESUS CRUZ
CARRERO JOSE CRUZ
ESPINOZA ROBE CRUZ
MARRERO RAFAE CRUZ
MARTINEZ JUAN CRUZ
OTERO PEDRO A. CRUZ
PEREZ NICOLAS CRUZ
RAMOS JESUS CRUZ
ROSAS PABLO CRUZ
SANCHEZ ANGEL CRUZ
SANTOS CRUZ
SANTOS TOMAS CRUZ
VELEZ ISMAEL CRUZ
RIVERA AN CUADRADO
PEDROGO E. DAVID
ANGEL R. DAVILA
RIVERA CARL DAVILA
RODRIGUEZ DE ALBA
LOPEZ JUA DE HOYOS
ADORNO TO DE JESUS
FELICIANO DE JESUS
FIGUEROAR DE JESUS
MEDINA RA DE JESUS
NIEVES EF DE JESUS
PHILLIPS D. DE LEON
CANCEL F. DEL VALLE
ACOSTA REN DELGADO
COLON MIGU DELGADO
DIAZ FRANC DELGADO
NIEVES PED DELGADO
PACHECO LE DELGADO
RESTO SABI DELGADO
RIVERA CAR DELGADO
RODRIGUEZ.DELGADO
UBILES WEN DELGADO
GONZALEZ DELGARDO
PEDRO A. DENIZA
ACEVEDO LUIS DIAZ
ALGARIN DEMET DIAZ
ASBERT L. DIAZ
BLAS DIAZ
CHARBONIER AD DIAZ
COLON FERNAND DIAZ
COTO RAFAEL DIAZ
JIMENEZ EDUAR DIAZ
JIMENEZ JOSE DIAZ
LEBRON ALFONS DIAZ
MARTINEZ RICA DIAZ
NIEVES CLEMEN DIAZ
RAMOS FERNAN DIAZ
RODRIGUEZ FRA DIAZ
SANCHEZ EMIL DIAZ
DAVID DOMINGEZ
CARTEGENA SAU DROZ
TEOFILO ESCALERA
CARLOS D. FELICIANO
JOSE A. FELICIANO
LINO FELICIANO
NIEVES J. FELICIANO
OTERO BI FELICIANO
QUINONES FELICIANO
VILANOVA JOS FERIA
CASIANO FERNANDEZ
ALERS VIN FERRANTE
BARBOSA L. FIGUEROA
FRANCISCO FIGUEROA
LUIS A. FIGUEROA
MASSAS SA FIGUEROA
MEDINA LU FIGUEROA
MUNIZ FRA FIGUEROA

OTERO ANG FIGUEROA
OTERO LUI FIGUEROA
RODRIGUEZ FIGUEROA
SEDA GERM FIGUEROA
BAEZ JULIO FLORES
MALDONADO G. FLORES
NAVARRO JUO FLORES
ACEVEDO MA FONSECA
GUZMAN RAFAEL FONT
ALICEA ANGEL GALAN
CAPIEL RAF GALINDO
GUADALUPE GALLART
MENDOZA CA GALLOZA
AYALA IRENE GARCIA
CLARA ISMAE GARCIA
CRUZ JOSE M. GARCIA
DOMINGO GARCIA
FERNANDO LUIS GARCIA
JOSE E. GARCIA
MARRERO JOS GARCIA
OJEDA RAFAE GARCIA
OQUENDO ISA GARCIA
RIVERA CARL GARCIA
RODRIGUEZ D. GARCIA
RODRIGUEZ F. GARCIA
ROSADO CAND GARCIA
ARCE RAMON GAYA
MORENO BENJA GOMEZ
ABREU EST GONZALEZ
BERNARD M. GONZALEZ
CALZADA J. GONZALEZ
CARDONA D. GONZALEZ
COLON PAB GONZALEZ
CORDERO C. GONZALEZ
CRUZ RAMO GONZALEZ
ENCARNACI GONZALEZ
GARCIA PE GONZALEZ
HERNANDEZ GONZALEZ
JUAN A. GONZALEZ
MARTINEZ GONZALEZ
NAZARIO I. GONZALEZ
ORTIZ JUA GONZALEZ
ORTIZ JUS GONZALEZ
OSORIA EU GONZALEZ
PEREZ VIC GONZALEZ
PIERLUISS GONZALEZ
PIZARRO L. GONZALEZ
RAMIREZ J. GONZALEZ
RENTA POR GONZALEZ
RIVERA JU GONZALEZ
ROSARIO A. GONZALEZ
SAEZ ISRA GONZALEZ
SANTIAGO GONZALEZ
SANTOS GONZALEZ
SOTO W. GONZALEZ
VICTOR GONZALEZ
MALDONADO MA GOTAY
SANCHEZ EDD GRACIA
RIVERA REN GRAFALS
NIEVES PE GRAJALES
ROSARIO J. GRAJALES
RODRIGUEZ JO GREEN
LORENZO RI GUILLET
JORGE L. GUIOT
JIMENEZ GUTIERREZ
SUAREZ A. GUTIERREZ
RODRIGUEZ JOSE D. GUZMAN
ROSARIO LEO GUZMAN
ANDRES HERNANDEZ
CONCEPCI HERNANDEZ
DONES IS HERNANDEZ
FLORENTI HERNANDEZ
GONZALEZ HERNANDEZ
HERNANDE HERNANDEZ
JIMENEZ HERNANDEZ
PEDRO HERNANDEZ
RODRIGEU HERNANDEZ
RODRIGUE HERNANDEZ
TORRES B. HERNANDEZ
MIGUEL IGARTUA JR.
VICTOR M. IGLESIAS
GERENA O. IRIZARRY
RODRIGUEZ IRIZARRY
ORTIZ RAYMON ISERN
AMADOR JIMENEZ
CANDIDO JIMENEZ
HERNANDEZ JIMENEZ
MERCED ANG JIMENEZ
NIEVES ISM JIMENEZ
OLIVENCIA JIMENEZ
TOSADO MIG JIMENEZ
ARTHUR KENOLIO
FEBRES MAX KERCADO
PAUL LABERGNE
COLLAZO ATNORY LABOY
MARTINEZ RAF LABOY
MAXIMIAN LACSAMANA
GUERRA RAFAE LAMAR
VELEZ ISM LASSALLE
JAIME LAUGIER
RUBEN LAUREANO
JOSE J. LEBRON
LEBRON DAVI LEBRON
MENDEZ JOSE LEBRON
GARCIA SAMU LIBRAN
ORTIZ JOSE LINARES
CORA FIDEL LLANOT
JAC E. LONG
ALMODOVAR PA LOPEZ
ANGEL L. LOPEZ
BATIZ JOSE A. LOPEZ
CRONOZ LUIS LOPEZ
EVANGELIO LOPEZ
JIMENEZ ROBE LOPEZ
JOSE M. LOPEZ
SANCHEZ FELI LOPEZ
TORRES JOSE LUCCA
RODRIGUEZ LUCIANO
CARBRERA RUBE LUGO
SANTIAGO WILL LUGO
SANTIAGO MAISONET
J'VARBE 'SR MALARET
AYALA JO MALDONADO
CORTADO RAFAEL MALDONADO
GARCIA J. MALDONADO
JIMENEZ MALDONADO
MORALES MALDONADO
PEDRO MALDONADO
TORRES A. MALDONADO
PERALTA HE MARIANI
DE LA ROSA MARIN
CRUZ CARME MARQUEZ

DE LEON RA MARQUEZ
HERNANDEZ MARQUEZ
QUINONES M. MARQUEZ
BUCCHECIAM MARRERO
NEGRON ISM MARRERO
RIVERA ALF MARRERO
RIVERA JOS MARRERO
ANTERO MARTINEZ
CANDELARI MARTINEZ
COLON CRI MARTINEZ
DIONISIO MARTINEZ
GONZALEZ MARTINEZ
GUALBERTO MARTINEZ
HERNANDEZ MARTINEZ
HERNANDEZ MARTINEZ
LANDRON R. MARTINEZ
LUIS MARTINEZ
LUIS B. MARTINEZ
NICOLAS MARTINEZ
OQUENDO A. MARTINEZ
OTERO AND MARTINEZ
OTERO PED MARTINEZ
PAUL MARTINEZ
ROSADO JU MARTINEZ
ROSARIO R. MARTINEZ
MUNIZ MANUEL R. MAS
SILVA IVAN MAS
ALMODOVAR MASSANET
ROBLES HERI MASSAS
MARCOS A. MASSINI
FIGUEROA JOR MASSO
REMIGIO MAR MATIAS
GONZALEZ FRA MATOS
IRIZARRY RAM MATOS
RIVERA ANTON MATOS
SANTIAGO CRI MATOS
TORRES ISMAE MATOS
ELMY L. MATTA
FIGUEROA MAYOL
RAMON MEDERO
GUZMAN EFRA MEDINA
LUIS MEDINA
PADILLA HAR MEDINA
RAMIREZ FLO MEDINA
GERARDO MEJIAS
MARTINEZ LA MEJIAS
HERNANDEZ MELECIO
LOPEZ LEOP MELECIO
CINTRON E. MELENDEZ
MELDENDEZ MELENDEZ
NEGRON MA MELENDEZ
SANCHEZ R. MELENDEZ
HERNANDEZ L. MENDEZ
JUAN B. MENENDEZ
ANDINO RAF MERCADO
ELIAS MERCADO
COMBOA JOS MERCADO
GONZALEZ J. MERCADO
HERNANDEZ MERCADO
JOSE HERIBERTO MERCADO
MARTYS PAUL MERCED
GUSTAVO A. MILLAN
GONZALEZ H. MIRANDA
VAZQUEZ AN MIRANDA
VICTOR M. MIRANDA
COTTO CARL MIRANDA
GARCIA ROBE MOLINA
GERENA MAXI MOLINA
RIVERA VICT MOLINA
SERRANO SAN MOLINA
RODRIGUEZ AN MONGE
ERNESTO MONTANEZ
FRANCO SI MONTANEZ
RIOS ERAS MONTANEZ
JOSE MONTERO
ANGEL R. MORA
ALAMO VICT MORALES
JOSE D. C. MORALES
LOZADA CRI MORALES
REYES A. MORALES
RIVERA DIO MORALES
WILLIAM MORALES
ROSA NELSON MORENO
TIRADO ADOL MORENO
TORRES ALBER MUNIZ
MOISES MUNOZ
AMADOR RAMON MURGA
ESCUDERO NAPOLEON
MONTALVO M. NARVAEZ
ADOLFO NAVARRO
BERNARD JO NAVARRO
MATOS AURE NAVARRO
RODRIGUEZ NAVARRO
ANGEL L. NEGRON
CARLOS M. NEGRON
MARTINEZ JO NEGRON
ORTIZ JOSE NEGRON
DIAZ CANDI NEVAREZ
CASTRO JUAN NIEVES
LARRY ARCAD NIEVES
LOPEZ CARLO NIEVES
MORALES DAN NIEVES
MORALES DAV NIEVES
JUAREZ RAMOND NUNEZ
ANGEL L. OCASIO
LLANTIN V. OLIVERAS
MORENO ANTO ORAMAS
PEREZ MANUE ORTEGA
ABALARDO ORTIZ
ANGEL L. ORTIZ
COSME JUAN ORTIZ
ESTEBAN ORTIZ
FRANCO J. ORTIZ
GOMEZ JOSE R. ORTIZ
HERNANDEZ MI ORTIZ
LUIS A. ORTIZ
MANUEL A. ORTIZ
MORENO MARCE ORTIZ
NEGRON CIRIL ORTIZ
OCASIO ORTIZ
ORTEGA RAFAE ORTIZ
ORTIZ RAFAEL ORTIZ
RODRIGUEZ JO ORTIZ
RODRIGUEZ RU ORTIZ
ROSA LUIS ORTIZ
MARTINEZ FE OSORIO
COLON ALEJAN OTERO
EDUARDO OUSLAN
GERMAN OYOLA
BARTOLOME PACHECO
LESPIER LU PACHECO
ROMAN PASC PACHECO

TAPIA JUAN PACHECO
RAUL PADILLA
TORRES RAFAE PARRA
LANSOT ALVARO PAZ
ANDUJAR JUAN PENA
RODRIGUEZ RAF PENA
PEDRO JOSE PERELES
AVILES JUAN PEREZ
BAEZ SEBATIN PEREZ
CRUZ ISIDRO PEREZ
JUAN A. PEREZ
LOUDRIEL MIG PEREZ
MIGUEL PEREZ
PEREZ PEDRO PEREZ
PIZARRO MANUEL PEREZ
RODRIGUEZ EF PEREZ
ROMAN ISMAEL PEREZ
TORRES ARCAD PEREZ
VILLEGAS LUI PEREZ
PARODIS P. PETERSON
THOMAS C. PIERCE JR.
CALIZ FERNAND PINA
MATOS NICO PIZARRO
POMALES PE POMALES
SANTIAGO EPIFANIO POMALES
SANTIAG PORTALATIN
SIERRA JUA PORTELA
PACHECO PEDR PRADO
DAVILA RO QUINONES
NATAL ANT QUINONES
PEDRO A. QUINONES
MARINO QUIRINDONGO
ANTULIO RAMIREZ
AYALA JORG RAMIREZ
JUSINO ISM RAMIREZ
LOPEZ RAMI RAMIREZ
PABLO RAMIREZ
RAMOS REIN RAMIREZ
AYALA ANDRES RAMOS
CRUZ LUIS M. RAMOS
DIAZ PEDRO RAMOS
ECHEVARRIA P. RAMOS
JUAN RAMOS
ORTIZ NARCIS RAMOS
PABLO RAMOS
RODRIGUEZ JO RAMOS
ROMAN JESUS RAMOS
TORRES ORLAN RAMOS
CRUZ MONSERR RESTO
DE JESUS ELC REYES
FALCON ADELA REYES
GUILLERMO REYES
MEDINA ANTON REYES
RIVERA LUIS REYES
RODRIGUEZ MA REYES
RUIZ BENIGNO REYES
VELEZ ARMAND REYES
WILLIAM REYES
SALGADO CARL RIBOT
FELIX RIOS
MORALES GASPA RIOS
ORTIZ MANUEL RIOS
ANGEL A. RIVERA
ARUZ RAFAEL RIVERA
BENITEZ ANG RIVERA
CANCEL HORA RIVERA
CARLOS E. RIVERA
CARRILLO JU RIVERA
CARRION FRA RIVERA
CLAUDIO ROB RIVERA
COLON JOSE RIVERA
CRESPO ISMA RIVERA
CRUZ GILBER RIVERA
DIAZ VICTOR M. RIVERA
GALARZA ISR RIVERA
GONZALEZ RE RIVERA
ILDEFONSO A. RIVERA
JOSE T. RIVERA
JUAN F. RIVERA
JULIO RIVERA
LEOCADIO RIVERA
LEONCIO P. RIVERA
LUIS P. RIVERA
MERCADO MIG RIVERA
OQUENDO GUI RIVERA
ORTIZ ADOLF RIVERA
PEDRO A. RIVERA
RIVERA LUIS RIVERA
RODRIGUEZ R. RIVERA
RUBEN RIVERA
SERRANO ELI RIVERA
TAPIA ROBER RIVERA
DEJESUS ISM ROBLES
FRANK C. ROCHA
ABELARDO RODRIGUEZ
ALFONSO RODRIGUEZ
ALICEA N. RODRIGUEZ
BATTISTI RODRIGUEZ
BERMUDEZ RODRIGUEZ
BORRERO RODRIGUEZ
DEL TORO RODRIGUEZ
ENRIQUE RODRIGUEZ
FELIPE RODRIGUEZ
LOPEZ AN RODRIGUEZ
LOPEZ FL RODRIGUEZ
LOPEZ RA RODRIGUEZ
LOZADA A. RODRIGUEZ
MARTINEZ RODRIGUEZ
MATILDE RODRIGUEZ
MONTANEZ RODRIGUEZ
NARCISO RODRIGUEZ
NEGRON J. RODRIGUEZ
OQUENDO RODRIGUEZ
OTERO AL RODRIGUEZ
PEDRO A. RODRIGUEZ
PEREZ JU RODRIGUEZ
RIVERA H. RODRIGUEZ
ROBERT D. RODRIGUEZ
RODRIGUE RODRIGUEZ
SANTIAGO RODRIGUEZ
VARGAS J. RODRIGUEZ
REYES JUAN ROJAS
RIVERA CLOTI ROJAS
HERNANDEZ JU ROLON
JUAN A. ROLON
BRULL CARLOS ROMAN
MARRERO PABL ROMAN
MORALES ANGE ROMAN
REICHARD D. ROMAN
ANTONIO ROMERO

CALES CELIO ROMERO
MIGUEL A. ROMERO
LEON JOSE J. ROQUE
PENA RAMON ROQUE
JUAN A. ROSA
BRAVO JOSE ROSADO
ROSADO PEDR ROSADO
DE JESUS A. ROSARIO
ELIU ROSARIO
MELENDEZ F. ROSARIO
MORALES JU ROSARIO
SANTOS HUM ROSARIO
MUNIZ EMILIO ROSAS
LEOPOLDO RUBERT
ARROYO LUIS RUBIO
DE PORRAS SAR RUIZ
NORBERTO RUIZ
VICTOR M. RUIZ
RAMOS JOSE O. RUSSI
ARROYO HEC SALAMAN
TORRES ANG SALGADO
ANGEL S. SANABRIA
ENRIQUE SANABRIA
COLON VIRG SANCHEZ
HERRERA AR SANCHEZ
LOPEZ RAFA SANCHEZ
MENDEZ JUA SANCHEZ
RODRIGUEZ SANCHEZ
RODRIGUEZ SANCHEZ
TORRES PAB SANCHEZ
VILLEGAS VICTOR SANCHEZ
WILLIAM SANCHEZ
WILLIAM SANCHEZ
CONCEPCION SANTANA
LUIS F. SANTANA
MARTINEZ L. SANTANA
MARTINEZ M. SANTANA
ALVARADO SANTIAGO
ANGEL SANTIAGO
ANGEL L. SANTIAGO
APONTE DO SANTIAGO
BONILLA E. SANTIAGO
CRESPO FA SANTIAGO
JUAN SANTIAGO
LUIS SANTIAGO
NAVARRO F. SANTIAGO
ORTIZ JOS SANTIAGO
ROSARIO R. SANTIAGO
RUIZ CARM SANTIAGO
CRUZ DOMING SANTOS
CRUZ JESUS SANTOS
JIMENEZ ERN SANTOS
MANUEL SANTOS
RIVERA MANU SANTOS
RIVERO NORB SANTOS
ROSA OTAYBE SANTOS
ROSARIO NIC SANTOS
SALGADO ISO SANTOS
SANTIAGO AG SANTOS
PEDRO SEMIDEY
TORRES A. SEPULVEDA
ORSINI JORGE SERRA
LAWRENCE Y. SHIMA
MADURA CESAR SILVA
JOSE SOTO
SANTOS SOTO
ANGEL L. SUAREZ
CORTES JULI TIRADO
SERRANO AMA TIRADO
JOSE M. TIRADO-GRACIA
HERNANDEZ JOS TORO
RAMON P. TORO
FERNANDO TORRENT
ANGEL N. TORRES
ANSELMO TORRES
BELLO FRANC TORRES
CABAN JOSE TORRES
ERNESTO TORRES
FUENTES ANG TORRES
GREEN JORGE TORRES
LUGO MANUEL TORRES
LUNA ANGEL TORRES
NICHOLAS TORRES
ORELLANA JO TORRES
ORTIZ ANTON TORRES
RODRIGUEZ EMETERIO TORRES
RODRIGUEZ G. TORRES
RODRIGUEZ S. TORRES
SEGARRA WIL TORRES
TORRES REMI TORRES
FRED ANGE VALENTIN
IRIZARRY VALENTIN
FLOR VARGAS
GRAFALS REN VARGAS
RIVERA GUIL VARGAS
FERNANDO VASALDUA
CRUZ JOAQU VAZQUEZ
DE JESUS E. VAZQUEZ
DIAZ PABLO VAZQUEZ
JORGE L. VAZQUEZ
JOSEPH T. VAZQUEZ
RIVERA H. VAZQUEZ
RODRIGUEZ VAZQUEZ
EPIFANIO VEGA
PERDOMO JUAN VEGA
RICARDO VEGA
RIVERA JOSE A. VEGA
RODRIGUEZ FRA VEGA
VICTOR M. VEGA
LOPEZ IS VELAZQUEZ
PEDRO VELAZQUEZ
AUGUSTO ARMA VELEZ
MONTES LUIS VELEZ
RODOLFO VELEZ
SANTIAGO LEW VELEZ
SANTIAGO MIG VELEZ
MIGUEL A. VERA
RAMOS JUAN A. VERA
RODRIGUEZ IS VIERA
LOPEZ ABRAHAM VILA
RUBEN VILCHES
DAVILA D. VILLAFANE
VAZQUEZ VILLAFANE
NAZARIO LUI VILLOT
MIRANDA RO VIRELLA
GUILLERMO WEBER
LUIS F. WILLIAMS
MIGUEL A. ZAYAS
PEDROGO JORG ZAYAS

UNITED STATES OF AMERICA

RHODE ISLAND

ROBERT C. AGARD JR.
JOSEPH N. ALLEN
BERNARD ALMEIDA
VITTORIO M. ANTONIO
GILBE ARCHAMBEAULT
JOSEPH R. AREL
JOHN BARON
JOSEPH LINDSEY BARR
ALFRED BEAUCHESNE
ARTHUR J. BELIVEAU
LEO F. BENNETT
ALFRED DUNCAN BIRCH JR.
RICHARD F. BOEHME JR.
WILLIAM H. BOYER
NICHOLAS M. BRAGG
SAMUEL A. BRANCH JR.
CHARLES RONALD BRIGGS
JOHN K. BURROWS
GILBERT J. BUTLER
HENRY VICTOR CAMIRE
ANTHONY MICHAEL CAPUCCI
VINCENT CARAMADRE
JAMES L. CAREY
RAYMOND J. CASEY
DONALD CASTONGUAY
FREDERI CASTRATARO
LOUIS CASTRATARO
ROBERT E. CATLOW
DAVID BERNARD CHAMPAGNE

MICHA CHRISTODOULOU
DAVID BURNELL CHRYSTIE
ARCHIE J. CLOSSON
RICHARD A. COLALUCA
JOHN B. COLEMAN JR.
WILFRED E. COLEMAN
DONALD F. CORRIVEAU
ROGERIO L. COUTO
JOSEPH WALTER CROOK JR.
ANACLETHE PATRI DE CESARE
NORMAN DESJARLAIS
JAMES J. DEVLIN
JOSEPH F. DI PIETRO
WILLIAM J. DINSDALE
ALBERT EDWARD DRUMMOND JR.
EDWARD ELISHA ECCLESTON
THOMAS JOSEPH EGAN
ALBERT T. EVONSKA
RONALD FIGUREID
ERNEST J. FONTAINE
CHARLES HENRY FRANCIS
LOUIS R. GACCIONE
NORMAND GAUTREAU
GEORGE G. G. GIBLIN
RICHARD GILLETT
ANTONE GOMES
ERNEST L. GRAVELINE
LORENZO L. GRAVINA
WILLIAM J. GREER

HARRY E. HARKNESS
HOWARD K. HARRIS
MASON CARL HAZARD
DONALD C. HEWINS
OWEN T. HILL
JAMES F. HOGAN
JOHN K. HOLBURN
EDWARD A. HOMSEY
JOSE JOAQUIN
DONALD P. KENNEDY
HOWARD F. KLEINKAUF
ROLAND LAMBERT
WILLIAM J. LAPRADE
ROBERT W. LEIGHTON
CARLO LEPIZZERA
JOSEPH A. LEVESQUE
ALBERT E. LEWIS
GEORGE H. LORIMER
NORMAN J. LUMB
ARTHUR E. LUSIGNAN
ROBERT J. MANUEL
ALEXANDER JOSEPH MARCHESE
JAMES F. MARTIN
ANTHONY R. MAZZULLA
LEO F. MC GEOUGH
RAYMOND F. MC MAHON
RICHARD LEE MC NULTY
EDWARD JOSEPH MCGUINNESS
EARL R. MEHAFFEY

NORMAN O. MEUNIER
FRANCIS JOSEPH MEYER
GERARD G. MILLETTE
ASA B. MINER
RENE R. MONTMINY
EUGENE K. MOORE
IRVING MUNROE
DONALD WALKER NICKERSON
JOHN J. OCONNOR
DAVID F. PINA
THOMAS J. POULIN
GILBERT HOWARD RAMSDELL
WILLIAM T. READ JR.
ROBERT E. RICE
EDWARD J. RIGLEY
JOSEPH M. ROBERTI
LAWRENCE ROBIDOUX
DONALD W. ROBINSON
OWEN E. SALISBURY
ROBERT H. SCANLON
JOHN R. SCROGEY
ANTONIO SEQUEIRA
WILFRED J. SEVIGNY
HENRY HESS SHENK
JAMES P. SHUNNEY
ALFRED SILVER
JOSEPH F. SILVIA
WILLIAM W. SIMPSON
CHARLES F. SINNETT

JAMES R. SPARKS
HARRY SPEIGHT
JOSEPH D. ST. ONGE
CHARLES A. STONE JR.
JOSEPH E STORTI
ROBERT T. SUITOR
JOSEPH J. SULLIVAN
ARTHUR E. THIBEAULT
WALTER EDW THIERFELDER JR.
RUSSELL E. THURSTON
WILLIAM L. TILLEY
LOUIS TOCCI
JOSEPH R. TRIA
ROBERT A. TROUFIELD
DANIEL A. YURGEON
ELPHEGE VADENAIS
FRANK VIERA JR.
MANUEL JOSEPH VIVEIROS
ALBERT WATERHOUSE
FREDERICK W. WHALEN
JAMES A. WHITE
CHARLES H. WHITFORD
GEORGE W. WILSON JR.
WILLIAM G. WOOD
RUSSELL E. WOODARD
EUGENE W. YOST

SOUTH CAROLINA

AMBROS. R. ADAMS
COLIE. J. ADAMS JR.
HAROLD F. ADKINSON
HENRY W. AGNEW
DURHAM. O. ALBERT
ENGLISH W. ALLEN
FRED MILBURN ALLEN
JOHN C. AMMONS
ISAAC ANDREWS
RALPH E. ATCHISON
WILLIAM J. BAILEY
CHARLES H. BARKER
ROOSEVELT BASCO
BENJAMIN L. BEATY
DONNIE E. BELL
CLYDE HUGHES BELLAMY
OBBIE M. BENTON
HENRY W. BERRY
RAYMOND H. BERRY
GLEN EARL BIDDLE
JOHN R. BINNICKER
MACK J. BLACKMON
ROBERT E. BLAIR
MAX H. BLALOCK
ARCHIE L. BLANCHETT
CLINTO BLANKENSHIP
GEORGE J. BLUE
ERNEST L. BODISON
DAVID BOSTIC JR.
RALPH S. BOUGHMAN
JOHN R. BOWERS
WILLIE C. BOYCE
RALPH L. BOYLES
FREDDIE LEE BRADSHAW
ROBERT C. BRADY
CHARLES T. BRAGG
WILLIAM P. BRAGG JR.
PAUL R. BRAZELL
COY MARCUS BREWER
JAMES L. BRIGHT
JAMES T. BRIGMAN
LAWRENCE BRITT JR.
ROBERT GENE BROOKS
CHARLES P. BROWN
FERRIS BROWN
CHARLIE M. BROWNING
JAMES O. BRUCE
WESLEY BRUMBLES
GILBERT BRYANT JR.
HAROLD F. BRYANT
MCKINLEY G. BUCKNER
GEORGE BUCKSON
HANSEL BUNTON JR.
PETE BURBAGE JR.
JOHN J. BURKETT
FRANKH BURWELL JR.
JACK BYRD
FRANKLIN D. CALCUTT
ODELL CALDWELL
LEROY CANNON
CECIL D. CANTRELL
SAMIE CAPERS
ANDREW CARTER
HAROLD CARTER
HENRY L. CARTER
WILLIAM J. CARTER
CARSON B. CAULDER
ALTON H. CAUSEY
MARVIN CHARLES
JOHN H. CHASTAIN
VASKEL T. CHASTEEN
EDWIN D. CHAVOUS
HARRY JOHN CHEWNING
CAIN CHISOLM
LLOYD E. CHRISTMAS
JAMES O. CLAMP
JOHN E. COCKRELL
HARRY LEE COLSON
CHARLES R. COOPER
GILBERT R. COOPER
JILES P. COPELAND
JULIUS C. COULTER
ALBERT COX
JOHN F. CRAIG
PAUL E. CRAIG
CHARLES E. CRAWFORD
THOMAS A. CRAWFORD
HERBERT ERNEST CRIBB
LOUIS. N. CROSBY
LYNNWARD T. CROSBY
EUGENE CULLER JR.
CONZAAD CUNNINGHAM
OSCAR F. DANNER JR.
ROY E. DARRELL

JAMES FRANKLIN DAVIS
ROSCOE M. DAVIS
ROSS H. DAVIS
GEORGE B. DEASE
CLARENCE M. DIBBLE
BRISTER DICKERSON
ARVLE DILL
JOHNNIE S. DIXON
FURMAN A. DODGENS
DAVID B. DRAWDY
JAMES DRIGGERS JR.
JAMES R. DU PUIS
JAMES R. DURHAM
ADGIE DUVALL JR.
CHARLES D. EASON
LEWIS W. EBERNIKLE
CARL W. EDGEMOND
HERBERT R. EDWARDS
ORIN B. ELLIOTT
COLEMAN C. ELLISON
JAMES H. ELLISON
SOLOMON EMANUEL
WILLIAM T. ESTES
ALEXANDER EVANS
HARFORD C. EVE JR.
BILLIE RANDOLPH FAILE
WILLIE FAIR
VERNO FAULKENBERRY
HARLEY A. FEAGIN
CLAUDE B. FLEMING
CLYDE FLOWERS
EUGENE W. FORD
ISAAC D. FORD
CARL F. FOSTER
GEORGE F. FOWLER
WILLIAM C. FOWLER
RICHARD A. FOX
WILLIAM D. FRANKLIN
CALVIN R. FREEMAN
ROBERT E. FRIDAY
RUDOLPH C. GARLAND
WILLIAM EARL GARNETT
BEN GARRETT
WEBBER J. GASKINS
ROMIE R. GAY
MAXIE L. GIBSON
JAMES H. GILBERT
CLAUDE S. GILLETTE
LEROY GLADNEY
CARNESE GLOVER
FRANK GOODWIN JR.
ALBERT A. GOSNELL
FELIX W. GOUDELOCK JR.
ALFRED L. GRAHAM
JOSEPH GRAHAM JR.
ERNEST W. GRAINGER
ROBERT E. GRANT
FREDERICK W. GRAVES
MARION GRAVES
EDGAR L. GREEN
LEVERN GREGG
HARRY L. GRIFFIN
WILLIE L. GROOMS
CHARLES HENRY GULLEDGE
HARVEY H. HAGER
ADAM H. HALL
CLEO D. HAMBY
JOSEPH W. HAMILTON
BILLIE HANCE
BUSTER HARRIS
JOHN T. HARRIS
REX R. HART
CHARLIE HARTLEY JR.
ROBERT E. HATCH
HENRY M. HAWKINS
JOHN E. HAYES
HAROLD HAYNESWORTH
WILLIAM E. HEATH
CLARENCE M. HEATON
JAMES WORNLEE HELLEM
WILLIE M. HENDERSON
GRANT J. HERRING
JAMES HILL JR.
TALMAGE A. HINSON
HENRY G. HIOTT
THOMAS L. HITT
CARL HENRY HOLDER
NATHAN HOLMON JR.
PAUL S. HOLTZCLAW
LEONARD HOOD
DANIEL B. HOWARD
OLIN HOWARD
SOLOMON C. HOWARD
ROY FRANKLIN HOWINGTON

JOHN E. HUDSON
ARTHUR L. HUGHES
CLAUDE E. HUGHES
FLOYD W. HUGHES
HAROLD W. HUMPHREY
S. A. HYATT JR.
EUGENE B. INGRAM JR.
ALEX DANIEL JAMES
OTTO CARL JANNUSCH
MARTIN LUTHER JEFFCOAT JR.
JAMES JEFFERSON
WAYNE O. JEFFORDS
DAVID M. JOHN JR.
WILLIE L. JOHNS
JAMES N. JOHNSON
TRAVIS M. JOHNSON
WESLEY H. JOHNSON
WILLIAM J. JOHNSON
NATHANIEL G. JONES
BILLIE F. KELLEY
WILLIS E. KELLY
DAVID O. KENDRICK
THEODORE KENNEDY
MYRT KILLINGSWORTH
LONNIE KING
RICHARD L. KINLOCH
EARLE O. KNIGHT
NOAH O. KNIGHT
GEORGE W. KOON
GEORGE L. KYZER
BENJAMIN LANCASTER
HERMAN LANCE
CHARLES AUGUSTUS LANGDALE
AUBREY LEDFORD
ARTHUR LEE
JOHN H. LEGETTE
WILLIE N. LEWIS
FREDDIE REID LEWTER
HERBERT E. LIPSCOMB
GORDON ACKLY LITTLEFIELD
JOHN LOGAN
HORACE J. LONGSHORE
DEAN LYLES
WILLIAM J. LYMAN JR.
OZZIE LYNAH
WILLIAM C. LYNCH
WILLIAM T. LYNCH
ARTEMUS A. MACK
HERBERT U. MACK
LOUIS I. MACK
ROBERT F. MADDEN
THOMAS M. MAFFETT
JAMES E. MANSELL
RICHARD WILLIAM MARSON
CLARENCE A. MARTIN
LADSON K. MARTIN
BILLIE F. MASON
CLARENCE MATTHEWS
WILLIAM KENNEDY MAULDIN
JOSEPH MAXWELL
ROY E. MAYER
JAMES E. MAYFIELD
BILLY L. MC ABEE
JOHN MATHESON MC ALPINE
JAMES A. MC ATEER
JAMES R. MC BEE
WILLIAM MC COLLUM
BUFFORD E. MC CRAW
LAMAR HOWARD MC DANIEL
HENRY MC DANIELS
JACK E. MC DONALD
GROVER J. MC GRIFF
CLARENCE MC JUNKIN
WILLIAM MC JUNKIN
WILLIAM MC KELLAR
ROBERT E. MC LEOD
CHARLES MC MILLAN
JAMES R. METCALF JR.
LEVON MILES
JAMES B. MILLER
JOHN B. MILLER
JOHN G. MILLER
AYCHIE CLARK MILLIGAN
WILLIAM P. MITCHELL
ALEXANDER MOBLEY
EMERY MONTGOMERY
JAMES C. MONTGOMERY
LEON MOORE
LEON M. MOORE
WILLIAM K. MORDECAI
GEORGE FRANK MORRIS
VIVIAN MORDAUNT MOSES
DAVIS S. MUNS
WILLIAM MURPHY

ARNOLD L. MURRAY
ODELL W. NEALY
JOE EDWARD NEELY
CECIL G. NEWMAN
WILLIAM NICHOLOSON
MEMMINGE NICHOLSON
CARL FRANCIS NIX
VICTOR H. NIX JR.
THURKESE NORRIS
HENRY C. NUNNERY
STANLEY THURMOND OBANION
EDWARD M. OCONNER
ELIJAH ODOM
L. G. OGLE
JULIUS ELLIOTT ONEAL
BILLY A. OWEN
BILLY E. OWENS
JASPER NEWTON OWENS
ROBERT L. OWENS JR.
CLYDE P. PADGETT JR.
EULA PADGETT
HEBER H. PADGETT
PAUL PADGETT
HAROLD E. PALMER
ANDREW PARKER
JAMES E. PARKER
JAMES N. PARKER
MELVIN BRYAN PARKER
JAMES E. PATTERSON
GEORGE H. PAXTON
SHELLIE PEAK JR.
HAROLD PEARCE
LEWIS J. PELFREY
BOBBIE N. PINCKNEY
WESLEY MCCOY PLATT
BILLY N. PLAYER
ALAN F. PLUMMER
MARION B. POGUE
MAJOR E. POOLE
RONALD L. POSTON
WILLIAM C. PREACHER
JAMES R. PRICE
JAMES R. PRIESTER
CHARLES C. PUCKETT
JACK PUGH JR.
WILLIAM PENN PURCELL
EVANS RANDOLPH JR.
JERRY R. RATLIFF
DAVID L. RAVENELL
RICHARD B. READY
CLYDE RHODES JR.
CLIFTON RHOLETTER
ARTHUR D. RICHARDS
JAMES H. RICHARDSON
SAMMIE J. RICHBURG
HOWARD C. RILEY
JACKIE L. RITTER
RONALD RITTER
ALBERT R. ROBBINS
JOHN W. ROBERTS
STEPHEN G. ROBERTS
LEON ROBINSON
ROY ROBINSON
MALCOLM A. ROBISON
HUBERT ROCHESTER
RALPH D. ROGERS
SYLVESTER ROGERS
CAROL B. ROSS
HAROLD E. ROSS
DAVID C. ROUSE
ERNEST J. ROWLAND
OSCAR R. RUCKER
ELVIN A. RUTLAND
BOOKER T. SALLEY
GEORGE SAMUEL JR.
WELDON SANDERS
JACK K. SCARBOROUGH
HORACE I. SCHUMPERT
FRANK J. SCOTT
ALBERT SEABROOK
ISRAEL SEABROOKE
BILLY SEALS
HOYT L. SEALY JR.
LEROY O. SELLERS
CAROL WILLIAM SEXTON
WILMA SHANNON
GEORGE A. SHELL
CHARLIE SHELTON
JOHN G. SHIPTON
JAMES W. SHORTER
MOLTON A. SHULER JR.
DAVID SIMS
EDWARD B. SINKLER
THOMAS SLATER

HERBERT N. SLEETH
JAMES SLOAN
AMOS L. SLUDER
BEN T. SMITH JR.
BOBBY J. SMITH
EARL J. SMITH
PERON SMITH
HARVEY H. SMOAK
GORDON R. STANTON
CHARLES H. STEELE
OLIVER STONE JR.
OLIVER STONEY JR.
JOHNNIE STREET
JOHN C. STRICKLAND
WILLIAM STRICKLAND
JOE D. STUTTS
HUGH L. SULLENS
WILLIAM G. SUMNER
CLEVE SUMPTER
RALPH W. SUTTON
EDWARD E. SWEENEY
HERMAN T. SWOFFORD
DAVID FRANKLIN TATUM
EDWARD J. TAYLOR
OLIN JOHNSON TAYLOR
ARCHIE E. THOMAS
EZELL THOMAS
HAZEL THOMAS
MARION L. THOMAS
WILLIE THOMAS
HAROLD S. THOMPSON
JOHNNIE THOMPSON
LEONARD THOMPSON
ROBERT E. THOMPSON
CHARLES W. TILLMAN
ALEXANDER TOATLEY
JOSEPH L. TRAMMELL
WILLIAM D. TRAMMELL
JULIAN TRIBBLE
MICHAUX TURBEVILLE
BILLY A. TURNER
JAMES H. TURNER
WALLACE W. TURNER
BENJAMIN M. TYLER
AUBREY D. VAUGHN
WINFORD L. VAUGHN
DONALD C. VINSON
ANDREW I. VOYLES
JOSEPH P. WAGERS
JACK N. WALDRUP
FRANK B. WALTERS JR.
JOHNNIE T. WARD
RICHARD L. WARREN
CURTIS WASHINGTON
RUFUS WASHINGTON
LEWIS GEORGE WATKINS
CLIFTON H. WATSON
WILLIAM H. WATSON
CLEVELAND E. WATTS
WILLIE WATTS JR.
HERBERT H. WAYMER
HUGHIE A. WHITE
JAMES H. WHITE
ODELL WHITE
WILLIAM J. WHITE JR.
COLE E. L. WHITESIDE
JACK D. WHITTLE
DON M. WIGGINS
JAMES W. WIGHTMAN
ROBERT W. WILBURN
CHARLES W. WILKES
GEORGE WILLARD JR.
C. LEE WILLIAMS
FLEMING WILLIAMS
RICHARD GEORGE WILLIAMS
WILLIAM K. WILLIAMS
EUGENE WILLIAMSON
JOSEPH WILLINGHAM
BERT L. WILLIS
LOUIS R. WILLIS
GARY R. WILSON
JAMES M. WILSON
JOHN B. WILSON
LUTHER WISE
GORDON WITHERSPOON
HARNOLD D. WOODBURY
FRANKLIN D. WOOTEN
CARLTON ALTON WREN JR.
MORRIS B. WRIGHT JR.
JACK W. YON
ROBERT L. YOUNG JR.

SOUTH DAKOTA

DIRK ROBERT ABBAS
HARRY D. ANDERSEN
EAGLE BEAR FR BALD
FRANKLIN M. BARBER
RAYMON BAUMGARDNER
MILFORD BELT

KENNETH L. BENSON
LEON D. BIESHEUVEL
TILMER H. BLACKSMITH
ARNOLD L. BLOCK
ALFRED M. BLOTZ
ADOLPH D. BLUEDOG

GERALD B. BOWDEN
ARLIN S. BROWN
WILLIAM D. BYWATER
ARTHUR DELBERT CALLAN
GORDON B. CARSRUD
FRANCI CHAMBERLAIN

WARREN E. CHRISTIAN
RICHARD F. CLAY
DALE EUGENE CLUTTER
FREDERICK COLLINS
ROBERT C. COLVIN
THOMAS P. CONWAY

DARRELL R. COTTIER
FRANK J. COUGHLIN
ROGER T. COYLE
DALE D. CROW
DAVID F. CROW
RONALD W. DAVIS

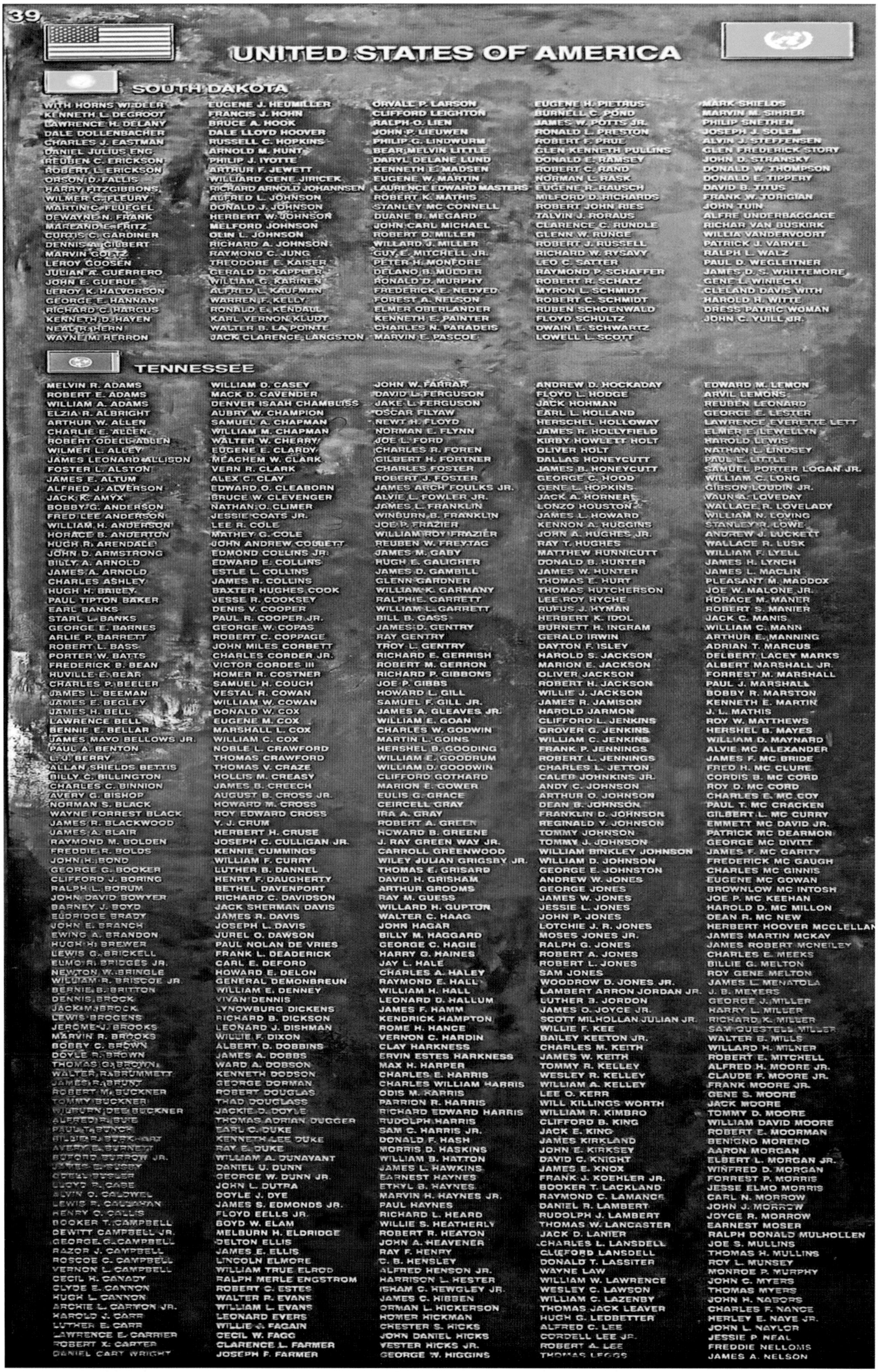

UNITED STATES OF AMERICA

SOUTH DAKOTA

WITH HORNS WI DEER	EUGENE J. HEUMILLER	ORVALE P. LARSON	EUGENE H. PIETRUS	MARK SHIELDS
KENNETH L. DEGROOT	FRANCIS J. HOHN	CLIFFORD LEIGHTON	BURNELL C. POND	MARVIN M. SIHRER
LAWRENCE H. DELANY	BRUCE A. HOOK	RALPH O. LIEN	JAMES W. POTTS JR.	PHILIP SNETHEN
DALE DOLLENBACHER	DALE LLOYD HOOVER	JOHN P. LIEUWEN	RONALD L. PRESTON	JOSEPH J. SOLEM
CHARLES J. EASTMAN	RUSSELL C. HOPKINS	PHILIP G. LINDWURM	ROBERT F. PRUE	ALVIN J. STEFFENSEN
DANIEL JULIUS ENG	ARNOLD M. HUNT	BEAR MELVIN LITTLE	GLEN KENNETH PULLINS	GLEN FREDERICK STORY
REUBEN C. ERICKSON	PHILIP J. IYOTTE	DARYL DELANE LUND	DONALD E. RAMSEY	JOHN D. STRANSKY
ROBERT L. ERICKSON	ARTHUR F. JEWETT	KENNETH E. MADSEN	ROBERT C. RAND	DONALD W. THOMPSON
ORSON D. FALLIS	WILLIARD GENE JIRICEK	EUGENE W. MARTIN	NORMAN L. RASK	DONALD E. TIPPERY
HARRY FITZGIBBONS	RICHARD ARNOLD JOHANNSEN	LAURENCE EDWARD MASTERS	EUGENE R. RAUSCH	DAVID B. TITUS
WILMER G. FLEURY	ALFRED L. JOHNSON	ROBERT K. MATHIS	MILFORD D. RICHARDS	FRANK W. TORIGIAN
MARTIN C. FLUEGEL	DONALD J. JOHNSON	STANLEY MC CONNELL	ROBERT JOHN RIES	JOHN TUIN
DEWAYNE N. FRANK	HERBERT W. JOHNSON	DUANE B. MEGARD	TALVIN J. RORAUS	ALFRE UNDERBAGGAGE
MARZANDE FRITZ	MELFORD JOHNSON	JOHN CARL MICHAEL	CLARENCE C. RUNDLE	RICHAR VAN BUSKIRK
CURTIS C. GARDINER	OLIN L. JOHNSON	ROBERT D. MILLER	GLENN W. RUNGE	WILLIA VANDERVOORT
DENNIS A. GILBERT	RICHARD A. JOHNSON	WILLARD J. MILLER	ROBERT J. RUSSELL	PATRICK J. VARVEL
MARVIN GOETZ	RAYMOND C. JUNG	GUY E. MITCHELL, JR.	RICHARD W. RYSAVY	RALPH L. WALZ
LEROY GOOSEN	THEODORE E. KAISER	PETER H. MONFORE	LEO C. SATTER	PAUL D. WEGLEITNER
JULIAN A. GUERRERO	GERALD D. KAPPLER	DELANO B. MUELLER	RAYMOND P. SCHAFFER	JAMES D. S. WHITTEMORE
JOHN E. GUERUE	WILLIAM G. KARINEN	RONALD D. MURPHY	ROBERT R. SCHATZ	GENE L. WINIECKI
LEROY K. HALVORSON	ALFRED L. KAUFMAN	FREDERICK E. NEDVED	MYRON L. SCHMIDT	CLELAND DAVIS WITH
GEORGE E. HANNAN	WARREN F. KELLY	FOREST A. NELSON	ROBERT C. SCHMIDT	HAROLD H. WITTE
RICHARD C. HARGUS	RONALD E. KENDALL	ELMER OBERLANDER	RUBEN SCHOENWALD	DRESS PATRIC WOMAN
KENNETH D. HAVEN	KARL VERNON KLUDT	KENNETH E. PAINTER	FLOYD SCHULTZ	JOHN C. YUILL JR.
NEAL R. HERN	WALTER B. LA POINTE	CHARLES N. PARADEIS	DWAIN E. SCHWARTZ	
WAYNE M. HERRON	JACK CLARENCE LANGSTON	MARVIN E. PASCOE	LOWELL L. SCOTT	

TENNESSEE

MELVIN R. ADAMS	WILLIAM D. CASEY	JOHN W. FARRAR	ANDREW D. HOCKADAY	EDWARD M. LEMON
ROBERT E. ADAMS	MACK D. CAVENDER	DAVID L. FERGUSON	FLOYD L. HODGE	ARVIL LEMONS
WILLIAM A. ADAMS	DENVER ISAAH CHAMBLISS	JAKE L. FERGUSON	JACK HOHMAN	REUBEN LEONARD
ELZIA R. ALBRIGHT	AUBRY W. CHAMPION	OSCAR FILYAW	EARL L. HOLLAND	GEORGE E. LESTER
ARTHUR W. ALLEN	SAMUEL A. CHAPMAN	NEWT H. FLOYD	HERSCHEL HOLLOWAY	LAWRENCE EVERETTE LETT
CHARLIE E. ALLEN	WILLIAM M. CHAPMAN	NORMAN E. FLYNN	JAMES R. HOLLYFIELD	ELMER E. LEWELLYN
ROBERT ODELL ALLEN	WALTER W. CHERRY	JOE L. FORD	KIRBY HOWLETT HOLT	HAROLD LEWIS
WILMER L. ALLEY	EUGENE E. CLARDY	CHARLES R. FOREN	OLIVER HOLT	NATHAN L. LINDSEY
JAMES LEONARD ALLISON	MEACHEM W. CLARK	GILBERT H. FORTNER	DALLAS HONEYCUTT	PAUL E. LITTLE
FOSTER L. ALSTON	VERN R. CLARK	CHARLES FOSTER	JAMES B. HONEYCUTT	SAMUEL PORTER LOGAN JR.
JAMES E. ALTUM	ALEX C. CLAY	ROBERT J. FOSTER	GEORGE C. HOOD	WILLIAM C. LONG
ALFRED J. ALVERSON	EDWARD O. CLEABORN	JAMES ARCH FOULKS JR.	GENE L. HOPKINS	GIBSON LOUDIN JR.
JACK R. AMYX	BRUCE W. CLEVENGER	ALVIE G. FOWLER JR.	JACK A. HORNER	WINK LOVEDAY
BOBBY G. ANDERSON	NATHAN O. CLIMER	JAMES L. FRANKLIN	LONZO HOUSTON	WALLACE R. LOVELADY
FRED LEE ANDERSON	JESSIE COATS JR.	WINBURN B. FRANKLIN	JAMES L. HOWARD	WILLIAM N. LOVING
WILLIAM H. ANDERSON	LEE R. COLE	JOE P. FRAZIER	KENNON A. HUGGINS	STANLEY R. LOWE
HORACE B. ANDERTON	MATHEY G. COLE	WILLIAM ROY FRAZIER	JOHN A. HUGHES JR.	ANDREW J. LUCKETT
HUGH R. ARENDALE	JOHN ANDREW COLLETT	REUBEN W. FREYTAG	RAY T. HUGHES	WALLACE R. LUSK
JOHN D. ARMSTRONG	EDMOND COLLINS JR.	JAMES M. GABY	MATTHEW HUNNICUTT	WILLIAM F. LYELL
BILLY A. ARNOLD	EDWARD E. COLLINS	HUGH E. GALICHER	DONALD B. HUNTER	JAMES H. LYNCH
JAMES A. ARNOLD	ESTLE L. COLLINS	JAMES D. GAMBILL	JAMES W. HUNTER	JAMES L. MACLIN
CHARLES ASHLEY	JAMES R. COLLINS	GLENN GARDNER	THOMAS E. HURT	PLEASANT M. MADDOX
HUGH H. BAILEY	BAXTER HUGHES COOK	WILLIAM K. GARMANY	THOMAS HUTCHERSON	JOE W. MALONE JR.
PAUL TIPTON BAKER	JESSE R. COOKSEY	RALPHIE GARRETT	LEE ROY HYCHE	HORACE M. MANER
EARL BANKS	DENIS V. COOPER	WILLIAM L. GARRETT	RUFUS J. HYMAN	ROBERT S. MANIER
STARL L. BANKS	PAUL R. COOPER, JR.	BILL B. GASS	HERBERT K. IDOL	JACK C. MANIS
GEORGE E. BARNES	GEORGE W. COPAS	JAMES D. GENTRY	BURNETT H. INGRAM	WILLIAM C. MANN
ARLIE P. BARRETT	ROBERT C. COPPAGE	RAY GENTRY	GERALD IRWIN	ARTHUR E. MANNING
ROBERT L. BASS	JOHN MILES CORBETT	TROY L. GENTRY	DAYTON F. ISLEY	ADRIAN T. MARCUS
PORTER W. BATTS	CHARLES CORDER JR.	RICHARD E. GERRISH	HAROLD S. JACKSON	DELBERT LACEY MARKS
FREDERICK B. BEAN	VICTOR CORDES III	ROBERT M. GERRON	MARION E. JACKSON	ALBERT MARSHALL JR.
HUVILLE E. BEAR	HOMER R. COSTNER	RICHARD P. GIBBONS	OLIVER JACKSON	FORREST M. MARSHALL
CHARLES P. BEELER	SAMUEL H. COUCH	JOE P. GIBBS	ROBERT H. JACKSON	PAUL J. MARSHALL
JAMES L. BEEMAN	VESTAL R. COWAN	HOWARD L. GILL	WILLIE J. JACKSON	BOBBY R. MARSTON
JAMES E. BEGLEY	WILLIAM W. COWAN	SAMUEL F. GILL JR.	JAMES P. JAMISON	KENNETH E. MARTIN
JAMES H. BELL	DONALD W. COX	JAMES A. GLEAVES JR.	HAROLD JARMON	J. L. MATHIS
LAWRENCE BELL	EUGENE M. COX	WILLIAM E. GOAN	CLIFFORD L. JENKINS	ROY W. MATTHEWS
BENNIE E. BELLAR	MARSHALL L. COX	CHARLES W. GODWIN	GROVER G. JENKINS	HERSHEL B. MAYES
JAMES MAYO BELLOWS JR.	WILLIAM S. COX	MARTIN L. GOINS	WILLIAM C. JENKINS	WILLIAM D. MAYNARD
PAUL A. BENTON	NOBLE L. CRAWFORD	HERSHEL B. GOODING	FRANK P. JENNINGS	ALVIE MC ALEXANDER
L. J. BERRY	THOMAS CRAWFORD	WILLIAM E. GOODRUM	ROBERT L. JENNINGS	JAMES F. MC BRIDE
ALLAN SHIELDS BETTIS	THOMAS V. CRAZE	WILLIAM D. GOODWIN	CHARLES L. JETTON	FRED H. MC CLURE
BILLY C. BILLINGTON	HOLLIS M. CREASY	CLIFFORD GOTHARD	CALEB JOHNKINS JR.	CORDIS B. MC CORD
CHARLES C. BINNION	JAMES B. CREECH	MARION E. GOWER	ANDY C. JOHNSON	ROY D. MC CORD
AVERY G. BISHOP	AUGUST B. CROSS JR.	EULIS G. GRACE	ARTHUR O. JOHNSON	CHARLES E. MC COY
NORMAN S. BLACK	HOWARD M. CROSS	CEIRCELL GRAY	DEAN B. JOHNSON	PAUL T. MC CRACKEN
WAYNE FORREST BLACK	ROY EDWARD CROSS	IRA A. GRAY	FRANKLIN D. JOHNSON	GILBERT L. MC CURRY
JAMES R. BLACKWOOD	Y. J. CRUM	ROBERT A. GREEN	REGINALD Y. JOHNSON	EMMETT MC DAVID JR.
JAMES A. BLAIR	HERBERT H. CRUSE	HOWARD B. GREENE	TOMMY JOHNSON	PATRICK MC DEARMON
RAYMOND M. BOLDEN	JOSEPH C. CULLIGAN JR.	J. RAY GREEN WAY JR.	TOMMY J. JOHNSON	GEORGE MC DIVITT
FREDDIE R. BOLDS	KENNIE CUMMINGS	CARROLL GREENWOOD	WILLIAM BINKLEY JOHNSON	JAMES F. MC GARITY
JOHN H. BOND	WILLIAM F. CURRY	WILEY JULIAN GRIGSBY JR.	WILLIAM D. JOHNSON	FREDERICK MC GAUGH
GEORGE G. BOOKER	LUTHER B. DANNEL	THOMAS E. GRISARD	GEORGE E. JOHNSTON	CHARLES MC GINNIS
CLIFFORD C. BORING	HENRY P. DAUGHERTY	DAVID H. GRISHAM	ANDREW W. JONES	EUGENE MC GOWAN
RALPH L. BORUM	BETHEL DAVENPORT	ARTHUR GROOMS	GEORGE JONES	BROWNLOW MC INTOSH
JOHN DAVID BOWYER	RICHARD C. DAVIDSON	RAY M. GUESS	JAMES W. JONES	JOE P. MC KEEHAN
BARNEY J. BOYD	JACK SHERMAN DAVIS	WILLARD H. GUPTON	JESSIE L. JONES	HAROLD D. MC MILLON
ELDRIDGE BRADY	JAMES R. DAVIS	WALTER C. HAAG	JOHN P. JONES	DEAN R. MC NEW
JOHN E. BRANCH	JOSEPH L. DAVIS	JOHN HAGAR	LOTCHIE J. R. JONES	HERBERT HOOVER MCCLELLAN
EWING A. BRANDON	JUREL O. DAWSON	BILLY M. HAGGARD	MOSES JONES JR.	JAMES MARTIN MCKAY
HUGH H. BREWER	PAUL NOLAN DE VRIES	GEORGE C. HAGIE	RALPH G. JONES	JAMES ROBERT MCNEILEY
LEWIS G. BRICKELL	FRANK L. DEADERICK	HARRY G. HAINES	ROBERT A. JONES	CHARLES E. MEEKS
ELMO R. BRIDGES JR.	CARL E. DEFORD	JAY L. HALE	ROBERT L. JONES	BILLIE G. MELTON
NEWTON W. BRINGLE	HOWARD E. DELON	CHARLES A. HALEY	SAM JONES	ROY GENE MELTON
WILLIAM R. BRISCOE JR.	GENERAL DEMONBREUN	RAYMOND E. HALL	WOODROW D. JONES JR.	JAMES L. MENATOLA
BERNIE B. BRITTON	WILLIAM E. DENNEY	WILLIAM H. HALL	LAMBERT ARRON JORDAN JR.	J. B. MEYERS
DENNIS BROCK	VIVAN DENNIS	LEONARD D. HALLUM	LUTHER B. JORDON	GEORGE J. MILLER
JACK M. BROCK	LYNOWBURG DICKENS	JAMES F. HAMM	JAMES O. JOYCE JR.	HARRY L. MILLER
LEWIS BROGENS	RICHARD B. DICKSON	KENDRICK HAMPTON	SCOTT MILHOLLAN JULIAN JR.	RICHARD K. MILLER
JEROME V. BROOKS	LEONARD J. DISHMAN	ROME H. HANCE	WILLIE F. KEE	SAM QUESTELL MILLER
MARVIN R. BROOKS	WILLIE F. DIXON	VERNON C. HARDIN	BAILEY KEETON JR.	WALTER B. MILLS
BOBBY C. BROWN	ALBERT D. DOBBINS	CLAY HARKNESS	CHARLES M. KEITH	WILLARD H. MILNER
DOYLE R. BROWN	JAMES A. DOBBS	ERVIN ESTES HARKNESS	JAMES W. KEITH	ROBERT E. MITCHELL
THOMAS C. BROWN	WARD D. DOBSON	MAX H. HARPER	TOMMY R. KELLEY	ALFRED H. MOORE JR.
WALTER R. BRUMMETT	KENNETH DODSON	CHARLES E. HARRIS	WESLEY R. KELLEY	CLAUDE F. MOORE JR.
JAMES R. BRUNT	GEORGE DORMAN	CHARLES WILLIAM HARRIS	WILLIAM A. KELLEY	FRANK MOORE JR.
ROBERT M. BUCKNER	ROBERT DOUGLAS	ODIS M. HARRIS	LEE O. KERR	GENE S. MOORE
TOMMY BUCKNER	THAD DOUGLASS	PARRION R. HARRIS	WILL KILLINGS WORTH	JACK MOORE
WILBURN DEE BUCKNER	JACKIE D. DOYLE	RICHARD EDWARD HARRIS	WILLIAM R. KIMBRO	TOMMY D. MOORE
ALFRED R. BUIE	THOMAS ADRIAN DUGGER	RUDOLPH HARRIS	CLIFFORD B. KING	WILLIAM DAVID MOORE
PAUL T. BUNCH	EARL C. DUKE	SAM C. HARRIS JR.	JACK E. KING	ROBERT E. MOORMAN
HILBERT BURKHART	KENNETH LEE DUKE	DONALD F. HASH	JAMES KIRKLAND	BENIGNO MORENO
AVERY E. BURNEY	RAY E. DUKE	MORRIS D. HASKINS	JOHN E. KIRKSEY	AARON MORGAN
BUFORD BURROW JR.	WILLIAM A. DUNAVANT	WILLIAM B. HATTON	DAVID C. KNIGHT	ELBERT L. MORGAN JR.
JAMES BURTON	DANIEL U. DUNN	JAMES L. HAWKINS	JAMES E. KNOX	WINFRED D. MORGAN
OTELL BURSE	GEORGE W. DUNN JR.	EARNEST HAYNES	FRANK J. KOEHLER JR.	FORREST P. MORRIS
LLOYD H. CABE	JOHN L. DUTRA	ETHYL B. HAYNES	BOOKER T. LACKLAND	JESSE ELMO MORRIS
ALVIN O. CALDWELL	DOYLE J. DYE	MARVIN H. HAYNES JR.	RAYMOND C. LAMANCE	CARL N. MORROW
LEWIS P. CALLAHAN	JAMES S. EDMONDS JR.	PAUL HAYNES	DANIEL R. LAMBERT	JOHN J. MORROW
HENRY C. COLLIS	FLOYD EELLS JR.	RICHARD L. HEARD	RUDOLPH J. LAMBERT	JOYCE R. MORROW
BOOKER T. CAMPBELL	BOYD W. ELAM	WILLIE S. HEATHERLY	THOMAS W. LANCASTER	EARNEST MOSER
DEWITT CAMPBELL JR.	MELBURN H. ELDRIDGE	ROBERT R. HEATON	JACK D. LANIER	RALPH DONALD MULHOLLEN
GEORGE G. CAMPBELL	DELTON ELLIS	JOHN A. HEAVENER	CHARLES L. LANSDELL	JOE S. MULLINS
RAZOR J. CAMPBELL	JAMES E. ELLIS	RAY F. HENRY	CLIFFORD LANSDELL	THOMAS H. MULLINS
ROSCOE C. CAMPBELL	LINCOLN ELMORE	C. B. HENSLEY	DONALD T. LASSITER	ROY L. MUNSEY
VERNON L. CAMPBELL	WILLIAM TRUE ELROD	ALFRED HENSON JR.	WAYNE LAW	MONROE P. MURPHY
CECIL R. CANADY	RALPH MERLE ENGSTROM	HARRISON L. HESTER	WILLIAM W. LAWRENCE	JOHN C. MYERS
CLYDE E. CANNON	ROBERT C. ESTES	ISHAM C. HEWGLEY JR.	WESLEY C. LAWSON	THOMAS MYERS
HUGH L. CANNON	WALTER R. EVANS	JAMES C. HIBBEN	WILLIAM S. LAZENBY	JOHN H. NABORS
ARCHIE L. CANTON JR.	WILLIAM L. EVANS	ORMAN L. HICKERSON	THOMAS JACK LEAVER	CHARLES F. NANCE
HAROLD J. CARR	LEONARD EVERS	HOMER HICKMAN	HUGH G. LEDBETTER	HERLEY E. NAVE JR.
LUTHER E. CARR	WILLIE J. FAGAN	CHESTER S. HICKS	ALFRED C. LEE	JOHN L. NAYLOR
LAWRENCE E. CARRIER	CECIL W. FAGG	JOHN DANIEL HICKS	CORDELL LEE JR.	JESSIE P. NEAL
ROBERT X. CARTER	CLARENCE L. FARMER	VESTER HICKS JR.	ROBERT A. LEE	FREDDIE NELLOMS
DANIEL CART WRIGHT	JOSEPH F. FARMER	GEORGE W. HIGGINS	THOMAS LEGGS	JAMES A. NELSON

UNITED STATES OF AMERICA

TENNESSEE

WILLIAM B. NELSON
DALLAS L. NEWBERRY
CHARLIE G. NEWTON
RICE M. NICHOLS
DONALD G. NICHOLSON
WILLIAM C. NIDIFFER
CHARLES L. NIX
RICHARD NOLEN JR.
HARLEY NORMAN
CHARLES RIVERS NORMENT
BILLY B. NORRIS
WILLIAM NORTHCUTT
NELSON I. OATSVALL
JAMES N. OGLESBY
WILLIAM T. OSBORN
CHARLES E. OSBORNE
CHARLES M. OVERBAY
JACOB K. OVERBAY
ALBERT C. OWEN
CHARLES B. OWENS
JAMES O. PACE
BILLY JEWEL PARDUE
CLINTON W. PARKER
ERNEST G. PARKER
JACK D. PARKER
MEDFORD O. PARKER
PATSEY C. PARKER
ROBERT B. PARKER
WILLIE P. PARRISH
CARSON L. PARSONS
JULIAN K. PARSONS
GENERAL H. PARTIN
LELAND M. PATE
ROY M. PATTEN
JAMES A. PATTON
CARL W. PAYNE JR.
CHARLES E. PAYNE
THOMAS L. PAYNE
ROY G. PENDLETON
JAMES H. PENNINGTON
THOMAS O. PERRY JR.
HOWARD A. PETTY
JOHN W. PETWAY
RAY T. PEVEHOUSE
HENRY L. PHILLIPS
GEORGE PICKETT JR.
JAMES R. PIERCE JR.
RAYMOND PIERCE
CLYDE M. PINKSTON
J. B. POLAND
PHILMORE POLK
WILLIAM A. POMEROY
CECIL POORE
JASPER M. PORTER
HUBERT W. POTTS
EARL L. POWERS
JESSE L. PRESTON
FLOYD PRINCE
GENE C. PRINCE

THOMAS E. PRIVETT
HOMER PROFFITT
JAMES T. PRUEITT
CLINTON S. PUCKETT
JESSIE E. PULLEY
THOMAS M. PULLEY
CHARLES PURDON JR.
JOSEPH R. PURSLEY
RUFF G. QUEEN
WILLIAM MALCOLM QUINLEY
DAVID V. RADCLIFFE
JAMES C. RAGER
LLOYD C. RAMEY
LEE R. RAMSEY
LOYD C. RAY
WALTON R. REAGAN
FRANK M. REDDING JR.
JAMES B. REDIKER
PAUL R. REED
GRADY D. REESE
ALVA LOUIS REID JR.
JAMES O. REPLOGLE
ARTHUR E. RESSOR
ARTHUR D. REYNOLDS
HAROLD L. RHODES
JOHNNIE B. RHODES
FRED L. RICE
JAMES R. RICHMOND
BILLY J. RIDGE
ROBERT J. RIDINGS
BOBBY L. RIGGS
ALVIN S. RIGSBY
RAYMOND S. RINES
GLENN V. ROACH
ROBERT F. ROBBINS
ALLEN M. ROBERSON
FINIS W. ROBERTS
RAYGER G. ROBERTS
HOMER ROBINSON JR.
JOHN ROBINSON JR.
ARTHUR D. RODDY
JEROME H. RODGERS
ROY E. ROE
JAMES D. ROGERS
JAMES E. ROGERS JR.
ROBERT L. ROGERS JR.
SAMUEL S. ROLLINS
JOHN H. ROOKS
DARROW A. ROSE
WILEY D. ROSEBERRY
JOHN E. ROSS
WILLIAM T. ROWLAND
HURLEY B. RUCKER
JOHN E. RUMMEL
CHARLES P. RUSSELL
HILLARD RUTHERFORD
FOSTINE R. RUTLEDGE
JAMES RUTLEDGE
RICHARD SAMPSON

EDDIE SANDERS
J. D. SANDERS
CHARLES CLARK SANDS
WILLIAM M. SCALF
MAX R. SCHMITT
GLENN S. SCHOENMANN
SAMUEL SISCO
WILLIAM E. SCOTT
JOHN R. SEAGLE
EARL E. SEALS
CHESTER T. SECREASE
WALTER LOUIS SEIVERS JR.
HAROLD G. SELLERS
FREDERICK SHADDEN
STANFORD G. SHAHAN
CARL G. SHANNON
BRAXTON W. SHARP
HAROLD SHEDD
EDDIE L. SHELTON
THOMAS E. SHEMWELL
FRANKLIN SHETTERS
CHARLES T. SHIPLEY
ALTON E. SHIRLEY
JOE D. SIMERLY
SAMUEL SISCO
JOE C. SISK
CLYDE E. SISSOM
THOMAS L. SISSON
ARNOLD G. SMITH
DENFORD R. SMITH
DONALD G. SMITH
HARRISON SMITH JR.
JAMES T. SMITH
RAYMON L. SMITH
WILLIAM EUGENE SMITH
O. C. SNODGRASS
LESLIE H. SOLOMON
BOBBY GENE SOUTH
ELVERN SPRINGFIELD
JESSE E. SPROUSE
JESSIE M. STANFORD
GRADY STANLEY
BILL JAMES STAUFFER
HARVEY STEPHENS JR.
JAMES W. STEPHENS
WILLIAM M. STEPHENS
JAMES E. STEPHENSON
VIRGIL E. STEPHENSON
CHARLES STEVENSON
JAMES W. STEWART
WILSON W. STEWART
WILLIAM R. STINNETT
FREDERIC E. STONE
HARRY W. STONE JR.
HARVEL STOOK SBERRY
JOHNNIE O. STOUT
ROBERT B. STRAIGHT
ROGER VAN D. STURTEVANT
JOHN L. SULLIVAN

HENRY C. SWINDELL
BEVERLY ALLISON SWINGLE
JESSE CLARK SWOAPE
JAMES CLARK TABOR
JAMES W. TALLEY
JAMES H. TANNER
HERSHEL L. TATE
THOMAS E. TATE
WILLIE D. TATE
HOYTE R. TAYLOR
PORTER W. TAYLOR
WILLIAM R. TAYLOR
HAROLD G. TEAGUE
WILLIE E. THOMAS
J. D. THOMPSON
RALPH A. THOMPSON
WALTER E. THORPE JR.
LESTER PAUL THURMAN
RALPH R. THURMOND
GERALD DAVID TILLMAN
EARL G. TINSLEY
WILEY V. TIPTON
LEONARD MICKEL TISCIA JR.
JOSEPH T. TOCCO
GEORGE W. TTORBETT
ROBERT A. TOTTY
JESSE J. TRAUGHBER
JOHN C. TRENT
ROBERT M. TRIVETT
JOHN E. TROTTER
ALFRED JACKSON TROVILO
JOEL J. TROY
BOBBY L. TRUELOVE
HERBERT TURNER
JAMES L. TURNER
RICHARD L. TURNER
JAMES N. TWITTY
NOAH H. TYREE JR.
RALPH F. UNDERWOOD
RAY C. UNDERWOOD
ROY S. UNDERWOOD
JAMES B. UPCHURGH
JAMES E. UPELTON
ZEB W. VANCE JR.
MARTIN D. VANOY
JAMES O. VARNELL JR.
BILLIE V. VAUGHN
DONALD C. VAUGHN
GLENN W. VAUGHN
IRA L. VAUGHN
THOMAS H. VAUGHN
WILLIAM VERMILLION
CALVIN C. VICK
ARTHUR R. VINCESON
ROBERT J. VINEYARD
ARTHUR T. WALDROP
ROSS M. WALKER
WENDELL H. WALKER
DONALD E. WALLACE

ELBERT F. WALLACE
JAMES C. WALTERS
DELMER R. WARD
HERBERT WARD
LESTER J. WARD
EDNIS G. WATERS
EDDIE M. WATKINS
JOHN W. WATLINGTON
FRANK WATSON
GLEN L. WATSON
HENRY L. WATSON
JOHN F. WATT JR.
WILLIS WATTERS
ARTHUR J. WEAVER
EDWARD T. WEAVER
WILLIARD M. WELCH
HENRY F. WEST
DAVID C. WESTBROOKS
ROY L. WHALEY
JAMES W. WHITE
ROY WHITE
WALTER E. WHITSETT
ALFRED WHITSON
ROBERT M. WHITSON
WORTHAW WHITWORTH
MARVIN L. WIGGINS
CHARLES E. WILHITE
ORON T. WILHITE
ALEXANDER WILLIAMS
CLAUDE M. WILLIAMS
DAN R. WILLIAMS
EDWARD ALLEN WILLIAMS
EDWARD W. WILLIAMS
GEORGE H. WILLIAMS
JAMES W. WILLIAMS
JOHN DAVID WILLIAMS
JOHNNY B. WILLIAMS
OLIVER S. WILLIAMS
SAM D. WILLIAMS
TALMAGE C. WILLIAMS
THOMAS W. WILLIAMS
GENERAL J. WILSON
HARRY L. WILSON
JAMES S WAYNE WILSON JR.
RUBIN B. WILSON
ELBERT JACKSON WITT
JOE F. WOOD
PAUL D. WRATHER
EMERSON J. WRIGHT
JAMES L. WRIGHT
JOHN F. WRIGHT
JOHN L. WRIGHT
PAUL L. WRIGHT
RUBLE W. WYATT
DENNIS W. YANKEE
JOE L. YORK

TEXAS

JAMES LATHEM ABLES
HOMER R. ABNEY
JACK W. ABNEY
HENRY L. ACEVES
MARVIN C. ACTKINSON
RUBEN SANCHEZ ADAME
CALVIN P. ADAMS
JAMES C. ADAMS
LOYD E. ADAMS
ROBERT AFFLERBACH
LUCIO R. AGUILAR
RICHARD AGUILAR
SAUL AGUILAR
SANTIAGO AGUIRRE
JOHN A. AIMER
JOE W. AKINS
DANIEL ALARCON
CHARLES L. ALBRITTON
JOSEPH ALDREE
LEONEL ALEMAN
CHARLES ALEXANDER
JAMES T. ALEXANDER
ALFONZIA D. ALLEN
CHARLES ALLEN
GEORGE W. ALLEN
ROBERT H. ALLEN
WALTER E. ALLEN
JOSEPH R. ALLISON
ARMANDO ALMARAZ
ROBERTO ALVA
EILALIO ALVARADO
RICHARD LUNA ALVARADO
ARMANDO ALVAREZ
NORMAN R. AMENDT
DONALD PRENTICE AMIDON
MONDAL RAYBURN AMMONS
CHRISTOPHE ANCELET
BILLY D. ANDERSON
JAMES E. ANDERSON
JAMES T. ANDERSON
JOHN ANDERSON
M. C. ANDERSON
OMER L. ANDERSON
ROBERTO ALVAREZ ANDRADE
CHARLES MELVIN ANDREWS
HERMAN ANTHONY
BALDOMERO ANZALDUA
BILLY ROY APPLEBY
DAVID MELTON ARCHER
FLORENCIO ARIAS
MILTON ARIAS JR.
CONRAD JAMES ARMEL
JAMES R. ARMER
DENNIS R. ARMSTRONG
ISIDORE ARREDONDO
MARIANO ARREDONDO
RAYMOND C. ARRIAGA
FERNADO L. ARRIOLA
BOBBIE RUA ARTHUR
BILLY E. ASH
FLOYD D. ASHCRAFT
OREN C. ATCHLEY
ENRIQUE M. ATKINSON
HOWARD C. ATKINSON
C. J. AUSTIN
LAVERLE AVANT
CHARLES RUSSELL AVARY
ARTURO O. AVILA
RUBEN GUADALUPE AVILA
BERNARDO R. AYALA
ANTONIO L. BACA
IVY O. BACCUS

JOE D. BAILES
OTIS C. BAILEY
CHARLES A. BAKER
CHARLIE C. BAKER
DONNIE E. BAKER
JOHN D. BAKER
K. W. BAKER
WOODROW W. BALDWIN
MARVIN G. BALHORN
MATHIS O. BALL JR.
HARVEL L. BALLARD
RICARDO BALLESTERO
KENNETH BALLINGER
RUBIN G. BARA
RAYMOND H. BARBER
DANIEL CLARENCE BARCAK
JOHN L. BARDWELL
PHILLIP PERRIN BARHAM
WILLIAM T. BARKER
JOE E. BARNES
KENNETH W. BARNES
WILLIAM O. BARNES
MURRAY W. BARNETT
RICHARD C. BARNETT
WILBURN H. BARNETT
LAWRENCE H. BARRON
RUBEN BARRON
EDWARD E. BARROW
DAVEY H. BART
FRANKLIN D. BARTON
THOMAS A. BARTON
ROGER W. BASCOM
JOHN O. BATES JR.
LONZO BATES
JOSEPH BATISTE
WILLIE J. BATY
GEORGE CONELIO BAUERFEIND
WILLIAM MAYO BAUGH JR.
BUDDY H. BAXTER
CHARLIE F. BAYLOR
BONNIE D. BEARD
CLIFFORD L. BEASLEY
FRED BEDDINGFIELD
RUBEN BEJARANO
ALTON R. BELL
CHARLIE D. BELL
JAMES H. BELL
JESSIE S. BELL
JOHNNIE G. BELL JR.
PETER C. BELL
VESTEEN BELL JR.
MORGAN V. BELLAH
ENRIQUE BELTRAN
PAUL BENAVIDES
BILLY G. BENNETT
CLEMMETT BENNETT
SNOWDEN BENNETT JR.
CESAR I. BENZONI
CLARENCE OF BERGSTRAESSER
BRYAN D. BERRYMAN
ROBERT L. BERTOLIO
AUTREY J. BETAR
ARTHUR Q. BEVERLY
DAVID RAY BICKLEY
JACK BEVERLY BIGDEN
JIMMIE D. BINGHAM
MILO W. BIRD
DARWIN M. BLACK
JAMES M. BLACK
ROBERT L. BLAKEY
DON G. BLANFORD

JOHN ANDREW BLANKENBURG
JAMES R. BLOUNT
NELSON F. BLUM
FRED B. BOCKLEMAN
JOHN D. BOMER
GUY E. BOND
MALCOLM D. BOND
TED RALPH BONES
ROBERT F. BONNETT
EUELL C. BOOTH JR.
MARVIN L. BOSHER
PETER H. BOWDEN
EDWARD M. BOWEN
MURRAY MALONE BOWEN
JAMES E. BOWERS
PHOM BOWIE
RICHARD MURRILL BOWMAN
MARVIN L. BOYCE
JOE B. BOYD JR.
JAMES R. BRALY
LEWIS W. BRATTON
BILLY B. BREWSTER
JAMES L. BRICE
MILTON H. BRIDWELL
DARREL R. BRIMBERRY
SETH E. BRITT
SAM BROCATO JR.
GORDON BROCKMAN
J. L. BROOKS
LAWRENCE C. BROOKS
ALFRED R. BROWN
BOBBY LELAND BROWN
CHARLES R. BROWN
CURTIS W. BROWN
ERA H. BROWN
HAROLD G. BROWN
JIMMIE L. BROWN
JOHN E. BROWN
KENNETH E. BROWN
LEONARD CHARLES BROWN
OSCAR M. BROWN
ROBERT A. BROWN
ROBERT E. BROWN
WILLIAM PERRY BROWN JR.
WILLIAM J. BROWNING
THOMAS CHARLES BRUCE
JAMES D. BRUMLEY
FLOYD L. BRUNETTE
JACKIE M. BRUTON
JOHN CHARLES BRYAN
JOE H. BRYANT
WILLIAM E. BRYANT
WILLIAM J. BRYANT
WILLIE N. BRYANT JR.
EUGENE BUCKALEW
FRANKLIN EDISON BUCKNER
CARLOS S. BUITRON
BENJAMIN F. BULLARD
CLAUDE F. BUNN
BILLIE BURCH
JESSE L. BURCHAM
ROBERT G. BURCIAGA
JAMES PETER BURKE
RAYMOND BURLE BURKE
SIDNEY J. BURKETT
RODNEY F. BURKHAM
WADUS H. BURNAHAM
JACK E. BURNETT
GUENTHER A. BURNER
JOHN ROBERT BURTIS
THOMAS H. BURTON
FRANK J. BUSTAMANTE

ARTHUR B. BUTLER
BILLY J. BUTLER
CLIFFORD RAY BYARS
ORVIL W. BYRD
PEDRO CABALLERO
DANIEL CADENA JR.
MILTON L. CAGLE
MABRY E. CAIN
VEODIS E. CALDWELL
JAMES CALLAN III
JAMES O. CALVERT
BOBBY L. CAMERON
GERALD M. CAMP
FELIPE F. CAMPA
GILBERT CAMPOS
ARTURO CANTU
JESUS R. CANTU
JOE B. CAPEHART
FRED CARAWAY
RAYMOND Y. CARAWAY
OSBORNE TOMMIE CARLISLE
FRANCIS CARMODY
GERALD D. CARNES
ROBERT W. CARNEY
RICARDO CARRASCO
MARION CARREATHERS
OSCAR G. CARRIERE
ALFREDO CARRIZALES
ROYCE M. CARRUTH
WILLIA CARSTARPHEN
BENNIE GERALD CARTER
WILLTAY M. CARTER
ALEX CASANOVA
FERNANDO CASAS JR.
GILBERTO CASAS
DANIEL CASILLAS
MANUEL G. CASILLAS
ACAPITO CASTANEDA
ERNESTO P. CASTILL
AUGUSTINE CASTILLO
MARTIN CASTILLO
PABLO A. CASTILLO
RAMON CASTILLO
LEON LEONARD CASTINO
RICARDO CASTOR JR.
RUBEN CASTRO
DAVID L. CATLIN
MANUEL C. CENTENO
HARVEY L. CHAMBLES
FELIPE A. CHAMPION
THOMAS CHANCELLOR
GUY CHANCEY
JUQQUIN M. CHAPA
CURTIS EARL CHAPMAN
RAYMOND L. CHAPMAN
SAM CHAPMAN
GENE A. CHAPPELL
FRANK C. CHARCAS
ALFREDO P. CHARLES
DUPREE CHARVIS
JOHN CHEEVES JR.
JAMES E. CHENAULT
R. B. CHERRY
RICHARD F. CHERRY
LEONARD RAY CHESHIRE
GEORGE R. CHESSER
ROBERT L. CHILDS
FRANCIS N. CHOATE
CLAIBORN CHRISTIAN
ROBERT ARNOLD CHURCHILL
RUDOLPH CISNEROS
BASIL L. CLARK

RICHARD N. CLARK
TROY CLARKSON JR.
ROBERT O. CLATTER
DOMINIQUE CLAVERIE
HEREFORD CLEVELAND
ARTHUR Z. CLIFTON
SAMMIE L. CLIFTON
CHARLES J. CLINE
KENNETH H. CLOUGH
WILLIAM E. COALE
CHARLES A. COBB
JACK W. COCHRAN
WILLIAM L. COCHRAN
ROBERTO COCIO
JOHN E. COFFIE
PAUL C. COFFIN
JONAS COIT JR.
RICHARD B. COKE JR.
FLOYD T. COKER
BOBBY JOE COLE
BUFORD COLESON
EDWIN WESLEY COLLINS
JOHN CAMILLO COLONNA
ROBERT L. COMES
RUDY COMPARIN
ESPECTAG CONTRERAS
CAMPBELL D. COOK
ROY R. COOK
OCIE W. COOKSIE
THOMAS E. COPPINGER
JEVEL DWAIN COQUAT
ANDREW CORDOVA
ROBERTO CORKILL
FREDDIE C. CORLEY
RALPH B. CORLEY
SAMUEL CORNEY
CONRAD L. CORNMAN
JIMME CORONA
JESUS O. CORREA
WAYNE K. COTHREN
LAWRENCE EDWARD COTTEN
CLIFTON C. COTTON
DARREL D. COUNCIL
BILLIE W. COX
DURWIN J. COX
ODEAN T. COX
JERRY P. CRAIG
GARLAND D. CRAWFORD
GRADY J. CRAWFORD
JAMES A. CRAWFORD
JIMMIE M. CRAWLEY
THOMAS CRAYTON
HAROLD R. CROOK
THOMAS E. CROSS
JACK D. CROUCH
HAROLD M. CROW
CLENTON D. CRUMLEY
CHARLES H. CRUTCHER
JOHNNY H. CUELLAR
JOSE ALEJANDRO CUETO
ROLAND W. CULLINS
CHARLES CUNNINGHAM
EDDIE G. CUNNINGHAM
OWEN J. CURRIE JR.
WILLIAM KING CUSTER JR.
JAMES KELLY DAMON
RAY THOMAS DANIEL
GRADY GAIL DANIELS
NORMAN DANIELS
THEOTIS DANIELS
CARL J. DANIELSON
GLEN DARDEN

UNITED STATES OF AMERICA

TEXAS

J. C. DAUGHERTY JR.
BILLY R. DAVENPORT
WILLIAM S. DAVEY
FRANK T. DAVIDSON
CURTIS DAVIS
GEORGE ANDREW DAVIS JR.
GERALD O. DAVIS JR.
ISAAC S. DAVIS
JIMMIE L. DAVIS
KENNETH R. DAVIS
LOUIS H. DAVIS
RICHARD CALVIN DAVIS
SAM R. DAVIS
WELDON A. DAVIS
ROSA ANTONIO DE LA
TOMMY DE LA PENA
ERNEST ALONETE DE LEON
JOHN R. DEAN
MARCELO G. DEANDA
NICOLAS DELGADO
RAYMUNDO DELGADO
LOUIE B. DENTON
GROVE B. T. DICKERSON
GEORGE H. DILLARD
RAY G. DILLARD
EDWIN RICHARD DISHINGER
JOHN C. DITNER
JAMES E. DIXON
FRANK H. DOHONEY
JESSE PHILLIP DOMINGUE
DAVID DOMINGUEZ
LUIS R. DOMINGUEZ
HORACE E. DONAHO
BILLY G. DONAHOE
LIONELL DONNELL JR.
WILLIAM F. DONNELLY
LEO DOUGLAS
JOHN W. DOYLE
BARTO H. DOZIER
CURTIS T. DRAKE
BILLIE C. DRIVER
LEONARD W. DRUMMOND
DONACIANO DUARTE
WILLIAM R. DUARTE
KISSIE DUHON
JOHN DUKARM
ROY E. DUNCAN
WILLIAM E. DUNCAN
J. T. DUNN
PEDRO DURAN
ANDREW L. DURBIN
GEORGE B. DURHAM
WADE L. DURHAM
J. D. DUSHANE
CORNELIUS C. DUYF
ERNEST F. DWIGHT
LEONARD EARHEART
JAMES E. EARL
ROBERT J. EARL JR.
ROSCOE EASTERLING
NOEL J. EDGAR
J. C. EDSON
RAY EDWARDS
ROBERT L. EDWARDS
WILLIS L. EDWARDS
JOHN EDWARD ELLINGTON
R. J. ELLIOTT
CHARLES R. ELLIS
WALTER ELSE
AMOS EMERSON JR.
LEMUEL L. ENGLISH
FRED ASHER ENNIS
MARIO M. ENRIQUEZ
GERARDO ESCONTRIAS
GABRIEL V. ESQUEDA
CRUZ G. ESQUIBEL
JESUS ESQUIBEL
MILTON L. ESTILL
HERBERT J. ETIE JR.
EMMETT O. NEAL EVANS
JESS E. EVANS
JUNIOR C. EVANS
THOMAS B. EVANS JR.
WARD EVANS JR.
LOYD W. EVERTS
BILLIE J. EXLINE
CLARENCE E. FAIRROW
FELIX RAYMOND FARKUS
ROBERTO FALCON
CLYDE A. FANNING
LINO FARIAS
WILLIAM M. FARRIS
DANIEL V. FAVELLA
ELEODORO R. FERNANDEZ
JOE D. FERNANDEZ
ROBERT S. FERRELL
FRED BURNO FICKEL
CURTIS L. FIELDS
LONNIE FIELDS
WILLIAM J. FINLEY
ERNEST FITZGERALD JR.
JACK EDWARD FLACK
FRED FLEENER JR.
ALFRED S. FLORES
BRAULIO FLORES
FLORENCIO GOMEZ FLORES
FRANK G. FLORES JR.
FROELAN FLORES
HENRY VICTOR FLORES
JESUS C. FLORES
MANUEL FLORES
WILL F. FLORES
WILLIE S. FLORES
DANIEL WILBURN FLOREY
WILFLORANCE FLOWERS
LONNIE B. FLOWERS
OBERT B. FLOWERS
ROBERT D. FOGLE
WARNELL A. FOGLE
WELDON S. FOGLEMAN
SAMUEL FONVILLE
JAMES R. FORD
JOHN E. FORE
CHARLES E. FOREMAN
THOMAS A. FOREHAND
EDGEL GRADY FORRESTER
EMMETT E. FORRESTET
FREDERICK R. FORSETH
HAROLD S. FORSTER
JERE E. FORTE
WOODROW W. FORTNER
WILLIAM L. FORTNER

CEARVEST FOSTER
DARRELL L. FOWLER
EDDIE L. FRANCIS
NOE FRANCO
ALFONSO FRANKS
AUTREY W. FREDERICK
BILL H. FREEMAN
BILLY E. FREEMAN
LEONARD J. FREEMAN
HUEY P. FRENCH
RAMON M. FRESCAS
CECIL T. FRETWELL
JAMES H. FRYE
HOBART FUGATE JR.
GERALD FULLBRIGHT
JIMMIE J. GAITAN
ROBERTO R. GALINDO
ERNEST E. GALLATIN
JOSE GALLEGOS JR.
MANUEL GALVAN
WILLIE V. GALVAN
ALBERT E. GANN
BENNIE GARCIA
CRESENCIANO GARCIA
GUADALUPE GARCIA
ISHMAEL GARCIA
LEON ANTHONY GARCIA
LUIS G. GARCIA
PAUL G. GARCIA
RALPH GARCIA
RAMIRO GARCIA
RAYNALDO C. GARCIA
RICHARD DICKIE GARCIA
ROBERTO GARCIA
SERAFIN R. GARCIA
VICTOR GARCIA
RALPH HENRY GARDNER
WELDON DANFORTH GARDNER
TED GARNER
JAMES LOUIS GARRISON JR.
ALBERTO B. GARZA
ARMANDO M. GARZA
GILBERTO GARZA
HUMBERTO GARZA
JOHN H. GARZA
MAURO GARZA JR.
NICOLAS C. GARZA
RICARDO GARZA
RICHARD CASTILLO GARZA
RUBIN F. GARZA
JAMES D. GAUSNELL
JOHN L. GAYHART
STERLING GEARY JR.
ROBERT E. GEIGER
EDWIN GENTRY
JOHN S. GENTRY
CARL B. GEORGE
AUBREY L. GIBSON
CHARLES G. GIBSON
GRADY W. GIBSON
LEWIS C. GIBSON
CLYDE MARVIN GIFFORD
ELBERT E. GILDER JR.
DURSTON DWAIN GILLEAN
EDWARD E. GILLILAND
LEON ROBERT GINGLEWOOD
FLOYD A. GINN
NORMAN L. GLEATON
PHILIP K. GLANN
SAMUEL H. GOATS
ARVLE G. GOBER
WILLIE L. GOFF
LUIS GOMEZ
PETE GOMEZ JR.
ROY GOMEZ
RUBEN J. GOMEZ
CONRAD GONZALES
DOMINGO J. GONZALES
GILBERTO GONZALES
HENRY C. GONZALES
RUDOLPH V. GONZALES
ANASTACIO GONZALEZ
ARMANDO PEDRO GONZALEZ
JOSE GONZALEZ
MANUEL E. GONZALEZ
OSCAR GONZALEZ
WILL H. GORDON JR.
DIONICIO JUAN GORENA JR.
ROBERT M. GRACE
ARTHUR L. GRAHAM
WILLIAM M. GRAHAM
RILEY W. GRAVES
EDGAR B. GRAY
GLEN L. GRAY
RICHARD E. GRAY
CLYDE B. GRAYSON
ARTHER W. GREEN
DEMON C. GREEN
NOLAN A. GREEN
TOMAS A. GREEN
WILLIAM E. GREENE
ROBY H. GREER
EARL L. GREGORY
JAMES A. GRESHAM
EDWIN E. GRIENKE
CHARLIE L. GRIFFETH
GEORGE T. GRIMES
DELMER R. GRISSOM
ROBERT W. GRISSOM
CECIL W. GROOM
CARL A. GROSS
JOHN FRANK GROSSMAN JR.
VICTOR A. GRUBEN
JESUS GUAJARDO
JOEL R. GUAJARDO
JOSE A. GUERRA
ROBERTO GUERRA
HECTOR GUERRERO
AMBROSIO GUDBEN
EDWIN M. GURECKY
ADOLFO MORENO GUTIERREZ
JOSE R. GUTIERREZ
LUCIO R. GUTIERREZ
WILLIAM GUYTON
SALVADOR M. GUZMAN
VANCE W. GWIN
BUSTER HAAS
GEORGE ALLEN HADLEY
R. B. HADLEY
R. V. MC LEVAN
CHARLES F. HANES

JOHN J. HALAMUDA
CARL V. HALCUMB
FRED C. HALL
ALLEN LYNWOOD HALLUM
CLARENCE V. HALTON
S. A. HAMBRICK
JAMES THOMAS HAMILTON
JEFF L. HAMILTON JR.
KENNETH CARROLL HAMILTON
MAC A. HANDLEY
BOBBY L. HANDLIN
DON G. HANES
FRED A. HANKAMER
FRANK HANLON
WILLIAM H. HANNAH
ROBERT EUGENE HANSLER
JACK G. HANSON
BOOKER T. HARDEWAY
IVON H. HARDIN
WELDON E. HARDIN
REMERIL HARDING
EDDIE V. HARRIS
EDGAR H. HARRIS
MANUEL HARRIS
RASTINE HARRIS
ROBERT C. HARRIS
WALTER HARRIS
WELDON DARWOOD HARRIS
ROBERT L. HARRISON
DONALD RAY HARRYMAN
CLAYTON D. HART
JAMES HART JR.
JAMES E. HARTLEY JR.
RICHARD M. HARTMAN
CHARLES HARTSFIELD
CHARLES V. H. HARVEY
JOE W. HARVEY
JOE H. HARVISON
GEORGE NORMAN HASKETT
ROSS E. HASTINGS
DONALD GLYNN HASTY
HAROLD W. HATLEY
EDDIE V. HAWKINS
OTIS SHELTON HAYNES JR.
JUSTICE K. HAYTHORNE
JIM T. HAZELWOOD
GOERG HEARNSBERGER
JAMES DARRELL HEATH
MAURICE A. HECK
BENNIE J. HEDGCOTH
HERBERT HEGGAR
RAYMOND F. HEJNY
JOHN FRANCIS HELM
TRAVIS E. HENDERSON
JAMES H. HENDRICKS
JACK K. HENDRICKSON
VERNON R. HENNIGAN
HERSHEL F. HERBERT JR.
EDWIN J. HERMAN JR.
CARLOS HERMOSILLO
ALBERTO HERNANDEZ
DOMINGO HERNANDEZ
FRANCISC HERNANDEZ
JESUS HERNANDEZ
JUAN G. HERNANDEZ
RAUL A. HERNANDEZ
JESSE E. HERPECHE
JULIAN HERRERA
PABLO HERRERA
DARWIN E. HERRIN
JOHN P. HERRMANN
WILLIAM GLEN HEWITT
STERLING C. HICKEY
AREWOOD W. HICKS
BILLY HIGGINBOTHAM
ELIJAH J. HIGGINS
GARLAND R. HIGGS
BENJAMIN F. HIGH
CHARLES HIGHSMITH
A. V. HILL
CARL L. HILL
KENNETH J. HILL
PAUL J. HIMMELS
MILTON HINES JR.
LEE P. HINTZ
WILLIAM H. HITT
ROBERT L. HOBBS
FRANK CARL HOFFMAN JR.
HOWARD B. HOFFMAN
SAMUEL E. HOFFMAN
CHARLES L. HOGAN
ALFORD L. HOLDEN
RALPH S. HOLDER
JAMES H. HOLLAND JR.
BILLY E. HOLLIDAY
ARTHUR A. HOLLOWAY
JACK H. HOLT
CHARLES HOLTICLAW
JOHN M. HOLTZCLAW
ROY J. HONEYCUTT
HARRY A. HONZA
ELBERT L. HOPES
CHARLES G. HOPKINS
JOSEPH J. HOPPER
ROBERT M. HORAN
JAMES H. HORNBACK
WILLIAM R. HORRIGAN JR.
BILL HORTON
DALE O. HOSKINS
BILLY E. HOUGH
JOHN THEODORE HOWELL
BILLY R. HUCKABEE
CARL H. HUDSON
ACY HUFFMAN
CLIFFORD HUGHES
FRED CURTIS HUGHES
JESSIE M. HUGHES
ROBERT J HUGHES
BENJAMIN HENRY HULSEY
WILLIAM HUNTER
GARRISON G. HURT
ERNEST HUTCHENS JR.
CHARLIE E. FOX
JOE D. IBANEZ
LUIS JOE IBARRA
JAMES VINCENT JR.
JAMES ISAAC JR.
WILLIAM M. YEO
FRANK SCARDUFFERDO
H. ALLENSEN BLOCKMAN
BILLY L. JACKSON

CHARLIE L. JACKSON
ELMAN JACKSON
HENRY A. JACKSON
HERBERT H. JACKSON
HOWARD LEON JACKSON
J. C. JACKSON
JERRY JACKSON JR.
LEONARD L. JACKSON
ROBERT G. JACKSON
VIRGIL ANDREW JACKSON JR.
HARRY REICHERT JACOBSEN
MARIANO JACQUES JR.
ANTONIO JAIME
FRANK O. JAMERSON
JOSEPH H. JAMES
WILLIAM R. JAMES
JAMES RAY JANCA
CALVIN C. JARRELL
JOE JASO
DARWIN L. JEFFERSON
ROBERT L. JEFFERSON
ROBERT L. JEFFREY
JOSE D. JEMENTE
GEORGE W. JENKINS
HUGH JENKINS
AUSTIN CLIFFORD JENSON
BILLY JERKINS
DONALD E. JETER
ZEE A. JETER JR.
PETE JIMENES
VICTOR P. JIMENEZ
BILLIE J. JIMERSON
LEWIS E. JOBE
JOHNNIE E. JOHNS
ADRIAN WARREN JOHNSON
BILLY E. JOHNSON
BOBBY L. JOHNSON
ELMA H. JOHNSON
FRANK JOHNSON
HERBERT JOHNSON
JOHN E. JOHNSON
JOHNNY MENLO JOHNSON
MAURICE JOHNSON
MELVIN E. JOHNSON
MELVIN M. JOHNSON
OLIN W. JOHNSON
OTIS S. JOHNSON
RICHARD L. JOHNSON
ROBERT F. JOHNSON
RONALD M. JOHNSON
THOMAS C. JOHNSON
THOMAS M. JOHNSON
TRUMAN E. JOHNSON
WILFORD JOHNSON
DENNIS JONES
EDWARD M. JONES
KASSIDY K. JONES
ROBERT WILSON JONES
ROY V. JONES
RUFUS J. JONES
WALTER L. JONES
HAROLD R. JORDAN
JOHN D. JORDAN JR.
WARREN H. JORDAN
JODIE A. JORGENSON
JAMES L. JOSHUA
MORRIS R. JUDD
ADOLPH R. KARTES
JIMMIE KEESE
JOHN CARL KEISER
CURTIS A. KEITH
PAGE L. KEITH
JOE KELLY
OBIE L. KELLY
CHESTER L. KEMP
HARVEY DUPREE KEMP
JESSE R. KENDRICK
WILLIAM JOSEPH KENIGSEDER
WILLIAM C. KENNEDY
PINKNEY R. KETCHUM
WILLIAM C. KETTRICK
BOBBY R. KING
CLARENCE B. KING
MORRIS O. KING
RAYMOND F. KING
ROBERT KING
ROBERT D. KING
WALTER S. KING
WILLIAM DON KING
GENE D. KINGSTON
HUBERT KIRKCONNELL
ARDELL KIRKPATRICK
ROY G. KISER
ROBERT CHARLES KLEIN
WILLIAM KLIMITCHEK
ARTHUR FRED KLOPPENBURG
RAYMOND KLUSSMANN
WILLIAM C. KNAPP
ROBERT M. KNIGHT JR.
BOYD DALE KNOX
KERMIT K. KOCH
SAMMY C. KOENIG
JOSEPH LAWRENCE KORSTJENS
FABIAN TOM KOTARO
EDWIN JAMES KRUCIAK
EDWARD ARTHUR KUNTZ
MARVIN W. KURTZ
JAMES R. LACY
SIMON LADELL
ROB R. LAIRD
JAMES E. LANDRY
ROBIN L. LANE
GUY FLOYD LANEY
L. P. LANKFORD
JAMES MOSS LARAMORE
HUGH FRANCIS LARKIN
ASA LAWRENCE LAW
JOHN R. LAWRENCE
HOWARD J. LAXTON
JOE Z. LEAMON
RUSSELL JACKSON LEAR
BERNARD SHERIDAN LEAVITT
ALBERTO LEDESMA
CHARLES E. LEE
EMIL E. LEE
LEON LEE
RAYBURN D. LEE
WILLIE E. LEE
GORDON D. LEESCH
CHARLES FRANCIS LEHAMAN
LOUIS B. LEMONS
MELTON LESTER

A. D. LEWIS
EMMETT E. LEWIS
ISAAC LEWIS JR.
O. C. LEWIS
LUPE LEYVA JR.
ELROY C. LICHEY
ERNEST A. LIGGETT
HAROLD R. LILES
MERITT A. LILLEY
WILLIAM LIPSCOMB
FRANK LITTLE JORN
SANTOS LIVAS
JAMES N. LOCUS
VERNON R. LOESCHER
JOHN LOGOYDA
JASPER CLYDE LOMAX JR.
CLINTON LONG
JOHNNIE R. LONG
KENNETH U. LONG
MARTIE D. LONG
OWEN C. LONG
WILLIAM F. LONG
JUAN M. LONGORIA
LEOPOLDO LONGORIA
CHARLE LOOKINGBILL
ARTURO LOPEZ
CARLOS LOPEZ
CRISTOBAL LOPEZ
FERNADO L. LOPEZ
FRANK LOPEZ JR.
MARIO G. LOPEZ
RAYMOND G. LOPEZ
EDWARD L. LORD
JOSEPH PHILIP LOSTETTER
ARTHUR LOVE JR.
FRANK E. LOVETT JR.
THURMAN J. LOWE
THOMAS E. LOWERY
WALLACE B. LOYD
JAMES FRANKLIN LUCAS
PABLO LUCIO
SANTIAGO B. LUERA
INEZ G. LUGO
GILBERT F. LUNA
LIBRADO LUNA
CHARLES LUNDQUIST
RONALD D. L. LUNSFORD
JESSE M. LUSK
ELWIN R. LYNCH
J. C. LYONS
JESSE D. LYONS
PATRICK ARNOLD LYONS
JAMES MABRY
ARCHIE MAC FARLANE
EDWARD P. MACHALA
EUGENE A. MAECKEL
HAROLD L. MAIN
ANTONIO M. MALACARA
VICTOR MALACARA
RUDOLPH MALDONADO
SHERMAN W. MALONE
PHILIP F. MANIS
ROBERT M. MANN
ALBERT MANNING JR.
WILLIAM ROLAND MANNING
BEVERLY S. MANTON
QUINTIN MARAVILLO
CHARLES EARNEST MARBURG
MELVIN MARCHBANKS
ALFRED RAYMOND MAREK
LEE ROY J. MAREK
CHARLIE J. MARES
JASPER V. MARQUEZ
RUDOLPH MARQUEZ
TEDDY C. MARSH
GLOMA MARSHALL
CARL D. MARTIN
CLYDE B. MARTIN
DICKIE C. MARTIN
EARL MARTIN
EUGENE R. MARTIN
GLEN R. MARTIN
JAMES R. MARTIN
JAMES W. MARTIN
JOHN MARTIN
JOHN A. MARTIN
JOHN R. MARTIN
REX C. MARTIN
AMBROSIO MARTINEZ
ARNULFO MARTINEZ
ARTURO B. MARTINEZ
BASILIO MARTINEZ
BENITO MARTINEZ
CARLOS M. MARTINEZ
HENRY MARTINEZ
JOSE MARTINEZ JR.
LUIS P. MARTINEZ JR.
MANUEL MARTINEZ
MANUEL MARTINEZ
MANUEL MARTINEZ JR.
WENCESLAO MARTINEZ
BOBBY J. MASSEY
ALVA R. MASTERS
RICHARD J. MATHEWS
RUFUS W. MATLOCK
CHARLES R. MAULDIN
GENE RAMUS MAULDIN
BILLIE T. MAUPIN
RODOLFO A. MAYBE
DAVID E. MC AFEE
JAMES D. MC CAIN
PHILIP A. MC CARTHY
WAYNE W. MC CASLAND
ALFRED MC CLINTOCK
STEVE MC CLOUD
GILBERT N. MC CLURE
HERMAN C. MC CLURE
JESSIE D. MC CLURE
JOHN J. MC COLLUM
PAUL MC CONNEL
RONNIE MC CONNELL
RICHARD MC CURLEY
JAMES MC CUTCHEON
RAY E. MC DANIEL
BOBBY W. MC DONALD
CLYDE R. MC DOWELL
CLAUDE DOUGLAS MC FEE
NORMAN MC INNIS
BILLY U. MC LAIN
HENDERSON DOTY MC INNER
JAMES E. MC LEROY
JOSEPH E. MC INTY

UNITED STATES OF AMERICA

TEXAS

RICHARD A. MC NEES
WILLIS F. MC NEIL
BILLIE W. MC NUTT
JOHN L. MC TAGGART
WILLIAM S. MCCARSON
THOMAS F. MCCLELLAN JR.
RAYMOND ROY MCCOMBER
RALPH NOAH MCCUAN
MARION EDWARD MCDANIEL
HALLETT E. MCGAFFIGAN
LESLIE E. MCHANEY
KENNETH EDWIN MCINTUSH
BILLIE W. MEADORS
CARL J. MEADOWS
EMMETTE S. MEADOWS
ROY C. MEATHENIA
FRANK RAUL MEDINA
JOE S. MEDINA
RAUL C. MEDINA
BILLIE J. MEDLIN
BOBBY J. MEDLIN
FRANK MEEK JR.
WILLIAM E. MEEKER
RICHARD D. MELTON
ARTURO MENCHACA
JESUS MENDIOLA
PHILLIP C. MENDOZA
GEORGE MENESES
JOHN A. MERCER JR.
EDGAR MERZ JR.
DONALD EARL MESHAW
JOSEPH DONALD MEYERS
LELAND P. MICHALAK
EDGAR E. MICHALEK
HENRY MARTINEZ MICHELL
HOWARD A. MILLER
JOHN RICHARD MILLER
JOHNNIE E. MILLER
L. C. MILLER
RALPH B. MILLER
ROTHELL MILLER
WILLIAM F. MILLER
WILLIE MILLER
KENNETH J. MILLIGAN JR.
ALBERT E. MILLS
DOYLE MILLS
WALTER T. MILLS JR.
WALLACE D. MILNER
T. L. MINOR JR.
LLOYD S. MINTER JR.
MACARIO MIRELES
EVERETT L. MITCHELL
FRANK NICIAS MITCHELL
JAMES L. MITCHELL
THURMON WAYNE MONEY
EMERY L. MONROE
C. W. MONTGOMERY
GERALD EMERSON MONTGOMERY
CHARLES V. MOODY
CUSTER E. MOONEY
CALVIN L. MOONEYHAM
LEROY MOORE
GILBERT MORALES
OSCAR M. MORALES
WHITT LLOYD MORELAND
DANNIE C. MORGAN
JACK W. MORGAN
PAUL E. MORGAN
ROY ELLIOTTE MORGAN
TOMMIE L. MORGAN
CLARENCE A. MORRIS
JAMES GLENDELL MORRIS
RAY M. MORRIS
JACK A. MORRISON
JOHN MORSE JR.
ROBERT A. MORSE
WILBUR G. MORSE
EDWARD W. MORTON
LEONARD L. MOSIER
SENATOR MOTEN JR.
ISIDORE A. MOY
ALVIN F. MUECK
MERLIN M. MULCAHY
UVALDO M. MUNGUIA
JOSE E. MUNOZ
RAFAEL MUNOZ
EDWARD A. MUNTZ
THOMAS J. MURCHISON
JOSEPH H. MURGA
FRED MURPHY JR.
MIKE MURRIETA
EDWARD NADIR
RAYMOND E. NALL
JAMES T. NASH
ROBERTO NAVARRO
FRANK A. NEAL
JOHN E. NEAL
AL G. NEEDHAM
LOYD B. NEELY
STANLEY NEFFENDORF
JAMES NELMS
JOHN H. NELSON
TOMMY JACK NEVES
CECIL E. NEWMAN JR.
JAMES A. NEWMAN
DAVID H. NICHOLS
JAMES ANDREW NICHOLSON
LONNIE NICKLES
CARL W. NIESTADT
ROBERT A. NOLEN
ROBERT HOWELL NOLEN
VIRGIL NOLEN
CLARENCE NORICE JR.
JOHN T. NORMAN
LEE R. NOWLIN
TIMOTHY P. OCONNOR
BILLY J. ODOM
ESEQUIEL A. OLACHIA
SECUNDINO V. OLIVARES
JOHN E. OLSON
ARTHUR J. OMARA JR.
WALTER J. OMEARA JR.
LUTHER D. ONEILL
JESUS MORALEZ ORIEGA
JOSE H. ORTEGA
ERIVERTO ORTIZ
RUFUS M. ORTIZ
KENNETH A. OSHINSKI
WILLIAM E. OTTMANN
WENDELL H. OTWELL
ELWOOD E. OVERGARD
WILLIAM RUDOLPH OVERMAN

REUBEN D. OWEN
ANDREW OWENS
EUGENE RILEY OWENS
FRANK OWENS JR.
ROBERT A. OWENS
HORACE PACE
GONZALO TREJO PACHUCA
LUPE R. PADRON
ALBERT W. PAEPKE JR.
THOMAS A. PAGE JR.
JOHN W. PALMER
MILBURN H. PALMER
MARTIN PALOMO
CLIFFORD A. PARKER
MORRIS R. PARKER
ALFRED PARKS
BILL EILAND PARRISH
PATRICK OBRIEN PARRISH
DEAN W. PARTIN
WAYNE F. PASS
JESSE W. PATTERSON
JOE N. PATTERSON JR.
RICHARD WILLIAM PATTILLO
EDWIN M. PATTON
JAMES RUDY PATTON
LEO S. PAVLICEK
BILLY J. PAYNE
D. F. PAYNE
GLENN PAYNE
JIMMY F. PEARSON
WILLIAM A. PEDIGO
FLORENCIO PEDRAZA
EDWARD M. PEDREGON
ALBINO SUARES PENA
FERNANDO S. PENA
MIKE C. PENA
URBANO PENA
CHARLES PENDLETON
ALONZO PEREZ
JOSE G. PEREZ
MARCOS H. PEREZ SR.
SIMON MENDOZA PEREZ
TRANQUILINO PEREZ
JESSE B. PERKINS
RALPH L. PERRINI
BRADLEY GAYLON PERRY
TREVOR J. PERRY
JOHN B. PETTIGREW
VERNON L. PETTIGREW
JAMES ANSEL PEVETO
MALCOLM BRUCE PEVETO
CHARLES L. PHILLIPS
ELDA PHILLIPS JR.
MAXIE L. PICKARD
ROBERT LEACH PIERSON
ODIE T. PIKE
CONROY T. PINA
CLIFTON F. PINES
LEON A. PINGENOT
EDMUNDO PINTOR
CLYDE B. PITTILLO
GILBERTO PIZANA
JUAN Z. PLATA
WILLIAM PLOTT JR.
WAITCELL PLUNKETT
MAX OWEN POINTER JR.
GILBERT K. POLAND
AUBREY W. POLLARD
LEON W. POLLARD JR.
BILLY R. POOLE
DALE HERBERT POOLE
EARL G. PORTER
JONATHAN REED POSEY JR.
BERNACE F. POTTS
CON FOLY POYNOR
CURLOUS M. PREAS
ALBERT C. PRENDERGAST
CLOYSE A. PRIBLE
COY W. PRICE
MARVIN BRUCE PRIDDY
WADE PRINCE JR.
WILLIE G. PRITCHETT
DONALD J. PROFFITT
BILLY PRZYBORSKI
GASTON PUGH
BEN O. PULLIAM
CHESTER DARWIN QUIDER
JAMES E. QUILLEN JR.
CLAUDE J. QUINN
SANTIAGO QUIROZ
ROBERT L. RABB
MARION W. RADECKE
CHARLEY L. RADFORD
FRANK A. RAIHL
ALVARO RAMIREZ JR.
CARLOS B. RAMIREZ
EPIFANIO C. RAMIREZ
EZEQUIEL H. RAMIREZ
JESUS J. RAMIREZ
JOSE M. RAMIREZ JR.
REYNALDO S. RAMIREZ
SANTOS RAMIREZ
JESSE S. RAMOS
PABLO RAMOS
ARLIS W. RAMSAY
FRED RANDLE
RAYMOND R. RANDOLPH
EULALIO N. RANGEL
QUAARD L. RAY
ROBERT H. REAMES
ROBERT C. REASOR
BILLY J. REDD
MARK FRANKLIN REDFORD JR.
ARCHIE L. REED
ELVIE J. REED
FRANCIS REED JR.
NATHANIEL REED
PLES REED JR.
THOMAS C. REED
DAVID REESE
HUMBERTO REGALADO
JOE A. REGMUND
EDGAR L. REID
JAMES K. REIDER
ELTON N. REINISCH
HUMBERTO L. REYES
JOHN T. REYES
JUVENTINO G. REYES
ARNOLD V. REYNA
HERIBERTO LOYA REYNA
WILLIAM H. REYNOLDS
BILLY J. RHEA

DONIS E. RHODEN
CURTIS R. RICE
HERBERT RICE JR.
C. B. RICHARDSON
CLARK B. RICHARDSON
JAKE R. RICHARDSON JR.
LESTER RICHARDSON
JOHNNIE D. RICHTERS
MAURICE D. RIDGWAY
HERSCHEL M. RIGGS
RALPH E. RING
LEOPOLDO RIOS
HERBERT EDWARD RITTER
ANDREW C. RIVERA
J. L. RIVERS
DAVID A. RIVES
WILL ROBERSON JR.
HOBSON J. ROBERTS
JAMES RICHARD ROBERTS
CLONNIE ROBERTSON
EUGENE R. ROBINETTE
BILLY J. ROBINSON
WALTER R. ROBINSON
WILLIAM ROBINSON
ROBERT W. ROBISON
CARLOS L. ROBLES
GEORGE W. RODGERS
ADAM B. RODRIGUEZ
ALFREDO RODRIGUEZ
BONIFACI RODRIGUEZ
ENRIQUE RODRIGUEZ
GREGORIO RODRIGUEZ
HENRY RODRIGUEZ
MARTIN RODRIGUEZ
ROBERTO RODRIGUEZ
ROLANDO RODRIGUEZ
RUBEN RODRIGUEZ
RUBEN CUELLAR RODRIGUEZ
ROBERTO RODRIQUES
DONALD E. RODSTROM
ADOLPHUS W. ROFFE
BENNY D. ROGERS
KENNETH G. ROGERS
WILLIAM ROLLINS
JOHN V. ROMANEK
WILLIAM BRYAN RONE
FRANK L. ROSALES
HERSHEL H. ROSELL
WARREN S. ROSENBERGER
FORREST S. ROSS JR.
TOMMY E. ROSS
SOLOMON R. ROYAL
CHARLES B. ROYER
TED GROVER ROYER
CHARLES A. RUBLEE
LEOPOLDO L. RUIZ
EMMITT RUSSELL
CARROLL RUTHSTROM
TRAVIS L. RYAN
IGNACIO A. SAAVEDRA
CARLOS L. SALAICES
EUGENE MARTINEZ SALAZAR
JOE SALAZAR JR.
ENRIQUE A. SALCIDO
FRANK SALGADO JR.
JACK R. SALMON
MIGUEL PEDRO SAN
GILBERTO L. SANCHEZ
JOSE J. SANCHEZ JR.
CHARLES O. SANDERS
TONY M. SANDERS
FRANK L. SANDOVAL
PHILIP SARABIA
LEORIS SASSER
HENRY T. SCARBORO
WILLIA SCHELLENGER
ALLAN FRANCIS SCHLUETER
WESLEY J. SCHMIDT
GUS T. SCHNEIDER
LEON J. SCHNEIDER
FRED JAKE SCHNORR JR.
OLAN B. SCHRANK
DAVID W. SCOGIN
BENNIE L. SCOTT
JOE B. SCOTT
WALTER J. SCROGGIN
DALTON J. SEARCY
DONALD F. SEARS JR.
EARL M. SEAY
RAY D. SELBY
THOMAS M. SELLERS
FLOYD L. SENTER JR.
ALAIN L. SETTLE
CHARLES E. SETZLER
LEONARD T. SEWELL
NATHANIEL SEWELL
FLOYD SHAHAN
JACK B. SHANAHAN
HAROLD W. SHANKS
WALTER JOSEPH SHARPE
ABNER V. SHAW
WILLIAM R. SHAW
ROBERT E. SHEFFIELD
J. M. SHEPHERD
ROBERT NEALE SHEPHERD
CHARLIE C. SHEPPARD
BERT SHINAULT
GERALD R. SHIRLEY
TOMMY E. SHIVERS
CHARLES H. SHOFFIT
HENRY G. SHOOP
CLIFFORD T. SHORT
PERCIVAL SHORTEN
JIM C. SHREVES
HOWARD M. SHUPP JR.
RAYMOND JAMES SHUTE
WERNER FRANKLIN SIEBER
RAMIRO F. SILVA
JESSE E. SIMMONS
THURMAN NELSON SIMMONS
CORINTH SIMONS
HERMAN J. SIMPKINS
BENJAMIN DRAS SIMPSON JR.
FAIRRIS SINCLAIR
MARION L. SINGLETON
ROBERT SINGLETON
PETER F. SLANSKY
DEWITT L. SLAUGHTER
LARRY E. SLETCHER
EDWARD L. SLIVE JR.
FLOYD W. SLOAT
ALBERT D. SMITH

ARCHIE SMITH JR.
BILLY G. SMITH
BILLY R. SMITH
CURTIS N. SMITH
GENE J. SMITH
GEORGE E. SMITH
GEORGE ULLMANN SMITH
JACK A. SMITH
JOHN B. SMITH
JOHN LOUIS SMITH
LINTON CALTON SMITH JR.
ROBERT LESLIE SMITH
ROBERT WILLIAM SMITH
FERMAN T. SMITHERS
MARION KENT SMOTHERMAN
CLARENC SMOTHERMON
COMER SMOTHERS
ALBERT SNEED
DELMAR R. SNIDER
ADELAIDO M. SOLIS
RAYMOND C. SOLIS
RICARDO F. SOLIS
MATILDE SOLIZ
CAYETANO SOSA
WILLIAM E. SOSEBEE
JOHN N. SOTELO
LYNDEL SOUTHERLAND
JOHN B. SPAIN
JOHN K. SPENCER
THOMAS W. SPENCER
WILLIAM R. SPILLER
WILLIE F. SPINKS
JOHN M. SQUIER
C. B. STACY
JACK W. STALLINGS
JIMMIE STAMPLEY
JAMES O. STANTON
AUSTIN STAPLETON
DELBERT L. STARNES
DAN STEPHENS JR.
DANIEL T. STEPHENS
JAMES F. STEPHENS JR.
JAMES M. STEPHENS
BILLY J. STEVENS
JAMES STEVENS
SIMON J. STEVENS
BILLIE G. STEVENSON
L. V. STEWARD
ALEXANDER STEWART
ISIAH STEWART
JOHN W. STEWART JR.
ORESTUS M. STEWART
RAYMOND ARTHUR STEWART JR.
WELDON F. STEWART
BILLY J. STICE
HENRY CLIFTON STIDHAM
LEE CARL STOCKHOLM JR.
PAUL NORMAN STORAASLI
HARVEY H. STORMS
JAMES H. STOUT
DAWN JOSEPH STOVALL
JACK STOVALL
ARMOUR D. STROTHER
JAMES F. STUART
L. D. SUMMERLIN
MARSHALL J. SUMMERLIN JR.
WILLIAM BRYANT SUMNER
MARVIN J. SUMPTER
JERRY D. SUMROW
FREDERICK G. SUTTON
LLOYD L. SUTTON
EDWARD J. SWAN
GENE E. SWANGER
RICHARD L. SWEET
DAVID H. SWENSON
JACK SWIFT JR.
OSCAR B. SWINDALL
CLARENCE W. SWINEY
CLARICE C. SWINNEY
HERLINDO TABARES
STANLEY E. TABOR
IVA B. TADLOCK
DENNIS LYNN TALIAFERRO
RUSSELL D. TALLEY
REFUGIO C. TAMAYO
BOBBY D. TANNER
MORRIS E. TANTON
RAYMOND M. TARTT
JAMES TATUM
ALAN CHANDLER TAYLOR
CHARLIE TAYLOR
CLAUDE A. TAYLOR
EARNEST D. TAYLOR
IRA N. TAYLOR
JOHN C. TAYLOR JR.
LINNARD M. TAYLOR
MARVIN E. TAYLOR
RAYMOND L. TAYLOR
TED C. TAYLOR
WARREN HERBERT TAYLOR
CORDICE ISSAC TEAGUE
DONALD DEAN TEGT
LUIS A. TELLEZ
OLIVER TENNELL
BILLY E. TENNISON
DURWARD JEROME TENNYSON
EDUARDO T. TENORIO
JOSEPH A. TERRELL
JIMMIE TERRY
WINTER CHARLES TERRY
MAURICE E. THAXTON
BOBBY J. THIELE
DONALD R. THOMAS
NEAL E. THOMAS
WILLIE M. THOMAS
AUBREY E. THOMPSON
BEN THOMPSON
BILLY THOMPSON
FLOYD THOMPSON
FRANK H. THOMPSON
HOWARD THOMPSON
JOHN E. THOMPSON
MORRIS F. THOMPSON
PERCY L. THOMPSON
ROBERT K. THOMPSON
WILLIAM H. THOMPSON
JAMES ERNEST THORASH
CORDUS H. THORNTON
KENNETH ADRIAN THORNTON
JAMES ERNEST THRASH
DELMER THREADGILL
JAMES A. TIDWELL

JOHN W. TIMMINS JR.
ANDREW R. TISCHLER
FREDERICK E. TODD
LEONARD VERNON TODD JR.
MARION E. TOLLESON
TED L. TOLLESON
MARVIN E. TOMLINSON
RAUL A. TONCHE SR.
WINFRED BASIL TOONE
ISSAC DEL TORO
JOE TORRES
PHIL TORRES
JULIAN TAMAYO YOVAR
JAMES L. TOWLES
JAMES TRAMMELL
REFUGIO TREJO
AGUSTIN TREVINO JR.
ALFREDO T. TREVINO
WILLIAM L. TRIETSCH
JAMES OLIVER TROSCLAIR
HARRY C. TROUT JR.
ROBERT DANIEL TRUELOCK
HOWARD E. TRUITT
BIVIANO TRUJILLO
LLOYD L. TUCKER
JAMES ROY TURNER
RAYMOND ALFRED TURNER
WELDON G. TURNER
MAXINE TYLER
MANUEL S. URANGA
MANUEL VALDEZ
ANGEL M. VALDIVIEZ
CIRILDO VALENCIO
RICHARD VAN CLEAVE
CLARENCE VANHOOSE
HARVEY T. VANN
FREDDIE JOE VEIT
MANUEL N. VELA
FRANK A. VELASCO
CLARENCE HENRY VERETT JR.
ELISEO C. VERGARA
CURTIS E. VESTAL
JOHN STEVEN VICK
GEORGE H. VILLACRES
JOAQUIN VILLANUEVA
CRISTOB VILLARREAL
JESUS VILLARREAL
JUAN L. VILLARREAL
JULIO VILLARREAL
PEDRO G. VILLEREAL
GEORGE E. VINNEDGE
ROY VIZUETE
JERRY DEAN VOELM
CLEO F. WACHEL
EARL F. WALKER
HOWARD JOSEPH WALKER
JOE C. WALKER
JOE W. WALKER JR.
THOMAS S. WALKER
WALTON H. WALKER
RAY E. WALLACE
JAMES L. WALLS
JESSE J. WALLS
CURTIS L. WALTON
GUSSIE VAY WALTON
DONALD EUGENE WANORECK
JAMES B. WARD
JESSIE WARD
JACK W. WARDLAW
WILLIAM D. WARE
DAVID WARFIELD
GEORGE A. WARREN
CARL LEODIS WASHBURN JR.
JUNIUS WASHINGTON
PERRY L. WASHINGTON
R. A. WASHINGTON
LUTHER N. WATERS
JACK G. WATKINS
ROY R. WATKINS
TRAVIS E. WATKINS
BILLIE B. WATSON
SAMUEL E. WATSON
WILLIAM B. WATSON
DONALD E. WAXLER
SYDNEY WILLIAM WEATHERFORD
JOHN L. WEAVER
HENRY L. WEBB
WILLIE H. WEDGEWORTH
BERNARD E. WEICHMAN
ELTON WELCH
GEORGE THOMAS WELLS JR.
GEORGE W. WELLS
GEORGE WEST JR.
JOHN W. WEST
MILTON MORRIS WEST
RANDELL WEST
WILLIAM H. WEST
KENNETH WESTERMAN
WILLI WESTMORELAND
HENRY N. WHALEY JR.
CHARLES LEROY WHATELEY
HARRY F. WHEELER
JOHN N. WHEELER
NORMAN L. WHITAKER
ROBERT H. WHITE
WILLIAM WHITE JR.
JOSEPH C. WHITEHEAD
ERIC WHITFIELD JR.
ARVILLE E. WILFONG
EDDIE W. WILKERSON
BERTRAM D. WILKINS
JOHNNIE WILLIAM
ARTHUR L. WILLIAMS
BILLY J. WILLIAMS
BOB H. WILLIAMS
CLARENCE WILLIAMS
HENRY M. WILLIAMS
JAMES A. WILLIAMS
JAMES J. WILLIAMS
JAMES MARVIN WILLIAMS JR.
JAMES R. WILLIAMS
LEO H. WILLIAMS
LEONARD WILLIAMS
MARSHALL MCOA WILLIAMS JR.
MILTON L. WILLIAMS
OSCAR WILLIAMS
OTIS C. WILLIAMS
RAY G. WILLIAMS
ROBERT L. WILLIAMS
WINSTON W. WILLIAMS
FRANK WILLIS
JAMES G. WILLIS JR.

UNITED STATES OF AMERICA

 TEXAS

CHARLES L. WILSON
CHARLES R. WILSON
ELMER T. WILSON
FLOYD LEE WILSON
GERALD H. WILSON JR.
HOLLIS GRANVILLE WILSON
HOWARD A. WILSON JR.
WILLIAM DEAN WILSON

EDDIE WINCHESTER
WILLIE E. WINDHAM
PHILLIP RANDOLPH WING
HORACE WINGFIELD
EDWARD R. WINSTON
WARREN BACON WISDOM
BRUCE P. WISE
EUGENE AUGUSTINE WOKATY

MARION M. WOMACK
JUNIOR R. WOOD
ROBERT H. WOOD
CECIL V. WOODARD
JACOB WOODS
JIMMIE D. WOODS
ERNEST A. WOODWARD
WILLIAM K. WOODWARD

AUDREY H. WOOSTER
EDWIN E. WOOTEN
FLOYD WRIGHT
JAMES W. WYCHE
JUAN YANAS
VALENTINE J. YANTA
DAVID YARBROUGH
LIGE YARBROUGH

WILLIAM J. YATES
GERALD R. YOUNG
JAMES H. ZAHORIK
GEORGE E. ZALESKI
ANSELMO ZAMORA
FREDERICK O. ZENTNER
CARL H. ZIMMERMAN

UTAH

ELBERN T. ADAMS
RICHARD NEAL ANDERSON
DAVID A. ARRIVEE
RALPH S. ASHER
WALTER M. ATKIN
JOHN WILLIAM BAUER
NELDON E. BLACKETT
CLARENCE B. BLISS
DELOY BLOOD
THOMAS RICHARD BODELL
GEORGE CHRIS BOLOTAS
THOMAS D. BOYLE
DENNIS B. BRADFORD
ROSS KAY BRAMWELL
WILLIAM F. BROWN
LOUIS B. BRUSSE
WILLIAM R. BURN
BENNY R. CHAVEZ
GILBERT E. CHAVEZ
GEORGE CHRISTENSEN
WARRE CHRISTIANSEN
CLAYTON CONLEY
JUAN BENITO CORDOVA
HOWARD LAMONT CROWSHAW
JAMES L. CUMMINGS
KENNETH L. DANKS
NED E. DAVIES
GLEN ROY DRAPER
BYRON R. DUNHAM

GERALD D. DURBIN
FAY J. DUTSON
CARROL EDVALSON
GLEN R. ELDER
GLEN G. ELUS
CARL JULIUS EVANS
JOSEPH R. FERGUSON
ALFRED L. FRATTO
DAVID W. FRAZIER
JAMES S. GABLEHOUSE
GORDON W. GAGER
JAMES E. GAISFORD
FRANK R. GALLEGOS
DOMINIC GIANCHETTA
ROBERT WHEELER GILLESPI
JOHN J. GLEASON
JAY LESLIE GUIVER
MELISEND GUTIERREZ
EDWARD T. HAMILL
BELTRON R. HANCEY
MARVIN L. HANEY
REED H. HANSEN
GRANT D. HARKNESS
KENNETH W. HIGGS
ARTHUR A. HODGES JR.
FRANK K. HOESCH
HAROLD R. HOLMES
WALTER V. JENSEN
STANLEY C. JENSON

CLAUDE L. JOHNSON
FRANK H. JOHNSON
CLOYCE KEITH
HUGH C. KILLAM
LAMAR ARNOLD KNUDSON
GRANT W. KOYLE
MILTON F. LANG
LORIN H. LARKIN
LAWRENCE OLIVER LARSEN
GLENN D. LATHAM
WILLIAM M. LAYTON
LUKE D. LE FEVRE
FRANK J. LENTE
PEDRO ANTONIO LOPEZ JR.
MANUEL LUCERO
JAMES W. LUND
VERNON LYONS
JAMES A. MAC MILLAN
GRANT W. MADSEN
AUBURN MARR
JOSEPH MARRELLI
LAVON MARTINEAU
JOSEPH A. MARTINEZ
ARNOLD B. MATTHEWS
RICHARD F. MATTHEWS
WESLEY M. MAWSON
LLOYD MC COY
ROBERT D. MC KELL
SPENCER CARL MELDRUM

MORRIS S. MICKELSEN
LEON E. MICKELSON
MILAN E. MILLER
CARLTON E. MITCHELL
THOMAS MONTOYA
MANUEL R. MOYEDA
ROBERT J. MYERS
PAUL M. NESTLER
PAUL N. OAKS
RAWLAND OTTERSTROM
ARNOLD E. PETERSON
DAVID J. PETHEL
ORVILLE P. PHILLIPS
JAMES L. POWELL
WILLIAM S. POWELL
THIEL M. REEVES
VAN W. REYNOLDS
HOMER RICE
ONEIL B. RICHARDSON
MANUEL R. RODARTE
CHARLES E. RODGERS
ALVIN N. RUTHERFORD
VINCENT M. RYAN JR.
JACK J. SAUNDERS
PAUL R. SCHULZE
MARLIN F. SERHAGL
WYLIE PHILLIP SHAFER
WAYNE N. SHIELDS
JACK E. SHIPP

GLEN L. SHUPE
JOHN W. SMITH
JAMES E. STEPHENSON
MAX B. STEVENSON
HOWARD STEWART
WILLIAM H. STEWART
PAUL C. STRICKLER
GERALD JAMES SULLIVAN
DON E. TIBBS
EUGENE LEROY TIMMONS
LAWRENCE S. TOHILL
ERNEST H. TRONIER
DOMINGO TRUJILLO
WALLACE TWITCHELL
PATRI VAN DEWERKER
DONALD L. WADDOUPS
LAGRANT L. WADMAN
WILLIAM EDWARD WAGNER
WILLIAM STERLING WALKER
EARNEST L. WALTERS
DONALD E. WEBB
JACK M. WEBSTER
HOMER G. WEEKS
SAMUEL V. WESTERMAN
DONALD CURTIS WHITE
DESMOND K. WILKERSON

VERMONT

RICHARD F. ABBOTT
ROGER K. ADAMS
CLARENCE AUNCHMAN
CLAIR E. BAILEY
CLIFTON G. BAKER
DONALD B. BASHAW
MARCEL P. BENOIT
ROBERT JAMES BIRD
JOHN P. BOISVENUE
CALVIN HOWARD BRACE
LAWRENCE E. BURKE
PORTER S. CAMERON
DUNCAN A. CAMPBELL
MAURICE F. CAREY
RAYMOND A. CHILDS
MERLE E. CHURCH
RICHARD F. COLEMAN
PAUL F. COUILLARD
EARL H. CRAM

SALVATORE DEPONTI
RICHARD DESAUTELS
GEORGE A. DILLON
HAROLD E. DROWN
FRANCIS WILLIAM ESCOTT
RONALD R. FLEMING
GERALD E. FONDRY
CONRAD F. FORMICA
LARRY F. FOSTER
HERMAN D. GALLANT
FREDERICK GARDNER
LAWRENCE N. GARDNER
MAURICE P. GARDNER
DONALD L. GATES
KENDALL COUR EY GEDNEY
FREDERICK J. GIROUX
BAILEY H. GOLDBERG
STANLEY F. HALL
MARVIN G. HAMELIN

ROBERT J. HAMLIN
CHARLES W. HAZLETT
PAUL IZOR
DAVID B. JENNINGS
LESTER R. KEITH
VERNON R. KING
FRANK E. KINNEY
WILFRED O. LA ROCHELLE
JEAN A. LANCTOT
JOSEPH R. LAUZON
ALBERT N. LEONARD
DWIGHT F. LEONARD
JAMES G. LOWE
RICHARD L. MALLETTE
RICHARD A. MANGAN
DELMAR EUGENE MAY
ROBERT MC CULLOUGH
ARNOLD E. MC KINNEY
ALPHEGE M. METIVIER

REUBEN MILLER
DONALD W. MINER
LEON C. MOREY
FREDERICK M. MUER
RICHARD A. NEARY
ROBERT JELIO NICORA JR.
REINO NOUSIAINEN
MARK G. PAGE
DONALD J. PERKINS
GEORGE A. PERREAULT
RAYMOND E. PHILLIPS
RICHARD E. PHILLIPS
JAMES B. PORTER
ARTHUR H. POST
RALPH O. RAYNES
THEODORE L. RICH
JAMES H. ROBINSON
ROBERT H. ROBINSON
JOSEPH H. SAFFORD

FRANCIS R. SMITH
VERNON D. SMITH
MELVIN A. SWETT
ARLOND M. TANNER JR.
JOHN H. TAPPER
CHARLES E. TOWNE
NELSON E. TRASK
RAY C. TURCOTTE
RICHARD H. WAGNER
DIRCK D. WESTERVELT
ALBERT W. WHITE
ROBERT H. WILLIAMS
GORDON WINCHESTER
JOHN L. WISKOSKI
WESLEY R. WOODBURY
FRANK E. WOODCOCK

VIRGIN ISLANDS

VINCENTE G. ACEDO
SALVADOR ACEVEDO
NICK W. ANGELAKOS
GREGORIO ARAGONES
LAWRENCE L. ARIAS
DOMINO T. AVELINO
MARCELO A. BALANAG
GEORGE F. BALFOUR
LOUIS E. BARTNING
ELIAS G. BASA
EARL F. BAXTER
MURRAY J. BRENNAN
SUPREMO CALVES
LEOPOLDO CASTILLO
DOMINADOR CATAJON
VALENTIN COCA

JUAN A. COMA
WINSTON R. COOPER
SANTOS MODE DE LOS
CLARENCE E. DEON
HENRY E. DOWLING
GILBERT D. FRANCIS
BARTOLOME GARCIA
PAUL H. GLORIA
MOSES G. GUERRERO
SERGIO P. GUIANG
GORDON W. HARCOURT
WAYNE D. HEATH
NORMAN R. HENDERSON
JOE H. IBAY
CLAUDIO ICMAT
ANTONIO H. IGNACIO

ESTEBAN JUAREZ
ANDRE J. KETELE
MICHAEL T. KING
ESIDRO A. LAYCOCK
JOSEPH H. LEVESQUE
JOSE B. LUCIO
PACIFICO MABANAG
CANDIDO MALONZO
ATANACIO MERCADO
CHARLES L. MORRISS
ERNEST A. NAGAI
MANUEL NAVARRA
PEDRO NIEVES JR.
ANTONIO M. OLACHEA
LUCIANO F. OLLERO
AUGUSTIN I. OLNAGAN

SERGIO PAGUIA
ALFREDO PALAD
DOUGLAS A. PARKS
IGMEDIO PATUBO
JOFFREY PEREZ
EVERETT E. POLLEN
LEANDRO L. PURGANAN
BRUNO G. QUITILEN
RAY REMORIN
BARTOLOME S. RIBAC
RICHARD B. ROUSSEL
AGAPITO SABANDO
FELIPE SARMIENTO
JOSEPH E. SAUVE
RALPH F. SMITH
RICHARD TABLANTE

FLABIANO T. TACAZON
PRUDENCIO TALON
MARCIAL M. TANGENTE
IGNESTO J. TORRES
ARTHUR T. TURINGAN
BOB S. VALERA
CELESTINO D. VALERA
MARIO H. VALLE
JOSE G. VIGIL
VINCENT M. WADE
THOMAS J. WARD
JOHN C. WOLFORD

VIRGINIA

JAMES A. ABEL
HAROLD L. ADDINGTON
ALPHONSO ADDISON
SAMUEL ADDISON
JAMES FRANCIS AKERS
RICHARD ALBERT
GEORGE H. ALLEN JR.
JOHN C. ALVIS
THURMAN F. AMMONS
BILLY G. ANDERSON
ROBERT H. ANDERSON
ROY G. ANDERSON
WILLIAM C. ANDERSON
WILLIAM C. ANDERSON
ERNEST L. ANTHONY
JOSEPH H. ANTHONY
DAVID S. ATT
GEORGE W. ARCHER JR.
JAMES L. ARMOLI
MARION L. ARMSTRONG
VALDRED H. ARNOLD
LEONARD L. ARTHUR
ARTIE R. ATWOOD
THOMAS H. ASHLEY
JUAN L. ATKINS
HARRY L. BAGWELL
CLARENCE M. BAILEY
JAMES M. BAILEY
CLAUDE W. BAKER
WILLIAM KENNETH BAKER
CLARENCE P. BALL
JAMES B. BALL
WILBUR S. BANKS
LEROY R. BARBER
CALVIN K. BARBER
RONALD R. BARKER
CARLTON L. BARLEY

CECIL A. BARNETT
GEORGE O. BARNETTE
JIM BOB BURNS
PHILLIP J. BAUGHANS
BILLIE C. BAYNE
RAMON O. BEARSE JR.
WILLARD GREENSLEY
MELVIN C. BECKWITH
FRANK E. BEGUE
DONALD N. BELCHER
EDMOND A. BELL
WILLIAM JOHN BELL
JACK D. E. BELT
JAMES L. BELT
GERALD BELT
CHAS E. BEVERLY
JOHN H. BISHOP
JAMES M. BLACK
BENJAMIN BLACKWELL
DONNIE BLAKEMORE
BENNIE BLAND
DAVID P. BLAND
RANDOL BLANKENSHIP
CURTIS H. BLEVINS
DARDEN H. BLEVINS
JOHNIE BLEVINS
RICHARD L. FLY
SHARON L. BOBBITT
LESTER H. BOERNER
ELMO D. BOGGS
JESSE R. BOLLING
FRANK J. BOLT
DUANE L. BOOMER
LOUIS G. BOOK
WILLIAM D. BOOKER
WOODROW BOONE
CLARENCE JONES

CHARLES E. BOWEN
LAWRENCE BOWLING
CURTIS L. BOWMAN
JOSEPH WISLER BOWMAN
MOSE BOYD JR.
STEWART S. BOYDEN
EDWARD P. BOYKIN
GEORGE W. BRADLEY
RAYMOND F. BRAGG
PHILIP BRAITHWAITE
JACK BRANHAM
PAUL H. BRANNOCK
EDWIN L. BRANSCOME
HARRY B. BREEDEN
IRVIN L. BRENT
MORRIS D. BREWER
BERLEY G. BRICKEY
C. W. BRIGHT
CROKER BRINSON JR.
ROBERT E. BRITT
WILLIAM H. BROOKS
WOODROW BROUGHMAN
BUFORD E. BROUGHTON
ARTHUR L. BROWN
CHARLES L. BROWN
CECIL B. BROWN
GEORGE A. BROWN
GEORGE K. BROWN
JERRY L. BROWN
SAMUEL BROWN JR.
WILLIE E. BROWN
WILLIAM E. BROWN
SID F. BRUCE
JEROME BRUNSON
RICHARD A. BRYAN
JAMES C. BRYANT

VERNON L. BRYANT
GREGORY E. BUFORD
BOBBY L. BURFORD
ROBERT E. BURNETT
HENRY W. BURNETTE
WILLIE H. BURNSIDE
DONALD K. BURTON
HAROLD C. BUSH
CHARLES D. BUSIC
WALLACE V. BUTLER
ROBERT L. BYERLY
CARL BYRD
WILLIAM H. BYRD
SIDNEY C. CABELL
JOSEPH B. CABINESS
JAMES C. CALDWELL
RALPH L. CALE
HOWARD L. CAMPBELL
GORDON E. CANFIELD
DORSEY L. CANTER
JAMES DESMOND CAREY
CHARLES B. CARICO
EDWARD M. CARICO
CHARLES CARR
TERRY L. CARR
WINSTON A. CARR
TERRY L. CARR
HAROLD R. CARROLL
JAMES CARTER JR.
ROBERT L. CARTER
WILLIAM LEE CASCELL
FRED S. CATLETT
WALTON W. CAUDILL
JESUS P. CAUL
WILLIAM M. CAULEY
MILLES ALBERT CAVE
JOHN L. CHAMBERLAIN

VAL D. CHRISTENSEN
STUART B. CHRISTIAN
WILLIAM CHRISTIAN
ROLAND CARTER BUCK
CHARLES M. CLAY
WILLIAM H. CLINE
WALTER R. CLOYD III
ALGERNON SIGLOWE
ALFRED W. CLOWES
BARTON COBISON
BURTIN COERS
MELVIN S. COFFMAN
CARL L. COGGIN
PHILLIP L. COINER
THOMAS E. COLE
DONALD LAMAR COLEMAN
RICHARD R. COLEMAN
EDWARD L. COLLIER
JOHN A. COLLIER
DOYLE COLLINS
RAYMOND J. COLLINS
ROBERT E. COLLINS
WILLIAM H. COLLINS
EUGENE C. COMER
EUGENE A. CONIS
ROBERT H. CONLEY
ALBERT B. COOK
BOBBY C. COOKE
THOMAS EDWARD COONEY
DAVID G. COOPER
JIMMIE R. COOPER
ROY COOPER
GEORGE J. COSTIN
HENRY G. COSTILLO
BILLY E. COUNTS
CHARLES V. COUNTS
WILLIAM COTTERSTONE

UNITED STATES OF AMERICA

VIRGINIA

JANSEN C. COX
ROBERT C. COX
WILLIAM O. COX
ALLEN B. COYNER
HARRY E. CRAIG
RUFUS P. CRAIGHEAD
CLINE S. CRAWFORD
IRVIN T. CREWS
FRED W. CROMER
MILTON V. CROUCH
TURNER F. CULPEPPER
VERNON C. CUSTER
EMANUEL L. DALTON
CHARLES W. DAMERON
BOBBIE R. DANIELS
W. D. DARNELL
FRANK ALLEN DAVIS
HERBERT H. DAVIS JR.
JACK E. DAVIS
WINFRED N. DAWSON JR.
HAROLD D. DAY
WILLIAM L. DE BRUYN
CLARENCE W. DEAL
FRAZIER DEAL
GLEN R. DEALE
LEWIS D. DEAN
HENRY C. DEBOER
HUBERT A. DELPH
STANLEY RAY DENNIS
DANIEL W. DENT
OSCAR L. DEPRIEST
VINCENT V. DIAZ JR.
JAMES A. DICKENS
JOHN N. DICKENS JR.
PAUL L. DICKERSON
WILLIAM DICKERSON
GLENN I. DILL JR.
GILES C. DINGUS
HORACE J. DIVENS
RAY S. DONOHEW
JOHN H. DONOVAN
ROBERT F. DOTSON
HENRY L. DOVE
JAMES A. DRAPER
WILLIAM E. DRESSLER
DOUGLAS L. DRINKARD
HENLEY D. DRUMMOND
JOSEPH J. DUKE
HERMAN C. DUNCAN
RAYMOND EUGENE DUNCAN
RAMON H. DUNNIGAN
ARCHIE W. DYER
ANDREW E. EADS
JAMES SAMUEL EARLES
ELBYRNE O. EARLY
WILLIAM C. EASTE
ROBERT D. EBERT
CHARLES P. EDWARDS
ELZIA M. EDWARDS
JAMES A. EDWARDS
JAMES S. EDWARDS
WILLARD H. EDWARDS
GEORGE BA EICHELBERGER JR.
HENRY EDWARD ELLIS
GEORGE WILLIAM ELMORE
PAUL T. EMBREY
WILLIE B. EMERSON
JACK R. FANNON
ISAAC FARISS
WILLIAM L. FARMER
RAYMOND R. FELTS
CHARLEY FERGUSON
JAMES E. FERN
VERNON C. FERRIS
WILLIAM J. FEURY
BUDDY R. FIELDS
COY F. FIRESTONE
LEVIN F. FISHER
FREEMAN O. FITZ
LAWRENC FITZGERALD
SAMUEL H. FLANARY
THOMAS H. FLEMING
MARSHALL E. FLETCHER
JAMES E. FLOYD
FRANK H. FORNEY
HARRY S. FOSTER
ANDREW F. FOUNTAIN
ALFRED W. FOX
ROBERT L. FOX
JAMES L. FRANKLIN
HUGH R. FRAZIER
JUNIOR E. FRAZIER
JOHN FREEMAN
EARL R. FRENCH JR.
WILLIAM L. FRENCH
KEMPER FULLER
JAMES O. GARDNER
FLETCHER R. GARLAND
GORDON GARNER
CHARLES E. GARNETT
BOBBY R. GARRETT
LLOYD G. GARRETTE
GLENN T. GARRISON
CURTIS C. GAULDIN
NATHAN GILBERT
RUSSELL J. GILBERT
MELVIN JAMES GILLEY
CLAUDE GILLIAM
PATTESON GILLIAM
KNOTS GILMORE
EDGAR S. GLAISE
FRANCIS T. GLASGOW
FRANK E. GLASGOW
HOMER J. GOAD
PRYOR GOBBLE
KENNETH E. GOFF
WILLIAM R. GOINS
DINSMORE T. GOOCH
JAMES C. GOODMAN
WILLIAM L. GOODMAN
ELMORE B. GOODWIN
CLYDE O. GORDON
HOMER G. GORDON
CALVIN C. GRANT
JAMES GRAVELY
JOSEPH T. GREEN
ROBERT B GREEN
WILLIAM JAMES GREEN
ALFRED T GREGORY

LESLIE GREGORY
ALONZO GRIER
ROBERT S. GRIFFITH
WALTER L. GRIFFITH
BOYD F. GRIM
ROBERT L. GRIMSLEY
PAUL E. GUILL
FRANCIS J. GWALTNEY
ALEXANDER R. HAGNER
WAYNE G. HAGY
WILBUR C. HAIRSTON
HERMAN F. HALE
JAMES T. HALE
CARLTON E. HALL
COOPER K. HALL
SAMUEL S. HALL III
CLARENCE HALLIDAY
BOBBIE S. HAMILTON
FRANCIS COLTON HAMMOND
WOODROW IRVIN HANKS
EARL H. HARBOUR
WILLIAM H. HARE
JOSEPH M. HARPER
ROBERT R. HARPER
THOMAS M. HARPER
HENRY C. HARRIS
LAWRENCE HARRIS JR.
RICHARD J. HARRIS
WILLIAM L. HARRIS
ARTHUR HARRISON
HENRY G. HARRISON
PHILIP T. HARRISON
SHIRLEE D. HARRISON
WILLIAM THOMAS HASKETT JR.
JOHN T. HASSELL
DOUGLAS HAMPTON HATFIELD
LUTHER REID HAWKINS JR.
ROBERT C. HAWKINS
RYLAND E. HAYDEN
HARRY G. HAYES
SYLVESTER R. HAYES
THOMAS O. HAYMORE
ROY E. HEAD
HARRY S. HEINKE JR.
HARRY R. HELMICK
HENRY EDGAR HELTON JR.
DONALD JAMES HENDERSON
ERNEST W. HENDERSON
HAMILTON C. HENLEY
ROBERT L. HENRY
WILLIAM F. HENRY
DAROLD D. HENSLEY
LEE HENSLEY
PAUL E. HERRON
IRVIN WOODROW HESS
RICHARD C. HICKS
WILLIAM AUGUSTUS HIGGINS
HAROLD HILDEBRAND
HERMAN E. HILL
CLYDE R. HILTON
CAROL H. HOBBS
HOWARD L. HOBBS
KENNETH W. HOBBS
CHARLES W. HOCKMAN
ODELL A. HODGE
ISHMAEL D. HOGSTON
EVERETTE HOLLAND
RAYMOND F. HOLLIDAY
WILL HOLLINGSWORTH
JACK SINCLAIR HOLLOWAY
WALLACE HOLMES JR.
WILLIAM C. HOLMES
FRANK S. HOPKINS
WILLIAM R. HOSKINS
ZEBULON HOWARD
RALPH O. HUBBELL
WINSTON H. HUDGINS
BENJAMIN RUDOLPH HUDSON
CARROLL W. HUDSON
LEROY HUGHES
GORDON P. HUMPHRIES
COLEMAN C. HUNDLEY
ROBERT R. HUNT
DAVID F. HUNTER
CLARENCE A. HURT SR.
ALFRED O. HUTCHISON
WILLIAM F. HUTTON
ELMER C. ISAACS
GEORGE W. JACKSON
HOWARD T. JACKSON
IRVIN L. JACKSON
JAMES H. JACKSON
JAMES H. JACKSON
ROBERT E. JACKSON
JOSEPH ANTHONY JAGIELIO
EUGENE C. JAYNES
DONALD M. JOHNSON
HERBERT C. JOHNSON
JAMES E. JOHNSON
JAMES J. JOHNSON
JOHN H. JOHNSON
MILTON JOHNSON
WALTER MARTIN JOHNSON
JAMES F. JOHNSTON
ASTON JONES
CALVIN S. JONES
CHARLIE JONES
DAVID JONES
EARL E. JONES
EUGENE V. JONES
ISAAC JONES
JOSEPH H. H. JONES
WILLIE M. JONES
WILLIAM L. JOYNER
JOHN MCLEOD JULLIEN JR.
WILLIAM A. JUSTICE
JOSEPH M. KANNEY
CHARLES A. KELLEY
ERNEST M. KELLY
DAVID K. KEMPER
RANDOLPH L. KENDALL
KELLY K. KENDRICK
LARRY KENNEDY
CURTIS P. KERN
BILLY M. KERSHNER
GEORGE E. KESSLER
TOMMY KINDER JR.
ALFRED HOLOWELL KING
ANDREW K. KING IV

JACK R. KING
THOMAS W. KING
HOWARD C. KINNEY
FRED STEPHENSON KIRBY JR.
BUDDY NORMAN KOEHLER
BERNARD R. KOGER
VEER M. KRAUSE
KENNETH L. LAM
DELBERT M. LAMBERT
DOUGLAS H. W. LAMP
THEODORE LANDY
TYLER E. LANE
LLOYD L. LANG
TOMMY K. LAW
DONALD C. LAWHORNE
JAMES W. LAWRENCE
CARL B. LAWSON
CHARLES L. LEACH
FELIX S. LEE
ALLEN K. LEGGE
DENNIS LEITE
WILLIAM J. LEVI
CHARLIE L. LEWIS
GEORGE W. LEWIS
ROBERT C. LEWIS
STEWART C. LEWIS JR.
JOHNNY D. LIGHT
JOHN W. LING
HENRY L. LIPES
WILLIAM T. LIPSCOMB
HERMAN H. LITTLE
JAMES O. LIVESAY
KENNIS E. LOCKARD
LINDSEY C. LOCKETT
HERBERT H. LOGAN
EMMETT NAPOLEON LONG
JAMES W. LONG
TYSON R. LONG
EMMETT L. LOVE
JOHN RAYMOND LOVELL
CHARLES R. LOVING
JAMES ALFRED LOWE JR.
JAMES EDWARD LOWE
FRANK R. LOYD JR.
HERBERT LUCAS
MARSHALL R. LUCAS
TRENTON R. LYON
HIRAM T. MABRY
DUNCAN A. MAC LEOD
ERNEST MACKEY
WILLIAM A. MACKLIN
BILLY MAINOUS
DONALD W. MANN
JACKIE N. MANN
NATHANIEL FLOYD MANN JR.
ELBERT O. MARKHAM
CHARLES L. MARR
JAMES MARTIN
PAUL EDWARD MARTIN
ROBERT G. MARTIN
RAYMOND R. MARTY
KENNETH C. MASON
ELMORE MASSIE
CLIFTON W. MAUPIN
RAYMOND D. MC AFEE
JACK E. MC ALLISTER
SAM MC CLURE
RICHAR MC CULLOUGH
DELMAR T. MC DANIEL
RAYMOND MC DANIEL
CLYDE A. MC GUIRE
JAMES E. MC KENZIE
RAYMOND MC MILLIAN
WILLIAM H. MC NUTT
CHARLES R. MEADOWS
HOMER G. MEARS
ARNOLD MEIER
JOHN D. MEIKLE
JAMES A. MELTON
RALPH T. MERRILL
THEODORE MILES
ELDEN L. MILLER
EVERETT L. MILLER
ROY W. MILLER
MARVIN L. MILLS
WILLIAMS MILLS
JOSE A. MONTESINOS
JOHN MOONEY
ARTHUR A. MOONEYHAM
DORIS T. MOORE
EARL J. MOORE
JAMES E. MOORE
JOHN H. MOORE
ROBERT B. MOORE
WILLIAM LEE MOORE
WILLIE L. MOORE
JAMES E. MORANY
JAMES P. MORGAN
DONALD F. MORIARTY
RUSSELL A. MORRIS
FLOYD MORTON
JAMES W. MORTON
WILLIAM H. MOSER
BILLY MOSIER
CLAUDE B. MOTLEY JR.
LEWIS D. MOWERY
WILLIAM C. MOXLEY
HOBERT C. MOYE
GLYNDON E. MOYER
SYLVIAN A. MOYERS
PAUL S. MULLINS
DAVE LEWIS MUNSON
VICTOR R. MURRAY
MELVIN R. MUSGRAVE
LEE R. MUSICK
GUY K. MYERS
KENNETH D. NADEAU
HERBERT C. NELSON
JAMES L. NELSON
ROBERT E. NEWSOME
WILLARD E. NICKENS
JAMES B. NOEL
WILLIAM E. OBERRY
HOWARD W. OGDEN
VERNON J. ONION
NELS ONOVER
GEORGE F. OQUINN
JESSIE W. OQUINN
CARLO J. ORTENZI

JESS ALEX OSBORNE JR.
JOHN H. OSBORNE
JOHN H. OSBORNE
JAMES RICHARD OVERSTREET
JACK R. OWEN
ERWIN P. OWENS
JAMES E. PAIGE
HENRY P. PALMER
FLOYD B. PARKER
MILTON L. PARKER
EDWARD C. PARKS
ARKIE BASIL PARRISH
JAMES PARSONS
JAMES PATRICK
JAMES J. PATRICK
JOHNNY L. PATTON
MARVIN S. PATTON
EUGENE E. PAYNE
JOHN T. PEACE
EUGENE P. PEERY
PAUL M. PENTECOST
ALGIE PERKINS
ALBERT A. PERRY
CLEVELAND PERRY
RUSSELL L. PERRY
WILLIE E. PERRY
CHARLES W. PETSCHE
WELFORD B. PEYTON
DENNY POWELL PHILLIPS
WILLIAM H. PHILLIPS
WADE M. PILLOW
JOSEPH L. PINKHAM
FREDERICK D. PINNER
JOSEPH G. PLEASANTS
WILLIAM BOOK POLLARD
LOWELL T. POORE
JAIRUS E. POWERS
JERRY B. POWERS
JAMES E. PRICE
THOMAS J. PRICE
EARNEST PRIDEMORE
RONALD D. PRITCHETT
DEWEY R. PUCKETT
GEORGE E. PULLIAM
JOHN J. PULLIAM
BOBBY L. QUEEN
RONALD RABOYE
ROBERT DOUGLAS RAMSEY JR.
TROY O. RAMSEY
ROBERT RANKIN
ISHMEAL RATLIFF
FRANK LEE RAWLINGS
HOLMAN CALVIN RAWLS JR.
ROBERT A. REED
CLAUDE E. REEDY
ARONES V. REID
ELWOOD D. REYNOLDS
JOHN R. RHODES JR.
ALEXAND RICHARDSON
HAROLD RICHARDSON
PRATER RICHARDSON
WILLIAM F. RILEY
CARROLL ROANE
GEORGE R. ROARK
LEONARD C. ROBBINS
JACK ROBERTS
EARNEST ROBERTSON
FRANK O. ROBINETTE
ROBERT F. ROBINETTE
HOYE L. RODEHEAVER
CARL R. ROGERS
EARNEST I. ROMANS
NOKOMIS J. ROSE
GLOYD ELWOOD ROSEN JR.
HARRISON S. ROSS
RICHARD C. ROSS
JOHN D. ROUSE
VILES C. ROWE
WILLIE ROWE
LAWRENCE G. RULE
FREEMAN C. RUNNETT
GEORGE D. RUSS
BEVERLY E. RUSSELL
JACK P. RUSSELL
LEWIS O. SANDERSON
ROYAL W. SANFORD
ROBERT M. SATCHELL
THOMAS J. SATCHELL
JAMES H. SCARBOR
CURTIS B. SCHOOLEY
SAINT SCHOOLFIELD
AMOS L. SCOTT
CHARLES L. SCOTT
GRATTIN SCOTT
EDWARD B. SCULLION
THOMAS ROBERT SEGAR
ROBERT REED SENTER
THOMAS E. SEWARD
CHARLES L. SEWELL
BOYD S. SEXTON
TALMAGE J. SEXTON
ROBERT F. SHAMBAUGH
ALIN L SHARPE
LIONEL SHAW
ROBERT E. SHAW
JAMES A. SHAWVER
RICHARD T. SHEA JR.
FREDERICK BERLIN SHENK
THOMAS A. SHEPHERD
LOWELL B. SHEPPARD
HERBERT SHIFFLETT
LEONARD W. SHIPP
ERVIN S. SHOLES
MARVIN E. SHORT
REMBERT D. SHULTS
DAVID W. SHUTE
WILLIE J. SILER
JOSEPH D. SIMMONS
ROBERT J. SIMMONS
ROBERT W. SIMMONS
WILLIAM FRANK SIMPSON JR.
CLIFFORD SINCLAIR
JOSEPH F. SISSON JR.
IRVIN K. SKEENS
HENRY J. SKINGER
DONALD C. SLEMP
JAMES C. S' EMP
WILLIAM R. SLUSS
ANTHONY M. SMITH

CHARLES J. SMITH
DAVID B. SMITH
DAVID E. SMITH
DELMA B. SMITH
GARRARD L. D. SMITH
HOWARD R. SMITH
PHILIP C. SMITH
ROBERT N. SMITH
ROY L. SMITH
SHERWIN V. SMITH
WILLIAM D. SMITH
ALVA L. SOUERS
PAUL R. SPEAR
HENRY F. SPEARS
RICHARD L. SPENCE
DAVID J. SPRAGGS
THOMAS C. SPROUSE
WILLIE A. ST. CLAIR
ROY G. STALLARD
WALTER E. STALLARD
HAROLD STALLSWORTH
KENNETH STANLEY
ROBERT E. STEVENSON
JAMES E. STEWART
EDGAR H. STILL
HERMAN E. STINNETTE
GEORGE C. STITH III
REGINALD H. STOKES
SHERMAN M. STOKES
JEROME CARROLL STUART
RALPH C. STURGILL
HARRISON SULLIVAN
ARTHUR CARR SUMMS
EARNEST E. SURBER
HAROLD A. SUTPHIN
ERRETT L. SWEENEY
ROGER M. TANSEY
JOE H. TARPLEY
HARRY E. TATE
JOHN A. TATE
JAMES TAYLOR
PAUL KENNETH TAYLOR
MARK TAYNTON JR.
ANDREW J. TERRELL
BENJAMIN F. TERRELL
CHARLES B. THACKER
ROBERT V. THOMAS
TROY L. THOMAS
WILLIS THOMAS
GENE A. THOMPSON
JAMES R. THOMPSON
WILLIAM R. THOMPSON
ERNEST L. TILLETT
CECIL E. TINSLEY JR.
GEORGE M. TINSLEY
HARRY C. TOLLEY
LAWERENCE TOMLINSON
DANIEL D. TOMPKINS
CLARENCE TONEY
WILLIAM J. TONKER
CHARLES R. TOOMBS
DOUGLAS EUGENE TOTTEN
JAMES L. TOWNSEND
ATLEE BRYN TRAINER
JEBRU TRENT
WILLIAM A. TRIPP
HUBERT P. TRUEBLOOD
ARTHUR E. TRUSLOW
ELWOOD M. TRUSLOW
WALTER M. TUCK
FRANK B. TUCKER
CORBET L. TURNER
ELMER CARLTON TURNER JR.
WINSTON M. TURNER
HARRY G. TWIFORD
GUY L. UNDERWOOD JR.
EARL LESTER VALENTINE JR.
WILBUR VAN BREMEN
JAMES VANNOY
JOHN WILLIAM VARNER
H. T. VAUGHAN
WILSON H. VAUGHAN
CARL D. VAUGHN
JAMES E. VIARS
FREEMAN MCMILLAN WADE
TROY H. WADE
JIMMIE L. WADKINS
JAMES T. WALKER
VINCON WALLING
DAVID F. WALTERS
CARL E. WALTON
JOHN LAURICE WALTON
LUCIUS PREWETT WALTON
MARTIN E. WAMPLER
WILLIE E. WARD JR.
CECIL O. WARE
LARRY D. WARREN
SAMUEL WARREN
WILLIAM B. WARWICK
LOTT H. WASHINGTON
CLARENCE E. WATSON
WALTER CONRAD WATSON
STCLAIR WEBB JR.
DAVID G. WENTLY
VERNON D. WHEELDON
JAMES WHISMAN JR.
SAMUEL E. WHITFIELD
LANKFORD L. WHITMAN
JOHN T. WHITT
ALTON WHITTAKER
HAROLD O. WILDER
JOHN M. WILDY
RALPH C. WILKINS
CURLESTER WILLIAMS
FLOYD B. WILLIAMS
HERBERT H. WILLIAMS
ROBERT H. WILLIAMS
ROBERT L. WILLIAMS
SIMMUEL L. WILLIAMS
WILLIE WILLIAMS JR.
PERRY WALON WILLIS
CARLTON R. WILLS
ROBERT W. WILMOTH
HOMER C. WILSON
JAMES E. WILSON
THOMAS P. WILSON
JOHN T. WITT
JAMES F. WINCKLER
SAMUEL F. WINFIELD

45

UNITED STATES OF AMERICA

VIRGINIA

BENJAMIN WINIKOFF
FREDERICK W. WINTER
MERL D. WIRT
EARL E. WISE

EDWARD R. WOMACK
KING S. WOMACK
JOSEPH E. WOOD
TOM J. WOOD

EDWARD C. WOODROOF
EUGENE THOMAS WOOLRIDGE
DONALD B. WORLEY
ROBERT J. WRIGHT JR.

ALFRED E. WYAT
BILLY D. WYATT
HERBERT G. WYATT
ROY F. WYNN

JAMES E. YOUNG JR.
JOHN M. YOUNG
WILBUR H. YOUNGMAN JR.

WASHINGTON

EDWIN E. ADAMS
JUNIOR MERLE ADLER
CARLO L. ALBI
MARION L. ALES
ACE ALLEN
HOWARD ALLEN ALLENDER
ROBERT W. ALLYN
ALBERT S. ANDREWS
JOSEPH APPENFELDER
ALEXANDER D. ARICK
JAMES EDWARD ARNOLD
ARTHUR A. ARVESON
CHARLES ARTHUR ASTLEY JR.
ARTHUR MYLES AUSTIN
CLAUDE E. BACHTELL
EDMON S. BAINBRIDGE
LEON BAIRD
LESTER V. BARCHESKY
DONALD A. BARE
JOHN E. BARTON
JESSIE E. BAUER
JAMES E. BEALS
SHERMAN RANDOLPH BEATY
CHAUNCEY AUBRE BENNETT JR.
DANIEL F. BENTON
MARVIN LELAND BERG
RICHARD W. BERG
PERRY MCPHAIL BEVENS
ROBERT R. BLACK
WINFIELD M. BLACK
LARRY L. BLAIR
ROBERT BLANCHFIELD
RAYMOND U. BLOOM
JOHN A. BOEHM
EVERETT H. BORLEY
GEORGE LEO BOSWELL
LEONARD R. BOUGHAN
WILLIAM C. BOURKE
FREDERICK WILLIAM BOWEN
ALTON C. BOYD
WAYNE J. BOYK
PALMER SYLVESTER BRAATEN
GEORGE D. BRADO
GEORGE H. BRAINARD
JAMES L. BRAMBO
FLOYD P. BRANT
EARL BENNETT BRATBACK
KENNETH L. BRIDGER
JOHN C. BRINSMEAD
IVAN P. BRISTOW
DONALD BROMELING
DOMINIC A. BRONELE
ROY E. BROOKS
CHARLES W. BROWN
CLARENCE J. BROWN
EMORY L. BROWN
JAMES B. BROWN
KENNETH O. BROWN
PAUL W. BRUMLEY
JERRY E. BULLARD
WAYNE H. BURDUE
LAWRENCE V. BURKE
RAYMOND M. BURNETT
GLEN D. BUTLER
WILLIAM R. BUTZ
JOHN L. CABLE
WILLIAM L. CALFEE
DONALD B. CAMERON
EDWIN A. CAREY JR.
JOHN H. CARLSON
THOMAS HARRY CASE
JACK M. CASH
JOHN W. CHANDLER JR.
JOSEPH CHARLES JR.
GEORGE L. CHEATEM
JOHN CHRISTIANSON
WAL CHRISTOFFERSEN
LORIN D. CHURCH
JOHN ANTHONY CIMA
RICHARD E. CLAPP
ANTHONY DAVID CLUFF
KENNETH C. COGDILL
RALPH R. COLE
ROY J. COLLINS
MELVIN E. CONSTABLE
PASQUELINO JO CONSTANTINO
BILLIE J. COOPER
CROWDEN CORNETT
WILLIAM J. COSTELLO
FLOYD SAMPSON COX
PAUL D. CRAWFORD
BARRY HALL CRESSMAN
GEORGE ROBERT DUANE CROSS
JOHN THEADOR CROSSMAN
CECIL W. CULDICE

ROBERT V. DAMON
RICHARD A. DANIEL
EDWARD DALE DARCHUCK
RAY J. DARCY
ROBERT L. DAVID
AUSTIN DAVIS
HARRIS N. DAVIS
M. L. DAVIS
CHARLES M. DAY
MELVIN L. DEHART
THEODORE DELPLAIN
STUART A. DEWALT JR.
RONALD W. DIBBLE
CALVIN S. DICKERSON
JAMES WALLACE DONAGHE
MORGAN L. DOWNS
DELBERT R. DRAKE
LOUIS DALE DRAZEY
FRED F. DRIVER
JOHN GEORGE DRUZIANICH JR.
FRANK J. DUCHARME
JAMES HAROLD DUNCAN
JOSEPH N. DUPUIS
SETH DEAN DURKEE
BILLIE J. DUTTON
JOHN F. EDDY
DONALD L. EHELER
JAMES H. ELLIS
WILLIAM E. ENAS
WILLIAM KENNETH ERIMAN
JOSEPH A. ERRIGO
WILLIAM ESSMEIER
WAYNE ESTEP
LEO E. EUTSLER
HAROLD A. EVANS
HERMAN FELHOELTER
WILLIE FELLOWS JR.
LEO D. FELS
JAMES T. FERGUSON
VIRGIL L. FISHER
STANLEY MERWIN FLEENOR
LEONARD J. FLETT
EDWARD A. FLOM
JOHN C. FLOYD
CLYDE N. FOSTER
ROBERT A. FOSTER
ERVIN A. FRICKE
EUGENE FUNKHOUSER
LESTER J. FURSETH
ISAAC FURUKAWA
EDWIN L. GALARNEAU
ALBERT W. GARLAND
ERVIN A. GEBHARDT
ROBERT E. GENTRY
GORDON J. GETTMAN
DON E. GIBSON
BILLY M. GILBERT
LAWRENCE J. GILMORE
LELAND CLAIR GODFREY
THOMASO GOLDSBERRY
WILLIAM J. GOODWIN
WILLIAM BENNETT GOSSETT
RONALD THOMAS GRAHAM JR.
DALE P. GRAY
GEORGE H. GRIFFITH
CHARLES J. GUILE
MARVIN L. GUNNS
WILBERT EDWARD HABAKANGAS
FRED G. HALL
CHARLES HAMERQUIST
GENE E. HAMILTON
AMBROSE B. HAMMERED
JOHN FORREST HAMRICK
JACK HANLEY
BERNARD N. HANSEN
FLOYD H. HARKINS
JACK E. HARRIS
ROBERT G. HARRIS
HOWARD F. HART
CLARENCE G. HARTLEY
ELTON J. HARWELL
GORDON EDWARD HASKELL
CHARLES J. HASTINGS
RICHARD EVERETT HAWLEY
MELVIN BLAINE HAYS
ELBERT E. HEARD
LOUIS M. HEDIN
RICHARD HEIMBIGNER
RICHARD RAYMOND HELTSLEY
FRANK H. HEMBREE
JOSEPH L. HENDRICKS
BRUNO R. HENKE
RAYMOND LEE HERGERT
JOHN HERNANDEZ
WILLIAM HERRINGTON

KENNETH A. HICKS SR.
FREDERICK HIGGINS
WAYNE R. HILL
HERMAN H. HODGE
KENNETH A. HOGAN
RICHARD L. HOLMES
PATRICK WILLIAMS HOOLAHAN
HAROLD E. HORTON
THOMAS SAMUEL HOY
LAMAR G. HUDSON
WALTER N. HUGHES
ROBERT G. HUNT
NORMAN W. JACOBSON
LARRY P. JAMES
DALTON M. JENKS
RICHARD A. JENSEN
WAYNE FREDERICK JENSEN
JOHN M. JERRED
EUGENE P. JOHNSON
FRED A. JOHNSON
JOHN R. JOHNSON
NORMAN JOHN JOHNSON
RONALD H. JOHNSON
WILLIAM Z. JOHNSON
WILLIE D. JONES
EVERETT M. KARR
WILLIAM R. KEENAN
ROBERT W. KELLER
DONALD LORANE KELSCH
EDWARD L. KENNEDY
JESSIE JUNIOR KESTNER
ROBERT E. KEY
CHARLES O. KILLIAN
DELORAINE M. KINGSBURY
DARELL D. KIRSTINE
WALTER DEAN KNOTT
JEROME FRANCIS KNUTSON
ANTHONY A. KOCH
JOIE KORTE
MELFERD L. KOSTOFF
IVAN E. LACY
JAMES T. LADD
HAROLD J. LAKE
HAROLD L. LAMPSON
LAWRENCE E. LARSEN
DURFEE LARSON
RICHARD E. LARSON
WILLIAM ROLAND LAUNDRY
MILTON E. LAWSON
JOHN N. LEARY
KENNETH ROLAND LEE
HENRY LEENSTRA
KARL LEONBERGER
DAVID E. LINDENAU
ROBERT T. LINDSEY
ROY W. LINNE
KENNETH C. LIPSHITZ
JACK NETTA LOCKHART
DONALD G. LONG
GALEN L. LYON
JACK W. LYTLE
JAMES W. LYTLE
CHARLES E. MAC NEIL
WILLIAM A. MACHEN
DALE L. TAGERS
GEORGE A. MAITLAND
MILTON L. MAJETTE
ROBERT SYLVESTER MANDICH
NATHERENE C. MARETT
ROBERT CLIFFORD MARTELL
BOBBIE G. MARTIN
ALWIN L. MASON
RALPH E. MASON
CLIFFORD HENRY MAST
HAROLD A. MASTERSON
LAFE H. MATERNE
DOUGLAS N. MATHESON
DONALD F. MATTHEW
DALE I. MATTSON
WALTER A. MATTSON
RAYMOND B. MAXWELL
CHARLES E. MAYRAND
WILLIAM MC CAFFERY
MAURICE MC CLELLAN
JOHN E. MC COY
GEORGE J. MC DONALD
BOB D. MC ELHANEY
PATRICK MC ELHOLM
MILLARD MC INTIRE
CONNIE C. MC KAY
DONALD L. MC KEON
ALFRED L. MC MEEK
ROLAND J. MELBYE
KENNETH N. MELLICK
STANLEY BRUCE MERCHANT

FELIX MICHAELISKI
GORDON G. MICHEAU
REX B. MIDDLETON
FLOYD GAY MILLER
ROBERT E. MILLER
RUSSELL R. MILLER
EDWARD J. MOLONEY
EDGAR EUGENE MOORE
EDGAR BENEDICT MORK
WALTER MOSES JR.
ROBERT W. MOUSER
BILL T. MULKEY
JOE L. MURPHY
LEONARD A. MURPHY
HARVEY A. MYKRANTZ
GEORGE R. NASET
BENJAMIN F. NELSON
ENEAS JOHN NENEMA
LYLE L. NESBIT
JOHN W. NETKA JR.
CURTIS T. NEUE
FRED G. NEVILLE
CHARLES NEWELL
LEONARD H. NEWMAN
RONALD CLYDE NICKLOS
HARRY L. NIEBEL JR.
ELWYN D. NORDYKE
HAROLD NELS NOTSUND
JOHN HENRY NYHUIS
FRANK OBZINA
JIMMIE L. ODEN
RICHARD FLOYD OGBURN
CARL C. OLSEN
EUGENE PAGE OLSEN
HAROLD H. OSBORNE
NEIL ROGER OSTERBERG
DONALD RAYMOND OVERTON
BERT OYA
LEO M. PACKER
FRANCIS EDWARD PAINTER
ANGELO C. PARISE
JOHN F. PARISH JR.
RUDOLPH PASCHBECK
RAYMOND T. PEARSON
WALTER G. PEHLING
WILLIAM PENINGTON
JAMES F. PERONTO
FRANK W. PERRY
KENNETH OWENS PERRY
LYCE E. PETERSON
PETER GORDON PHILLIPS
CLARENCE D. PICKENS
JAMES E. PIER
EDWARD E. PIERCE JR.
CLAY H. POLLEY JR.
ROBERT L. POMERENE
HAROLD B. PORTER
SAMUEL B. POWELL
GLEN L. PRATT
PARKER H. PRATT
ROBERT D. PRATT
ROBERT GUY PRICE
WILLIAM E. PROCTOR
CARL R. PUETZ
WILLIS H. PURDY
JAMES EUGENE PUTNAM
CHARLES H. QUASIUS
ROBERT D. QUATIER
JOHN RACICH
WALLACE JORDAN REID
MORRIS FREDRIC REISINGER
FLINT B. RICHARDS
ROBERT E. RICHMOND
HUGH ALEXANDER RIDENOUR
ALFRED L. RIST
CHARLES F. ROBBINS
CLAYTON L. ROBERTS
GORDON L. ROBINS
GEORGE S. ROGERS
SYDNEY C. ROSE
NORMAN ROSECRANTS
ARTHUR LEE ROSS
PAUL J. ROY
RAYMOND E. ROZYKA
GEORGE E. RUCKT
ROBERT MCFADDEN RUSSELL
WALTER R. RUSSELL
PHILLIP W. RYDBERG
ROLPH JOHN SAGDAHL
DENZIL G. SAMSEL
ANTOINE T. SAMUELS
GERALD E. SANDERS
JACK D. SANDERS
HERMAN SANTISTEVAN
JACK SAUM

VICTOR SAWINA
THEODORE SCHIERMAN
ORIS JULIUS CARL SCHMIDT
ROBERT G. SCHOENING
RANDOLPH TAYLOR SCOGGAN
JACK R. SEXSON
ROBERT D. SHANKS
WILLIAM F. SHAW
ROBERT EMMETT SHEEHAN
GLENN E. SHELL JR.
ROBERT L. SHEPPARD
HERBERT D. SHUCK
EARL V. SHUCKHART
WILLIAM R. SIGLER
DONALD DEAN SLY
DONNELLY FRANK SMITH
DOUGLAS Y. SMITH
HOWARD EMMERSON SMITH
MARCEL ALBERT SMITH
ROY H. SMITH
GLENN A. SNIDER
IVAN J. SNYDER
RICHARD W. SOLOMON
HAROLD SPARKS
DAVID B. SPELLMAN
ALBERT WILLIAM SPENCER
ELMO M. SPILLER
HERBERT SPOONEMORE
MELVIN R. STAI
ERNEST E. STALLINGS
GLEN JAMES STANLEY
JAMES A. STEELE
GEORGE R. STEPHENS
BENNY GEORGE STOCKERT
JAMES R. STROUP
LLOYD SPENCER SULLIVAN
LEONARD E. SUNDBERG
LARRY D. SUNDQUIST
EDWARD L. SUNKEL
DANIEL H. SUTTON
RAYMOND D. SUTTON
GEORGE ANDREW SVICAROVICH
GLEN J. TALKINGTON
DONALD WALFRED TALL
DAVID SCOTT TAYLOR
KENNETH W. THOMAS
LEE J. THOMPSON
BRIAN BERNARD THORNTON
ROBERT LEE THOSATH
REUBEN W. TIEGS
DONALD GEORGE TITUS
RICHARD L. TOM
RICHARD R. TRENHOLM
WILLIAM P. TRINEN
LARRY DENIS TURNER
ALLEN H. TUTTLE
LEONARD E. TYE
JOSEPH VALENCOURT
LOYD A. VAN ALLEN
HENRY W. VAN HARN
MELVIN DANE VARNER
GEORGE VELLIAS
HAROLD A. VIZINA
MITCHELL VLAHOVICH
OSCAR W. WAGNER
LELAND R. WAGNER
MARVIN L. WARNER
LAWRENCE JOHN WATSON
JEFF L. WEAVER
WILLARD D. WELLS
CHARLES P. WENZL
CARL AMOS WEST
STANLEY R. WEST
CECIL W. WHITE
ROBERT M. WILLETT
NATHANIEL WILLIAMS
RAYMOND CLAIR WILLIAMS
ROBERT ALLEN WILLIAMS
BRUCE S. WILSON
JOHN B. WILSON
HARLAN R. WINKLER
GORDON L. WISE
LAWRENCE R. WOFEORD
HAROLD H. WOOD
DELBERT D. WOODRUFF
CLYDE LEE WOOLERY JR.
JOHN B. WRIGHT
MARTIN D. WYNALDA
MELVIN D. YORK
ELMER J. YOSHIHARA
JERRY JOSEPH ZANETTI
ROBERT L. ZEUMAULT

WEST VIRGINIA

LESTER W. ABSHIRE
LOREN V. ADAMS
WILLIAM H. ADAMS
CLIFFORD ADKINS
FLETCHER ADKINS
HATTEN ADKINS
MILREY B. ADKINS
VIRGIL B. ADKINS
BOBBY E. AKERS
ESTELL C. ALBERTY
CHARLES R. ALBRIGHT
LEO ALLEN
DWAIN K. ALT
JAMES R. ANGUS
EUGENE E. ARBOGAST
JAMES S. ARMENTROUT
ERVIN L. ARNOLD
WILLIAM R. ARTHUR

JOHN ARTIS JR.
WILLIAM O. ARTRIP
CHARLES R. ATHEY
CLARENCE N. AUST
SESCO L. BAILEY
CHARLES E. BAKER
FRED BAKER
CECIL R. BALL
OLIVER BALL JR.
CLARENCE C. BALLARD
CHARLES M. BANKS
FRANKLIN D. BARBE
ELMER L. BARKLEY
PAUL C. BARNHOUSE
SILAS F. BARRETT
GEORGE M. BARRICK
GERALD H. BARTHOLOW
DONALD O. BARTLEY

HOWARD R. BARTON
JAMES C. BARTRAM
EDWIN R. BASHAM
JIMMIE D. BAYS
BANDY BEAVERS JR.
THOMAS L. BEAVERS
EDWARD BELLFLOWER
JAMES A. BENGER
BOYD J. BENNETT
CLYDE W. BENNETT
HOYT J. BENNETT
JENNINGS H. BERDINE
GEORGE W. BERRY
JOHN S. BETTEM
LEO E. BEYER
ERSEL BEYLOCK
DONALD CLEYS
ROBERT FIELDS

OVAL O. BICKEL
GARY A. BIRKHIMER
DAVID EARL BISHOP
ROY B. BLANKENSHIP
CHESTER BLEVINS
PAUL BLEVINS
GUY BLOSSER JR.
JACKEY D. BLOSSER
STANLEY A. BLYE JR.
ROBERT C. BOCKEY
BRUCE D. BOETTCHER
EARNEST H. BOGGESS
ALBERT W. BOLAND
GERMAN C. BOLEN
HERBERT E. BOLEY
DENVER HENRY BOLING
RICHARD LESLIE BOLYARD
FRANK L. BONAR

WETZEL Z. BONAR
ELIHUE BOND JR.
HARVE BONDS JR.
JOSEPH BOOKER
GILBERT H. BOOTH
TRUMAN L. BOOTH
MARVIN L. BORROR
WALTER O. BORROR
FRANK BOSTIC
CHARLES L. BOSTICK
JAMES R. BOWEN
MORRIS A. BOWLING
JAMES G. BOWMAN
CHARLES W. BOYD
CHARLES W. BRADLEY
ORVAL R. BRAGG
REUBEN R. BRAGG
BERNARD LEE BRANDFASS

UNITED STATES OF AMERICA

WEST VIRGINIA

JOHN CABELL BRECKINRIDGE
CHARLES BREEDEN
VIRGIL L. BREEDLOVE
CLYDE I. BREWER
GILBERT D. BRINSON
IAUNO OLIVER BROOKS
ALONZO W. BROWN
CHARLES JOSEPH BROWN
JAMES W. BROWN
LOYD O. BROWN
THOMAS BROWN
WILLIAM EDWARD BROWN
BILLY J. BROWNING
JAMES E. BROWNING
CLARENCE BUCKLAND
STANLEY E. BULLOCK
DONALD V. BURCHETTE
RICHARD G. BURDETTE
ROBERT M. BURDETTE
PRESTON M. BURGESS
ROBERT H. BURKE
SILAS BURKS
CHARLES E. BURLEY
ROBERT M. BURNETTE
FRED BURNS JR.
JULIAN W. BURNS
PAUL J. BURNS JR.
LEVI BURS
REUBEN H. BUSH
KENNETH BUTCHER
CONLEY E. BYRD
JAMES EDWARD CAIN
ADOLPH C. CALLOWAY
BOBBY CLANTON CANTERBERRY
LUTHER E. CANTLEY
EARL E. CANTRELL
PAUL E. CANTRELL
PAUL M. CARDER
BERNARD E. CARR
GEORGE D. CARR
MARVIN DEXTER CARR
JAMES CARROLL
JAMES R. CARTER
RAY CARTER
JOHN E. CARVER
WILLARD S. CAVE
JAMES CEASOR
GEORGE T. CECIL
ALDEN R. CHAFFIN
ROBERT E. CHAFFIN
LESLIE D. CHAMBERS
OSRIC E. CHAMBERS
JAMES O. CHANDLER
TEDDY R. CHANDLER
FRED CHARNOW
JAMES N. CHILDRESS
GERALD A. CHOATE
BOYERS MORGAN CLARK JR.
CLIFFORD E. CLARK
RAYMOND L. CLARK
WARREN M. CLARK
WESLEY H. CLARK
ROBERT CLAT WORTHY
CHARLES L. CLAYTON
DENVER R. CLAYTON
DELMON CLEAVER
HAROLD C. CLINE
PARKER L. CLINE
FRANK A. COBURN
DONALD R. COCHRAN
RONAL W. COFFMAN
CHARLES O. COGAR
JOHN C. COLEMAN
CLAUDE E. COLLINS
WILLIAM K. COLLINS
CLORAL L. COMER
PETE CONLEY
HENRY CONSIGLI JR.
JEAN R. CONYERS
CHARLES W. COOK
LEWIS D. COOK
VIRGIL COONTZ
BOYD L. COOPER
JOHN W. COOPER
DELBERT L. COSNER
CHARLES A. COSTELLO
JOSEPH P. COSTELLO
DONALD COTTRELL
ARTHUR R. COTTRILL
ROBERT E. COTTRILL
RICHARD C. COULTER
PAUL D. COX
WILLIAM G. CRADDOCK
CHARLES E. CRISS
EVERETT LLOYD CRIST
WILLIAM C. CROOKHAM
LLOYD B. CROSBY
JOHN B. CROUSE
ALLEN B. CROWELL
JAMES E. CROWL
DANIEL CUNNINGHAM
EUGENE CUNNINGHAM
KENNETH CUNNINGHAM
HAROLD CUTLIP
FRED J. DAILEY
WILLIAM S. DAMRON
BUSTER L. DANIELS
WELLINGT DAVENPORT
HOWARD JOSEPH DAVIES
FRANKIE L. DAVIS
HAROLD W. DAVIS
SAMUEL DAVIS
JAMES E. DAY
JOHN R. DE MUNDO
DANIEL D. DECREASE
ROBERT F. DEEM
WILLIAM A. DENT JR.
ROBERT C. DETAMORE
MARK W. DICKMAN
CHARLES L. DILLION
TENNIS DILLON
BERNIE DINGESS
HARRY R. DOBBINS
ROBERT R. DODD
DALLAS M. DOTSON
JAMES A. DOWER

RAY EDWARD DOWLER
ALBERT S. DRESS
JAMES H. DUCKWORTH
CHARLES L. DULANEY
WILLIAM J. DUNCAN
DONALD CLINTON DUNKEE
ALVA F. DUNLAP
DELCHER F. DUNLAP
BILLY DWIER
WILBUR C. EAGLE
EUGENE G. EASTMAN
CARL W. EDWARDS
CARL EGGERS JR.
VERNON ELLIFRITZ
JAMES C. ELLIOTT JR.
WANDAL R. ELLIS
JOHN BOB ELWELL
EDWARD R. EVANS
WILLIAM E. EVANS
JOHN W. FAIN JR.
UNO E. FALIN
HENRY J. FALK
GEORGE A. FALLS
EARL J. FARLEY
HOMER C. FARLEY
GEORGE R. FARMER
GUSS R. FARR
BOBBY M. FERGUSON
CARLOS E. FERGUSON
GOERGE D. FIELDS
CLYNE C. FISCHER
ARLIS H. FISHER
JOHN A. FISHER
CARL J. FITZWATER
RICHARD ARTHUR FLANAGAN
ROBERT L. FLINNER
CORNELIUS H. FLINT
JAMES B. FOGGIN
ROMA CARL FOGLESONG JR.
DONALD K. FOSTER
VIRGIL L. FOSTER JR.
MURRY NEIL FOWLER
LANTY R. FRAME
OTHAR C. FRENCH
KENNETH J. FREY
JUNIOR F. FROCK
DAVID FRYE
IRA J. FULKS
ORLAN J. FULKS
LEONARD L. FURBEE
CHARLES GAINS
PAUL E. GALLOWAY
ERNEST E. GETTS
GEORGE W. GIBEAUT
DENNY J. GIBSON
LONNIE E. GIBSON
LUTHER E. GIBSON
HUME ANDERSON GILES JR.
HARLES GILL
CHARLES W. J. GILLES
HOMER B. GILLEY
ROBERT L. GINGER
DALLAS L. GIPSON
CHARLES H. GLOVER
HOWARD GODWIN JR.
BERNARD GOLDING
HAROLD B. GOLDSMITH
RAYMOND GOLDSMITH
DONALD H. GONANO
LOUIS PAUL GORRELL
BILLY J. GRAHAM
WILBERT W. GRAMMER
ROBERT H. GRAY
DAVID A. GRAYBEAL
DONALD R. GRAYBEAL
HOWARD J. GREAVER
ANDREW L. GREER
JOHN A. GREER
WALTER M. GREER
IVAN E. GREGG
GLEN W. GRIFFIN
BOBBY E. GRIFFITH
CHARLES GRIGELIS
OLIVER E. GRIMMETT
WILLIAM E. GROSE
MELVIN R. GROUNDS
ALVA C. GROVES
CARL R. GRUBB
CHARLES H. GRUBB
DAVID MORRELL GRUBB
ROBERT L. GRUBB
WILLIAM K. GUM
WILLIAM L. HACKNEY
HALLIE E. HAGER
RUSSELL D. HAGER
MORRIS E. HALEY
CHESTER I. HALL
GALE HALL
RUSSELL L. HALL
VINCENT R. HALL
FLAVY C. HAMRICK
HAYWARD J. HAMRICK
HAROLD C. RANSHAW
WILLIAM R. HANSHAW
KESTER B. HARDMAN
WILLIAM A. HARLESS
HUBERT HARMON
DONALD G. HAROLD
LEE A. HARPER
RICHARD S. HARPER
WILLIAM L. HARPER
ELBERT D. HARRISON
ROY ERNEST HARRISON
LEWIS S. HARSHER
DONALD LEE HART
CECIL HATFIELD
ROBERT L. HATFIELD
GEORGE E. HAWKINS
ROY C. HAYNES
CHARLES T. HEADLEY
LEONARD HEBB
HOWARD E. HEDRICK
LEONARD A. HEDRICK
CARL F. HELMAN
HOWARD KENDERSON
EDWARD L. HENDRICKS

ROBERT M. HENSLER
ELDRED J. HENSLEY
HAROLD L. HICKMAN
THURLE L. HILEMAN
CHARLES E. HINTE
HOWARD R. HOCE
OTMER F. HODGES JR.
ROY W. HOLLENBAUGH
JOHN F. HOLLEY
THOMAS E. HOLLEY
SONNIE L. HOLMES
EVERETTE T. HONAKER
ROBERT E. HOOVER
HAMILTON P. HORNER
JOSEPH H. HORNER
WALTER C. HORNER
WILLIAM D. HORNER
JAMES D. HOUGHTON
WILLIAM HOWELL JR.
RONALD C. HUFFMAN
WILLIAM H. HUFFMAN
HOMER WYLIE HULL
RAY D. HUNT
ALLEN EDWARD HUNTER
EMORY E. HYLTON
LONNIE B. HYLTON JR.
JACK R. HYRE
JAMES L. INGRAM
EDWARD M. JACKSON
JOHN W. JACKSON
DAVIS B. JAMES
CHARLES E. JARRELL
LONNIE RAY JARRELL
JAMES H. JEFFERSON
GEORGE W. JOHNSON
THOMAS D. JONES
ARCHIE A. JORDAN
LESTER L. JORDAN
DENZIL L. JUDY
EDWARD P. JURISTY
HERBERT JUSTICE
WILLIAM H. KEARNS
ROLAND T. KEESEE
HAROLD O. KEISTER
HAROLD WADE KELLER
KENNETH E. KELLEY
ANDREW R. KETTERMAN
RUSSELL KIBLINGER
ERNEST W. KIMBLE
JOHN DAGUE KIMMINS
CHARLES B. KINCAID
JAMES E. KINCAID
LONNIE H. KINCAID
RICHARD H. KINCAID
ROBERT KINCAID JR.
BLAINE D. KING
DARRELL L. KING
JAMES E. KING
TRAVIS N. KISER
JAMES J. KITTLE
CARL D. KITZMILLER
OTHELLO C. KNAPPER
WILLIAM V. KOLBERG
RICHARD CLYDE KUHN
DARWIN K. KYLE
DALE M. LAFFERRE
CHARLES ARNOLD LAMBERT
IRVIN E. LANEHART
MARVIN EDGAR LANTZ
PAUL A. LASSAN
JAMES L. LAXTON
THOMAS A. LAXTON
WILLIAM M. LEAKE JR.
WILLIAM C. LEE
FRANK R. LEGG
MANCEL N. LEGG
HOMER LEICHLITER JR.
WALTER T. LESTER
WILLIAM A. LESTER
HAROLD W. LEWIS
LAWRENCE L. LEWIS
WILLIE ENCIL LEWIS
RAY K. LILLY
KEITH L. LINGLE
BASIL LINKINOGGER
GOLDEN W. LINKOUS
RICHARD R. LIPES
EUGENE B. LIPPS
WILLIAM J. LITMAN
ROBERT F. LOHR
WARREN G. LONG
ARTHUR C. LOSH
KENNETH H. LOTT
ARNOLD LOUDERMILK
BILLY J. LOVE
JAMES R. LUCAS
JAMES E. LUNSFORD
ROBERT B. LYALL
CLARENCE P. LYKINS
ELVIN H. LYONS
BUHL J. MACE
JACKIE N. MACE
HARRY MACHNICKI
ALLEN T. MADDY
WALTER E. MADDY
HARRY E. MALLERY
ELIJA KEITH MANNING
CHARLES E. MARCO
FRENCH E. MARSH
JAMES E. MARSHALL
CLYDE H. MARTIN JR.
DAVID J. MARTIN
ELMER E. MARTIN
JIMMIE G. MARTIN
LELAND W. MARTIN
KENNETH A. MASER
ROBERT L. MASON
EMMET P. MASTERS
ROY C. MATHESS
HOWARD W. MATHEW
GEORGE E. MAYLE
ELBERT J. MAYYARD
RALPH J. MAZZAGFO
WILLI MC CALLISTER
A'TON MC CLANAHAN
AUBREY C. MC CLUNG

JAMES L. MC CLURE
CHARLES MC CORMICK
PAUL E. T. MC COY
CHARLES MC DANIEL
ROBERT J. MC FEE
CHARLES L. MC GUIRE
PAUL H. MC HENRY
BILLY R. MC KINNEY
EDWARD M. MC KINNEY
PRESTON MC KNIGHT
GUY W. MC NEELY
STEWART J. MC NEIL
RUSSELL H. MC QUAIN
VANCE B. MC WHORTER
CLARENCE E. MCGUINESS
FREEMAN R. MEADE
ANDREW J. MEADOWS
ERNEST C. MEADOWS
HOBERT E. MEADOWS
TORRES SAM MERCADO
LAWRENCE MEREDITH
JUNIOR E. MICHAEL
WILLIAM F. MICHAEL
GERALD DONALD MILES
ANDREW L. MILLER
JACK H. MILLER
ROBERT C. MILLER
TRENTON S. MILLER
ALFRED E. MITCHELL
ANCIL A. MITCHELL JR.
RAYMOND E. MITCHELL
WILLIAM L. MITCHELL
ARNOLD S. MITCHEM
PAUL MITCHEM
EUGENE MOATS
HERBERT A. MOATS
WENDEL R. MOLES
JAMES E. MONTGOMERY
HAROLD B. MOORE
HOWARD E. MOORE
OREN RICHARD MOORE
JACK H. MORAN
DAVID L. MORGAN
ALBERT H. MORRIS
HUGH J. MORRIS
JAMES K. MORRISON
FRENCH MOUNTS JR.
DELBERT E. MULINEX
MALCUM MULLINS
MYLES L. MULLINS
THOMAS GENE MULLINS
JESSE MUNCY
JAMES S. MURRAY
GEORGE D. MYER
OLEN FRANKLIN MYERS
ALFRED W. NAPIER
GOLDEN NAPIER
ALFRED L. NEAL
LEONARD D. NESTOR
LEO JOHN NICAISE JR.
CHARLES E. NICHOLS
FRANCIS J. NUCE
JAMES E. NUTT
RONALD E. OAKES
FREDDY J. OLAKER
FRED C. ONEILL
OWEN H. OSBORNE
RICHARD A. OSBORNE
BERNARD A. OWENS
BILL F. OWSLEY
STEVE PALUSKI
CARL E. PARSONS
MASON N. PATTERSON
CHARLES R. PAYNE
CARL W. PEARL
ROBERT J. PENN
JOHN B. PEPPARD
KENNETH ALLEN PERRAUT
LONDON L. PERRY
RAYMOND JACKSON PERRY
JAMES PERSIANNI
WILLIAM PERSINGER
JACK DEMPSEY PETERS
TRAVIS L. PETERS
WILBUR W. PHARES
DON L. PHILIPPS
GERALD J. PHILLIPS
WILLIAM H. PICKENS
WILLIAM E. PITMAN
CHARLES R. PLANTZ
HAROLD R. PLUMLEY
FORREST D. POLING
RALPH E. POMEROY
JACK A. POOL
HOMER LEE PORTER
WILLIAM BRADLEY PORTER
DAVID B. POST
LESLIE E. PREECE
CLARENCE P. PRUETT
DONALD O. PUGH
JEROME A. PURNELL
FRED R. PUTMAN
HERBERT PUTZEK
BILLY QUESENBERRY
WILLIAM J. RAINEY
HOMER F. RAMEY
IFVANULE RAMSEY
GEORGE C. RANKINS
LEWIS C. RAY
ARTHUR HAYES RAYNOR
HERMAN REASBY
JAMES V. REDDEN
CHARLES E. REED
JUNIOR E. REED
LEE B. REED
THOMAS E. REID
WILLIAM H. REYNOLDS
JOICE C. RICHARDS
CLYDE E. RICHMOND
KENNETH J. RICKRODE
WAYNE E. RIGGLEMAN
CHARLES A. RING
HOWARD RINKES JR.
CHARLES E. ROACH
ROY L. ROBERTS
CHARLES ROBERTSON

GEORGE N. ROBINSON
LOUIS J. ROHANNA
DONALD E. ROLLS
FRANK D. RORRER
ARDEN D. ROSS
TEDDY V. ROTEN
JAMES R. ROWE
JOHNNY ROWE
ROBERT D. ROYSTER
BOBBY J. RUDDLE
RICHARD MARSHA RUPPENTHAL
EUGENE E. RUSSELL
HOYT O. RUSSELL
DARRELL E. RYAN
SCOTT W. SALYER
JESSIE A. SAMSON
EARL SANDERS JR.
EARL SARGENT
ROBERT W. SARVER
HERBERT G. SAYRE
LAURENCE SCARBERRY
DARRELL SCARBROUGH
CARL P. SCHMIDT
WILMER O. SCOTT
FOREST B. SECKMAN
JACK C. SEELINGER
JOSEPH SERBACK
KENNETH SHADRICK
JOHN D. SHANNON
ORAL R. SHARP
RALPH L. SHAW
ROY C. SHAWVER
JOHN SHELTON
JAMES ROBERT SHEPARD
CLARENCE EDMOND SHREVE
DELBERT SHREVE
ANDREW C. SHUCK
WILLIAM EDWARD SHUCK JR.
ELMER L. SHUMATE
ALBERT W. SIGLEY JR.
THOMAS J. SIGLEY
HAROLD G. SIGMON
MAURICE R. SILLS
LESTER G. SIMERAL
ALLEN E. SIMMONS
GENE SIMMONS
MILLARD E. SIMMONS
ROSS D. SIMMONS
LUTRELL M. SINNETT
BILL T. SIZEMORE
CLIDE E. SKAGGS
CLARENCE VIRGIL SLACK JR.
DELBERT CARL SLIDER
LAURENCE E. SLOAN
CHARLES F. SMARR
CARL D. SMITH
CHARLES L. SMITH
DANNY R. SMITH
DOYLE L. SMITH
FLOYD A. SMITH
FRED SMITH
GEORGE E. SMITH
GERALD KERMIT SMITH
HAROLD E. SMITH
RAY W. SMITH
ROBERT SMITH
ROBERT E. SMITH
WILLIAM E. SMITH
WILLIAM L. SMITH
WINFORD D. SMITH
GEORGE B. SMUDSKI
GEORGE T. SNYDER
JACKSON E. SNYDER
MERVIN B. SNYDER
CECIL SOMMERVILLE
JOSEPH SOPAK
BENJAMIN F. SOWERS
RICHARD J. SPAAR
FLOYD S. SPENCER
MICKEY R. SPENCER
OLAF SPENCER JR.
CLYDE A. SPRINGSTON
CHARLES L. SQUIRES
DAVID A. ST. CLAIR
JAMES W. STABLES
CLYDE T. STACY
CHARLES STALNAKER
NASON D. STALNAKER
JUNIOR D. STARKEY
LARRY R. STEED
CROCKET B. STEVENS
ASA DAVID STIDGER
PAUL STIPANDIC JR.
BERTRAM L. STOLZE
ISAAC D. STOTLER JR.
BENNY R. STOVER
DONALD N. STREIGHT
CHARLES STRICKLEN
WILLIAM E. STROBEL
DONALD L. STUCKEY
ORVILLE L. STUMBO
RALPH EDMONDS SURBER
CONARD E. SUTPHIN
WILLIAM SWEARINGEN
CHAUNCEY W. SWIGER
CLIFFORD A. TAYLOR
JACK O. TAYLOR
JAMES L. TAYLOR
MICHAEL A. TAYLOR
GEORGE TERRY
ROBERT L. THACKER
GARLAND R. THOMAS
JAMES H. THOMAS
SAMUEL THOMAS
CLARENCE THOMPSON
ROBERT W. TICHNELL
WILLIAM E. TIMMONS
WALLACE A. TINSMAN
GLENN E. TOMES
WILLIAM H. TONEY
GENE D. TOTTEN
JOHN W. TRAIL JR.
THOMAS E. TREDWAY
DONALD C. TRENT
JOHN A. TRIGG JR.
DONALD H. TUCKER

UNITED STATES OF AMERICA

 ## WEST VIRGINIA

JOHN L. TUCKER
DORSEY V. TURLEY
JAMES E. TURLEY
HOMER H. UNDERWOOD
TROY D. UNDERWOOD
KENNETH W. UNGER
DONALD LOUIS VAN FRAYEN
JAMES M. VANNOY
ROBERT L. VANOVER
GERALD L. VARNEY
ROBERT E. VASS JR.
ORVILLE L. VAUGHN
STEVE VICH
EDWARD C. VINCENT
DON EDGAR WADE
BILLE E. WAGGONER
JOHN H. WALK

JACK L. WALKER
JOHN EDWARD WALKER
HARRY R. WALLACE
WILLIAM M. WALLS
GENE C. WARD
SAMUEL E. WARD
WILLIAM D. WARD JR.
HOWARD R. WATSON
WILLARD K. WATSON
LAWRENCE J. WATT
SHIRLEY R. WEBB
WILLIAM E. WEBSTER
COOK WEIKLE JR.
DOUGLAS L. WELCH
RICHARD G. WELCH
ROBERT L. WELCH
CARL EMMONS WEST

CHARLES E. WEST
DAVID L. WEST
LEONARD L. WEST
PAUL R. WEST
FRANKLIN W. WETZEL
LOWELL T. WHEELER
HOWARD K. WHIPKEY
CARL W. WHITE
EUGENE WHITE
LLEWELLYN WHITE
WILLIAM HENRY WHITMAN
DONALD RAY WHITMORE
JAMES A. WHITTEN
VERNON I. WHORLEY
ROBERT D. WICKLINE
JOE D. WILCOX
ROSSIE E. WILES

KENNETH P. WILLIAM
BILLY J. WILLIAMS
HARVEY C. WILLIAMS
STANELY R. WILLIAMS
CHARLE WILLIAMSON
JAMES L. WILMOTH
BERNARD O. WILSON
ERNEST E. WILSON
HENRY C. WILSON
PAUL A. WILSON
EDWARD G. WINE
WILLIAM L. WISE
BILLY WOLFORD
CARL BENEDICT WOLIN
THEODORE R. WOO
CHARLES E. WOOD

EVERETT H. WOODY
THEODORE WORLEY
GERALD E. WOTRING
JAMES A. WRIGHT
JOHN H. WRIGHT
LAWRENCE O. YEATER
LEROY T. YOST
OSCAR C. YOST
VERNON R. YOST
LEE R. YOUNG
RALPH ZECCO
CHESTER ZECICISKEY
EUGENE G. ZELKOWSKI

 ## WISCONSIN

WILBERT V. ADAMICK
DONALD EDWIN ADAMS
WILLIS L. AKINS
DONALD O. ALBERT
VERLE S. ALBERTSON
ELMER J. ALBRECHT
JACK D. ALEXANDER
DONALD P. ALLAN
LESLIE R. AMANN
WAYNE R. AMELUNG
DONALD E. ANDERSON
GALE C. ANDERSON
JOHN W. ANDERSON
LORIS W. ANDERSON
NORBERT O. ANDERSON
ROBERT D. ANDERSON
EUGENE L. ANGELL
EUGENE J. ARCAND
RAY L. ARPKE
DONALD J. AYEN
RAYMOND W. BACKHAUS
DONALD L. BAER
DAVID J. BAERMANN
THOMAS CHARLES BAKER
BENJAMIN B. BALDWIN
KEITH D. BALLWAHN
DURRELL BALTHAZOR
JAMES J. BANCZAK
WARD OLIVER BARD
ERNEST W. BARNES
CHARLES J. BARON JR.
WALLACE E. BARR
BRUCE O. BARTON
MARLIN F. BASINA
KENNET BASKERVILLE
GERALD A. BAUER
GERALD BAUMGARTNER
RICHAR BAUMGARTNER
JEFFERSON BEAVER
CLARENCE W. BECKER
ROGER PAUL BECKER
ROBERT L. BELILLE
EARL L. BELK
RICHARD A. BELL
RALPH BENDER
MAURICE BENSON JR.
WILLIAM A. BENTHIEN
CLARENCE L. BENTLEY
KARL BERA
ORLE SIDNEY BERGNER
WILLIAM A. BERNIER
MATTHEW R. BERRES
FREDERICK BERTRANG
ROBERT A. BEST JR.
MICHAEL BUANE BETTHAUSER
JAMES C. BILTY
GEORGE T. BISSELL
HAWK ARTHUR BLACK
WILLIAM C. BLACKFORD JR.
ROBERT R. BLAIR
THEODORE BLAISDELL
PAUL J. BLASCZYK
FERDINA BLECHINGER
WILBERT G. BLOCK
RUSSELL R. BLODGETT
ROBERT F. BLOHOWIAK
JOHN T. BLUME
ROY S. BOACH
HOWARD BOGENSCHILD
MARCUS H. BONGARD
MAXMILLI BORKOWSKI
LOREN C. BORTZ
LLOYD J. BOSBEN
RICHARD L. BOWER
RONALD L. BOYCE
CARROLL G. BRANDT
LYLE H. BRANDT
MORRIS W. BREEZEE
EDWARD WILLIAM BREUTZMANN
DONALD P. BRINGE
JOHN CALVIN BROSSARD
JESSIE BROWN
JUELYNN O. BROWN
RAYMOND H. BROWN
JACK LAMBERT BRUSHERT
DAVID BRUZELIUS JR.
EDWARD J. BUCHOLTZ
BUDDY E. BUCKMASTER
LEROY M. BUECHEL
WAYNE F. BULLIS
EARL C. BUMPAS
HERBERT H. BURDICK
JOSEPH S. BURZYNSKI
RICHARD BRUCE CALDWELL
THOMAS T. CALDWELL
HENRY B. CARLSON
ANTONINO CHIARELLO
BORIS ROBERT CHRIST
STANLEY REUB CHRISTIANSON
DONALD C. CHRISTOPHERSON
EVERELL V. CLANIN

JOHN POWELL CLARK
EDWARD H. COLLINS
VICTOR J. CONDROSKI
STANLE CONHARTSKI
ORVILLE MELVIN COOK
MICHAEL EVERETT COOLEY
CLARENCE A. COOPER
FREDERICK CORBINE
LAMOINE V. CORMICAN
BOBBY D. CORRELL
ROBERT A. COUEY
REGINALD J. COUTANT
CLARE E. COWEE
EUGENE R. CREUZIGER
DOMINIK CUPRYNIAK
HAROLD J. DAGNON
DELFORD M. DALBERG
GEORGE G. DAMICO
LOUIS T. DAMITZ
EARL L. DANSBERRY
RICHARD DANSBERRY
DENTON K. DE LONG
LESLIE J. DE LUCA
BILLY R. DE VOLL
HENRY DEISS JR.
JAMES D. DELANEY
FREDERICK J. DEMPCY
PHILIP V. DERAGON
JOHN F. DEWEY
CHARLES R. DI ULIO
CHARLES A. DICKMAN
JACK L. DINKEL
RICHARD F. DODMEAD
JAMES KENNETH DORAN
CHARLES DRENGBERG
ROBERT LYLE DROYSEN
THOMAS W. DUFFY
KENNETH RONALD DUHR
DONALD J. DULAC
DONALD L. DUPONT
LYLE R. DUPONT
KENNETH EDWARD DVORAK
JAMES KEYSER EAGAN
DONALD F. EBERT
MELVIN H. EBERT
DELBERT V. EDGETTE
HAROLD M. EDGINGTON
LELAND ERNEST EHRLICH
BERNARD J. EINUM
KENNETH C. EIRICH
VERNON C. ELIASON
TELLUS H. ELKINS
THEODORE C. E. ELLIS
LAWRENCE W. ERDMAN
DANIEL G. ERSTE
WILLIAM G. EWING
MELVIN LEROY EYE
DONALD P. FALDET
LEO F. FALVEY
HAROLD O. FAY
MARVIN J. FENSKE
LAWRENCE FERKOVICH
JAMES THOMAS FIEDLER
GEORGE H. FINSTAD
JAMES R. FISHER
JOHN J. FITZGERALD
THOMAS L. FLAHERTY
ERVIN J. FLAUGER
DAVID ROGER FLOOD
MICHAEL E. FOLEY
WALTER A. FONDER
HENRY L. FORD
ROBERT M. FORD
ROBERT F. FOX
LOUIS M. FRANK
JACK L. FRATER
ALOYSIUS J. FREUND
JOHN W. FREYMILLER
JERROLD FRONZOWIAK
VERN HARRIS FULLER
ROBERT R. FUNKE
ROBERT H. GAEDEKE
JOSEPH E. GALLITZ
VALENTINE R. GANNON
RALPH E. GARBISCH
ARVIL R. GARNER
BERT J. GASFORD
EUGENE A. GAWLIK
ROBERT F. GEIGER
MORRIS C. GENSCH
ROBERT A. GERLACH
DONALD L. GERRITS
JOHN P. GERSHEWSKI
FRANCIS GILBERTSON
WILLIAM A. GILSON
CHARLES J. GITZLAFF
EDWIN GOEDE JR.
RUEBEN J. GOERL
WILLIAM C. GOETZ
WALLACE E. GOFF
DONALD A. GOGGINS

JAMES GOLDSWORTHY
HARRY J. GONIA
ROBERT J. GORA
HAROLD L. GORMAN
KENNETH J. GORMAN
NORBERT J. GORMAN
PAUL A. GRABER
RODNEY F. GRAFF
WILBUR L. GRASS
RONALD J. GRASSOLD
GERALD C. GRAVEEN
RONALD WILLIAM GREEB
JAMES THEODORE GRISWOLD
LAVERNE A. GRUBER
HENRY T. GRUNA
OSWALD GRUNIG
RAYMOND GUNDERSON
RUSSELL HAAKENSON
NEAL W. HAFERMAN
LAWRENCE HALVORSON
ROBERT H. HAMM
CARL P. HAMMER
JOSEPH E. HANDL
MELVIN O. HANDRICH
HARLAN T. HANSON
RAYMOND W. HANSON
RICHARD B. HANSON
DANIEL W. HANUS
DONALD P. HARDINGER
DAVID J. HARGRAVE
LAMAR F. HASSEL
RICHARD HAWKES
EARL W. HEDRINGTON
DONALD O. HEESEN
MERLIN A. HEINECKE
DALE A. HEISE
CHARLES HELGERSON
ORLINE W. HELING
RICHARD EARL HENDERSON
DONALD HENDRICKSON
NORMAN HENRICKSEN
WALLACE S. HERMANN
CLAUDE R. HESS
PAUL F. HEUSS
DOUGLAS LEROY HEWLETT
KENNETH C. HILGART
DONALD L. HITZ
HAROLD L. HODGE
HENRY E. HOHNE
LOUIS DEARVE HOLLAND
JOHN H. HOLMES
EUGENE H. HONEL
WILLIAM J. HOOLIHAN
ARTH HOPFENSPERGER
DANI HOPFENSPERGER
WILLIAM HOTCHKISS
OLIVER HOTTENSTEIN
EUGENE O. HOULE
HARVEY J. HOUSE
BERNARD L. HOWE
JOSEPH A. HOWELL
RONALD D. HUEBNER
GLENN HUFF
GENE M. INGRAM
JAMES EUGENE IVERSON
DOUGLAS G. JACKSON
RALPH V. JACKSON
ARTHUR F. JACOB
RICHARD JAHNKE
JOHN R. JALAS
JOHN C. JAMES
ADRIAN D. JANISZEWSKI
ROLAND J. JARVEY
DONALD C. JASKULSKE
KENNETH L. JENSEN
DONALD P. JENTZSCH
RAYMOND EARL JESKO
T. T. JOHNSBURY
EDMUND R. JOHNSON
ERVIN M. OHNSON
GORDON R. JOHNSON
MARVIN J. JOHNSON
NORMAN H. JOHNSON
PHILLIP B. JOHNSON
VERNON G. JOHNSON
JOHN R. JONES IV
KENNETH L. JONES
GEORGE A. JORGENSEN
RAYMOND E. JOSE
WALTER JUNG
HILARY W. JUSTMAN
JOE KACZMARCZYK
JOSEPH C. KAINZ
ERNEST KAMINSKI
DAVID B. KAMPA
DANIEL F. KAMPS
GORDON W. KANTER
CLYDE W. KAPPUS
JEROME KARPOWICZ
ROSS W. KATZMAN
ARTHUR ROMAN KARMIERCZAR

JOHN F. KELLEHER
GERALD J. KELLER
GILBERT A. KEMNITZ
VERNON L. KESLER
RUFUS L. KETCHUM
EDWARD KIEDROWSKI
JAMES E. KING
DANIEL W. KIRKLAND
DAVID R. KITTLESON
CHARLES R. KLATT
MELVIN R. KLEIN
LAVERNE R. KLEVGARD
CHARLES J. KLING
JOHN KLUNK
FORREST N. KNICH
FRANCIS D. KNOBEL
HARRY A. KNOKE
ROY E. KNOPP
JEROME W. KNORR
RALPH E. KNUTH
PAUL E. KOCHANSKI
KENNETH JOHN KOHLBECK
GLENN E. KOHN
EDWARD KOKOTT
HARVEY A. KOLBERG
JACK KORAKIAN
LEONARD KOSCIELAK
DONALD KOSMECKI
CHESTER F. KOTOWICZ
DANIEL BENJAMIN KOTT
JEROME W. KOTTMER
STANELY F. KOUNTNEY
CLARENCE E. KREI
EUGENE KRESSIN
WALTER B. KRETLOW
GEORGE A. KRIZAN
WAYNE ALLEN KRUEGER
STANLEY KRUKOWSKI
JANIS KRUMINS
JEROME M. KRUMPOS
RAYMOND KRZYZANIAK
ROLAND W. KUBINEK
HARVEY EARL KUDICK
MELVIN L. KUEHL
WAYNE A. KUEHN
ROGER R. KUHLMAN
ADRIAN KUROWSKI
ROBERT L. LA FAVE
JOHN ELLIS LABORG
ROBERT N LAHEY
HOWARD J. LANDRY
LEE W. LANGEBERG
LYLE M. LANGLITZ
JAMES M. LANSING
JOHN H. LANTRY
CHARLES HANS LARSEN
EDWARD R. LASHOK
JOHN LASIUK JR.
DONALD L. LAUGHRAN
FRANK C. LAVORA
LAZAROS LAZAROU
DONALD LEE
ROBERT G. LENZ
JOHN J. LEPP
EARL WILLIAM LESTER
VINCENT LIBASSI
DALE E. LIND
ERWIN A. LINDEMANS
WILLIAM J. LINGLE
CHARLES P. LINK
LAVERNE J. LOETHER
LESLIE V. LOKKER
JOHN W. LONGWITZ
NORMAN PAUL LOOKER
THOMAS H. LOOMIS
MANNIE L. LOSHAW
ROBERT C. LUEDTKE
KENNETH LUNDBERG
GERALD D. MADEL
STANLEY WILLIAM MAEDKE
ANDREW W. MAHON
RICHARD W. MAHR
ARTHUR MAJESKE JR.
FRANK M. MALCZEWSKI
ROBERT MALKIEWICZ
JEROME M. MANGNER
GILBERT PAUL MANTEY
BERNARD MARQUARDT
FRANK O. MARS
HAROLD L. MARSH
ODVIN A. MARTINSON
ROBERT L. MASTIN
HENRY E. MATTON JR.
HARLEY D. MAY
CARL L. MC CLAFLIN
JAMES MC CLENATHAN
MICHAEL W. MC CLONE
DONN A. MC FARLANE
JAMES C. MC GUIRE
WILLIAM M. MC GUIRE
PAUL L. MC KITTRICK

BRUCE D. MC KOWN
ANDREW G. MC LEOD
JOHN J. MC MAHON
RICHARD O. MC NITT
CARL E. MC PHERSON
FRANKLIN W. MC VAY
ROBERT G. MCCORMICK
THOMAS CHARLES MCCULLEN
JEROME D. MECHLER
FREDRICK MEHLHORN
JACOB J. MEIER
ERVIN S. MELCHER JR.
KENNET MELLENTHIEN
CHARLES W. MELTON
FRANK MERCURIO
CLIFFORD STANLEY MERONK
GERALD F. MERRILL
ALLEN C. MERTES
ROBERT L. MERVICKER
FREDERICK R. MEYER
JOSEPH W. MICK
ROBERT C. MIELKE
HUGH J. MIKKELSEN
ARTHUR K. MIKULIK
WILHELM MILBRANDT
JOHN G. MILES
GEROLD M. MILLER
ROBERT F. MILLER
NORBERT JOSEPH MISORSKI
JEROME A. MISURACO
JOHN H. MITCHELL
TRUMAN O. MOEN
AUGUST A. MOLINA
JACK D. MONNOT
RONDO J. MONROE
THOMAS P. MOORE
AUSTIN MORGAN
EDWARD M. MORRISON
DURLIN J. MORSE
ROBERT C. MORSE
MUREL R. MOTT
DONALD E. MROTEK
DAVID DWAIN MUELLER
EDWARD J. MUELLER
EDWIN H. MUELLER
ROBERT G. NAATZ
JOSEPH J. NEITZER
JAMES W. NELSON
THOMAS E. NELSON
DION L. NEMAN
ALVIN M. NEMITZ
EDWARD D. NETHERY
RHINOLD NEUMILLER
HARLAN R. NEVEL
CHARLES W. NEWBERRY
TOMMY NEWELL
MYRON E. NEWMAN
RUSSEL H. NIELSEN
GERALD D. NORDER
DEANE WILFRED NORINGSETH
LEON NORTON
DONAUD W. NOVACEK
EDWARD D. NOWACZYK
ERWIN R. NUSSBAUMER
RONALD R. OAKLEY
RUSSELL M. ODBERG
WILLIAM T. OHARA
OTTO A. OHME
RICHARD C. OKEEFE
DARRELL OLDS
CHARLES M. OLSON
RICHARD O. OLSON
ROBERT A. OLSON
CHARLES OSTRANDER
ALBERT OSTROWSKI
CLIFFORD L. OTIS
GLEN R. OWEN
MICHAEL H. PACZOCHA
JOSEPH T. PAHLE
ROBERT G. PALLESEN
JAMES A. PANOSH
DARRELL J. PARSONS
WILLIAM D. PARTIN
ALFRED PASCHELKE
EDWIN E. PATTEN
WAYNE H. PAULSEN
ROBERT J. PAUN
BRUCE WALTER PAYTON
DUANE N. PEASCHEK
RICHARD E. PEASE
RUDOLPH PELLEGRINI
JOHN RILEY PENTECOST JR.
LOUIS C. PEPERA
CLARENCE D. PERRIN
CLIFFORD A. PERSONS
GEORGE W. PETERBURS
RUSSELL F. PETERS
BRUCE A. PETERSON
DEAN V. PETERSON
GORDON ALFRED PETERSON
JOHN W. PETTIT

UNITED STATES OF AMERICA

WISCONSIN

RALPH R. PFEIFFER	ROBERT G. RUCINSKI	JOHN O. SKAUG	STANLEY SZYMANSKI	JACK WEISTER
ALLEN LEE PHILLIPS	WILLIAM H. RUEGER	FORREST G. SKIDMORE	HAROLD G. TACKE	EDWARD H. WELSCH
DESMOND PIERCE	RONALD P. RUKA	GEORGE M. SKOGSTAD	MELVIN E. TAGGART	WILBERT WENDRICKS
FREDERICK E. PIERCE	DUANE NELSON RULD	JOSEPH SKWIERAWSKI	JACK H. TAKTAKIAN	ROMAN L. WENINGER
LEON PIWONI	ROBERT A. RYAN	CARL C. SLADE	RICHARD D. TATRO	FRANK J. WENZEL
ROBERT J. POCZEKAJ	WILLIAM H. RYMAN	RICHARD J. SLATER	CLAUDE E. TENNANT	RODNEY D. WENZEL
ROBERT E. POLZINE	RICHARD SALVATORE	LOUIS E. SLUSARSKI	DONALD TERRIO	ALAN R. WERNDLI
ROBERT L. POPPE	FLOYD A. SANDLIN	JAMES W. SMAGLIK	WILLARD N. TESSIN	MELVIN P. WESTER
MYRON L. POTTER	NEIL M. SATHER	RICHARD E. SMELCER	JOSEPH THOMAS	RAYMOND WEWASON
HAROLD L. POWELL	GERALD H. SAXTON	ALLEN W. SMITH	ARLIE O. THOMPSON	DELBERT J. WHALEN
EDWARD J. PRATT	PAUL R. SCHANHOFER	CLARENCE W. SMITH	DUANE THOMPSON	KENNETH J. WHALEN
MERRITT L. PRATT	DOUGLAS F. SCHAUF	DOUGLAS MARSHALL SMITH	JERRY A. THOMPSON	ELWIN I. WHALEY
WILLIAM ELLIS PULLIAM, II	VERNO SCHERMERHORN	GEORGE C. SMITH	SPENCER J. THOMPSON	RUDOLPH A. WHITE
LEONARD PURKAPILE	RAYMOND FRANKLIN SCHMIDT	HARVEY E. SMITH	JOSEPH A. THOMSON	OWEN CHARLES WIEDERHOLD
WILLIAM H. QUALE	ALPHONSE R. SCHMITT	ADOLPH E. SNARSKI	JOHN B. THORN	THEODORE W. WIESEKE
ROBERT QUIROZ	ANDREW SCHNEIDER	RALPH SODERSTROM	PETER TILHOF	DOUGLAS C. WILSON
MYRON F. E. RADANK	ARLEY B. SCHNEIDER	MILNOR L. SOLBERG	WALLACE L. TIMM	LEROY H. WINANS
ROBERT P. RAESS	JOHN C. SCHNEIDER	EDWARD J. SOLWAY	LUIS P. TORRES	HOWARD STEWARD WIRTH
JAMES D. RAMEL	WILLIAM G. SCHOLZE	JOHN SOMAN	EDWARD J. TRAVIS	BRUCE J. WODA
ROBERT M. RAUEN	RICHARD L. SCHOTT	EUGENE ROY SORENSEN	GREGORY W. TRIGGS	SIEGFRIED A. WOLF
GERALD L. RAY	FLOYD M. SCHROEDER	LYLE ALLEN SORENSEN	JOHN TRUTER	DONALD C. WOLFF
MITCHELL REDCLOUD	GORDON T. SCHROEDER	DEAN R. SORENSON	LAWRENCE G. TURCZYN	HARVEY J. WOOD
RICHARD GENE REESE	MAYNARD SCHROEDER	FRANCIS B. SPAETH	EUGENE C. TURNER	JAMES J. WOODMANSEE
NORM REICHENBERGER	CLAIR C. SCHUKNECHT	ROBERT RONALD ST. MARY	CHAUNCEY LUDWIG ULLMAN	FRED B. WORZALA
EDWARD L. REICK	BERTRAM E. SCHULTZ	JACK J. STAI	RICHARD M. URMANSKI	JOHN R. WULF
FRANCIS R. REISWITZ	RICHARD J. SCHULTZ	JOSEPH W. STAPLETON	NICHOLAS VALENTINE	DAVID H. WUSTRACK
DONALD G. RENSTROM	JOHN SCHWED JR.	KENNETH R. STARK	WILLIAM O. VAN PELT	LAWRENCE M. YAEGER
LEANDER J. RETTLER	HAROLD G. SCHWEMER	RONALD C. STEC	GORDON VANDENBUSH	DONALD T. YASKO
EUGENE C. RHODE	EUGENE C. SCHWEND	ROBERT J. STEIN	STEVE J. VERTCNIK	ARTHUR A. YORK
EUGENE E. RHYNER	LAWRENCE H. SCOTT	HAROLD STEINHILBER	JEROME A. VOLK	DONALD R. YOUNG
HAROLD P. RICE	BERNARD E. SCOVELL	LAWRENCE F. STENZEL	CARL F. VORBECK	ROBERT C. YOUNG
CLARENCE E. RICKL	RAYMOND W. SEEGERT	RUSSELL L. STEPHENS	WILLIAM H. VORPAGEL	EUGENE C. ZAHM
REGINALD F. RIVIERE	PHILLIP WHITE SEELEY	JEROME H. STOFFEL	ANTHONY VRANIC	THOMAS E. ZARADA
GERALD H. ROARK	ROBERT W. SEIDEL	EDWARD JOSEPH STOLL	ROMAN J. WALDKIRCH	WILLIAM E. ZBELLA
GERALD G. ROBINSON	MAYNARD ARTHUR SELVOG	RICHARD T. STONE	ROBERT B. WALKER	DONALD E. ZENTNER
FRANCIS J. ROCHON	DELOY G. SEMINGSON	THOMAS STRETSBERY	PAUL A. WALL	THOMAS E. ZIMMER
RANDOLPH R. ROGERS	CHARLES H. SENZ	RONALD DUANE STROMMEN	ROBERT C. WALSH	MYLES W. ZIMMERMAN
WALTER W. ROGGOW	DONALD D. SHAW	ARTHUR H. STROUD	HAROLD T. WARP	JACK E. ZIPFEL
CHARLES W. ROLLINS	JAMES H. SHELDON	FRANCIS E. STUTLIEN	VALENT WARRICHAIE	RONALD M. ZIRBEL
RAYMOND J. ROSBECK	CHARLES SHIFFLETT	JEROME A. SUDUT	DILLON E. WARTHAN	GEORGE MICHAEL ZUKOWSKI
DOUGLAS W. ROSE	THOMAS W. SHORT JR.	LEONARD J. SULLIVAN	MELVIN G. WASHBURN	ROLAND H. ZURFLUH
GERALD V. ROSSITER	COLIN SHULTZ	ROBERT D. SUMTER	LEROY WASKIEWICZ	
WILLIAM F. ROY	ERNEST V. SIMONSON	LAVERNE A. SUTLIFF	ALBERT GEORGE WEBER	
ERNEST R. ROYE	GERALD T. SINZ	FRANKLIN T. SWARTZ	RAYMOND H. WEILAND	
RICHARD BERNARD ROZNOWSKI	WILLIAM LAVERN SITTIG	EDWARD SWIECHOWSKI	CLARENCE H. WEISS	

WYOMING

ALLEN G. ANDERSON	ANTHONY DOMINGO DURAM	GEORGE B. HITTNER	CLINTO MC LAUGHLIN	ERVIN JOHN TAYLOR
CLIFFORD E. BAKER	BILL ELSOM	JOHN DAVID HOKE	THOMAS MITCHELSON	MAYNARD H. THOMPSON
TED U. BARNES	ROBERT A. FINCH	JOHN LUCIUS HORN	PHILIP PATRICK NEARY	CLARK M. TILTON
KENNETH R. BARNHILL	KENNETH FINLAYSON	ROSELIO JARAMILLO	CAMERINO PEREA	EDWARD E. TONER
NEIL B. BAXTER	RICHARD FRIEDLUND	KENNETH C. JOHNSON	CLIFFORD F. PRATT	DAROLD D. URBANSKI
MALCOLM LLOYD BUDD	FRED N. GARCIA	JAMES L. JONES	CHARLES E. ROBB	PABLO J. VIGIL
LEONARD W. CLARK	JOSEPH G. GARCIA	DEMARET KIRTLEY	LLOYD G. ROGERS	FREEMAN WADSWORTH
JAMES E. CLAY	JOHN H. GREEN	DAVID H. KUIPER	ROBERT L. ROSZEK	ELMER L. WELLS
RAY P. COWDIN	EDWARD W. HARPER	EDGAR J. LARSON	HELMAR O. RUSTH	LELAND HENRY WOLF
COURTENAY C. DAVIS	THOMAS R. HARRIS	ROBERT I. LEWIS SR.	RUSSELL EVERETT SMITH	SAMUEL L. WOLFE
DONALD L. DEWEES	ROBERT HESSENFLOW	RAYMOND J. LIEB	WILLIAM SONNAMAKER	
PAUL R. DIANA	DONALD G. HILL	CHARLES E. LUNBECK	JOHN A. SWANSON	

OTHER

LITISONI AETONU	IGNACIO C. CASTRO	GUERRERO JOSE LEON	JOSE A. QUINATA	WILLIAM HAMILTON SHAW
JESUS T. AGUIGUI	AMADEO A. CRUZ	ROBERT FOWLER LYNCH	NIELS IVER OVISTGAARD	JESUS C. SIGUENZA
PEDRO L. AGUON	JUAN C. FEJERANG	PHILIP W. MANTOR	HARRY WILLIAM REED	RAMON B. TENORIO
JAMES WADE BANNANTINE	KEITH J. HARVIEW	JOHN MARQUEZ JR.	GREGORIO B. SALAS	JESUS I. TOVES
JUAN D. BENAVENTE	DAVID DARWIN IVENS	SERGIO MERCADO MARTINEZ	KITTS SANTO SAN	JOHN MILTON WILLIAMS
BROMLEY E. BERKELEY	FRANCISCO G. JAVIER	WILLIAM WALTER MARWOOD	JOAQUIN S. SANTOS	
JESUS A. CAMACHO	JAMES PATRIC LAUGHY	GONZALO M. PABLO	LEPE SESEPASARA	

부록

화보
굳건한 한미혈맹
a solid lineage of korea and america

한국전쟁 정전협정 60주년 기념식에서 현직 미국 대통령 최초로 참석한 버락 오바마 미 대통령(가운데)이 김정훈 한국 대통령 특사(오른쪽), 정승조 합참의장(왼쪽)과 함께 워싱턴DC 한국전참전기념공원 안으로 들어서고 있다(2013.7.27).

한국전쟁 70주년 맞아 워싱턴DC 한국전쟁기념비에서 참배 후 경례하는 트럼프 미 대통령(2020.6.25).

제10회 턴투워드부산 유엔참전용사 국제추모식에서 한국을 방문한 유엔군 참전용사가 입장하고 있다(2016.11.11).

한미연합 KMEP 훈련에서 파이팅 외치는 한미 해병대원들(2017.8.9).

한미연합훈련은 한반도에 발발가능한 상황을 전제하고 전쟁 억제를 목적으로 진행되어 왔다.

육군제8기계화보병사단과 미 육군2보병사단이 경기 여주시 소재 도하훈련장에서 한미연합 도하훈련을 전개하고 있다.

한미 해군 항모강습단 연합훈련에서 한미 전함이 동해상에서 기동하고 있다 (2010.7.)

한미연합공중훈련 비질런트 에이스(Vigilant Ace) 중 한반도 상공에서 한미 양국 전투기들이 함께 편대 비행하고 있다(2017.12.6).

한미연합 해병대 상륙훈련.

코브라골드 훈련에 참가한 한미 해병대 장병들이 태국에서 연합상륙작전을 실시하고 있다(2016).

국군은 혈맹 미군과 함께 유엔군의 일원으로 대한민국을
넘어 세계를 무대로 평화 유지 활동을 하고 있다.

이라크 평화재건사단 자이툰부대 소속 해병대 장병들이 파이팅을 외치고 있다(2004).

아이티 재건 임무를 수행하는 단비부대가 운영하는 단비병원에서 군의관이 현지인을 진료하고 있다(2011.11).

단비부대 장병들이 아이티 현지인들에게 태권도 교육 대민지원을 실시하고 있다(2012).

남수단 재건지원단 한빛부대 11진 장병들이 인천 국제평화지원단 사격장에서 사격훈련을 하고 있다(2019.6.20).

레바논 평화유지단 동명부대 소속 대테러팀들과 레바논 육군 치안군 대테러부대가 합동 대테러 훈련을 실시하고 있다(2019.4).

몽골 칸퀘스트 연습에 참가한 대한민국 해병대 장병들이 불법 시위 통제 훈련을 실시하고 있다(2018).

몽골 칸퀘스트 연습에 참가한 대한민국 해병대 장병들이 환자 후송 훈련을 하고 있다(2018).

유엔기념공원

위치 부산 남구 유엔평화로 93 | 건립일자 1951.1.18.(공원 건립)

[추모내용]

유엔기념공원은 대한민국의 자유와 평화를 지키기 위해 참전한 유엔군 전몰장병의 영혼이 잠들어 있는 곳이다. 6·25전쟁에서 전사한 유엔군 전몰장병의 고귀한 희생을 기리기 위한 기념 묘지이다. 묘지 설치를 위해 우리나라 정부는 무상으로 토지를 영구히 유엔에 기증하였으며, 토지에 대한 불가침권을 부여하고 있다. 현재 2,309기(호주 281, 캐나다 380, 프랑스 46, 네덜란드 120, 뉴질랜드 32, 노르웨이 1, 남아프리카공화국 11, 터키 462, 영국 886, 미국 39, 대한민국 36, 무명용사 4, 비전투요원 11)의 유해가 안장되어 있다.

인천상륙작전기념관

위치 인천 연수구 청량로 138 | 건립일자 1984.9.15.

[추모내용]

유엔군의 인천상륙작전을 기리기 위하여 세운 기념관. 2만 4,347m2의 대지 위에 세워진 면적 1,793m2의 단층건물이다. 해발고도 150m의 송도 청룡산 중턱에 화강암으로 축조되었으며, 2개의 직삼각형을 대칭형으로 세워 놓은 모양이다. 기념관 내에는 인천상륙작전과 관련된 각종 역사적 자료가 전시되어 있다. 옥외시설로는 건물 중앙 상단에 18m 높이의 기념탑과 참전 16개국의 국기 게양대, 옥외전시장, 공연장, 주차장 등이 있다.

미국군참전기념비

위치 경기 파주시 문산읍 임진각로 177 | 건립일자 1975.10.3.

[추모내용]

우리나라의 자유민주주의를 위하여 함께 피흘린 미군들의 고귀한 희생과 업적을 기리며 그들의 영령을 추모하기 위하여 국방부에서 미국군 참전기념비를 건립하였다. 당시 격전지였던 임진강지구에 건립된 참전비는 육·해·공군 및 해병대의 참전을 의미하는 삼각형 부조 4개가 '단결'을 상징하며 서로 연결되어 있다. 국기게양대 50개는 당시 미국의 50주를 나타내고 내부의 가운데 비석은 영령들을 국민 모두가 보호 안치한다는 상징성을 지닌다.

한미해병대참전비

위치 경기 파주시 조리읍 봉일천리 산8 | 건립일자 1983.9.28.

[추모내용]

이 작은 돌에 새겨진 글은 6·25 동란 중 한·미 양국 해병대가 목숨을 같이하여 싸운 역전의 기록이다. 이들 싸움터인 고지와 능선에 빗발치듯 수많은 포탄으로 암석이 가루가 되고 지면이 낮아지며 산형이 바뀌는 피아공방, 그 싸움의 참상은 이른바 죽음의 산더미로서 피의 바다를 이루었으니 아! 장하도다 조국수호의 영령으로 산화한 젊은 해병용사들이 이 땅을 지켰도다. 더욱이 한국 해병대와 운명을 같이하여 싸운 미 해병들이 1955년 3월 14일 이 땅에서 철수할 때까지 제반 악조건하에 신출귀몰하듯 닥치는 대로 쳐부순 그 영웅적인 전투는 귀신 잡는 해병대란 용맹을 얻었도다. 이 전무후무한 자유수호의 공을 세운 미국 해병들의 이름은 한국 해병대의 공훈과 더불어 청사에 길이 빛나리라. 그렇다. 이 싸움터에서 젊은 넋으로 산화한 한미 해병들의 혁혁한 충혼은 산천과 더불어 자유조국의 수호신으로 영원히 이 땅을 지키리니 고이 잠든 이들 영현들의 명복을 빌며 우리 겨레로 하여금 그 공훈을 길이 잊지 않게 하기 위하여 이 전승기록을 옛 싸움터에 비를 세워 남기노라.

한미해병충혼탑

위치 경북 포항시 북구 송라면 방석리 산54-4 | 건립일자 1989.9.28.

[비문]

정의와 자유를 위해 꽃다운 청춘을 불살라 평화의 수호신이 된 한·미 해병 용사들이
어! 그대 떠났어도 하늘과 바다 그리고 대지엔 그날의 의기와 투혼의 함성이 포효하고
있도다. 여기 혈맹의 우의와 가신 형제의 넋을 기리기 위해 표상을 세우나니 영령들이
여 편히 잠드소서, 한번 해병이면 영원한 해병의 얼 속에 그 이름 영원하리라.

워싱턴 D.C. 한국전 참전용사 기념공원

위치 미국 SE of Lincoln memorial of independence ave., Washington, D.C. | 건립일자 1995.7.27.

[추모내용]

링컨 기념관과 백악관 주변에 위치한 워싱턴 D.C. 한국전 참전용사 기념공원은 미국 연방정부에서 직접 관리하는 대표적인 한국전 참전시설로, 1995년 준공 당시 양국 대통령이 준공식에 참석하기도 했다. 기념공원에는 한국전에 참전한 미국 군인 19명이 판초를 입고 총이나 무전기 등을 휴대한 채 전투대형으로 행군하는 장면이 생생하게 재현되어 있는 조형물과 2,500여 명의 군인 모습이 담겨 있는 기념벽 등이 자리 잡고 있다. 19명의 군인 조형물이 기념벽에 비치면 모두 38명으로 보이는데 이는 38선을 상징하는 것이다. 조형물 앞에는 추모의 문구가 새겨진 석판과 추모화환이 놓여 있다.

올림피아 한국전 참전비

위치 미국 1517 Capital Way, Olympia, WA | 건립일자 1995.7.27.

[추모내용]

알링턴 국립묘지 내의 십자가 형상 기념비는 남북전쟁에서 아프가니스탄 전쟁까지의 참전자를 추모하기 위한 것이다. 한국전 참전자 묘역에는 실종 군인의 묘, 무명용사의 묘가 함께 있으며 1989년 노태우 전 대통령이 한국전 참전군을 추모하기 위해 헌수한 소나무가 있다.

킬린 한국전 참전비

위치 미국 3601 S. W.S. Young Dr., Killeen, TX | 건립일자 2003.6.21.

[추모내용]

킬린 컨퍼런스 센터에 위치한 참전기념물로, 킬린의 자매시인 한국 오산시에서 기증한 한국
전쟁 추모비와 미군과 한국군이 성조기와 태극기를 들고 있는 조형물로 구성되었다.

주석

4장

1) 문화체육관광부, '2018 한국의 종교현황' 보고서 참고. 2015년 통계기준 총인구는 4905만2389명으로 확인됐으며, 그중 종교를 가진 사람은 2155만3674명으로 43.9%를 집계됐다. 종교별로는 개신교가 967만5761명으로 가장 많았고, 불교 761만9332명, 천주교 389만311명, 원불교 8만4141명 순으로 확인됐다.

2) 함재봉, 「사대(事大)와 반미(反美) 사이에서-문화사적으로 본 한미관계」, 『계간 사상 2000년 겨울호』, 사회과학원, pp.52-24.

3) 1982년 3월 18일 최인순, 김은숙, 문부식, 김현장 등 부산 지역 대학생들이 부산 미국문화원에 불을 지른 반미운동의 성격을 띠는 방화 사건이다. 불은 약 2시간 만에 꺼졌지만, 당시 도서관에서 공부하던 동아대 재학생 장덕술(당시 22세)이 사망했고, 역시 동아대 학생 김미숙, 허길숙 외 3명은 중경상을 입었다.

4) 한국과 미국 간의 상품 및 서비스 무역에 있어서의 관세 철폐 등에 관해 맺은 협정으로, 2012년 3월 15일 0시를 기준으로 발효됐다. 그러나 미국 측이 한국에 2017년 7월 12일 한·미 FTA 개정·수정 요청을 하였고 이에 2018년 1월부터 개정 협상이 이뤄져 그해 9월 24일 양국이 개정안에 최종 서명하고 공동성명을 채택했다. 한미 FTA 개정안은 국회 비준 등의 절차를 거친 뒤 2019년 1월 1일부터 발효됐다.

5) 이명박 전 대통령은 2015년 2월 발간한 회고록 『대통령의 시간』(알에이치코리아)에서 재임 당시 핵무기 시대엔 '괴나'이 있있고 자신이 대응 방식으로 국제사회로부터 신뢰를 쌓을 수 있었다고 자평했다.

6) '동아일보' 2015년 8월 27일자. 한국을 방문 중이었던 제임스 캐러파노 미국 헤리티지재단 부회장 일행은 2015년 8월 27일 동아일보와의 인터뷰에서 "박근혜 대통령이 중국 열병식에 참석하는 것은 실수"라고 했다. 이들은 "한중 관계를 고려해 전승절에 맞춰 중국을 방문하는 것은 이해할 수 있지만 열병식 참석은 '현명하지 못한 생각(poor idea)'이라는 게 전반적인 인식"이라고 밝혔다.

7) 조선일보, "미군, 성주 사드기지 사업계획서 제출…사드 정식 배치 수순", 2019년 3월 11일자. 주한미군은 2019년 2월 국방부에 성주 사드 기지 내 부지 70만㎡에 대한 사업계획서를 제출했다. 주한미군이 사업계획서를 제출함에 따라 국방부는 환경부와 협의해 일반환경영향평가 절차를 진행하게 된다. 이는 현재 임시 배치 중인 사드를 미군이 정식으로 배치하기 위한 사전 절차에 돌입하는 것을 뜻한다.

8) 김국헌, 『대한민국 실록』, 2020.9, p.210. 김국헌 전 국방부 군비통제관(예비역 육군소장)은 "한반도가 가진 지정학적 의의를 귀하게 발휘해야 한다"며 "사드 배치에 대한 중국의 용훼(容喙)에 당당한 입장을 취하지 못하는 정치인, 지성인들은 정신 차려야 한다"고 주장했다.

9) 최병구, "한국과 쿼드(Quad)", 데일리경제, 2020년 11월 25일자.

10) 한반도평화프로세스는 분단 이후 70년 가까이 지속돼 온 남북 간 적대적 긴장과 전쟁 위협을 없애고, 한반도에 완전한 비핵화와 항구적인 평화를 정착하기 위한 문재인 정부의 한반도 정책이다. 남북한이 새로운 경제 공동체로 번영을 이루며 공존하는 '신 한반도 체제'의 미래를 만들어나가는 일련의 노력과 과정을 통칭한다. 한반도 평화 프로세스는 2017년 7월 문재인 대통령의 '베를린 구상'에서 시작됐다. 한반도 평화 프로세스는 기존 과거 정부의 대북정책과 달리 남북뿐만 아니라 미국까지 포함한 연속된 대화 과정을 통해 진행되고 있다. 정상회담을 통해 한반도와 동북아의 공동번영을 향한 역사적인 출발점을 만들기 위해 남-북-미 사이에 문재인 대통령의 '중재자' 역할이 중요하게 작용하고 있다.

11) 마크 리퍼트 주한 미국대사는 2014년 10월 역대 최연소 주한 미국대사로 부임해 2017년 1월 트럼프 정부 출범에 따라 이임했다. 2015년 3월 흉기테러를 당했으나 "테러 이후 한국민들이 보여준 뜨거운 성원을 잊지 못한다"고 이임기자회견에서 밝혔다. 한국어에 능한 리퍼트 대사는 2015년 1월 서울에서 태어난 아들에게 '세준'이라는 미들네임을, 2016년 11월 태어난 딸에게는 '세희'라는 이름을 지어주었다.

12) 아시아의 첫 번째 유엔 사무총장은 미얀마 출신의 우 탄트(U Thant·재임 1961~1971)다. 제3대 유엔사무총장이다. 1961년 다그 함마르셸드의 급작스런 사망으로 당시 미얀마의 주유엔대사인 우 탄트가 사무총장 대리를 거쳐 안보리와 유엔총회의 만장일치를 받고 첫 개발도상국 출신이자 아시아 출신 사무총장으로 취임하게 되었다.

13) 반기문이 졸업한 충주고는 기숙사를 새로 지으면서 반기문 총장의 이름을 붙였다고 한다.

14) 함재봉, 「사대(事大)와 반미(反美) 사이에서-문화사적으로 본 한미관계」, 『계간 사상 2000년 겨울호』, 사회과학원, pp.55-57.

15) World Bank national accounts data 2020. 전 세계 GDP대비 제조업 비중. 한국은 GDP 중에 제조업 비율이 30%로 OECD 1위, 전 세계에서 5위에 꼽힐 정도로 제조업 비중이 높은 나라다.

16) 원종현·김용건, 「삼성디스플레이, LG 디스플레이 신용도 Forward Looking- 산업內 위협요인과 사업경쟁력」, 한국신용평가, 2020년.

17) 전국경제인연합회(이하 전경련)가 지난 10년간 한국, 미국, 중국 등 주요국 증권시장 시총 상위 5개 ICT 기업 변화를 분석해 발표했다. 조선일보 2020년 8월 10일자 참고.

18) 한류하면 음악이나 드라마 등지에 한정하는 사람도 있지만 한류 자체는 한국 대중문화 자체를 말하기에 게임이나 한국 만화도 당연히 포함한다.

19) 전 세계의 빈곤 퇴치와 개발도상국의 경제 발전을 목표로 1945년 설립된 다자개발은행이다. 1944년 브레턴우즈 협정(Bretton Woods Agreements)에 근거해 설립된 유엔 산하 금융기관이다. 국제통화기금(IMF), 세계무역기구(WTO)와 함께 3대 국제경제기구로 꼽히며, 영향력으로 봤을 때는 IMF와 함께 세계 경제의 양대 산맥을 형성하고 있다.

20) 유영익, 「이승만의 삶과 꿈」, 1998, pp.46-48.

21) 백선엽, 「길고 긴 여름날-1950년 6월 25일」, 지구촌, 1999, pp.277-281.

22) 전게서. pp.310-311.

23) 교육부, '2019 국외 한국인 대학(원) 유학생 통계', 2019.4.1. 기준.

24) 박장순, 『한국과 일본의 드라마 전쟁』, 커뮤니케이션북스, 2008, p.158.

25) 아시아 선수 누적연봉은 1위 다르빗슈 유(7년: 1억8,500만 달러), 2위 스즈키 이치로(19년: 1억6,00만 달러), 3위 다나카 마사히로(6년: 1억5,500만 달러), 4위 추신수(15년: 1억5,300만 달러), 5위 류현진(11년: 1억3,400만 달러) 순이다.

5장

1) 禹澈九, 「韓·美修好條約에 대한 再吟味 : 美國의 對韓政策과 관련하여」, 「軍史」 제4호(國防部戰史編纂委員會, 1982. 7), p. 92.

2) 金源模, 「近代 韓美關係史 : 韓美戰爭篇」, 서울 : 철학과 현실사, 1992), pp. 14-18.

3) Congressional Record, House of Representative Document, No. 138, 28th Congress, 2nd Session, Vol. 14, p. 204 ; 董德模, 「美國外交政策과 韓國」(서울 : 법문사, 1990), p. 1.

4) 「日本 및 朝鮮에 대한 通商使節團 派遣案(1845. 2. 5)」, 「韓美修交 100年史」(東亞日報社, 1982), p. 25.

5) 「日本 및 朝鮮에 대한 通商使節團 派遣案(1845. 2. 5)」, 「韓美修交 100年史」, p. 24.

6) Earl Swisher, "The Adventure of Four Americans in Korea and Peiking in 1855", Pacific Historical Review, ⅩⅩⅠ(August, 1952), pp. 239-241 ; 김원모, 「한미외교관계 100년사」(서울 :

철학과 현실사, 2002), pp. 39-40.

7) 朴日根, 「美國의 開國政策과 外交關係」(서울 : 一潮閣, 1986), pp. 16-23.

8) 禹澈九, 「韓·美修好條約에 대한 再吟味 : 美國의 對韓政策과 관련하여」, p. 93.

9) 이러한 미국의 태도는 천주교도 박해에 대해 주청 불란서 벨로네(Bellonet) 공사가 취한 행동과 같았다.

10) Tyler Dennett, Americans in Eastern Asia : A Critical Study of the Policy of the United States with reference to China, Japan, and Korea in the Nineteenth Century(New York : Macmillan Co., 1922, Barnes and Noble, Inc., Reprinted in 1963), pp. 406-421 ; 이민식, 「근대한미관계사」, pp. 78-79.

11) 김원모, 「한미외교관계 100년사」, pp. 19-20.

12) 金源模, 「韓·美戰爭考」, 「軍史」 제4호(國防部戰史編纂委員會, 1982. 7), p. 54.

13) 이 전투에서 미국은 전사 2명, 부상 11명의 인명피해를 입었다. 金源模, 「近代 韓美關係史 : 韓國戰爭篇」, pp. 70-72.

14) R. H. Ferrell, Foundations of American Diplomacy, 1775-1872(New York : W. W. Norton, 1959), pp. 229-236.

15) 朴日根, 「美國의 開國政策과 韓美外交關係」, p. 12.

16) 이 전쟁에서 미국은 전사 7명, 부상 22명의 인명피해를 입었고, 청나라는 사상자가 500명에 달하였다. 김원모, 「한미외교관계 100년사」, pp. 25-27.

17) 이중 400명은 일본 요코하마 기지에서 승선한 해병대였다. Bruce E. Bechtol, Jr., Contributions to War Studies-Avenging the General Sherman : The 1871 Battle of Kwang Hwa Do, vol. 2(Marine Corps University, 2002), p. 4.

18) 미국의 시워드 국무장관은 병인양요 및 병인박해 당사국인 주미 프랑스공사 베르떼미(Berthemy)에게 미·불 공동 원정안을 제의하였으나 프랑스 정부의 반대로 실현되지 못하였다.

19) 「承政院日記」 高宗 3년 12월 20일·25일·28일 ; 「日省錄」 高宗 3년 12월 25일·28일 ; 「備邊司謄錄」 高宗 3년 12월 24일·25일·28일 ; 「高宗實錄」 高宗 3년 12월 27일 ; 「海營啓錄」 병인년 12월 22일 卯時封·23일 未時封, 26일 辛時封, 4년 1월 1일 申時封·4일封.

20) Robert W. Shufeldt, The Opening of Korea : Admiral Shufeldt's Account of it, Edited y Henry G. Appenzeller, Korean Repository 1(1892), pp. 57-62. 이 때 벨 사령관의 명령에 따라 슈펠트는 거문도(巨文島)를 해군기지로서의 사용 가능성을 조사하여 보고하였으나, 미 해군부에서는 이에 대한 해답을 주지 않은 채 벨 제독을 1867년 4월 4일부로 예편시켰다.

21) 로저스 제독은 전통적인 해군 제독 가문의 출신으로 그의 아버지도 해군제독이었다. 로제스 제독은 평소 일본 원정을 통해 일본 개항을 성취한 페리(Perry) 제독을 숭배했으며 페리 제독과는 해군사관학교 선후배 사이이자 사돈간이었다. 페리 제독의 딸과 로저스 제독의 동생이 결혼한 사이였다. 따라서 로저스 제독도 1854년 페리 제독의 영웅적인 일본 개항 성취를 본받아 자신도 조선개항에서 빛나는 업적을 남겨 보려는 공명심이 작용했을 가능성이 크다.

22) 朴日根, 「美國의 開國政策과 韓美外交關係」, p. 63.

23) Bruce E. Bechtol, Jr., Contributions to War Studies-Avenging the General Sherman, pp. 7-8.

24) 文一平 著, 李光麟 校註, 「韓美五十年史」(서울 : 探究新書, 1982), p. 51.

25) 金源模, 「近代韓美關係史 : 韓國戰爭篇」, p. 394.

26) William M. Leary, Jr., "Our Other War in Korea", U. S. Naval Institute Procedings, No. 94 (June 1968), p. 47 ; 金源模, 「近代韓美交涉史」(서울 : 弘盛社, 1979), p. 252.

27) No. 118, De Long to Fish, May 15th, 1871.

28) 모노카시호는 맥크리(E. P. McCrea)가 지휘하고, 팔로스호는 록크웰(C. H. Rockwell)이 지휘

하였다. 4척의 기정(steam cutter)으로는 체스터(C. M. Chester)가 지휘하는 알래스카호의 기정, 토튼(G. M. Totten)이 지휘하는 콜로라도의 기정, 쉬뢰더가 지휘하는 베니시아호의 기정이 참가하였다. Bruce E. Bechtol, Jr., *Contributions to War Studies-Avenging the General Sherman*, p. 12.

29) 이 사진들은 현재 미국 국립공문서보관소(National Archives)에 보관되어 있다. 이 때 전쟁 사진을 촬영한 사진기사는 나가사키(長崎)에서 사진업을 하고 있던 이탈리아인 사진작가 비토(Felix Beato)이다. 로저스 제독이 그를 공식사진기사로 채용하여 강화도 원정에 합류하게 되었다. 오늘날 미 국립공문서보관소에 있는 그 당시 사진은 모두 비토가 강화도 현장에서 촬영한 사진자료이다.

30) Bruce E. Bechtol, Jr., *Contributions to War Studies-Avenging the General Sherman*, p. 16.

31) 김원모, 「한미외교관계 100년사」, p. 117.

32) 신미양요에 대해서는 다음 문헌을 참고할 것. 徐仁漢, 「丙寅·辛未洋擾史」(국방부전사편찬위원회, 1989) ; 김원모, 「韓美戰爭考」, 「軍史」 제4호, 1982 ; 이선근, 「신미양요의 재음미」, 「軍史」 제2호, 1981.

33) 미국은 첫 번째 공격목표인 초지진을 '해병보루'(Marine Redoubt)라고 불렀다.

34) 徐仁漢, 「丙寅·辛未洋擾史」, pp. 219-223.

35) 미국은 모노카시호가 덕진진에 함포사격을 한 것을 기념하기 위해 'Fort Monocacy'라는 이름을 붙였다.

36) 徐仁漢, 「丙寅·辛未洋擾史」, pp. 223-225.

37) 미군은 손돌목 돈대를 공격하다 전사한 맥키 중위를 기념하기 위해 '맥키요새'(Fort Mckee)라고 불렀다.

38) 미 해병대 틸톤(McLane Tilton) 대위는 브라운(Brown) 병장 및 퍼비스(Hugh Purvis) 일등병과 조선의 군기인 대형황색(大形黃色) 수자기(帥字旗)를 내리고 대신 성조기를 게양하였다.

39) Bruce E. Bechtol, Jr., *Contributions to War Studies-Avenging the General Sherman*, pp. 19-21.

40) Bruce E. Bechtol, Jr., *Contributions to War Studies-Avenging the General Sherman : The 1871 Battle of Kwang Hwa Do*, p. 28.

41) 미국의 상륙군 지휘관이었던 킴벌리 중령의 1871년 6월 15일자 보고서에는 조선인 전사자를 243명으로 보고 있다. Report of Commander Kimberly, 15 June, 1871.

42) 미군은 광성보(廣城堡)를 공격하다 죽은 맥키 중위를 기념하여, 광성보를 'Fort McKee'라 명명하였다.

43) Report of Commander Kimberly, 15 June 1871.

44) 미국정부는 187년 강화도 원정(Korean Compaign)시 무공을 세운 15명의 장병들에 대해 미국 최고 무공훈장인 '의회명예훈장'(Congressional Medal of Honor)을 수여하였다. 15명의 무공수훈자 중 해군이 9명이고, 해병대가 6명을 차지하였다. 해군에는 앤드루스(John Andrews), 프랭클린(Frederick H. Franklin), 그레이스(Patrick Henry Grace), 하이든(Cyrus hayden), 루크스(William F. Lukes), 맥킨즈(Alxander McKenize), 머튼(James F. Merton), 로저스(Samuel F. Rogers), 트로이(William Troy) 등 9명이, 그리고 해병대는 브라운(Charles Brown), 코울맨(John Coleman), 도우허티(James Dougherty), 맥나마라(Michael McNamara), 오웬스(Michael Owens), 퍼비스(Hugh Purvis) 등 6명이 수상하였다(Bruce E. Bechtol, Jr., *Contributions to War Studies-Avenging the General Sherman*, p. 27).

45) 「韓美修交를 위한 사전트 美上院議員의 決議案(1878. 4. 17)」, 「韓美修交 100年史」, p. 45.

46) 李光麟, 「韓國開化史 研究」(서울 : 일조각, 1999) ; 金源模, 「韓美修交史」(서울 : 철학과 현실사, 1999) ; 이민식, 「근대한미관계사」(서울 : 백산자료원, 2001).

47) 「日省錄」 高宗 17년 4월 10일 ; 「高宗實錄」 高宗 17년 4월 10일.

48) 「日省錄」高宗 17년 4월 15일 ; 「高宗實錄」高宗 17년 4월 10일 ; 「倭使日記」13권, 庚辰年 4월 5일·6일 「善隣始末卷五」.

49) 朴日根, 「美國의 開國政策과 韓美外交關係」, pp. 130-138.

50) 「倭使日記」고종 14년 庚辰年 5월 16일 ; 「同文彙考附編洋情」1 ; 「通文志」2 ; 「紀年續編」고종 17년 ; 「善隣始末」권5 ; 「日本外交文書」第13卷 明治 13년 5월 21일·24일·28일·29일, 7월 31일(문서번호 172·173·174·175·176·177).

51) 김원모, 「한미외교관계 100년사」, p. 139.

52) 宋炳基, 「近代韓中關係史 研究」, pp. 232-231.

53) 朴日根, 「美國의 開國政策과 韓美外交關係」, p. 222.

54) 이민식, 「근대한미관계사」, p. 149.

55) 슈펠트는 신헌과 김홍집에게 만약 조선이 한미조약 조인식 때 마건충의 용기습용(龍旗襲用)을 수용해 청의 용기(龍旗)를 사용한다면 조선은 스스로 청의 속국임을 인정하는 것이므로 이는 자신의 조선독립국 정책에 위배되는 처사라고 지적하면서 국기를 제정하여 조인식에 사용할 것을 촉구했다. 이에 김홍집이 이응준(李應俊)에게 지시해 태극도형기를 제작 사용하게 되었다. 그러나 태극기를 정식 국기로 제정한 때는 1882년 9월 25일이고, 1883년 3월 6일에 정식으로 태극기를 채택·제정하였음을 반포하였다(김원모, 「한미외교관계 100년사」, pp. 145-146).

56) New York Times, July 1, 1882.

57) 이때 청국 군함 위원호(威遠號)에서는 속방론을 강조하기 위하여 미국의 21발 예포 발사와는 달리 15발의 예포만을 발사하였다(김원모, 「한미외교관계 100년사」, p. 146).

58) 그럼에도 불구하고 미국 상원우 이 조약을 1883년 1월 19일에 비준하면서 슈펠트의 개항 교섭임무가 상원에 의해 인준되지 않았으므로 그를 수교사절(修交使節)로 기용해서는 안된다는 경고 구절을 첨가하였다. 「韓美修好條約(1882. 5. 22)」, 「韓美修交 100年史」, p. 62.

59) 「韓美修好條約(1882. 5. 22)」, 「韓美修交 100年史」, p. 62.

60) 이민식, 「근대한미관계사」, p. 155.

61) 임무를 끝낸 슈펠트는 6월 4일 나가사키에 도착하였고, 7월 29일 샌프란시스코에 도착하였다.

62) James P. Finley, The US Military Experience in Korea, p. 3.

63) 이민식, 「근대한미관계사」, p. 158.

64) James P. Finley, The US Military Experience in Korea, p. 4.

65) 이민식, 「근대한미관계사」, p. 183.

66) 김원모, 「한미외교관계 100년사」, pp. 404-408 ; 이민식, 「근대한미관계사」, p. 733.

67) 당시 미국은 오늘날 미육군 편제에 나타난 참모총장제가 아니었고, 미국 독립전쟁시부터 시작된 총사령관제를 채택하고 있었다. 미국의 초대 총사령관은 워싱턴(George Washington)이었고, 조선 사절을 영접했던 세리단 장군은 19대 총사령관이었다. 다이(William M. Dye) 장군을 군사교관으로 추천한 사람은 다이 장군의 웨스트 포인트 동기생인 세리단 장군이었다.

68) 김원모, 「한미외교관계 100년사」, p. 157.

69) New York Herald(1888. 9. 19).

70) New York Times(1883. 9. 26).

71) 또한 박정양의 초대주미조선공사 임명에는 청의 파미(派美) 방해에 대해 주조선미국공사 딘스모아(Hugh A. Dinsmore)와 외교 고문 데니(Owen N. Denny)의 중재 노력이 컸다. 박정양의 파미는 청이 제시한 영약삼단(另約三端)을 준수한다는 조건하에 이루어졌다(이민식, 「근대한미관계사」, p. 380).

72) 영약삼단(另約三端)은 첫째 주미조선공사(駐美朝鮮公使)는 임지에 도착한 후 주미청국공사관을 방문해서 청국 공사의 지시를 받을 것, 둘째 정부 주최의 공식 회합 및 연회 석상에서 조선공사

참고문헌

강성철(1988), 『주한미군』, 일송정

강성학 외(1996), 『주한미군과 한미 안보협력』, 세종연구소

구영록 외(1983), 『한국과 미국』, 박영사

국가보훈처(2008), 『장인환 전명운의 샌프란시스코의거 자료집 I, II』

국방대학원 역(1993), 『미국의 전쟁전략과 정책』

국방대학원(1990), 『미국의 국가안전보장 정책결정 과정』

국방부 군사편찬연구소(2001), 『軍事史 硏究叢書』 제1집

권용립(1997), 『미국대외정책사』, 민음사

김기정(2011), "한미 관계 130년, 연미책 부침의 역사" 『계간 사상』, 서울: 지식의 지평10

김기조(1994), 『38선 분할의 역사:미·소·일간의 전략대결과 전시 외교비사, 1941-1945』, 동산출판사

김길연(2015), 『국제피플투피플 한국50년사』, (사)국제피플투피플한국본부

김덕중 외(1988), 『한미관계의 재조명』, 경남대학교 극동문제연구소

김도훈(2010), 『미대륙의 항일무장투쟁론자 박용만』, 역사공간

김병직.강대호.오정방 편저(2017), 『오레곤한인회 50년사』, 한일미디어

김성진(1982), YONHAP NEWS AGENCY, KOREA-USA CENTENNIAL

김성한(1995), "한미관계의 현재와 미래" 『여의도정책논단』, 서울: 여의도연구소

김여수(1983), "문화전통의 상호작용" 『한미수교 1세기의 회고와 전망: Reflections on a century of Korean-United states Relations』, 정신문화연구원-The Wilson Center.

김영만(2007), 『미주한인회총연합회 제21대 활농보고서 2005-2007』, 전남도민신문

김용구(2001), 『세계관 충돌과 한말 외교사』, 문학과 지성사

김원모(1992), 『近代 韓美關係史:韓美戰爭編』, 철학과 현실사

김인영, "부도 직전에 한국경제 건져 낸 이브날", 오피니언뉴스(2018.12.24.)

김정수(2013), 『특별기획 다큐멘터리 대한민국을 움직인 사람들 초대 대통령 이승만』, 청미디어

김진웅(1999), 『냉전의 역사』, 비봉출판사

김창범.김종갑 외(2012), 시카고한인사출판위원회, 『시카고한인이민사 1893-2012』, 코람데오

김태완, "해방공간 대구·경북 언론을 통해 본 자화상", 월간조선(2019.12)

김해경 역(1997), 『조선군사령부, 1910~1945』, 대왕사

김형인 외(2001), 『한국전쟁의 국제사』, 푸른역사

김홍(2001), 『韓國의 軍制史』, 學硏文化社

남시욱(2015), 『6·25전쟁과 미국』, 청미디어

남정옥(2002), 『한미군사관계사 1871~2002』, 국방부 군사편찬연구소

대한민국 정책브리핑, "원조 받던 나라에서 원조 하는 나라로", 2009.11.23.

대한민국공보부(2011), 『박정희 대통령 방미일기』, 이현표, 코러스

동덕모(1990), 『美國外交政策과 韓國』, 법문사

동아일보사(1981), 『韓美修交 100年史』

문일평 著(1982), 이광린(校註), 『韓美五十年史』, 探究新書

문창극(1994), 『한미갈등의 해부』, 나남출판사

미국사 연구회(1992), 『미국 역사의 기본사료』, 소나무

박권상(1983), "한국인의 미국인식" 『한미수교 1세기의 회고와 전망: Reflections on a century of Korean-United states Relations』, 정신문화연구원-The Wilson Center.

박두복 편(2001), 『한국전쟁과 중국』, 백산서당

박무성 역(1983), 『미국 외교정책사』, 범조사

박영호 외(1990), 『한미관계사』, 실천문학사

박인숙 역(1995), 『미국 외교의 비극』, 도서출판 늘함께

박일근(1986), 『美國의 開國政策과 外交關係』, 一潮閣

박재규(1982), 『冷戰과 美國의 對아시아 政策』, 박영사

박철규 역(1986), 『미 국방성과 전쟁술』, 명지출판사

박현우·이세용·지인순·정관일 외(2006), 『켄터키한인이민사』, 미주한인재단-켄터키

발비나 황(2004), "한·미 관계·워싱턴 시각/ 북핵 시각차 없애야 한·미 갈등 해소" 『주간조 선』, 주간조
　　　선 통권 1823호. 서울: 조선일보사

방선주, 『재미한인의 독립운동』, 한림대학교출판부

서울신문사(1979), 『駐韓美軍 30年』, 杏林出版社

서인한(2000), 『大韓帝國의 軍事制度』, 도서출판 혜안

선우학원(1997), 『한·미관계 50년사』, 일월서각

송남헌(1985), 『解放三十年史 Ⅰ, 1945-1948』, 까치

송병기(1987), 『近代韓中關係史硏究:19世紀末의 聯美論과 朝淸交涉』, 단대출판부

송승종 역(1999), 『북한의 협상전략』, 한솔 아카데미

신동아 편집부(1982), 『한미수교 100년사- 관계자료 및 연표』, 신동아 1982년 1월호 별책부 록. 서울:
　　　동아일보사

안병훈(2012), 『사진과 함께 읽는 대통령 박정희』, 기파랑

안형주(2014), 『1902년,조선인 하와이 이민선을 타다』, 푸른역사

양동안(1998), 『대한민국 건국사』, 이승만 대통령 기념사업회

양영조(1999), 『한국전쟁 이선 38도선 충돌』, 국방군사연구소

엄수현 역(1994), 『日本軍事史』, 시사일본어사

오관치·차영구·황동준(1990), 『韓美軍事協力關係의 發展과 展望』, 世經社

오기평(1986), "한·미관계의 연구; 전후 국제질서의 변동과 미국-레이건 선언까지의 변천논리 를 중심
　　　으로" 『현대사회』, 현대사회 제22호. 서울: 현대사회연구소

외교통상부, "우리나라 대외원조 현황 및 정책 방향", 2008.4.8.

이광린(1983), "초기의 한미관계: 엇갈린 이미지" 『한미수교 1세기의 회고와 전망: Reflections on a
　　　century of Korean-United states Relations』, 정신문 화연구원-The Wilson Center.

이광린(1999), 『韓國開化史 硏究』, 일조각

이덕희(2013), 『하와이 대한인국민회 100년사』, 연세대학교대학출판 문화원

이민식(2001), 『근대한미관계사』, 백산자료원

이민원(2002), 『명상황후 시해와 아관파천』, 국학자료원

이보형 외(1984), 『미국사 연구서설』, 일조각

이삼성(1993), 『미국의 대한정책과 한국 민족주의』, 한길사

이석우(1995), 『한미행정협정연구』, 도서출판 민

이수형 역(1997), 『미국 외교정책사』, 한울 아카데미

이영훈, "한국 1곳에 아프리카 대륙보다 더 많이 원조, 미국 31억 달러 쏟아부어", 조선일보(2015.5.22.)

이정혁(1989), 『팀스피리트와 미국의 군사전략』, 동녘신서

이종길 역(2002), 『두 개의 한국』, 길산

이종판 외(2002), 『한국전쟁의 진실』, 국방대학원 안보문제연구소

이주영 외(1996), 『미국 현대사』, 비봉출판사

이현표(2011), 『이승만 대통령 방미일기』, 코러스

장해광 역(1986), 『한미 정책 배경론』, 학문사

정세권 외(2005), 『미주한인이민사』

정일영 편(1993), 『한국외교 반세기의 재조명』, 나남

정일형(1961), 『유엔과 한국문제』, 신명문화사

조병태, 김일평 외 (2004), 『대뉴욕한인 100년사』, 미주한인이민 100주년 대뉴욕기념사업회

조종무(2000), 『허드슨강에 닻을 내리다』, 한미헤리티지재단 발행, 뉴욕한국일보 후원

조지 프리드먼(2010) , 『100년 후(22세기를 지배할 태양의 제국 시대가 온다)』 손민중 역, 김영사

조지 프리드먼(2020), 『다가오는 폭풍과 새로운 미국의 세기』, 홍지수 옮김, 김앤김북스

조지 프리드먼, "미국이 필요로 하는 나라 거의 없어… 한국이 동맹 관리해야", 문화일보(2020.9.23.)

진덕규(1996), 『미군정시대의 국가와 행정』, 이화여자대학교 출판부

차상철 외(1999), 『미국 외교사』, 비봉출판사

차상철(1991), 『해방전후 미국의 한반도정책』, 지식산업사

차종환, 박상원 편저(2006), 『대사건과일지로본 170년사』, 동양서적

차종환☒박상원, 『대사건과 일지로 본 한미관계 170년사』, 서울: 동양서적

최명호(1989), 『세계의 정보기관들』, 대왕사

최상룡(1988), 『미군정과 민족주의』, 나남출판사

최영보 외(1998), 『미국현대외교사』, 비봉출판사

최중경(2016), 『워싱턴에서는 한국이 보이지 않는다 : 21세기 새로운 국가 대전략』, 서울: 한 국경제신문

하영선(2001), 『21세기 미국의 역사적 전망 I 』, 서울대학교 출판부

한국은행, "숫자로 보는 광복 60년", 2005.8.13.

한국전쟁연구회 편(2000), 『탈냉전시대의 한국전쟁의 재조명』, 백산서당

한국정신문화연구원(1983), 『한·미 수교 1세기와 전망』

한배호 역(1968), 『미국의 한국참전결정』, 범문사

한시준(1997), 『한국광복군연구』, 일조각

한용원(1984), 『創軍』, 박영사

한철호 역(1998), 『미국의 대한정책』, 한림대학교 아시아문제연구소

함병춘(1983), "한미관계 제2세기를 바라보는 한국인의 시각"『한미수교 1세기의 회고와 전 망: Reflections on a century of Korean-United states Relations』, 정신 문화연구원-The Wilson Center.

함성득(1999) 외, 『미국정치와 행정』, 나남출판

함재봉(2000), "사대와 반미 사이에서– 문화사적으로 본 한미관계"『계간 사상』, 계간 사상 2000 겨울호. 서울: 사회과학원

해병대전우70년사 편찬위원회(2019), 『해병대전우70년사』, 청미디어

홍선표(2009), 『서재필 개화독립민주의 삶』, 서재필기념재단

황동준·한남성·이상욱(1990), 『미국의 對韓安保支援 평가와 韓美防衛協力 展望』, 민영사

황묘희(2002), 『重慶 대한민국임시정부사』, 경인문화사

황병무(2020), 『한국 외군의 외교·군사사』, 서울: 박영사

James I. Matray(2001), 『Development Delayed: US Economic Policy in Occupied Korea, 1945~1948』, Journal of American-East Asian Relations

Roberta Chang With Wayne Patterson(1903-2003), 『The Koreans In HAawaii a Pictorial History

"Thank you, Sirs"

6·25전쟁에 참전해 희생하신 참전용사들의 명복을 빕니다
대한민국 국민은 영원히 여러분을 기억할 것입니다

We pray for the souls of the veterans who fought in the Korean War
The people of Korea will remember you forever

대표저자 · 편집위원장

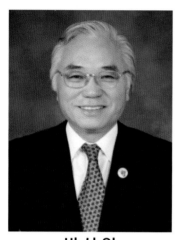

박 상 원
세계한인재단 상임대표·총회장

학력

PSU 대학교졸업

UCLA 경영대학원(Anderson School) 수료

YUIN 대학교 졸업(Ph.D. 경영학박사)

AHU 대학교 졸업(Ed.D. 교육학박사)

International Pacific University(IPU) School of Law 졸업 (JD, 법학박사)

고려대학교 생명환경과학대학원 수료

서울대학교 공과대학 미래안보 전략기술 최고위과정(ALPS2) 수료

KAIST AIB(인공지능 경영자과정) 수료

경력

SAINT MISSION UNIVERSITY 총장

박용만기념재단 회장

미국국가방위군(USNDC) 사령부 참모

샌버나디노카운티 한인회 회장

미주한인회총연합회 이사(행사준비위원장)

미국공화당 평생당원(백악관대통령자문위원)

한국성씨총연합회 부총재/미국총회장

피플뉴스 발행인

흥사단 통상단우

미주한인재단USA 전국총회장(제7·8대 총회장)

아태교류합작기금회(ASIA PACIFIC EXCHANGE & COOPERATION FOUNDATION) 고문

재미한국영화인협회 이사장

세계한인의 날 제정청원국민운동(World-KICA 발기인)

제1회 세계한인 순국선열.애국지사.호국영령 합동추모식 공동대회장

로스앤젤레스 민주평통자문위원(제14~16대)

AMAXG USA 회장

사단법인 한국블록체인기업진흥협회 상임고문